(**KOMPENDIUM**) Access 2003

Das Kompendium

Die Reihe für umfassendes Computerwissen

Seit mehr als 20 Jahren begleiten die KOMPENDIEN aus dem Markt+Technik Verlag die Entwicklung des PCs. Mit ihren bis heute über 500 erschienenen Titeln deckt die Reihe jeden Aspekt der täglichen Arbeit am Computer ab. Die Kompetenz der Autoren sowie die Praxisnähe und die Qualität der Fachinformationen machen die Reihe zu einem verlässlichen Partner für alle, ob Einsteiger, Fortgeschrittene oder erfahrene Anwender.

Das KOMPENDIUM ist praktisches Nachschlagewerk, Lehr- und Handbuch zugleich. Auf bis zu 1.000 Seiten wird jedes Thema erschöpfend behandelt. Ein detailliertes Inhaltsverzeichnis und ein umfangreicher Index erschließen das Material. Durch den gezielten Zugriff auf die gesuchte Information hilft das KOMPENDIUM auch in scheinbar aussichtslosen Fällen unkompliziert und schnell weiter.

Praxisnahe Beispiele und eine klare Sprache sorgen dafür, dass bei allem technischen Anspruch und aller Präzision die Verständlichkeit nicht auf der Strecke bleibt.

Mehr als 5 Millionen Leser profitierten bisher von der Kompetenz der KOMPENDIEN.

Microsoft Office
Access 2003

Professionelles Arbeiten mit Daten

Markt+Technik

SAID BALOUI

KOMPENDIUM
Einführung | Arbeitsbuch | Nachschlagewerk

Bibliografische Information Der Deutschen Bibliothek

Die Deutsche Bibliothek verzeichnet diese Publikation in der Deutschen Nationalbibliografie; detaillierte bibliografische Daten sind im Internet über <http://dnb.ddb.de> abrufbar.

Die Informationen in diesem Buch werden ohne Rücksicht auf einen eventuellen Patentschutz veröffentlicht. Warennamen werden ohne Gewährleistung der freien Verwendbarkeit benutzt. Bei der Zusammenstellung von Texten und Abbildungen wurde mit größter Sorgfalt vorgegangen. Trotzdem können Fehler nicht vollständig ausgeschlossen werden. Verlag, Herausgeber und Autoren können für fehlerhafte Angaben und deren Folgen weder eine juristische Verantwortung noch irgendeine Haftung übernehmen. Für Verbesserungsvorschläge und Hinweise auf Fehler sind Verlag und Herausgeber dankbar.

Fast alle Produktbezeichnungen, weitere Stichworte und sonstige Angaben, die in diesem Buch verwendet werden, sind als eingetragene Marken geschützt. Da es nicht möglich ist, in allen Fällen zeitnah zu ermitteln, ob ein Markenschutz besteht, wird das ® Symbol in diesem Buch nicht verwendet.

Umwelthinweis:
Dieses Buch wurde auf chlorfrei gebleichtem Papier gedruckt.

10 9 8 7 6 5 4 3 2
08 07 06

ISBN: 3-8272-4068-9
ISBN 13: 978-3-8272-4068-2

© 2006 by Markt+Technik Verlag,
ein Imprint der Pearson Education Deutschland GmbH,
Martin-Kollar-Straße 10–12, D-81829 München/Germany
Alle Rechte vorbehalten
Coverkonzept: independent Medien-Design,
            Widenmayerstraße 16, 80538 München
Coverlayout: Heinz H. Rauner, Gmund
Titelfoto: IFA-Bilderteam, Hardy Reef, Korallenriff,
            Queensland, Australien
Lektorat: Rainer Fuchs, rfuchs@pearson.de
Korrektorat: Christiane Gut
Fachlektorat: Maria Krause
Herstellung: Kunigunde Huber, khuber@pearson.de
Satz: Michael und Silke Maier, Ingolstadt (www.magus-publishing.de)
Druck und Verarbeitung: Kösel, Krugzell (www.KoeselBuch.de)
Printed in Germany

Für Maria,
meine Co-Autorin

Im Überblick

(KOMPENDIUM) Access 2003

Inhaltsverzeichnis

(KOMPENDIUM) Access 2003

(KOMPENDIUM) **Access 2003**

(KOMPENDIUM) Access 2003

〔 KOMPENDIUM 〕 Access 2003

Vorwort

Falls es Sie als erfahrenen Access-Anwender zunächst interessiert, was Access an Neuem bietet: Anhang A »Was ist neu?« beschreibt alle wesentlichen Neuerungen und Änderungen gegenüber der Vorversion in Kurzform.

!!
STOP

Im Teil 1 erhalten Sie nach Hinweisen zur Installation einen Schnellkursus zu den Eigenheiten der Access-Oberfläche wie konfigurierbare Symbolleisten und zu dem Umgang mit Access-Objekten wie Tabellen oder Formularen.

Im Teil 2 zeige ich, wie einfache Tabellen zur Verwaltung von Adressen und Ähnlichem entworfen und benutzt werden, und bespreche die Planung und Erstellung komplexer Datenbanken.

Anschließend zeige ich Ihnen, welche Möglichkeiten es gibt, die inzwischen erfassten Daten zu exportieren oder Daten anderer Anwendung zu importieren.

Teil 3 ist den Abfragen gewidmet, mit denen Informationen unter unterschiedlichsten Gesichtspunkten aus einer Datenbank extrahiert werden können, und den Pivot-Tabellen/Diagrammen, die die übersichtliche Darstellung dieser Daten ermöglichen.

Im Teil 4 geht es um den Entwurf und die Gestaltung von Formularen und Berichten, mit denen die Datenerfassung und -präsentation erst richtig komfortabel wird. Vor allem, wenn die erläuterten zusätzlichen Steuerelemente wie Unterformulare oder Listen- und Kombinationsfelder eingebunden werden.

Der Teil 5 dreht sich um Access und den Datenaustausch, unter anderem im Intranet/Internet: Ich erläutere den Umgang mit Hyperlinks und Webordnern, die Publizierung von Webseiten, das Importieren bzw. Verknüpfen externer ODBC- und anderer Datenbanken und so weiter.

Im Teil 6 zeige ich Ihnen, wie Sie mit Hilfe von Makros immer wiederkehrende Abläufe automatisieren und mit VBA programmgesteuert auf Tabellen, Formulare und Berichte zugreifen und diese manipulieren können.

Im Praxisführer des Teils 7 erläutere ich Schritt für Schritt, wie Sie Datenbanken warten, schützen, replizieren und festlegen können, welche Benutzer einer Datenbank welche Zugriffsmöglichkeiten besitzen...

Der abschließende Anhang beschäftigt sich mit den verschiedensten ergänzenden und vertiefenden Themen, die den Inhalt des Buches »rund« machen.

Verlag und Autor freuen sich auf Reaktionen und Anmerkungen zu diesem Buch; Lesermeinungen sind der beste Weg, um Bücher zu verbessern. Bitte schicken Sie positive und kritische E-Mails an die Adresse des Buchlektors *rainer.fuchs@mut.de.*

Viel Spaß mit diesem Kompendium!

Hinweise zu den verwendeten Symbolen

Verweis auf eine Datei der Begleit-CD

Verweis auf eine andere Textstelle in diesem Buch (oder auf sonstige Literatur)

Kennzeichnet eine Folge von nummerierten Arbeitsschritten

Achtung! Wichtiger Hinweis, den Sie keinesfalls übergehen sollten

Tipp, der Arbeit erspart und einen einfacheren oder komfortableren Weg erläutert

Sonstige Symbole wie jenes neben diesem Absatz stammen nicht von mir, sondern gehören zu Access. Befindet sich neben einem Absatz ein derartiges Symbol, genügt es, in Access darauf zu klicken, um die beschriebene Aktion auszuführen. Ab und zu weise ich Sie so auch auf Symbole hin, die in keiner Symbolleiste enthalten sind, die Sie jedoch in eine der verfügbaren oder gar in eine völlig neue Symbolleiste einbinden können.

Einfügen und Löschen Stichwörter neben einem Absatz weisen auf das Thema hin, das darin – und eventuell in den folgenden – Absätzen behandelt wird.

Teil 1 Die Benutzerober-
fläche

1 Die ersten Schritte

Im folgenden Abschnitt erläutere ich zunächst die Installation von Access. Danach bespreche ich die Eigenheiten, die die Oberfläche von Access von der anderer Windows-Programme unterscheidet.

1.1 Die Installation

Setzen wir voraus, dass Sie Windows installiert haben und nun entweder nur Access oder aber Microsoft Office Professional installieren wollen, also das Microsoft-Office-Gesamtpaket.

Das Setup-Programm

In jedem Fall müssen Sie nun das Installationsprogramm ausführen. Meist genügt es, die CD einzulegen, da bei geeigneter Konfiguration Ihres PC ein Menü erscheint, das Ihnen die Programminstallation anbietet, und ein Klicken auf den Knopf genügt, um die Installation zu starten.

Ohne diese Automatik müssen Sie das Programm SETUP.EXE ausführen, indem Sie in Windows START|AUSFÜHREN... wählen, auf *Durchsuchen...* klicken, auf der CD die Datei SETUP.EXE suchen und dieses Programm per Klicken auf *OK* starten.

Die Installation selbst läuft weitestgehend automatisch ab und erfordert nur wenige Angaben wie die Nummer auf Ihrer CD und Ihren Namen.

Anschließend dürfen Sie sich mit den Lizenzbedingungen einverstanden erklären und eine der Installationsoptionen wählen (Abbildung 1.1).

Aktualisierung ist nur dann vorgegeben, wenn eine ältere Office-Version installiert ist. Diese Option ersetzt diese durch das Office 2003 und behält dabei die zuvor installierten Features bei.

Typische Installation installiert die meistverwendeten Programmteile, *Vollständige Installation* installiert das komplette Office, *Minimale Installation*

Abbildung 1.1:
Installations-
optionen

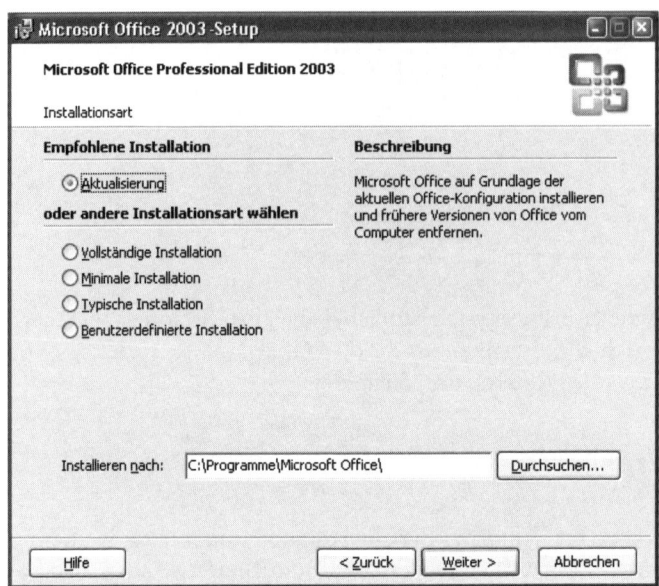

ist bei wenig Speicherplatz geeignet, um nur die wichtigsten Teile zu installieren, und *Benutzerdefinierte Installation* ermöglicht Ihnen, die zu installierenden Komponenten detailliert auszuwählen.

Ist bereits eine Office-Version installiert können Sie übrigens bei jeder dieser drei Optionen im übernächsten Schritt wählen, ob die älteren Office-Programme vollständig oder teilweise entfernt oder aber unverändert behalten werden sollen.

Vor dem nächsten Schritt können Sie bei Bedarf zuvor noch im unteren Teil des Fensters den vorgegebenen Installationspfad C:\PROGRAMME\MICROSOFT OFFICE ändern; entweder per Hand durch Eintippen oder aber per Anklicken von *Durchsuchen...* und Auswahl des gewünschten Verzeichnisses im folgenden Dialogfeld.

Abhängig von der gewählten Installationsoption können Sie gegebenenfalls im folgenden Schritt wählen, welche Office-Programme installiert werden sollen (Abbildung 1.2).

Benutzer-
definierte
Installation

Die benutzerdefinierte Installation ist am vielseitigsten. Dabei wählen Sie zunächst aus, welche Office-Anwendungen installiert werden sollen, und danach – vorausgesetzt, Sie aktivierten die Option *Erweiterte Anpassung von Anwendungen wählen* – bestimmen Sie, welche Komponenten dieser Programme installiert werden sollen (Abbildung 1.3).

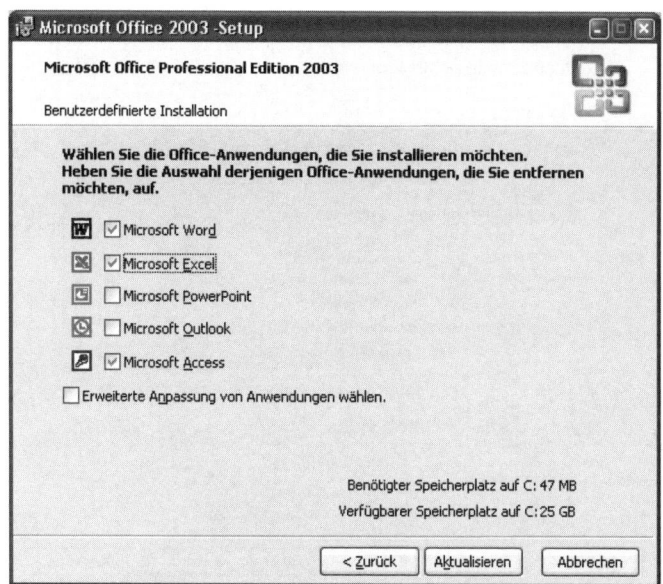

Abbildung 1.2:
Anwendungs-
auswahl

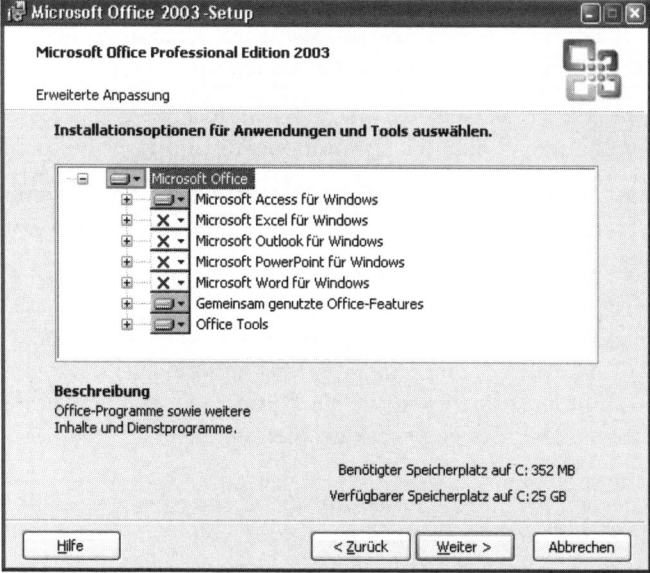

Abbildung 1.3:
Komponenten-
auswahl

+ öffnet den betreffenden Komponentenzweig, wobei gegebenenfalls mehrere Unterzweige sichtbar werden, die eigene +-Zeichen besitzen, mit denen Sie sie ebenfalls aufklappen können. Das Zeichen - schließt den jeweiligen Zweig wieder.

Klicken Sie bei einer Komponente auf den abwärts gerichteten Pfeil, erscheint ein Auswahlmenü (Abbildung 1.4).

Abbildung 1.4:
Optionen

➤ *Vom Arbeitsplatz starten*: Die betreffende Komponente wird auf Ihrer Festplatte installiert und bei jeder Benutzung direkt von dort gestartet (schnell, benötigt aber viel Speicherplatz auf der Festplatte).

➤ *Alles vom Arbeitsplatz starten*: Installiert die Komponente und alle darin enthalten Unterkomponenten auf Ihrer Festplatte

➤ *Bei der ersten Verwendung installiert*: Die Komponente wird noch nicht installiert. Das erfolgt erst, wenn Sie sie zum ersten Mal benutzen.

➤ *Nicht verfügbar*: Die betreffende Komponente wird nicht installiert.

Installieren Sie Access/Office über das Netzwerk, ist die CD also im CD-ROM-Laufwerk eines anderen Rechners eingelegt, der mit ihrem verbunden ist, gibt es zusätzlich noch die Option, die Komponente so zu installieren, dass sie über das Netzwerk geladen wird.

!!
STOP

Mit den Vorgaben werden nur die wichtigsten Access-Komponenten installiert und nicht auch die weniger gebräuchlichen! Geben Sie sich damit zufrieden, werden Sie die Besprechung verschiedener Access-Bestandteile in diesem Buch nicht nachvollziehen können, da die betreffenden Bestandteile nicht installiert wurden! Ich gehe davon aus, dass Access vollständig installiert ist.

Die abschließende Installation selbst dauert geraume Zeit, erst recht, wenn Sie nicht nur Access selbst, sondern das gesamte Office-Paket installieren.

Sie können Ihre Office-Installation jederzeit nachträglich ändern, indem Sie im Windows-Startmenü erst Systemsteuerung und darin das Objekt Software öffnen und im daraufhin erscheinenden Dialogfeld auf den Microsoft Office-Eintrag doppelklicken, um das Installationsprogramm erneut aufzurufen.

:-)
TIPP

Sollte Access einmal nicht mehr so wollen wie Sie, sind möglicherweise irgendwelche Bestandteile (Dateien, Einträge in der Windows-Registry etc.) beschädigt oder gelöscht worden. In diesem Fall ermöglicht ?|ERKENNEN UND REPARIEREN..., Access selbst nach derartigen Fehlern suchen und sie gegebenenfalls mit Hilfe der Installations-CD automatisch reparieren zu lassen. Das hat den Vorteil, dass Sie nicht alles neu installieren müssen.

:-)
TIPP

Der Aktivierungs-Assistent

Um Access aufzurufen, klicken Sie auf das Access-Symbol, das Sie nach dem Klicken auf die Windows-*Start*-Schaltfläche in der Rubrik *Programme* im Abschnitt *Microsoft Office* finden (Abbildung 1.5).

Abbildung 1.5:
Das Access-Symbol

Alternativ dazu können Sie nach der Installation des Office-Gesamtpakets Access auch durch Anklicken des Eintrags *Neues Office-Dokument* starten, der durch Klicken auf die *Start*-Schaltfläche sichtbar wird und im folgenden Dialogfeld den Eintrag *Leere Datenbank* selektieren, oder aber Sie wählen mit *Office-Dokument öffnen* eine bereits existierende Access-Datei aus, um nicht nur Access aufzurufen, sondern auch gleich diese Datei zu öffnen.

Nach dem Aufruf von Access erscheint mit kurzer Verzögerung der Aktivierungs-Assistent (Abbildung 1.6).

Ohne Aktivierung läuft Access nach kurzer Zeit nur noch mit eingeschränkter Funktionalität, Sie können dann beispielsweise keine Dokumente speichern. Sie verfügen somit nur noch über eine Art Demoversion, die zur echten Arbeit untauglich ist.

Irgendwann bleibt Ihnen somit keine andere Wahl, als Access mit Hilfe des Aktivierungs-Assistenten zu aktivieren. Er erscheint wie gesagt automatisch nach dem Aufruf; Sie können ihn aber auch jederzeit während der Arbeit mit dem Programm mit dem Befehl ?|PRODUKT AKTIVIEREN... starten.

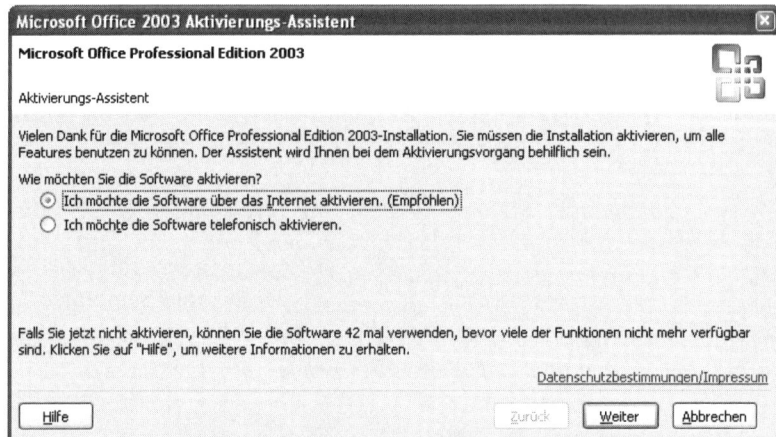

Per Internet Zunächst wählen Sie (auf das betreffende runde Optionskästchen klicken), ob Sie per Telefon oder per Internet aktivieren wollen. Wählen Sie die Aktivierung über das Internet, wird im folgenden Schritt Ihr Webbrowser gestartet und die Aktivierung erfolgt nahezu vollautomatisch. »Nahezu«, da Sie aus einer Liste das Land auswählen müssen, in dem Sie wohnen (weitere persönliche Informationen können Sie angeben, Sie müssen es jedoch nicht).

Per Telefon Wählen Sie die Aktivierung per Telefon, ist der Aufwand deutlich größer: Klicken Sie auf *Weiter*, erscheint ein Dialogfeld mit einem Listenfeld, in dem Sie Ihr Land auswählen müssen. Nach Auswahl von »Deutschland« wird eine Telefonnummer angezeigt (Abbildung 1.7).

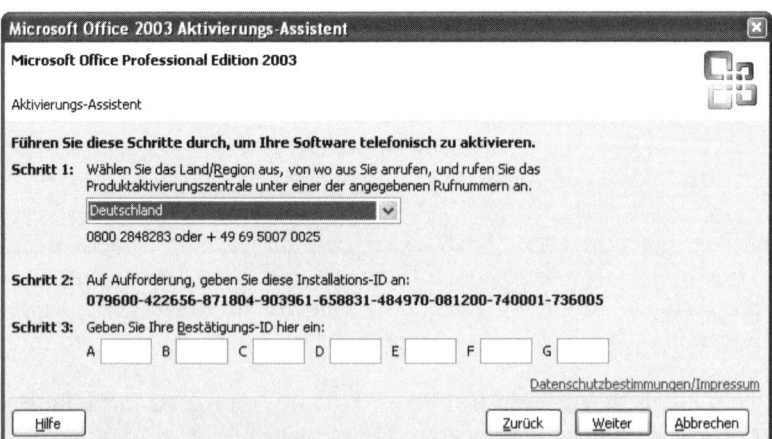

Sie werden mit einem Angestellten Microsofts verbunden und nach im Dialogfeld angezeigten Informationen gefragt. Nach Nennung dieser Informationen gibt er Ihnen einen Freischaltcode, den Sie im unteren Feld eingeben müssen, um den Aktivierungsprozess abzuschließen.

Der Freischaltcode ist an die Hardware des Rechners gebunden. Das heißt, dass spätestens nach wiederholten größeren Änderungen der Rechner-Hardware (neue Hauptplatine etc.) eine erneute Aktivierung mit einem neuen Freischaltcode notwendig ist.

**!!
STOP**

1.2 Die Besonderheiten der Oberfläche

Die Access-Oberfläche weist einige Besonderheiten gegenüber anderen Windows-Programmen auf, sowohl was die gängigen Menüs und Symbolleisten angeht als auch Elemente wie den Aufgabenbereich und den Office-Assistenten, die es nur in Microsoft-Programmen gibt.

Die Menüs und Symbolleisten

Access blendet die je nach Arbeitssituation geeignete Menüleiste automatisch ein. Um ein Menü zu öffnen, klicken Sie auf den zugehörigen Menünamen, beispielsweise EXTRAS (Abbildung 1.8).

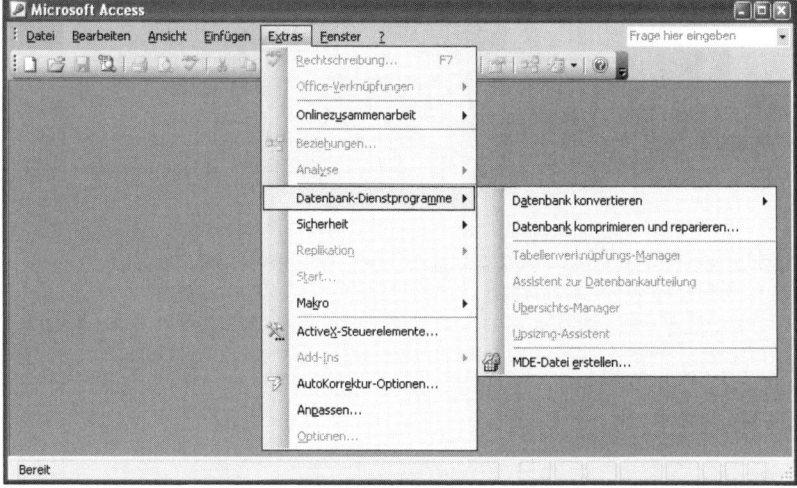

Abbildung 1.8:
Das Menü »Extras«

Klicken Sie in einem Menü auf einen der darin enthaltenen Befehle, wird er ausgeführt, wobei momentan nicht anwählbare Menübefehle abgeblendet dargestellt werden.

Ein nach rechts zeigendes Dreieck weist auf ein Untermenü hin, das sich beim Verweilen des Cursors auf dem betreffenden Befehl öffnet.

Zur Benennung von Befehlen verwende ich folgende Konvention:

MENÜNAME|BEFEHLSNAME|UNTERBEFEHLSNAME

Beispielsweise bezeichnen DATEI|NEU... den Befehl NEU... im Menü DATEI und EXTRAS|DATENBANK-DIENSTPROGRAMME|DATENBANK KONVERTIEREN den Befehl DATENBANK KONVERTIEREN, der wiederum ein Unterbefehl des Befehls DATENBANK-DIENSTPROGRAMME ist, der sich im Menü EXTRAS befindet.

!! STOP

Sie können die Befehlswahl jederzeit mit Esc *abbrechen, um ein geöffnetes Menü zu schließen und die Menüleiste wieder zu deaktivieren! Mit der Maus genügt es, auf irgendeinen Punkt außerhalb der Menüs zu klicken.*

Access zeigt in einem Menü zunächst nur die wichtigsten und zusätzlich die von Ihnen zuletzt benutzten Befehle an. Öffnen Sie das Menü EXTRAS, werden alle anderen Befehle zunächst nicht angezeigt (Abbildung 1.9).

Abbildung 1.9:
Anzeige nur der
wichtigsten Befehle

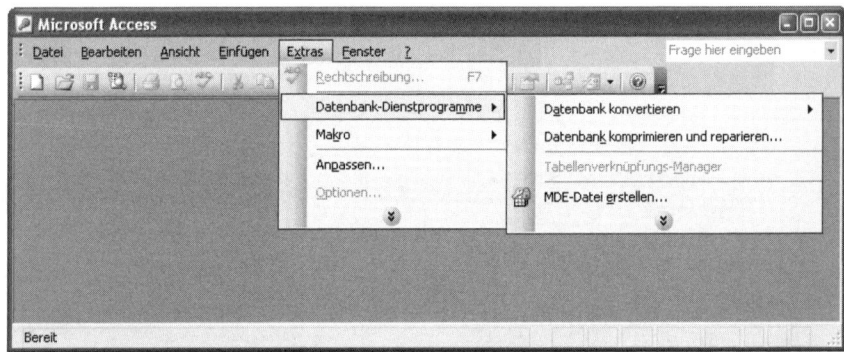

Erst nach kurzer Verzögerungszeit oder wenn Sie auf den Pfeil am unteren Ende klicken, werden auch die restlichen Befehle angezeigt.

Kontextsensitive
Menüs

Außer den Menüs der Menüleiste gibt es zusätzliche kontextsensitive Menüs. Um sie zu öffnen, klicken Sie ein Access-Objekt mit der *rechten* statt wie bisher mit der linken Maustaste an, zum Beispiel eine Symbolleiste (Abbildung 1.10).

Abbildung 1.10:
Symbolleisten-
Kontextmenü

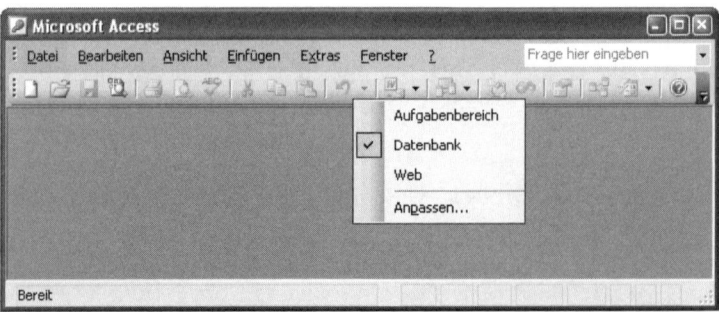

Access besitzt verschiedene Symbolleisten für unterschiedliche Arbeitssituationen, die automatisch eingeblendet werden. Arbeiten Sie gerade mit einem Formular, blendet Access entsprechend die Formularansicht-Leiste ein (Abbildung 1.11).

Symbolleisten

Abbildung 1.11:
Die Formular-
ansicht-Leiste

Wählen Sie den Befehl ANSICHT|SYMBOLLEISTEN oder klicken Sie eine Symbolleiste an einem beliebigen Punkt mit der *rechten* Maustaste an, erscheint folgendes Menü (Abbildung 1.12).

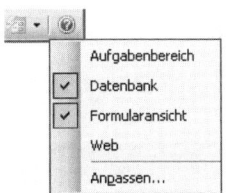

Abbildung 1.12:
Das Symbolleisten-
Kontextmenü

Eingeblendete Leisten sind durch Häkchen markiert. Klicken Sie den betreffenden Eintrag an, wird die Leiste wieder ausgeblendet (wird eine Symbolleiste in einem eigenen kleinen Fenster dargestellt, können Sie sie auch mit dem zugehörigen *Schließen*-Symbol der Leiste ausblenden). Umgekehrt können Sie durch Anklicken eines häkchenlosen Eintrags die betreffende Leiste jederzeit einblenden.

Das durch den Befehl ANSICHT|SYMBOLLEISTEN oder das Anklicken einer Symbolleiste mit der *rechten* Maustaste geöffnete Menü enthält nicht alle Symbolleisten. Uneingeschränkten Zugriff auf alle Symbolleisten *und zusätzlich auch auf die verschiedenen Menüleisten* erhalten Sie erst, nachdem Sie darin den Befehl ANPASSEN... wählen, um das gleichnamige Dialogfeld zu öffnen (oder den Befehl EXTRAS|ANPASSEN...).

Im Register *Symbolleisten* des Dialogfelds sind alle verfügbaren Leisten aufgeführt. Durch Aktivierung/Deaktivierung des zugehörigen Kontrollkästchens können Sie beliebige Leisten ein- oder ausblenden (Abbildung 1.13).

*Leiste ein-/
ausblenden*

Blenden Sie viele Leisten ein, sieht der Bildschirm etwas überfüllt aus. Einige der Leisten werden in einem eigenen Fenster mit Überschrift und Rahmen dargestellt (unverankerte Leisten), andere wiederum als fensterlose »verankerte« Leisten an einem der Ränder des Access-Fensters (Abbildung 1.14).

Alle Leisten, auch Menüleisten, können Sie frei verschieben: bei unverankerten Leisten klicken Sie wie gewohnt den Fenstertitel an, zum Beispiel »Filter/

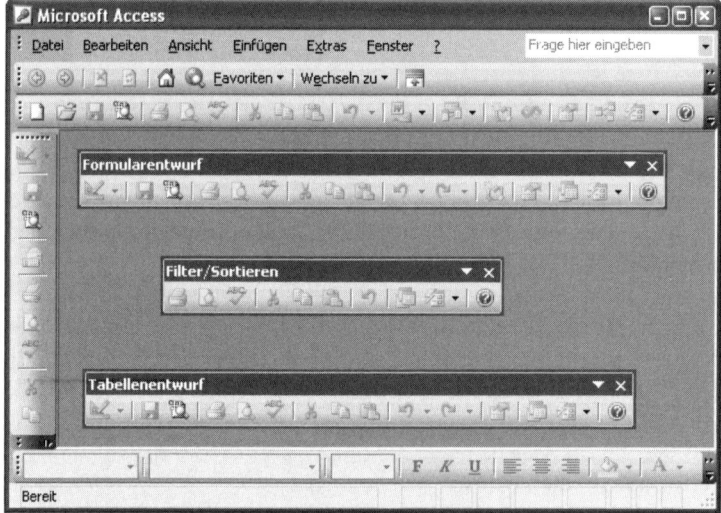

Sortieren«, und ziehen daran. Bei verankerten Leisten ziehen Sie stattdessen an der gepunkteten Linie am linken Rand der Symbolleiste.

Ziehen Sie eine Leiste zu einem der Fensterränder, wird sie dort als fensterlose verankerte Leiste eingefügt, analog zur Datenbank-Leiste. Verschieben Sie sie in das Access-Fenster, bekommt sie ihr eigenes Fenster, wird also zur unverankerten Leiste.

Die Größe unverankerter Leisten können Sie durch Anfassen an den Fensterrändern und Ziehen mit der Maus manipulieren: Ziehen Sie am unteren Leistenrand nach unten, wird die Leiste höher und die Symbole über eine zusätzliche Zeile verteilt. Schieben Sie dagegen den unteren Leistenrand nach oben, wird sie niedriger und dafür breiter.

Ist eine Symbolleiste zu schmal, um alle darin enthaltenen Symbole anzuzeigen (oder das Access-Fenster einfach zu klein dafür), fehlen in der Leiste zwangsläufig einige Symbole. Als Hinweis darauf erscheinen über dem abwärts weisenden Symbol am rechten Rand der Leiste zusätzliche Pfeile. Klicken Sie auf >>, werden die fehlenden Symbole angezeigt, und Sie können nun auf das gewünschte klicken (Abbildung 1.15).

Weitere Symbole

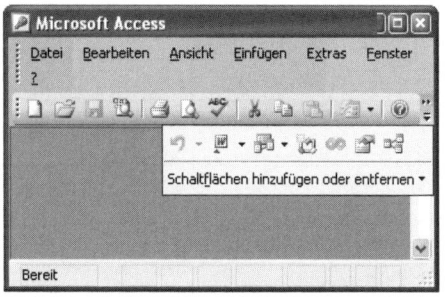

Abbildung 1.15:
Weitere Symbole
anzeigen

Sie können die Symbolliste jederzeit durch Klicken auf den abwärts weisenden Pfeil öffnen, auch wenn das Fenster nicht zu schmal ist, um darin alle Symbole darzustellen.

Bewegen Sie den Cursor auf *Schaltflächen hinzufügen oder entfernen*, erscheint zunächst eine Liste der Symbolleisten, die sich in der betreffenden Zeile befinden, momentan nur *Datenbank*. Klicken Sie darauf, wird eine Liste aller Symbole der betreffenden Leiste eingeblendet (Abbildung 1.16).

Klicken Sie auf eines der Symbole, wird es nicht mehr in der Leiste angezeigt und das Häkchen davor verschwindet. Das Symbol bleibt jedoch in dieser Liste erhalten, sodass Sie es durch erneutes Anklicken wieder einblenden können.

Symbolleiste zurücksetzen stellt den ursprünglichen Zustand der Symbolleiste wieder her.

Der Befehl *Anpassen...* am Ende der Symbolleistenliste öffnet das bereits zuvor gezeigte Dialogfeld zum Anpassen der Symbolleisten.

Der Aufgabenbereich

Mehrere Befehle öffnen statt eines herkömmlichen Dialogfelds den einen beträchtlichen Teil des Access-Fensters einnehmenden »Aufgabenbereich«, beispielsweise der Befehl DATEI|NEU... (Abbildung 1.17).

Abbildung 1.16:
Symbole
ein-/ausblenden

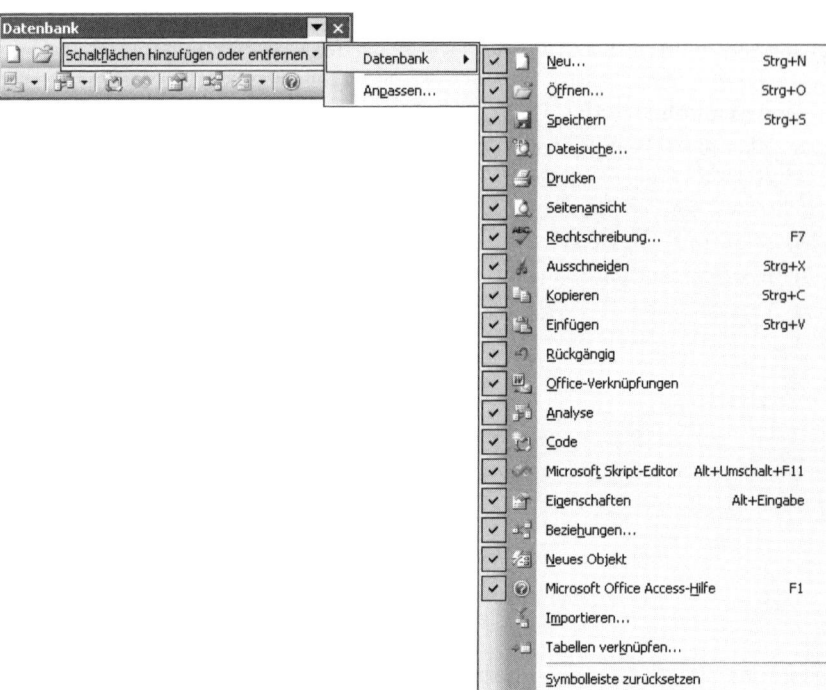

Abbildung 1.17:
Aufgabenbereich

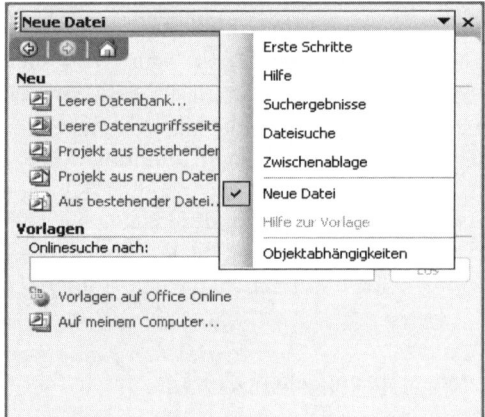

Er ist eine Mischung aus verschiedenen Komponenten:

➡ Befehle: Die einzelnen Befehle unter den verschiedenen Abschnitten (*Neu*, *Vorlagen* etc.) werden wie »Hyperlinks« dargestellt: Schwebt der Cursor über einem Befehl wie *Leere Datenbank*, wird er unterstrichen. Klicken Sie darauf, wird er ausgeführt, in diesem Fall also eine neue Datenbank erstellt.

➡ Menüs: Der Aufgabenbereich enthält verschiedene Menüs. Um ein anderes aufzuklappen, klicken Sie auf den abwärts weisenden Pfeil am oberen Fensterrand. Die verfügbaren Menüs werden aufgelistet und das momentan angezeigte per Häkchen hervorgehoben. Um ein anderes Register wie *Zwischablage* aufzuschlagen, klicken Sie auf den betreffenden Eintrag (Abbildung 1.18).

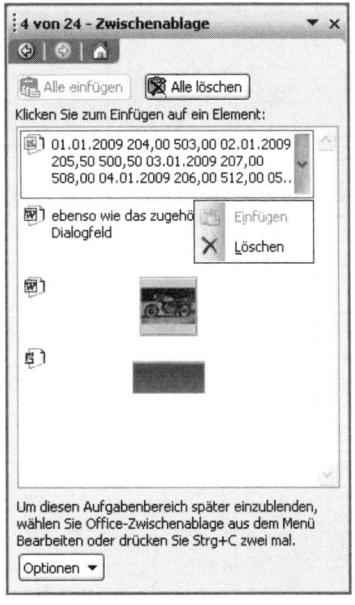

Abbildung 1.18:
Register wechseln

➡ Webbrowser: Mit den beiden nach rechts bzw. links gerichteten Pfeilen schlagen Sie das zuvor geöffnete Register wieder auf (Pfeil nach links) bzw. anschließend wieder das danach geöffnete Register (Pfeil nach rechts).

Der Aufgabenbereich erscheint beim Start von Access automatisch. Beim Öffnen einer Datenbank wird er ebenso automatisch wieder geschlossen. Wollen Sie das abstellen, deaktivieren Sie das Kontrollkästchen Beim Start anzeigen im Register Ansicht des Befehls EXTRAS|OPTIONEN....

:-)
TIPP

Das Fensterhandling

Nicht jedes Windows-Programm verfügt über die folgenden Befehle, die das Fensterhandling erleichtern.

FENSTER|NEBENEINANDER ist nützlich, wenn Sie mit vielen Fenstern arbeiten, um alle gleichzeitig zu sehen (Abbildung 1.19).

Abbildung 1.19:
Vertikale
Fensteranordnung

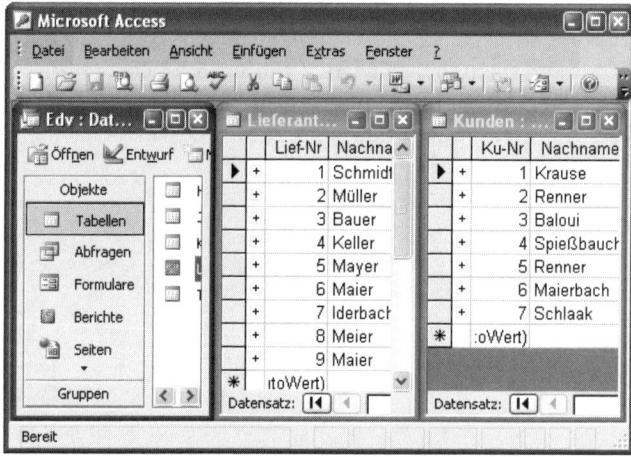

FENSTER|ÜBERLAPPEND ordnet die Fenster genau umgekehrt als Stapel an, wobei nur das vorderste Fenster vollständig sichtbar ist.

FENSTER|SYMBOLE ANORDNEN ordnet die zu Symbolen verkleinerten Fenster am unteren Rand nebeneinander an (Abbildung 1.20).

Abbildung 1.20:
Anordnung der
Fenstersymbole

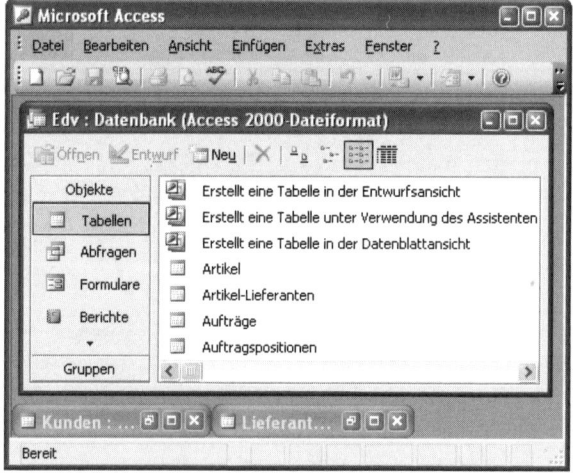

FENSTER|AUSBLENDEN blendet das momentan aktive Fenster aus: Es verschwindet vom Bildschirm und wird auch nicht als Symbol angezeigt. Eine nützliche Sache, wenn Sie ein bestimmtes Fenster vorübergehend nicht benötigen und es auch zum Symbol verkleinert stören würde.

Mit FENSTER|EINBLENDEN... können Sie ein auf diese Weise ausgeblendetes Fenster jederzeit wieder sichtbar machen. Ein Listenfeld erscheint, das die Namen aller momentan ausgeblendeten Fenster enthält. Sie selektieren das einzublendende Fenster und wählen *OK*, um es wieder sichtbar zu machen (Abbildung 1.21).

Abbildung 1.21:
Fenster einblenden

Der Office-Assistent

Der Office-Assistent gibt Tipps oder Warnungen (ist er momentan ausgeblendet, können Sie ihn mit ?|OFFICE-ASSISTENTEN ANZEIGEN aktivieren). Haben Sie beispielsweise ein Formular verändert und wollen Sie es schließen, ohne es zuvor gespeichert zu haben, erscheint folgende Warnung (Abbildung 1.22):

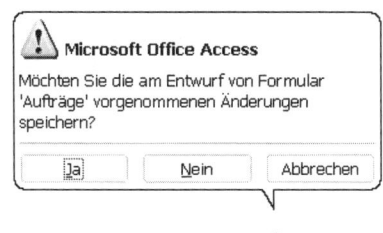

Abbildung 1.22:
Warnung

Ja speichert das Formular vor dem Schließen. *Nein* bedeutet, dass Sie bewusst auf das Speichern verzichten, und *Abbrechen*, dass Sie den gesamten Vorgang (das Formular zu schließen) abbrechen wollen.

Tipps erkennen Sie am Aufleuchten einer Glühbirne über dem Assistenten. Klicken Sie auf die Glühbirne, wird Ihnen erklärt, wie Sie die gerade durchgeführte Aktion einfacher ausführen können (Abbildung 1.23).

Abbildung 1.23:
Tipp

Wird Ihnen der Assistent lästig, klicken Sie mit der rechten Maustaste auf ihn und wählen Ausblenden oder Sie wählen ?|OFFICE-ASSISTENTEN AUSBLENDEN (gegebenenfalls blenden Sie ihn einfach mit ?|OFFICE-ASSISTENTEN ANZEIGEN wieder ein). Wichtige Hinweise und Warnungen wie »Wollen Sie ... speichern?« mit Ja- und Abbrechen-Schaltflächen erscheinen weiterhin, nun jedoch in der konservativen optischen Form, die Sie von anderen Windows-Programmen gewohnt sind (Abbildung 1.24).

:-)
TIPP

Abbildung 1.24:
Konservative
Warnungen

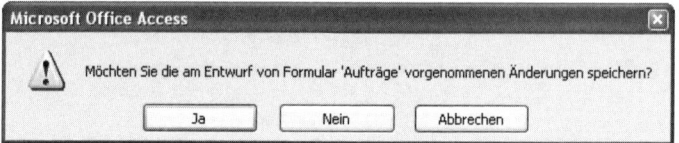

Doppelklicken Sie auf den Office-Assistenten, fragt er Sie, wobei er Ihnen helfen soll (Abbildung 1.25).

Abbildung 1.25:
Hilfestellung

Tippen Sie einfach eine umgangssprachliche Frage wie »Wie filtere ich Daten?« oder »Daten filtern« ein und drücken Sie ⏎ oder klicken Sie auf *Suchen*.

Statt den Umweg über den Assistenten zu gehen, können Sie Ihre Frage auch im Eingabefeld in der rechten oberen Ecke des Access-Fensters eingeben bzw. durch Öffnen der zugehörigen Liste eine zuvor gestellte Frage wiederholen.

:-)
TIPP

In beiden Fällen erscheinen im Aufgabenbereich die zu Ihrer Frage passenden Hilfethemen. Sie suchen das Gewünschte aus und das *Hilfe*-Dialogfeld präsentiert einen mehr oder weniger ausführlichen Text zur betreffenden Aufgabe (Abbildung 1.26).

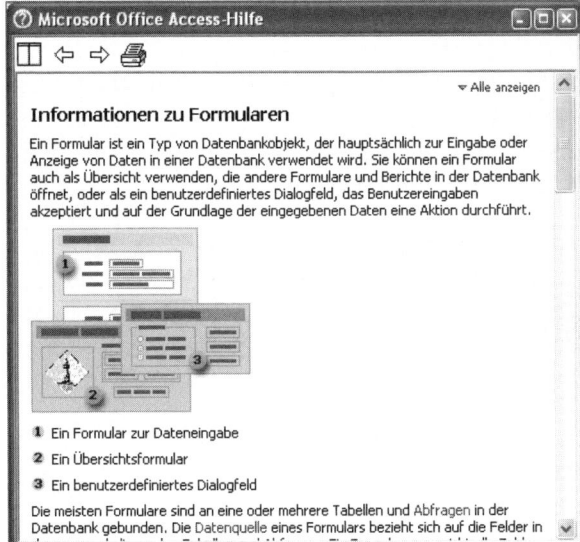

Abbildung 1.26:
Hilfetext

Die Option *Optionen...* im Assistenten-Kontextmenü (mit der rechten Maustaste auf den Assistenten klicken) öffnet das *Office Assistent*-Dialogfeld (Abbildung 1.27).

Im Register *Optionen* können Sie das Verhalten des Assistenten im Detail festlegen und im Register *Katalog*, das auch durch den Befehl ASSISTENTEN WÄHLEN... des Kontextmenüs aufgeschlagen wird, unter verschiedenen Assistenten einen auswählen.

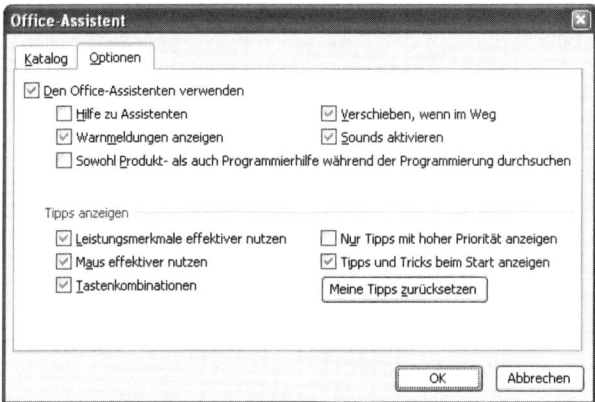

Das Hilfefenster

Klicken auf ein Hilfethema öffnet, wie erläutert, das Hilfefenster mit dem betreffenden Thema. Wollen Sie sich eine Übersicht über alle Hilfethemen verschaffen, sollten Sie stattdessen ?|MICROSOFT ACCESS-HILFE wählen und danach auf INHALTSVERZEICHNIS klicken.

Danach wird versucht, eine Verbindung zur Microsoft-Website herzustellen, um die aktuellen Hilfethemen von dort downzuloaden. Ist das mangels Internetverbindung nicht möglich, klicken Sie auf ABBRECHEN und statt dem Online-Inhaltsverzeichnis wird das lokale Inhaltsverzeichnis angezeigt, das sich auf Ihrer Festplatte befindet (Abbildung 1.28).

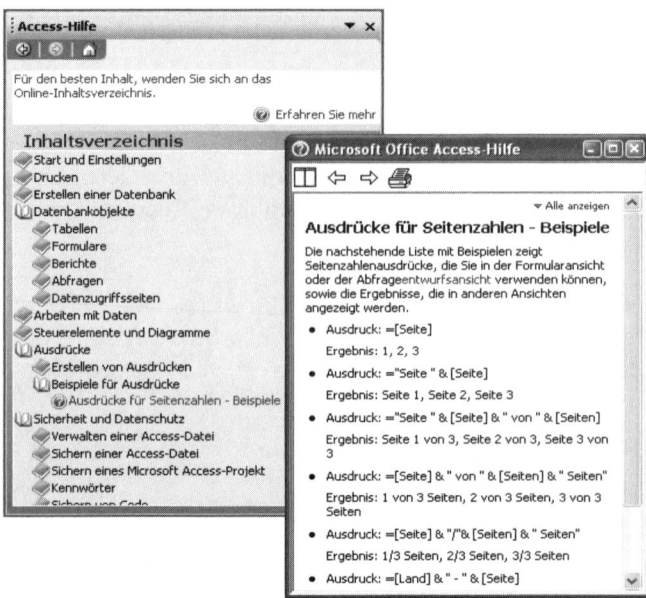

Alle Bücher sind baumartig aufgebaut, von allgemeineren zu spezielleren Themen. Per Klick öffnen Sie ein Buch bzw. schließen es wieder. Sind Sie bei einem Fragezeichen-Symbol angelangt, erscheint der zugehörige Hilfetext.

Da das Inhaltsverzeichnisfenster geöffnet bleibt, können Sie darin jederzeit ein anderes Thema auswählen.

Dieses Symbol verkleinert und verschiebt das Access-Fenster so, dass es neben dem Hilfefenster vollständig sichtbar ist (erneutes Anklicken stellt die ursprüngliche Größe des Access-Fensters wieder her, sodass es womöglich teilweise vom Hilfefenster verdeckt wird.). Ziehen Sie in diesem Zustand an der Trennungslinie, um eines der beiden Fenster zu vergrößern bzw. zu verkleinern, wird die Größe des anderen Fensters automatisch entsprechend angepasst.

Mit der Schaltfläche *Zurück* (der Infotext, der erscheint, wenn sich der Cursor über der Schaltfläche befindet) springen Sie wieder zum zuletzt angeschauten Hilfetext zurück bzw. bei erneutem Anklicken zum Hilfetext davor.

Und mit *Vorwärts* aktivieren Sie genau umgekehrt wieder den danach angeschauten Hilfetext.

Drucken druckt den momentan angezeigten Hilfstext.

Hilfe-Schaltflächen

Hilfstexte enthalten häufig Querverweise auf Details oder verwandte Themen. Solche Querverweise sind immer unterstrichen und farblich hervorgehoben. Bewegen Sie die Maus zu einem solchen Verweis, ändert der Mauscursor seine Form und wird zu einer zeigenden Hand. Anklicken springt zum betreffenden Hilfetext.

Suchbegriffe verwenden

Wählen Sie ?|MICROSOFT ACCESS-HILFE und geben Sie danach im Eingabefeld »Suchen« einen Suchbegriff ein, wird auf der Microsoft-Website (oder auf dem eigenen PC; das können Sie im geschlossen Listenfeld bestimmen) im entsprechenden Index nachgeschlagen. Im Anschluss werden die gefundenen Suchergebnisse präsentiert (Abbildung 1.29).

Abbildung 1.29:
Suchergebnisse

Smarttags

Ein Smarttag ist eine Art »Achtung-Schild« an bzw. neben einem Feld. Klicken Sie darauf, erscheint eine Liste, die oftmals nützliche Aktionen anbietet, die mit dem betreffenden Feld durchgeführt werden können (Abbildung 1.30).

Abbildung 1.30:
Smarttags in
Tabellen

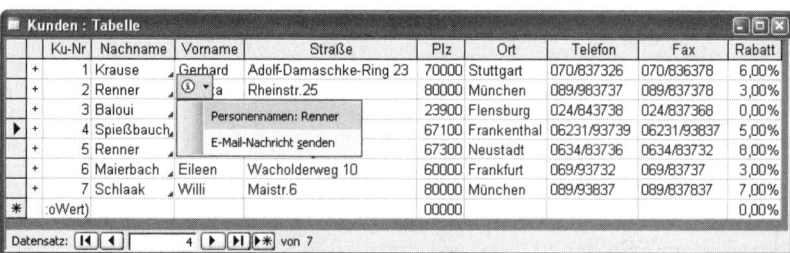

Im Beispiel würde die Wahl des Befehls zum Senden einer E-Mail Ihr E-Mail-Programm aktivieren, beispielsweise Outlook Express, eine neue leere E-Mail erstellen und darin den Nachnamen »Renner« als Empfänger vorgeben. Ist »Renner« in Ihrem Adressbuch gespeichert, wird sogar gleich die zugehörige E-Mail-Adresse vorgegeben, beispielsweise *info@Renner.de*.

Smarttags können in unterschiedlichen Objekten vorkommen, in Tabellen, Formularen etc. und von Ihnen selbst definiert werden. Zusätzlich verwendet auch Access selbst Smarttags, um Ihnen in bestimmten Situationen dazu passende Befehle anzubieten. Weitere Informationen finden Sie im Kapitel 5, »Smarttags verwenden« auf Seite 138.

2 Der Umgang mit den Access-Objekten

Eine Access-Datenbank enthält im einfachsten Fall nur einen Objekttyp, nämlich Tabellen. Komplexere Datenbanken enthalten darüber hinaus jedoch Abfragen, Formulare, Berichte und Module.

All diese Objekte werden in (nahezu) gleicher Art und Weise gehandhabt. Ich zeige Ihnen, wie Sie Access-Objekte mit den immer gleichen Techniken erzeugen, öffnen, speichern, ausdrucken, kopieren oder löschen.

Zusätzlich erläutere ich einige interessante Besonderheiten, beispielsweise Verknüpfungen mit Access-Objekten: Sie können zu nahezu allen Objekten, die sich in einer Access-Datenbank befinden, Verknüpfungen auf dem Desktop erzeugen, beispielsweise zu einem Formular. Klicken Sie später auf das zugehörige Icon, wird dadurch nicht nur die Datenbank geöffnet, in der sich dieses Formular befindet, sondern automatisch auch das Formular selbst, sodass Sie sofort damit arbeiten können.

2.1 Die verschiedenen Objektarten

Die Objekttypen

Ihnen stehen in Access folgende Objekte zur Verfügung:

➡ Tabellen: eine Sammlung von Daten einer Kategorie, zum Beispiel Personaldaten oder Adressen. Die folgende Abbildung zeigt beispielsweise eine Tabelle »Kunden« mit Kundenadressen und eine Tabelle »Aufträge«, die von diesen Kunden erteilte Aufträge enthält (Abbildung 2.1).

Eine Datenbank wiederum enthält mindestens eine, meist jedoch mehrere solcher Tabellen, zum Beispiel eine Adressdatei, eine Kundendatei, eine Auftragsdatei etc.

➡ Abfragen: Abfragen zeigen prinzipiell die gleichen Daten an, die sich auch in der zugrundeliegenden Tabelle befinden. Sie können jedoch selbst definieren, welche Daten Sie sehen wollen; beispielsweise statt aller in der Kundentabelle enthaltenen Daten nur die Daten der Kunden im Raum München oder jener Kunden, die ihre Rechnungen noch nicht vollständig bezahlt haben.

Zusätzlich können Abfragen sehr leicht tabellenübergreifend gestaltet werden. Befinden sich in der Tabelle »Kunden« die Daten Ihrer Kunden und in der Tabelle »Aufträge« die Produkte, die diese Kunden bei Ihnen bestellen, können Sie eine Abfrage entwerfen, die Ihre Kunden zusammen mit Informationen über die von ihnen erteilten Aufträge anzeigt (Abbildung 2.2).

➤ Formulare: Formulare ermöglichen, die in Tabellen enthaltenen Daten optisch ansprechender als Karteikarte anzuzeigen. Die Karteikarte können Sie nach allen Regeln der Kunst gestalteten, beispielsweise mit zusätzlichen Kopf- und Fußzeilen oder durch das Unterstreichen oder Umrahmen bestimmter Elemente (Abbildung 2.3).

Zusätzlich können Formulare (Abfragen allerdings ebenfalls) berechnete Felder enthalten, die sich aus dem Inhalt mehrerer anderer Felder zusammensetzen. Zum Beispiel ein Feld »Bestellwert«, das sich aus dem Inhalt des Feldes »VK-Preis« multipliziert mit dem Inhalt des Feldes »Stück« einer Tabelle ergibt.

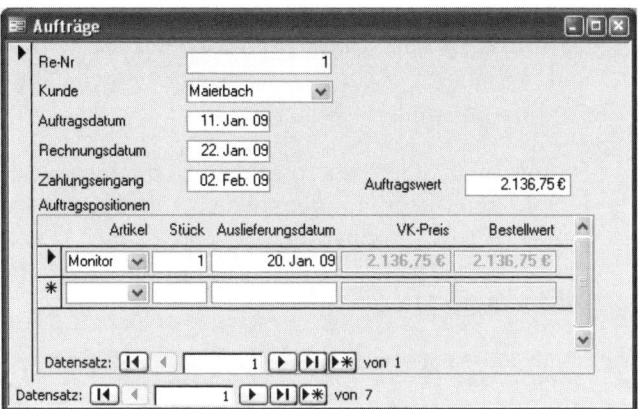

Abbildung 2.3:
Formular

➜ Berichte: Berichte ermöglichen zwar keine Bearbeitung der in der Datenbank vorhandenen Daten, sondern nur den Ausdruck. Dafür ermöglicht ein Bericht jedoch höchst attraktive Druckergebnisse. Außer Kopf- und Fußzeilen können Sie Umschlagseiten gestalten, die ausgedruckten Blätter nummerieren und verschiedene Arten des Ausdrucks festlegen, beispielsweise den Druck von Etiketten. Zusätzlich sind in Berichte Auswertungsmöglichkeiten wie die Ermittlung von Summen eingebaut (Abbildung 2.4).

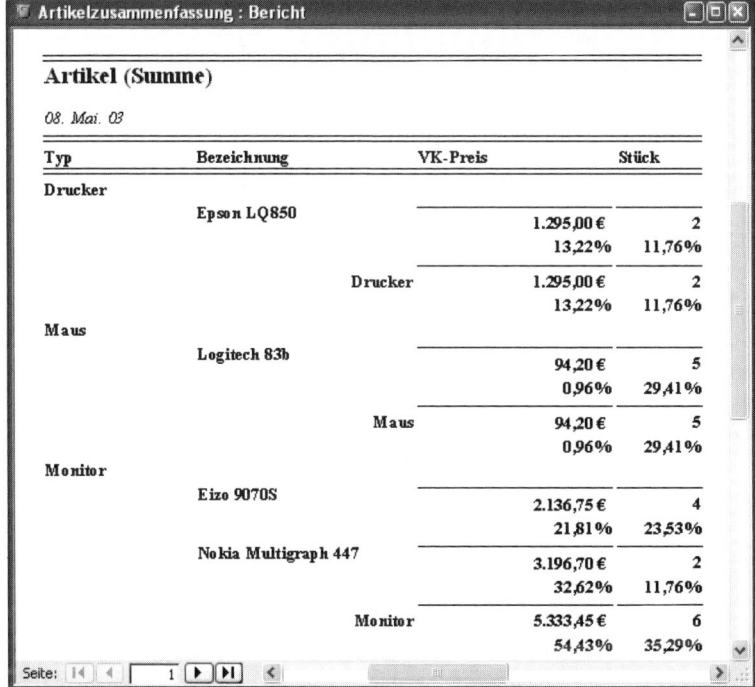

Abbildung 2.4:
Bericht

➤ Datenzugriffsseiten: Dabei handelt es sich um Webseiten, die Daten einer Access- oder einer Microsoft SQL Server-Datenbank darstellen und wie andere Webseiten auch im Internet Explorer (ab Version 5) geöffnet werden können.

Da sowohl die Optik als auch die Handhabung den gewohnten Access-Formularen entspricht, könnte man von Access-Formularen für das Intranet/Internet sprechen. Sie ermöglichen auch Benutzern, die nicht über Access verfügen, mit Daten aus einer Access-Datenbank zu arbeiten (Abbildung 2.5).

Abbildung 2.5:
Datenzugriffsseite

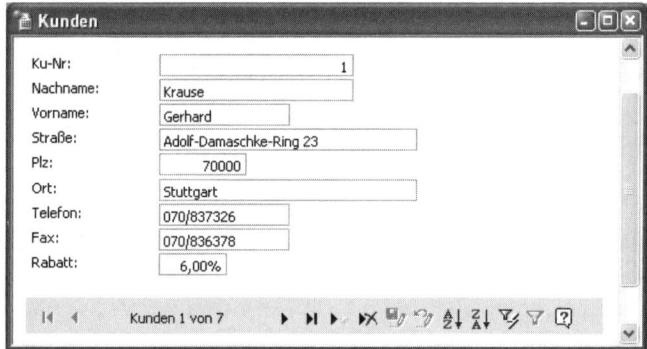

➤ Makros: Makros werden zur Automatisierung häufig benötigter Aktionen verwendet. Sie könnten beispielsweise in ein Formular eine Schaltfläche mit der Beschriftung »Ausdrucken« einfügen und ihr ein Makro zuordnen, das beim Klicken auf diese Schaltfläche den im Formular momentan angezeigten Datensatz ausdruckt.

➤ Module: Access enthält eine eigene Programmiersprache zum Lösen spezieller Datenbankprobleme. Mit dieser Sprache erstellen Sie Prozeduren und Funktionen, kleine Code-Einheiten für spezifische Aufgaben.

Beispielsweise lässt sich eine Prozedur erstellen, die den Benutzer nach seinem Kennwort fragt; oder eine Prozedur, die die Differenz zwischen zwei Datumsangaben ermittelt, oder eine Prozedur, die alle Adressen einer Tabelle löscht, die älter als 20 Jahre sind. Zusammengehörende Gruppen solcher Prozeduren speichern Sie in einem Modul, um jederzeit schnell auf die darin enthaltenen Prozeduren zugreifen zu können.

Die Objektansichten

Wie ein Objekt dargestellt wird, bestimmen Sie beim Öffnen des Objekts (siehe »Objekte öffnen und schließen« auf Seite 60).

Darüber hinaus können Sie die Ansicht für das momentan aktive Objekt jederzeit mit dem Menü ANSICHT oder der folgenden Symbolliste, die sich ganz links in der *Datenbank*-Symbolleiste befindet (Abbildung 2.6), umschalten.

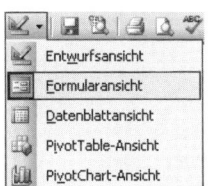

Abbildung 2.6:
Ansichten-
Listensymbol

Die Liste enthält alle Ansichten, die für das momentan aktive Objekt verfügbar sind. Klicken Sie auf einen der Einträge, wird die betreffende Ansicht aktiviert.

Zusätzlich wird das bei geschlossener Liste sichtbare Vorgabesymbol durch ein anderes ausgewechselt: Ist beispielsweise eine Tabelle in der Datenblattansicht geöffnet, wird automatisch das abgebildete Symbol zum Aktivieren der Entwurfsansicht vorgegeben und umgekehrt.

In der Datenblattansicht (klicken Sie auf das abgebildete Symbol oder wählen Sie ANSICHT|DATENBLATTANSICHT) werden die Daten entsprechend Abbildung 2.1 angezeigt: Die im Objekt enthaltenen Daten werden als Tabelle mit Zeilen und Spalten dargestellt, wobei jede Zeile einem Datensatz und jede Spalte einem Feld entspricht.

In der Entwurfsansicht (ANSICHT|ENTWURFSANSICHT bzw. das abgebildete Symbol) werden nicht die im Objekt enthaltenen Daten angezeigt, sondern Struktur und Aufbau des Objekts, den Sie nun verändern können. Beispielsweise, um bei Tabellen festzulegen, aus welchen Feldern ein Datensatz bestehen soll und welche Daten die einzelnen Felder aufnehmen sollen, z.B. Zahlen, Zeichen oder eine Uhrzeit (Abbildung 2.7).

Wesentlich seltener als diese meistverwendeten Objektansichten werden Sie die Pivot-Ansicht benutzen, eine Art Kreuztabelle, die sehr vielseitige Auswertungsmöglichkeiten bietet. Ich erläutere diese Ansicht im Kapitel 13, »Pivot-Tabellen und -Diagramme«.

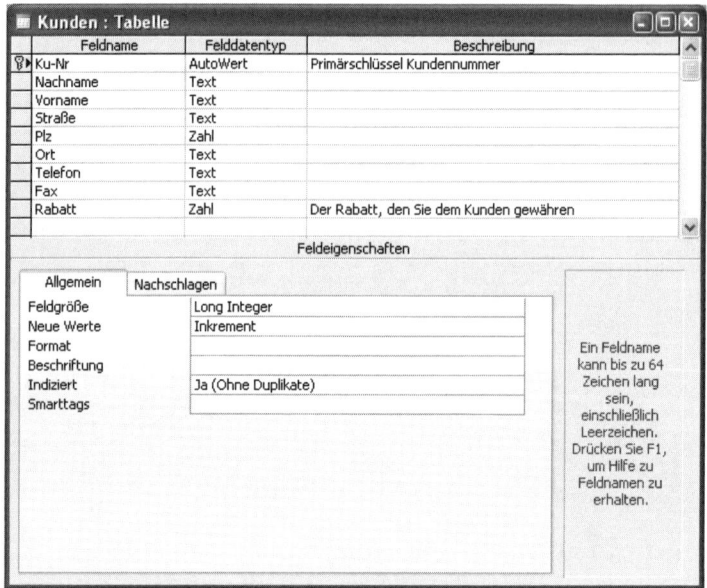

2.2   Die »Steuerzentrale«: das Datenbankfenster

Das wichtigste Access-Objekt ist das Datenbankfenster, ein Behälter, der alle Objekte der momentan geöffneten Datenbank enthält und nach dem Öffnen einer Datenbank automatisch erscheint.

 Wählen Sie bitte DATEI|ÖFFNEN... bzw. klicken Sie auf das abgebildete Symbol, öffnen Sie die Demodatenbank EDV.MDB, und bejahen Sie die Fragen, ob die Datenbank trotz möglicherweise darin enthaltener Ausdrücke geöffnet werden soll, und ob die darin enthaltenen Makros aktiviert werden sollen. Anschließend erscheint das Datenbankfenster (Abbildung 2.8).

 Mit F11 oder durch Anklicken des abgebildeten Symbols können Sie das Datenbankfenster jederzeit in den Vordergrund bringen. Es ist ein ganz normales Fenster, das Sie wie üblich vergrößern, verkleinern oder verschieben können.

Es zeigt den gesamten Inhalt der geöffneten Datenbank EDV.MDB an, unterteilt in Tabellen, Abfragen etc. Dazu enthält die linke Leiste gleichnamige Objekt-Schaltflächen mit zugehörigen Symbolen. Jedem Objekttyp ist ein eigenes Symbol zugeordnet, Formularen beispielsweise ein anderes als Makros oder Tabellen.

Ist *Tabelle* aktiv, werden alle in der Datenbank enthaltenen Tabellenobjekte angezeigt. Klicken Sie auf *Abfrage*, werden statt dessen alle Abfragen aufge-

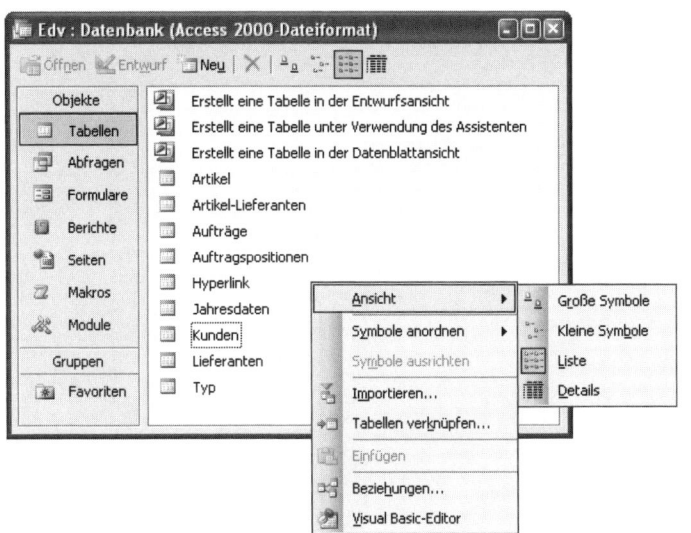

Abbildung 2.8:
Das Datenbank-
fenster

listet, die die Datenbank enthält. Nach dem Anklicken von *Formulare* werden entsprechend alle Formulare aufgelistet und so weiter.

Alternativ dazu können Sie bei aktivem Datenbankfenster einen der Befehle ANSICHT|DATENBANKOBJEKTE|TABELLEN, ANSICHT|DATENBANKOBJEKTE|ABFRAGEN etc. wählen, um den betreffenden Objekttyp zu aktivieren.

Eigene Objektgruppen anlegen

Unterhalb der grauen Schaltfläche *Gruppen* befindet sich die Schaltfläche *Favoriten*. Dabei handelt es sich nicht etwa um einen weiteren Objekttyp, sondern um einen Ordner, der Verknüpfungen zu beliebigen Objekten der Datenbank aufnehmen kann.

Enthält Ihre Datenbank Hunderte einzelner Objekte und wollen Sie auf die am häufigsten benutzten möglichst schnell zugreifen können, legen Sie in diesem Ordner einfach eine Verknüpfung zum betreffenden Objekt ab. Um eine solche Verknüpfung zu erstellen, aktivieren Sie zunächst die betreffende Objektgruppe.

*Verknüpfung
ablegen*

Danach ziehen Sie das interessierende Objekt bei gedrückter linker Maustaste zur Schaltfläche *Favoriten* (neben dem Cursor wird nun ein + eingeblendet) und lassen es dort fallen.

Alternative: Sie klicken das betreffende Objekt mit der rechten Maustaste an und wählen im Kontextmenü ZUR GRUPPE HINZUFÜGEN|1 FAVORITEN (Abbildung 2.9).

Abbildung 2.9:
Favoriten

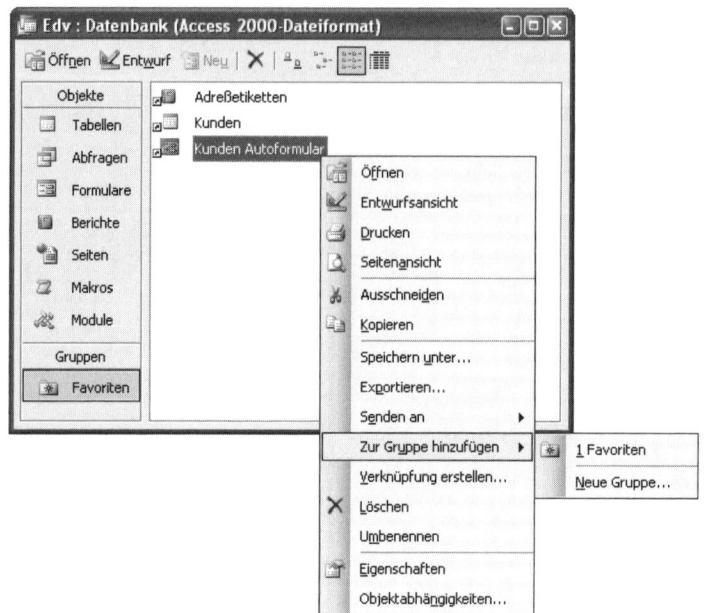

Im Beispiel erstellte ich auf diese Weise in *Favoriten* Verknüpfungen zu Objekten aus drei verschiedenen Gruppen: »Adressetiketten« ist ein Bericht, »Kunden« eine Tabelle, und »Kunden Autoformular« ist ein Formular.

Neue Gruppen Unterhalb der grauen *Gruppen*-Schaltfläche können Sie eigene Schubladen einrichten. Klicken Sie mit der rechten Maustaste auf eine beliebige Schaltfläche (das kann eine der Schaltflächen unterhalb von *Objekte* sein oder aber die momentan einzige Schaltfläche unterhalb von *Gruppen*, nämlich *Favoriten*), enthält das zugehörige Kontextmenü den Befehl NEUE GRUPPE... (Abbildung 2.10).

Sie werden nach dem Namen gefragt, den die neue Gruppe erhalten soll, und geben beispielsweise »MyGroup« ein, um unterhalb von *Gruppen* außer *Favoriten* zusätzlich die eigene Gruppe »MyGroup« zu erzeugen, in der Sie ab jetzt ebenfalls Verknüpfungen zu beliebigen Objekten der Datenbank ablegen können.

Eigene Schubladen können Sie nachträglich umbenennen, indem Sie mit der rechten Maustaste darauf klicken, im Kontextmenü GRUPPE UMBENEN-NEN... wählen und im zugehörigen Dialogfeld den neuen Namen der Gruppe eintippen.

Wählen Sie statt dessen GRUPPE LÖSCHEN, wird die betreffende Gruppe mit allen darin abgelegten Verknüpfungen gelöscht. Dabei werden nur die Verknüpfungen gelöscht, nicht die Objekte selbst!

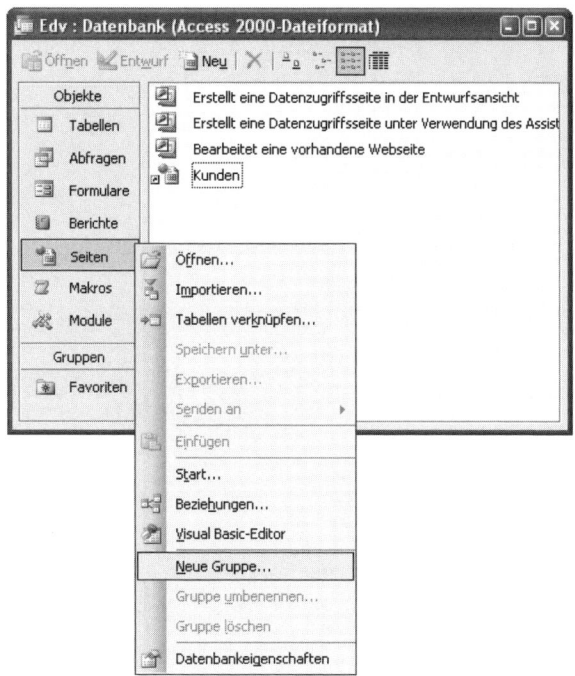

Abbildung 2.10:
Neue Gruppe
erzeugen

Je nach Größe des Datenbankfensters ist der Platz für die in der linken Leiste darstellbaren Objekttypen und Gruppen recht begrenzt. Access ermöglicht Ihnen jedoch, selbst zu wählen, worauf Sie Wert legen (das gilt auch bei großem Datenbankfenster).

Gruppenanzeige
ändern

Interessieren Sie momentan beispielsweise nur die verschiedenen Gruppen, klicken Sie einfach auf die graue *Gruppen*-Schaltfläche (Abbildung 2.11).

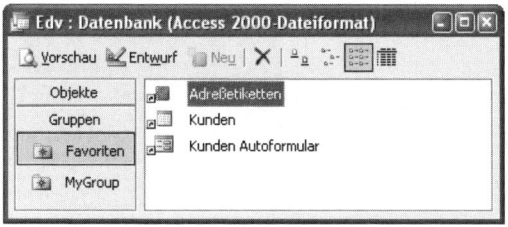

Abbildung 2.11:
Gruppenanzeige

Sie rutscht nach oben, und es werden nur noch Gruppen angezeigt. Klicken Sie erneut darauf, rutscht sie an den unteren Rand, sodass genau umgekehrt nur noch Objekte angezeigt werden. Beim dritten Klick auf *Gruppen* ergibt sich wieder die Ausgangsdarstellung (mehrfaches Anklicken von *Objekte* bewirkt das Gleiche).

Sogar Feintuning ist möglich: Sie können *Gruppen* mit der Maus beliebig weit nach oben oder unten ziehen, um die Darstellung exakt so einzustellen, wie Sie es wünschen.

Ansichten und Eigenschaften

Die verschiedenen Objekte können im Datenbankfenster auf unterschiedliche Weise dargestellt werden, als große oder kleine Symbole, als einfache Liste oder als Liste mit zusätzlichen Detailinformationen wie dem Erstellungsdatum und dem Datum der letzten Änderung (Abbildung 2.12).

Abbildung 2.12:
Detaildarstellung

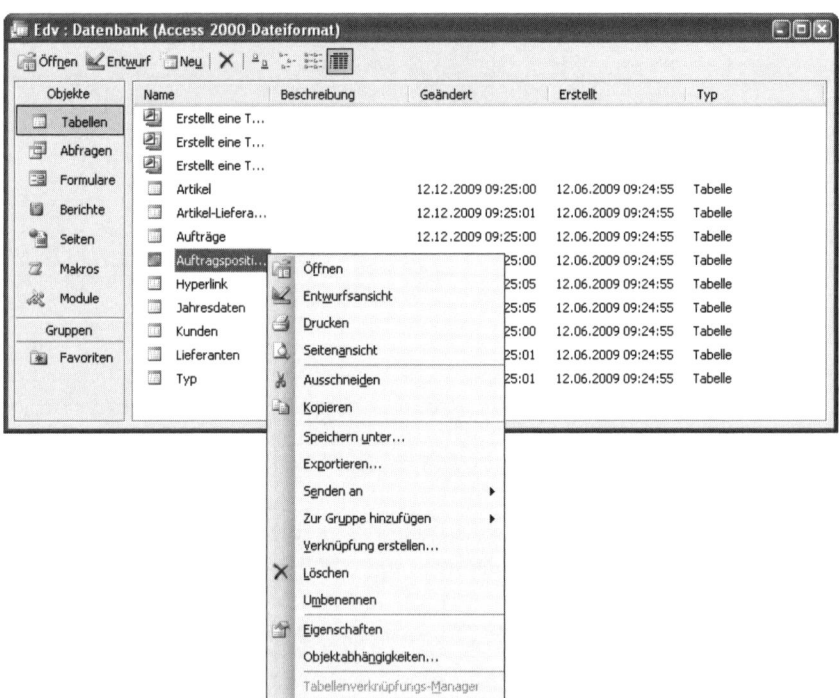

Um die gewünschte Darstellung auszuwählen,

➡ wählen Sie entweder einen der entsprechenden Unterbefehle des Menüs ANSICHT wie ANSICHT|GROßE SYMBOLE

➡ oder des Kontextmenüs, das sich öffnet, wenn Sie irgendeine leere Stelle im Datenbankfenster mit der rechten Maustaste anklicken

➡ oder klicken Sie direkt auf das entsprechende Symbol der Symbolleiste, die sich am oberen Rand des Datenbankfensters befindet.

Klicken Sie mit der rechten Maustaste auf eines der im Datenbankfenster enthaltenen Objekte, erscheint das zuvor gezeigte Kontextmenü (Abbildung 2.12), das die wichtigsten Befehle zur Manipulation des betreffenden Objekts enthält, die ich nun erläutere.

Ist im Datenbankfenster ein Objekt selektiert, öffnet der Befehl ANSICHT |EIGENSCHAFTEN (ist auch im Kontextmenü des Objekts enthalten) ebenso wie das zugehörige Symbol ein Dialogfeld, in dem die Eigenschaften dieses Objekts angezeigt werden (Abbildung 2.13).

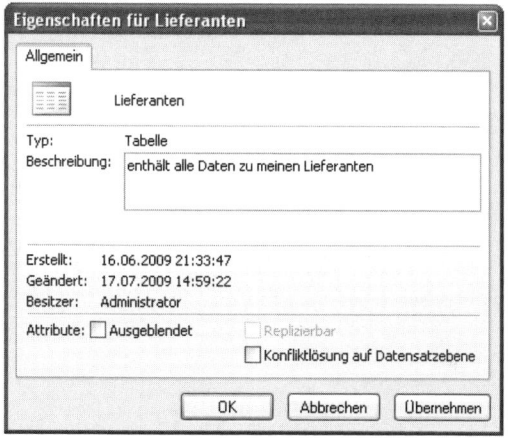

Abbildung 2.13:
Objekteigen-
schaften

Im Feld *Beschreibung* können Sie einen Text eingeben, der das Objekt näher beschreibt und anschließend bei aktivierter Detaildarstellung in der Spalte *Beschreibung* im Datenbankfenster angezeigt wird.

Aktivieren Sie *Ausgeblendet*, wird das betreffende Objekt im Datenbankfenster nicht mehr angezeigt.

Um es wieder einzublenden, müssen Sie im Register *Ansicht* des Befehls EXTRAS|OPTIONEN... das Kontrollkästchen *Ausgeblendete Objekte* aktivieren.

Alle ausgeblendeten Objekte werden nun durch leicht schwächliche Schrift hervorgehoben wieder angezeigt und können so wieder mit der rechten Maustaste angeklickt werden, um im zugehörigen *Eigenschaften*-Dialogfeld die Ausblendung rückgängig zu machen.

Desktopverknüpfungen erzeugen

Selektieren Sie im Datenbankfenster ein Objekt und wählen Sie BEARBEITEN|VERKNÜPFUNG ERSTELLEN..., erscheint folgendes Dialogfeld (Abbildung 2.14).

Abbildung 2.14:
Verknüpfung
definieren

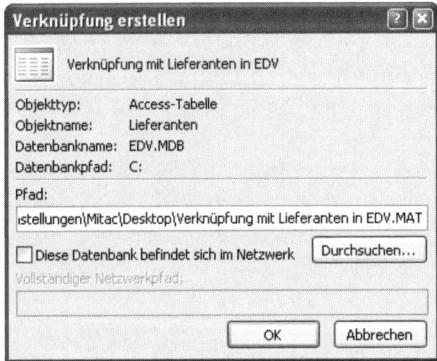

Unter *Pfad* geben Sie an, wo die Verknüpfung erstellt werden soll und welchen Namen sie erhält. Übernehmen Sie die Vorgabe unverändert, wird die Verknüpfung auf dem Desktop erstellt und erhält den Namen »Verknüpfung mit Lieferanten in Edv« – falls das Objekt wie hier »Lieferanten« und die Datenbank »Edv« heißt (Abbildung 2.15).

Abbildung 2.15:
Verknüpfung

Ab jetzt genügt ein Doppelklick auf diese Verknüpfung, um das zugehörige Objekt zu öffnen – und zwar auch dann, wenn momentan eine andere Datenbank geöffnet ist, da die benötigte Datenbank automatisch geöffnet wird.

2.3   Die wichtigsten Manipulationsmöglichkeiten

Objekte öffnen und schließen

*Im Datenblatt-
modus*

Ein Doppelklick auf eines der im Datenbankfenster angezeigten Objekte öffnet es (EXTRAS|OPTIONEN..., Register *Ansicht* ermöglicht die Umstellung auf einfachen Klick). Beispielsweise genügt ein Doppelklick auf den Eintrag *Lieferanten*, um die in EDV.MDB enthaltene Tabelle »Lieferanten« zu öffnen.

Um zusätzlich auch das auf dieser Tabelle basierende Formular »Lieferanten Autoformular« zu öffnen, aktivieren Sie wieder das Datenbankfenster und klicken darin auf *Formulare*. Die Liste aller verfügbaren Formulare erscheint, und mit einem Doppelklick auf den Eintrag »Lieferanten Autoformular« öffnen Sie dieses Formular (Abbildung 2.16).

Abbildung 2.16:
Geöffnete Objekte

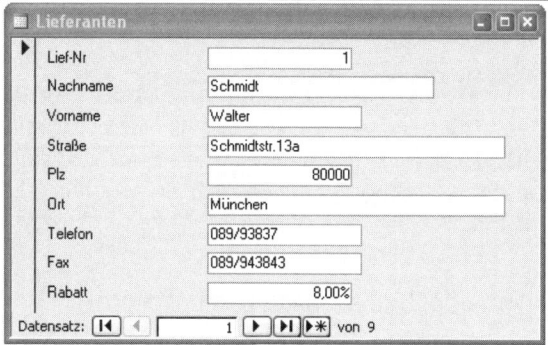

Klicken Sie zum Öffnen des selektierten Objekts auf *Entwurf*, wird es in der Entwurfsansicht geöffnet. Angewandt auf das Formular »Lieferanten Auto-formular« würden Sie nicht das Formular selbst zu sehen bekommen, sondern die Formularstruktur, die Sie nun ändern können, um einzelne Felder zu verschieben, Schriftarten zu ändern und so weiter.

Im Entwurfs-modus

DATEI|SCHLIEßEN schließt ebenso wie das abgebildete Symbol das momentan aktive Objekt. Schließen Sie das Datenbankfenster, wird die Datenbank selbst geschlossen.

Wurde das zu schließende Objekt neu angelegt oder haben Sie es verändert und noch nicht gespeichert, werden Sie zuvor gefragt, ob Sie es speichern wollen.

Sie können die Speicherung auch jederzeit selbst mit DATEI|SPEICHERN einleiten. Dabei werden nicht etwa Datensätze gespeichert, zum Beispiel Adressen, denn das erfolgt automatisch nach jeder Eingabe einer neuen Adresse. Stattdessen speichert dieser Befehl das Layout des Objekts.

Öffnen Sie versuchsweise im Datenbankfenster (Tabellenobjekte aktivieren!) die Tabelle »Lieferanten«. Klicken Sie auf die Trennlinie zwischen den Spaltenüberschriften »Nachname« und »Vorname« und ziehen Sie sie bei gedrückter Maustaste nach rechts, um die Breite der Spalte »Nachname« zu vergrößern.

Ohne das explizite Speichern dieser Änderung wird die Tabellenspalte beim nächsten Öffnen der Tabelle wieder so breit erscheinen wie zuvor. Ihre Layoutänderung ist nur dauerhaft, wenn Sie sie speichern. Das weiß natürlich auch Access, und darum werden Sie beim Schließen des Objekts gefragt, ob Sie die vorgenommenen Layoutänderungen speichern wollen (Abbildung 2.17).

Abbildung 2.17:
Tabellenlayout
speichern

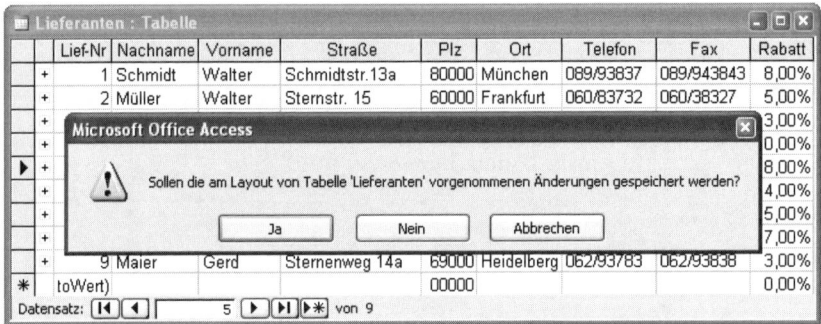

Kopieren, Exportieren, Umbenennen und Löschen

Vor größeren Änderungen eines Objekts, beispielsweise des in EDV.MDB enthaltenen Formulars »Aufträge«, ist es oft sinnvoll, eine Kopie des Objekts zu erstellen, um – bei mißlungenem Umbau – notfalls darauf zurückgreifen zu können.

Dazu klicken Sie im Datenbankfenster auf das betreffende Objekt, ziehen es bei gedrückter Strg-Taste ein kleines Stückchen auf eine leere Fläche im Datenbankfenster (neben dem Cursor erscheint ein +) und lassen es fallen (Maustaste loslassen).

Access erzeugt daraufhin eine Kopie des Formulars »Aufträge« und gibt ihr den Namen »Kopie von Aufträge«. Im Datenbankfenster wird nun unter *Formulare* außer »Aufträge« zusätzlich das damit völlig identische Formular »Kopie von Aufträge« angezeigt, das die gleichen Datensätze enthält wie das Original.

Sie könnten jetzt den Entwurf dieses Formulars manipulieren und – wenn Ihnen das Resultat nicht passt – die verunstaltete Kopie einfach löschen, eine neue Kopie von »Aufträge« erzeugen und Ihre Manipulationsübungen daran wiederholen.

Umständlicher, dafür aber vielseitiger: Selektieren Sie im Datenbankfenster per Anklicken ein Objekt und wählen Sie DATEI|SPEICHERN UNTER..., können Sie der Kopie einen beliebigen Namen geben (Abbildung 2.18).

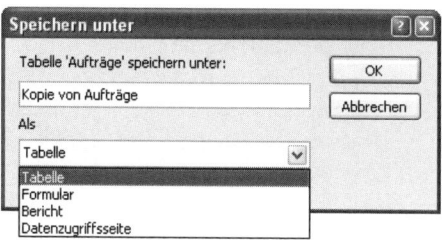

Abbildung 2.18:
Objekte kopieren

Zusätzlich können Sie im unteren Listenfeld den Objekttyp der zu erzeugenden Kopie auswählen und die zu erzeugende Kopie einer Tabelle beispielsweise als Formular oder als Bericht speichern, wodurch ein so genanntes AutoFormular bzw. ein AutoBericht erzeugt wird.

Speziell beim Kopieren von Tabellen ist es oft sinnvoller, die Befehle BEARBEITEN|KOPIEREN und BEARBEITEN|EINFÜGEN zu verwenden. Dazu selektieren Sie im Datenbankfenster das zu kopierende Objekt und wählen BEARBEITEN|KOPIEREN bzw. klicken auf das zugehörige Symbol.

Danach wählen Sie BEARBEITEN|EINFÜGEN oder klicken ebenfalls auf das zugehörige Symbol. Access fragt Sie erneut nach dem Namen, den die Objektkopie erhalten soll und fügt sie unter diesem Namen in das Datenbankfenster ein.

Kopieren Sie jedoch eine Tabelle wie »Aufträge«, will Access wissen, was genau kopiert werden soll (Abbildung 2.19).

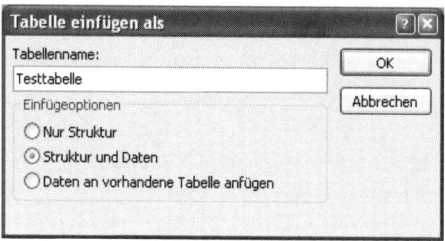

Abbildung 2.19:
Tabelle kopieren

Sie geben der Kopie einen beliebigen Namen und aktivieren eine der verfügbaren Kopieroptionen:

➡ *Nur Struktur* erzeugt eine leere Tabelle mit dem gleichen Aufbau wie die Originaltabelle.

➡ *Struktur und Daten* fügt zusätzlich die in der Originaltabelle enthaltenen Datensätze in die Kopie ein.

➡ *Daten an vorhandene Tabelle anfügen* setzt voraus, dass Sie als Tabellenname den Namen einer bereits vorhandenen Tabelle angeben, *die den gleichen Aufbau* wie die zu kopierende Originaltabelle »Aufträge« besitzt. Dann fügt diese Option die in »Aufträge« vorhandenen Datensätze in die angegebene Tabelle ein, ohne bereits darin vorhandene Datensätze zu verändern.

DATEI|EXPORTIEREN... *öffnet das Dateiauswahl-Dialogfeld. Es ermöglicht Ihnen, das selektierte Objekt in verschiedenen Dateiformaten zu exportieren, beispielsweise im Excel-, dBase- oder HTML-Format, um es anschließend mit dem betreffenden Programm weiterzubearbeiten (siehe Kapitel 25.2, »Importieren und Verknüpfen«).*

Objekte umbenennen

Sie können den Namen jedes Objekts nachträglich verändern (es darf in diesem Moment jedoch nicht geöffnet sein!). Dazu selektieren Sie das umzubenennende Objekt im Datenbankfenster und wählen BEARBEITEN| UMBENENNEN (oder klicken das Objekt mit der rechten Maustaste an und wählen den gleichnamigen Befehl im Kontextmenü) oder klicken den Eintrag nach einer kurzen Wartepause (um keinen Doppelklick auszulösen) erneut an. Danach können Sie den Namen des Objekts beliebig ändern.

Objekte löschen

Um ein Objekt zu löschen, selektieren Sie es im Datenbankfenster und wählen BEARBEITEN|LÖSCHEN (oder klicken das Objekt mit der rechten Maustaste an und wählen den gleichnamigen Befehl im Kontextmenü) oder drücken einfach ⎡Entf⎤.

Neue Objekte erzeugen

Um ein neues Objekt anzulegen, aktivieren Sie zunächst im Datenbankfenster die betreffende Objektkategorie, beispielsweise *Tabelle*.

Vorgegebene Objekte

Die Objektkategorien *Tabellen, Formulare, Abfragen, Berichte* und *Seiten* enthalten mehrere vorgegebene Einträge, mit denen neue Objekte erstellt werden (Abbildung 2.20).

Die Bezeichnungen dieser Einträge hängen von der momentan selektierten Objektkategorie ab: *Erstellt eine neue Abfrage in der Entwurfsansicht* heißt beispielsweise bei Tabellen entsprechend *Erstellt eine Tabelle in der Entwurfsansicht*.

Klicken Sie auf den *...in der Entwurfsansicht*-Eintrag, wird ein neues leeres Objekt des betreffenden Typs erzeugt und in der Entwurfsansicht geöffnet. Sie können anschließend in das betreffende Objekt Elemente einfügen und deren Eigenschaften definieren.

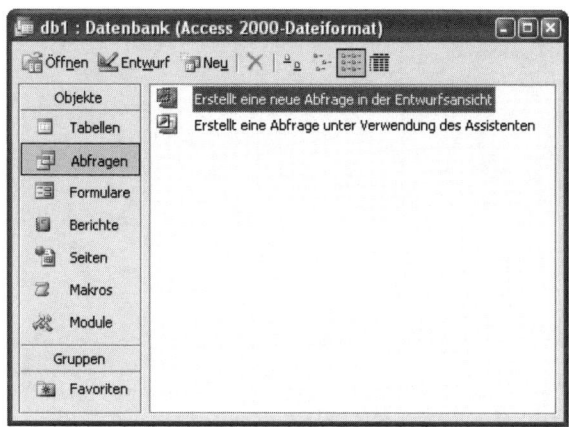

Abbildung 2.20:
Vorgegebene
Objekte

Der Eintrag *...unter Verwendung des Assistenten* ruft dagegen einen Assistenten auf, der Ihnen bei der Erzeugung des neuen Objekts unter die Arme greift.

Bei Tabellen gibt es zusätzlich die Option, eine Tabelle zu erstellen und gleich in der Datenblattansicht zu öffnen, und bei Seiten die Option, eine bereits vorhandene Webseite zu bearbeiten.

Zusätzlich gibt es eine weitaus vielseitigere Möglichkeit zur Erstellung weiterer Objekte. Dazu klicken Sie im Datenbankfenster nach Aktivierung der gewünschten Objektkategorie auf die abgebildete *Neu*-Schaltfläche (Abbildung 2.21).

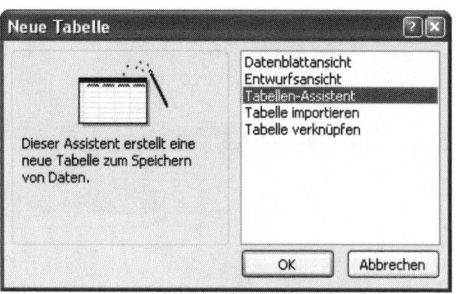

Abbildung 2.21:
Objekt erzeugen

Entwurfsansicht erstellt ebenfalls ein neues leeres Objekt und *...-Assistent* aktiviert ebenfalls den für den betreffenden Objekttyp zuständigen Assistenten.

Das gleiche Dialogfeld können Sie übrigens auch mit den verschiedenen Befehlen des EINFÜGEN-Menüs öffnen, beispielsweise mit EINFÜGEN|FORMULAR, um ein neues Formular einzufügen. Oder mit dem *Neues Objekt*-Symbol der Access-Symbolleiste, das nach dem Anklicken eine Liste mit entsprechenden Symbolen öffnet (Abbildung 2.22).

AutoObjekte   Die *Auto...*-Symbole erstellen Formulare und Berichte, die ohne jegliche Nachfrage erzeugt werden und bereits fertig formatiert sind.

Einzige Voraussetzung: vor dem Anklicken des betreffenden Symbols muss im Datenbankfenster die Tabelle oder Abfrage selektiert sein, auf der das Formular bzw. der Bericht basieren soll.

Objekte ausdrucken

DATEI|DRUCKEN... bzw. das zugehörige Symbol druckt das momentan aktive Objekt aus, beispielsweise eine Tabelle oder ein Formular. Statt das betreffende Objekt zuvor zu öffnen, können Sie es auch einfach im Datenbankfenster markieren und danach auf das Drucker-Symbol klicken.

Im Gegensatz zum Anklicken des Drucker-Symbols, bei dem sofort der Ausdruck beginnt, öffnet DATEI|DRUCKEN... zuvor das folgende Dialogfeld (Abbildung 2.23).

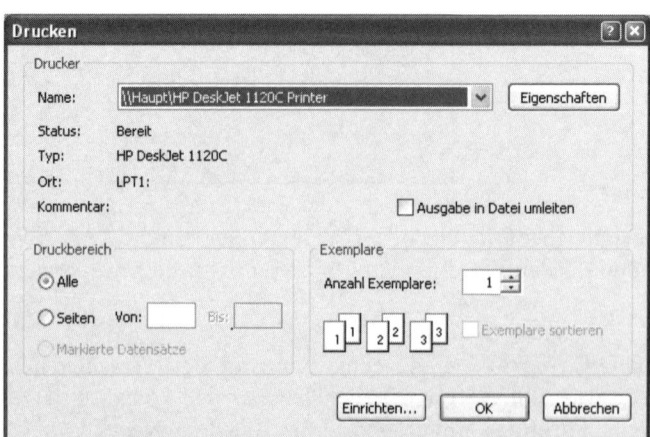

Markierte Datensätze druckt nur die momentan markierten Datensätze.

Beim Druck längerer Tabellen werden diese über mehrere Seiten verteilt. *Alle* druckt in diesem Fall alle Seiten einer Tabelle, *Seiten* dagegen nur die Seiten *von* bis *bis*, zum Beispiel nur Seite 3 bis Seite 5.

Anzahl legt fest, wie oft die Tabelle ausgedruckt wird. Ist *Exemplare sortieren* deaktiviert, werden dabei identische Seiten direkt aufeinanderfolgend ausgedruckt: Access druckt x-mal die Seite 1, danach x-mal die Seite 2 und so weiter.

Aktivieren Sie *Ausgabe in Datei umleiten*, erscheint nach Wahl von *OK* ein Dialogfeld, in dem Sie der »Druckdatei« einen Namen geben. Später können Sie diese Druckdatei auf das gewünschte Windows-Drucker-Symbol ziehen, um sie tatsächlich auf Papier zu bringen.

Dieses Symbol aktiviert ebenso wie der Befehl DATEI|SEITENANSICHT für das momentan aktive oder im Datenbankfenster selektierte Objekt die Seitenansicht. Darin wird das voraussichtliche Druckergebnis möglichst exakt angezeigt. Angewandt auf die Tabelle »Kunden« von EDV.MDB (Abbildung 2.24).

Seitenansicht

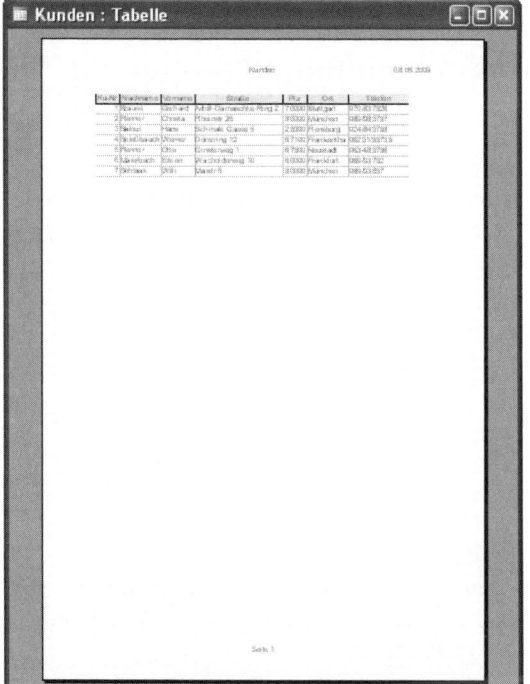

Abbildung 2.24:
Prüfen des Seitenlayouts

Ist Ihr Dokument sehr lang oder breit, reicht ein Blatt wahrscheinlich nicht, und es wird stattdessen über mehrere Blätter verteilt. Mit dem Symbol ▶ blättern Sie zur folgenden Seite weiter, mit ◀ eine Seite zurück, mit ▶❙ zur letzten und mit ❙◀ wieder zur ersten Seite des Dokuments.

Da Sie in der Seitenansicht sehen, welche Tabellenteile sich auf welchen Seiten befinden, können Sie nun auch die Option *Seiten* des *Drucken*-Dialogfelds sinnvoll einsetzen, um nur ganz bestimmte Seiten auszudrucken.

Lupenfunktion   Klicken Sie mit dem inzwischen als Lupensymbol dargestellten Mauscursor auf irgendeine Stelle einer Seite, die Sie näher interessiert, vergrößert Access den betreffenden Bereich (Abbildung 2.25).

Abbildung 2.25:
Die Lupenfunktion

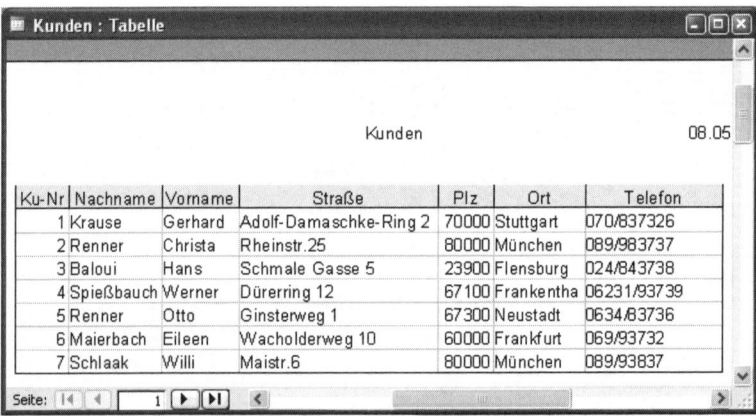

Den in diesem Vergrößerungsmodus gezeigten Ausschnitt können Sie mit den Bildlaufleisten oder den Cursortasten in alle Richtungen verschieben. Klicken Sie erneut irgendeine Stelle an, wird der Vergrößerungsmodus wieder deaktiviert.

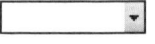

Der Befehl ANSICHT|ZOOM ermöglicht Ihnen ebenso wie das Zoomfeld, einen nahezu beliebigen Vergrößerungs- oder Verkleinerungsfaktor zu wählen.

Lange Tabellen werden zwangsläufig über mehrere Seiten verteilt. Statt nur eine Seite zu sehen und ständig vor- und zurückzublättern, können Sie ANSICHT|SEITEN wählen und angeben, wie viele Seiten Sie gleichzeitig sehen wollen, ob eine, zwei, vier, acht oder zwölf Seiten. Noch einfacher: klicken Sie in der Symbolleiste auf eines der drei Seiten-Symbole, die – von links nach rechts – eine bzw. zwei Seiten darstellen bzw. die Auswahl der Seitenzahl ermöglichen.

Die Seitenansicht beenden Sie, indem Sie auf das abgebildete Symbol klicken oder ⎡Esc⎤ drücken.

Alle Zoom-, Ausdruck- und andere Optionen sind am schnellsten über das Kontextmenü erreichbar, das erscheint, wenn Sie bei aktivierter Seitenansicht mit der rechten Maustaste irgendwo ins Vorschaufenster klicken.

:-)
TIPP

DATEI|SEITE EINRICHTEN... öffnet ein Dialogfeld, dessen Einstellungen sich nur auf das momentan aktive Objekt und dessen Layout auswirken.

Seitenlayout

Im Register *Seite* wählen Sie zwischen dem Ausdruck im Hoch- bzw. Querformat, geben die verwendete Papiergröße an etc. (Abbildung 2.26).

Abbildung 2.26:
Register »Seite«

Im Register *Ränder* bestimmen Sie den Abstand zu den vier Blatträndern (Abbildung 2.27).

Abbildung 2.27:
Register »Ränder«

Zusätzlich können Sie mit *Überschriften drucken* wählen, ob die von Access beim Ausdruck normalerweise automatisch eingefügten Kopf- und Fußzeilen ausgedruckt werden sollen, die Angaben über den Objektnamen und das aktuelle Datum und die Seitennummerierung enthalten.

Teil 2 Tabellen und Datenbanken

3 Neue Datenbanken und Tabellen erzeugen

Grundlage jeder relationalen Datenbank ist eine Tabelle oder »Relation«. Alle Datensätze einer Tabelle müssen den gleichen Aufbau besitzen, also aus denselben Teilen (Feldern) bestehen. Eine Tabelle besteht aus Zeilen und Spalten, wobei jede Zeile einen Datensatz enthält, und die Spalten der Tabelle die einzelnen Datensatzfelder darstellen. Eine Adresse könnte beispielsweise aus den Feldern »Name«, »Vorname«, »Straße«, »Ort«, »Plz«, »Telefon«, »Beruf« und »Bemerkungen« bestehen.

Ich zeige Ihnen am Beispiel einer kleinen Adressverwaltung, wie eine solche Tabelle angelegt wird, sowohl mit Hilfe der vorgefertigten Mustertabellen des Access-Datenbankassistenten als auch vollkommen per Hand.

Danach geht es um die Benutzung der neuen Tabelle, das Eingeben und Editieren von Daten, das Ändern der Sortierreihenfolge und die Filtermöglichkeiten von Access, mit denen Sie sich beispielsweise alle Adressen mit dem Inhalt »München« anzeigen lassen können oder Adressen, die im Feld »Postleitzahl« das Zeichen »5« enthalten, also nur Postleitzahlen wie 50000, 50500 oder 50005.

3.1 Eine Access-Datenbank anlegen

DATEI|NEU... bzw. das abgebildete Symbol aktiviert das Register *Neue Datei* des Aufgabenbereichs. Es bietet eine Vielzahl von Möglichkeiten zum Erstellen neuer Datenbanken (Abbildung 3.1).

Leere Datenbank... erstellt eine neue leere Access-Datenbank (siehe »Neue leere Datenbanken anlegen« auf Seite 83).

Leere Datenzugriffsseite... erstellt eine neue Datenzugriffsseite (siehe Kapitel 24.1, »Neue Datenzugriffsseiten erstellen«, und Kapitel 24.2, »Der Datenzugriffsseiten-Assistent«).

Abbildung 3.1:
Datenbanken
erstellen

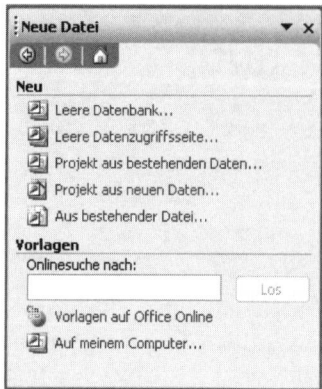

Die Projekt-Optionen erstellen ein neues Projekt, das heißt eine Access-Datenbank, die Daten einer Microsoft SQL Server-Datenbank benutzt, entweder einer bereits bestehenden oder einer neuen SQL Server-Datenbank (siehe Anhang L, »Was bedeutet >Upsizen<?«).

Aus bestehender Datei... ermöglicht die Auswahl einer bereits bestehenden Datenbank, die als Vorlage für die neu zu erstellende Datenbank benutzt werden soll. Wählen Sie eine Datenbank wie die Datenbank EDV.MDB *der Begleit-CD aus, wird diese daraufhin unter einem Namen wie* EDV1.MDB *kopiert und die Kopie geöffnet.*

Auf meinem Computer... unter Vorlagen öffnet das gleichnamige Dialogfeld Vorlagen, *dessen Register* Datenbanken *eine Vielzahl fertiger Datenbankvorlagen wie eine Lagerverwaltung oder eine Kontaktverwaltung enthält. Beim Erstellen einer neuen Datenbank nach Auswahl einer solchen Vorlage wird ein Assistent aktiviert, der die betreffende Vorlage als Muster verwendet und Sie Schritt für Schritt durch die Erstellung einer ähnlich aufgebauten neuen Datenbank führt. Dabei können Sie auswählen, welche Tabellen und Felder der Vorlage Sie in die neue Datenbank übernehmen wollen und welche nicht (siehe Kapitel »Datenbanken mit dem Assistenten erzeugen« auf Seite 78).*

Die Symbole im Register Allgemein *dieses Dialogfelds bieten keine zusätzlichen Möglichkeiten, sondern stellen alternative Wege zum Anlegen neuer Access-Datenbanken/-projekte und Datenzugriffsseiten dar.*

Die Schaltfläche Vorlagen auf *Office Online in diesem Dialogfeld startet ebenso wie das Klicken auf* Vorlagen auf Office Online *im Aufgabenbereich Ihren Webbrowser und ermöglicht Ihnen, auf einer speziellen Microsoft-Webseite unter weiteren Vorlagen zu wählen.*

Die Datenbank speichern und öffnen

Erstellen Sie eine neue Datenbank, will Access wissen, wo und unter welchem Namen die zugehörige Datei gespeichert werden soll (Abbildung 3.2).

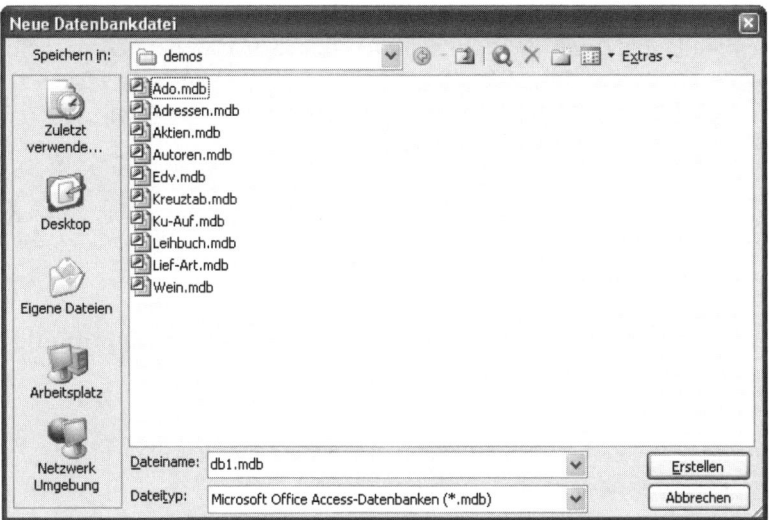

Abbildung 3.2:
Neue Datenbank
anlegen

Im Feld *Dateiname* erscheint der Vorschlag »db1«, wobei Access an den vorgeschlagenen bzw. von Ihnen vergebenen Dateinamen automatisch den Zusatz .MDB anhängt.

Dateinamen

Im oberen geschlossenen Listenfeld *Speichern in:* können Sie statt des vorgegebenen ein beliebiges anderes Laufwerk Ihres Rechners oder eines anderen damit über ein Netzwerk verbundenen Rechners als Speicherort der Datenbank auswählen (Abbildung 3.3).

*Laufwerk und
Verzeichnis*

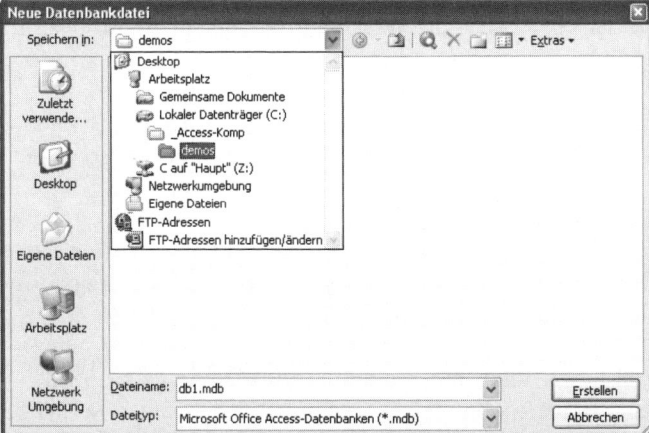

Abbildung 3.3:
Laufwerk wählen

Der linke Teil des Dialogfelds bietet eine alternative Technik zum Festlegen des Speicherorts. Jedes Symbol steht für einen bestimmten häufig benutzten Speicherort, der beim Anklicken des Symbols geöffnet wird. Beispielsweise zeigt *Zuletzt verwendet*: die zuletzt von Ihnen benutzten Dateien an.

Alternativ zu diesem interaktiven Festlegen von Laufwerk und Ordner können Sie beides auch direkt zusammen mit dem Dateinamen im Feld *Dateiname* eintippen. Die Eingabe »C:\Eigene Dateien\test« würde die neue Datenbank beispielsweise unter dem Namen TEST.MDB im Ordner EIGENE DATEIEN von Laufwerk C: anlegen.

TIPP

Klicken Sie mit der rechten Maustaste auf eine Datei oder einen Ordner, erscheint ein Kontextmenü, das unter anderem Befehle zum Löschen, Umbenennen und zum Kopieren enthält.

Mehrere Symbole am oberen Rand des Dialogfelds erleichtern den Umgang mit Dateien und Ordnern:

   Wechselt in den Ordner, in dem Sie sich zuletzt befanden

   Wechselt in den Ordner oberhalb des aktuellen Ordners

   Aktiviert Ihren Webbrowser und ermöglicht Ihnen die Auswahl eines Speicherorts im Internet.

   Löscht die selektierte Datei

   Erzeugt im aktuellen Ordner einen neuen Ordner und fragt Sie nach dem Namen, den der neue Ordner erhalten soll

   Öffnet eine Liste mit verschiedenen Befehlen zur Beeinflußung der Datei- und Ordneransicht

   Ein Menü mit verschiedenen weiteren Befehlen, beispielsweise um eine dauerhafte Verbindung zu einem Laufwerk eines anderen Rechners herzustellen

Datenbank öffnen   Ganz unten im Menü DATEI werden die Namen der zuletzt benutzten Datenbanken angezeigt. Klicken Sie einen davon an, öffnet Access die betreffende Datenbank – und schließt gleichzeitig die momentan geöffnete, da immer nur eine Datenbank geöffnet sein kann (Abbildung 3.4).

   Allerdings funktioniert diese Art des Öffnens nur mit den zuletzt verwendeten Datenbanken. Allgemeiner ist der Befehl DATEI|ÖFFNEN... bzw. das

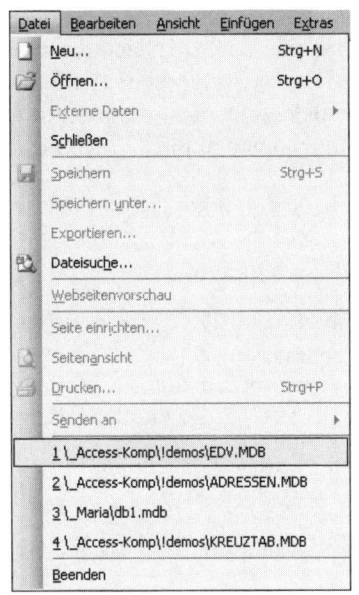

Abbildung 3.4:
Zuletzt benutzte
Dateien

Anklicken des zugehörigen Symbols oder Klicken auf den Eintrag *Weitere...*
im Register *Erste Schritte* des Aufgabenbereichs, da all diese Techniken das
gleiche Dialogfeld zur Dateiauswahl öffnen (Abbildung 3.5).

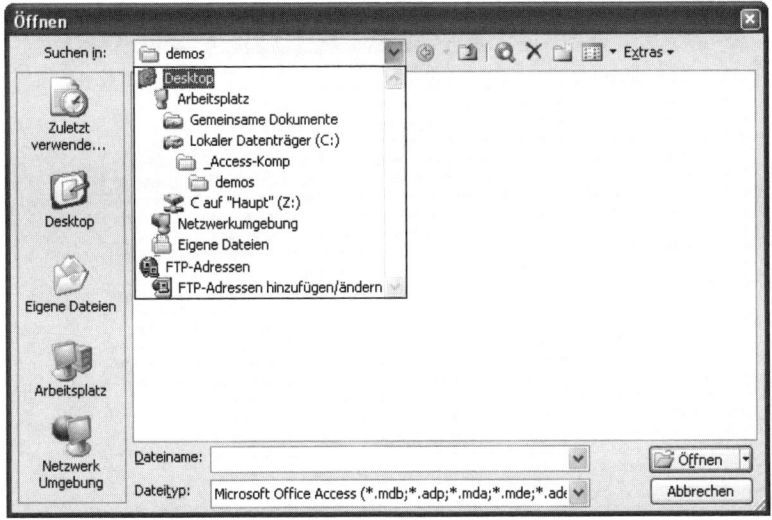

Abbildung 3.5:
Datei öffnen

Dieses Dialogfeld ist identisch mit dem beim Speichern von Dateien verwendeten, auch die Symbole im linken Dialogfeldteil und am oberen Rand sind
identisch.

Ihnen stehen somit die gleichen Möglichkeiten zur Verfügung, den Ort auszuwählen, an dem sich die zu öffnende Datenbank befindet. Allerdings gibt es eine Besonderheit: Die Schaltfläche *Öffnen* ist nämlich zugleich ein Listenfeld und nach dem Anklicken des Pfeilchens am rechten Schaltflächenrand stehen außer *Öffnen* zusätzliche Optionen zur Verfügung:

➡ SCHREIBGESCHÜTZT ÖFFNEN: Öffnet die Datenbank schreibgeschützt, das heißt, Sie können sich zwar den Inhalt anschauen, ihn jedoch nicht verändern.

➡ EXKLUSIV ÖFFNEN: Öffnen Sie die Datenbank mit dieser Option, können anschließend keine anderen Benutzer darauf zugreifen, solange Sie damit arbeiten. Erst nachdem Sie die Datenbank schließen, wird diese Aussperrung anderer Benutzer wieder aufgehoben.

➡ EXKLUSIV SCHREIBGESCHÜTZT ÖFFNEN: Kombination beider Optionen.

Datenbanken mit dem Assistenten erzeugen

 Wollen Sie eine neue Datenbank mit Hilfe des Assistenten zu erstellen, wählen Sie DATEI|NEU..., um das Register *Neue Datei* des Aufgabenbereichs aufzuschlagen. Darin klicken Sie unter *Vorlagen* auf *Auf meinem Computer...* und aktivieren danach im Dialogfeld *Vorlagen* das Register *Datenbanken* (Abbildung 3.6).

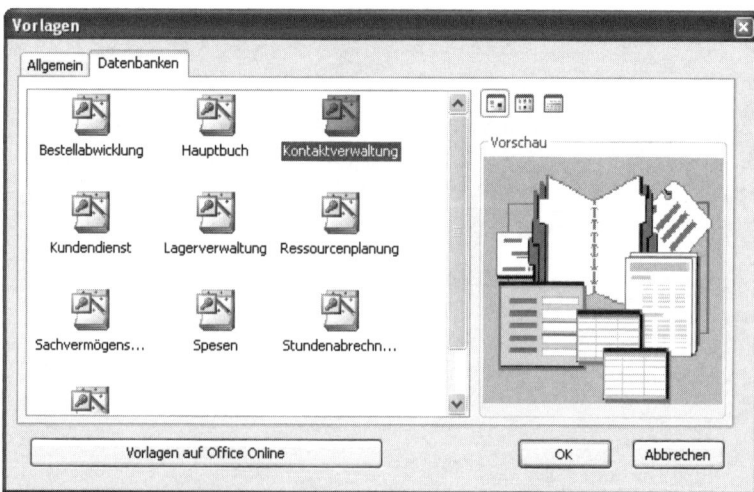

Alle Vorlagen in diesem Register stellen Beispieldatenbanken dar und aktivieren den Datenbank-Assistent, der Ihnen dabei hilft, eine Datenbank zu erstellen.

Selektieren Sie bitte *Kontaktverwaltung*. Nach *OK* müssen Sie angeben, wo und unter welchem Namen die neue Datenbank gespeichert werden soll. Danach meldet sich der Datenbank-Assistent und weist Sie zunächst darauf hin, welche Art von Informationen in der neuen Datenbank gespeichert werden können (Abbildung 3.7).

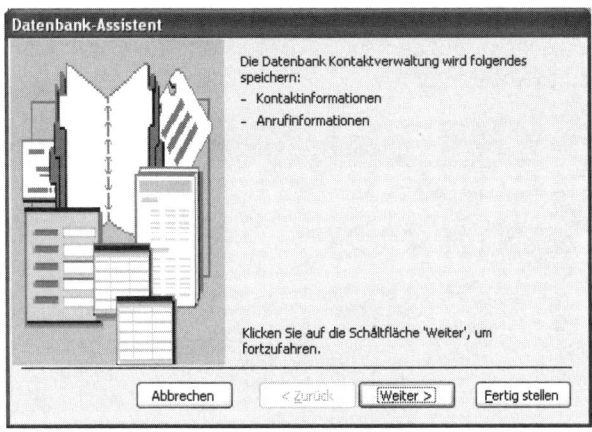

Abbildung 3.7:
Datenbank-Assistent, Schritt 1

Noch können Sie es sich anders überlegen und *Abbrechen* wählen. Sonst klicken Sie auf *Weiter >* (Abbildung 3.8).

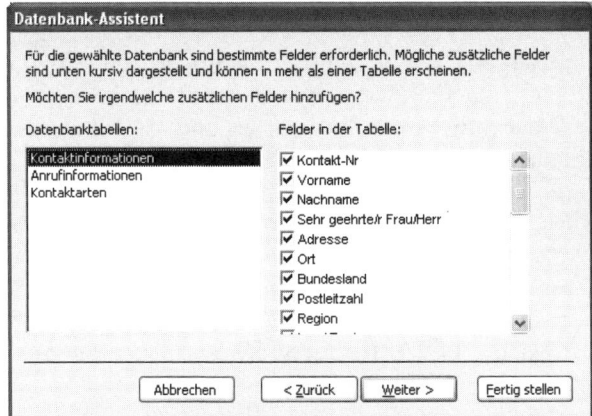

Abbildung 3.8:
Datenbank-Assistent, Schritt 2

In diesem zweiten Schritt wählen Sie die Felder aus, die in der Datenbank erscheinen sollen. Unsere Vorlage enthält unter anderem die Tabelle »Kontaktinformationen«. Sie ist momentan selektiert und rechts sind alle Felder zu sehen, die diese Tabelle enthalten kann.

Aktivierte Kontrollkästchen wie vor »Vorname« und »Nachname« bedeuten, dass die betreffenden Felder in die Tabelle eingefügt werden, ein deaktiviertes Kontrollkästchen wie vor »Namen der Kinder« bedeutet, dass die Tabelle dieses Feld nicht enthalten wird.

Also blättern Sie im rechten Listenfeld alle verfügbaren Felder durch und aktivieren Sie gegebenenfalls zusätzliche Kontrollkästchen, um auch jene Felder in die Tabelle einzufügen (unbedingt erforderliche Felder können übrigens nicht deaktiviert werden).

Diese Prozedur können Sie für jede einzelne Tabelle und die zugehörigen Felder wiederholen. Klicken Sie danach wieder auf *Weiter >*, um den nächsten Schritt einzuleiten, in dem es um die Optik des zugehörigen Formulars geht (Abbildung 3.9).

Abbildung 3.9:
Datenbank-
Assistent, Schritt 3

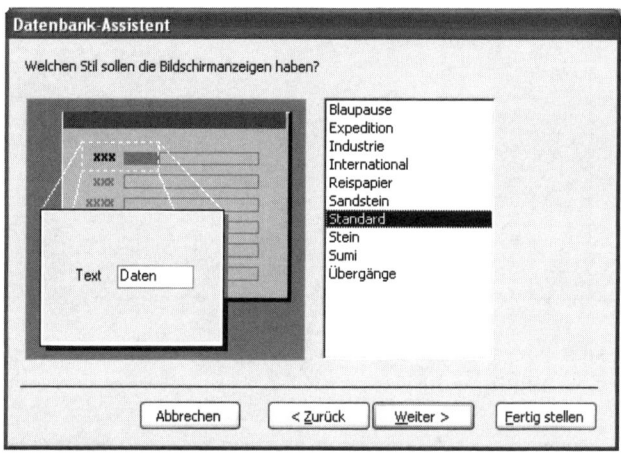

Um sich eine der verfügbaren Stilrichtungen auszusuchen, klicken Sie die verfügbaren Optionen einfach der Reihe nach an. Das große Beispielfeld wird daraufhin sofort aktualisiert und zeigt in etwa, wie sich der betreffende Stil auf das Formular auswirkt.

Auch im nächsten Schritt geht es wieder um die Optik (Abbildung 3.10).

Diesmal beeinflussen Sie nicht die Optik der zugehörigen Formulare, sondern die Optik der Berichte, die die Datenbank enthalten wird. Suchen Sie sich wieder Ihre Stilrichtung aus und leiten Sie mit *Weiter >* den nächsten Schritt ein (Abbildung 3.11).

Geben Sie der Datenbank eine Überschrift wie »Kontaktverwaltung«, die anschließend im so genannten Hauptmenü erscheint (siehe Abbildung 3.13).

Wenn Sie *Ein Abbildung mit einbeziehen* aktivieren, können Sie anschließend auf die Schaltfläche *Abbildung...* klicken, um eine Grafikdatei auszuwählen (Firmenlogo etc.), die als Abbildung auf jedem ausgedruckten Bericht erscheinen soll.

Der letzte Schritt ist pure Formalität (Abbildung 3.12).

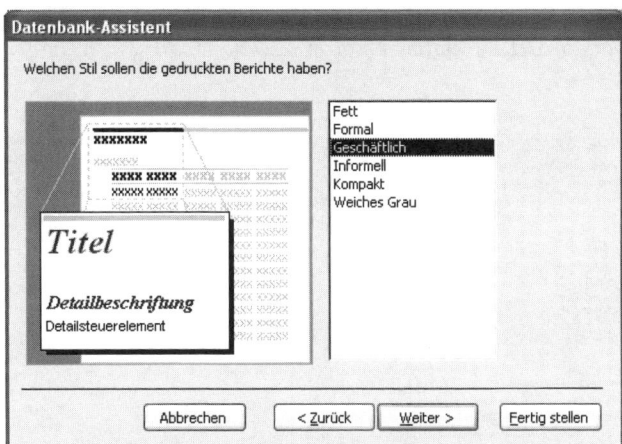

Abbildung 3.10:
Datenbank-
Assistent, Schritt 4

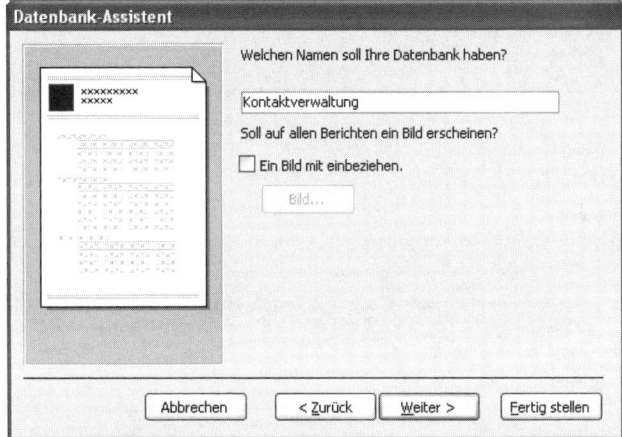

Abbildung 3.11:
Datenbank-
Assistent, Schritt 5

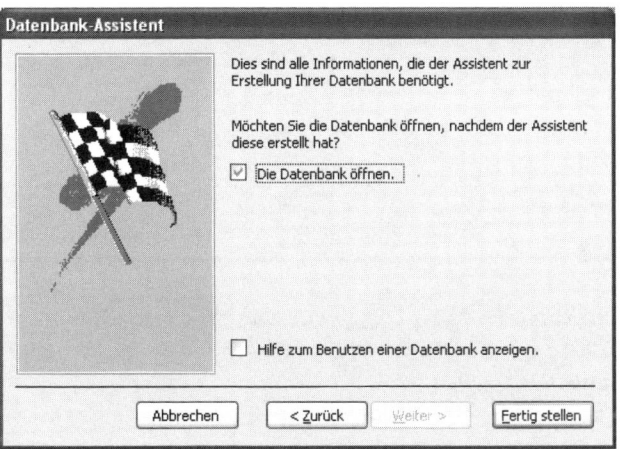

Abbildung 3.12:
Datenbank-
Assistent, Schritt 6

Nach *Fertig stellen* ist Access mit der Erstellung der Datenbank beschäftigt und öffnet sie danach automatisch. Das Hauptmenü erscheint (Abbildung 3.13).

Abbildung 3.13:
Nach dem Öffnen
der Datenbank

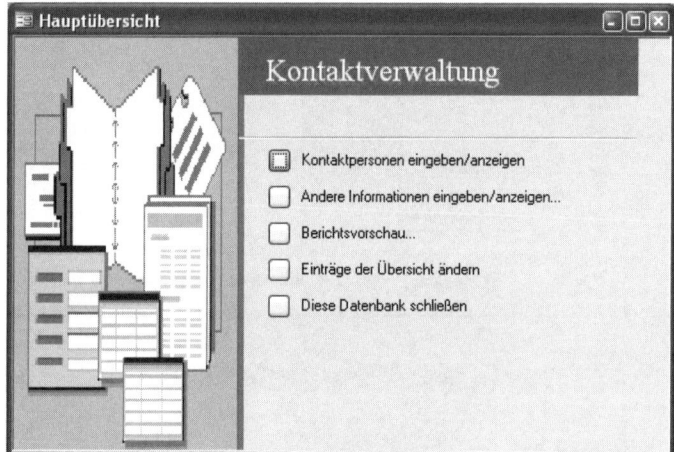

Um nun beispielsweise Kontakte zu erfassen oder sich die Berichte in der Seitenvorschau anzusehen, klicken Sie auf das zugehörige Knöpfchen, zum Beispiel auf das oberste. Das dadurch geöffnete Formular dient zur komfortablen Verwaltung Ihrer Kontakte (Abbildung 3.14).

Abbildung 3.14:
Kontaktverwal-
tungsformular

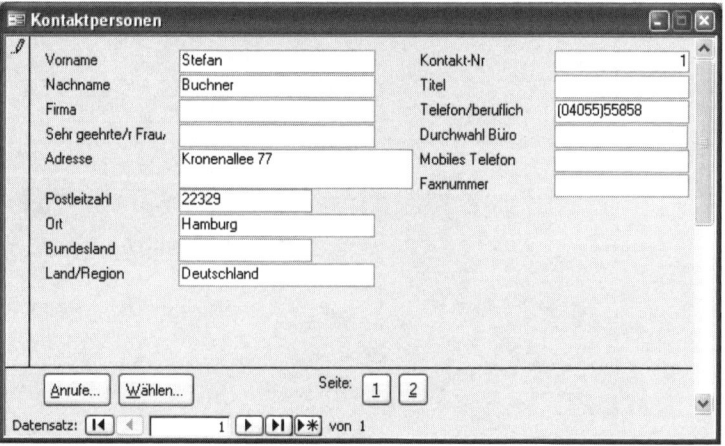

Im Kapitel 14.3, »Die Benutzung von Formularen«, erläutere ich, wie Sie darin von Datensatz zu Datensatz blättern, Datensätze löschen oder neu eingeben können.

Schließen Sie das Formular, befindet sich das Hauptmenü wieder im Vordergrund, in dem Sie unter anderem die Datenbank schließen können. Öffnen Sie sie erneut, erscheint es automatisch.

Wollen Sie nach dem Öffnen der Datenbank nicht mit dem Hauptmenü arbeiten, sondern sich die in der Datenbank enthaltenen Objekte anschauen und eventuell zu Lernzwecken analysieren, halten Sie beim Öffnen die ⟨⇧⟩*-Taste gedrückt, um zu verhindern, dass automatisch das Hauptmenü erscheint. Statt- dessen erscheint dann das gewohnte Datenbankfenster, in dem die Tabellen, Formulare und Berichte der Datenbank aufgelistet sind.*

:-)
TIPP

Neue leere Datenbanken anlegen

Zum Anlegen einer leeren Datenbank, wählen Sie ebenfalls wie zuvor beschrieben DATEI|NEU..., um den Aufgabenbereich zu öffnen, selektieren darin *Leere Datenbank...*, und legen danach Name und Speicherort der neuen Datenbank fest. Danach erscheint das Datenbankfenster (Abbildung 3.15).

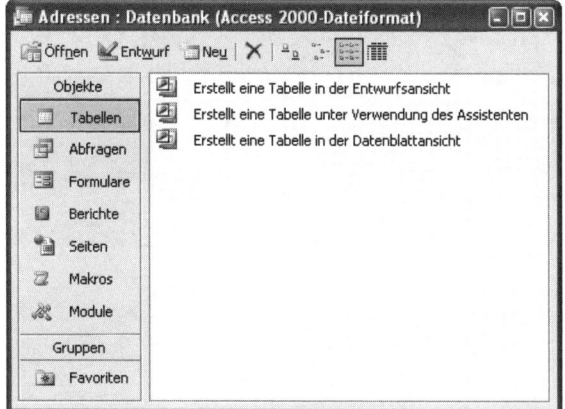

Abbildung 3.15:
Datenbankfenster

In der Titelleiste des Datenbankfensters wird der zuvor von Ihnen festgelegte Name der Datenbank angezeigt, zum Beispiel »Adressen«. Passt Ihnen dieser Name im Nachhinein nicht mehr, müssen Sie ihn außerhalb von Access ändern, zum Beispiel mit dem Windows-Explorer. Mit dem Access-Befehl BEARBEITEN|UMBENENNEN können Sie zwar alle möglichen in einer Datenbank enthaltenen Objekte umbenennen, aber nicht die Datenbank selbst.

!!
STOP

Bei der Arbeit mit Access kann immer nur eine Datenbank gleichzeitig geöffnet sein. Legen Sie eine neue Datenbank an oder öffnen Sie mit DATEI|ÖFFNEN... *eine bereits vorhandene andere Datenbank, wird daher die momentan geöffnete Datenbank automatisch geschlossen.*

!!
STOP

Erzeugen Sie eine neue Datenbank, die in einem anderen Land angewendet werden soll, müssen Sie zuvor die Sortierreihenfolge für Datensätze an die im betreffenden Land geltenden Konventionen anpassen.

Dazu öffnen Sie irgendeine bereits vorhandene Datenbank und wählen danach den nun verfügbaren Befehl EXTRAS|OPTIONEN.... *Im zugehörigen Dialogfeld aktivieren Sie das Register* Allgemein, *selektieren den Eintrag* Sortierreihenfolge bei neuer DB *und wählen im Listenfeld die für neu anzulegende Datenbanken gewünschte landesspezifische Sortierreihenfolge aus (Abbildung 3.16).*

Abbildung 3.16:
Landesspezifische
Sortierreihenfolge
bestimmen

War diese landesspezifische Einstellung ein einmaliger Sonderfall, stellen Sie nach dem Anlegen der Datenbank wieder die Vorgabe Allgemein *ein, damit sich weitere neu anzulegende Datenbanken wieder an die deutsche Sortierreihenfolge halten.*

3.2   Das Anlegen einer neuen Tabelle

Ich setze voraus, dass Sie wie erläutert eine leere Datenbank angelegt haben; also eine Datenbank, die im Gegensatz zu jenen, die der Datenbank-Assistent erzeugt, keinerlei Objekte enthält.

Wir ändern das nun, indem wir in dieser Datenbank erste Tabellen erstellen. Ebenso wie bei Datenbanken können Sie entweder eine neue leere Tabelle erzeugen oder aber einen Assistenten aktivieren, der Ihnen bei der Erstellung der Tabelle hilft.

Eine neue leere Tabelle anlegen

Im Kapitel 2, »Neue Objekte erzeugen«, auf Seite 64 erläuterte ich, dass es sehr unterschiedliche Techniken gibt, neue Objekte zu erzeugen. Entsprechend viele Möglichkeiten gibt es, um neue leere Tabellen zu erstellen.

In jedem Fall aktivieren Sie zunächst im Datenbankfenster den Objekttyp *Tabellen*. Anschließend können Sie auf eines der drei vorgegebenen Tabellenobjekte klicken:

➤ *Erstellt eine Tabelle in der Datenblattansicht*: erzeugt eine neue Tabelle und öffnet sie in der Datenblattansicht. Sie können anschließend sofort mit der Dateneingabe beginnen.

➤ *Erstellt eine Tabelle in der Entwurfsansicht*: erzeugt eine neue Tabelle und öffnet sie in der Entwurfsansicht. Sie können anschließend erst einmal den exakten Aufbau der Tabelle festlegen.

➤ *Erstellt eine Tabelle unter Verwendung des Assistenten*: aktiviert den in Kürze erläuterten Assistenten, der Ihnen bei der Gestaltung der neuen Tabelle hilft.

Zusätzliche Möglichkeiten eröffnet der bei aktivem Datenbankfenster verfügbare Befehl EINFÜGEN|TABELLE bzw. das abgebildete Symbol, das sich am oberen Rand des Datenbankfensters befindet (und in der Symbolliste des *Neues Objekt*-Symbols) und ebenfalls das Dialogfeld zum Erstellen neuer Tabellen öffnet (Abbildung 3.17).

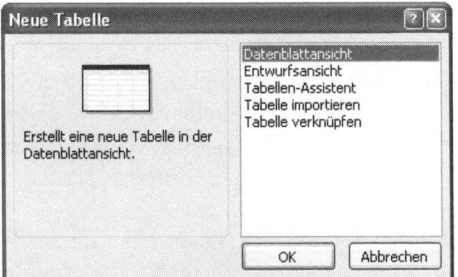

Abbildung 3.17:
Neue Tabelle
erstellen

Datenblattansicht erzeugt eine neue Tabelle und öffnet sie in der Datenblattansicht. Sie können sofort damit beginnen, in mehreren Zeilen, die in verschiedene Standardfelder unterteilt sind, Daten einzugeben (Abbildung 3.18).

*Datenblatt-
ansicht*

Abbildung 3.18:
Datenblattansicht

Um eine Spalte umzubenennen und »Feld1« statt dessenbeispielsweise »Nachname« zu nennen, doppelklicken Sie auf den Spaltennamen, den Sie daraufhin editieren können.

Stattdessen können Sie den Spaltennamen auch mit der *rechten* Maustaste anklicken und im zugehörigen Spalten-Kontextmenü SPALTE UMBENENNEN wählen.

Mit SPALTE LÖSCHEN und SPALTE EINFÜGEN können Sie die betreffende Spalte löschen oder unmittelbar vor ihr eine neue leere Spalte einfügen. Mit NACHSCHLAGESPALTE... können Sie auch eine so genannte Nachschlagespalte einfügen.

Schließen Sie die Tabelle, fragt Access, ob Sie sie speichern wollen. Falls ja, werden Sie danach gefragt, ob Sie einen Primärschlüssel einfügen wollen. Eine Frage, die Sie unbedingt mit *Ja* beantworten sollten. Access fügt daraufhin eine zusätzliche Spalte ein, die fortlaufend nummeriertwird.

Vor allem aber analysiert Access beim Speichern die Daten, die die einzelnen Spalten Ihrer Tabelle enthält. Ausgehend von diesen Daten (Texte, Zahlen, Datum etc.) weist Access den Spalten geeignete Felddatentypen zu, die Sie anschließend in der Entwurfsansicht näher festlegen können.

Entwurfsansicht   Wählen Sie beim Erstellen einer neuen Tabelle die Entwurfsansicht, können Sie zwar nicht sofort mit der Dateneingabe beginnen, dafür jedoch in der Entwurfsansicht genau definieren, wie die neue Tabelle aufgebaut sein soll: aus welchen Feldern sie bestehen und welche Datentypen diese Felder besitzen sollen (Abbildung 3.19).

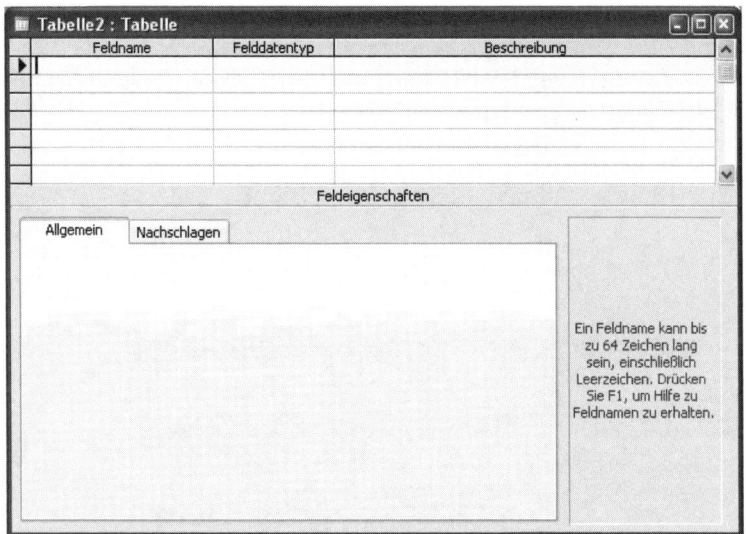

Abbildung 3.19:
Entwurfsansicht

Nähere Informationen zur Entwurfsansicht finden Sie im Kapitel 5, »Die Funktionsweise der Tabelle festlegen«.

Selektieren Sie beim Erstellen der neuen Tabelle die Option *Tabelle importieren* oder *Tabelle verknüpfen*, erscheint das Dateiauswahl-Dialogfeld, in dem Sie eine bereits bestehende Access-, dBase-, FoxPro- oder sonstige Datei auswählen können (Abbildung 3.20).

Importieren/
Verknüpfen

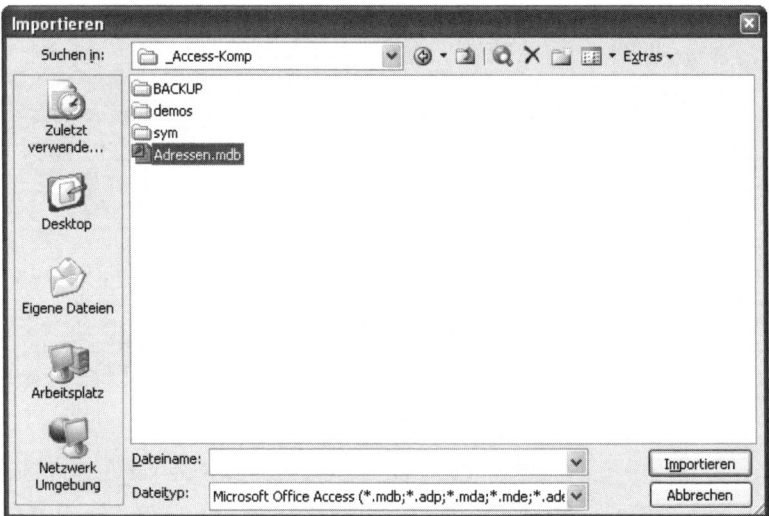

Abbildung 3.20:
Importieren/
Verknüpfen

Abhängig von der vorhergehenden Wahl werden die in der selektierten Datei enthaltenen Daten nun entweder in die neu angelegte Tabelle importiert oder die neue Tabelle wird mit dieser Datei verknüpft (siehe Kapitel 25.2, »Importieren und Verknüpfen«).

Neue Tabellen mit dem Assistenten erzeugen

Wählen Sie beim Erstellen der neuen Tabelle die Option *Tabellen-Assistent*, unterstützt Sie dieser Assistent bei der Tabellenerzeugung (Abbildung 3.21).

Abbildung 3.21:
Tabellen-Assistent,
Schritt 1

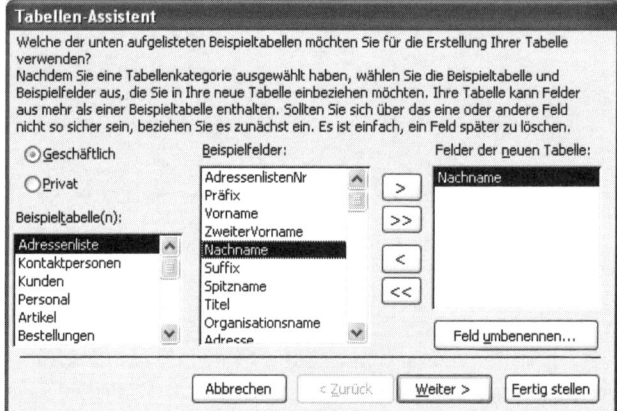

Das linke der drei Listenfelder enthält Beispieltabellen, die Sie als Vorlage verwenden können. Abhängig davon, ob die Option *Geschäftlich* oder aber *Privat* aktiviert ist, wird einer von zwei verschiedenen Beispiel-Tabellensätzen eingeblendet.

Selektieren Sie eine der Beispieltabellen, zeigt das mittlere Listenfeld *Beispielfelder* alle Felder dieser Tabelle an. Mit den Schaltflächen > und >> können Sie jene Felder auswählen, die Sie in Ihre eigene Tabelle übernehmen wollen.

Um unsere Adressdatei aufzubauen, selektieren Sie bitte die Beispieltabelle »Adressenliste« (Voraussetzung: die Option *Geschäftlich* ist aktiviert). Klicken Sie anschließend in *Beispielfelder* auf die Feldbezeichnung »Nachname« und danach auf >, um dieses Feld in das Listenfeld *Felder der neuen Tabelle* zu kopieren und damit in die neu zu erzeugende Tabelle einzufügen.

Fügen Sie auf die gleiche Weise auch die restlichen in der folgenden Abbildung sichtbaren Felder ein (Abbildung 3.22).

Haben Sie sich vertan, korrigieren Sie den Fehler durch »Zurückschieben« aller (mit <<) oder nur des betreffenden Feldes (mit <).

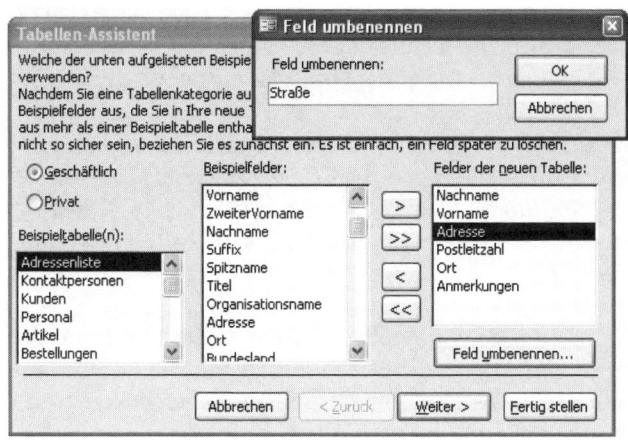

Abbildung 3.22:
Felder einfügen

Jedes weitere Feld der mittleren Liste wird in der rechten Liste immer unter dem momentan darin selektierten Feld eingefügt. Da darin normalerweise immer der letzte Eintrag selektiert ist, wird jedes weitere Feld als neuer letzter Eintrag eingefügt. Stattdessen können Sie jedoch vor dem Klicken auf > ein beliebiges anderes Feld der rechten Liste selektieren, unter dem das neue Feld eingefügt werden soll.

:-)
TIPP

Sind Sie fertig, klicken Sie rechts auf das Feld »Adresse« und danach auf die Schaltfläche *Feld umbenennen....* Das in der Abbildung gezeigte *Feld umbenennen*-Dialogfeld erscheint, und Sie können dem Feld den neuen Namen »Straße« geben.

Danach aktivieren Sie *Weiter >*, um den nächsten Schritt einzuleiten (Abbildung 3.23).

Primärschlüssel

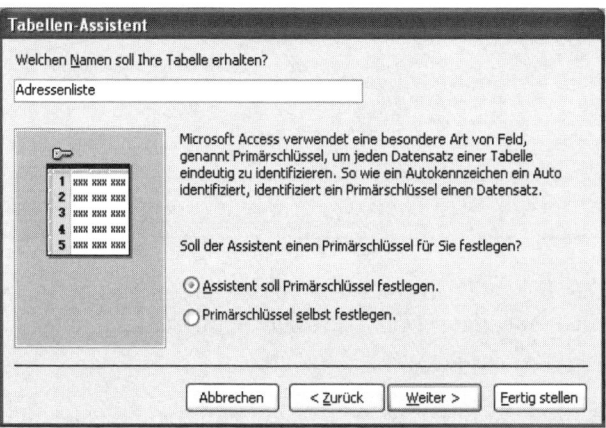

Abbildung 3.23:
Tabellen-Assistent,
Schritt 2

Im zweiten Schritt geben Sie Ihrer Tabelle einen Namen wie »Adresskartei« oder übernehmen einfach den Namen der verwendeten Beispieltabelle (hier »Adressenliste«), den der Assistent automatisch vorgibt.

Zusätzlich müssen Sie nun eine Entscheidung bezüglich des Primärschlüssels der Tabelle treffen. Was ein Primärschlüssel ist, erläutere ich ausführlich im Kapitel 5, »Der Primärschlüssel einer Tabelle«, auf Seite 149. Hier nur so viel: Jeder Datensatz einer Tabelle muss eindeutig identifizierbar sein.

Momentan am sinnvollsten ist die vorselektierte Option *Assistent soll Primärschlüssel festlegen*: Access fügt ein Feld namens »AdresskarteiID« in Ihre Tabelle ein. Jedesmal, wenn Sie später einen neuen Datensatz eingeben, trägt Access automatisch als zugehörigen Inhalt dieses Feldes eine fortlaufende Nummer ein, eine 1 für den ersten Datensatz, eine 2 für den zweiten und so weiter. So besitzen Sie nun ohne jegliche Arbeit einen Primärschlüssel, der jeden Datensatz Ihrer Tabelle eindeutig identifiziert.

Primärschlüssel selbst festlegen dürfen Sie nur wählen, wenn es in der Tabelle tatsächlich ein Feld mit eindeutigem Inhalt für jeden Datensatz gibt, beispielsweise »Kundennummer«, »Lieferantennummer« oder ähnlich. Dann können Sie diese Option aktivieren, um Access im folgenden Schritt das betreffende Feld bekanntzugeben (Abbildung 3.24).

Abbildung 3.24:
Tabellen-Assistent,
Schritt 3

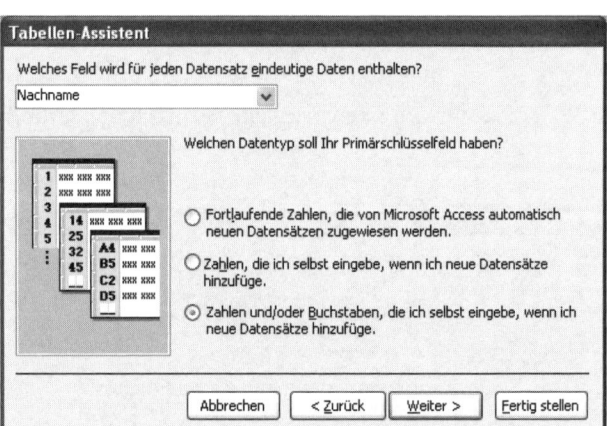

Das Listenfeld enthält alle Felder Ihrer Tabelle. Sie können es öffnen und ein eindeutiges Feld wie »Kundennummer« auswählen, das als Primärschlüssel geeignet ist.

Welche der drei Optionen Sie anschließend wählen, hängt vom Typ des Feldes ab. Möglicherweise wird es nicht nur Zahlen, sondern zusätzlich auch Buchstaben aufnehmen. Ein Beispiel dafür wäre ein Feld »KFZ-Nummer«, das Kennzeichendaten wie »LU-ST 417« oder »M-AB 8261« aufnimmt. Diese Daten sind – wie gefordert – absolut eindeutig, aber zweifellos keine reinen Zahlen. In diesem Fall müssen Sie die nach dem Erscheinen des Dialogfelds zunächst vorselektierte Option *Zahlen und/oder Buchstaben, die ich selbst eingebe, ...* beibehalten.

Wird das Feld jedoch *ausschließlich* Zahlen enthalten, beispielsweise Kundennummern wie 1, 2, 3, 4 etc., haben Sie die Wahl zwischen den beiden anderen Optionen:

➤ *Zahlen, die ich selbst eingebe, wenn ich neue Datensätze hinzufüge*: Geben Sie einen neuen Datensatz ein, müssen Sie die betreffende Zahl selbst in das Feld eintippen.

➤ *Fortlaufende Zahlen, die von Microsoft Access automatisch neuen Datensätzen zugewiesen werden*: Access trägt bei jeder Eingabe eines neuen Datensatzes selbständig eine fortlaufende Nummer in das betreffende Feld ein, für den ersten Datensatz eine 1, für den zweiten eine 2 und so weiter.

Die Eingabe der Nummern per Hand ist sinnvoll, wenn Sie mit dieser fortlaufenden Nummerierung nichts anfangen können. Beispielsweise, weil Herr Maier unbedingt die Nummer 952 und Herr Müller die Nummer 274 erhalten soll. Ist Ihnen die Nummerierung jedoch gleichgültig, wählen Sie bitte die andere Option, bei der sich Access selbstständig darum kümmert.

Zurück zu unserer Adresstabelle. Da Sie im zweiten Schritt mangels geeignetem eindeutigen Feld die Option *Assistent soll Primärschlüssel festlegen* wählten, übergeht Access den soeben erläuterten Schritt einfach und ergänzt selbstständig ein Tabellenfeld, in das es anschließend automatisch fortlaufende Nummern eintragen wird.

Welcher Schritt als nächster folgt, hängt davon ab, ob Ihre Datenbank weitere Tabellen enthält. Nur dann erscheint nun das im Hintergrund der folgenden Abbildung sichtbare Dialogfeld (Abbildung 3.25).   *Beziehungen*

Darin können Sie die Beziehungen zwischen der neu anzulegenden und den anderen bereits in der Datenbank vorhandenen Tabellen definieren. Dazu selektieren Sie im Listenfeld eine der bereits vorhandenen Tabellen und klicken auf *Beziehungen...*, um das im Vordergrund sichtbare *Beziehungen*-Dialogfeld zu öffnen.

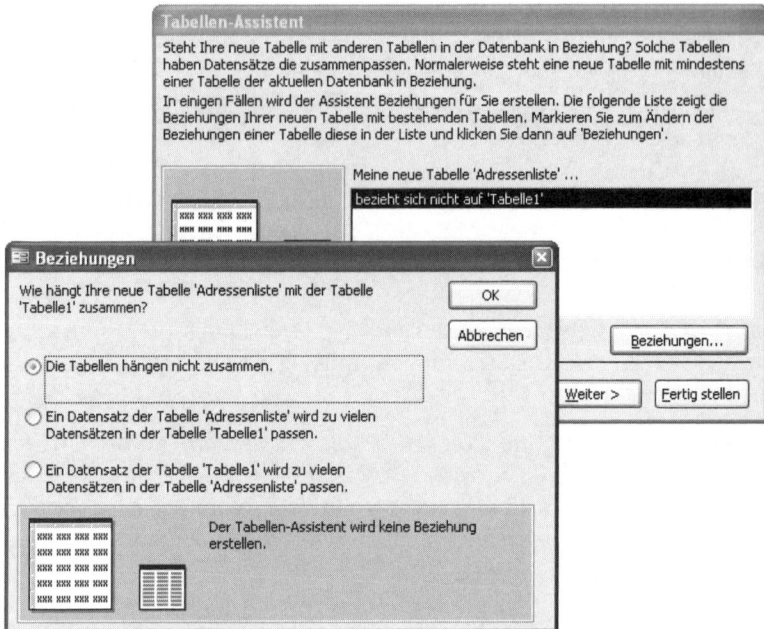

Die Bedeutung der einzelnen Optionen erläutere ich im Kapitel 6.1, »Die Beziehungen zwischen den Tabellen«.

Ignorieren Sie diesen Definitionsschritt bis dahin und klicken Sie einfach auf *Weiter >*, um den letzten Schritt einzuleiten (Abbildung 3.26).

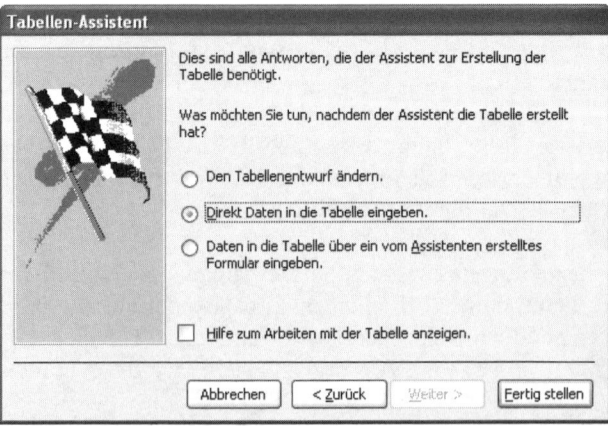

➡ *Den Tabellenentwurf ändern* öffnet die Tabelle in der Entwurfsansicht, sodass Sie anschließend den Aufbau noch verändern können, beispielsweise Felder umbenennen, löschen oder zusätzliche Felder einfügen.

→ *Direkt Daten in die Tabelle eingeben* öffnet die Tabelle dagegen in der Datenblattansicht, in der Sie sofort mit der Eingabe von Daten beginnen können.

→ *Daten in die Tabelle über ein vom Assistenten erstelltes Formular eingeben* erleichtert die Eingabe durch die zusätzliche Erzeugung eines AutoFormulars, das die gleichen Felder wie die Tabelle selbst enthält, aber im Umgang angenehmer ist. Verzichten Sie jedoch bitte auf diese Option, bis Sie wissen, was ein Formular ist und wie es benutzt wird.

Aktivieren Sie nun *Direkt Daten in die Tabelle eingeben* und klicken Sie auf *Fertig stellen.*

3.3 Daten in Tabellen eingeben und benutzen

Neue Daten eingeben

Erscheint bei der Dateneingabe in eine Tabelle beim Verlassen eines Feldes oder Datensatzes eine Fehlermeldung, haben Sie gegen irgendeine Regel verstoßen, beispielsweise den Datentyp des betreffenden Felds nicht beachtet, ein fehlerhaftes Eingabeformat verwendet oder eine Gültigkeitsregel verletzt.

:-)
TIPP

Ist der Fehler nicht zu korrigieren (zum Beispiel, weil Sie den Datentyp des Feldes gar nicht kennen), können Sie sich in all diesen Fällen befreien, indem Sie Esc *drücken.* Esc *macht die (fehlerhafte) letzte Eingabe rückgängig und im betreffenden Datensatzfeld erscheint wieder der vorhergehende Inhalt.*

Möglicherweise betraf der Fehler jedoch irgendein anderes Feld dieses Datensatzes, und beim Verlassen des Datensatzes tritt der Fehler daher immer noch auf. In diesem Fall drücken Sie bitte zweimal nacheinander Esc. *Dadurch wird nicht nur die Editierung des letzten Felds, sondern die Bearbeitung des gesamten Datensatzes rückgängig gemacht.*

Zurück zur Beispieltabelle. Sie befinden sich inzwischen in der Datenblattansicht, in der in jeder Zeile der Tabelle genau ein Datensatz angezeigt wird; allerdings ist die soeben erzeugte Tabelle leer und enthält noch keine Datensätze (Abbildung 3.27).

CD

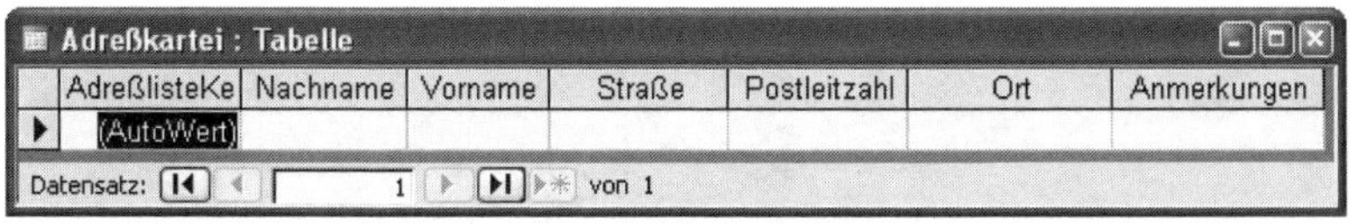

Adreßkartei : Tabelle							
AdreßlisteKe	Nachname	Vorname	Straße	Postleitzahl	Ort	Anmerkungen	
(AutoWert)							

Datensatz: |◄ ◄ [1] ► ►| ►* von 1

Abbildung 3.27:
ADRESSEN.MDB, Tabelle »Adresskartei«

Um eine bereits vorhandene Tabelle in dieser Ansicht zu öffnen, selektieren Sie sie im Datenbankfenster und klicken auf die Schaltfläche *Öffnen*.

 Durch Anklicken des abgebildeten Symbols der *Ansicht*-Symbolliste oder mit ANSICHT|ENTWURFSANSICHT können Sie statt der Datenblatt- jederzeit die Entwurfsansicht aktivieren.

 Umgekehrt können Sie durch Anklicken des Datenblattsymbols oder mit ANSICHT|DATENBLATTANSICHT jederzeit wieder die Datenblattansicht aktivieren.

Das Feld ganz links ist das von Access selbstständig eingefügte Primärschlüsselfeld (Access nennt es nach dem Einfügen »AdresskarteiID«, ich benannte es jedoch in »AdresslisteKennummer« um). Der Hinweis »(Auto-Wert)« in diesem Feld soll Sie daran erinnern, dass nicht Sie in diesem Feld Daten eingeben, sondern Access das automatisch erledigt: Und zwar trägt Access darin wie erläutert eine fortlaufende Zahl wie 1, 2, 3 etc. ein.

Für Sie interessant sind somit nur die restlichen Tabellenfelder. Bewegen Sie den Cursor wahlweise mit 🔄, →, ↵ oder per Anklicken zum Feld »Nachname« und geben Sie einen Nachnamen wie »Gerhard« ein. Bewegen Sie den Cursor anschließend zum Feld »Vorname«, geben Sie darin einen Vornamen ein und so weiter.

Nach dem Beenden der Eingabe im letzten Feld »Anmerkungen« mit 🔄, → oder ↵ springt der Cursor automatisch zum ersten Feld der zweiten Zeile, in das Sie nun einen weiteren Datensatz eingeben können.

Geben Sie nun bitte ein paar Datensätze ein, um ein wenig Material zum Experimentieren zur Verfügung zu haben (Abbildung 3.28).

Abbildung 3.28:
Datensatzeingabe

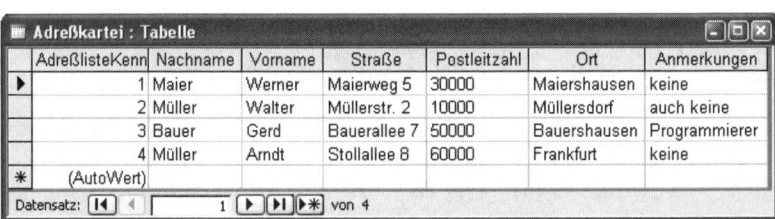

Jedes Mal, wenn ein neuer Datensatz eingegeben wird, trägt Access im Feld »AdresslisteKennummer« automatisch einen fortlaufenden numerischen Wert ein.

Zusätzlich läuft während der Eingabe die Festplatte eventuell kurz an, da Access Änderungen an Datensätzen nach dem Verlassen der betreffenden Zeile automatisch speichert.

Sind viele Datensätze einzugeben, können Sie mit DATENSÄTZE|DATEN EIN-
GEBEN eine komprimierte Tabellenansicht einschalten. Die Anzeige der
bereits vorhandenen Sätze wird unterdrückt und stattdessen als erste Tabellenzeile die letzte leere Zeile gezeigt, in der Sie nun einen neuen Datensatz
eingeben können. Sobald diese Zeile Daten enthält, wird darunter eine neue
leere Zeile angezeigt (Abbildung 3.29).

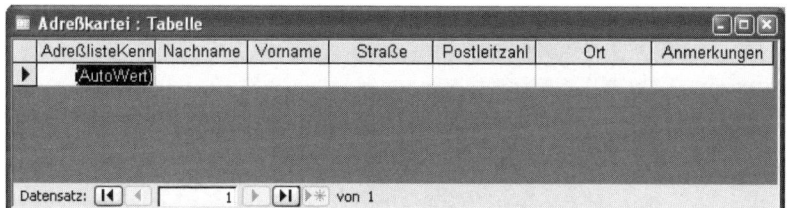

Abbildung 3.29:
Datensatz-
Eingabemodus

DATENSÄTZE|FILTER/SORTIERUNG ENTFERNEN schaltet wieder den Normal-
modus ein, in dem alle vorhandenen Datensätze angezeigt werden.

Am unteren Fensterrand zeigt Ihnen der Hinweis »Datensatz: 1«, »Datensatz: 2« etc. ständig Ihre aktuelle Position in der Tabelle an. Rechts daneben
wird die Gesamtzahl der momentan vorhandenen Sätze angegeben.

Bewegen

Die Pfeilmarkierung am linken Fensterrand zeigt Ihnen ständig an, in welcher Zeile Sie sich gerade befinden.

Beginnen Sie mit der Eingabe eines Satzes, ersetzt ein Bleistift den Pfeil als
Hinweis darauf, dass Sie den betreffenden Satz gerade ändern.

Das Sternchen »*« kennzeichnet immer den letzten – leeren – Datensatz der
Tabelle und wird entsprechend eine Zeile nach unten verschoben, wenn Sie
mit der Eingabe eines neuen Datensatzes beginnen.

In einer Mehrbenutzer-Umgebung kann es passieren, dass neben einem
Datensatz das abgebildete Symbol erscheint. Es weist Sie darauf hin, dass
der betreffende Satz momentan von einem anderen Benutzer bearbeitet wird
und solange für Sie gesperrt ist.

Mit den verschiedenen Unterbefehlen von BEARBEITEN|GEHE ZU können Sie
sich ebenso wie mit den zugehörigen Navigationssymbolen I◄, ◄, ►, ►I und ►*
am unteren Fensterrand auch in umfangreichen Tabellen schnell umherbewegen:

*Navigations-
symbole*

I◄ bewegt den Cursor zum ersten Datensatz, also zur obersten Tabellenzeile
(äquivalent zu BEARBEITEN|GEHE ZU|ERSTER).

►I springt zum letzten Datensatz (äquivalent zu BEARBEITEN|GEHE ZU|LETZ-
TER).

◄ springt zum jeweils vorhergehenden Datensatz (äquivalent zu BEARBEITEN|GEHE ZU|VORHERIGER).

 ▶ springt zum jeweils nächsten Datensatz (äquivalent zu BEARBEITEN|GEHE ZU|NÄCHSTER).

 ▶* springt zur Leerzeile am unteren Tabellenende, in der Sie anschließend einen neuen Datensatz eingeben können (äquivalent zu BEARBEITEN|GEHE ZU|NEUER DATENSATZ).

 Der Mausklick auf ein Feld setzt den Cursor darauf. Alternativ dazu können Sie dieses Symbol verwenden (in der Symbolkategorie *Datensätze* des *Anpassen*-Dialogfelds): Klicken auf den Pfeil öffnet eine Liste aller Tabellenfelder (»Vorname«, »Nachname« etc.), aus der Sie sich jenes aussuchen können, auf das der Cursor gesetzt werden soll.

F5   F5 setzt den Cursor in das Datensatznummernfeld (den Nummernteil der Anzeige »Datensatz: X« am unteren Fensterrand). Sie können anschließend eine beliebige Datensatznummer eingeben und mit ↵ direkt zum Satz mit der betreffenden Nummer springen.

Abgesehen von diesen speziellen Symbolen stehen Ihnen alle sonstigen von Windows-Fenstern her gewohnten Bewegungsmöglichkeiten zum Scrollen des Fensterinhalts mit den Bildlaufpfeilen und den Cursortasten zur Verfügung.

Datensätze editieren

Sie ändern einen bestehenden Datensatz, indem Sie den Cursor auf das gewünschte Feld des Satzes setzen und den neuen Feldinhalt eingeben.

F2   Dabei ist zu beachten, dass Sie zunächst mit F2 den Bearbeitungsmodus einschalten müssen, wenn momentan das komplette Feld markiert ist – was nach Bewegungen mit ⇆ oder anderen Cursortasten im Gegensatz zum Anklicken eines Feldes praktisch immer der Fall ist!

Esc   Mit Esc können Sie eine Änderung wieder rückgängig machen, wenn Sie das betreffende Feld noch nicht verlassen haben.

Markieren   Um Daten zu bearbeiten, beispielsweise zu kopieren, müssen Sie sie zuvor markieren. Mehrere Zeichen markieren Sie wie gewohnt durch Darüber-ziehen des Cursors bei gedrückter linker Maustaste.

Um komplette Felder zu markieren, steuern Sie den Cursor zum Anfang eines Felds, *wo er sich in ein Kreuz verwandelt*, und drücken die linke Maustaste, um das aktuelle Feld zu markieren, oder ziehen ihn dann nach rechts, links, oben oder unten, um dieses und benachbarte Felder zu markieren.

Um einen kompletten Datensatz zu markieren, klicken Sie auf den zugehörigen Zeilenmarkierer, das kleine Kästchen in der schmalen Spalte links neben dem Datensatz oder wählen BEARBEITEN|DATENSATZ AUSWÄHLEN.

Zeilen markieren

Klicken Sie auf einen Zeilenmarkierer und ziehen die Maus nach unten, werden mehrere Datensätze markiert (Abbildung 3.30).

Abbildung 3.30:
Zeilen markieren

Klicken Sie auf den Zeilenmarkierer in der oberen linken Tabellenecke, links neben der ersten Spaltenüberschrift *Feldname*, werden ebenso wie mit dem Befehl BEARBEITEN|ALLE DATENSÄTZE AUSWÄHLEN alle Zeilen markiert.

BEARBEITEN|LÖSCHEN (einfacher: [Entf] drücken) bzw. das zugehörige Symbol löscht die momentan markierten Zeichen oder gar Datensätze, und BEARBEITEN|DATENSATZ LÖSCHEN löscht den aktuellen Datensatz auch ohne vorheriges Markieren.

Löschen

Analog dazu können auch Spalten behandelt werden. BEARBEITEN|SPALTE LÖSCHEN entfernt die gesamte Spalte, in der sich der Cursor befindet. Umgekehrt können Sie mit EINFÜGEN|SPALTE vor der aktuellen Spalte eine neue leere Spalte einfügen, die einen Standardnamen wie »Feld1« oder »Feld2« erhält. Um den Namen einer Spalte zu ändern, doppelklicken Sie einfach darauf, beispielsweise auf »Vorname«. Anschließend können Sie den Text editieren.

Spalten behandeln

Mit den üblichen Windows-Befehlen BEARBEITEN|AUSSCHNEIDEN oder BEARBEITEN|KOPIEREN und BEARBEITEN|EINFÜGEN können Sie wie gewohnt markierte Daten ausschneiden, kopieren und einfügen.

Kopieren und Verschieben

Darüber hinaus können Sie einen markierten Datensatz mit BEARBEITEN|KOPIEREN kopieren und mit BEARBEITEN|AM ENDE ANFÜGEN zusätzlich am Ende der Tabelle als neuen Datensatz einfügen, sodass er nun doppelt vorhanden ist (Abbildung 3.31).

Haben Sie mit der Tabelle herumgespielt und mehrfach zusätzliche Sätze eingetragen und wieder gelöscht, trägt Access in die Kopie nicht den erwarteten

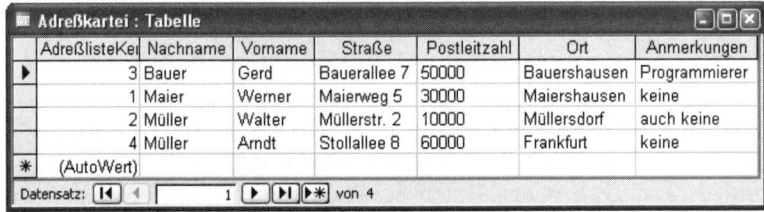

	AdreßlisteKer	Nachname	Vorname	Straße	Postleitzahl	Ort	Anmerkungen
	1	Maier	Werner	Maierweg 5	30000	Maiershausen	keine
	2	Müller	Walter	Müllerstr. 2	10000	Müllersdorf	auch keine
	3	Bauer	Gerd	Bauerallee 7	50000	Bauershausen	Programmierer
	4	Müller	Arndt	Stollallee 8	60000	Frankfurt	keine
✏	5	Bauer	Gerd	Bauerallee 7	50000	Bauershausen	Programmierer
✳	(AutoWert)						

Datensatz: ◄◄ ◄ | 5 | ► ►► ►✳ von 5

Zählerwert ein, beispielsweise 5, sondern einen höheren Wert wie 8 oder 9.
Der Grund: wie erläutert wird der Zähler beim Eintragen eines zusätzlichen
Satzes zwar inkrementiert (um 1 erhöht) – ohne jedoch umgekehrt beim
Löschen eines Datensatzes wieder dekrementiert (um 1 vermindert) zu wer-
den!

Drucken   DATEI|DRUCKEN... druckt das aktive Objekt aus. Zum Beispiel die gerade
aktive Tabelle. Wollen Sie nur bestimmte Datensätze ausdrucken, markie-
ren Sie sie zuvor, wählen DATEI|DRUCKEN... und aktivieren die Option *Mar-
kierte Datensätze*.

Daten sortieren und filtern

*Ich erläutere nun das Sortieren im Schnellverfahren. Darüber hinaus stehen
Ihnen jedoch mit den Befehlen* DATENSÄTZE|FILTER|SPEZIALFILTER/-SORTIE-
RUNG..., DATENSÄTZE|FILTER/SORTIERUNG ANWENDEN *und* DATEN-
SÄTZE|FILTER/SORTIERUNG ENTFERNEN *weitergehende Möglichkeiten zur
Verfügung, die mit denen zum Filtern und Sortieren von Formularen identisch sind. Ich erläutere diese Techniken in Kapitel 8, »Abfragen erzeugen
und benutzen,« und in Kapitel 9, »Interessierende Daten auswählen«.*

Um Datensätze zu sortieren, bewegen Sie sich in das Feld, das als Sortierkriterium verwendet werden soll, beispielsweise »Nachname«, und wählen
DATENSÄTZE|SORTIEREN|AUFSTEIGEND SORTIEREN (bzw. ABSTEIGEND SOR-
TIEREN) (Abbildung 3.32).

	AdreßlisteKer	Nachname	Vorname	Straße	Postleitzahl	Ort	Anmerkungen
►	3	Bauer	Gerd	Bauerallee 7	50000	Bauershausen	Programmierer
	1	Maier	Werner	Maierweg 5	30000	Maiershausen	keine
	2	Müller	Walter	Müllerstr. 2	10000	Müllersdorf	auch keine
	4	Müller	Arndt	Stollallee 8	60000	Frankfurt	keine
✳	(AutoWert)						

Datensatz: ◄◄ ◄ | 1 | ► ►► ►✳ von 4

Aufgrund der beiden identischen Nachnamen »Müller« sollte zusätzlich noch
nach »Vorname« sortiert werden, damit »Walter Müller« nach und nicht vor
»Arndt Müller« angeordnet wird.

Um mehrere Sortierkriterien *gleichzeitig* zu verwenden, selektieren Sie mehrere Spalten durch Ziehen der Maus über die Spaltenüberschriften und wählen erneut DATENSÄTZE|SORTIEREN. Führen Sie das für die Spalten *Nachname* und *Vorname* aus (Abbildung 3.33).

Abbildung 3.33:
Haupt- und Untersortierkriterium

Access sortiert die Daten zunächst nach dem Inhalt jener markierten Spalte, die sich am weitesten links befindet. Datensätze, die identische Inhalte in dieser Spalte aufweisen, werden wiederum nach dem Inhalt der Spalte rechts daneben sortiert und so weiter. Je weiter links sich eine Spalte befindet, desto höher ist somit ihre Sortierpriorität.

Um umgekehrt zuerst nach Vorname und dann nach Nachname zu sortieren, müssen Sie die beiden Spalten vor dem Sortieren vertauschen (siehe Kapitel 4.2, »Spalten markieren und verschieben«).

Am einfachsten ist das Filtern von Datensätzen mit DATENSÄTZE|FILTER|AUSWAHLBASIERTER FILTER. Bevor Sie diesen Befehl wählen bzw. auf das zugehörige Symbol klicken, zeigen Sie Access, welche Datensätze Sie sehen wollen, indem Sie irgendwo in der Tabelle den interessierenden Wert selektieren, beispielsweise den Nachnamen »Müller«.

Filtern

Wählen Sie danach DATENSÄTZE|FILTER|AUSWAHLBASIERTER FILTER, werden nur noch Datensätze angezeigt, die im Feld »Nachname« die Zeichenkette »Müller« enthalten (Abbildung 3.34).

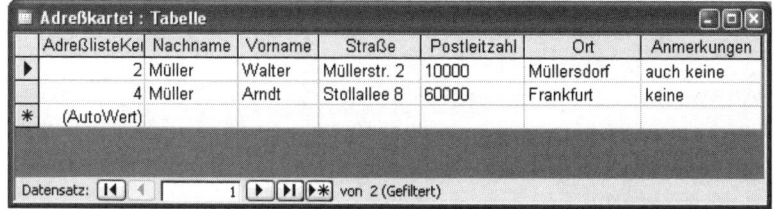

Abbildung 3.34:
Filterergebnis

Die Filterung können Sie beliebig fortsetzen. Um beispielsweise nur noch Müller in »Müllersdorf« anzuzeigen, selektieren Sie anschließend im Feld »Ort« den Eintrag »Müllersdorf« und wählen erneut DATENSÄTZE|FILTER|AUSWAHLBASIERTER FILTER.

DATENSÄTZE|FILTER|AUSWAHLAUSSCHLIEßENDER FILTER *würde genau umgekehrt nur die Sätze anzeigen, die im Feld »Nachname« nicht die Zeichenkette »Müller« enthalten.*

Bei den selektierten Werten kann es sich auch um Teile eines Felds handeln. Selektieren Sie im Feld »Postleitzahl« das Zeichen »5«, werden alle Sätze angezeigt, die eine »5« in diesem Feld enthalten, egal ob es sich dabei um die Postleitzahl 50000, 50500 oder 50005 handelt - außer die »5« ist das erste oder letzte Zeichen im Feld!

Access achtet nämlich bei der Filterung darauf, ob sich die selektierten Zeichen am Anfang, am Ende oder in der Mitte des Felds befinden: Selektieren Sie in »Teststadtdorf« »dorf«, werden nur jene Sätze gezeigt, bei denen sich die selektierten Zeichen ebenfalls am Ende des Felds befinden, sodass beispielsweise »Dorfenau« nicht gefunden würde!

Enthält Ihre Selektion dagegen weder das erste noch das letzte Zeichen, werden die betreffenden Zeichen gefunden, egal wo sie sich befinden, ob am Anfang, am Ende oder in der Mitte des Feldes!

Um die Filterung aufzuheben, wählen Sie DATENSÄTZE|FILTER/SORTIERUNG ENTFERNEN oder klicken auf das abgebildete *Filter*-Symbol.

Der Befehl DATENSÄTZE|FILTER|FORMULARBASIERTER FILTER bzw. das zugehörige Symbol öffnet das Filterfenster, in dem nur eine einzige Datensatzzeile angezeigt wird und in dem sich Menü- und Symbolleisten ändern (überlegen Sie es sich anders und wollen Sie wieder die gewohnte Tabelle sehen, schließen Sie das Fenster einfach).

Setzen Sie den Cursor per Anklicken auf eines der Tabellenfelder, erscheint darin ein Listenpfeil. Nach dem Öffnen werden in der Liste alle Werte Ihrer Datensätze im betreffenden Feld angezeigt (Abbildung 3.35).

Abbildung 3.35:
Filterkriterium

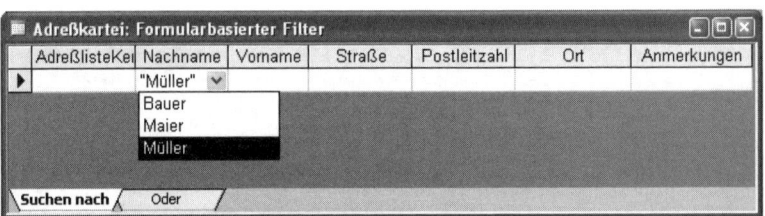

Sie wählen daraus den interessierendenEintrag aus, beispielsweise im Feld »Nachname« den Namen »Müller«, und aktivieren die Filterung mit FILTER|FILTER/SORTIERUNG ANWENDEN bzw. dem zugehörigen Symbol, um nur noch Datensätze anzuzeigen, die im betreffenden Feld diesen Eintrag »Müller« enthalten (Abbildung 3.36).

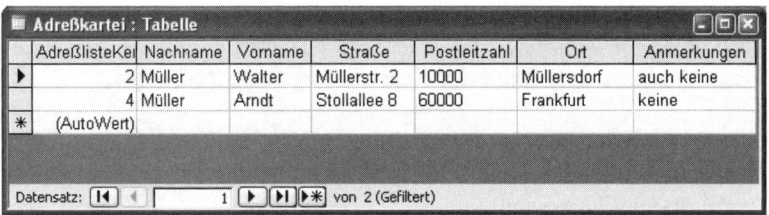

Abbildung 3.36:
Gefilterte Tabelle

Interessieren Sie nur jene »Müller«, die in »Müllersdorf« wohnen, wählen Sie erneut DATENSÄTZE|FILTER|FORMULARBASIERTER FILTER. Zusätzlich zum soeben verwendeten Filterkriterium »Müller« im Feld »Nachname« wählen Sie in der Filterliste des Feldes »Ort« das Kriterium »Müllersdorf« aus (Abbildung 3.37).

UND-
Verknüpfung

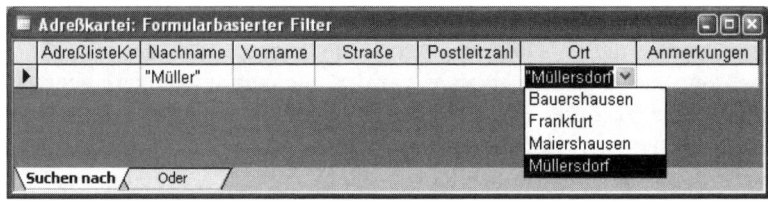

Abbildung 3.37:
Zweites Kriterium

Die beiden Kriterien werden mit dem logischen Operator *Und* verknüpft und nach Wahl von FILTER|FILTER/SORTIERUNG ANWENDEN werden nur noch Sätze angezeigt, die *beide* Kriterien erfüllen (Abbildung 3.38).

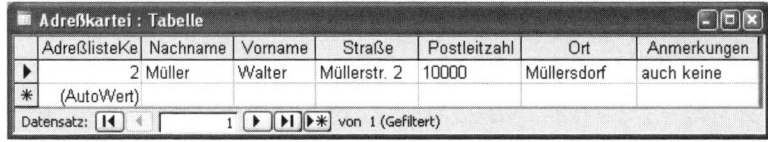

Abbildung 3.38:
Ergebnis der
Filterung

Klicken Sie am unteren Rand des Filterfensters auf die Registerzunge *Oder*, wird das gleichnamige Register aktiviert, das zunächst ebenfalls nur eine leere Filterzeile enthält. Kriterien, die Sie in diese Zeile eingeben, werden mit den im Register *Suchen nach* enthaltenen Kriterien verknüpft, und zwar mit dem logischen Operator *Oder*.

ODER-
Verknüpfung

Dadurch werden all jene Datensätze angezeigt, die *entweder* den ersten *oder* aber den zweiten Kriterien entsprechen. Sie können nun mehrere Kriterien für ein einziges Feld definieren: Wählen Sie im Register *Suchen nach* als Kriterium für den Nachnamen »Müller« und danach im Register *Oder* als zweites Kriterium für dieses Feld »Maier«, werden alle Sätze angezeigt, die entweder den Namen »Müller« oder aber den Namen »Maier« enthalten.

Sie können beliebig viele Kriterien miteinander verknüpfen, da nach Aktivierung des jeweils letzten *Oder*-Registers immer wieder ein neues *Oder*-Register am rechten Rand der Registerleiste eingefügt wird.

Filter aufheben   Um die Filterung wieder aufzuheben, wählen Sie DATENSÄTZE|FILTER/SORTIERUNG ENTFERNEN oder klicken erneut auf das bei aktiver Filterung hervorgehobene *Filter*-Symbol.

Statt Listeneinträge auszuwählen, können Sie in die einzelnen Felder Selektionskriterien auch per Hand eingeben. Sie könnten beispielsweise im Feld Postleitzahl den Ausdruck »>30000« eintragen, der nur Sätze mit Postleitzahlen größer als 30000 anzeigt. Die Bildung derartiger Ausdrücke, die beliebig komplex sein können, erläutere ich im Kapitel 9, »Interessierende Daten auswählen«.

Filter speichern/   Schließen Sie die Tabelle, wird Access Sie fragen, ob Sie die Änderungen spei-
laden   chern wollen. Wenn Sie bejahen, werden auch die verwendeten Filterkriterien gespeichert. Beim nächsten Öffnen der Tabelle genügt es, DATENSÄTZE|FILTER/SORTIERUNG ANWENDEN zu wählen. Diee Filterkriterien werden automatisch wieder angewendet. Sie brauchen sie nicht mehr eingeben!

Verwenden Sie nicht immer die gleichen, sondern unterschiedliche Sätze formularbasierter Filterkriterien, sollten Sie diese Filter als Abfragen speichern: Aktivierten Sie mit DATENSÄTZE|FILTER|FORMULARBASIERTER FILTER das Filterfenster, können Sie den darin definierten Filter mit DATEI|ALS ABFRAGE SPEICHERN... als Abfrage speichern und dieser Abfrage einen beliebigen Namen wie »Alle Müller« oder »Alle Müller in Müllersdorf« geben.

Um einen auf diese Weise gespeicherten Filter wieder anzuwenden, aktivieren Sie erneut das Filterfenster und wählen DATEI|VON ABFRAGE LADEN...: Eine Liste aller Abfragen erscheint, die sich auf die aktive Tabelle beziehen. Sie suchen die gewünschte aus, beispielsweise »Alle Müller«, und wählen FILTER|FILTER/SORTIERUNG ANWENDEN, um diese Filterung zu aktivieren.

Suchen und ersetzen

Wollen Sie einen ganz bestimmten Datensatz finden, verwenden Sie nicht die soeben erläuterten Filtertechniken, sondern den Befehl BEARBEITEN|SUCHEN... (Abbildung 3.39).

Unter *Suchen nach* geben Sie das gewünschte Suchkriterium ein, zum Beispiel »Müller«.

Im Listenfeld *Suchen* können Sie wählen, ob die Tabelle komplett durchsucht werden soll (*Alle*) oder nur jene Datensätze, die sich oberhalb (*Aufwärts*) bzw. unterhalb der aktuellen Zeile befinden (*Abwärts*).

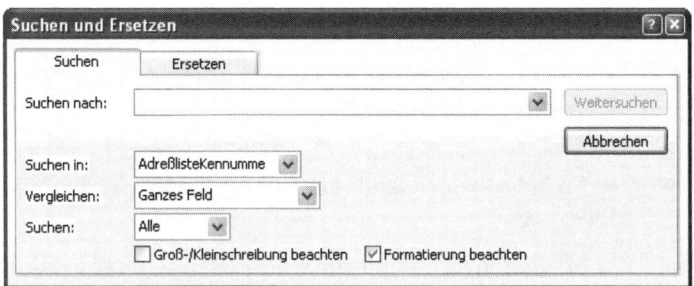

Abbildung 3.39:
Datensätze suchen

Unter *Vergleichen* haben Sie die Wahl zwischen drei Optionen:

➤ *Ganzes Feld*: Prüft, ob der Inhalt des durchsuchten Feldes die gleichen Zeichen wie das Suchkriterium enthält und findet mit dem Suchkriterium »Müller« nur diese Zeichenkette, aber beispielsweise nicht »Müllerbach«.

➤ *Anfang des Feldinhaltes*: Prüft, ob der *Anfang* des Feldinhaltes mit dem Suchkriterium identisch ist und findet außer »Müller« beispielsweise auch »Müllerbach«.

➤ *Teil des Feldinhaltes*: Prüft, ob das Suchkriterium *irgendwo* im Feld enthalten ist und findet mit dem Suchkriterium »Müller« beispielsweise auch »Wimüller«.

Ist *Groß-/Kleinschreibung beachten* aktiviert, findet Access mit dem Suchkriterium »Müller« keine prinzipiell identischen Namen wie »müller« oder »MüLler«, die sich in der Schreibweise vom Suchkriterium unterscheiden.

Unter Suchen in *ist das momentan aktive Tabellenfeld vorgegeben, das heißt jenes Feld, in dem sich gerade der Cursor befindet. Nur dieses eine Tabellenfeld wird durchsucht, das jedoch extrem schnell, falls es ein »indiziertes Feld« ist (siehe Kapitel 5.5, »Die Verwendung von Indizes«).*

Wählen Sie statt dessen die alternative Option, die aus dem Namen der aktuellen Tabelle besteht, im Beispiel »Adresskartei : Tabelle«, ist die Suche – auch bei indizierten Feldern – erheblich langsamer; dafür werden nun jedoch alle Felder der Tabelle durchsucht.

Weitersuchen oder Anklicken des abgebildeten Symbols startet die Suche, beginnend beim ersten Datensatz der Tabelle, bzw. sucht bei jedem erneuten Anklicken den jeweils nächsten Datensatz, der den verwendeten Kriterien entspricht.

Platzhalter-
zeichen

Weitere Suchmöglichkeiten bieten einige spezielle Platzhalterzeichen:

➡ »*«: Steht stellvertretend für eine beliebige Zeichenanzahl. »Mai*« findet »Maier«, »Maierbach« etc. »M*er« findet »Meier«, »Mayer«, »Müller« etc.

➡ »?«: Steht stellvertretend für ein Zeichen. »Me?er« findet »Meier«, »Meyer« etc.

➡ »#«: Steht stellvertretend für eine Ziffer. »12##56« findet »123956«, »121956« etc.

➡ »[]«: Entspricht einem beliebigen der in den eckigen Klammern enthaltenen Zeichen. »Ma[il]er« findet »Maier«, »Maler« etc.

➡ »[!]«: Entspricht einem beliebigen, *nicht* in den eckigen Klammern enthaltenen Zeichen. »Ma[!il]er« findet »Mayer«, aber weder »Maier« noch »Maler«.

➡ »[-]«: Entspricht einem einzelnen Zeichen innerhalb eines alphabetischen Bereichs. »Ma[g-k]er« findet »Maier«, »Majer« etc.

Sie können diese Platzhalterzeichen kombinieren. Zum Beispiel findet »M??er*« sowohl »Maier« in den verschiedensten Schreibweisen (Maier, Meier, Mayer) als auch »Maierbach«, »Mayersfeld« etc.

:-)
TIPP

Die Platzhalterzeichen sind stärker als die Optionen unter Vergleichen: Statt »M« einzugeben und Anfang des Feldinhaltes *zu aktivieren, um alle Namen zu finden, die mit »M« beginnen, könnten Sie auch »M*« eingeben – egal, welche Option unter Vergleichen aktiviert ist!*

Datums- und
Uhrzeitsuche

Ein Datum wird intern als Zahl gespeichert, ebenso wie eine Uhrzeit, was bei der Verwendung von Platzhalterzeichen zu Problemen führen kann: Suchen Sie mit »5.1.09« Sätze, die dieses Datum enthalten, gibt es kein Problem. Verwenden Sie jedoch ein der Sonderzeichen, beispielsweise um mit »*Jan*« alle Sätze mit der Komponente »Jan« in einem Datumsfeld zu finden, schlägt die Suche fehl!

In diesem Fall müssen Sie die (verlangsamende) Option *Formatierung beachten* aktivieren. Dann werden nur Werte gefunden, deren Bildschirmdarstellung dem optischen Format des Suchkriteriums entspricht, unabhängig von der internen Darstellung.

BEARBEITEN|ERSETZEN... aktiviert das Register *Ersetzen*, in dem Sie eine Zeichenfolge durch eine andere ersetzen können (Abbildung 3.40).

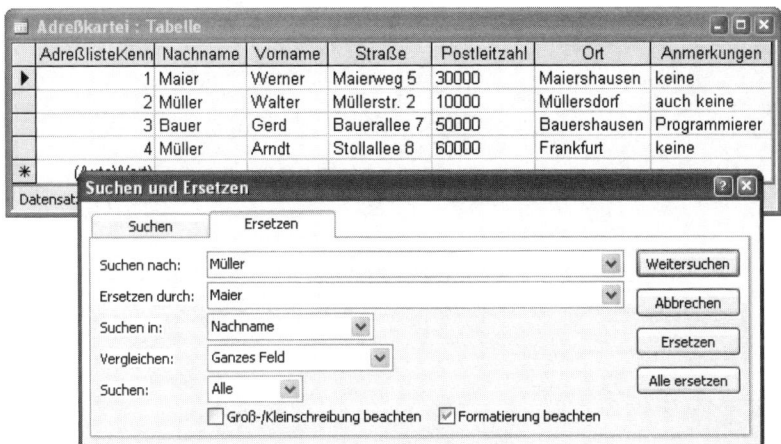

Abbildung 3.40:
Ersetzen

In der Abbildung würde das Suchkriterium »Müller« im zweiten und im vierten Datensatz gefunden und durch »Maier« ersetzt werden, wenn Sie *Alle ersetzen* aktivieren.

Weitersuchen sucht dagegen nur den nächsten Satz und markiert ihn – bzw. das Feld, das den gesuchten Text enthält.

Ersetzen ersetzt den Text anschließend in diesem einen Feld und sucht anschließend nach dem nächsten Vorkommen des Suchkriteriums.

Alternativ dazu können Sie den gefundenen Text mit *Weitersuchen* ohne Ersetzen übergehen und nach dem nächsten Vorkommen des gesuchten Textes suchen.

4 Das Layout einer Tabelle verändern

Ich erläutere nun, wie Sie das optische Layout einer Tabelle gestalten, Schriftarten, Schriftgrößen und Farben festlegen, die Höhe der Tabellenzeilen und die Breite der Spalten verändern und momentan nicht interessierende Spalten aus- und jederzeit wieder einblenden können.

4.1 Schriftarten und Formatierungen

FORMAT|ZEICHEN… öffnet ebenso wie das zugehörige Symbol ein Dialogfeld, in dem Sie eine einheitliche, für die gesamte Tabelle gültige Schriftart und Schriftgröße wählen und/oder den Text unterstreichen können (Abbildung 4.1).

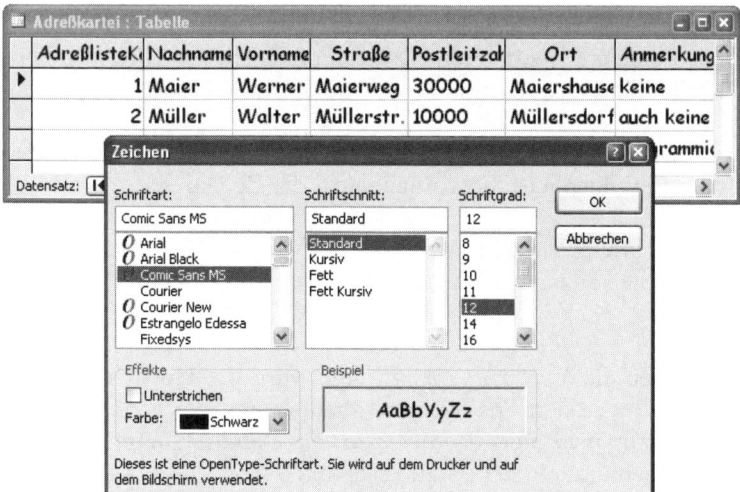

Beispielsweise ergibt sich mit der Schriftart *Comic Sans MS* in der Größe 12 Punkt die in gezeigte Darstellung. Wie diese Abbildung zeigt, passt Access die Zeilenhöhe automatisch an, wenn die Schriftgröße verändert und die Schrift dadurch wie im Beispiel höher wird.

Mit FORMAT|DATENBLATT… können Sie die Darstellung der einzelnen Tabellenfelder beeinflussen (Abbildung 4.2).

Datenblatt formatieren

Abbildung 4.2:
Datenblatt
formatieren

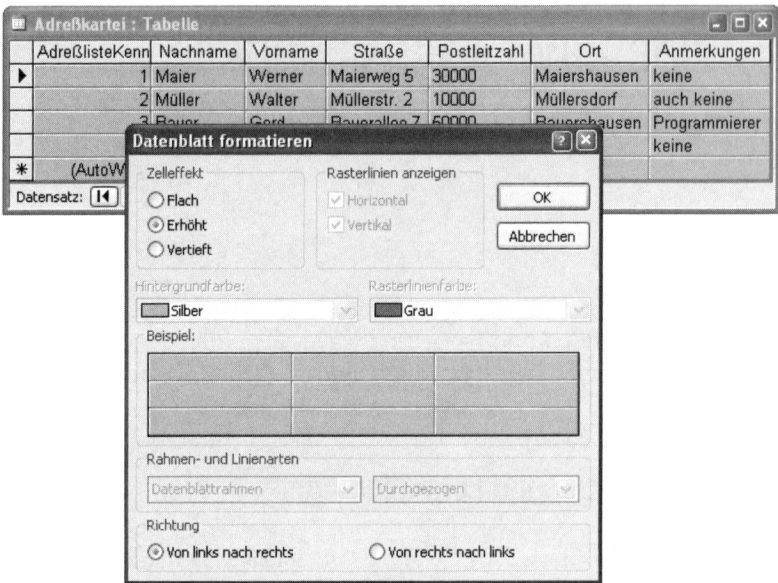

Mit den entsprechenden Kontrollkästchen unter *Rasterlinien anzeigen* können Sie ebenso wie mit der abgebildeten Symbolliste die Anzeige der vertikalen und/oder der waagrechten Gitternetzlinien unterdrücken.

In den beiden Listenfeldern lässt sich die Farbe der Gitternetzlinien und des
Tabellenhintergrunds bestimmen.

Die Optionen unter *Zelleffekt* bewirken ebenso wie die abgebildete Symbolliste unterschiedliche Hervorhebungen der Zellen.

*Von Rechts nach
Links orientierte
Sprachen*

Die beiden Optionen im Abschnitt *Richtung* ermöglichen es, ein Datenblatt
an Sprachen anzupassen, deren Schreibweise von rechts nach links orientiert
ist.

Aktivieren Sie *Von rechts nach links*, wird die Optik der Tabelle vertikal
gespiegelt: Die erste Spalte einer Tabelle befindet sich rechts statt links, neue
Spalten kommen links davon hinzu, die Datensatznummer befindet sich in
der rechten unteren Ecke statt links unten etc.

*Es ist möglich, diese Einstellung generell für alle neu anzulegenden Tabelle
vorzunehmen (siehe Anhang E, »Access individuell konfigurieren«,
Abschnitt »International«).*

4.2 Spalten markieren und verschieben

Sie können eine komplette Spalte markieren, indem Sie auf die zugehörige Spaltenüberschrift klicken, beispielsweise auf »Vorname«. Halten Sie die Maustaste weiter gedrückt und ziehen Sie die Maus über mehrere Spalten, um mehrere Spalten zu markieren (Abbildung 4.3).

Spalten markieren

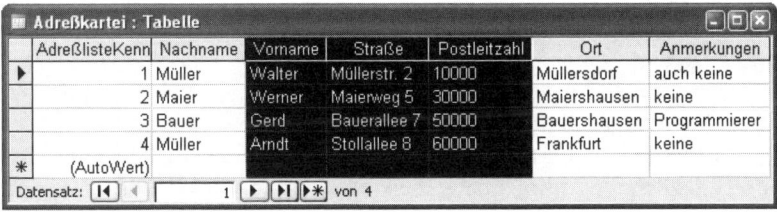

Abbildung 4.3:
Spalten markieren

Eine oder mehrere markierte Spalten können Sie verschieben, indem Sie auf *irgendeine* der nun markierten Feldbezeichnungen klicken, die Maus nach rechts oder nach links ziehen und die Maustaste wieder loslassen (Abbildung 4.4).

Spalten verschieben

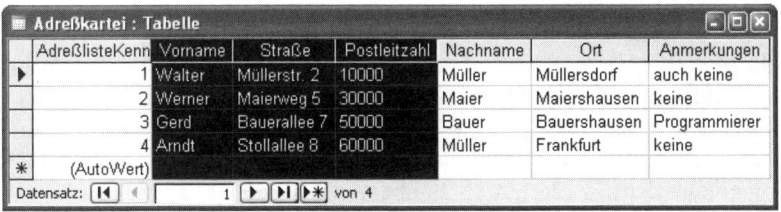

Abbildung 4.4:
Verschobene Spalten

4.3 Zeilenhöhe und Spaltenbreite verändern

Um die Höhe der Tabellenzeilen zu verändern, klicken Sie am linken Rand auf die dünne Trennlinie *zwischen* zwei Zeilenmarkierern, ziehen Sie die Trennlinie nach oben (Zeilenhöhe verringern) bzw. nach unten (Zeilenhöhe vergrößern). Lassen Sie die Maustaste los, weist Access *allen* Tabellenzeilen die neue Zeilenhöhe zu (Abbildung 4.5).

Zeilenhöhe

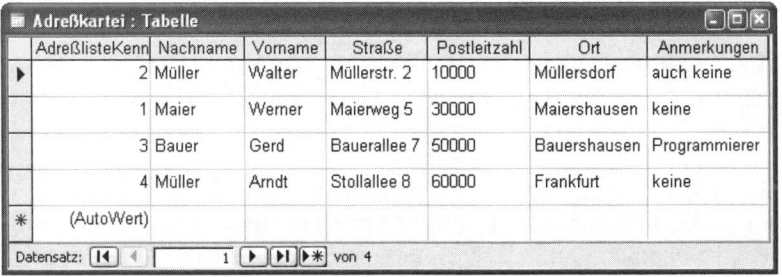

Abbildung 4.5:
Zeilenhöhe verändern

Alternativ dazu öffnet das abgebildete Symbol oder der Befehl FORMAT|ZEI-
LENHÖHE... wählen ein Dialogfeld, in dem Sie die vorgegebene aktuelle Zeilenhöhe per Eintippen eines anderen Werts beliebig verändern oder das
Kontrollkästchen *Standardhöhe* aktivieren können, wodurch Access die zur
verwendeten Schriftgröße optimal passende Höhe einstellt.

Spaltenbreite   Bei den Tabellenspalten können Sie die Breite *jeder* Spalte individuell verändern, indem Sie die dünne Trennlinie ganz oben zwischen zwei Feldnamen
nach links (Verringerung der Spaltenbreite) bzw. nach rechts (Erhöhung der
Breite) ziehen.

 Oder Sie wählen im Access- oder im Spaltenkontextmenü (mit rechter
Maustaste auf Feldname klicken) FORMAT|SPALTENBREITE... bzw. benutzen
das zugehörige Symbol und geben den gewünschten Wert per Hand ein;
oder Sie aktivieren das Kontrollkästchen *Standardbreite*, um wieder die
Vorgabebreite einzustellen.

TIPP

*Im Gegensatz zur Manipulation der Zeilenhöhe wirkt sich die Veränderung
der Spaltenbreite nur auf die momentan aktive(n) Spalte(n) aus.*

Optimale Breite   Mit einem Doppelklick auf eine Spaltenbegrenzung oder der Schaltfläche
Anpassen des Befehls FORMAT|SPALTENBREITE... lösen Sie die Funktion
Optimale Breite aus: Access vergrößert bzw. verringert die Spaltenbreite so
weit, dass der längste Eintrag in der betreffenden Spalte gerade noch vollständig sichtbar ist. Um diese Funktion für alle Tabellenspalten auszuführen, markieren Sie alle Spalten und doppelklicken anschließend auf
irgendeine der markierten Spaltenbegrenzungen (Abbildung 4.6).

Abbildung 4.6:
Anpassung aller
Spaltenbreiten

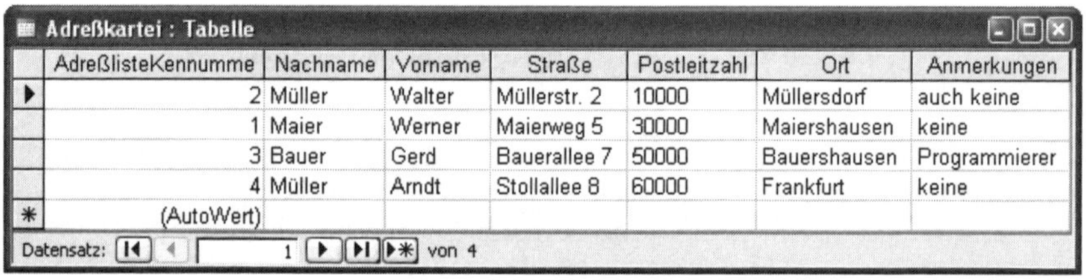

	AdreßlisteKennnume	Nachname	Vorname	Straße	Postleitzahl	Ort	Anmerkungen
▶	2	Müller	Walter	Müllerstr. 2	10000	Müllersdorf	auch keine
	1	Maier	Werner	Maierweg 5	30000	Maiershausen	keine
	3	Bauer	Gerd	Bauerallee 7	50000	Bauershausen	Programmierer
	4	Müller	Arndt	Stollallee 8	60000	Frankfurt	keine
*	(AutoWert)						

Adreßkartei : Tabelle

Datensatz: |◀ ◀ 1 ▶ ▶| ▶* von 4

4.4   Tabellenspalten aus-/einblenden

Momentan überflüssige Spalten können Sie aus- und bei Bedarf wieder ein-
blenden, indem Sie sie markieren und FORMAT|SPALTEN AUSBLENDEN wäh-
len.

Mit FORMAT|SPALTEN EINBLENDEN... können Sie diese Manipulation jeder-
zeit rückgängig machen: Feldnamen mit Häkchen kennzeichnen eingeblendete, Feldnamen ohne Häkchen ausgeblendete Spalten (Abbildung 4.7).

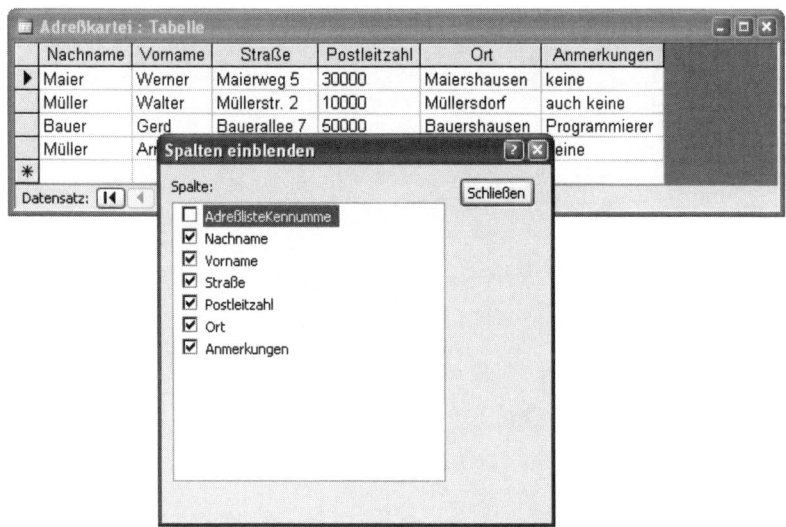

4.5 Spalten an einem Ort fixieren

Ist Ihre Tabelle zu breit, um vollständig auf den Bildschirm zu passen, müssen Sie ständig nach rechts oder links scrollen. Ist »Ort« so wichtig, dass dieses Feld immer sichtbar sein soll, egal welcher Tabellenausschnitt gerade angezeigt wird, gehen Sie mit dem Cursor in diese Spalte und wählen FORMAT|SPALTEN FIXIEREN (wie immer können Sie mehrere benachbarte Spalten markieren und alle gleichzeitig fixieren).

Access verschiebt daraufhin die Spalte »Ort« ganz nach links, trennt sie durch einen dicken Strich von den restlichen Spalten – und zeigt diese Spalte immer ganz links an, egal welcher Tabellenausschnitt gerade sichtbar ist (Abbildung 4.8).

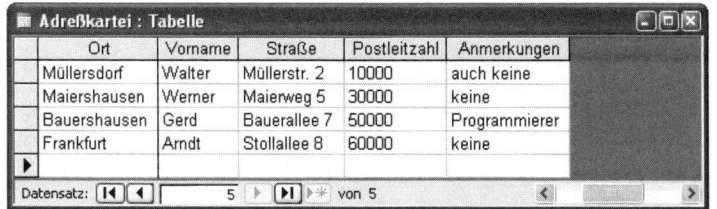

FORMAT|SPALTENFIXIERUNG AUFHEBEN hebt die Fixierung *aller* Spalten wieder auf (leider ohne »Ort« an die ursprüngliche Position zurückzuschieben).

5 Die Funktionsweise der Tabelle festlegen

In der Entwurfsansicht sehen Sie statt der Feldinhalte die Definitionen der einzelnen Felder, die aus dem Namen des betreffenden Felds, seinem Datentyp und einer optionalen Beschreibung bestehen.

Die wichtigste dieser Eigenschaften ist der Felddatentyp. Er entscheidet darüber, welche Daten das betreffende Feld aufnehmen kann: Texte, Zahlen, Datum/Uhrzeit, Währung etc. Es gibt unzählige weitere Feldeigenschaften, die ich der Reihe nach anhand von Beispielen erläutere.

Den Abschluss bildet die wichtigste Feldeigenschaft, der Index. Richtig angewandt, beschleunigen Indizes die Suche nach gewünschten Informationen und werden in umfangreichen Datenbanken benötigt, um mehrere Tabellen miteinander zu verknüpfen, beispielsweise eine Kundentabelle mit einer weiteren Tabelle, die die Aufträge dieser Kunden enthält.

Der wichtigste aller Indizes ist der Primärschlüssel, ein Feld wie »Kundennummer«, das jeden Datensatz einer Tabelle eindeutig identifiziert. Auf den Primärschlüssel gehe ich intensiv ein, da er für das Erzeugen komplexer Datenbanken mit mehreren verknüpften Tabellen unverzichtbar ist.

5.1 Die Entwurfsansicht von Tabellen

ANSICHT|ENTWURFSANSICHT aktiviert die Tabellenentwurfsansicht, in der Sie den Aufbau Ihrer Tabelle definieren oder nachträglich verändern (Abbildung 5.1).

Wollen Sie nach Veränderungen wieder in die Datenblattansicht zurückwechseln, klicken Sie das abgebildete Symbol an. Probleme beim Wechsel zwischen der Datenblatt- und der Entwurfsansicht gibt es nur, wenn Ihre Tabelle bereits Daten enthält und Sie nun in der Entwurfsansicht eine kritische Veränderung vornehmen; beispielsweise eine komplette Entwurfszeile und damit auch das darin definierte Tabellenfeld löschen: Access weist Sie darauf hin, dass dadurch alle bereits in dieses Feld eingegeben Daten verloren gehen würden, und überlässt Ihnen die Wahl, ob Sie damit einverstanden sind oder die Entwurfsveränderung rückgängig machen wollen.

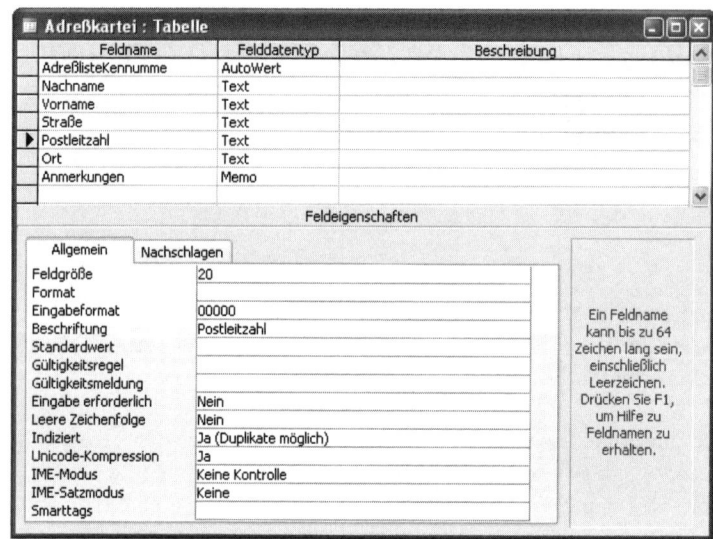

Möglicherweise erstellten Sie Ihre Tabelle nicht mit dem Tabellen-Assistenten, sondern erzeugten mit *Neu* und *Entwurfsansicht* eine neue leere Tabelle. Wechseln Sie nun in die Datenblattansicht, muss der neue Tabellenentwurf gespeichert werden. Sie werden zuvor nach dem gewünschten Namen gefragt.

Primärschlüssel   Sie können die Vorgabe übernehmen oder aber durch einen sinnvolleren Namen wie »Adressen« ersetzen. Anschließend erscheint in jedem Fall die folgende Frage (Abbildung 5.2).

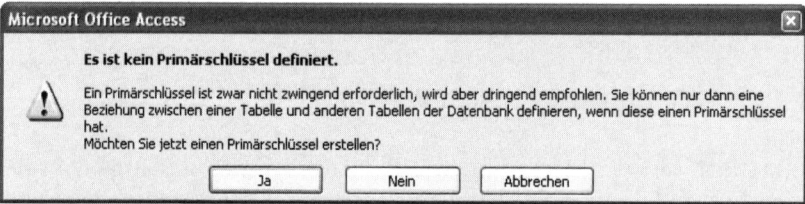

Ja fügt ein zusätzliches Feld in die Tabelle ein, in das Access selbstständig fortlaufende Zahlen einträgt, die jeden Datensatz eindeutig identifizieren. *Nein* führt dazu, dass die Tabelle keinen Primärschlüssel besitzt, was jedoch nicht sehr empfehlenswert ist. *Abbrechen* ermöglicht Ihnen, in der Entwurfsansicht zu bleiben und die Definition des Primärschlüssels darin selbst durchzuführen.

Felddefinition   Jede Zeile des Entwurfsformulars enthält genau eine Felddefinition. Diese Definition besteht aus

→ dem Feldnamen

→ dem Felddatentyp

→ der Feldbeschreibung

5.2   Das Verändern von Felddefinitionen

Um Teile einer Definition wie den Feldnamen »AdresslisteKennnummer« zu ändern, klicken Sie ihn einfach an. Anschließend können Sie den Text wie gewohnt editieren, beispielsweise die Feldnamen verändern (Abbildung 5.3).

Abbildung 5.3:
Feldnamen editieren

Hier wurde »AdresslisteKennnummer« durch »Nr« ersetzt, »Postleitzahl« durch »Plz« und »Anmerkungen« durch »Bemerkungen«.

Soll der geänderte Feldname »Plz« auch in der Datenblattansicht erscheinen, müssen Sie außerdem die Zeile »Plz« selektieren und in der unteren Fensterhälfte den Eintrag »Postleitzahl« (Abbildung 5.1) ebenfalls durch »Plz« ersetzen (Abbildung 5.3) oder einfach entfernen.

Geben Sie zusätzlich in der Spalte *Beschreibung* für das Feld »Nr« den Kommentar »Das ist der Primärschlüssel« ein.

Feldnamen dürfen bis zu 64 Zeichen lang sein und beliebige Zeichen enthalten, abgesehen von den Zeichen ».«, »!«, »`«, »[« und »]«. Leerzeichen sind ebenfalls zulässig, allerdings nicht als erstes Zeichen.

Sie können sich im Entwurfsformular mit den gleichen Techniken bewegen wie in einer Tabelle und darin ebenfalls einzelne Zeichen, komplette Felder (F2) oder eine bzw. mehrere Zeilen markieren. BEARBEITEN|ALLES MARKIEREN markiert ebenso wie das Anklicken des Zeilenmarkierers in der oberen linken Tabellenecke alle Zeilen.

 BEARBEITEN|ZEILEN LÖSCHEN bzw. das zugehörige Symbol löscht ebenso wie Entf die aktuelle Zeile bzw. die momentan markierten Zeilen.

 Im Gegensatz zum Tabellendatenblatt können Sie auch Leerzeilen einfügen. Dazu selektieren Sie eine oder mehrere Zeilen, beispielsweise die Zeile »Bemerkungen« und die beiden folgenden Zeilen, und drücken Einfg, klicken auf das zugehörige Symbol oder wählen EINFÜGEN|ZEILEN (Abbildung 5.4).

Abbildung 5.4:
Leerzeilen einfügen

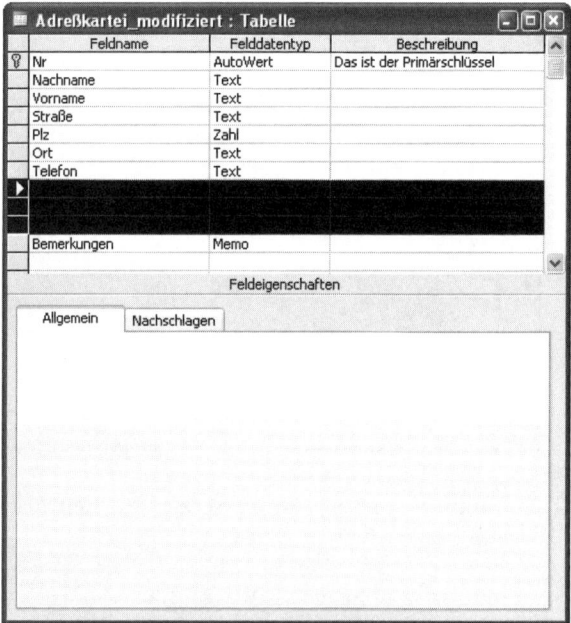

Access fügt vor der ersten markierten Zeile »Bemerkungen« Leerzeilen ein. Die Anzahl der eingefügten Zeilen entspricht der Anzahl der zuvor markierten Zeilen, im Beispiel drei. Sie können anschließend vor »Bemerkungen« drei weitere Felddefinitionen einfügen.

 Befindet sich der Cursor in der Spalte *Feldname*, können Sie durch Klicken auf das abgebildete Symbol den Feld-Generator aufrufen, statt das betreffende Feld manuell zu definieren (Alternative: Feldname mit rechter Maustaste anklicken und im Kontextmenü AUFBAUEN... wählen) (Abbildung 5.5).

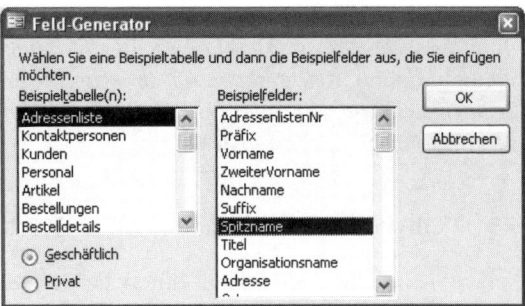

Abbildung 5.5:
Der Feld-Generator

Sie können sich aus einer beliebigen Beispieltabelle ein Feld aussuchen und die zugehörige Definitionszeile an der aktuellen Cursorposition einfügen lassen.

Analog zum Verschieben von Spalten in der Datenblattansicht können Sie in der Entwurfsansicht komplette Zeilen per Ziehen und Ablegen verschieben.

TIPP

5.3   Die Feldeigenschaften

Zur Ausnutzung der Feldeigenschaften müssen Sie mehr oder weniger komplexe mathematische oder logische Ausdrücke bilden. Wie das in Access funktioniert, erläutere ich in Anhang B, »Ausdrücke und Aussagen bilden«.

REF

Wenn Sie sich im oberen Fensterteil mit dem Cursor von Feld zu Feld auf- oder abwärts bewegen, werden im unteren Teil ständig die Eigenschaften des betreffenden Feldes angezeigt.

Mit F6 können Sie zwischen dem oberen und dem unteren Fensterteil hin- und herwechseln, ohne dabei die Cursorposition in der betreffenden Hälfte zu verändern.

Um eine Feldeigenschaft wie *Feldgröße*, *Format* oder *Beschriftung* zu ändern, klicken Sie sie an und tippen einen neuen Wert ein. Dabei schalten Sie wie im Datenblattmodus mit F2 zwischen dem Markieren eines Eintrags und dem normalen Editiermodus um.

Oft einfacher: Am rechten Rand vieler Eigenschaftszeilen erscheint nach dem Anklicken der abgebildete Pfeil, der eine Liste mit allen verfügbaren Einstellungen der betreffenden Eigenschaft öffnet, aus der Sie die gewünschte auswählen können.

:-)
TIPP

Vor allem bei Eigenschaften mit nur zwei Einstellungsmöglichkeiten wie »Ja/Nein« geht es noch einfacher: Per Doppelklick auf eine Feldeigenschaft schalten Sie der Reihe nach zwischen den verschiedenen Optionen um. Ein Doppelklick auf ein Feld mit der Einstellung »Ja« aktiviert daher die Option »Nein« und umgekehrt.

Die Datentypen und die zugehörigen Feldgrößen

Datentyp

Geben Sie in einer leeren Zeile einen zusätzlichen Feldnamen ein und verlassen Sie die Zeile, fügt Access in der Spalte *Felddatentyp* den Eintrag *Text* ein, den Standarddatentyp eines Feldes. Sie können jedoch jederzeit einen anderen, eventuell besser geeigneten Datentyp auswählen (Abbildung 5.6).

Abbildung 5.6:
ADRESSEN.MDB,
Tabelle
»Adreßkartei_
modifiziert«

Den Felddatentyp korrekt anzugeben ist Voraussetzung für spätere Plausibilitätsprüfungen. Wollen Sie beispielsweise verhindern, dass der Anwender im Feld »Plz« versehentlich einen Text wie »Hallo« eingeben kann, teilen Sie Access mit, dass dieses Feld den Typ *Zahl* besitzt, um sicherzustellen, dass der Anwender darin nur Zahlenwerte eingeben darf.

Um möglichst exakte Plausibilitätsprüfungen zu ermöglichen, sollte ein Datenbankprogramm über möglichst viele Datentypen verfügen. Die Datentypen von Access:

Datentyp	Zulässige Eingaben	Belegter Platz
Text	Alphanumerische Zeichen	Max. 255 Byte
Memo	Alphanumerische Zeichen	Max. 64.000 Byte
Zahl	Ganz- oder Dezimalzahlen	1, 2, 4 oder 8 Byte (Replikations-ID: 16 Byte)
Datum/Uhrzeit	Ein Datum oder eine Uhrzeit	8 Byte
Währung	Geldwerte (»DM«-Zusatz)	8 Byte
AutoWert	Von Access bei jedem zusätzlichen Satz inkrementierter Zählerwert	4 Byte (Replikations-ID: 16 Byte)
Ja/Nein	Boolesche Werte	1 Bit
OLE-Objekt	Objekte wie Grafiken oder Excel-Tabellen	Max. 1 Gigabyte
Hyperlink	Hyperlink-Adresse	Max. 3*2048 Byte
Nachschlagefelder	Individuelle Werte	Gleich der Primärschlüssellänge (meist 4 Byte)

Belegter Platz ist der von einem Feld des betreffenden Typs pro Eintrag belegte Speicherplatz auf der Festplatte. Verwenden Sie für das Feld »Betrag« einer Buchführungstabelle den Typ *Währung*, belegt dieses Feld *pro Buchung*, also pro Datensatz, 8 Byte auf der Festplatte, bei 10.000 Buchungen somit 80.000 Byte.

Platzbedarf

Da ein Textfeld maximal 255 Byte belegt, können darin maximal 255 Zeichen gespeichert werden. Reicht Ihnen das nicht, verwenden Sie stattdessen den Typ *Memo*, der maximal 64.000 Zeichen speichern kann. Aber bitte nur im Notfall, da Memofelder im Gegensatz zu Textfeldern nicht indiziert werden können, das heißt kein schneller Zugriff auf die darin gespeicherten Informationen über einen Index möglich ist!

Text- und Memofelder

Der Speicherbedarf des Typs *Zahl* ist nicht einheitlich, da Sie bei Wahl dieses Datentyps die Art der im betreffenden Feld zu speichernden Zahlen noch genauer festlegen können:

Zahl

Varianten	Zulässige Werte	Belegter Platz
Byte	Ganze Zahlen zwischen 0 und 255	1 Byte
Integer	Ganze Zahlen zwischen -32.768 und 32.767	2 Byte
Long Integer	Ganze Zahlen zwischen -2.147.483.648 und 2.147.483.647	4 Byte
Single	Zahlen (auch Dezimalzahlen) zwischen -3,402823 E38 und 3,402823 E38, die mit sechsstelliger Genauigkeit gespeichert werden	4 Byte
Double	Zahlen (auch Dezimalzahlen) zwischen -1,79769313486232 E308 und 1,79769313486232 E308, die mit zehnstelliger Genauigkeit gespeichert werden	8 Byte
Replikations-ID	Von Access vergebene Identifikationsnummer	16 Byte
Dezimal	Dezimalzahlen mit wählbarer Genauigkeit	variabel

Währung

Währung ähnelt der Variante *Double* des Typs *Zahl*, die die Eingabe beliebiger Dezimalzahlen erlaubt. Allerdings wird zusätzlich das Euro-Symbol angezeigt. Berechnungen erfolgen schneller als mit den allgemeinen Zahlendatentypen *Single* und *Double* und ohne die bei diesen möglichen Rundungsfehler.

AutoWert

AutoWert ist ein später von Access automatisch verwalteter Datentyp. Definieren Sie ein Feld dieses Typs, trägt Access darin einen für jeden Datensatz eindeutigen und unverwechselbaren Wert ein. Normalerweise wird für den ersten Datensatz der Wert 1 eingetragen, für den zweiten Datensatz der Wert 2, für den dritten eine 3 etc., also eine fortlaufende Nummer.

Das können Sie das ändern, indem Sie für die Feldeigenschaft *Neue Werte* eines *AutoWert*-Feldes *Zufall* statt der Vorgabe *Inkrement* einstellen. Dann trägt Access für jeden weiteren Datensatz statt einer fortlaufenden Zahl eine (ebenfalls für jeden Satz eindeutige, also niemals versehentlich die gleiche) Zufallszahl ein (Abbildung 5.7).

In jedem Fall ist der Datentyp *AutoWert* vorwiegend für Felder wie »Kundennummer« oder »Rechnungsnummer« geeignet, die Nummern enthalten sollen, die den betreffenden Datensatz eindeutig identifizieren und keinesfalls mehrfach vorkommen dürfen.

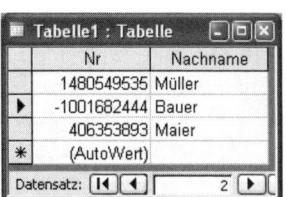

Abbildung 5.7:
Zufallszahlen

Ja/Nein-Felder erlauben nur die Auswahl unter zwei Alternativen. Standard-mäßig enthält das Feld ein Kontrollkästchen, das entweder aktiviert oder deaktiviert werden kann.

Ja/Nein

Alternativ dazu kann es ein Textfeld enthalten, in dem Access jedoch eben-falls nur »Ja« und »Nein« akzeptiert (oder ein Kombinationsfeld, siehe Abschnitt »Listen- und Kombinationsfelder verwenden« auf Seite 132).

Dieser Datentyp eignet sich entsprechend für Felder der Art »Berufstätig« oder »Selbstständig«, um unnötige Fehleingaben zu vermeiden. Außerdem lässt sich hier Speicherplatz sparen, da es Verschwendung wäre, für diese Felder statt diesem nur 1 Bit belegenden Datentyp den mindestens 1 Byte großen Datentyp *Text* zu verwenden!

OLE-Objekt: OLE-Objekte, die in einer Datenbank Verwendung finden, sind meist Grafiken. Mit einem Feld dieses Typs könnten Sie in der Adress-datei zu jeder Adresse ein Foto der betreffenden Person zeigen (siehe Kapitel »OLE-Objekte« auf Seite 509).

Hyperlink: Hyperlinks sind Verweise und enthalten eine Adresse. Befindet sich der Cursor auf einem Hyperlink, wird er zur zeigenden Hand. Klicken Sie auf den Hyperlink, erfolgt ein Sprung zur angegebenen Adresse, wobei es sich um ein Dokument auf der lokalen Festplatte Ihres oder eines ande-ren per Netzwerk damit verbundenen Rechners handeln kann oder um ein Dokument im Internet (siehe Kapitel 21, »Hyperlinks«).

Nachschlagefelder: Das sind Felder, in denen Sie unter einer von Ihnen vor-gegebenen Werteliste oder aus Werten, die sich in einer anderen Tabelle befinden, den einzutragenden Wert per Anklicken auswählen (siehe Abschnitt »Listen- und Kombinationsfelder verwenden« auf Seite 132).

Die Größe des Feldes bestimmt, wie umfangreich später der einzugebende Text sein oder in welchem Wertebereich eine einzugebende Zahl liegen darf. Eingaben, die die definierte Feldgröße überschreiten, werden von Access nicht zugelassen.

Feldgröße

Beim Datentyp *Zahl* ist mit der Feldgröße eine der Varianten *Byte*, *Integer*, *Long Integer*, *Single*, *Double*, *Replikations-ID* oder *Dezimal* gemeint. Je nach Typ können Sie nur ganze Zahlen oder auch Dezimalzahlen eingeben, nur relativ kleine positive/negative Werte oder auch größere Werte.

Zahlenfelder

Textfelder

Beim Typ *Text* bestimmt *Feldgröße* die Ausdehnung des Felds auf der Festplatte in Byte oder einfacher: in Zeichen. Je größer das Feld ist, desto mehr Zeichen können darin gespeichert werden, desto umfangreicher dürfen also die von Ihnen eingegebenen Texte sein.

Zu große Textfelder stellen keine Verschwendung von Festplattenspeicherplatz dar, da nur die tatsächlich eingetragenen Zeichen auf der Festplatte gespeichert werden, also nur die tatsächlich eingegebenen Texte wie »Gerd« oder »Hans«, auch wenn die Feldgröße 50 Zeichen beträgt!

Nachträgliche Änderungen

Erweist sich ein Textfeld später als zu klein, können Sie jederzeit die Entwurfsansicht aktivieren und die Feldgröße nachträglich erhöhen. Problematisch ist nur der umgekehrte Weg, das nachträgliche Verkleinern, da dadurch bereits vorhandene Daten eventuell verloren gehen, zum Beispiel die letzten acht Zeichen des 18 Zeichen langen Textes »Müllerbacherweg 20«, wenn Sie die Feldgröße nachträglich von ursprünglich 50 auf 10 Zeichen verringern.

Das gleiche Problem tritt auf, wenn Sie beispielsweise ein Feld vom Typ *Zahl* als Untertyp *Double* deklariert und darin Dezimalzahlen eingegeben haben, es nun jedoch als Untertyp *Integer* definieren. Da dieser Typ keine Nachkommastellen speichern kann, werden diese bei den bereits vorhandenen Zahlen abgeschnitten.

Memofelder

Die Größe von Memofeldern brauchen Sie nicht anzugeben. Wie Textfelder werden sie dynamisch verwaltet: Memofelder beanspruchen immer genau so viel Platz auf der Festplatte wie Zeichen in das Feld eingetragen wurden, ob das nun zehn oder aber die maximal möglichen 64.000 Zeichen sind.

Das Anzeigeformat und das Eingabeformat

Anzeigeformat

Die Eigenschaft *Format* bestimmt, wie Werte auf dem Bildschirm dargestellt werden. Angenommen ein Feld »Plz« besitzt den Datentyp *Zahl*, und Sie wählen für die *Format*–Eigenschaft des Felds *Festkommazahl* aus (Abbildung 5.8).

Anschließend geben Sie darunter als Eigenschaft *Dezimalstellenanzeige* eine 2 ein und aktivieren die Datenblattansicht. Alle bisher eingegebenen Postleitzahlen werden nun mit zwei Dezimalstellen angezeigt (Abbildung 5.9).

**!!
STOP**

Das gewählte Format definiert nur die Bildschirmdarstellung. Auch wenn es häufig so aussieht, werden intern niemals Stellen abgeschnitten oder Ähnliches, sondern immer alle Nachkommastellen gespeichert und somit auch bei späteren Berechnungen berücksichtigt.

Tabelle 5.3:
Zahlen- und Wäh-
rungsformate

Format	Eigenschaft	Beispiel
Allgemeine Zahl	Anzeige wie eingegeben	12345,678
Währung	Tausenderpunkte; negative Zahlen rot und in Klammern; 2 Dezimalstellen; Währungssymbol entsprechend der Windows-System-steuerung (Regions- und Sprach-optionen)	1.2345,67 €
Euro	Tausenderpunkte; negative Zahlen rot und in Klammern; 2 Dezimalstellen; Euro-Symbol	1.2345,67 €
Festkommazahl	Anzeige mindestens einer Ziffer; 2 Dezimalstellen	12345,67
Standardzahl	Tausenderpunkte; 2 Dezimalstellen	12345,67

Format	Eigenschaft	Beispiel
Prozentzahl	Multipliziert Wert mit 100; 2 Dezimalstellen; Prozentsymbol	1234567%
Exponentialzahl	Anzeige als Exponentialzahl auf Basis 10	1,23E+04

Unterhalb von *Format* befindet sich die Eigenschaft *Dezimalstellenanzeige*. Die Access-Vorgabe für diese Eigenschaft lautet *Automatisch*, wodurch jeweils zwei Nachkommastellen angezeigt werden. Passt Ihnen das nicht, aktivieren Sie dieses Eigenschaftsfeld und selektieren im zugehörigen Listenfeld die gewünschte Nachkommastellenanzahl.

Wie Abbildung 5.8 zeigt, erscheint nach dem Verändern der Feldeigenschaft Format *daneben ein Smarttag (siehe Kapitel »Smarttags« auf Seite 48), das Ihnen nach dem Öffnen anbietet, das Format überall dort zu aktualisieren, wo dieses Feld »Plz« verwendet wird.*

Nehmen Sie das Angebot an, wird die neue Format-Einstellung für das Feld »Plz« auch auf alle anderen Access-Objekte übertragen, die auf dieser Tabelle basieren und in denen dieses Feld vorkommt (siehe »Smarttags verwenden« auf Seite 138).

*Datum-/
Zeitformate*

Datum/Uhrzeit-Felder können ein Datum wie »01.08.05«, eine Uhrzeit wie »14:24« oder eine Kombination aus Datum und Uhrzeit wie »01.08.05 14:24« enthalten.

Format	Eigenschaft	Beispiel
Standarddatum	Anzeige von Zeit, Datum oder Zeit und Datum	01.08.2005 14:24 oder 01.08.2005 oder 14:24
Datum, lang	Ausgeschriebene Tages- und Monatsnamen	Dienstag, 1. August 2005
Datum, mittel	Dreistellige Anzeige des Monatsnamens; 2stellige Jahresanzeige	01. Aug. 05
Datum, kurz	Reine Zahlenanzeige	01.08.2005
Zeit, lang	Sekundenanzeige	14:24:12
Zeit, 12Std	AM-/PM-Anzeige	2:24
Zeit, 24Std	24-Stunden-Anzeige	14:24

Der Datentyp *Ja/Nein* ist für Felder der Art »Selbstständig« oder »Erst-
kunde« gedacht, in denen es nur zwei Alternativen gibt, »Ja« oder »Nein«.
Access zeigt *Ja/Nein*-Felder in der Datenblattansicht als Kontrollkästchen
an. Statt einen der beiden Texte »Ja« oder »Nein« einzutippen, aktivieren
bzw. deaktivieren Sie einfach das Kontrollkästchen.

Ja-/Nein-Formate

*Statt des Kontrollkästchens kann Access in Ja/Nein-Feldern auch ein ganz
normales Textfeld anzeigen. Dazu aktivieren Sie das Register* Nachschlagen
*der Feldeigenschaften und wählen statt des vorgegebenen Eintrags »Kontroll-
kästchen« einen der beiden alternativen Einträge »Textfeld« und »Kombinationsfeld« aus (siehe Abschnitt »Listen- und Kombinationsfelder verwenden«
auf Seite 132).*

Statt *Ja/Nein* können Sie mit Hilfe der *Format*-Feldeigenschaft eine der
zusätzlichen Alternativen *Wahr/Falsch* oder *Ein/Aus* auswählen:

Format	Eigenschaft	Beispiel
Wahr/Falsch	Falsch = 0, Ja = Wert ungleich 0	»Falsch« bzw. »Wahr«
Ja/Nein	Nein = 0, Ja = Wert ungleich 0	»Nein« bzw. »Ja«
Ein/Aus	Aus = 0, An = Wert ungleich 0	»Aus« bzw. »An«

Tabelle 5.5:
Ja-/Nein-Formate

*In Anhang C, »Eigendefinierte Formate«, erläutere ich, welche Formatie-
rungssymbole Ihnen für Zahlen, Texte etc. zur Definition eigener Formate
zur Verfügung stehen.*

Für Text-, Zahl- und Datum-/Zeitfelder stehen Ihnen außer Anzeigeforma-
ten zusätzliche Eingabeformate zur Verfügung, so genannte Eingabemas-
ken.

Eingabeformat

Fügen Sie bitte in eine Tabelle ein Feld vom Typ *Datum/Uhrzeit* ein, bei-
spielsweise ein Feld namens »Geburtsdatum«. Aktivieren Sie danach das
Feld *Eingabeformat* (Access besteht zuvor darauf, dass Sie die geänderte
Tabelle speichern) und klicken Sie auf das Editorsymbol (Abbildung 5.10).

Wählen Sie für das Datums/Zeitfeld ein Eingabeformat wie *Datum, kurz,*
aus, demonstriert das zugehörige Beispiel »27.09.1969«, wie Eingaben in
diesem Format vorzunehmen sind. Klicken Sie das Textfeld »Testen« an,
erscheint die durch dieses Format definierte Eingabemaske, in der bereits
Punkte als Trennzeichen der Datumskomponenten vorgegeben sind.

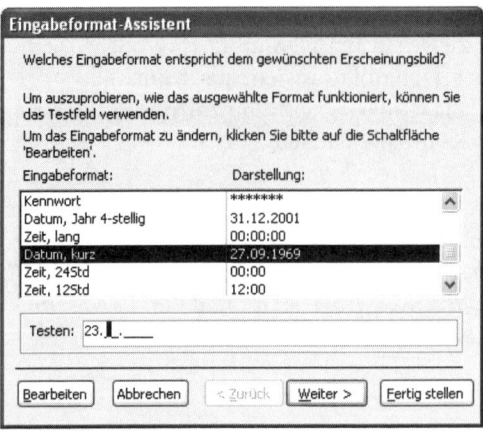

Im zweiten Schritt können Sie die vorgegebene Eingabemaske verändern (Abbildung 5.11).

Sie können beispielsweise entsprechend dieser Abbildung die Jahreskomponente um zwei Nullen erweitern, wenn Sie auf vierstelliger Eingabe der Jahreszahl bestehen. Zusätzlich können Sie die bei der Eingabe angezeigten Platzhalter für einzutippende Zeichen auswählen und beispielsweise den vorgegebenen Unterstrich »_« durch ein Nummernzeichen »#« ersetzen.

Aktivieren Sie nach dem letzten Schritt die Datenblattansicht, ist die Spalte »Geburtsdatum« zunächst leer. Sobald Sie jedoch in eines der betreffenden Felder etwas eingeben, erscheint die zuvor definierte Eingabemaske (Abbildung 5.12).

Eingabeformat-
Assistent
anpassen

Selektieren Sie in Schritt 1 ein Text- oder Datumsfeld wie »Postleitzahl« und klicken Sie im Assistenten auf die Schaltfläche *Bearbeiten*, können Sie das vorgegebene Format anschließend individuell verändern und anpassen (Abbildung 5.13).

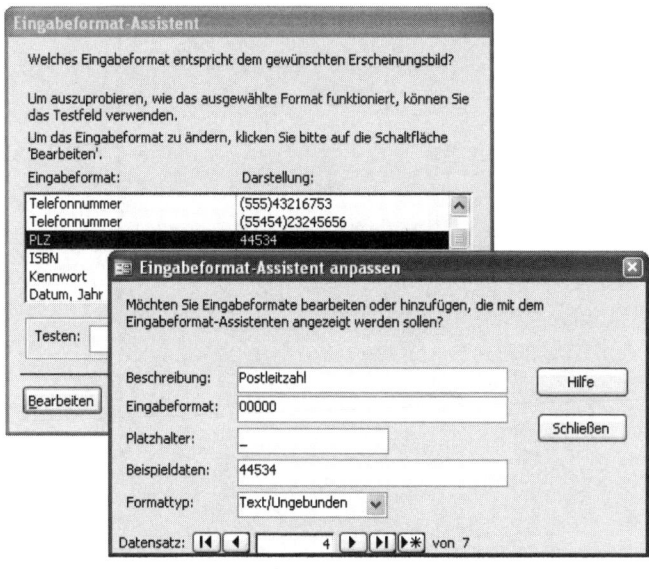

Dazu ändern Sie einfach im Feld *Eingabeformat* die Definition dieses Formats und wählen eventuell noch einen anderen Platzhalter aus. Sogar die vorgegebenen Beispieldaten und den Formattyp können Sie verändern.

Mit den Navigationssymbolen am unteren Dialogfeldrand können Sie die vorgegebenen Formate durchblättern. Wollen Sie kein Format ändern, sondern ein zusätzliches Format definieren, bewegen Sie sich mit dem Symbol ▸* wie in Tabellen zum ersten leeren Datensatz und geben dort die neue Formatbeschreibung ein.

Die Feldbeschriftung

Access verwendet die von Ihnen im Tabellenentwurf eingetragenen Feldnamen in der Datenblattansicht automatisch auch als Spaltenüberschriften. Tatsächlich sind Feldnamen und Spaltenüberschriften jedoch unabhängig voneinander. Sie können ein Feld im Entwurf »Plz« nennen, der betreffenden Datenblattspalte aber dennoch die Überschrift »Postleitzahl« statt »Plz« geben. Dazu tragen Sie die gewünschte Feldbeschriftung einfach als Feldeigenschaft *Beschriftung* ein.

Die Vorgabe von Standardwerten

Zahlen oder Texte, die Sie unter *Standardwert* vorgeben, erscheinen im betreffenden Feld als Vorgabe bei der Eingabe eines neuen Datensatzes. Der Anwender kann diese Vorgabe übernehmen oder nach Bedarf ändern. Geben Sie beispielsweise im Feld »Bemerkungen« als Standardwert »keine« ein (Abbildung 5.14).

Abbildung 5.14:
Definition eines
Standardwerts

Access setzt den Text »keine« nach der Eingabe automatisch in Anführungszeichen.

Wichtiger ist, dass ab jetzt in der untersten Tabellenzeile, in der Sie einen weiteren Datensatz eintragen, im Feld »Bemerkungen« automatisch diese Vorgabe erscheint (Abbildung 5.15).

Abbildung 5.15:
Vorgabe des
Standardwerts

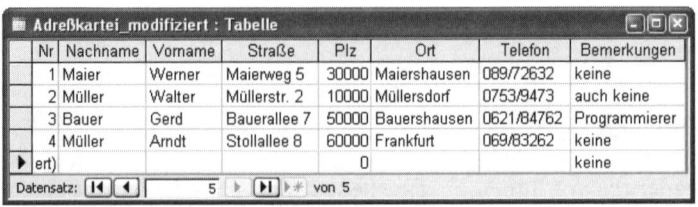

Sinnvoller ist ein Standardwert in einem Feld wie »Selbstständig« (*Ja/Nein*-Feld): Ist nahezu jeder Ihrer Kunden selbstständig, geben Sie als Standardwert »Ja« vor, sodass das zugehörige Kontrollkästchen aktiviert ist und Sie es nur deaktivieren müssen, wenn Sie ausnahmsweise tatsächlich einmal einen Nicht-Selbstständigen eintragen wollen.

Plausibilitätsprüfungen mit Gültigkeitsregeln

Gültigkeitsregeln eignen sich, um Plausibilitätsprüfungen vorzunehmen. Beispielsweise sind Postleitzahlen ganze Zahlen zwischen 1000 und 99999 (um korrekt zu sein: fünfstellige Zahlen zwischen 01000 und 99999). Ein Feld »Plz« sollte daher den Datentyp *Zahl* erhalten. Als Format wählen Sie *Long Integer*, damit nur ganze Zahlen eingegeben werden können. *Integer* wäre unzureichend, da der Wertebereich nur von -32.768 und 32.767 reicht.

Dank des Eingabeformats »00000«, das der Tabellen-Assistent beim Einfügen eines Postleitzahlfelds automatisch verwendet, sind völlig unsinnige Eingaben wie -13486 oder 105000 nicht möglich, da aufgrund dieses Eingabeformats weder das negative Vorzeichen noch die sechsstellige Zahl eingegeben werden kann.

Allerdings kann der Anwender immer noch Postleitzahlen wie 00001 oder 00500 eingeben, die zwar fünfstellig, aber kleiner als 1000 und damit ebenfalls ungültig sind. Das lässt sich mit einer Gültigkeitsregel für dieses Feld schnell ändern (Abbildung 5.16).

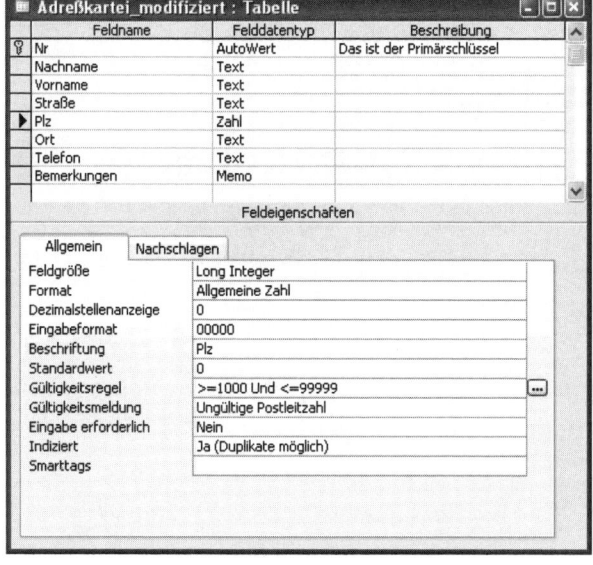

Abbildung 5.16:
Gültigkeitsregel

Die Regel »>=1000 Und <=99999« besagt: »In dieses Feld müssen Werte eingegeben werden, die größer oder gleich 1000 und kleiner oder gleich 99999 sind«.

Die darunter eingegebene Gültigkeitsmeldung »Ungültige Postleitzahl« wird von Access ausgegeben, wenn der Anwender versucht, in dieses Feld einen Wert einzugeben, der der Gültigkeitsregel widerspricht (Abbildung 5.17).

Abbildung 5.17:
Gültigkeitsmeldung

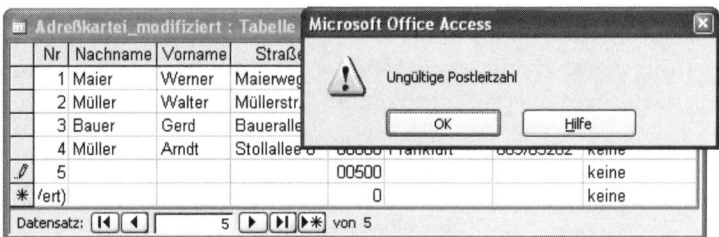

Hier wurde versucht, im Feld »Plz« des letzten Datensatzes die unzulässige Postleitzahl 00500 einzugeben, die der erläuterten Gültigkeitsregel widerspricht, da sie kleiner als 1000 ist.

Wenn Sie keine Gültigkeitsmeldung angeben, gibt Access einfach eine Standardmeldung aus, wenn Eingaben die Gültigkeitsregel verletzen.

Ändern Sie die Gültigkeitsregel für ein Feld, werden *bereits vorhandene Daten* nur dann anhand der neuen Regel überprüft, wenn Sie nach dem Umschalten in die Datenblattansicht die folgende Frage mit *Ja* beantworten (Abbildung 5.18).

Abbildung 5.18:
Geänderte
Gültigkeitsregel

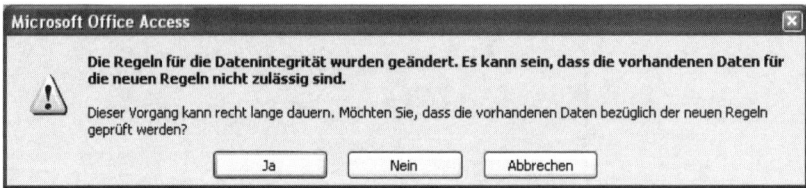

Ein weiteres Beispiel: Im Feld »Ort« wollen Sie nur die Eingaben »München«, »Frankfurt« oder »Stuttgart« zulassen. Dann benutzen Sie die Gültigkeitsregel

```
= "München" Oder "Frankfurt" Oder "Stuttgart"
```

TIPP

Mit dem Befehl BEARBEITEN|GÜLTIGKEITSREGELN TESTEN *können Sie nach dem Verändern von Gültigkeitsregeln vor dem Umschalten in die Datenblattansicht von Access testen lassen, ob bereits vorhandene Daten die neuen Regeln verletzen würden.*

Im Kapitel 5.4, »Gültigkeitsregeln auf Datensatzebene verwenden«, zeige ich, wie Sie Gültigkeitsregeln erstellen, die den Inhalt anderer Felder verwenden. Beispielsweise, um in einem Feld »Lieferdatum« nur Eingaben zuzulassen, die nicht kleiner sind als jenes Datum, das im Feld »Bestelldatum« des gleichen Datensatzes eingetragen wurde (eine Bestellung liegt wohl immer vor der Auslieferung).

Den Benutzer zu Eingaben zwingen

Eine Gültigkeitsregel zwingt den Anwender, bei Eingaben diese Regel zu beachten. Sie hindert ihn jedoch nicht daran, gar nichts einzugeben und das Feld einfach zu ignorieren. Zu einer Eingabe zwingen können Sie den Anwender, indem Sie *Eingabe erforderlich* auf »Ja« setzen, was sehr nützlich ist, falls ein Anwender dazu neigt, öfter mal versehentlich gar nichts einzugeben.

Allerdings besitzt dieser Zwang den Nachteil, dass der Anwender den Datensatz überhaupt nicht eingeben kann, wenn er den Nachnamen nicht kennt und daher beim besten Willen nicht eingeben kann! Um ihm in solchen Fällen einen Ausweg zu lassen, setzen Sie zusätzlich das Eigenschaftsfeld *Leere Zeichenfolge*, das nur bei Text-, Memo- und Hyperlinkfeldern verfügbar ist, auf »Ja«.

Dann muss der Anwender zwar immer noch etwas im betreffenden Feld eingeben, kann es somit nicht versehentlich übergehen. Kennt er den einzugebenden Nachnamen tatsächlich nicht, bleiben ihm als Ausweg jedoch immer noch zwei Spezialeingaben, mit denen sich Access auch dann zufrieden gibt, wenn *Eingabe erforderlich* auf »Ja« gesetzt ist:

➡ Entweder drückt er die Leertaste, gibt also ein Leerzeichen ein

➡ oder er gibt die Zeichenkette »»«« ein.

Obwohl es rein optisch keinen Unterschied macht, wird statt eines Nullwerts (nichts) auf der Festplatte nun eine leere Zeichenkette im betreffenden Feld gespeichert.

Der IME-Modus und die Unicode-Kompression

Die beiden IME-Eigenschaften steuern das Verhalten des *Eingabemethoden-Editors*, eines Programms, das Tastenanschläge in die recht komplexen asiatischen Zeichen umwandelt und Ihnen damit die Eingabe dieser Zeichen auf westlichen Tastaturen ermöglicht.

IME-Modus

Unicode-
Kompression

Access kennt außer dem ANSI-Standard zur Darstellung von maximal 256 verschiedenen Zeichen Unicode, einen neueren Standard, der maximal 65.536 verschiedene Zeichen unterstützt, und es daher möglich macht, eine nahezu unbegrenzte Anzahl von Sonderzeichen darzustellen.

Der Nachteil: Im ANSI-Standard gespeichert belegt jedes Zeichen ein Byte, im Unicode gespeichert jedoch zwei Byte. Textfelder (und Memo- und Hyperlinkfelder) benötigen daher genau doppelt so viel Platz, was den Umfang einer Datenbank enorm erhöhen kann.

Benutzen Sie eine Sprache des Western European Sprachbereichs wie Deutsch oder Englisch, kann dieser Nachteil des Unicode ausgeglichen werden. Mit der Voreinstellung »Ja« der Eigenschaft *Unicode-Kompression* für Text-, Memo- und Hyperlinkfelder komprimiert Access Zeichen bei der Speicherung auf der Festplatte und lässt das erste Byte (das in diesem Sprachbereich immer der Wert 0 ist) weg, sodass jedes Zeichen ebenso wie im ANSI-Standard auf der Festplatte nur ein einziges Byte belegt.

Listen- und Kombinationsfelder verwenden

Das Register *Nachschlagen* definiert die Eigenschaften eines so genannten Nachschlagefelds, eines Listen- oder Kombinationsfelds, das das übliche Textfeld ersetzt und immer wiederkehrende Eingaben durch das Auswählen aus einer Liste vereinfacht.

Nachschlage-
Assistent

Um ein solches Feld mit Hilfe des Nachschlage-Assistenten zu erzeugen, wählen Sie – zum Beispiel für das Feld »Ort« – als *Felddatentyp* den *Nachschlage-Assistent* (oder wählen beim Hinzufügen eines weiteren Tabellenfeldes EIN-FÜGEN|NACHSCHLAGEFELD...). (Abbildung 5.19).

Abbildung 5.19:
Nachschlage-Assis-
tent, Schritt 1

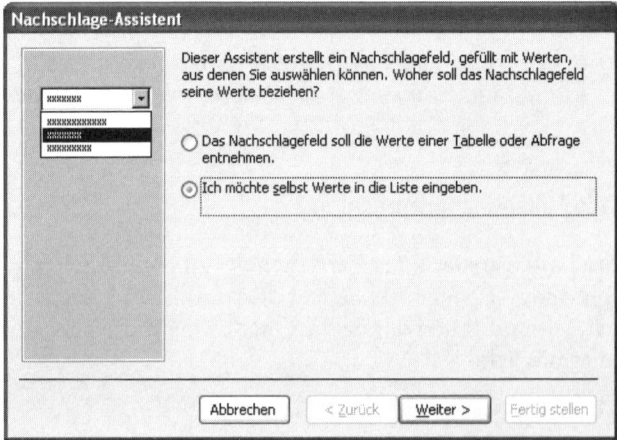

Aktivieren Sie entsprechend dieser Abbildung *Ich möchte selbst Werte in die Liste eingeben.* Im zweiten Schritt definieren Sie diese Werte (Abbildung 5.20).

Werteliste

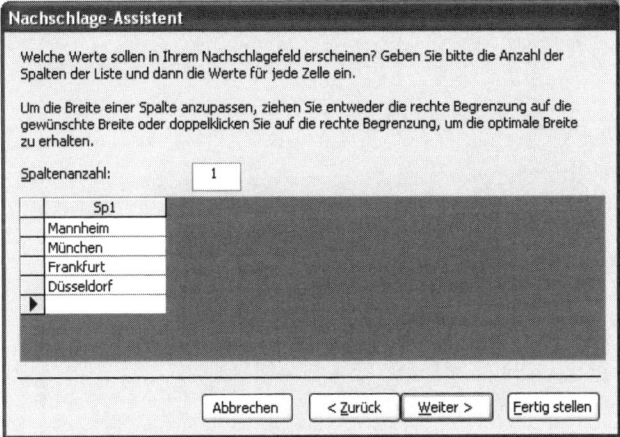

Abbildung 5.20:
Nachschlage-Assistent, Schritt 2

Der Assistent gibt ein Tabellendatenblatt vor, das aus nur einer Spalte besteht, in die Sie der Reihe nach untereinander die Werte eingeben, die später in der Auswahlliste erscheinen sollen.

Im letzten Schritt übernehmen oder ändern Sie die vorgegebene Feldbeschriftung, im Beispiel »Ort« (Abbildung 5.21).

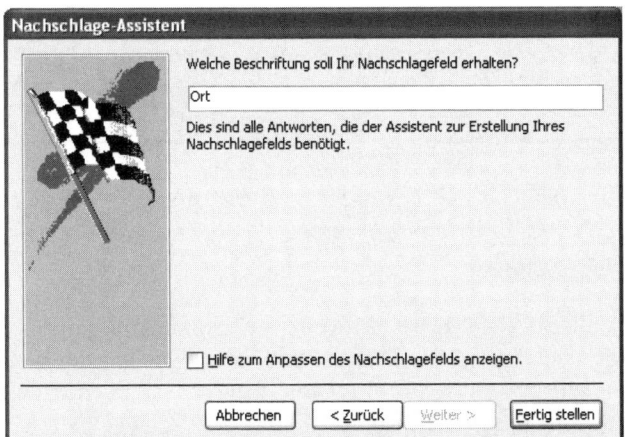

Abbildung 5.21:
Nachschlage-Assistent, Schritt 3

Nach *Fertig stellen* trägt der Assistent selbstständig im Register *Nachschlagen* für das Feld »Ort« mehrere Eigenschaftseinstellungen ein (Abbildung 5.22).

Abbildung 5.22:
Zugehörige
Eigenschafts-
einstellungen

Zum Nachschlagen wird für das Feld »Ort« nun ein Kombinationsfeld verwendet. Klicken Sie das Feld »Ort« irgendeiner Datensatzzeile an, erscheint ein Listenpfeil, der die zuvor definierte Auswahlliste öffnet (Abbildung 5.23).

Abbildung 5.23:
Auswahlliste

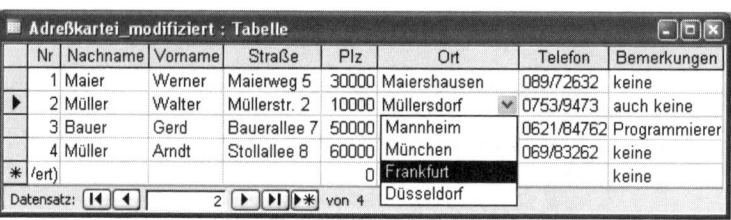

Erstellen Sie ein Formular, das auf dieser Abfrage basiert, wird für das soeben definierte Nachschlagefeld ebenfalls automatisch ein Kombinationsfeld eingefügt!

Wollen Sie die Liste um weitere Ortsnamen ergänzen, editieren Sie einfach die Feldeigenschaft *Datensatzherkunft*. Jeden weiteren Ortsnamen trennen Sie durch ein Semikolon von den vorhergehenden und schließen ihn in Anführungszeichen ein.

➡ Sie können *Spaltenüberschriften* auf »Ja« setzen. Dann wird der erste Eintrag der Liste nach dem Öffnen als eine Art Überschrift vorgegeben. Dann sollten Sie unter *Datensatzherkunft* allerdings auch als ersten Eintrag einen geeigneten Text wie »Ortsnamen« einfügen!

➡ *Zeilenanzahl* definiert die Anzahl der Zeilen, die die Auswahlliste enthält. Ist dafür beispielsweise eine 8 eingestellt, und Sie definierten zehn Einträge, erscheinen vertikale Scrollelemente, mit denen die Liste nach oben/unten durchblättert werden kann.

➡ *Listenbreite* dürfen Sie verändern, um das Feld breiter oder schmaler darzustellen.

Um Eigenschaftseinstellungen nachträglich mit dem Assistenten zu verändern, wählen Sie für das betreffende Feld unter *Felddatentyp* einfach erneut den Nachschlage-Assistenten aus.

Mit Hilfe des Assistenten können Sie auch mehrspaltige Auswahllisten erzeugen. Ein Beispiel: Eine Postleitzahl enthält im Grunde auch die Ortsinformation. Theoretisch könnte daher auf eine separate Erfassung des Ortsnamens verzichtet werden. Allerdings benötigen Sie nun für das Feld »Plz« eine zweispaltige Auswahlliste (Abbildung 5.24).

Mehrspaltige Listen

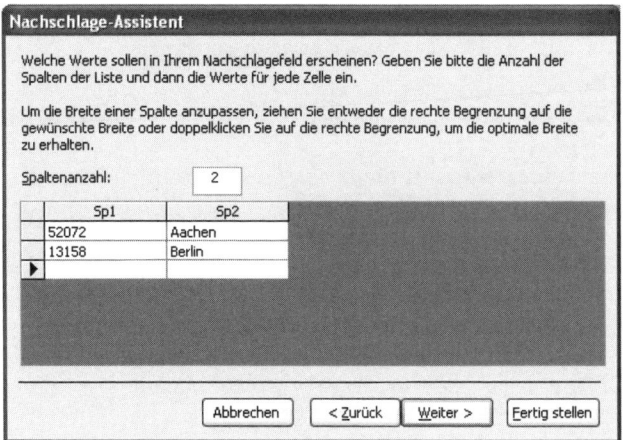

Abbildung 5.24:
Mehrspaltige
Auswahlliste

Wie bei allen mehrspaltigen Auswahllisten benötigt Access nun eine zusätzliche Information (Abbildung 5.25).

Die Liste enthält zwei Spalten: »Sp1« enthält Postleitzahlen, »Sp2« enthält Ortsnamen. Access muss wissen, welche dieser Informationen beim Anklicken einer Listenzeile in der Datenbank gespeichert werden soll, die Postleitzahl oder der Ort. In unserem Fall geht es darum, eine Postleitzahl im gleichnamigen Tabellenfeld zu speichern, also lassen Sie die Vorgabe »Sp1« unverändert.

Zum Feld »Plz« gehört nun die folgende Auswahlliste (Abbildung 5.26).

Abbildung 5.25:
Gebundene Spalte
definieren

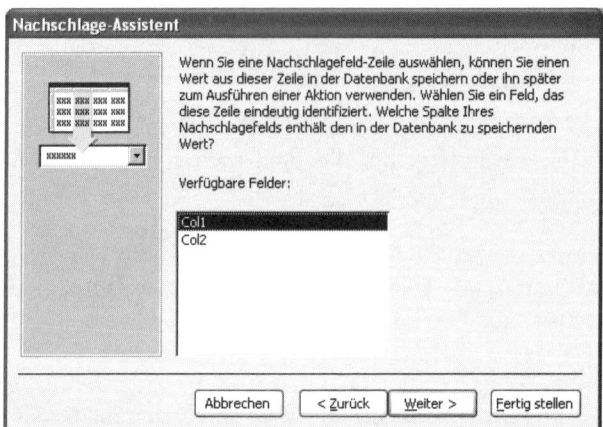

Abbildung 5.26:
ADRESSEN.MDB,
Tabelle »Plz-Aus-
wahl«

Die Feldeigenschaft *Datensatzherkunft* enthält nun den Eintrag:

```
52072;"Aachen";13158;"Berlin"
```

Um diese Liste beispielsweise um die Postleitzahl 26607 in Aurich zu ergänzen, müssten Sie sie folgendermaßen ergänzen:

```
52072;"Aachen";13158;"Berlin";26607;"Aurich"
```

In Tabellen
nachschlagen

Statt die nachzuschlagenden Werte ziemlich unkomfortabel in der Feldeigenschaft *Datensatzherkunft* einzutragen, können Sie dafür auch eine
separate Tabelle verwenden, die nur Postleitzahlen und zugehörige Ortsnamen enthält (Abbildung 5.27).

Abbildung 5.27:
ADRESSEN.MDB,
Tabelle »Postleit-
zahlen«

Access kann die in der Auswahlliste darzustellenden Einträge in dieser
Tabelle nachschlagen. Dazu aktivieren Sie für das Feld »Plz« Ihrer Adresstabelle wieder den Nachschlage-Assistenten, wählen diesmal jedoch im ers-

ten Schritt *Das Nachschlagefeld soll die Werte einer Tabelle oder Abfrage entnehmen.* Im zweiten Schritt geben Sie die zu verwendende Tabelle/ Abfrage an (Abbildung 5.28).

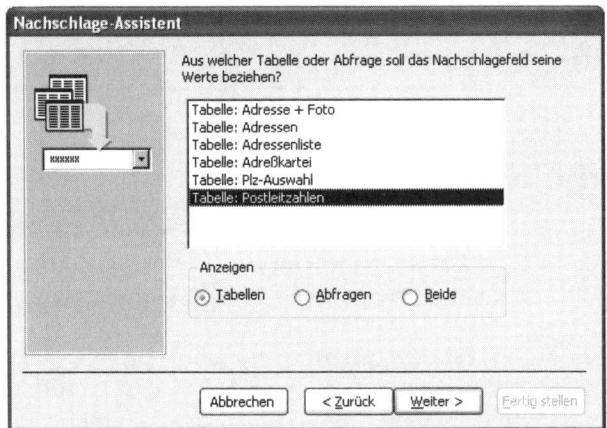

Abbildung 5.28:
Nachschlagetabelle
angeben

Danach zeigt Ihnen der Assistent alle Felder, die die betreffende Tabelle enthält, und Sie geben an, welche davon im Nachschlagefeld angezeigt werden sollen (Abbildung 5.29).

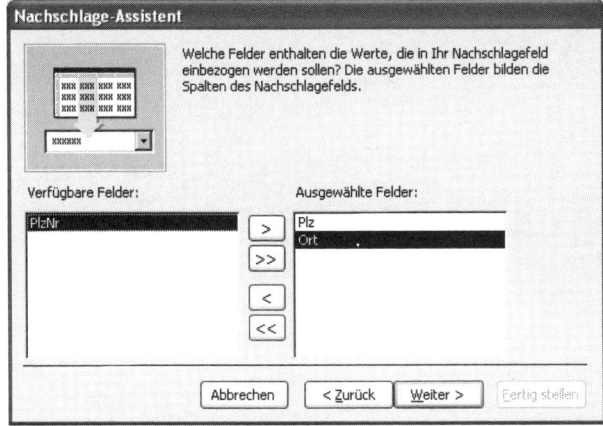

Abbildung 5.29:
Darzustellende
Felder

In unserem Beispiel sollen die Felder »Plz« und »Ort« in der Liste erscheinen und müssen daher ins rechte Listenfeld geschaufelt werden. »PlzNr« ist der Primärschlüssel der Tabelle und wieder nur von interner Bedeutung für Access.

Anschließend können Sie die Breite der beiden Spalten definieren und dem Nachschlagefeld eine Beschriftung geben Und schon sind Sie fertig (Abbildung 5.30).

Abbildung 5.30:
ADRESSEN.MDB,
Tabelle »Adressen«

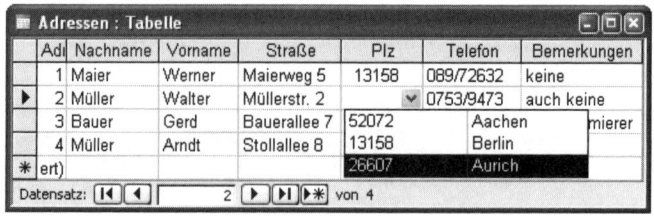

Smarttags verwenden

Ein Smarttag ist eine Art »Achtung-Schild« an bzw. neben einem Feld. Klicken Sie darauf, erscheint eine Liste, die oftmals nützliche Aktionen anbietet, die mit dem betreffenden Feld durchgeführt werden können.

Smarttag definieren

Um für ein Feld ein Smarttag zu definieren, klicken Sie auf das Editorsymbol am rechten Rand der Eigenschaftszeile. Daraufhin werden die für dieses Feld verfügbaren Smarttags aufgelistet (Abbildung 5.31).

Abbildung 5.31:
EDV.MDB, Tabelle »Kunden«

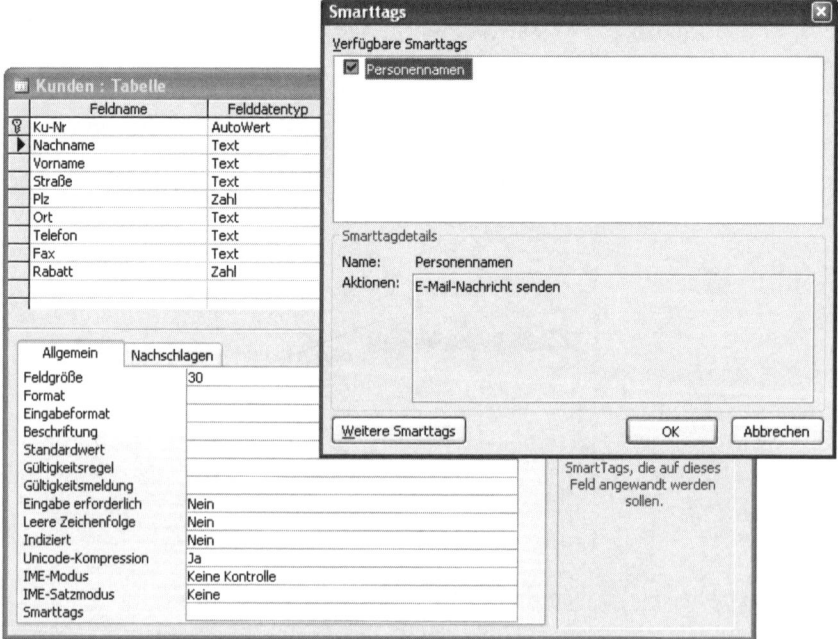

In diesem Beispiel verwende ich übrigens die Tabelle »Kunden« von EDV.MDB, genauer: das Feld »Nachname« dieser Tabelle.

Momentan ist nur das Smarttag »Personennamen« verfügbar, das offenbar eine E-Mail versendet. Um dieses Smarttag zu benutzen, aktivieren Sie das zugehörige Kontrollkästchen.

Schließen Sie das Dialogfeld und aktivieren Sie die Datenblattansicht, erscheint im Feld »Nachname« jedes Datensatzes ein kleines Dreieck, der Smarttag-Indikator (Abbildung 5.32).

Smarttag anwenden

Abbildung 5.32: Smarttags in Tabellen

Klicken Sie auf ein so gekennzeichnetes Feld, erscheint daneben das zugehörige Smarttag, ein deutlich hervorgehobenes Aufrufezeichensymbol. Klicken Sie darauf, öffnet sich eine Liste, die die zugehörigen Aktionen anbietet, im Beispiel das Senden einer E-Mail.

Die Wahl dieses Befehls aktiviert Ihr E-Mail-Programm, beispielsweise Outlook Express, erstellt eine neue leere E-Mail und gibt darin den Nachnamen »Renner« als Empfänger vor. Ist »Renner« in Ihrem Adressbuch gespeichert, wird sogar gleich die zugehörige E-Mail-Adresse vorgegeben, beispielsweise *info@Renner.de.*

Eine Kleinigkeit habe ich bisher verschwiegen. Sie war auch der Grund für die Verwendung von EDV.MDB. Nach der Festlegung des zu verwendenden Smarttags und dem Verlassen der Eigenschaftszeile trägt Access den zugehörigen Ausdruck in dieser Eigenschaftszeile ein. Vor allem aber meldet sich nun Access selbst – und zwar ebenfalls in Form eines Smarttags (Abbildung 5.33)!

Smarttags aktualisieren

Sie müssen wissen, dass das Feld »Nachname« der Tabelle »Kunden« von EDV.MDB.in allen möglichen auf dieser Tabelle basierenden Access-Objekten vorkommt, in Dutzenden von Abfragen, Formularen und Berichten. Und in all diesen Objekten möchten Sie eventuell ebenfalls dieses Smarttag für das Feld »Nachname« definieren. Genau das erleichtert Ihnen Access nun mit seinem Angebot, Smarttags überall zu aktualisieren.

Nehmen Sie es an, erscheint ein Dialogfeld, in dem alle Objekte aufgelistet sind, in denen dieses Tabellenfeld verwendet wird (Abbildung 5.34).

Entweder lassen Sie einfach alle Objekte selektiert oder Sie selektieren nur die gewünschten. Nach der Aktualisierung verhält sich das Feld »Nachname« aller aktualisierten Objekte genauso wie das Tabellenfeld, auf denen es basiert (Abbildung 5.35).

Abbildung 5.33:
Smarttag-Eigen-
schaft vererben

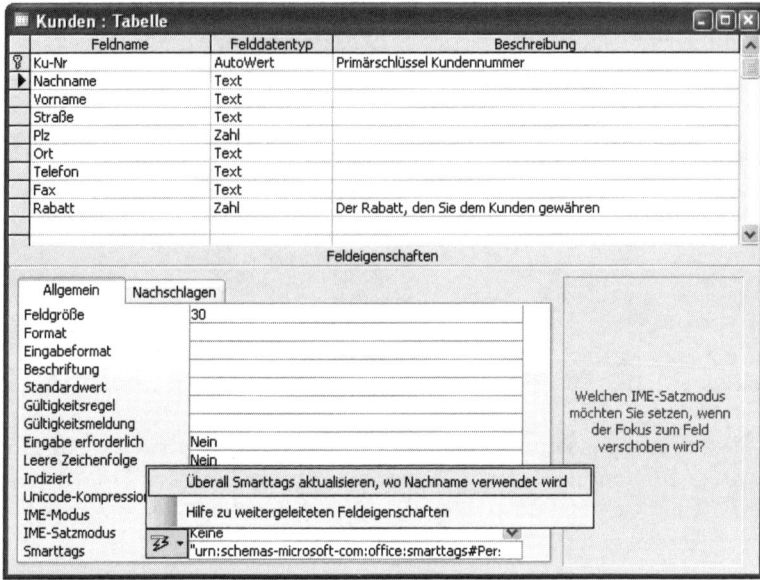

Abbildung 5.34:
Objekte
aktualisieren

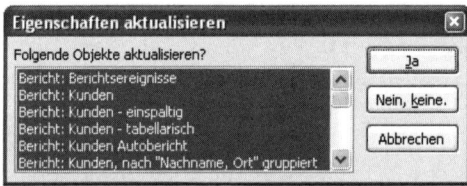

Abbildung 5.35:
Smarttags in
Formularen

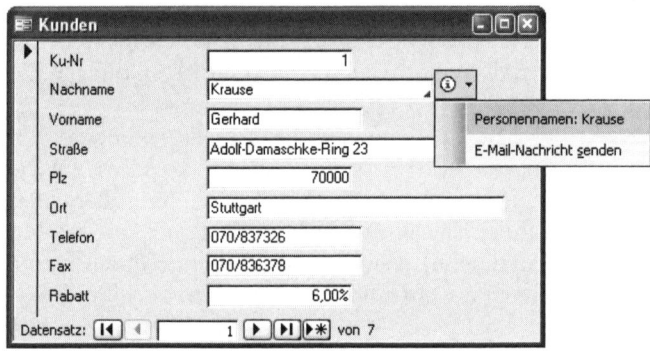

5.4   Gültigkeitsregeln auf Datensatzebene verwenden

ANSICHT|EIGENSCHAFTEN öffnet das *Tabelleneigenschaften*-Dialogfeld (Abbildung 5.36).

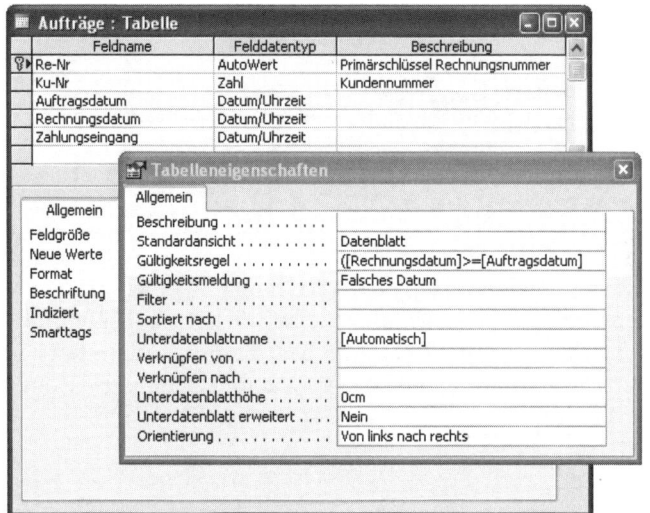

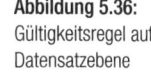

Abbildung 5.36:
Gültigkeitsregel auf
Datensatzebene

Unter Filter *können Sie Kommentare zur Tabelle eintragen. In den Zeilen* Filter *und* Sortiert nach *zeigt Access Informationen über die momentan gültige Sortierung und den zuletzt definierten Filter an. Die verschiedenen Unterdatenblatt-Eigenschaften erläutere ich in Kapitel 6.5, »Unterdatenblätter verwenden«.*

Die wichtigste Tabelleneigenschaft ist jedoch *Gültigkeitsregel*. Damit definieren Sie eine Gültigkeitsregel auf Datensatzebene, die ermöglicht, in der Bedingung *Bezüge auf Datensatzfelder* zu verwenden. Die Bedingung

```
[Rechnungsdatum] >= [Auftragsdatum]
```

prüft beispielsweise, ob das im Feld »Rechnungsdatum« eingegebene Datum mindestens ebenso groß ist wie das im Feld »Auftragsdatum« eingegebene Datum. Diese Bedingung wird nicht beim Verlassen eines Feldes geprüft, sondern erst beim Verlassen des aktuellen Datensatzes (Abbildung 5.37).

Diese Meldung erschien bei der Eingabe des untersten Datensatzes, da das Rechnungsdatum 08. Mrz. 09 kleiner ist als das Auftragsdatum 10. Mrz. 09.

REF

Abbildung 5.37:
Anwendung der
Gültigkeitsregel

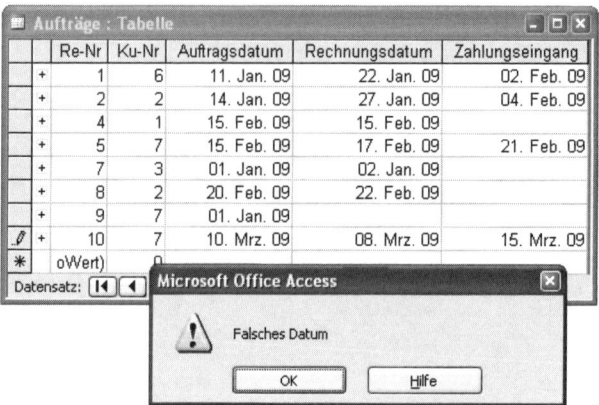

Sie können eine Gültigkeitsregel auch aus mehreren miteinander verknüpften Bedingungen formulieren, beispielsweise prüfen, ob das Rechnungsdatum vor dem Auftragsdatum liegt und zusätzlich feststellen, ob das Datum für den Zahlungseingang vor dem Rechnungsdatum liegt, was ebenso unsinnig wäre:

```
([Rechnungsdatum] >= [Auftragsdatum]) Oder ([Zahlungseingang] >=
[Rechnungsdatum])
```

Die *Oder*-Verknüpfung bedeutet, dass die Bedingung erfüllt und die Gültigkeitsregel damit verletzt ist, wenn wenigstens eine der beiden Teilbedingungen erfüllt ist.

:-)
TIPP

Diese Gültigkeitsregel ist in der Praxis zu brutal: Erfassen Sie einen neuen Auftrag, also einen neuen Datensatz, geben Sie im Feld »Auftragsdatum« das aktuelle Datum ein, beispielsweise den 1.1.09. Die beiden anderen Datumsfelder lassen Sie jedoch zunächst leer.

Dadurch ist die Gültigkeitsregel jedoch bereits verletzt, genauer: der Teil [Rechnungsdatum]>=[Auftragsdatum]. Da das Feld »Rechnungsdatum« leer ist, ist sein Inhalt natürlich auch nicht größer als der des Felds »Auftragsdatum«.

Das Gleiche gilt, wenn Sie später die Rechnung schreiben. In das Feld »Rechnungsdatum« tragen Sie dann das aktuelle Datum ein, zum Beispiel den 5.1.09. Die erste Teilbedingung *[Rechnungsdatum]>=[Auftragsdatum]* ist nun zwar erfüllt. Das Feld »Zahlungseingang« bleibt jedoch vorläufig leer und die Bedingung *[Zahlungseingang]>=[Rechnungsdatum]* ist nicht erfüllt!

Das Resultat ist in all diesen Fällen identisch: Ein Hinweis mit der Gültigkeitsregel erscheint, und es ist Ihnen nicht möglich, eines der drei Datumsfelder leer zu lassen. Sie sind gezwungen, zumindest Scheindaten einzugeben, die die Gültigkeitsregel erfüllen, um den neuen Datensatz überhaupt erfassen zu können!

Fazit: Gültigkeitsregeln sollten nicht verletzt werden, wenn aufgrund mangelnder Information eines oder mehrere Felder eines neuen Datensatzes zwangsläufig leer gelassen werden müssen. Dazu benötigen wir im Beispiel folgende Regel:

```
([Rechnungsdatum] >= [Auftragsdatum] Oder [Rechnungsdatum] Ist Null)
    Und ([Zahlungseingang] >= [Rechnungsdatum] Oder [Zahlungseingang]
    Ist Null)
```

Ist Null prüft, ob ein Feld nichts erhält. Die erste Teilbedingung lautet daher: »Prüfe, ob das Rechnungsdatum größer oder gleich dem Auftragsdatum oder aber leer ist«. Sie ist daher auch erfüllt, wenn »Rechnungsdatum« nichts enthält. Das Gleiche gilt für die zweite Teilbedingung.

Diese komplexe Bedingung prüft somit, ob eingegebene Datumswerte sinnvoll sind, gibt sich jedoch auch mit leeren Datumsfeldern zufrieden und zwingt den Anwender nicht zur Eingabe von Informationen, die er noch gar nicht besitzt.

5.5   Die Verwendung von Indizes

Indizes beschleunigen die Suche nach gewünschten Informationen und verknüpfen in umfangreichen Datenbanken mehrere Tabellen miteinander.

Ein einzelner Index für ein Feld

Setzen Sie die Eigenschaft *Indiziert* eines Feldes auf »Ja (Duplikate möglich)« oder auf »Ja (Ohne Duplikate)«, erzeugen Sie einen Index für das betreffende Feld. Dieser Index ist mit dem Stichwortverzeichnis eines Buches vergleichbar und beschleunigt wie dieses die Suche nach Informationen.

Stellen Sie sich einen Index als zusätzliche sortierte Tabelle vor, die nur den indizierten Teil der darin enthaltenen Datensätze und zusätzliche Zeiger auf die Haupttabelle enthält.

Index-tabelle		Haupt-tabelle					
Nach-name	Satz nr.	Satznr.	Nach-name	Vor-name	Straße	Plz	Ort
Baier	4	1	Maier	Walter	Schmal-str. 19	70000	Stuttgart
Bauer	3	2	Wal-berg	Gerd	Sternstr. 5	80000	München

Tabelle 5.6:
Indextabelle und
Haupttabelle

Index- tabelle		Haupt- tabelle					
Nach- name	Satz nr.	Satznr.	Nach- name	Vor- name	Straße	Plz	Ort
Bauer	6	3	Bauer	Anton	Teichweg 2	68000	Mannheim
Meier	1	4	Baier	Stefan	Spielstr. 4	67000	Ludwigshafen
Meier	5	5	Meier	Willi	Maierweg 12	10000	Berlin
Walberg	2	6	Bauer	Werner	Bauer- weg 5	60000	Frankfurt

Tabelle 5.6:
Indextabelle und
Haupttabelle
(Forts.)

Sehen Sie bitte zunächst nur die rechte Haupttabelle an und stellen Sie sich vor, Sie suchten die Adresse von Herrn Bauer, dem letzten darin enthaltenen Datensatz.

Da Access nicht wissen kann, welcher Datensatz den Namen Bauer enthält, wird die Haupttabelle sequentiell durchsucht, Satz für Satz, angefangen beim ersten Datensatz »Maier«. Enthielte die Datei nicht sechs, sondern 6.000 Datensätze, würde diese Aktion eine Weile dauern.

Besteht für das Suchkriterium »Nachname« ein Index, wird in der zusätzlichen Indextabelle der jeweilige Name und die Nummer des zugehörigen Datensatzes gespeichert.

Suchen Sie einen bestimmten Nachnamen, sucht Access nun nicht in der Haupt-, sondern per »binärer Suche« in der alphabetisch sortierten Indextabelle: Zuerst liest Access den Eintrag, der sich in der Mitte der Indexdatei befindet. Ist der gesuchte Nachname alphabetisch gesehen kleiner, muss er sich aufgrund der Sortierung in der vorderen Hälfte der Indexdatei befinden, ist er größer, in der hinteren Hälfte. Die zu durchsuchende Datenmenge wurde somit durch einen einzigen Lesezugriff bereits halbiert. Befindet er sich in der vorderen Hälfte, greift Access auf den Eintrag in der Mitte dieser Hälfte zu. Ist der gesuchte Name kleiner, befindet er sich offensichtlich im ersten Viertel der Datei, sonst im zweiten Viertel. Der zweite Vergleich halbiert die zu durchsuchende Datenmenge somit erneut. Und so weiter, bis der gesuchte Nachname gefunden wurde.

Suchen Sie mit BEARBEITEN|SUCHEN... *einen bestimmten Datensatz, wird die schnelle indizierte Suche nur verwendet, wenn unter Suchen in: das aktuelle (indizierte) Feld ausgewählt ist, nicht, wenn alle Felder der Tabelle durchsucht werden.*

!!
STOP

Indizieren Sie bitte nur die wirklich häufig zur Suche verwendeten Felder, da Indizes auch Nachteile besitzen:

➡ Jeder Index benötigt zusätzlichen Festplattenspeicherplatz.

➡ Indizes verlangsamen Änderungsvorgänge, da nicht nur der Satz selbst in der Haupttabelle eingetragen, sondern zusätzlich die indizierten Teile in den verschiedenen von Ihnen angelegten Indextabellen eingetragen werden, was recht aufwändig ist, da diese Dateien ja ständig sortiert sein müssen.

➡ Das Gleiche gilt bei Änderungen an bestehenden Datensätzen, sobald dadurch indizierte Felder geändert werden.

Erstellen Sie einen Index mit »Ja (Ohne Duplikate)«, verweigert Access später jede Dateneingabe in dieses Feld, die zu doppelten Einträgen in der Indextabelle führen würde. In der gezeigten Tabelle mit dem indizierten Feld »Nachname« könnten Sie daher keinen weiteren »Maier« eintragen.

Duplikate

Die Indizierung ohne Duplikate ist für natürlicherweise eindeutige Informationen wie »Kundennummer« oder »Seriennummer« gedacht und verhindert dort Fehleingaben.

Für ein Primärschlüsselfeld gilt immer die Indizierung ohne Duplikate. Kein Wunder, denn der Primärschlüssel soll ja jedes Feld der Tabelle *eindeutig* identifizieren!

Diese Indexart ist für das Feld »Nachname« jedoch vollkommen ungeeignet, sodass Sie in diesem Beispiel unbedingt »Ja (Duplikate möglich)« wählen müssen.

Mehr-Felder-Indizes verwenden

Angenommen, eine 100.000 Datensätze große Adresstabelle enthält 200 Datensätze mit dem Nachnamen »Bauer«, und Sie suchen Herrn Werner Bauer. Dank der binären Suche findet Access sehr schnell den ersten Eintrag »Bauer« in der Indexdatei. Direkt darunter befinden sich aufgrund der alphabetischen Sortierung die restlichen 199 »Bauer«-Einträge und die zugehörigen Satznummern, die nun jedoch der Reihe nach abgeklappert werden müssen, bis der gesuchte Werner Bauer gefunden wird.

Wenn Sie immer wieder als Suchkriterien eine Kombination aus Nachname *und* Vorname verwenden, sollten Sie einen Mehr-Felder-Index anlegen, der aus einer Kombination mehrerer Felder besteht. Angewandt auf die Beispieltabelle würde ein Mehr-Felder-Index für die Felder »Name« und »Vorname« zu folgender Speicherung führen:

Tabelle 5.7:
Mehr-Felder-
Indextabelle und
Haupttabelle

Index-tabelle		Haupt-tabelle					
Nach-name	**Satz nr.**	**Satznr.**	**Nach-name**	**Vor-name**	**Straße**	**Plz**	**Ort**
Baier-Stefan	4	1	Maier	Walter	Schmalstr. 19	70000	Stuttgart
Bauer-Anton	3	2	Walberg	Gerd	Sternstr. 5	80000	München
Bauer-Werner	6	3	Bauer	Anton	Teichweg 2	68000	Mannheim
Meier-Walter	1	4	Baier	Stefan	Spielstr. 4	67000	Ludwigs-hafen
Meier-Willi	5	5	Meier	Willi	Maierweg 12	10000	Berlin
Walberg-Gerd	2	6	Bauer	Werner	Bauerweg 5	60000	Frankfurt

Die Einträge der Indexdatei sind weiterhin alphabetisch sortiert, in diesem Fall nach Nachname *und* Vorname, sodass die binäre Suche hier nicht nur auf gesuchte Nachnamen, sondern ebenso auf gesuchte Kombinationen aus Nach- und Vornamen angewendet wird.

!!
STOP

Beachten Sie dabei die Reihenfolge der Feldkombination! Ein kombinierter Index, der sich nicht aus dem Primärindex »Nachname« und dem Sekundärindex »Vorname«, sondern umgekehrt aus »Vorname« und »Nachname« zusammensetzt, wird wie in der folgenden Tabelle 5.8 gezeigt gespeichert:

Index-tabelle		Haupt-tabelle					
Nach-name	Satz nr.	Satznr.	Nach-name	Vor-name	Straße	Plz	Ort
Anton-Bauer	3	1	Maier	Walter	Schmal-str. 19	70000	Stuttgart
Gerd-Walberg	2	2	Walberg	Gerd	Sternstr. 5	80000	München
Stefan-Baier	4	3	Bauer	Anton	Teichweg 2	68000	Mannheim
Walter-Maier	1	4	Baier	Stefan	Spielstr. 4	67000	Ludwigs-hafen
Werner-Bauer	6	5	Meier	Willi	Maierweg 12	10000	Berlin
Willi-Meier	5	6	Bauer	Werner	Bauerweg 5	60000	Frankfurt

Tabelle 5.8:
Indexreihenfolge

Die Indextabelle ist nun genau umgekehrt nach »Vorname« vor- und nach »Nachname« untersortiert. Damit ist zwar immer noch eine binäre Suche nach dem kombinierten Suchkriterium »Nachname« und »Vorname« möglich, aber keine binäre Suche nur nach »Nachname«.

Um einen Mehr-Felder-Index zu erstellen, öffnen Sie mit ANSICHT|INDIZES das *Indizes*-Dialogfeld (Abbildung 5.38).

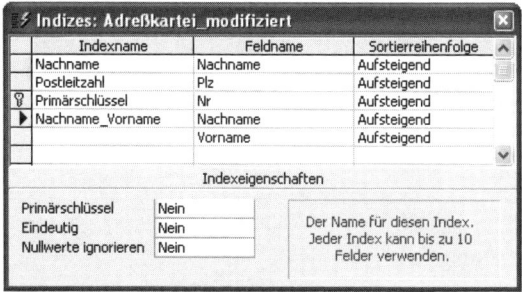

Abbildung 5.38:
Das »Indizes«-Dialogfeld

Es informiert über alle momentan definierten Indizes. Jeder Index erhält in der Spalte *Indexname* einen eigenen Namen, der mit dem zugehörigen Feldnamen wie »Nachname« identisch sein, stattdessen aber auch »xyz« oder »MeinIndex« lauten kann.

Für welches Feld ein Index gebildet werden soll, geben Sie in der Spalte *Feldname* an, indem Sie im zugehörigen Listenfeld das gewünschte Feld selektieren.

In der Spalte *Sortierreihenfolge* können Sie zwischen auf- und absteigender Sortierung des Indizes wählen.

Zum Aufbau eines Mehr-Felder-Index werden mehrere Definitionszeilen benötigt:

Indexname	Feldname
Name	Feld1
	Feld2
	Feld3
	...
	...

In der ersten Zeile wird dem Index in der ersten Spalte *Indexname* ein beliebiger Name gegeben. In der zweiten Spalte *Feldname* der gleichen und der folgenden Zeilen werden die Felder angegeben, aus denen sich der Index zusammensetzen soll – wobei wie erläutert die Feldreihenfolge zu beachten ist!

Entsprechend definieren in der vorhergehenden Abbildung die beiden untersten Zeilen den Mehr-Felder-Index »Nachname_Vorname«, der sich aus den Feldern »Nachname« und »Vorname« zusammensetzt.

Suchen Sie häufig nach einer bestimmten Kombination aus Ort und Straße, würde sich der folgende zusätzliche Mehr-Felder-Index anbieten:

Indexname	Feldname
Ort_Straße	Ort
	Straße

Index-eigenschaften Im unteren Fensterteil legen Sie für die momentan aktive Indexzeile weitere Eigenschaften fest. Ist *Eindeutig* auf »Ja« gesetzt, entspricht das der Einstellung »Ja (Ohne Duplikate)«; »Nein« entspricht dagegen der Einstellung »Ja (Duplikate möglich)«.

Mit »Ja« für *Nullwerte ignorieren* werden Datensätze, die im Indexfeld keinen Eintrag enthalten, nicht in den Index aufgenommen. Dadurch wird die Indexdatei kleiner, wenn beispielsweise »Ort« ein Index ist, Sie jedoch bei vielen Adressen den Ort nicht kennen und in diesem Indexfeld nichts eintragen.

Der Primärschlüssel einer Tabelle

Der Primärschlüssel ist der wichtigste Bestandteil einer Tabelle. Es handelt sich dabei um ein Feld wie »Kundennummer« oder um eine Kombination von Feldern, wodurch *jeder Datensatz einer Tabelle eindeutig identifiziert* und in jedem Datensatz einanderer Wert aufgewiesen wird. So kann vermieden werden, dass beispielsweise in einer Kundentanelle identische Datensätze vorkommen.:

```
Maier, Gerd, Waldstraße 5, 8000 München
Huber, Müller, Aalstraße 10, 6000 Frankfurt
Maier, Gerd, Waldstraße 5, 8000 München
Müller, Otto, Schmalstraße 1, 6700 Ludwigshafen
```

Das Verknüpfen dieser Tabelle mit einer anderen würde zu großen Schwierigkeiten führen: Angenommen, eine zweite Tabelle »Bestellungen« enthält Informationen über die von diesen Kunden bestellten Artikel.

Um eine bestimmte Bestellung dem zugehörigen Kunden zuordnen zu können, muss irgendein Feld der Tabelle »Bestellungen« ein Merkmal enthalten, das den bestellenden Kunden *eindeutig* identifiziert. *Dieses Merkmal ist der Wert des Primärschlüsselfelds im betreffenden Datensatz der Kundentabelle.*

Nehmen wir an, die Kundentabelle enthält ein Feld namens »Kundennummer«: Der erste Kunde Maier erhält die Kundennummer 1, der zweite Kunde Müller die Nummer 2 etc. Dieses Feld, dessen Inhalt jeden Kunden eindeutig identifiziert, wird als Primärschlüssel der Tabelle »Kunde« definiert.

Wird nun in der Tabelle »Bestellungen« zu jeder entgegengenommenen Bestellung außer Informationen über den bestellten Artikel zusätzlich die Nummer des Kunden eingetragen, ist die Verbindung zwischen den beiden Tabellen hergestellt: Jede Bestellung kann über das eindeutige Identifizierungsmerkmal »Kundennummer« genau einem Datensatz – dem auftraggebenden Kunden – der Kundentabelle zugeordnet werden.

Sie sind nun in der Lage, Abfragen wie diese durchzuführen: »Zeige mir (in der Kundentabelle enthalten) die Telefonnummer des Kunden, von dem der Auftrag X stammt (in der Bestellungentabelle enthalten)«. Access wird anhand der in der Bestellung enthaltenen Kundennummer den Datensatz der Kundentabelle finden, dem diese Nummer zugeordnet ist und Ihnen seine Telefonnummer zeigen.

Ist das Identifizierungsmerkmal nicht eindeutig, sind jedoch Fälle wie dieser denkbar: Als Primärschlüssel der Tabelle »Kunde« wird das Feld »Name« verwendet. Zu jeder Bestellung wird entsprechend in der Auftragstabelle zusätzlich zu den Informationen über den georderten Artikel der Name des zugehörigen Kunden eingetragen. Sie sehen später sofort, dass die Bestellung X vom Kunden Maier stammt. Nur, von welchem, wenn die Kundentabelle mehrere Dutzend Kunden namens Maier enthält?

Primärschlüssel und AutoWert-Felder

Am sichersten ist es, einen eindeutigen Primärschlüssel von Access definieren zu lassen: Erstellen Sie eine Tabelle mit dem Assistenten, wählen Sie dazu im zweiten Schritt die Option *Assistent soll Primärschlüssel festlegen*. Erstellen Sie eine neue Tabelle, fragt Access nach dem Wechsel in die Datenblattansicht, ob es einen Primärschlüssel definieren soll (wenn noch keiner von Ihnen definiert wurde): Sie beantworten diese Frage mit *Ja*.

In beiden Fällen legt Access ein zusätzliches Primärschlüsselfeld an, das jeden Datensatz eindeutig identifiziert. Access verwendet dazu den Datentyp *AutoWert*, der absolut eindeutig ist, da Access bei jedem neu eingetragenen Datensatz in ein Feld dieses Typs einen um 1 höheren Wert einträgt als im zuletzt eingegebenen Satz (oder wahlweise – wenn Sie die Eigenschaft *Neue Werte* des Primärschlüsselfelds auf »Zufall« setzen – eine Zufallszahl; natürlich niemals eine bereits vergebene, um auch in diesem Fall Eindeutigkeit zu gewährleisten).

 Enthält Ihre Tabelle bereits ein Feld mit eindeutigem Inhalt wie »Kundennummer«, wäre es Speicherplatzverschwendung, wenn Access ein zusätzliches Feld einfügen würde.

Um »Kundennummer« selbst als Primärschlüsselfeld festzulegen, setzen Sie den Cursor in die betreffende Entwurfszeile und wählen BEARBEITEN|PRIMÄRSCHLÜSSEL oder Sie klicken einfach auf das abgebildete Schlüsselsymbol. Erneutes Anklicken entfernt den Primärschlüssel wieder.

Ein Beispiel, in dem das Feld »Nachname« als Primärschlüssel definiert wird (Abbildung 5.39).

Das Schlüsselsymbol im Zeilenmarkierer deutet an, dass »Nachname« nun das Primärschlüsselfeld der Tabelle ist.

Die Eigenschaft *Indiziert* setzt Access automatisch auf »Ja (Ohne Duplikate)«, da der Primärschlüssel einer Tabelle immer indiziert ist und wie erläutert keinesfalls Duplikate enthalten darf.

!! STOP *Entsprechend sollten Sie als Primärschlüssel niemals wie in der Abbildung ein mehrdeutiges Feld wie »Nachname« benutzen, in das Sie später sicherlich mehrmals »Maier« eintragen!*

Abbildung 5.39:
Primärschlüssel
festlegen

Stattdessen können Sie in diesem Beispiel einen Mehr-Felder-Primärschlüssel verwenden, zum Beispiel die Felder »Nachname«, »Vorname« und »Ort«: Sie markieren zunächst die betreffenden Zeilen (auf den Zeilenmarkierer der ersten Zeile klicken, danach bei gedrückter ⌜Strg⌝-Taste auf den Zeilenmarkierer der nächsten Zeile klicken etc.) und anschließend auf das Schlüsselsymbol (Abbildung 5.40).

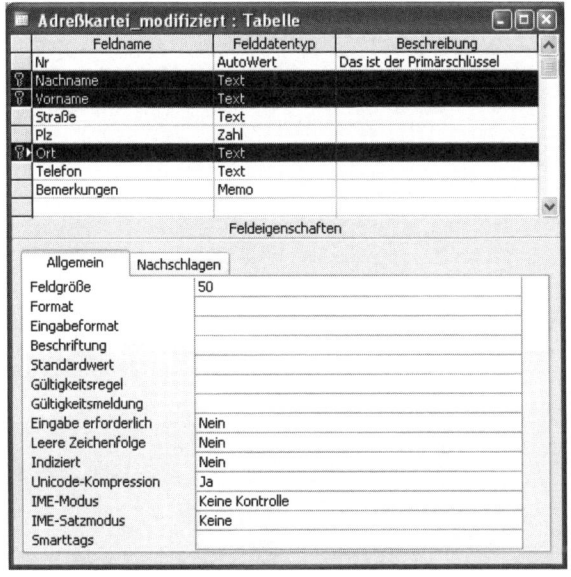

Abbildung 5.40:
Mehr-Felder-
Primärschlüssel

Sogar eine Kombination wie »Maier, Gerd, Ludwigshafen« ist nicht mit absoluter Sicherheit eindeutig, da es theoretisch einen weiteren Kunden namens Gerd Maier geben kann, der ebenfalls in Ludwigshafen wohnt. Enthält Ihre Tabelle jedoch ein Feld »Datum« und ein Feld »Uhrzeit«, ist die Kombination beider Felder sicher eindeutig. Es wird wohl kaum zwei Bestellungen geben, die beide am gleichen Tag, in der gleichen Stunde, Minute und Sekunde entgegengenommen wurden.

TIPP

Sie können den Primärschlüssel auch im erläuterten Indizes-Dialogfeld festlegen: Entweder markieren Sie darin ebenfalls die gewünschten Zeilen und klicken auf das Schlüsselsymbol oder Sie setzen die Eigenschaft Primärschlüssel *der aktiven Index-Definitionszeile auf »Ja«.*

6 Datenbanken mit mehreren Tabellen

Eine echte Datenbank besteht aus mehreren miteinander verknüpften Tabellen. Die Beziehungen zwischen diesen Tabellen können sehr unterschiedlich sein. Angefangen von der einfachsten Beziehung, der 1:1-Beziehung, bei der es zu jedem Datensatz einer Tabelle genau einen passenden Datensatz in einer anderen Tabelle gibt. Über die 1:n-Beziehung (ein Kunde, mehrere Aufträge des Kunden) bis hin zur n:m-Beziehung (mehrere Lieferanten für ein Produkt und mehrere Produkte von einem Lieferanten).

Ich erläutere, wie die benötigten Verknüpfungen zwischen den Tabellen definiert werden und gehe dabei detailliert auf Spezialitäten wie die automatische Überwachung der referentiellen Integrität ein. Hier verhindert Access, dass Sie in einer Auftragstabelle einen Auftrag von Herrn Maier erfassen, obwohl in der damit verknüpften Kundentabelle überhaupt kein Kunde Maier vorhanden ist.

6.1 Die Beziehungen zwischen den Tabellen

Zwischen Datensätzen, die in verschiedenen Tabellen gespeichert sind, kann es unterschiedliche Arten von Beziehungen geben.

Die Beziehungsarten

Am einfachsten ist die 1:1-Beziehung: Zu jedem Datensatz einer Tabelle gibt es genau einen passenden Datensatz in einer anderen Tabelle. Die beiden Tabellen

1:1-Beziehung

```
Name (Ku-Nr, Nachname, Vorname)
Anschrift (Ku-Nr, Straße, Plz, Ort)
```

enthalten jeweils einen Teil einer vollständigen Adresse:

Name

Ku-Nr	Nachname	Vorname
1	Maier	Werner
2	Müller	Walter
3	Bauer	Gerd

Anschrift

Ku-Nr	Straße	Plz	Ort
1	Maierweg 5	30000	Maiershausen
2	Müllerstr.2	10000	Müllersdorf
3	Bauerallee	50000	Bauershausen

Zu jedem Datensatz der Tabelle »Name« gibt es genau einen zugehörigen Satz in der Tabelle »Anschrift« und umgekehrt. Der Primärschlüssel »Ku-Nr«, die Kundennummer, stellt die Verbindung zwischen den beiden Tabellen her. Über diese Kundennummer kann zum Beispiel die Anschrift von Herrn Maier ermittelt werden. Er besitzt die Kundennummer 1; entsprechend sucht Access in der Tabelle »Anschrift« nach einem Datensatz mit dieser Kundennummer und findet die Anschrift »Maierweg 5, 30000 Maiershausen«.

1:1-Beziehungen bedeuten, dass eine Aufteilung meistens überflüssig und höchstens aus Gründen der Übersicht angebracht ist. Ebensogut wäre es möglich, beide Tabellen zu einer einzigen Tabelle »NameAnschrift« zusammenzufassen:

```
NameAnschrift (Ku-Nr, Nachname, Vorname, Straße, Plz, Ort)
```

NameAnschrift

Ku-Nr	Nachname	Vorname	Straße	Plz	Ort
1	Maier	Werner	Maierweg 5	30000	Maiershausen
2	Müller	Walter	Müllerstr.2	10000	Müllersdorf
3	Bauer	Gerd	Bauerallee	50000	Bauershausen

1:n-Beziehung   Die verbreitetste Beziehung zwischen zwei Tabellen ist die 1:n-Beziehung: Ein Datensatz in einer Tabelle ist mit einem oder mehreren Datensätzen in einer zweiten Tabelle verknüpft, wie zum Beispiel bei den Tabellen »Kunde« und »Auftrag«.

```
Kunde (Ku-Nr, Nachname, Vorname, Straße, Plz, Ort)
Auftrag (A-Nr, Ku-Nr, Art-Nr, Bezeichnung, Stück)
```

Ein Kunde kann mehrere Aufträge erteilen, ein einzelner Auftrag ist jedoch immer an einen bestimmten Kunden gebunden. Zwischen den beiden Tabellen besteht daher eine 1 (»Kunde«) : n (»Auftrag«) – Beziehung.

Auftrag

A-Nr	Ku-Nr	Art-Nr	Bezeichnung	Stück
1	3	3837	Disketten	10
2	1	0389	Monitor	2
3	3	9372	Drucker	5
4	2	0389	Monitor	1
5	2	9272	Tastatur	2
6	3	8263	Maus	1

Tabelle 6.3:
1:n-Beziehung

Kunde

Ku-Nr	Nachname	Vorname	Straße	Plz	Ort
1	Maier	Werner	Maierweg 5	30000	Maiershausen
2	Müller	Walter	Müllerstr.2	10000	Müllersdorf
3	Bauer	Gerd	Bauerallee	50000	Bauershausen

Die Tabelle »Kunde« enthält die Daten Ihrer Kunden und den eindeutigen Primärschlüssel »Ku-Nr«, die Kundennummer. Die Tabelle »Auftrag« enthält alle Daten über einen Auftrag: die Auftragsnummer, die Nummer und Bezeichnung des bestellten Artikels und die geordnete Stückzahl. Und vor allem: die Nummer des Kunden, der diesen Auftrag erteilt hat!

Diese Information stellt die Beziehung zwischen den beiden Tabellen her. Jeder Auftrag kann über die Kundennummer zum zugehörigen Kunden zurückverfolgt werden.

Im Beispiel wurden vom Kunden Bauer beispielsweise 10 Disketten, 5 Drucker und eine Maus bestellt Anhand der Kundennummer »Ku-Nr«, dem Primärschlüssel der Kundentabelle, kann dies problemlos zurückverfolgt werden.

Allgemein: 1:n-Beziehungen werden hergestellt, indem das Primärschlüssel-feld der Tabelle »1« in die Tabelle »n« eingefügt wird. Das Primärschlüssel-feld, weil es sich um einen eindeutigen Schlüssel handeln muss, der zu jedem Datensatz von Tabelle »n« den zugehörigen Datensatz in Tabelle »1« eindeu-tig identifiziert.

Kommen wir zum Entwurf der beiden Tabellen, zuerst zur Kundentabelle (Abbildung 6.1).

Abbildung 6.1:
Ku-AUF.MDB, Tabelle
»Kunde«

 Für die Kundennummer wird der Datentyp *AutoWert* verwendet. Access trägt somit bei jedem neuen Kunden in diesem Feld einen um 1 höheren Wert ein als beim zuletzt eingetragenen, sodass dieses eindeutige Feld markiert und mit BEARBEITEN|PRIMÄRSCHLÜSSEL als Primärschlüssel festgelegt werden kann.

Für das Feld »Nachname« wird unter *Indiziert* die Auswahl »Ja (Duplikate möglich)« getroffen, da über dieses Feld wahrscheinlich häufig gesucht wird. Duplikate müssen zugelassen werden, da es sonst nicht möglich ist, zwei Kun-den mit identischen Nachnamen wie »Maier« einzutragen.

In der Tabelle »Auftrag« definieren Sie das Feld »A-Nr« als Feld vom Typ *AutoWert* und machen es zum Primärschlüsselfeld. Anschließend fügen Sie das Feld »Ku-Nr« der Tabelle »Kunde« als zweites Feld ein. Entweder, indem Sie die benötigten Definitionen per Hand eingeben oder einfacher, indem Sie:

➡ die bereits vorhandene Tabelle »Kunde« im Entwurfsmodus öffnen,

➡ darin die Zeile mit dem Primärschlüsselfeld »Ku-Nr« markieren und mit BEARBEITEN|KOPIEREN in die Zwischenablage befördern,

➡️ die Tabelle »Auftrag« selektieren und den Cursor zu irgendeiner Position in der noch leeren zweiten Zeile bewegen

➡️ und die in der Zwischenablage enthaltene Zeile dort mit BEARBEITEN|EINFÜGEN einfügen (Abbildung 6.2).

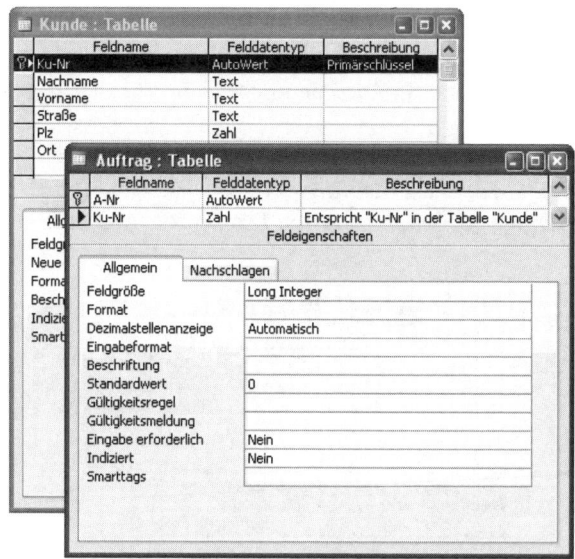

Abbildung 6.2:
KU-AUF.MDB, Tabellen »Auftrag« und »Kunde«

Access fügt die – abgesehen vom Schlüsselsymbol – vollständige Feldbeschreibung ein. Zwei kopierte Eigenschaftseinstellungen müssen Sie jedoch entsprechend der Abbildung ändern: Access übernahm den Datentyp AutoWert des Feldes. In »Kunde« ist das sinnvoll, da jeder Schlüsselwert nur einmal vorkommen darf (eindeutiger Primärschlüssel). »Auftrag« ist jedoch die abhängige Tabelle der 1:n-Beziehung, in der zu einem Satz von »Kunde« mit einem bestimmten Schlüsselwert mehrere Sätze mit dem gleichen Schlüsselwert gehören. Der Schlüsselwert darin ist keinesfalls eine fortlaufend nummerierte Zahl, sondern wird von Ihnen eingetragen!

‼ STOP

Also definieren Sie dieses Feld als »Zahl« mit der Feldgröße *Long Integer*, damit darin ebenfalls nur ganze Zahlen gespeichert werden – und zwar nahezu beliebig große, um mit den Werten im entsprechenden Feld von »Kunde« mithalten zu können!

Es wäre peinlich, wenn der letzte darin eingetragene Kunde die Kundennummer 40.274 besäße und Sie bei der Erfassung eines Auftrags dieses Kunden seine Nummer nicht eingeben können, weil Sie das Feld als *Integer* deklarierten, dessen Wertebereich bei 32.767 endet!

Die Tatsache, dass ein bestimmter Schlüsselwert in »Auftrag« mehrfach vorkommen darf, ergibt eine zweite Änderung: Da das Primärschlüsselfeld von »Kunde« kopiert wurde, steht unter *Indiziert* der Eintrag »Ja (Ohne Duplikate)«.

Sie werden jedoch im Laufe der Zeit zweifellos nicht nur einen, sondern mehrere Aufträge eines Kunden erfassen. Also wählen Sie »Ja (Duplikate möglich)« oder noch besser entsprechend der Abbildung »Nein«, da »Ku-Nr« in dieser Tabelle wahrscheinlich nicht für häufige Suchaktionen verwendet wird.

Beide Tabellen befinden sich in der Datenbank KU-AUF.MDB *der Begleit-CD. Sie enthalten folgende Datensätze (Abbildung 6.3).*

Abbildung 6.3:
In »Kunde« und »Auftrag« enthaltene Datensätze

Kunde : Tabelle

	Ku-Nr	Nachname	Vorname	Straße	Plz	Ort
▶	1	Maier	Werner	Maierweg 5	30000	Maiershausen
	2	Müller	Walter	Müllerstr.2	10000	Müllersdorf
	3	Bauer	Gerd	Bauerallee	50000	Bauershausen
✱	:oWert)				00000	

Datensatz: ◀◀ ◀ 1 ▶ ▶▶ ▶✱ von 3

Auftrag : Tabelle

	A-Nr	Ku-Nr	Art-Nr	Bezeichnung	Stück
	1	3	3837	Disketten	10
	2	1	389	Monitor	2
	3	3	9372	Drucker	5
	4	2	389	Monitor	1
	5	2	9272	Tastatur	2
▶	6	3	8263	Maus	1
✱	Wert)	0	0		0

Datensatz: ◀◀ ◀ 6 ▶ ▶▶ ▶✱ von 6

Nehmen wir als weiteres Beispiel einer 1:n-Beziehung die Beziehung »Lieferant-Artikel«, bei der jeder Lieferant mehrere Artikel liefert. Entsprechend existiert eine Lieferanten- und eine Artikeltabelle:

```
Lieferant(Lief-Nr, Nachname, Vorname, Straße, Plz, Ort)
Artikel(Art-Nr, Bezeichnung, Preis, Lief-Nr)
```

Tabelle 6.4:
Mehrere Artikel pro Lieferant

Lieferant

Lief-Nr	Nachname	Vorname	Straße	Plz	Ort
1	Maier	Werner	Maierweg 5	30000	Maiershausen
2	Müller	Walter	Müllerstr.2	10000	Müllersdorf
3	Bauer	Gerd	Bauerallee	50000	Bauershausen

(KOMPENDIUM) Access 2003

Artikel			
Art-Nr	**Bezeichnung**	**Preis**	**Lief-Nr**
1	Disketten	10,30	1
2	Monitor	486,50	3
3	Drucker	1856,00	1
4	Maus	36,97	2

Tabelle 6.4:
Mehrere Artikel
pro Lieferant
(Forts.)

Der eindeutige Primärschlüssel »Lief-Nr« der Tabelle »Lieferant« wird in »Artikel« eingefügt und dadurch die 1:n-Beziehung (1: »Lieferant«; n:»Artikel«) hergestellt. Zu jedem Artikel gehört genau ein Lieferant, aber zu den Lieferanten teilweise mehrere Artikel, die von ihnen bezogen werden. Im Beispiel liefert Maier sowohl die Disketten (Artikel Nr.1) als auch den Drucker (Artikel Nr.3).

Dank des eindeutigen Primärschlüssels »Lief-Nr« ist die Rückverfolgung kein Problem. Es ist beispielsweise sehr einfach, den Lieferanten mit der Nummer 2, der die Maus liefert; herauszubekommen,. Es ist einfach, weil es in »Lieferant« nur einen Datensatz mit dieser Lieferantennummer gibt, und zwar Müller.

Wird genau umgekehrt ein Artikel von mehreren Lieferanten bezogen, liefert jeder Lieferant jedoch immer nur einen einzigen Artikel, ergäbe sich folgende Struktur:

```
Artikel(Art-Nr, Bezeichnung, Preis)
Lieferant(Lief-Nr, Nachname, Vorname, Straße, Plz, Ort, Art-Nr)
```

Ein Beispiel:

Lieferant						
Lief-Nr	**Nachname**	**Vorname**	**Straße**	**Plz**	**Ort**	**Art-Nr**
1	Maier	Werner	Maierweg 5	30000	Maiers-hausen	4
2	Müller	Walter	Müllerstr.2	10000	Müllers-dorf	3
3	Bauer	Gerd	Bauerallee	50000	Bauers-hausen	4

Tabelle 6.5:
Mehrere Lieferanten pro Artikel

Artikel		
Art-Nr	**Bezeichnung**	**Preis**
1	Disketten	10,30
2	Monitor	486,50
3	Drucker	1856,00
4	Maus	36,97

Diesmal wird der Primärschlüssel »Art-Nr« der Tabelle »Artikel« in »Lieferant« eingefügt und dadurch die 1:n-Beziehung (1: »Artikel«; n:»Lieferant«) hergestellt. Zu jedem Lieferanten gehört genau ein Artikel, aber zu den Artikeln teilweise mehrere Lieferanten, von denen sie bezogen werden. Im Beispiel wird der Artikel »Maus« sowohl von Maier als auch von Bauer bezogen.

Auch hier gibt es dank des in die Lieferantentabelle eingefügten eindeutigen Primärschlüssels »Art-Nr« der Artikeltabelle keine Probleme: Benötigen Sie Informationen über den Artikel, den Sie vom Lieferanten Maier beziehen, können Sie über die zugehörige Artikelnummer 4 absolut eindeutig auf diesen Artikel in der Artikeltabelle zugreifen. Und dabei feststellen, dass Sie von Maier eine Maus beziehen.

n:m-Beziehung   Dummerweise gibt es in der realen Welt außer 1:1- und 1:n- auch n:m-Beziehungen, die jedoch nicht direkt mit Access abgebildet werden können.

Im vorhergehenden Beispiel lieferte entweder ein Lieferant mehrere Artikel oder Sie bezogen einen Artikel von mehreren Lieferanten. In beiden Fällen handelte es sich jeweils um eine 1:n-Beziehung.

Was aber, wenn ein Lieferant mehrere Artikel liefert und Sie einen Artikel wiederum nicht nur von einem, sondern von mehreren Lieferanten beziehen, also eine n:m-Beziehung vorliegt? Zum Beispiel, wenn Herr Maier die Disketten *und* die Maus liefert und Sie andererseits die Maus außer von Maier zusätzlich auch von Bauer beziehen? Um all diese Informationen zu speichern, müssten die beiden Tabellen ungefähr so gestaltet sein:

Tabelle 6.6:
Mehrere Lieferanten pro Artikel und mehrere Artikel pro Lieferant, Variante 1

Lieferant					
Lief-Nr	**Nachname**	**Vorname**	**Straße**	**Plz**	**Ort**
1	Maier	Werner	Maierweg 5	30000	Maiershausen
2	Müller	Walter	Müllerstr.2	10000	Müllersdorf
3	Bauer	Gerd	Bauerallee	50000	Bauershausen

Artikel			
Art-Nr	**Bezeichnung**	**Preis**	**Lief-Nr**
1	Disketten	10,30	1
2	Monitor	486,50	2
3	Maus	36,97	1
3	Maus	36,97	3

Tabelle 6.6:
Mehrere Lieferanten pro Artikel und mehrere Artikel pro Lieferant, Variante 1 (Forts.)

Die Informationen über Artikel, die von mehreren Lieferanten gleichzeitig bezogen werden, sind notwendigerweise redundant, also mehrfach vorhanden. Im Beispiel die Bezeichnung und der Preis von Artikel Nr. 3, der Maus. Bei einer ausführlicheren (mehr Detailinformationen, also mehr Felder) und umfangreicheren Artikeltabelle wäre die Redundanz weitaus größer als in dieser Miniaturtabelle.

Die Redundanz in »Artikel« könnte man nur vermeiden, indem gerade umgekehrt die Informationen über die Lieferanten, die mehrere Artikel gleichzeitig liefern, redundant gespeichert werden:

Lieferant						
Lief-Nr	**Nachname**	**Vorname**	**Straße**	**Plz**	**Ort**	**Art-Nr**
1	Maier	Werner	Maierweg 5	30000	Maiers-hausen	1
1	Maier	Werner	Maierweg 5	30000	Maiers-hausen	3
2	Müller	Walter	Müllerstr.2	10000	Müllers-dorf	2
3	Bauer	Gerd	Bauerallee	50000	Bauers-hausen	3

Tabelle 6.7:
Mehrere Lieferanten pro Artikel und mehrere Artikel pro Lieferant, Variante 2

Artikel		
Art-Nr	**Bezeichnung**	**Preis**
1	Disketten	10,30
2	Monitor	486,50
3	Maus	36,97

In dieser Variante ist »Lief-Nr« übrigens nicht mehr als Primärschlüsselfeld der Lieferantentabelle verwendbar, da dieses Feld nun teilweise identische Inhalte aufweist und somit keine eindeutige Identifizierung der zugehörigen Datensätze mehr ermöglicht. In Variante 1 gilt das Gleiche für das Feld »Art-Nr« der Artikeltabelle.

Beide Varianten sind absolut unsinnig, da in beiden Fällen Datensätze mehrfach gespeichert werden müssen, die sich nur durch den Inhalt eines Feldes unterscheiden.

Bindeglied-
Tabelle
Es gibt nur eine Möglichkeit, dieses n:m-Problem mit geringstmöglicher Datenredundanz und ohne krampfhafte Suche nach brauchbaren Primärschlüsseln zu lösen: die Einführung einer dritten Tabelle als Bindeglied, mit der die n:m-Beziehung in zwei 1:n-Beziehungen aufgelöst werden kann:

```
Lieferant (Lief-Nr, Nachname, Vorname, Straße, Plz, Ort)
Lief-Art (Lief-Nr, Art-Nr)
Artikel (Art-Nr, Bezeichnung, Preis)
```

Tabelle 6.8:
Auflösung einer
n:m-Beziehung mit
drei Tabellen

Lieferant

Lief-Nr	Nachname	Vorname	Straße	Plz	Ort
1	Maier	Werner	Maierweg 5	30000	Maiershausen
2	Müller	Walter	Müllerstr.2	10000	Müllersdorf
3	Bauer	Gerd	Bauerallee	50000	Bauershausen

Lief-Art

Lief-Nr	Art-Nr
1	1
1	3
2	2
3	3

Artikel

Art-Nr	Bezeichnung	Preis
1	Disketten	10,30
2	Monitor	486,50
3	Maus	36,97

In die Tabelle »Lief-Art« werden die beiden Primärschlüssel der grundlegenden Tabellen »Lieferant« und »Artikel« eingefügt. Aus »Lief-Art« geht eindeutig hervor, welche Artikel ein Lieferant liefert bzw. von welchen Lieferanten ein Artikel bezogen wird.

Zwischen »Lieferant« und »Lief-Art« gibt es eine 1:n-Beziehung, da zu
einem Satz in »Lieferant« eventuell mehrere Sätze in »Lief-Art« gehören, die
die betreffende Lieferantennummer enthalten. Zu jedem Satz in »Lief-Art«
jedoch genau ein Satz in »Lieferant«, da darin jede Lieferantennummer nur
einmal vorkommt. Das Gleiche gilt – bezogen auf Artikelnummern – für die
Beziehung zwischen »Artikel« und »Lief-Art«.

Es stellt sich die Frage nach dem Primärschlüssel der Bindegliedtabelle
»Lief-Art«: Die Lieferantennummer »Lief-Nr« kommt darin mehrfach vor
und kann daher nicht verwendet werden – ebensowenig wie die Artikel-
nummer »Art-Nr«!

Keines der beiden Felder ist für sich genommen eindeutig. Beide zusammen
allerdings sehr wohl. Denn es gibt immer nur genau eine Kombination aus
einer Lieferanten- und einer Artikelnummer. Also wird der Primärschlüssel
dieser Tabelle als Mehrfelder-Schlüssel definiert, der aus einer Kombination
der beiden Felder »Lief-Nr« und »Art-Nr« besteht.

Zur praktischen Realisierung (Abbildung 6.4).

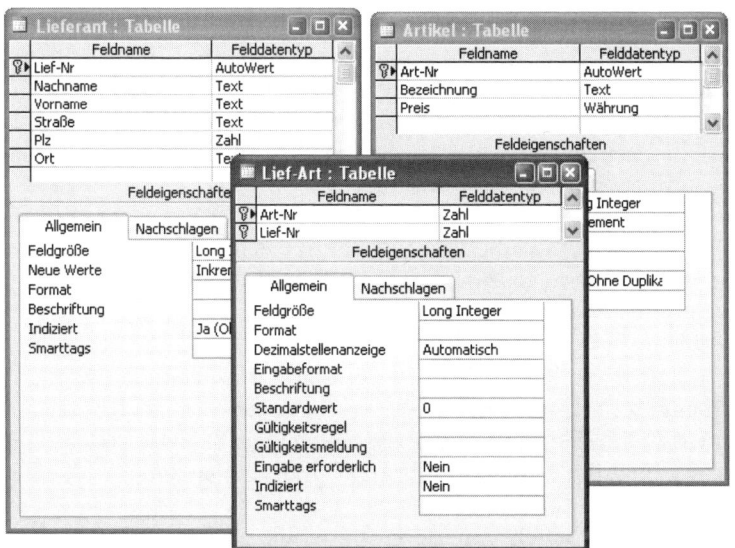

Abbildung 6.4:
LIEF-ART.MDB,
Tabellen
»Lieferant«,
»Artikel« und
»Lief-Art«

Ich habe zunächst die beiden Tabellen »Lieferant« und »Artikel« entworfen. Die Felder »Lief-Nr« bzw. »Art-Nr«, die als Primärschlüsselfelder verwendet werden sollen, sind beide vom Typ *AutoWert*.

Das Feld »Preis« in der Artikeltabelle ist vom Typ *Währung*, das Feld »Plz« in der Lieferantentabelle vom Typ *Zahl* mit der Feldgröße *Long Integer*. Alle anderen Felder der beiden Tabellen sind Textfelder mit der Standardlänge von 50 Zeichen.

Danach legte ich die dritte Tabelle »Lief-Art« an. Sie enthält die Primärschlüsselfelder der beiden Haupttabellen. Der kombinierte Primärschlüssel wurde durch Markieren der beiden Zeilen und Klicken auf das Schlüsselsymbol gebildet.

Als Felddatentyp wurde jeweils *Zahl* in der Feldgröße *Long Integer* verwendet, um die gleichen ganzzahligen Werte eingeben zu können, die Access in den zugehörigen Feldern der Haupttabellen »Lieferant« und »Artikel« einträgt.

Beziehungen definieren

1:n-Beziehung definieren

Die in den vorhergehenden Beispielen entworfenen Tabellen sind zwar miteinander verknüpft – das weiß Access allerdings noch nicht!

Sie können Access die Beziehungen zwar jedesmal explizit angeben, wenn es – beispielsweise zur Erstellung einer Abfrage – notwendig ist. Sinnvoller ist es jedoch, diese Beziehung ein einziges Mal mit EXTRAS|BEZIEHUNGEN... bekanntzugeben.

Ich führe den Ablauf zunächst an den beiden Tabellen »Kunde« und »Auftrag« der Datenbank KU-AUF.MDB vor (siehe Abbildung 6.2 und Abbildung 6.3), zwischen denen eine 1:n-Beziehung besteht und die über das Feld »Ku-Nr« miteinander verknüpft sind.

Wählen Sie EXTRAS|BEZIEHUNGEN..., erscheint das *Beziehungen*-Fenster, das zunächst leer ist, da noch keine Beziehungen definiert wurden (Abbildung 6.5).

Zusätzlich erscheint das *Tabelle anzeigen*-Dialogfeld. Wählen Sie später erneut EXTRAS|BEZIEHUNGEN..., erscheint dieses Dialogfeld zwar nicht mehr automatisch, Sie können es aber jederzeit mit BEZIEHUNGEN|TABELLE ANZEIGEN... bzw. mit dem abgebildeten Symbol einblenden.

Tabellen/Abfragen hinzufügen

Ihre Aufgabe besteht nun darin, mit Hilfe des Dialogfelds in das leere Fenster alle Tabellen einzufügen, zwischen denen Sie Beziehungen definieren wollen, also nacheinander »Auftrag« und »Kunde« zu selektieren, jeweils

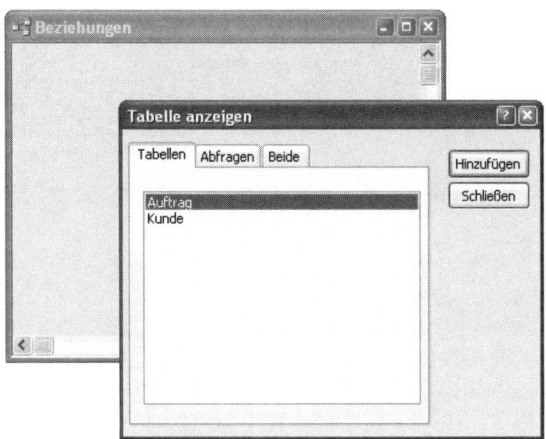

Abbildung 6.5:
Beziehungen
definieren

auf *Hinzufügen* zu klicken und das Dialogfeld danach zu schließen (Abbildung 6.6).

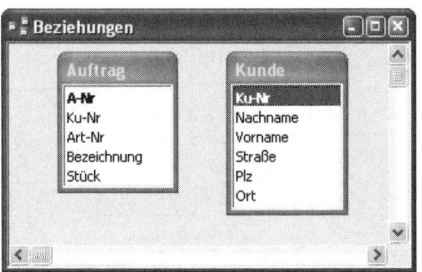

Abbildung 6.6:
Eingefügte Tabellen

Im Beziehungenfenster sind nun die Feldlisten der beiden Tabellen sichtbar.

Sie können jederzeit mit BEZIEHUNGEN|TABELLE ANZEIGEN... bzw. dem zugehörigen Symbol weitere Tabellen oder Abfragen hinzufügen. Um umgekehrt eine nicht mehr benötigte Tabelle zu entfernen, klicken Sie irgendeine Feldbezeichnung der Tabelle an und wählen BEARBEITEN|LÖSCHEN. Mit BEARBEITEN|LAYOUT LÖSCHEN können Sie den Inhalt des *Beziehungen*-Fensters komplett löschen und mit der Definition der Beziehungen von vorne beginnen.

Um nun die Beziehung zwischen den beiden Tabellen zu definieren (die geschlossen sein sollten!), ziehen Sie das Primärschlüsselfeld »Ku-Nr« der Tabelle »Kunde« zum gleichnamigen Feld der Tabelle »Auftrag« und lassen es dort fallen.Folgendes Dialogfeld erscheint (Abbildung 6.7).

Beziehung definieren

Die beiden Tabellen »Kunde« und »Auftrag« sind darin nebeneinander angeordnet. Die Überschrift »Verwandte Tabelle/Abfrage« über »Auftrag« besagt, dass diese Tabelle die Nebentabelle ist. Dass sie enthält die Details zu den Datensätzen der Haupttabelle »Kunde« enthält und in ihr der Primärschlüssel dieser Tabelle eingefügt ist.

Abbildung 6.7:
Beziehungen
definieren

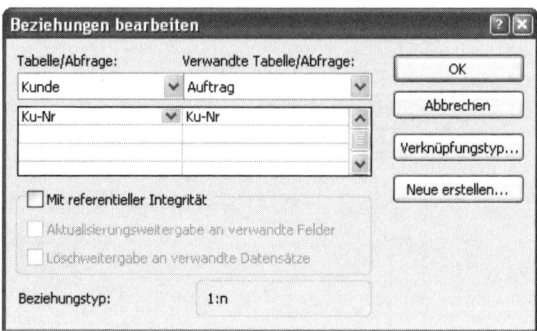

In der Zeile unterhalb der Tabellennamen werden die miteinander verknüpften Felder »Ku-Nr« angegeben. Haben Sie sich beim Ziehen vertan, klicken Sie das fehlerhafte Feld an. Ein Listenpfeil erscheint, der eine Liste aller Felder der betreffenden Tabelle öffnet, aus der Sie das zu verknüpfende Tabellenfeld auswählen können.

Sind zwei oder gar drei Tabellenfelder miteinander verknüpft, definieren Sie die zweite und dritte Verknüpfung entsprechend in der zweiten und dritten Zeile, indem Sie diese Zeilen aktivieren und die betreffenden Felder in den zugehörigen Listen selektieren.

Nach der Definition einer Beziehung wird sie im *Beziehungen*-Fenster durch eine Linie grafisch angezeigt (Abbildung 6.8).

Abbildung 6.8:
Grafische Beziehungsanzeige

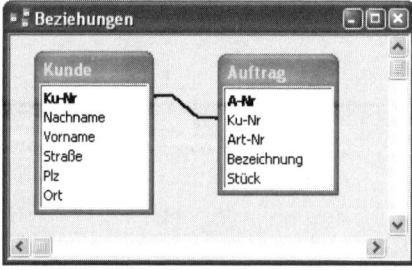

Dank dieser Verknüpfungslinie können Sie bereits definierte Beziehungen auch nachträglich bequem editieren:

➤ Um eine Beziehung zu löschen, selektieren Sie die Verbindungslinie durch Anklicken und drücken (Entf).

➤ Um sie zu editieren, doppelklicken Sie auf den *mittleren Teil* der Linie, worauf sich erneut das *Beziehungen bearbeiten*-Dialogfeld öffnet, in dem Sie die Beziehungsdefinition nun ändern können.

Sie können aus dem Beziehungen-Fenster heraus den Entwurf einer Tabelle verändern, indem Sie die betreffende Feldliste mit der rechten Maustaste anklicken und im Kontextmenü TABELLENENTWURF *wählen: Das Entwurfsfenster der Tabelle erscheint, Sie können ihre Struktur verändern und die Änderungen beim Schließen speichern. Anschließend gelangen Sie wieder ins Beziehungen-Fenster zurück.*

:-)
TIPP

Editieren Sie im *Beziehungen bearbeiten*-Dialogfeld eine Beziehung, können Sie mit der Schaltfläche *Neue erstellen...* jederzeit eine weitere Beziehung zwischen anderen Tabellen der Datenbank erstellen (Abbildung 6.9).

Neue Beziehung

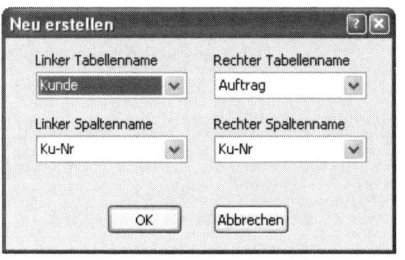

Abbildung 6.9:
Neue Beziehung
erstellen

In diesem Dialogfeld selektieren Sie links die Haupt- und rechts die damit zu verknüpfende Detailtabelle, darunter die zu verknüpfenden Felder beider Tabellen – allerdings empfinde ich das zuvor erläuterte Erstellen von Verknüpfungen per Drag & Drop als wesentlich einfacher.

Als weiteres Beispiel möchte ich Ihnen die Beziehungsdefinition am Beispiel der drei zuvor erläuterten Tabellen »Lieferant«, »Artikel« und »Lief-Art« zeigen.

n:m-Beziehung definieren

Die Beziehungen zwischen diesen drei Tabellen habe ich bereits definiert. Um das nachzuvollziehen, öffnen Sie bitte die Datenbank LIEF-ART.MDB, die die drei Tabellen enthält, bestätigen Sie die Frage nach dem Aktivieren von Makros und wählen Sie EXTRAS|BEZIEHUNGEN... (Abbildung 6.10).

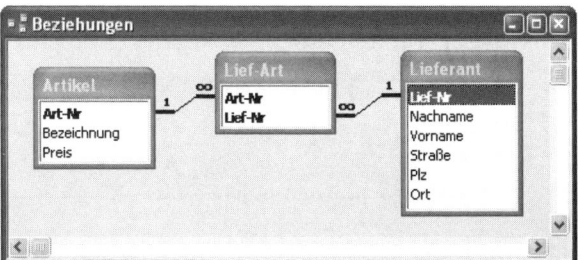

Abbildung 6.10:
Definierte
Beziehungen

Um diese Beziehungen zu definieren, wählte ich BEZIEHUNGEN|TABELLE ANZEIGEN... und fügte im zugehörigen Dialogfeld die Feldlisten aller drei Tabellen ein.

Danach zog ich das Feld »Lief-Nr« der Tabelle »Lieferant« zum gleichnamigen Feld der Tabelle »Lief-Art« und das Feld »Art-Nr« der Tabelle »Artikel« ebenfalls zum gleichnamigen Feld der Tabelle »Lief-Art«.

Dadurch erschien jeweils das *Beziehungen*-Dialogfeld, in dem ich mit *Mit referentieller Integrität* und danach *Aktualisierungsweitergabe...* und *Löschweitergabe...* aktivierte. Das Resultat sind die gezeigten Verbindungslinien.

6.2   Die Integrität der Datenbank überwachen lassen

Bei der Definition einer Beziehung oder auch nachträglich können Sie das Kontrollkästchen *Mit referentieller Integrität* aktivieren (siehe Abbildung 6.7).

Die Auswirkungen sind dramatisch! Stellen Sie sich vor, Sie geben versehentlich bei der Auftragsannahme eine falsche Kundennummer ein, die es überhaupt nicht gibt. Ist *Mit referentieller Integrität* aktiviert, weigert sich Access, diese Kundennummer, für die es keinen Primärschlüsseleintrag in »Kunde« gibt, in dem Datensatz zu speichern, den Sie gerade in der Tabelle »Auftrag« eingeben wollen – und vermeidet dadurch von vornherein spätere Probleme bei der Suche nach dem nicht existierenden Kunden, der diesen Auftrag erteilte!

Zusätzlich weigert sich Access, in der Haupttabelle »Kunde« einen Datensatz zu löschen, wenn in der Detailtabelle »Auftrag« korrespondierende Datensätze (Datensätze mit dem zugehörigen Primärschlüsselwert) vorhanden sind (Abbildung 6.11).

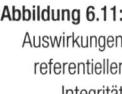

Abbildung 6.11:
Auswirkungen
referentieller
Integrität

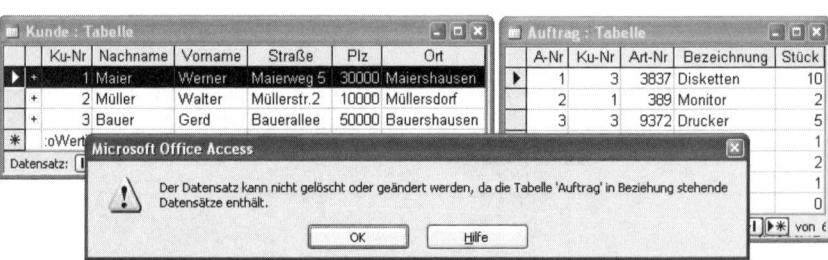

Hier wurde versucht, den ersten Datensatz (Herrn Maier mit der Kundennummer 1) zu löschen. Zweifellos ist diese Weigerung sinnvoll, denn Herrn Maier als Kunden zu löschen, bevor alle seine Aufträge bearbeitet wurden, wäre geschäftsschädigend. Und immerhin ist in der Tabelle »Auftrag« tatsächlich ein Auftrag von Herrn Maier vorhanden, nämlich der zweite Datensatz, der die Auftragsnummer 2 besitzt.

Allerdings gibt es Ausnahmen. Zum Beispiel, wenn Herr Maier gestorben ist: Dann müssen jedoch außer dem betreffenden Kunden zusätzlich auch alle von ihm vergebenen Aufträge gelöscht werden.

6.3 Die Lösch- und die Aktualisierungsweitergabe aktivieren

Nach Aktivierung von *Mit referentieller Integrität* sind auch die beiden Kontrollkästchen darunter verfügbar. Aktivieren Sie *Löschweitergabe an verwandte Datensätze*, weigert sich Access nicht mehr, sondern übernimmt statt dessen auch diese Aufgabe (Abbildung 6.12).

Löschweitergabe

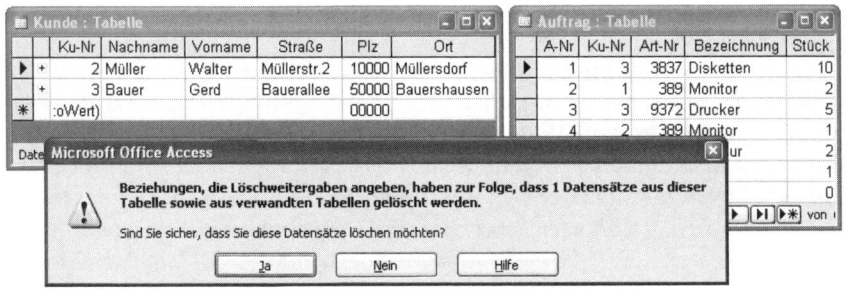

Abbildung 6.12:
Löschweitergabe

Zuerst wird in der Haupttabelle »Kunde« der gewünschte Datensatz »Maier« gelöscht, was in diesem Moment noch rückgängig zu machen ist. Bestätigen Sie jedoch den entsprechenden Hinweis, werden danach auch alle zugehörigen Datensätze der damit verwandten Detailtabelle gelöscht, oder besser gesagt als gelöscht gekennzeichnet (Abbildung 6.13).

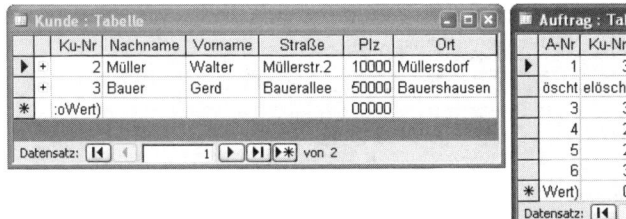

Abbildung 6.13:
Löschen der
verknüpften
Datensätze

Schließen Sie die Tabelle »Auftrag«, und öffnen Sie sie danach erneut, wird die Anzeige aktualisiert: Die zuvor als gelöscht gekennzeichneten Datensätze sind tatsächlich nicht mehr vorhanden.

Aktualisierungs-
weitergabe

Bei aktivierter Integritätsüberwachung weigert sich Access übrigens, in der Haupttabelle Änderungen vorzunehmen, die verwaiste Datensätze in der Detailtabelle zur Folge hätten.

Ein Beispiel: Der zweite Datensatz in »Auftrag« enthält die Kundennummer 1. Ändern Sie in »Kunde« die Kundennummer 1 von Herrn Maier in 5 (nicht möglich, da »Ku-Nr« vom Typ *AutoWert* ist), wäre dieser Auftragsdatensatz anschließend verwaist: Es gäbe keinen Kunden mehr mit der darin enthaltenen Kundennummer 1. Mit aktivierter Integritätsüberwachung erkennt das auch Access und weigert sich entsprechend, die Kundennummer zu ändern.

Wichtige Ausnahme auch in diesem Fall: Ist zusätzlich *Aktualisierungsweitergabe an verwandte Felder* aktiviert, ändert Access wie gewünscht die Kundennummer im Datensatz der Haupttabelle – und ändert zusätzlich auch die damit verknüpfte Kundennummer in den zugehörigen Datensätzen der Detailtabelle entsprechend!

6.4   Die Auswirkungen kaskadierter Beziehungen

Außer direkten kann es auch indirekte Verknüpfungen von Datensätzen geben. Ein Beispiel dafür finden Sie in der Demodatenbank EDV.MDB *(siehe Kapitel 7, »Datenbankdesign in der Praxis«): Außer der Tabelle »Kunden« mit den Daten der Kunden und der damit verknüpften Tabelle »Aufträge« mit ihren Aufträgen (Bestelldatum, Auftragswert etc.) gibt es eine mit »Aufträge« verknüpfte Tabelle »Auftragspositionen« mit den Details jedes Auftrags (bestellte Artikel, Anzahl etc.).*

Versuchen Sie, in der Kundentabelle den zweiten Datensatz »Renner, Christa« mit der Kundennummer 2 zu löschen, weigert sich Access – und zwar selbst dann, wenn für die Beziehung zwischen »Kunden« und »Aufträge« die Löschweitergabe aktiviert ist (Abbildung 6.14).

Abbildung 6.14:
Abhängigkeitskaskade »Kunden« ->
»Aufträge« -> »Auftragspositionen«

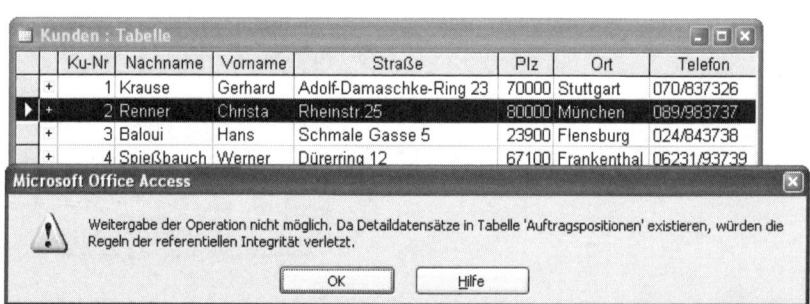

Christa Renner besitzt die Kundennummer 2. Von ihr stammt der in der Tabelle »Aufträge« erfasste Auftrag mit der Rechnungsnummer 2. Dieser

Auftrag setzt sich wiederum aus zwei Bestellungen zusammen, das heißt aus zwei zugehörigen Datensätzen in der Tabelle »Auftragspositionen« mit dieser Rechnungsnummer.

Würde Access den Kundendatensatz und aufgrund der Löschweitergabe den zugehörigen Auftragsdatensatz löschen, wären die zugehörigen Datensätze in »Auftragspositionen«, die die Details dieses Auftrags enthalten, anschließend verwaist. Daher die Weigerung von Access.

Es handelt sich hier um eine kaskadierte Beziehung: Ein Datensatz einer Tabelle verweist auf Datensätze in einer Detailtabelle, die wiederum auf Sätze in einer weiteren Unterdetailtabelle verweisen.

Soll es möglich sein, in der Kundentabelle einen Datensatz zu löschen und soll Access dann automatisch die zugehörigen Sätze in allen mit diesem Datensatz direkt (in »Aufträge«) bzw. indirekt (in »Auftragspositionen«) verknüpften Sätzen löschen, müssen Sie daher nicht nur für die Beziehung zwischen »Kunden« und »Aufträge«, sondern auch für die Beziehung zwischen »Aufträge« und »Auftragspositionen« die Löschweitergabe aktivieren.

Kaskadierte Weitergabe

6.5 Unterdatenblätter verwenden

Nach der Definition einer Beziehung ändert sich die Darstellung der Haupttabelle. Nehmen Sie als Beispiel die im Abschnitt »Die Beziehungsarten« auf Seite 153 definierte Beziehung zwischen der Haupttabelle »Kunde« und der Detailtabelle »Auftrag«, die die Bestellungen dieser Kunden enthält.

Öffnen Sie nach erfolgreicher Beziehungsdefinition die Haupttabelle »Kunde«, befindet sich nun vor jedem Datensatz ein »+«-Zeichen. Klicken Sie auf eines davon, werden unterhalb des betreffenden Satzes die damit verknüpften Datensätze der Detailtabelle »Auftrag« angezeigt. (Abbildung 6.15).

In diesem Unterdatenblatt sehen Sie auf einen Blick, dass Herr Müller (Kundennummer 2) einen Monitor und zwei Tastaturen bestellte.

Das verknüpfende Feld »Ku-Nr« wird im Unterdatenblatt nicht angezeigt, da überflüssig. Sie sehen ja bereits im Hauptdatenblatt, dass die Kundennummer von Herrn Müller 2 ist, und müssen das nicht zusätzlich auch noch in jedem Datensatz des zugehörigen Unterdatenblatts zu sehen bekommen.

Die Unterdatenblatt-Anzeige können Sie für jeden einzelnen Datensatz der Haupttabelle mit dem zugehörigem »+«-Symbol individuell ein- oder ausblenden (Abbildung 6.16).

Abbildung 6.15:
Anzeige von Detail-
datensätzen

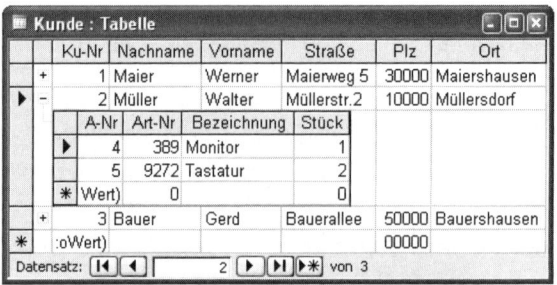

Abbildung 6.16:
Anzeige aller Details

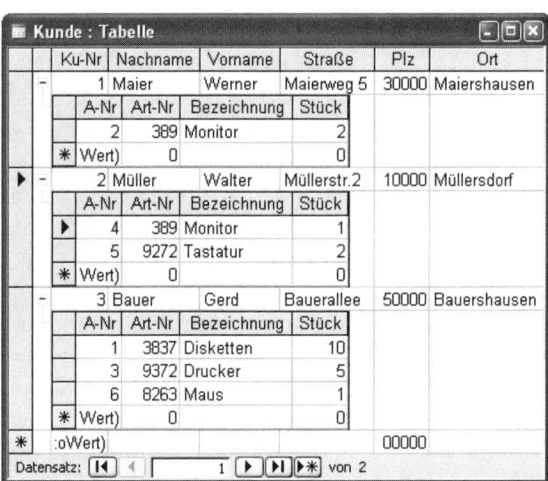

!!
STOP

Die Unterdatenblatt-Anzeige ist keineswegs nur zur Information gedacht. Befindet sich der Cursor in irgendeinem Feld des Unterdatenblatts, wirken die Navigationsschaltflächen statt auf das Haupt- nun auf das Unterdatenblatt. Sie können es in jeder Beziehung wie ein ganz normales Datenblatt benutzen und darin Datensätze erfassen, ändern und editieren!

Dadurch ersparen Sie es sich, die Tabelle »Auftrag« jemals öffnen zu müssen, und können alle Editierungen dieser Detailtabelle direkt in der Haupttabelle vornehmen: Wollen Sie eine neue Bestellung von Herrn Müller erfassen, blenden Sie sein Unterdatenblatt ein und erfassen an dessen Ende einen neuen Datensatz, eben die neue Bestellung. Analog dazu können Sie darin eine bereits erfasste Bestellung ändern oder löschen.

Bei der zuvor definierten n:m-Beziehung zwischen »Lieferant«, »Artikel« und der Bindegliedtabelle »Lief-Art« sehen die Unterdatenblätter folgendermaßen aus (Abbildung 6.17).

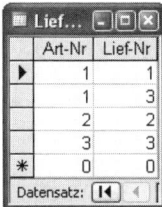

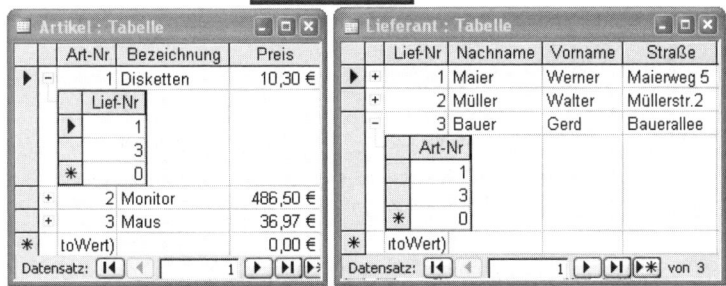

Abbildung 6.17:
Unterdatenblätter
bei n:m-
Beziehungen

In der Artikeltabelle enthält das Unterdatenblatt des Artikels »Disketten« (Artikelnummer 1) alle Datensätze der Bindegliedtabelle mit dieser Artikelnummer und besagt, dass dieser Artikel von den Lieferanten Nummer 1 (Maier) und 3 (Bauer) bezogen wird.

Analog dazu enthält in der Lieferantentabelle das Unterdatenblatt von Herrn Bauer (Lieferantennummer 3) alle Datensätze der Bindegliedtabelle mit dieser Lieferantennummer und besagt, dass dieser Lieferant die Artikel Nummer 1 (Disketten) und 3 (Maus) liefert.

Nach der Definition einer Beziehung kennt Access die Verknüpfung zwischen diesen beiden Tabellen und fügt wie gezeigt in die Haupttabelle automatisch ein Unterdatenblatt ein, das zu jedem Datensatz die zugehörigen Sätze der Detailtabelle enthält.

Unterdatenblatt einfügen

Wurde die Beziehung nicht definiert, wird entsprechend auch kein Unterdatenblatt eingefügt. Das können Sie aber jederzeit selbst tun. Sie öffnen die Haupttabelle und wählen EINFÜGEN|UNTERDATENBLATT... (Abbildung 6.18).

In diesem Dialogfeld wählen Sie zunächst die Detailtabelle aus, die als Unterdatenblatt eingefügt werden soll.

Unter *Verknüpfen von* wählen Sie das Feld der momentan geöffneten Haupttabelle aus, das mit einem Feld der Detailtabelle verknüpft ist, und geben dieses wiederum in *Verknüpfen nach* an.

Abbildung 6.18:
Unterdatenblatt
einfügen

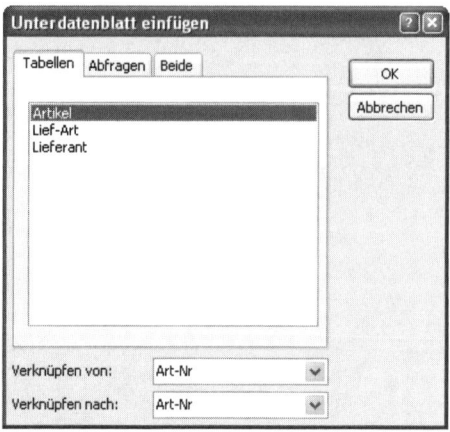

Nach *OK* erklärt Ihnen Access gegebenenfalls, dass die betreffende Beziehung nicht existiert und fragt, ob sie hergestellt werden soll. Bestätigen Sie das, wird das Unterdatenblatt nun eingefügt.

:-)
TIPP

Die aktuellen Verknüpfungseinstellungen sind Eigenschaften der Haupttabelle, die Sie im zugehörigen Dialogfeld Tabelleneigenschaften *editieren können:*

– Unterdatenblattname: [Automatisch] *heißt, Access kennt die Beziehung zur Detailtabelle und stellt alle Verknüpfungseigenschaften selbst ein. Stattdessen können Sie im Listenfeld jedoch selbst eine beliebige Detailtabelle auswählen.*

– Verknüpfen von: *das Feld der Haupttabelle, über das diese mit der Detailtabelle verknüpft ist.*

– Verknüpfen nach: *das entsprechende Feld der Detailtabelle.*

– Unterdatenblatthöhe: *die Höhe der eingeblendeten Unterdatenblätter (= Festlegung der Anzahl gleichseitig darin sichtbarer Detaildatensätze).*

– Unterdatenblatt erweitert: *»Ja« bewirkt, dass immer* alle Details *angezeigt werden, also für alle Datensätze der Haupttabelle das zugehörige Unterdatenblatt geöffnet ist.*

6.6   Die Objektabhängigkeiten prüfen

Access erleichtert es Ihnen, bei verschachtelten Abhängigkeiten den Überblick zu behalten. Dazu klicken Sie im Datenbankfenster mit der rechten Maustaste auf das interessierende Objekt, zum Beispiel die Tabelle »Artikel-Lieferanten« von EDV.MDB, und wählen im Kontextmenü OBJEKTABHÄNGIGKEITEN (Abbildung 6.19).

[KOMPENDIUM] **Access 2003**

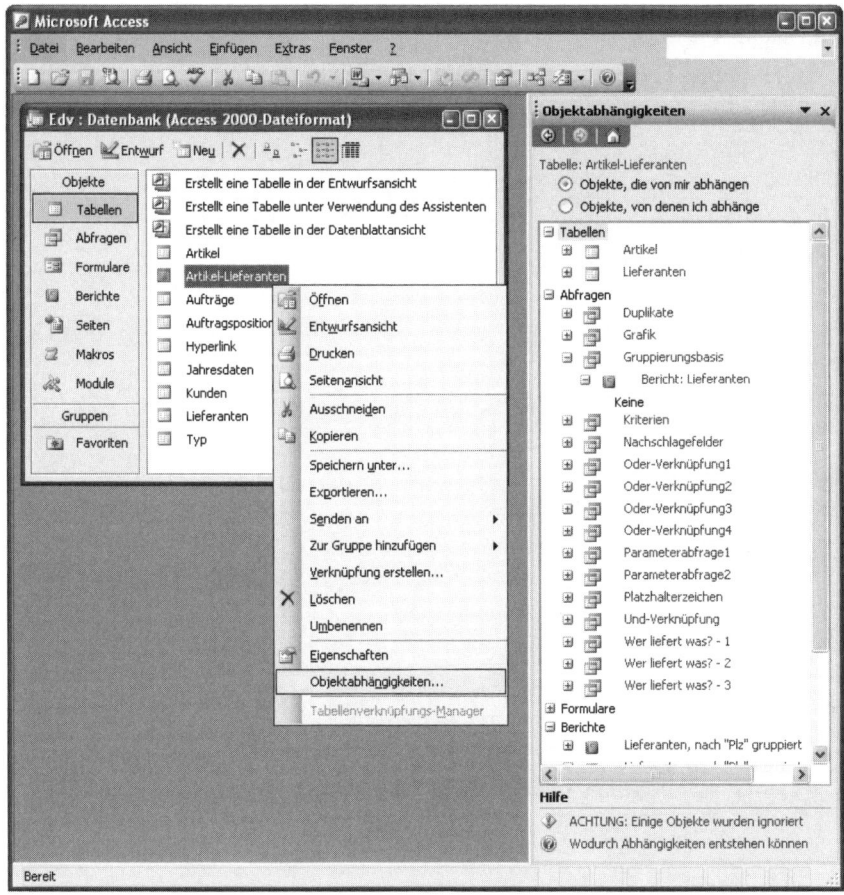

Abbildung 6.19:
Objektabhängig-
keiten

Im Aufgabenbereich werden nun bei Aktivierung von »Objekte, die von mir abhängen« die Objekte der Datenbank angezeigt, die von diesem Objekt abhängen. Klicken Sie auf irgendeines davon, wird es geöffnet.

Wie Sie sehen, sind das im Falle von »Artikel-Lieferanten« eine ganze Menge. Von dieser Tabelle hängen nicht nur Unmengen darauf basierender Abfragen ab, sondern auch Formulare und Berichte, als deren Datenbasis diese Tabelle verwendet wurde.

Und wie die Abfrage »Gruppierungsbasis« zeigt, bei der ich durch Klicken auf »+« die Unterverzweigungen öffnete, sind das nur die direkten Abhängigkeiten!

Denn von dieser auf der Tabelle »Artikel-Lieferanten« basierenden Abfrage hängt wiederum der Bericht »Lieferanten« ab, der die Daten dieser Abfrage druckreif präsentiert. Indirekt hängt dieser Bericht somit ebenfalls von der Tabelle »Artikel-Lieferanten« ab.

»Objekte, von denen ich abhänge« würde umgekehrt die Objekte anzeigen, von denen die Tabelle »Artikel-Lieferanten« abhängt, die beiden Tabellen »Artikel« und »Lieferanten« – und bei Aufklappen des Baums erneut auch die Objekte, die wiederum von diesen beiden Tabellen abhängen (Abbildung 6.20).

Abbildung 6.20:
Detailansicht

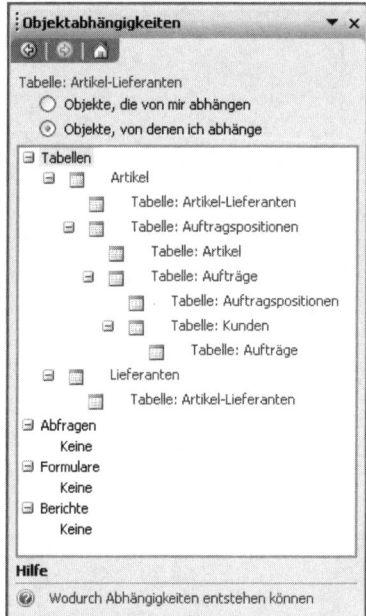

7 Datenbankdesign in der Praxis

Ich zeige Ihnen nun, wie eine Datenbank EDV.MDB *(sie befindet sich auf der Begleit-CD) mit einer größeren Anzahl miteinander verknüpften Tabellen entworfen wird. Diese Datenbank orientiert sich an den Bedürfnissen eines EDV-Einzelhändlers, der an seine Kunden Artikel wie Drucker, Notebooks, Tastaturen etc. verkauft, die er von verschiedenen Lieferanten bezieht.*

Ich erläutere die zu verwaltenden Daten und die Aufteilung dieser Daten in unterschiedliche Tabellen, die Eigenschaften spezieller Felder, die Festlegung des Primärschlüssels und anderer Indizes und die Definition der Beziehungen.

Anschließend werden in diese Tabellen einige Demodaten eingetragen und daran der praktische Umgang mit der Datenbank demonstriert.

7.1 Der Entwurf der Tabellen

Die Geschäftsgrundlage eines EDV-Händlers bildet der Verkauf verschiedener Artikel. Also existiert eine Artikeltabelle, die alle benötigten Informationen über die Artikel enthält, und eine Lieferantentabelle, in der alle Informationen über die verschiedenen Lieferanten enthalten sind, von denen diese Artikel bezogen werden.

Von einem Lieferanten werden mehrere Artikel bezogen. Werden bestimmte Artikel jedoch zusätzlich nicht nur von einem, sondern von mehreren Lieferanten bezogen, liegt eine n:m-Beziehung vor, die wie erläutert mit Hilfe einer dritten zwischengeschalteten Tabelle, die die Primärschlüssel beider Tabellen enthält, in zwei 1:n-Beziehungen aufgelöst wird (siehe Abschnitt »Die Beziehungsarten« auf Seite 153):

```
Lieferanten (Lief-Nr, Nachname, Vorname, Straße, Plz, Ort, Telefon,
    Fax, Rabatt)
Artikel (Art-Nr, Typ, Bezeichnung, VK-Preis, Stück)
Artikel-Lieferanten (Art-Nr, Lief-Nr, Bestellnr, EK-Preis)
```

Die Kombination der Primärschlüssel »Art-Nr« und »Lief-Nr« der beiden Haupttabellen bildet den eindeutigen Primärschlüssel der zwischengeschalteten Tabelle »Artikel-Lieferanten«.

Zusätzlich benötigen Sie Informationen über Ihre Kunden, zum Beispiel Namen, Anschrift, Telefon- und Faxnummer. Also benötigen Sie eine Kundentabelle, die mit einer Kundennummer als eindeutigem Identifizierungsmerkmal folgendermaßen aufgebaut sein könnte:

```
Kunden (Ku-Nr, Nachname, Vorname, Straße, Plz, Ort, Telefon, Fax,
Rabatt)
```

Sie benötigen eine Tabelle »Aufträge«, in der die Aufträge Ihrer Kunden gespeichert werden: wann wurde ein Auftrag erteilt, wann bezahlte der Kunde etc.

Da in einem Auftrag mehrere Artikel bestellt werden können und ein Artikel wiederum in mehreren Aufträgen vorkommen kann, liegt zwischen den Tabellen »Artikel« und »Aufträge« eine n:m-Beziehung vor, die erneut mit einer dritten Tabelle »Auftragspositionen« in zwei 1:n-Beziehungen aufgelöst wird:

```
Artikel (Art-Nr, Typ, Bezeichnung, VK-Preis, Stück)
Aufträge (Re-Nr, Ku-Nr, Auftragsdatum, Rechnungsdatum, Zahlungseingang)
Auftragspositionen (Re-Nr, Art-Nr, Stück, Auslieferungsdatum)
```

Die einzelnen Artikel werden über ihre Artikelnummer identifiziert. Entsprechend wird das Primärschlüsselfeld »Art-Nr« der Tabelle »Artikel« in die Tabelle »Aufträge« eingefügt. Über das ebenfalls eingefügte Primärschlüsselfeld »Re-Nr« der Tabelle »Aufträge« lässt sich zu jeder Artikelbestellung der zugehörige Auftrag ermitteln.

Beide Felder zusammen bilden den Primärschlüssel der Tabelle »Auftragspositionen«, der jeden darin enthaltenen Datensatz, also jede Kombination aus einem Auftrag und einem darin bestellten Artikel, eindeutig identifiziert. Zusätzlich enthält »Auftragspositionen« zu jeder Artikelbestellung die gewünschte Stückzahl und das Datum, an dem Sie den betreffenden Artikel an den Kunden liefern.

EDV.MDB enthält eine weitere Tabelle, »Typ«: Wenn Sie einen neuen Artikel eingeben, müssen Sie außer der exakten Artikelbezeichnung (»NEC 5D«, »Epson LQ 850« etc.) im Feld »Typ« der Artikeltabelle einen Oberbegriff wie »Drucker«, »Monitor«, »Maus« etc. eintippen. Die separate Tabelle »Typ« erleichtert Ihnen diese Eingabe:

```
Typ (Typ)
```

Tabelle 7.1:
Die Tabelle »Typ«

Typ
Drucker
Maus

[KOMPENDIUM] Access 2003

Typ
Monitor
Notebook
Telefon

Tabelle 7.1:
Die Tabelle »Typ«
(Forts.)

Die Tabelle enthält ein Textfeld mit Einträgen wie »Drucker«, »Monitor«, »Maus« etc., also mit den verschiedenen Typenbezeichnungen Ihrer Artikel. Der Inhalt dieser Datei, diese Texte, wird später in einem Listenfeld vorgegeben werden, so- dass Sie sich den gewünschten Text bequem aussuchen können (Abbildung 7.1).

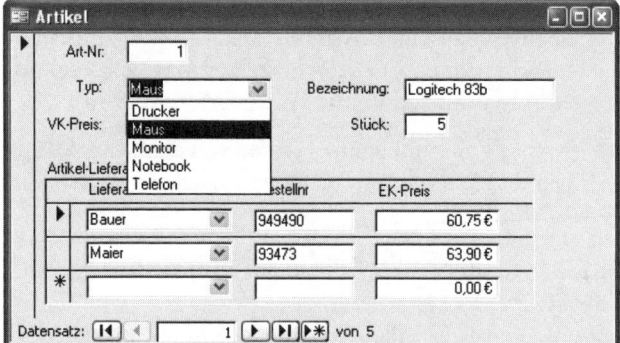

Abbildung 7.1:
Vorgabe des
Artikeltyps

Die Tabelle »Typ« dient somit nur zur Erhöhung des Komforts. Darüber hinaus besitzt sie keine Bedeutung und ist nicht mit anderen Tabellen verknüpft.

7.2 Die Beziehungen zwischen den Tabellen

Das folgende Schema zeigt den Aufbau aller verknüpften Tabellen und die Verknüpfungen zwischen ihnen (Abbildung 7.2).

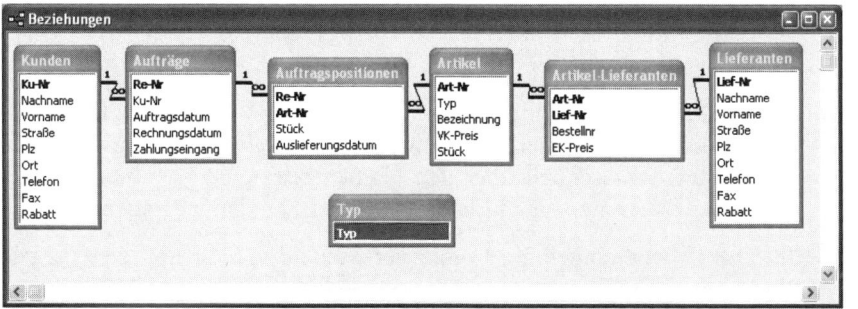

Abbildung 7.2:
EDV.MDB, alle rele-
vanten Tabellen

➡ Lieferanten (<u>Lief-Nr</u>, Nachname, Vorname, Straße, Plz, Ort, Telefon, Fax, Rabatt): Lieferantentabelle

➡ Artikel (<u>Art-Nr</u>, Typ, Bezeichnung, VK-Preis, Stück): Artikeltabelle

➡ Artikel-Lieferanten (<u>Art-Nr</u>, <u>Lief-Nr</u>, Bestellnr, EK-Preis): Bindeglied zwischen Lieferanten- und Artikeltabelle (n:m-Beziehung) mit Informationen über die Bestellnummer eines Artikels und seinen Einkaufspreis bei einem bestimmten Lieferanten

➡ Kunden (<u>Ku-Nr</u>, Nachname, Vorname, Straße, Plz, Ort, Telefon, Fax, Rabatt): Kundentabelle

➡ Aufträge (<u>Re-Nr</u>, Ku-Nr, Auftragsdatum, Rechnungsdatum, Zahlungseingang): Auftrags- und Rechnungstabelle

➡ Auftragspositionen (<u>Re-Nr</u>, <u>Art-Nr</u>, Stück, Auslieferungsdatum): Bindeglied zwischen Artikel- und Auftragstabelle (n:m-Beziehung) mit Informationen über die einzelnen Artikelbestellungen mit zugehörigem Auftrag, Stückzahl und Auslieferungsdatum

➡ Typ (<u>Typ</u>) - mit keiner anderen Tabelle verknüpft: Typenbezeichnungen der Artikelgattungen zur Erleichterung der Eingabe

7.3   Spezielle Feldeigenschaften

➡ Für das Feld »Plz« wird jeweils das Eingabeformat »00000« und die Gültigkeitsprüfung »>=1000 Und <=99999« verwendet; und das (Anzeige-)Format »00000«, um zu verhindern, dass Access bei einer Postleitzahl wie »01000« die vorangestellte Null entfernt

Sehen sie den Abschnitt »Plausibilitätsprüfungen mit Gültigkeitsregeln« auf Seite 129.

➡ In Feldern, in die Beträge eingegeben werden (»EK-Preis«, »VK-Preis« etc.), verwende ich die Gültigkeitsregel >=0 und eine entsprechende Gültigkeitsmeldung. Damit ermögliche ich dem Anwender vorläufig – weil eventuell noch nicht bekannt – das Feld nicht nur leer zu lassen, sondern statt- dessen auch eine 0 einzugeben , keinesfalls aber einen unsinnigen negativen Betrag wie -24 €.

➡ In Tabellen mit den Feldern »Nachname« und »Vorname« bilden diese Felder – in dieser Reihenfolge – immer einen Mehr-Felder-Index, der es ermöglicht, sehr schnell über den Namen oder eine Kombination aus Name und Vorname einen Lieferanten oder Kunden zu finden.

➡ In eine Tabelle eingefügte Primärschlüsselfelder einer anderen Tabelle sind immer vom Typ *Long Integer*, um die Eingabe der von Access in der Haupttabelle eingetragenen Zählerwerte zu ermöglichen. Zusätzlich wird mit der Gültigkeitsregel >=0 die Eingabe negativer Werte verhindert.

7.4 Der praktische Umgang mit der Datenbank

Um einigermaßen vernünftig mit der Datenbank arbeiten zu können, habe ich bereits einige Datensätze eingegeben. Zum Beispiel einige Lieferanten, mehrere von diesen bezogene Artikel und – in »Artikel-Lieferanten« – Informationen darüber, welcher Artikel von welchem Lieferanten bezogen wird, welche Bestellnummer er beim betreffenden Lieferanten hat, und wie hoch der Einkaufspreis bei diesem ist (Abbildung 7.3).

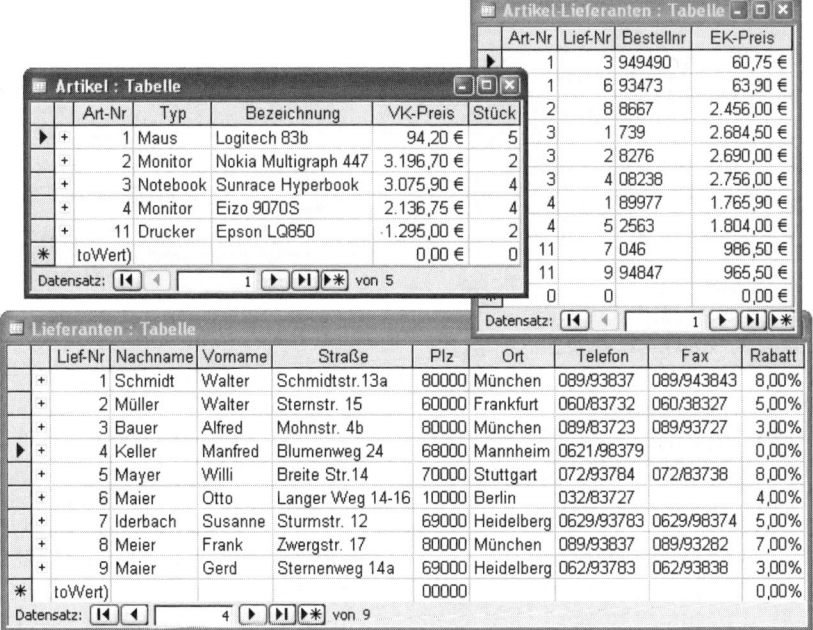

Abbildung 7.3:
Datensätze in »Artikel«, »Lieferanten« und »Artikel-Lieferanten«

Zur Interpretation: Aus »Artikel-Lieferanten« geht hervor, dass der Artikel Nummer 3, das Notebook (siehe Tabelle »Artikel«), von den Lieferanten mit den Nummern 1, 2 und 4 bezogen wird, also von (siehe »Lieferanten«) Schmidt, Müller und Keller. Und dass Lieferant Nummer 1, Schmidt, die Artikel mit den Nummern 3 und 4 liefert, außer dem Notebook also zusätzlich den Eizo-Monitor.

Aus der Tabelle »Aufträge« geht unter anderem hervor, das sich die Rechnung Nummer 5 auf den Kunden Nummer 7 bezieht, also (siehe »Kunden«) auf Herrn Schlaak. Er bestellte einmal den Artikel Nummer 1 und ebenfalls einmal den Artikel Nummer 3 (siehe »Auftragspositionen«). Der Tabelle »Artikel« lässt sich wiederum entnehmen, dass es sich dabei um eine Maus und ein Notebook handelt (Abbildung 7.4).

Abbildung 7.4:
Datensätze in
»Kunden«,
»Aufträge« und
»Auftrags-
positionen«

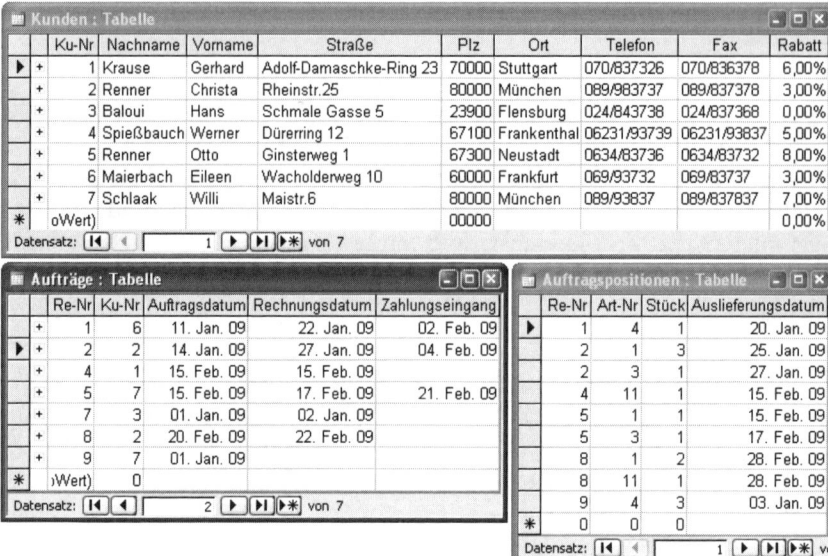

Um einen neuen Lieferanten und die von ihm bezogenen Artikel einzutragen, benötigen Sie drei Schritte:

1. Öffnen Sie »Lieferanten« und tragen Sie seine Anschrift als zusätzlichen Datensatz am Ende der Tabelle ein. Access vergibt im Feld »Lief-Nr« selbstständig eine neue Lieferantennummer.

2. Öffnen Sie »Artikel« und tragen Sie die von ihm bezogenen Artikel als neue Datensätze ein. Access vergibt im Feld »Art-Nr« selbstständig eine neue Artikelnummer.

3. Öffnen Sie »Artikel-Lieferanten« und tragen Sie für jeden Artikel die von Access in den beiden Haupttabellen vergebene Lieferanten- und die Artikelnummern ein. Tragen Sie zusätzlich die Bestellnummern der Artikel bei diesem Lieferanten ein und die bei diesem zu zahlenden Einkaufspreise.

Einen neuen Kunden erfassen Sie als zusätzlichen Datensatz in der Tabelle »Kunden«.

Ein neuer Auftrag eines bereits erfassten Kunden wird mit den folgenden Schritten eingetragen:

STEP

1. In »Aufträge« legen Sie einen neuen Datensatz an und geben darin die Nummer des Kunden und das Auftragsdatum ein. Die Felder »Rechnungsdatum« und »Zahlungseingang« können Sie natürlich erst ausfüllen, wenn Sie über die entsprechenden Informationen verfügen. Das »Rechnungsdatum« tragen Sie erst ein, wenn Sie die Rechnung verschicken, und den »Zahlungseingang« vermerken Sie, wenn von der Bank ein entsprechender Kontoauszug vorliegt. Solange diese Informationen fehlen, lassen Sie die Felder einfach leer.

2. In »Auftragspositionen« geben Sie für jede einzelne Bestellung, die der Auftrag umfasst, einen neuen Datensatz ein. Darin tragen Sie die soeben von Access in »Aufträge« vergebene Rechnungsnummer ein, die Nummer des bestellten Artikels, die gewünschte Stückzahl und das Auslieferungsdatum, falls Sie den Artikel gleich wegschicken. Lassen Sie dieses Feld einfach frei, wenn der Versand des Artikels erst am nächsten oder übernächsten Tag erfolgt.

Teil 3 Abfragen

8 Abfragen erzeugen und benutzen

Abfragen sind Tabellen, in denen nicht alle, sondern nur ausgewählte Daten angezeigt werden. Wie bei Tabellen gibt es unterschiedliche Möglichkeiten, eine Abfrage zu erzeugen. Ich erläutere zunächst die bequemste, die Verwendung des Auswahlabfrage-Assistenten von Access.

8.1 Abfrageentwurf mit dem Assistenten

Um eine neue Abfrage zu erzeugen und in der Entwurfsansicht zu öffnen, klicken Sie im Datenbankfenster auf das Abfrageobjekt *Erstellt eine neue Abfrage in der Entwurfsansicht.*

Erstellt eine Abfrage unter Verwendung des Assistenten ruft dagegen wie gewohnt einen Assistenten auf, der Ihnen bei der Abfrageerzeugung unter die Arme greift.

Der Befehl EINFÜGEN|ABFRAGE (oder Aktivierung der Kategorie *Abfragen* im Datenbankfenster und Klicken auf die Schaltfläche *Neu* oder Klicken auf das zugehörige Symbol der Symbolliste *Neues Objekt*) eröffnet zusätzliche Optionen (Abbildung 8.1).

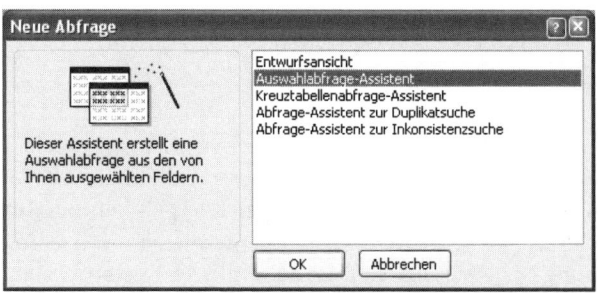

Abbildung 8.1:
Neue Abfrage
erzeugen

Entwurfsansicht *öffnet ein leeres Abfragefenster in der Entwurfsansicht. Darin müssen Sie angeben, auf welcher Tabelle und auf welchen Feldern dieser Tabelle die Abfrage basieren soll (siehe Kapitel 8.2, »Zusätzliche Tabellen und Felder«).*

Auswahlabfrage-Assistent aktiviert den Assistenten. Das hat den großen Vorteil, dass der Assistent selbst herauszufinden versucht, ob zwischen den von Ihnen eingefügten Tabellen eine n:m-Beziehung besteht und, falls ja, die zugehörige Bindegliedtabelle automatisch einfügt.

Aktivieren Sie bitte den Assistenten, indem Sie im abgebildeten Dialogfeld *Auswahlabfrage-Assistent* wählen oder im Datenbankfenster auf Abfrageobjekt *Erstellt eine neue Abfrage unter Verwendung des Assistenten* klicken.

Einfache Abfrage   Der Assistent will zunächst wissen, an welchen Tabellen oder Abfragen und an welchen der darin enthaltenen Felder Sie interessiert sind (Abbildung 8.2).

Abbildung 8.2:
Tabelle und Felder
auswählen

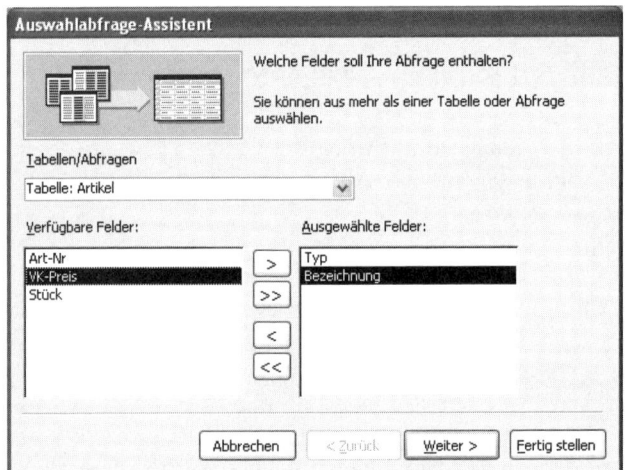

Nehmen wir an, momentan ist die Datenbank EDV.MDB *der Begleit-CD geöffnet und Sie wollen wissen, welche Artikel es gibt und welchen Typ jeder Artikel besitzt. Dazu benötigen Sie in Ihrer Abfrage die Felder »Typ« und »Bezeichnung« der Tabelle »Artikel«.*

Selektieren Sie im Listenfeld *Tabellen/Abfragen* die Tabelle »Artikel«, werden darunter alle Felder aufgelistet, die diese Tabelle enthält. Sie selektieren »Typ« und fügen dieses Feld per Doppelklick oder mit der Schaltfläche > in das rechte Listenfeld ein. Auf die gleiche Weise fügen Sie auch »Bezeichnung« ein, sodass sich der abgebildete Zustand ergibt.

Weiter > leitet den letzten Schritt ein, in dem Sie der Abfrage einen Namen geben und den Modus wählen, in dem sie geöffnet wird (Abbildung 8.3).

Die Abfrage öffnen öffnet die Abfrage in der Datenblattansicht (Abbildung 8.4).

Abbildung 8.3: Zweiter Schritt

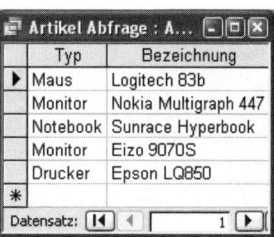

Abbildung 8.4: EDV.MDB, Abfrage »Artikel Abfrage«

Sie sehen auf einen Blick, welche Artikel die Tabelle enthält.

Wollen Sie zusätzlich wissen, von welchen Lieferanten Sie die verschiedenen Artikel beziehen, benötigen Sie in der Abfrage zusätzlich zumindest das Feld »Nachname« der Tabelle »Lieferanten«, das diese Information enthält.

Mehrere Tabellen als Datenquellen

Erstellen Sie dazu eine neue Abfrage mit dem Assistenten und fügen Sie diesmal nicht nur die Felder »Typ« und »Bezeichnung« der Tabelle »Artikel« ein, sondern selektieren Sie danach im Listenfeld die Tabelle »Lieferanten« und fügen Sie zusätzlich auch die Felder »Nachname« und »Rabatt« dieser Tabelle ein (Abbildung 8.5).

Enthält die Abfrage, wie hier, Felder aus mehreren miteinander verknüpften Tabellen, will der Assistent im nächsten Schritt wissen, ob eine Detailabfrage oder eine Zusammenfassungsabfrage erstellt werden soll (Abbildung 8.6).

Detail... würde zu folgendem Datenblatt führen (Abbildung 8.7).

Sie sehen auf einen Blick, welche Artikel es gibt, von welchen Lieferanten Sie sie beziehen, und welchen Rabatt Sie von diesen Lieferanten erhalten.

Abbildung 8.5: Felder aus mehreren Tabellen einfügen

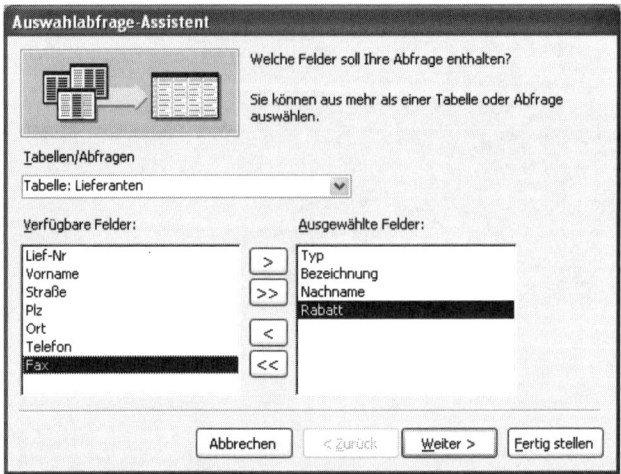

Abbildung 8.6: Abfragetyp angeben

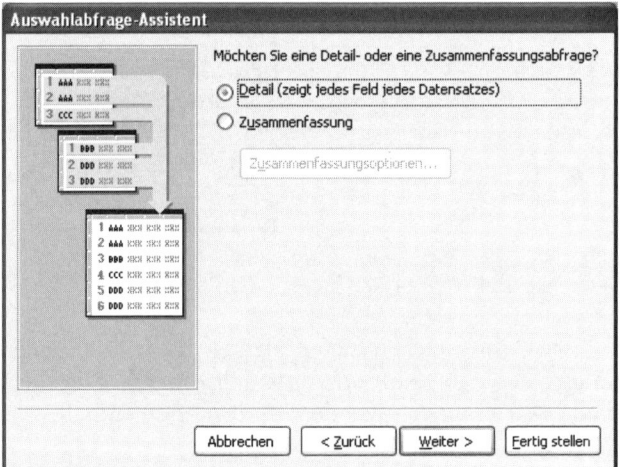

Abbildung 8.7: Details

Artikel Abfrage1 : Auswahlabfrage

Typ	Bezeichnung	Nachname	Rabatt
Maus	Logitech 83b	Bauer	3,00%
Maus	Logitech 83b	Maier	4,00%
Monitor	Nokia Multigraph 447	Meier	7,00%
Notebook	Sunrace Hyperbook	Schmidt	8,00%
Notebook	Sunrace Hyperbook	Müller	5,00%
Notebook	Sunrace Hyperbook	Keller	0,00%
Monitor	Eizo 9070S	Schmidt	8,00%
Monitor	Eizo 9070S	Mayer	8,00%
Drucker	Epson LQ850	Iderbach	5,00%
Drucker	Epson LQ850	Maier	3,00%

Datensatz: 1 von 10

Zusammenfassung erzeugt eine völlig andere Abfrageart, nämlich eine sehr komplexe gruppierte Abfrage. Dazu müssen Sie nicht nur *Zusammenfassung* wählen, sondern zusätzlich die Schaltfläche *Zusammenfassungsoptionen...* und im zugehörigen Dialogfeld das Kontrollkästchen *Datensätze zählen in ...* aktivieren (Abbildung 8.8).

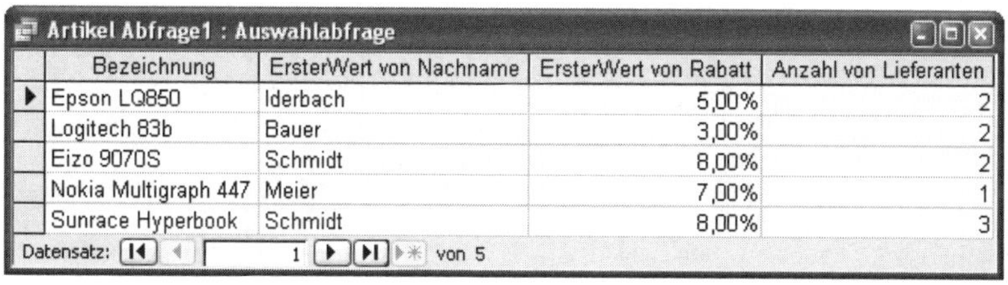

Bezeichnung	ErsterWert von Nachname	ErsterWert von Rabatt	Anzahl von Lieferanten
Epson LQ850	Iderbach	5,00%	2
Logitech 83b	Bauer	3,00%	2
Eizo 9070S	Schmidt	8,00%	2
Nokia Multigraph 447	Meier	7,00%	1
Sunrace Hyperbook	Schmidt	8,00%	3

Artikel Abfrage1 : Auswahlabfrage — Datensatz: 1 von 5

Abbildung 8.8:
Zusammenfassung

In dieser Übersicht wird jeder Artikel nur einmal angegeben, auch wenn es zu einem Artikel wie dem Notebook drei Lieferanten gibt, also mehrere Detaildatensätze.

Statt wie zuvor in separaten Datensätzen über diese drei Lieferanten zu informieren, wird in dieser Übersicht nur der erste Lieferant und der zugehörige Rabatt genannt. Immerhin erfahren Sie jedoch, wie viele Lieferanten es für einen Artikel gibt, also wie viele Datensätze der Tabelle »Lieferanten« mit einem Datensatz der Tabelle »Artikel« verknüpft sind.

Gibt es zu einem Datensatz einer Tabelle mehrere damit verknüpfte Detaildatensätze, enthalten Detailabfragen für jedes Detail einen eigenen Datensatz. Zusammenfassungsabfragen verschweigen diese Details. Sie enthalten nur für die Datensätze der Haupttabelle einen Abfragedatensatz – der jedoch zumindest mit zusätzlichen Feldern darüber informiert, wie viele zugehörige Detaildatensätze vorhanden sind.

INFO

Fügen Sie in eine Zusammenfassungsabfrage, die auf verknüpften Tabellen basiert, numerische Felder der »n«-Tabelle ein, können Sie anschließend für jedes davon wählen, welche zusammenfassenden Berechnungen damit durchgeführt werden sollen (Abbildung 8.9).

Zusammenfassungsoptionen

Im Beispiel enthält die Abfrage nur ein numerisches Feld der Detailtabelle »Lieferanten«: das Feld »Rabatt«. Aktivieren Sie »Mittelwert«, wird für jeden Artikel der Mittelwert des Rabatts ermittelt, den Sie beim zugehörigen Lieferanten erhalten (Abbildung 8.10).

Beispielsweise gibt es zum Datensatz »Notebook« der Artikeltabelle drei damit verknüpfte Datensätze in der Lieferantentabelle, also drei Lieferanten, von denen Sie das Notebook beziehen (siehe Abbildung 8.7). Bei diesen Lieferanten haben Sie 8 %, 5 % und 0 % Rabatt, sodass sich ein durchschnittlicher Rabatt von 4,33 % ergibt.

Abbildung 8.9:
Zusammenfas-
sungsoptionen

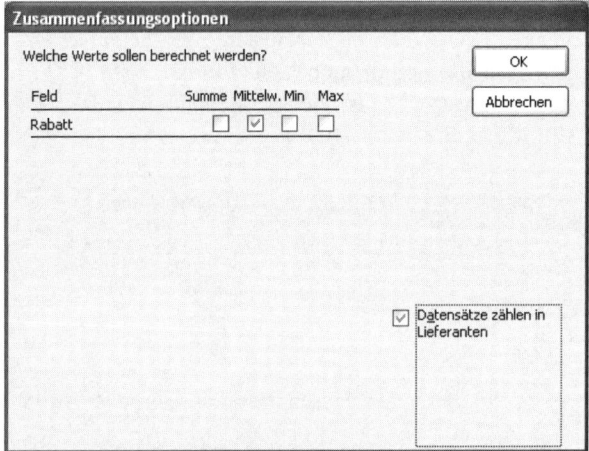

Abbildung 8.10:
Mittelwert

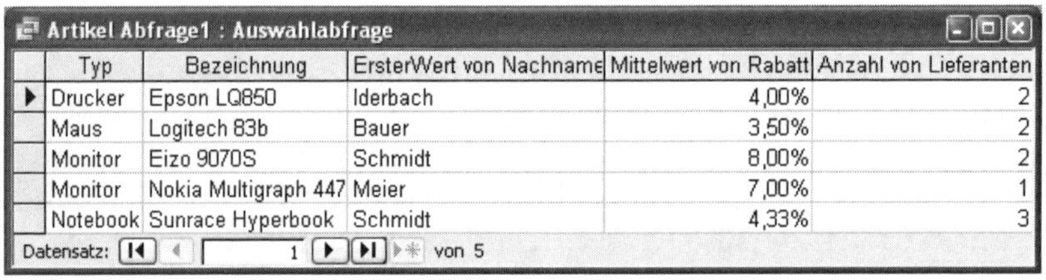

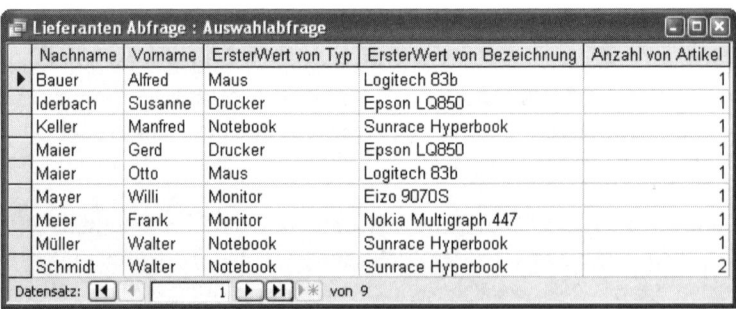

n:m-
Beziehungen

»Artikel-Lieferanten« ist übrigens keine 1:n-, sondern eine n:m-Beziehung. Zu jedem Artikel können wie gezeigt mehrere Lieferanten gehören, jeder Lieferant kann jedoch seinerseits mehrere Artikel liefern!

Bei derartigen n:m-Beziehungen ist es außerordentlich wichtig, in welcher *Reihenfolge* die Felder der einzelnen Tabelle in die Abfrage eingefügt werden. Fügen Sie beispielsweise zuerst die Felder »Nachname« und »Vorname« der Tabelle »Lieferanten« ein und danach die Felder »Typ« und »Bezeichnung« der Tabelle »Artikel«, wird folgende Zusammenfassung erstellt (Abbildung 8.11).

Abbildung 8.11:
Gruppierung
verändern

	Nachname	Vorname	ErsterWert von Typ	ErsterWert von Bezeichnung	Anzahl von Artikel
▶	Bauer	Alfred	Maus	Logitech 83b	1
	Iderbach	Susanne	Drucker	Epson LQ850	1
	Keller	Manfred	Notebook	Sunrace Hyperbook	1
	Maier	Gerd	Drucker	Epson LQ850	1
	Maier	Otto	Maus	Logitech 83b	1
	Mayer	Willi	Monitor	Eizo 9070S	1
	Meier	Frank	Monitor	Nokia Multigraph 447	1
	Müller	Walter	Notebook	Sunrace Hyperbook	1
	Schmidt	Walter	Notebook	Sunrace Hyperbook	2

Datensatz: 1 von 9

〔 KOMPENDIUM 〕 Access 2003

Die n:m-Beziehung wird vom Assistenten diesmal genau entgegengesetzt interpretiert: Er geht davon aus, dass die zuerst eingefügte Tabelle »Lieferanten« die Hauptdaten enthält und die danach eingefügte Tabelle »Artikel« die zugehörigen Detaildaten. Daher wird die Zusammenfassung diesmal nicht nach »Typ« und »Bezeichnung«, sondern nach »Nachname« und »Vorname« der Lieferanten gruppiert.

Momentan sind Sie der Interpretation des Assistenten ausgeliefert und finden das Ganze möglicherweise recht mysteriös. Was genau dahintersteckt und wie Sie Details der Zusammenfassung beeinflussen können, erläutere ich in Kapitel 10.3, »Daten zu Gruppen zusammenfassen«.

8.2 Zusätzliche Tabellen und Felder

In der Praxis müssen Sie oft Tabellen und Felder nachträglich manuell einfügen.

Nehmen wir an, Sie haben eine Abfrage mit den Feldern »Typ« und »Bezeichnung« der Tabelle »Artikel« erstellt. Im Abfragedatenblatt sehen Sie, welche Artikel vorhanden sind. Wollen Sie nun zusätzlich wissen, von welchen Lieferanten Sie diese Artikel beziehen, benötigen Sie in der Abfrage auch das Feld »Nachname« der Tabelle »Lieferanten«.

Dazu aktivieren Sie zunächst die Entwurfsansicht der Abfrage (die sich unter dem Namen »Artikel Abfrage« in EDV.MDB befindet (Abbildung 8.12).

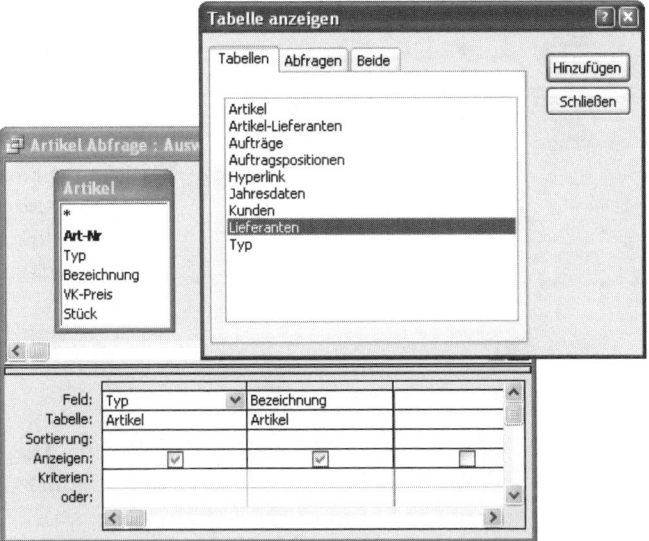

Abbildung 8.12:
EDV.MDB, Abfrage
»Artikel Abfrage«

Die obere Hälfte des Abfrageentwurfsfenster enthält die Feldlisten aller momentan in der Abfrage vorhandenen Tabellen. Die untere Hälfte enthält die aus diesen Tabellen eingefügten Felder.

STEP

Sie wollen in die obere Hälfte auch die Lieferantentabelle einfügen.

1. Wählen Sie ABFRAGE|TABELLE ANZEIGEN....

2. Selektieren Sie danach im zugehörigen Dialogfeld das Register Tabellen und darin die Tabelle »Lieferanten«. Fügen Sie sie mit Hinzufügen oder einfach per Doppelklick auf »Lieferanten« hinzu. In der oberen Fensterhälfte erscheint nun auch die Feldliste von »Lieferanten«, und Sie können das Dialogfeld wieder schließen.

3. Um nun in die untere Fensterhälfte die interessierenden Felder der Tabelle »Lieferanten« einzufügen, ziehen Sie in der Feldliste von »Lieferanten« das interessierende Feld in der unteren Fensterhälfte zur ersten Spalte und lassen es dort fallen.

    Ziehen Sie auf diese Weise das Feld »Nachname« der Lieferantentabelle zur ersten Spalte. Es wird dort eingefügt und sowohl »Typ« als auch »Bezeichnung« werden automatisch um eine Spalte nach rechts verschoben. Legen Sie anschließend das Feld »Vorname« auf die zweite Spalte ab (Abbildung 8.13).

Abbildung 8.13:
Erweiterte Abfrage

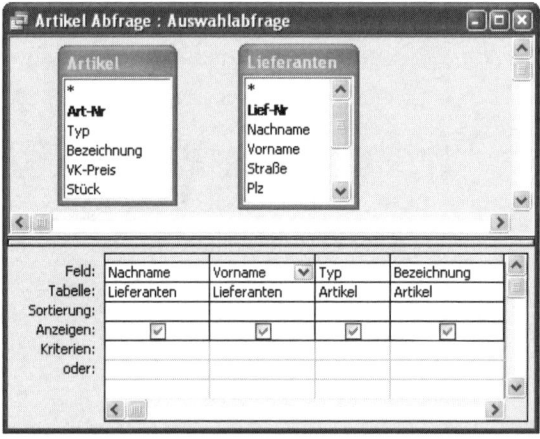

:-)
TIPP

Alternativ zum Ziehen und Ablegen können Sie ein Feld auch per Doppelklick auf den Feldnamen einfügen.

:-)
TIPP

Um umgekehrt eine nicht mehr benötigte Tabelle/Abfrage zu entfernen, selektieren Sie die betreffende Feldliste durch Anklicken irgendeines der darin enthaltenen Feldnamen und drücken Entf *oder wählen* BEARBEITEN|LÖSCHEN.

8.3   Abfragen ausführen

Wolle Sie das Ergebnis der geänderten Abfrage sehen, aktivieren Sie die Datenblattansicht.

Alternativ dazu können Sie auch ABFRAGE|AUSFÜHREN wählen. Das Resultat ist in beiden Fällen identisch (Abbildung 8.14).

Artikel Abfrage : Auswahlabfrage			
Nachname	Vorname	Typ	Bezeichnung
Schmidt	Walter	Maus	Logitech 83b
Schmidt	Walter	Monitor	Nokia Multigraph 447
Schmidt	Walter	Notebook	Sunrace Hyperbook
Schmidt	Walter	Monitor	Eizo 9070S
Schmidt	Walter	Drucker	Epson LQ850
Müller	Walter	Maus	Logitech 83b
Müller	Walter	Monitor	Nokia Multigraph 447
Müller	Walter	Notebook	Sunrace Hyperbook
Müller	Walter	Monitor	Eizo 9070S
Müller	Walter	Drucker	Epson LQ850
Bauer	Alfred	Maus	Logitech 83b
Bauer	Alfred	Monitor	Nokia Multigraph 447
Bauer	Alfred	Notebook	Sunrace Hyperbook
Bauer	Alfred	Monitor	Eizo 9070S
Bauer	Alfred	Drucker	Epson LQ850
Keller	Manfred	Maus	Logitech 83b
Keller	Manfred	Monitor	Nokia Multigraph 447
Keller	Manfred	Notebook	Sunrace Hyperbook
Keller	Manfred	Monitor	Eizo 9070S
Keller	Manfred	Drucker	Epson LQ850
Mayer	Willi	Maus	Logitech 83b
Mayer	Willi	Monitor	Nokia Multigraph 447
Mayer	Willi	Notebook	Sunrace Hyperbook
Mayer	Willi	Monitor	Eizo 9070S
Mayer	Willi	Drucker	Epson LQ850

Datensatz: |◄ ◄ 1 ► ►| ►* von 45

Abbildung 8.14:
Ergebnis der Abfrage

Das Ergebnis ist etwas merkwürdig: Angeblich beziehen Sie die fünf in »Artikel« vorhandenen Artikel vom Lieferanten Schmidt, vom Lieferanten Müller, von Bauer etc. Kurz gesagt: Laut dieses Datenblattes beziehen Sie *jeden* der fünf Artikel von *jedem* der neun Lieferanten (darum 45 Datensätze, siehe unterer Fensterrand), was zweifellos Unfug ist!

Beziehungen

Ursache dafür ist die fehlende Verknüpfung der beiden Tabellen. Access weiß nicht, wie die Artikel mit den Lieferanten verbunden sind und umgekehrt: In der Abfrage fehlt die verknüpfende Tabelle »Artikel-Lieferanten«, in der diese Beziehungen definiert sind und die zu diesem Zweck die Kombinationen aus Lieferanten- und Artikelnummern enthält, also die Informationen darüber, welcher Lieferant welche Artikel liefert.

Aktivieren Sie mit ANSICHT|ENTWURFSANSICHT wieder die Entwurfsansicht. Wählen Sie erneut ABFRAGE|TABELLE ANZEIGEN... und fügen Sie die Tabelle »Artikel-Lieferanten« hinzu (Abbildung 8.15).

Abbildung 8.15:
Hinzugefügte
Tabelle »Artikel-L
ieferanten«

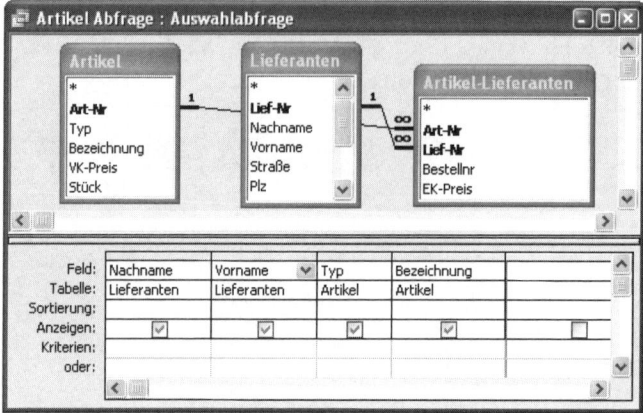

Die Striche zwischen den drei Feldlisten symbolisieren die Beziehungen zwischen den drei Tabellen. Die Grafik ist im Moment nur schwer durchschaubar, weil der Strich zwischen »Lieferanten« und »Artikel« nur scheinbar diese beiden Tabellen miteinander verbindet. In Wirklichkeit verbindet er die Tabellen »Artikel« und »Artikel-Lieferanten«, und die Tabelle »Lieferanten« liegt dabei nur zufällig im Weg.

Die wahren Verhältnisse offenbaren sich, wenn Sie die Feldliste »Artikel« nach rechts neben die Feldliste »Artikel-Lieferanten« ziehen (Abbildung 8.16).

Abbildung 8.16:
EDV.MDB, Abfrage
»Wer liefert
was? – 1«

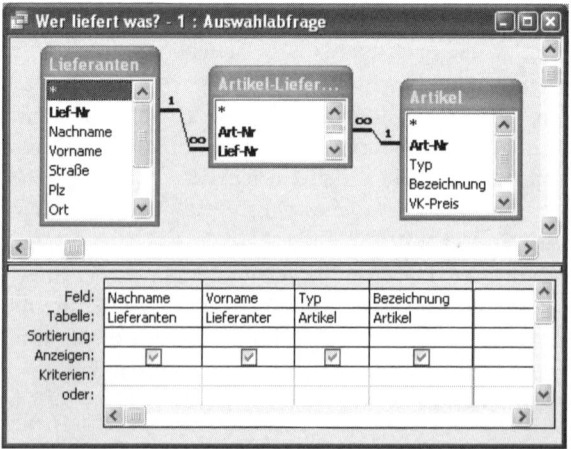

Die Lieferanten- und die Artikeltabelle sind indirekt über die Tabelle »Artikel-Lieferanten« miteinander verbunden, die die fett hervorgehobenen Primärschlüssel der beiden Haupttabellen enthält.

Führen Sie die Abfrage nun erneut aus bzw. aktivieren Sie wieder die Datenblattansicht (Abbildung 8.17).

Abbildung 8.17:
Ergebnis der korrigierten Abfrage

Dieses Ergebnis sieht bereits vernünftiger aus. Offenbar liefern Ihnen Bauer und Maier die Maus und Schmidt, Müller sowie Keller liefern das Notebook und so weiter.

8.4 Das Datenblatt einer Abfrage editieren

Auf das Abfragedatenblatt können Sie die gleichen Techniken anwenden wie auf das Datenblatt einer echten Tabelle, also Daten eingeben, editieren, mit DATENSÄTZE|SORTIEREN sortieren, mit von DATENSÄTZE|FILTER filtern, mit dem FORMAT-Menü formatieren oder mit DATEI|DRUCKEN... das Abfragedatenblatt ausdrucken.

Abfragen über eine Tabelle

Angenommen, eine Abfrage benutzt die Tabelle »Kunden« (in EDV.MDB) und die darin enthaltenen Felder »Nachname«, »Vorname« und »Telefon« (Abbildung 8.18).

Im Datenblatt der Abfrage (oberes Fenster) werden von allen Datensätzen der zugrunde liegenden Tabelle »Kunden« (unteres Fenster) jeweils diese drei Felder angezeigt. Wie die Abbildung zeigt, bin ich gerade dabei, im Abfragedatenblatt die Telefonnummer von Gerhard Krause zu verändern und den Zusatz »-123« anzuhängen (erster Datensatz, letztes Feld).

Aktualisierung   Kurz nach Verlassen der editierten Datensatzzeile erscheint im Datenblatt
der zugrundeliegenden Tabelle »Kunde« wie durch Zauberei ebenfalls die
geänderte Telefonnummer (Abbildung 8.19).

Löschen Sie den Inhalt eines Feldes, passiert das Gleiche: Nach minimaler
Wartezeit werden die Änderungen im Datenblatt der zugrunde liegenden
Tabelle sichtbar.

Sie können im Datenblatt einer Abfrage beliebige Editierungen durchführen, die Access in die zugehörige Tabelle übernimmt. Ist deren Datenblatt momentan sichtbar, wird bei der Editierung einzelner Felder sogar die Anzeige automatisch aktualisiert. Umgekehrt wird die Abfrage entsprechend aktualisiert, wenn Sie die Tabelle editieren.

Nur beim Löschen vollständiger Sätze und beim Hinzufügen neuer Datensätze erfolgen Aktualisierungen nicht sofort. Soll die Bildschirmdarstellung entsprechend aktualisiert werden, schließen Sie die betreffende Tabelle bzw. Abfrage und öffnen sie anschließend erneut.

Eine weitere Einschränkung zeigt die als Beispiel verwendete Abfrage »Tabellenaktualisierung«: Darin ist das Eintragen neuer Datensätze nicht möglich, da jedesmal die Fehlermeldung »Ungültige Postleitzahl« erscheint. Ursache dafür ist die für das Feld »Postleitzahl« der Tabelle verwendete Gültigkeitsprüfung, dank der ein neuer Datensatz nur akzeptiert wird, wenn eine Postleitzahl im Intervall 1000 bis 99999 eingegeben wird – über die Abfrage ist das nicht möglich, da dieses Feld darin fehlt.

:-)
TIPP

Abfragen über mehrere Tabellen

Auch wenn sich eine Abfrage auf mehrere Tabellen gleichzeitig bezieht, sind Editierungen dieser Tabellen über eine Abfrage fast immer möglich. Interessant wird es, wenn zwischen zwei Tabellen eine 1:n-Beziehung besteht, die in der Praxis häufigste Beziehungsart. Ein Beispiel (Abbildung 8.20).

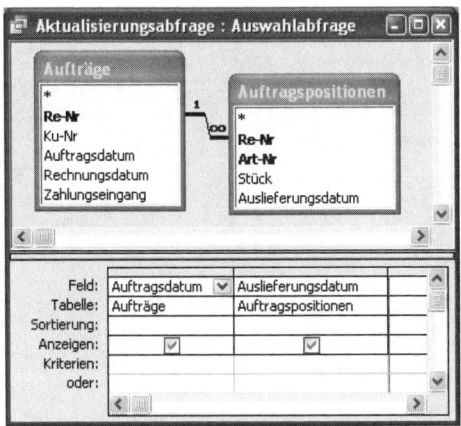

Abbildung 8.20:
EDV.MDB, Abfrage »Aktualisierungsabfrage«

Die Tabellen »Aufträge« und »Auftragspositionen« stehen in einer 1:n-Beziehung, da zu einem Auftrag mehrere Auftragspositionen gehören können. Entsprechend stellt die Tabelle »Aufträge« die »1«- und die Tabelle »Auftragspositionen« die »n«-Seite dieser Beziehung dar.

Die Abbildung zeigt eine Abfrage, die das Feld »Auftragsdatum« der Tabelle »Aufträge« und das Feld »Auslieferungsdatum« der Tabelle »Auftragspositionen« enthält.

Editieren Sie die Einträge im Feld »Auslieferungsdatum«, das zur n-Seite der Beziehung gehört, und ersetzen Sie beispielsweise den im Feld »Auslieferungsdatum« des ersten Datensatzes enthaltenen Eintrag »20. Jan. 09« durch »22.1.09«, wird diese Änderung kurz nach dem Verlassen der Zeile in der zugrunde liegenden Tabelle »Auftragspositionen« gespeichert und die Anzeige des betreffenden Feldes wird automatisch aktualisiert.

1-Seite editieren   Wesentlich interessanter ist es jedoch, die »1«-Seite der Beziehung zu editieren, beispielsweise das Feld »Auftragsdatum« der Abfrage. Dies ist allerdings nur möglich, wenn die Aktualisierungsweitergabe zwischen den beiden Tabellen aktiviert ist.

Ersetzen Sie beispielsweise das im zweiten Datensatz des Abfragedatenblatts enthaltene Datum »14. Jan. 09« durch »18.1.09« (Abbildung 8.21).

Abbildung 8.21:
Editieren der 1-
Seite der Beziehung

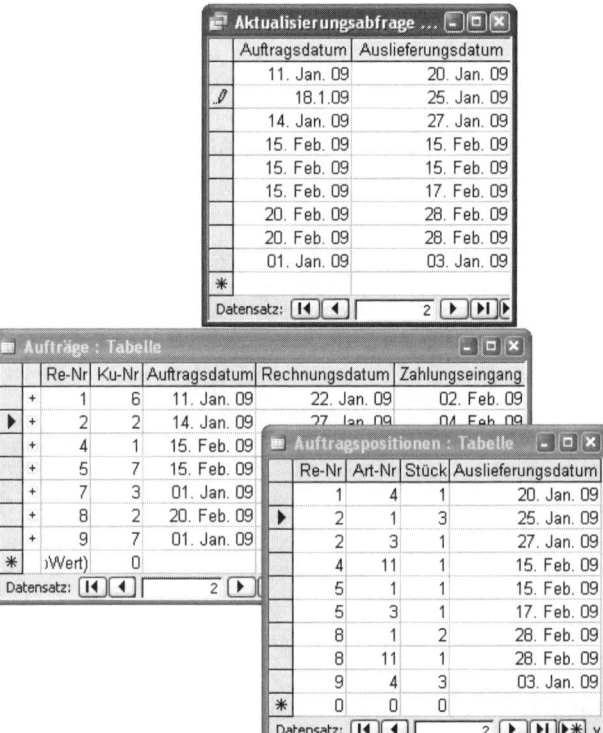

(KOMPENDIUM) **Access 2003**

Sobald Sie die aktuelle Zeile verlassen, erscheint das neue Datum »18. Jan. 09« im Abfragedatenblatt nicht nur in der geänderten Datensatzzeile selbst, sondern auch *in der Zeile darunter*, die das gleiche Auftragsdatum »14. Jan. 09« enthielt, aber nicht verändert wurde! Und zusätzlich auch noch im zugehörigen Datensatz der Tabelle »Aufträge« (Abbildung 8.22).

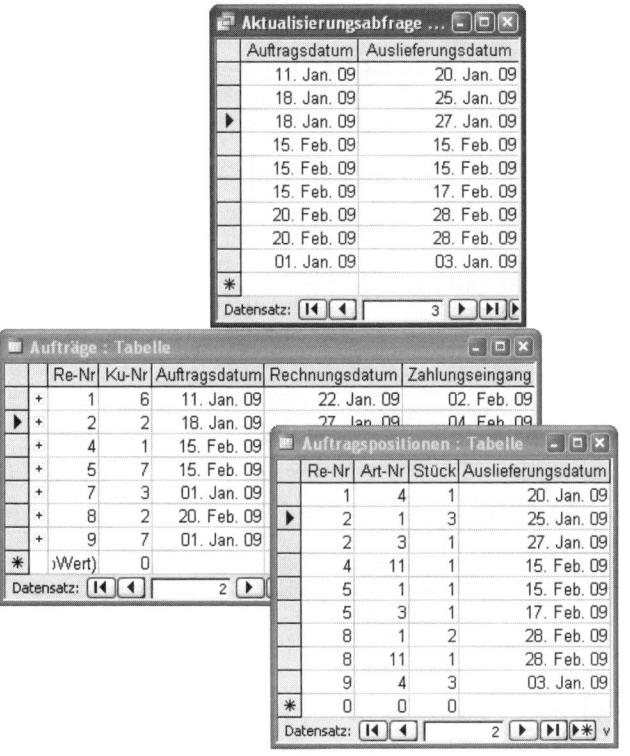

Abbildung 8.22:
Aktualisierung

Folgendes ist passiert: Durch das Ändern des Auftragsdatums in der Abfrage änderten Sie letztlich den Inhalt des zugrunde liegenden Felds »Auftragsdatum« des zweiten Datensatzes der Tabelle »Aufträge«. Access zeigt darin nun entsprechend das neue Datum »18. Jan. 09« an.

Mit diesem nun geänderten Datensatz der Tabelle »Aufträge« sind jedoch über die zugehörige Rechnungsnummer 2 zwei Datensätze der Tabelle »Auftragspositionen« verknüpft (zweiter und dritter Datensatz von »Auftragspositionen«), die die gleiche Rechnungsnummer 2 besitzen, also zwei Bestellungen darstellen, aus denen sich der Auftrag zusammensetzt.

Für beide Bestellungen, die in der Abfrage angezeigt werden, gilt nun das neue Auftragsdatum »18. Jan. 09«. Entsprechend gehört zur vollständigen Aktualisierung der Anzeige, dass Access dieses Datum nun außer im direkt geänderten Datensatz auch im zweiten davon betroffenen Datensatz des Abfragedatenblatts anzeigt.

8.5   Das Abfragelayout

Den Tabellennamen einblenden

Basiert eine Abfrage auf mehreren Tabellen, die *gleichnamige* Felder enthalten, sollten Sie mit ANSICHT|TABELLENNAMEN in der Entwurfsansicht die zusätzliche Zeile *Tabelle:* einblenden, wenn das noch nicht der Fall ist (Sie können die Zeile durch erneute Wahl von ANSICHT|TABELLENNAMEN jederzeit wieder ausblenden) (Abbildung 8.23).

Abbildung 8.23:
EDV.MDB, Abfrage
»Grafik«

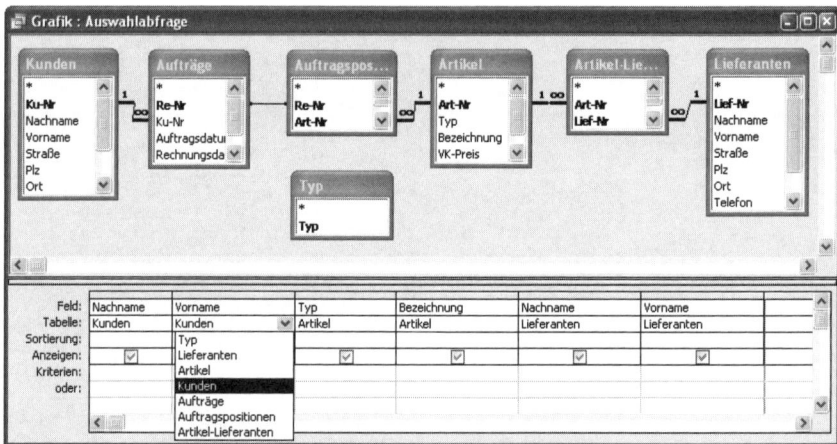

Diese Abfrage enthält die Feldlisten aller wichtigen in EDV.MDB enthaltenen Tabellen. Sie soll alle Kunden zusammen mit den jeweils bestellten Artikeln und den Lieferanten dieser Artikel anzeigen. Dazu wurden die Felder »Nachname« und »Vorname« der Kundentabelle, »Typ« und »Bezeichnung« der Artikeltabelle, und »Nachname« und »Vorname« der Lieferantentabelle eingefügt.

Ist ANSICHT|TABELLENNAMEN aktiviert, zeigt Access unter der Zeile *Feld:* die Zeile *Tabelle:* an, die darüber informiert, aus welcher Tabelle das betreffende Feld stammt. Dank dieser zusätzlichen Information sehen Sie sofort, dass beispielsweise das Feld »Nachname« in der ersten Spalte aus der Tabelle »Kunden« stammt und es sich nicht um das gleichnamige Feld der Tabelle »Lieferanten« handelt.

In der Datenblattansicht weist Access in derartigen Fällen automatisch auf die betreffende Tabelle hin, indem der Name des Feldes um den Namen der Tabelle ergänzt wird (Abbildung 8.24).

Abbildung 8.24:
Eindeutige Feldnamen in der Datenblattansicht

Spaltenüberschriften festlegen

Um die im Abfragedatenblatt angezeigten Spaltenüberschriften zu ändern, müssen Sie die gewünschte Beschriftung, die mit einem Doppelpunkt enden muss, im Entwurfsfenster vor der Originalbezeichnung des betreffenden Felds eingeben. Angewandt auf die Abfrage »Grafik« (Abbildung 8.25).

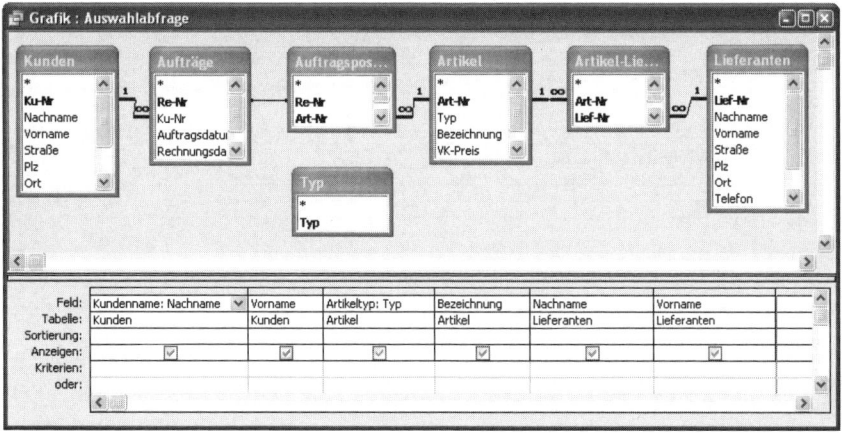

Abbildung 8.25:
Spaltenüberschriften definieren

In dieser Abbildung definierte ich für das Feld »Nachname« der Kundentabelle die Spaltenüberschrift »Kundenname« und für das Feld »Typ« der Typtabelle die Überschrift »Artikeltyp«, jeweils gefolgt von einem Doppelpunkt. Das Resultat sehen Sie in Abbildung 8.26.

Statt der Originalfeldnamen werden die soeben definierten Spaltenüberschriften angezeigt. Ferner entfällt automatisch der Zusatz »Lieferanten«

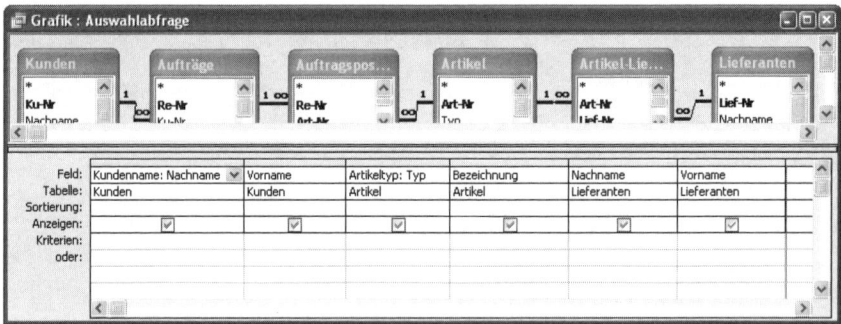

vor der Überschrift »Nachname« der Lieferantentabelle, da die Spaltenüberschrift nun eindeutig ist, und es keine zweite Spaltenüberschrift »Nachname« mehr gibt.

Sie können die Spaltenüberschrift alternativ auch mit Hilfe der Feldeigenschaft Beschriftung *festlegen (siehe »Spaltenüberschriften festlegen« auf Seite 203).*

Fenster, Spalten und Felder manipulieren

Fensteraufteilung

Das Abfragefenster besteht aus zwei Teilen. Durch Ziehen an der dünnen horizontalen Linie können Sie ihre Verteilung verändern : beispielsweise um einen der beiden Fensterteile auf Kosten des anderen Teils zu vergrößern (Abbildung 8.27).

Abbildung 8.27:
Fenstereinteilung
verändern

Feldlisten

Jede Feldliste stellt ein eigenes Fenster dar. Durch Anklicken eines Fensterrandes und Ziehen bzw. Schieben können Sie die Fensterbreite/-höhe verändern. Darüber hinaus können Sie eine Fensterüberschrift wie »Aufträge« anpacken und durch daran Ziehen das Fenster verschieben (Abbildung 8.28).

Spaltenbreite

Analog dazu können Sie die Spalten im unteren Teil des Abfragefensters manipulieren. Zum Beispiel durch Klicken am oberen Endpunkt der Begrenzungslinie zwischen zwei Spalten (der Mauscursor wird an der korrekten Position zu einem Doppelpfeil) und nach rechts oder links Ziehen die Spaltenbreite verändern oder durch einen Doppelklick darauf die optimale Spaltenbreite einstellen.

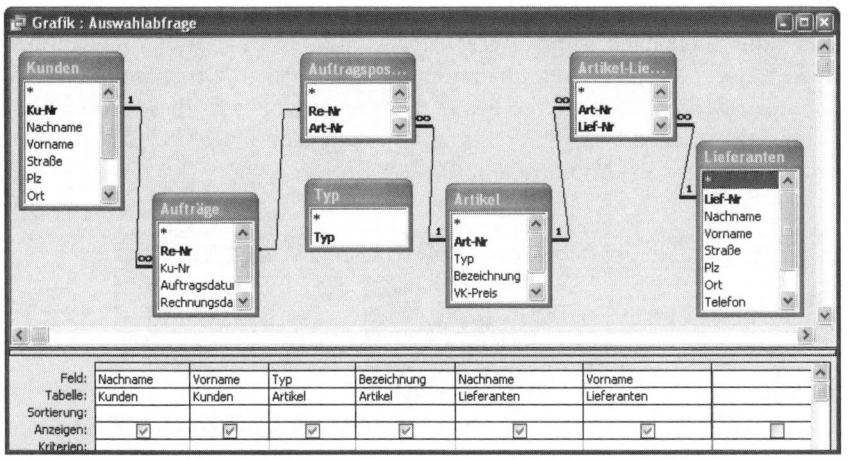

Abbildung 8.28:
Feldlistenfenster
manipulieren

Sie können Spalten löschen, verschieben und einfügen. Dazu müssen Sie die betreffenden Spalten zuvor durch Anklicken des Spaltenmarkierers selektieren, die niedrige Spalte unmittelbar oberhalb der Feldbezeichnung. Befindet sich der Mauscursor an der richtigen Position zum Markieren einer Spalte, wird er zu einem nach unten gerichteten Pfeil. Einen Block aus mehreren benachbarten Spalten markieren Sie, indem Sie danach die Maustaste weiter gedrückt halten und nach rechts bzw. nach links ziehen. Anschließend können Sie alle markierten Spalten gleichzeitig manipulieren, da Manipulationen an einer davon auf alle anderen übertragen werden.

Spalten markieren

Die Feldreihenfolge im Entwurfsfenster definiert die Feldreihenfolge im Datenblatt. Durch Verschieben von Spalten im Entwurfsfenster können Sie daher die Feldreihenfolge im Abfragedatenblatt verändern.

Verschieben

Um zum Beispiel die Spalten »Nachname« und »Vorname« rechts neben die Spalte »Bezeichnung« zu verschieben, markieren Sie sie zunächst: Klicken Sie auf den Markierer oberhalb der Feldbezeichnung »Nachname«, ziehen Sie die Maus nach rechts bis zur Spalte mit der Feldbezeichnung »Vorname« und lassen Sie die Maustaste los (Abbildung 8.29).

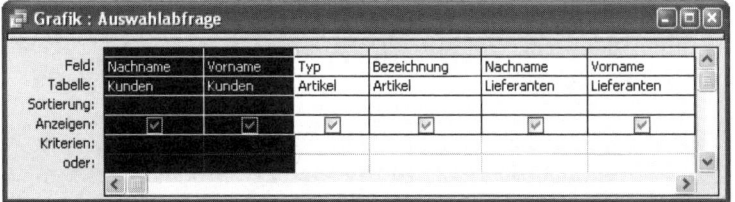

Abbildung 8.29:
Spalten markieren

Anschließend klicken Sie erneut auf einen der beiden Spaltenmarkierer und ziehen die Maus nach rechts. Access zeigt durch eine mitwandernde Doppellinie an, wo die markierten Spalten eingefügt werden, wenn Sie die Maustaste loslassen. Ziehen Sie die Maus nach rechts, bis sich diese Doppellinie rechts neben der Spalte »Bezeichnung« befindet, und legen Sie die markierten Spalten dort ab (Abbildung 8.30).

Abbildung 8.30:
Spalten verschieben

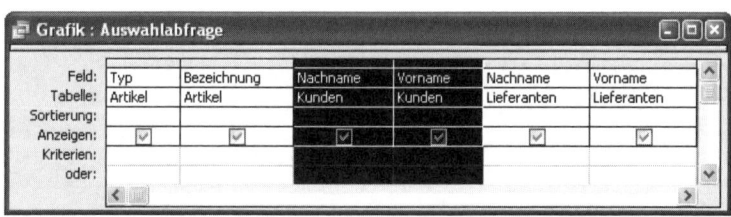

*Löschen und
Einfügen*
Eine oder mehrere markierte Spalten löschen Sie mit der ⎡Entf⎤-Taste. Angewandt auf die letzte Abbildung würde <u>Entf</u> die beiden soeben verschobenen Spalten löschen. Mit ⎡Einfg⎤ fügen Sie genau umgekehrt vor der ersten markierten Spalte eine entsprechende Anzahl an Leerspalten ein.

Einfügen
Um eine zusätzliche Spalte mit einer Feldbeschreibung einzufügen, ziehen Sie wie erläutert die betreffende Feldbezeichnung einer Feldliste zur gewünschten Spalte.

*Mehrere Felder
einfügen*
Wollen Sie mehrere Felder einer Feldliste gleichzeitig einfügen, markieren Sie zunächst alle interessierenden Felder, indem Sie auf das erste Feld klicken und danach bei gedrückter ⎡Strg⎤-Taste der Reihe nach die restlichen Felder anklicken. Um mehrere aufeinander folgende Felder zu markieren, können Sie stattdessen einfach auf den obersten Feldnamen und danach bei gedrückter ⎡⇧⎤-Taste auf den untersten Feldnamen klicken.

Anschließend genügt es, *irgendeines* der markierten Felder in die untere Fensterhälfte zu ziehen (Abbildung 8.31).

Enthält die Abfrage bereits Felder, ziehen Sie die zusätzlichen Felder zu der Spalte, *vor* der sie eingefügt werden sollen.

*Alle Felder
einfügen*
Um alle Felder einer Feldliste zu markieren, genügt ein Doppelklick auf die Titelleiste der betreffenden Feldliste, zum Beispiel auf »Kunden«.

»«*
Es gibt noch eine weitere Möglichkeit, alle Felder einer Liste einzufügen: Fügen Sie einfach den ersten Listeneintrag ein, das Sternchen »*«. Access fügt daraufhin in eine *einzige* Spalte den Eintrag »Kunden.*« ein, der praktisch stellvertretend für *alle Felder* der Tabelle »Kunden« steht.

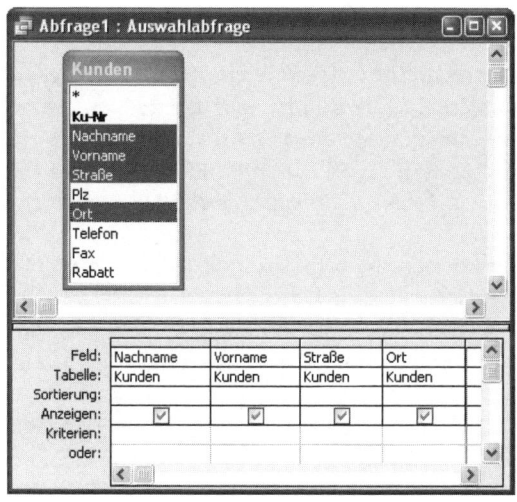

Abbildung 8.31:
Felder einfügen

Um ein Feld einer Tabelle durch ein anderes zu ersetzen, klicken Sie in der unteren Fensterhälfte in der Zeile *Feld:* auf die zu ersetzende Feldbezeichnung. Ein Listenfeld erscheint, in dem Sie das Feld auswählen können, durch das das aktuelle Feld ersetzt werden soll (Abbildung 8.32).

Felder ersetzen

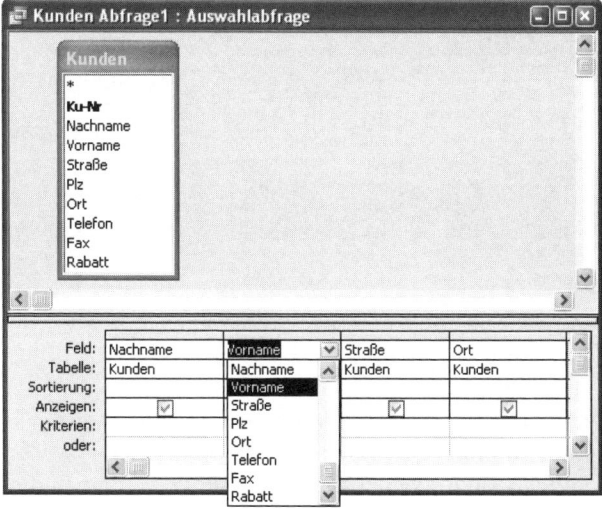

Abbildung 8.32:
Feld auswählen

Soll es durch ein Feld einer anderen Tabelle ersetzt werden, muss entsprechend der Abbildung die Zeile *Tabelle:* eingeblendet sein (ANSICHT|TABELLENNAMEN). Somit können Sie auf eine andere Tabelle umschalten, aus der das einzufügende Feld stammt.

Das Abfragedatenblatt sortieren

TIPP

Die einfachste Möglichkeit, die im Abfragedatenblatt angezeigten Daten zu sortieren, besteht darin, ebenso wie im Datenblatt einer Tabelle den Cursor auf ein Feld der gewünschten Sortierspalte zu setzen und DATENSÄTZE|SOR-TIEREN|AUFSTEIGEND SORTIERT *(bzw.* ABSTEIGEND SORTIERT*) zu wählen oder auf das zugehörige Symbol zu klicken.*

Sie können die Sortierung jedoch auch im Abfrageentwurf festlegen. Sollen beispielsweise die Datensätze der Abfrage »Wer liefert was? – 1« nach »Typ« absteigend sortiert werden, klicken Sie auf das Feld *Sortierung:* dieser Spalte und wählen im zugehörigen Listenfeld *Absteigend* (Abbildung 8.33).

Abbildung 8.33:
Sortierung
definieren

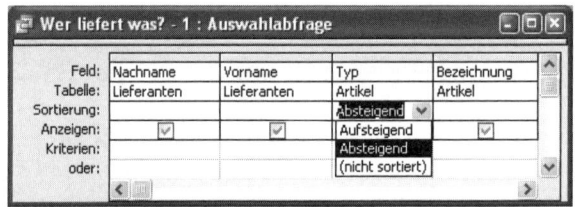

Das Ergebnis (Abbildung 8.34).

Abbildung 8.34:
Nach Artikeltyp
absteigend sor-
tiertes Datenblatt

Sortierpriorität   Definieren Sie für mehrere Felder eine Sortierung, wird zunächst nach dem Feld ganz links sortiert. Identische Datensätze werden nach dem nächsten rechts davon folgenden Sortierfeld untersortiert und so weiter.

Die Feldanzeige unterdrücken

Deaktivieren Sie das Kontrollkästchen *Anzeigen* einer Spalte, wird das betreffende Feld im Datenblatt nicht angezeigt (Abbildung 8.35).

In diesem Beispiel wurden zunächst alle Felder der Tabellen »Lieferanten« und »Artikel« eingefügt. Anschließend wurde die Anzeige der Felder »Lief-

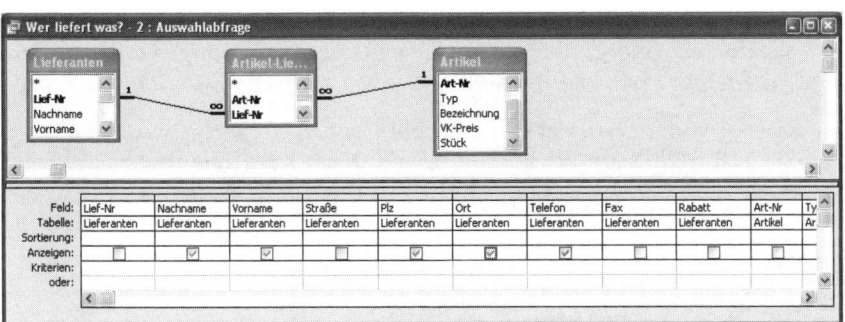

Abbildung 8.35:
EDV.MDB, Abfrage
»Wer liefert was? –
2«

Nr«, »Straße«, »Fax« und »Rabatt« der Tabelle »Lieferanten« und der Felder »Art-Nr«, »VK-Preis« und »Stück« der Tabelle »Artikel« unterdrückt, sodass im Datenblatt nur die restlichen Felder angezeigt werden (Abbildung 8.36).

	Nachname	Vorname	Plz	Ort	Telefon	Typ	Bezeichnung
▶	Schmidt	Walter	80000	München	089/93837	Notebook	Sunrace Hyperbook
	Schmidt	Walter	80000	München	089/93837	Monitor	Eizo 9070S
	Müller	Walter	60000	Frankfurt	060/83732	Notebook	Sunrace Hyperbook
	Bauer	Alfred	80000	München	089/83723	Maus	Logitech 83b
	Keller	Manfred	68000	Mannheim	0621/98379	Notebook	Sunrace Hyperbook
	Mayer	Willi	70000	Stuttgart	072/93784	Monitor	Eizo 9070S
	Maier	Otto	10000	Berlin	032/83727	Maus	Logitech 83b
	Iderbach	Susanne	69000	Heidelberg	0629/93783	Drucker	Epson LQ850
	Meier	Frank	80000	München	089/93837	Monitor	Nokia Multigraph 447
	Maier	Gerd	69000	Heidelberg	062/93783	Drucker	Epson LQ850

Datensatz: [◄◄] ◄ | 1 | ► ►► ►* | von 10

Abbildung 8.36:
Unterdrücken der
Anzeige für selektierte Felder

Sinnvoll ist das natürlich nur, wenn das betreffende Feld noch eine andere Rolle spielt. Sonst ist es nicht nur unsichtbar, sondern schlicht nutzlos und wird von Access beim Schließen und Speichern aus der Abfrage entfernt (daher fehlt es auch in der gezeigten Abfrage, wenn Sie diese öffnen).

!!
STOP

Ein Beispiel: Sie fügen mit dem Sternchen »*« alle Felder einer Feldliste in die Abfrage ein und wollen das Datenblatt nach einem oder mehreren dieser Felder sortieren.

»*«

Eigentlich ist das nicht möglich, da die einzelnen Felder ja nicht separat vorhanden sind, und Sie daher auch nicht für ein bestimmtes Feld die Option Aufsteigend wählen können. Dennoch gibt es eine Möglichkeit:

STEP

1. Sie fügen das Sternchen der interessierenden Feldliste ein; es steht nun stellvertretend für alle in der Liste enthaltenen Felder.

2. *Zusätzlich* fügen Sie das als Sortierkriterium zu verwendende Feld separat ein und definieren die gewünschte Sortierung für dieses Feld (*Aufsteigend* bzw. *Absteigend*).

3. Um zu verhindern, dass dieses Feld *doppelt* angezeigt wird, schließen Sie es durch Deaktivierung des zugehörigen Kontrollkästchens von der Anzeige aus (Abbildung 8.37).

Abbildung 8.37:
EDV.MDB, Abfrage
»Wer liefert was? –
3«

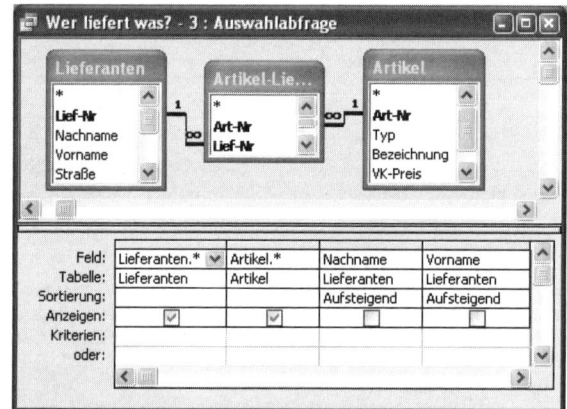

In diesem Beispiel wurden die Sternchen der Feldlisten »Lieferanten« und »Artikel« und danach auch die separaten Felder »Nachname« und »Vorname« der Lieferantenfeldliste eingefügt. Die beiden separaten Felder sollen aufsteigend sortiert, aber nicht zusätzlich angezeigt werden (Abbildung 8.38).

Abbildung 8.38:
Ergebnis der
Anzeigeunter-
drückung

Lief-Nr	Nachname	Vorname	Straße	Plz	Ort	Telefon	Fax	Rabatt	Art-Nr	Typ
3	Bauer	Alfred	Mohnstr. 4b	80000	München	089/83723	089/93727	3,00%	1	Maus
7	Iderbach	Susanne	Sturmstr. 12	69000	Heidelberg	0629/93783	0629/98374	5,00%	11	Drucker
4	Keller	Manfred	Blumenweg 24	68000	Mannheim	0621/98379		0,00%	3	Notebook
9	Maier	Gerd	Sternenweg 14a	69000	Heidelberg	062/93783	062/93838	3,00%	11	Drucker
6	Maier	Otto	Langer Weg 14-16	10000	Berlin	032/83727		4,00%	1	Maus
5	Mayer	Willi	Breite Str.14	70000	Stuttgart	072/93784	072/83738	8,00%	4	Monitor
8	Meier	Frank	Zwergstr. 17	80000	München	089/93837	089/93262	7,00%	2	Monitor
2	Müller	Walter	Sternstr. 15	60000	Frankfurt	060/83732	060/38327	5,00%	3	Notebook
1	Schmidt	Walter	Schmidtstr.13a	80000	München	089/93837	089/943843	8,00%	4	Monitor
1	Schmidt	Walter	Schmidtstr.13a	80000	München	089/93837	089/943843	8,00%	3	Notebook

Datensatz: 1 von 10

Alle Felder der beiden Tabellen werden angezeigt – und zwar *einfach*, obwohl die Felder »Nachname« und »Vorname« eigentlich doppelt vorhanden sind: Einmal in Form der Felder »Lieferanten.*«, was ja alle Felder der Lieferantentabelle einschließt, und zusätzlich als separate Felder – deren Anzeige jedoch unterdrückt wurde und die nur in das Formular aufgenommen wurden, um für diese Felder eine Sortierreihenfolge zu definieren.

8.6 Die Eigenschaften von Abfragen, Feldern und Feldlisten

Analog zu Tabellenfeldern besitzen verschiedene Elemente des Abfrageentwurfsfensters Eigenschaften, die Sie manipulieren können. Dazu wählen Sie ANSICHT|EIGENSCHAFTEN, um das *Eigenschaften*-Dialogfeld zu öffnen. Alternativ dazu können Sie es auch per Doppelklick auf eine leere Stelle in der oberen Hälfte des Entwurfsfensters öffnen oder per Anklicken einer solchen Stelle mit der rechten Maustaste und Wahl des Befehls EIGENSCHAFTEN... im zugehörigen Kontextmenü.

Nach dem Öffnen zeigt das Dialogfeld in jedem Fall zunächst die allgemeinen Eigenschaften der aktuellen Abfrage an (Abbildung 8.39).

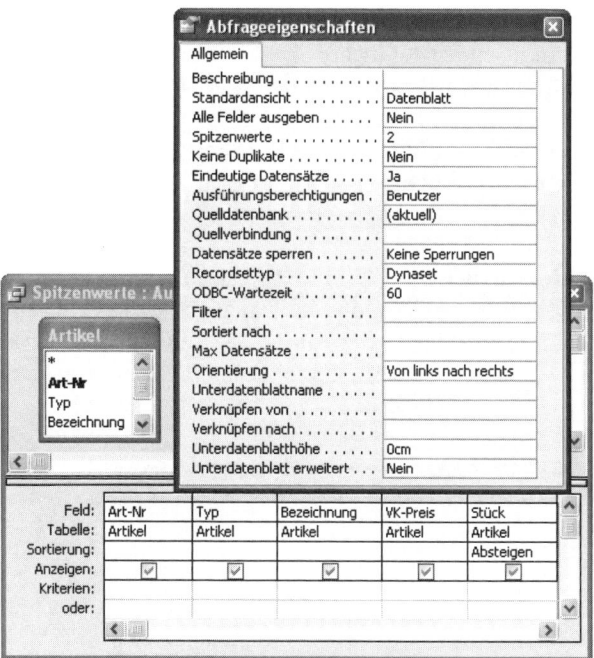

Abbildung 8.39:
Abfrageeigenschaften

Wollen Sie statt der globalen Abfrageeigenschaften die Eigenschaften eines einzelnen darin eingefügten Felds verändern, klicken Sie in der unteren Fensterhälfte die betreffende Feldbezeichnung an, beispielsweise »Nachname«.

Wollen Sie die Eigenschaft einer Feldliste verändern, klicken Sie irgendeines der darin enthaltenen Felder oder die Überschrift an.

In jedem Fall zeigt das *Eigenschaften*-Dialogfeld die Eigenschaften des momentan selektierten Objekts an. Um wieder die allgemeinen Tabelleneigenschaften anzuzeigen, klicken Sie auf irgendeinen Punkt im Entwurfsfenster, an dem sich kein Objekt befindet.

Abfrageeigenschaften

Nach dem Öffnen des *Eigenschaften*-Dialogfelds werden darin wie erläutert zunächst die allgemeinen Eigenschaften der aktuellen Abfrage angezeigt, unter anderem:

Beschreibung

Bei der Eigenschaft *Beschreibung* handelt es sich lediglich um einen beliebigen Kommentar wie »Eine Demoabfrage«, der Access nicht weiter interessiert.

Alle Felder ausgeben

Mit »Ja« für *Alle Felder ausgeben* statt der Vorgabe »Nein« werden in der Datenblattansicht auch dann alle eingefügten Felder angezeigt, wenn Sie bei einigen davon das Kontrollkästchen *Anzeigen:* deaktivierten.

Spitzenwerte

Spitzenwerte ermöglicht, jene Sätze auszuwählen, die in einem bestimmten Feld die höchsten oder niedrigsten Werte aufweisen. Das betreffende Feld muss dazu *absteigend* (Sätze mit den höchsten Werten finden) bzw. *aufsteigend* (Sätze mit den niedrigsten Werten finden) sortiert und gleichzeitig das Feld mit der höchsten Sortierpriorität sein, sich also links neben allen eventuell zusätzlich verwendeten Sortierfeldern befinden.

Beides ist bei der Abfrage »Spitzenwerte« der Fall, die sich in EDV.MDB befindet: Sie zeigt Felder der Tabelle »Artikel« an, und zwar absteigend sortiert nach »Stück«. Der Eintrag »2« unter *Spitzenwerte* zeigt im Datenblatt nur die Datensätze an, die in diesem Feld die beiden höchsten Werte aufweisen (Abbildung 8.40).

Abbildung 8.40:
EDV.MDB, Abfrage
»Spitzenwerte«

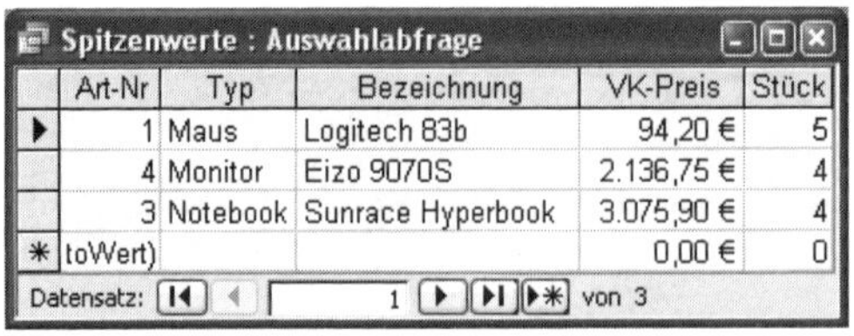

Art-Nr	Typ	Bezeichnung	VK-Preis	Stück
1	Maus	Logitech 83b	94,20 €	5
4	Monitor	Eizo 9070S	2.136,75 €	4
3	Notebook	Sunrace Hyperbook	3.075,90 €	4
(toWert)			0,00 €	0

Die beiden höchsten Stückzahlen sind offenbar 5 und 4, wobei die Stückzahl 4 gleich bei zwei Artikeln vorkommt und daher insgesamt drei Datensätze angezeigt werden.

Wäre »Stück« aufsteigend sortiert, würden stattdessen genau umgekehrt jene Datensätze angezeigt werden, die die beiden niedrigsten Werte enthalten.

Anstelle absoluter Angaben wie 2 oder 3 können Sie auch Prozentangaben verwenden. Beispielsweise wählt »10 %« die 10 % höchsten/niedrigsten Werte aus und zeigt nur die zugehörigen Datensätze an.

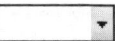

Zu *Spitzenwerte* gehört ein Listenfeld, das bereits die Werte 5, 25, 100, 5 %, 25 % und »Alle« enthält, sodass Sie sich häufig das Eintippen ersparen können. Die Abfrageentwurf-Symbolleiste enthält ein gleichartiges Kombinationsfeld, in dem Sie die gewünschten Werte definieren können, ohne das *Eigenschaften*-Dialogfeld zu öffnen.

Mit »Ja« für *Keine Duplikate* können Sie die mehrfache Anzeige von Datensätzen vermeiden, deren Felder identische Inhalte aufweisen. *Keine Duplikate*

Mit der Standardeinstellung »Ja« für *Eindeutige Datensätze* wird bei Abfragen, die mehrere Tabellen enthalten, die wiederholte Anzeige absolut identischer Datensätze unterdrückt. Dieses Kriterium ist keineswegs mit *Keine Duplikate* identisch, sondern wesentlich schwächer: Sätze, die sich nur bezüglich der im Abfragedatenblatt *angezeigten* Felder nicht unterscheiden, werden von ihm nicht als identisch betrachtet. Sondern nur Sätze, die tatsächlich Feld für Feld miteinander identisch sind, unabhängig von den im Datenblatt angezeigten Feldern! *Eindeutige Datensätze*

Setzen Sie *Keine Duplikate* auf »Ja«, wird *Eindeutige Datensätze* übrigens automatisch auf »Nein« gesetzt, da es nicht möglich ist, beide Eigenschaften gleichzeitig auf »Ja« zu setzen.

Sie können wählen, ob für die Abfrage Besitzer- oder Benutzerberechtigungen gelten. Beide Gruppen besitzen unterschiedliche Zugriffsmöglichkeiten auf Objekte. »Benutzer« bedeutet, dass es von den Berechtigungen des Benutzers abhängt, ob er in einer geschützten Arbeitsgruppe uneingeschränkt mit der Abfrage arbeiten kann. »Besitzer« stellt ihn dagegen auch dann auf die gleiche Stufe wie Sie als echten Besitzer. *Ausführungs-berechtigungen*

Viele Eigenschaften sind mit den gleichnamigen, bereits erläuterten Tabelleneigenschaften identisch: Standardansicht *bestimmt, in welcher Ansicht die Abfrage geöffnet wird,* Orientierung *legt die sprachabhängige Ausrichtung des Datenblatts fest und die Unterdatenblatt-Eigenschaften steuern die Darstellung von im Datenblatt angezeigten Unterdatenblättern (siehe Kapitel 5.4, »Gültigkeitsregeln auf Datensatzebene verwenden«, und Kapitel 6.5, »Unterdatenblätter verwenden«).*

Klicken Sie bei geöffnetem *Eigenschaften*-Dialogfeld auf irgendein Feld einer Feldliste, werden die Eigenschaften der betreffenden Feldliste angezeigt (Abbildung 8.41). *Feldlisten-eigenschaften*

Alias ist der Name, den die betreffende Feldliste in der aktuellen Abfrage besitzt. Normalerweise ist der Name der zugehörigen Tabelle vorgegeben, beispielsweise »Lieferanten«. Geben Sie stattdessen einen Namen wie »Liefer« ein, erscheint dieser Name in der Überschrift der Feldliste und auch in *Alias-Name*

Abbildung 8.41:
Feldlisteneigen-
schaften

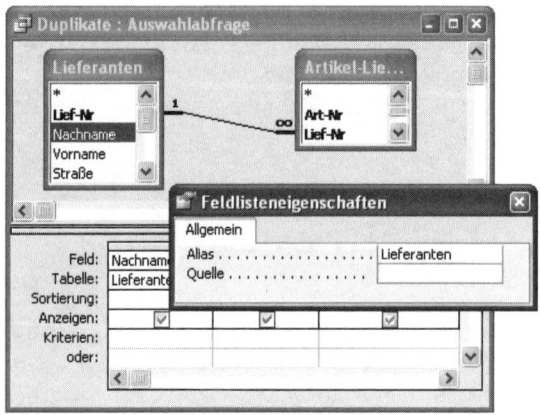

der Zeile *Tabelle:* wird der bisherige Name der Feldliste, also »Lieferanten«, durch ihren neuen Namen »Liefer« ersetzt.

Feldeigen-
schaften

Klicken Sie bei geöffnetem *Eigenschaften*-Dialogfeld in der unteren Hälfte des Abfragefensters auf eine Feldbezeichnung, werden die Eigenschaften dieses Felds angezeigt (Abbildung 8.42).

Abbildung 8.42:
EDV.MDB, Abfrage
»Feldeigenschaf-
ten«

Beschreibung

Beispielsweise legt *Beschreibung* einen Text fest (hier: »Der von Ihnen gewährte Rabatt«), der in der Statuszeile angezeigt wird, wenn die Datenblattansicht aktiv ist und Sie das Feld bearbeiten.

Anzeige- und
Eingabeformat

Format definiert wie bei Tabellen das Anzeigeformat, und *Eingabeformat* definiert eine Eingabemaske.

Smarttags

Smarttags legt wieder spezielle Aktionen fest, die per Klicken auf ein Smarttag-Symbol neben dem Feld verfügbar sein sollen.

Ebenfalls wie bei Tabellen definiert das Register *Nachschlagen*, welches Steuerelement für das betreffende Feld im Datenblatt und in Formularen, die auf der Abfrage basieren, verwendet wird (Abbildung 8.43).

Register
Nachschlagen

Abbildung 8.43:
Nachschlagefelder
in Abfragen

9 Interessierende Daten auswählen

Die beiden untersten Zeilen *Kriterien* und *oder.* im Abfrageentwurfsfenster ermöglichen Ihnen, Auswahlkriterien einzugeben, um beispielsweise nur Datensätze auszuwählen, die im Feld »Nachname« den Eintrag »Maier« *und* im Feld »Vorname« den Eintrag »Gerd« enthalten; oder Datensätze, die den Eintrag »Maier« *und* »Monitor« *oder* den Eintrag »Drucker« aufweisen.

Auswahlabfragen werden im Datenbankfenster übrigens durch das abgebildete Symbol gekennzeichnet.

9.1 Verknüpfungsoperatoren einsetzen

Angenommen, Sie interessieren sich dafür, welchen Artikel Sie von Herrn Otto Maier beziehen, und welche Telefonnummer Herr Maier hat: Erzeugen Sie eine Abfrage mit den beiden Tabellen »Lieferanten« und »Artikel« und der verknüpfenden Tabelle »Artikel-Lieferanten« und fügen Sie die Felder »Nachname«, »Vorname« und »Telefon« der Lieferanten- und die Felder »Typ« und »Bezeichnung« der Artikeltabelle ein (Abbildung 9.1).

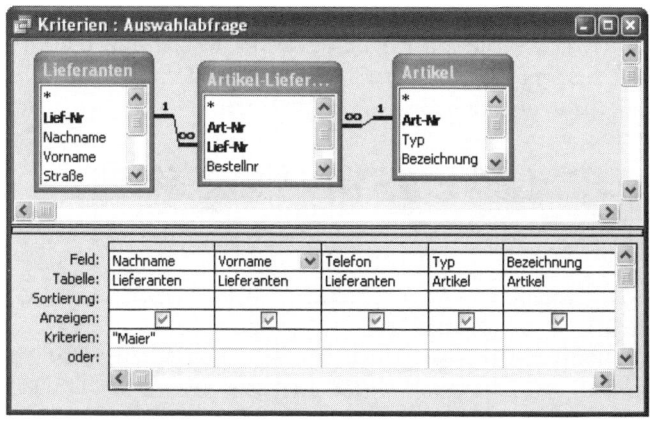

Abbildung 9.1:
EDV.MDB, Abfrage »Kriterien«

Der entscheidende Schritt ist die Eingabe eines Suchkriteriums in der Zeile *Kriterien:* der Spalte »Nachname«: Das Kriterium »Maier« findet nur Lieferanten mit dem Nachnamen Maier.

Da dieses Suchkriterium eine Zeichenkette ist, muss sie von Anführungszeichen umgeben werden. Dennoch können Sie statt »»Maier«« einfach »Maier« eintippen, da Access selbständig erkennt, dass es sich um eine Zeichenkette handelt und die fehlenden Anführungszeichen automatisch ergänzt.

Aktivieren Sie den Datenblattmodus, erhalten Sie das gewünschte Resultat (Abbildung 9.2).

Abbildung 9.2:
Ergebnis der
Abfrage

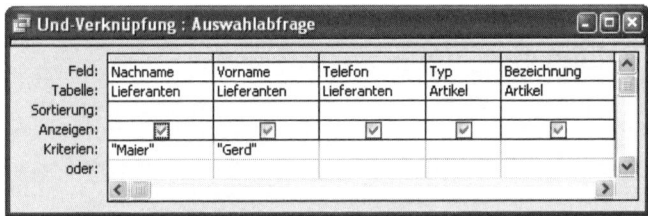

Und-
Verknüpfung

Sie können für beliebig viele Felder Kriterien definieren. Beispielsweise das Kriterium »Maier« für das Feld »Nachname« und das Kriterium »Gerd« für das Feld »Vorname« (Abbildung 9.3).

Abbildung 9.3:
EDV.MDB, Abfrage
»Und-Verknüpfung«

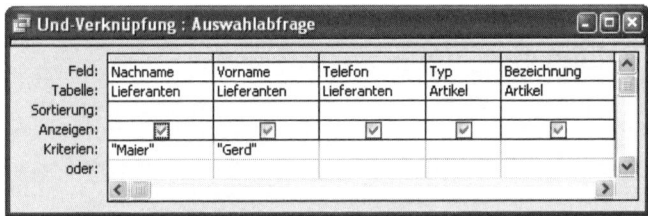

Access verknüpft die Kriterien intern mit dem *Und*-Operator:

```
"Maier" Und "Gerd"
```

Nun werden nur noch jene Sätze berücksichtigt, die im Feld »Nachname« den Eintrag »Maier« *und* im Feld »Vorname« den Eintrag »Gerd« enthalten, also genau ein Datensatz (Abbildung 9.4).

Abbildung 9.4:
Ergebnis der
Abfrage

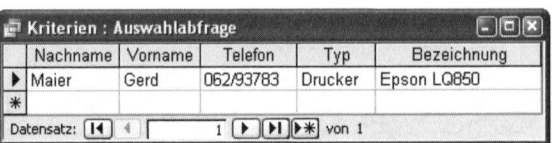

Oder-
Verknüpfung

Sie können eine Suche auch mit der *Oder*-Verknüpfung ausweiten und sich zum Beispiel alle Lieferanten anzeigen lassen, die Maier *oder* Schmidt *oder* Bauer heißen:

```
"Maier" Oder "Schmidt" Oder "Bauer"«
```

Sie können sich die Eingabe vereinfachen, indem Sie nicht diesen Ausdruck verwenden, sondern einfach alle drei mit *Oder* zu verknüpfenden Kriterien untereinander schreiben (Abbildung 9.5).

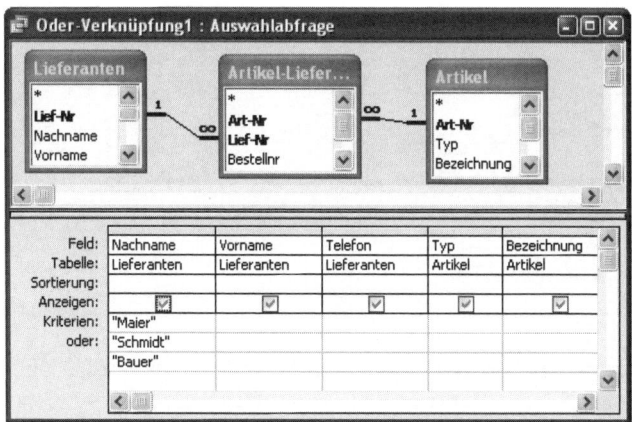

Abbildung 9.5:
EDV.MDB, Abfrage »Oder-Verknüpfung1«

Suchkriterien, die sich in der Zeile *oder:* und in den Leerzeilen darunter befinden, werden von Access immer mit *Oder* verknüpft. Tragen Sie entsprechend der Abbildung im Feld »Nachname« in der Zeile *Kriterien:* das Suchkriterium »Maier« ein, in der Zeile *oder:* das Kriterium »Schmidt« und in der folgenden Zeile das Kriterium »Bauer«, erhalten Sie daher folgendes Datenblatt (Abbildung 9.6).

Abbildung 9.6:
Ergebnis der Abfrage

Speichern Sie die Abfrage und öffnen Sie sie danach wieder, stellen Sie fest, dass Access die drei separaten Kriterien selbstständig in den Ausdruck

```
"Maier" Oder "Schmidt" Oder "Bauer"«
```

umwandelte.

Sie können für beliebige Felder sowohl mit *Und* als auch mit *Oder* ver- *Und und Oder* knüpfte Suchkriterien eingeben (Abbildung 9.7).

Beachten Sie, dass sich die beiden Kriterien in unterschiedlichen Zeilen befinden und daher mit *Oder* statt mit *Und* verknüpft werden.

Abbildung 9.7:
EDV.MDB,
Abfrage »Oder-
Verknüpfung2«

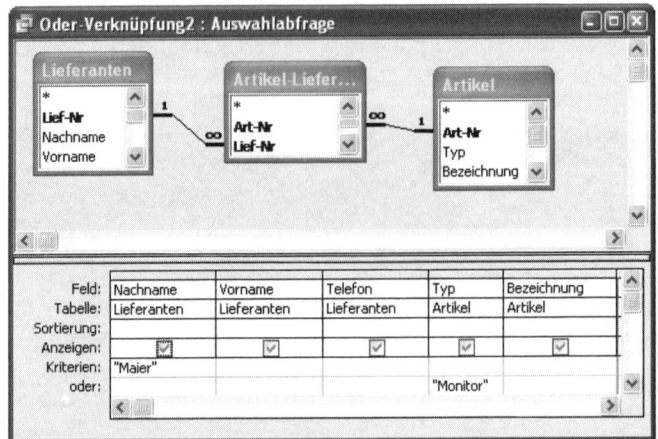

Diese Abfrage findet alle Datensätze, die im Feld »Nachname« der Lieferantendatei den Eintrag »Maier« aufweisen *oder* – auch wenn das nicht der Fall ist – im Feld »Typ« der Artikeldatei den Eintrag »Monitor« (Abbildung 9.8).

```
"Maier" Oder "Monitor
```

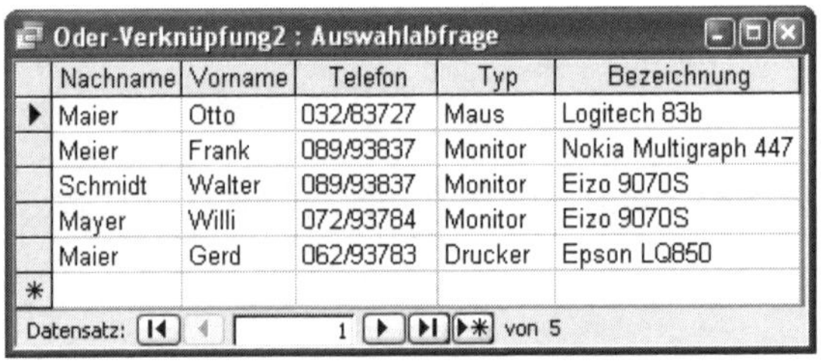

Abbildung 9.8:
Ergebnis der
Abfrage

	Nachname	Vorname	Telefon	Typ	Bezeichnung
▶	Maier	Otto	032/83727	Maus	Logitech 83b
	Meier	Frank	089/93837	Monitor	Nokia Multigraph 447
	Schmidt	Walter	089/93837	Monitor	Eizo 9070S
	Mayer	Willi	072/93784	Monitor	Eizo 9070S
	Maier	Gerd	062/93783	Drucker	Epson LQ850
*					

Datensatz: |◀ ◀ 1 ▶ ▶| ▶* von 5

9.2   Platzhalter verwenden

»?«   Kriterien können zusätzliche Platzhalterzeichen enthalten. Das Zeichen »?« steht stellvertretend für einen beliebigen Buchstaben (Abbildung 9.9).

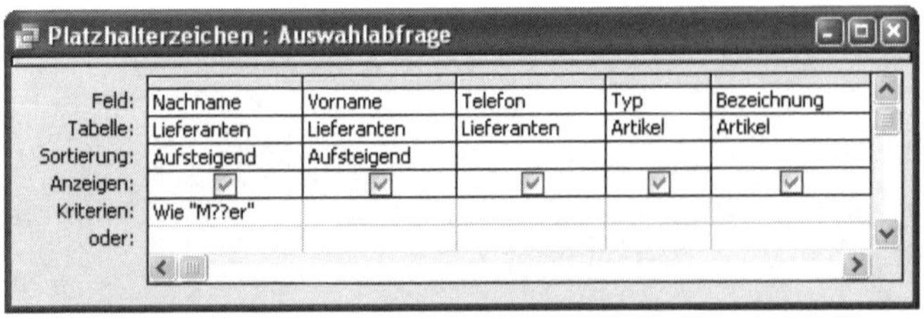

Abbildung 9.9:
EDV.MDB, Abfrage
»Platzhalterzeichen«

Feld:	Nachname	Vorname	Telefon	Typ	Bezeichnung
Tabelle:	Lieferanten	Lieferanten	Lieferanten	Artikel	Artikel
Sortierung:	Aufsteigend	Aufsteigend			
Anzeigen:	☑	☑	☑	☑	☑
Kriterien:	Wie "M??er"				
oder:					

Vor Suchkriterien, die Platzhalterzeichen enthalten, fügt Access automatisch den Operator *Wie* ein, ohne dass Sie ihn selbst eintippen müssen, sodass die Eingabe von »M??er« ausreicht.

»M?ier« würde »Maier« und »Meier« finden, das verwendete Kriterium »M??er« findet entsprechend sogar »Mayer« (Abbildung 9.10).

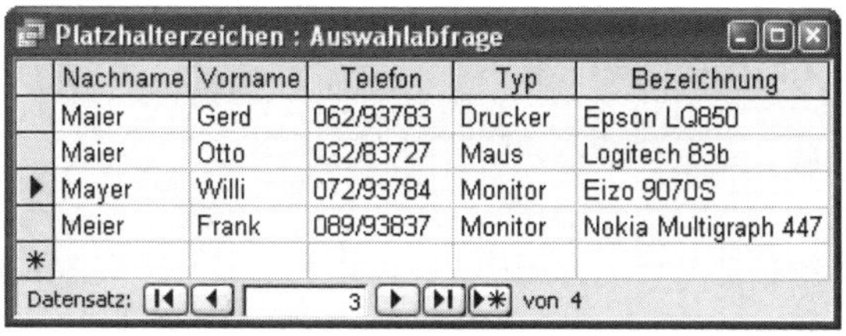

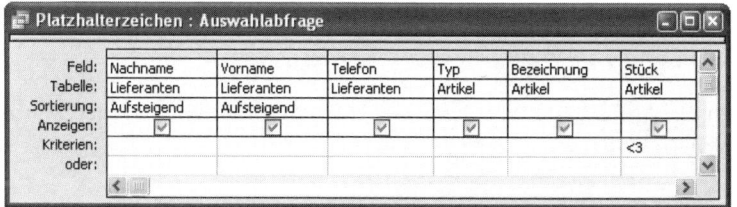

Abbildung 9.10:
Ergebnis der
Abfrage

Das Platzhalterzeichen »*« steht stellvertretend für eine variable Anzahl beliebiger Zeichen. »M*« findet »Mai«, »Maier«, »Müller«, »Maierbach« etc. und »*lein« findet »Maierlein«, »Schmidtlein« etc.

»*«

»M*er« findet wie zuvor das Kriterium »M??er« ebenfalls die Namen »Maier«, »Meier« und »Mayer«, zusätzlich jedoch – falls vorhanden – auch »Müller«, »Maierbacher« und »Mayerbecher«.

»« ist hervorragend zum Ausmaskieren von Datumsteilen geeignet: »01.*.09« findet »01.3.09«, »01.Sep.09« etc.*

:-)
TIPP

Beide Platzhalter können Sie miteinander kombinieren. »M?ier« findet »Maier«, »Meier«, »Meiersfeld«, »Maierbach«, aber nicht »Mayer« oder »Mayerlein«, da das dritte Zeichen in diesem Fällen nicht das geforderte »i« ist.*

!!
STOP

9.3   Die Vergleichsoperatoren

Vergleichsoperatoren wie »>« (größer), »<« (kleiner), »=« (gleich), »>=« (größer oder gleich), »<=« (kleiner oder gleich), »<>« (ungleich) und *Zwischen...Und* können Sie nicht nur auf Zahlen, sondern auch auf Zeichenketten oder ein Datum anwenden (Abbildung 9.11).

Abbildung 9.11:
Der Operator <

»<«

Ausgangsbasis ist wieder eine Abfrage mit den Tabellen »Artikel«, »Lieferanten« und »Artikel-Lieferanten«. Das Kriterium *<3* im Feld »Stück« findet alle Artikel, von denen weniger als drei Stück auf Lager sind (Abbildung 9.12).

Abbildung 9.12:
Ergebnis der
Abfrage

Nachname	Vorname	Telefon	Typ	Bezeichnung	Stück
Iderbach	Susanne	0629/93783	Drucker	Epson LQ850	2
Maier	Gerd	062/93783	Drucker	Epson LQ850	2
Meier	Frank	089/93837	Monitor	Nokia Multigraph 447	2

Datensatz: ◄◄ ◄   2 ► ►► ►* von 3

Operator-
Kombinationen

Durch die Kombination von Vergleichs- und Verknüpfungsoperatoren lassen sich interessante Suchkriterien bilden (Abbildung 9.13).

Abbildung 9.13:
Kombination von
Vergleichs- und
Verknüpfungs-
operatoren

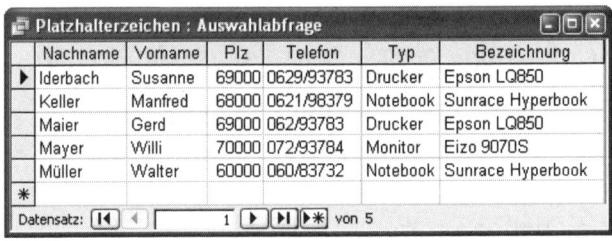

Das Kriterium *>=50000 Und <=75000* im Feld »Plz« findet alle Lieferanten im Postleitzahlgebiet 50000 bis 75000 (Abbildung 9.14).

Abbildung 9.14:
Ergebnis der
Abfrage

Nachname	Vorname	Plz	Telefon	Typ	Bezeichnung
Iderbach	Susanne	69000	0629/93783	Drucker	Epson LQ850
Keller	Manfred	68000	0621/98379	Notebook	Sunrace Hyperbook
Maier	Gerd	69000	062/93783	Drucker	Epson LQ850
Mayer	Willi	70000	072/93784	Monitor	Eizo 9070S
Müller	Walter	60000	060/83732	Notebook	Sunrace Hyperbook

Datensatz: ◄◄ ◄   1 ► ►► ►* von 5

Nicht gefunden wird Herr Maier in Berlin (Plz 10000) und die verschiedenen Lieferanten in München (Plz 80000).

Zwischen ... Und

Zur Vereinfachung einer Bereichsauswahl gibt es den *Zwischen...Und*-Operator. Er entspricht der Kombination *>=...Und <=...*. Beispielsweise findet das Kriterium

```
Zwischen "I" Und "M"
```

im Feld »Nachname« der Tabelle »Lieferanten« die Herren Iderbach und Keller ebenso wie das Kriterium

```
>="I" Und <="M"
```

Die verschiedenen »Maier«, »Meier« und »Mayer« werden nicht gefunden, weil Zwischen...Und *nur Sätze findet, die* innerhalb *des angegebenen Bereichs liegen, also größer oder gleich dem Bereichsanfang und kleiner oder gleich dem Bereichsende sind!*

!!
STOP

Ähnlich wie *Zwischen...Und* dient auch der Operator *In* zur Vereinfachung komplexer Vergleiche, die normalerweise mit herkömmlichen Vergleichsoperatoren durchgeführt werden. Er prüft, ob ein Wert Bestandteil einer angegebenen Werteliste ist. Interessieren Sie sich beispielsweise für Lieferanten, die in Heidelberg oder München wohnen, würden Sie normalerweise unter »Ort« die beiden Suchkriterien »Heidelberg« und »München« untereinander eingeben, sodass sie durch *Oder* verknüpft werden:

In

```
"Heidelberg"
"München"
```

Mit der Bedeutung:

```
"Heidelberg" Oder "München"
```

Alternativ dazu können Sie folgenden Ausdruck verwenden:

```
In ("Heidelberg";"München")
```

Interessieren Sie sich für alle Lieferanten, die die Postleitzahl 10000, 70000 oder 80000 besitzen, benutzen Sie mit herkömmlichen Operatoren drei Zeilen (in der Spalte »Plz«) und somit erneut eine *Oder*-Verknüpfung:

```
10000
70000
80000
```

Mit der Bedeutung:

```
10000 Oder 70000 Oder 80000
```

Der *In*-Operator vereinfacht diesen Ausdruck zu:

```
In (10000;70000;80000)
```

9.4   Nullwerte und die Datumsauswahl

Datensatzfeldern, die keine Werte enthalten, sondern leer sind, ordnet Access den Wert *Null* zu. Damit ist nicht die Zahl 0 gemeint, sondern einfach ein Feld, das keinen Inhalt besitzt.

Null

Dieses Schlüsselwort wird zusammen mit dem ausschließlich in diesem Zusammenhang benötigten Operator *Ist (Is)* verwendet: Die Aussage *Ist Null* ist *Wahr*, wenn das betreffende Feld leer ist. *Ist Nicht Null* ist genau umgekehrt *Wahr*, wenn das Feld einen beliebigen Inhalt besitzt.

Nullwerte
auswählen

Interessieren Sie sich dafür, welche in EDV.MDB enthaltenen Kunden (Tabelle »Kunden«) ihre Rechnungen noch nicht bezahlt haben, müssen Sie jene Sätze der »Aufträge« auswählen, bei denen das Feld »Zahlungseingang« leer ist (Abbildung 9.15).

Abbildung 9.15:
EDV.MDB, Abfrage
»Nullwerte«

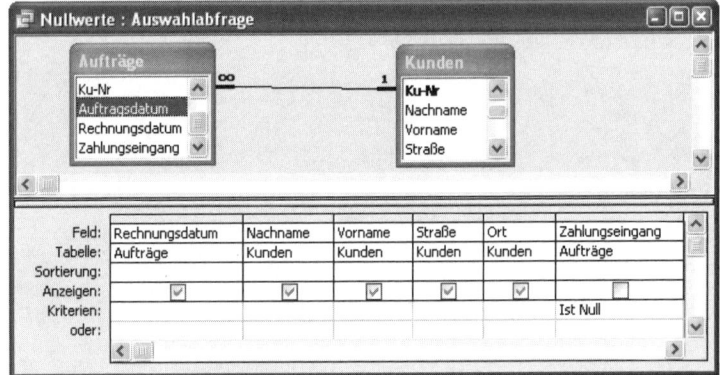

Diese Abfrage verwendet die Tabelle »Aufträge« und die damit – über die Kundennummer – verbundene Tabelle »Kunden«. Unter »Zahlungseingang« benutzen Sie das Kriterium *Ist Null*, um alle Sätze der Auftragstabelle zu erfassen, bei denen noch kein Zahlungseingang erfolgte.

Deaktivieren Sie bitte die Anzeige des Felds »Zahlungseingang«, da wir es zwar zur Eingabe eines Suchkriteriums benutzen, auf eine Anzeige seines Inhalts jedoch gut verzichten können – wir wissen ja, dass die selektierten Sätze in diesem Feld nichts enthalten (Abbildung 9.16).

Dem Abfragedatenblatt können wir entnehmen, dass die Kunden Krause, Renner und Baloui noch nicht bezahlt haben, was – siehe Felder »Re-Nr« und »Ku-Nr« der zugehörigen Tabellen – absolut korrekt ist (und bei Herrn Schlaak äußerst verständlich, da er noch gar keine Rechnung erhielt).

Ändern Sie das Kriterium in

```
Ist Nicht Null
```

würden genau umgekehrt die braven Kunden erfasst, die ihre Rechnungen bereits bezahlt haben, und bei denen sich somit im Feld »Zahlungseingang« irgendein Datum befindet.

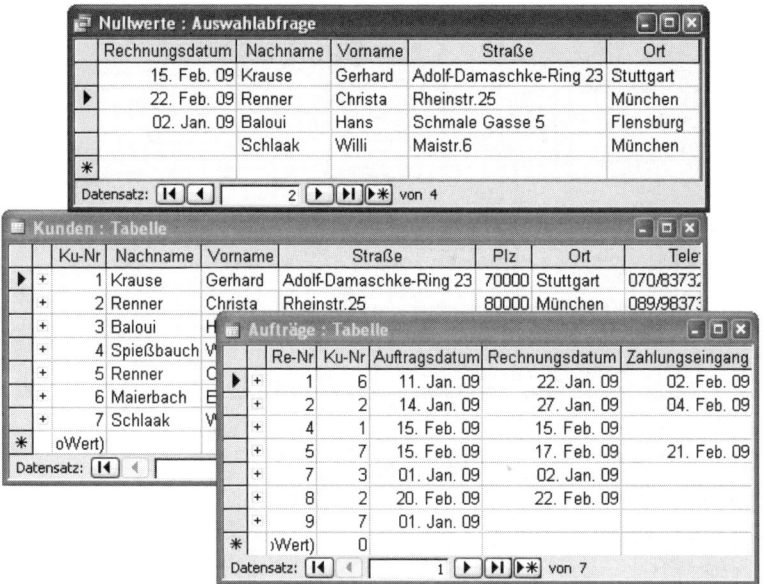

Abbildung 9.16:
Ergebnis der
Abfrage

Bei Datumsfeldern wollen Sie häufig das betreffende Feld mit dem aktuellen *Datumsauswahl* Datum vergleichen, um beispielsweise alle Kunden zu erfassen, die

➡ noch nicht bezahlt haben und bei denen

➡ das Rechnungsdatum länger als einen Monat zurückliegt.

Dazu tragen Sie zunächst im Feld »Zahlungseingang« wieder das Kriterium *Ist Null* ein, da Sie nur Aufträge erfassen wollen, bei denen die Rechnung noch nicht bezahlt wurde. Zusätzlich interessieren Sie jedoch nur Kunden, die bereits länger als drei Wochen zahlungsunwillig sind. Sie benötigen also ein zusätzliches Kriterium, das mit dem ersten durch *Und* verknüpft wird.

Ist heute der 1.3.09 (setzen Sie zum Ausprobieren die Rechneruhr auf dieses Datum), geben Sie als zusätzliches Kriterium für das Feld »Rechnungsdatum« den Ausdruck *<1.3.09-21* ein, um nur Aufträge zu erfassen, deren zugehörige Rechnung vor mehr als drei Wochen verschickt wurde (Abbildung 9.17).

Wie Sie sehen, ergänzt Access automatisch die Nummernzeichen »#« um das Datum herum. Die Bedeutung der beiden kombinierten Kriterien:

```
([Zahlungseingang] Ist Null) Und ([Rechnungsdatum] < #1.3.09#-21)
```

Nun wird nur noch der Datensatz mit dem Rechnungsdatum 2.1.09 gefunden, das gegenüber dem aktuellen Datum 1.3.09 um mehr als 21 Tage zurückliegt (Abbildung 9.18).

Abbildung 9.17:
EDV.MDB, Abfrage
»Datumsauswahl«

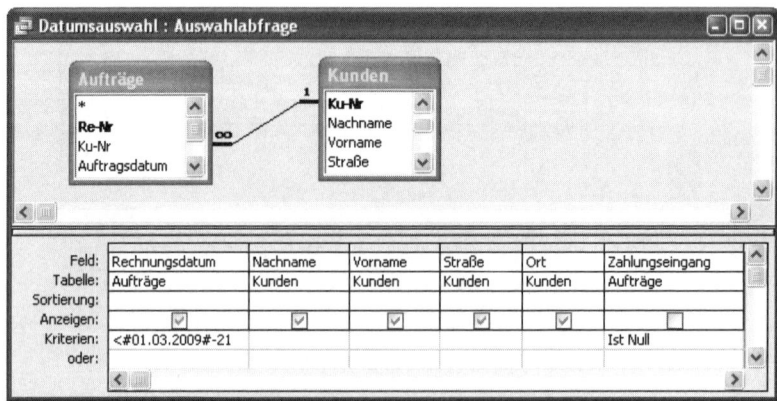

Abbildung 9.18:
Ergebnis der
Abfrage

:-)
TIPP

Sie können die Datumsauswahl durch den Einsatz der Datum-*Funktion vereinfachen, da der Ausdruck* Datum() *stellvertretend für das aktuelle Datum steht, das in der Systemuhr Ihres Rechners gespeichert ist.*

```
<Datum()-21
```

absolut äquivalent zu <1.3.09-21 – jedenfalls heute, am 1.3.09. Morgen ist jedoch der 2.3.09. Um die Abfrage erneut auszuführen, müssten Sie morgen das Kriterium <1.3.09-21 in <2.3.09-21 ändern. Bei der Variante mit der Datum-*Funktion ist das überflüssig, da der Ausdruck <Datum()-21 immer (!) stellvertretend für das aktuelle Datum minus drei Wochen steht. Das gilt auch noch in einem oder in zwei Jahren, somit ist die Variante mit der* Datum-*Funktion erheblich flexibler als ein Ausdruck mit einer starren Datumskonstanten.*

9.5   Flexiblere Auswahl mit Parameterabfragen

Bei Parameterabfragen fragt Sie Access vor jeder Ausführung der Abfrage nach den zu verwendenden Auswahlkriterien. Sie können die Abfrage mehrfach mit unterschiedlichen Kriterien verwenden, ohne den Abfrageentwurf verändern zu müssen.

Nehmen wir an, Sie suchen immer wieder die Adressen von Lieferanten in bestimmten – aber nicht immer den gleichen – Postleitzahlgebieten und die von ihnen bezogenen Artikel. Dazu entwerfen Sie eine Auswahlabfrage mit den Tabellen »Lieferanten«, »Artikel-Lieferanten« und »Artikel« und fügen die interessierenden Felder ein.

{ KOMPENDIUM } **Access 2003**

Statt nun im Feld »Plz« der Lieferantentabelle ein statisches Suchkriterium wie *Zwischen 70000 Und 80000* einzugeben, verwenden Sie den Ausdruck

```
Zwischen [Erste Postleitzahl] Und [Letzte Postleitzahl]
```

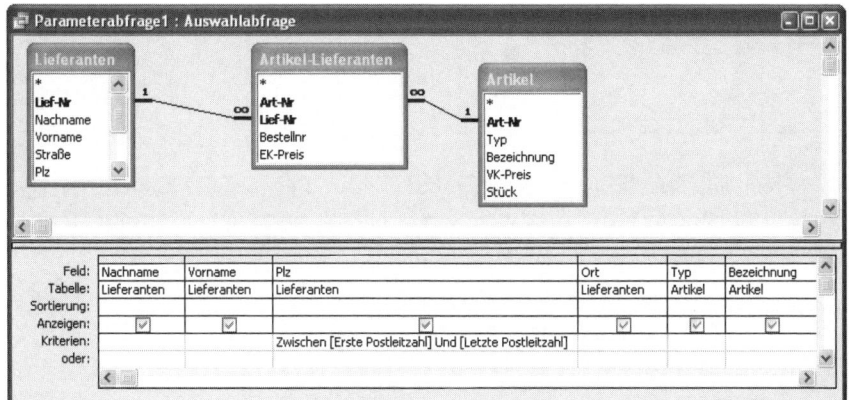

Abbildung 9.19:
EDV.MDB, Abfrage
»Parameterabfrage
1«

[Erste Postleitzahl] und *[Letzte Postleitzahl]* stehen stellvertretend für Werte, die der Benutzer beim Ausführen der Abfrage eingeben soll (Abbildung 9.19). Dazu benötigt Access jedoch nähere Informationen, die Sie mit Hilfe des Befehls ABFRAGE|PARAMETER... bekanntgeben (Abbildung 9.20).

Abfragepara-
meter definieren

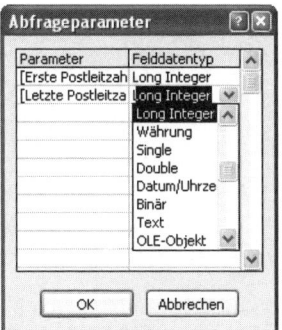

Abbildung 9.20:
Abfrageparameter
definieren

In jeder Zeile definieren Sie genau einen Parameter: In der linken Spalte tippen Sie den Namen des Parameters ein (ohne eckige Klammern). In der rechten Spalte selektieren Sie im zugehörigen Listenfeld den gewünschten Datentyp.

Bei der Eingabe von Postleitzahlen wäre beispielsweise *Long Integer* ein geeigneter Typ, sodass der Benutzer anschließend für diesen Parameter ausschließlich ganze Zahlen eingeben kann und Access eine Eingabe wie 30000,14 sinnvollerweise nicht akzeptiert.

Nach der Parameterdefinition können Sie die Abfrage ausführen. Access fragt nach dem Wert, der für den ersten Parameter »Erste Postleitzahl« eingesetzt werden soll (Abbildung 9.21).

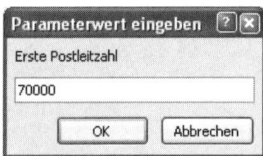

Sie geben eine beliebige Postleitzahl wie zum Beispiel 70000 ein. Access fragt anschließend auf die gleiche Weise nach dem zweiten Parameterwert. Geben Sie beispielsweise »80000« ein, lautet das Kriterium im Feld »Plz«

```
Zwischen 70000 Und 80000
```

da im Originalausdruck

```
Zwischen [Erste Postleitzahl] Und [Letzte Postleitzahl]
```

für den Parameter »[Erste Postleitzahl]« der Wert 70000 und für den zweiten Parameter »[Letzte Postleitzahl]« der Wert 80000 eingesetzt wird. Beide Parameter stehen stellvertretend für die vom Benutzer eingetippten Werte. Damit ergibt sich folgendes Abfragedatenblatt (Abbildung 9.22).

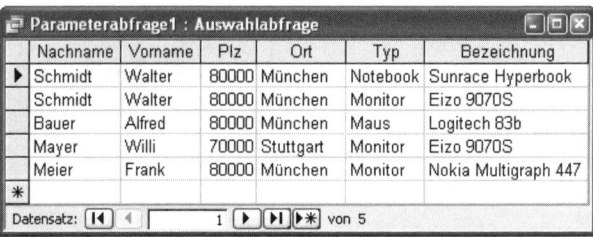

Sie können beliebig viele abzufragende Parameter definieren. Über die Reihenfolge der Parameterabfrage entscheidet die Reihenfolge, in der Sie die Parameter im Dialogfeld des Befehls ABFRAGE|PARAMETER... bekanntgeben.

10 Mit Abfragen Berechnungen durchführen

Mit Abfragen können Sie nicht nur Daten auswählen, sondern auch Berechnungen mit diesen Daten durchführen. Zum Beispiel ermitteln, wie hoch letztes Jahr der durchschnittliche Bestellwert war oder der Gesamtwert aller Aufträge eines bestimmten Kunden.

Im folgenden Kapitel erläutere ich zunächst berechnete Felder. Danach gehe ich auf die verschiedenen Aggregierungsfunktionen wie *Summe*, *Min* oder *Max* ein, die über alle Datensätze hinweg Gesamtresultate ermitteln, zum Beispiel die Summe aller Werte in einem bestimmten Feld oder den Durchschnitt dieser Werte.

Anschließend zeige ich Ihnen, wie Daten in Abfragen gruppiert und Berechnungen separat für jede dieser Gruppen durchgeführt werden. DatengruppierungIn der Praxis interessiert Sie nämlich kaum der Durchschnittspreis *aller* Artikel. Stattdessen wollen Sie derartige Analysen sicherlich nach Gruppen unterteilt durchführen, zum Beispiel, um getrennt voneinander den durchschnittlichen Preis Ihrer Monitore und Ihrer Drucker zu ermitteln.

10.1 Berechnete Felder einfügen

Am einfachsten sind Auswertungen mit berechneten Feldern. Dazu geben Sie einfach in irgendeiner freien Spalte in der Zeile »Feld« einen Ausdruck ein.

In diesem Ausdruck wollen Sie sich üblicherweise auf Tabellenfelder beziehen, zum Beispiel verkaufte Stückzahlen eines Artikels mit seinem Einzelpreis multiplizieren. Auf ein Tabellenfeld beziehen Sie sich, indem Sie seine Bezeichnung in eckige Klammern setzen.

Nehmen wir an, Sie interessieren sich außer für den Verkaufspreis Ihrer Artikel auch für die darin enthaltene Mehrwertsteuer und zusätzlich für den Nettopreis ohne diese Mehrwertsteuer. Sie erstellen eine Abfrage, die die Tabelle »Artikel« enthält und aus der zugehörigen Feldliste zumindest die Felder »Typ«, »Bezeichnung« und »VK-Preis«. Nun benötigen Sie zusätzlich zwei berechnete Felder. Geben Sie in der vierten Spalte den Ausdruck ein (Abbildung 10.1):

```
[VK-Preis]/116*16
```

Abbildung 10.1:
Berechnetes Feld
einfügen

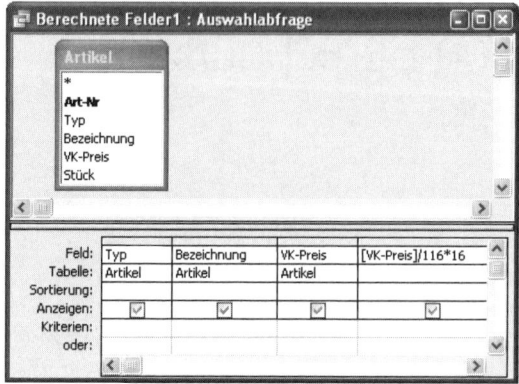

Feldbe-
zeichnung

Nach dem Beenden der Eingabe und Verlassen des Felds fügt Access vor dem Ausdruck automatisch eine Standardfeldbezeichnung wie »Ausdr1« ein, sodass der Inhalt des Textfelds danach »Ausdr1: [VK-Preis]/116*16« lautet. Sie können diese Bezeichnung jederzeit durch Übertippen ersetzen, zum Beispiel durch »MWSt« (Abbildung 10.2).

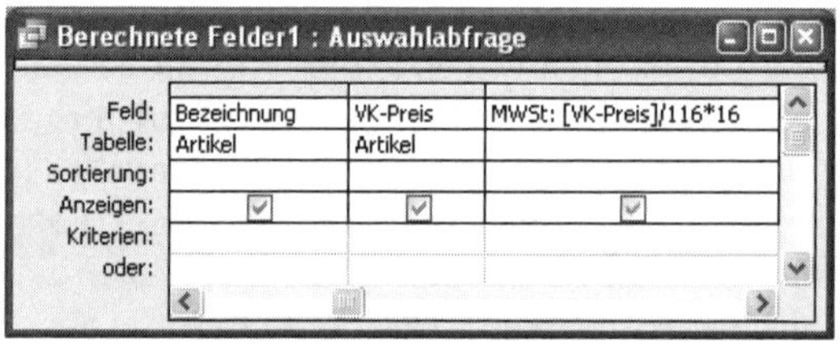

Abbildung 10.2:
Standardfeldbe-
zeichnung ersetzen

Feld:	Bezeichnung	VK-Preis	MWSt: [VK-Preis]/116*16
Tabelle:	Artikel	Artikel	
Sortierung:			
Anzeigen:	☑	☑	☑
Kriterien:			
oder:			

Das berechnete Feld besitzt nun den Namen »MWSt«, auf den Sie sich wiederum in anderen Ausdrücken beziehen können. Es bietet sich an, für die rechts benachbarte Spalte folgenden Ausdruck zur Berechnung des Nettoverkaufspreises ohne Mehrwertsteuer zu verwenden (Abbildung 10.3).

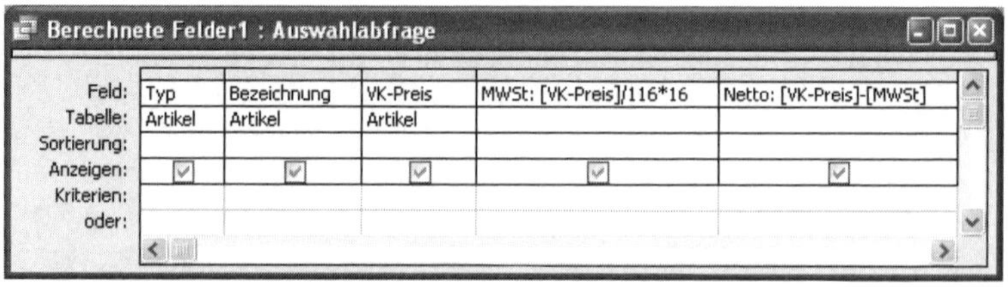

Abbildung 10.3:
EDV.MDB, Abfrage
»Berechnete
Felder1«

Feld:	Typ	Bezeichnung	VK-Preis	MWSt: [VK-Preis]/116*16	Netto: [VK-Preis]-[MWSt]
Tabelle:	Artikel	Artikel	Artikel		
Sortierung:					
Anzeigen:	☑	☑	☑	☑	☑
Kriterien:					
oder:					

Access vergab für das zweite berechnete Feld den Standardfeldnamen »Ausdr2«, den ich durch »Netto« ersetzte. Der Ausdruck

```
[VK-Preis]-[MWSt]
```

subtrahiert die ermittelte Mehrwertsteuer vom Bruttoverkaufspreis und ermittelt so den Nettobetrag (Abbildung 10.4).

Abbildung 10.4:
Ergebnis der
Abfrage

*Die Inhalte des berechneten Felds »MWSt« sind höchst unschön formatiert,
da Access in diesem Fall nicht einfach die Formatierung eines zugehörigen
Tabellenfeldes übernehmen kann (es gibt keines). Um das zu ändern, blenden Sie das Feldeigenschaften-Dialogfeld ein und wählen für die Feldeigenschaft Format die Einstellung »Währung«.*

:-)
TIPP

In komplexen Datenbanken benötigen Sie häufig tabellenübergreifende
Berechnungen, die Felder aus *verschiedenen Tabellen* verwenden. Nehmen
wir als Beispiel folgende Anfrage an die Datenbank EDV.MDB: »Suche alle
Bestellungen, also alle Auftragspositionen. Zeige jeweils den Namen und
Vornamen des betreffenden Kunden, den Typ und die Bezeichnung des
bestellten Artikels und den Gesamtwert der Bestellung an«.

*Tabellenüber-
greifende
Berechnungen*

Unmittelbar daran beteiligt sind die Tabellen »Auftragspositionen« (enthält
die einzelnen Bestellungen), »Kunden« (Name und Vorname Ihrer Kunden)
und »Artikel« (Typ und Bezeichnung der Artikel).

Zusätzlich wird jedoch auch die Tabelle »Aufträge« benötigt, das Bindeglied zwischen den einzelnen Auftragspositionen und dem zugehörigen Kunden: Die einzelnen Positionen eines Auftrags in »Auftragspositionen«
besitzen jeweils eine identische Rechnungsnummer. In »Aufträge« ist die
Nummer des zugehörigen Kunden vermerkt, von dem der Auftrag stammt
und die benötigt wird, um in der Kundentabelle auf seinen Namen und Vornamen zuzugreifen.

Die – nach »Nachname« sortierte – Abfrage enthält genau ein berechnetes
Feld, dessen Standardname »Ausdr1« von mir durch »Wert« ersetzt wurde
(Abbildung 10.5).

Der Ausdruck

```
Auftragspositionen!Stück*Artikel![VK-Preis]
```

bedeutet »Multipliziere den Inhalt des Feldes »Stück« der Tabelle »Auftragspositionen« mit dem Inhalt des Feldes »VK-Preis« der Tabelle »Artikel««.

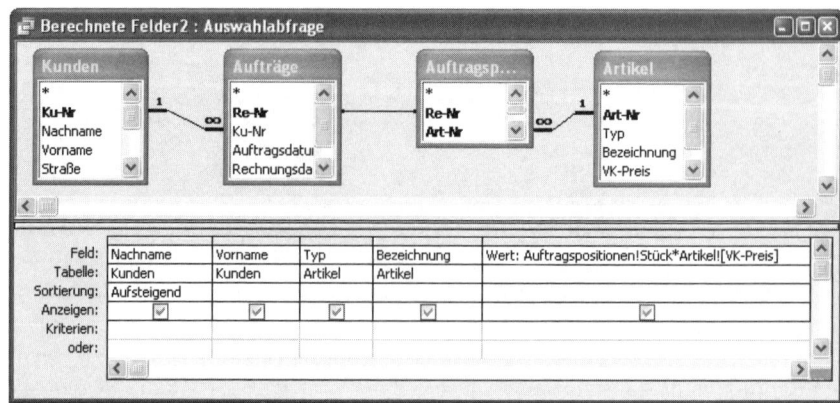

Allgemein: Ein Ausdruck der Art [Tabelle]![Feld] *bezeichnet das Feld mit dem Namen »Feld« in der Tabelle namens »Tabelle«.*

Laut Abfrageergebnis bestellte Christa Renner insgesamt vier Artikel: je einmal den »Drucker Epson LQ850« (Bestellwert: 1295 €) und das »Notebook Sunrace Hyperbook« (3075,90 €); und zweimal den Artikel »Maus Logitech 83b« (188,40 € bzw. 282,60 €) (Abbildung 10.6).

Dass dieses Ergebnis korrekt ist, zeigt ein Vergleich mit den ebenfalls abgebildeten zugrunde liegenden Tabellen: Christa Renner besitzt laut Tabelle »Kunden« die Kundennummer 2. Die Tabelle »Aufträge« enthält genau zwei zugehörige Aufträge mit dieser Kundennummer; der eine Auftrag besitzt die Rechnungsnummer 2 und der andere die Nummer 8.

Aus »Auftragspositionen« geht wiederum hervor, dass der Auftrag mit der Rechnungsnummer 2 aus zwei Bestellungen besteht: Von Artikel Nummer 1 wurden drei Stück bestellt, laut Tabelle »Artikel« also drei Mäuse zu je 94,20 €, was den in der Abfrage angezeigten Auftragswert von 282,60 € ergibt; von Artikel Nummer 3 wurde ein Stück bestellt, also ein Notebook zu 3.075,90 €.

Der zweite Auftrag von Christa Renner mit der Rechnungsnummer 8 besteht laut »Auftragspositionen« ebenfalls aus zwei Bestellungen: von Artikel Nr.1 (die Maus, siehe »Artikel«) wurden zwei Stück bestellt (Wert: 188,40 €); und von Artikel Nr.11 (der Drucker) wurde ein Stück bestellt (Wert: 1.295 €).

10.2   Aggregierungsfunktionen verwenden

Aggregierungsfunktionen wie *Summe*, *Min* oder *Max* ermitteln Gesamtresultate, zum Beispiel die Summe aller Werte in einem bestimmten Feld oder den Durchschnitt dieser Werte.

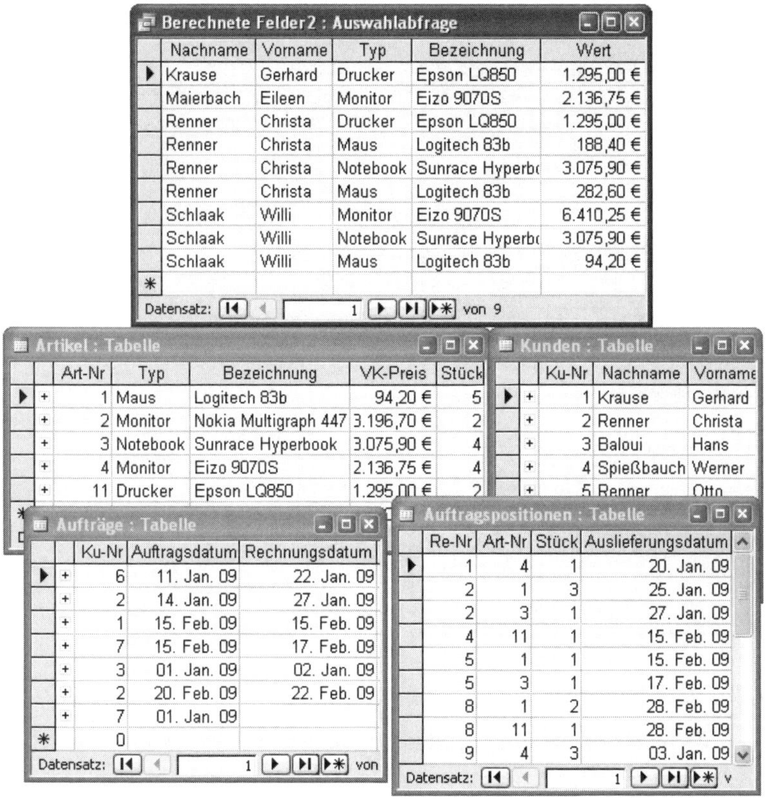

Abbildung 10.6:
Ergebnis der
Abfrage

Berechnete Felder2 : Auswahlabfrage

	Nachname	Vorname	Typ	Bezeichnung	Wert
▶	Krause	Gerhard	Drucker	Epson LQ850	1.295,00 €
	Maierbach	Eileen	Monitor	Eizo 9070S	2.136,75 €
	Renner	Christa	Drucker	Epson LQ850	1.295,00 €
	Renner	Christa	Maus	Logitech 83b	188,40 €
	Renner	Christa	Notebook	Sunrace Hyperbc	3.075,90 €
	Renner	Christa	Maus	Logitech 83b	282,60 €
	Schlaak	Willi	Monitor	Eizo 9070S	6.410,25 €
	Schlaak	Willi	Notebook	Sunrace Hyperbc	3.075,90 €
	Schlaak	Willi	Maus	Logitech 83b	94,20 €
*					

Datensatz: [◄] ◄ | 1 | [►] [►l] [►*] von 9

Artikel : Tabelle

		Art-Nr	Typ	Bezeichnung	VK-Preis	Stück
▶	+	1	Maus	Logitech 83b	94,20 €	5
	+	2	Monitor	Nokia Multigraph 447	3.196,70 €	2
	+	3	Notebook	Sunrace Hyperbook	3.075,90 €	4
	+	4	Monitor	Eizo 9070S	2.136,75 €	4
	+	11	Drucker	Epson LQ850	1.295,00 €	2

Kunden : Tabelle

		Ku-Nr	Nachname	Vorname
▶	+	1	Krause	Gerhard
	+	2	Renner	Christa
	+	3	Baloui	Hans
	+	4	Spießbauch	Werner
	+	5	Renner	Otto

Aufträge : Tabelle

		Ku-Nr	Auftragsdatum	Rechnungsdatum
▶	+	6	11. Jan. 09	22. Jan. 09
	+	2	14. Jan. 09	27. Jan. 09
	+	1	15. Feb. 09	15. Feb. 09
	+	7	15. Feb. 09	17. Feb. 09
	+	3	01. Jan. 09	02. Jan. 09
	+	2	20. Feb. 09	22. Feb. 09
	+	7	01. Jan. 09	
*		0		

Datensatz: [◄] ◄ | 1 | [►] [►l] [►*] von

Auftragspositionen : Tabelle

	Re-Nr	Art-Nr	Stück	Auslieferungsdatum
▶	1	4	1	20. Jan. 09
	2	1	3	25. Jan. 09
	2	3	1	27. Jan. 09
	4	11	1	15. Feb. 09
	5	1	1	15. Feb. 09
	5	3	1	17. Feb. 09
	8	1	2	28. Feb. 09
	8	11	1	28. Feb. 09
	9	4	3	03. Jan. 09

Datensatz: [◄] ◄ | 1 | [►] [►l] [►*] v

Wollen Sie wissen, wie hoch der durchschnittliche Verkaufspreis Ihrer Artikel ist und wie viele Artikel in Ihrem Lager insgesamt vorhanden sind, erzeugen Sie dazu eine neue Abfrage mit der Tabelle »Artikel«, fügen die beiden Felder »VK-Preis« und »Stück« ein, und klicken auf das Summensymbol.

Selektieren Sie im Listenfeld der nun eingefügten Zeile *Funktion:* für das Feld »VK-Preis« die Funktion *Mittelwert* und danach für das Feld »Stück« die Funktion *Summe* (Abbildung 10.7).

Access ermittelt nun für das Feld »VK-Preis« den Mittelwert aller darin enthaltenen Werte, den durchschnittlichen Verkaufspreis von 1.959,71 €. Und für das Feld »Stück« die Summe aller darin enthaltenen Werte, sodass Sie nun wissen, dass sich momentan insgesamt 17 Artikel in Ihrem Lager befinden (Abbildung 10.8).

Sie können auch komplexe Ausdrücke verwenden, die *unter anderem* diese Aggregierungsfunktionen benutzen. Interessiert Sie der Gesamtwert Ihres Lagerbestandes, erstellen Sie ein zusätzliches berechnetes Feld mit der Formel

```
Summe([VK-Preis]*[Stück])
```

Abbildung 10.7:
EDV.MDB, Abfrage
»Aggregierung1«

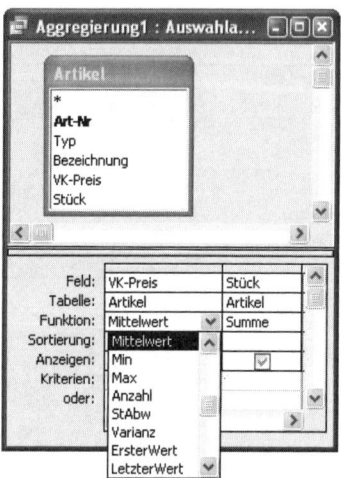

Abbildung 10.8:
Ergebnis der
Abfrage

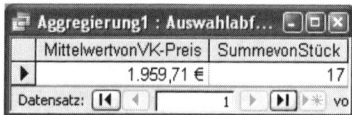

Diese Formel geben Sie auf folgende Weise ein:

1. Wählen Sie in einer leeren Spalte in der Zeile Funktion: die Option »Ausdruck«.

2. Geben Sie in der Zeile Feld: der Spalte die gewünschte Formel Summe([VK-Preis]*[Stück]) ein (Abbildung 10.9).

Abbildung 10.9:
EDV.MDB, Abfrage
»Aggregierung2«

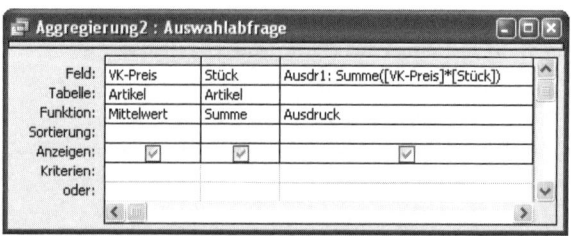

Access ergänzt die Formel zu »Ausdr1: Summe([VK-Preis]*[Stück])«. Intern erzeugt Access zunächst wie bei jedem berechneten Feld eine zusätzliche Feldspalte, deren Inhalte sich für jeden einzelnen Datensatz aus dem Inhalt des Feldes »VK-Preis« multipliziert mit dem Inhalt von »Stück« ergeben. Die zusätzliche Spalte enthält somit den Gesamtwert jedes Artikels.

Auf diese zusätzliche Spalte wendet Access die *Summe*-Funktion an, um die einzelnen Artikelwerte zu addieren und auf diese Weise den Gesamtwert Ihres Lagerbestands zu ermitteln (Abbildung 10.10).

Abbildung 10.10:
Ergebnis der
Abfrage

Access verfügt über folgende Aggregierungsfunktionen:

Tabelle 10.1:
Aggregierungs-
funktionen

Funktion	Resultat
Gruppierung	Siehe Kapitel 10.3, »Daten zu Gruppen zusammenfassen«
Summe	Summe aller Werte in betreffenden Feld
Mittelwert	Mittelwert aller Werte des Feldes
Min	Kleinster Wert des Feldes
Max	Größter Wert des Feldes
Anzahl	Gesamtanzahl der Werte des Feldes ohne Nullwerte
StdAbw	Standardabweichung der Werte des Feldes
Varianz	Varianz der Werte des Feldes
ErsterWert	Erster Wert im Feld
LetzterWert	Letzter Wert im Feld
Ausdruck	Siehe vorliegendes Kapitel 10.2, »Aggregierungsfunktionen verwenden«
Bedingung	Siehe »Interessierende Gruppen auswählen« auf Seite 238

10.3   Daten zu Gruppen zusammenfassen

DatengruppierungIn der Praxis interessiert Sie nicht der Durchschnittspreis und die Gesamtstückzahl *aller* Artikel. Stattdessen wollen Sie derartige Analysen nach Gruppen unterteilt durchführen. Zum Beispiel, um den durchschnittlichen Preis Ihrer Monitore oder Drucker herauszubekommen oder die Anzahl vorhandener Mäuse.

Dazu müssen Sie sie in einer Tabelle zu Gruppen zusammenfassen und auf jede dieser Gruppen getrennt die erläuterten Funktionen anwenden. Als Kriterium für die Gruppierung benutzen Sie ein Tabellenfeld, zum Beispiel das Feld »Typ« der Artikeltabelle. Access fasst daraufhin alle Datensätze, die in diesem Feld den gleichen Eintrag aufweisen, zum Beispiel »Monitor«, zu einer gemeinsamen Gruppe zusammen.

Um Berechnungen mit diesen Gruppen durchzuführen, gehen Sie genauso vor wie im Kapitel 10.2, »Aggregierungsfunktionen verwenden«, erläutert: Sie blenden die zusätzliche Zeile Funktion: *ein und wählen die Funktion aus, die auf die einzelnen Gruppen angewendet werden soll.*

Hauptgruppen festlegen

Zur Praxis: Wollen Sie nach Artikeltypen gruppieren, benutzen Sie eine Abfrage mit der Tabelle »Artikel« und fügen das Feld »Typ« ein. Unter *Funktion:* wählen Sie *Gruppierung.*

Interessieren Sie sich für den durchschnittlichen Verkaufspreis der einzelnen Artikelgruppen und die jeweils vorhandene Stückzahl, fügen Sie zusätzlich die Felder »VK-Preis« und »Stück« ein und wenden darauf die Aggregierungsfunktionen *Mittelwert* und *Summe* an (Abbildung 10.11).

Abbildung 10.11:
EDV.MDB, Abfrage
»Gruppierung1«

Die Funktionen *Mittelwert* und *Summe* werden diesmal nicht auf alle gefundenen Datensätze gemeinsam angewendet. Stattdessen fasst Access zunächst alle Datensätze, die im Feld »Typ« einen identischen Eintrag aufweisen, zu einer Gruppe zusammen.

Anschließend werden die Aggregierungsfunktionen auf alle Sätze dieser Gruppe angewendet, um den mittleren Verkaufspreis und die Gesamtstückzahl dieser Gruppe zu ermitteln. Danach werden diese Funktionen auf die nächste Gruppe angewendet, um deren mittleren Verkaufspreis und die Gesamtstückzahl zu ermitteln und so weiter. Die Aggregierungsfunktionen werden also auf jede Gruppe *separat* angewendet (Abbildung 10.12).

Vergleichen Sie dieses Abfrageergebnis mit der zugrundeliegenden Tabelle »Artikel«: Sie enthält im Feld »Typ« genau vier verschiedene Einträge, »Drucker«, »Maus«, »Monitor« und »Notebook«. Entsprechend bildet

Abbildung 10.12:
Ergebnis der
Abfrage

Access vier Gruppen und fasst dabei die beiden Monitore »Nokia Multigraph 447b« und »Eizo 9070S« zu einer Gruppe zusammen. Die drei anderen Gruppen enthalten jeweils nur einen einzigen Datensatz.

Die Aggregierungsfunktionen *Mittelwert* und *Summe* werden wie erläutert auf jede einzelne Gruppe separat angewendet: Das Abfrageergebnis enthält daher den durchschnittlichen Verkaufspreis aller Drucker, aller Mäuse, aller Monitore und aller Notebooks. Das Gleiche gilt für die ebenfalls nach Gruppen unterteilte Gesamtstückzahl der Artikel.

Die Gruppe »Monitor« zeigt, dass das Abfrageergebnis absolut korrekt ist: Die Summe des Feldes »Stück« beträgt für diese Gruppe sechs, da vom einen Monitortyp zwei und vom anderen vier vorhanden sind. Und der durchschnittliche Verkaufspreis der Monitore von 2.666,73 € ergibt sich aus dem Verkaufspreis 3.196,70 € des Nokias plus den 2.136,75 € des Eizos, dividiert durch zwei.

Untergruppen bilden

Sie können die gebildeten Gruppen in feiner unterteilte Untergruppen aufsplitten. Nehmen wir an, Sie wollen wissen, wie viele Artikel Ihre Kunden in den verschiedenen Postleitzahlgebieten bestellen. Direkt beteiligt an dieser Abfrage sind zwar nur die Tabellen »Kunden« und »Auftragspositionen«, als Bindeglied zwischen ihnen müssen Sie jedoch zusätzlich die Tabelle »Aufträge« einfügen (Abbildung 10.13).

Sie gruppieren nach »Plz« und summieren – separat für jede der gebildeten Gruppen – die Inhalte des Feldes »Stück« der Tabelle »Auftragspositionen« (Abbildung 10.14).

Abbildung 10.13:
EDV.MDB, Abfrage
»Gruppierung2«

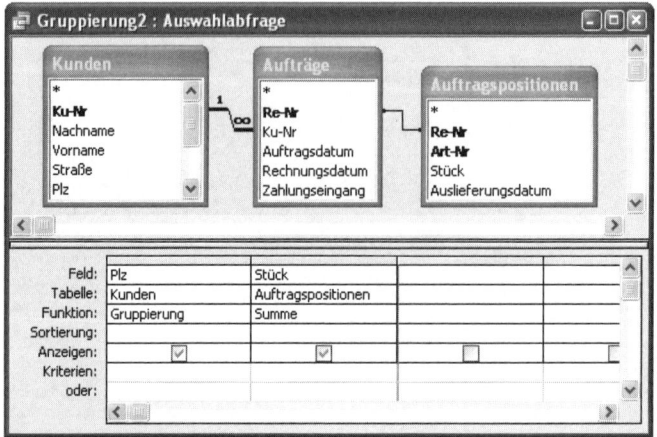

Abbildung 10.14:
Ergebnis der
Abfrage

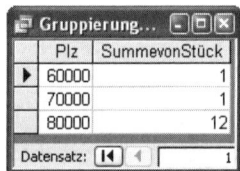

!!
STOP

Wird für mehr als ein Feld die Funktion Gruppierung *verwendet, bildet jenes Gruppierungsfeld, das sich am weitesten links befindet, das Hauptgruppierungskriterium, beispielsweise »Plz«.*

Access bildet dann zunächst verschiedene Gruppen von Datensätzen, die sich durch ihre Postleitzahl unterscheiden. Anschließend wird das zweite Gruppierungsfeld, beispielsweise »Typ«, zur Einteilung dieser Haupt- in Untergruppen verwendet und eine Gruppe von Sätzen mit identischer Postleitzahl in mehrere Untergruppen aufgesplittet, wenn die betreffenden Datensätze im Feld »Typ« unterschiedliche Einträge aufweisen.

Interessierende Gruppen auswählen

Sie können in Gruppierungsfeldern zusätzliche Kriterien verwenden, um bestimmte Gruppen auszuwählen. Interessieren Sie nur Bestellungen im Postleitzahlgebiet 70000 bis 80000, verwenden Sie für das Gruppierungsfeld »Plz« das Kriterium *Zwischen 70000 Und <=80000.* Access erfasst danach zunächst zwar ebenfalls alle Gruppen, zeigt anschließend jedoch nur jene an, die dem Kriterium *Zwischen 70000 Und <=80000* genügen und unterdrückt die Anzeige aller anderen Gruppen.

Angenommen, Sie interessieren sich dafür, für welche Beträge die Kunden im Postleitzahlgebiet 70000 bis 80000 verschiedene Artikeltypen bestellten (Abbildung 10.15).

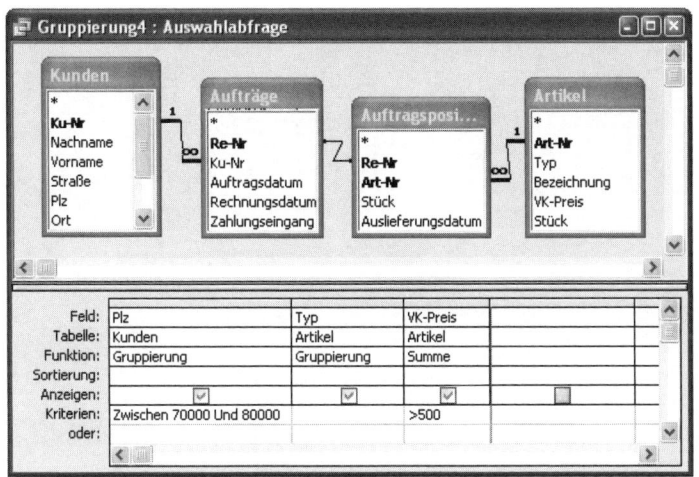

Abbildung 10.15:
Gruppenselektion

Sie gruppieren nach »Plz« und unterteilen diese Gruppen wiederum nach »Typ«. Für jede Untergruppe (für jeden Artikeltyp) wird die Summe des Verkaufspreises ermittelt. Angezeigt werden nur Gruppen mit Postleitzahlen zwischen 70000 und 80000 (Abbildung 10.16).

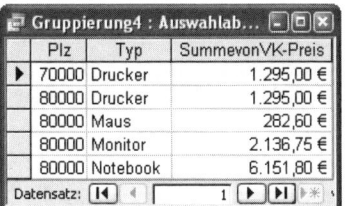

Abbildung 10.16:
Ergebnis der
Abfrage

Zusätzlich können Sie auch in Feldern, die eine Aggregierungsfunktion verwenden, die Anzeige selektiv unterdrücken. Interessieren Sie nur Artikeltypen, von denen Bestellungen für mehr als 500 € vorliegen, geben Sie im Feld »VK-Preis« das Kriterium >500 ein, das die Anzeige aller Sätze unterdrückt, bei denen die Berechnung kleinere Werte als 500 ergibt.

11 Mit Abfragen Aktionen ausführen

Mit Aktionsabfragen können Sie ausgewählte Daten in eine neue Tabelle kopieren oder an eine bereits bestehende Tabelle anhängen; Sie können löschen oder verändern. Sie können beispielsweise die Verkaufspreise aller Monitore einer bestimmten Marke per Aktualisierungsabfrage auf Knopfdruck um 10 % erhöhen.

11.1 Die Aktionsabfragetypen

Es gibt vier verschiedene Typen von Aktionsabfragen, die im Datenbankfenster jeweils durch ein eigenes Symbol gekennzeichnet werden. Alle Typen wählen wie Auswahlabfragen Daten aus, führen anschließend jedoch verschiedene Aktionen mit ihnen durch.

Tabellenerstellungsabfragen kopieren ausgewählte Datensätze in eine neue Tabelle.

Löschabfragen löschen ausgewählte Sätze einer oder mehrerer Tabellen.

Anfügeabfragen kopieren ausgewählte Sätze an das Ende einer Tabelle.

Aktualisierungsabfragen ändern bestimmte Werte in allen ausgewählten Sätzen gleichzeitig.

Zunächst entwerfen Sie eine Auswahlabfrage, die die gewünschten Daten auswählt. Anschließend wählen Sie im ABFRAGE-Menü je nach gewünschter Aktion einen der Befehle TABELLENERSTELLUNGSABFRAGE..., AKTUALISIERUNGSABFRAGE, ANFÜGEABFRAGE... oder LÖSCHABFRAGE oder klicken einfach das zugehörige Symbol an; zum Beispiel in der nachfolgend abgebildeten *Abfragetyp*-Symbolliste, die sich in der Abfrageentwurf-Symbolleiste befindet (Abbildung 11.1).

Die Auswahlabfrage wird daraufhin in den gewünschten Abfragetyp umgewandelt.

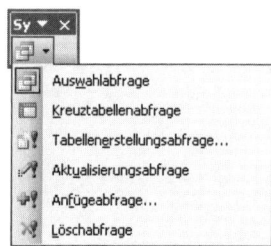

*In der Entwurfsansicht können Sie wie gewohnt die Datenblattansicht akti-
vieren oder die Abfrage ausführen lassen. In der Datenblattansicht werden
wie bei Auswahlabfragen die durch die Abfrage ausgewählten Datensätze
angezeigt. Bei der Ausführung einer Aktionsabfrage wird stattdessen jedoch
die betreffende Aktion ausgeführt!*

Das Gleiche passiert, wenn Sie die Abfrage im Datenbankfenster öffnen,
beispielsweise per Doppelklick: Access weist Sie darauf hin, indem es im
Datenbankfenster neben dem Abfragenamen außer dem zugehörigen Abfra-
gesymbol ein zusätzliches Ausrufezeichen anzeigt. Zusätzlich müssen Sie die
Aktionsausführung nach dem Öffnen bestätigen (Abbildung 11.2).

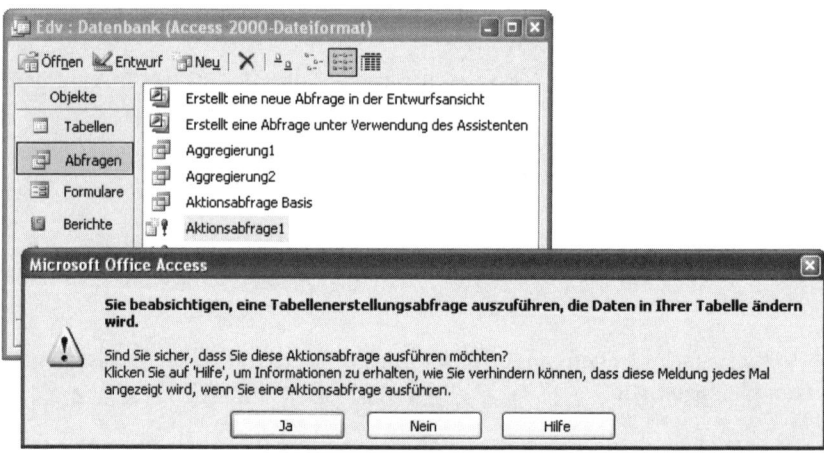

*Vor umfangreichen Lösch- oder Änderungsaktionen sollten Sie sicherheits-
halber die Originaltabelle kopieren (mit* DATEI|SPEICHERN UNTER...*) und
zusätzlich prüfen, welche Daten erfasst werden, indem Sie die Entwurfsansicht und daraus wiederum die Datenblattansicht aktivieren. Sind Sie mit
der Auswahl einverstanden, klicken Sie das Ausrufezeichensymbol an, um
die Abfrage auszuführen.*

11.2   Neue Tabellen erstellen

Angenommen, Sie wollen die Daten Ihrer Kunden im Postleitzahlgebiet 70000 bis 80000 in einer eigenen Tabelle speichern. Zunächst erzeugen Sie eine neue Abfrage, die alle Felder der Tabelle »Kunden« enthält, am einfachsten durch Ziehen des Sternchens »*« in die erste Spalte des Entwurfsfensters.

Da Sie im Feld »Plz« ein Kriterium eingeben wollen, ziehen Sie zusätzlich dieses Feld in die zweite Spalte, deaktivieren die Option *Anzeigen*, damit es nicht doppelt angezeigt wird und geben das Kriterium *Zwischen 70000 Und 80000* ein (Abbildung 11.3).

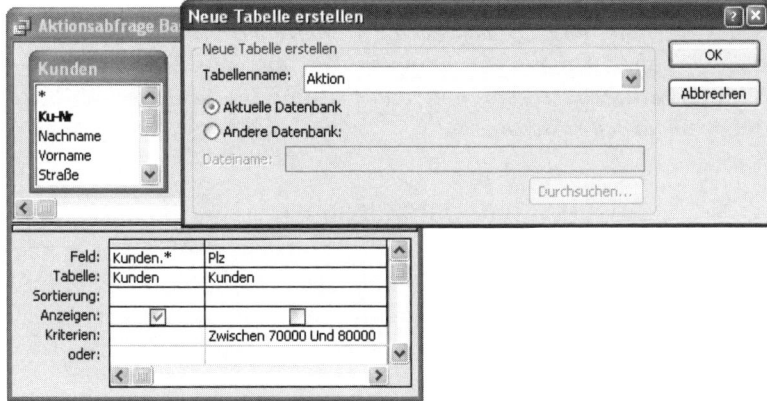

Abbildung 11.3:
EDV.MDB, Abfrage »Aktionsabfrage Basis«

Mit ABFRAGE|TABELLENERSTELLUNGSABFRAGE... wandeln Sie die Auswahlabfrage in eine Tabellenerstellungsabfrage um. Geben Sie unter *Tabellenname* den Namen der zu erzeugenden Tabelle an, beispielsweise »Aktion«.

Wählen Sie stattdessen in der zugehörigen Liste einen der bereits vorhandenen Tabellennamen aus, wird die betreffende Tabelle durch das Abfrageergebnis ersetzt. Soll die erzeugte Tabelle nicht in der aktuellen Datenbank gespeichert werden, aktivieren Sie *Andere Datenbank* und geben den Namen dieser Datenbank an.

Führen Sie die Abfrage aus, informiert Sie Access zunächst darüber, wie viele Datensätze die Abfrage in die neue Tabelle kopiert (Abbildung 11.4).

Ja erzeugt die Tabelle »Aktion« und kopiert die drei durch die Abfrage ausgewählten Datensätze in diese Tabelle (Abbildung 11.5).

Abbildung 11.4:
Anzahl kopierter
Datensätze

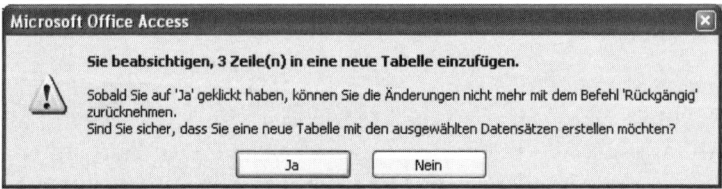

Abbildung 11.5:
Die erzeugte
Tabelle »Aktion«

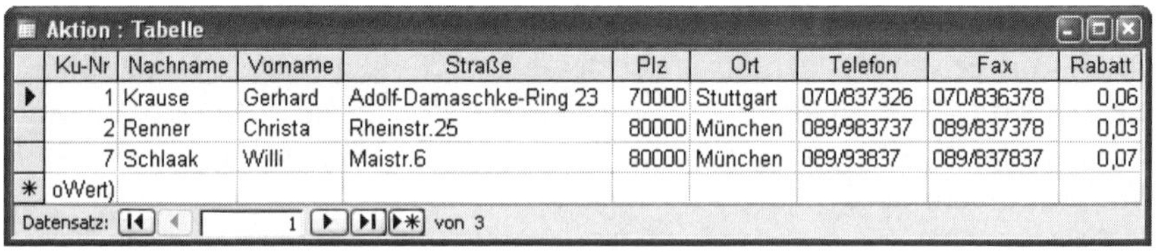

Ku-Nr	Nachname	Vorname	Straße	Plz	Ort	Telefon	Fax	Rabatt
1	Krause	Gerhard	Adolf-Damaschke-Ring 23	70000	Stuttgart	070/837326	070/836378	0,06
2	Renner	Christa	Rheinstr.25	80000	München	089/983737	089/837378	0,03
7	Schlaak	Willi	Maistr.6	80000	München	089/93837	089/837837	0,07

Datensatz: 1 von 3

In die erzeugte Tabelle werden die Feldeigenschaften Datentyp *und* Feldgröße *der alten Tabelle übernommen. Alle anderen Eigenschaften wie zum
Beispiel Gültigkeitsregeln und einen Primärschlüssel müssen Sie jedoch
anschließend selbst definieren!*

11.3   Ausgewählte Daten löschen

Löschabfragen löschen ausgewählte Daten in einer Tabelle. Zum Beispiel
alle Datensätze der Tabelle »Kunden« mit Postleitzahlen zwischen 70000
und 80000.

Fügen Sie wie zuvor in eine neue Abfrage mit »*« alle Felder der Tabelle
»Kunden« und zusätzlich das Feld »Plz« ein. Geben Sie für dieses Feld wieder das Kriterium *Zwischen 70000 Und 80000* ein (oder öffnen Sie einfach
die Abfrage »Aktionsabfrage2« von EDV.MDB). Wandeln Sie die Auswahl-
abfrage anschließend mit ABFRAGE|LÖSCHABFRAGE in eine Löschabfrage um
(Abbildung 11.6).

Abbildung 11.6:
EDV.MDB, Abfrage
»Aktionsabfrage2«

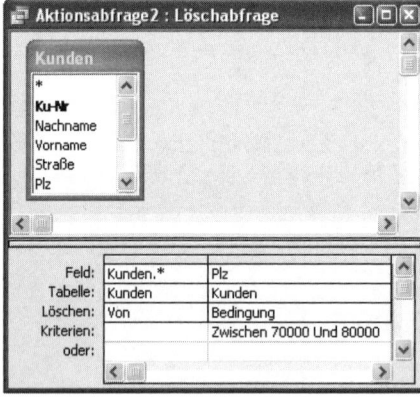

Aktivieren Sie die Datenblattansicht, sehen Sie die ausgewählten Datensätze. Führen Sie die Löschabfrage stattdessen aus, weist Access Sie darauf hin, dass durch die Ausführung drei Datensätze gelöscht werden. Bestätigen Sie das, werden die betreffenden Datensätze der Kundentabelle gelöscht.

So sieht zumindest die Theorie aus. Im Beispiel erhalten Sie jedoch stattdessen die folgende Meldung (Abbildung 11.7).

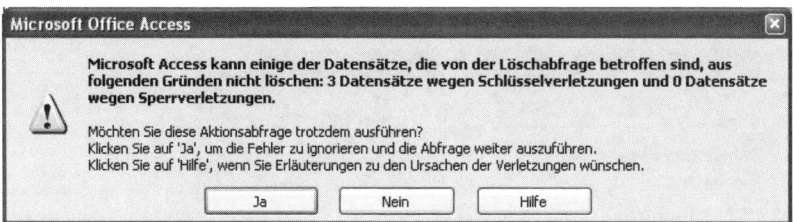

Abbildung 11.7:
Fehlermeldung bei
Ausführung der
Löschabfrage

Ursache dafür ist die Überwachung der referentiellen Integrität durch Access, gegen die das Löschen der Kundendatensätze verstoßen würde: Die drei durch die Löschabfrage ausgewählten Kunden vergaben mehrere Aufträge, die in der Tabelle »Aufträge« erfasst sind. Entsprechend sind in den betreffenden Auftragsdatensätzen die zugehörigen Kundennummern 1, 2 und 7 gespeichert.

Würden diese Kunden nun in der Tabelle »Kunden« gelöscht, wäre der betreffende Auftrag verwaist, und es ließe sich kein Bezug mehr zwischen dem Auftrag und dem auftraggebenden Kunden herstellen. Zusätzlich sind im Beispiel mit den zu löschenden Auftragsdatensätzen wiederum Datensätze in der Tabelle »Auftragspositionen« verknüpft, die nun ebenfalls verwaist wären.

Wenn Sie unbedingt wollen, können Sie die Kundendatensätze und gegebenenfalls auch alle damit verknüpften Datensätze dennoch löschen (siehe Kapitel 6.4, »Die Auswirkungen kaskadierter Beziehungen«).

11.4   Daten an andere Tabellen anfügen

Anfügeabfragen fügen komplette Datensätze oder einzelne Felder einer Tabelle in eine andere Tabelle ein. Als Beispiel dafür verwende ich eine Datenbank namens AUTOREN.MDB, *die sich ebenfalls auf der Begleit-CD befindet und unter anderem die Tabelle »Autoren« enthält (Abbildung 11.8).*

Nehmen wir an, die in dieser Tabellen erfassten Autoren gehören ebenfalls zu Ihren Kunden, und Sie wollen alle Autoren, die in München wohnen, in die Tabelle »Kunden« der Datenbank EDV.MDB einfügen. Dazu erstellen Sie eine neue Abfrage mit der Tabelle »Autoren« und wählen ABFRAGE|ANFÜGEABFRAGE... (Abbildung 11.9).

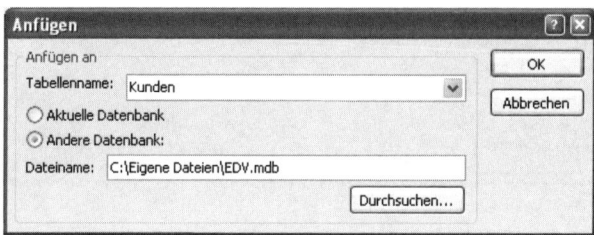

Access will wissen, an welche Tabelle welcher Datenbank die ausgewählten Daten angefügt werden sollen.

Sie aktivieren *Andere Datenbank*, klicken auf *Durchsuchen...* und selektieren im Dateiauswahl-Dialogfeld als Zieldatenbank EDV.MDB. Daraufhin erscheint unter *Dateiname* der vollständige Pfad, beispielsweise C:\EIGENE DATEIEN\ EDV.MDB und Sie können nun im Listenfeld *Tabellenname* unter allen Tabellen von EDV.MDB die gewünschte Tabelle »Kunden« auswählen.

Korrespon-dierende Felder

Fügen Sie nun die Felder »Name«, »Straße«, »Plz« und »Ort« in die Abfrage ein. Das Feld »Co-Autor« einzufügen wäre sinnlos, da die Tabelle »Kunden« kein korrespondierendes Feld enthält. Zum Schluss geben Sie für das Feld »Ort« das Kriterium »München« ein, da nur Autoren behandelt werden sollen, die in München wohnen (Abbildung 11.10).

Für jedes Feld schlägt Access in der zusätzlich vorhandenen Zeile *Anfügen an:* vor, welche Felder der Zieltabelle »Kunden« den Feldern der Quelltabelle »Autoren« zugeordnet werden sollten – mit Ausnahme des Feldes »Name«, bei dem dieser Vorschlag fehlt.

Die Vorschläge basieren auf den jeweiligen Feldnamen: Access geht davon aus, dass der Inhalt eines Feldes wie »Straße« der Autorentabelle wahrscheinlich in das gleichnamige Feld »Straße« der Kundentabelle eingefügt werden soll.

Feldzuordnung

Zum Feld »Name« gibt es jedoch kein gleichnamiges Feld in der Kundentabelle. Daher müssen Sie für dieses Feld das korrespondierende Feld der Zieltabelle »Kunden« selbst angeben, indem Sie im Listenfeld von *Anfügen an:*

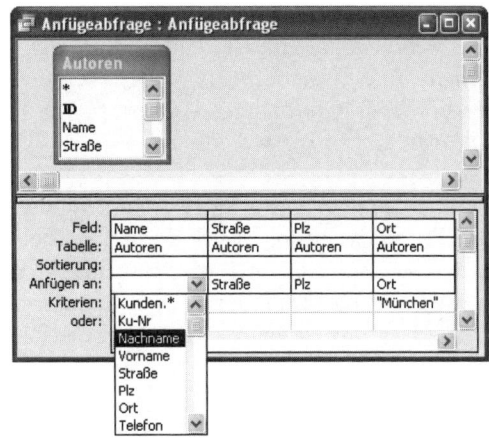

Abbildung 11.10:
AUTOREN.MDB,
Abfrage
»Anfügeabfrage«

entsprechend Abbildung 11.10 unter den Feldern der Zieltabelle »Kunden«
das Feld »Nachname« selektieren.

Aktivieren Sie das Abfragedatenblatt, um sich anzuschauen, welche Datensätze der Autorentabelle diese Abfrage auswählt (Abbildung 11.11).

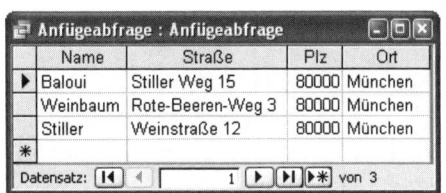

Abbildung 11.11:
Ausgewählte
Datensätze

Aktivieren Sie wieder die Entwurfsansicht und führen Sie die Abfrage durch
Anklicken des abgebildeten Symbols aus, weist Access Sie darauf hin, dass
durch die Ausführung unwiderruflich drei Datensätze angefügt werden.

Bestätigen Sie das, werden die betreffenden Datensätze an die Tabelle »Kunden« von EDV.MDB angefügt (Abbildung 11.12).

Abbildung 11.12:
Erweiterte Tabelle
»Kunden« in
EDV.MDB

Bei Anfügeabfragen ist es nicht möglich, mit dem Sternchen »*« als Stellvertreter alle Felder einer Tabelle einzufügen und zusätzlich eines dieser Felder erneut anzufügen und als Kriterium zu verwenden. Access würde das als Aufforderung auffassen, das betreffende Feld doppelt in die Zieltabelle einzufügen, was nicht möglich ist.

Wollen Sie jedoch alle Sätze einer Tabelle an eine andere anfügen und somit auf die Verwendung von Kriterien verzichten, können Sie wie gewohnt das Sternchen als Stellvertreter verwenden (»Autoren.*«). Unter Anfügen an: muss dann ebenfalls dieser Stellvertreter verwendet werden (»Kunden.*«). Voraussetzung ist jedoch, dass es in der Zieltabelle »Kunden« alle Felder der Tabelle »Autoren« gibt.

Enthält die Zieltabelle ein Zählerfeld (»Ku-Nr«, »Art-Nr« etc.), verzichten Sie am besten darauf, das entsprechende Feld – im Beispiel »ID« – der Quelltabelle einzufügen. Access ordnet den eingefügten Sätzen automatisch fortlaufende Werte im Zählerfeld der Zieltabelle zu. Der erste eingefügte Satz erhält einen Wert, der um 1 größer ist als der höchste momentan in der Zieltabelle vorhandene Wert. Der zweite eingefügte Satz erhält einen erneut um 1 höheren Wert und so weiter.

Fügen Sie auch das Zählerfeld der Quelltabelle ein, werden stattdessen die Originalwerte dieses Feldes in das zugeordnete Feld der Zieltabelle übernommen. Was jedoch problematisch sein kann, wenn dieses Feld der Primärschlüssel der Zieltabelle ist: Ist der eingefügte Zählerwert in der Zieltabelle bereits vorhanden, weigert sich Access, den betreffenden Satz einzufügen, da dadurch ein doppelter Primärschlüsselwert entstehen würde!

Das Gleiche gilt für das Einfügen von Datensätzen, wenn dadurch ein Wert in einem eindeutigen Indexfeld der Zieltabelle anschließend doppelt vorkommen würde!

!!
STOP

Voraussetzung für das erfolgreiche Anfügen von Datensätzen sind außer korrekten Feldzuordnungen miteinander verträgliche Datentypen, da sonst die betreffenden Feldinhalte nicht eingefügt werden.

Es ist beispielsweise nicht möglich, ein Feld »Summe« mit Werten wie 100.000 in ein gleichnamiges Feld einer anderen Tabelle einzufügen, das den Datentyp Integer besitzt, der auf einen Maximalwert von rund 32.000 beschränkt ist. Um die Zahl 100.000 einzufügen, muss das korrespondierende Feld zumindest den Typ Long Integer besitzen.

Ebensowenig können Sie ein Textfeld in ein Zahlenfeld einfügen. Das ist nur möglich, wenn das Textfeld eine Zeichenfolge enthält, die problemlos in eine Zahl umgewandelt werden kann. Zum Beispiel eine Zeichenkette wie »06219494« im Feld »Telefon«, die in die entsprechende Zahl umgewandelt und danach in ein Zahlenfeld der Zieltabelle eingefügt werden kann.

Ist ein Textfeld der Zieltabelle nicht groß genug, um den Inhalt eines größeren Textfeldes der Quelltabelle vollständig aufzunehmen, werden die überzähligen Zeichen einfach abgeschnitten.

11.5   Automatisiertes Ändern größer Datenmengen

Aktualisierungsabfragen ändern die Feldinhalte der ausgewählten Datensätze. Um beispielsweise die Verkaufspreise aller Monitore um 10 % zu erhöhen, erzeugen Sie eine Auswahlabfrage mit der Tabelle »Artikel« von EDV.MDB, fügen die Felder »VK-Preis« und »Typ« ein und geben im Feld »Typ« das Kriterium »Monitor« ein.

Danach wandeln Sie die Abfrage mit ABFRAGE|AKTUALISIERUNGSABFRAGE in eine Aktualisierungsabfrage um. In der von Access eingefügten Zeile *Aktualisieren* geben Sie entsprechend der Abbildung im Feld »VK-Preis« den Aktualisierungsausdruck *[VK-Preis]*1,1* ein (Abbildung 11.13).

Abbildung 11.13:
EDV.MDB, Abfrage
»Aktionsabfrage3«

Nach dem Ausführen der Abfrage informiert Access Sie darüber, dass zwei Zeilen, also zwei Datensätze aktualisiert werden. Bestätigen Sie diesen Hinweis mit *Ja*, enthalten die beiden Sätze der Artikeltabelle, die dem Kriterium »Monitor« entsprechen, anschließend im Feld »VK-Preis« um 10% höhere Werte als zuvor (siehe untere Tabelle in Abbildung 11.14).

Um diese Manipulation rückgängig zu machen, könnten Sie den Aktualisierungsausdruck in [VK-Preis]/11*10 ändern und die Abfrage erneut ausführen. Gerade bei Aktualisierungsabfragen ist jedoch eine andere Vorgehensweise wesentlich sinnvoller: Um sicherzustellen, nicht versehentlich durch Verwendung falscher Ausdrücke eine völlig ungewollte Aktualisierung zu erzielen, erzeugen Sie zunächst eine ganz normale Auswahlabfrage mit den gewünschten Auswahlkriterien. Dann fügen Sie ein zusätzliches berechnetes Feld ein, das die Resultate der geplanten Aktualisierung anzeigt (Abbildung 11.15).

:-)
TIPP

Das berechnete Feld »Ausdr1« enthält den Ausdruck, mit dem Sie die selektierten Sätze aktualisieren wollen. Im Datenblatt der Abfrage wird entsprechend der momentane Feldinhalt und daneben der aus dem Aktualisierungsausdruck resultierende Wert angezeigt (Abbildung 11.16).

Sind Sie mit dem Ergebnis einverstanden, wandeln Sie die Auswahl- in eine Aktualisierungsabfrage um: Sie löschen das berechnete Feld, wählen ABFRAGE|AKTUALISIERUNGSABFRAGE und geben den inzwischen überprüften Aktualisierungsausdruck *[VK-Preis]*1,1* im Feld »VK-Preis« unter *Aktualisieren:* ein.

12 Spezialitäten: Verknüpfungsarten und SQL

Im folgenden Kapitel erläutere ich Spezialitäten, die für die fortgeschrittene Anwendung von Abfragen interessant sind.

Das betrifft vor allem den Einfluss der gewählten Verknüpfungsart auf das Ergebnis von Abfragen. Nach dem Einfügen von Tabellen in eine Abfrage zeigt Access automatisch die zwischen ihnen definierten Standardbeziehungen an.

Alternativ dazu können Sie die Beziehungen zwischen den Tabellen *für die aktuelle Abfrage* angeben, indem Sie das Primärschlüsselfeld der Haupttabelle auf das korrespondierende Feld der Detailtabelle fallen lassen und unter Verknüpfungsarten auswählen, die ich nun erläutere.

Danach gebe ich Ihnen eine Einführung in die Datenbankabfragesprache SQL. Ein paar SQL-Grundkenntnisse sind nicht nur bei Abfragen, sondern vor allem später beim Erstellen komplexer Formulare und Makros oft nützlich.

12.1 Die verschiedenen Verknüpfungsarten

Die Exklusionsverknüpfung

Wir haben bisher nur den am häufigsten verwendeten Verknüpfungstyp benutzt, die Exklusionsverknüpfung (Equi Join). Diesen Typ verwendet Access bei der Definition einer Beziehung automatisch, solange Sie keine andere Beziehungsart wählen. Dadurch werden in zwei miteinander verknüpften Tabellen alle Datensätze beider Tabellen selektiert, bei denen die Inhalte der korrespondierenden Felder in beiden Tabellen identisch sind (Abbildung 12.1).

Diese Abfrage enthält die über das Feld »Ku-Nr« verknüpften Tabellen »Kunden« und »Aufträge«: Access selektiert alle Datensätze beider Tabellen, die sowohl in »Kunden« als auch in »Aufträge« die gleiche Kundennummer »Ku-Nr« enthalten, also Kunden und alle von ihnen erteilten Aufträge.

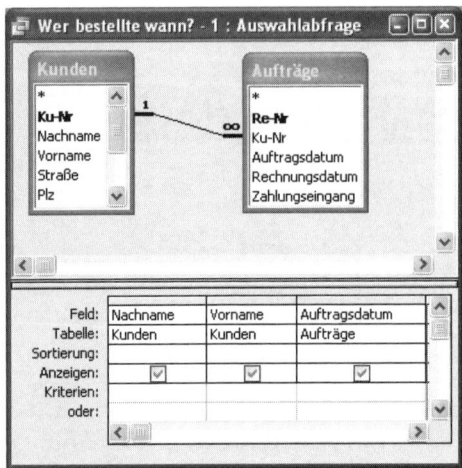

Aufgrund der beiden eingefügten Felder werden in der Datenblattansicht die Namen dieser Kunden und das Auftragsdatum aller zugehörigen Aufträge angezeigt (Abbildung 12.2).

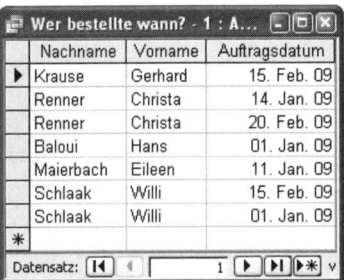

Der Name »Christa Renner« taucht im Datenblatt zweimal auf, da es zwei Aufträge dieses Kunden gibt und Access entsprechend zwei Abfragedatensätze erzeugt, um beide Aufträge dieses Kunden anzuzeigen.

Die Inklusionsverknüpfung

Vielleicht wollen Sie jedoch genau umgekehrt wissen, welche Kunden bisher noch keine Aufträge erteilten, also alle Sätze in »Kunden« selektieren, zu denen es in »Aufträge« keine Sätze mit identischer Kundennummer gibt.

Dann benötigen Sie eine Inklusionsverknüpfung (Outer Join). Mit dieser Verknüpfungsart werden *alle* Datensätze der Haupttabelle »Kunden« und *zusätzlich* jene Sätze der Detailtabelle »Aufträge« selektiert, die irgendeine der in »Kunden« vorhandenen Kundennummern enthalten.

Um eine andere Verknüpfungsart zu wählen, doppelklicken Sie im Abfrage-fenster auf die Verknüpfungslinie zwischen den beiden interessierenden Tabellen oder wählen ANSICHT|VERKNÜPFUNGSEIGENSCHAFTEN wählen) (Abbildung 12.3).

Right Outer Join

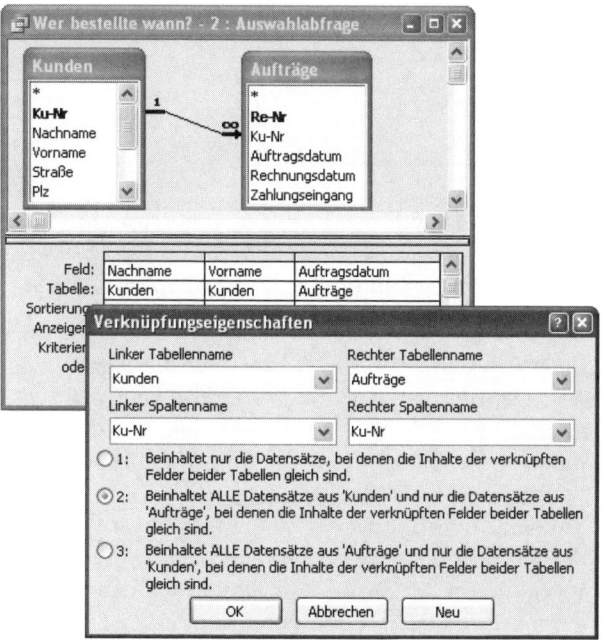

Abbildung 12.3:
EDV.MDB, Abfrage »Wer bestellte wann? – 2«

Den oberen Listenfeldteil, in dem die Haupt- und die Detailtabelle und die verknüpfenden Felder dieser Tabellen vorgegeben sind (und geändert wer-den können), erläuterte ich im Kapitel 6.1, »Die Beziehungen zwischen den Tabellen« (zusätzlich ermöglicht die Schaltfläche Neu das Erstellen einer Verknüpfung zwischen zwei bisher noch nicht miteinander verknüpften Tabellen der Abfrage).

REF

Uns interessieren die drei Optionen darunter. Vorselektiert war die Option *1*, die Exklusionsverknüpfung beider Tabellen. Stattdessen selektierte ich je-doch entsprechend der Abbildung die Option *2*, die Inklusionsverknüpfung.

Nach *OK* erscheint am Ende der Verknüpfungslinie ein Pfeil, der über die Verknüpfungsrichtung informiert und entsprechend der Abbildung von der Haupttabelle »Kunden« zur Detailtabelle »Aufträge« verläuft.

Es werden somit nur Sätze der Detailtabelle ausgewählt, in denen das ver-knüpfende Feld »Ku-Nr« den gleichen Inhalt besitzt wie in einem der Sätze der Haupttabelle. So sehen Sie, von welchen Kunden keine Aufträge erfasst sind: von »Spießbauch, Werner« und von »Renner, Otto«. (Abbildung 12.4).

Nachname	Vorname	Auftragsdatum
Krause	Gerhard	15. Feb. 09
Renner	Christa	14. Jan. 09
Renner	Christa	20. Feb. 09
Baloui	Hans	01. Jan. 09
Spießbauch	Werner	
Renner	Otto	
Maierbach	Eileen	11. Jan. 09
Schlaak	Willi	15. Feb. 09
Schlaak	Willi	01. Jan. 09

Wer bestellte wann? - 2 : A...

Datensatz: 1

:-)
TIPP

Um die restlichen hier uninteressanten Datensätze mit existierenden Aufträgen auszusortieren, verwenden Sie zusätzlich für das Feld »Auftragsdatum« das Kriterium Ist Null: *Nun werden nur die beiden interessierenden Nachnamen »Spießbauch« und »Renner« angezeigt.*

Zusätzlich sollten Sie in diesem Fall die Anzeige des Feldes »Auftragsdatum« deaktivieren, das nun ja sowieso keinen Inhalt besitzt. Dadurch werden nur noch die Spalten »Nachname« und »Vorname« mit den beiden Namen »Spießbauch, Werner« und »Renner, Otto« angezeigt.

Left Outer Join

Das Ganze funktioniert auch in umgekehrter Richtung, mit Hilfe der Option 3 des *Verknüpfungseigenschaften*-Dialogfelds: Sie erzeugt eine Inklusionsverknüpfung von der Detail- zur Haupttabelle, einen Left Outer Join statt des soeben verwendeten Right Outer Join.

Der Pfeil zeigt anschließend von der Detail- zur Haupttabelle. Damit werden *alle* Sätze der Detailtabelle erfasst, aber nur jene Sätze der Haupttabelle, die im korrespondierenden Feld einen der in der Detailtabelle vorhandenen Verknüpfungswerte enthalten.

Angewandt auf das Beispiel mit den Tabellen »Kunden« und »Aufträge« sehen Sie sich die Abbildung 12.5 an.

Diese Abfrage zeigt alle verwaisten Datensätze in »Aufträge« an. »Aufträge« enthält momentan zwar keine verwaisten Datensätze, bei Deaktivierung der Integritätsüberwachung könnten jedoch Waisen entstehen. Beispielsweise, indem Sie den Kunden mit der Kundennummer 100 in »Kunden« löschen, aber vergessen, auch die zugehörigen Aufträge dieses Kunden in »Aufträge« zu löschen.

Die Abfrage selektiert alle Sätze von »Aufträge«, aber nur die damit verknüpften Sätze von »Kunden«. Bei verwaisten Sätzen in »Aufträge« gibt es keinen verknüpften Datensatz in »Kunden«. Das Feld »Nachname« der betreffenden Datensätze des Abfragedatenblatts ist daher leer. Das Kriterium *Ist Null* für »Nachname« filtert alle nicht-leeren Sätze aus, sodass nur

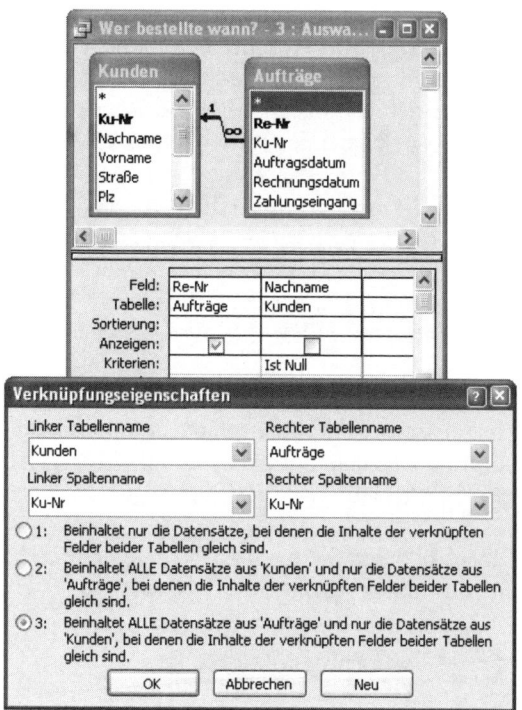

Abbildung 12.5:
Edv.mdb, Abfrage
»Wer bestellte
wann? – 3«

die tatsächlich verwaisten Datensätze übrigbleiben, deren Rechnungsnummer »Re-Nr« angezeigt wird.

Die Reflexiv-Verknüpfung

Eine Reflexiv-Verknüpfung verknüpft eine Tabelle *mit sich selbst*. Diese Verknüpfungsart kann sinnvoll angewendet werden, wenn eine Tabelle selbstbezügliche Daten enthält, Datensätze, die auf einen anderen Datensatz der *gleichen* Tabelle verweisen.

Ein Beispiel dafür ist die Tabelle »Autoren« in der Datenbank AUTO-REN.MDB *der Begleit-CD (Abbildung 12.6).*

Abbildung 12.6:
Autoren.mdb,
Tabelle »Autoren«

Sie enthält Informationen über alle Autoren, die für einen Verlag arbeiten. Einige dieser Autoren schreiben manche ihrer Bücher allein, andere dagegen zusammen mit einem Co-Autor. In der Tabelle wird daher zu jedem Autor außer seinem Namen und seiner Anschrift auch ein Verweis auf den Co-Autor gespeichert: der Primärschlüssel »ID« (Typ *AutoWert*).

Die Tabelle ist selbstbezüglich, da ein Datensatz, in dem ein Verweis auf einen Co-Autor eingetragen ist, auf einen anderen Datensatz *der gleichen Tabelle* verweist. Die Tabelle enthält zwei dieser reflexiven Bezüge: Der Autor Nummer 2, Maier, arbeitet mit Nummer 4, Schmidt, als Co-Autor zusammen. Und Stiller (Nr. 6) arbeitet mit Bauer (Nr. 3) als Co-Autor.

Nehmen wir an, Sie benötigten eine Liste der Namen aller Autoren, die mit Co-Autoren zusammenarbeiten, und zusätzlich auch die Namen dieser Co-Autoren. Dazu benötigen Sie eine Abfrage, in der die Tabelle »Autoren« reflexiv mit sich selbst verknüpft ist.

Zunächst fügen Sie die Tabelle *zweimal nacheinander* in eine neue Abfrage ein (Abbildung 12.7).

Abbildung 12.7:
AUTOREN.MDB,
Abfrage »Autoren
und Co-Autoren1«

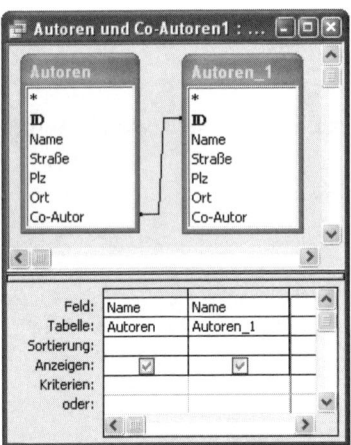

Damit haben Sie praktisch eine Kopie der Tabelle »Autoren« geschaffen (nur für diese eine Abfrage, nicht dauerhaft), der Access den Namen »Autoren_1« gibt.

Anschließend ziehen Sie entsprechend der Abbildung eine Beziehungslinie vom Feld »Co-Autor« der einen Tabelle zum Feld »ID« der zweiten Tabelle, da »Co-Autor« die Identifikationsnummer eines Autorendatensatzes enthält, also einen der Primärschlüsselwerte »ID«. Fügen Sie danach das Feld »Name« der Tabelle »Autoren« und das Feld »Name« von »Autoren_1« ein (Abbildung 12.8).

Abbildung 12.8:
Ergebnis der
Abfrage

Aufgrund der Gleichheitsverknüpfung zeigt Access die Namen aller Datensätze der beiden Tabellen an, die im verknüpfenden Feld identische Werte enthalten, also im Feld »Co-Autor« der Tabelle »Autoren« bzw. im Feld »ID« der Tabelle »Autoren_1«. Das sind die Datensätze Maier und Stiller der Tabelle »Autoren« und die zugehörigen Co-Autoren Schmidt und Bauer der Tabelle »Autoren_1«.

Die Verständlichkeit wird erhöht, wenn Sie als Eigenschaft Alias *der Feldliste* »Autoren_1« *einen Feldlistennamen wie* »Co-Autoren« *definieren.*

:-)
TIPP

Reflexiv-Verknüpfungen verknüpfen eine Tabelle durch Simulation zweier separater Tabellen. Ob diese beiden Tabellen durch eine Gleichheitsverknüpfung oder durch eine Inklusionsverknüpfung verknüpft sind, bleibt erneut Ihnen überlassen.

Angenommen, Sie benötigen eine Liste *aller* Autoren mit – falls vorhanden – den Namen der zugehörigen Co-Autoren. Dann müssen *alle* Datensätze aus »Autoren« aufgelistet werden. Und zusätzlich jene Sätze aus »Autoren_1«, auf die das Feld »Co-Autor« von »Autoren« verweist (Abbildung 12.9).

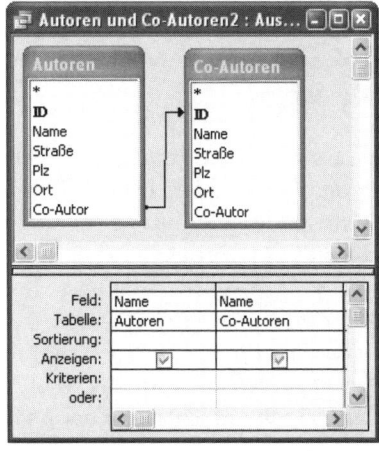

Abbildung 12.9:
AUTOREN.MDB,
Abfrage »Autoren
und Co-Autoren2«

Für die Feldliste »Autoren_1« definierte ich im *Eigenschaften*-Dialogfenster den Alias-Namen »Co-Autoren«. Als Beziehungstyp verwenden Sie »3«, sodass nun *alle* Sätze von »Autoren« und jene von »Co-Autoren« mit identischem Wert im verknüpften Feld ausgewählt werden (Abbildung 12.10).

Alias-Name

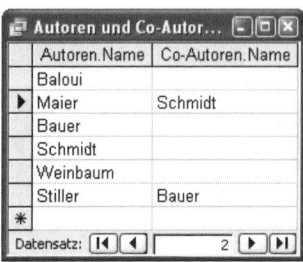

12.2   Die Abfragesprache SQL

SQL ist eine standardisierte Datenbankabfragesprache (Structured Query Language) zur Abfrage und Manipulation von Daten in relationalen Datenbanken. Access ist ein SQL-Server und führt in dieser Sprache erstellte Anweisungen aus, um Daten zu suchen, zu sortieren, zu selektieren oder zu manipulieren.

SQL-Server   Oder lässt ausführen: Über SQL können Sie auf nahezu beliebige heterogene Datenbestände zugreifen. Dazu muss per ODBC eine Verbindung zu einem SQL-Server hergestellt sein, der diese Datenbestände verwaltet, zum Beispiel zum Microsoft SQL Server. Auf dem Server befindet sich die interessierende Datenbank und auf Ihrer über ein Netzwerk mit dem Server verbundenen Arbeitsstation ist Access installiert.

Führen Sie nun eine Abfrage aus, die sich auf die auf dem Server liegende Datenbank bezieht, wühlt Access nicht selbst in dieser Datenbank herum, wozu eventuell Tausende von Datensätzen über das relativ langsame Netzwerk transportiert werden müssten, sondern überlässt diese Aufgabe dem SQL-Server.

Access wandelt Ihre Abfrage in eine SQL-Anweisung um und übermittelt sie an den SQL-Server. Dieser führt sie aus, durchwühlt seine Datenbank also selbst, und sendet nur die dadurch ausgewählten Daten an Access. Die Ausführung der Abfrage wird dadurch ganz extrem beschleunigt.

:-)
TIPP

Allerdings muss die Abfrage entsprechend gestaltet sein, da speziell bei ungeschickt formulierten Gruppierungsabfragen mehr Daten als notwendig über das Netzwerk an Access gesendet und erst dort weiter selektiert werden (gruppierte Abfragen beispielsweise so gestalten, dass erst selektiert und dann gruppiert wird und nicht umgekehrt)!

Weniger beim Erstellen von Abfragen selbst, sondern vor allem bei komplexen Formularen und Makros sind ein paar SQL-Grundkenntnisse sehr nützlich, beim Programmieren in Visual Basic sogar unverzichtbar, sodass ich

Ihnen nun eine Kurzeinführung gebe (bei der SQL-Kenner beachten sollten, dass sich Access-SQL in einigen Punkten vom standardisierten ANSI-SQL unterscheidet).

Nach dem interaktiven Erzeugen einer Abfrage analysiert Access den Inhalt des Abfragefensters und erzeugt eine entsprechende SQL-Anweisung, die diese Abfrage widerspiegelt, und ausgeführt wird. In der SQL-Ansicht zeigt Ihnen Access diese Anweisung. Nehmen wir als Beispiel die Abfrage »SQL« der Datenbank EDV.MDB (Abbildung 12.11).

SQL in Abfragen

Abbildung 12.11:
EDV.MDB, Abfrage
»SQL«

Die Abfrage verwendet die Tabelle »Kunden«. »Kunden.*« bindet alle Felder der Kundentabelle ein. Da keinerlei Such- oder Sortierkriterien verwendet werden, ist das Ergebnis der Abfrage, das Abfragedatenblatt, mit der Kundentabelle identisch.

Wählen Sie ANSICHT|SQL-ANSICHT, erscheint ein Fenster, das die der Abfrage zugrunde liegende SQL-Anweisung zeigt (Abbildung 12.12).

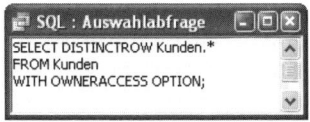

Abbildung 12.12:
SQL-Ansicht

Die *SELECT*-Anweisung ist für die Einschränkung der angezeigten Daten zuständig, sie wählt Daten nach angegebenen Kriterien aus. Die Anweisung

```
SELECT DISTINCTROW Kunden.* FROM Kunden
```

selektiert alle Felder aller Datensätze der Tabelle »Kunden«, die Access anschließend im Abfragedatenblatt anzeigt.

WITH OWNERACCESS OPTION; entspricht der auf »Besitzer« gesetzten Abfrageeigenschaft *Ausführungsberechtigungen.*

Verändern Sie diese SQL-Anweisung, analysiert Access sie anschließend und verändert die Abfrage entsprechend. Sie können das jederzeit ausprobieren.

SQL in Formularen Wichtiger ist jedoch die Übernahme der von Access gebildeten SQL-Anweisungen in andere Datenbankobjekte. Ein Beispiel: In Access-Formulare können Sie Listenfelder einbinden, die dem Anwender das Leben vereinfachen, indem er sich beispielsweise bei der Eingabe einer Bestellung den Namen eines Kunden aus dem Listenfeld aussucht, statt seine Kundennummer eintippen zu müssen.

Sie müssen dem Listenfeld jedoch beibringen, welche Daten aus welcher Tabelle es anzeigen soll. Dazu können Sie beispielsweise eine Abfrage verwenden, die die im Listenfeld anzuzeigenden Daten auswählt.

Oft ist es jedoch vorzuziehen, als Eigenschaft *Datensatzherkunft* des Listenfeldes keine Abfrage, sondern direkt eine SQL-Anweisung einzugeben, die die betreffenden Daten auswählt. Niemand verlangt von Ihnen, diese SQL-Anweisung manuell zu bilden.

STEP

Stattdessen gehen Sie so vor:

1. Sie erstellen eine Abfrage, die die im Listenfeld anzuzeigenden Daten auswählt, aktivieren die SQL-Ansicht, markieren die SQL-Anweisung und befördern sie mit BEARBEITEN|KOPIEREN in die Zwischenablage.

2. Nun öffnen Sie Ihr Formular in der Entwurfsansicht, aktivieren darin das Listenfeld und dessen Eigenschaft Datensatzherkunft und wählen BEARBEITEN|EINFÜGEN, um die SQL-Anweisung einzufügen.

Anschließend können Sie die Abfrage löschen, die nicht länger benötigt wird. Genau das ist einer der Vorteile dieser Technik: Ihr Formular ist im Gegensatz zur alternativen Technik mit der Bindung des Listenfelds an eine Abfrage vollkommen unabhängig von einer oder gar mehreren Abfragen.

SQL in Makros und Modulen Das gleiche Verfahren wenden Sie in Makros oder Modulen an: Sie erstellen eine Abfrage, die die gewünschten Daten auswählt, kopieren die zugehörige SQL-Anweisung in das Makro oder Modul und löschen anschließend die nicht mehr benötigte Abfrage.

(KOMPENDIUM) **Access 2003**

Grundlegende SQL-Anweisungen

Die im folgenden benutzte Großschreibung müssen Sie nicht verwenden; sie dient nur der Hervorhebung.

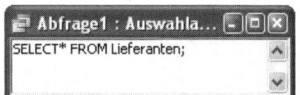

:-)
TIPP

SELECT

Der Selektionsanweisung *SELECT* folgt die Angabe der anzuzeigenden Felder. Im einfachsten Fall selektiert *SELECT* * alle Datensatzfelder. *SELECT* muss nach dem Schlüsselwort (Klausel) *FROM* ein Bezug auf eine Tabelle folgen. Eine einfache SQL-Anweisung wäre entsprechend

```
SELECT * FROM Lieferanten;
```

Erzeugen Sie bitte eine neue, leere Abfrage und geben Sie diesen Ausdruck in der SQL-Ansicht ein (Abbildung 12.13).

Abbildung 12.13:
Eingabe einer
SQL-Anweisung

Aktivieren Sie anschließend die Entwurfsansicht (Abbildung 12.14).

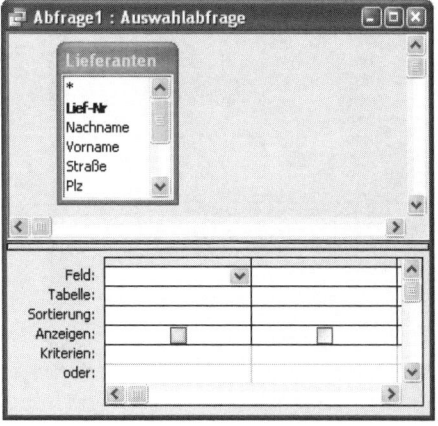

Abbildung 12.14:
In der Entwurfs-
ansicht

Access bindet automatisch die Tabelle »Lieferanten« in das Abfragefenster ein. Der untere Teil des Fensters ist leer. Offenbar kann Access diese SQL-Anweisung nicht adäquat grafisch darstellen. Dennoch ist sie eine gültige SQL-Anweisung, die Access korrekt ausführt, wenn Sie die Datenblattansicht aktivieren (Abbildung 12.15).

Sollen nur bestimmte Felder einer Tabelle angezeigt werden, ersetzen Sie das Sternchen »*« durch die durch ein Komma voneinander getrennten Feldnamen (Abbildung 12.16).

Abbildung 12.15:
Ausführung der
SQL-Anweisung

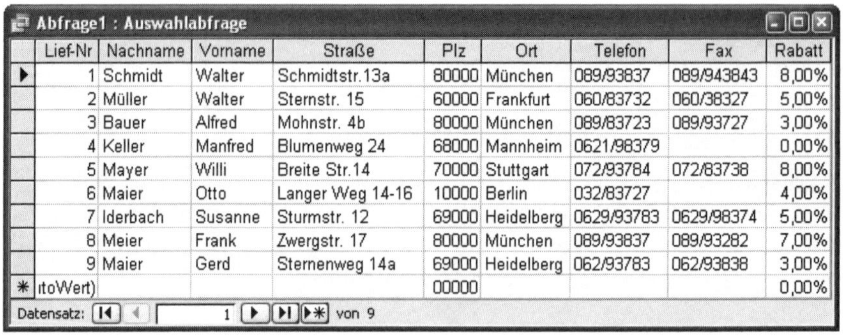

	Lief-Nr	Nachname	Vorname	Straße	Plz	Ort	Telefon	Fax	Rabatt
▶	1	Schmidt	Walter	Schmidtstr.13a	80000	München	089/93837	089/943843	8,00%
	2	Müller	Walter	Sternstr. 15	60000	Frankfurt	060/83732	060/38327	5,00%
	3	Bauer	Alfred	Mohnstr. 4b	80000	München	089/83723	089/93727	3,00%
	4	Keller	Manfred	Blumenweg 24	68000	Mannheim	0621/98379		0,00%
	5	Mayer	Willi	Breite Str.14	70000	Stuttgart	072/93784	072/83738	8,00%
	6	Maier	Otto	Langer Weg 14-16	10000	Berlin	032/83727		4,00%
	7	Iderbach	Susanne	Sturmstr. 12	69000	Heidelberg	0629/93783	0629/98374	5,00%
	8	Meier	Frank	Zwergstr. 17	80000	München	089/93837	089/93282	7,00%
	9	Maier	Gerd	Sternenweg 14a	69000	Heidelberg	062/93783	062/83838	3,00%
✱	itoWert)				00000				0,00%

Datensatz: |◀| ◀ | 1 | ▶ | ▶| | ▶✱ | von 9

Abbildung 12.16:
Feldselektion

In der Entwurfsansicht sehen Sie, dass Access die Anweisung *SELECT Name, Vorname FROM Lieferanten;* in die Einbindung der Felder »Nachname« und »Vorname« der Lieferantentabelle umsetzt (Abbildung 12.17).

Abbildung 12.17:
Umsetzung der
SQL-Anweisung

DISTINCTROW

Das Schlüsselwort *DISTINCTROW* als Ergänzung von *SELECT* (*SELECT DISTINCTROW*) bewirkt, dass nur Zeilen selektiert werden, die sich voneinander unterscheiden, entspricht somit der Einstellung »Ja« der Abfrageeigenschaft *Keine Duplikate*:

```
SELECT DISTINCTROW Nachname, Vorname FROM Lieferanten;
```

Die zusätzliche *WHERE*-Klausel wird zur Verwendung von Auswahlkriterien benutzt:

```
SELECT DISTINCTROW Felder FROM Tabelle WHERE Kriterien;
```

»Felder« ersetzen Sie durch die darzustellenden Felder, »Tabelle« durch die interessierende Tabelle und »Kriterien« durch ein Auswahlkriterium. Zum Beispiel setzt Access die Anweisung

```
SELECT DISTINCTROW Nachname, Vorname FROM Lieferanten WHERE Plz=80000;
```

in eine Abfrage um, in die die Felder »Nachname« und »Vorname« der Lieferantentabelle als anzuzeigende Felder eingebunden sind und das Feld »Plz« als Feld, das zwar ein Auswahlkriterium enthält, dessen Anzeige jedoch unterdrückt wird (Abbildung 12.18).

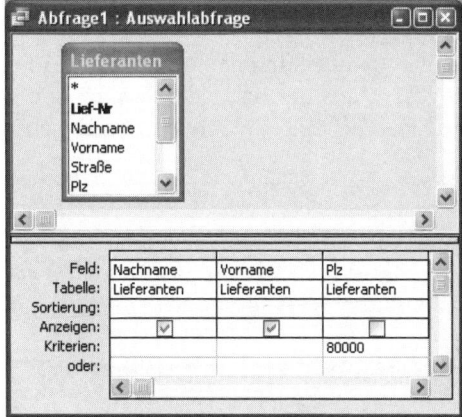

Abbildung 12.18:
Kriterien

Zum Beispiel wählt

```
SELECT DISTINCTROW Nachname, Vorname FROM Lieferanten WHERE Plz>=60000
AND Plz<=80000;
```

alle Datensätze aus, die im Feld »Plz« einen Wert zwischen 60000 und 80000 enthalten.

Beachten Sie, dass Sie in SQL-Ausdrücken englische Schlüsselwörter verwenden müssen, And *statt* Und, Or *statt* Oder *und so weiter!*

!!
STOP

Erstellen Sie eine neue Abfrage mit den Tabellen »Lieferanten« und »Kunden«, zeigt Access im SQL-Fenster folgende Anweisung an:

Mehrdeutigkeiten

```
SELECT FROM Kunden, Lieferanten;
```

Sie entspricht dem Einbinden der beiden Tabellen »Kunden« und »Lieferanten« in die Abfrage.

Ändern Sie die Anweisung manuell in

```
SELECT Nachname, Vorname FROM Kunden, Lieferanten WHERE Plz>=60000 AND
Plz<=80000;
```

und aktivieren Sie die Datenblattansicht, erhalten Sie eine Fehlermeldung, die besagt, dass der Bezug »Nachname« nicht eindeutigist.

Sobald mehrere Tabellen im Spiel sind, sind Feldbezeichnungen wie »Nachname« nicht mehr unbedingt eindeutig, da wie in diesem Beispiel »Lieferanten« und »Kunden« mehrere Tabellen ein Feld namens »Nachname« enthalten können.

Außer dem Feldnamen müssen Sie in diesem Fall zusätzlich die Tabelle angeben, aus der das Feld stammt und statt wie bisher *Feld* den Ausdruck *Tabelle.Feld* zur eindeutigen Angabe eines Felds benutzen:

```
SELECT Lieferanten.Nachname, Lieferanten.Vorname FROM Lieferanten WHERE
Lieferanten.Plz>=60000 AND Lieferanten.Plz<=80000;
```

JOIN   Das SQL-Schlüsselwort *JOIN* stellt Verknüpfungen zwischen Tabellen her (Abbildung 12.19).

Abbildung 12.19:
Verknüpfungen
in SQL

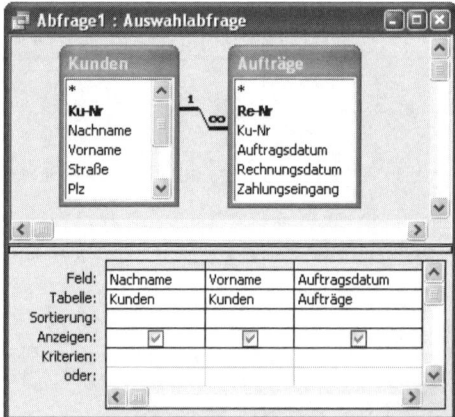

In diese Abfrage sind die beiden Tabellen »Kunden« und »Aufträge« eingebunden. Ziel ist es, Kundennamen und das zugehörige Auftragsdatum zu sehen. Daher werden aus der Kundentabelle die Felder »Nachname« und »Vorname« und aus der Auftragstabelle »Auftragsdatum« eingefügt. Die zugehörige SQL-Anweisung (Abbildung 12.20).

Der Ausdruck

```
SELECT Kunden.Nachname, Kunden.Vorname, Aufträge.Auftragsdatum FROM
```

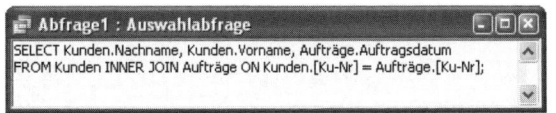

Abbildung 12.20:
Umsetzung in SQL

selektiert diese drei Felder, und zwar durch den Teil

```
Kunden INNER JOIN Aufträge ON Kunden.[Ku-Nr] = Aufträge.[Ku-Nr];
```

in der Tabelle »Kunden«, die über das Feld »Ku-Nr« mit dem gleichnamigen Feld der Tabelle »Aufträge« verknüpft ist.

Mit *LIKE* lassen sich Suchmuster definieren. In Access-SQL können Sie dabei die gewohnten Zeichen »?« und »*« verwenden (im standardisierten ANSI-SQL wird im Gegensatz zu Access-SQL statt des Jokerzeichens »?« ein Unterstrich »_« verwendet!):

LIKE

```
SELECT * FROM Lieferanten WHERE Nachname LIKE 'M?ie*';
```

Diese Anweisung selektiert alle Lieferanten, deren Name

1. mit einem »M« beginnt, dem

2. ein beliebiges Zeichen folgt, dem

3. wiederum die Zeichenfolge »ie« und beliebige weitere Zeichen folgen; also »Maier«, »Meierbach«, aber nicht »Mayer«.

ORDER BY sortiert Datensätze nach dem Inhalt eines angegebenen Feldes aufsteigend:

ORDER BY

```
SELECT * FROM Lieferanten WHERE Nachname LIKE 'M?ie*' ORDER BY [Lief-
Nr];
```

Mit dem Zusatz *DESC* wird stattdessen absteigend sortiert:

DESC

```
SELECT * FROM Lieferanten WHERE Nachname LIKE 'M?ie*' ORDER BY [Lief-
Nr] DESC;
```

»[Lief-Nr]« muss übrigens von eckigen Klammern umschlossen sein, da Access »Lief-Nr« irrtümlich als zwei Parameter namens »Lief« und »Nr« interpretieren würde!

!!
STOP

SQL-spezifische Abfragen

Die Unterbefehle von ABFRAGE|SQL-SPEZIFISCH ermöglichen die Erstellung einiger spezieller Arten von SQL-Abfragen. Weil diese Abfragetypen nicht adäquat im Entwurfsfenster dargestellt werden können, weigert sich Access bei derartigen Abfragen übrigens von vornherein, die Entwurfsansicht zu aktivieren.

ABFRAGE|SQL-SPEZIFISCH|UNION erzeugt eine Union-Abfrage (Vereinigungs-Abfrage), die im Datenbankfenster durch das abgebildete Symbol gekennzeichnet wird.

Im zugehörigen Datenblatt werden *in einem einzigen Feld* Daten angezeigt, die mehreren Tabellen entstammen.

Angenommen, Sie interessieren sich für die Namen aller Ihrer Kunden und Lieferanten, die sich in München befinden. Sie erzeugen eine neue Abfrage, in die *keine* Tabelle/Abfrage eingefügt wird. War zuvor eine Tabelle im Datenbankfenster selektiert, die nun im Abfragefenster eingefügt ist, entfernen Sie die zugehörige Feldliste wieder.

Danach wählen Sie ABFRAGE|SQL-SPEZIFISCH|UNION. Das SQL-Eingabefenster erscheint, und Sie geben darin zwei *SELECT*-Anweisungen ein (Abbildung 12.21).

Abbildung 12.21:
EDV.MDB, Abfrage
»Union:Ja«

Beide SELECT-Anweisungen zusammen bilden eine einzige SQL-Anweisung. Die erste SELECT-Anweisung darf daher keinesfalls mit einem Semikolon abgeschlossen werden, sondern dieses »Endezeichen« folgt erst der zweiten SELECT-Anweisung!

Die erste *SELECT*-Anweisung wählt die Felder »Nachname« und »Vorname« aller Datensätze in »Kunden« aus, die im Feld »Ort« den Eintrag »München« enthalten. Die zweite *SELECT*-Anweisung führt die gleiche Aktion mit der Tabelle »Lieferanten« durch.

Der Zusatz *UNION* vor *SELECT* bewirkt, dass die korrespondierenden Felder miteinander vereinigt werden: das erste Feld der ersten *SELECT*-Anweisung mit dem ersten Feld der zweiten *SELECT*-Anweisung, und das zweite Feld der ersten *SELECT*-Anweisung mit dem zweiten Feld der zweiten *SELECT*-Anweisung.

Die miteinander vereinigten Felder werden nach Ausführung der Abfrage jeweils in einer gemeinsamen Datenblattspalte dargestellt (Abbildung 12.22).

Abbildung 12.22:
Ergebnis der Abfrage

Die Spalte »Nachname« enthält nun gleichzeitig die Nachnamen aller Kunden und aller Lieferanten in München, und die Spalte »Vorname« entsprechend deren Vornamen.

Miteinander zu vereinigende Felder müssen keineswegs wie in diesem Beispiel identische Feldnamen besitzen! Heißen die beiden interessierenden Felder in »Lieferanten« stattdessen »Nach« und »Vor«, verwenden Sie die SQL-Anweisung

```
SELECT Nachname, Vorname FROM Kunden WHERE Ort="München"
UNION SELECT Nach, Vor FROM Lieferanten WHERE Ort="München"
```

Als Spaltenüberschriften werden dabei die Feldbezeichnungen der ersten *SELECT*-Anweisung verwendet.

Sie können die gezeigte SQL-Anweisung auch eingeben, ohne zuvor ABFRAGE|SQL-SPEZIFISCH|UNION *zu wählen. Dieser Befehl bewirkt jedoch, dass das Abfragedatenblatt nicht wie sonst ein veränderbares Dynaset, sondern ein so genanntes Snapshot enthält: Die darin enthaltenen Daten können Sie sich zwar ansehen, aber nicht ändern – was in diesem Fall außerordentlich sinnvoll ist, denn Sie wissen ja gar nicht, welche Tabelle Sie beeinflussen würden, wenn Sie einen Vor- oder Nachnamen editieren!*

!!
STOP

ABFRAGE|SQL-SPEZIFISCH|PASS-THROUGH erstellt eine Pass-Through-Abfrage. Wie zuvor wird die SQL-Ansicht aktiviert, und Sie geben eine SQL-Anweisung ein. Diese Anweisung wird jedoch nicht von Access ausgeführt, sondern direkt an einen SQL-Server wie Oracle gesendet und muss sich entsprechend an der von diesem Server verwendeten Syntax orientieren.

ABFRAGE|SQL-SPEZIFISCH|DATENDEFINITION erstellt eine DatendefinitionsAbfrage, die keine Daten auswählt, sondern definiert (siehe Kapitel 11, »Mit Abfragen Aktionen ausführen«).

13 Pivot-Tabellen und -Diagramme

Pivot-Tabellen haben wie Abfragen viel mit dem Filtern und Sortieren von Daten zu tun. Ich zeige Ihnen zunächst, wie Sie Pivot-Tabellen erstellen, verändern und die darin enthaltenen Daten gruppieren und sortieren.

Danach geht es um die Möglichkeiten, die angezeigten Daten einzuschränken, um sich zum Beispiel nur die ersten 10 oder die letzten 25 % aller Spalten oder Zeilen anzeigen lassen.

Pivot-Tabellen eignen sich hervorragend dazu, numerische Daten übersichtlich zusammenzufassen und unter verschiedenen Gesichtspunkten auszuwerten. Entsprechend zeige ich Ihnen, wie Sie in einer solchen Tabelle Summierungen bilden oder Durchschnitte berechnen.

Den Abschluss bildet die Erläuterung von Pivot-Diagrammen, mit denen Sie Ihre Zusammenfassungen grafisch präsentieren können.

Nahezu alle Befehle sind am einfachsten über Kontextmenüs erreichbar. Geht es beispielsweise darum, ein für die Zeilenüberschriften einer Pivot-Tabelle verwendetes Feld »Typ« absteigend zu sortieren, klicken Sie mit der rechten Maustaste darauf und finden im Kontextmenü unter anderem die Befehle zum Sortieren dieses Feldes.

:-)
TIPP

Ich erläutere Formatierungen, Sortierungen etc. durch Anwendung der entsprechenden Befehle bzw. Symbole. Access bietet als alternative Möglichkeit die Verwendung von Dialogfeldern. Sie öffnen sie, indem Sie mit der rechten Maustaste auf ein Element einer Pivot-Tabelle klicken und im Kontextmenü Eigenschaften wählen. Darin finden Sie außer den von mir erläuterten weitere Optionen, die das betreffende Element bietet.

:-)
TIPP

Ist das Dialogfeld einmal geöffnet, genügt das Anklicken eines anderen Elements, um dessen Eigenschaften einzusehen bzw. zu verändern. Der Inhalt des Dialogfelds ändert sich entsprechend und zeigt nun die Optionen zum Formatieren des neuen selektierten Elements an.

13.1   Pivot-Tabellen erstellen und manipulieren

Pivot-Tabellen ermöglichen nicht nur eine komfortablere Datenanalyse, sondern vor allem das einfache nachträgliche Umstellen und Ändern der Analysen.

Nehmen Sie als Beispiel eine Abfrage, die aussagt, welche Kunden wann, was bestellt hatten, und wie hoch der Auftragswert jeweils war (Abbildung 13.1).

Abbildung 13.1:
Edv.mdb, Abfrage
»Pivot-Datenbasis«

Nachname	Vorname	Ort	Typ	Bezeichnung	Stück	Wert	Auftragsdatum
Krause	Gerhard	Stuttgart	Drucker	Epson LQ850	1	1.295,00 €	15. Feb. 09
Maierbach	Eileen	Frankfurt	Monitor	Eizo 9070S	1	2.136,75 €	11. Jan. 09
Renner	Christa	München	Drucker	Epson LQ850	1	1.295,00 €	20. Feb. 09
Renner	Christa	München	Maus	Logitech 83b	2	188,40 €	20. Feb. 09
Renner	Christa	München	Maus	Logitech 83b	3	282,60 €	14. Jan. 09
Renner	Christa	München	Notebook	Sunrace Hyperbook	1	3.075,90 €	14. Jan. 09
Schlaak	Willi	München	Maus	Logitech 83b	1	94,20 €	15. Feb. 09
Schlaak	Willi	München	Monitor	Eizo 9070S	3	6.410,25 €	01. Jan. 09
Schlaak	Willi	München	Notebook	Sunrace Hyperbook	1	3.075,90 €	15. Feb. 09

Dieses Datenblatt basiert auf einem Abfrageentwurf mit den verknüpften Tabellen »Kunden«, »Aufträge«, »Auftragspositionen« und »Artikel« (Abbildung 13.2).

Abbildung 13.2:
Entwurfsansicht der
Abfrage

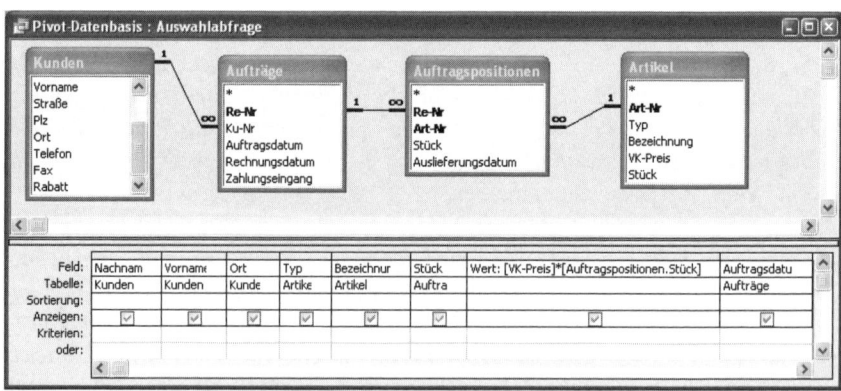

Das einzig Erwähnenswerte daran ist das berechnete Feld »Wert«, das mit dem Ausdruck

```
Wert: [VK-Preis]*[Auftragspositionen.Stück]
```

die Inhalte der Felder »VK-Preis« der Tabelle »Artikel« und »Stück« der Tabelle »Auftragspositionen« (in der »Stück« die bestellte Stückzahl darstellt; im Gegensatz zum gleichnamigen Feld in »Artikel«, der noch vorhandenen Stückzahl dieses Artikels) multipliziert, um den Wert der betreffenden Auftragsposition zu ermitteln.

Es wäre sicher interessant zu wissen, welche Kunden bevorzugt welche Artikel bestellen. Mit Abfragen ist das kein Problem, wie Sie inzwischen wissen. Pivot-Tabellen bieten jedoch eine Alternative, die in manchen Fällen vielleicht vorzuziehen ist, da sich derartige Auswertungen nicht nur einfach erstellen, sondern extrem einfach per Drag&Drop verändern lassen (Abbildung 13.3).

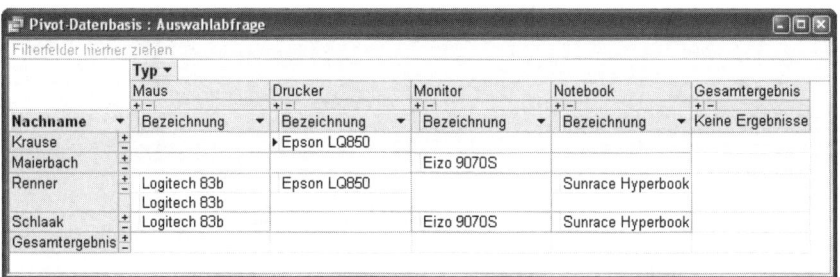

Abbildung 13.3:
Pivot-Tabelle

Sie sehen auf einen Blick, wer die Logitech-Maus bestellte, wer den Eizo-Monitor bestellte etc.

Was Pivot-Tabellen interessant macht, ist, dass wenige Mausaktionen genügen, um eine völlig andere Auswertung zu erhalten, beispielsweise eine Übersicht über die Anzahl der bestellten Artikel, nach Wochen gruppiert (Abbildung 13.4).

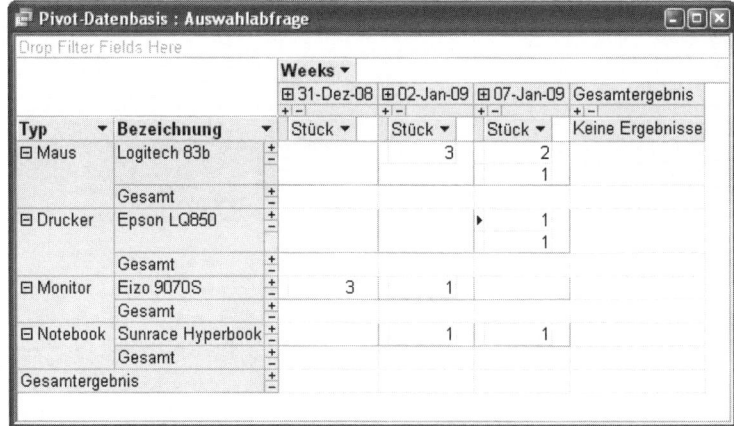

Abbildung 13.4:
Pivot-Tabelle
verändern

In dieser Darstellungsform ist sehr einfach abzulesen, wie viele Mäuse oder Monitore welchen Typs in einer bestimmten Woche bestellt wurden.

Wirklich nützlich werden Pivot-Tabellen erst durch die eingebauten numerischen Auswertungsoptionen. Oft erfordert eine wirklich übersichtliche Auswertung das Summieren von Werten, um beispielsweise die Summen in den einzelnen Spalten oder Zeilen zu bilden (Abbildung 13.5).

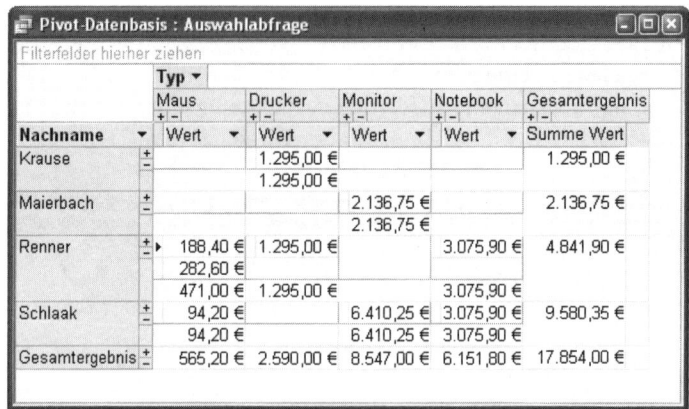

Um zunächst einmal die zuerst gezeigte Pivot-Tabelle zu erstellen (Abbildung 13.3), öffnen Sie die Abfrage »Pivot-Datenbasis« und aktivieren danach mit dem Befehl ANSICHT|PIVOTTABLE-ANSICHT die Pivot-Tabellenansicht (Abbildung 13.6).

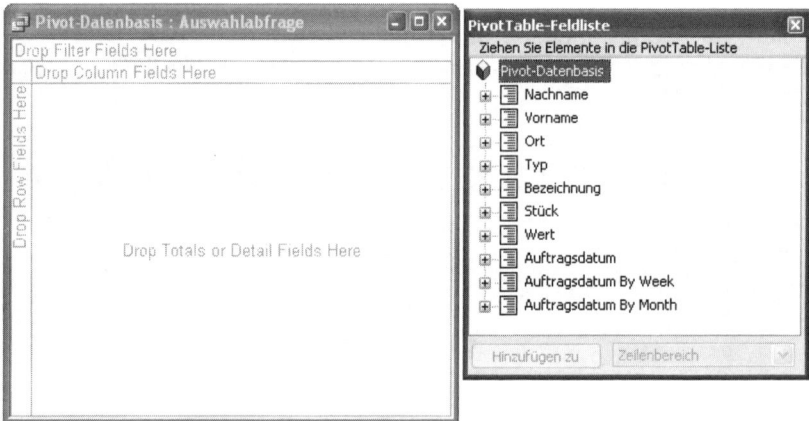

Felder einfügen   Blenden Sie zusätzlich mit ANSICHT|FELDLISTE die Feldliste ein und ziehen Sie die interessierenden Felder dorthin in's Pivot-Tabellenschema, wo sie angezeigt werden sollen.

Da die verschiedenen Inhalte des Felds »Typ« als Spaltenüberschriften verwendet werden, ziehen Sie »Typ« zum Abschnitt *Spaltenfelder hierher ziehen*. Und da die verschiedenen Ausprägungen von »Nachname« als Zeilenüberschriften dargestellt werden sollen, ziehen Sie »Nachname« in den Abschnitt *Zeilenfelder hierher ziehen*.

Zusätzlich müssen Sie das zu verwendende Datenfeld angeben, jene Variable, die an den Schnittpunkten der Spalten und Zeilen erscheinen wird.

[KOMPENDIUM] Access 2003

Ziehen Sie dazu bitte »Bezeichnung« in den Abschnitt *Gesamtsummen oder Detailfelder hierher ziehen.*

Als Resultat erhalten Sie die in Abbildung 13.3 gezeigte Pivot-Tabelle.

Statt ein Feld per Drag&Drop einzufügen, können Sie es alternativ dazu in der Feldliste per Anklicken selektieren, danach im Listenfeld darunter den Schemabereich auswählen, in den es eingefügt werden soll, und es mit Hinzufügen *zu* dort einfügen.

:-)
TIPP

Einer der größten Vorteile von Pivot-Tabellen besteht in der Möglichkeit, die Datenanalyse sehr leicht nachträglich veränder zu können, ohne eine neue Pivot-Tabelle erzeugen zu müssen. Stattdessen bauen Sie einfach die bestehende Pivot-Tabelle um und entfernen Felder daraus oder fügen andere Felder ein.

Um beispielsweise die Spalten und Zeilen zu vertauschen, ziehen Sie das Feld »Typ« in den Abschnitt *Zeilenfelder hierher ziehen* und danach das dort vorhandene Feld »Nachname« in den nun leeren Abschnitt *Spaltenfelder hierher ziehen*, in dem sich zuvor »Typ« befand (Abbildung 13.7).

Spalten und Zeilen vertauschen

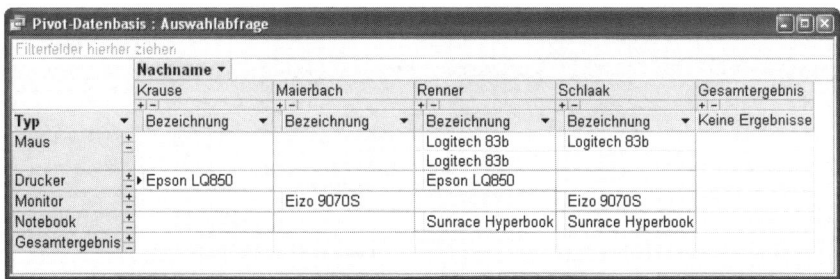

Abbildung 13.7:
Zeilen und Spalten vertauschen

Beachten Sie, dass Sie nicht an einer der Ausprägungen eines Felds wie »Typ« *ziehen müssen, also nicht einer der Spaltenüberschriften wie* »Maus«*,* »Monitor« *etc., sondern am fett hervorgehobenen Feld* »Typ« *selbst. Entsprechend ziehen Sie auch nicht an einer der als Zeilenüberschriften* »Krause«*,* »Maierbach« *etc. verwendeten Ausprägungen des Felds* »Nachname«*, sondern am fett hervorgehobenen Feld* »Nachname« *selbst.*

!!
STOP

Sie können die verschiedenen Bereiche einer Pivot-Tabelle unterschiedlich formatieren. Sollen die verschiedenen Ausprägungen des Felds »Typ«, also »Maus«, »Drucker« etc. fett und kursiv dargestellt werden, klicken Sie auf »Typ«, wodurch alle Ausprägungen hervorgehoben werden und danach auf die Formatier-Symbole »Fett« und »Kursiv« der Symbolleiste, um diese Zeilenüberschriften entsprechend zu formatieren.

Formatieren

TIPP

Übrigens genügt es, auf eine einzelne Ausprägung wie »Maus« zu klicken und nur diese zu selektieren. Die ausgewählten Formatierungen werden auch auf die restlichen Zeilenüberschriften angewendet, da immer nur alle Zeilenüberschriften einheitlich formatiert sein können. Analog dazu können Sie die Spaltenüberschriften formatieren.

13.2   Gruppieren, Sortieren und Filtern

Als Spalten- und Zeilenüberschriften können mehr als nur zwei Variablen verwendet werden. Fügen Sie in einen dieser beiden Bereiche weitere Variablen ein, erstellen Sie Gruppierungen. Die Variable ganz links wird als Hauptgruppe verwendet, die Variable rechts davon als Untergruppe, eine eventuell noch weiter rechts eingefügte Variable als Untergruppe dieser Untergruppe etc.

Gruppieren

Probieren Sie das aus, indem Sie zunächst die ursprüngliche Zeilen- und Spaltenorientierung wiederherstellen (»Nachname« als Zeilen- und »Typ« als Spaltenüberschrift) und als Zeilenüberschrift die neue Hauptgruppe »Ort« einfügen, indem Sie dieses Feld in den Abschnitt *Zeilenfelder hierher ziehen* ziehen und es unmittelbar links neben »Nachname« fallen lassen (Abbildung 13.8).

Abbildung 13.8:
Gruppieren

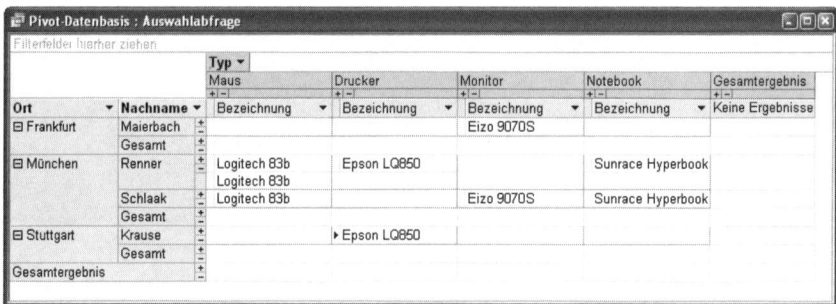

Dadurch haben Sie eine zweite Zeilenüberschrift eingefügt und erhalten eine Gruppierung. Gruppiert wird nach dem Feld ganz links, »Ort«, dessen verschiedene Ausprägungen »Frankfurt«, »München« etc. die Hauptgruppe bilden, wobei jede dieser Gruppen entsprechend den zugehörigen Ausprägungen der Untergruppe »Nachname« unterteilt ist. Die Ausprägung »München« beispielsweise ist in »Renner« und »Schlaak« unterteilt, da diese beiden Kunden in München wohnen.

Analog dazu können Sie weitere Gruppierungen sowohl in den Zeilen- als auch in den Spaltenüberschriften vornehmen.

[KOMPENDIUM] Access 2003

Um ein Feld aus der Pivot-Tabelle zu entfernen, ziehen Sie es aus dem Pivot-Tabellenfenster heraus und lassen es außerhalb des Fensters fallen. Würden Sie das mit »Ort« tun, erhielten Sie wieder den vorhergehenden Zustand.

Felder entfernen

Wollen Sie das Feld im Datenbereich entfernen (oder in einen anderen Abschnitt ziehen), ziehen Sie an irgendeiner der gleichnamigen Spaltenüberschriften des Bereichs (im Beispiel »Bezeichnung«).

:-)
TIPP

Die Spalten und Zeilen sind zunächst in aufsteigender Ordnung sortiert. Um die Sortierung zu ändern, klicken Sie irgendwo in den zu sortierenden Abschnitt, beispielsweise auf das Feld »Ort« oder auf eine seiner Ausprägungen wie »Frankfurt« oder »München« und wählen danach PIVOTTABLE|SORTIEREN|ABSTEIGEND SORTIEREN oder Sie klicken auf das zugehörige Sortiersymbol (Abbildung 13.9).

Sortieren

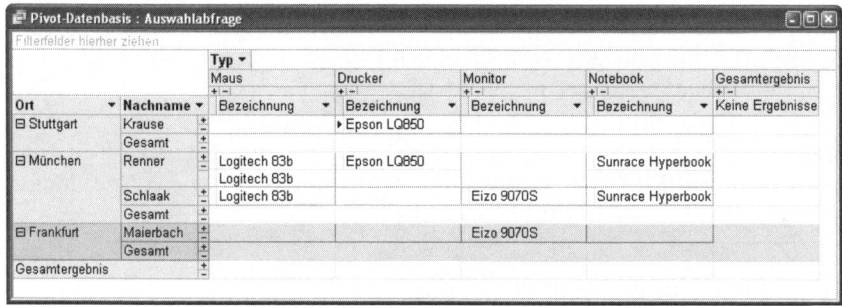

Abbildung 13.9:
Sortieren

Die Zeilen sind nun absteigend nach »Ort« sortiert, wobei natürlich auch die zugehörige Untergruppe »Nachname« entsprechend umsortiert wurde.

Analog dazu können Sie die Spaltenüberschrift »Typ« absteigend sortieren und sogar Untergruppen wie »Nachname«. Letzteres würde bedeuten, dass sich in Zeilen mit mehreren Einträgen wie »München, Renner« und »München, Schlaak« die Reihenfolge dieser Untereinträge ändert und Schlaak vor Renner angezeigt wird.

Um die Übersicht zu verbessern, lassen sich alle möglichen Elemente von Pivot-Tabellen ein- oder ausblenden. Interessieren Sie die Details der beiden Bestellungen von Frau Renner nicht, klicken Sie auf das »-« rechts neben »Renner« (Abbildung 13.10).

*Details aus-/
einblenden*

Daraufhin wird für diesen Eintrag nur noch eine Zeile angezeigt, egal wie viele Detailzeilen (=Bestellungen) für Renner vorhanden sein mögen. Analog dazu können Sie auch für alle anderen Zeilen- oder Spaltenausprägungen Details separat aus- oder mit »+« wieder einblenden.

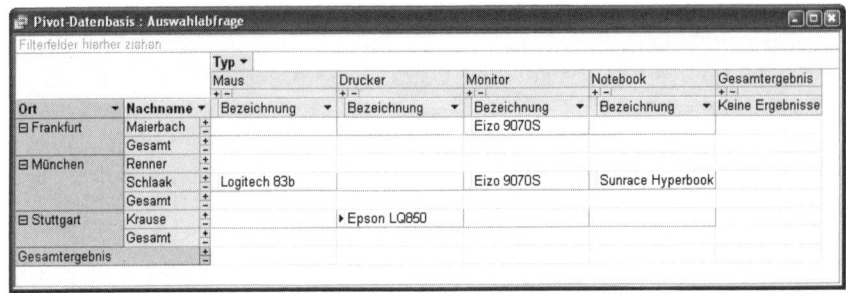

:-)
TIPP

Statt die »+«- und »-«-Zeichen zu benutzen, können Sie auf eine Zeilen- oder Spaltenüberschrift wie »Renner« oder »Maus« klicken und PIVOTTABLE |DETAILS AUSBLENDEN *bzw.* PIVOTTABLE|DETAILS ANZEIGEN *wählen.*

Klicken Sie dabei nicht auf eine einzelne Ausprägung wie »Renner«, sondern gleich auf die Zeilenüberschrift »Nachname«, werden alle Ausprägungen dieses Felds markiert und nach Wahl des Befehls die Details all dieser Ausprägungen aus- bzw. eingeblendet.

Ausprägungen
selektiv anzeigen

Die Listenpfeile der eingefügten Felder öffnen Listen mit allen Ausprägungen des betreffenden Felds. Sie können darin wählen, welche Ausprägungen angezeigt werden sollen (Abbildung 13.11).

Zunächst sind alle Ausprägungen vorselektiert. Sie können einzelne nicht interessierende Ausprägungen deaktivieren oder aber – wenn der größte Teil nicht angezeigt werden soll – auf »(Alle)« klicken, um alle zu deaktivieren und dann die interessierenden Ausprägungen aktivieren.

Interessieren Sie nur Kunden im Raum München, die Mäuse oder Monitore kauften, deaktivieren Sie in der Liste von »Ort« alles bis auf »München« und in der Liste von »Typ« alles bis auf »Maus« und »Monitor« (Abbildung 13.12).

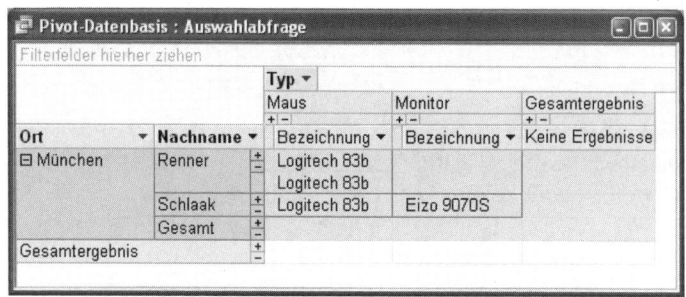

Abbildung 13.12:
Selektive Sicht

Die Auswahl der anzuzeigenden Ausprägungen ist für jedes in das Schema eingefügte Feld möglich, also nicht nur für als Spalten- oder Zeilenüberschriften benutzte Felder. Wollen Sie die Anzeige bestimmter Ausprägungen für ein Datenfeld wie »Bezeichnung« unterdrücken, benutzen Sie dazu die Liste irgendeiner der gleichnamigen Überschriften »Bezeichnung«.

:-)
TIPP

Der Abschnitt *Filterfelder hierher ziehen* ermöglicht auf sehr ähnliche Weise die Einschränkung der anzuzeigenden Daten, benutzt dazu allerdings ein zusätzliches als Filter verwendetes Feld.

Filtern

Angenommen Sie wollen die anzuzeigenden Aufträge öfters nach dem Auftragsdatum filtern. Mal interessieren Sie nur die Aufträge vom 11.Jan, mal nur die Aufträge vom 15.Feb etc.

Dazu ziehen Sie »Auftragsdatum« in den Abschnitt *Filterfelder hierher ziehen* und wählen die interessierenden Ausprägungen aus (Abbildung 13.13).

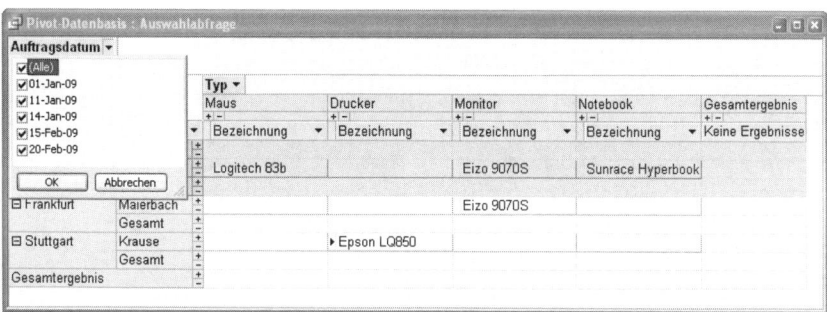

Abbildung 13.13:
Filterfelder

Soll »Ort« nicht angezeigt, sondern nur zur Auswahl von Datensätzen verwendet werden, ziehen Sie dieses Feld aus dem Abschnitt *Zeilenfelder hierher ziehen* heraus und fügen es stattdessen in *Filterfelder hierher ziehen* ein.

Anschließend werden die verschiedenen Orte nicht mehr als Haupt-Zeilenüberschriften angezeigt, können aber weiterhin zur Filterung verwendet werden, um beispielsweise nur Kunden in München anzuzeigen.

TIPP

Sie können mehrere Filterkriterien gleichzeitig verwenden, also weitere Filterfelder in diesen Abschnitt einfügen, die ebenfalls nicht angezeigt, sondern nur zur Selektion verwendet werden sollen.

Fügen Sie beispielsweise zusätzlich »Stück« ein, können Sie jene Aufträge anzeigen lassen, die an bestimmten Tagen erteilt wurden und bei denen bestimmte Stückzahlen bestellt wurden.

Datumsfelder   Datumsfelder bieten zusätzlich die Option, nach Wochen, Monaten etc. gruppierte/gefilterte Pivot-Tabellen zu erzeugen. Ist unter den der Pivot-Tabelle zugrunde liegenden Feldern ein Datumsfeld wie »Auftragsdatum«, fügt Access in die Feldliste zusätzliche Varianten dieses Datumsfeld ein, das verschiedene Unterpunkte enthält, die unterschiedliche Gruppierungsoptionen repräsentieren (Abbildung 13.14).

Abbildung 13.14:
Datums-Gruppierungsoptionen

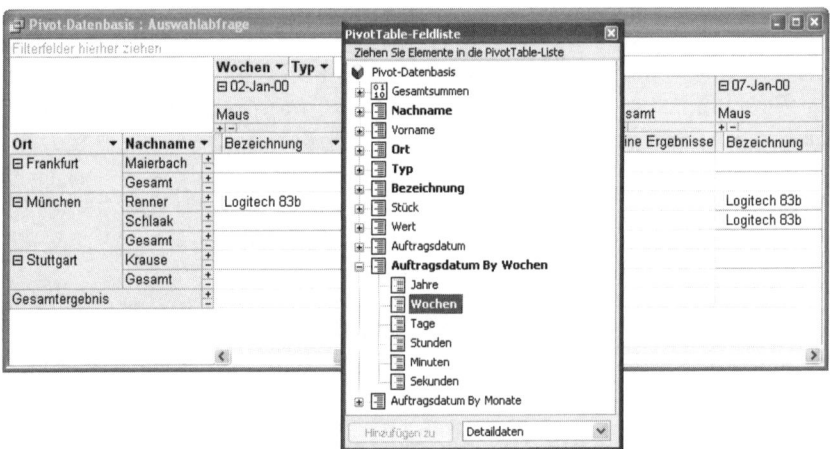

Fügen Sie eine dieser Optionen, beispielsweise »Wochen«, als zusätzliche Spaltenüberschrift links von »Typ« ein, werden die Bestellungen jeder Woche einzeln aufgeführt. Fügen Sie sie nicht als Spaltenüberschrift, sondern als Filterfeld ein, werden die Wochen zwar nicht angezeigt, können aber wie erläutert zum Filtern verwendet werden, um sich nur die Bestellungen bestimmter Wochen anzeigen zu lassen.

REF

Mehr zu den (bei Berichten anwendbaren) Datumsgruppierungsoptionen finden Sie im Abschnitt »Die Gruppierungsoptionen«, auf Seite 358.

Erste/letzte   Die Zeilen-/Spaltenüberschriften sind alphabetisch bzw. (bei numerischen
Elemente   Feldern) numerisch oder nach Datum (bei Datumsfeldern) sortiert, entweder auf- oder absteigend. Da macht es gerade bei sehr umfangreichen Pivot-Tabellen Sinn, sich nur die ersten oder letzten Zeilen/Spalten anzeigen zu lassen.

Angenommen die zuvor gezeigte Pivot-Tabelle enthielte Bestellungen aus 50 oder mehr Wochen, Sie interessieren sich jedoch nur für die letzten 10 Wochen. Dann klicken Sie auf »Wochen« oder eine einzelne Ausprägung dieses Felds, also eine einzelne Wochenüberschrift, und wählen PIVOTTABLE|ERSTE/ LETZTE ELEMENTE ANZEIGEN|NUR UNTEREN BERIECH ANZEIGEN|10, woraufhin nur die letzten 10 Einträge in diesem Feld angezeigt werden, also die letzten 10 Wochen – vorausgesetzt, »Wochen« ist aufsteigend sortiert! Sonst müssen Sie sich statt- dessen mit PIVOTTABLE|ERSTE/LETZTE ELEMENTE ANZEIGEN|NUR OBEREN BEREICH ANZEIGEN|10 die ersten 10 Einträge anzeigen lassen.

Die verschiedenen Unterbefehle von PIVOTTABLE|ERSTE/LETZTE ELEMENTE ANZEIGEN|NUR OBEREN BEREICH ANZEIGEN bzw. PIVOTTABLE|ERSTE/LETZTE ELEMENTE ANZEIGEN|NUR UNTEREN BEREICH ANZEIGEN bieten zusätzlich auch – nur bei entsprechend umfangreichen Tabellen anwählbare – prozentuale Alternativen, um sich beispielsweise nur die ersten 10 % aller Einträge zeigen zu lassen.

13.3   Summen, Mittelwerte und andere Auswertungen

Häufig werden Sie in den Datenbereich keine Text-, sondern Zahlenfelder einfügen. Interessieren Sie beispielsweise die verschiedenen Auftragswerte, fügen Sie in diesen Bereich nicht das Feld »Bezeichnung« ein, sondern »Wert« (Abbildung 13.15).

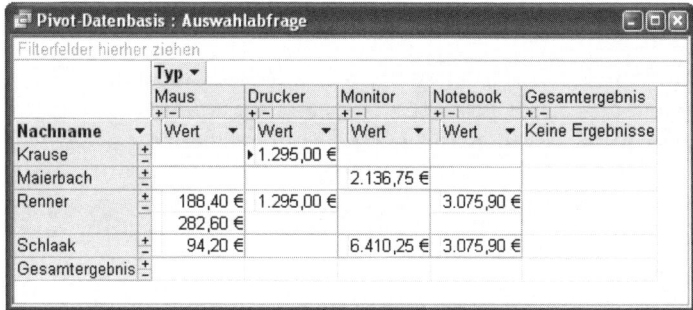

Abbildung 13.15:
Auftragswerte

Sie sehen, wer in welcher Höhe welche Artikeltypen bestellte. Offenbar wurden Mäuse im Wert von 188,40 €, 282,60 € und 94,20 € bestellt. Fein, nur sollte Ihnen Access die Arbeit abnehmen, die Summe dieser Zahlen zu ermitteln.

Klicken Sie auf irgendeine der Zahlen im Datenbereich und wählen Sie PIVOTTABLE|AUTOBERECHNEN|SUMME (Abbildung 13.16).

Abbildung 13.16:
Summen

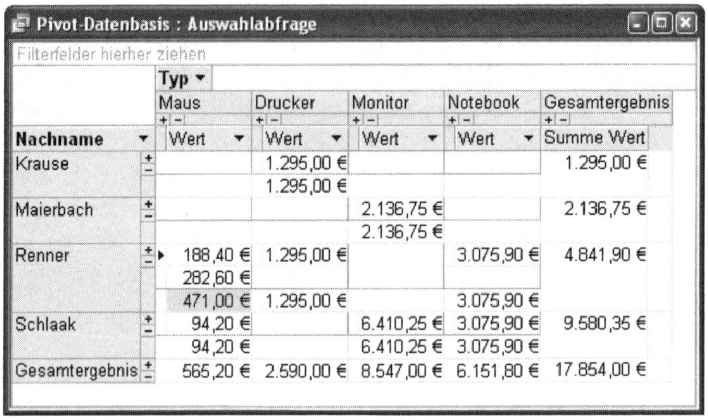

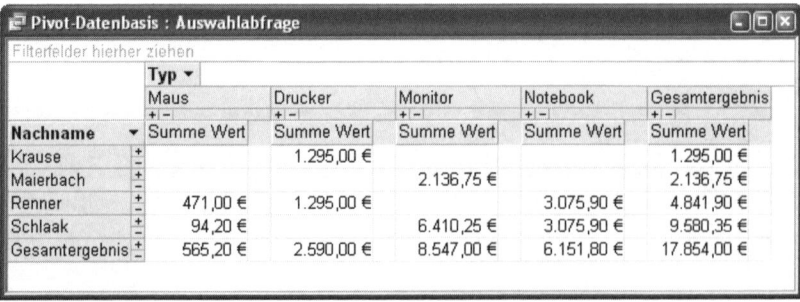

		Maus	Drucker	Monitor	Notebook	Gesamtergebnis
Nachname		Wert	Wert	Wert	Wert	Summe Wert
Krause			1.295,00 €			1.295,00 €
			1.295,00 €			
Maierbach				2.136,75 €		2.136,75 €
				2.136,75 €		
Renner		188,40 €	1.295,00 €		3.075,90 €	4.841,90 €
		282,60 €				
		471,00 €	1.295,00 €		3.075,90 €	
Schlaak		94,20 €		6.410,25 €	3.075,90 €	9.580,35 €
		94,20 €		6.410,25 €	3.075,90 €	
Gesamtergebnis		565,20 €	2.590,00 €	8.547,00 €	6.151,80 €	17.854,00 €

Access ermittelt für jeden Spalten-/Zeilenschnittpunkt die zugehörige Summe. Sie erhalten beispielsweise die Summe aller »Maus-Bestellungen« (188,40 € und 282,60 €) von Herrn Renner, 471 €.

Zusätzlich erhalten Sie natürlich auch die Gesamtsummen. Sowohl die Zeilensummen (Summe aller Bestellungen von Renner: 4.841,90 €) als auch die Spaltensummen (Summer aller Bestellungen von Mäusen: 565,20 €) und die Gesamtsumme aller Bestellungen (17.854 €).

TIPP

Statt Summe *können Sie mit den verschiedenen Unterbefehlen von* PIVOT-TABLE|AUTOBERECHNEN *eine beliebige andere Auswertungsfunktion verwenden: beispielsweise* Anzahl, *um die Anzahl an Bestellungen zählen zu lassen, oder* Mittelwert, *wenn Sie der mittlere Bestellwert interessiert.*

Klicken Sie auf »Nachname« (oder alternativ dazu auf »Typ«), um alle Ausprägungen dieses Felds zu markieren und wählen Sie PIVOTTABLE|DETAILS AUSBLENDEN, werden nur noch die Summen angezeigt (Abbildung 13.17).

Abbildung 13.17:
Details verbergen

		Maus	Drucker	Monitor	Notebook	Gesamtergebnis
Nachname		Summe Wert	Summe Wert	Summe Wert	Summe Wert	Summe Wert
Krause			1.295,00 €			1.295,00 €
Maierbach				2.136,75 €		2.136,75 €
Renner		471,00 €	1.295,00 €		3.075,90 €	4.841,90 €
Schlaak		94,20 €		6.410,25 €	3.075,90 €	9.580,35 €
Gesamtergebnis		565,20 €	2.590,00 €	8.547,00 €	6.151,80 €	17.854,00 €

Wie zuvor gezeigt, können Sie das auch auf einzelne Ausprägungen anwenden, um nur die Details einer einzelnen oder mehrerer Zeilen bzw. Spalten zu verbergen und nur die zugehörigen Summen zu sehen.

Schwebt der Cursor auf einer Gesamtsumme, in Abbildung 13.16 beispielsweise auf den 4.841,90 € von Renner, erscheint als Quickinfo eine Liste der einzelnen Posten, aus denen sich diese Summe zusammensetzt.

:-)
TIPP

Befindet sich der Cursor am oberen Rand eines Wertefelds, wie in Abbildung 13.16 auf den 188,40 € von Herrn Renner für eine Maus, wird er zu einem dicken Pfeil. Betätigen Sie nun die linke Maustaste, werden das Wertefeld und alle anderen damit zusammenhängenden Wertefelder markiert, im Beispiel auch das Feld mit den 282,60 € von Renners zweiter Mausbestellung.

:-)
TIPP

13.4 Der Umgang mit Pivot-Diagrammen

Um ein Pivot-Diagramm zu erstellen, öffnen Sie die Abfrage »Pivot-Datenbasis« mit dem Befehl ANSICHT|PIVOTCHART-ANSICHT in der Pivot-Diagrammansicht.

Erstellten Sie mit der verwendeten Datenbasis (hier: die Abfrage »Pivot-Datenbasis«) zuvor noch keine Pivot-Tabelle, ist das Pivot-Diagramm zunächst leer (Abbildung 13.18).

Leeres Pivot-Diagramm

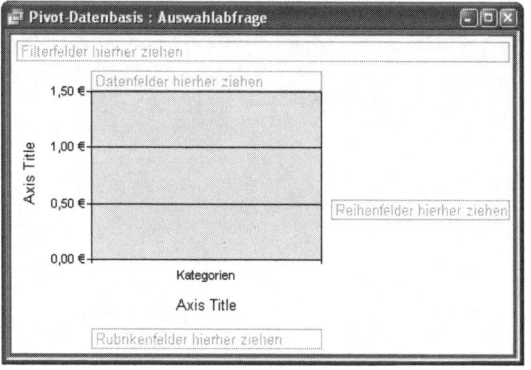

Abbildung 13.18:
Leeres Pivot-Diagramm

Dieses Schema wird genauso benutzt wie das von Pivot-Tabellen. Sie fügen auf die gleiche Weise Felder aus der Feldliste darin ein bzw. entfernen Felder wieder und gruppieren das Diagramm auf die gleiche Weise um wie eine Pivot-Tabelle.

Was »Rubrikenfelder« bzw »Datenfelder« sind, ist am einfachsten an einem Beispiel zu erläutern.

Wenn Sie mit der für das Diagramm verwendeten Datenbasis eine Pivot-Tabelle erstellt haben, setzt Access bei Aktivierung der Pivot-Diagrammansicht diese Tabelle in ein Pivot-Diagramm um, was im Falle unserer Beispiel-Pivot-Tabelle folgendes Diagramm ergibt (Abbildung 13.19).

Pivot-Tabelle in Pivot-Diagramm umwandeln

Abbildung 13.19:
Pivot-Diagramm

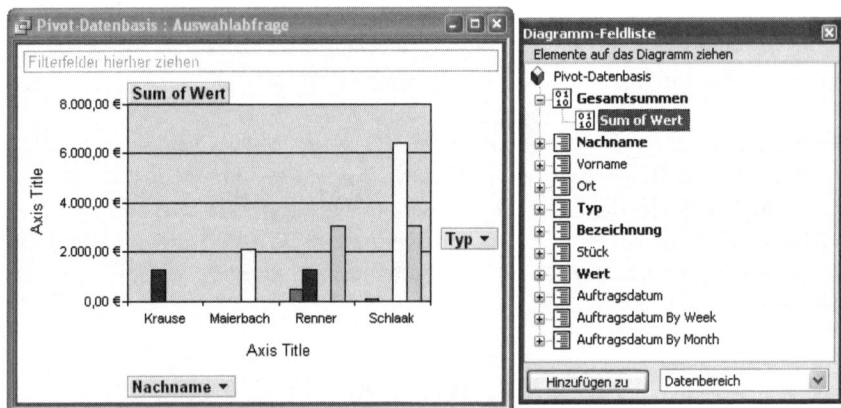

Die horizontale X-Achse repräsentiert das Feld »Nachname« mit seinen verschiedenen Kategorien »Krause«, »Maierbach« etc. und die vertikale Y-Achse, die Größenachse, das Datenfeld »Summe Wert«.

Legende   Die beiden Kategorien »Renner« und »Schlaak« enthalten jeweils mehrere Säulen. Warum das so ist, zeigt sich nach Einblendung der Legende mit PIVOTCHART|LEGENDE ANZEIGE (Abbildung 13.20).

Abbildung 13.20:
Legende

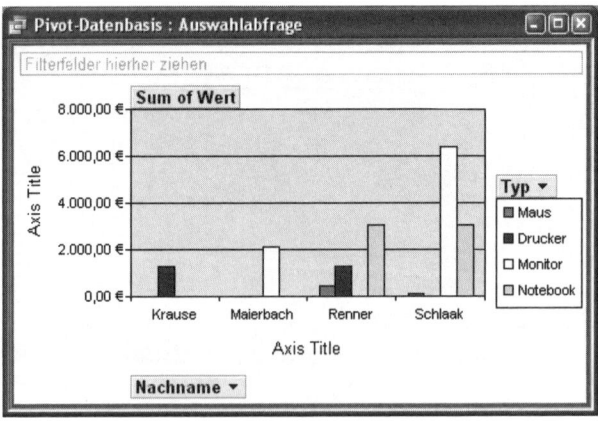

Kategorien und Datenreihen   Das Feld »Typ« definiert die vorhandenen »Datenreihen«. Im Beispiel gibt es genau vier Datenreihen: Maus, Drucker, Monitor und Notebook, entsprechend den verschiedenen Artikeltypen. Im Diagramm gibt es entsprechend in jeder Kategorie vier separate Datenpunkte, vier Säulen.

Die Höhe jeder Säule entspricht der Summe des Bestellwerts des jeweiligen Artikeltyps. Die beiden Kategorien »Krause« und »Maierbach« enthalten nur je einen sichtbaren Datenpunkt, weil beide nur einen Artikeltyp bestellten.

Renner und Schlaak dagegen bestellten jeweils drei verschiedene Artikeltypen und daher werden entsprechend drei Balken für jede dieser beiden Kategorien angezeigt, die die betreffenden Bestellsummen repräsentieren.

Das Diagramm zeigt somit in übersichtlicher Form an, von wem die vier verfügbaren Artikeltypen in welcher Höhe bestellt wurden.

Der Ausdruck »Datenpunkt« (oder auch »Datenpunktbild«) deutet an, dass es sich dabei keineswegs nur um eine Säule handeln kann. Tatsächlich stellt Ihnen Access alle möglichen Diagrammtypen zur Verfügung. Um einen anderen auszuwählen, müssen Sie zunächst das Diagramm selektieren, indem Sie auf irgendeinen (leeren) Punkt außerhalb der durch die Achsen aufgespannten Fläche klicken. Wählen Sie danach PIVOTCHART|DIAGRAMMTYP und selektieren Sie beispielsweise die dreidimensionale Variante von Säulendiagrammen (Abbildung 13.21).

Diagrammtypen

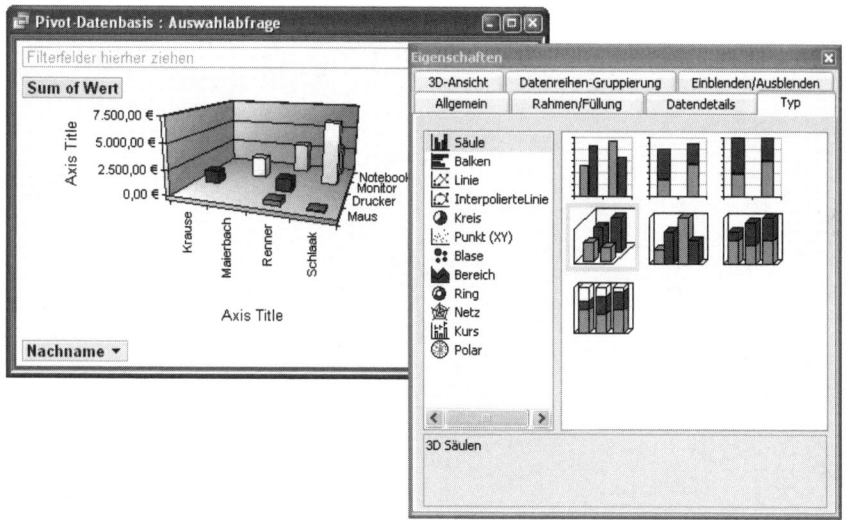

Abbildung 13.21:
Diagrammtypen

Wie Sie sehen, können Sie aus allen möglichen Diagrammtypen wählen, von denen es wiederum jeweils unterschiedliche Varianten gibt.

Darüber hinaus können Sie mit den verschiedenen Registern dieses Dialogfelds das Diagramm mit einer Unzahl an Optionen individuell formatieren.

Sie können nicht nur das Diagramm selbst formatieren, sondern darüber hinaus mit weiteren Dialogfeldern auch die einzelnen Diagrammelemente: Die Achsen, die Legende, die Achsentexte und so weiter. In jedem Fall stehen Ihnen für das betreffende Objekt vielfältige Optionen zur Verfügung.

Teil 4 Formulare, Berichte und Steuerelemente

14 Formulare erzeugen und benutzen

Ich erläutere zunächst das Grundwissen zum Gestalten und zum Umgang mit Formularen. Dazu zeige ich, wie ein benutzerfreundliches Formular aussieht, und welche Möglichkeiten es bietet. Danach werden mit dem Formular-Assistent verschiedene Typen von AutoFormularen entworfen. Und zwar sowohl einfache Formulare, die den Inhalt einer einzigen Tabelle darstellen, als auch komplexe Formulare, die Daten aus mehreren miteinander verknüpften Tabellen anzeigen.

Anschließend bespreche ich den Umgang mit Formularen, vom Editieren der darin angezeigten Datensätze über das Navigieren im Haupt- oder Unterformular bis hin zum Suchen und Ersetzen von Daten.

Zum Abschluss gehe ich noch kurz auf einige spezielle Formulartypen ein. Um Formulare optisch aufzuwerten, können Sie beispielsweise Formulare erzeugen, die auf Diagrammen basieren.

14.1 Die verschiedenen Formulartypen

Vor der Erzeugung eines Formulars sollte die zugrunde liegende Tabelle bzw. Abfrage momentan nicht im Entwurfsmodus geöffnet sein!

!!
STOP

Am vielseitigsten ist die Erzeugung von Formularen mit EINFÜGEN|FORMULAR (oder Aktivierung der Kategorie *Formulare* im Datenbankfenster und Klicken auf die Schaltfläche *Neu* oder Klicken auf das zugehörige Symbol der Symbolliste *Neues Objekt*) (Abbildung 14.1).

In jedem Fall müssen Sie die zu erstellende Formularart und im geschlossenen Listenfeld darunter die Datenbasis auswählen, also die Tabelle bzw. Abfrage, deren Daten im Formular angezeigt werden sollen.

Ausnahme: War vor Einleitung der Formularerzeugung im Datenbankfenster eine Tabelle oder Abfrage selektiert, ist das überflüssig, da Access deren Namen automatisch vorgibt.

:-)
TIPP

Abbildung 14.1:
Neues Formular
erstellen

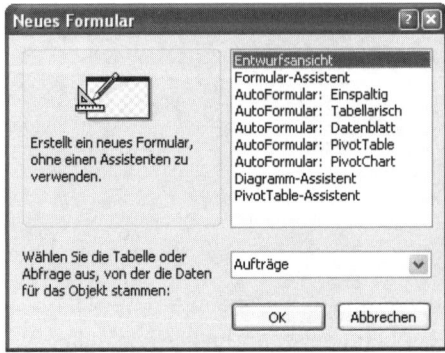

Entwurfsansicht bewirkt das Gleiche wie das Anklicken des Objekts *Erstellt ein Formular in der Entwurfsansicht*, das sich in der Kategorie *Formulare* des Datenbankfensters befindet: In beiden Fällen wird ein neues leeres Formular erzeugt und in der Entwurfsansicht geöffnet.

Formular-Assistent wiederum bewirkt das Gleiche wie Anklicken des ebenfalls in dieser Kategorie enthaltenen Objekts *Erstellt ein Formular unter Verwendung des Assistenten*: in beiden Fällen wird wie gewohnt ein Assistent aufgerufen, der Ihnen bei der Formularerzeugung unter die Arme greift.

 AutoFormular: Einspaltig erzeugt den am häufigsten verwendeten Formulartyp, ein einspaltiges Formular. Angewandt auf die Tabelle »Kunden« wird folgendes Formular erzeugt und in der Formularansicht geöffnet (Abbildung 14.2).

Abbildung 14.2:
EDV.MDB, Formular
»Kunden
AutoFormular«

Dieses einspaltige Formular befindet sich unter dem Namen »Kunden Auto-Formular« in der Demodatenbank EDV.MDB und wird von mir noch häufiger zu Demonstrationszwecken verwendet werden.

Wie die Abbildung zeigt, enthält ein einspaltiges Formular genau einen Datensatz der zugrunde liegenden Tabelle/Abfrage, im Beispiel eine Kundenadresse. Mit Hilfe der Navigationsschaltflächen am unteren Formularrand können Sie sich wie in Tabellen zum nächsten bzw. zum vorhergehenden Datensatz bewegen.

Die Option *In Blöcken* des in Kürze erläuterten Formular-Assistenten erzeugt ein prinzipiell recht ähnliches Formular (Abbildung 14.3).

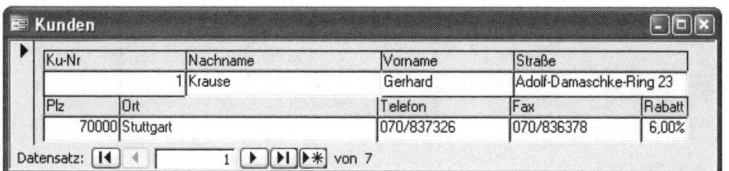

Abbildung 14.3:
Blockdarstellung

Es zeigt ebenfalls genau einen Datensatz an, allerdings sind die einzelnen Felder anders angeordnet.

AutoFormular: Datenblatt erzeugt ein Formular, das nach dem Öffnen immer in der von Tabellen/Abfragen gewohnten Datenblattansicht erscheint (Abbildung 14.4).

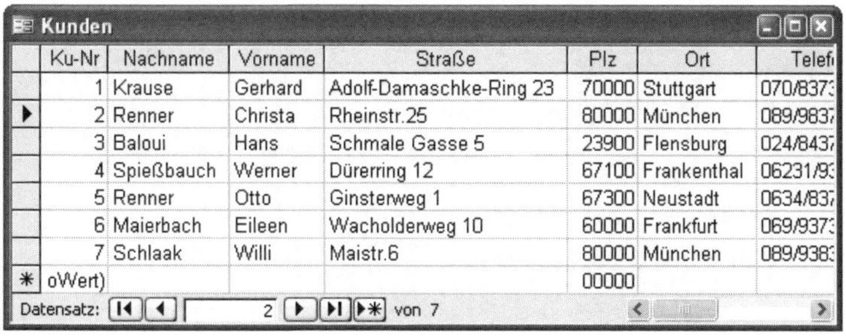

Abbildung 14.4:
Datenblattdarstellung

Ku-Nr	Nachname	Vorname	Straße	Plz	Ort	Telefi
1	Krause	Gerhard	Adolf-Damaschke-Ring 23	70000	Stuttgart	070/8373
2	Renner	Christa	Rheinstr.25	80000	München	089/9837
3	Baloui	Hans	Schmale Gasse 5	23900	Flensburg	024/6437
4	Spießbauch	Werner	Dürerring 12	67100	Frankenthal	06231/93
5	Renner	Otto	Ginsterweg 1	67300	Neustadt	0634/837
6	Maierbach	Eileen	Wacholderweg 10	60000	Frankfurt	069/9373
7	Schlaak	Willi	Maistr.6	80000	München	089/9383
oWert)				00000		

Bei Bedarf können Sie jederzeit mit ANSICHT|FORMULARANSICHT *in die Formularansicht umschalten und erhalten dann die gleiche Ansicht wie bei einspaltigen Formularen.*

:-)
TIPP

Datenblattartige Formulare werden Sie wahrscheinlich selten einsetzen, da man an Formulare meist höhere optische Ansprüche stellt. Sollen Ihre Formulare möglichst viele Datensätze gleichzeitig darstellen, wählen Sie besser die optisch überlegene Variante *AutoFormular: Tabellarisch* (Abbildung 14.5).

Der nach vorheriger Selektion einer Tabelle oder Abfrage anwendbare Befehl EINFÜGEN|AUTOFORMULAR *erzeugt prinzipiell das gleiche Formular wie* Autoformular: einspaltig. *Allerdings gibt es einen entscheidenden Unterschied: Enthält die verwendete Tabelle/Abfrage ein Unterdatenblatt, wird es automatisch in das erzeugte Formular eingefügt (Abbildung 14.6)!*

:-)
TIPP

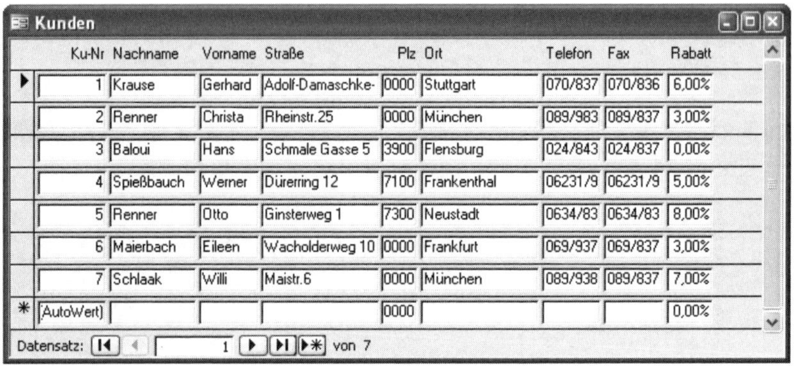

Abbildung 14.5:
Tabellarische
Darstellung

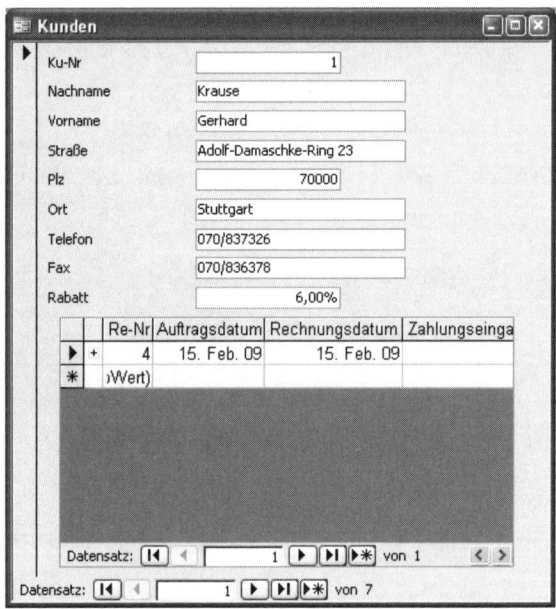

Abbildung 14.6:
Eingefügtes
Unterdatenblatt

Alle Beispiele beziehen sich auf die Formularansicht. In der Datenblattan-sicht sehen alle Formulartypen gleich aus, und zwar genauso wie das Daten-blatt einer Tabelle oder Abfrage!

PivotTable-Assistent, AutoFormular: PivotTable *und* AutoFormular: PivotChart *aktivieren die bereits in Kapitel 13, »Pivot-Tabellen und -Dia-gramme«, erläuterten Pivot-Ansichten.*

14.2   Formulare mit dem Assistenten erstellen

Hauptformulare - Daten einer Tabelle darstellen

Die Option *Formular-Assistent* aktiviert den gleichnamigen Assistenten (Abbildung 14.7).

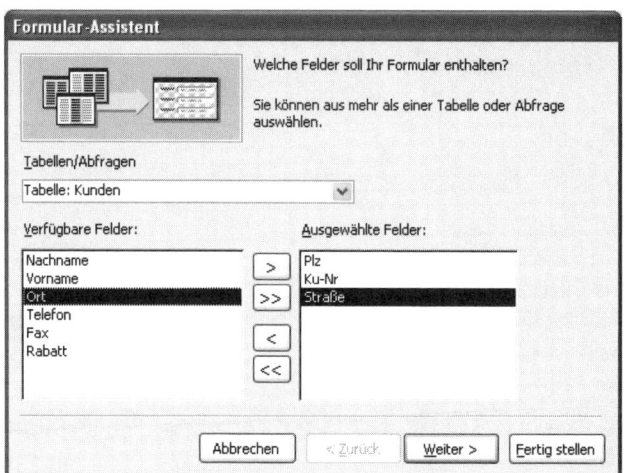

Abbildung 14.7:
Formular-Assistent, Schritt 1

Im ersten Schritt legen Sie fest, welche Tabellenfelder in welcher Reihenfolge im Formular erscheinen sollen. Zunächst selektieren Sie im oberen Listenfeld eine Tabelle/Abfrage wie »Kunden«.

Danach enthält das linke Listenfeld alle verfügbaren Tabellenfelder der Tabelle/Abfrage. Das rechte Listenfeld steht stellvertretend für das zu erzeugende Formular und die Felder, die dieses enthalten soll.

Mit den Schaltflächen zwischen beiden Listenfeldern oder per Doppelklick verschieben Sie jene Felder vom linken in das rechte Listenfeld, die später im Formular erscheinen sollen (>: Feld von links nach rechts verschieben; <: Feld von rechts nach links verschieben; >>: alle Felder nach rechts verschieben; <<: alle Felder nach links verschieben).

Verschieben Sie auf diese Weise beispielsweise entsprechend der Abbildung zuerst »Plz«, danach »Ku-Nr« und anschließend »Straße« in das rechte Listenfeld, wird ein Formular erzeugt, das nur diese drei Felder enthält. Die restlichen Tabellenfelder erscheinen nicht darin.

Im mit *Weiter* > eingeleiteten zweiten Schritt legen Sie den Formulartyp fest (Abbildung 14.8).

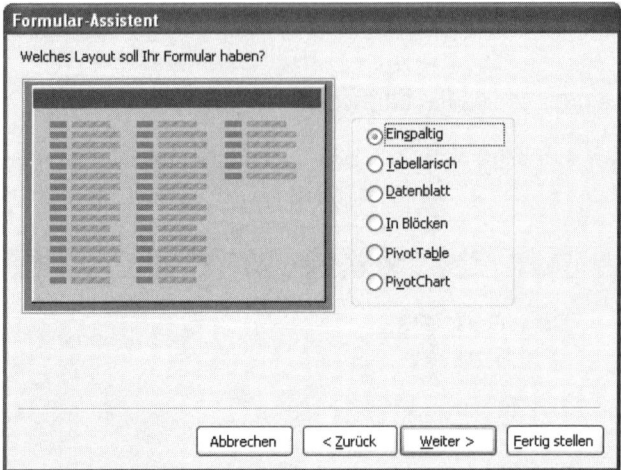

Im dritten Schritt geht es um die Optik des Formulars, die Art und Weise, in der der Formularhintergrund und die darauf erscheinenden Daten präsentiert werden (Abbildung 14.9).

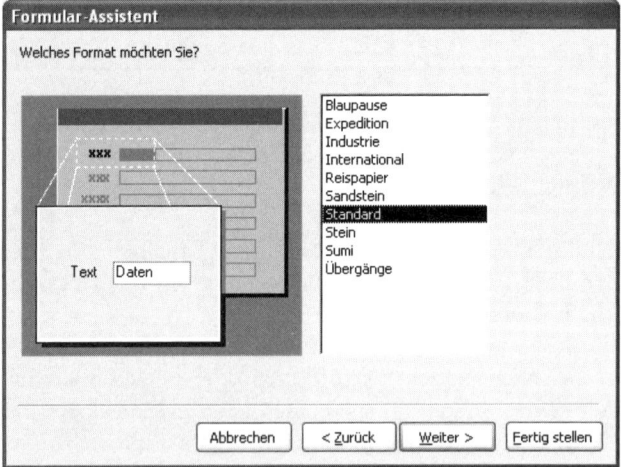

Im vierten Schritt definieren Sie die Formularüberschrift, die im Formularkopf erscheint, und öffnen das Formular in der Formular- oder in der Entwurfsansicht (Abbildung 14.10).

Unterformulare – Daten mehrerer Tabellen darstellen

In einem Formular können Daten aus mehreren Tabellen oder Abfragen angezeigt werden. Dazu wird vom Assistenten in ein einspaltiges Hauptformular«, das die Datensätze einer Haupttabelle A anzeigt, ein Unterformular

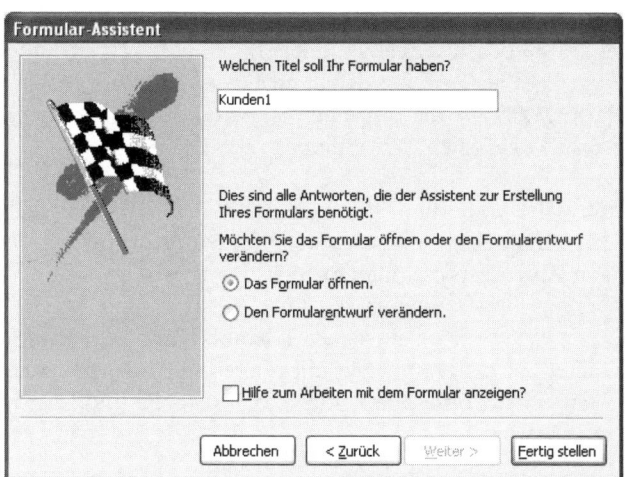

Abbildung 14.10:
Formular-Assistent,
Schritt 4

eingefügt, in dem die Datensätze einer Detailtabelle B angezeigt werden, die mit Tabelle A verknüpft ist. Mit dem Resultat, dass im Formular Daten aus zwei miteinander verknüpften Tabellen *gleichzeitig* angezeigt werden!

Das Hauptformular stellt in diesem Fall die 1- und das Unterformular die n-Seite der 1:n-Beziehung dar. Wird im Hauptformular ein Datensatz angezeigt, listet das Unterformular automatisch alle Datensätze der Detailtabelle auf, die mit diesem Satz der Haupttabelle verknüpft sind.

Als Beispiel bietet es sich an, ein Formular zu erstellen, das die Daten der Tabellen »Aufträge« und »Auftragspositionen« von EDV.MDB darstellt. »Aufträge« ist die Haupttabelle und »Auftragspositionen« die zugehörige Detailtabelle, die die einzelnen Bestellungen enthält, aus denen die Aufträge bestehen.

Die beiden Tabellen sind über eine gemeinsame Rechnungsnummer verknüpft, das Primärschlüsselfeld »Re-Nr« der Tabelle »Aufträge« (Typ »AutoWert«), das in die Tabelle »Auftragspositionen« eingefügt wurde.

Ein erfasster Auftrag besteht aus

➤ einem Datensatz in »Aufträge« mit einer von Access vergebenen Rechnungsnummer, der allgemeine Auftragsdaten wie die Kundennummer speichert

➤ mehreren Datensätzen mit identischer Rechnungsnummer (um die Beziehung zum Datensatz der Haupttabelle herzustellen) in der Tabelle »Auftragspositionen«, in denen jeweils eine Bestellung gespeichert ist.

Um einen Auftrag zu erfassen, benötigen Sie ohne Unterformulare zwei separate Formulare: eines zur Erfassung der Daten, die in der Tabelle »Aufträge« gespeichert werden; und ein zweites zur Erfassung der zugehörigen Auftragsdetails, der einzelnen Bestellungen, die in der Tabelle »Auftragspositionen« gespeichert werden.

Sinnvoller wäre die Erstellung eines Formulars, das diese Beziehung wiedergibt, indem es zu jedem Auftrag im Unterformular automatisch die zugehörigen Auftragspositionen anzeigt.

Erzeugen Sie dazu ein neues Formular mit dem Formular-Assistenten und wählen Sie als Datenbasis die Tabelle »Aufträge« aus. Verschieben Sie im ersten Schritt bitte alle Felder dieser Tabelle in das rechte Listenfeld (Abbildung 14.11).

Abbildung 14.11:
Haupt-/Unterformular, Schritt 1

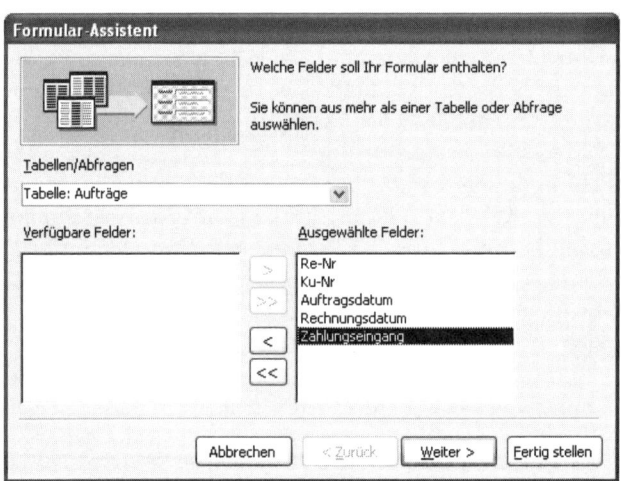

Selektieren Sie danach im Listenfeld von *Tabellen/Abfragen* die Tabelle »Auftragspositionen« und verschieben Sie auch die Felder dieser Tabelle in das rechte Listenfeld (Abbildung 14.12).

Access weiß nun, dass Felder aus zwei verschiedenen Tabellen im Formular angezeigt werden sollen, aber noch nicht, in welcher Form Sie diese beiden Datenquellen miteinander kombinieren wollen. Das geben Sie im nächsten Schritt an (Abbildung 14.13).

Die Vorgabe *nach Aufträge* bedeutet, dass der Schwerpunkt der Darstellung auf dem Inhalt der Tabelle »Aufträge« liegen wird und die Tabelle »Auftragspositionen« als Detailtabelle behandelt wird, deren Daten in Form eines Unterformulars angezeigt werden. Da wir genau das wollen, lassen Sie die Vorgabe bitte unverändert ebenso wie die Vorgabe *Formular mit Unterformular(en)*.

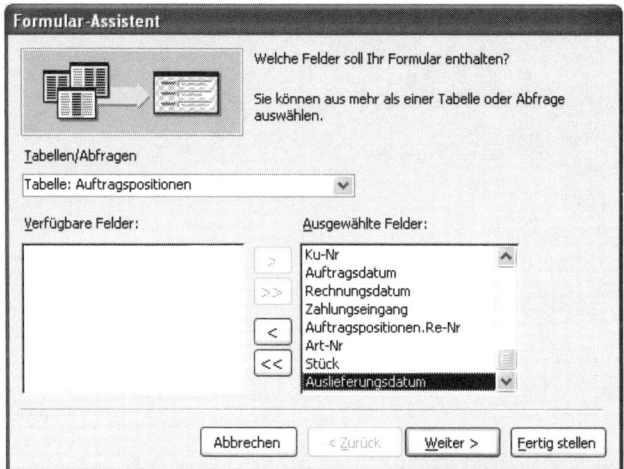

Abbildung 14.12:
Zusätzliche Felder
einer anderen
Tabelle

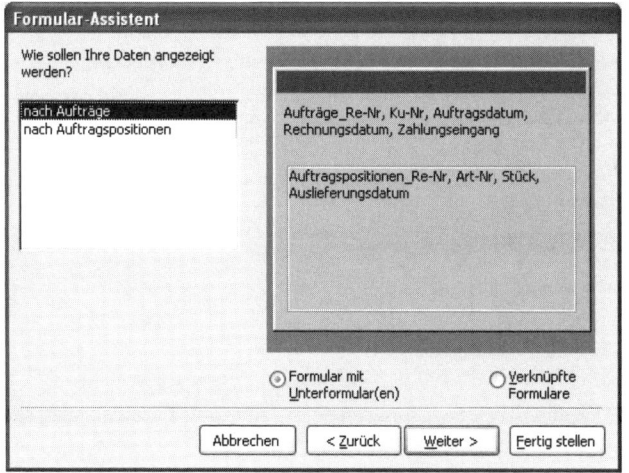

Abbildung 14.13:
Verknüpfung
festlegen

Im nächsten Schritt legen Sie die Darstellung des ins Hauptformular integrierten Unterformulars fest (Abbildung 14.14).

Unterformulare können in einem Hauptformular nicht einspaltig angezeigt werden, sondern nur tabellarisch oder in Datenblattform oder aber als Pivot-Tabelle bzw. Pivot-Diagramm. Übernehmen Sie die Vorgabe *Datenblatt* und legen Sie im folgenden Schritt wieder die Formularoptik fest.

Im letzten Schritt bestimmen Sie die Überschriften *beider* Formulare, die des Haupt- und die des Unterformulars (Abbildung 14.15).

Das Hauptformular zeigt genau einen Datensatz der Tabelle »Aufträge« an und das darin eingebettete Unterformular mehrere Sätze der Tabelle »Auftragspositionen« (Abbildung 14.16).

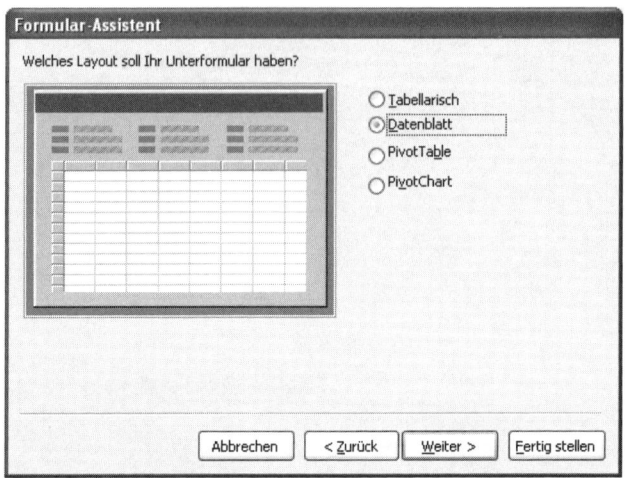

In der Abbildung wird im Hauptformular momentan der zweite Datensatz der Tabelle »Aufträge« angezeigt, der die Rechnungsnummer 2 besitzt.

Das tabellarische Unterformular ist mit dem Hauptformular über das Feld »Re-Nr« verknüpft und zeigt alle Datensätze der Tabelle »Auftragspositionen« an, die die gleiche Rechnungsnummer besitzen wie der momentan im Hauptformular angezeigte Datensatz der Tabelle »Aufträge«.

Im Unterformular werden daher automatisch die beiden zugehörigen Datensätze Nummer 2 und 3 der Tabelle »Auftragspositionen« angezeigt, die die gleiche Rechnungsnummer 2 besitzen.

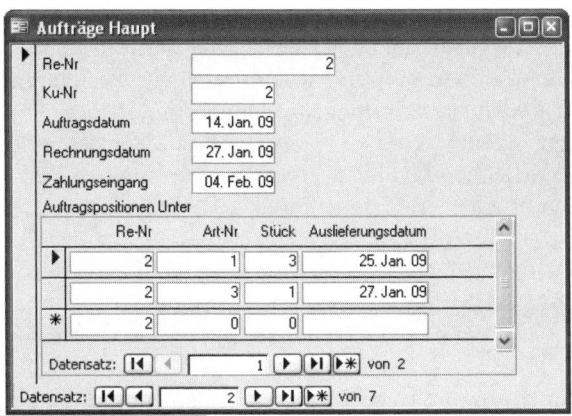

Abbildung 14.16:
EDV.MDB, Formular
»Aufträge Haupt«

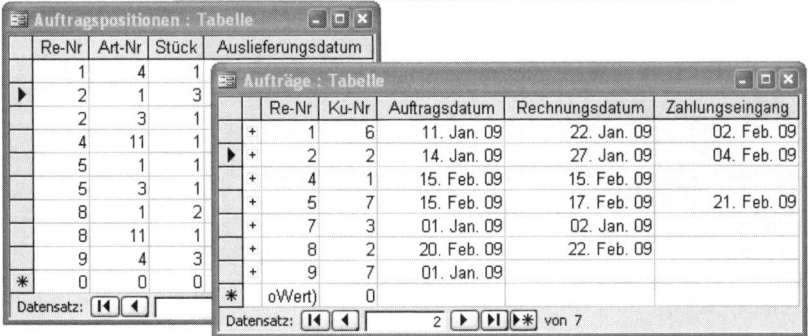

Diese Verknüpfung des Haupt- mit dem Unterformulars über das in beiden Formularen enthaltene Feld »Rechnungsnummer« erledigt der Formular-Assistent automatisch.

Voraussetzung dafür ist jedoch, dass mit EXTRAS|BEZIEHUNGEN... *die Beziehung zwischen den beiden Tabellen definiert wurde und im ersten Schritt des Assistenten das verknüpfende Feld beider Tabellen in das Formular eingefügt wird (Abbildung 14.13). Nur dann kann der Assistent Haupt- und Unterformular korrekt miteinander verknüpfen!*

!!
STOP

Das Haupt- und das Unterformular besitzen eigene Navigationssymbole. Mit den unteren Symbolen blättern Sie im Hauptformular. Klicken Sie auf ▶, wird der nächste Datensatz der Tabelle »Aufträge« angezeigt.

Im Unterformular werden dabei immer *alle* zugehörigen Datensätze der Tabelle »Auftragspositionen« aufgelistet, also jene Sätze, die im verknüpften Feld »Re-Nr« den gleichen Inhalt wie der im Hauptformular angezeigte Satz enthalten.

Navigation im
Unterformular

Das Unterformular enthält eigene Navigationsschaltflächen, mit denen Sie zur nächsten/vorhergehenden Bestellung blättern können. Das ist vor allem dann wichtig, wenn zu einem Auftrag mehr Bestellungen vorliegen als im Beispiel und im relativ kleinen Unterformular daher nicht alle gleichzeitig angezeigt werden können. Dann können Sie die Unterformular-Navigationsschaltflächen benutzen, um sich die restlichen Bestellungen anzusehen, die zum aktuellen Auftrag gehören.

Um einen neuen Auftrag zu erfassen, aktivieren Sie das Hauptformular durch Anklicken irgendeines darin enthaltenen Felds und gehen ans Ende der Tabelle, zum ersten leeren Datensatz.

Im Hauptformular tragen Sie anschließend die Kundennummer, das Auftragsdatum und alle anderen momentan bereits feststehenden Informationen ein. Befinden Sie sich im untersten Feld »Zahlungseingang« und drücken Sie ⎢↹⎥ oder ⎢↵⎥, gelangen Sie ins erste Feld »Re-Nr« des ersten Datensatzes des Unterformulars (Abbildung 14.17).

Abbildung 14.17:
Erfassen eines
neuen Auftrags

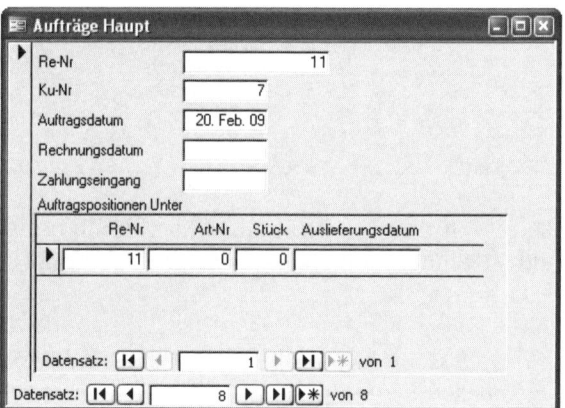

Im Hauptformular hat Access inzwischen im Feld »Re-Nr« automatisch einen neuen Zählerwert eingetragen, also eine neue Rechnungsnummer. Diese Rechnungsnummer, die die beiden Formulare verknüpft, wurde zusätzlich automatisch im entsprechenden Feld des ersten Datensatzes des Unterformulars vorgegeben.

Sie geben anschließend die Artikelnummer, die Stückzahl und – wenn Sie den Artikel sofort ausliefern – das Auslieferungsdatum ein. Mit ⎢↹⎥ oder ▸ beenden Sie die Eingabe und blättern gleichzeitig zum nächsten Datensatz des Unterformulars weiter (Abbildung 14.18).

Access gibt in dem neuen Datensatz automatisch wieder die Rechnungsnummer vor.

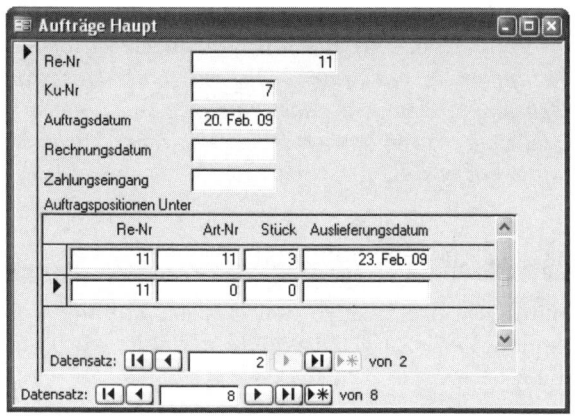

Abbildung 14.18:
Nächster Unterformular-Datensatz

Löschen Sie die erfassten Daten bitte wieder, damit die Tabellen wie zuvor die im Rest des Buches vorausgesetzten Ausgangsdaten enthalten.

Sie haben zwei Möglichkeiten zum Löschen von Datensätzen: Anklicken eines Zeilenmarkierers im Unterformular und Entf *löscht den betreffenden Unterformular-Datensatz. Anklicken des Markierers am linken Rand des Hauptformulars und* Entf *löscht den momentan angezeigten Satz des Hauptformulars und zusätzlich alle momentan angezeigten und damit verknüpften Sätze des Unterformulars, außer dem Auftrag also auch die einzelnen Bestellungen, aus denen er besteht.*

Im Datenbankfenster befinden sich nun übrigens zwei Formulare:

➡ das Unterformular mit einem Namen wie »Auftragspositionen Unter«, das die Datensätze der Tabelle »Auftragspositionen« in Datenblattform anzeigt

➡ das Hauptformular, das beispielsweise den Namen »Aufträge Haupt« besitzt und das nicht nur die Datensätze der Tabelle »Auftragspositionen« einspaltig anzeigt, sondern zusätzlich auch die zugehörigen Bestellungen, da das Formular »Auftragspositionen Unter« als Unterformular darin enthalten ist.

Hätten Sie bei der Festlegung der Verknüpfungsrichtung statt der vorselektierten Option nach Aufträgen *die Option* nach Auftragspositionen *gewählt, würde der Assistent davon ausgehen, dass »Auftragspositionen« die Haupttabelle ist und »Aufträge« die zugehörigen Details enthält, was jedoch nicht zutrifft.*

Sie können ein bereits vorhandenes Formular jederzeit nachträglich *mit den im Kapitel 20.1, »Unterformular in Hauptformular einfügen«, erläuterten Techniken in ein anderes Formular als Unterformular einfügen, am einfachsten, indem Sie das einzufügende Formular im Datenbankfenster anklicken und in den Detailbereich jenes Formulars ziehen, in das es eingefügt werden soll.*

Miteinander verknüpfte Formulare

Hätten Sie im zweiten Schritt statt *Formular mit Unterformular(en)* die Option *Verknüpfte Formulare* gewählt, würde das Resultat wie in Abbildung 14.19 gezeigt ausfallen.

Abbildung 14.19:
Verknüpfte
Formulare

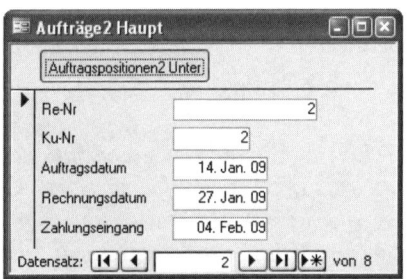

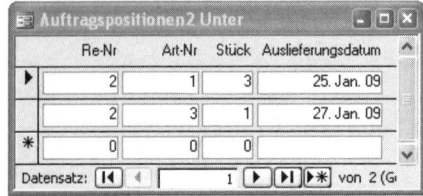

Access erstellt erneut zwei Formulare, jedoch ohne Formular B in Formular A einzufügen. Stattdessen werden in die so genannten Formularmodule der beiden Formulare Makros oder VBA-Programme eingefügt, die eine Verknüpfung oder besser Synchronisation der beiden Formulare bewirken: Das Auftragsformular A enthält eine Schaltfläche, die das Formular B mit den zugehörigen Details öffnet (bzw. bei erneutem Anklicken wieder schließt).

Im Formular B werden jedoch nicht alle Auftragspositionen angezeigt, sondern nur jene, die die gleiche Auftragsnummer besitzen wie der momentan im Auftragsformular aktive Datensatz.

Egal, welcher Auftragsdatensatz in Formular A aktiv ist, wenn Formular B geöffnet ist, werden darin immer die zugehörigen Auftragsdetails angezeigt, ebenso wie das bei einem in A eingefügten Unterformular der Fall wäre.

Hauptformulare mit mehreren Unterformularen

Sie können im Formular-Assistenten beliebig viele miteinander verknüpfte Tabellen nacheinander selektieren und ausgewählte Felder in das zu erzeugende Formular einfügen.

Bleiben wir als Beispiel bei EDV.MDB: Kunden erteilen Aufträge, die aus einzelnen Bestellungen bestehen. Ideal wäre daher ein Formular,

➤ das Kundenadressen anzeigt (den Inhalt der Tabelle »Kunden«)

➤ in dem sich ein Unterformular befindet, das die Aufträge dieser Kunden anzeigt (also alle Datensätze der mit »Kunden« verknüpften Tabelle »Aufträge«, die die gleiche Kundennummer besitzen wie der momentan angezeigte Kunde)

➤ das ein weiteres Unterformular enthält, das die einzelnen Bestellungen anzeigt, aus denen die Aufträge bestehen (also alle Datensätze der mit »Aufträge« verknüpften Tabelle »Auftragspositionen«, die die gleiche Rechnungsnummer besitzen wie der momentan aktive Auftrag).

Erzeugen Sie dazu mit dem Assistenten ein Formular und fügen Sie der Reihe nach alle Felder der drei Tabellen »Kunden«, »Aufträge« und »Auftragspositionen« ein. Lassen Sie im nächsten Schritt die von Access vorselektierten Einstellungen unverändert (Abbildung 14.20).

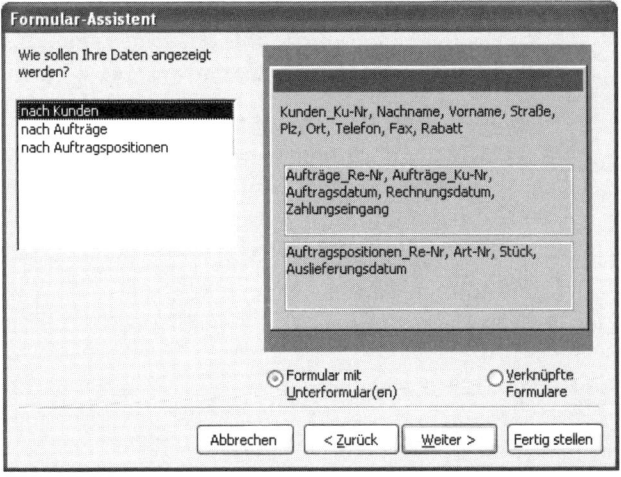

Abbildung 14.20: Abbildunguptformular mit zwei Unterformularen

Access erzeugt nun drei Formulare, ein Hauptformular und zwei Unterformulare, die in das Hauptformular eingefügt werden. Das Ergebnis sehen Sie in Abbildung 14.21.

Abbildung 14.21:
Abbildung der
Formularansicht

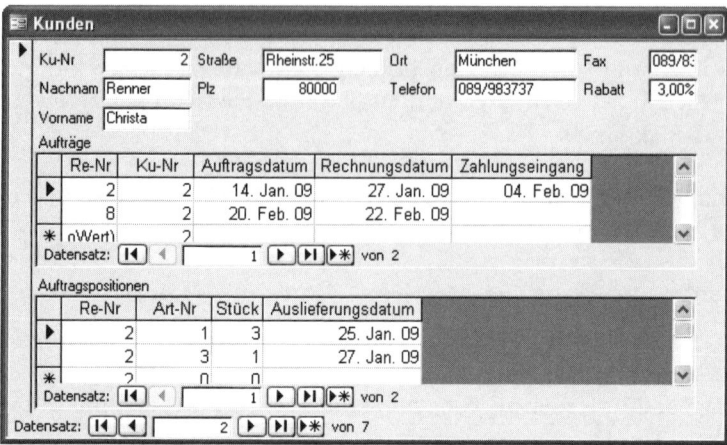

Es ist nicht ganz einfach, den Überblick über die angezeigten Daten zu behalten. Im Einzelnen:

➤ Im oberen Teil des Hauptformulars werden die Daten eines Kunden angezeigt. Mit den Navigationsschaltflächen ganz unten können Sie sich zum nächsten/vorhergehenden Kunden bewegen.

➤ Im oberen Unterformular (mit »Aufträge« beschriftet) werden die vom aktuellen Kunden vergebenen Aufträge angezeigt, die zugehörige Rechnungsnummer, die Nummer des Kunden etc. Das Unterformular enthält eigene Navigationsschaltflächen, mit denen Sie sich die restlichen Aufträge ansehen können, falls es so viele sind, dass sie im Unterformular nicht alle gleichzeitig angezeigt werden können.

➤ Im unteren Unterformular (Beschriftung »Auftragspositionen«) werden die einzelnen Bestellungen angezeigt, aus denen der aktuelle Auftrag besteht. Damit ist jener Auftrag gemeint, der momentan im oberen Unterformular aktiv ist, auf den also ganz links die Markierung ▶ hinweist. Auch das untere Unterformular besitzt eigene Navigationsschaltflächen, mit denen Sie sich die restlichen Bestellungen ansehen können, falls es zu viele sind, um im Unterformular gleichzeitig angezeigt zu werden.

Entsprechend der Abbildung gibt es zwei Aufträge, die vom Kunden Christa Renner mit der Kundennummer 2 stammen: Einen Auftrag mit der Rechnungsnummer 2 und einen weiteren Auftrag mit der Rechnungsnummer 8. Momentan ist im oberen Unterformular der erste Auftrag mit der Rechnungsnummer 2 aktiv. Entsprechend werden im unteren Unterformular die Details dieses Auftrag angezeigt, also die beiden Bestellungen, aus denen er besteht.

Um sich stattdessen die Details des zweiten Auftrags mit der Rechnungsnummer 8 anzusehen, klicken Sie einfach im oberen Unterformular auf irgendein Feld dieses Auftragsdatensatzes (Abbildung 14.22).

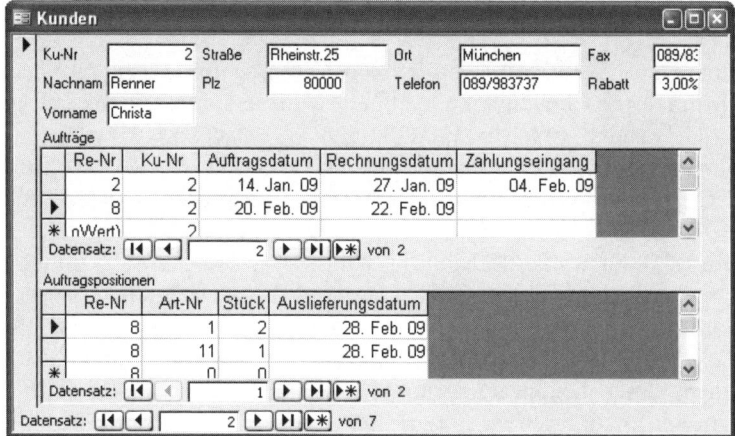

Abbildung 14.22:
Abbildungtails des zweiten Auftrags einsehen

Im unteren Unterformular werden nun entsprechend der AbAbbildungung die Details dieses zweiten Auftrags angezeigt, der ebenfalls aus zwei Bestellungen besteht.

14.3   Die Benutzung von Formularen

Nach dem Erstellen eines neuen Formulars wird darin in der Formularansicht der erste Datensatz der zugrunde liegenden Tabelle angezeigt. Sie können sofort damit beginnen, dieses Formular wie nachfolgend erläutert zu benutzen.

Nach dem Schließen können Sie es jederzeit durch Selektion des zugehörigen Eintrags im Datenbankfenster und Aktivierung der Schaltfläche *Öffnen* in der Formularansicht öffnen (schneller: Doppelklick auf den Eintrag) bzw. durch Aktivierung der Schaltfläche *Entwurf* in der Entwurfsansicht.

Analog zu Tabellen und Abfragen können Sie nach dem Öffnen eines Formulars jederzeit zwischen den verschiedenen Ansichten umschalten. ANSICHT|ENTWURFSANSICHT aktiviert den Formularentwurfsmodus.

ANSICHT|DATENBLATTANSICHT aktiviert die auch für Formulare verfügbare Datenblattansicht, die mit dem Datenblatt einer Tabelle oder Abfrage identisch ist.

ANSICHT|FORMULARANSICHT aktiviert die Formularansicht.

TIPP

Ist ein Feld eines Unterformulars fokussiert, können Sie mit dem nur dann verfügbaren Befehl ANSICHT|UNTERFORMULAR|DATENBLATT *die Datenblattansicht für dieses Unterformular aktivieren. Analog dazu können Sie mit den restlichen Unterbefehlen von* ANSICHT|UNTERFORMULAR *die Formularansicht, die PivotTable- und die PivotChart-Ansicht aktivieren.*

Markieren

Um in der Formularansicht den kompletten Datensatz zu löschen, markieren Sie ihn durch Klicken auf die schmale Markierspalte am linken Rand des Formularfensters (Tastatur: BEARBEITEN|DATENSATZ AUSWÄHLEN und drücken danach ⌷Entf⌷. BEARBEITEN|ALLE DATENSÄTZE AUSWÄHLEN markiert alle Sätze, obwohl weiterhin nur der aktuelle Satz angezeigt wird.

Suchen, Ersetzen und Navigieren

Mit BEARBEITEN|SUCHEN... und BEARBEITEN|ERSETZEN... können Sie wie bei Tabellen gezielt nach einem bestimmten Datensatz suchen, der daraufhin im Formular angezeigt wird Mit den Unterbefehlen des Befehls BEARBEITEN |GEHE ZU können Sie zum ersten, letzten, nächsten, vorhergehenden oder zu einem neuen Datensatz springen (oder Sie benutzen dazu die Navigationssymbole am unteren Formularrand).

Neue Datensätze

Um einen neuen Satz einzutragen, springen Sie mit ▶∗ zum ersten leeren Satz der Tabelle, geben die gewünschten Daten ein und beenden die Eingabe durch Verlassen dieses Satzes mit einer der soeben beschriebenen Möglichkeiten, zum Beispiel mit ▶∗, wenn Sie sofort darauf einen weiteren Satz eintragen wollen.

Datensatzeingabemodus

DATENSÄTZE|DATEN EINGEBEN unterdrückt wie beim Datenblatt von Tabellen die Anzeige der bereits vorhandenen Datensätze. Sie sind nun im Datensatzeingabemodus, in dem Sie ausschließlich neue Sätze eingeben können. Die in der Maske angezeigten Felder sind leer. Sie geben den ersten zusätzlichen Datensatz ein und klicken auf ▶∗. Die Felder werden erneut gelöscht, und Sie können den nächsten Satz eingeben. Wollen Sie wieder alle Datensätze sehen, wählen Sie DATENSÄTZE|FILTER/SORTIERUNG ENTFERNEN.

Speichern und Exportieren

Mit DATEI|SPEICHERN speichern Sie das Formular unter dem aktuellen Namen; mit DATEI|SPEICHERN UNTER... können Sie ihm einen frei wählbaren neuen Namen geben, wodurch eine Kopie des Formulars angelegt wird.

DATEI|EXPORTIEREN wiederum speichert das Formular in einer anderen Datenbank.

Übernommene Eigenschaften

Verschiedenste Eigenschaften der zugrunde liegenden Tabelle oder Abfrage werden automatisch in das erzeugte Formular übernommen, unter anderem Feldeigenschaften wie *Format*, *Dezimalstellenanzeige* oder *Eingabeformat*.

Auch Nachschlagefelder werden übernommen. Enthält eine Tabelle/Abfrage ein solches Feld, fügt Access auch in das Formular ein entsprechendes Nachschlagefeld ein (Abbildung 14.23).

Nachschlage-felder

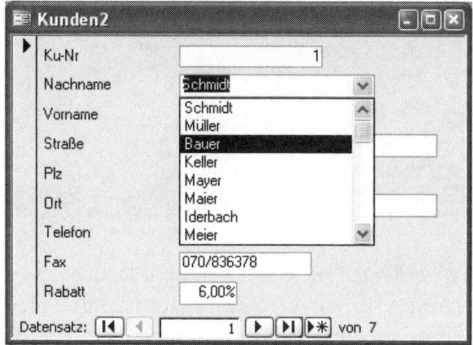

Abbildung 14.23:
Übernommenes
Nachschlagefeld

Nicht nur Feldeigenschaften, sondern auch Tabellen-/Abfrageeigenschaften wie *Filter* oder *Sortierung* werden übernommen. Erstellen Sie ein Formular, das auf einer gefilterten Tabelle/Abfrage basiert, besitzt das Formular diese Eigenschaften ebenfalls und Sie können den Filter jederzeit mit DATEN-SÄTZE|FILTER/SORTIERUNG ANWENDEN im Formular anwenden.

Zusätzlich können Sie natürlich mit den Unterbefehlen des Befehls DATEN-SÄTZE|SORTIEREN *die angezeigten Datensätze wieder auf- oder absteigend sortieren. Dabei gibt es jedoch ein Problem: Vor der Anwahl dieses Befehls muss sich der Cursor bekanntlich im gewünschten Sortierfeld befinden bzw. – bei mehreren Sortierkriterien – die betreffenden Spalten müssen markiert sein. Den Cursor in ein Formularfeld zu setzen, ist zwar kein Problem, nur: Wie selektieren Sie in einem Formular mehrere Felder, um mehrere Sortier-kriterien festzulegen, beispielsweise »Nachname« als Haupt- und »Vor-name« als Untersortierkriterium? Indem Sie statt der Formularansicht vorübergehend die auch bei Formularen verfügbare Datenblattansicht akti-vieren, diese Sortierung wie gewohnt definieren und danach wieder in die Formularansicht umschalten!*

:-)
TIPP

Mit den Unterbefehlen von DATENSÄTZE|FILTER können Sie Datensätze wie gewohnt filtern. Nehmen wir an, im Formular »Kunden AutoFormular« von EDV.MDB wird gerade der zweite von insgesamt sieben Datensätzen angezeigt, Frau Christa Renner mit der Kundennummer 2.

Wollen Sie wissen, ob es noch andere Kunden mit dem gleichen Nachnamen gibt, aktivieren Sie das Feld »Nachname«, in dem sich momentan der Text »Renner« befindet, und wählen DATENSÄTZE|FILTER|AUSWAHLBASIERTER FILTER (Abbildung 14.24).

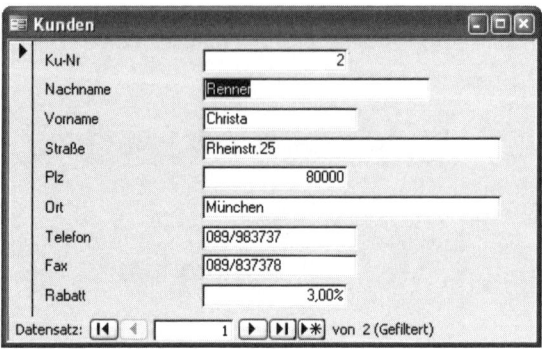

Der Hinweis »1 von 2« bedeutet, dass es nur zwei Sätze gibt, die das Filterkriterium erfüllen, also den Nachnamen »Renner« besitzen. Sie können sich nun nur noch zwischen diesen beiden Datensätzen im Formular hin- und herbewegen.

Erheblich weitergehende Filtermöglichkeiten bietet wie bei Tabellen/Abfragen der Befehl DATENSÄTZE|FILTER|FORMULARBASIERTER FILTER bzw. das zugehörige Symbol (Abbildung 14.25).

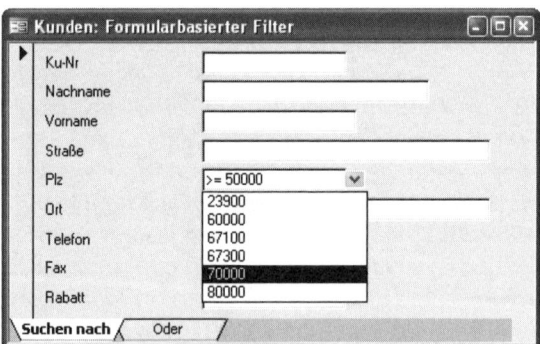

Sie können in beliebigen Feldern Filterkriterien wie zum Beispiel im Feld »Plz« den Ausdruck »>50000« eingeben oder im aktiven Feld auf den zugehörigen Listenpfeil klicken und anschließend aus der Liste aller Werte dieses Felds jenen auswählen, den Sie als Filterkriterium verwenden wollen.

14.4   Abfragen als Datenquellen für Formulare verwenden

Formulare können wahlweise auf Tabellen oder auf Abfragen basieren, wobei Abfragen als Datenquellen manchmal vorzuziehen sind.

Filterung   Angenommen, in einem Formular sollen alle Kunden im Postleitzahlgebiet 50000 bis 70000 dargestellt werden. Egal, wie Sie die Filterung zuvor defi-

[KOMPENDIUM] **Access 2003**

nierten: Nach dem Öffnen ist das Formular zunächst ungefiltert und unsortiert, und Sie benötigen nun irgendeine Aktion, um beides wieder zu aktivieren.

Öffneten Sie beispielsweise mit DATENSÄTZE|FILTER|SPEZIALFILTER/-SORTIERUNG... das Abfrage-Entwurfsfenster und definierten darin entsprechende Filterkriterien, die Sie als Abfrage speicherten, müssen Sie diese Abfrage jedesmal nach dem Öffnen des Formulars laden, um sie erneut anzuwenden.

Basiert das Formular auf einer bereits gefilterten Tabelle, müssen Sie nach dem Öffnen zumindest jedesmal DATENSÄTZE|FILTER/SORTIERUNG ANWENDEN wählen, um diesen Filter erneut anzuwenden.

Soll der Filter jedoch dauerhaft und unwiderruflich sein, bietet es sich an, bereits als Formulargrundlage eine Datenbasis zu benutzen, die nur die gewünschten Datensätze enthält, am besten gleich in der von Ihnen bevorzugten Sortierreihenfolge.

Dazu erstellen Sie eine Abfrage namens »Kunden-Formular«, in der mit geeigneten Auswahlkriterien nur die später im Formular anzuzeigenden Sätze ausgewählt (und sortiert) werden. Bei der Formularerzeugung wird nun nicht wie zuvor die Tabelle »Kunden« verwendet, sondern die Abfrage »Kunden-Formular«.

Berechnete Felder

Der zweite Vorteil besteht in der einfachen Verwendung zusätzlicher berechneter Felder im Formular: Die Tabelle »Artikel« enthält beispielsweise das Feld »VK-Preis«. Nehmen wir an, dabei handelt es sich um den Bruttoverkaufspreis, Sie interessiert jedoch zusätzlich die darin enthaltene Mehrwertsteuer, die mit dem Ausdruck *[VK-Preis]/116*16* ermittelt wird.

Dazu erstellen Sie eine auf der Tabelle »Artikel« basierende Abfrage, die dieses zusätzliche berechnete Feld enthält und verwenden diese Abfrage als Formularbasis.

Diese Technik anzuwenden ist sehr einfach. Im Kapitel 10.1, »Berechnete Felder einfügen«, erläuterte ich folgende Abfrage (Abbildung 14.26).

Das berechnete Feld »MWSt« ermittelt mit dem Ausdruck *[VK-Preis]/116*16* die im Bruttopreis (Feld »VK-Preis«) enthaltene Mehrwertsteuer. Das zweite berechnete Feld »Netto« ermittelt mit *[VK-Preis]-[MWSt]* entsprechend den Nettopreis. Um diese Abfrage als Formularbasis zu benutzen, selektieren Sie sie im Datenbankfenster und erzeugen mit dem zugehörigen Symbol ein AutoFormular (Abbildung 14.27).

In das Formular werden automatisch alle Felder der zugrundeliegenden Abfrage eingefügt, also auch die beiden berechneten Felder.

Abbildung 14.26:
EDV.MDB, Abfrage
»Berechnete
Felder1«

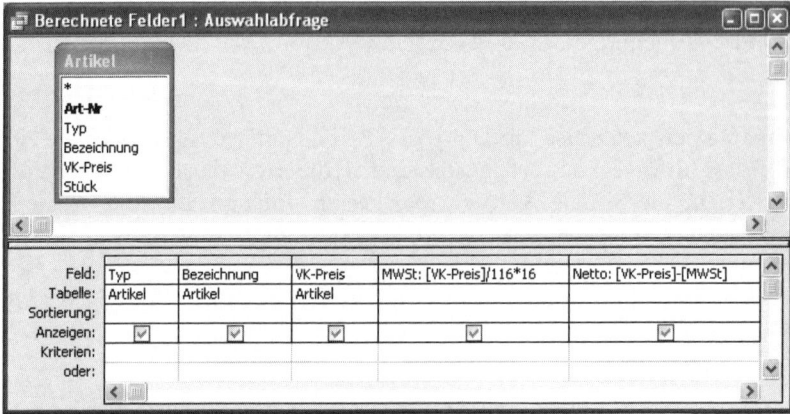

Abbildung 14.27:
EDV.MDB, Formular
»Artikel (Abfrage
"Berechnete
Felder1")«

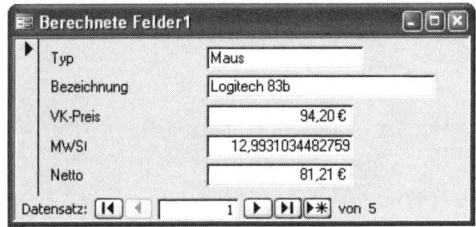

Komplexe
Beziehungen

Vor allem können mit Abfragen als Datenquellen auch komplexeste Beziehungen *in einem einzigen Formular* dargestellt werden.

Nehmen wir als Beispiel die ebenfalls im Kapitel 10.1, »Berechnete Felder einfügen«, erläuterte Abfrage »Berechnete Felder2« (Abbildung 14.28).

Abbildung 14.28:
EDV.MDB, Abfrage
»Berechnete
Felder2«

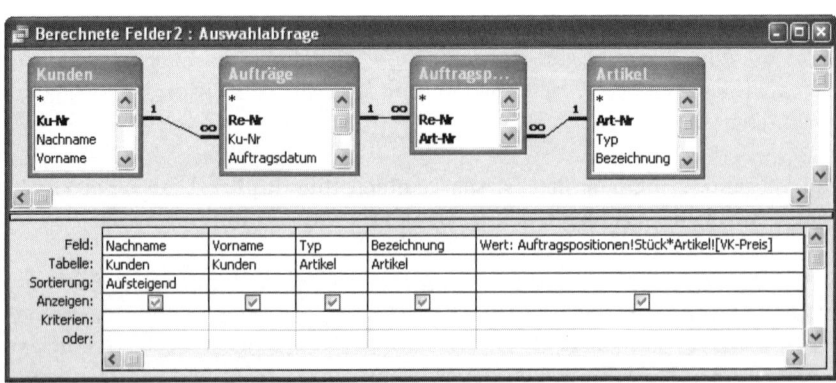

Diese Abfrage zeigt zu jedem Kunden seine Bestellungen und den zugehörigen Bestellwert an, der sich aus der bestellten Stückzahl, multipliziert mit dem Einzelpreis des Artikels, ergibt (Abbildung 14.29).

〔 KOMPENDIUM 〕 **Access 2003**

Erzeugen Sie ein auf dieser Abfrage basierendes AutoFormular, erhalten Sie folgendes Resultat (Abbildung 14.30).

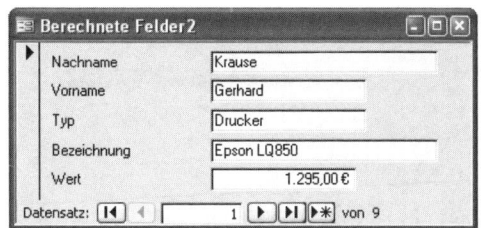

Machen Sie sich bitte bewusst, dass dieses harmlose Formular eine über vier Tabellen hinwegreichende Beziehung darstellt!

INFO

14.5   Formulare, die Diagramme enthalten

Der Diagramm-Assistent stellt in Tabellen/Abfragen enthaltene Daten grafisch dar. Als Grundlage benötigen Sie eine Tabelle oder Abfrage mit einem oder mehreren numerischen Feldern.

Soll die X-Achse Beschriftungen enthalten, muss die Tabelle/Abfrage zusätzlich ein passendes nichtnumerisches Feld enthalten. Ein geeignetes Objekt ist die Abfrage »Berechnete Felder1« in EDV.MDB (Abbildung 14.31).

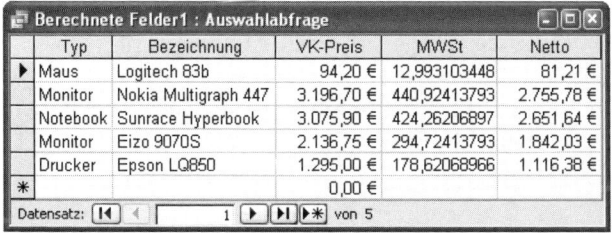

Sie basiert auf der Tabelle »Artikel« und liefert Informationen über die Verkaufspreise der darin enthaltenen Artikel. Und zwar nicht nur über den Bruttoverkaufspreis, sondern dank zweier berechneter Felder auch über die darin enthaltene Mehrwertsteuer und den Nettoverkaufspreis. Die Abfrage enthält somit insgesamt drei Datenreihen, die grafisch dargestellt werden können.

Aktivieren Sie das Register »Formulare« des Datenbankfensters, klicken Sie auf *Neu* und selektieren Sie *Diagramm-Assistent* sowie als Datenbasis »Berechnete Felder1«.

Der Diagramm-Assistent will zunächst wissen, welche Felder der Abfrage Sie in das Diagramm einfügen wollen (Abbildung 14.32).

Abbildung 14.32:
Feldauswahl

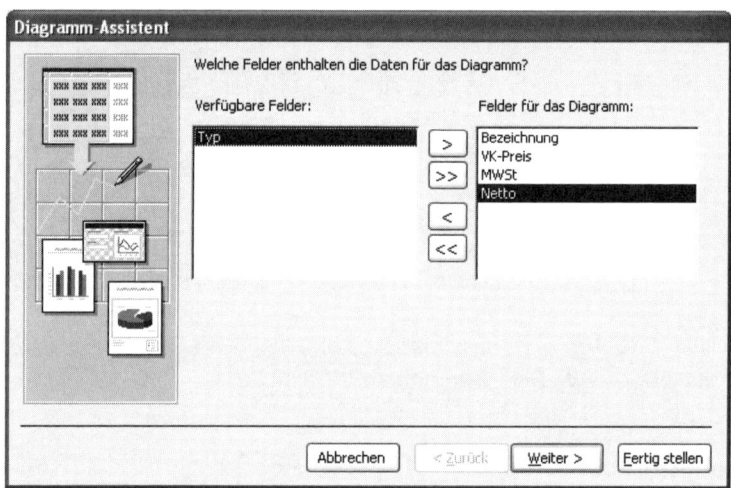

Fügen Sie entsprechend der Abbildung alle Felder bis auf »Typ« ein, außer den drei numerischen Feldern »VK-Preis«, »MWSt« und »Netto« also auch das Textfeld »Bezeichnung«. Der Assistent wird die zugehörigen Texte wie »Logitech...« etc. automatisch als X-Achsenbeschriftungen verwenden.

Würden Sie auch »Typ« einfügen, würde eines der beiden Textfelder für die X-Achsenbeschriftungen verwendet und das andere für die Legende.

Danach wählen Sie den gewünschten Diagrammtyp aus, wobei der Typ *Säulendiagramm* vorselektiert ist (Abbildung 14.33).

Im folgenden Schritt bestimmen Sie, welche Felder wozu verwendet werden (Abbildung 14.34).

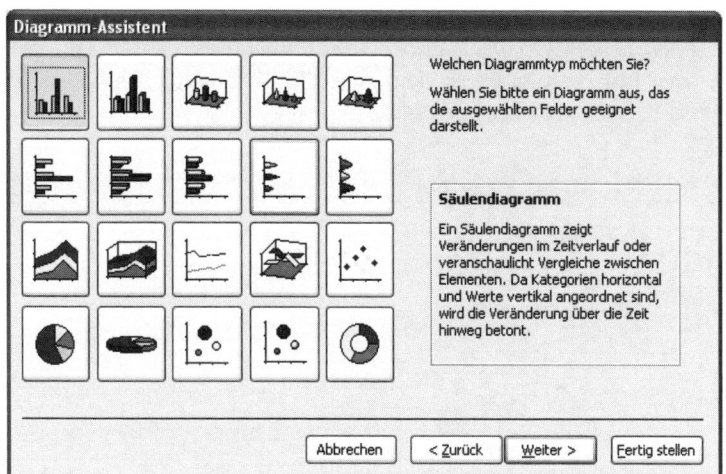

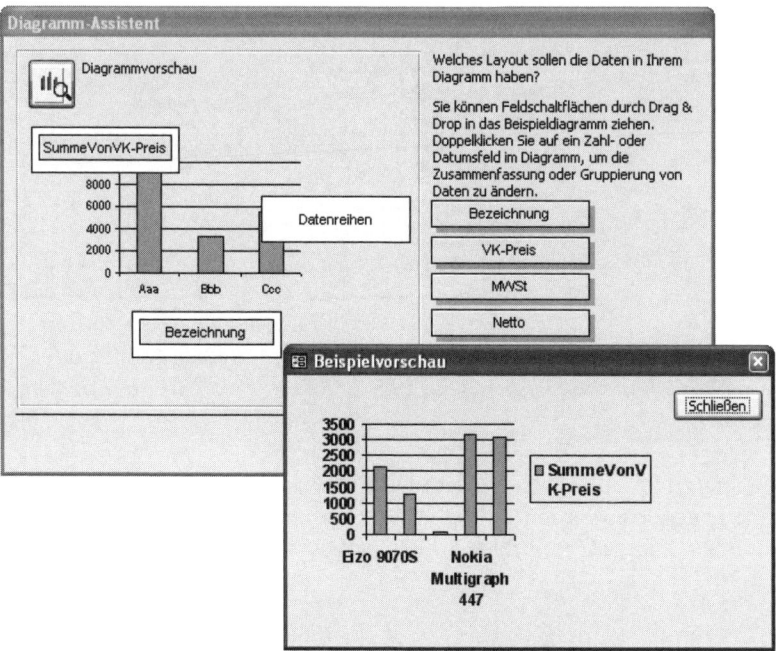

Wie die Diagrammvorschau zeigt (Schaltfläche in der linken oberen Ecke des Dialogfelds), wird mit den Vorgaben nur die erste Datenreihe »VK-Preis« dargestellt und das Textfeld »Bezeichnung« als Beschriftung der X-Achse verwendet.

Um alle drei Datenreihen darzustellen, ziehen Sie die beiden anderen numerischen Felder »MWSt« und »Netto« aus dem rechten Teil des Dialogfelds in den linken Kasten, in dem sich momentan der Eintrag *SummeVonVK-Preis* befindet (Abbildung 14.35).

Abbildung 14.35:
Darzustellende
Datenreihen

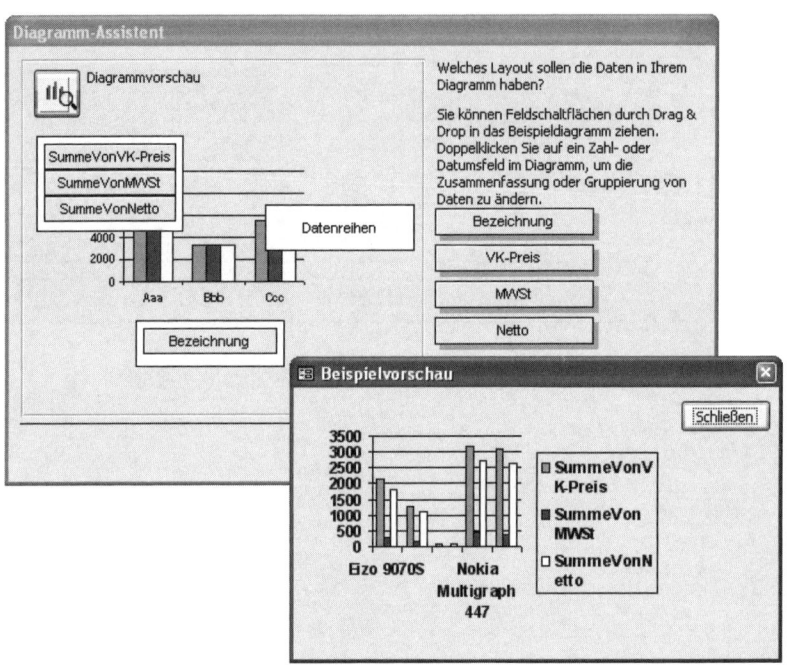

Per Doppelklick auf SummeVonVK-Preis, SummeVonMWSt *oder* SummeVonNetto *können Sie statt »Summe« eine andere Gruppierungsoption auswählen.*

TIPP

Im letzten Schritt geben Sie dem Diagramm einen Namen und wählen, ob es eine Legende enthalten soll oder nicht. Nach einer letzten Nachfrage wird es in Form eines Objektfelds in ein neues Formular eingefügt (Abbildung 14.36).

Um es individuell zu verändern, doppelklicken Sie in der Entwurfsansicht auf das Objektfeld, um »Microsoft Graph« aufzurufen, den OLE-Server, der für die Erzeugung des Diagramms zuständig ist (Abbildung 14.37).

In die Access-Menüleiste sind nun die MS Graph-Befehle integriert. Im DIAGRAMM-Menü können Sie beispielsweise den Diagrammtyp verändern und aus dem Balken- ein Kreis- oder Liniendiagramm machen.

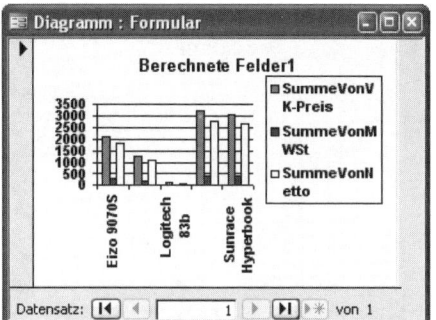

Abbildung 14.36:
Edv.MDB, Formular
»Diagramm«

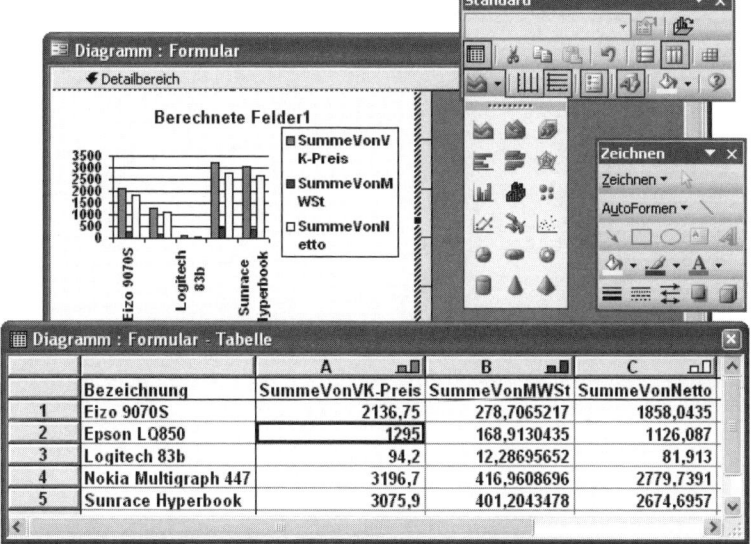

Abbildung 14.37:
MS Graph aufrufen

MS Graph ist praktisch der kleine Bruder von Excel und dem darin enthaltenen Diagrammteil. Kennen Sie sich mit Excel aus, können Sie daher problemlos die Schriftarten, Legendentexte, den Diagrammtyp etc. verändern und das Diagramm zum Beispiel folgendermaßen verfeinern (Abbildung 14.38).

Im Kapitel 18.10, »Abbildung- und Objektfelder einfügen«, erläutere ich die Eigenschaften von Objektfeldern, zum Beispiel die Eigenschaft Größenanpassung, *die bestimmt, wie sich das Diagramm bei Änderungen der Größe des Objektfelds verhält.*

REF

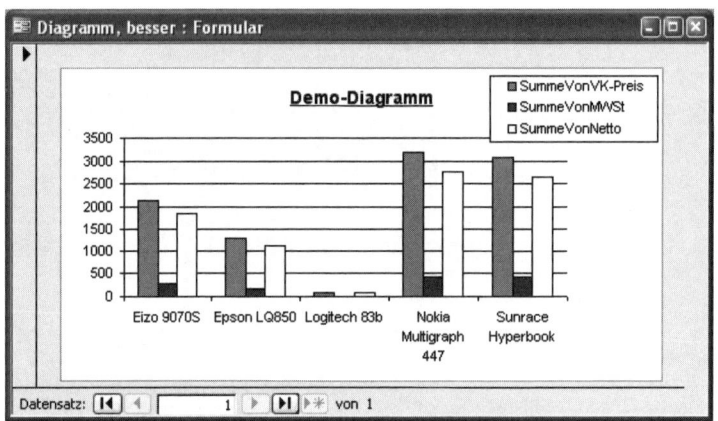

15 Den Formularentwurf verändern

In der Entwurfsansicht können Sie ein Formular beliebig verändern. Entsprechend erläutere ich zunächst die Werkzeuge, die Access zur Manipulation von Formularen zur Verfügung stellt, beispielsweise die Toolbox-Symbolleiste, mit der Sie jederzeit weitere Steuerelemente in ein Formular einfügen können, oder Hilfsmittel wie Lineal und Raster, die Ihnen bei der Positionierung von Steuerelementen helfen.

Anschließend geht es um die optischen Manipulationsmöglichkeiten von Steuerelementen. Sie lernen, Textfelder, Listenfelder und Befehlsschaltflächen zu selektieren, ihre Größe und Form zu verändern und Steuerelemente mit den unterschiedlichsten Mitteln zu formatieren.

15.1 Die Entwurfsansicht eines Formulars

In der Entwurfsansicht präsentiert sich das Formular »Kunden AutoFormular« nach dem Vergrößern des Entwurfsfensters so wie in Abbildung 15.1 gezeigt.

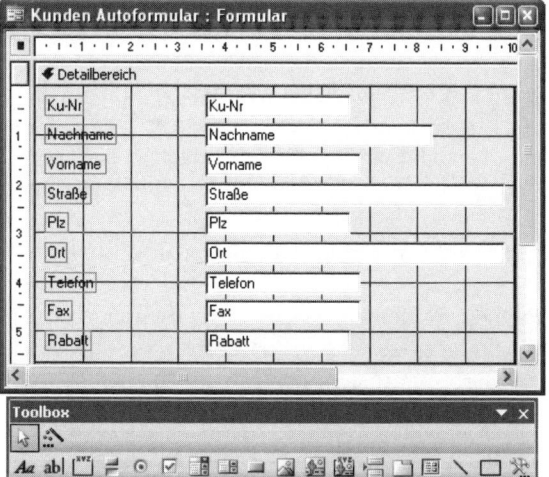

Abbildung 15.1:
Formular-
Entwurfsansicht

Ganz unten in dieser Abbildung befindet sich die Toolbox-Symbolleiste, die ich im Kapitel »Toolbox, Feldliste und Eigenschaftenfenster« auf Seite 322 erläutere (und die mit ANSICHT|TOOLBOX ein- bzw. ausgeblendet wird).

Formulargröße Sie können die Formularbreite verändern, indem Sie den rechten Formularrand anklicken und den Rand nach rechts oder links ziehen. Analog dazu können Sie die Länge des Formulars verändern, indem Sie am unteren Formularrand ziehen. Oder an einer Ecke ziehen, um Höhe und Breite gleichzeitig zu verändern.

Für die folgende Abbildung zog ich den rechten Rand weiter nach rechts, verbreiterte das Formular also, und zog den unteren Rand weiter nach unten, um das Formular zu verlängern (Abbildung 15.2).

Abbildung 15.2:
Manipulation der
Formulargröße

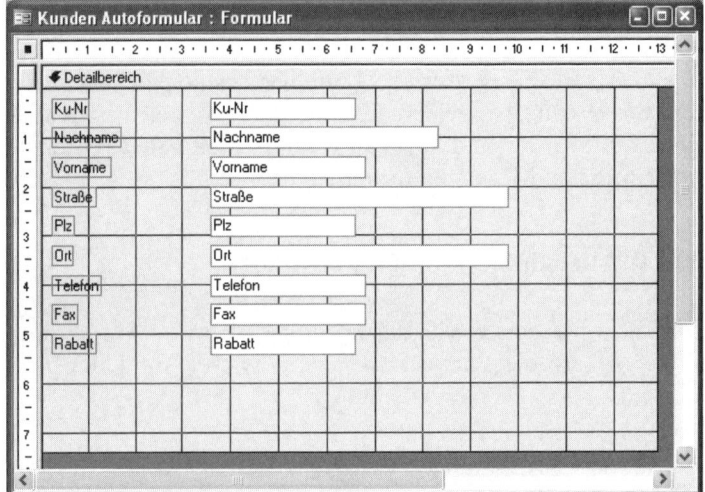

Die neue Formulargröße wirkt sich erst beim Schließen aus. Speichern Sie auf die entsprechende Frage hin die am Entwurf vorgenommenen Änderungen und öffnen Sie das Formular danach in der Formularansicht, passt Access die Fenstergröße beim Öffnen an die neue Formulargröße an (Abbildung 15.3).

Bereiche Formulare können mehrere Bereiche enthalten:

➤ Der immer vorhandene Detailbereich ist für die Anzeige des aktuellen Datensatzes verantwortlich; jedes darin enthaltene Feld zeigt in der Formularansicht den Inhalt des korrespondierenden Felds der zugrunde liegenden Tabelle an.

Bei tabellenartigen Formularen werden bekanntlich mehrere Datensätze gleichzeitig angezeigt. Dazu wird der Inhalt des Detailbereichs in der Formularansicht – abhängig von der aktuellen Fenstergröße – mehrfach

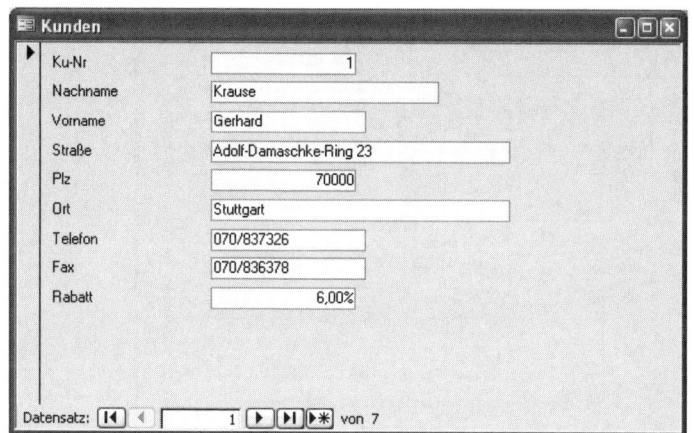

Abbildung 15.3:
Auswirkungen nach
dem Schließen und
erneuten Öffnen

untereinander ausgegeben, wobei jede Wiederholung den jeweils folgenden Datensatz anzeigt.

➤ Der Formularkopf kann eine Überschrift wie »Kunden« enthalten oder Zusatzinformationen wie das aktuelle Datum und die Uhrzeit.

➤ Der Formularfuß kann ebenfalls zusätzliche Objekte wie Hinweistexte oder berechnete Felder enthalten.

Wählen Sie bitte ANSICHT|FORMULARKOPF/-FUß, um den Formularkopf und den Formularfuß einzublenden (die erneute Befehlswahl blendet beide Bereiche wieder aus und löscht dabei alle Elemente, die sich in einem dieser Bereiche befinden) (Abbildung 15.4).

Die verschiedenen Bereiche sind durch entsprechend beschriftete Balken voneinander abgegrenzt. Außer der Formulargröße selbst können Sie auch die Größe der Bereiche verändern, indem Sie auf die *Oberkante* eines der Balken klicken und ihn nach oben bzw. nach unten ziehen (den Balken *Formularkopf* können Sie nicht verschieben, da der Formularkopf *immer* am oberen Formularrand beginnt).

Ziehen Sie beispielsweise den Balken *Detailbereich* nach oben/unten, wird dadurch der Kopfbereich darüber entsprechend verkleinert/vergrößert. Ziehen Sie am Balken *Formularfuß*, wird der darüber liegende Detailbereich verkleinert/vergrößert. Um den Formularfuß zu verkleinern/vergrößern, ziehen Sie den unteren Formularrand nach oben/unten.

Die folgende Abbildung zeigt, wie sich diese beiden zusätzlichen Bereiche auf die Optik des Formulars auswirken (Abbildung 15.5).

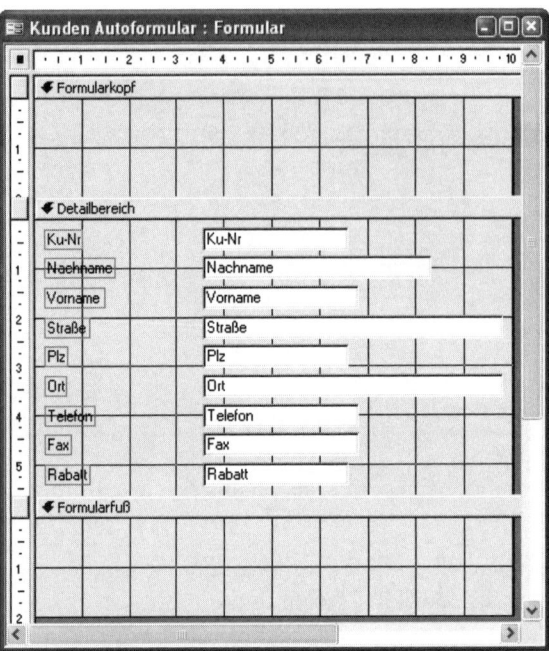

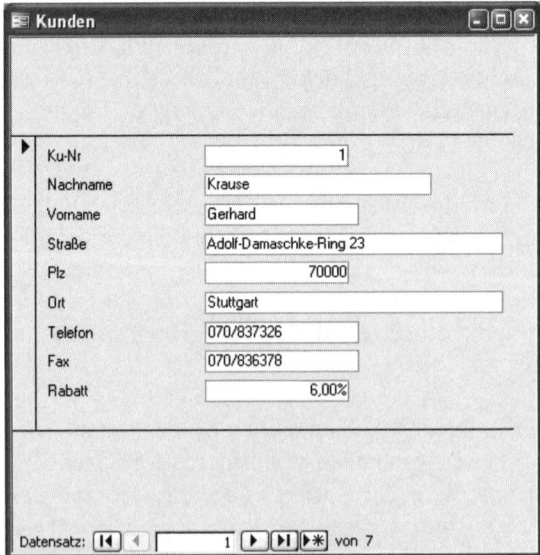

Sowohl unter als auch oberhalb des Detailbereichs, in dem der aktuelle Datensatz angezeigt wird, befindet sich ein Leerraum. Sie können diese Bereiche nutzen, um darin zusätzliche Elemente einzufügen.

Aktivieren Sie dazu in der Entwurfsansicht den Bereich *Formularkopf*, indem Sie einfach auf irgendeine Stelle dieses Bereichs klicken, also auf einen beliebigen Punkt zwischen den beiden Balken *Formularkopf* und *Detailbereich*.

Wählen Sie nun EINFÜGEN|DATUM UND UHRZEIT..., (Abbildung 15.6).

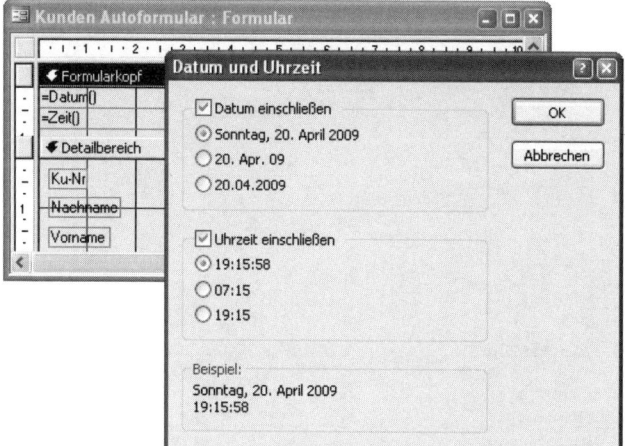

Abbildung 15.6:
Datum und Uhrzeit einfügen

Nach dem Schließen des Dialogfelds wird in den momentan aktiven Bereich *Formularkopf* entsprechend der Abbildung ein Element eingefügt, das für die Anzeige des aktuellen Datums und der Uhrzeit zuständig ist. Aktivieren Sie bitte die Formularansicht (Abbildung 15.7).

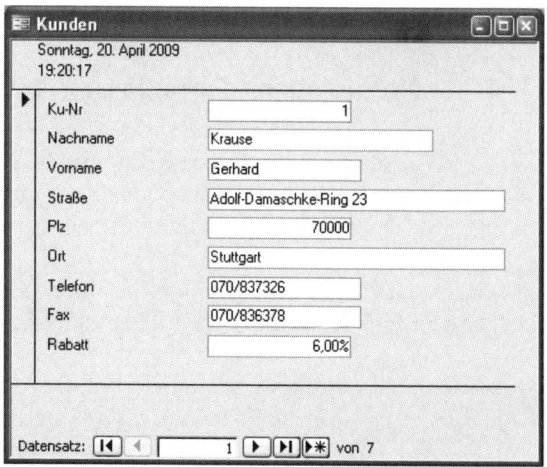

Abbildung 15.7:
Datums- und Zeitanzeige

Alternativ zum Formularkopf/-fuß oder auch zusätzlich zu ihm können Sie mit ANSICHT|SEITENKOPF/-FUß oder dem zugehörigen Symbol zwei weitere Bereiche ein- bzw. auch wieder ausblenden (Abbildung 15.8).

Abbildung 15.8:
Seitenkopf/-fuß ein-
blenden

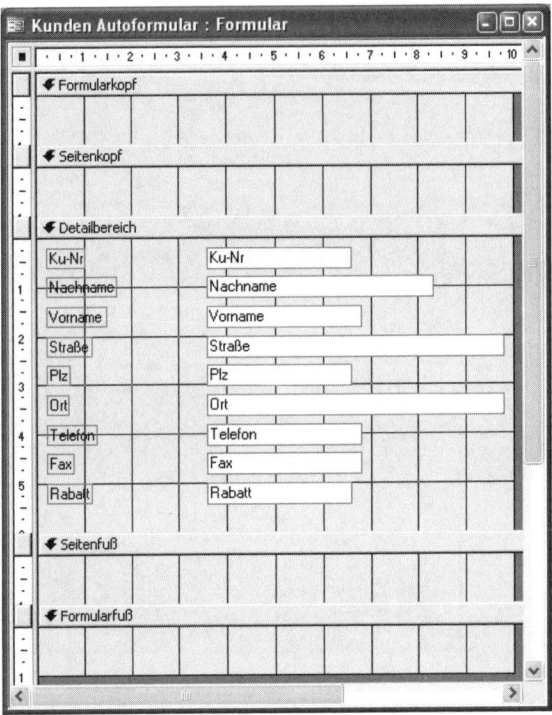

Objekte, die sich in den Bereichen Seitenkopf und Seitenfuß befinden, erscheinen in der Formularansicht *nicht* auf dem Bildschirm, werden dafür jedoch beim Ausdruck von Formularen am oberen (Seitenkopf) bzw. unteren (Seitenfuß) Rand *jedes einzelnen Blattes* ausgedruckt.

15.2   Vorgegebene Formatierungsschemata anwenden

Die AutoFormatieren-Funktion weist einem Formular ein vorgegebenes Formatierungsschema zu. Dazu wählen Sie in der Entwurfsansicht FORMAT|AUTOFORMAT... (Abbildung 15.9).

Sie können eine der Formatierungsvarianten auswählen und inklusive dem zugehörigen Hintergrundbild dem Formular zuweisen (Abbildung 15.10).

Optionen >> erweitert das Dialogfeld um die Anzeige der drei Kontrollkästchen, die steuern, welche Formatattribute übertragen werden.

Selektieren Sie vor der Wahl von FORMAT|AUTOFORMAT... *eines oder mehrere Steuerelemente (siehe »Selektieren, Löschen und Duplizieren« auf Seite 326), werden nur diese Elemente beeinflusst und auch kein Hintergrundbild verwendet (Abbildung 15.11).*

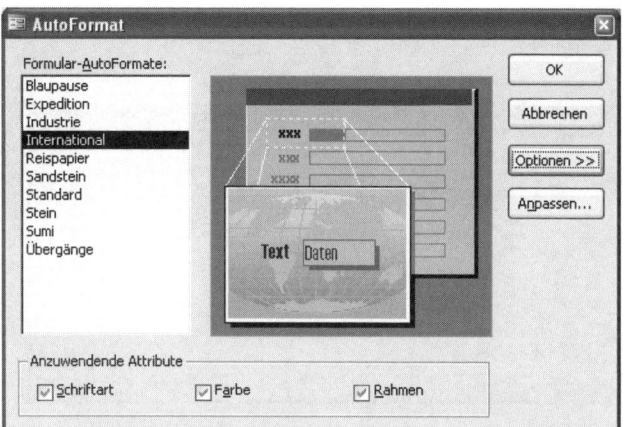

Abbildung 15.9:
Formatierungs-
schemata

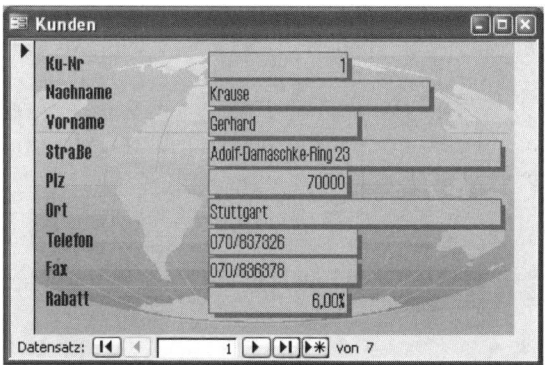

Abbildung 15.10:
Formatierungs-
resultat

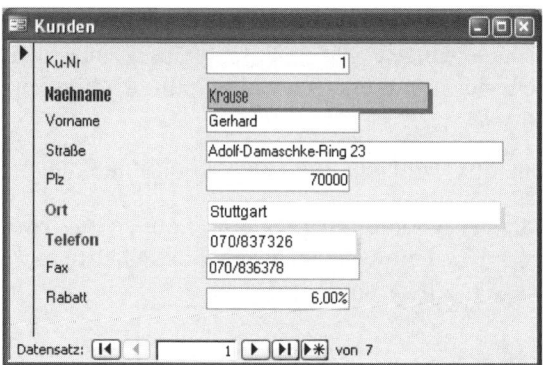

Abbildung 15.11:
Einzelne Steuerele-
mente formatieren

Zunächst selektierte ich durch Anklicken »Nachname«, wählte FOR-
MAT|AUTOFORMAT... und wies dem Element ein Format zu. Danach selek-
tierte ich »Ort« und »Telefon« und wies diesen Steuerelementen ein anderes
Format zu.

Die Schaltfläche *Anpassen...* des Dialogfelds ermöglicht Ihnen die Definition eigener Formate (Abbildung 15.12).

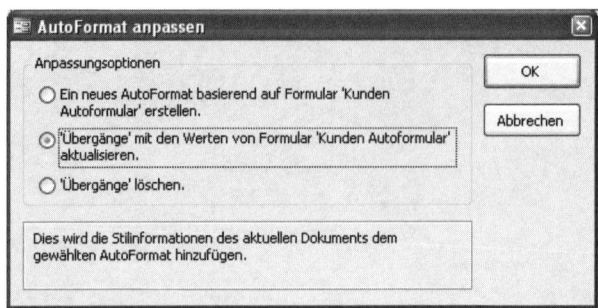

Ein neues AutoFormat... erzeugt ein neues AutoFormat, das einen von Ihnen anzugebenden Namen wie »MyStyle« bekommt und die Formatierungen des momentan geöffneten Formulars enthält.

Die zweite Option ändert ein bestehendes Format, da dem zuvor in der Liste selektierten Format die aktuellen Formularformatierungen zugewiesen werden.

Die letzte Option löscht das zuvor in der Liste selektierte Format wieder, beispielsweise das eigendefinierte Format »MyStyle«.

15.3   Steuerelemente manipulieren

Jeder in der Formular-Entwurfsansicht sichtbare Text und jedes Feld ist ein »Steuerelement«, das Sie unabhängig von allen anderen Objekten mit verschiedensten Werkzeugen manipulieren können.

Toolbox, Feldliste und Eigenschaftenfenster

*Die Toolbox
und die
Feldliste*

Mit der Toolbox-Symbolleiste können Sie jederzeit weitere Objekte in ein Formular einfügen. Sie blenden diese Leiste mit ANSICHT|TOOLBOX ein bzw. wieder (Abbildung 15.13) aus.

Die Bedeutung der einzelnen Objekte erläutere ich ausführlich im Kapitel 18, »Steuerelemente für Fortgeschrittene«. Um eines in das Formular einzufügen, klicken Sie zuerst auf das gewünschte Symbol und danach im Formular dorthin, wo es eingefügt werden soll.

Access fügt es automatisch in einer Standardgröße ein. Anschließend können Sie seine Position, seinen Inhalt oder seine Größe manipulieren (siehe »Größe und Ausrichtung anpassen« auf Seite 329).

Sie können auch bereits beim Einfügen die Objektgröße festlegen, indem Sie nach dem Klicken auf das Formular die Maustaste gedrückt halten und die Maus in eine beliebige Richtung ziehen.

Mit ANSICHT|FELDLISTE können Sie die Feldliste der dem Formular zugrunde liegenden Tabelle/Abfrage ein- oder ausblenden (Abbildung 15.14).

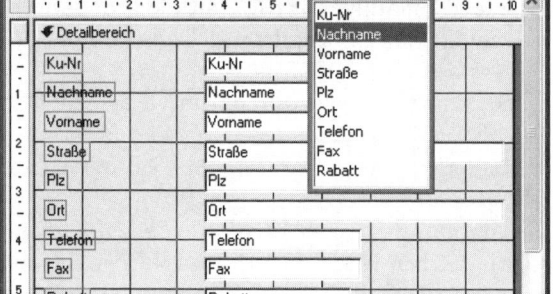

Abbildung 15.14:
Die Feldliste

Wie bei Feldlisten von Abfragen ziehen Sie zum nachträglichen Einfügen von Feldern den betreffenden Feldnamen zur gewünschten Stelle im Formular, um z.B. entsprechend der Abbildung das bereits vorhandene Feld »Nachname« ein weiteres Mal ins Formular einzufügen.

Die Tabulatorreihenfolge bestimmt, in welcher Reihenfolge die einzelnen Felder beim Drücken von [⇥] fokussiert werden (Abbildung 15.15).

Die Tabulatorreihenfolge verändern

Das Feld »Rabatt« von »Kunden AutoFormular«, das sich ursprünglich ganz unten befand, verschob ich nach oben, zwischen »Ku-Nr« und »Nachname«. Dadurch ändert sich die optische Feldreihenfolge, aber nicht die Tabulatorreihenfolge: Nach Aktivierung der Formularansicht befindet sich der Cursor zunächst im obersten Feld »Ku-Nr«. Drücken Sie [⇥], wird das Feld »Rabatt« darunter übersprungen und stattdessen »Nachname« fokussiert.

Abbildung 15.15:
Tabulator-
reihenfolge

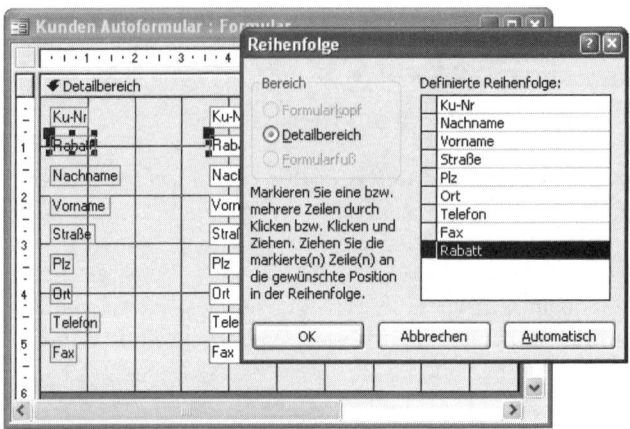

»Rabatt« wird wie im Originalformular erst fokussiert, wenn das unterste
Feld »Fax« fokussiert ist und Sie erneut ⟨↹⟩ drücken.

 Um die Tabulatorreihenfolge an die geänderte Feldreihenfolge anzupassen,
wählen Sie in der Entwurfsansicht ANSICHT|AKTIVIERREIHENFOLGE....

Zunächst wählen Sie durch Aktivierung der zugehörigen Bereichsoption
aus, ob Sie die Reihenfolge der Felder im Formularkopf, Formularfuß oder
wie in der Abbildung im Detailbereich festlegen wollen.

Die daraufhin rechts daneben angezeigte Reihenfolge entspricht der
ursprünglichen Feldreihenfolge im Originalformular »Kunden AutoFormular«. Um sie an die geänderte Formularoptik anzupassen, klicken Sie entsprechend den Hinweisen im Dialogfeld zunächst auf den Markierer des
Felds »Rabatt«, das kleine Kästchen am linken Rand der Zeile. Die gesamte
Zeile wird markiert und kann anschließend durch erneutes Anklicken des
Markierers und Ziehen mit der Maus zwischen »Ku-Nr« und »Nachname«
verschoben werden (Abbildung 15.16).

Abbildung 15.16:
Anpassen der Tabu-
latorreihenfolge

Klicken Sie auf Automatisch, *analysiert Access die Positionen der Felder im aktiven Bereich und definiert die Tabulatorreihenfolge so: Ein Feld, das sich unter einem anderen Feld befindet, wird nach diesem aktiviert; befinden sich Felder exakt auf gleicher Höhe, wird zunächst das linke und erst danach das rechts benachbarte Feld aktiviert.*

TIPP

Jedes Steuerelement und jeder Formularbereich besitzt unterschiedliche Eigenschaften. Zur Bearbeitung dieser Eigenschaften benötigen Sie das *Eigenschaften*-Dialogfenster, das Sie mit dem Befehl ANSICHT|EIGENSCHAFTEN bzw. durch Anklicken des entprechenden Symbols öffnen (Abbildung 15.17).

Eigenschaften-
fenster

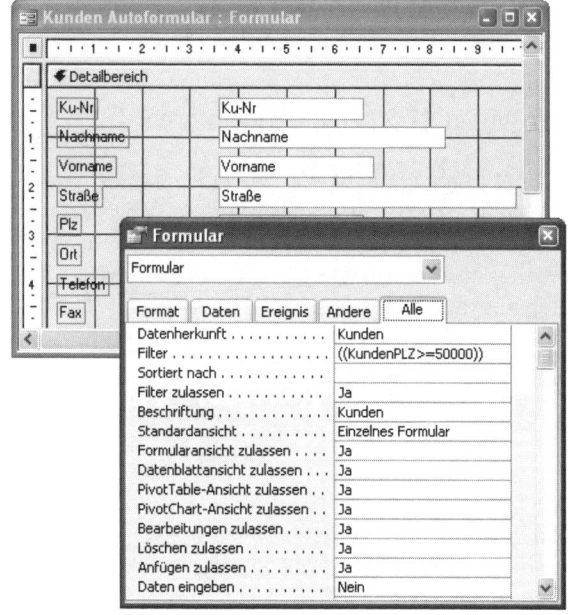

Abbildung 15.17:
Das Eigenschaften-
fenster

Die Eigenschaften sind in Kategorien eingeteilt, sodass Sie sich wahlweise *Alle* oder nur bestimmte Eigenschaften des ausgewählten Objekts wie *Format* anzeigen lassen können.

In der Titelleiste des Fensters informiert Access über die Art und den Namen des Objekts, dessen Eigenschaften angezeigt werden. Ist noch kein Steuerelement selektiert, ist das zunächst das Formular und in der Titelleiste steht entsprechend »Formular«.

Um die Eigenschaften eines anderen Objekts anzuzeigen, beispielsweise des Textfelds »Nachname«, selektieren Sie es im Listenfeld des Eigenschaftenfensters oder klicken das Feld einfach an; bei einem Bereich klicken Sie dazu auf den zugehörigen Balken, beispielsweise auf *Formularfuß*, und beim Formular selbst klicken Sie auf den Knopf in der linken oberen Ecke.

TIPP

Ist das Eigenschaftenfenster geschlossen, können Sie es durch einen Doppelklick auf das interessierende Objekt öffnen. Dessen Eigenschaften werden daraufhin sofort angezeigt..

REF

Im unten folgenden Abschnitt »Selektieren, Löschen und Duplizieren« erläutere ich, wie Sie mehrere Steuerelemente gleichzeitig selektieren. Ist das Eigenschaftenfenster geöffnet, lautet die Überschrift nun »Mehrfachauswahl«. Ändern Sie darin eine Eigenschaftseinstellung, wird diese Änderung für alle momentan selektierten Steuerelemente gleichzeitig vorgenommen!

Selektieren Sie beispielsweise mehrere Textfelder und geben Sie in der Zeile *Breite* des Eigenschaftenfensters einen Wert wie »3,5« ein, besitzen anschließend alle selektierten Textfelder die identische Breite von 3,5 cm.

Selektieren, Löschen und Duplizieren

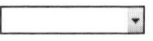

Um ein Steuerelement wie das Feld »Ku-Nr« des Formulars »Kunden Auto-Formular« zu manipulieren, müssen Sie es zunächst selektieren. Dazu wählen Sie es im Listenfeld des abgebildeten Symbols aus, das sich in der Symbolleiste *Formatierung (Formular/Bericht)* befindet, oder klicken einfach auf das Steuerelement (Abbildung 15.18).

Abbildung 15.18:
Textfeld und
zugeordnetes
Bezeichnungsfeld
selektieren

Um das selektierte Textfeld herum erscheinen Anfasser. Zusätzlich erscheint auch am zugehörigen Bezeichnungsfeld links daneben ein Anfasser, um anzuzeigen, dass beide Felder zusammengehören.

Klicken Sie nicht auf das Text-, sondern auf das Bezeichnungsfeld, wird genau umgekehrt dieses Objekt von Anfassern umgeben und ein einzelner Anfasser erscheint am zugehörigen Textfeld.

Sie können beliebig viele Objekte gleichzeitig selektieren: Sie selektieren das erste Objekt, drücken die ⬧-Taste, während Sie das zweite Objekt anklicken, drücken diese Taste erneut, während Sie das dritte Objekt anklicken und so weiter.

Sind die Objekte benachbart, gibt es eine schnellere Methode: Sie bewegen den Mauspfeil zu einer Stelle links oberhalb des obersten Objekts, drücken die linke Maustaste und halten sie gedrückt, während Sie die Maus zum rechten unteren Objekt ziehen. Während Sie die Maus bewegen, erscheint ein rechteckiger Rahmen (Abbildung 15.19).

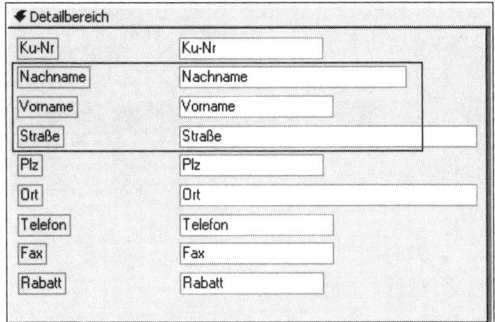

Abbildung 15.19:
Selektionsrahmen

Lassen Sie die Maustaste los, sind alle Objekte selektiert, die dieser Rahmen einschließt oder auch nur berührt (Abbildung 15.20).

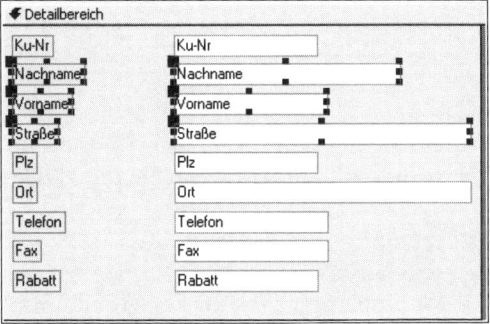

Abbildung 15.20:
Benachbarte
Objekte selektieren

Eine weitere Technik besteht darin, den Mauscursor zum horizontalen oder zum vertikalen Lineal zu bewegen, wo er seine Form ändert und zu einem Pfeil wird. Drücken Sie die linke Maustaste, erscheint eine Selektionslinie (Abbildung 15.21).

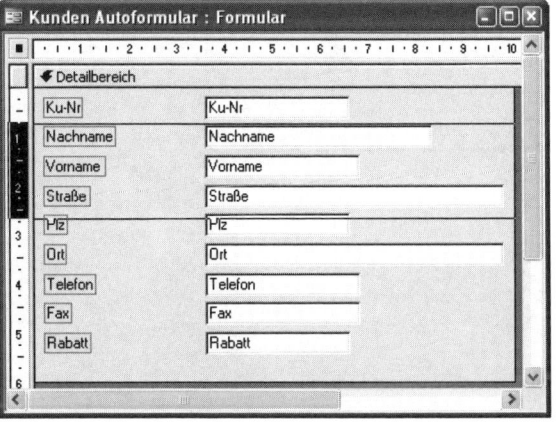

Abbildung 15.21:
Selektionslinie

Lassen Sie die Maustaste los, werden alle von dieser Linie berührten Objekte selektiert (Abbildung 15.22).

Abbildung 15.22:
Erfasste Objekte
selektieren

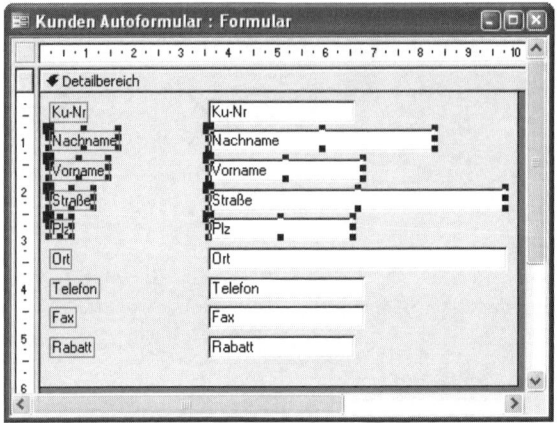

Sie können die Linie auch bei gedrückter Maustaste nach rechts oder links ziehen; in der Linealzeile wird daraufhin der Bereich markiert, den die Selektion nun umfasst, wenn Sie die Maustaste loslassen.

Drücken Sie beim Selektieren eines Steuerelements oder eines Bereichs die rechte Maustaste, erscheint ein Kontextmenü mit den wichtigsten Befehlen zur Manipulation des Objekts (Abbildung 15.23).

Abbildung 15.23:
Kontextmenü

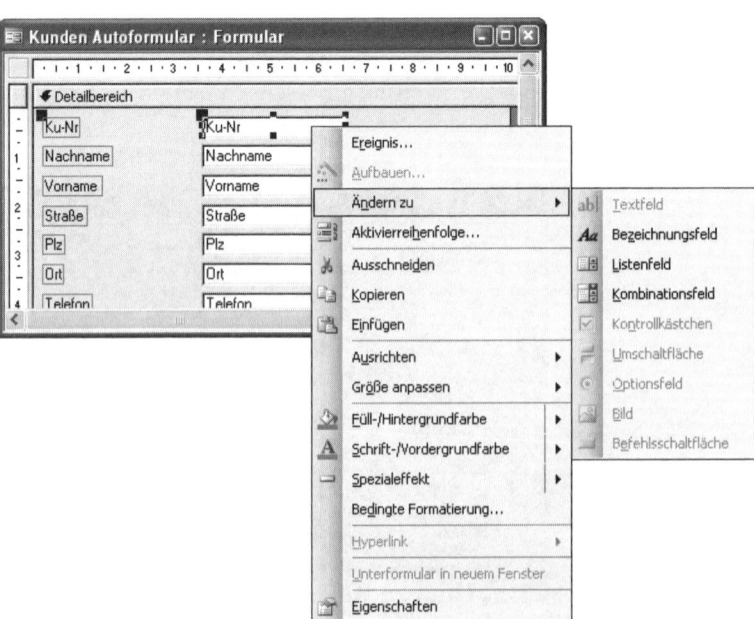

[Entf] löscht die momentan selektierten Objekte. Beachten Sie dabei bitte, dassText- *und* zugehöriges Bezeichnungsfeld gelöscht werden, wenn zuvor das Textfeld selektiert (angeklickt) wurde! Um nur das Bezeichnungsfeld zu löschen, müssen Sie zuvor dieses anklicken.

Löschen und Duplizieren

BEARBEITEN|DUPLIZIEREN erzeugt genau umgekehrt eine Kopie des Objekts.

Größe und Ausrichtung anpassen

Geht bei den nachfolgend erläuterten Aktionen etwas schief, können Sie sie mit BEARBEITEN|RÜCKGÄNGIG *rückgängig machen.*

:-)
TIPP

Bewegen Sie den Mauspfeil an den Rändern eines selektierten Objekts entlang, ändert er ständig seine Form: Befindet er sich auf einem der sieben kleinen Anfasser, wird er zu einem Doppelpfeil.

Auf dem großen Anfasser wird er zu einer Hand mit ausgestrecktem Zeigefinger und *zwischen* den Anfassern zu einer Hand mit fünf ausgestreckten Fingern.

Jede dieser Cursorformen symbolisiert eine andere Funktion:

➡ Doppelpfeil: Objektgröße durch Ziehen am Anfasser verändern

➡ Hand mit ausgestrecktem Zeigefinger: Objektposition verändern

➡ Hand mit fünf ausgestreckten Fingern: Position dieses Objekts *und des zugeordneten Objekts* verändern

Selektieren Sie das Textfeld »Ku-Nr« und bewegen Sie den Mauspfeil zum Anfasser an der rechten oberen Objektecke, wird er zu einem schräg ausgerichteten Doppelpfeil. Sie können nun gleichzeitig die Höhe und Breite des Textfeldes in den dadurch angezeigten Richtungen verändern (Abbildung 15.24).

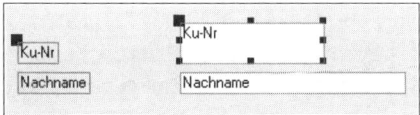

Abbildung 15.24:
Objektgröße ändern

Bewegen Sie den Mauspfeil nun zwischen zwei Anfassern, bis er zu einer Hand mit fünf ausgestreckten Fingern wird. Drücken Sie die Maustaste und ziehen Sie die Maus in irgendeine Richtung (Abbildung 15.25).

Sie haben soeben das Textfeld und das zugeordnete Bezeichnungsfeld verschoben.

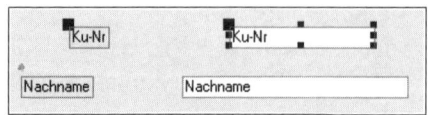

Um nur eines dieser beiden Objekte zu verschieben, beispielsweise das Bezeichnungsfeld unabhängig vom zugehörigen Textfeld, ziehen Sie an dem großen Anfasser des betreffenden Objekts (Abbildung 15.26).

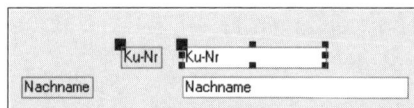

Verschieben Sie ein Objekt in den Bereich außerhalb des rechten oder unteren Formularrands, passt Access die Formulargröße automatisch an und verschiebt die betreffende Randlinie so weit nach rechts oder unten, bis sich das Objekt wieder innerhalb des Formulars befindet.

TIPP

Lineal und Raster

Bei der exakten Positionierung von Objekten helfen Ihnen die beiden Lineale, die ANSICHT|LINEAL ein- bzw. ausblendet.

Sehr nützlich ist auch das von ANSICHT|RASTER ein-/ausgeblendete Raster. Ist Ihnen das Raster zu grob oder zu fein, verändern Sie die durch die Formulareigenschaften *Raster X* und *Raster Y* festgelegte Anzahl der Rasterpunkte entsprechend.

Ausrichten und Angleichen

Haben Sie zwei Objekte so positioniert, dass sie sich ganz oder teilweise überlagern, können Sie das teilweise verdeckte Objekt mit FORMAT|IN DEN VORDERGRUND in den Vordergrund bringen.

Alternativ dazu können Sie das, das sich momentan im Vordergrund befindet, mit FORMAT|IN DEN HINTERGRUND in den Hintergrund verbannen.

Ist FORMAT|AM RASTER AUSRICHTEN aktiviert, können Sie Objekte nur in festgelegten Schritten vergrößern/verkleinern oder verschieben, praktisch von Rasterpunkt zu Rasterpunkt (die Rasterweite legen Sie mit den Formulareigenschaften *Raster X* und *Raster Y* fest).

Deaktivieren Sie diesen Befehl, sind stufenlose Feinmanipulationen möglich, die jedoch in der Praxis dazu führen, dass sich die manipulierten Objekte minimal voneinander unterscheiden, dass beispielsweise die Höhe um Bruchteile von Millimetern differiert (Abbildung 15.27).

Im Beispiel ist das Textfeld »Rabatt« etwas höher als das andere Feld.

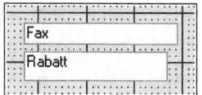

Abbildung 15.27:
Minimale Höhen-unterschiede

Um Objektgrößen wieder ans Raster anzupassen, selektieren Sie das betref-fende Objekt (oder mehrere Objekte gleichzeitig) und wählen FOR-MAT|GRÖSSE ANPASSEN|AM RASTER. Das Objekt wird so vergrößert bzw. verkleinert, dass sich danach alle vier Objektränder an den nächstgelegenen Rasterpunkten befinden.

Analog dazu verschiebt FORMAT|AUSRICHTEN|AM RASTER selektierte Objekte so, dass sich die einem Rasterpunkt nächst gelegene Objektkante anschließend unmittelbar an diesem Rasterpunkt befindet.

Größe anpassen

Für Angleichungsarbeiten mehrerer leicht unterschiedlich großer Objekte sollten Sie alle anzugleichenden Objekte selektieren und einen der anderen Unterbefehle von FORMAT|GRÖSSE ANPASSEN wählen; beispielsweise passt AM HÖCHSTEN die Höhe aller selektierten Objekte an die des höchsten Objekts an.

Der Befehl FORMAT|GRÖSSE ANPASSEN|AN TEXTGRÖSSE bzw. ein Dop-pelklick auf einen der kleinen Objektanfasser passt die Objektgröße an die Objektbeschriftung an (Abbildung 15.28).

Abbildung 15.28:
Textgröße anpassen

In diesem Beispiel würde Access das Feld so weit vergrößern, bis die zugehö-rige Beschriftung vollständig sichtbar ist.

Ausrichtung anpassen

Um die Ausrichtung verschiedener Objekte anzugleichen, verwenden Sie einen der Unterbefehle von FORMAT|AUSRICHTEN *(Abbildung 15.29).*

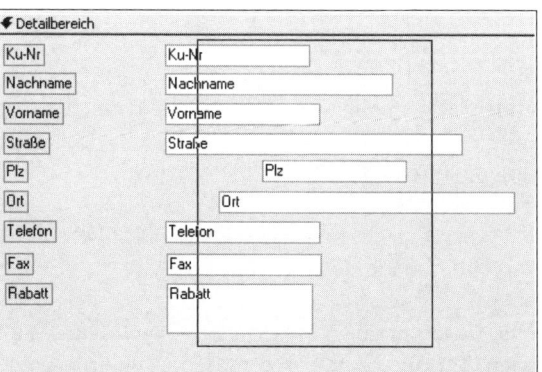

Abbildung 15.29:
Horizontal verschobene Objekte

In dieser Abbildung sind die Textfelder »Plz« und »Ort« gegenüber den restlichen Textfeldern verschoben. Um das zu ändern, selektieren Sie alle Textfelder und wählen FORMAT|AUSRICHTEN|LINKSBÜNDIG: Access richtet alle selektierten Objekte an der Objektkante aus, die sich am weitesten links befindet.

Abstände anpassen

Die Unterbefehle der beiden Befehle FORMAT|HORIZONTALER ABSTAND und FORMAT|VERTIKALER ABSTAND sind für Angleichungen von Objektabständen gedacht (Abbildung 15.30).

Abbildung 15.30:
Unterschiedliche vertikale Objektabstände

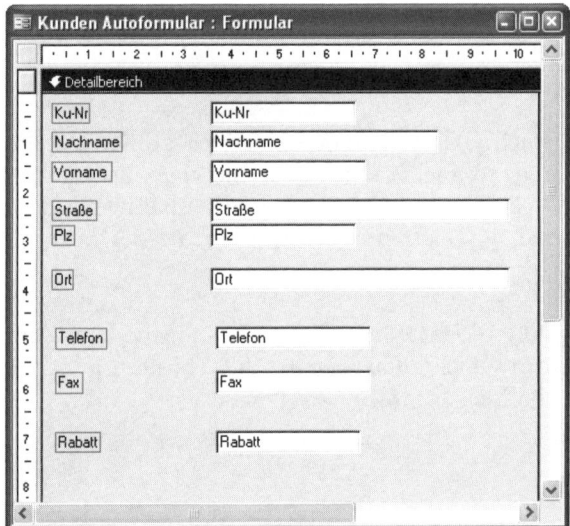

Um die unterschiedlichen vertikalen Abstände anzugleichen, selektieren Sie alle Steuerelemente und wählen FORMAT|VERTIKALER ABSTAND|ANGLEICHEN: Das oberste und das unterste Textfeld bleiben an ihren aktuellen Positionen. Die Textfelder dazwischen verteilt Access gleichmäßig über den Zwischenraum.

FORMAT|VERTIKALER ABSTAND|VERGRÖSSERN würde die Abstände auf eine andere Art und Weise angleichen: Zuerst werden Abstände wie zuvor aneinander angeglichen, die Steuerelemente also gleichmäßig von oben nach unten verteilt. Danach wird jedoch zwischen allen Elementen der Abstand um genau einen Rasterpunkt vergrößert (Abbildung 15.31).

FORMAT|VERTIKALER ABSTAND|VERMINDERN verkleinert die Abstände entsprechend nach dem Angleichen.

Die Unterbefehle von FORMAT|HORIZONTALER ABSTAND führen die gleichen Aktionen mit horizontalen Objektabständen durch.

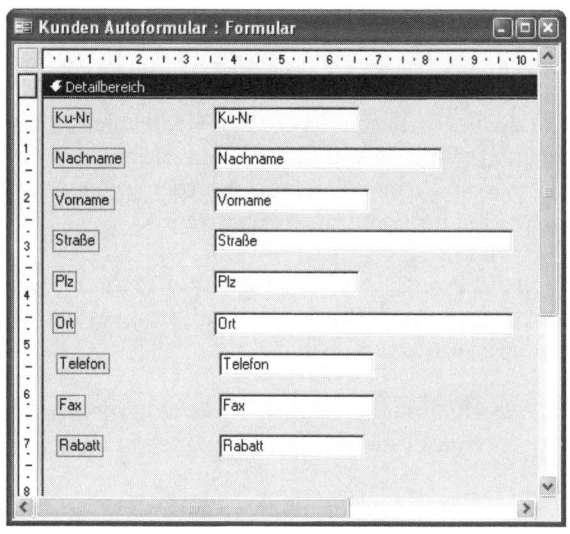

Das Formatieren von Steuerelementen

Verschiedene Symbole der Symbolleiste *Formatierung (Formular/Bericht)*
und der Kategorie *Formular/Bericht-Design* des *Anpassen*-Dialogfelds erleichtern die Manipulation des Textes (Abbildung 15.32).

Im linken Listenfeld können Sie wie bereits erläutert ein auszuwählendes
Element selektieren. In den beiden Listenfeldern daneben können Sie die
Schriftart und –größe des Texts auswählen, der im ausgewählten Element
angezeigt wird. Die folgenden Schaltflächen ermöglichen es, den Text fett,
kursiv und/oder unterstrichen darzustellen und ihn links- oder rechtsbündig
oder zentriert zu positionieren. Die folgenden Symbollisten ermöglichen die
Auswahl von Farben und Rahmentypen.

Ist ein beschriftetes Objekt wie beispielsweise ein Beschriftungsfeld selektiert, genügt ein Klick auf eines der darin enthaltenen Textzeichen, um in
den Editiermodus zu gelangen und diesen Text verändern zu können.

Text editieren

Texte können mehrzeilig dargestellt werden. Sie können beispielsweise ein
Bezeichnungsfeld selektieren, durch Klicken auf eines der darin enthaltenen
Zeichen den Editiermodus einschalten und beim Editieren an einer beliebigen Textstelle mit ⌷Strg⌷+⌷↵⌷ einen Zeilenumbruch einfügen (Abbildung
15.33).

Mehrzeilige Texte

Um die Formatierungen eines Steuerelements auf ein anderes zu übertragen, selektieren Sie es und klicken danach auf das abgebildete Symbol. Klicken Sie nun ein Steuerelement an, werden alle Formatierungen des zuvor selektierten Elements auf dieses übertragen.

Wollen Sie die Formatierungen auf mehrere Steuerelemente nacheinander übertragen, doppelklicken Sie auf das Symbol. Es bleibt nun solange aktiv, bis Sie es erneut anklicken.

Bedingte
Formatierung

Der Befehl FORMAT|BEDINGTE FORMATIERUNG... ermöglicht es, Formatierungen vom Eintreffen von Bedingungen abhängig zu machen.

Angenommen im Formular »Kunden Autoformular« soll der Rabatt, der einem Kunden gewährt wurde, hervorgehoben werden, wenn er 3 % überschreitet. Sie selektieren dieses Feld und wählen FORMAT|BEDINGTE FORMATIERUNG... (Abbildung 15.34).

Abbildung 15.34:
Bedingte
Formatierung

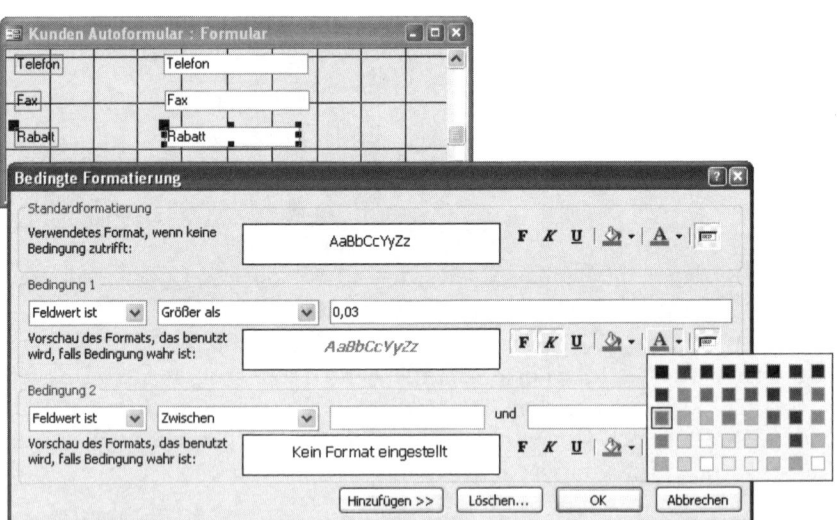

Im oberen Dialogfeldabschnitt sehen Sie zunächst, wie das Steuerelement normalerweise dargestellt wird.

Im Abschnitt »Bedingung 1« definieren Sie die interessierende Bedingung: Im linken Listenfeld wählen Sie zunächst *Feldwert ist*. Selektieren Sie rechts daneben *Größer als* und geben Sie im rechten Feldern 0,03 ein, wird die zugehörige Formatierung angewendet, wenn der Feldwert größer ist als 0,03 bzw. (wir reden von Rabattsätzen) 3 %.

Wie diese Formatierung erfolgt, legen Sie mit den Schaltflächen dieses Abschnitts fest, beispielsweise um, wie hier, »Fett« und »Kursiv« zu aktivieren und die Farbe »Rot« aus dem Farblistenfeld auszuwählen.

Blättern Sie anschließend in der Formularansicht von Datensatz zu Datensatz, werden Sätze mit einem Rabattwert größer als 3 % entsprechend der für diese Bedingung festgelegten Formatierung dargestellt (Abbildung 15.35).

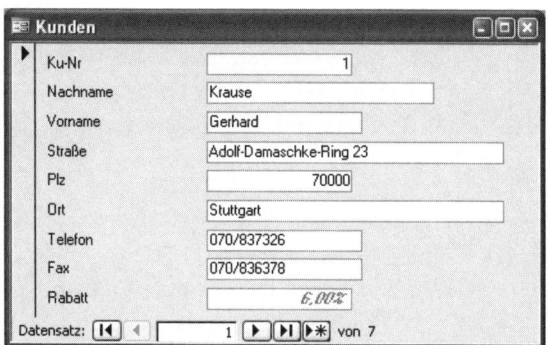

Abbildung 15.35:
Mehrere
Bedingungen

Jedesmal, wenn Sie auf Hinzufügen >> *klicken, wird das Dialogfeld um einen Abschnitt erweitert (Abbildung 15.34) und Sie können eine weitere Bedingung eingeben, um beispielsweise Feldwerte, die kleiner als 1 % sind, ebenfalls speziell hervorzuheben. Umgekehrt öffnet* Löschen... *ein Dialogfeld, in dem Sie zuvor definierte Bedingungen einzeln löschen können.*

:-)
TIPP

16 Formulare ausdrucken

Ich zeige Ihnen nun, wie Sie vor dem Ausdruck eines Formulars individuelle Kopf- und Fußzeilen festlegen können, die auf jedem einzelnen Blatt ausgedruckt werden; und wie Sie darin Ausdrücke anwenden, um Berechnungen einzufügen, beispielsweise um im Formularfuß den Durchschnitt aller Artikelpreise anzuzeigen.

Anschließend zeige ich Ihnen, wie Sie das Layout des Ausdrucks beeinflussen können, um den Abstand zwischen den ausgedruckten Datensätzen zu vergrößern oder zu verkleinern, oder um zwischen den einzelnen Datensätzen Seitenumbrüche einzufügen, sodassß jeder Satz auf einem eigenen Blatt gedruckt wird.

Zuletzt geht es noch einmal um die Möglichkeiten, in den Formularkopf/fuß Zusatzinformationen wie das aktuelle Datum oder die Seitennummer einzufügen.

16.1 Kopf- und Fußzeilen einfügen

Bei der Festlegung von Kopf- und Fußzeilen gelten folgende Regeln:

➡ Zu Beginn des Drucks, wird *genau einmal* der Inhalt des Bereichs *Formularkopf* gedruckt, also nur auf dem ersten Blatt.

➡ Danach wird am oberen Rand *jedes Blattes* der Inhalt des Bereichs *Seitenkopf* gedruckt, darunter die in der Tabelle enthaltenen Datensätze, und am unteren Rand *jedes Blattes* der Inhalt des Bereichs *Seitenfuß*.

➡ Auf dem letzten Blatt wird der Inhalt des Bereichs *Formularfuß* ausgedruckt.

Nehmen wir an, beim Ausdruck des Formulars »Kunden_AutoFormular« soll

➡ in der *Kopfzeile jedes Blatts* die Überschrift »Kundenformular« erscheinen

➡ und in der *Fußzeile jedes Blatts* das aktuelle Datum

➡ und in der *Fußzeile des letzten Blatts* zusätzlich der Text »---- Ende ----«.

Dazu blenden Sie in der Entwurfsansicht mit ANSICHT|SEITENKOPF-/-FUß und ANSICHT|FORMULARKOPF-/FUß zunächst die zusätzlichen Bereiche *Seitenkopf*, *Seitenfuß*, *Formularkopf* und *Formularfuß* ein.

Anschließend klicken Sie auf das abgebildete *Bezeichnungsfeld*-Symbol der Toolbox und danach irgendeine Stelle im Seitenkopf, um es dort einzufügen (Abbildung 16.1).

Abbildung 16.1:
Bezeichnungsfeld
einfügen

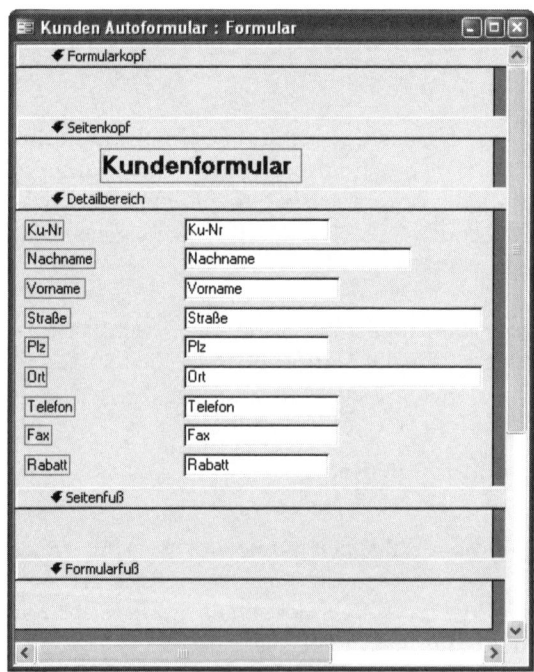

Danach tippen Sie entsprechend der Abbildung den Text »Kundenformular« ein und formatieren es beispielsweise in einer Schriftgröße von 14 Punkt.

Fügen Sie anschließend auch in den Formularfuß ein Bezeichnungsfeld ein und tippen Sie als Beschriftung »--- Ende ---« ein.

Anschließend fügen Sie mit dem abgebildeten Toolbox-Symbol ein Textfeld in den Seitenfuß ein (Abbildung 16.2).

Öffnen Sie durch einen Doppelklick auf das Feld sein Eigenschaftenfenster und geben Sie unter *Steuerelementinhalt* den Ausdruck *=Jetzt()* ein.

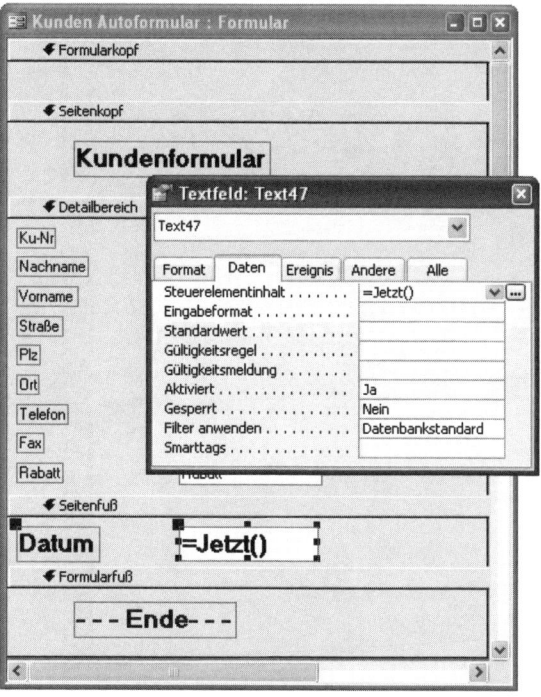

Abbildung 16.2:
Textfeld einfügen

Dieser Ausdruck gibt in dem Textfeld das aktuelle Datum und die aktuelle Uhrzeit aus, beispielsweise »1.1.09 19:49:10«. Alternativ dazu würde der Ausdruck =*Datum()* nur das aktuelle Datum ausgeben, ohne die Uhrzeit.

Den vorgegebenen Inhalt des zugehörigen Beschriftungsfelds sollten Sie entsprechend der Abbildung durch »Datum:« ersetzen und danach die Seitenansicht aktivieren (Abbildung 16.3).

In der Kopfzeile der ersten Seite wird zunächst der Inhalt des Formularkopfs gedruckt, im Beispiel also nichts, und darunter der Inhalt des Seitenkopfs, der Text »Kundenformular«.

Anschließend werden bis zum Erreichen der Fußzeile fortlaufend Datensätze der zugrunde liegenden Tabelle ausgedruckt.

Zuletzt werden in der Fußzeile der Inhalt des Seitenfußes gedruckt, das aktuelle Datum und die Uhrzeit.

Seitenzahlen, das aktuelle Datum oder die Uhrzeit kann Access auf Wunsch selbstständig in ein Formular einfügen (siehe Kapitel 16.3, »Seitennummerierung, Datum und Uhrzeit«).

Der Ausdruck der restlichen Seiten erfolgt analog dazu (Abbildung 16.4).

Abbildung 16.3:
Seitenansicht der
ersten Seite

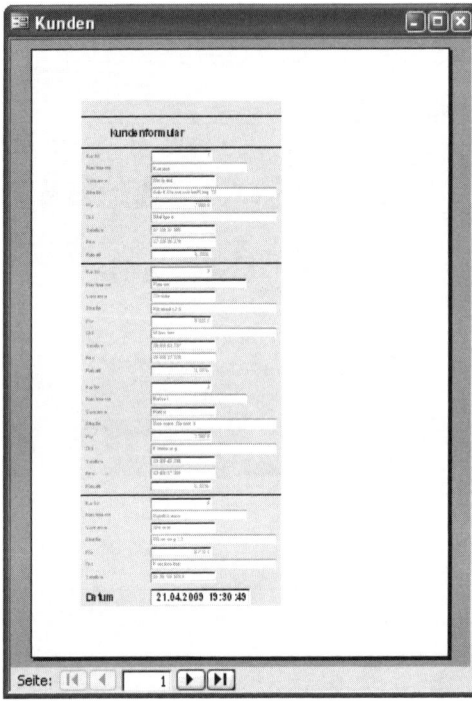

Abbildung 16.4:
Seitenansicht der
folgenden Seiten

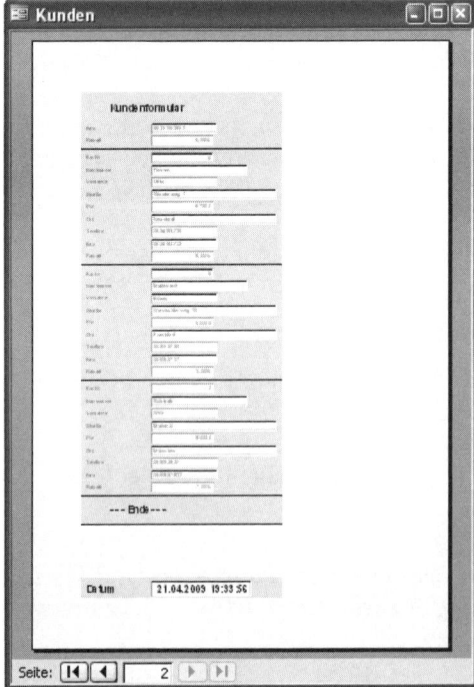

Befände sich der Text »Kundenformular« im Formularkopf statt im Seiten-kopf, würde er auf dieser zweiten Seite fehlen und stattdessen wie erläutert nur auf dem ersten Blatt ausgegeben.

Zusätzlich wird auf diesem letzten Blatt noch vor der Fußzeile direkt nach dem letzten Datensatz der Inhalt des Formularfußes ausgegeben, der Text »---- Ende ----«.

Speziell in den auf jeder Seite unten ausgedruckten Formularfüßen bietet sich der Einsatz berechneter Felder zur Ausgabe von Gesamtsummen an: Mit der Toolbox fügen Sie ein Textfeld in den Formularfuß ein und im Eigenschaftenfenster geben Sie als zugehörigen Steuerelementinhalt einen Ausdruck wie =Summe([VK-Preis]) *ein, der die Inhalte des Feldes »VK-Preis« oder eines beliebigen anderen Feldes aller Datensätze der zugrunde-liegenden Tabelle addiert, also den im Formularfuß anzuzeigenden Wert ermittelt.*

:-)
TIPP

16.2   Abstände und Seitenumbrüche festlegen

Sie können die Abstände zwischen den einzelnen Bereichen im Ausdruck verändern, indem Sie in der Entwurfsansicht die Balken zwischen den Berei-chen entsprechend verschieben.

Ist Ihnen der Abstand des Seitenkopfs »Kundenformular« zum ersten Datensatz zu gering, ziehen Sie den Balken *Detailbereich* weiter nach unten (Abbildung 16.5).

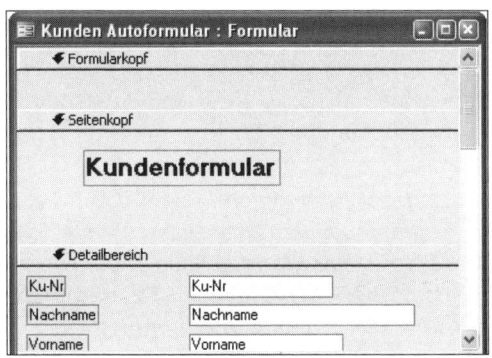

Abbildung 16.5:
Abstand zwischen Seitenkopf und Detailbereich vergrößern

Das Resultat sehen Sie in Abbildung 16.6.

Die gleichen Manipulationen können Sie mit allen anderen Bereiche durch-führen. Ziehen Sie beispielsweise den Balken *Seitenfuß* nach unten, vergrö-ßern Sie damit den Leerraum unterhalb des Detailbereichs, also unterhalb eines ausgedruckten Datensatzes (Abbildung 16.7).

Abbildung 16.6:
Kontrolle in der
Seitenansicht

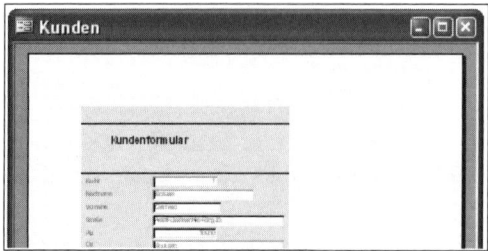

Abbildung 16.7:
Datensatzabstand
vergrößern

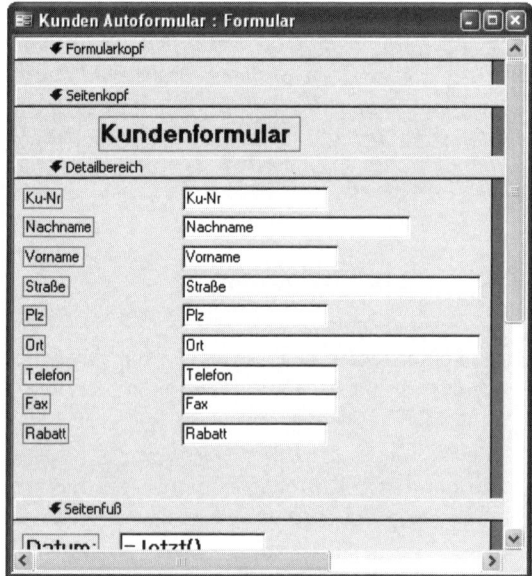

Da nach jedem Datensatz nicht sofort der Inhalt des Seitenfußes, sondern – soweit der verfügbare Platz reicht – weitere Datensätze ausgedruckt werden, haben Sie auf diese Weise die Abstände zwischen diesen Datensätzen vergrößert (Abbildung 16.8).

:-)
TIPP

Möglicherweise werden Datensätze beim Ausdruck zerrissen: Einige Felder des untersten Datensatzes passen nicht mehr auf das aktuelle Blatt und werden am Anfang des folgenden Blattes gedruckt. Wollen Sie das verhindern, wählen Sie für die Eigenschaft Zusammenhalten *des Detailbereichs die Einstellung »Ja«, damit der komplette Satz am Anfang der folgenden Seite gedruckt wird.*

Seitenumbrüche   Die Bereiche *Formularkopf*, *Detailbereich* und *Formularfuß* besitzen unter anderem die Eigenschaft *Neue Seite*. Sie bestimmt, ob nach dem Ausdruck des Bereichsinhalts ein Seitenumbruch erfolgt oder nicht.

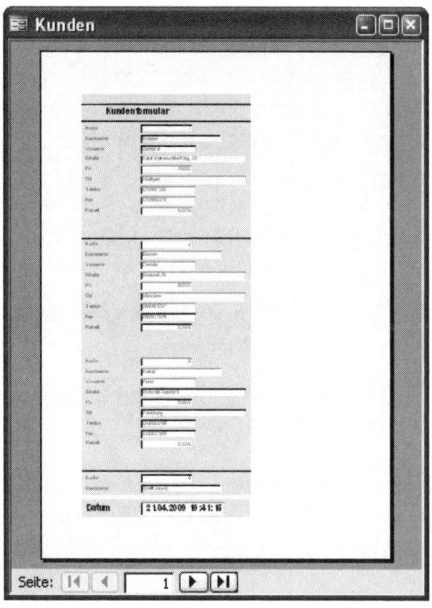

Abbildung 16.8:
Kontrolle in der
Seitenansicht

Soll jeder Datensatz auf einer eigenen Seite ausgedruckt werden, öffnen Sie das Eigenschaftenfenster des Detailsbereichs (Doppelklick auf eine leere Stelle des Detailbereichs) und wählen für *Neue Seite* die Einstellung »Nach Bereich«. Nun erfolgt nach jeder Ausgabe des Detailbereichs ein Seitenumbruch (Abbildung 16.9).

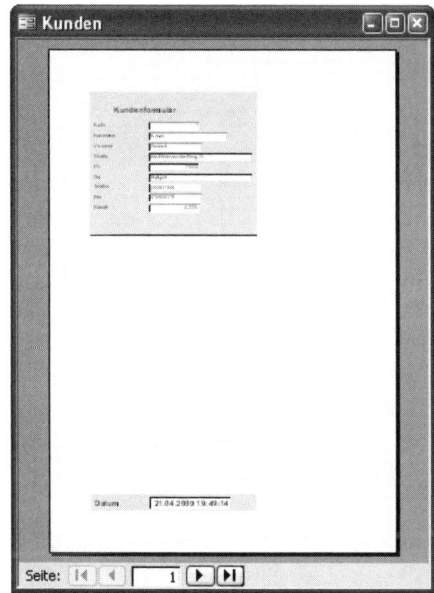

Abbildung 16.9:
Jeden Datensatz
auf einer eigenen
Seite ausdrucken

»Vor Bereich« bedeutet, dass genau umgekehrt vor jedem Ausdruck des betreffenden Bereichs ein Seitenumbruch stattfindet, sodass im Beispiel auf der ersten Seite nur der Text »Kundenformular« ausgegeben würde, da vor dem ersten Datensatz ein Seitenumbruch erfolgt, und dieser Satz daher auf der zweiten Seite gedruckt würde.

»Vor&Nach« heißt, dass sowohl vor dem Ausdruck des betreffenden Bereichs ein Seitenumbruch stattfindet als auch danach.

16.3   Seitennummerierung, Datum und Uhrzeit

Im Kapitel 16.1, »Kopf- und Fußzeilen einfügen«, fügten wir ein Textfeld ein, das im Seitenfuß das aktuelle Datum und die Uhrzeit anzeigt.

Seitenzahlen   Verschiedene Befehle des EINFÜGEN-Menüs ermöglichen das Gleiche wesentlich einfacher. EINFÜGEN|SEITENZAHLEN... fügt beispielsweise ein Textfeld ein, das Seitenzahlen anzeigt (Abbildung 16.10).

Abbildung 16.10:
Seitenzahlen
einfügen

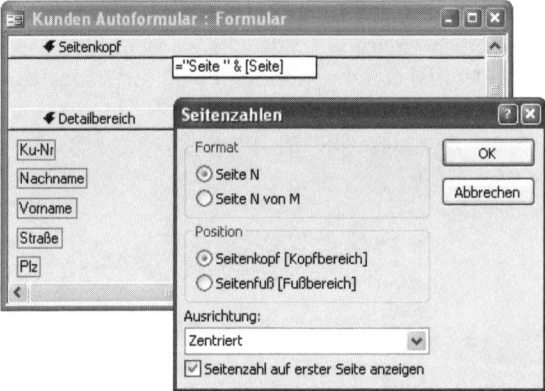

Unter *Format* wählen Sie, ob der Text »Seite 1«, »Seite 2« etc. lauten soll (Option *Seite N*) oder – falls das auszudruckende Dokument aus insgesamt fünf Seiten besteht – »Seite 1 von 5«, »Seite 2 von 5« etc. (Option *Seite N von M*).

Darunter geben Sie an, ob dieser Text im Seitenkopf oder im Seitenfuß erscheinen soll, wo Access also das zugehörige Textfeld einfügen soll, das entsprechend der Einstellung von *Ausrichtung* angeordnet wird, zum Beispiel in der Bereichsmitte zentriert.

Seitenzahl auf erster Seite anzeigen sollten Sie deaktivieren, falls die erste Seite nur eine Überschrift wie »Kundenformular« enthalten soll, aber keine Seitennummer.

EINFÜGEN|DATUM UND UHRZEIT... fügt in den Detailbereich Textfelder ein, die Datum und/oder Uhrzeit anzeigen, und die Sie nach dem Einfügen in den Seitenfuß verschieben sollten (Abbildung 16.11).

Datum und Uhrzeit

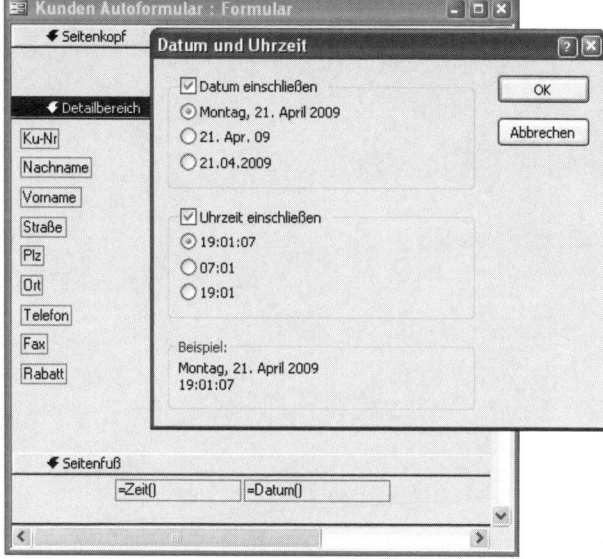

Abbildung 16.11:
Datum und Uhrzeit einfügen

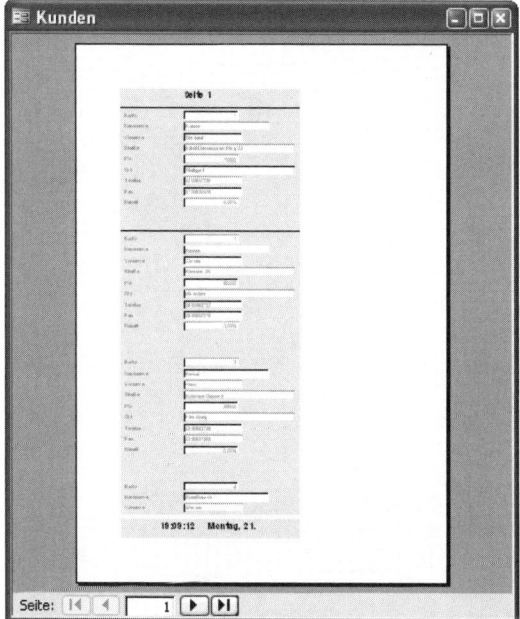

Abbildung 16.12:
Zusatzinformationen

Ist *Datum einschließen* aktiviert, wird im Textfeld das Datum in der darunter ausgewählten Form angezeigt.*Uhrzeit einschließen* bewirkt das Gleiche für die aktuelle Uhrzeit.

Mit Datum und Uhrzeit im Seitenfuß und zusätzlichen Seitenzahlen im Seitenkopf ergibt sich das Resultat in Abbildung 16.12.

(KOMPENDIUM) **Access 2003**

17 Berichte erstellen und verändern

Ein Bericht ist ein auf den Ausdruck von Daten spezialisiertes Formular, das ebenfalls einen Detailbereich, Kopf- und Fußbereiche und Steuerelemente enthält, im Gegensatz zu Formularen jedoch nur zum Ausdruck und nicht zur Bearbeitung von Datensätzen verwendet wird.

Wie bei Formularen erläutere ich zunächst die verschiedenen Berichtstypen. Danach erläutere ich den Umgang mit dem Bericht-Assistent, mit dem Sie sehr einfach Sätze und Gruppen von Datensätzen bilden können, die eigene Kopf- und Fußzeilen erhalten und für die jeweils separate Berechnungen durchgeführt werden. Ich zeige Ihnen, wie Sie beispielsweise Artikel nach »Typ« gruppiert ausdrucken, sodass zunächst alle Artikel des Typs »Drucker« gedruckt werden, danach alle Mäuse, anschließend die Monitore und zuletzt die Notebooks.

Danach erläutere ich, wie Sie mehrere derartige Gruppierungsebenen definieren können, um beispielsweise alle Datensätze der Gruppe »Monitor« wiederum je nach Preiskategorie oder Größe zu Untergruppen zusammenzufassen.

Sie lernen, mit den vielfältigen Zusammenfassungsoptionen umzugehen, die nahezu beliebige Auswertungen für die gebildeten Gruppen ermöglichen. Sodass beispielsweise für jede Gruppe oder Untergruppe separat die Anzahl der vorhandenen Artikel oder der durchschnittliche Verkaufspreis ermittelt werden kann.

Zum Abschluss gehe ich auf eine sehr spezielle Berichtsform ein, auf den Druck von Etiketten mit Hilfe des Etiketten-Assistent.

17.1 Die verschiedenen Berichtstypen

Am vielseitigsten ist die Erzeugung von Berichten mit EINFÜGEN|BERICHT (oder der Schaltfläche *Neu* der Kategorie *Berichte* des Datenbankfensters oder dem zugehörigen Symbol der Symbolliste *Neues Objekt*) (Abbildung 17.1).

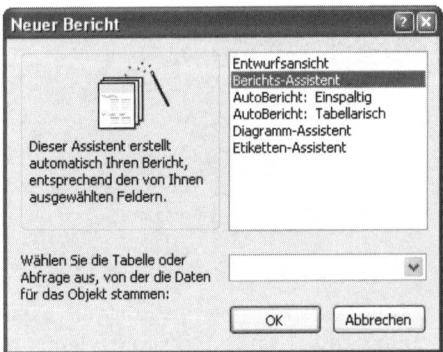

Entwurfsansicht entspricht dem Objekt *Erstellt einen Bericht in der Entwurfsansicht* in der Kategorie *Berichte* des Datenbankfensters: Ein neuer leerer Bericht wird erzeugt und in der Entwurfsansicht geöffnet.

Berichts-Assistent entspricht dem Objekt *Erstellt einen Bericht unter Verwendung des Assistenten* und ruft den Berichts-Assistenten auf.

Wählen Sie einen der AutoBerichte, müssen Sie im Listenfeld darunter die Datenbasis auswählen War zuvor im Datenbankfenster eine Tabelle oder Abfrage selektiert, gibt Access deren Namen vor (außer, Sie erzeugen den Bericht mit der Schaltfläche *Neu*).

AutoBericht: Einspaltig erzeugt einen einspaltigen Bericht. Darin werden wie bei einspaltigen Formularen die einzelnen Sätze fortlaufend untereinander ausgedruckt (Abbildung 17.2).

Im Gegensatz dazu wird mit der Option *AutoBericht: Tabellarisch* in jeder Berichtszeile genau ein Datensatz gedruckt (Abbildung 17.3).

17.2   Berichte mit dem Assistenten erstellen

Erstellen Sie einen Bericht mit dem Assistenten, wählen Sie im ersten Schritt analog zum Formular-Assistent die im Bericht darzustellenden Tabellen und Felder aus (Abbildung 17.4).

Im zweiten Schritt legen Sie die Berichtsgruppierung fest. Bitte übergehen Sie diesen Schritt mit Weiter >*. Auf die Gruppierungsoptionen gehe ich im Kapitel 17.3, »Berichte gruppieren«, ein.*

Im dritten Schritt geht es um die Sortierreihenfolge. Beispielsweise wird in der folgenden Abbildung festgelegt, dass zunächst nach »Nachname« sortiert wird und bei Gleichheit Sätze mit identischem Nachnamen nach »Vorname« untersortiert werden sollen (Abbildung 17.5).

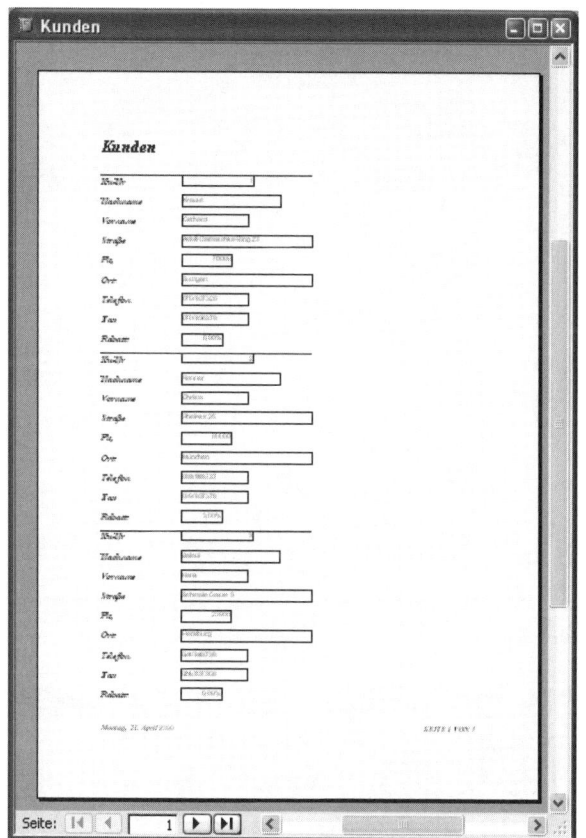

Abbildung 17.2:
EDV.MDB, Bericht
»Kunden Auto-
Bericht«

Allgemein: Im obersten Listenfeld wählen Sie das zu sortierende Hauptsortierkriterium aus, darunter gegebenenfalls ein Untersortierkriterium etc.

Ob dabei auf- oder absteigend sortiert wird, legen Sie mit den zugehörigen Sortierknöpfen fest. Vorgegeben ist zunächst aufsteigende Sortierung. Klicken Sie auf den Knopf, wird die Sortierreihenfolge umgedreht und die Knopfaufschrift weist nun genau umgekehrt auf absteigende Reihenfolge hin.

Im vierten Schritt geht es um das Layout des Berichts (Abbildung 17.6).

Die Optionen unter »Layout« entscheiden darüber, ob ein einspaltiger, tabellarischer oder aber ein blockartiger Bericht erzeugt wird.

Abbildung 17.3:
EDV.MDB, Bericht
»Kunden –
tabellarisch«

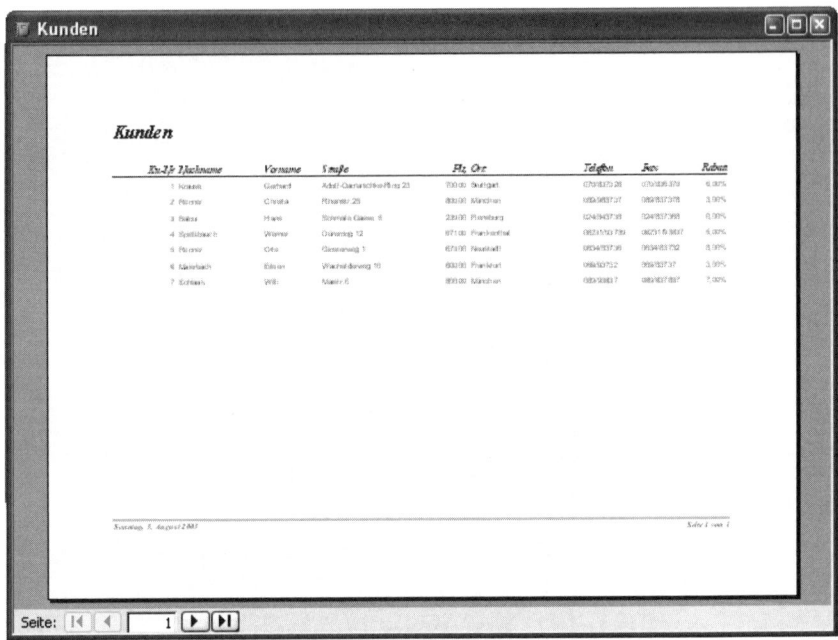

Abbildung 17.4:
Berichts-Assistent,
Feldauswahl

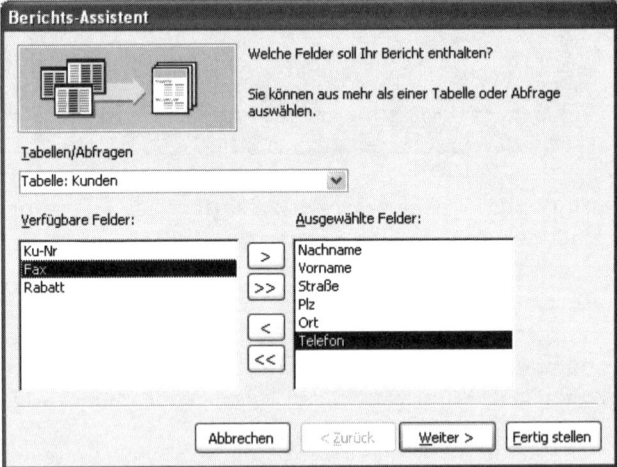

TIPP :-)

Bei tabellarischer Darstellung empfiehlt es sich, statt der Vorgabe Hochformat *besser* Querformat *zu aktivieren, damit möglichst viele Felder nebeneinander auf ein Blatt passen und längere Datensätze nicht über zwei Blätter verstreut werden.*

Aktivieren Sie *Feldbreite so anpassen, dass alle Felder auf eine Seite passen*, verringert Access den Abstand zwischen den einzelnen Berichtsspalten so weit wie nötig, damit alle Felder auf ein einziges Blatt nebeneinander passen

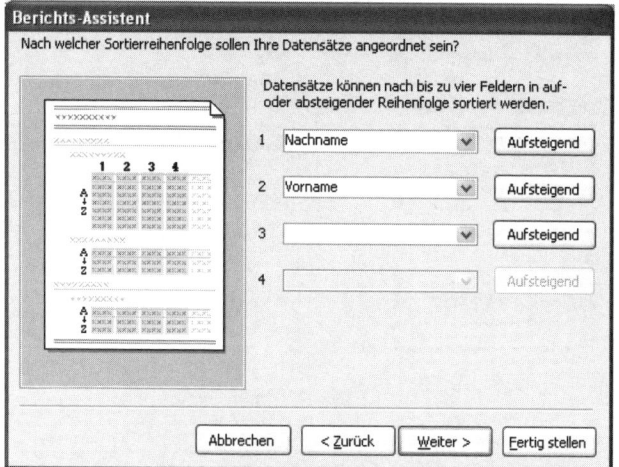

Abbildung 17.5:
Berichts-Assistent,
Sortierung

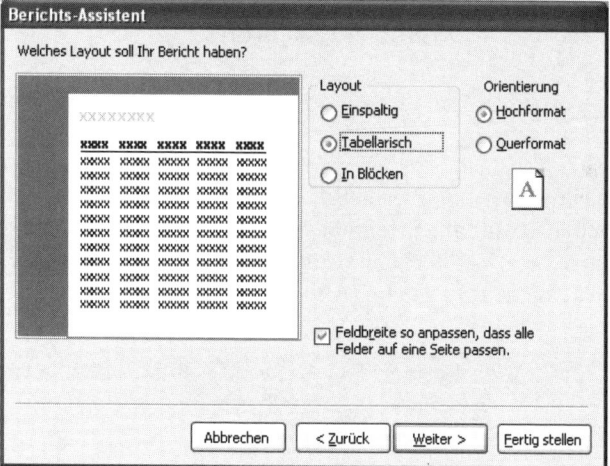

Abbildung 17.6:
Berichts-Assistent,
Layout

(wodurch zu lange Feldinhalte wie »Adolf-Damaschke-Ring 23« jedoch eventuell zu »Adolf-Damsch« oder ähnlich abgeschnitten werden).

Im fünften Schritt geht es um die Auswahl eines Stils für die Darstellung der einzelnen Felder (Abbildung 17.7).

Im letzten Schritt geben Sie dem Bericht eine Überschrift und wählen aus, ob er in der Seitenansicht oder aber in der Entwurfsansicht geöffnet werden soll.

Abbildung 17.7:
Tabellarischer
Bericht, Feld-
darstellung

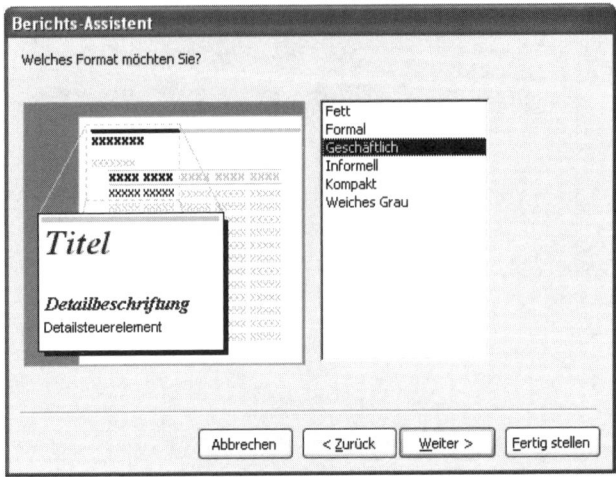

17.3 Berichte gruppieren

Ich erläutere nun den zuvor übergangenen zweiten Schritt, die Berichtsgruppierung.

Nehmen wir als Beispiel die Tabelle »Artikel« von EDV.MDB. Fügen Sie im ersten Schritt alle Felder dieser Tabelle in den Bericht ein, abgesehen vom Feld »Art-Nr«. Wählen Sie im zweiten Schritt als Gruppierungsfeld im linken Listenfeld das Feld »Typ« (Abbildung 17.8).

Abbildung 17.8:
Nach »Typ«
gruppieren

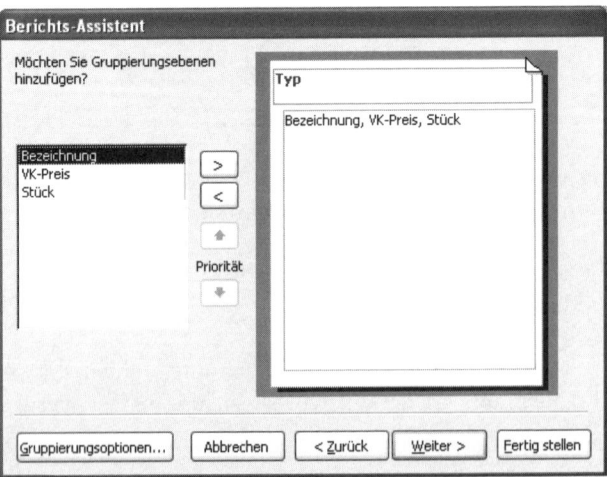

Alle Sätze mit identischen Einträgen im Gruppierungsfeld »Typ« bilden nun eine Gruppe. Entsprechend gibt es in diesem Bericht die vier Gruppen »Drucker«, »Maus«, »Monitor« und »Notebook«, die übrigens genau in dieser Reihenfolge ausgegeben werden, da das Gruppierungsfeld automatisch das Hauptsortierkriterium des Berichts bildet.

Werden in den folgenden Schritten die Vorgaben übernommen, ergibt sich damit folgender Bericht (Abbildung 17.9).

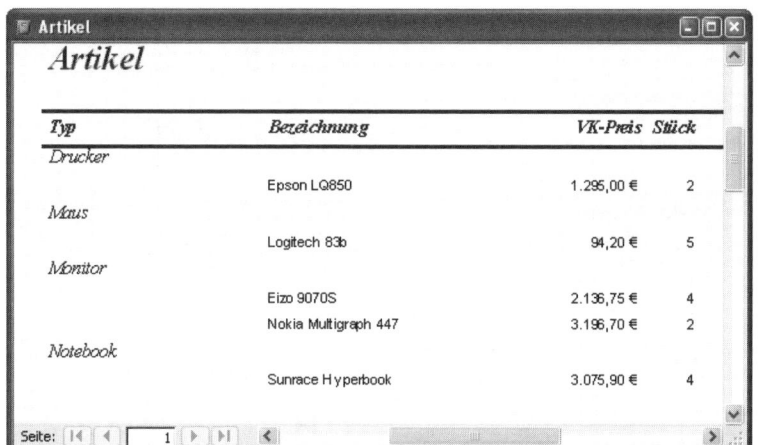

Abbildung 17.9:
EDV.MDB, Bericht »Artikel, nach "Typ" gruppiert«

Da das Gruppierungsfeld automatisch das Hauptsortierkriterium bildet, ändern die Sortieroptionen des Assistenten nichts an der Reihenfolge der vier Gruppen »Drucker«, »Maus«, »Monitor« und »Notebook«. Stattdessen können Sie damit nur Untersortierkriterien festlegen, also die Reihenfolge bestimmen, in der die Datensätze *innerhalb* der vier Gruppen angezeigt werden.

Sortieroptionen

Sie können beliebig viele Gruppierungsebenen definieren. Sie können einen Bericht, der die Tabelle »Kunden« ausdruckt, nach »Nachname« gruppieren. Dann werden alle »Bauer« zu einer Gruppe zusammengefasst, danach alle »Maier« und zuletzt alle »Müller«.

Mehrere Gruppierungsebenen

Ist die Anzahl Ihrer Kunden extrem groß, gibt es sicherlich Dutzende von Kunden mit diesen Nachnamen. Dann bietet es sich an, den Bericht mit einem zweiten Gruppierungskriterium weiter zu unterteilen, beispielsweise nach »Ort« (Abbildung 17.10).

»Nachname« ist das Hauptgruppierungskriterium, »Ort« das Untergruppierungskriterium. Daher werden zunächst alle Datensätze mit identischen Einträgen im Feld »Nachname« zu Gruppen zusammengefasst und zusätzlich innerhalb jeder dieser Gruppen wiederum nach »Ort« zusammengefasste Untergruppen gebildet (Abbildung 17.11).

Abbildung 17.10:
Gruppierung nach
»Nachname«
und »Ort«

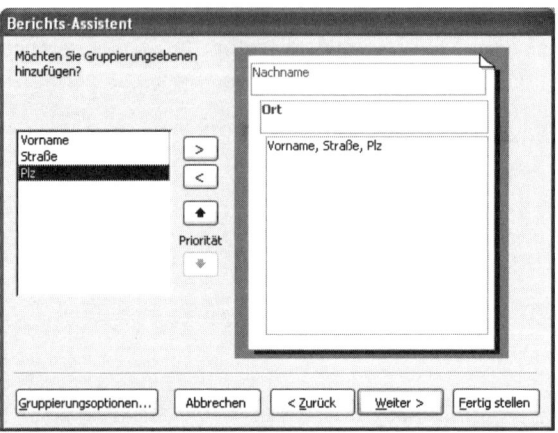

Abbildung 17.11:
EDV.MDB, Bericht
»Kunden, nach
"Nachname, Ort"
gruppiert«

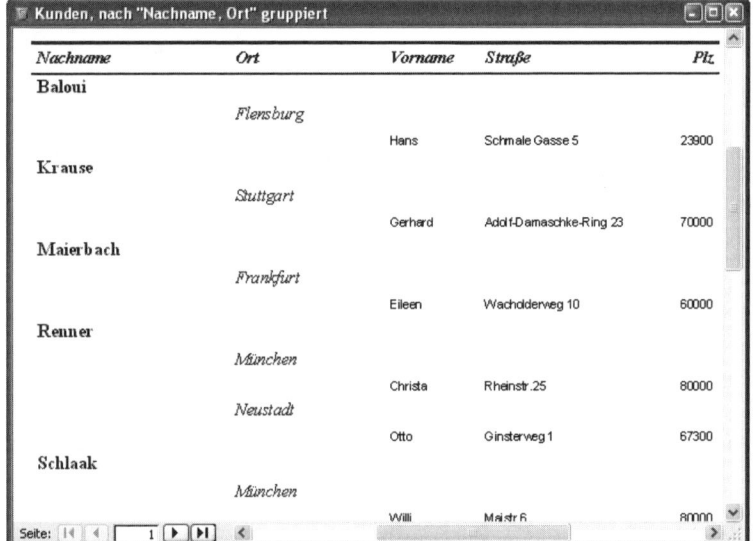

Gäbe es in der Gruppe »Renner« nicht nur wie hier einen, sondern mehrere Datensätze mit dem Ort »München«, würden sie alle in der entsprechenden Untergruppe erscheinen. Entsprechend würden auch alle Renner in »Neustadt« in der betreffenden Untergruppe zusammengefasst werden und so weiter.

Die Gruppierungsreihenfolge können Sie im Gruppierungsdialogfeld mit den beiden auf- bzw. abwärts gerichteten Pfeilen beeinflussen: Klicken Sie in Abbildung 17.10 auf den nach oben weisenden Pfeil, wird »Ort« nach oben vor »Nachname« verschoben und bildet nun die Hauptgruppenebene. Mit dem nach unten weisenden Pfeil können Sie »Ort« genau umgekehrt wieder herabstufen und »Nachname« wieder zum Hauptgruppierungsfeld machen.

Nach der Festlegung einer Berichtsgruppierung unterscheidet sich der auf die Sortierung folgende Schritt ein wenig von einfachen Berichten, da Sie nun zwischen verschiedenen Layoutformen für die Darstellung der verschiedenen Gruppen wählen können (Abbildung 17.12).

Gruppenlayout

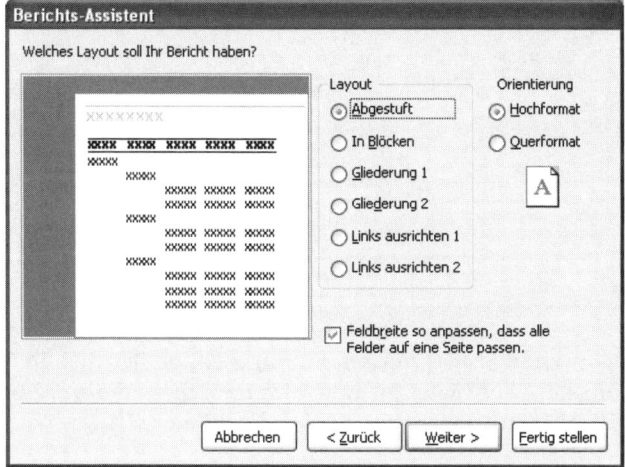

Abbildung 17.12:
Gruppierungslayout festlegen

Standard ist immer das abgebildete Layout, das mehrere Spalten verwendet, um die Gruppierungsebenen darzustellen: Ganz links wird die Hauptebene abgebildet, rechts daneben die erste Untergruppierungsebene, daneben wieder die nächst tiefere Ebene und so weiter. Selektieren Sie ein anderes Layout, wird die Vorschau entsprechend aktualisiert, sodass Sie sehen, in welcher Art und Weise die Gruppenblöcke damit angeordnet würden.

Berichte über mehrere Tabellen erstellen

Fügen Sie in einen Bericht Felder aus mehreren miteinander verknüpften Tabellen/Abfragen ein, wird automatisch ein gruppierter Bericht erzeugt (wenn Sie die Felder der Haupttabelle zuerst einfügen). Mit den Gruppierungsvorgaben wird dabei nach den Daten der Haupttabelle gruppiert, und die Daten der Detailtabelle werden als Details dieser Gruppen verwendet.

Nehmen wir an, Sie benötigen eincn Bericht, der alle Aufträge darstellt, inklusive der Auftragsdetails, also der einzelnen Bestellungen. Als Berichtsbasis wählen Sie die Tabelle »Aufträge« und fügen im ersten Schritt die interessierenden Felder dieser Tabelle in den Bericht ein.

Danach selektieren Sie im Listenfeld die Tabelle »Auftragspositionen« und fügen auch die Felder dieser Tabelle ein (Abbildung 17.13).

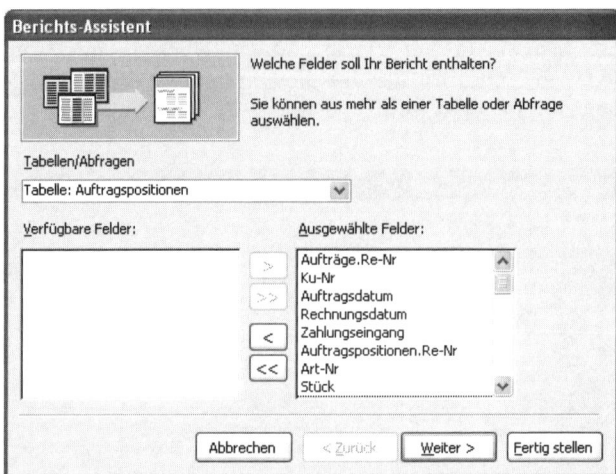

Im zweiten Schritt müssen Sie angeben, ob der Bericht nach den Feldern der Tabelle »Aufträge« gruppiert werden soll oder aber nach den Feldern der Tabelle »Auftragspositionen« (Abbildung 17.14).

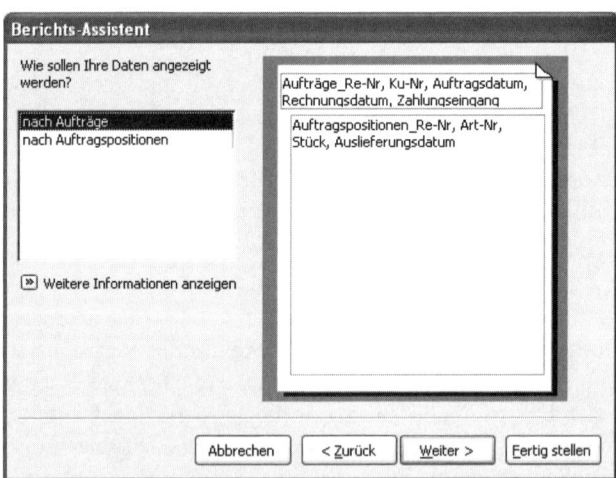

Da Access weiß, dass »Aufträge« die Haupttabelle ist (1-Seite) und »Auftragspositionen« die Detailtabelle (n-Seite), gibt der Assistent die Felder der Tabelle »Aufträge« automatisch als Hauptgruppierungsebene vor, sodass ein nach Aufträgen gruppierter Bericht entsteht (Abbildung 17.15).

Er zeigt, dass beispielsweise zum Auftrag mit der Rechnungsnummer 2 zwei Auftragspositionen gehören, also zwei Datensätze mit der gleichen Rechnungsnummer: eine Bestellung des Artikels Nummer 3 (ein Stück) und eine Bestellung des Artikels Nummer 1 (drei Stück).

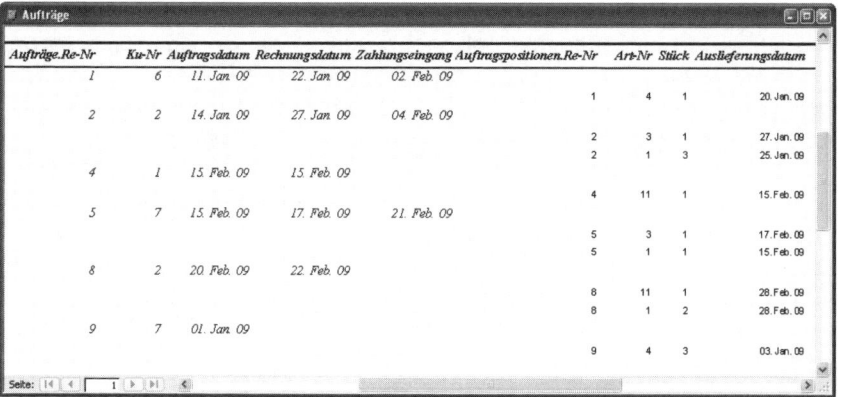

Abbildung 17.15:
EDV.MDB, Bericht
»Aufträge und Auf-
tragspositionen«

Basiert ein Bericht auf einer Abfrage, die Daten aus mehreren verknüpften
Tabellen zusammenfasst, wird ebenfalls automatisch nach den Daten der
Haupttabelle gruppiert und werden die Daten der Detailtabelle als Details
dieser Gruppen verwendet.

:-)
TIPP

Numerische Auswertungen vornehmen

Bei gruppierten Berichten enthält das Dialogfeld zur Festlegung der Sortierreihenfolge eine zusätzliche Schaltfläche *Zusammenfassungsoptionen...*
(Abbildung 17.16).

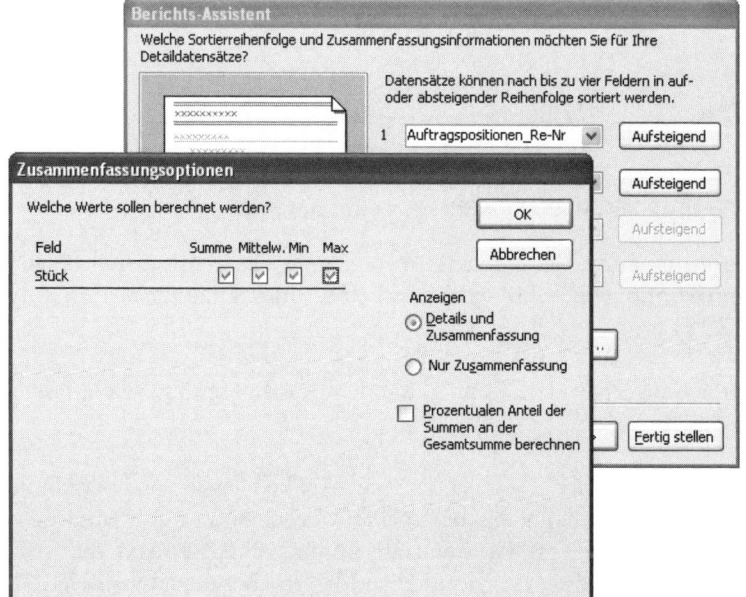

Abbildung 17.16:
Zusammenfas-
sungsoptionen

In gruppierten Berichten besitzt jede Gruppe einen eigenen Fußbereich. Im Dialogfeld Zusammenfassungsoptionen *können Sie wie bei Übersichtsabfragen (siehe Kapitel 8.1, »Abfrageentwurf mit dem Assistenten«) zusätzliche Auswertungen für die numerischen Felder der Detailtabelle (hier: »Stück«) festlegen, die Access selbstständig in diese Fußbereiche einfügt.*

Aktivieren Sie *Summe* und *Mittelwert*, wird Ihnen unterhalb der Details mitgeteilt, dass die Summe des Felds »Stück« für den zweiten Datensatz 4 ergibt, also insgesamt vier Artikel bestellt wurden (1 Stück von Artikel Nummer 3 plus 3 Stück von Artikel Nummer 1); und dass der Mittelwert 2 beträgt, also im Durchschnitt mit jeder der beiden Auftragspositionen zwei Stück eines Artikels bestellt werden (Abbildung 17.17).

Abbildung 17.17:
Zusammen-
fassungen

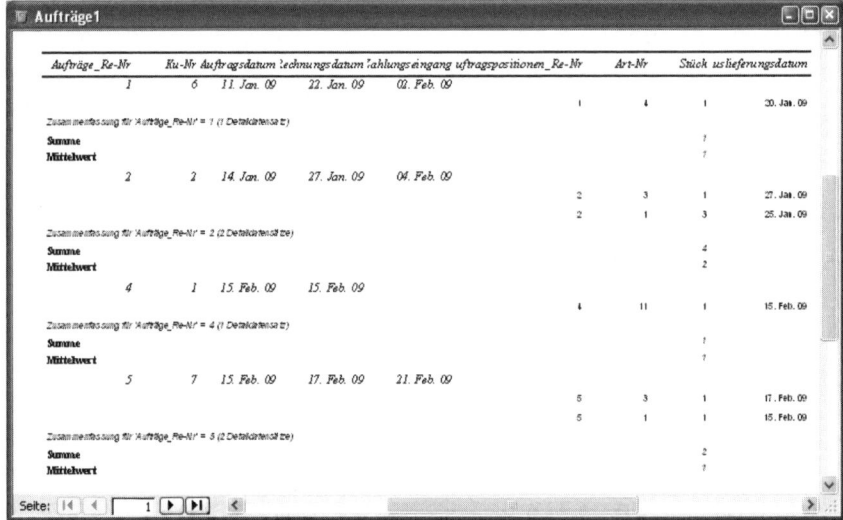

Die Gruppierungsoptionen

In gruppierten Berichten ist im zweiten Schritt die Schaltfläche *Gruppierungsoptionen...* aktivierbar, die folgendes Dialogfeld öffnet (Abbildung 17.18).

In diesem Dialogfeld können Sie dem Assistenten mitteilen, *wie* er gruppieren soll.

Alphanumerische
Gruppierung

Im Beispiel wird der auf der Tabelle »Artikel« basierende Bericht nach »Typ« gruppiert. Mit der Vorgabe *Normal* werden Sätze mit identischen Einträgen im Feld »Typ« zu Gruppen zusammengefasst, sodass die vier Gruppen »Drucker«, »Maus«, »Monitor« und »Notebook« gebildet werden.

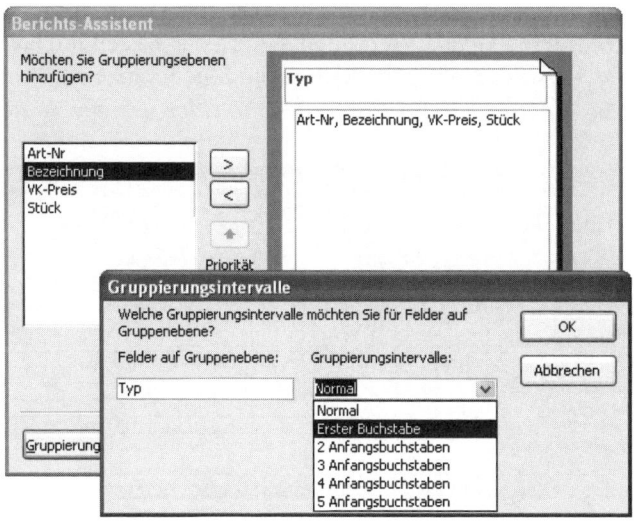

Abbildung 17.18:
Gruppierungs-
optionen

Wählen Sie stattdessen *Erster Buchstabe*, würden alle Artikeltypen zu einer Gruppe zusammengefasst, bei denen auch nur das erste Zeichen dieses Felds übereinstimmt. Da dadurch die Datensätze mit den Einträgen »Maus« und »Monitor« keine separaten Gruppen mehr bilden, sondern zu einer gemeinsamen Gruppe zusammengefasst werden, gibt es im resultierenden Bericht nur noch drei Gruppen (Abbildung 17.19).

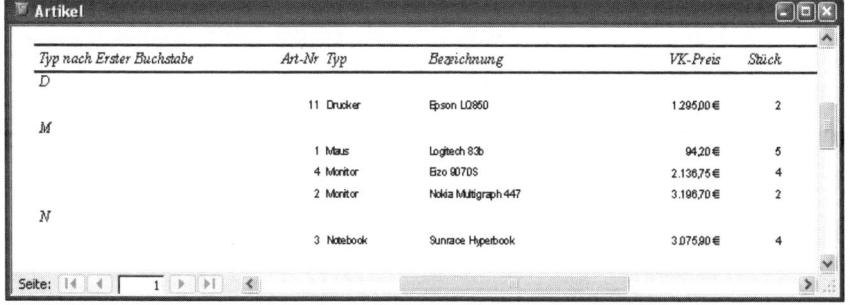

Abbildung 17.19:
Übereinstimmung
des 1. Zeichens

Analog dazu können Sie alle Datensätze zu Gruppen zusammenfassen, bei denen die ersten zwei Zeichen im Feld »Typ« übereinstimmen, die ersten drei Zeichen etc.

In der Praxis werden Sie Daten häufig nach einem Datumsfeld gruppieren. Beispielsweise könnten Sie die in der Tabelle »Aufträge« gespeicherten Aufträge nach den Monaten gruppieren, in denen die betreffenden Aufträge erteilt wurden, sodass der Bericht zeigt, wie sich die Auftragslage von Monat zu Monat entwickelt hat.

*Datums-
gruppierung*

Dazu können Sie eine Abfrage benutzen, die zusätzlich mit Hilfe eines berechneten Felds »Wert« den Wert jeder Bestellung ermittelt, indem es die bestellte Stückzahl mit dem zugehörigen Einzelpreis multipliziert (Abbildung 17.20).

Abbildung 17.20:
EDV.MDB, Abfrage »Aufträge: Bestellwert«

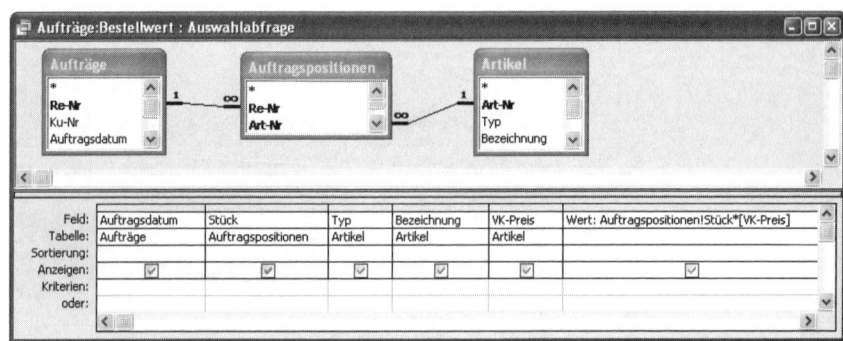

Die eingefügten Felder zeigen das Datum an, an dem die einzelnen Aufträge erteilt wurden, die bestellte Stückzahl, den Typ, die Bezeichnung und den Einzelpreis des bestellten Artikels. Das zusätzliche berechnete Feld »Wert« ermittelt den Wert jeder Bestellung, indem es die bestellte Stückzahl mit dem zugehörigen Einzelpreis multipliziert (Abbildung 17.21).

Abbildung 17.21:
Ergebnis der Abfrage

Auftragsdatum	Stück	Typ	Bezeichnung	VK-Preis	Wert
11. Jan. 09	1	Monitor	Eizo 9070S	2.136,75 €	2.136,75 €
14. Jan. 09	3	Maus	Logitech 83b	94,20 €	282,60 €
14. Jan. 09	1	Notebook	Sunrace Hyperbook	3.075,90 €	3.075,90 €
15. Feb. 09	1	Drucker	Epson LQ850	1.295,00 €	1.295,00 €
15. Feb. 09	1	Maus	Logitech 83b	94,20 €	94,20 €
15. Feb. 09	1	Notebook	Sunrace Hyperbook	3.075,90 €	3.075,90 €
20. Feb. 09	2	Maus	Logitech 83b	94,20 €	188,40 €
20. Feb. 09	1	Drucker	Epson LQ850	1.295,00 €	1.295,00 €
01. Jan. 09	3	Monitor	Eizo 9070S	2.136,75 €	6.410,25 €

Datensatz: 1 von 9

Basierend auf dieser Abfrage erzeugen Sie einen neuen Bericht, in den Sie alle Abfragefelder einfügen. Fügen Sie »Auftragsdatum« als Gruppierungsebene ein und klicken Sie auf *Gruppierungsoptionen...*, können Sie anschließend unter folgenden Optionen wählen (Abbildung 17.22).

Normal fasst wieder nur Datensätze mit absolut identischem Auftragsdatum zu Gruppen zusammen und ist das strengste Gruppierungskriterium.

Die zusätzlichen weicheren Kriterien unterscheiden sich bei Verwendung eines Datumsfelds von der vorhergehenden Gruppierung mit einem Textfeld.

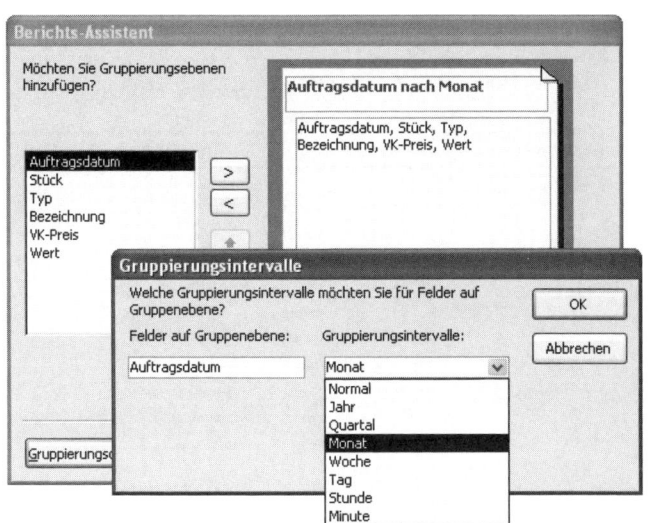

Abbildung 17.22:
Datums-Gruppie-
rungsoptionen

Sie können Datensätze nach einer beliebigen Datums- oder Zeitkomponente gruppieren, nach *Jahr*, *Quartal*, *Monat*, *Woche*, *Tag*, *Stunde* und *Minute*. Alle Datensätze, bei denen die betreffende Komponente im Gruppierungsfeld identisch ist, werden zu einer Gruppe zusammengefasst.

Jahr würde beispielsweise alle Sätze zu gemeinsamen Gruppen zusammenfassen, bei denen die Jahreskomponente identisch ist; zum Beispiel zwei Datensätze, die im Feld »Auftragsdatum« die Einträge »1.1.09« und »14.2.09« enthalten. *Quartal* fasst entsprechend unter anderem den »1.1.09« und den »20.2.09« zu einer gemeinsamen Gruppe zusammen, ein Datensatz mit dem Auftragsdatum »20.8.09« würde sich jedoch in einer anderen Gruppe befinden. Wählen Sie *Monat*, erhalten Sie folgendes Resultat (Abbildung 17.23).

Die Bestellungen werden zu Gruppen mit identischen Monatskomponenten im Feld »Auftragsdatum« zusammengefasst und im Bericht nach Monaten geordnet ausgegeben. Dadurch sehen Sie auf einen Blick, wie viele Bestellungen mit welcher Gesamtsumme in den einzelnen Monaten eingingen.

Bei Verwendung eines numerischen Gruppierungsfelds stehen Ihnen erneut andere Gruppierungskriterien zur Verfügung. *Numerische Gruppierung*

Nehmen wir an, Sie interessiert ein Bericht, der nach Postleitzahlgebieten geordnet Ihre Lieferanten auflistet und zusätzlich darüber informiert, welche Artikeltypen Sie von ihnen beziehen. Dazu erstellen Sie einen Bericht mit den Feldern »Nachname«, »Vorname« und »Plz« der Tabelle »Lieferanten« und dem Feld »Typ« der Tabelle »Artikel« (Abbildung 17.24).

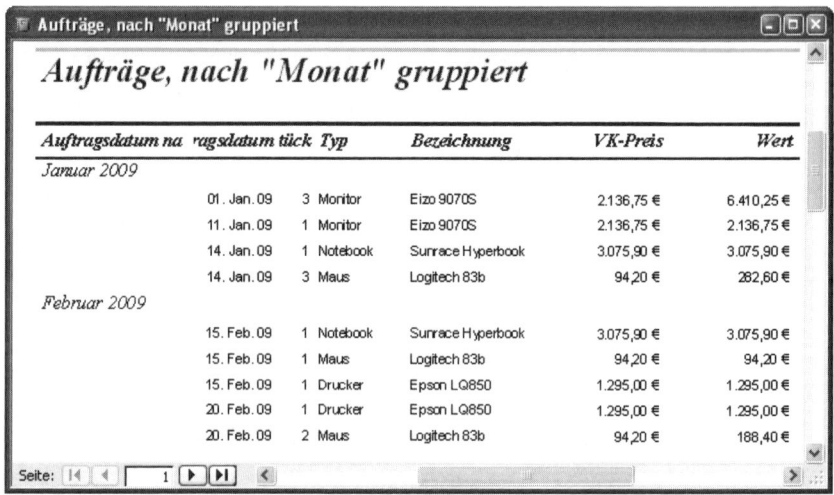

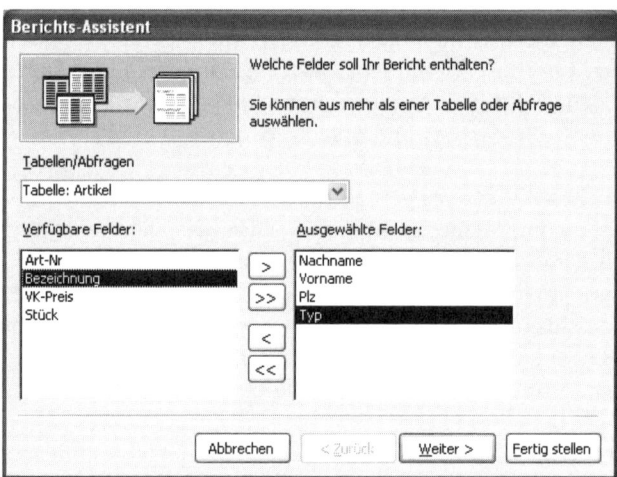

Im zweiten Schritt lassen Sie die Gruppierungsvorgabe *nach Lieferanten* unverändert und im dritten fügen Sie »Plz« als zusätzliches Gruppierungsfeld hinzu (Abbildung 17.25).

Für das numerische Gruppierungsfeld »Plz« stehen Ihnen außer der Vorgabe *Normal* die Optionen *10er*, *50er*, *100er*, *500er*, *1000er*, *5000er* und *10000er* zur Verfügung.

Normal fasst wieder alle Sätze mit identischem Eintrag im Gruppierungsfeld zusammen: Alle Datensätze mit identischer Postleitzahl bilden jeweils eine Gruppe.

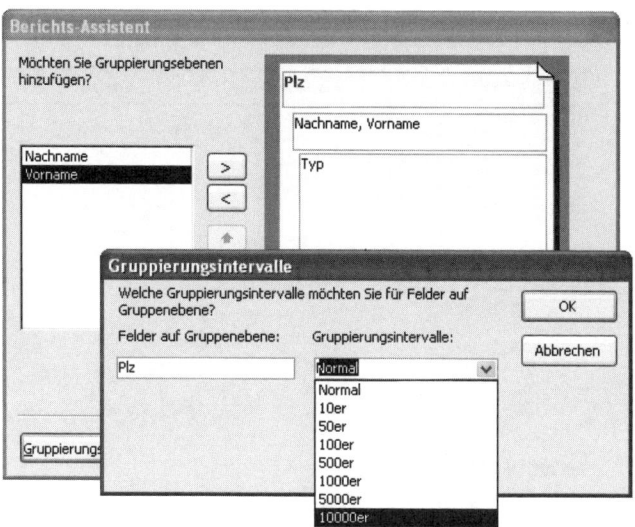

Abbildung 17.25:
Numerisches
bestimmen

Mit den zusätzlichen Optionen können Sie ein Intervall festlegen, dass die Gruppenzusammenfassung definiert. Entsprechend fasst *10000er* die Postleitzahlen in 10000er-Schritten zusammen: Die Datensätze mit den Postleitzahlen 0 bis 9999 bilden die erste Gruppe, die Sätze mit den Postleitzahlen 10000 bis 19999 die zweite Gruppe, 20000 bis 29999 die dritte Gruppe und so weiter.

Bei Postleitzahlen sind diese Zehntausenderintervalle zur Zusammenfassung sicherlich am geeignetsten. Wählen Sie daher bitte für »Plz« als Gruppierungskriterium entsprechend der Abbildung *10000er* (Abbildung 17.26).

Der resultierende Bericht ist nach den in Zehntausenderintervalle unterteilten Postleitzahlgebieten gruppiert. Für jedes Gebiet werden die zugehörigen Lieferanten und die jeweils zugehörigen Artikeltypen aufgelistet.

17.4   Etiketten bedrucken

Um Etiketten zu drucken, verwenden Sie den Etiketten-Assistenten; beispielsweise mit der Tabelle »Kunden« als Basis, wenn Sie Adressetiketten für ein Rundschreiben an Ihre Kunden benötigen. Oder aber mit einer auf dieser Tabelle basierenden Abfrage, die nur einen ausgewählten Kundenkreis enthält, wenn nur an diesen Briefe verschickt werden sollen.

Im ersten Schritt geben Sie das Format der von Ihnen verwendeten Etiketten an. Aktivieren Sie zunächst die Maßeinheit *Metrisch* (Abbildung 17.27).

Etikettenformat

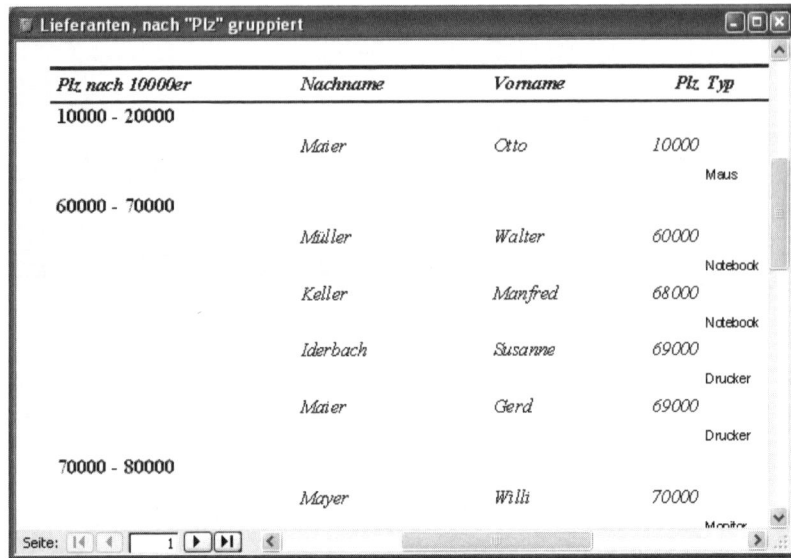

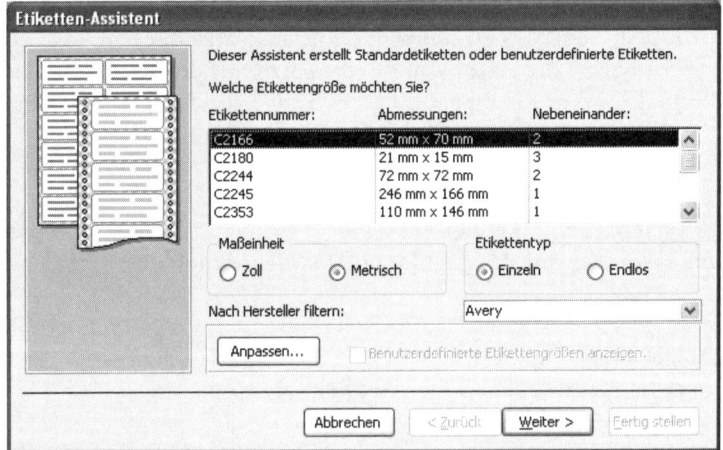

Sie können nun das von Ihnen verwendete Etikettenformat festlegen; entweder anhand des Herstellers (im geschlossenen Listenfeld können Sie auswählen, wessen Etiketten angezeigt werden sollen) oder anhand der Etikettennummern bzw. der Abmessungen und der Anzahl an Etiketten, die sich auf einem Blatt nebeneinander befinden (*Nebeneinander*).

Aktivieren Sie *Endlos*, listet Access statt der dem Programm bekannten Einzeletiketten (einzelne Blätter, geeignet beispielsweise für Tintenstrahler und Laserdrucker) die verfügbaren Endlosetikettentypen (mit Randlochung für Nadeldrucker) auf.

Finden Sie Ihren Etikettentyp nicht in der Liste, müssen Sie ihn mit *Anpassen...* selbst definieren (Abbildung 17.28).

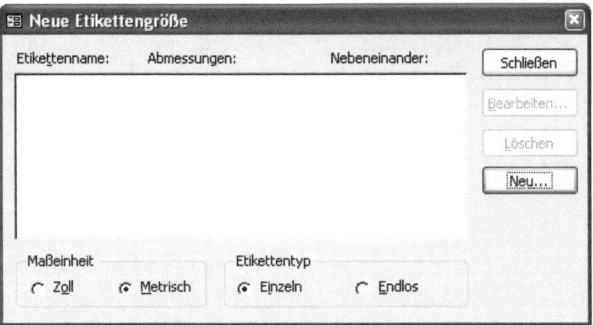

Abbildung 17.28:
Benutzerdefinierte
Adreßetiketten

Wählen Sie unter *Etikettentyp* aus, ob es sich um Einzel- oder um Endlosetiketten handelt und klicken Sie danach auf *Neu...* (Abbildung 17.29).

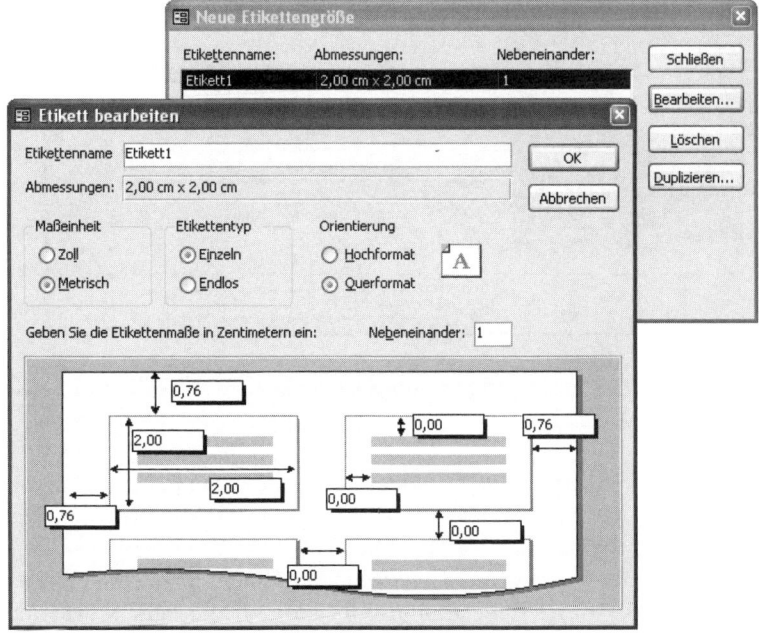

Abbildung 17.29:
Abmessungen
definieren

Das darin gezeigte Schema enthält für jedes Etikettenmaß ein eigenes Textfeld, auf das Sie klicken und in dem Sie danach einen neuen Wert eingeben können. Sind Sie fertig, geben Sie dem neuen Etikettentyp einen Namen und aktivieren *OK*.

Danach wird der neue Typ im übergeordneten Dialogfeld aufgelistet und kann mit *Bearbeiten...* verändert oder mit *Löschen...* wieder gelöscht werden.

Duplizieren... öffnet wieder das *Etikett bearbeiten*-Dialogfeld. Darin wird die Definition des zuvor selektierten Etikettentyps vorgegeben, und Sie können davon ausgehend einen weiteren neuen Etikettentyp definieren.

Nach der Definition von Etikettentypen ist im übergeordneten Dialogfeld das Kontrollkästchen *Benutzerdefinierte Etikettengrößen anzeigen* aktiviert. Nun werden *ausschließlich* die von Ihnen definierten Typen angezeigt. Um wieder die in Access vordefinierten Typen zu sehen, müssen Sie das Kontrollkästchen deaktivieren.

Erscheinungsbild

Nach der Auswahl des Etikettentyps legen Sie das optische Erscheinungsbild fest, indem Sie die zu verwendende Schriftart, den Schriftgrad, die Attribute und die Textfarbe auswählen (Abbildung 17.30).

Abbildung 17.30:
Etiketten, Schritt 2

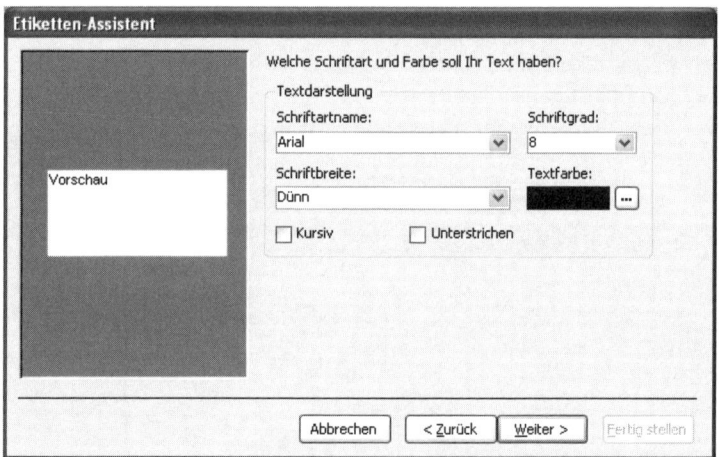

Etiketteninhalt

Danach geht es um den Text, mit dem die Etiketten bedruckt werden sollen (Abbildung 17.31).

Das rechte Feld stellt eine einzelne Etikette dar. Sie bestimmen, wo auf dieser Etikette welche Daten gedruckt werden. Die »Etikette« ist praktisch ein großes Eingabefeld, in dem Sie beliebige Zeilen anklicken und Zeichen wie »A«, »B« oder das Leerzeichen eintippen können. Klicken Sie beispielsweise die dritte oder vierte Zeile an und tippen Sie »Hallo« ein, würde dieser Text später in der entsprechenden Etikettenzeile gedruckt werden.

Soll statt »Hallo« der Inhalt eines Tabellenfelds gedruckt werden, bewegen Sie den Cursor zur gewünschten Zeile und geben den Text »{Feldname}« ein. »Feldname« ist dabei der Name jenes Felds, dessen Inhalt an der betreffenden Stelle gedruckt werden soll, beispielsweise »Nachname« oder »Vorname«.

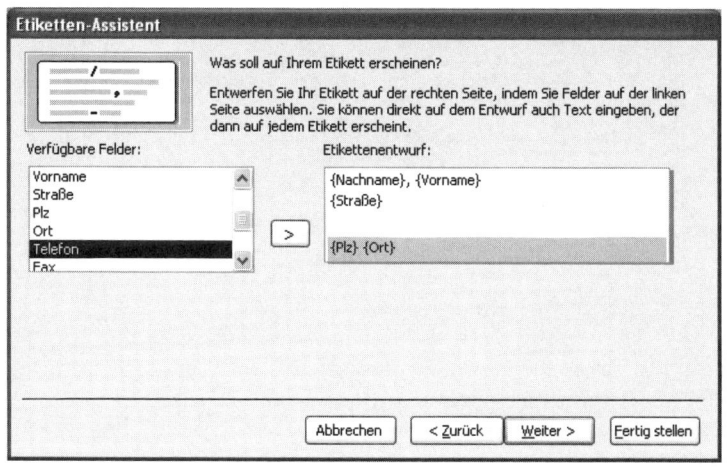

Abbildung 17.31:
Etiketten, Schritt 3

Es ist jedoch wesentlich einfach, die gewünschte Zeile anzuklicken, danach im Listenfeld das einzufügende Feld zu selektieren und auf > zu klicken, um es dort einzufügen, wo sich der Cursor gerade befindet (einfacher: Doppelklick auf das Feld). War beispielsweise »Nachname« selektiert, fügt Access an der aktuellen Cursorposition den benötigten Eintrag »{Nachname}« ein.

Um beispielsweise die erste Etikettenzeile entsprechend der vorhergehenden Abbildung zu gestalten, benötigen Sie folgende Schritte:

1. Selektieren Sie »Nachname« und klicken Sie auf >, um in die erste Etikettenzeile »{Nachname}« einzufügen.

2. Tippen Sie dahinter das Komma und ein Leerzeichen ein.

3. Selektieren Sie »Vorname« und klicken Sie auf >, um die Zeile zu »{Nachname}, {Vorname}« zu ergänzen.

Übrigens: Stellen Sie fest, dass beispielsweise nach der dritten Zeile Schluss ist und Sie einfach nicht nach unten in die vierte Zeile gelangen, liegt kein Bedienungsfehler vor, sondern es sind die von Ihnen ausgewählten Etiketten schlicht nicht hoch genug für vier Zeilen.

Im nächsten Schritt bestimmen Sie die Sortierreihenfolge und verwenden beispielsweise die Sortierfelder »Nachname« und »Vorname« (Abbildung 17.32).

Sortierfolge

Im letzten Schritt können Sie den Bericht wie üblich in der Entwurfs- oder der Seitenansicht öffnen. Das Resultat (Abbildung 17.33).

Abbildung 17.32:
Adressetiketten,
Schritt 4

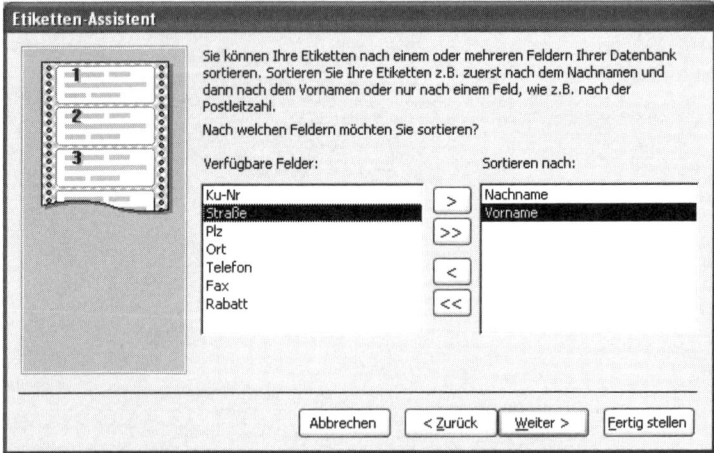

Abbildung 17.33:
EDV.MDB, Bericht
»Kunden Etiketten«

17.5   Den Berichtsentwurf verändern

Wie bei Formularen können Sie natürlich auch Berichte sehr individuell verändern.

*Da Formulare und Berichte eng verwandt sind, fällt das folgende Kapitel
sehr knapp aus, um Wiederholungen aus Kapitel 15, »Den Formularentwurf verändern«, und Kapitel 16, »Formulare ausdrucken«, zu vermeiden.*

(KOMPENDIUM) Access 2003

Wesentlich interessanter sind »Manuelles Sortieren und Gruppieren« auf Seite 373, und Kaptiel 18, »Steuerelemente für Fortgeschrittene«. Beide Inhalte sollten Sie nicht übergehen, wenn Sie die Möglichkeiten von Berichten wirklich ausschöpfen wollen.

Die Entwurfsansicht eines Berichts

Analog zu Formularen besteht ein Bericht aus mehreren Bereichen (Abbildung 17.34).

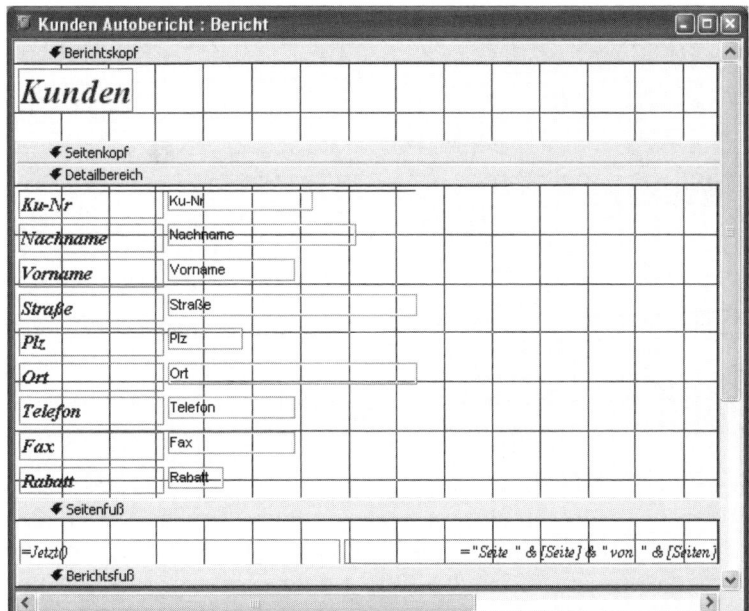

Abbildung 17.34:
EDV.MDB, Bericht
»Kunden Auto-
Bericht«

➡ Berichtskopf/-fuß: Der Inhalt des Kopfbereichs wird am Berichtsanfang gedruckt und der Inhalt des Fußbereichs am Berichtsende.

➡ Seitenkopf/-fuß: Diese beiden Bereiche werden auf jeder Seite ausgedruckt, der Seitenkopf am oberen und der Seitenfuß am unteren Blattrand.

Bei einspaltigen Berichten wie dem abgebildeten fügt der Assistent in den Berichtskopf Ihre Überschrift ein, die somit am Berichtsanfang ausgedruckt wird, also auf dem ersten Blatt. Soll diese Überschrift stattdessen auf jedem Blatt ausgedruckt werden, verschieben Sie sie einfach in den Seitenkopf.

:-)
TIPP

Zusätzlich fügt der Assistent in den Seitenfuß ein Textfeld mit dem Steuerelementinhalt *=Jetzt()* ein, das das aktuelle Datum anzeigt, und ein weiteres, das die aktuelle Seite anzeigt.

Berechnete Felder

Gruppierte **In gruppierten Berichten kann** *jedes Gruppierungsfeld einen eigenen Kopf-*
Berichte *und/oder Fußbereich* **besitzen. Sie enthalten üblicherweise jene Steuerele-**
mente, die die einzelnen Gruppen voneinander abheben und ober- bzw.
unterhalb *jeder* Gruppe ausgegeben werden.

Ein gutes Beispiel dafür ist der Bericht »Lieferanten, nach "Plz" gruppiert«,
der nach Lieferanten (genauer: dem Feld »Lief-Nr« dieser Tabelle) und nach
»Plz« gruppiert ist (Abbildung 17.35).

Abbildung 17.35:
EDV.MDB, Bericht
»Lieferanten, nach
"Plz" gruppiert«

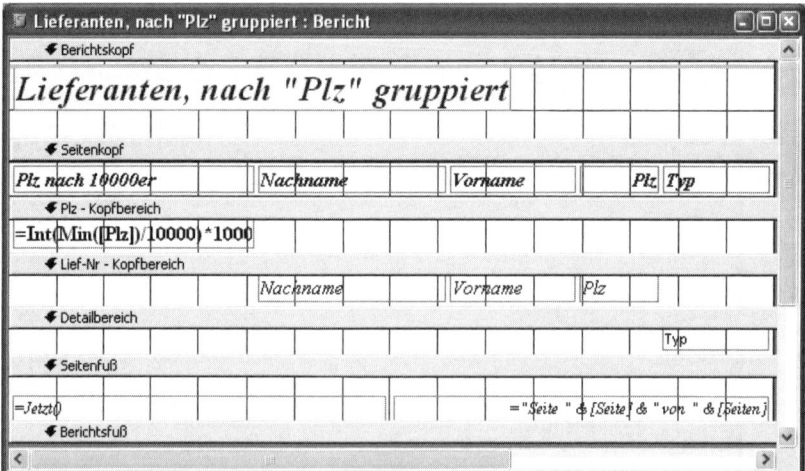

Der Inhalt des Bereichs »Plz – Kopfbereich« wird vor jeder einzelnen Postleitzahlgruppe gedruckt. Entsprechend würde ein hier nicht vorhandener Bereich
»Plz – Fußbereich« unterhalb jeder dieser Gruppen gedruckt werden. Analog
dazu wird der Inhalt von »Lief-Nr – Kopfbereich« oberhalb jeder Typ-Unter-
gruppe ausgedruckt.

Beispielsweise enthält der Kopfbereich des Felds »Plz« ein Textfeld, das an
das gleichnamige Tabellenfeld gebunden ist und die zugehörige kleinste und
größte Postleitzahl der Gruppe anzeigt. Daher wird über jeder Postleitzahl-
Gruppe die zugehörige Information »10000-20000«, »60000-70000« etc.
angezeigt (Abbildung 17.36).

Wie die Ausgabe von Daten in diesen Gruppenköpfen und Gruppenfüßen
funktioniert, wird durch ein – zugegebenermaßen komplexes – Beispiel
deutlich.

Dafür verantwortlich ist die Einstellung der Eigenschaft Steuerelementinhalt
des Textfelds, das sich im Gruppenkopf von »Plz« befindet. Für diese Eigenschaft verwendet der Assistent die folgende Formel (Abbildung 17.37):

```
=Int(Min([Plz])/10000)*10000 & " - " & Int((Max([Plz])/10000)+1)*10000
```

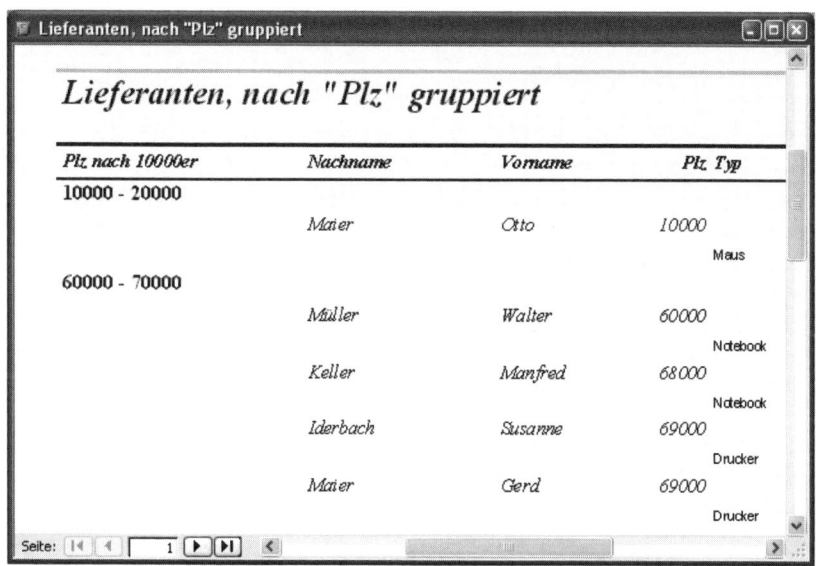

Abbildung 17.36:
Bericht in der
Seitenansicht

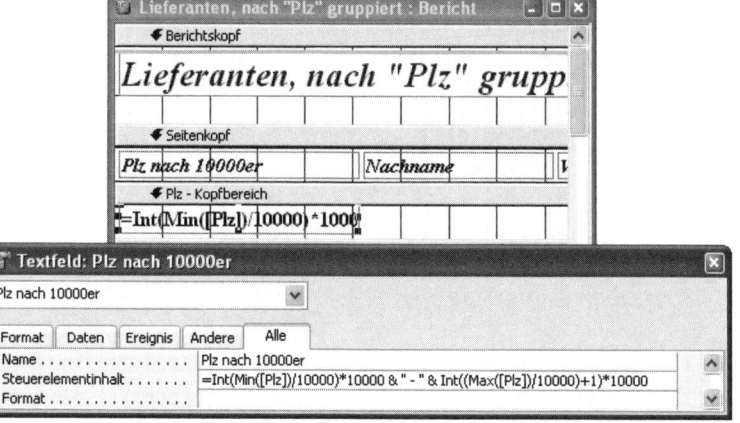

Abbildung 17.37:
Postleitzahlanzeige
ändern

Beim Ausdruck passiert nun Folgendes: Die Postleitzahlgruppen sind in Zehntausenderintervalle unterteilt. Die erste Gruppe wäre daher 0 bis 9999. Es gibt jedoch im Beispiel keine Datensätze mit diesen Postleitzahlen. In diesem Fall – wenn eine Gruppe leer ist – wird von Access vernünftigerweise auch die Ausgabe des zugehörigen Gruppenkopfes/-fußes unterdrückt.

Vor dem Ausdruck der zweiten Gruppe, der Datensätze mit Postleitzahlen zwischen 10000 und 19999, wird zunächst deren Kopfbereich ausgedruckt. Die Formel besitzt die Aufgabe, vor dieser Gruppe »10000 - 20000« auszugeben.

Im Ausdruck

```
Int(Min[Plz]/10000)*10000
```

ermittelt *Min[Plz]* zunächst die kleinste Postleitzahl der ersten Gruppe, zum Beispiel 10150. Dividiert durch 10000 ergibt sich in diesem Beispiel 1,015; von diesem Wert werden nun mit der *Int*-Funktion die Nachkommastellen abgeschnitten, sodass eine glatte 1 resultiert, die zuletzt mit 10000 multipliziert wird, was zum Endergebnis 10000 führt.

Der zweite Teil

```
Int((Max[Plz])/10000)+1)*10000
```

ermittelt zunächst mit *Max[Plz]* den größten Wert der Gruppe, beispielsweise 19500; dividiert durch 10000 führt das zu 1,95; nach Addition der 1 also zu 2,95.

Davon werden erneut mit der *Int*-Funktion die Nachkommastellen abgeschnitten, so daß sich eine glatte 2 ergibt, die zuletzt mit 10000 multipliziert wird, also zum Endergebnis 20000 führt.

Die beiden Ausdrücke ermitteln somit die Ergebnisse 10000 und 20000, die nun durch den Operator »&« mit dem Text » - « verknüpft werden, was zur Ausgabe der Zeichenkette »10000 - 20000« im Kopfbereich der ersten Postleitzahlgruppe führt.

Analog dazu werden für die nächste nicht-leere Gruppe beispielsweise die beiden Werte 50000 und 60000 errechnet und entsprechend im Gruppenkopf »50000 - 60000« ausgegeben.

Abstände   Die Größe der Berichtsbereiche können Sie wie bei Formularen durch Ziehen an den Trennlinien verändern und dadurch beispielsweise den Datensatzabstand verändern.

Wollen Sie auf irgendwelche Bereiche ganz verzichten, blenden Sie mit ANSICHT|SEITENKOPF/-FUß bzw. ANSICHT|KOPF/-FUßZEILE DES BERICHTS die zugehörigen Bereiche aus.

Auch Seitenumbrüche können Sie analog zu Formularen mit der zugehörigen Bereichseigenschaft *Neue Seite* einfügen.

Zusammenhalten   Wie bei Formularen können Sie das Zerreißen von Datensätzen verhindern, indem Sie die Eigenschaft *Zusammenhalten* des Detailbereichs auf »Ja« setzen.

Analog zu einem Formular basieren auch die in einem Bericht angezeigten Daten auf darin enthaltenen Steuerelementen, die Sie mit allen im Kapitel 15, »Den Formularentwurf verändern«, beschriebenen Techniken manipulieren können: beispielsweise, um Steuerelemente zu selektieren, zu verschieben, auszurichten oder zu formatieren oder um wie in Formularen zusätzliche Tabellenfelder mit der Feldliste einzufügen.

REF

Manuelles Sortieren und Gruppieren

ANSICHT|SORTIEREN UND GRUPPIEREN bzw. das zugehörige Symbol öffnet folgendes Dialogfenster, hier angewandt auf den Bericht »Lieferanten, nach "Plz" gruppiert, besser« (Abbildung 17.38).

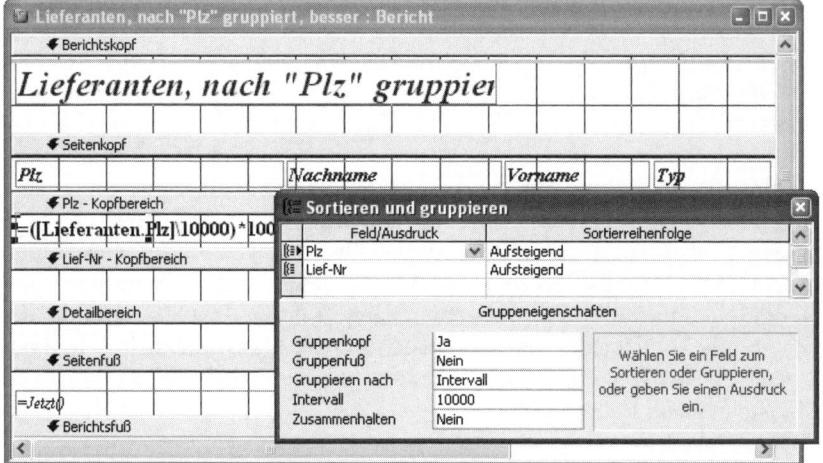

Abbildung 17.38:
Sortierungs- und
Gruppierungs-
Dialogfeld

Die einzelnen Zeilen legen fest, nach welchen Feldern der Tabelle/Abfrage sortiert und eventuell zusätzlich gruppiert wird. Durch Editierung dieser Zeilen und der zugehörigen Einstellungen können Sie die vom Assistenten erzeugte Gruppierung/Sortierung nachträglich beliebig verändern.

Beispielsweise wird ein Gruppierungsfeld durch das Gruppierungssymbol im Zeilenmarkierer der betreffenden Zeile gekennzeichnet. Hier wird somit nach den Feldern »Plz« und »Lief-Nr« gruppiert, und zwar in dieser Reihenfolge: »Plz« ist die Haupt- und »Lief-Nr« die Untergruppe. Gruppierte Felder werden automatisch sortiert, wobei Sie in der betreffenden Zeile unter *Sortierreihenfolge* wählen können, ob auf- oder absteigend sortiert wird.

Die Gruppeneigenschaften regeln die Details der Gruppierung. Die Eigenschaften *Gruppenkopf* und *Gruppenfuß* legen zunächst fest, ob der Bericht für das betreffende Feld einen eigenen Gruppenkopf, einen Gruppenfuß oder beide Bereiche enthält.

Mit den zugehörigen Einstellungen »Ja« bzw. »Nein« können Sie für jedes Feld wahlweise den Gruppenkopf oder Gruppenfuß ausblenden. Blenden Sie *beides* aus, verliert das betreffende Feld seine Gruppierungseigenschaft: Das Gruppierungssymbol im Zeilenmarkierer verschwindet, und das betreffende Feld sortiert nur noch, gruppiert aber nicht mehr.

Umgekehrt können Sie zusätzlich für ein beliebiges Feld wie »Nachname« einen Gruppenkopf und/oder einen Gruppenfuß einblenden, wodurch das betreffende Feld zu einem Gruppierungsfeld wird.

⬆
REF

Anschließend können Sie in den Gruppenkopf oder den Gruppenfuß ein berechnetes Feld einfügen, falls Sie an zusätzlichen Auswertungen für diese Gruppe interessiert sind (siehe Kapitel 18, »Steuerelemente für Fortgeschrittene«).

⬆
REF

Welche Einstellungen für die Eigenschaft Gruppieren nach *zur Verfügung stehen, hängt vom Feldtyp ab (siehe »Die Gruppierungsoptionen« auf Seite 358).*

Ein praktisches Beispiel für die Anwendung dieses Dialogfelds: Nehmen wir an, Sie wollen nicht nur nach Postleitzahlgebieten gruppieren, sondern zusätzlich nach der Untergruppe »Typ«. Die Postleitzahlgruppen sollen also wiederum nach Artikeltypen unterteilt angezeigt werden. Dazu fügen Sie im Dialogfeld unterhalb von »Plz« eine Leerzeile ein, indem Sie die Zeile »Lief-Nr« durch Anklicken des Zeilenmarkierers, die Maustaste loslassen, danach erneut auf den Zeilenmarkierer klicken und die Zeile bei weiter gedrückter Maustaste nach unten ziehen.

Anschließend wählen Sie im Listenfeld *Feld/Ausdruck* der auf diese Weise eingefügten Leerzeile das Feld »Typ« aus (Abbildung 17.39).

Abbildung 17.39:
Zusätzliches
Gruppierungsfeld

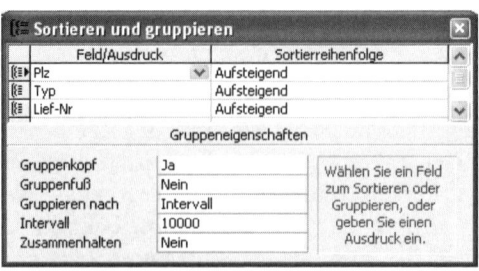

:-)
TIPP

Statt »Typ« in der Liste auszuwählen, können Sie alternativ dazu mit Doppelklicks auf den Zeilenmarkierer die einzelnen Berichtsfelder der Reihe nach durchlaufen.

Ersetzen Sie anschließend unter *Gruppenfuß* und/oder unter *Gruppenkopf* die Voreinstellung »Nein« durch »Ja«, da wie erläutert nur dann nach dem Inhalt dieses Felds gruppiert wird (Abbildung 17.40).

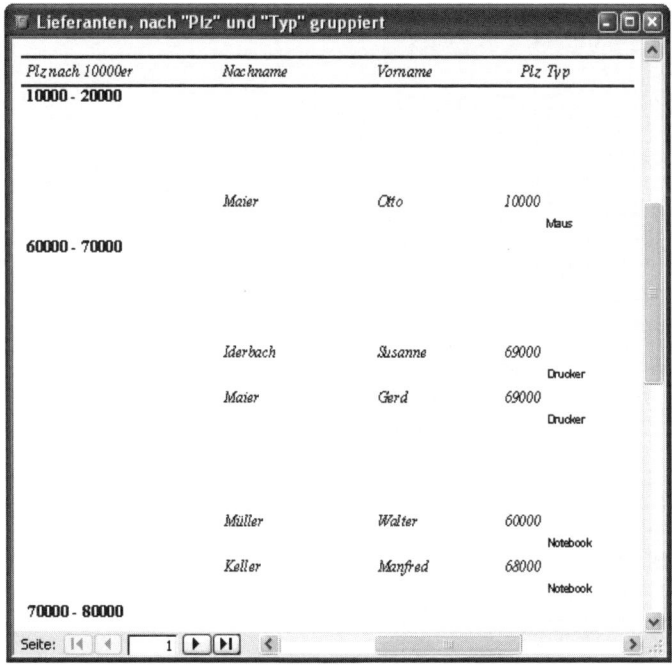

Abbildung 17.40:
EDV.MDB, Bericht
»Lieferanten, nach "Plz« und "Typ" gruppiert«

Im Gegensatz zu Abbildung 17.36 werden im Postleitzahlbereich 69000 diesmal nicht einfach alle Datensätze fortlaufend ausgegeben, sondern sie werden zu Untergruppen zusammengefasst, abhängig vom jeweiligen Artikeltyp: zuerst werden die Sätze der Untergruppe »Drucker« ausgegeben und danach die Sätze der Untergruppe »Notebook«.

18 Steuerelemente für Fortgeschrittene

Im folgenden Teil geht es um die Möglichkeiten, die der bewusste Einsatz von Steuerelementen in Formularen, Berichten oder Datenzugriffsseiten bietet.

Dabei zeige ich unter anderem, wie Sie Textfelder benutzen, um komplizierte Berechnungen durchzuführen.

Bei Listen- und Kombinationsfeldern wiederum können Sie auch nachträglich die Darstellung der Listeninhalte verändern, beispielsweise die angezeigte Spaltenanzahl und die Spaltenbreiten – und natürlich den Listeninhalt selbst, egal ob er auf einer Tabelle oder einer fest definierten Liste von Werten basiert.

Unterformulareigenschaften können Sie benutzen, um weitaus kompliziertere (und nützlichere) Formulare mit darin enthaltenen Unterformularen zu erstellen als das der Access-Assistent kann.

Die folgenden Beispiele beziehen sich auf Formulare. Formulare, Berichte und Datenzugriffsseiten sind jedoch so eng miteinander verwandt, dass Sie diese Steuerelemente auch in Berichte und Datenzugriffsseiten einfügen können – in Berichte verständlicherweise jedoch nur Elemente, die Daten anzeigen und nicht editieren, da Berichte ausschließlich zur Datenausgabe gedacht sind!

:-)
TIPP

18.1 Die grundlegenden Eigenschaften

Zusätzliche Steuerelemente fügen Sie mit Hilfe der mit ANSICHT|TOOLBOX zu öffnenden Toolbox-Symbolleiste ein (Abbildung 18.1).

Sie klicken auf das gewünschte Toolbox-Symbol, beispielsweise das Textfeld-Symbol, und danach im Formular an jene Stelle, an der Sie das Steuerelement einfügen wollen.

Im Gegensatz zum Einfügen über die Feldliste sind per Toolbox-Leiste eingefügte Steuerelemente zunächst nicht mit einem Tabellenfeld verknüpft, sondern ungebunden.

Abbildung 18.1:
Toolbox-
Symbolleiste

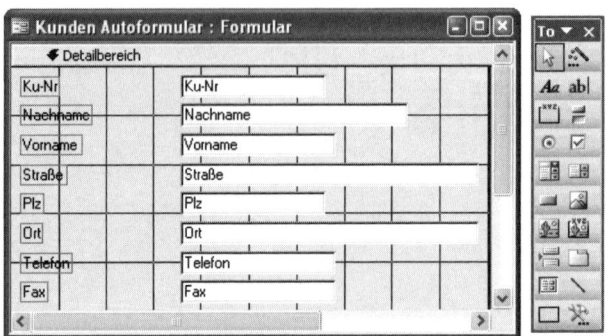

Um die Toolboxelemente sinnvoll nutzen zu können, blenden Sie mit ANSICHT|EIGENSCHAFTEN das Eigenschaftenfenster ein, in dem die Eigenschaften in verschiedenen Registern angezeigt werden (Abbildung 18.2).

Abbildung 18.2:
Eigenschafts-
kategorien

➤ Die *Format*-Eigenschaften beeinflussen die optische Erscheinung von Steuerelementen und darin dargestellten Tabellendaten.

➤ Die *Daten*-Eigenschaften entscheiden darüber, welche Daten das betreffende Steuerelement anzeigt.

➤ Die *Ereignis*-Eigenschaften legen fest, welches Makro bzw. welche Visual-Baisc-Prozedur aufgerufen wird, wenn bestimmte Ereignisse mit dem Steuerelement eintreten, beispielsweise wenn der Anwender auf eine zusätzlich von Ihnen ins Formular eingefügte Befehlsschaltfläche klickt.

➤ *Andere* enthält Eigenschaften, die in diese Kategorien passen.

➤ Das Register *Alle* verzichtet auf diese Unterteilung und zeigt alle Objekteigenschaften gleichzeitig an.

Sie können die Eigenschaften eines Steuerelements modifizieren, indem Sie im Eigenschaftenfenster auf die betreffende Eigenschaft klicken und den zugehörigen Eintrag

➤ manuell ändern oder

➤ den bei einigen Eigenschaften verfügbaren Editor als Hilfestellung verwenden (Editor-Symbol am rechten Rand der betreffenden Eigenschaftszeile anklicken) oder

➤ aus dem bei sehr vielen Eigenschaften verfügbaren Listenfeld die gewünschte Option auswählen.

Wird ein Feld automatisch durch einen der Formular-Assistenten oder durch Ziehen aus der Feldliste eingefügt, werden verschiedene Einstellungen wie Gültigkeitsmeldung *aus dem zugehörigen Tabellenentwurf übernommen und als Standardeinstellungen vorgegeben.*

INFO

Die Einstellungen im Formular und in der Tabelle sind jedoch voneinander unabhängig. Sie können beispielsweise für das Feld »Plz« im Tabellendatenblatt die Gültigkeitsmeldung »Ungültige Postleitzahl« verwenden und im Formular diese nach dem Einfügen des Textfelds ebenfalls vorgegebene Gültigkeitsmeldung durch »Keine gültige Postleitzahl« ersetzen.

Ich erläutere nun die wichtigsten Eigenschaften am Beispiel von Textfeldern, da deren Eigenschaften zum Großteil auch alle anderen Steuerelemente besitzen. Danach gehe ich individuell auf die restlichen Steuerelemente und deren interessanteste Eigenschaften ein.

Interessieren Sie sich für eine nicht von mir erläuterte Eigenschaft eines Steuerelements, aktivieren Sie einfach die betreffende Eigenschaftszeile und drücken F1, *um einen entsprechenden Hilfetext zu erhalten.*

:-)
TIPP

Wollen Sie sich die Eigenschaften der verschiedenen Toolbox-Elemente in Ruhe anschauen, ohne sie zuvor in ein Formular einzufügen, klicken Sie einfach bei geöffnetem Eigenschaftenfenster das jeweilige Symbol an seine Eigenschaften werden dann angezeigt.

:-)
TIPP

Die Anzeigeeigenschaften

Die verschiedenen Eigenschaften im Register *Format* bestimmen die Optik eines Steuerelements.

Beispielsweise bestimmt die Eigenschaft *Format* das Anzeigeformat von Daten. Sie können Zahlen beispielsweise als »Festkommazahl« anzeigen lassen, als »Prozentzahl« etc., und Sie können mit der Eigenschaft *Dezimalstellenanzeige* die anzuzeigende Nachkommastellenanzahl festlegen.

Anzeigeformat

Sichtbar zeigt ein Steuerelement an (Einstellung »Ja«) bzw. blendet es aus (Einstellung »Nein«), wodurch es weder in der Formularansicht auf dem Bildschirm noch im Ausdruck erscheint, also praktisch unsichtbar ist.

Sichtbarkeit

Anzeigen legt fest, wann ein Objekt angezeigt wird, ob immer (Einstellung »Immer«), nur im Ausdruck, aber nicht am Bildschirm (»Nur beim Drucken«), oder umgekehrt auf dem Bildschirm, dafür aber nicht im Ausdruck (»Nur am Bildschirm«).

Bildlaufleisten   In Textfeldern, deren Höhe so ausgedehnt wurde, dass sich das Feld über mehr als eine Textzeile erstreckt, ist außer dem üblichen horizontalen auch das vertikale Scrollen des Feldinhalts mit den Cursortasten möglich. Scrollen mit der Maus erfordert jedoch, dass Sie die Eigenschaft *Bildlaufleisten* von »Keine« auf »Vertikal« setzen, um eine vertikale Bildlaufleiste am Rand des Textfelds einzublenden (Abbildung 18.3).

Abbildung 18.3:
Bildlaufleisten

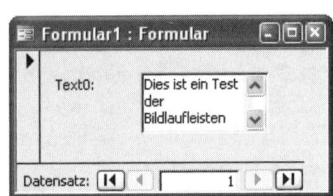

Bei anderen Objekten als Textfeldern ist gegebenenfalls zusätzlich eine horizontale Bildlaufleiste verfügbar. Dann können Sie mit den zusätzlichen Optionen »Nur horizontal«, »Nur vertikal« und »In beide Richtungen« festlegen, welche der beiden Bildlaufleisten eingeblendet werden soll.

TIPP

Vergrößerbar und   Oft reicht die Breite und Höhe eines Textfelds nicht aus, um alle darin enthaltenen Daten anzuzeigen. In der Formularansicht können Sie den Feldinhalt zwar scrollen, um sich den Rest anzuschauen. Im Ausdruck geht das jedoch nicht, so- dass nur ein Teil des kompletten Inhalts gedruckt wird, beispielsweise »Maierba« statt »Maierbach«. Setzen Sie *Vergrößerbar* auf »Ja«, vergrößert Access das betreffende Steuerelement (es kann auch ein Bereich wie der Detailbereich sein) beim Ausdruck automatisch, damit garantiert alle Daten vollständig gedruckt werden.

Verkleinerbar legt fest, ob ein Steuerelement genau umgekehrt auf die benötigte Größe verkleinert werden kann, wenn unterhalb der darin enthaltenen Daten Leerzeilen vorhanden sind (Einstellung »Ja«).

Linksbündig,   Die Größe und Position eines Objekts legen Sie normalerweise mit der
Oben, Breite und   Maus fest, Sie können diese Festlegungen jedoch auch mit den zugehörigen
Höhe   Objekteigenschaften *Links* und *Oben* (Abstand des Objekts vom linken/oberen Rand) bzw. *Breite* und *Höhe* treffen.

Spezialeffekt   *Spezialeffekt* entspricht den verschiedenen Darstellungsmöglichkeiten eines Steuerelements wie beispielsweise »Flach«, »Erhöht« oder »Vertieft«.

»Transparent« für *Hintergrundart* statt der Voreinstellung »Normal«
bewirkt, dass das Objekt durchsichtig und die Farbe des Hintergrunds sichtbar ist. *Hintergrundfarbe*, *Rahmenfarbe* und *Textfarbe* sind jeweils numerische »Farbwerte«.

Hintergrund

Um einen bestimmten Wert festzulegen, klicken Sie in der betreffenden
Eigenschaftszeile auf das Editor-Symbol, um den Farbeditor zu aktivieren,
in dem Sie die gewünschte Farbe auswählen oder selbst definieren können
(Abbildung 18.4).

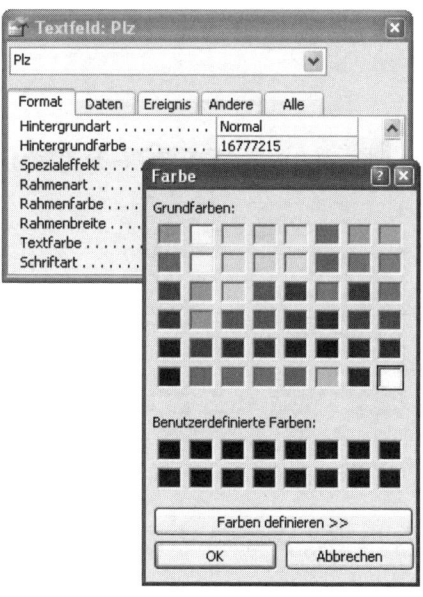

Abbildung 18.4:
Farbeditor

Unter *Rahmenart* können Sie zwischen Linientypen wie »Punkte« oder
»Strichlinien« wählen und unter *Rahmenbreite* zwischen verschiedenen
Linienstärken wie »1 pt«, »2 pt« etc. (pt=Punkt).

*Rahmenart und
Rahmenbreite*

Schriftart, *Schriftgrad* und *Schriftbreite* definieren zusammen die Größe und
Art der verwendeten Schrift, die für den in einem Objekt dargestellten Text
verwendet wird. *Textausrichtung* legt die Ausrichtung dieses Textes fest
(»Standard«, »Linksbündig«, »Zentriert«, »Rechtsbündig«, »Verteilen«).

*Schriftformatie-
rung*

Die Dateneigenschaften

Daten-Eigenschaften wie *Eingabeformat*, *Standardwert*, *Gültigkeitsregel*
und *Gültigkeitsmeldung* oder *Smarttags* kennen Sie von Tabellen.

Interessanter ist die wichtigste aller *Daten*-Eigenschaften, *Steuerelementinhalt*.

*Steuerelement-
inhalt*

Sie bindet das Steuerelement an ein Tabellenfeld. Zum Beispiel bindet der Steuerelementinhalt »Plz« ein Textfeld an das gleichnamige Tabellenfeld und zeigt dessen Inhalt im Textfeld an bzw. bewirkt, dass Eingaben in dieses Textfeld im zugehörigen Tabellenfeld gespeichert werden.

Alternativ dazu kann als Steuerelementinhalt ein Ausdruck angegeben werden, der die im Steuerelement anzuzeigenden Daten definiert. Für ein mit Hilfe der Toolbox eingefügtes Textfeld zum Beispiel ein Textausdruck wie »Maier« oder aber ein berechneter Ausdruck wie =[Plz]*2, der das Doppelte des aktuellen Inhalts des Feld »Plz« anzeigt (Abbildung 18.5).

Abbildung 18.5:
Textfeld mit Steuer-
elementinhalt
»=[Plz]*2«

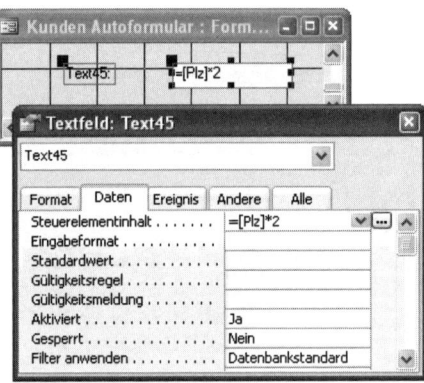

Die Auswirkungen im Formularmodus (Abbildung 18.6).

Abbildung 18.6:
Berechnetes Feld in
der Formularansicht

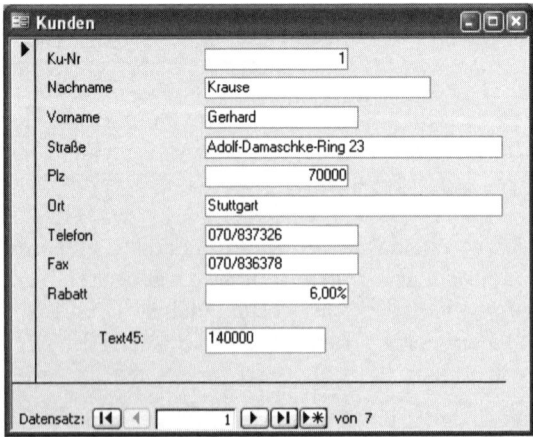

Geben Sie wie in diesem Beispiel für *Steuerelementinhalt* einen Ausdruck an, erzeugen Sie damit ein berechnetes Feld. Es ist an kein Tabellenfeld gebunden und kann entsprechend in der Formularansicht auch nicht editiert werden, da es nur Daten anzeigt, aber nicht bearbeitet.

Interessanter ist *Aktiviert*. Mit »Ja« wird das Steuerelement ganz normal behandelt, mit »Nein« ist es dagegen nicht fokussierbar und erscheint abgeblendet (Abbildung 18.7).

Aktiviert und Gesperrt

Abbildung 18.7:
Deaktiviertes Feld
»Ku-Nr«

Beim Wechsel von Element zu Element mit ⇆ wird das deaktivierte Feld »Ku-Nr« übersprungen und kann auch mit der Maus nicht aktiviert werden.

Sie können auf diese Weise die Fokussierung eines zusätzlich eingefügten berechneten Felds verhindern. Den Inhalt eines berechneten Feldes kann der Anwender zwar sowieso nicht editieren, er kann es jedoch fokussieren, was absolut überflüssig ist und mit dieser Eigenschaft verhindert werden kann.

»Ja« für *Gesperrt* ändert zwar nichts an der Optik und an der Fokussierbarkeit, verhindert jedoch, dass Daten eingegeben werden können.

Die Ereigniseigenschaften

Alle Eigenschaften dieser Kategorie entsprechen einem Ereignis, wobei die Eigenschaft nahezu den gleichen Namen wie das zugehörige Ereignis besitzt. Beispielsweise ist die Eigenschaft *Beim Doppelklicken* mit dem Ereignis *Doppelklicken* verknüpft. Es tritt ein, wenn auf das betreffende Steuerelement mit der Maus doppelgeklickt wird. Dann wird das Makro (bzw. die Visual-Basic-Prozedur) aufgerufen, dessen Name als Eigenschaftseinstellung angegeben ist.

Andere Eigenschaften

Name ist die wichtigste Eigenschaft jedes Access-Objekts! Diese Eigenschaft besitzt *jedes* Objekt, also auch jedes Formular und jeder Bericht. Der Steuerelementname dient zur eindeutigen Identifizierung des betreffenden Objekts in Ausdrücken wie *=[Plz]*2*, in Makros und in Prozeduren.

Name

Ist das Steuerelement an ein Tabellenfeld wie »Plz« gebunden, gibt Access zunächst den Feldnamen als Steuerelementnamen vor, zum Beispiel »Plz«.

Ändern Sie diese Vorgabe in »Postleitzahl«, müssen Sie entsprechend auch in Bezügen auf dieses Steuerelement »Postleitzahl« verwenden und *=[Postleitzahl]*2* schreiben statt *=[Plz]*2*.

Die restlichen Eigenschaften dieser Kategorie sind recht bunt gemischt. Die nützlichsten davon:

Statusleistentext

Statusleistentext ist der Text, der in der Statuszeile erscheint, wenn das betreffende Steuerelement aktiv ist.

Eingabetasten-verhalten

Mit »Standard« für *Eingabetastenverhalten* verwendet Access nach Drücken von ⏎ die aktuelle Einstellung der Option *Cursor mit Eingabetaste bewegen* (Register *Tastatur* des Befehls EXTRAS|OPTIONEN...), zum Beispiel die dort vorgegebene Einstellung »Nächstes Feld«, die bewirkt, dass der Cursor zum nächsten Feld springt. Sie können jedoch auch beispielsweise »Nächster Datensatz« wählen, damit ⏎ statt dessen zum nächsten Datensatz blättert.

Wählen Sie für *Eingabetastenverhalten* die Option »Neue Zeile im Feld«, erfolgt unabhängig von dieser Einstellung nach Drücken von ⏎ in einem mehrzeiligen Textfeld ein Zeilenumbruch, für den Sie sonst ⌈Strg⌋+⏎ drücken müßten.

AutoKorrektur zulassen

»Ja« bedeutet, dass im betreffenden Element eingegebener Text automatisch entsprechend den aktuellen Eigenschaften im *AutoKorrektur*-Dialogfeld (Befehl EXTRAS|AUTOKORREKTUR-OPTIONEN...) korrigiert wird.

Automatisch weiter

»Ja« für *Automatisch weiter* führt dazu, dass nach Eingabe des letzten Zeichens in eine zugehörige Eingabemaske *automatisch* das in der Tabulatorreihenfolge nächste Steuerelement fokussiert wird.

In Reihenfolge

»Nein« für *In Reihenfolge* verhindert, dass in der Formularansicht wie gewohnt mit ⌈⇥⌋ das nächste Feld fokussiert werden kann.

Reihenfolgen-position

Reihenfolgenposition ist ein numerischer Wert, der die Steuerelementposition in der Tabulatorreihenfolge definiert; wobei das erste Objekt dieser Reihenfolge immer den Index 0 besitzt.

Kontextmenü-leiste

Kontextmenüleiste ist der Name eines so genannten Menüleistenmakros. Dieses Makro definiert das Kontextmenü, das erscheint, wenn Sie das betreffende Steuerelement mit der rechten Maustaste anklicken.

Steuerelement-TippText

SteuerelementTippText ist ein maximal 255 Zeichen langer Text, der in einem Infofeld angezeigt werden soll, wenn sich der Mauscursor längere Zeit auf dem Steuerelement befindet.

18.2   Formular- und Berichtseigenschaften

Ein Formular- oder Berichts-Objekt besitzt über 100 Eigenschaften, sodass die folgende Abbildung nur einen winzigen Bruchteil darstellt (Abbildung 18.8).

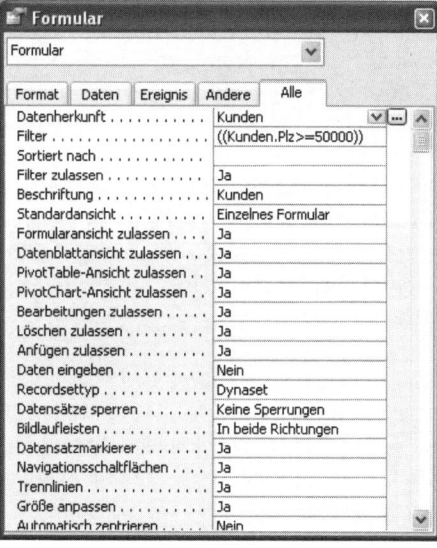

Abbildung 18.8:
Formular- und Berichtseigenschaften

Die wichtigste Eigenschaft ist *Datenherkunft*, der Name der Tabelle/ Abfrage, die dem Formular zugrunde liegt und die Sie bei der Formularerzeugung ausgewählt haben.

Datenherkunft

Besitzen Sie ähnlich aufgebaute Tabellen, können Sie einen Entwurf mit dieser Eigenschaft sehr einfach übertragen. Ein Beispiel: Sie erzeugen ein Formular, das auf der Tabelle »Kunden« basiert und die Felder »Nachname«, »Vorname«, »Straße«, »Plz«, »Ort« und »Telefon« dieser Tabelle darstellt. Sie speichern das Formular unter dem Namen »Kundenadressen«.

:-)
TIPP

Anschließend wählen Sie für die Eigenschaft Datenherkunft die Tabelle »Lieferanten«. Sie besitzt ebenfalls die Felder »Nachname«, »Vorname«, »Straße«, »Plz«, »Ort« und »Telefon«, sodass sich die gebundenen Textfelder nun automatisch auf die betreffenden Felder der Lieferantentabelle beziehen. Sie besitzen nun auch für diese Tabelle ein analog aufgebautes Formular und speichern es unter dem Namen »Lieferantenadressen«.

Die Editor-Schaltfläche am rechten Rand der Zeile Datenherkunft ruft den Abfrage-Editor auf, mit dem Sie die dem Formular zugrundeliegende Abfrage öffnen und verändern bzw. eine neue Abfrage erstellen können, die anschließend als Datenbasis für das Formular verwendet wird.

:-)
TIPP

Außer *Datenherkunft* sind noch einige weitere Eigenschaften oft nützlich:

Formularan-sichten

Unter *Standardansicht* können Sie für die Ansicht Ihres Formulars nach dem Öffnen zwischen »Einzelnes Formular«, »Endlosformular«, »Datenblatt«, »PivotTable« und »PivotChart« wählen.

Ist für die einzelnen ...-*Ansicht zulassen*-Eigenschaften die Einstellung »Ja« eingestellt (Standardeinstellung), kann der Anwender die betreffende Ansicht wie gewohnt aktivieren, beispielsweise die Datenblattansicht. Mit »Nein« lässt sie sich dagegen nicht mehr aktivieren (ohne in die Entwurfs-ansicht umzuschalten und die betreffende Einstellung zu ändern).

Dateneingabe/-bearbeitung

Ist *Bearbeitungen zulassen* auf »Nein« gesetzt, kann der Benutzer bereits vorhandene Datensätze nicht editieren und verändern. Mit »Nein« für *Löschen zulassen* kann er analog dazu bereits vorhandene Datensätze nicht löschen. Und mit »Nein« für *Anfügen zulassen* kann er keine neuen Daten-sätze eingeben.

»Ja« für *Daten eingeben* aktiviert nach dem Öffnen eines Formulars analog zum Befehl DATENSÄTZE|DATEN EINGEBEN den Dateneingabemodus, in dem bis zur erneuten Wahl dieses Befehls nur neue Datensätze eingegeben wer-den können, bereits vorhandene Sätze jedoch nicht angezeigt werden.

Zyklus legt das Verhalten von Access fest, wenn das letzte Steuerelement (normalerweise das unterste) fokussiert ist und der Benutzer ⇥ drückt:

➡ »Aktuelle Seite« fokussiert wieder das erste Steuerelement der aktuellen Seite (zu mehrseitigen Formularen siehe Steuerelement *Seitenumbruch*).

➡ »Aktueller Datensatz« fokussiert das erste Steuerelement des aktuellen Datensatzes.

➡ »Alle Datensätze« führt zur Anzeige des nächsten Datensatzes und Fokussierung des ersten Felds.

Die Einstellung »Keine Sperrungen« für *Datensätze sperren* erlaubt im Netzwerk die gleichzeitige Bearbeitung eines Satzes durch mehrere Anwen-der:

➡ »Alle Datensätze« sperrt die Bearbeitung aller Sätze aller dem geöffne-ten Formular zugrunde liegenden Tabellen für andere Anwender: Diese können daraufhin die betreffenden Sätze nur lesen, aber nicht bearbei-ten, bis der erste Anwender das Formular wieder schließt. Das ist vor allem bei umfangreichen Tabellenänderungen durch Aktualisierungs- oder Löschabfragen sinnvoll; oder wenn vor dem Drucken eines Berichts verhindert werden soll, dass die betreffenden Daten zuvor noch durch andere Benutzer verändert werden.

➡ »Bearbeiteter Datensatz« sperrt nur den momentan von einem Anwender im Formular bearbeiteten und mehrere benachbarte Datensätze der zugrundeliegenden Tabellen für andere Anwender. Diese Einstellung ist die sinnvollste in einer Mehrbenutzerdatenbank, da die Arbeit anderer Benutzer nur dann eingeschränkt wird, wenn das unbedingt notwendig ist, um Kollisionen zu verhindern.

Ist ein Datensatz gesperrt, weist der Datensatzmarkierer ein entsprechendes Sperrsymbol auf.

Beschriftung ist der Name des Formulars, der in seiner Titelleiste erscheint.   *Fenstereigen-
schaften*

»Ja« (Standardeinstellung) für *Größe anpassen* bewirkt, dass das Formularfenster immer in der momentan im Entwurfsmodus durch die untere und rechte Begrenzungslinie definierten Formulargröße geöffnet wird. Ist dagegen »Nein« aktiv, wird das Formular immer in der Größe geöffnet, in der es zuletzt geschlossen wurde.

Mit »Ja« für *Automatisch zentrieren* erscheint das Formularfenster nach dem Öffnen in der Mitte des Anwendungsfensters.

Ist *PopUp* auf »Ja« gesetzt (Standardeinstellung »Nein«), befindet sich das Fenster nach dem Öffnen in der Formularansicht immer im Vordergrund (wie das Toolbox- oder das Eigenschaftenfenster), über allen anderen Access-Fenstern – und die Umschaltung in die Entwurfsansicht ist nicht möglich!

Mit »Ja« (Standardeinstellung »Nein«) für *Gebunden* sind nach dem Öffnen des Formulars alle anderen Fenster und die Symbolleiste nicht benutzbar, bis das Formular wieder geschlossen wird. Auch das Datenbankfenster kann bis dahin nicht mehr aktiviert werden.

Mit »Ja« für PopUp und(!) Gebunden wird nach dem Öffnen des Formulars nicht nur die Umschaltung auf ein anderes Fenster verhindert, sondern auch die Aktivierung der Menüleiste. Der Anwender kann nun ausschließlich mit diesem Formular arbeiten, bis er es wieder schließt (er kann jedoch immer noch auf ein anderes Windows-Programm umschalten).

:-)
TIPP

Setzen Sie beide Eigenschaften auf »Ja«, verhält sich das Formular somit wie ein Access-Dialogfeld. Um auch die Optik an die eines Dialogfeldes anzupassen, setzen Sie zusätzlich die Eigenschaften Bildlaufleisten *und* Datensatzmarkierer *auf »Nein«, um die Anzeige dieser Elemente zu unterdrücken.*

!!
STOP

Änderungen der Einstellungen für PopUp *und* Gebunden *wirken sich erst nach dem Schließen und erneuten Öffnen des Formulars (in der Formular-ansicht) aus.*

Hintergrundbilder

Aktivierung der Zeile *Bild* und Klicken auf das zugehörige Editor-Symbol öffnet das Dialogfeld zur Dateiauswahl, in dem Sie eine Bilddatei auswählen können, die als Hintergrundgrafik verwendet werden soll.

Bildtyp legt fest, ob dieses Bild eingebettet oder verknüpft wird. Der Standardwert ist »Eingebettet«. Damit wird in der Access-Datenbank eine Kopie der Originaldatei gespeichert, auf die Veränderungen der Originaldatei keine Auswirkungen haben. Selektieren Sie statt-dessen »Verknüpft«, wird in der Datenbank ein Verweis auf die Originaldatei gespeichert und später im Formular immer der aktuelle Inhalt dieser Datei angezeigt.

Bildgrößenmodus bestimmt die Bildgröße: »Abschneiden« ist die Standard-einstellung und zeigt das in Originalgröße an, auch wenn das Formular dafür zu klein ist und somit Teile des Objekts abgeschnitten werden. Umge-kehrt bleibt bei kleinen Bildern der größte Teil des Formulars mit dieser Einstellung leer.

»Dehnen« passt die Bildgröße an die aktuelle Formulargröße an, wobei es natürlich zu Verzerrungen kommt, wenn die Rahmenproportionen (Breite-/Höhenverhältnis) nicht zufällig den Objektproportionen entsprechen. »Zoo-men« passt das Objekt so weit an die Formulargröße an, wie das unter Beibehaltung der Originalproportionen möglich ist.

Mit der Standardeinstellung »Abschneiden« für *Bildgrößenmodus* wird das Formular bei kleinen Bildern nicht mehr vollständig ausgefüllt. Mit den ver-schiedenen Optionen für *Bildausrichtung* legen Sie fest, wo innerhalb des Rahmens das Bild in diesem Fall angezeigt werden soll, ob in der Mitte oder in der oberen bzw. unteren rechten oder linken Ecke.

»Ja« für *Bild nebeneinander* führt dazu, dass kleine Bilder, die das Formular nicht komplett ausfüllen (weil *Bildgrößenmodus* beispielsweise auf »Ab-schneiden« eingestellt ist), so oft neben- bzw. untereinander dargestellt wer-den, bis das Formular mit den Kopien ausgefüllt ist (Abbildung 18.9).

Druckeigen-schaften

Mit »Ja« (Standardeinstellung für Berichte) für *Drucklayout* werden bei der Manipulation der Schriftart/-größe eines Steuerelements in den entsprechen-den Listenfeldern der Symbolleiste nur die für den installierten Drucker ver-fügbaren Druckerschriftarten angezeigt. Mit »Nein« (Standardeinstellung für Formulare) sind zusätzlich auch reine Bildschirmschriften wählbar, deren Ausdruck sich eventuell von der Bildschirmdarstellung unterscheidet.

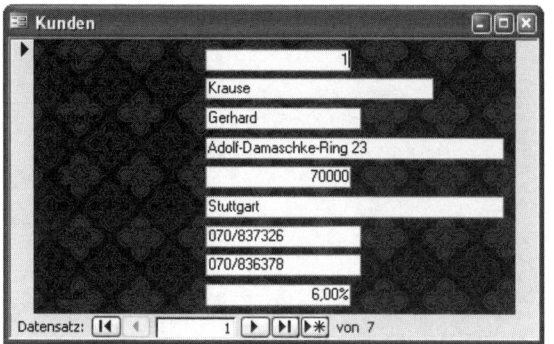

»Ja« für *Schneller Laserdruck* (Standardeinstellung) druckt Linien und Rechtecke bei Laserdruckern nicht punktweise, sondern mit Hilfe der entsprechenden Funktionen des Laserdruckers, wodurch der Ausdruck beschleunigt wird.

Nur bei Berichten verfügbar sind die Eigenschaften *Seitenkopf* und *Seitenfuß*: »Alle Seiten« druckt den Seitenkopf bzw. den Seitenfuß auf allen Seiten aus; »Außer Berichtskopf« druckt ihn auf allen außer der ersten Seite aus, »Außer Berichtsfuß« auf allen außer der letzten Seite und »Außer Berichtskopf/-fuß« auf allen außer der ersten und der letzten Seite.

Mit den Eigenschaften *Bildlaufleisten, Datensatzmarkierer, Navigationsschaltflächen, Trennlinien, Mit Systemmenüfeld, MinMax-Schaltflächen, Schließen-Schaltfläche* und *Schaltfläche Direkthilfe* können Sie die betreffenden Formularelemente ein- oder ausblenden. *Formularelemente ein-/ausblenden*

»Nein« für *Kontextmenü* verhindert die Anzeige des Kontextmenüs, das durch das Makro »Kontextmenüleiste« definiert wird und beim Anklicken des Formulars mit der rechten Maustaste erscheint.

18.3 Die Bereichseigenschaften

Ein Formular besteht aus bis zu fünf verschiedenen Bereichen (Detailbereich, Formularkopf/-fuß, Seitenkopf/-fuß), ein Bericht ebenfalls (Detailbereich, Berichtskopf/-fuß, Seitenkopf/-fuß); letzterer kann jedoch zusätzlich für jede Gruppe einen eigenen Gruppenkopf/-fuß enthalten. Alle Bereiche besitzen folgende Eigenschaften (Abbildung 18.10).

NeueSeite legt fest, ob vor (»Vor Bereich«) oder nach (»Nach Bereich«) dem Bereich ein Seitenumbruch erfolgen soll. Oder aber *sowohl vor als auch nach* dem Ausdruck des Bereichs (»Vor & Nach«). *NeueSeite*

Die Einstellung dieser Eigenschaft ist zwar auch für die Bereiche Seitenkopf und Seitenfuß möglich, wird dort jedoch ignoriert.

Zusammenhalten   »Ja« für *Zusammenhalten* sorgt dafür, dass auf einem Blatt nur komplette Sätze gedruckt werden und verhindert, dass eventuell am unteren Blattrand die ersten und am Beginn des folgenden Blattes die restlichen Felder eines Datensatzes ausgegeben werden.

18.4   Bezeichnungsfelder einfügen

Bezeichnungsfelder können an ein anderes Steuerelement wie zum Beispiel ein Textfeld gebunden, aber auch völlig ungebunden sein. Ein mit der Toolbox erzeugtes Bezeichnungsfeld ist immer ungebunden. Sie können es verwenden, um dem Benutzer zusätzliche Hinweise zu geben (Abbildung 18.11).

Beschriftung   Außer dem Steuerelementnamen *Name* des Bezeichnungsfelds ist seine wichtigste Eigenschaft *Beschriftung*, der durch das Bezeichnungsfeld angezeigte Text.

*Hyperlink-
Adresse/Unter-
adresse*   Die Eigenschaften *Hyperlink-Adresse* bzw. *Hyperlink-Unteradresse* legen die Zieladresse eines Hyperlinks fest. Nach dem Festlegen dieser Eigenschaften, die nur ungebundene Bezeichnungsfelder besitzen, ist das betreffende Feld ein Hyperlink, und durch Klicken darauf wird das angegebene Dokument angezeigt.

18.5   Textfelder für Berechnungen einsetzen

Erzeugen Sie mit der Toolbox ein Textfeld, erstellt Access zusätzlich ein daran gebundenes Bezeichnungsfeld.

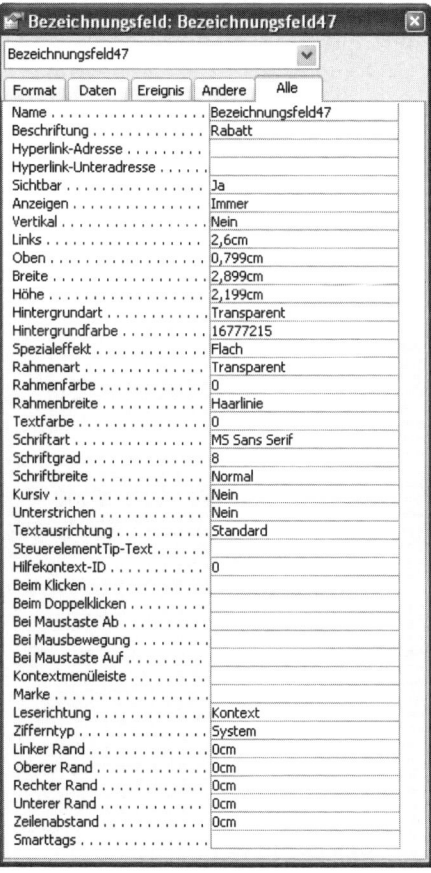

Abbildung 18.11:
Eigenschaften
ungebundener
Bezeichnungsfelder

Die Eigenschaften von Textfeldern besprach ich im Kapitel 18.1, »Die grundlegenden Eigenschaften«. Auf den folgenden Seiten geht es stattdessen um den praktischen Einsatz von Textfeldern für Berechnungen, wofür eine einzige Eigenschaft zuständig ist: Steuerelementinhalt.

Wählen Sie in der entsprechenden Eigenschaftszeile ein Feld der dem Formular zugrunde liegenden Tabelle aus, ist das Textfeld anschließend an dieses Tabellenfeld gebunden und zeigt seinen Inhalt an bzw. – bei Eingaben in das Textfeld – verändert den Inhalt dieses Tabellenfeldes entsprechend.

Statt das Textfeld an ein Tabellenfeld zu binden, können Sie jedoch auch manuell oder mit Hilfe des Ausdruckseditors einen mit einem Gleichheitszeichen eingeleiteten Ausdruck als Steuerelementinhalt verwenden.

Beispielsweise würde *=Jetzt()* im Formular das aktuelle Datum und die Uhrzeit anzeigen und *=Datum()* nur das Datum, ohne Uhrzeit.

Bezüge auf
Steuerelemente

Angenommen, zwei Textfelder mit den Steuerelementnamen »Bestelldatum« und »Auslieferungsdatum« zeigen zwei Daten an, beispielsweise den 1.1.09 und den 5.1.09. Dann würde ein zusätzliches Textfeld mit dem Steuerelementinhalt

```
=[Auslieferungsdatum] - [Bestelldatum]
```

die Differenz in Tagen zwischen den beiden Daten anzeigen: 5.

In Unter-
formularen

Mit einem Ausdruck der Art

```
[Unterformularname].Formular![Steuerelementname]
```

können Sie sich sogar auf Steuerelemente in einem eingebundenen Unterformular beziehen.

Befinden sich die Steuerelemente »Auslieferungsdatum« und »Bestelldatum« in einem Unterformular namens »Bestellung«, lautet der entsprechende Ausdruck somit:

```
=[Bestellung].Formular![Auslieferungsdatum] -
[Bestellung].Formular![Bestelldatum]
```

In anderen
Formularen

Mit einem Ausdruck der Art

```
Formulare![Formularname].[Steuerelementname]
```

können Sie sich sogar auf Steuerelemente beziehen, die sich in einem anderen – momentan ebenfalls geöffneten – Formular befinden. Der Ausdruck

```
=2 * Formulare![Test].[Betrag]
```

würde das Doppelte jenes Werts anzeigen, der momentan vom Steuerelement mit dem Namen »Betrag« angezeigt wird, das sich im Formular »Test« befindet.

Zeichenketten-
ausdrücke

Außer numerischen sind auch Zeichenkettenausdrücke möglich. Zum Beispiel können Sie mit »&« die Inhalte mehrerer Textfelder kombinieren. Ein Textfeld mit dem Steuerelementinhalt =*[Vorname] & [Nachname]* zeigt den Inhalt der beiden gleichnamigen Tabellenfelder im Formularkopf an, beispielsweise »GerhardRenner« oder »ChristaSchlaak«.

Das benötigte Leerzeichen zwischen Vor- und Zunamen fügen Sie durch Erweitern des Ausdruck in =*[Vorname] & " " & [Nachname]* ein; also indem Sie die Textkonstante »" "« einschieben und nun alle drei Textausdrücke jeweils mit einem »&« kombinieren.

Geben Sie als Steuerelementinhalt einen Ausdruck an, ist das Textfeld schreibgeschützt. Es kann vom Anwender mit ⟨⇥⟩ oder durch Klicken mit der Maus fokussiert werden, er kann die darin enthaltenen Daten jedoch nicht verändern. Setzen Sie *Aktiviert* auf »Nein«, wird zusätzlich auch die Fokussierung des Feldes verhindert.

Einfache Summierungen

Mit Hilfe der *Summe*- und anderer Aggregierungsfunktionen können Sie Berechnungen für alle Datensätze der dem Formular zugrunde liegenden Tabelle/Abfrage durchführen. Gehen wir von folgender Abfrage aus, die die Tabellen »Auftragspositionen« und »Artikel« verwendet (Abbildung 18.12).

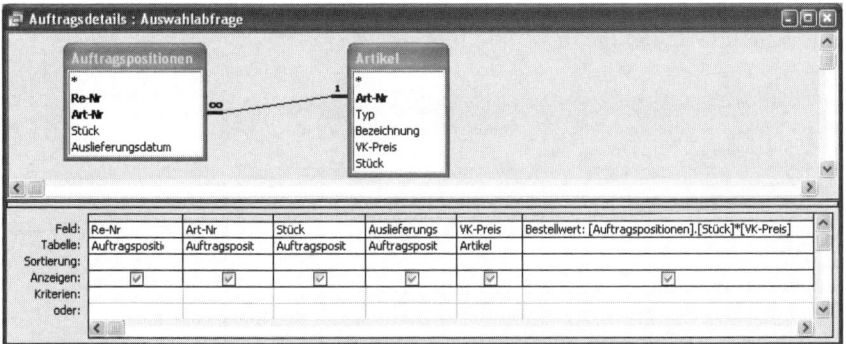

Abbildung 18.12:
EDV.MDB, Abfrage
»Auftragsdetails«

Ein Auftrag hat eine Rechnungsnummer »Re-Nr« und besteht aus mehreren in der Tabelle »Auftragspositionen« gespeicherten Artikelbestellungen. Die Abfrage zeigt an, wie viele Artikel bestellt wurden, wann sie ausgeliefert wurden, wie viele davon noch auf Lager sind und wie hoch der Einzelpreis ist.

Zusätzlich wird darin mit dem Ausdruck

```
Bestellwert: [Auftragspositionen].[Stück]*[VK-Preis]
```

ein berechnetes Feld »Bestellwert« definiert, das den Wert jeder Bestellung durch Multiplikation der bestellten Stückzahl mit dem Verkaufspreis ermittelt (Abbildung 18.13).

Diese Abfrage ist Basis eines tabellarischen Formulars namens »Auftragspositionen«. Angenommen darin interessiert Sie der Gesamtwert aller momentan erfassten Bestellungen, also die addierten Inhalte des Abfragefelds namens »Bestellwert«. Dann fügen Sie ein zusätzliches Textfeld ein, beispielsweise in den Formularfuß, und verwenden als Steuerelementinhalt den Ausdruck

Abbildung 18.13: Ergebnis der Abfrage

Auftragsdetails : Auswahlabfrage

Re-Nr	Art-Nr	Stück	Auslieferungsdatum	VK-Preis	Bestellwert
2	1	3	25. Jan. 09	94,20 €	282,60 €
5	1	1	15. Feb. 09	94,20 €	94,20 €
8	1	2	28. Feb. 09	94,20 €	188,40 €
2	3	1	27. Jan. 09	3.075,90 €	3.075,90 €
5	3	1	17. Feb. 09	3.075,90 €	3.075,90 €
1	4	1	20. Jan. 09	2.136,75 €	2.136,75 €
9	4	3	03. Jan. 09	2.136,75 €	6.410,25 €
4	11	1	15. Feb. 09	1.295,00 €	1.295,00 €
8	11	1	28. Feb. 09	1.295,00 €	1.295,00 €

Datensatz: 1 von 9

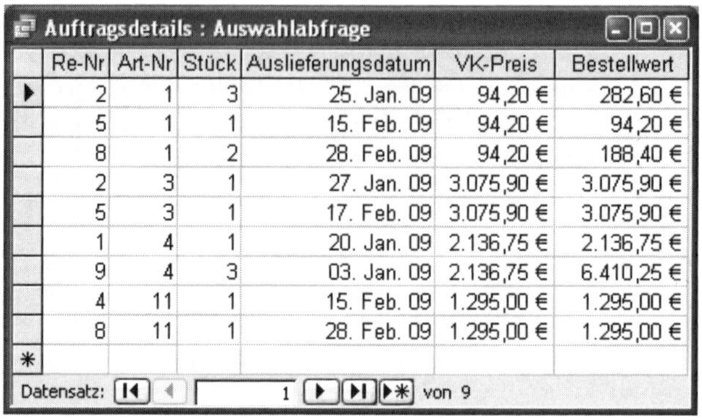

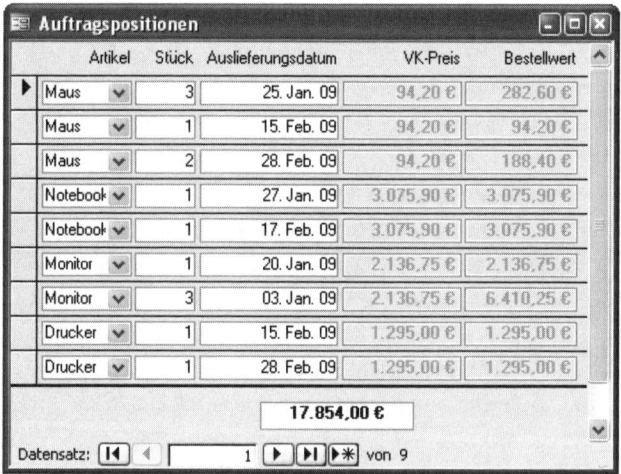

```
=Summe([Bestellwert])
```

Das Resultat sehen Sie in Abbildung 18.14.

Abbildung 18.14: EDV.MDB, Formular »Auftragspositionen«, erweitert

Auftragspositionen

Artikel	Stück	Auslieferungsdatum	VK-Preis	Bestellwert
Maus	3	25. Jan. 09	94,20 €	282,60 €
Maus	1	15. Feb. 09	94,20 €	94,20 €
Maus	2	28. Feb. 09	94,20 €	188,40 €
Notebook	1	27. Jan. 09	3.075,90 €	3.075,90 €
Notebook	1	17. Feb. 09	3.075,90 €	3.075,90 €
Monitor	1	20. Jan. 09	2.136,75 €	2.136,75 €
Monitor	3	03. Jan. 09	2.136,75 €	6.410,25 €
Drucker	1	15. Feb. 09	1.295,00 €	1.295,00 €
Drucker	1	28. Feb. 09	1.295,00 €	1.295,00 €

17.854,00 €

Datensatz: 1 von 9

Wird der *Summe*-Funktion der Name eines Tabellenfeldes übergeben, ermittelt sie die Summe der Inhalte dieses Feldes *für alle Datensätze der Tabelle/Abfrage*.

Entsprechend zeigt der Ausdruck *=Summe([Bestellwert])* die Summe des Felds »Bestellwert« aller Datensätze der zugrundeliegenden Abfrage »Auftragsdetails« an, also die Summe aller Bestellwerte.

Achten Sie auf eindeutige Feldbezeichnungen! Angenommen, in der Abfrage befindet sich das Feld »Stück« der Tabelle »Auftragspositionen« und zusätzlich das gleichnamige Feld »Stück« der Tabelle »Artikel«. Der Ausdruck

!!
STOP

```
=Summe([Stück])
```

führt nach Aktivierung der Formularansicht zur Fehlermeldung »#NAME?«.

Ursache dafür ist die Zweideutigkeit des Ausdrucks: Ist das Feld »Stück« der Tabelle »Auftragspositionen« gemeint (die bestellte Stückzahl) oder das Feld »Stück« der Tabelle »Artikel« (die vorhandene Stückzahl)?

Der Ausdruck

```
=Summe([Auftragspositionen].[Stück])
```

ist dagegen eindeutig, da außer der Feldbezeichnung zusätzlich auch der Name der Tabelle enthalten ist, aus der dieses Abfragefeld stammt.

Beachten Sie, dass Aggregierungsfunktionen wie Summe *zwar auf Tabellen- und Abfragefelder angewandt werden können,* aber nicht auf Steuerelemente!

!!
STOP

Das Formular »Auftragspositionen« enthält ein Textfeld (Überschrift »Bestellwert«), das die Werte der einzelnen Bestellungen anzeigt. Besitzt dieses Textfeld den Steuerelementnamen »Test«, könnten Sie auf die Idee kommen, den Gesamtwert mit dem Ausdruck

```
=Summe([Test])
```

zu ermitteln. Genau das, die Aggregierungsfunktion Summe auf ein Steuerelement anzuwenden, ist jedoch nicht möglich. Stattdessen müssen Sie wie gezeigt den Ausdruck

```
=Summe([Bestellwert])
```

verwenden, der sich auf das Feld »Bestellwert« der zugrundeliegenden Abfrage bezieht.

Komplexe Bezüge und Berechnungen

Dass Aggregierungsfunktionen nicht auf Steuerelemente angewandt werden können, hat weitreichende Konsequenzen. Um Aufträge zu erfassen, könnten Sie ein Formular verwenden, in das das Formular »Auftragspositionen« als Unterformular eingebettet ist (Abbildung 18.15).

Zur Erfassung eines neuen Auftrags geben Sie im Hauptformular den Kundennamen, das Auftragsdatum etc. ein. Diese Daten werden in den zugehöri-

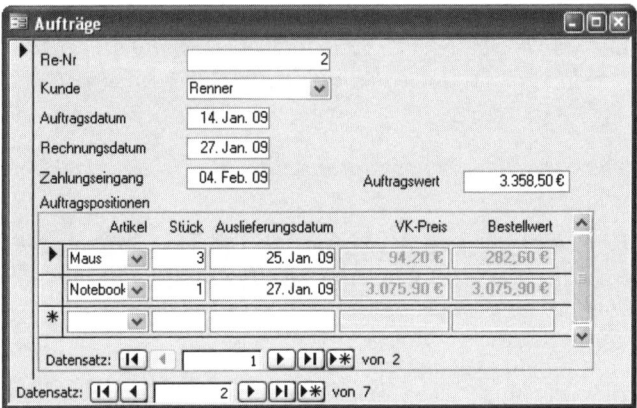

gen Feldern der dem Hauptformular zugrundeliegenden Tabelle »Aufträge« gespeichert.

Im Unterformular geben Sie die einzelnen Bestellungen ein, aus denen der Auftrag besteht: den bestellten Artikel, die gewünschte Stückzahl etc.

Sicher interessiert Sie der Gesamtwert des Auftrags. Dieser Auftragswert wird im Feld »Auftragswert« des Hauptformulars angezeigt, im Beispiel 3.358,50.

Wie erläutert ist es jedoch nicht möglich, im Hauptformular einfach mit der *Summe*-Funktion die Inhalte des Steuerelements »Bestellwert« des Unterformulars zu addieren. Also muss diese Information bereits im Unterformular auf Basis des Felds »Bestellwert« der zugrunde liegenden Abfrage ermittelt werden (Abbildung 18.16).

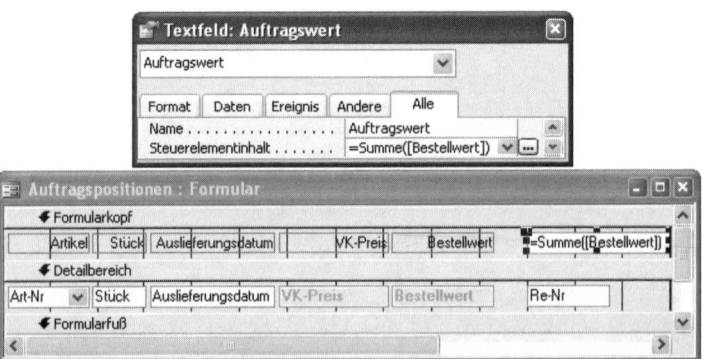

Das Unterformular enthält ein Textfeld mit dem Steuerelementnamen »Auftragswert«. Der Ausdruck

```
=Summe([Bestellwert])
```

summiert die Inhalte des Abfragefelds »Bestellwert« für alle momentan im Unterformular angezeigten Datensätze und ermittelt somit den gesamten Auftragswert. Die Eigenschaft *Sichtbar* dieses Textfelds ist auf »Nein« gesetzt. Es muss im Unterformular enthalten sein, aber nicht angezeigt werden.

Nach Einbettung des Unterformulars in das Hauptformular werden darin nicht mehr alle Bestellungen angezeigt, sondern nur noch jene, die zum im Hauptformular angezeigten Auftrag gehören. Entsprechend ermittelt das Textfeld nun nur noch den Gesamtwert aller Bestellungen, aus denen dieser spezielle Auftrag besteht.

Das Textfeld »Auftragswert« im Hauptformular wiederum enthält als Steuerelementinhalt den Ausdruck

```
=[Auftragspositionen].Formular![Auftragswert]
```

Dieser Ausdruck greift auf den Inhalt des Textfeldes »Auftragswert« des eingebetteten Unterformulars zu und zeigt seinen aktuellen Wert an.

Aggregierungen in Berichten

Aggregierungsfunktionen wie *Summe* oder *Mittelwert* behandeln normalerweise alle Datensätze einer Tabelle. Werden diese Funktionen jedoch auf gruppierte Berichte angewandt und in den Fußbereich einer Gruppe eingefügt, behandeln sie nur diese Gruppe.

Dafür verantwortlich ist die Standardeinstellung »Nein« der Eigenschaft *Laufende Summe* eines in den Fußbereich eingefügten Textfelds.

Laufende Summe

Ändern Sie diese Eigenschaftseinstellung in »Über Gruppe« und ist die betreffende Gruppe eine Untergruppe in einer übergeordneten Gruppe, behandelt die Aggregierungsfunktion stattdessen alle Sätze der aktuellen Gruppenebene bis zum Erreichen der nächsten Gruppe der höheren Ebene.

Mit »Über Alles« unterscheidet die Funktion überhaupt nicht mehr zwischen Gruppen und Untergruppen, sondern behandelt alle Datensätze vom Anfang des Berichts bis zum zuletzt ausgegebenen fortlaufend.

Ein Beispiel: Der in EDV.MDB *enthaltene Bericht »Lieferanten, nach »Plz« und »Typ« gruppiert«, ist über das Feld »Plz« nach Postleitzahlgebieten gruppiert: 10000 bis 19999, 20000 bis 29999 etc. Für jedes dieser Postleitzahlgebiete werden wiederum über das Feld »Typ« je nach Artikeltyp Untergruppen gebildet (siehe »Manuelles Sortieren und Gruppieren« auf Seite 373).*

Interessiert Sie, wie viele Lieferanten Ihnen in den einzelnen Postleitzahlen Artikel vom gleichen Typ liefern, wählen Sie ANSICHT|SORTIEREN UND GRUPPIEREN und blenden im zugehörigen Dialogfeld für die Untergruppe »Typ« einen Fußbereich ein und fügen darin ein Textfeld mit dem Steuerelementinhalt =*Anzahl([Nachname])* ein. Dieser Ausdruck zählt, wie oft das Feld »Nachname« vorhanden ist, zählt also einfach die Anzahl der Datensätze (Abbildung 18.17).

Abbildung 18.17:
Die Eigenschaft
»Laufende Summe«

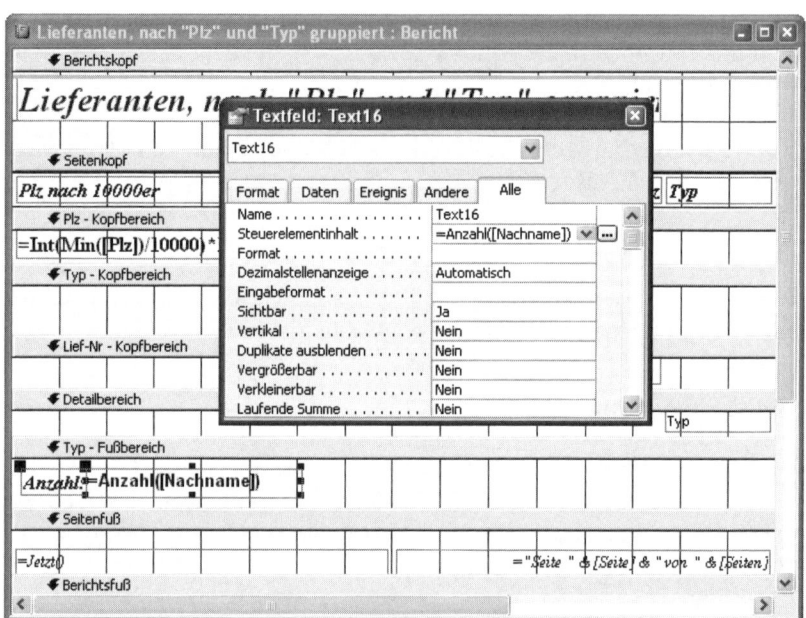

Nein   Ist *Laufende Summe* auf »Nein« gesetzt, beginnt diese Datensatzzählung für jede Gruppe des Feldes »Typ«, in dessen Fußbereich es sich befindet, bei Null, und die Datensatzanzahl wird separat für jede einzelne Gruppe ermittelt (Abbildung 18.18).

Im Postleitzahlgebiet 60000-70000 liefern Ihnen offensichtlich zwei Lieferanten Artikel vom Typ »Drucker« und ebenfalls zwei Lieferanten Artikel vom Typ »Notebook«.

Über Gruppe   Setzen Sie *Laufende Summe* auf »Über Gruppe«, wird die aktuelle Anzahl nicht für jede Untergruppe »Typ«, sondern nur für jede Gruppe der nächst höheren Ebene »Plz« wieder auf Null gesetzt (Abbildung 18.19).

[KOMPENDIUM] **Access 2003**

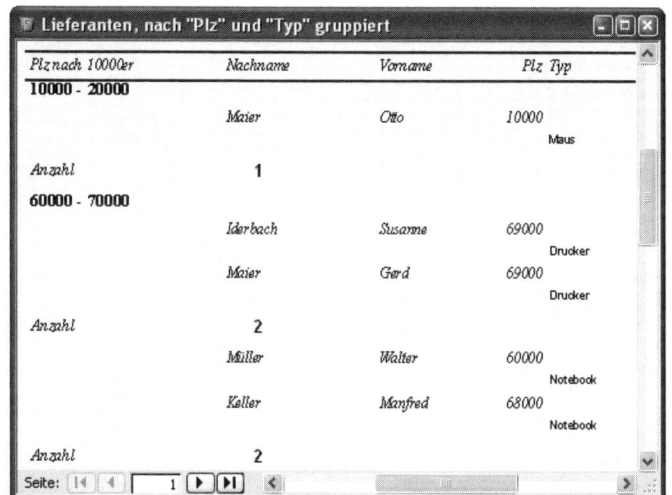

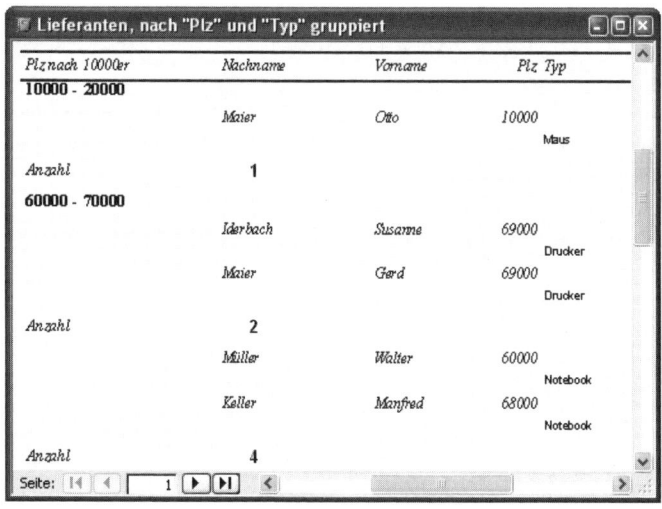

Zunächst wird für die erste Gruppe der gegenüber »Typ« nächst höheren Ebene »Plz« die Summe 1 gebildet. Für die zweite Gruppe dieser Ebene, das Postleitzahlgebiet 60000-70000, beginnt die Aggregierung danach wieder von vorne: Am Ende der ersten Untergruppe »Drucker« wird im Gruppenfuß die Summe 2 angezeigt und nach der zweiten Untergruppe »Notebook« eine 4, da die Summenbildung fortgesetzt wird, bis die nächste Gruppe der Ebene »Plz« erreicht wird.

Mit der Einstellung »Über Alles« wird die Summenbildung ohne Unterbrechung vom Anfang bis zum Ende des Berichts fortgesetzt, ohne dass die Aggregierung jemals von vorne beginnt (Abbildung 18.20).

Über Alles

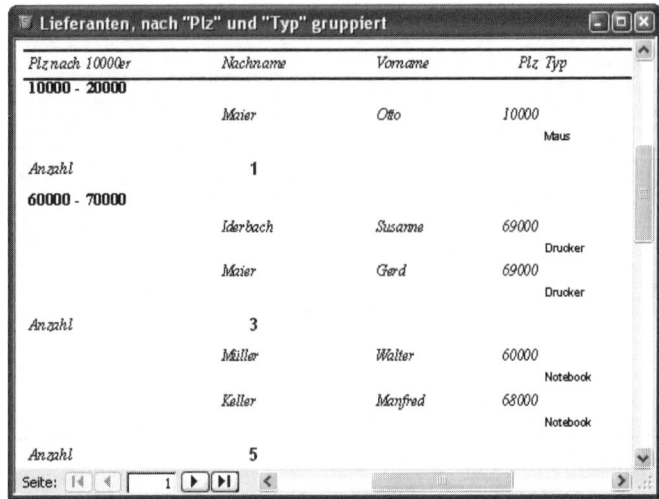

18.6   Linien und Rechtecke einfügen

Mit Linien und Rechtecken können Sie die optische Wirkung eines Formulars verbessern, beispielsweise die wichtigsten Felder mit einem Rahmen umgeben (Abbildung 18.21).

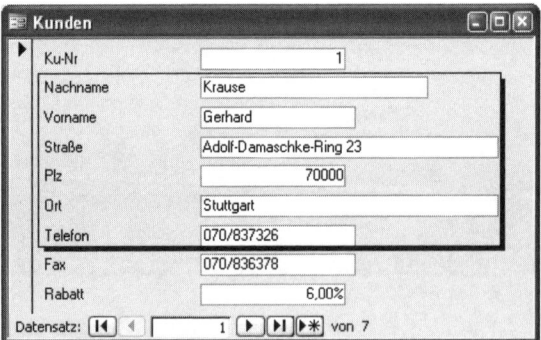

Analog dazu können Sie Linien einfügen, um zwei Bereiche optisch voneinander zu trennen.

18.7   Seitenumbrüche in Formularen

Um beim Ausdruck eines Formulars/Berichts einen Seitenumbruch zu erzwingen, fügen Sie an der betreffenden Stelle mit dem abgebildeten Symbol einen Seitenumbruch ein (Abbildung 18.22).

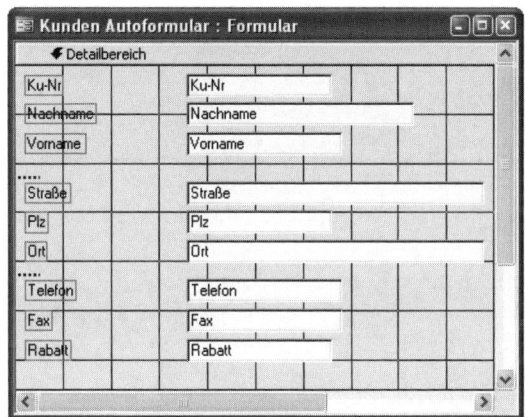

Abbildung 18.22:
Seitenumbrüche
einfügen

In der Entwurfsansicht sehen Sie nur zwei winzige gepunktete Linien am linken Rand. In der Seitenansicht erkennen Sie jedoch, dass an der betreffenden Stelle die Seite endet (Abbildung 18.23).

Abbildung 18.23:
Auswirkungen in
der Seitenansicht

Die unterhalb des Umbruchs folgenden Steuerelemente werden auf der nächsten Seite ausgedruckt.

In der Formularansicht wirken Seitenumbrüche wie eine Art Lesezeichen: Achten Sie darauf, dass alle Abschnitte in etwa gleich hoch sind, stellen Sie die Formulargröße so ein, dass darin genau ein Abschnitt vollständig angezeigt werden kann und setzen Sie die Formulareigenschaft *Größe anpassen* auf »Nein«. Nach dem nächsten Öffnen des Formulars wird darin der Teil bis zum ersten Seitenumbruch angezeigt (Abbildung 18.55).

Abbildung 18.24:
Erste Formularseite

Drückt der Anwender Bild↑, wird darin der Abschnitt bis zum nächsten Umbruch angezeigt (Abbildung 18.25).

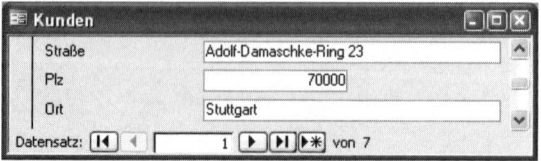

⌊Bild↓⌋ würde entsprechend den vorhergehenden Abschnitt anzeigen.

Mit Seitenumbrüchen können Sie die Access-Assistenten nachahmen, bei denen mit Schaltflächen wie < Zurück, Weiter > etc. vor- bzw. zurückgeblättert wird. Dazu fügen Sie in Ihr Formular entsprechend beschriftete Schaltflächen ein und binden »Makros« an sie, die beim Daraufklicken mit Hilfe der Makro-Aktion GeheZuSeite die nächste bzw. die vorhergehende Seite des Formulars anzeigen!

18.8   Formulare mit mehreren Registern

Das »Registersteuerelement« erzeugt Formulare, die Dialogfeldern mit mehreren Registern entsprechen.

Nehmen wir an, Sie wollen das in EDV.MDB enthaltene Formular »Kunden AutoFormular« in ein solches mehrseitiges Formular verwandeln. Dazu öffnen Sie es in der Entwurfsansicht, klicken auf das abgebildete Toolbox-Symbol und danach auf eine Stelle am unteren Formularrand. Access fügt ein Register-Steuerelement ein (Abbildung 18.26).

Nun markieren Sie ca. die Hälfte der im Formular enthaltenen Felder und wählen BEARBEITEN|KOPIEREN. Danach klicken Sie im Register-Steuerelement auf die erste Registerzunge, um diese Seite des Steuerelements zu aktivieren, bevor Sie nun BEARBEITEN|EINFÜGEN wählen (Abbildung 18.27).

Analog dazu markieren und kopieren Sie nun auch die restlichen Steuerelemente, klicken auf die zweite Seite des Register-Steuerelementes und fügen die Elemente dort ein (Abbildung 18.28).

Anschließend löschen Sie die nun nicht mehr benötigten Originalfelder. Das Resultat in der Formularansicht (Abbildung 18.29).

Jede Seite des Register-Steuerelementes besitzt ihre eigenen Eigenschaften. Um die Eigenschaften einer Seite zu verändern, beispielsweise den vorgegebenen Namen einer Registerzunge, klicken Sie daher zunächst auf die betreffende Registerzunge und öffnen danach das Eigenschaftenfenster.

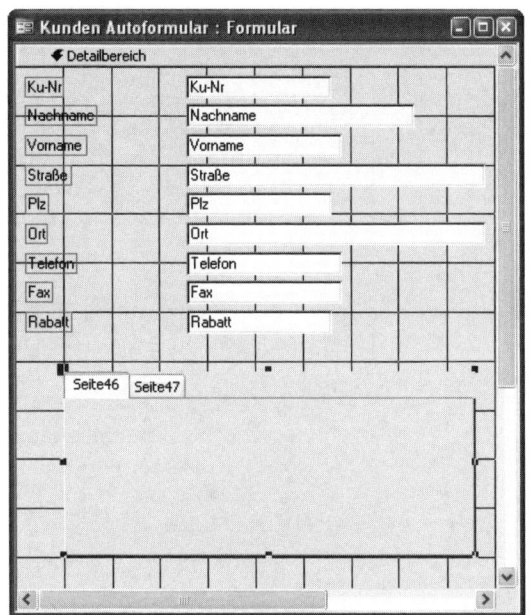

Abbildung 18.26:
Register-Steuer-
element einfügen

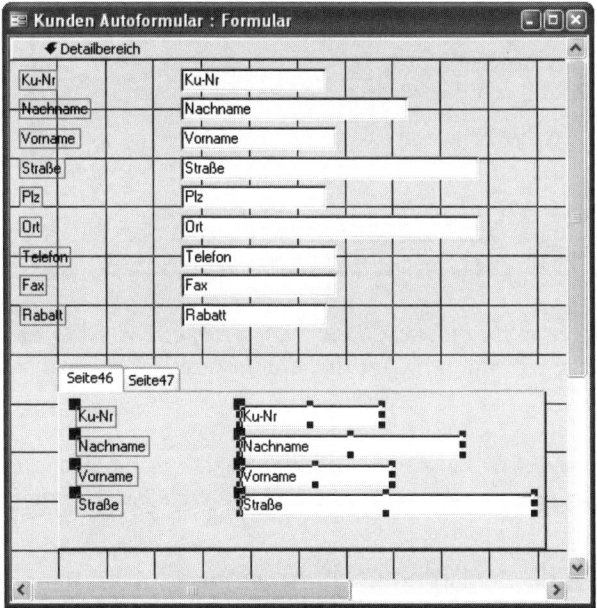

Abbildung 18.27:
Steuerelemente auf
der ersten Seite

Die Anzahl der Seiten und die Seitenreihenfolge verändern Sie, indem Sie
mit der rechten Maustaste auf eine Registerzunge klicken. Der Befehl SEITE
EINFÜGEN des Kontextmenüs fügt vor dem Register ein neues ein, SEITE
LÖSCHEN löscht die aktuelle Seite, und SEITENREIHENFOLGE... ermöglicht es,
die Reihenfolge der Register zu verändern.

Abbildung 18.28:
Steuerelemente auf
der zweiten Seite

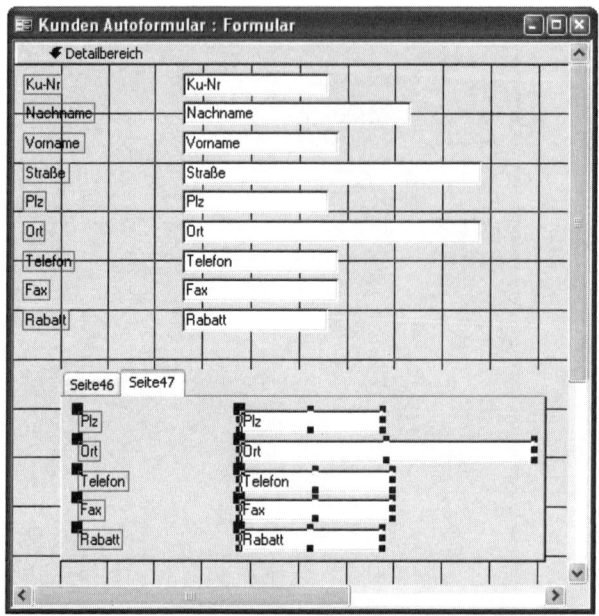

Abbildung 18.29:
EDV.MDB, Formu-
lar »Kunden Auto-
Formular
RegisterSteuer-
element«

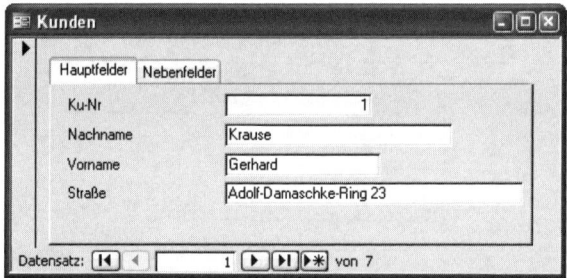

!!
STOP

Es ist nicht möglich, Steuerelemente per Drag&Drop in ein Register einzufügen. Sie müssen den umständlicheren Weg über Kopieren und Einfügen gehen!

:-)
TIPP

Zusätzlich können Sie natürlich auch mit der Feldliste und der Toolbox in das gerade selektierte Register Steuerelemente einfügen.

18.9   Befehlsschaltflächen einfügen

Nach dem Einfügen einer Befehlsschaltfläche wird automatisch der Befehlsschaltflächen-Assistent aktiviert (Abbildung 18.30).

Im linken Listenfeld wählen Sie die Aktionskategorie aus und im rechten die gewünschte Aktion. Die in der Abbildung sichtbaren Einstellungen würden

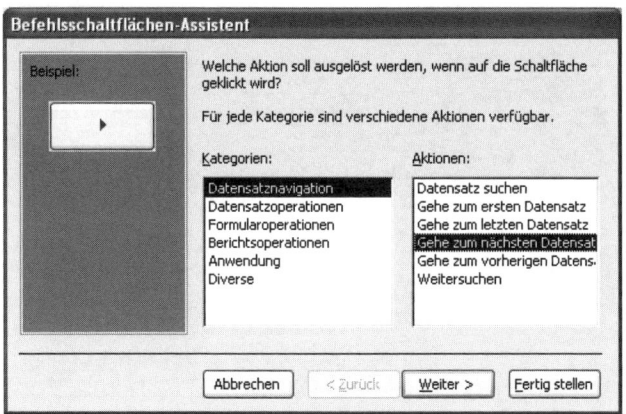

bewirken, dass Access beim Anklicken der Schaltfläche zum folgenden Datensatz blättert.

Im zweiten Schritt legen Sie die Beschriftung der Schaltfläche fest. Entweder aktivieren Sie die Option *Text* und tippen die gewünschte Beschriftung ein. Oder Sie aktivieren die Option *Bild* und wählen eines von mehreren vorgegebenen und zur betreffenden Aktion passenden Symbolen aus (Abbildung 18.31).

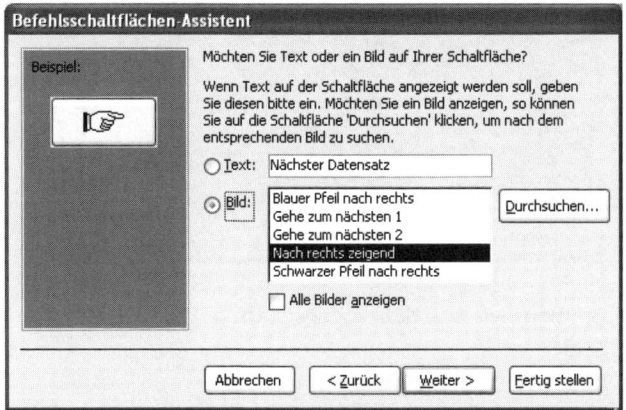

Aktivieren Sie *Alle Bilder anzeigen*, werden stattdessen alle verfügbaren Symbole angezeigt.

Durchsuchen... öffnet das Dateiauswahl-Dialogfeld, in dem Sie selbst eine Grafikdatei auswählen können, die das gewünschte Bild enthält.

Danach legen Sie den Steuerelementnamen der Schaltfläche fest. Die Vorgabe sollten Sie durch einen sinnvolleren Namen wie »Nächster Datensatz« oder ähnlich ersetzen (Abbildung 18.32).

Abbildung 18.32:
Befehlsschaltflä-
chen-Assistent,
Schritt 3

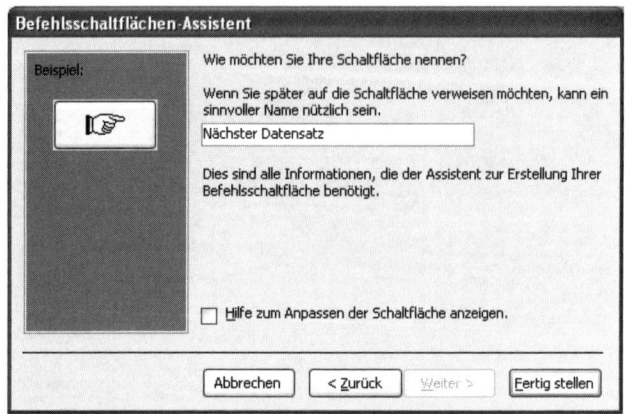

Die Schaltflächendefinition ist damit beendet und der Assistent passt die Steuerelementgröße automatisch an die gewählte Beschriftung bzw. das angezeigte Bild an (Abbildung 18.33).

Abbildung 18.33:
Erzeugte Befehls-
schaltfläche

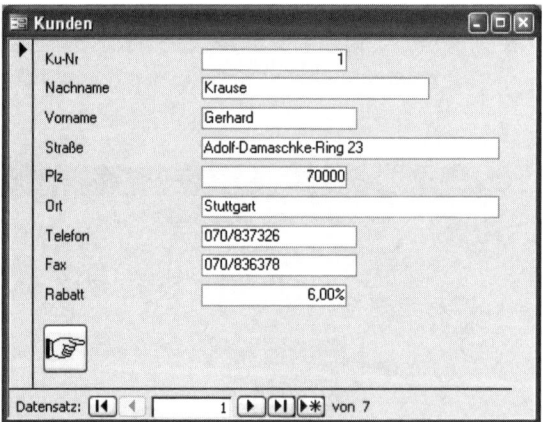

Kommen wir zu den Eigenschaften von Befehlsschaltflächen (Abbildung 18.34).

Ereignisse   Die verschiedenen *Beim...*- und *Bei...*-Eigenschaften legen fest, welches Makro oder welche VBA-Prozedur ausgeführt wird, wenn der Anwender auf die Schaltfläche klickt (*Beim Klicken*), doppelklickt (*Beim Doppelklicken*) etc.

Weisen Sie einer Schaltfläche mit dem Assistenten eine vorgegebene Aktion zu, müssen Sie sich darum nicht kümmern, da der Assistent dann die benötigte Prozedur erstellt.

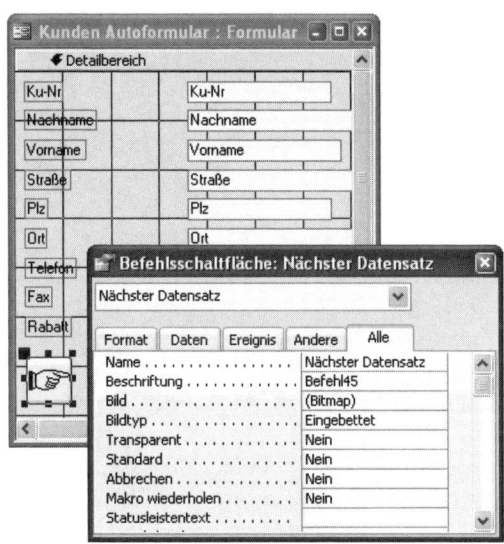

Abbildung 18.34:
Eigenschaften
von Befehlsschalt-
flächen

Setzen Sie die Eigenschaft *Standard* auf »Ja«, ist die betreffende Schaltfläche   *Standard und*
die »Standardschaltfläche«, die jederzeit mit ⏎ aktiviert werden kann.   *Abbrechen*
Analog dazu macht »Ja« für *Abbrechen* die Schaltfläche zur »Standard-
Abbrechen-Schaltfläche«, die jederzeit mit ⎋Esc aktiviert werden kann.

Beschriftung legt die Schaltflächenbeschriftung fest.   *Beschriftung*

Bild definiert eine Bitmap als Schaltflächenbild. Um nachträglich ein Bild
zu verwenden, klicken Sie diese Eigenschaftszeile und danach das darin
abgebildete Editor-Symbol an. Anschließend selektieren Sie ein Bild oder
wählen eine Grafikdatei aus.

Die Eigenschaft *Bild* ist übrigens stärker als die Eigenschaft *Beschriftung*:
Soll ein unter *Beschriftung* eingegebener Text wie »Testschaltfläche« angezeigt werden, müssen Sie unter *Bild* den Eintrag »(Bitmap)« löschen.

Die Eigenschaften *Hyperlink-Adresse* bzw. *Hyperlink-Unteradresse* bestim-   *Hyperlink-*
men die Zieladresse eines Hyperlinks. Nach dem Festlegen dieser Eigen-   *Adresse/*
schaften ist die betreffende Schaltfläche ein Hyperlink und durch Klicken   *Unteradresse*
darauf wird das angegebene Dokument geöffnet und angezeigt.

18.10   Bild- und Objektfelder einfügen

Fügen Sie mit EINFÜGEN|GRAFIK... ein Bild Steuerelement ein, wird das
Dateiauswahl-Dialogfeld geöffnet und Sie selektieren darin die einzufügende Grafikdatei (Abbildung 18.35).

Abbildung 18.35:
Bild

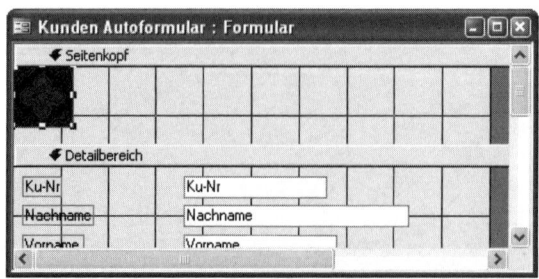

 Statt Bildern können Sie auch ein ungebundenes Objektfeld einfügen, das in der Lage ist, praktisch beliebige Objekte aus anderen Windows-Programmen in ihr Formular einzubinden.

Optisch entspricht es einem Bildfeld, allerdings besitzt es andere Eigenschaften. Das merken Sie bereits beim Einfügen des Steuerelements. Access öffnet dazu das im Kapitel 25, »OLE-Objekte« auf Seite 509 erläuterte Dialogfeld (Abbildung 18.36).

Abbildung 18.36:
Ungebundenes
Objektfeld einfügen

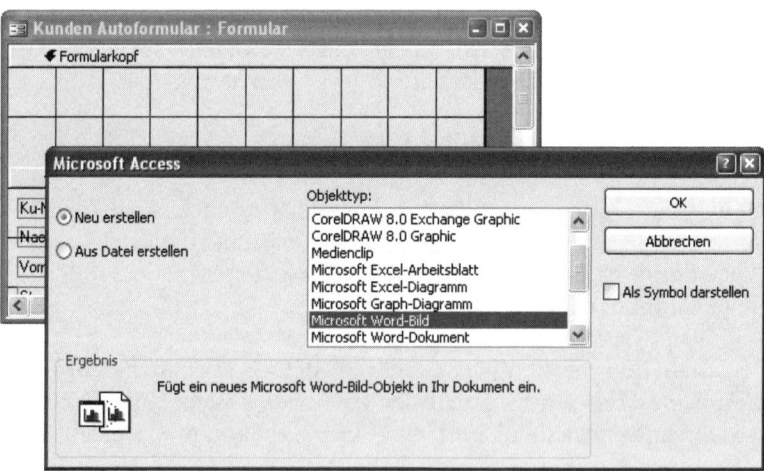

Das gleiche Dialogfeld wird auch durch den Befehl EINFÜGEN|OBJEKT geöffnet, der ohne den Umweg über die Toolbox das Steuerelement »Ungebundenes Objektfeld« einfügt.

Gibt es das Objekt noch nicht, das Sie einbetten wollen, selektieren Sie in der Liste den betreffenden Objekttyp, zum Beispiel »Word-Bild«. Word wird aufgerufen, Sie malen das Bild und beenden Word, und das Bild wird in den Objektrahmen eingebettet.

Existiert das einzubettende Objekt bereits, aktivieren Sie *Aus Datei erstellen...* und selektieren nach Klicken auf *Durchsuchen...* im daraufhin erscheinenden Dateiauswahl-Dialogfeld eine einzubettende Grafikdatei.

Aktivieren Sie nach der Objektauswahl im übergeordneten Dialogfeld das *Verknüpfen*
Kontrollkästchen *Verknüpfen*, wird in der Access-Datenbank ein Hinweis
auf die Originaldatei gespeichert und später im Formular der Inhalt dieser
Datei angezeigt. Ohne *Verknüpfen* wird stattdessen eine Kopie in der
Access-Datenbank gespeichert, auf die Veränderungen der Originaldatei
keine Auswirkungen mehr haben (Abbildung 18.37).

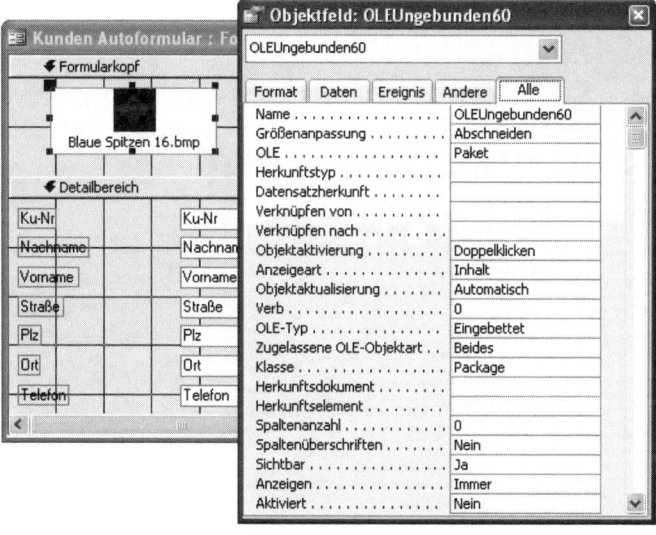

Abbildung 18.37:
Eigenschaften
ungebundener
Objektfelder

Ein Doppelklick auf ein Objektfeld öffnet den zugehörigen Objekt-Server, *Bearbeiten*
das Programm, dem das Objekt zugeordnet ist und mit dem Sie es gegebenenfalls editieren können, zum Beispiel Word.

Ändern Sie darin das Objekt, werden Sie beim Beenden des Server-Pro-
gramms gefragt, ob Sie das eingebettete Objekt aktualisieren wollen. Ant-
worten Sie mit *Ja*, wird das geänderte Objekt in der Datenbank gespeichert
und anschließend im Formular angezeigt.

Bei selektiertem Objektfeld ruft übrigens auch BEARBEITEN|...OBJEKT|
...BEARBEITEN den betreffenden Objekt-Server auf. Er ermöglicht in der Formularansicht auch dann den Aufruf des Servers, wenn das Objekt auf einen
Doppelklick mit einer Aktion wie zum Beispiel dem Abspielen einer Melodie
reagieren würde.

Mit dem Befehl FORMAT|ÄNDERN ZU|ABBILDUNG können Sie aus eingebet- *Umwandeln*
teten oder verknüpften Objekten eine ganz normale Bitmap-Grafik machen:
Anschließend ist es aufgrund der dadurch gelösten Verbindung zum Objekt-
Server zwar nicht mehr möglich, es mit diesem Programm zu bearbeiten.
Dafür ist es nun ein unabhängiger Teil Ihrer Datenbank, das darin wesent-
lich weniger Platz benötigt und deutlich schneller angezeigt wird als zuvor.

19 Mehr Komfort mit Auswahlobjekten

Egal, ob es sich um Optionsfelder, Kontrollkästchen, Listen- oder Kombinationsfelder handelt: Aus Anwendersicht ist nichts einfacher, als per Mausklick eine von mehreren Optionen auszuwählen oder in einer Liste den gewünschten Eintrag zu selektieren – und je einfacher diese Auswahl ist, desto größer ist der dahinter verborgene Aufwand!

Ich erläutere die verschiedenen Auswahlobjekte an einer Demodatenbank, die ein kleines privates Weinlager verwaltet. Das zunächst recht umständlich zu bedienende Formular wird Schritt für Schritt verfeinert, um die Anwendung der verschiedenen Steuerelemente zu demonstrieren:

➡ Ich zeige Ihnen, wie Sie einfache Textfelder durch Umschaltflächen, Kontrollkästchen und Optionsfelder ersetzen können, um speziell Ja/Nein-Abfragen für den Anwender möglichst komfortabel zu gestalten.

➡ Sie lernen, Listen- und Kombinationsfelder anzuwenden, die eine komfortable Auswahl unter den verschiedenen Weintypen ermöglichen.

➡ Ich erläutere die Einstellungen, die benötigt werden, wenn Listen- und Kombinationsfelder die anzuzeigenden Daten aus Tabellen oder Abfragen beziehen sollen.

➡ Sie erfahren, wie Feldlisten als Datenquellen benutzt werden, um im Listen- bzw. Kombinationsfeld die Feldnamen einer Tabelle/Abfrage anzuzeigen.

➡ Und ich zeige Ihnen, wie Sie mit Hilfe der Access-Assistenten Listen- oder Kombinationsfelder erstellen, die es erleichtern, im Formular zu einem bestimmten Datensatz zu gelangen, indem sie nach Auswahl eines Eintrags automatisch den zugehörigen Datensatz suchen.

Zum Abschluss stelle ich Ihnen mehrere zunächst einfache, dann komplexere Anwendungsbeispiele für den Einsatz von Listen- und Kombinationsfeldern vor.

19.1   Die Demodatenbank Wein.mdb

Jedes Auswahlobjekt ist über seine Eigenschaft *Steuerelementinhalt* mit einem Feld der Tabelle/Abfrage verknüpft, auf der das Formular basiert. Dadurch zeigt das Objekt die Daten dieses Feldes an bzw. verändert die in diesem Tabellenfeld enthaltenen Daten.

Basiert ein Formular auf der Tabelle »Kunden« und wählen Sie für ein Textfeld dieses Formulars die Einstellung »Nachname« als Steuerelementinhalt, zeigt das Textfeld den Inhalt dieses Tabellenfeldes im aktuellen Datensatz an. Ändern Sie den Inhalt des Textfeldes, ändern Sie dadurch gleichzeitig den Inhalt des damit verknüpften Tabellenfeldes.

Als Beispiel für die Erläuterung der Zusammenhänge verwende ich die Datenbank WEIN.MDB, *die zwei Tabellen und mehrere Formulare enthält (Abbildung 19.1).*

Abbildung 19.1:
WEIN.MDB, Tabellen
»Wein« und »Wein-
sorten«, Formular
»Textfelder«

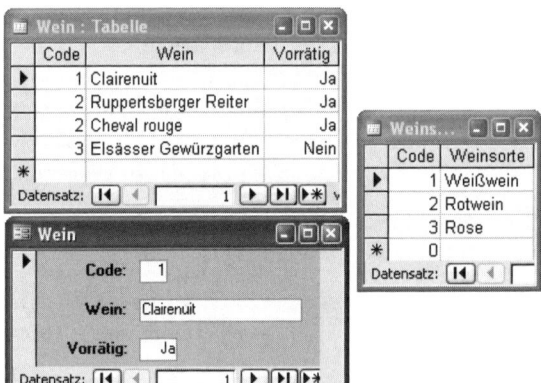

In der oben links abgebildeten Tabelle »Wein« wird im gleichnamigen Feld »Wein« der Name eines Weins eingetragen; im Feld »Code« eine Zahl, die Auskunft über den betreffenden Weintyp gibt: eine 1 für »Weißwein«, eine 2 für »Rotwein« und eine 3 für »Rose«. Im *Ja/Nein*-Feld »Vorrätig« geben Sie entweder »Ja« oder »Nein« ein, je nachdem, ob Sie noch ein paar Flaschen im Keller haben oder nicht.

Das auf dieser Tabelle basierende Formular »Textfelder« enthält drei Textfelder. Das obere Textfeld ist an das Tabellenfeld »Code« gebunden, das heißt als Einstellung der Eigenschaft *Steuerelementinhalt* ist das Feld »Code« der Tabelle »Wein« ausgewählt, auf der das Formular basiert. Entsprechend ist für den Steuerelementinhalt des zweiten Textfelds das Tabellenfeld »Wein« ausgewählt und für den Steuerelementinhalt des letzten Textfelds das Tabellenfeld »Vorrätig«.

In den drei Textfeldern wird somit der Inhalt der zugehörigen Tabellenfelder angezeigt. Ändern Sie den Inhalt eines Textfeldes, ändern Sie zugleich den Inhalt des damit verknüpften Tabellenfelds.

Um einen neuen Wein zu erfassen, gehen Sie zum ersten neuen Datensatz des Formulars, geben den Namen des Weins und den zugehörigen Typcode ein und tragen im unteren Textfeld »Ja« oder »Nein« ein.

19.2   Optionen

Mit Optionen sind Umschaltflächen, Optionsfelder und Kontrollkästchen gemeint, die sehr ähnliche Eigenschaften aufweisen, und die ich daher gemeinsam bespreche.

Umschaltflächen, Kontrollkästchen und Optionsfelder

Mit allen drei Steuerelementen können Sie Ja/Nein-Abfragen erheblich einfacher gestalten als das im soeben beschriebenen Formular »Textfelder« von WEIN.MDB der Fall ist.

Dazu erstellen Sie zunächst ein ebenfalls auf der Tabelle »Wein« basierendes AutoFormular, löschen anschließend jedoch das darin enthaltene Textfeld »Vorrätig« und das zugehörige Bezeichnungsfeld. Stattdessen fügen Sie mit der Toolbox ein Kontrollkästchen ein (Abbildung 19.2).

Abbildung 19.2:
Kontrollkästchen
einfügen

Das Kontrollkästchen ist zunächst ungebunden und muss nun an das Feld »Vorrätig« der Tabelle »Wein« gebunden werden, auf der das Formular basiert. Dazu wählen Sie in der Eigenschaftszeile *Steuerelementinhalt* des Kontrollkästchens aus der zugehörigen Feldliste entsprechend der Abbildung das Feld »Vorrätig« aus.

Das Kontrollkästchen zeigt nun wie zuvor das Textfeld den Inhalt dieses Ja/Nein-Feldes an (Abbildung 19.3).

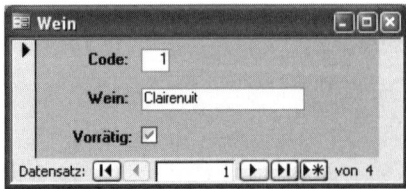

Das Häkchen bedeutet, dass das Feld »Vorrätig« des aktuellen Datensatzes den Inhalt »Ja« besitzt.

Blättern Sie zum »Elsässer Gewürzgarten« weiter (siehe Abbildung 19.1), fehlt dieses Häkchen entsprechend (Abbildung 19.4).

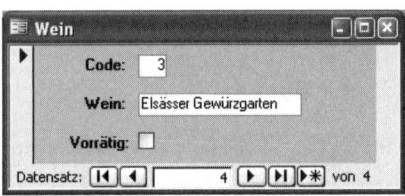

Ändern Sie durch Anklicken des Kontrollkästchens seinen Zustand, entspricht das der Editierung des daran gebundenen Tabellenfelds. Es besitzt anschließend statt »Ja« den Inhalt »Nein« und umgekehrt.

Statt eines Kontrollkästchens können Sie ebensogut ein Optionsfeld oder eine Umschaltfläche einfügen und wie zuvor die Eigenschaft *Steuerelementinhalt* dieser Objekte an das gewünschte Tabellenfeld binden.

Bei einem Optionsfeld wird »Ja« statt durch ein Häkchen durch das ausgefüllte Innere der Option dargestellt und »Nein« durch ein leeres Inneres.

Eine Umschaltfläche erscheint entweder normal dargestellt (entspricht »Nein«) oder aber eingedrückt (entspricht »Ja«) (Abbildung 19.5).

Da Umschaltflächen, Kontrollkästchen und Optionsfelder gleichwertige Steuerelemente sind, bietet Access mit den Unterbefehlen KONTROLLKÄST-CHEN, UMSCHALTFLÄCHE *und* OPTIONSFELD *von* FORMAT|ÄNDERN ZU *eine sehr bequeme Möglichkeit, eines dieser Steuerelement durch ein gleichwertiges zu ersetzen.*

:-)
TIPP

Optionsgruppenfelder

Ein Optionsgruppenfeld ist ein Rahmen, der eine Gruppe verschiedener Options-Steuerelemente umschließt. Innerhalb einer solchen Gruppe kann immer nur eine Option ausgewählt sein. Wählt der Anwender eine andere Option, wird die zuvor aktive Option automatisch deaktiviert.

Optionsgruppen sind vorwiegend für die Auswahl unter mehr als zwei Alternativen interessant (Abbildung 19.6).

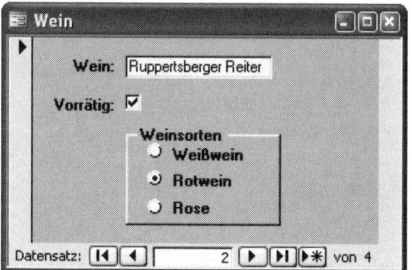

Abbildung 19.6:
WEIN.MDB, Formular
»Optionsgruppen«

In diesem Formular wird eine Optionsgruppe zur Anzeige und Eingabe der Weinsorte verwendet. Ist der Weincode in der zugehörigen Tabelle wie im Beispiel eine 2 (vergleiche Abbildung 19.9), ist entsprechend die zugehörige Option »Rotwein« selektiert.

Um dieses Formular zu erstellen, erzeugen Sie zunächst ein auf der Tabelle »Wein« basierendes AutoFormular, löschen anschließend das darin enthaltene Textfeld »Code« und das zugehörige Bezeichnungsfeld und fügen als Ersatz ein Optionsgruppenfeld ein.

Daraufhin wird automatisch der Optionsgruppen-Assistent aktiv (Abbildung 19.7).

Im ersten Schritt fragt er Sie nach den Bezeichnungen, die die einzelnen Optionen erhalten sollen, im Beispiel »Weißwein«, »Rotwein« und »Rosé«.

Im zweiten Schritt können Sie eine Standardoption auswählen, die später bei der Eingabe eines neuen Datensatzes automatisch vorselektiert sein soll (Abbildung 19.8).

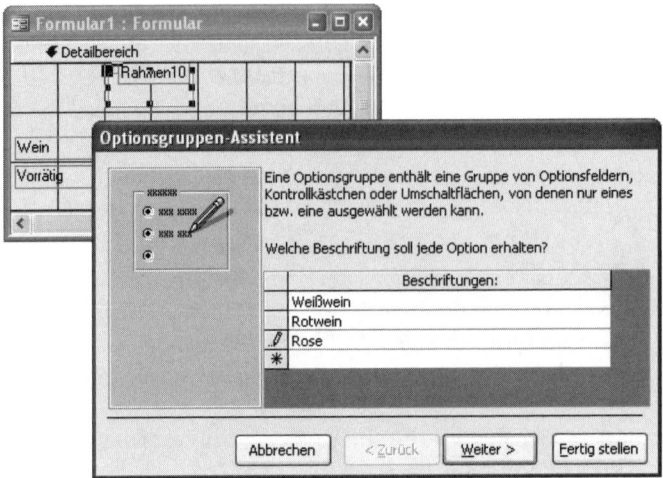

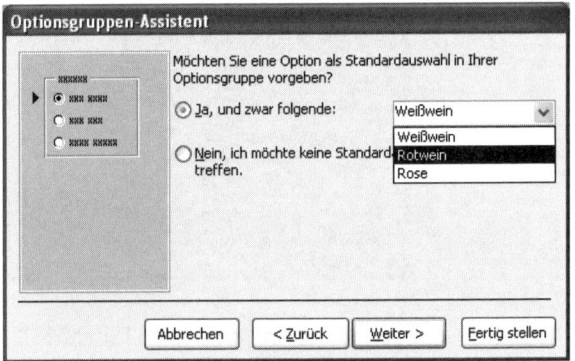

Sie können beispielsweise entsprechend der Abbildung die Option »Weißwein« vorgeben, wenn neu eingegebene Weine meist dieser Sorte angehören.

Im dritten Schritt legen Sie die Werte der einzelnen Optionen fest (Abbildung 19.9).

Angewandt auf das Weinproblem ordnen Sie entsprechend der Abbildung jeder Option als Wert den zugehörigen Code zu, der Option »Weißwein« eine 1, »Rotwein« eine 2, und »Rosé« eine 3. Ist die betreffende Option gewählt, besitzt die Optionsgruppe den zugehörigen Wert, der im Tabellenfeld gespeichert wird.

Danach verknüpfen Sie die Optionsgruppe mit dem Tabellenfeld, deren Werte sie anzeigen bzw. beeinflussen soll, im Beispiel also mit dem Feld »Code« (Abbildung 19.10).

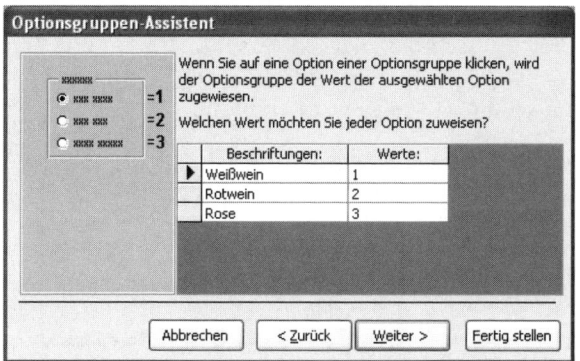

Abbildung 19.9:
Optionsgruppen-
Assistent, Schritt 3

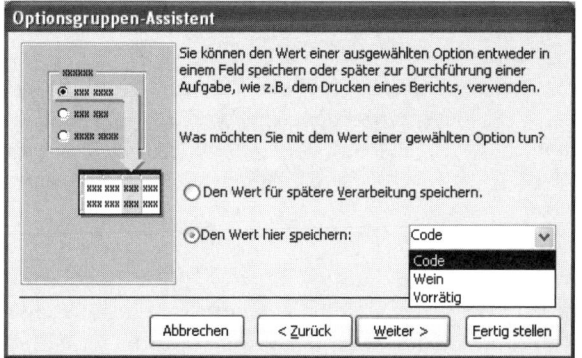

Abbildung 19.10:
Optionsgruppen-
Assistent, Schritt 4

Im fünften Schritt suchen Sie sich eine der verfügbaren optischen Darstellungsvarianten aus und wählen die Art der Optionen aus, die in die Optionsgruppe eingefügt werden sollen, Optionsfelder, Kontrollkästchen oder Umschaltflächen (Abbildung 19.11).

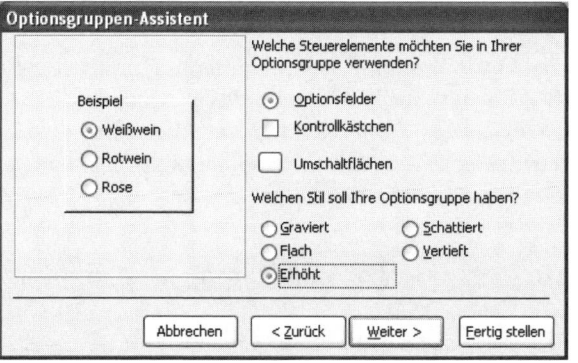

Abbildung 19.11:
Optionsgruppen-
Assistent, Schritt 5

Im letzten Schritt geben Sie der Optionsgruppe den als Überschrift anzuzeigenden Namen, zum Beispiel den Namen »Weinsorten«.

Die erzeugte Optionsgruppe enthält nun drei Optionsfelder, denen die Werte 1, 2 und 3 zugeordnet sind. Diese Werte ergeben sich aus der Einstellung der Eigenschaft *Optionswert*, die ein Optionsfeld besitzt, wenn es Teil einer Optionsgruppe ist (Abbildung 19.12).

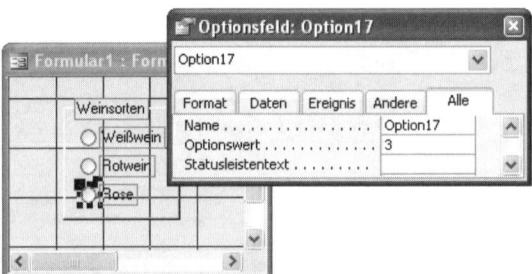

Das unterste Optionsfeld besitzt laut Abbildung den Optionswert 3, die beiden darüber entsprechend die Werte 1 (oberes Feld) und 2 (Mitte). Sie können diese Eigenschaftseinstellung jederzeit verändern, um einer Option einen anderen Wert zuzuordnen.

Der aktuelle Wert der Optionsgruppe ergibt sich immer aus dem Wert der momentan darin ausgewählten Option. Geben Sie einen neuen Datensatz ein und wählen Sie dabei das unterste Optionsfeld aus, das den Optionswert 3 besitzt, ist der Wert der Optionsgruppe entsprechend 3. Da die Optionsgruppe über die Eigenschaft *Steuerelementinhalt* an das Feld »Code« der Tabelle »Wein« gebunden ist, wird daher im Feld »Code« des neuen Datensatzes die Zahl 3 gespeichert.

Umgekehrt wird bei der Anzeige eines bereits vorhandenen Datensatzes automatisch jene Option ausgewählt, deren Wert dem Inhalt des Feldes »Code« dieses Datensatzes entspricht.

Die Optionsgruppe besitzt unter anderem die Eigenschaft *Standardwert*. Ihre Einstellung lautet momentan 2, das heißt bei der Eingabe eines neues Satzes ist das Optionsfeld vorselektiert, das den Optionswert 2 besitzt. Um stattdessen ein anderes Optionsfeld vorzugeben, ändern Sie die Einstellung *Standardwert* entsprechend.

19.3   Listen- und Kombinationsfelder

In Listen- und Kombinationsfeldern können Sie folgende Datentypen vorgeben, unter denen der Anwender wählen kann:

➡ Tabellen/Abfragedaten: Vollständige Datensätze oder einzelne Felder einer Tabelle oder Abfrage, zum Beispiel alle im Feld »Name« einer

Tabelle enthaltenen Kundennamen oder die im Feld »Plz« enthaltenen Postleitzahlen.

➡ Feldlisten: Die Namen aller Felder einer Tabelle/Abfrage, »Name«, »Vorname«, »Straße« etc.

➡ Wertelisten: Frei definierbare Listen eines beliebigen Datentyps, zum Beispiel Texte wie »Weißwein«, »Rotwein«, »Rosé« oder wie »Mo«, »Di«, »Mi« etc. Oder Zahlen wie 67000, 80000, 60000, 69000.

Dabei werden zwei miteinander korrespondierende, ansonsten aber *vollkommen voneinander unabhängige Datenquellen* verknüpft: Zum einen werden in der Liste Daten angezeigt, die (Wertelisten) entweder fest definiert werden oder aber (Tabellen/Abfragedaten und Feldlisten) irgendwo in der Datenbank enthalten sind. Die gewünschte Datenquelle wird durch die Eigenschaften *Herkungstyp* und *Datensatzherkunft* festgelegt.

Zum anderen ist das Listenfeld ebenso wie ein Textfeld oder eine Option über die Eigenschaft *Steuerelementinhalt* mit einem Feld der dem Formular zugrunde liegenden Tabelle/Abfrage verknüpft.

Wertelisten als Datenquellen erstellen

Am einfachsten zu handhaben sind Wertelisten. Sie ermöglichen es, eine Liste von Einträgen fest vorzugeben, unter denen der Anwender wählen kann. Gehen wir wieder von der Weindatenbank und dem darauf basierenden Formular »Textfelder« aus (Abbildung 19.13).

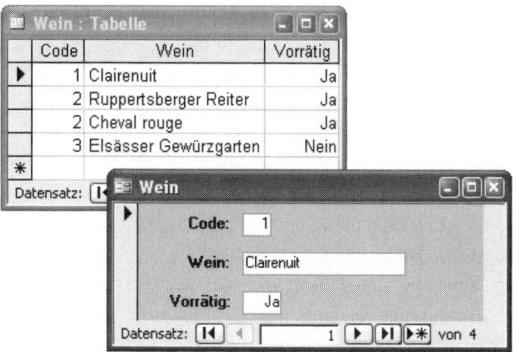

Abbildung 19.13:
WEIN.MDB, Tabelle »Wein« und Formular »Textfelder«

Im Textfeld »Code« muss der Anwender je nach Weinsorte die Zahl 1, 2 oder 3 eingeben. Wesentlich komfortabler wäre es, wenn in einem Listenfeld die zugehörige Bezeichnung »Weißwein«, »Rotwein« oder »Rosée« erscheinen würde, der Anwender einen dieser Einträge einfach anklickt und daraufhin in der Tabelle »Wein« der zugehörige Code eingetragen wird. Dazu muss das Textfeld »Code« durch ein Listenfeld ersetzt werden.

Dazu könnten Sie das Textfeld selektieren und danach einen der dann wählbaren Unterbefehle von FORMAT|ÄNDERN ZU benutzen: BEZEICHNUNGSFELD, LISTENFELD oder KOMBINATIONSFELD. FORMAT|ÄNDERN ZU|LISTENFELD würde das Textfeld durch das gewünschte Listenfeld ersetzen. Um das neue Steuerelement einsetzen zu können, müssten Sie anschließend jedoch seine Eigenschaften, die sie momentan noch gar nicht kennen, korrekt einstellen.

Daher gehen wir nun einen anderen Weg: Löschen Sie das Textfeld, verschieben Sie die Felder darunter ein wenig nach unten und fügen Sie ein mehrere Zeilen hohes Listenfeld ein (Abbildung 19.14).

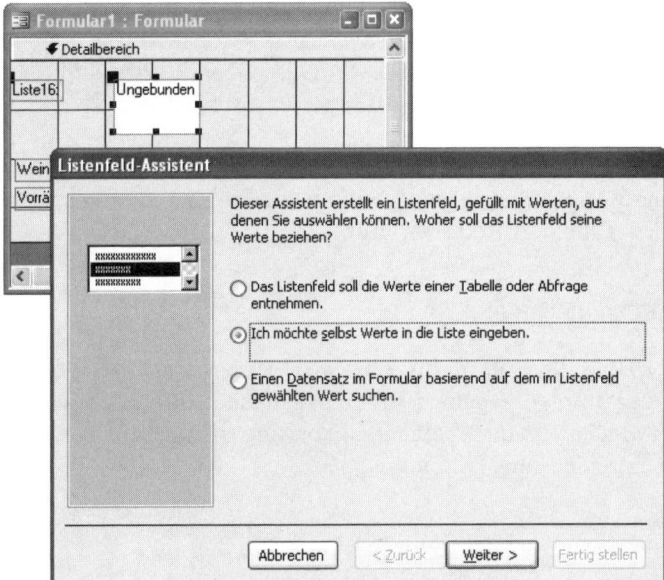

Der dadurch aktivierte Listenfeld-Assistent will wissen, woher die im Listenfeld anzuzeigenden Daten stammen. Wählen Sie bitte *Ich möchte selbst Werte in die Liste eingeben.*

In folgenden Schritt legen Sie fest, welche Daten das Listenfeld enthält, vor allem, aus wie vielen Spalten es bestehen soll. In unserem Fall sollen im Listenfeld zwei Spalten angezeigt werden, eine Spalte mit dem Weincode und eine zweite Spalte mit der zugehörigen Typenbezeichnung (Abbildung 19.15).

Geben Sie bitte als Spaltenanzahl 2 ein und füllen Sie die Tabelle anschließend entsprechend der Abbildung aus. Sie können diese Tabelle wie gewohnt editieren und darin Spalten oder Zeilen löschen oder einfügen, die Spaltenbreiten verändern und beispielsweise per Doppelklick auf den Spaltenmarkierer an die darin enthaltenen Texte anpassen.

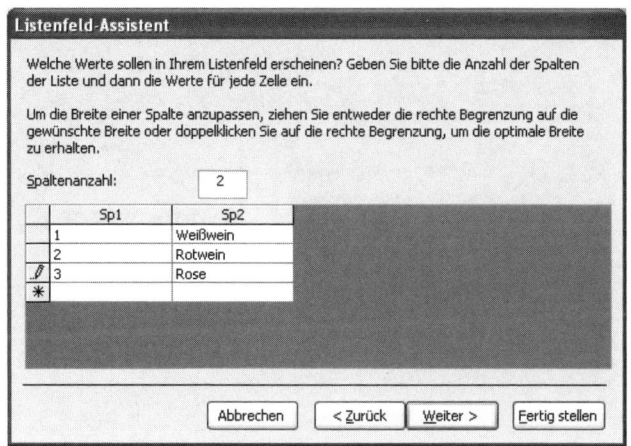

Abbildung 19.15:
Listenfeld-Assistent, Schritt 2

Zusätzlich können Sie durch Selektieren einer Spalte und anschließendes Ziehen jederzeit die Reihenfolge der Spalten verändern.

Im dritten Schritt legen Sie die gebundene Spalte fest, jene Spalte des Listenfelds, die den Wert enthält, der mit einem Feld der dem Formular zugrunde liegenden Tabelle/Abfrage verknüpft sein soll. Wählen Sie »Sp1«, da der Inhalt dieser Spalte (der Wert 1, 2 oder 3) mit dem Feld »Code« der Tabelle »Wein« verknüpft sein soll (Abbildung 19.16).

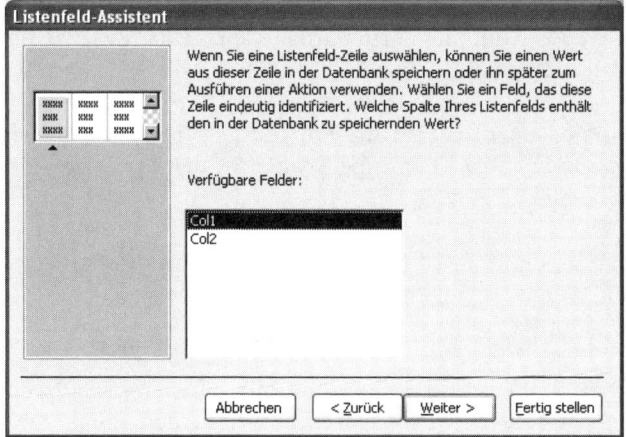

Abbildung 19.16:
Listenfeld-Assistent, Schritt 3

Im folgenden Schritt geben Sie bekannt, mit welchem Tabellenfeld dieser Wert verknüpft werden soll, im Beispiel mit dem Feld »Code« (Abbildung 19.17).

Im letzten Schritt geben Sie dem Listenfeld eine Überschrift wie »Weinsorte«, aus dem seine Funktion hervorgeht, und klicken auf *Fertig stellen* (Abbildung 19.18).

Abbildung 19.17:
Listenfeld-Assistent, Schritt 4

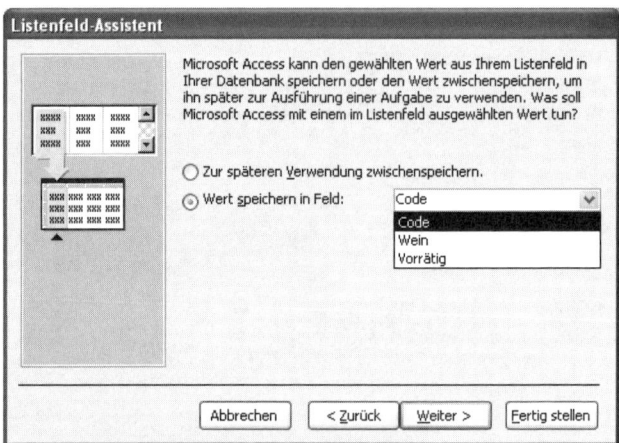

Abbildung 19.18:
Erzeugtes Listenfeld

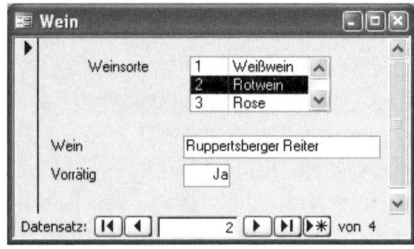

Bildlaufleisten   Erhöhen Sie in der Entwurfsansicht die Höhe des Listenfelds, bis es hoch genug ist, um alle darin enthaltenen Zeilen gleichzeitig anzuzeigen, entfällt die in der vorhergehenden Abbildung sichtbare vertikale Bildlaufleiste.

Analog dazu entfällt die horizontale Leiste, wenn Sie das Listenfeld breit genug machen, damit die Spalten in der zuvor definierten Breite angezeigt werden.

Verknüpfung   Im Formular wird ein Datensatz der zugrunde liegenden Tabelle »Wein« angezeigt, der im Feld »Wein« den Eintrag »Ruppertsberger Reiter« enthält und im Feld »Code« den Wert 2 (siehe Abbildung 19.13).

Dass das Textfeld »Wein«, das über *Steuerelementinhalt* mit dem gleichnamigen Feld der Tabelle verknüpft ist, den Inhalt dieses Felds anzeigt, ist nicht überraschend. Weitaus interessanter ist, dass im Listenfeld die Zeile mit der zugehörigen Weinsorte markiert ist!

Das Feld »Code« des Datensatzes enthält wie gesagt den Wert 2. Im Listenfeld, das ja mit diesem Tabellenfeld verknüpft ist, wird automatisch jene Zeile der Datenbasis des Listenfelds markiert, die in der gebundenen Spalte diesen Wert enthält!

Das Ganze funktioniert auch umgekehrt. Geben Sie einen neuen Datensatz ein und tragen Sie im Textfeld als Weinnamen »Test« ein. Wählen Sie im Listenfeld die erste Zeile »1 Weißwein« aus, werden nach dem Beenden der Datensatzeingabe folgende Informationen in der Tabelle »Wein« gespeichert – was allerdings erst nach dem Schließen und erneuten Öffnen der Tabelle sichtbar wird (Abbildung 19.19).

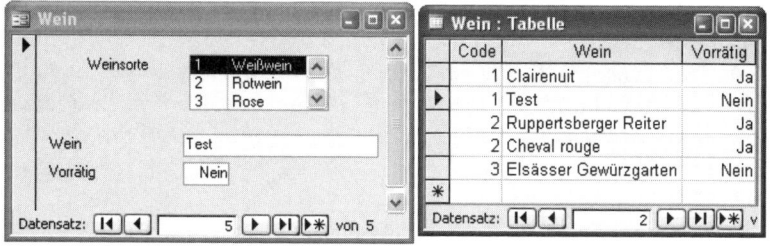

Abbildung 19.19:
Neuen Datensatz
eingeben

Die ausgewählte Listenfeldzeile enthält in der gebundenen zweiten Spalte den Wert 1. Dieser Wert wird im Feld »Code« der Tabelle eingetragen, da das Listenfeld aufgrund seines Steuerelementinhalts ja an dieses Tabellenfeld gebunden ist.

Die wichtigsten Eigenschaften des Listenfelds (Abbildung 19.20).

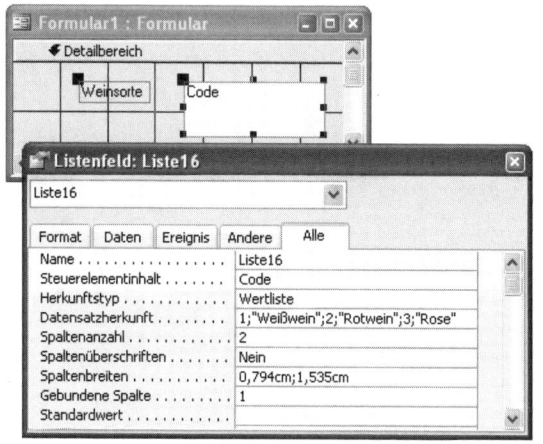

Abbildung 19.20:
Eigenschaften von
Listenfeldern

Steuerelementinhalt bindet das Listenfeld an das Feld »Code« der dem Formular zugrunde liegenden Tabelle, dessen Inhalt das Listenfeld – wenn auch auf Umwegen – anzeigt bzw. verändert.

*Steuerelement-
inhalt*

Der Eintrag »Wertliste« unter *Herkunftstyp* besagt, dass die anzuzeigenden Daten einer fest vorgegebenen Liste entstammen.

Herkunftstyp

Datensatzherkunft   Diese Liste trug der Assistent unter *Datensatzherkunft* ein. Sie können sie jederzeit manuell ändern, müssen dabei jedoch beachten, dass die einzelnen Werte durch Semikola voneinander getrennt werden.

!!
STOP

Allgemein: Listen- und Kombinationsfelder sind mit zwei verschiedenen Datenquellen verknüpft: einmal über die Eigenschaft Steuerelementinhalt *mit einem Feld der zugrundeliegenden Tabelle/Abfrage, dessen Wert sie anzeigen oder ändern sollen, zum anderen über* Herkunftstyp *mit einer Werteliste (oder einer anderen Tabelle/Abfrage), deren unter* Datensatzherkunft *beschriebene Werte im Listenfeld angezeigt werden. Dabei legt die Eigenschaft* Gebundene Spalte *fest, welche Listenfeldspalte (genauer: der momentan in der betreffenden Spalte ausgewählte Wert) mit dem Tabellenfeld verknüpft ist.*

Spaltenanzahl   Bei Änderungen der Werteliste müssen Sie beachten, dass jeweils zwei aufeinander folgende Werte eine Zeile des Listenfelds bilden! Dafür verantwortlich ist die Einstellung 2 unter *Spaltenanzahl*, die bedeutet, dass das Listenfeld zwei Spalten enthält.

Entsprechend bilden die beiden ersten Werte »1;»Weißwein«« die erste Zeile, die beiden folgenden Werte »2;»Rotwein«« die zweite und die beiden letzten Werte »3;»Rosé«« die dritte Zeile.

Spaltenreihen-   Ebensogut wäre es möglich, durch Vertauschen dieser Werte mit der Werte-
folge   liste

```
"Weißwein";1;"Rotwein";2;"Rose";3
```

die Reihenfolge der beiden Spalten entsprechend zu verändern (Abbildung 19.21).

Abbildung 19.21:
Fehlerhafte
Spaltenbindung

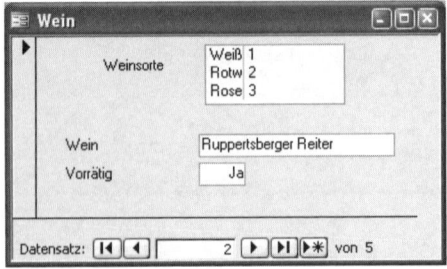

Gebundene Spalte   Diesmal fehlt jedoch die Markierung des zugehörigen Weintyps! Ursache dafür ist die nun fehlerhafte Spaltenbindung. Unter *Gebundene Spalte* ist immer noch 1 eingestellt. Der mit dem Tabellenfeld »Code« verknüpfte Wert befindet sich nun jedoch in der zweiten Spalte des Listenfelds. Also müssen Sie unter *Gebundene Spalte* nun 2 eingeben (Abbildung 19.22).

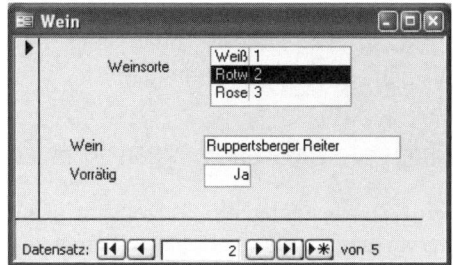

Abbildung 19.22:
Nach Korrektur der
Spaltenbindung

Die Spaltenbreiten können Sie mit der Eigenschaft *Spaltenbreiten* korrigie-   *Spaltenbreiten*
ren, indem Sie die darin vom Assistenten eingetragenen Werte ändern: Für
jede Spalte geben Sie eine Zahl ein, die als Breite in der jeweiligen – mit der
Windows-Systemsteuerung festgelegten – Landesmaßeinheit interpretiert
wird. Ist Windows auf die Maßeinheit »Metrisch« konfiguriert, wird die
Zahl 3 als 3 cm interpretiert.

Die einzelnen Spaltenbreiten trennen Sie wieder mit Semikola voneinander.
Beispielsweise legt die Liste »1;2« fest, dass die erste Spalte einen und die
zweite Spalte zwei Zentimeter breit ist.

Die Spaltenbreite 0 blendet eine Spalte aus. »1;0« bedeutet daher, dass die   *Spalten*
erste Spalte einen Zentimeter breit dargestellt und die zweite Spalte ausge-   *ausblenden*
blendet wird. Mit dieser Technik können Sie beispielsweise die nur intern
benötigte Spalte »Code« ausblenden (Abbildung 19.23).

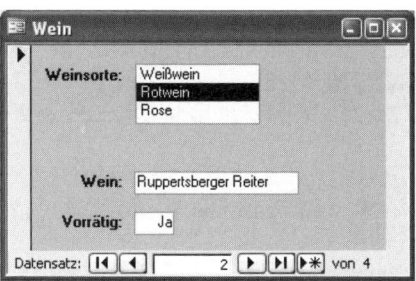

Abbildung 19.23:
WEIN.MDB, Formular
»Listenfelder«

Für die Bindung des Listenfelds an ein Tabellenfeld ist nur wichtig, dass die
gebundene Spalte in der Werteliste des Listenfelds vorhanden ist, nicht, ob
sie auch darin sichtbar ist!

INFO

Wählen Sie beim Eintragen eines neuen Datensatzes die zweite Listenfeldzeile aus, wird daher weiterhin der zugehörige Inhalt der gebundenen Spalte
in das Tabellenfeld »Code« eingetragen (die Zahl 2); obwohl die gebundene
Spalte nun ausgeblendet ist!

Der Anwender erhält dadurch den Eindruck, dass er einen der Texte auswählt, obwohl intern immer noch nur der zugehörige Code in der – nun unsichtbaren – Spalte interessiert.

Daten aus Tabellen/Abfragen anzeigen

Statt aus festgelegten Wertelisten können Listen- und Kombinationsfelder die anzuzeigenden Daten aus Tabellen oder Abfragen beziehen. Dazu setzen Sie die Eigenschaft *Herkunftstyp* auf »Tabelle/Abfrage« und geben unter *Datensatzherkunft* die gewünschte Datenquelle an.

Entweder wählen Sie im zugehörigen Listenfeld dieser Eigenschaft die gewünschte Tabelle/Abfrage aus, oder – falls nur einige Felder interessieren – Sie geben eine SQL-*SELECT*-Anweisung ein, die die interessierenden Daten auswählt.

WEIN.MDB enthält unter anderem folgende Tabelle (Abbildung 19.24).

Abbildung 19.24:
WEIN.MDB, Tabelle
»Weinsorten«

Es bietet sich an, sie als Datenquelle für ein Listenfeld zu verwenden und sich dadurch das Eintippen einer Werteliste zu ersparen. Vor allem ist es wesentlich einfacher, beim Hinzufügen neuer Weinsorten diese Tabelle zu ändern als jedesmal die Werteliste entsprechend zu ergänzen.

Verwenden Sie als Ausgangsbasis wieder das Formular »Textfelder« von WEIN.MDB. Löschen Sie das darin enthaltene Textfeld »Code« und fügen Sie statt- dessen ein Kombinationsfeld ein (nur zur Abwechslung; von ihren Eigenschaften her sind Listen- und Kombinationsfelder praktisch identisch).

Daraufhin meldet sich wieder der zuvor beschriebene Assistent. Im ersten Schritt aktivieren Sie diesmal die Option zur Anzeige von Werten, die aus einer Tabelle/Abfrage stammen. Daraufhin müssen Sie im zweiten Schritt die betreffende Tabelle/Abfrage angeben und selektieren entsprechend die Tabelle »Weinsorten« (Abbildung 19.25).

Im dritten Schritt wählen Sie die Felder dieser Tabelle aus, die das Listenfeld enthalten soll. Wählen Sie bitte bcide Felder aus (Abbildung 19.26).

Danach können Sie die Sortierung der Liste festlegen (Abbildung 19.27).

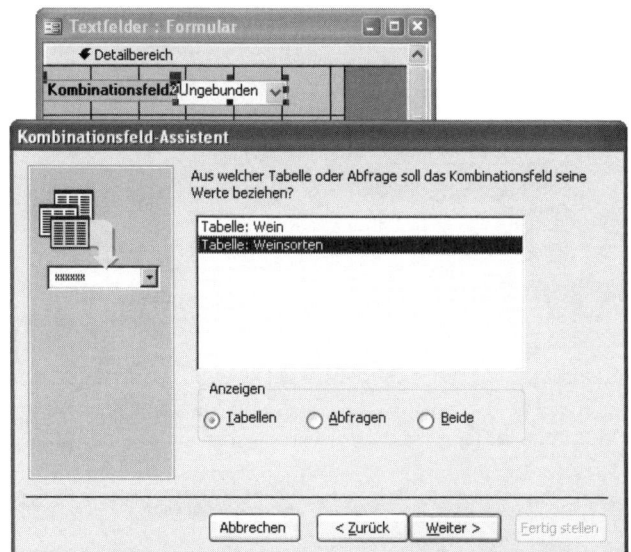

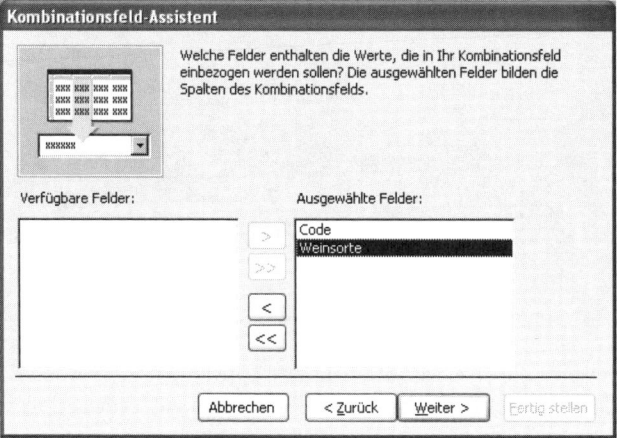

Im folgenden Schritt erscheint wieder die Minitabelle, wobei im Gegensatz zu Wertelisten die anzuzeigenden Daten bereits vorgegeben sind. Nämlich jene Daten, die sich in den soeben ausgewählten Feldern der Tabelle »Weinsorten« befinden. Sie können wieder die Reihenfolge und die Breite der Listenfeld-Spalten festlegen (Abbildung 19.28).

Wichtiger ist der nächste Schritt, in dem Sie die gebundene Spalte des Listenfelds festlegen, deren Inhalt mit einem Feld der dem Formular zugrunde liegenden Tabelle/Abfrage verknüpft sein soll.

Abbildung 19.27:
Kombinationsfeld-
Assistent, Schritt 4

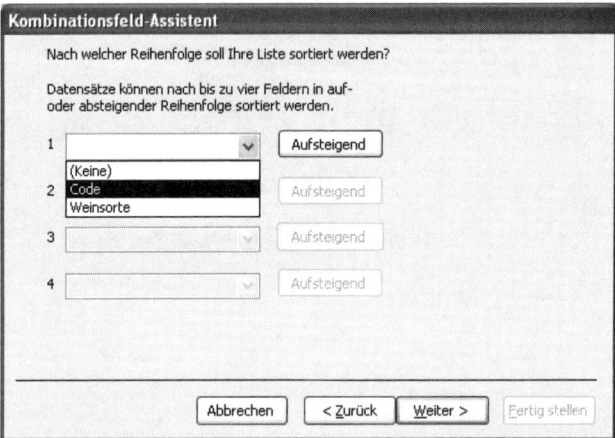

Abbildung 19.28:
Kombinationsfeld-
Assistent, Schritt 5

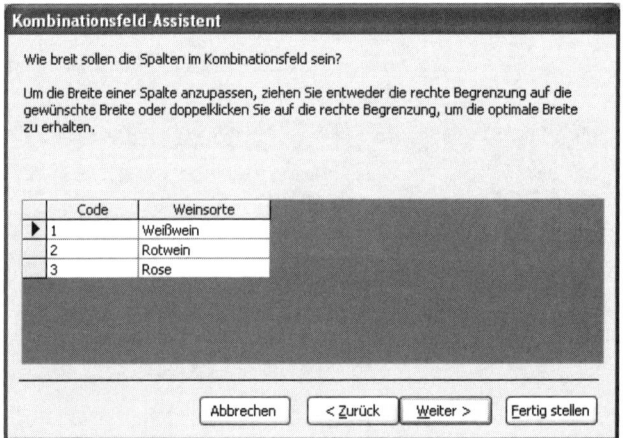

Im Beispiel ist das die Spalte »Code«, die die Weincodes enthält, die mit dem Feld »Code« der Tabelle »Weinsorte« verknüpft werden sollen (Abbildung 19.29).

Wählt der Anwender im Kombinationsfeld eine Zeile aus, soll der in der gebundenen Spalte enthaltene Wert im Feld »Code« der dem Formular zugrunde liegenden Tabelle »Wein« gespeichert werden. Daher wählen Sie im nächsten Schritt dieses Feld aus dem Listenfeld aus (Abbildung 19.30).

Zuletzt geben Sie dem Kombinationsfeld einen Titel wie »Weinsorte«, der im damit verbundenen Textfeld angezeigt wird, und die Erstellung ist beendet (Abbildung 19.31).

Der Assistent benutzt für dieses Kombinationsfeld folgende Eigenschaftseinstellungen (Abbildung 19.32).

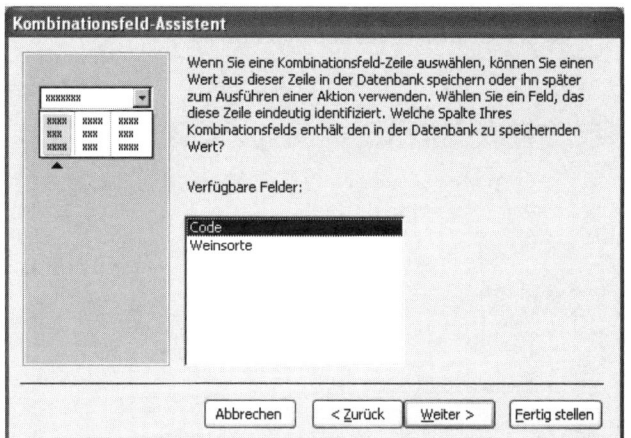

Abbildung 19.29:
Kombinationsfeld-
Assistent, Schritt 6

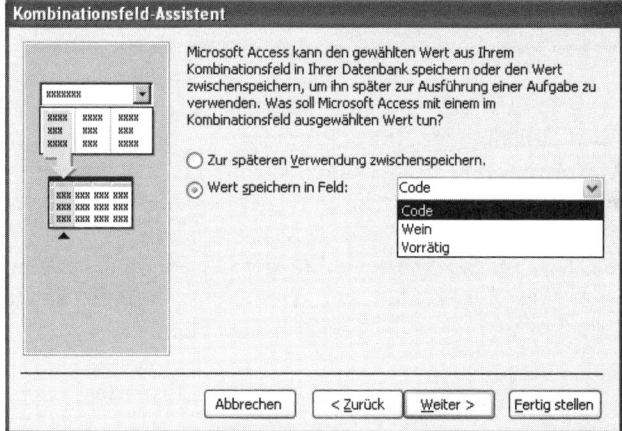

Abbildung 19.30:
Kombinationsfeld-
Assistent, Schritt 7

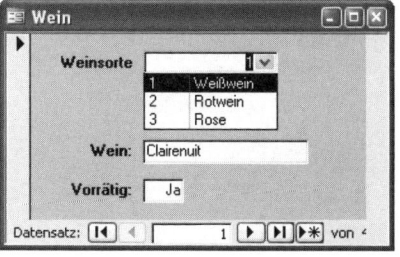

Abbildung 19.31:
WEIN.MDB, Formular
»Dynamische Lis-
tenfelder«

Die Einstellung »Code« für *Steuerelementinhalt* bedeutet, dass das Kombinationsfeld an das Feld »Code« der Tabelle »Wein« gebunden ist, auf der
das Formular ja basiert und dessen Inhalt es anzeigt bzw. verändert.

Abbildung 19.32:
Eigenschaften des
Kombinationsfelds

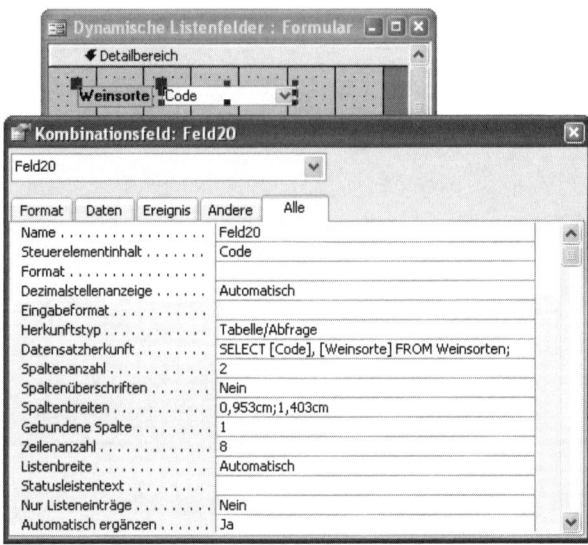

»Tabelle/Abfrage« für *Herkunftstyp* besagt, dass die angezeigten Daten aus einer Tabelle oder Abfrage stammen; wobei diese Daten von der SELECT-Anweisung unter *Datensatzherkunft* ausgewählt werden und aus den Feldern »Code« und »Weinsorte« der Tabelle »Weinsorten« bestehen.

Für *Gebundene Spalte* stellte der Assistent den Wert 1 ein, da die erste Spalte des Listenfelds jene Weincodes enthält, die im Feld »Code« der Tabelle »Wein« gespeichert werden sollen.

Etwas unschön ist, dass dieser Code im Listenfeld auch angezeigt wird. Also stellen Sie für die erste Spalte die Spaltenbreite 0 ein (Abbildung 19.33).

Abbildung 19.33:
Codeanzeige
unterdrücken

Nun erhält der Anwender den Eindruck, dass er einen der Texte auswählt, obwohl in Wahrheit weiterhin nur der Code interessiert, der sich in der nun unsichtbaren ersten Spalte befindet und mit dem Feld »Code« der Tabelle »Wein« verknüpft ist.

Zeilenanzahl legt fest, wie viele Zeilen das Kombinationsfeld maximal anzeigt, beispielsweise wie hier acht Zeilen. Müssen mehr Zeilen angezeigt werden, weil die Tabelle neun oder zehn Zeilen enthält, erscheint am rechten Rand der geöffneten Liste eine vertikale Bildlaufleiste.

Mit »Ja« für *Spaltenüberschriften* verwendet Access den ersten Wert jeder Spalte als Überschrift, wenn als *Herkunftstyp* eine Werteliste benutzt wird. Bei Verwendung einer Tabelle oder Abfrage benutzt Access dafür die zugehörigen Feldnamen (Abbildung 19.34).

Spaltenüber-
schriften

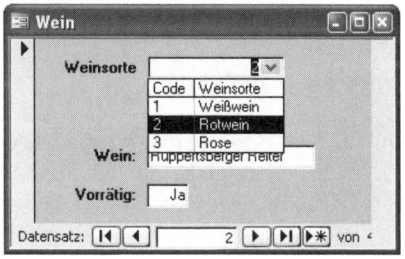

Abbildung 19.34:
Spaltenüber-
schriften

Statt einen Listeneintrag auszuwählen, kann der Anwender ihn ebensogut im Textfeld des Kombinationsfelds eintippen. Hier wird immer der Inhalt der ersten nicht ausgeblendeten Spalte angezeigt (Abbildung 19.33).

:-)
TIPP

Der Anwender kann den auszuwählenden Eintrag im Textfeld vollständig oder teilweise eintippen. Ist die Eigenschaft *Automatisch ergänzen* des Kombinationsfelds auf »Ja« eingestellt, selektiert Access nach der Eingabe des Anfangsbuchstabens automatisch die erste korrespondierende Zeile – was jedoch voraussetzt, dass als Datenherkunft eine entsprechend *sortierte* Abfrage oder Werteliste verwendet wird!

Automatisch
ergänzen

Die Standardeinstellung »Nein« für *Nur Listeneinträge* bedeutet, dass der Anwender im zugehörigen Textfeld einen beliebigen Text eintippen kann, auch wenn er nicht in der angezeigten Werteliste oder Tabelle/Abfrage enthalten ist. »Ja« ist oft sinnvoller, beispielsweise um zu verhindern, dass der Anwender eine nicht existierende Weinsorte eingeben kann.

Nur Listeneinträge

Feldlisten anzeigen

Die letzte Variante unter *Herkunftstyp*, »Feldliste«, zeigt die Feldnamen der unter *Datensatzherkunft* angegebenen Tabelle/Abfrage an, zum Beispiel der Tabelle »Wein« (Abbildung 19.35).

Diese Option ist vor allem bei der Programmierung mit Access nützlich. Angenommen, der Anwender soll auswählen, welches Feld einer Tabelle ausgeblendet werden soll (Spaltenbreite 0). Sie können dazu ein Textfeld verwenden, in dem er den Feldnamen eintippt – oder aber ein Kombinationsfeld, in dem er entsprechend dieser Abbildung das gewünschte Tabellenfeld auswählt.

Datensätze suchen

Die Access-Assistenten können Listen- oder Kombinationsfelder erstellen, die es Ihnen erleichtern, im Formular zu einem bestimmten Datensatz zu gelangen, im Kundenformular beispielsweise zu Herrn Müller.

Das Prinzip: Die Kombinationsfeldliste zeigt von Ihnen festzulegende Spalten aller Datensätze an, die das Formular bzw. die zugrunde liegende Tabelle/ Abfrage enthält, zum Beispiel die Nach- und Vornamen aller Kunden.

Sie durchblättern die Liste und klicken auf den interessierenden Datensatz. Der betreffende Satz wird daraufhin sofort zum aktiven Datensatz des Formulars und in diesem angezeigt.

Nehmen wir an, Sie wollen das Formular »Kunden Autoformular« in EDV.MDB um ein solches Such-Kombinationsfeld ergänzen. Zunächst fügen Sie ein Kombinationsfeld ein.

Der Assistent meldet sich und Sie wählen im ersten Schritt *Einen Datensatz im Formular, basierend auf dem im Kombinationsfeld gewählten Wert suchen.* (Abbildung 19.36).

Im zweiten Schritt geben Sie an, welche Felder des Formulars im Kombinationsfeld angezeigt werden sollen (Abbildung 19.37).

Sie müssen sich nun überlegen, welche Informationen Sie zur Identifikation eines Kunden benötigen, beispielsweise wie hier Nachname, Vorname, Straße und Ort.

Im nächsten Schritt legen Sie die Breite der einzelnen Kombinationsfeldspalten fest, bestimmen jedoch vor allem, ob auch die Schlüsselspalte angezeigt werden soll (Abbildung 19.38).

Zur Erläuterung: Das zu erstellende Kombinationsfeld enthält *immer* das Primärschlüsselfeld des Formulars (hier: »Ku-Nr«), auch wenn Sie es im vorhergehenden Schritt nicht einfügten!

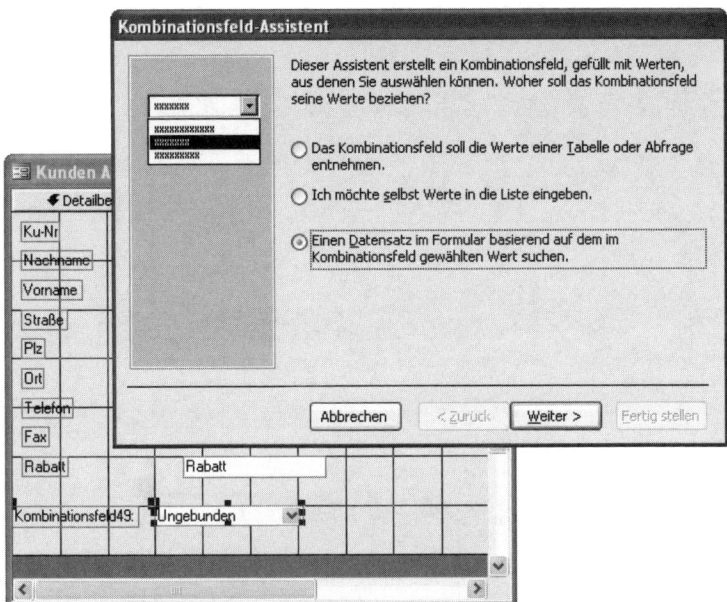

Abbildung 19.36:
Kombinationsfeld
einfügen

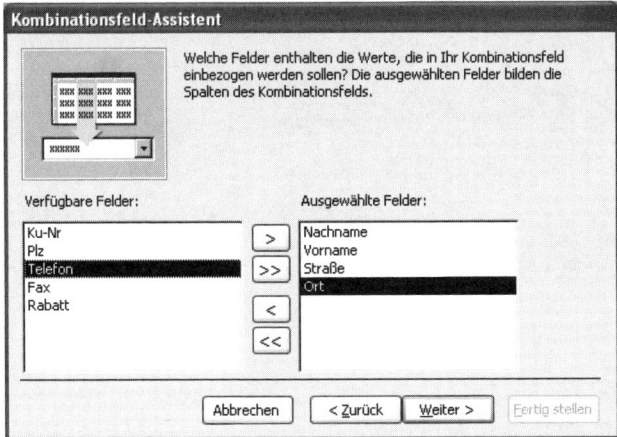

Abbildung 19.37:
Anzuzeigende
Felder auswählen

Da der Inhalt dieses Felds jedoch nur intern von Bedeutung ist, können Sie seine Anzeige unterdrücken, indem Sie *Schlüsselspalte ausblenden (empfohlen)* aktivieren. Dann wird die Breite dieser Spalte wie zuvor erläutert auf 0 gesetzt und ihre Anzeige dadurch unterdrückt.

Der Assistent schlägt diese Einstellung automatisch vor, und Sie sollten sie entgegen der vorherigen Abbildung auch beibehalten.

Im letzten Schritt legen Sie die Beschriftung des Kombinationsfelds fest, beispielsweise »Suchen«. Damit ist die Erstellung des Kombinationsfelds beendet (Abbildung 19.39).

Abbildung 19.38:
Feldbreiten und
Schlüsselspalte

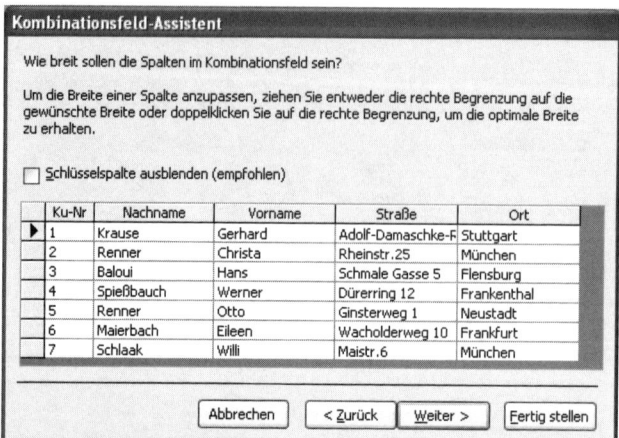

Abbildung 19.39:
EDV.MDB, Formular
»Kunden Autofor-
mular Suchen«

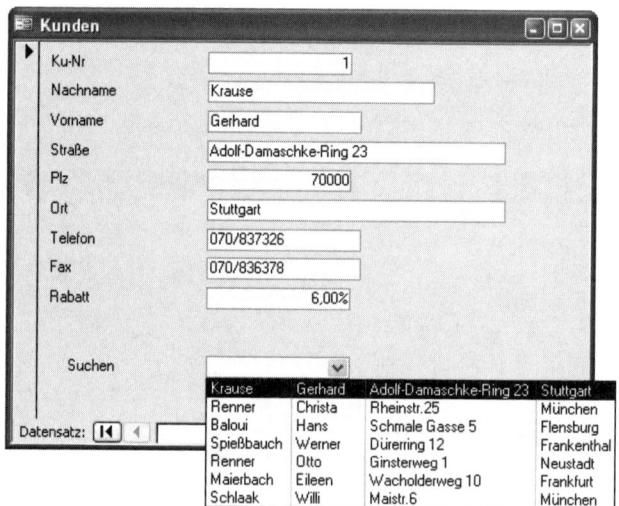

Öffnen Sie die Liste, werden darin die ausgewählten Spalten aller Datensätze angezeigt, die das Formular bzw. seine Datenbasis enthält.

Selektieren Sie einen davon per Anklicken, wird der betreffende Satz daraufhin zum aktuellen Satz des Formulars gemacht.

Dafür verantwortlich ist eine vom Assistenten erzeugte und an die Kombinationsfeldeigenschaft *Nach Aktualisierung* gebundene »Ereignisprozedur« (Abbildung 19.40).

Die gebundene Spalte ist 1, die erste Spalte des Kombinationsfelds. Diese erste Spalte ist das Feld »Ku-Nr« der Tabelle »Kunden« (siehe vom Assistenten unter *Datensatzherkunft* eingefügte SQL-Anweisung).

〔 KOMPENDIUM 〕 **Access 2003**

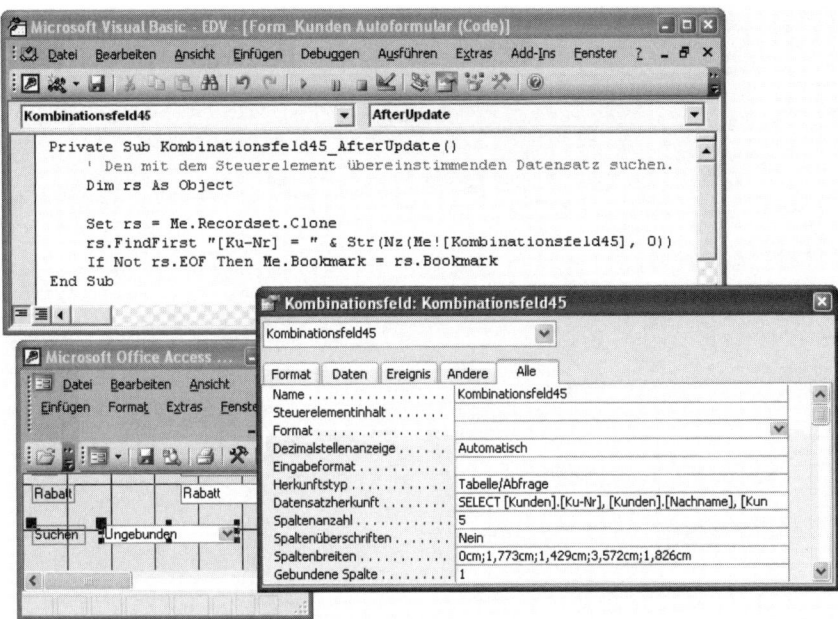

»Ku-Nr« wird im Kombinationsfeld zwar nicht angezeigt, sondern ist ausgeblendet (Spaltenbreite 0), ist jedoch die erste Spalte und bildet daher den Wert des Kombinationsfelds.

Selektieren Sie in der Liste einen Datensatz, ändert sich der Wert des Kombinationsfeld, und durch dieses Ereignis wird die abgebildete Prozedur aufgerufen.

Der neue Kombinationsfeldwert ist der Inhalt des Primärschlüsselfelds »Ku-Nr« der von Ihnen ausgewählten Zeile, also die zugehörige Kundennummer.

Die Prozedur sucht den Datensatz mit dieser Kundennummer und macht ihn zum neuen aktuellen Datensatz, so als hätten Sie sich per Hand mit den Navigationssymbolen zu diesem Datensatz durchgewühlt.

Nun wissen Sie auch, warum der Assistent die Schlüsselspalte *immer* in das Kombinationsfeld einfügt: Weil nur der Schlüsselwert den ausgewählten Datensatz eindeutig identifiziert.

20 Unterformulare und Unterberichte

Mit den nachfolgend erläuterten Techniken können Sie ein Formular jederzeit in ein bereits vorhandenes Formular als Unterformular einfügen. Entscheidend dabei ist die korrekte Einstellung der Eigenschaften *Verknüpfen von* und *Verknüpfen nach*, damit Haupt- und Unterformular korrekt synchronisiert werden.

Entsprechend erläutere ich nun, was bei der Einstellung dieser Eigenschaften zu beachten ist. Access stellt sie zwar normalerweise automatisch passend ein – sind die notwendigen Voraussetzungen nicht erfüllt, schafft Access das jedoch nicht und dann müssen Sie das manuell nachholen!

Danach erläutere ich die Anwendung des zuvor vermittelten Wissens auf Berichte, in die Sie analog dazu Unterformulare oder Unterberichte einfügen können.

20.1   Unterformular in Hauptformular einfügen

In Abschnitt 14, »Unterformulare – Daten mehrerer Tabellen darstellen«, auf Seite 292 beschrieb ich, wie mit dem Formular-Assistenten das folgende Formular erzeugt wird (Abbildung 20.1).

In dieser Abbildung wird im Hauptformular momentan der zweite Datensatz der Tabelle »Aufträge« angezeigt, der die Rechnungsnummer 2 besitzt. Im Unterformular werden automatisch die beiden zugehörigen Datensätze Nummer 2 und 3 der Tabelle »Auftragspositionen« angezeigt, die die gleiche Rechnungsnummer besitzen.

In der Entwurfsansicht wird das Unterformular im Hauptformular angezeigt (Abbildung 20.2).

Die wichtigsten Eigenschaften dieses Steuerelements setzte der Assistent automatisch auf geeignete Werte:

Abbildung 20.1:
EDV.MDB, Formular
»Aufträge Haupt«,
Tabellen »Auftrags-
positionen« und
»Aufträge«

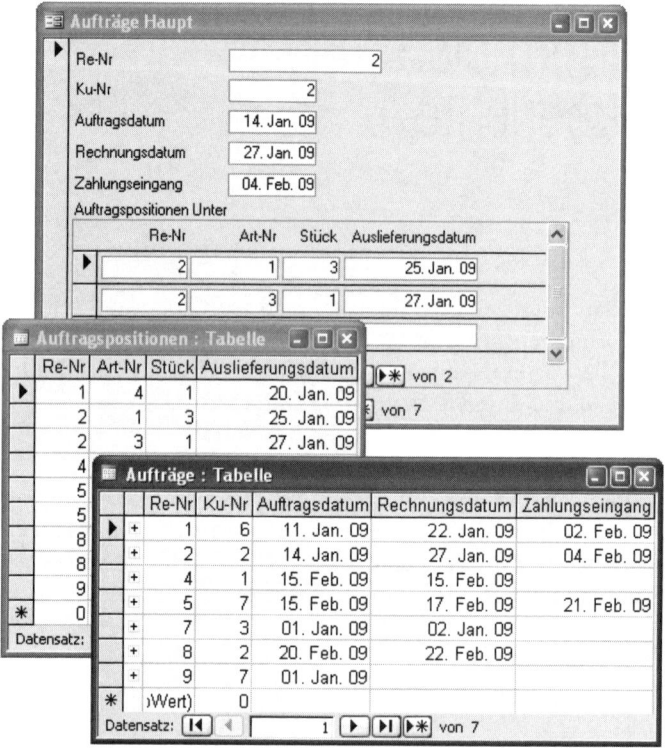

Abbildung 20.2:
Unterformular-
Steuerelement

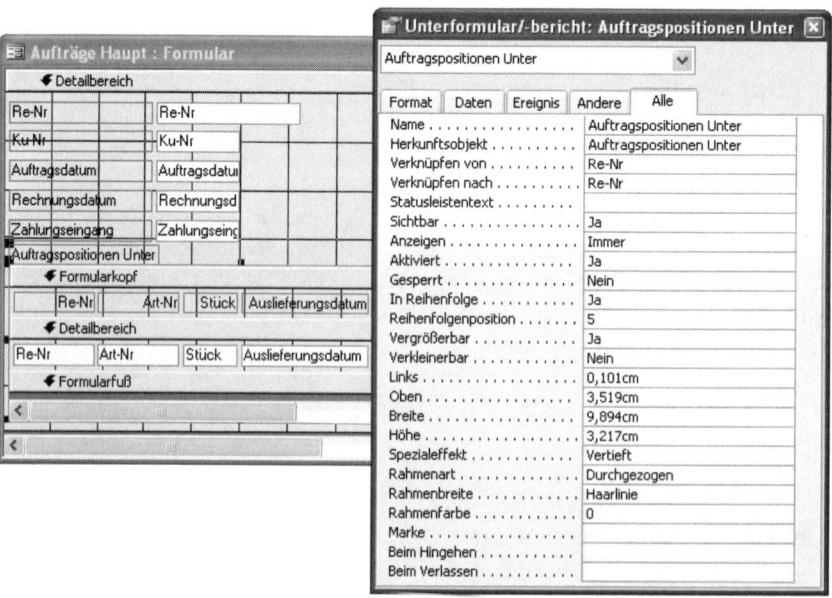

Herkunftsobjekt definiert das Formular, das in diesem Steuerelement darge- *Herkunftsobjekt*
stellt wird. Die vom Assistenten erzeugte Einstellung »Auftragspositionen
Unter« bewirkt, dass im Steuerelement das Formular »Auftragspositionen
Unter« angezeigt wird.

Die Eigenschaften *Verknüpfen von* und *Verknüpfen nach* geben an, über *Verknüpfen*
welche Felder der zugrunde liegenden Tabellen die beiden Formulare (bzw. *von/nach*
die zugehörigen Tabellen) miteinander verknüpft sind.

Unter *Verknüpfen von* muss das Tabellenfeld eingetragen werden, auf dem
das Unterformular basiert. Und unter *Verknüpfen nach* das damit korrespondierende Primärschlüsselfeld jener Tabelle, auf der das Hauptformular
basiert.

Im Beispiel ist »Re-Nr« das verknüpfende Feld, also das Primärschlüsselfeld
der Tabelle »Aufträge«, das als verknüpfendes Feld in die Tabelle »Auftragspositionen« eingefügt wurde.

Die Verknüpfungseinträge wurden von Access bei der Formularerstellung
automatisch eingefügt. Wie Access es schafft, die Verknüpfung selbstständig
zu definieren, wird deutlicher, wenn Sie ein Unterformular nachträglich in
ein bereits bestehendes Formular einfügen.

Nehmen wir an, Sie erstellten zwei voneinander unabhängige Formulare:
eines, das Aufträge anzeigt und ein zweites, das Auftragspositionen darstellt
(Abbildung 20.3).

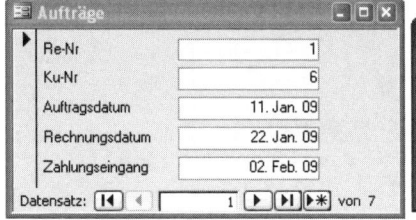 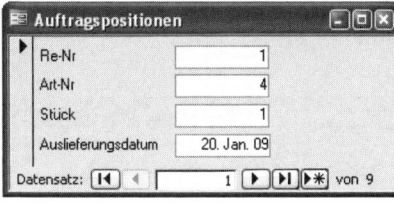

Abbildung 20.3:
Zwei unabhängige
Formulare

Letzteres (in der Abbildung rechts) soll nun nachträglich als Unterformular
in das Auftragsformular eingefügt werden.

Dazu aktivieren Sie die Entwurfsansicht des Auftragsformulars und fügen
mit der Toolbox ein Unterformular-Steuerelement ein. Daraufhin meldet
sich der Unterformular-Assistent (Abbildung 20.4).

Um ein neues Formular zu erstellen, das anschließend als Unterformular
eingefügt wird, wählen Sie *Bereits vorhandene Tabellen und Abfragen ver-*

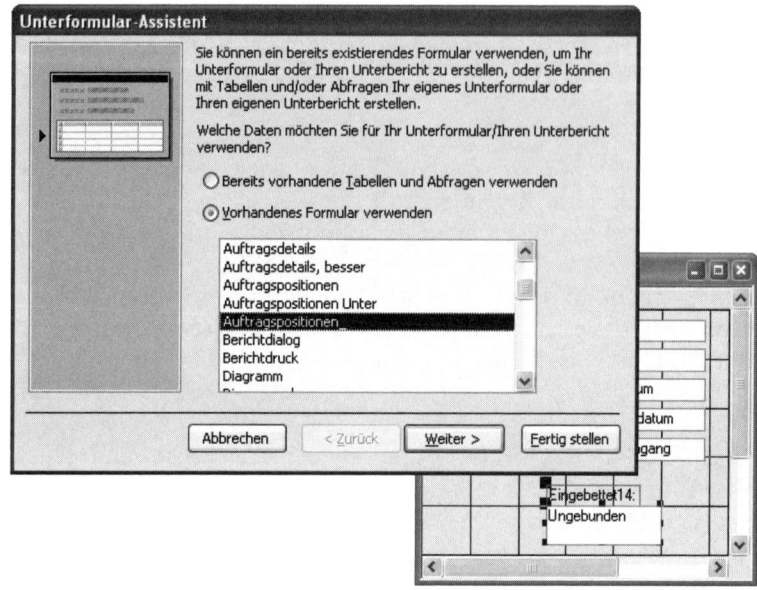

wenden. Im nächsten Schritt müssten Sie wie beim Formular-Assistenten bekannt geben, welche Felder in diesem Formular erscheinen sollen.

Gibt es das einzufügende Unterformular bereits, aktivieren Sie entsprechend der Abbildung *Vorhandenes Formular verwenden* und wählen es aus der Liste aller vorhandenen Formulare aus.

In beiden Fällen müssen Sie danach das Feld bekannt geben, über das Haupt- und Unterformular miteinander verknüpft werden sollen (Abbildung 20.5).

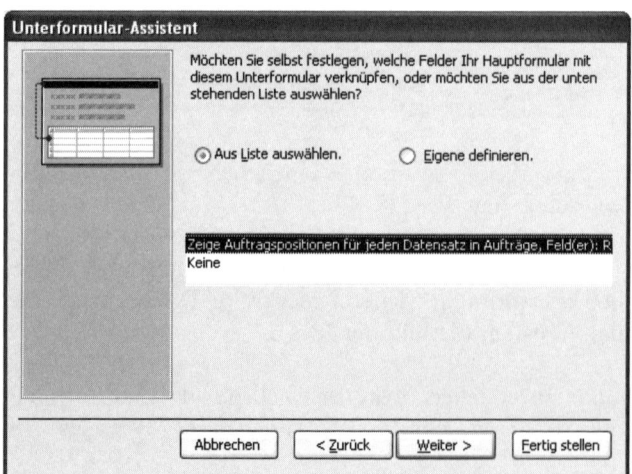

Der Assistent gibt die möglichen Verknüpfungsfelder vor und orientiert sich dabei an zweierlei:

➡ an der mit EXTRAS|BEZIEHUNGEN... definierten Standardbeziehung zwischen den beiden Tabellen, auf denen die Formulare basieren.

➡ Ist keine Standardbeziehung definiert, orientiert sich der Assistent am Primärschlüsselfeld der Tabelle, die dem Hauptformular zugrunde liegt, und versucht, in der Tabelle des Unterformulars *ein gleichnamiges Feld* zu finden.

Im Beispiel würde das auch gelingen, da das verknüpfende Feld in beiden Tabellen den gleichen Feldnamen »Re-Nr« besitzt.

Problematisch wird es, wenn keine Standardbeziehung definiert ist und sich der Name des verknüpfenden Felds in den beiden Tabellen unterscheidet!

Angenommen, das Primärschlüsselfeld »Re-Nr« der Tabelle »Aufträge« wurde zwar in die Detailtabelle »Auftragspositionen« eingefügt, besitzt dort jedoch einen anderen Namen, beispielsweise »Rechnungs-Nr«.

Sind keine Standardbeziehungen zwischen den beiden Tabellen definiert, kann Access in diesem Fall nicht erkennen, dass »Rechnungs-Nr« in »Auftragspositionen« jenes Feld ist, das mit dem Primärschlüsselfeld »Re-Nr« der Tabelle »Aufträge« verknüpft ist!

Da Access nun sozusagen völlig ahnungslos ist, wäre die Option *Aus Liste auswählen* nicht verfügbar; dafür wäre jedoch *Eigene definieren* aktiviert (Abbildung 20.6).

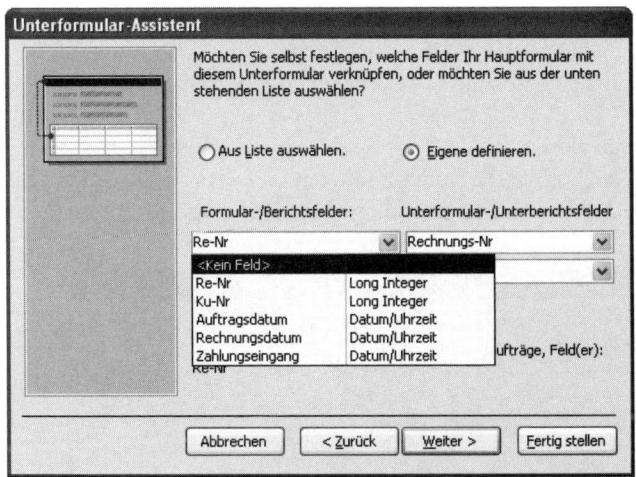

Abbildung 20.6: Verknüpfung »manuell« definieren

Sie müssen nun entsprechend der Abbildung selbst angeben, über welche Felder die beiden Formulare miteinander zu verknüpfen sind, indem Sie für jedes Formular das verknüpfende Feld aus einer Liste aller Felder des betreffenden Formulars auswählen.

In diesem Beispiel würden Sie im Hauptformular »Re-Nr« und im Unterformular »Rechnungs-Nr« auswählen.

Aufgrund dieser Angaben trägt der Assistent für die Unterformulareigenschaft *Verknüpfen von* »Rechnungs-Nr« ein und für *Verknüpfen nach* »Re-Nr«, verknüpft die beiden Formulare also über diese beiden Felder.

‼ STOP

Das gleiche Problem ergibt sich, wenn die miteinander verknüpften Felder zwar in beiden Tabellen identische Bezeichnungen besitzen, beispielsweise »Re-Nr«, Sie jedoch als Basis eines der beiden Formulare statt der betreffenden Tabelle eine darauf basierende Abfrage benutzen, in der Sie dieses Feld beispielsweise mit dem Ausdruck Rechnungs-Nr: Re-Nr umbenennen.

Auch in diesem Fall besitzen die miteinander verknüpften Felder der beiden Datenquellen unterschiedliche Bezeichnungen, und Sie müssen sie manuell angeben.

:-) TIPP

Um ein Formular in ein anderes nachträglich als Unterformular einzufügen, ist folgende Methode am einfachsten: Aktivieren Sie das Datenbankfenster, klicken Sie auf das einzufügende Formular und ziehen Sie es bei gedrückter Maustaste in den Detailbereich jenes Formulars, in das es eingefügt werden soll.

Access fügt automatisch das dazu benötigte Unterformular-Steuerelement ein und stellt die Eigenschaften *Herkunftsobjekt*, *Verknüpfen von* und *Verknüpfen nach* in geeigneter Weise ein – vorausgesetzt, die erläuterten Verknüpfungsvoraussetzungen sind gegeben! Sonst müssen Sie diese Eigenschaften wie beschrieben per Hand einstellen.

[...]

Aktivieren Sie dazu wahlweise eine der beiden Zeilen *Verknüpfen von* oder *Verknüpfen nach* und klicken auf das zugehörige Editor-Symbol, meldet sich der Feldverknüpfungs-Assistent (Abbildung 20.7).

Abbildung 20.7:
Feldverknüpfungs-
Assistent

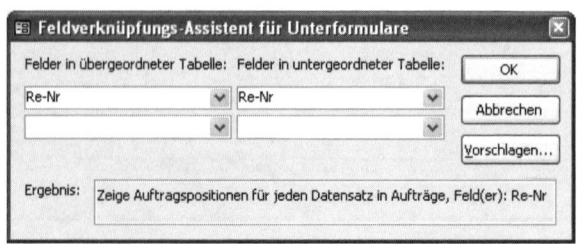

Wie Sie sehen, handelt es sich dabei einfach um eine Art Untermenge des Unterformular-/Unterberichts-Assistenten. Sie können nun die verknüpfenden Felder auswählen oder auf *Vorschlagen...* klicken, um den Assistenten zu veranlassen, selbst nach geeigneten Feldern zu fahnden (das Resultat entspricht Abbildung 20.5).

20.2   Das Unterformular editieren

Sie können das Unterformular-Steuerelement wie jedes andere Steuerelement manipulieren, es also verschieben, seine Größe verändern etc.

Ein Unterformular ist ein eigenständiges Formular. Um es zu verändern, können Sie es natürlich im Datenbankfenster öffnen, editieren und danach speichern.

Sie können die Eigenschaften des Unterformulars und der darin enthaltenen Steuerelemente jedoch auch *direkt im Hauptformular* verändern. Zunächst selektieren Sie das darin enthaltene Unterformular-Steuerelement durch Anklicken (Abbildung 20.8).

Im Hauptformular

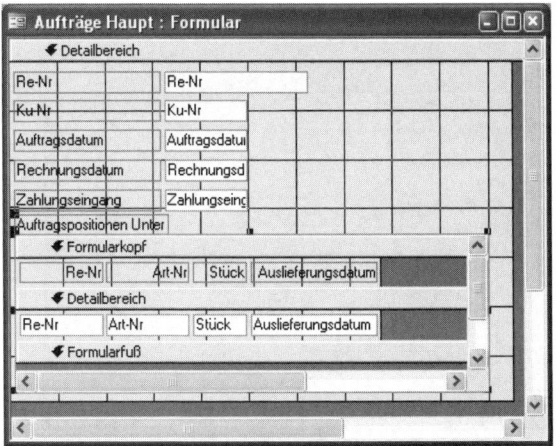

Abbildung 20.8:
Unterformular selektieren

Im Eigenschaftenfenster können Sie nun seine Eigenschaften verändern, beispielsweise ob es im Hauptformular nur auf dem Bildschirm sichtbar sein soll, aber nicht beim Drucken (Eigenschaft *Sichtbar*).

Klicken Sie jetzt eines der darin enthaltenen Steuerelemente an, beispielsweise ein Textfeld, wird dieses Unterobjekt selektiert, und Sie können wie gewohnt seine Eigenschaften editieren (um wieder das Unterformular selbst zu selektieren, klicken Sie auf das kleine Kästchen in seiner linken oberen Ecke).

Bezüge auf
Unterformulare

Im Hauptformular können Sie sich in berechneten Feldern mit einem Ausdruck der Art

```
[Unterformularname].Formular![Feldname]
```

auf Felder des Unterformulars beziehen. Beispielsweise zeigt der Ausdruck

```
=[Bestellung].Formular![Stück] * [Bestellung].Formular![Einzelpreis]
```

als Steuerelementinhalt eines Textfelds des Hauptformulars den Gesamtwert einer im Unterformular »Bestellung« enthaltenen Bestellung an.

Standardansicht

Die Einstellung der Eigenschaft *Standardansicht* eines Unterformulars besitzt große Auswirkungen auf die Darstellung dieses Formulars im Hauptformular.

Angenommen in ein Formular wird ein Unterformular eingefügt, dessen Felder sich wie in Abbildung 20.3 im Formularentwurf untereinander befinden. Dann befinden sich die Felder normalerweise auch im Unterformular untereinander (Abbildung 20.9).

Abbildung 20.9:
Felder
untereinander

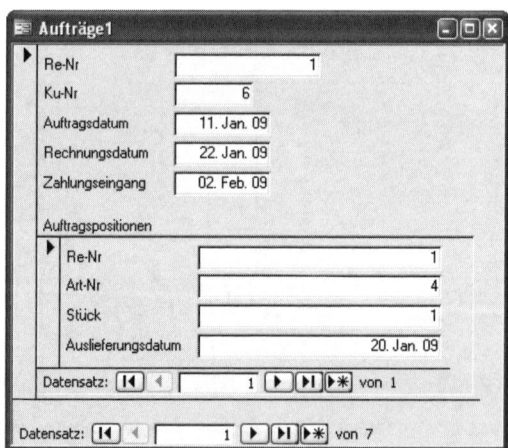

Auf diese Weise wird jedoch immer nur ein Datensatz im Unterformular angezeigt, und Sie müssen darin blättern, um sich alle Detaildatensätze anzuschauen, die zum aktuellen Satz des Hauptformulars gehören.

Um das zu ändern stellen Sie für die Eigenschaft *Standardansicht* des Unterformulars »Datenblatt« statt »Einzelnes Formular« ein (Sie können diese Einstellung im Unterformular des Hauptformulars ändern oder aber dazu das Unterformular als eigenständiges Formular öffnen, nach der Änderung schließen und speichern). Das Resultat nach erneutem Öffnen des Hauptformulars sehen Sie in Abbildung 20.10.

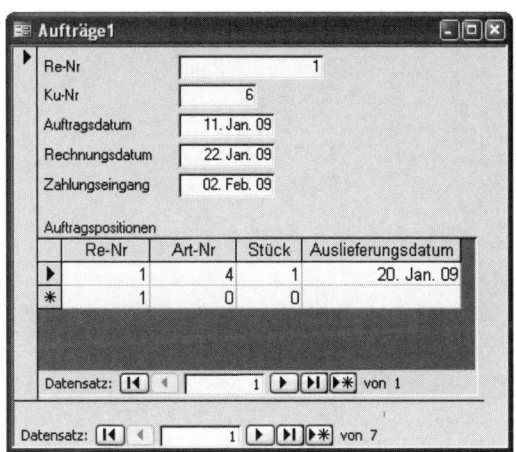

Abbildung 20.10:
Datenblattansicht

Im Hauptformular wird das Unterformular nun automatisch in der Daten-   *Datenblatt*
blattansicht geöffnet, und in dieser ignoriert Access bekanntlich das Ent-
wurfslayout; es ist nun vollkommen gleichgültig, ob sich die Felder des
Unterformulars unter- oder nebeneinander befinden und wie groß der
Abstand zwischen ihnen ist: Die im Formular enthaltenen Felder werden
immer unmittelbar nebeneinander angeordnet und pro Zeile genau ein
Datensatz dargestellt.

Wollen Sie die Breite der Felder und die Abstände zwischen ihnen selbst   *Einzelnes*
bestimmen, müssen Sie die Eigenschaft *Standardansicht* für das Unterfor-   *Formular/Endlos-*
mular stattdessen auf »Einzelnes Formular« oder auf »Endlosformular« set-   *formular*
zen. Dann werden die Felder so dargestellt, wie Sie es im Entwurf festlegen.

Bei 1:n-Beziehungen ist »Endlosformular« vorzuziehen, damit im eingebetteten Unterformular entsprechend dieser Beziehung mehrere Datensätze
gleichzeitig angezeigt werden.

Setzen Sie die Eigenschaft *Standardansicht* für das Formular »Auftragspositionen Unter« auf »Endlosformular«, ergibt sich – nach einer *deutlichen*
Vergrößerung der Höhe des Unterformular-Steuerelements – folgende Veränderung (Abbildung 20.11).

Das Unterformular wird nun entsprechend der zugehörigen Entwurfsdefini-
tion dargestellt – wodurch jedoch sehr viel Platz für die Anzeige von mehr
als einem Datensatz benötigt wird! Daher sollten Sie in diesem Fall die einzelnen Steuerelemente nebeneinander anordnen (Abbildung 20.12).

Damit ergibt sich mit der Einstellung »Endlosformular« für *Standardansicht*
eine Darstellung, die der Datenblattansicht (Einstellung »Datenblatt«) prinzipiell ähnelt, in der Sie die Gestaltung jedoch individuell beeinflussen können.

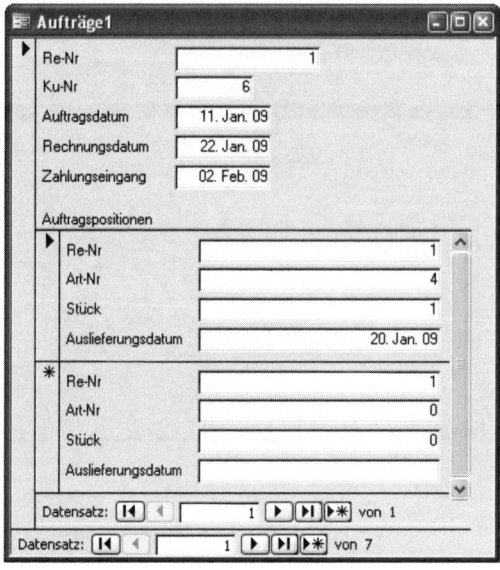

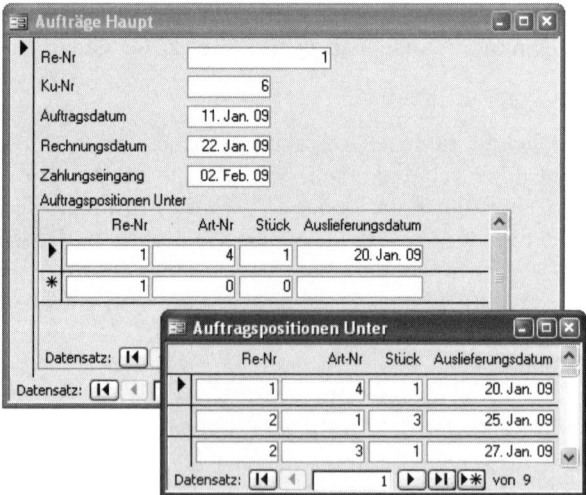

Pivot-Ansicht Zusätzlich können Sie ebenso wie bei Hauptformularen auch bei Unterformularen für *Standardansicht* die Pivot-Tabellenansicht bzw. die Pivot-Diagrammansicht festlegen.

20.3   Unterberichte verwenden

In einen Bericht können Sie ein Unterformular oder einen Unterbericht einfügen, und diese können selbst wiederum ein Unterformular oder einen Unterbericht enthalten.

Der Unterbericht kann vollständig unabhängig vom Hauptbericht sein. Haben Sie einen Bericht »Kundenadressen« erstellt, der Kundenadressen auflistet, und einen zweiten Bericht »Lieferantenadressen«, der Lieferantenadressen anzeigt, können Sie beide zu einem gemeinsamen Bericht zusammenfügen.

Berichte kombinieren

Die folgende Abbildung zeigt den ohne den Assistenten freihändig erzeugten Bericht »Kundenadressen« von EDV.MDB, der die in der Tabelle »Kunden« gespeicherten Datensätze zeilenweise auflistet; und den gleichartig aufgebauten Bericht »Lieferantenadressen«, der die in der Tabelle »Lieferanten« gespeicherten Lieferanten auflistet (Abbildung 20.13).

Abbildung 20.13:
EDV.MDB, Berichte »Kundenadressen« und »Lieferantenadressen«

Beide Berichte sind vollkommen unabhängig voneinander, können jedoch in einem gemeinsamen Bericht zusammengefasst werden.

Dazu erzeugen Sie einen neuen Bericht, der zunächst leer ist, und fügen anschließend beide Berichte als Unterberichte in den Detailbereich ein:

1. Sie wählen im Datenbankfenster *Bericht* und klicken auf *Neu*, um einen neuen Bericht zu erzeugen.

2. Im folgenden Dialogfeld wählen Sie *keine* Tabelle/Abfrage aus dem Listenfeld aus, sondern klicken auf *Entwurfsansicht*.

3. In den Detailbereich des erzeugten leeren Berichts ziehen Sie aus dem Datenbankfenster den Bericht »Kundenadressen«. Access fügt daraufhin ein entsprechendes Steuerelement »Unterformular/-bericht« in den Detailbereich ein.

4. Unter diesem Steuerelement fügen Sie auf die gleiche Weise den Bericht »Lieferantenadressen« als Unterbericht ein (Abbildung 20.14).

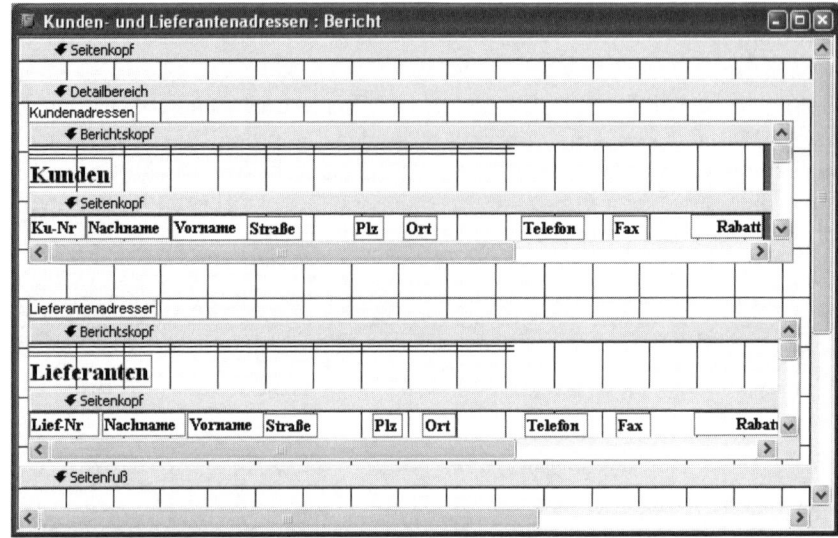

Die in den Seitenköpfen der zugrunde liegenden Berichte enthaltenen Feldüberschriften »Nachname«, »Vorname« etc. werden nicht dargestellt. Sie können sie jedoch problemlos erzeugen, indem Sie in den Seitenkopf des Berichts »Kunden- und Lieferantenadressen« entsprechende Bezeichnungsfelder einfügen. Davon abgesehen erscheinen alle Informationen der beiden Unterberichte im Hauptbericht (Abbildung 20.15).

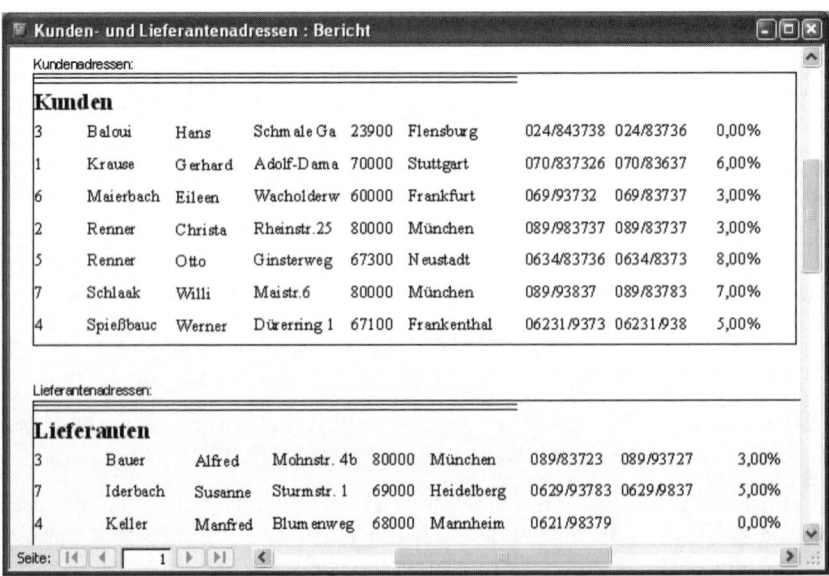

Eine andere Anwendung für Unterberichte sind Gesamtdarstellungen verknüpfter Tabellen, zwischen denen eine 1:n-Beziehung besteht. Wie ein Unterformular kann ein Unterbericht die n-Seite des gerade angezeigten Datensatzes darstellen, der wiederum der 1-Seite entspricht.

1:n-Beziehungen darstellen

Sie könnten beispielsweise einen Bericht erstellen, der alle in der Tabelle »Aufträge« enthaltenen Aufträge und die jeweils zugehörigen Bestellungen anzeigt. Dazu benötigen Sie einen Hauptbericht, der sich auf die Tabelle »Aufträge« bezieht, und einen Unterbericht, der auf »Auftragspositionen« basiert. Haupt- und Unterbericht werden über das gemeinsame Feld »Re-Nr« (Rechnungsnummer) beider Tabellen miteinander verknüpft.

Wie bei Unterformularen definieren die Eigenschaften Verknüpfen von *und* Verknüpfen nach *des Unterberichts, über welches Feld er mit dem Hauptbericht verknüpft ist.*

!!
STOP

Dabei trägt Access – falls möglich – diese Verknüpfung selbst ein (siehe Kapitel 20.1, »Unterformular in Hauptformular einfügen«).

REF

Die verknüpfenden Felder müssen zwar in den Berichten enthalten sein, aber nicht zwangsläufig auch angezeigt werden. Wollen Sie beispielsweise eine bereits im Hauptbericht sichtbare Rechnungsnummer nicht zusätzlich erneut in den durch den Unterbericht angezeigten Detaildaten sehen, setzen Sie die Eigenschaft Sichtbar *des betreffenden Unterbericht-Textfelds auf »Nein«.*

:-)
TIPP

Teil 5 Internet, Intranet und Datenaus- tausch

21 Hyperlinks

Hyperlinks können auf beliebige Dokumente auf Ihrer Festplatte oder einem sonstigen Speichermedium verweisen. Klicken Sie darauf, erfolgt ein Sprung zum betreffenden Dokument, so als hätten Sie es geöffnet und den Cursor darin zu jener Stelle bewegt, auf die der Hyperlink verweist.

21.1 Hyperlinkfelder in Formulare einfügen

Nehmen wir an, Sie arbeiten ständig mit dem Formular »AutoFormular Kunden« von EDV.MDB, benötigen während Ihrer Arbeit aber einen sofortigen Zugriff auf die Tabelle »Artikel« derselben Datenbank.

Dazu fügen Sie ins Formular einfach einen Verweis auf die Artikeltabelle ein, um per Anklicken sofort zur benötigten Tabelle springen zu können.

Zusätzlich könnten Sie einen Verweis auf das Formular »Kundenauf« einfügen, um dieses Formular mit allen Aufträgen Ihrer Kunden jederzeit durch Anklicken des Hyperlinks öffnen zu können (Abbildung 21.1).

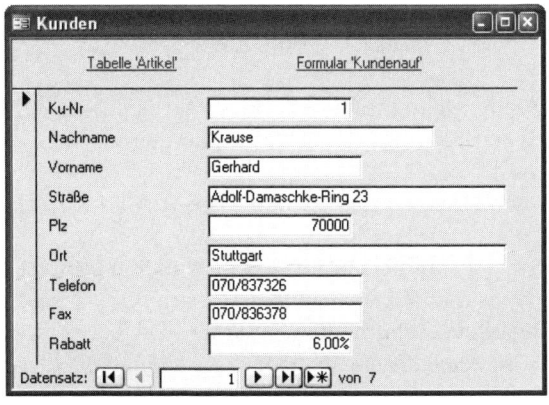

Abbildung 21.1:
EDV.MDB, Formular »Hyperlink - Kunden AutoFormular«

Das abgebildete Formular befindet sich unter dem Namen »Hyperlink - Kunden AutoFormular« in EDV.MDB. Um Hyperlinks in ein Formular einzufügen, aktivieren Sie den Entwurfsmodus und wählen EINFÜGEN|HYPERLINK....

Hyperlink einfügen

Ist im linken Dialogfeldteil *Datei oder Webseite* selektiert, können Sie einen Hyperlink einfügen, der auf eine Datei oder Webseite verweist.

Um stattdessen einen Verweis auf ein Objekt in der aktuellen Datenbank als Ziel festzulegen, aktivieren Sie im linken Dialogfeldteil *Aktuelle Datenbank* (oder – wenn *Datei oder Webseite* selektiert ist – klicken auf die Schaltfläche *Textmarke...*) (Abbildung 21.2).

Abbildung 21.2:
Hyperlink einfügen

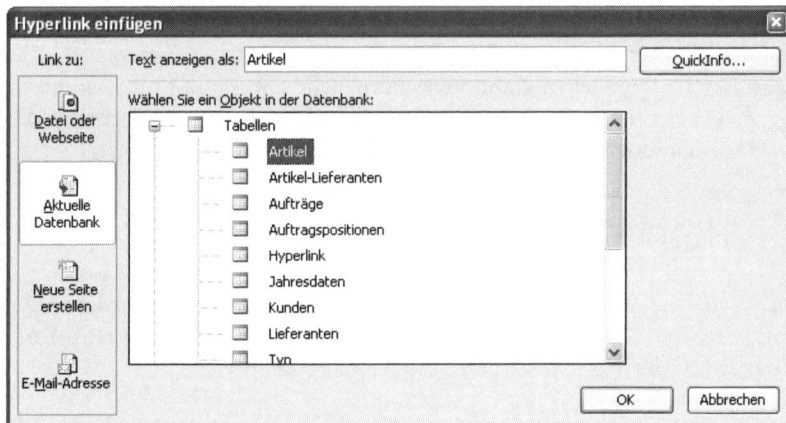

Die anzugebenden Informationen:

➡ *Text anzeigen als:* Ein beliebiger beschreibender Text, wobei Access den Name des darunter ausgewählten Access-Objekts vorgibt.

➡ *Wählen Sie ein Objekt in der Datenbank:* In diesem Feld werden alle in der aktuellen Datenbank vorhandenen Objekte aufgelistet, alle Tabellen, Abfragen, Formulare etc.

Wählen Sie eine Tabelle wie »Artikel«, genügt ab jetzt das Anklicken des Hyperlinks, um (nach Bestätigung einer Warnung vor vertrauensunwürdigen Hyperlinks) zur Tabelle »Artikel« zu springen, die – falls momentan geschlossen – gegebenenfalls geöffnet wird (Abbildung 21.3).

Ein per Anklicken eines Hyperlinks geöffnetes Objekt kann selbst wieder Hyperlinks zu beliebigen anderen Objekten der Access-Datenbank oder sonstigen Dokumenten enthalten. Die Umherspringerei kontrollieren Sie mit Hilfe der automatisch eingeblendeten Web-Leiste, die die üblichen Symbole zum Springen zur vorhergehenden oder nächsten Seite enthält, zum Aktualisieren einer Seite etc.

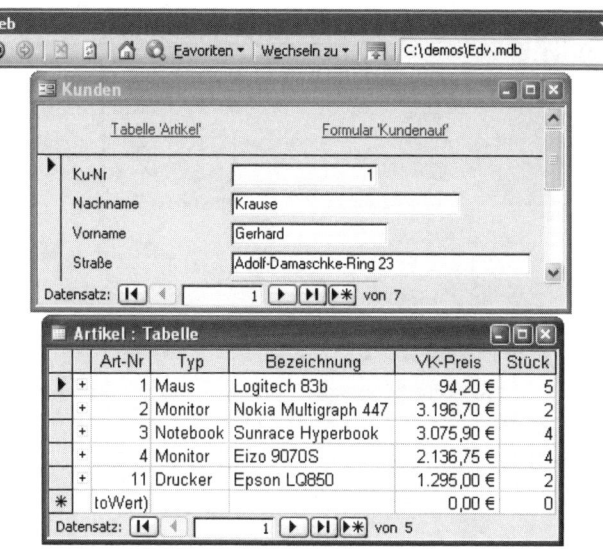

21.2   Hyperlinks bearbeiten

Nach dem Einfügen eines Hyperlinks enthält das Kontextmenü alle zum nachträglichen Bearbeiten des Hyperlinks benötigten Befehle (Abbildung 21.4).

➡ HYPERLINK BEARBEITEN... öffnet das Dialogfeld zur Angabe der Ziel-adresse, die Sie nun ändern können.

➡ HYPERLINK ÖFFNEN besitzt die gleiche Funktion wie das Anklicken des Hyperlinks und öffnet das betreffende Objekt.

➡ IN NEUEM FENSTER ÖFFNEN öffnet das Objekt ebenfalls, allerdings in jedem Fall in einem neuen Fenster, selbst wenn der Hyperlink auf ein Ziel im momentan aktiven Fenster weist.

➡ HYPERLINK KOPIEREN kopiert den Hyperlink (den Sie anschließend mit BEARBEITEN|EINFÜGEN an einer anderen Stelle im Formular oder in ein anderes Access-Objekt einfügen können).

➡ ZU FAVORITEN HINZUFÜGEN... fügt in den Ordner FAVORITEN eine Verknüpfung zu diesem Hyperlink ein.

➡ TEXT ANZEIGEN... ermöglicht die schnelle Umbenennung eines Hyper-links.

➡ HYPERLINK ENTFERNEN löscht den Hyperlink.

Abbildung 21.4:
Hyperlink
bearbeiten

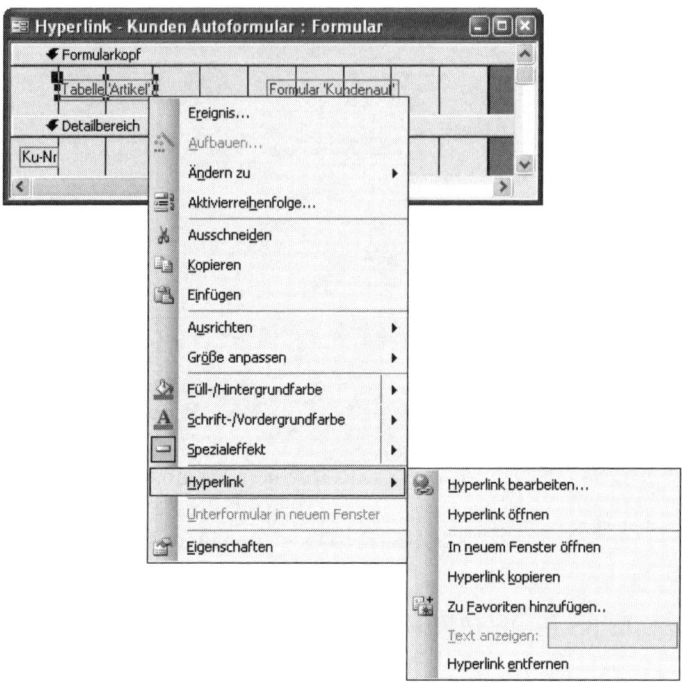

21.3   Mögliche Zielobjekte für Hyperlinks

Ist beim Einfügen eines Hyperlinks im linken Register *Aktuelle Datenbank* aktiviert, können Sie wie erläutert ein Objekt innerhalb der aktuellen Datenbank angeben.

Die Schaltfläche *Datei oder Webseite* ermöglicht stattdessen die Angabe eines beliebigen Dokuments (Abbildung 21.5).

Handelt es sich um eine Datei auf der Festplatte Ihres oder eines damit per Netzwerk verbundenen Rechners, aktivieren Sie die Schaltfläche *Aktueller Ordner*. Das Listenfeld ähnelt nun dem gewohnten Dateiauswahl-Dialogfeld, und Sie können die interessierende Datei interaktiv selektieren.

Alternativ dazu können Sie auch auf das Symbol zum Öffnen eines Ordners klicken. Dann erscheint das gewohnte Dateiauswahl-Dialogfeld als eigenständiges Fenster.

Datenbanken   Im Beispiel wählte ich als Ziel die Datenbank AUTOREN.MDB aus, worauf nach dem Schließen mit *OK* dieser Dateiname automatisch unter *Adresse* eingefügt wird.

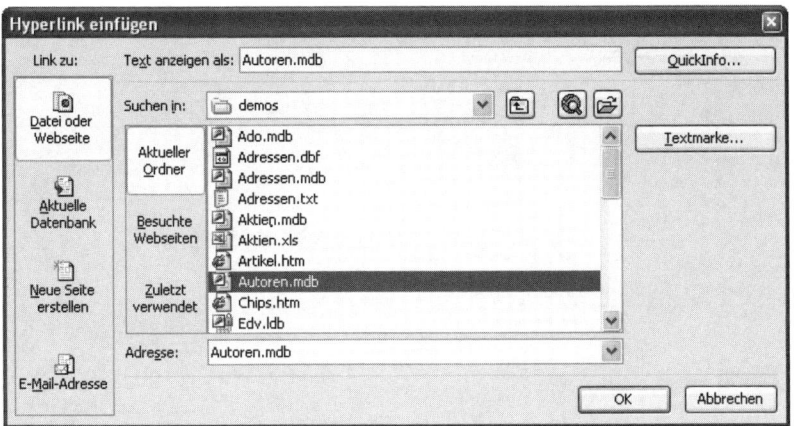

Abbildung 21.5:
Zieldatei auswählen

Handelt es sich um eine Access-Datenbank, können Sie anschließend mit *Textmarke...* ein Dialogfeld öffnen, in dem Sie die Zieladresse näher bestimmen und wie erläutert das interessierende Objekt jener Datenbank angeben können (Abbildung 21.6).

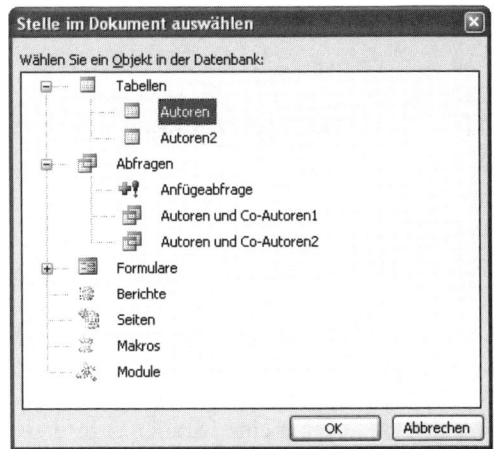

Abbildung 21.6:
Zielobjekt angeben

Beim Klicken auf den Hyperlink, also beim Sprung zum Objekt jener Datenbank, wird übrigens ein weiteres Access-Anwendungsfenster geöffnet und nicht etwa die aktuelle Datenbank geschlossen, um jene Datenbank zu öffnen!

INFO

Hyperlinks können auf beliebige Dateiarten verweisen, außer auf Access-Datenbanken beispielsweise auf Excel-Arbeitsmappen (Abbildung 21.7).

Dateien

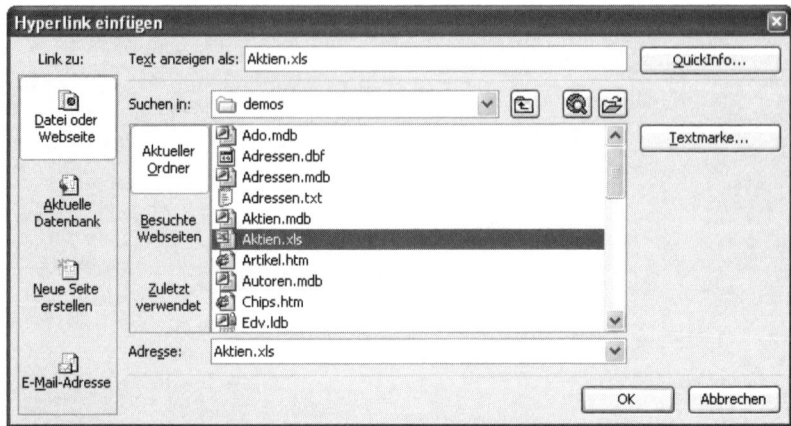

Eine genauere Zielbestimmung ist wie erläutert zwar nur in Access-Datenbanken möglich, aber zumindest wird nach dem Klicken auf den Hyperlink
Excel aufgerufen und darin die Arbeitsmappe geöffnet (Abbildung 21.8).

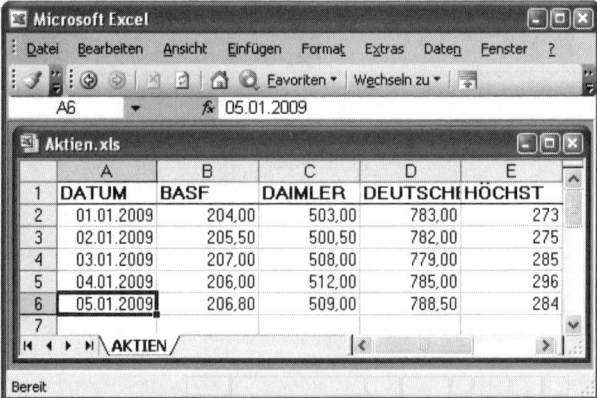

Wollen Sie auf eine erst kürzlich geöffnete Datei verweisen, klicken Sie auf
die Schaltfläche *Zuletzt verwendet*: Im Listenfeld werden die zuletzt geöffneten Dateien angezeigt, und Sie wählen die gewünschte per Anklicken aus.

Access fügt daraufhin in *Adresse* Pfad und Name der Datei ein, und Sie
geben nur noch im oberen Textfeld einen passenden Kommentar ein.

Webseiten   Hyperlinks können auch auf Webseiten verweisen. Sie können die Adresse
der interessierenden Webseite im Feld *Adresse* direkt eintippen, beispielsweise »c:\test.htm« wenn Sie sich sich für die Webseite TEST.HTM im Stammverzeichnis Ihrer Festplatte interessieren. Oder »http://www.microsoft.com«,
wenn Sie einen Hyperlink zur Microsoft-Homepage erstellen wollen.

Besuchten Sie die Webseite kürzlich, klicken Sie auf *Besuchte Webseiten*. Das Listenfeld enthält nun alle zuletzt von Ihnen besuchten Webseiten, und Sie können sich mühelos die gewünschte Site aussuchen.

Sie können die Adresse auch im Listenfeld *Adresse* auswählen, das ebenfalls eine Liste der zuletzt besuchten Webseiten enthält, die in exakt der gleichen Form dargestellt wird wie in der Adressleiste Ihres Webbrowsers.

Klicken Siestatt dessen auf das abgebildete Symbol, wird Ihr Webbrowser gestartet und Sie können die Webseite, auf die der Hyperlink verweisen soll, interaktiv suchen (Abbildung 21.9).

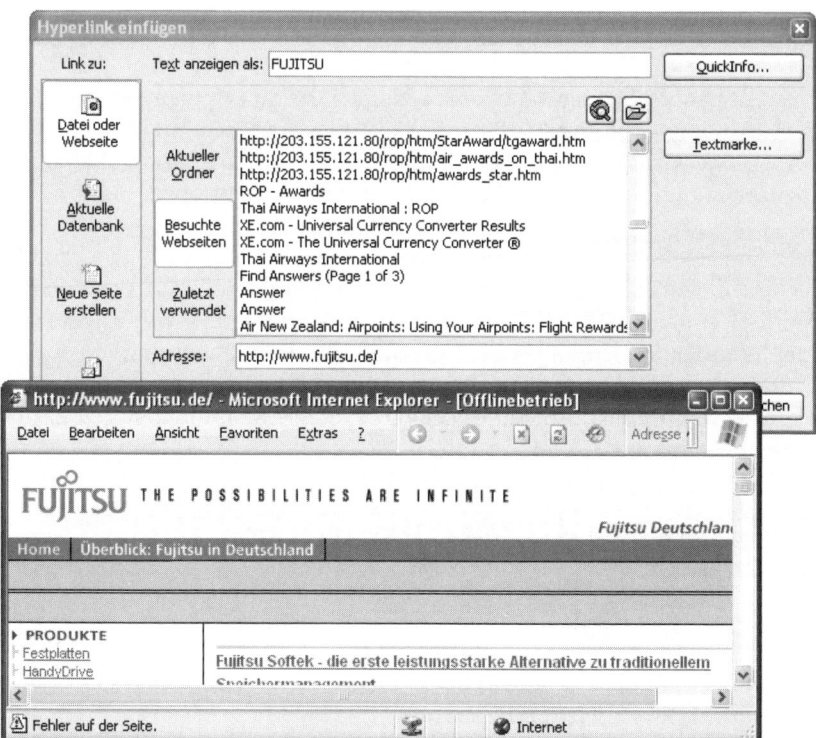

Abbildung 21.9:
Web durchsuchen

Kehren Sie zu Access zurück, ohne den Browser zu schließen, wird darin die betreffende Adresse angezeigt, *OK* fügt den Hyperlink auf diese Seite ein.

Aktivieren Sie im linken Dialogfeldteil *Neue Seite erstellen*, können Sie einen Hyperlink zu einem noch gar nicht vorhandenen Dokument erstellen (Abbildung 21.10).

Neue Dokumente

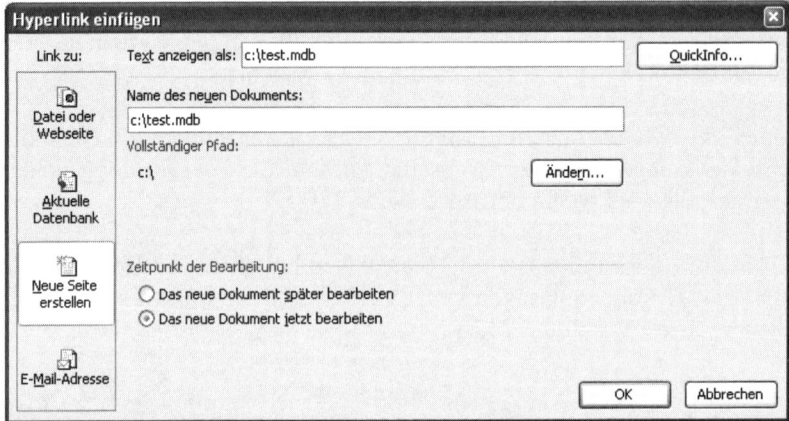

Entweder geben Sie den kompletten Namen des zu erstellenden Dokuments inklusive Laufwerk und Pfad manuell ein oder aber Sie aktivieren *Ändern...*, um Laufwerk und Pfad wie gewohnt interaktiv im Dateiauswahldialogfeld anzugeben und nur noch den Dateinamen selbst einzutippen.

Bei dem Dokument kann es sich um einen beliebigen Typ handeln: TEST.MDB würde eine neue Access-Datenbank anlegen, TEST.DOC ein neues Word-Dokument, TEST.GIF eine neue Grafikdatei etc. – vorausgesetzt, ein zum betreffenden Dokumenttyp passendes Programm ist installiert.

E-Mail-Adressen   Äußerst praktisch ist die Schaltfläche *E-Mailadresse* im linken Teil des Dialogfelds (Abbildung 21.11).

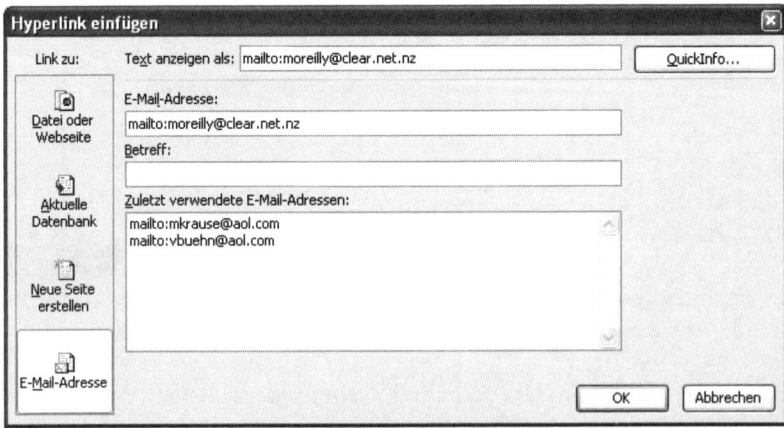

Klicken Sie darauf, können Sie anschließend unter *E-Mail-Adresse* eine EMail-Adresse eintippen bzw. im Listenfeld darunter eine der zuletzt verwendeten Adressen aussuchen. *OK* erzeugt einen Hyperlink zur betreffenden E-Mail-Adresse.

Um die betreffende Person per EMail zu kontaktieren, genügt ab jetzt ein Klick auf den Hyperlink (Abbildung 21.12).

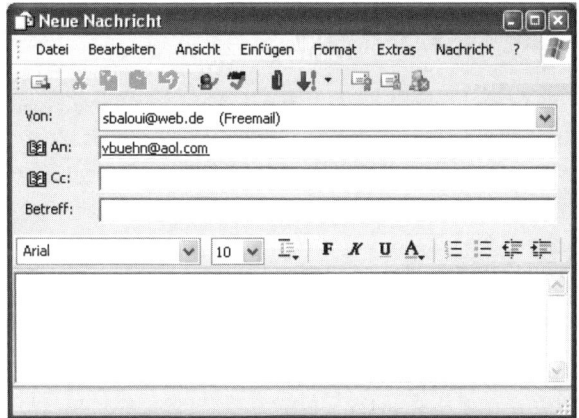

Abbildung 21.12:
E-Mail schreiben

Ihr E-Mail-Programm wird aktiviert und die betreffende Adresse darin vorgegeben. Enthält Ihr E-Mail-Adressbuch bereits einen entsprechenden Eintrag zu dieser Adresse, wird statt der Rohform »vbuehn@aol.com« gleich der Name des Adressaten vorgegeben, beispielsweise »Van der Buehn«.

21.4 Hyperlinks in Formularen und Tabellen

Der Befehl EINFÜGEN|HYPERLINK... fügt ein Bezeichnungsfeld in das Formular ein und Access setzt die Eigenschaften *Hyperlink-Adresse* und *Hyperlink-Unteradresse* entsprechend Ihren Angaben ein (Abbildung 21.13).

Bezeichnungsfelder als Hyperlinks

Abbildung 21.13:
Steuerelemente und Hyperlinks

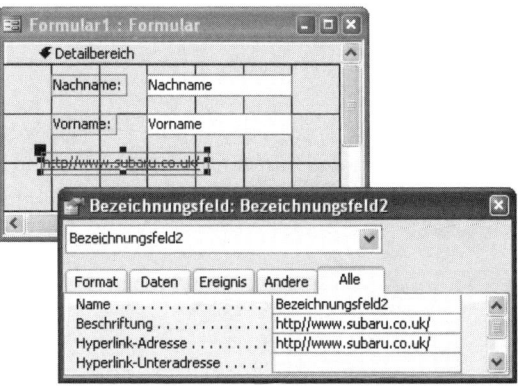

Hyperlink-Adresse legt das Zieldokument fest und *Hyperlink-Unteradresse* gegebenfalls das im betreffenden Dokument anzuzeigende Objekt. Klicken Sie auf die Editor-Schaltfläche am Rand eines der beiden Felder, wird das Dialogfeld zum Bearbeiten des Hyperlinks geöffnet, und Sie können beide Angaben verändern.

*Andere Steuerele-
mente benutzen*

EINFÜGEN|HYPERLINK... fügt immer ein Bezeichnungsfeld in das Formular ein. Zwei weitere Steuerelemente, Befehlsschaltflächen und Bild-Objekte, besitzen jedoch ebenfalls die Eigenschaften *Hyperlink-Adresse* und *Hyper-link-Unteradresse*.

Beide können Sie somit ebenfalls durch Editieren dieser Eigenschaften zur Definition eines Hyperlinks einsetzen. Klicken Sie in der Formularansicht auf die Befehlsschaltfläche bzw. auf das Bild, wird ebenfalls zum Ziel des Hyperlinks gesprungen.

TIPP

Sie können auch ein eingebettetes Objekt, beispielsweise eine eingebettete Grafik, als Hyperlink verwenden. Dazu selektieren Sie das Grafikobjekt und wählen danach wie bei Zellen EINFÜGEN|HYPERLINK....

*Der Feldtyp
»Hyperlink«*

Sie erinnern sich vielleicht, dass es auch einen eigenen Feldtyp *Hyperlink* gibt. Fügen Sie in eine Tabelle ein Feld dieses Typs ein, kann jeder Datensatz in diesem Feld einen Hyperlink enthalten.

EDV.MDB enthält eine Kundentabelle namens »Hyperlink« mit dem benötigten Verweis. Dazu fügte ich zunächst in die Tabelle ein Feld namens »Verweis« ein, das den Typ *Hyperlink* besitzt.

Um einem Datensatz dieser Tabelle einen Hyperlink hinzuzufügen, klicken Sie das Hyperlinkfeld mit der rechten Maustaste an und wählen im Kontextmenü HYPERLINK|HYPERLINK BEARBEITEN... oder in der Menüleiste EINFÜGEN|HYPERLINK... (Abbildung 21.14).

Erstellen Sie aus einer Tabelle, die ein Feld vom Typ *Hyperlink* enthält, ein Formular, wird das *Hyperlink*-Feld natürlich auch darin angezeigt, und Sie können auf die gleiche Weise Hyperlinks einfügen bzw. durch Anklicken benutzen (Abbildung 21.15).

[KOMPENDIUM] **Access 2003**

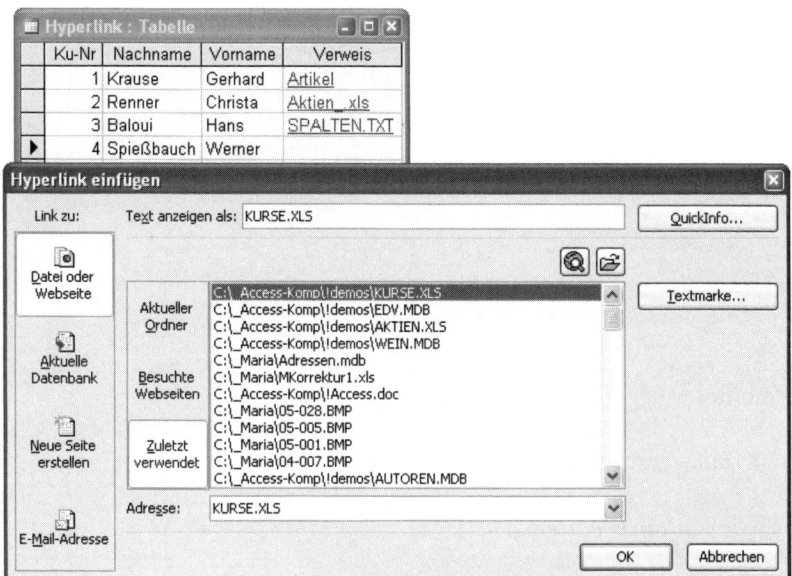

Abbildung 21.14:
EDV.MDB, Tabelle
»Hyperlink«

Abbildung 21.15:
EDV.MDB, Formular
»Hyperlink«

22 Datenbanken im Internet/ Intranet

Um Access-Datenbanken im Intranet/Internet speichern bzw. dort abgelegte Datenbanken öffnen zu können, müssen mehrere Voraussetzungen erfüllt sein:

Entweder haben Sie Zugriff auf einen Server, der Webordner unterstützt. Dann können Sie, wie im Kapitel 22.2, »Zugriff über Webordner«, erläutert, Ihre Dokumente auf diesem Server speichern und wieder öffnen.

Oder aber Sie haben Zugriff auf einen FTP-Server. Im Gegensatz zu WWW-Servern, auf denen sich Webseiten befinden, werden auf einem FTP-Server Dateien gespeichert, zum Beispiel eben Access-Arbeitsmappen.

Darüberhinaus müssen auch die Anmeldezugriffsvoraussetzungen erfüllt sein. Der FTP-Server muss Ihnen also den lesenden (Öffnen von Access-Datenbanken) bzw. schreibenden (Editieren von Access-Datenbanken) Zugriff gestatten.

22.1 Datenbanken auf FTP-Servern

Sind diese Voraussetzungen erfüllt, benötigen Sie nur noch die Adresse des FTP-Servers im Internet oder Firmennetzwerk, um darauf abgelegte Access-Datenbanken zu öffnen bzw. dort eigene Access-Datenbanken zu speichern. Im Gegensatz zu Adressen von WWW-Servern, die prinzipiell mit »http://« beginnen, beginnt die Adresse eines FTP-Servers mit »ftp://«.

Dabei handelt es sich entweder um einen im Domänen-Namen-System (DNS) registrierten Namen wie »ftp:/microsoft.com« oder – beim Zugriff auf einen FTP-Server, der sich im lokalen Firmennetzwerk befindet – um den Namen dieses Rechners im Windows-Netzwerk, beispielsweise »ftp:// haupt«.

In jedem Fall handelt es sich dabei um ein Verzeichnis auf der Festplatte des betreffenden Rechners, das Sie genauso behandeln können wie Verzeichnisse auf Ihrer eigenen Festplatte.

Im Internet speichern

Angenommen, Sie wollen auf »ftp://haupt« die Datenbank ADRESSEN.MDB anlegen. Dazu wählen Sie DATEI|NEU, klicken im Aufgabenbereich auf *Leere Datenbank* und selektieren im Dateiauswahl-Dialogfeld die betreffende Internetadresse, die sich unterhalb von *FTP-Adressen* befindet. Haben Sie noch keine FTP-Adressen definiert, enthält das Listenfeld darunter nur den Eintrag *FTP-Adressen hinzufügen/ändern* (Abbildung 22.1).

Abbildung 22.1:
Internet-
Speicherorte

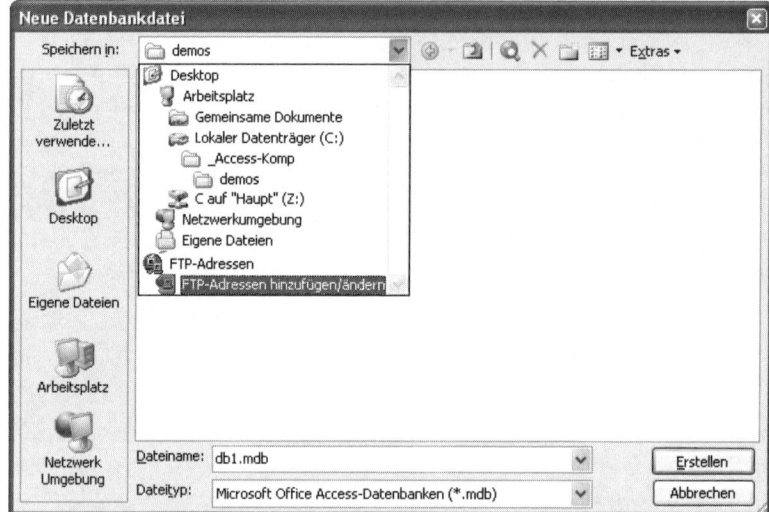

Klicken Sie darauf, erscheint ein Dialogfeld, in dem Sie die FTP-Addresse definieren, im Beispiel also »ftp://haupt«, und Zusatzinformationen wie ein eventuell beim Zugriff darauf anzugebendes Kennwort festlegen (Abbildung 22.2).

Abbildung 22.2:
FTP-Adresse
definieren

Sie können in diesem Dialogfeld gleich beliebige weitere Adressen anderer FTP-Server definieren, indem Sie es nicht mit *OK* schließen, sondern die angegebene Adresse mit *Hinzufügen* in das Listenfeld einfügen und danach die nächste Adresse definieren.

Um eine auf diese Weise definierte Adresse später zu ändern, klicken Sie erneut auf den Eintrag *FTP-Speicherort hinzufügen/ändern*, um das Dialogfeld wieder zu öffnen, selektieren im Listenfeld die betreffende FTP-Adresse, und löschen sie mit *Entfernen* oder editieren sie mit *Ändern*.

Alle auf diese Weise definierten FTP-Adressen werden unterhalb von *FTP-Adressen* angezeigt, sodass Sie diese Adressen zum Anlegen von Datenbanken nun auf die gleiche Weise wie beliebige Ordner auf Ihrer Festplatte benutzen können (Abbildung 22.3).

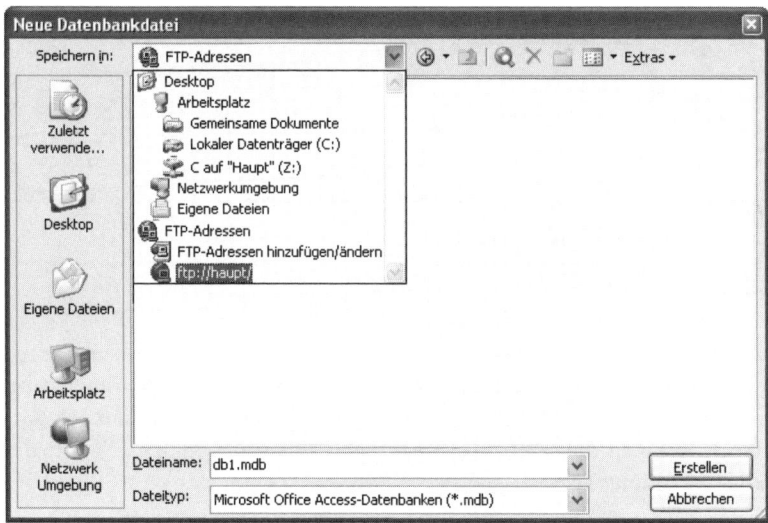

Abbildung 22.3:
Definierte
FTP-Adresse

In der Praxis sieht das so aus: Sie wählen nun als Speicherort Ihrer Datenbank ADRESSEN.XLS den zuvor definierten FTP-Server »ftp://haupt«, dessen Inhalt angezeigt wird.

Dabei handelt es sich um ein ganz normales Verzeichnis jenes FTP-Servers, das wie üblich Dateien und auch selbst wieder Unterverzeichnisse enthalten kann, beispielsweise die Unterverzeichnisse ACCESS-DATENBANKEN, EXCEL-TABELLEN und WORD-DOKUMENTE.

Sie wühlen sich nun zum Verzeichnis vor, in dem Sie die Datenbank speichern wollen, beispielsweise ACCESS-DATENBANKEN, und klicken auf *Erstellen*, um ADRESSEN.MDB in diesem Verzeichnis des FTP-Servers zu speichern.

Im Internet öffnen   Um diese oder eine andere auf dem FTP-Server gespeicherte Datei zu öffnen, wählen Sie DATEI|ÖFFNEN.... und selektieren die Internetadresse »ftp:// haupt«. Im Verzeichnis ACCESS-DATENBANKEN befindet sich zuvor dort gespeicherte Datenbank ADRESSEN.MDB (Abbildung 22.4).

Abbildung 22.4:
Gespeicherte Datei

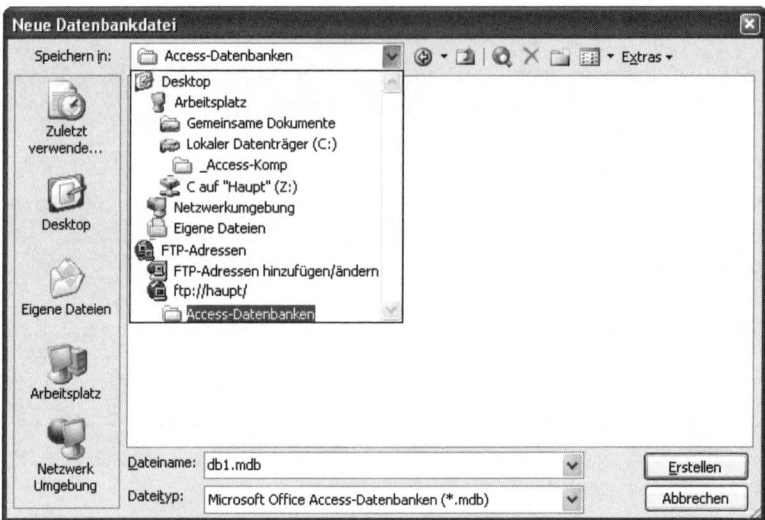

22.2   Zugriff über Webordner

Webordner setzen voraus, dass die Webserver, auf die Sie zugreifen, dieses spezielle Feature mit Hilfe der Frontpage Server-Extensions auch tatsächlich unterstützen, und Sie die zum Speichern/Öffnen von Dateien erforderlichen Berechtigungen besitzen. Ist das der Fall, vereinfachen Webordner den Zugriff auf jene Server.

Erstellen   Um einen Webordner im Windows Explorer zu erstellen, öffnen Sie den Ordner *Webordner* und doppelklicken auf den darin enthaltenen Eintrag *Webordner hinzufügen*.

Anschließend meldet sich ein Assistent, mit dessen Hilfe Sie einen neuen Webordner erstellen oder eine Verknüpfung zu einem bereits existierenden Webordner hinzufügen können.

Um einen neuen Webordner zu erstellen, wählen Sie die entsprechende Option und müssen im folgenden Schritt die URL-Adresse (URL = Uniform Ressource Locator) des Servers angeben und dem neuen · Ordner einen Namen geben.

Sie können Webordner auch direkt in Access erstellen, indem Sie im Aufgabenbereich auf Webordner hinzufügen *klicken. Danach wählen Sie die Option zum Erstellen eines neuen Webordners und geben im folgenden Schritt gleich beide benötigten Informationen ein: die URL-Adresse des Webordners, auf den Sie Zugriff besitzen, und den Namen des neuen Ordners, der darin erstellt werden soll (Abbildung 22.5).*

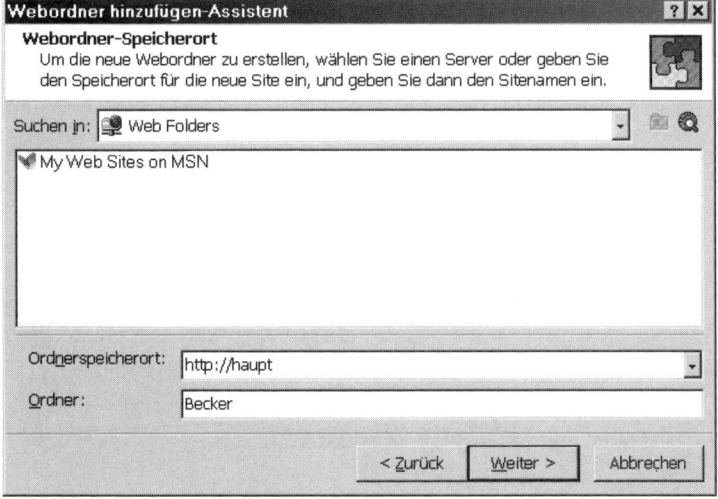

Abbildung 22.5:
Webordner
hinzufügen

Nehmen wir an, der Systemadministrator Ihrer Firma teilt Ihnen mit, dass Sie im firmeneigenen Intranet Zugriff auf einen Webserver namens »Haupt« haben, der Webordner unterstützt und dass die URL-Adresse dieses Webservers *http://Haupt* lautet (bei einem Server im Internet würde sie stattdessen *http://microsoft.com* oder ähnlich lauten.

Unter dieser Adresse verbirgt sich ein bestimmtes Verzeichnis dieses Rechners, das so genannte »Basisverzeichnis«.

In diesem Verzeichnis wollen Sie nun einen Ordner namens »Becker« erstellen, um darin verschiedene Access-Dokumente zu speichern. Dazu geben Sie als *Ordnerspeicherort* »http://Haupt« ein und für *Ordner* BECKER.

Anschließend befindet sich im Explorer im Ordner *Webordner* außer dem Eintrag *Webordner hinzufügen* zusätzlich auch ein Ordner mit dem von Ihnen eingegebenen Namen, beispielsweise »Becker« oder »images« (Abbildung 22.6).

Abbildung 22.6:
Hinzugefügte Web-
ordner

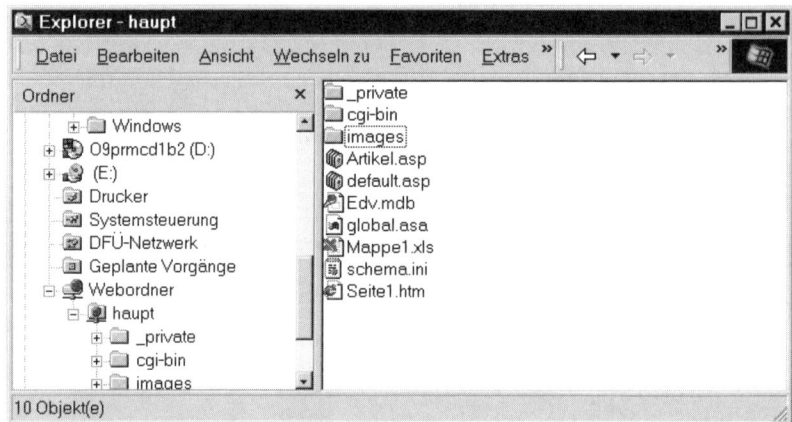

Um im Ordner BECKER, IMAGES oder wie auch immer Sie ihn nannten, Unterverzeichnisse wie ACCESS-DOKUMENTE oder WORD-DOKUMENTE zu erstellen, gehen Sie genauso vor, geben jedoch als *Ordnerspeicherort* die URL-
Adresse »http://Haupt/Becker« an (das Verzeichnis, in dem die neuen Unterverzeichnisse erstellt werden sollen) und als *Ordner* entsprechend »Access-
Dokumente« bzw. »Word-Dokumente«. Die auf diese Weise erstellten Ordner besitzen die URL *http://Haupt/Becker/Access-Dokumente* bzw. *http://
Haupt/Becker/Word-Dokumente*.

*Webordner im
Explorer*

Dieser neue Ordner kann nun fast wie jeder lokale Ordner Ihres Rechners
benutzt werden. Fast, da lokale Dateien, die Sie in diesen Ordner schieben,
prinzipiell kopiert und nicht verschoben werden. Darin enthaltene Dateien
können Sie jedoch wie gewohnt öffnen, umbenennen und löschen oder in
lokale Ordner auf Ihrer Festplatte kopieren.

*Webordner in
Access*

Zur Nutzung eines Webordners in Access: Um beispielsweise eine Datenzugriffsseite im Webordner »haupt« zu speichern, aktivieren Sie im linken Teil
des Dateiauswahl-Dialogfelds *Webordner*.

Daraufhin wird der Inhalt dieses Ordners angezeigt, der unter anderem den
soeben erstellten Webordner »haupt« enthält. Doppelklicken Sie darauf,
wird er geöffnet, und Sie können Ihr Dokument darin speichern (Abbildung
22.7).

Verbirgt sich unter dem Ordnernamen »haupt« wie zuvor erläutert die URL-
Adresse »http://Haupt«, wird das Dokument nun unter dem von Ihnen angegebenen Dateinamen im Basisverzeichnis des Webservers gespeichert.

Um es später wieder zu öffnen, wählen Sie DATEI|ÖFFNEN..., aktivieren erneut
Webordner, öffnen wieder den Webordner »haupt« und selektieren das
zuvor darin gespeicherte Dokument.

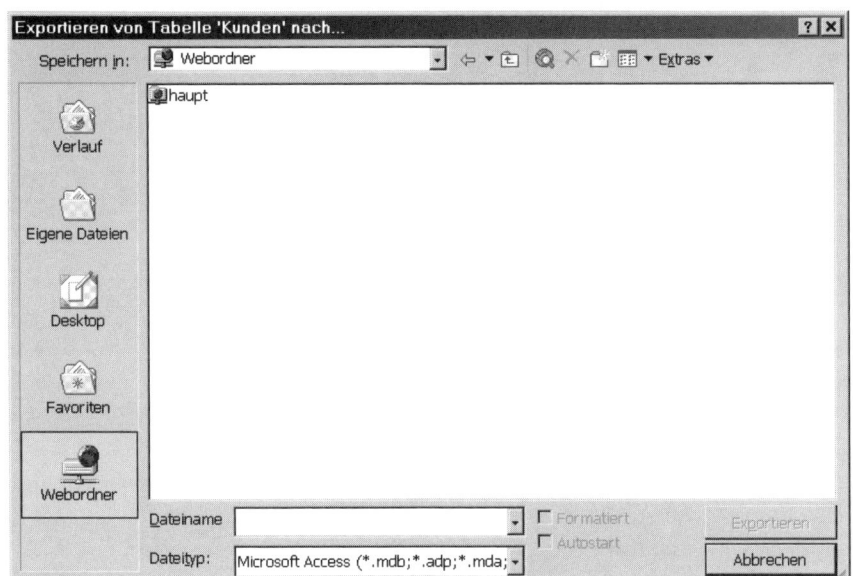

Abbildung 22.7:
In Webordner
speichern

23 Webseiten

In Webseiten enthaltene Tabellen können Sie in Access importieren und dort weiterbearbeiten.

Nehmen wir als Beispiel eine Webseite, die über die US-Aktien mit der besten Performance der letzten zehn Jahren informiert (Abbildung 23.1).

Abbildung 23.1:
US_Top.htm

23.1 Als Datenzugriffsseite öffnen

Access versteht HTML und kann Webseiten sogar dann öffnen, wenn momentan überhaupt keine Access-Datenbank geöffnet ist.

Dazu wählen Sie DATEI|ÖFFNEN..., selektieren unter *Dateityp* »Webseiten« und wählen die betreffende Webseite aus (Abbildung 23.2).

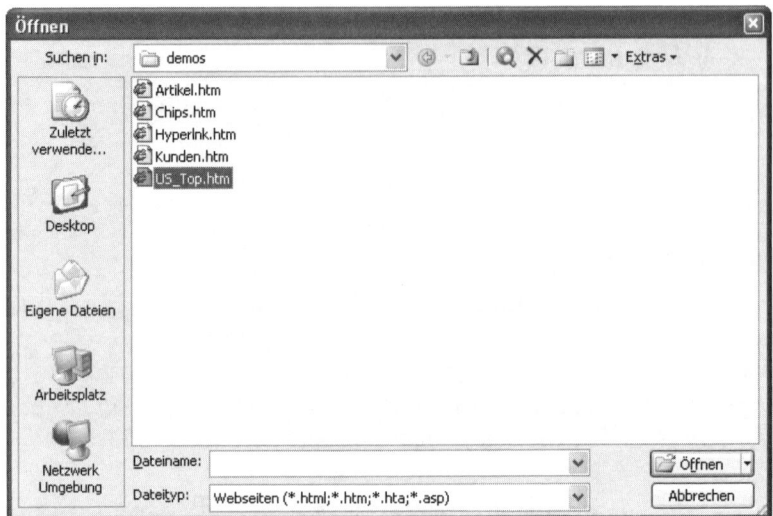

Daraufhin erscheint zunächst ein Dialogfeld, das ich im Kapitel 24.4, »Datenquellen und Verbindungsinformationen«, erläutere. Es wird nur zum Zugriff auf »dynamische Webseiten« benötigt, nicht zum Öffnen einer einfachen »statischen Webseite«. Klicken Sie daher auf Abbrechen.

Die Webseite wird nun als Datenzugriffsseite in der Entwurfsansicht geöffnet. Sie können diese Seite wie ein Access-Objekt editieren, jederzeit zwischen der Datenzugriffsseiten- und der Entwurfsansicht (im dabei erneut erscheinenden Dialogfeld wieder *Abbrechen* wählen) umschalten und die geänderte Seite anschließend speichern.

Benötigen Sie die betreffende Webseite öfters, sollten Sie einen Verweis in eine Access-Datenbank einfügen, der einen schnellen Zugriff auf die Seite gestattet.

Dazu müssen Sie die Webseite jedoch auf andere Weise öffnen:

1. Aktivieren Sie im Datenbankfenster die Kategorie *Seiten* und doppelklicken Sie auf den Eintrag *Bearbeitet eine vorhandene Webseite* (oder klicken Sie auf die Schaltfläche *Neu* und wählen Sie im folgenden Dialogfeld *Vorhandene Webseite*).

    Die danach von Ihnen ausgewählte Webseite wird nun ebenfalls in der Entwurfsansicht geöffnet.

2. Schließen Sie die Seite und beantworten Sie die Frage nach dem Speichern mit *Ja*, werden nicht nur Ihre Änderungen an der Seite gespeichert, sondern zusätzlich wird in der *Seiten*-Kategorie des Datenbankfensters ein gleichnamiges Objekt angelegt, das einen Verweis auf die Webseite selbst darstellt.

Heißt die Seite beispielsweise US_TOP.HTM, befindet sich in der Kategorie *Seiten* anschließend ein Objekt namens »US_Top«, eine Verknüpfung zu dieser Webseite (um klarzustellen, dass es sich nicht um ein Access-Objekt handelt, befindet sich neben dem Eintrag ein kleines Verknüpfungssymbol).

3. Klicken Sie auf die Verknüpfung, wird die zugehörige Webseite geöffnet und kann editiert werden.

23.2   Daten aus Webseiten importieren

Statt eine Webseite zu öffnen, können Sie die darin enthaltenen Daten in eine Access-Datenbank importieren.

Dazu wählen Sie DATEI|EXTERNE DATEN|IMPORTIEREN... bzw. DATEI| EXTERNE DATEN|TABELLEN VERKNÜPFEN..., selektieren unter *Dateityp* »HTML-Dokumente«, und wählen die betreffende Webseite aus, im folgenden Beispiel die Datei US_TOP.HTM.

Daraufhin meldet sich der HTML-Import-Assistent (bzw. der HTML-Verknüpfungs-Assistent), der gegebenenfalls meldet, dass sich mehrere Tabellen in der betreffenden Datei befinden, und Sie dazu auffordert, die gewünschte auszuwählen (Abbildung 23.3).

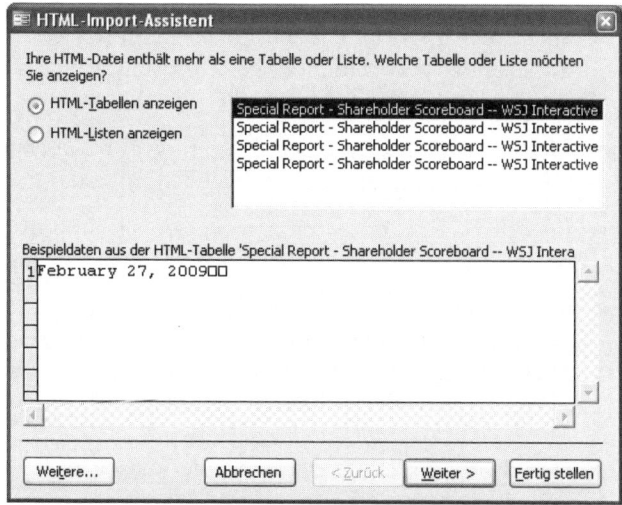

Abbildung 23.3:
HTML-Import-Assistent

Wie Sie sehen, ist auch die Überschrift »February 27, 2009« der Webseite eine eigene Tabelle. Daran sind Sie vermutlich jedoch nicht interessiert, also klicken Sie der Reihe nach auf die restlichen Einträge im Listenfeld, worauf jeweils eine Vorschau des Importergebnisses der betreffenden Tabelle angezeigt wird.

In unserem Fall entspricht der zweite Eintrag der zu importierenden Tabelle (Abbildung 23.4).

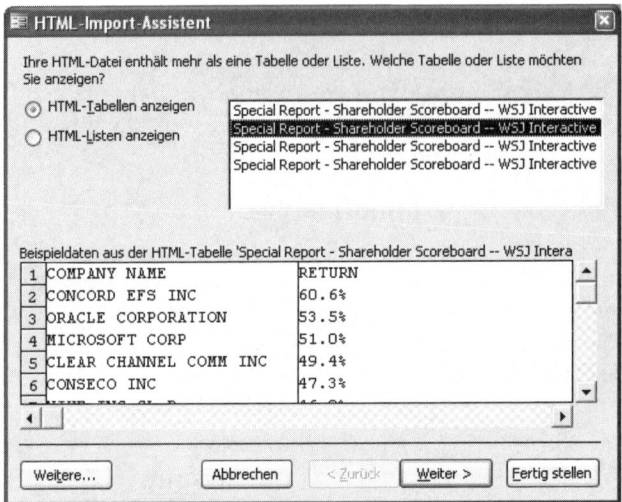

Die verschiedenen Schritte des Assistenten erläutere ich im Abschnitt »Kalkulationstabellen«, auf Seite 524. Hier daher nur soviel dazu:

➡ *Weitere...* öffnet das bereits bekannte Dialogfeld *Importspezifikation*. Bei seltsam erscheinender Vorschau können Sie Access darin auf die Sprünge helfen, indem Sie angeben, durch welche Trennzeichen die Tabellendaten voneinander getrennt sind, welches Datumsformat darin verwendet wird und so weiter.

➡ Im zweiten Schritt werden Sie gefragt, ob die erste Zeile Spaltenüberschriften enthält (was im Beispiel der Fall ist).

➡ Im dritten Schritt bestimmen Sie, ob die importierten Daten in einer neuen oder in einer bestehenden Tabelle gespeichert werden.

➡ Im vierten Schritt wählen Sie, welche Felder (also Tabellenspalten) importiert und welche einfach ignoriert werden sollen, und legen die Namen und Datentypen der Felder fest etc.

➡ Im fünften Schritt können Sie einen Primärschlüssel festlegen.

➡ Das war's. Anschließend wird die ausgewählte Tabelle der Webseite importiert bzw. verknüpft (Abbildung 23.5).

Abbildung 23.5:
Importierte
Webseiten-Tabelle

23.3   Webseiten und Datenzugriffsseiten erzeugen

Access kann auch umgekehrt Tabellen, Abfragen, Formulare und Berichte als Webseite speichern. Access selbst wird zur Betrachtung einer solchen Seite nicht mehr benötigt. Jeder Benutzer, der über einen Internet-Browser verfügt, kann sich diese Seite ansehen!

Access-Tabellen als Webseiten zu speichern kann auch ohne Internet-Zugang nützlich sein, zum Beispiel im Intranet, dem unternehmenseigenen Internet. Ihre Kollegen können sich darin als Webseiten gespeicherte Access-Objekte auch dann anschauen, wenn sie nicht über Access verfügen, sondern nur über einen – beliebigen – Webbrowser.

Sie haben zwei Möglichkeiten, eine solche Webseite zu erzeugen. In beiden Fällen selektieren Sie zunächst im Datenbankfenster die interessierende Tabelle/Abfrage bzw. das Formular/den Bericht.

Anschließend können Sie DATEI|EXPORTIEREN... wählen und im folgenden Dateiauswahl-Dialogfeld der zu erstellenden Datei einen Namen geben, vor allem aber als Format »HTML-Dokumente« wählen.

Aktivieren Sie das Kontrollkästchen *Formatiert*, erscheint nach Anklicken von *Exportieren* das Dialogfeld »HTML-Ausgabeoptionen«, in dem Sie eine Webseite als »HTML-Vorlage« auswählen können, um deren Formatierungen für die zu erzeugende Seite zu übernehmen.

Aktivieren Sie zusätzlich *Autostart*, wird nach dem Erzeugen der Seite Ihr Internet Explorer gestartet und die neue Webseite darin angezeigt (Abbildung 23.6).

Abbildung 23.6:
Als Webseite
exportierte Tabelle
»Artikel«

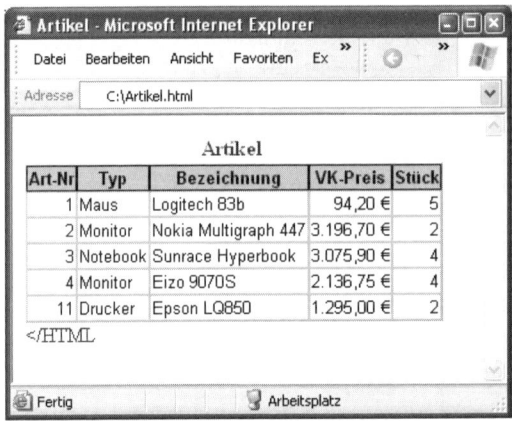

Alternativ dazu können Sie den Befehl DATEI|SPEICHERN UNTER... benutzen und als Typ »Datenzugriffsseite« wählen.

Das Access-Objekt wird daraufhin unter dem anzugebenden Namen als Datenzugriffsseite gespeichert. Im Register *Seiten* des Datenbankfensters erzeugt Access eine Verknüpfung zur Webseite, über die sie jederzeit geöffnet/editiert werden kann.

Das Objekt als Datenzugriffsseite zu speichern bietet sich vor allem in Fällen an, in denen Sie den Entwurfsmodus von Datenzugriffsseiten benutzen wollen, um das Layout der erzeugten Webseite individuell zu verändern (siehe Kapitel 24.5, »Den Seitenentwurf verändern«).

24 Datenzugriffsseiten

Datenzugriffsseiten sind Webseiten, die formularähnliche Steuerelemente enthalten und wie Formulare die Darstellung und Editierung von Daten einer Access- oder einer Microsoft SQL Server-Datenbank ermöglichen.

Im Gegensatz zu Formularen benötigt der Anwender jedoch nicht Access selbst, sondern nur den Internet Explorer ab Version 5 und Zugriff auf den Server, auf dem sich die zugehörige Access-Datenbank befindet.

Öffnet der Anwender die Datenzugriffsseite, stellt der Internet Explorer eine Verbindung zu diesem Server her, der wiederum auf die Access-Datenbank zugreift und dem Internet Explorer des Anwenders die anzuzeigenden Daten der Access-Datenbank übermittelt.

Im Internet Explorer des Anwenders werden die in der Access-Datenbank enthaltenen Daten nun genauso dargestellt und können darin genauso bearbeitet werden wie in einem normalen Access-Formular.

Obwohl er selbst gar nicht über Access verfügt, kann der Anwender mit dieser physisch möglicherweise weit entfernten Datenbank genauso arbeiten, als befände sie sich auf seinem eigenen Rechner, und als hätte er sie in Access selbst geöffnet.

Ich erläutere zunächst, wie Datenzugriffsseiten erstellt und benutzt werden. Dabei fasse ich mich kurz, da Datenzugriffsseiten großteils eine Mischung aus Formularen und Berichten sind, und der Umgang mit diesen Objekten bereits ausführlichst erläutert wurde.

Der grundlegende Unterschied liegt darin, dass Datenzugriffsseiten nicht in Access selbst gespeichert werden, sondern als ganz normale Webseiten, also HTM-*Dateien. Was das bedeutet, erfahren Sie im Kapitel 24.4, »Datenquellen und Verbindungsinformationen«.*

Anschließend erläutere ich im Kapitel 24.5, »Den Seitenentwurf verändern«, die entscheidenden Unterschiede zwischen dem Entwurf einer Datenzugriffsseite und dem inzwischen wohlbekannten Formular-/Berichtsentwurf.

24.1   Neue Datenzugriffsseite erstellen

Vor der Erzeugung einer Datenzugriffsseite sollte die zugrunde liegende Tabelle bzw. Abfrage momentan nicht im Entwurfsmodus geöffnet sein.

Wie immer gibt es mehrere Möglichkeiten. Am vielseitigsten ist der Befehl EINFÜGEN|SEITE (oder Aktivierung der Kategorie *Seiten* im Datenbankfenster und Klicken auf die Schaltfläche *Neu* oder Klicken auf das zugehörige Symbol der Symbolliste *Neues Objekt*) (Abbildung 24.1).

Abbildung 24.1:
Neue Daten-
zugriffsseite

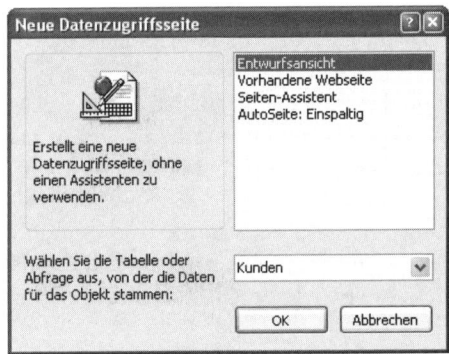

AutoSeiten — Wählen Sie *AutoSeite: Einspaltig*, müssen Sie im Listenfeld darunter die Datenbasis auswählen. Danach erzeugt Access eine einspaltige Datenzugriffsseite, im Falle der Tabelle »Kunden« von EDV.MDB etwa die folgende (Abbildung 24.2).

Abbildung 24.2:
Erzeugte Daten-
zugriffsseite

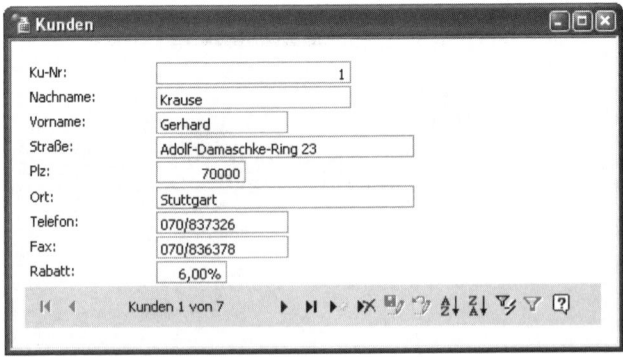

Prinzipiell liegt hier nichts anderes als ein einspaltiges AutoFormular vor, nur dass es sich eben um eine Datenzugriffsseite handelt.

Der Unterschied wird deutlich, wenn Sie die Seite schließen. Wie immer werden Sie gefragt, ob Sie das geänderte Objekt speichern wollen. Nach Ja *erscheint das Dateiauswahl-Dialogfeld, in dem Sie den Namen (und Speicherort) der Datenzugriffsseite angeben müssen, da sie ja nicht in der Access-Datenbank gespeichert wird, sondern als ganz normale Webseite auf Ihrer Festplatte!*

Der Eintrag »Kunden«, der sich nach dem Speichern der Webseite im Register *Seiten* des Datenbankfensters befindet, stellt somit – im Gegensatz zu allen anderen Access-Objekten wie Tabellen oder Formularen – nicht die Webseite selbst dar, sondern nur eine Verknüpfung zu dieser.

Access speichert neue Datenzugriffsseiten immer im aktuellen Verzeichnis (also in jenem, das bei Wahl von DATEI|ÖFFNEN *angezeigt wird, z.B.* C:\EIGENE DATEIEN*). Ausnahme: Ist im Register* Seiten *von* EXTRAS|OPTIONEN Standardseitenordner verwenden *aktiviert, speichert Access Datenzugriffsseiten im dort festgelegten* Standardseitenordner.

Zusätzlich werden Sie nach dem Speichern darauf hingewiesen, dass die »Verbindungszeichenfolge« einen absoluten Pfad zur Datenquelle enthält und genau das Problem bereiten kann (siehe »Speicherorte fürs Intranet/ Internet« auf Seite 495).

Bearbeiten einer vorhandenen Webseite öffnet das Dateiauswahldialogfeld und fordert Sie auf, darin eine Webseite auszuwählen, also eine Datei mit der Endung HTM oder HTML.   **_Vorhandene Webseite_**

Die Webseite wird in der Entwurfsansicht geöffnet und im Datenbankfenster (Kategorie Seiten*) eine Verknüpfung zu ihr erzeugt, sodass Sie die Webseite jederzeit durch Anklicken der Verknüpfung öffnen können (siehe Kapitel 23.1, »Als Datenzugriffsseite öffnen«).*

Sie können anschließend in der Entwurfsansicht die Felder der zuvor ausgewählten Tabelle/Abfrage in die Webseite einfügen (oder beliebige Felder anderer Tabellen, siehe Kapitel 24.5, »Den Seitenentwurf verändern«), um aus ihr eine echte Datenzugriffsseite zu machen, die Daten der Access-Datenquelle anzeigt.

Entwurfsansicht bewirkt das Gleiche wie das Anklicken des Objekts *Erstellt*   **_Neue leere Seite_** *eine Datenzugriffsseite in der Entwurfsansicht* in der Kategorie *Seiten* des Datenbankfensters

In beiden Fällen wird eine neue, leere Datenzugriffsseite erzeugt. Sie wird in der Entwurfsansicht geöffnet, in die Sie anschließend noch Felder aus Tabellen und beliebige weitere Steuerelemente einfügen müssen, damit sich »etwas tut« (siehe Kapitel 24.5, »Den Seitenentwurf verändern«).

Sie können eine neue leere Datenzugriffsseite auch erstellen, indem Sie DATEI|NEU... wählen und im Aufgabenbereich auf *Leere Datenzugriffsseite* klicken.

Ist dabei keine Datenbank geöffnet, will Access wissen, welche Datenbank als Datenquelle der Seite benutzt werden soll, und ein Dialogfeld zur Auswahl der gewünschten Datenquelle erscheint. Sie können darin zwar auf Abbrechen *klicken, ohne die zu verwendende Datenquelle anzugeben. Dann müssen Sie das jedoch später nachholen (siehe Kapitel 24.4, »Datenquellen und Verbindungsinformationen«).*

24.2   Der Datenzugriffsseiten-Assistent

Die Option *Seiten-Assistent* bzw. Anklicken des Objekts *Erstellt eine Datenzugriffsseite unter Verwendung des Assistenten* der *Seiten*-Kategorie des Datenbankfensters aktiviert den schon vertrauten Assistenten.

Zunächst wählen Sie die Datenbasis aus, beispielsweise die Tabelle »Kunden«, und fügen die interessierenden Felder dieser Tabelle ein (Abbildung 24.3).

Abbildung 24.3:
Felder auswählen

Im zweiten Schritt legen Sie die Gruppierung fest (siehe Kapitel 17.3, »Berichte gruppieren«) und im dritten die Sortierreihenfolge (siehe Kapitel 17.2, »Berichte mit dem Assistenten erstellen«).

Im letzten Schritt wählen Sie, ob die Seite in der Datenzugriffsseiten- (*Seite öffnen*) oder aber in der Entwurfsansicht (*Seitenentwurf ändern*) geöffnet werden soll. Das in der Datenzugriffsseitenansicht sichtbare Resultat ist identisch mit der vorhergehenden *AutoSeite (einspaltig)* (Abbildung 24.4).

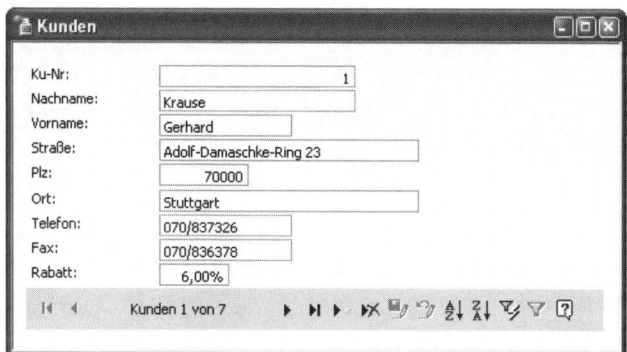

Abbildung 24.4:
Erzeugte Daten-
zugriffsseite

Wie beim Formular- bzw. Berichts-Assistenten können Sie im ersten Schritt Felder aus mehreren miteinander verknüpften Tabellen einfügen.

:-)
TIPP

Daraufhin würde der Assistent wie bei Berichten automatisch die Felder der Haupttabelle als Hauptgruppierungsebene vorgeben, und die Daten der Detailtabelle würden als Details dieser Gruppen verwendet.

Auch bei Seiten, die auf einer (einzigen) Abfrage basieren, die Daten aus mehreren verknüpften Tabellen zusammenfasst, wird wie bei Formularen und Berichten automatisch gruppiert.

24.3   Der Umgang mit Datenzugriffsseiten

Der Umgang mit Datenzugriffsseiten in Access ist einfach: Sie aktivieren das Register *Seiten* des Datenbankfensters und öffnen die gewünschte Datenzugriffsseite wahlweise in der Datenzugriffsseiten- oder in der Entwurfsansicht.

In Access

In der Datenzugriffsseitenansicht editieren Sie die Webseite wie von Formularen her gewohnt: Sie ändern oder löschen Daten oder geben neue Datensätze ein; mit den Navigationssymbolen am unteren Rand der Seite blättern Sie umher, mit den restlichen Symbolen sortieren oder filtern Sie die auf der Seite angezeigten Datensätze.

Das war's bereits. Nur wenige Access-Symbole oder Menübefehle sind anwählbar, und die Möglichkeiten zum Umgang mit der Seite beschränken sich fast ausschließlich auf die Möglichkeiten der in der Seite selbst enthaltenen Symbolleiste.

Beachten Sie beim Umgang mit Datenzugriffsseiten immer, dass die Webseite extern gespeichert ist und der zugehörige Eintrag im Register Seiten *des Datenbankfensters nur eine Verknüpfung mit dieser Seite ist, und nicht die Webseite selbst!*

!!
STOP

Löschen Sie beispielsweise eines der Objekte in der Kategorie Seiten, werden Sie daher von Access gefragt, ob auch die zugehörige Webseite gelöscht werden soll, also die extern gespeicherte HTM-Datei. Sie haben die Wahl, ob nur die im Datenbankfenster sichtbare Verknüpfung zu dieser Webseite gelöscht werden soll oder aber auch die Webseite selbst.

Gibt es im Register Seiten *keine Verknüpfung zur interessierenden Webseite, können Sie sie dennoch wie im Kapitel 23.1, »Als Datenzugriffsseite öffnen«, beschrieben öffnen (und gegebenenfalls eine Verknüpfung zu ihr im Register* Seiten *erstellen).*

Im Internet Explorer

Der Grund für die spärlichen Benutzungsmöglichkeiten von Datenzugriffsseiten in Access ist einfach: An sich sind diese Seiten ja gar nicht zur Benutzung innerhalb von Access gedacht, sondern dafür, von Anwendern, die selbst nicht über Access verfügen, im Internet Explorer betrachtet und benutzt zu werden.

Sie können das sofort ausprobieren, indem Sie eine Datenzugriffsseite erzeugen und sie danach im Internet Explorer betrachten.

Am einfachsten: Öffnen Sie in Access per rechtem Mausklick auf die erzeugte Seite das zugehörige Kontextmenü und wählen Sie darin WEBSEITENVORSCHAU: Access öffnet die Seite daraufhin im Internet Explorer (Abbildung 24.5).

Abbildung 24.5:
Datenzugriffsseite
im Internet Explorer
öffnen

Wollen Sie die Seite anschließend wieder in Access editieren, wählen Sie im Internet Explorer DATEI|BEARBEITEN MIT MICROSOFT ACCESS.

Da eine Datenzugriffsseite eine Webseite ist, können Sie sie jederzeit auch ohne Hilfe von Access im Internet Explorer öffnen, indem Sie einfach auf die zugehörige HTM-Datei klicken – vorausgesetzt Sie finden sie!

Bewegen Sie einfach den Mauspfeil im Datenbankfenster auf das betreffende Seitenobjekt. Daraufhin erscheint eine Quickinfo, die den Pfad und Namen der zugehörigen Datei enthält, beispielsweise C:\EIGENE DATEIEN \KUNDEN1.HTM.

:-)
TIPP

Alternativ dazu können Sie mit der rechten Maustaste auf das Seitenobjekt klicken und im Kontextmenü EIGENSCHAFTEN *wählen. Das zugehörige Dialogfeld informiert unter anderem über den Speicherort der Webseite, also über Pfad und Dateiname.*

24.4   Datenquellen und Verbindungsinformationen

Beim Öffnen einer Datenzugriffsseite im Internet Explorer wird eine Verbindung zur zugehörigen Access-Datenbank hergestellt.

Nach dem Erzeugen der Datenzugriffsseite klappt der Zugriff auf die zugrunde liegende Access-Datenbank zunächst problemlos. Was aber, wenn Sie die erzeugte HTM-Datei oder die zugrunde liegende Access-Datenbank verschieben? Und wie klappt der Zugriff auf diese Datenbank über das Intranet bzw. das Internet?

Verbindungsinformationen

Um diese Fragen zu beantworten, sollten Sie nun eine neue leere Datenzugriffsseite erstellen - und zwar ohne dass dabei eine Access-Datenbank geöffnet ist!

Dadurch wird das gesamte Thema »Datenquellen« und »Verbindungsinformationen« weitaus transparenter und verständlicher als wenn Ihnen der Assistent die Eingabe derartiger Informationen klammheimlich im Hintergrund abnimmt.

Schließen Sie bitte eine eventuell geöffnete Datenbank, wählen Sie DATEI|NEU und klicken Sie im Aufgabenbereich auf *Leere Datenzugriffsseite*. Ein Dialogfeld erscheint, in dem Sie angeben, welche Datenquelle verwendet werden soll, woher also die in der neuen Datenzugriffsseite anzuzeigenden Daten stammen (Abbildung 24.6).

Neue Datenzugriffsseite ohne Verbindungsinformationen erstellen

Dieses Dialogfeld ermöglicht das Erstellen neuer Datenquellen-Definitionen und die Auswahl einer bereits vorhandenen Datenquelle. Da Sie bisher noch keine Datenquelle definierten, gibt es momentan nur die beiden »Neue...«-Einträge.

Mit *Neue SQL Server Datenquelle erstellen.odc* können Sie eine neue Verbindung zu einem Microsoft SQLServer erstellen.

Abbildung 24.6:
Datenquelle
auswählen

Der Datenverbin-
dungs-Assistent

Neue Datenquelle erstellen.odc ermöglicht ebenso wie die Schaltfläche *Neue Quelle...* das Gleiche, zusätzlich aber das Definieren aller möglichen anderer Datenquellen, beispielsweise einer Access-Datenbank, aus der die Daten stammen sollen.

Öffnen Sie diesen Eintrag, erscheint der Datenverbindungs-Assistent (Abbildung 24.7).

Abbildung 24.7:
Der Datenverbin-
dungs-Assistent

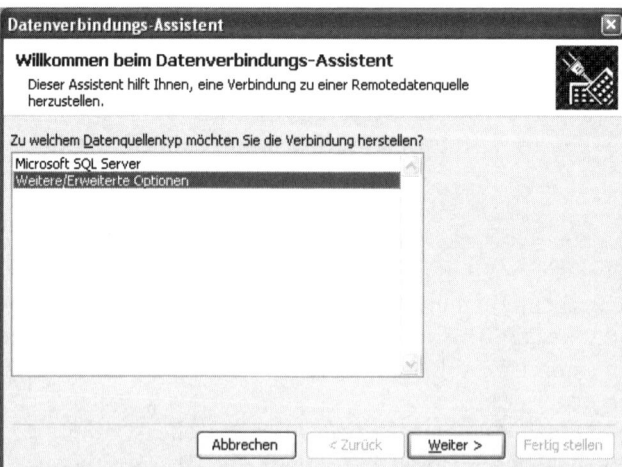

Während »Microsoft SQL Server« es ermöglicht, einen SQL-Server als Datenquelle zu verwenden, ermöglicht »Weitere/Erweiterte Optionen« die Verwendung einer OLE DB- bzw. einer Access-Datenbank als Datenquelle (Abbildung 24.8).

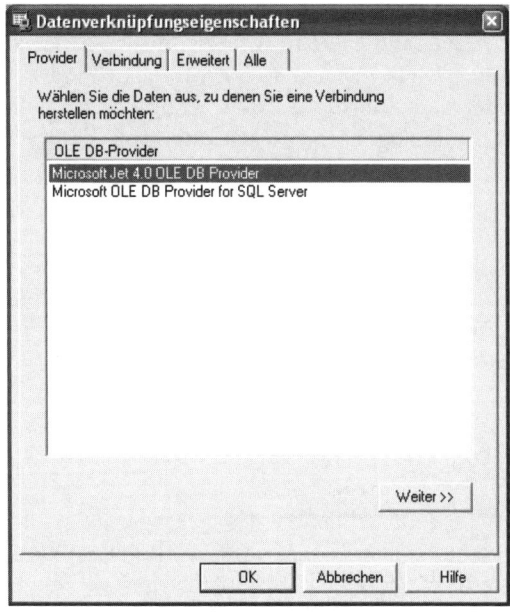

Abbildung 24.8:
Provider wählen

Selektieren Sie »Microsoft Jet 4.0 OLE DB Provider« und klicken Sie auf *Weiter* >> oder aktivieren Sie einfach das Register *Verbindung* (Abbildung 24.9). In diesem Register müssen Sie die benötigten Verbindungsinformationen zur Datenquelle angeben, also zur interessierenden Access-Datenbank.

Verbindungs-informationen für Access-Datenbanken

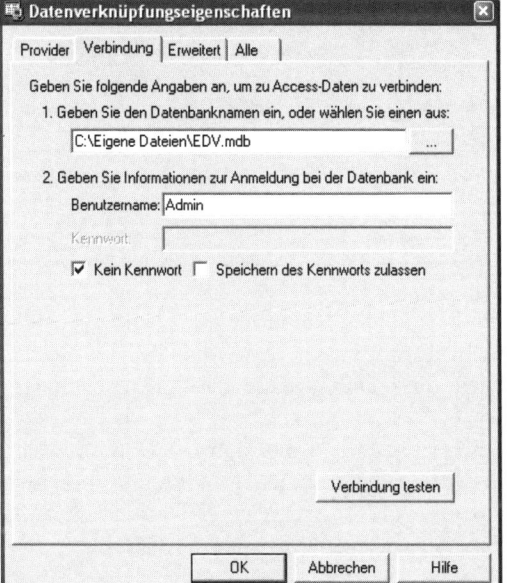

Abbildung 24.9:
Datenquellenart wählen

Wollen Sie beispielsweise die Daten einer Access-Datenbank EDV.MDB verwenden, die sich im Verzeichnis C:\EIGENE DATEIEN befindet, tippen Sie unter *1.* entweder den vollständigen Pfad C:\EIGENE DATEIEN\EDV.MDB ein oder aber klicken auf das Knöpfchen »...« und wählen die Access-Datenbank im zugehörigen Dateiauswahl-Dialogfeld interaktiv aus.

Benutzername und Passwort

Ist zum Zugriff auf diese Datenquelle ein Benutzername und ein Passwort nötig, müssen Sie zusätzlich den Benutzernamen eingeben. Soll das Passwort dauerhaft gespeichert werden, weil Sie sich bei jedem Zugriff auf die Datenquelle ein erneutes Eintippen sparen wollen, deaktivieren Sie *Kein Kennwort*, tippen das Passwort ein und aktivieren *Speichern des Kennworts zulassen*.

Anschließend sollten Sie noch auf *Verbindung testen* klicken, um die Korrektheit Ihrer Angaben zu prüfen.

Nach dem Schließen des Dialogfelds erscheint ein Dialogfeld mit einem geschlossenen Listenfeld, das alle Datenbanken auflistet, über die die definierte Datenquelle verfügt. Daraus wählen Sie die zu verwendende Datenbank aus (Abbildung 24.10).

Abbildung 24.10:
Datenbank wählen

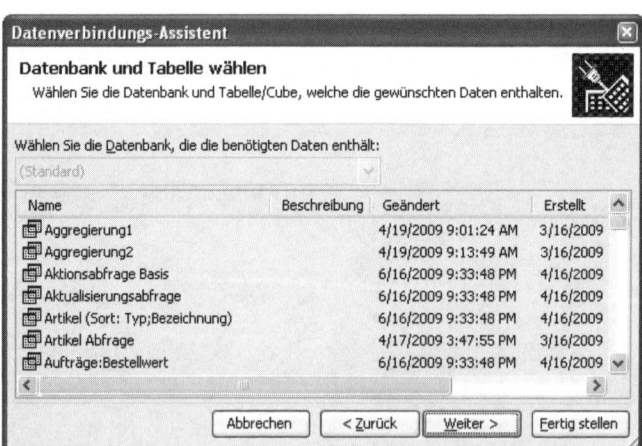

Im Beispiel ist keinerlei Datenbank-Auswahl im Listenfeld möglich (und nicht nötig), da als Datenquelle die Access-Datenbank EDV.MDB verwendet wird, diese Datenquelle also nur eine einzige Datenbank enthält.

Bei Datenquellen, die mehrere Datenbanken umfassen, müssten Sie nun im Listenfeld die gewünschte Datenbank auswählen, woraufhin zur Kontrolle darunter die Tabellen jener Datenbank aufgelistet würden. Im Beispiel klicken Sie dagegen einfach auf *Weiter >*.

Die Verbindung zur Datenquelle C:\EIGENE DATEIEN\EDV.MDB ist nun definiert und diese Informationen werden in einer Verbindungsdatei gespeichert (Abbildung 24.11).

Verbindungsdatei speichern

Abbildung 24.11:
Verbindungsdatei speichern

Unter *Dateiname* können Sie die Vorgabe übernehmen oder der Verbindungsdatei einen Namen wie »Access-Datenbank EDV« geben.

Beim Speichern wird die Endung ODC angehängt und die Verbindungsdatei im Verzeichnis C:\EIGENE DATEIEN\EIGENE DATENQUELLEN gespeichert, was Sie jedoch ändern können, indem Sie entsprechend der Abbildung mit *Durchsuchen...* das Dateiauswahl-Dialogfeld öffnen und ein anderes Verzeichnis auswählen.

Zusätzlich können Sie eine erläuternde Beschreibung zu der Verbindungsdatei eingeben und festlegen, ob in der Datei auch das gegebenenfalls zum Zugriff auf diese Datenquelle benötigte Passwort gespeichert werden soll.

Fertig stellen beendet die Definition der neuen Datenquelle und öffnet die neue Datenzugriffsseite in der Entwurfsansicht (Abbildung 24.12).

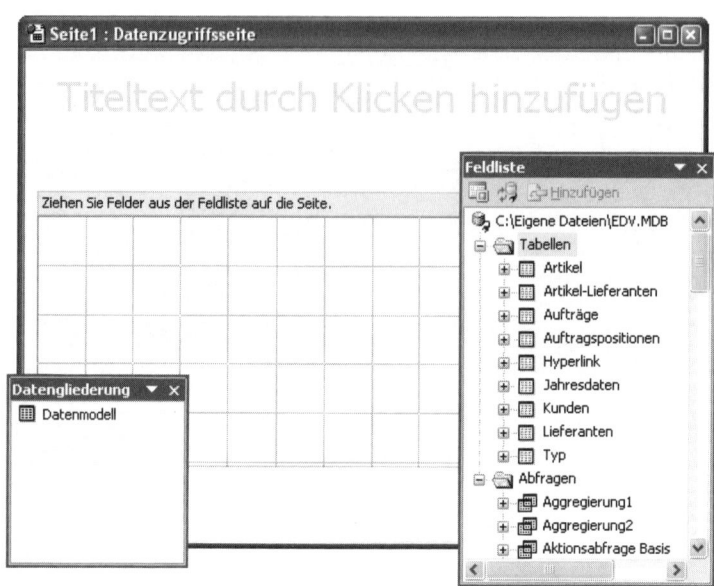

Die neue Datenzugriffsseite ist leer. Sie enthält keinerlei Elemente wie zum Beispiel Felder irgendwelcher Tabellen/Abfragen der Datenbank EDV.MDB, der Datenquelle. Daher ist auch die Datengliederung-Liste leer, die all diese in die Datenzugriffsseite eingefügten Felder auflistet.

Dafür enthält die Feldliste alle Objekte der Datenquelle, die in die Datenzugriffsseite eingefügt werden können, baumartig strukturiert. Ganz oben werden Sie über die verwendete Datenquelle informiert, darunter werden alle in dieser Datenquelle enthaltenen Tabellen/Abfragen und die wiederum in diesen enthaltenen Felder aufgelistet.

*Verbindungs-
informationen
editieren*

Klicken Sie mit der rechten Maustaste auf die Datenquelle C:\EIGENE DATEIEN\EDV.MDB und wählen Sie im Kontextmenü VERBINDUNG..., erscheint das in Abbildung 24.9 gezeigte Dialogfeld, in dem Sie die zu verwendende Datenquelle definieren.

*Felder
hinzufügen*

Per Drag&Drop (aus der Feldliste in die Datenzugriffsseite ziehen) können Sie Felder beliebiger Tabellen oder Abfragen einfügen. Daraufhin fügt Access ein Bezeichnungsfeld mit der Feldbeschriftung (»Nachname«, »Vorname« etc.) ein und ein Textfeld, das in der Datenzugriffsseitenansicht wie gewohnt die Daten dieses Felds anzeigt.

Ziehen Sie beispielsweise ein paar Felder der Tabelle »Hyperlink« in die leere Seite, haben Sie anschließend nach dem Umschalten in die Datenseitenansicht eine reichlich schlichte, aber immerhin funktionsfähige Datenzugriffsseite (Abbildung 24.13).

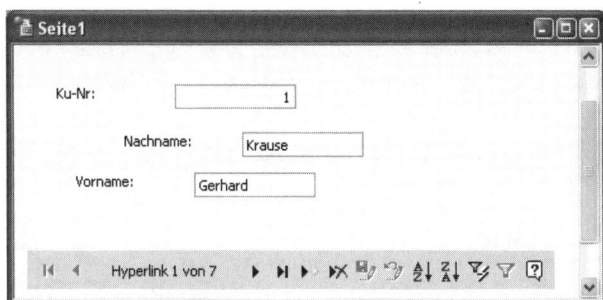

Abbildung 24.13:
Funktionsfähige
Datenzugriffsseite

Fügen Sie die Felder stattdessen per Doppelklick ein, werden sie im Gegensatz zum Einfügen per Drag&Drop nicht wild verstreut, sondern wesentlich sauberer angeordnet.

Mehr über das Manipulieren dieser Seite in der Entwurfsansicht finden Sie im Kapitel 24.5, »Den Seitenentwurf verändern«.

Erstellen Sie das nächste Mal eine neue leere Datenzugriffsseite, die die gleiche Datenquelle benutzt, selektieren Sie bei der Datenquellenauswahl einfach die zuvor unter dem Namen ACCESS-DATENBANK EDV.ODC *gespeicherte Verbindungsdatei (Abbildung 24.14)*

Abbildung 24.14:
Gespeicherte
Verbindungsdatei

Da sich darin alle Informationen über die zu verwendende Datenquelle befinden, entfallen alle zuvor notwendigen Schritte für die Datenquelleninformation; das heißt nach dem Öffnen der Verbindungsdatei wird direkt eine mit der dadurch beschriebenen Datenquelle verbundene, neue Datenzugriffsseite in der Entwurfsansicht geöffnet.

Verbindungs-
informationen
in Webseiten

Zum Abschluss möchte ich Ihnen noch zeigen, wie eine Datenzugriffsseite, also eine Webseite, »weiß«, woher sie ihre Daten beziehen soll. Dazu ist ein Blick in die Webseite mit irgendeinem Editor erforderlich (Abbildung 24.15).

Abbildung 24.15:
Verbindungs-
informationen

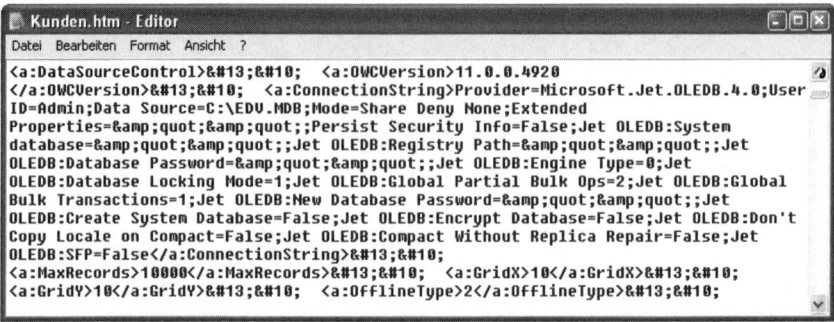

Der abgebildete Ausschnitt enthält alle wichtigen Verbindungsinformationen, die in der Datenzugriffsseite gespeichert sind, vor allem die Informationen über

➤ den »OLE DB Provider« (zweite Zeile), das heißt über die Art der OLE-Datenbank, zu der die Verbindung hergestellt wird. Da hier eine Verbindung zu einer Access-Datenbank hergestellt wird, ist als OLE DB Provider »Microsoft Jet« eingetragen, die so genannte Jet Engine von Access. Anders ausgedrückt heißt das, dass die Daten von einer Access-Datenbank bereitgestellt werden (alternativ dazu kann auch der Microsoft SQL Server als Datenquelle verwendet werden)

➤ die »Data Source« (dritte Zeile), die Datenquelle: »Data Source= C:\Edv.mdb« bedeutet, dass die Daten von der Access-Datenbank EDV.MDB bereitgestellt werden, die sich in C:\ befindet.

Aus letzterem geht hervor, dass der Zugriff auf die in dieser Datenbank enthaltenen Daten nicht mehr funktioniert, wenn EDV.MDB verschoben oder umbenannt wird, ohne der Datenzugriffsseite Bescheid zu geben. Die darin enthaltenen Verbindungsinformationen müssen also immer entsprechend aktualisiert werden.

Verschieben Sie EDV.MDB beispielsweise ins Verzeichnis C:\ACCESS-DATEN-BANKEN\ACCESS und klicken Sie anschließend auf die Datenzugriffsseite, um sie im Internet Explorer zu öffnen, wird ihnen dieser prompt melden, dass er die Datei C:\EDV.MDB nicht findet und die Datenquelle daher nicht benutzen kann.

Datenquelleninformationen aktualisieren

Um die Verbindungsinformationen zu aktualisieren, können Sie die Datenzugriffsseite in einem Texteditor öffnen und die Angabe »Data Source= C:\Edv.mdb« durch »Data Source=C:\Access-Datenbanken\Edv.mdb« ersetzen. Anschließend klappt alles wie zuvor.

Mit einem Texteditor

Komfortabler und sicherer ist es, die Verbindungsinformationen in Access selbst zu editieren. Dazu öffnen Sie die verschobene Access-Datenbank, die die Datenzugriffsseite enthält, anschließend öffnen Sie die Seite in der Entwurfsansicht.

In Access

Danach klicken Sie in der Feldliste mit der rechten Maustaste den momentan einzigen verfügbaren Eintrag an, das Verbindungssymbol mit dem zugehörigen Text »C:\EDV.MDB« und wählen im Kontextmenü VERBINDUNG... (Abbildung 24.16).

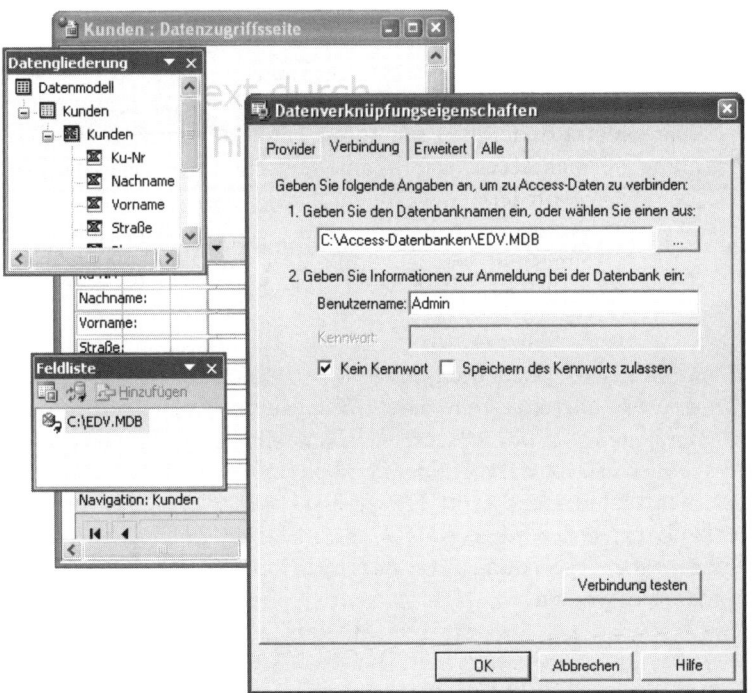

Abbildung 24.16:
Verbindungsinformationen editieren

Entweder tippen Sie nun per Hand »C:\Access-Datenbanken\Edv.mdb« ein oder aber Sie klicken auf das Knöpfchen »...« und wählen die Access-Datenbank im zugehörigen Dateiauswahl-Dialogfeld interaktiv aus.

Anschließend sollten Sie noch auf *Verbindung testen* klicken, um die Korrektheit Ihrer Angaben vor dem Schließen des Dialogfelds zu prüfen.

Dass die Verbindungsinformationen nun wieder korrekt sind und die Verbindung der Datenzugriffsseite zur verschobenen Datenbank nun problemlos hergestellt werden kann, sehen Sie daran, dass nach dem Schließen des Dialogfelds in der Feldliste alle Tabellen/Abfragen von EDV.MDB aufgelistet und in der Datengliederung alle in die Datenzugriffsseite eingefügten Felder wieder als verfügbar gekennzeichnet sind (Abbildung 24.17).

Abbildung 24.17:
Aktualisierte Verbindungseigenschaften

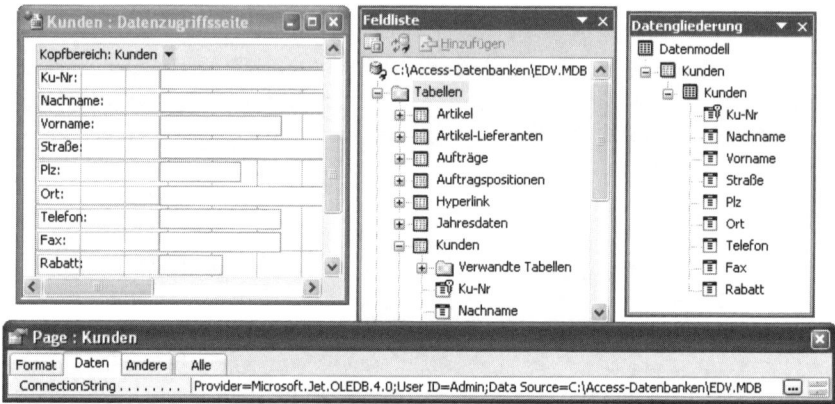

Dank der geänderten Verbindungsinformationen wird die Datenzugriffsseite nach dem Speichern auch im Internet Explorer wieder wie zuvor funktionieren!

Wenn Sie das Eigenschaftenfenster öffnen und darin die Eigenschaften des Objekts Seite *anzeigen, indem Sie auf die Fensterüberschrift »[Name der Seite]: Datenzugriffsseite« der Seite klicken, stellen Sie fest, dass entsprechend der Abbildung in der Eigenschaft* ConnectionString *die veraltete Pfadangabe* C:\EDV.MDB *korrekt durch* C:\ACCESS-DATENBANKEN\EDV.MDB *ersetzt wurde. Sie könnten die Pfadangabe auch im Eigenschaftsfenster korrigieren. Die Benutzung des gezeigten Dialogfelds ist jedoch einfacher.*

Datenzugriffsseite Was passiert, wenn Sie statt der Datenquelle die Datenzugriffsseite verschie-
verschieben ben, also die Webseite?

Im Kapitel 24.1, »Neue Datenzugriffsseite erstellen«, erzeugen wir eine Datenzugriffsseite, die die Daten der Tabelle »Kunden« anzeigt. Angenommen, Sie haben die Seite unter dem Namen C:\EIGENE DATEIEN\KUNDEN.HTM *gespeichert, verschieben* KUNDEN.HTM *aber später ins Stammverzeichnis* C:\.

Nun, Sie können sie weiterhin problemlos im Internet Explorer öffnen, sie wird darin auch funktionieren, da sich die Verbindungsinformationen zur Datenquelle ja nicht ändern (solange Sie nicht auch diese Datenbank verschieben).

Wollen Sie die Datenzugriffsseite jedoch editieren und versuchen Sie, sie in Access zu öffnen, durch Klicken auf den entsprechenden Verknüpfungseintrag in der Kategorie *Seiten* des Datenbankfensters, meldet Access, dass es die zugehörige Webseite nicht finden kann (Abbildung 24.18).

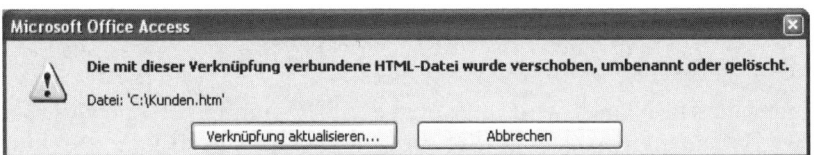

Abbildung 24.18:
Webseite wurde
verschoben

Wie gesagt, der Eintrag »Kunden« oder ähnlich im *Seiten*-Register stellt nicht die Datenzugriffsseite selbst dar, die ja extern gespeichert wird, sondern nur einen Verweis auf diese Webseite – und da Sie die ja verschoben haben, stimmt der Verweis nicht mehr!

Das Problem ist gelöst, wenn Sie auf *Verknüpfung aktualisieren...* klicken und die Datei im zugehörigen Dateiauswahl-Dialogfeld selektieren. Access aktualisiert daraufhin den Verweis auf den Speicherort der Webseite und kann diese wieder problemlos öffnen.

Speicherorte fürs Intranet/Internet

Wie Sie soeben sahen, speichert Access in den Verbindungsinformationen der Datenzugriffsseiten den lokalen Pfad auf Ihrer Festplatte.

Das ist unproblematisch, solange die Datenzugriffsseite nur auf diesem Rechner selbst benutzt wird. Sinn einer solchen Seite ist jedoch normalerweise der Zugriff von anderen Rechners aus, sei es über das Intranet oder über das Intranet.

Die Frage ist zunächst, wie Sie die Seite dort hinbekommen. Das hängt von den Möglichkeiten des Servers ab, auf dem die Seite gespeichert werden soll.

Mit größter Wahrscheinlichkeit handelt es sich dabei um einen FTP-Server. Um von Access aus eine Datenzugriffsseite »Kunden« darauf zu speichern, öffnen Sie die Seite in Access und wählen DATEI|SPEICHERN UNTER... (Abbildung 24.19).

*Auf FTP-Server
speichern*

Abbildung 24.19:
Name der Kopie der
Verknüpfung

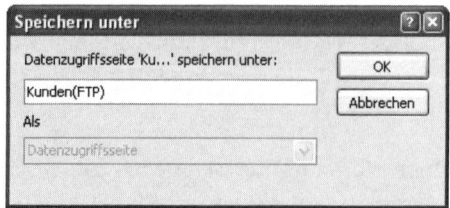

Im zugehörigen Dialogfeld geben Sie wie üblich den Namen ein. Da Sie das
Objekt »Kunden« nicht überschreiben, sondern eine Kopie der Seite auf dem
FTP-Server speichern wollen, ändern Sie den vorgegebenen Namen »Kun-
den« und geben beispielsweise »Kunden (FTP)« ein.

Unter diesem Namen wird die Kopie der Seite nun in der Kategorie *Seiten*
des Datenbankfenster angezeigt werden. Da es sich bei diesem Eintrag
jedoch nur um eine Verknüpfung zur extern gespeicherten Seite handelt,
müssen Sie anschließend noch den Ort angeben, an dem die Kopie der Seite
selbst gespeichert werden soll (Abbildung 24.20).

Abbildung 24.20:
Speicherort der
Seite selbst

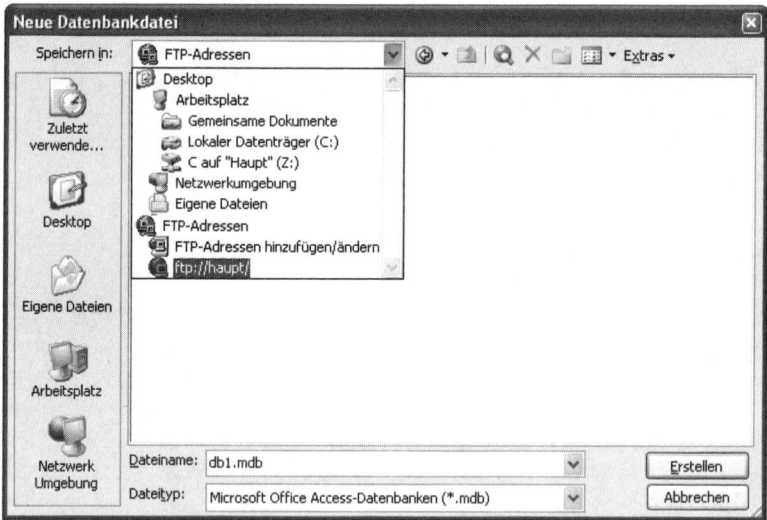

*Im Beispiel besitzt der Server den Namen »Haupt« und »ftp://Haupt« greift
auf das Standardverzeichnis dieses Servers zu – vorausgesetzt, Sie haben
Schreibzugriff auf dieses Verzeichnis! Mehr zum Thema Speichern und Öffnen im Intranet/Internet in Abschnitt »Speicherorte fürs Intranet/Internet«
auf Seite 495.*

Im Beispiel wird die Seite unter dem Namen »Kunden (FTP)« auf dem Server gespeichert. Damit ergibt sich folgender Zustand:

➡ In der Kategorie *Seiten* des Datenbankfenster wird wie zuvor die Verknüpfung »Kunden« angezeigt. Zusätzlich gibt es darin die soeben erzeugte Kopie der Verknüpfung, also eine zweite Verknüpfung namens »Kunden (FTP)«.

➡ Den beiden Verknüpfungen entsprechen zwei gleichnamige extern gespeicherte Webseiten: KUNDEN.HTM befindet sich lokal auf Ihrer Festplatte. KUNDEN (FTP).HTM befindet sich dagegen auf dem FTP-Server »Haupt«.

Die Datenzugriffsseite KUNDEN (FTP).HTM befindet sich nun im Standardverzeichnis des Webservers »Haupt«.

Zugriff auf Datenzugriffsseite

Um sie zu benutzen, tippt ein Anwender in seinem Internet Explorer »http://Haupt/Kunden (FTP).htm« ein.

Der Internet Explorer stellt daraufhin über das Intranet/Internet eine Verbindung mit diesem Webserver her und die darauf laufende Webserver-Software greift auf die Webseite KUNDEN (FTP).HTM zu, die sich auf dem Server befindet. Diese Seite wird nun im Internet Explorer des Anwenders angezeigt.

Nun das Problem: Der Internet Explorer liest die darin enthaltene Verbindungsinformation »Data Source=C:\Edv.mdb«, und versucht, eine Verbindung zur Access-Datenbank herzustellen, die sich im Verzeichnis C:\EDV.MDB des Servers befindet.

Zugriff auf Datenquelle

Leider weiß der Internet Explorer aber nicht, dass damit die Festplatte C: des *Servers* gemeint ist. Er interpretiert diese Verbindungsinformation als *lokalen Pfad* und sucht die Access-Datenbank EDV.MDB auf der Festplatte C: des Rechners *des Anwenders* statt auf dem Server »Haupt«!

Das klappt natürlich nicht. Das Publizieren von Datenzugriffsseiten im Intranet/Internet setzt somit voraus, dass die Verbindungsinformation keine lokalen Zugriffspfade à la C:\... enthält, sondern darin stattdessen der Servername »Haupt« verwendet wird.

Das erreichen Sie am einfachsten, indem Sie *vor* der Erstellung Ihrer Datenzugriffsseiten Access starten und die betreffende Datenbank öffnen, indem Sie im DATEI|ÖFFNEN...-Dialogfeld die Datenbank nicht wie gewohnt interaktiv auswählen, sondern die UNC-Adresse der Datenbank eintippen, das heißt den Namen des Servers, gefolgt vom Pfad zur und dem Namen der Datenbank.

Angenommen die Datenbank befindet sich auf dem Server »Haupt« im Verzeichnis C:\ACCESS-DATENBANKEN und dieses Verzeichnis ist in der Webserver-Software als virtuelles Verzeichnis mit dem Alias-Namen »Access-Datenquellen« freigegeben.

Dann geben Sie im DATEI|ÖFFNEN...-Dialogfeld von Access zum Öffnen der Datenbank »\\Haupt\Access-Datenbanken\Edv.mdb« ein.

Erstellen Sie anschließend Datenzugriffsseiten aus dieser unter Angabe der UNC-Adresse des Servers geöffneten Datenbank, speichert Access als Verbindungsinformation in der erzeugten Webseite nicht den lokalen Pfad zur Datenbank, sondern deren allgemeingültige UNC-Adresse:

```
Data Source=\\Haupt\Access-Datenbanken\Edv.mdb
```

Allgemeingültig, da der Zugriff nun auch von anderen Rechnern aus klappt, die mit dem Server »Haupt« verbunden sind und ihn unter diesem Namen kennen.

Wird die Seite auf einem dieser Rechner im Internet Explorer geöffnet, ist für diesen aufgrund der in dieser Webseite enthaltenen Verbindungsinformation »\\Haupt\Access-Datenbanken\Edv.mdb« klar, dass sich die Datenbank nicht auf der lokalen Festplatte des Anwenders befindet, sondern im virtuellen Verzeichnis »Access-Datenbanken« des Servers »Haupt«.

Haben Sie die Access-Datenbank dagegen nicht unter Angabe ihrer UNC-Adresse geöffnet, bevor Sie daraus Datenzugriffsseiten erstellten, bleibt Ihnen keine andere Wahl: Sie müssen auf die zuvor erläuterte Weise in der Verbindungsinformation die lokale Pfadangabe C:\EDV.MDB durch die UNC-Adresse \\HAUPT\ACCESS-DATENBANKEN\EDV.MDB der Datenbank ersetzen.

Bitte beachten Sie, dass Zugriffe auf virtuelle Verzeichnisse eines Webservers immer voraussetzen, dass der Administrator des Webservers in der Webserver-Software die Zugriffsberechtigungen auf dieses Verzeichnis korrekt einstellt.

24.5   Den Seitenentwurf verändern

Datenzugriffsseiten enthalten einen Kopfbereich und einen Bereich mit den Navigationselementen zum Blättern, Sortieren etc.

Die Elemente in all diesen Bereichen können Sie wie gewohnt manipulieren, um zu verkleinern oder zu vergrößern, zu verschieben oder zu formatieren.

Darüber hinaus können Sie zusätzliche Objekte in die einzelnen Bereiche einfügen. Entweder die ungebundenen Objekte, die die Toolbox zur Verfügung stellt und die Sie zum größten Teil bereits kennen (Text- und Bezeichnungsfelder, Optionen, Kontrollkästchen und Optionsgruppen etc.) oder aber an Tabellenfelder gebundene Objekte.

All das funktioniert auf die gleiche Weise, wie Sie es von Formularen und Berichten her gewohnt sind. Sie können daher alle bereits bekannten Techniken anwenden:

Im Kapitel 15, »Den Formularentwurf verändern«, beschrieb ich die Grundlagen der Manipulation von Steuerelementen, die Verwendung von Hilfsmitteln wie das Eigenschaftenfenster, die Toolbox und die Feldliste.

⌐↑
REF

Den Umgang mit den einzelnen Steuerelementen erläuterte ich im Kapitel 18, »Steuerelemente für Fortgeschrittene«.

⌐↑
REF

Sogar die im Kapitel 17.5, »Den Berichtsentwurf verändern«, erläuterten Gruppierungs- und Sortierungsmöglichkeiten für Berichte sind verwandt.

⌐↑
REF

Das dazu verwendete Dialogfeld *Sortieren und Gruppieren* wird auch in der Entwurfsansicht von Datenzugriffsseiten mit dem gleichen Symbol wie bei Berichten geöffnet.

Ich beschränke mich daher im Folgenden auf die Erläuterung der entscheidenden Unterschiede zu Formularen/Berichten.

Um Veränderungen des Entwurfs zu prüfen, können Sie nicht nur in die Datenzugriffsseiten-Ansicht umschalten, sondern als endgültige Kontrolle DATEI|WEBSEITENVORSCHAU *wählen. Dieser Befehl, der nur verfügbar ist, wenn eine Datenzugriffsseite geöffnet oder aber im Datenbankfenster selektiert ist, ruft den Internet Explorer auf und übergibt ihm die Datenzugriffsseite.*

:-)
TIPP

Die Datengliederung und die Feldliste

 Die mit ANSICHT|DATENGLIEDERUNG bzw. dem abgebildeten Symbol eingeblendete Datengliederung enthält alle Tabellen- bzw. Abfragefelder, die in der Datenzugriffsseite verwendet werden (Abbildung 24.21).

Abbildung 24.21:
Datengliederung

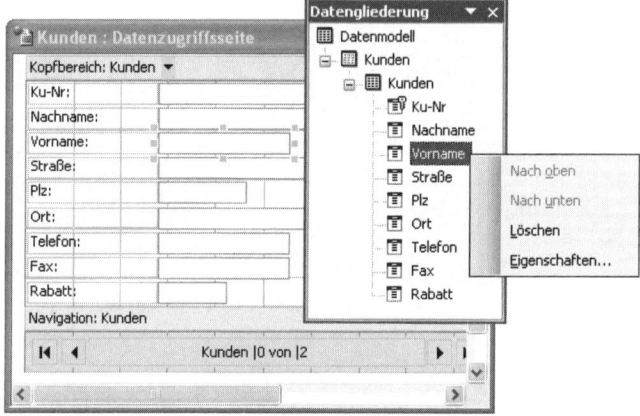

Felder löschen   Benötigen Sie ein Feld wie »Vorname« nicht mehr, klicken Sie mit der rechten Maustaste darauf (beim Anklicken in der Liste wird übrigens das betreffende Feld im Entwurfsfenster selektiert) und wählen *Löschen*.

Es wird aus der Liste entfernt, das Steuerelement, das den Inhalt dieses Tabellenfelds darstellte, bleibt jedoch im Seitenentwurf enthalten.

Da dieses Steuerelement nun jedoch in der Datenzugriffsseitenansicht keine Daten mehr anzeigen kann, also keine Funktion mehr besitzt, sollten Sie es konsequenterweise ebenfalls löschen.

 Sollten Sie das Feld später doch wieder benötigen, benutzen Sie einfach die Feldliste, um es wieder einzufügen. Sie wird mit ANSICHT|FELDLISTE eingeblendet und enthält alle verfügbaren Felder der Datenquelle (hier: EDV.MDB) in Baumform (Abbildung 24.22).

Klappen Sie diese Einträge auf, werden wie in der Abbildung die Tabellen und Abfragen der Datenbank aufgelistet.

Öffnen Sie den Baum einer Tabelle/Abfrage, werden alle Felder der Tabelle mit besonderer Hervorhebung des Primärschlüssels aufgelistet und zusätzlich noch die mit der betreffenden Tabelle verknüpften Tabellen gezeigt (*Verwandte Tabellen*).

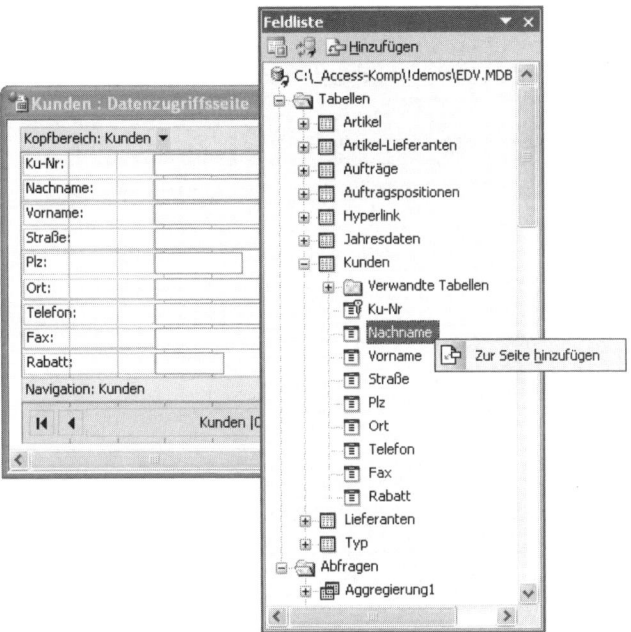

Abbildung 24.22:
Verfügbare Felder

Entscheidend ist, dass Sie beliebige Felder beliebiger Tabellen oder Abfragen per Drag&Drop in die Datenzugriffsseite einfügen können (Alternativen: Doppelklicken auf das Feld in der Feldliste oder Anklicken und Klicken auf das *Hinzufügen*-Symbol der Feldliste-Symbolleiste oder Anklicken mit der rechten Maustaste und Wahl von *Zur Seite Hinzufügen* im Kontextmenü).

Felder der gleichen Tabelle einfügen

Daraufhin fügt Access ein Bezeichnungsfeld mit der Feldbeschriftung (»Nachname«, »Vorname« etc.) ein und ein Textfeld, das in der Datenzugriffsseitenansicht wie gewohnt die Daten dieses Felds anzeigt.

In einer Mehrbenutzerumgebung können sich die verfügbaren Tabellen/ Abfragen und Felder ändern, da andere Benutzer beispielsweise neue Tabellen erzeugen können. Um den aktuellen Stand zu sehen, klicken Sie in der Symbolleiste der Feldliste auf das Symbol zum Aktualisieren der Feldliste.

:-)
TIPP

Das Layout bestimmen und Verknüpfungen definieren

Wesentlich interessanter als das Einfügen von Feldern der in der Datenzugriffsseite bereits vorhandenen Tabelle ist es jedoch, Felder anderer Tabellen einzufügen, um analog zu Unterformularen zusätzliche Detailinformationen zum aktuell angezeigten Datensatz anzuzeigen.

Felder anderer
Tabellen
einfügen

Stammt das einzufügende Feld aus einer anderen Tabelle, werden Sie zunächst einmal nach dem gewünschten Layout jenes Abschnitts der Datenzugriffsseite gefragt, in den Sie das Feld einfügten (Abbildung 24.23).

Abbildung 24.23:
Layout auswählen

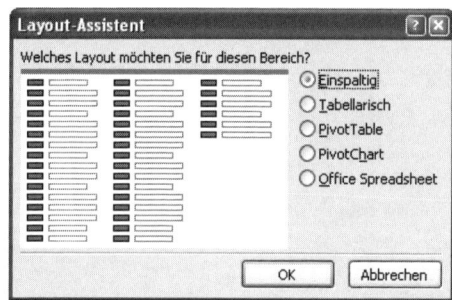

Auch wenn darin momentan das Format »Einspaltig« verwendet, wird jedoch, wenn Sie nach dem Einfügen eines Feldes »Tabellarisch« wählen der Bereich nach dem Umschalten in die Datenzugriffsseitenansicht als das von Formularen bekannte tabellarische Formular dargestellt, in der die Datensätze »endlos« untereinander angezeigt werden.

Pivot-Tabellen/
Diagramme und
Office Spread-
sheets

Wählen Sie PivotTable bzw. PivotChart, wird ein Pivot-Tabellen- bzw. ein Pivot-Diagramm-Objekt in die Seite eingefügt, worauf Sie bereits nach Auswahl der betreffenden Option in einer Art Vorschau hingewiesen werden (Abbildung 24.24).

Abbildung 24.24:
Layout bestimmen

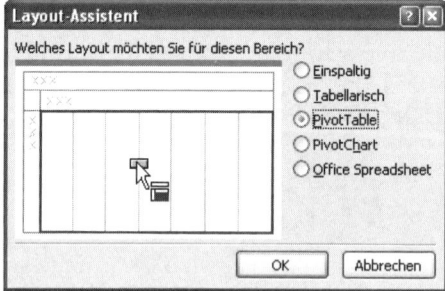

Sie können nun mit den im Kapitel 13, »Pivot-Tabellen und -Diagramme«, erläuterten Techniken Tabellenfelder in dieses Objekt einfügen, um die interessierenden Daten in Form einer Pivot-Tabelle zusammenzufassen oder als Pivot-Diagramm auf der Webseite zu präsentieren.

Verknüpfungen
definieren

Um Zusatzinformationen zum aktuellen Datensatz anzuzeigen, werden Sie meist Felder aus Tabellen einfügen, die mit der momentan in der Seite angezeigten Haupttabelle verknüpft sind.

Da zur Verknüpfung analog zu Haupt-/Unterformularen das verknüpfende Feld beider Tabellen benötigt wird, fügt Access automatisch außer dem von Ihnen ausgewählten Feld auch dieses Feld der Detailtabelle ein (und zusätzlich auch den Primärschlüssel).

Möglicherweise kann Access die Verknüpfung jedoch nicht erkennen, da Sie es versäumt haben, die Beziehungen zwischen den betreffenden Tabellen zu definieren (EXTRAS|BEZIEHUNGEN...) und somit die Tabellen für Access nicht »verwandt« sind.

Dann müssen Sie bekanntgeben, welches Feld von Tabelle A mit welchem Feld von Tabelle B verknüpft ist (Abbildung 24.25).

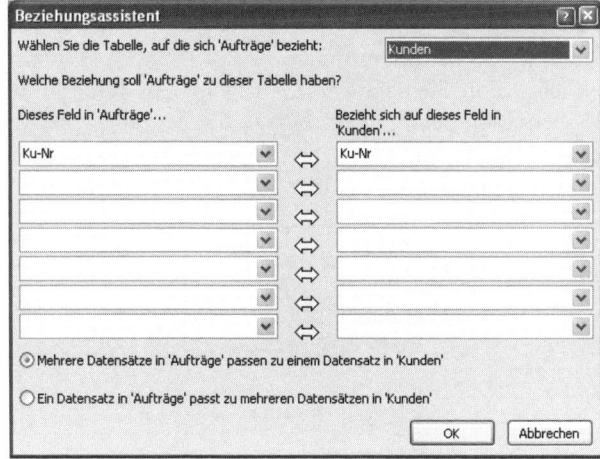

Abbildung 24.25:
Verknüpfung
definieren

Im Beispiel fügte ich in eine auf der Tabelle »Kunden« basierende Seite ein Feld der damit verknüpften Tabelle »Aufträge« ein – nachdem ich jedoch zuvor die mit EXTRAS|BEZIEHUNGEN... definierte Beziehung der beiden Tabellen wieder löschte.

Access erkennt die Beziehung zwischen den beiden Tabellen nicht und fordert daher zur Angabe dieser Beziehung auf.

Im Listenfeld wählen Sic die Tabelle aus, die mit »Aufträge« verknüpft werden kann und geben anschließend darunter an, welches Feld von »Aufträge« (linker Abschnitt) mit welchem Feld der ausgewählten Tabelle wie hier »Kunden« korrespondiert (rechter Abschnitt). Zusätzlich müssen Sie darunter die Art der Beziehung angeben (all das ersparen Sie sich natürlich durch die einmalige Beziehungsdefinition mit EXTRAS|BEZIEHUNGEN...)

Anschließend wird wie zuvor das betreffende Feld eingefügt, zusammen mit dem verknüpfenden Feld der Tabelle, aus der es stammt, und natürlich deren Primärschlüssel.

25 Datenimport/-export

Im folgenden Kapitel geht es um die unterschiedlichen Möglichkeiten von Access, Daten mit nahezu beliebigen Programmen auszutauschen.

Zunächst gehe ich auf die WindowsStandardtechniken zum Datenaustausch ein, angefangen vom Datenaustausch bis zur Zwischenablage.

Einen Schritt weiter geht das Einbetten bzw. Verknüpfen von Objekten per OLE, beispielsweise das Einbetten von mit Paint erstellten Grafiken in eine Access-Datenbank.

Anschließend erläutere ich, wie Sie Daten nahezu beliebiger anderer Programme wie Excel, dBase oder Paradox in Access importieren oder mit einer Access-Datenbank verknüpfen oder umgekehrt Access-Daten exportieren.

25.1 Windows-Datenaustauschtechniken

Die Office-Zwischenablage

Nehmen wir an, Sie wollen einige Datensätze einer Access-Tabelle in eine andere Windows-Anwendung einfügen, beispielsweise in WordPad.

Dazu markieren Sie zunächst die betreffenden Felder der Tabelle und befördern sie mit BEARBEITEN|KOPIEREN in die Zwischenablage. Nun wechseln Sie zu WordPad, setzen den Cursor an die Textstelle, an der die Datensätze eingefügt werden sollen, und wählen BEARBEITEN|EINFÜGEN. Außer den markierten Daten selbst werden automatisch auch die Spaltenüberschriften in den Text eingefügt (Abbildung 25.1).

Die Office-Zwischenablage kann bis zu 24 verschiedene Dokumente aller Art aufnehmen. Kopieren Sie irgendwelche Daten, und kopieren Sie danach erneut etwas, enthält die Office-Zwischenablage anschließend entsprechend zwei verschiedene Dokumente.

Die Office-Zwischenablage

Abbildung 25.1:
Access-Daten in
WordPad einfügen

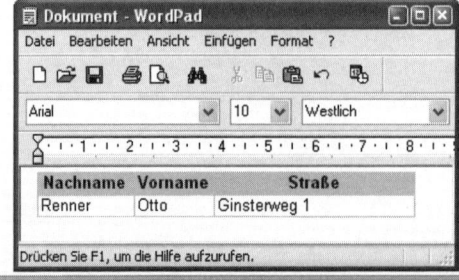

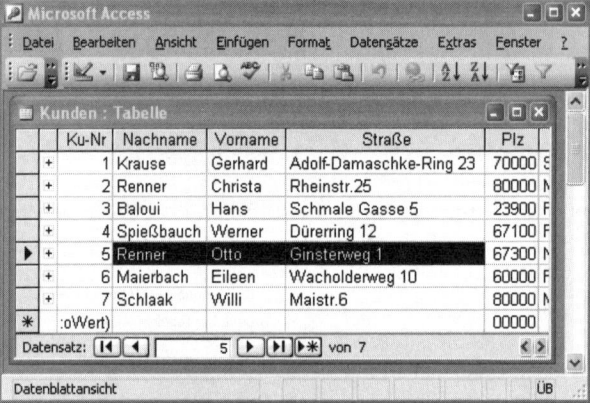

All diese Dokumente werden im Register *Zwischenablage* des Aufgabenbe-
reichs angezeigt, das Sie durch zweifaches Drücken von $\boxed{\text{Strg}}$+$\boxed{\text{C}}$ oder mit
dem Befehl BEARBEITEN|OFFICE-ZWISCHENABLAGE einblenden (Abbildung
25.2).

Abbildung 25.2:
Office-Zwischen-
ablage

Im Beispiel enthält die Office-Zwischenablage Dokumente aus verschiedensten Anwendungen wie Word oder Access. Schwebt der Cursor über
einem davon, erscheint ein Listenpfeil. Die Befehle des zugehörigen Listenfelds ermöglichen Ihnen, das betreffende Dokument an der aktuellen Cursorposition einzufügen oder aus der Zwischenablage zu löschen.

Mit den Schaltflächen ganz oben können Sie alle Dokumente nacheinander einfügen bzw. löschen. Zusätzlich ermöglicht das Listenfeld *Optionen*, das Verhalten der Office-Zwischenablage zu beeinflussen.

Beim Einfügen von Daten in andere Office-Anwendungen wie Word oder Excel verhält sich Access sehr kooperativ: Die markierten Datensätze werden inklusive Formatierung (Schriftgrößen etc.) als echte Tabellen eingefügt, sodass die Optik mit der des Originals nahezu perfekt übereinstimmt. (Abbildung 25.3).

Einfügen in Office-Anwendungen

Abbildung 25.3:
Daten in Word/Excel einfügen

Bei vielen Programmen geht das Ganze per Drag&Drop (Ziehen und Ablegen) wesentlich einfacher: Sie markieren zunächst wie zuvor die gewünschten Datensätze. Danach bewegen Sie den Cursor zum oberen oder unteren Rand der Markierung, wo er zu einem Pfeil wird. Nun drücken Sie die linke Maustaste, ziehen den Cursor bei weiter gedrückter Taste zur gewünschten Anwendung (dabei schleppt er ein Symbol hinter sich her), beispielsweise in ein Word-Dokument, und legen das Symbol an der gewünschten Stelle im Dokument einfach ab.

Drag&Drop

Sie müssen das betreffende Objekt noch nicht einmal öffnen! Stattdessen können Sie sich im Datenbankfenster eine Tabelle wie »Kunden« schnappen, zu Word oder zu Excel ziehen und dort ablegen, um sie in ein Dokument einzufügen.

Ausschneiden oder Kopieren?

Schleppt der Cursor beim Ziehen ein »+«-Zeichen mit sich herum, werden die Daten beim Ablegen in das betreffende Dokument kopiert, bleiben also in der Originalanwendung erhalten.

Ohne »+«-Zeichen werden die Daten stattdessen in der Originalanwendung ausgeschnitten. Sollen sie dort erhalten bleiben, halten Sie vor dem Ablegen die Strg-Taste gedrückt.

Excel-Bereiche einfügen

Das Ganze funktioniert auch in umgekehrter Richtung. Sie können beispielsweise in einer Excel-Tabelle beliebige Bereiche markieren und anschließend (am Rand des zuvor markierten Bereichs ziehen) in das Access-Datenbankfenster ziehen.

Access wird Sie fragen, ob der einzufügende Bereich Spaltenüberschriften enthält, und danach eine neue Tabelle erstellen, die genauso aufgebaut ist wie der Excel-Bereich. Enthielt der Bereich keine Spaltenüberschriften, die als Feldnamen verwendet werden können, benutzt Access Standardfeldnamen wie »F1« und »F2« (Abbildung 25.4).

Abbildung 25.4:
Excel-Bereiche als Tabellen einfügen

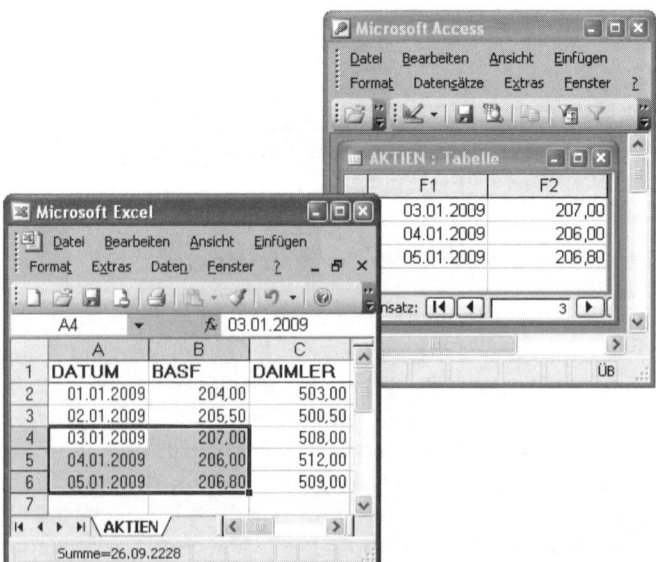

Sie können Drag&Drop auch innerhalb von Access anwenden. Ziehen Sie im Datenbankfenster an einem Objekt und halten dabei die `Strg`*-Taste gedrückt, wird das Objekt nach dem Loslassen kopiert.*

:-)
TIPP

Nicht zuletzt können Sie Access sogar zweimal starten (zwei Instanzen von Access erzeugen), jeweils eine Datenbank öffnen und ein Objekt aus dem einen Datenbankfenster in das andere Datenbankfenster ziehen, um es in diese zweite Datenbank zu kopieren!

:-)
TIPP

OLE-Objekte

OLE-Objekte (OLE = Object linking and embedding = Objekt verknüpfen und einbetten) sind beliebige Objekte wie Grafiken, Text- oder Tabellenausschnitte, die entweder bereits zuvor mit einem anderen Programm erzeugt wurden und als Datei vorliegen oder aber erst noch erzeugt werden sollen.

Beim Einfügen von Objekten, die sich in einer Datei befinden, beispielsweise einer gespeicherten Grafik, haben Sie die Wahl zwischen dem Verknüpfen und dem Einbetten von Objekten. Einbetten bedeutet, dass eine Kopie des Originalobjekts in die Datenbank eingefügt wird, Verknüpfen dagegen, dass eine dauerhafte Verbindung zwischen dem in der Datenbank enthaltenen und dem Originalobjekt erzeugt wird. Mit dem Resultat, dass jede Änderung des Originalobjekts automatisch eine entsprechende Aktualisierung des in der Access-Datenbank enthaltenen Objekts zur Folge hat.

Einbetten und Verknüpfen

Ob Sie ein OLE-Objekt einbetten oder verknüpfen: In beiden Fällen genügt ein Doppelklick darauf, um den Objekt-Server zu öffnen und jene Anwendung aufzurufen, mit der das Objekt bearbeitet werden kann, beispielsweise Paint. Sie können es jetzt bearbeiten und danach mit einem Befehl wie DATEI|BEENDEN & ZU ... ZURÜCKKEHREN oder DATEI|AKTUALISIERE ... die Bearbeitung abschließen. Danach wird das in die Access-Datenbank eingebettete oder verknüpfte Objekt automatisch aktualisiert.

Bearbeiten

Als Beispiel verwende ich eine einfache Tabelle mit Adressen, erweitert um ein Feld namens »Foto« mit dem Felddatentyp *OLE-Objekt*. Diese Tabelle finden Sie unter dem Namen »Adresse + Foto« (Abbildung 25.5).

OLE-Felder

In das zusätzliche Feld Daten einzugeben, ist zunächst gar nicht so einfach: Wie »tippen« Sie eine Grafik ein? Gar nicht, das überlassen Sie Access. Bei dazu geeigneten Programmen (Word, Excel etc.) ist hier die einfachste Methode erneut Drag&Drop: Sie öffnen beispielsweise ein Word-Dokument, in dem sich eine Grafik befindet, selektieren diese Grafik, lassen die Maustaste los, klicken das Objekt am Rand an und ziehen es auf das Access-OLE-Feld, wo Sie es ablegen, und in das es nun eingebettet wird.

Drag&Drop

Abbildung 25.5:
ADRESSEN.MDB,
Tabelle »Adresse +
Foto«

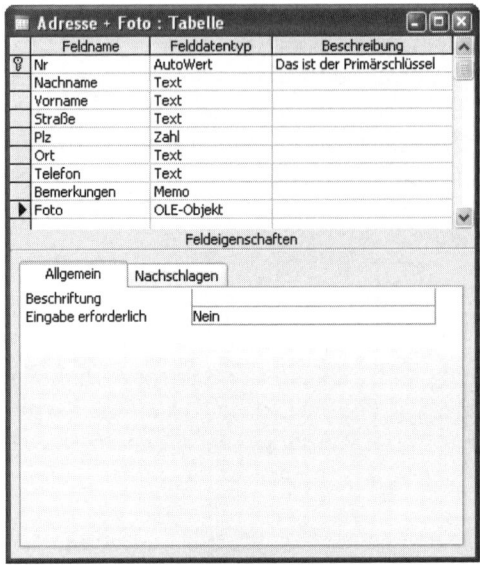

Die allgemeinere Technik, die mit wesentlich mehr Programmen funktioniert: Sie klicken auf das Tabellenfeld, in das die Grafik eingefügt werden soll und wählen EINFÜGEN|OBJEKT... (einfacher: Feld mit der rechten Maustexte anklicken und im Kontextmenü OBJEKT EINFÜGEN... wählen) (Abbildung 25.6).

Abbildung 25.6:
OLE-Objekt
einfügen

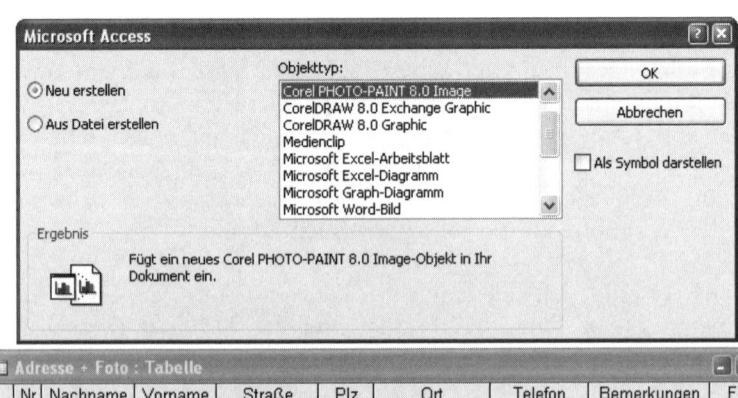

Objekt-Server Welche OLE-Objekte in diesem Listenfeld verfügbar sind, hängt davon ab, welche Windows-Anwendungen bei Ihnen installiert sind, die als OLE-Server benutzt werden können.

Die vorselektierte Option *Neu erstellen* ruft jenes Programm auf, das für die Erzeugung des ausgewählten Objekts zuständig ist; beispielsweise Paint, sodass Sie nun eine Zeichnung erstellen können (Abbildung 25.7).

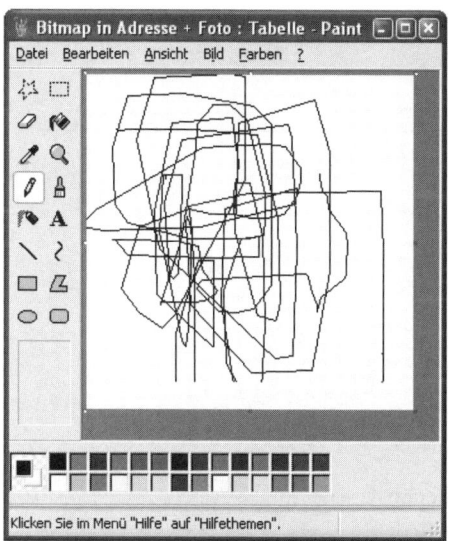

Abbildung 25.7:
OLE-Objekt
erstellen

	Nr	Nachname	Vorname	Straße	Plz	Ort	Telefon	Bemerkungen	Foto
▶	1	Maier	Werner	Maierweg 5	30000	Maiershausen	089/72632	keine	Bitmap
	2	Müller	Walter	Müllerstr. 2	10000	Müllersdorf	0753/9473	auch keine	
	3	Bauer	Gerd	Bauerallee 7	50000	Bauershausen	0621/84762	Programmierer	
	4	Müller	Arndt	Stollallee 8	60000	Frankfurt	069/83262	keine	
✱	ert)				0			keine	

Datensatz: |◀ ◀ | 1 | ▶ ▶| ▶✱ | von 4

Durch Selektion von »Microsoft Word-Abbildung« hätten Sie stattdessen Word aufgerufen und könnten anschließend das darin integrierte Zeichenprogramm zur Erstellung der Grafik benutzen.

Nach dem Beenden des jeweiligen Programms wird die Grafik in die Access-Datenbank eingebettet. Sie sehen davon allerdings zunächst recht wenig, nämlich nur entsprechend der Abbildung einen Hinweis wie »Bitmap« oder »Microsoft Word-Grafik« in jenem Feld, in das die Grafik eingebettet wurde.

Nur in einem auf dieser Tabelle basierenden Formular oder Bericht kann die eingebettete Grafik dargestellt werden (Abbildung 25.8).

OLE-Objekte in Formularen

Statt beim Einfügen eines Objekts in ein OLE-Tabellenfeld eine neue Grafik zu erstellen, können Sie auch eine bereits als Datei vorhandene Grafik einfügen, beispielsweise ein eingescanntes Foto des Herrn, um dessen Adresse es geht.

Vorhandenes Objekt einfügen/ verknüpfen

Abbildung 25.8:
ADRESSEN.MDB,
Formular »Adresse
+ Foto«

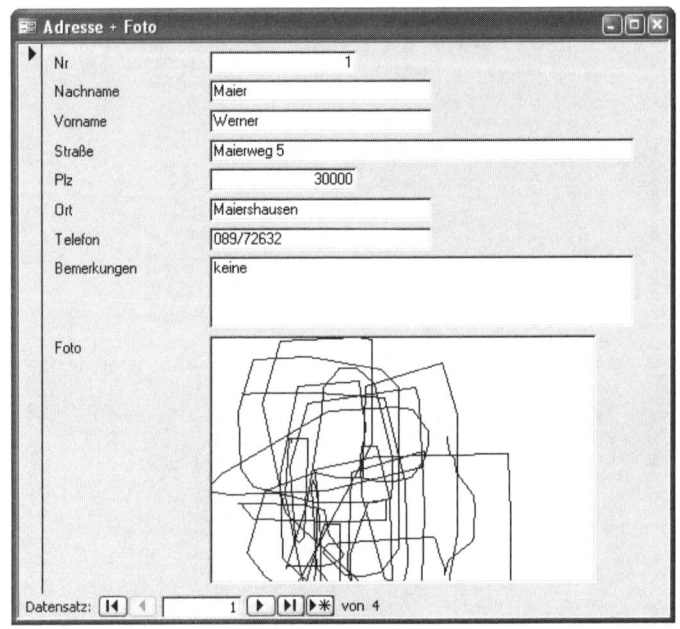

Dazu selektieren Sie wieder das OLE-Feld des betreffenden Datensatzes und wählen EINFÜGEN|OBJEKT.... Danach selektieren Sie im *Objekt einfügen*-Dialogfeld jedoch *Aus Datei erstellen*, um anschließend entweder den Namen der einzubettenden Datei angeben zu können oder aber mit der Schaltfläche *Durchsuchen...* das Dateiselektions-Dialogfeld zu öffnen, um die Datei interaktiv auszuwählen (Abbildung 25.9).

Aktivieren Sie *Verknüpfen*, wird das Objekt mit dem Originalobjekt verknüpft und jede Änderung dieses Originals führt zur sofortigen Aktualisierung der in der Access-Datenbank enthaltenen Kopie.

Objekt bearbeiten

Um ein in die Tabelle eingebettetes OLE-Objekt zu bearbeiten, genügt ein Doppelklick darauf (Alternative: OLE-Feld aktivieren und BEARBEITEN|...-OBJEKT|ÖFFNEN wählen). Das Programm, mit dem das Objekt erzeugt wurde, wird aufgerufen, und Sie können es damit bearbeiten.

Mit BEARBEITEN|...-OBJEKT|KONVERTIEREN... *können Sie ein nicht als Bitmap eingefügtes Grafikobjekt zu einer Bitmap-Grafik konvertieren: Danach ist es ein unabhängiger Teil Ihrer Datenbank, benötigt darin wesentlich weniger Platz und seine Größe in Formularen ist nicht mehr unveränderlich festgelegt, sondern kann individuell variiert werden (siehe Kapitel 18.10, »Bild- und Objektfelder einfügen«).*

Inhalte einfügen

Eine weitere Möglichkeit, OLE-Objekte in eine Tabelle einzufügen, besteht darin, das betreffende Objekt im Fremdprogramm zu selektieren, es mit

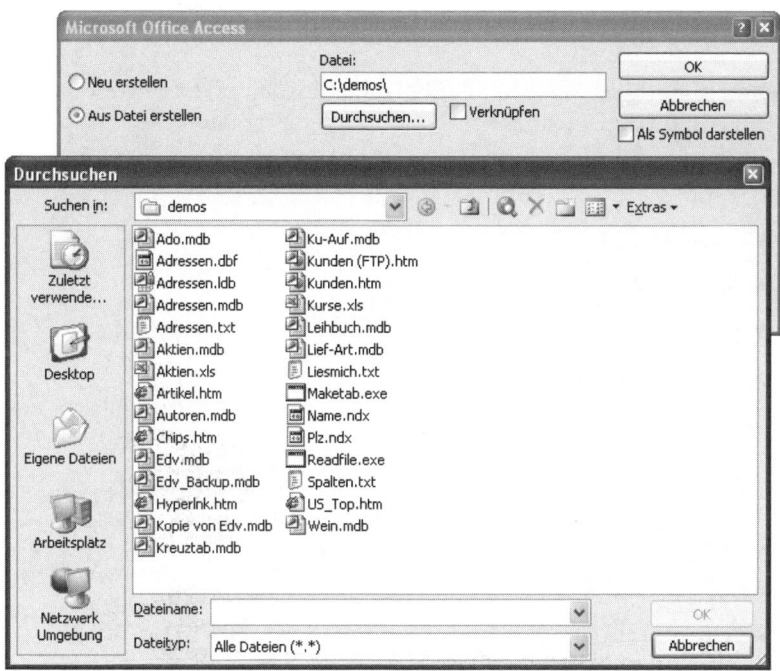

Abbildung 25.9:
Datei einbetten

BEARBEITEN|KOPIEREN in die Zwischenablage zu befördern, das Tabellenfeld zu aktivieren, in das das Objekt eingefügt werden soll, und es mit BEARBEITEN|INHALTE EINFÜGEN... einzufügen (Abbildung 25.10).

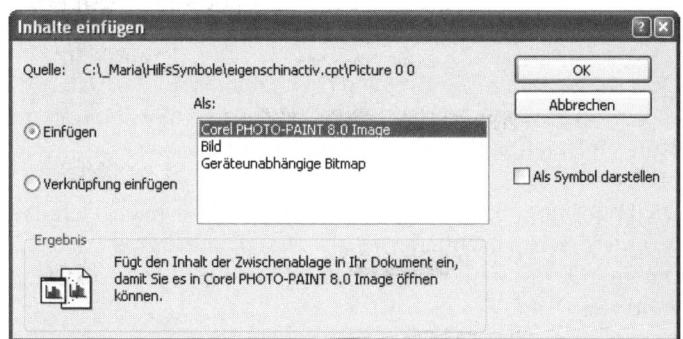

Abbildung 25.10:
Inhalte einfügen

Die oberste Option im Listenfeld fügt das Objekt als OLE-Objekt ein, das Sie später per Doppelklick editieren können.

OLE-Objekt

Die *Bild*- und *Bitmap*-Optionen fügen es dagegen als separate Grafik ein, die in der Datenbank weniger Platz benötigt. Siekann zwar nicht editiert werden, dafür können Sie aber die Größe, in der das Objekt auf einem Formular oder Bericht dargestellt wird, jederzeit individuell verändern!

Bitmap

25.2   Importieren und Verknüpfen

Sind die betreffenden Datenbank-Treiber installiert, kann Access alle möglichen Arten von Datenbanken importieren, unter anderem:

- Access
- Paradox 3.x, 4.x und 5.0
- FoxPro 2, 2.5, 2.6 und 3.0
- dBase III, III+, IV und 5
- Btrieve (mit Xtrieve)
- ODBC-Datenbanken

Zusätzlich können Sie folgende Tabellenkalkulationsformate importieren:

- Microsoft Excel (Version 2.0, 2.1, 3.0, 4.0, 5.0 und 7.0 (=Excel für Windows 95)
- Lotus 1-2-3 für DOS und Windows (WKS, WK1 und WK3)

Und darüber hinaus verschiedenste Arten von Textformaten und HTML-Dateien.

 Sie können in diesen Formaten gespeicherte Tabellen und Dateien mit DATEI|EXTERNE DATEN|IMPORTIEREN... bzw. dem zugehörigen Symbol importieren.

 Oder die betreffenden Tabellen bzw. Dateien mit DATEI|EXTERNE DATEN|TABELLEN VERKNÜPFEN... bzw. dem zugehörigen Symbol mit der momentan geöffneten Datenbank verknüpfen.

Die benötigten Schritte unterscheiden sich je nach Dateityp. In jedem Fall befindet sich anschließend im Datenbankfenster der aktuellen Access-Datenbank die importierte Tabelle bzw. eine Verknüpfung zu einer eingebundenen Tabelle.

Traten beim Import Fehler auf, erzeugt Access in der aktuellen Datenbank eine neue Tabelle, die eine detaillierte Auflistung der Fehler enthält, und teilt Ihnen den Namen dieser Tabelle mit.

 Nehmen wir als Beispiel die mit dBase III erzeugte Datei ADRESSEN.DBF, *die sich zusammen mit den beiden zugehörigen Indexdateien* NAME.NDX *und* PLZ.NDX *auf der Begleit-CD befindet (Abbildung 25.11).*

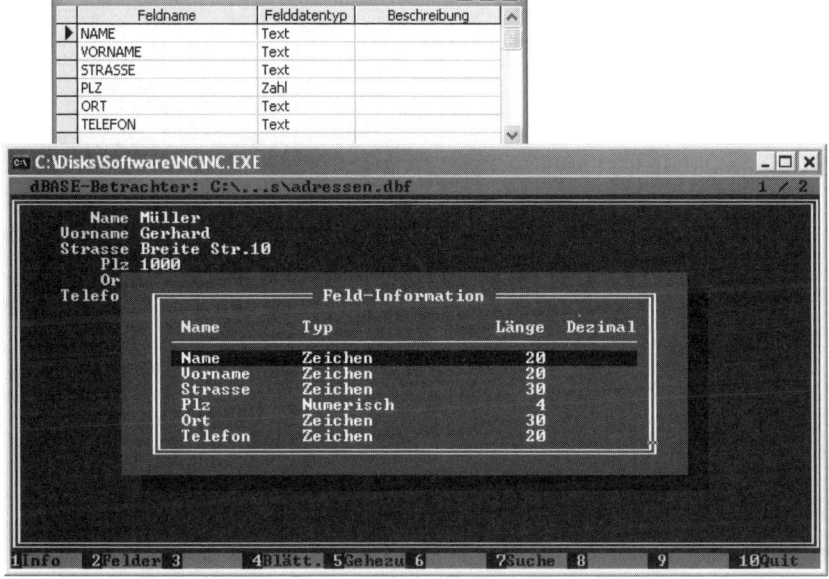

Abbildung 25.11:
Die dBase-Datei
ADRESSEN.DBF

Nach Wahl des Import- bzw. Verknüpfungsbefehls erscheint ein in beiden Fällen praktisch identisches Dialogfeld (Abbildung 25.12).

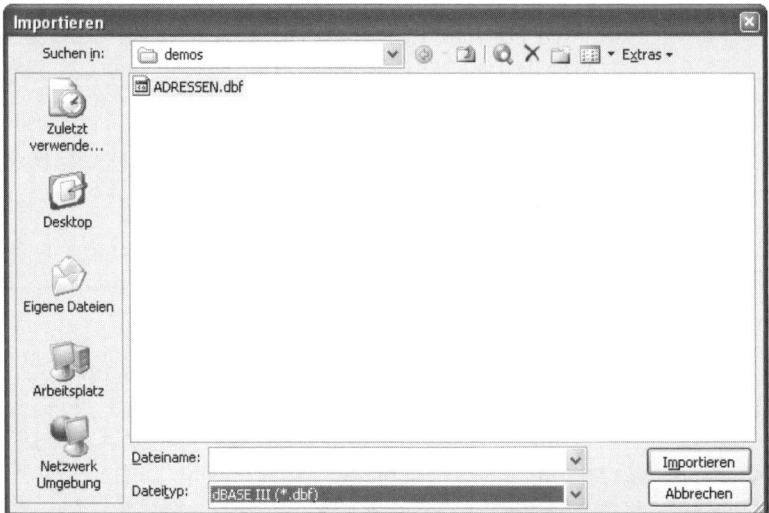

Abbildung 25.12:
Datei importieren/
verknüpfen

Sie selektieren darin den Dateityp, im Beispiel »dBASE III«, wählen ADRES-SEN.DBF aus und klicken auf *Importieren* bzw. auf *Verknüpfen*.

Importieren   Importieren heißt, dass Access eine echte Access-Tabelle erzeugt und die in der Fremdtabelle ADRESSEN.DBF enthaltenen Daten in diese Access-Tabelle kopiert.

Danach enthält die Access-Datenbank eine zusätzliche Tabelle »ADRESSEN«, die Sie wie jede andere Access-Tabelle auch benutzen können und die vollkommen unabhängig von der Originaltabelle ADRESSEN.DBF ist.

Änderungen in der Access-Tabelle wie das Hinzufügen oder Löschen von Datensätzen besitzen keinerlei Rückwirkungen auf die ursprüngliche externe Tabelle ADRESSEN.DBF. Wird sie nicht länger benötigt, können Sie die Originaltabelle ADRESSEN.DBF nun sogar löschen.

Die Feldtypen übernimmt Access korrekt: Alle Felder außer dem numerischen Feld »Plz« besitzen den Typ *Text*, ebenso wie das in der Original-dBase-Datei der Fall war.

Einbinden   Verknüpfen Sie die dBase-Tabelle, statt sie zu importieren, folgt nach Aktivierung der Schaltfläche *Verknüpfen* ein weiterer Schritt, in dem Sie die weiterzuverwendenden Indexdateien auswählen.

Beim Verknüpfen einer externen Tabelle mit DATEI|EXTERNE DATEN|TABELLEN VERKNÜPFEN... wird keine zusätzliche Access-Tabelle erzeugt. Stattdessen greift Access anschließend einfach auf die Originaltabelle ADRESSEN.DBF zu!

Fügen Sie der Tabelle beispielsweise einen neuen Datensatz hinzu, bleibt die Access-Datenbank unverändert. Stattdessen trägt Access den zusätzlichen Datensatz in der dBase-Datei ADRESSEN.DBF ein und aktualisiert gegebenenfalls sogar zugehörige Original-dBase-Indexdateien.

Analog dazu würde Access beim Einfügen neuer Daten in eine eingebundene Textdatei oder in eine eingebundene Excel-Tabelle diese Daten in die Textdatei bzw. die Excel-Tabelle selbst einfügen!

Dass eine Tabelle eingebunden ist, erkennen Sie im Datenbankfenster an einem speziellen Zusatz. Neben dem Tabellennamen, beispielsweise »ADRESSEN«, befindet sich ein Zusatz, der den Typ der externen Datei angibt, bei dBase-Dateien beispielsweise »dB«, und ein kleiner Pfeil, der »eingebundene externe Tabelle« bedeutet (Abbildung 25.13).

Aktivieren Sie die Entwurfsansicht einer eingebundenen Tabelle, weist Access darauf hin, dass Sie nicht alle Tabelleneigenschaften verändern können. Dennoch erscheint die Tabelle auch in der Entwurfsansicht zunächst wie eine ganz normale Access-Tabelle (Abbildung 25.14).

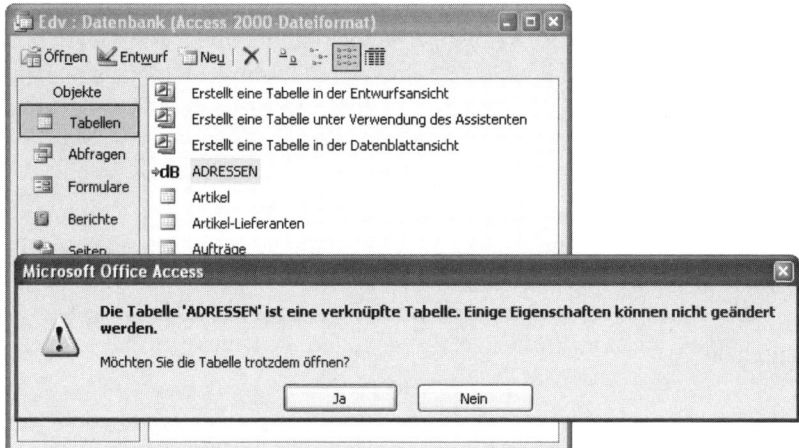

Abbildung 25.13:
Hinweis auf einge-
bundene Tabelle

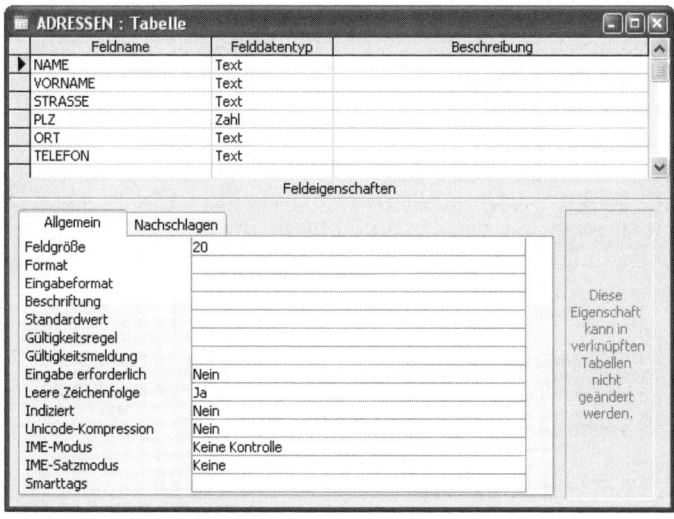

Abbildung 25.14:
Entwurfsansicht

Allerdings erscheint bei Aktivierung vieler Feldeigenschaften ein Hinweis, dass die betreffende Eigenschaft bei eingebundenen Tabellen nicht geändert wird. Außerdem können Sie weder Felder hinzufügen noch löschen. Genauer: Sie können zwar ein zusätzliches Feld einfügen, anschließend jedoch keine Daten darin eingeben!

Eingebundene externe Tabellen können Sie mit wenigen Ausnahmen wie echte Access-Tabellen benutzen:

➤ Wie Sie soeben sahen, betrifft eine dieser Ausnahmen Änderungen der Tabellenstruktur, die nur sehr eingeschränkt möglich sind.

➤ Ein weiterer Unterschied betrifft das Löschen von Tabellen. Sie löschen eine Access-Tabelle, indem Sie sie im Datenbankfenster selektieren und [Entf] drücken. Handelt es sich dabei um eine eingebundene Tabelle, löschen Sie nicht die Originaltabelle, sondern nur die Verbindung zu ihr. Die dBase-, Paradox- oder sonstige externe Tabelle selbst bleibt erhalten.

➤ Weitere Einschränkungen betreffen die in Visual Basic möglichen Transaktionen, umfangreiche Datenbankänderungen, die auf Befehl komplett rückgängig gemacht werden können. Dabei werden nur Änderungen rückgängig gemacht, die Access-Tabellen betreffen. Änderungen an eingebundenen Tabellen können nicht zurückgesetzt werden.

Datentypen-Umwandlung

Generell gilt, dass Access beim Importieren und Verknüpfen externer Tabellen Datentypen der Fremdtabelle in die entsprechenden Access-Datentypen umwandelt. Diese Umwandlung ist meist nur eine Umbenennung. Beispielsweise heißt der Datentyp *Alphanumerisch* von Paradox in Access *Text*, und der Datentyp *Kurze Zahl* entspricht dem Access-Typ *Zahl* mit der Feldgröße *Integer*.

Kennwörter

Möglicherweise müssen Sie beim Importieren/Verknüpfen ein im Fremddatenbankprogramm festgelegtes Kennwort eingeben. Bei verknüpften Tabellen speichert Access dieses Kennwort in der Datenbank, in die die Tabelle eingebunden wird. Um es vor Einblicken zu schützen, können Sie die Datenbank verschlüsseln.

Tabellen auf Servern

Befindet sich die verknüpfte Tabelle auf einem Server, geben Sie im Dialogfeld den kompletten Zugriffspfad an, den Netzwerknamen und den Dateinamen, damit Access die Tabelle beim Öffnen findet.

Beim Importieren/Einbinden einer SQL-Tabelle müssen Sie Ihren Benutzernamen und das Kennwort des SQL Servers eingeben, damit Access die Verbindung zu dem Server herstellen kann. Treten anschließend beim Import/ bei der Verknüpfung oder der Verwendung einer verknüpften Tabelle Fehler auf, ist möglicherweise Ihre Zugriffsberechtigung für die auszuführende Aktion nicht ausreichend.

:-)
TIPP

Mit EXTRAS|DATENBANK-DIENSTPROGRAMME|TABELLENVERKNÜPFUNGS-MANAGER *können Sie die in eine Access-Datenbank eingebundenen externen Tabellen aktualisieren. Gemeint ist, dass Sie Access die neue Position einer eingebundenen Tabelle angeben können, wenn diese nach dem Verknüpfen mit einer Access-Datenbank verlegt wurde, sich also inzwischen auf einem anderen Laufwerk oder in einem anderen Verzeichnis befindet und daher von Access nicht mehr gefunden wird.*

Nach dem Aufruf des Tabellenverknüpfungs-Managers erscheint ein Dialogfeld mit einer Liste aller eingebundenen Tabellen und je einem zugehörigen Kontrollkästchen (Abbildung 25.15).

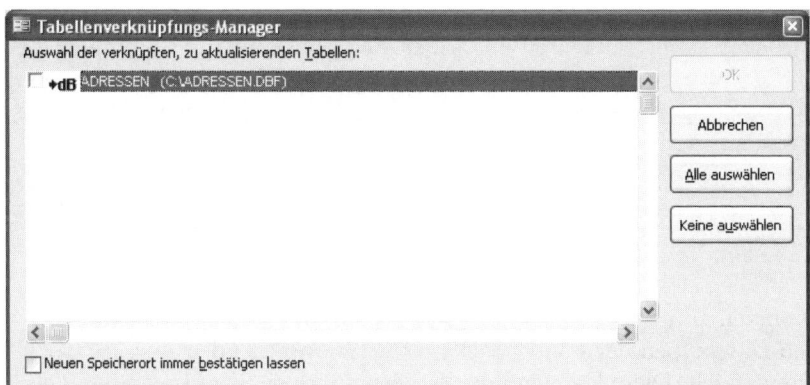

Abbildung 25.15:
Verknüpfungen
aktualisieren

Aktivieren Sie die Kontrollkästchen aller zu aktualisierenden Tabellen und wählen Sie OK. Findet Access eine der zu aktualisierenden Tabellen nicht, erscheint das bekannte Dateiauswahl-Dialogfeld: Sie selektieren darin die betreffende Tabelle, um Access den Ort bekanntzugeben, an dem sie sich inzwischen befindet.

ODBC-Datenquellen

Der Dateityp »ODBC-Datenbanken« im Dialogfeld zum Importieren/Verknüpfen ermöglicht den Import bzw. die Verknüpfung beliebiger ODBC-Datenbanken.

Dabei kann es sich um beliebige Datenbanken beliebiger Hersteller handeln, die ODBC-Treiber zum Zugriff auf ihre Datenbank zur Verfügung stellen.

SQL Server

Access verfügt über integrierte und externe Treiber zum Zugriff auf SQL Server: Microsoft SQL Server, Sybase, Oracle etc. Müssen Sie auf einen anderen SQL Server zugreifen, müssen Sie sich einen ODBC-Treiber dafür besorgen und wie nachfolgend erläutert einbinden.

Statt zum Zugriff auf neue Datenbankarten können ODBC-Datenbanken manchmal auch zur Vereinfachung eingesetzt werden. Möglicherweise müssen Sie immer wieder dBase-Tabellen importieren oder einbinden.

Natürlich können Sie wie zuvor erläutert vorgehen und immer wieder das betreffende Datenbankformat angeben, das Laufwerk und das Verzeichnis selektieren, auf dem sich die interessierende Tabelle befindet und zuletzt die

Tabelle selbst selektieren. Sie können jedoch auch eine eigene ODBC-Datenquelle zum Zugriff auf dBase-Tabellen definieren, die diese immer wiederkehrenden Schritte vereinfacht.

Ein anderes Beispiel ist die Erzeugung dynamischer Webseiten, bei denen der Webserver via ODBC mit einer Access-Datenbank kommuniziert, die die als Webseiten anzuzeigenden Daten enthält. Das klappt nur, wenn diese Verbindung zur Access-Datenbank korrekt eingerichtet und eine entsprechende Datenquelle definiert wurde.

Datenquellen
definieren
Um eine neue Datenquelle zu definieren, doppelklicken Sie auf das Symbol *ODBC-Datenquellen (32-Bit)* der Windows-Systemsteuerung (Abbildung 25.16).

Abbildung 25.16:
ODBC-Datenquellen-Administrator

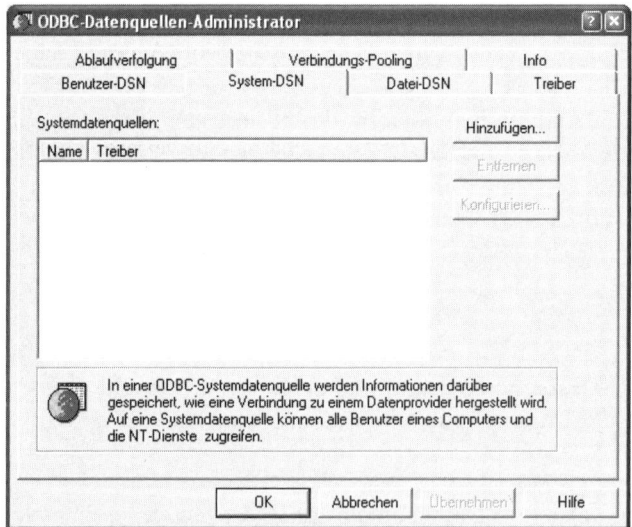

In diesem Dialogfeld können Sie Datenquellen hinzufügen, die einem einzelnen Benutzer zugeordnet sind oder systemweit benutzbar sind, unabhängig vom betreffenden Benutzer.

Da im Beispiel des Webservers genau das interessiert, die Definition einer ODBC-Datenquelle auf dem Server, die für diesen Rechner gilt und nicht nur für einen bestimmten Benutzer des Rechners, aktivieren Sie das Register *System-DNS* und klicken darin auf die Schaltfläche *Hinzufügen...*.

Daraufhin werden in einem weiteren Dialogfeld alle verfügbaren Treiber angezeigt (die gleichen Treiber, die im Register *ODBC-Treiber* aufgelistet sind). Sie müssen nun in Abhängigkeit vom Datenbankformat, auf das Sie mit der neuen Datenquelle zugreifen wollen, den dazu passenden Treiber auswählen (Abbildung 25.17).

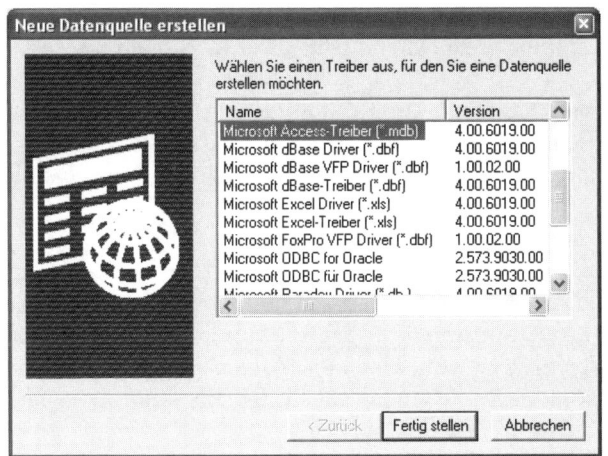

Abbildung 25.17:
Treiberauswahl

Geht es um Access-Datenbanken, wählen Sie den Microsoft Access-Treiber aus.

Nach der Treiberauswahl und *Fertig stellen* erscheint ein weiteres Dialogfeld (Abbildung 25.18).

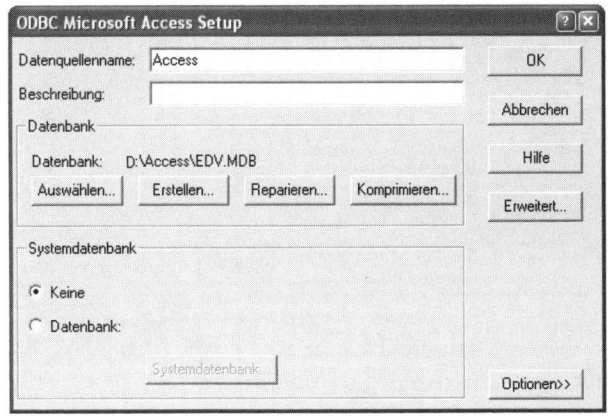

Abbildung 25.18:
Datenquelle
konfigurieren

Dieses Dialogfeld ist stark treiberspezifisch, das heißt sein Inhalt hängt von dem zuvor ausgewählten Treiber aus.

In jedem Fall lässt sich *OK* erst wählen, wenn Sie der Datenquelle unter *Datenquellenname* einen Namen gegeben haben. Zusätzlich sollten Sie festlegen, welches Verzeichnis als Vorgabe verwendet werden soll.

Geben Sie der neuen Datenquelle also einen Namen wie »Access« und wählen Sie unter *Auswählen...* die Access-Datenbank aus, die die verwendeten Daten enthält, zum Beispiel EDV.MDB.

Das war's. Im übergeordneten Dialogfeld wird nun im Register *System-DSN* die neue Datenquelle mit dem Namen »Access« angezeigt.

Datenquelle
konfigurieren

Das Dialogfeld zur Konfigurierung der neuen Datenquelle ist treiberspezi-fisch. Sein Inhalt hängt davon ab, welcher Treiber ausgewählt wurde, da unterschiedliche Datenbanktypen auch unterschiedliche Möglichkeiten bie-ten.

Access-Datenbanken können beispielsweise geschützt sein. Ist das der Fall, müssen Sie die Systemdatenbank angeben, das heißt die zugehörige Arbeits-gruppen-Informationsdatei (Option *Datenbank:* aktivieren, auf *System-datenbank...* klicken und Arbeitsgruppen-Informationsdatei auswählen). Zusätzlich müssen Sie gegebenenfalls unter *Erweitert...* den Anmeldenamen und Ihr Kennwort angeben.

Hatten Sie stattdessen zuvor den Treiber zum Zugriff auf dBase-Datenban-ken ausgewählt (»dBase-Treiber (*.dbf)«), stehen in diesem Dialogfeld ent-sprechende dBase-spezifische Möglichkeiten zur Verfügung. Zum Beispiel müssen Sie der Datenquelle darin nicht nur einen Namen wie »dBase« oder »Test« geben, sondern auch das gewünschte dBase-Format auswählen, bei-spielsweise »dBASE III« (Abbildung 25.19).

Abbildung 25.19:
dBase-Datenquelle
konfigurieren

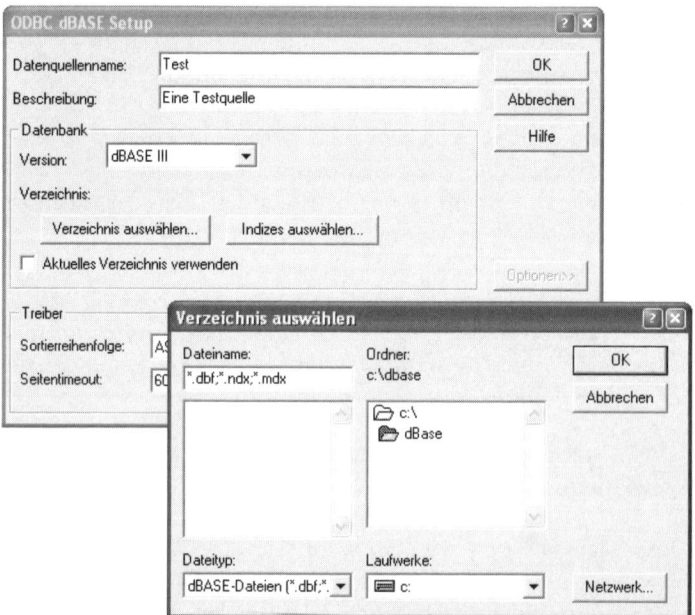

Außerdem müssen Sie diesmal das vorzugebende Verzeichnis auswählen. Entweder aktivieren Sie das Kontrollkästchen *Aktuelles Verzeichnis ver-wenden* oder Sie aktivieren *Verzeichnis auswählen...*, um das abgebildete

Dateiauswahl-Dialogfeld zu öffnen. Darin selektieren Sie nun allerdings keine dBase-Tabelle, sondern das Verzeichnis, in dem sich die interessierenden Dateien befinden, beispielsweise entsprechend der Abbildung C:\DBASE.

Das Register *System-DSN* würde nun außer der zuvor definierten Datenquelle »Access« auch die soeben definierte Datenquelle »Test« enthalten, die aus dem zu verwendenden dBase-III-Treiber und dem Zugriffspfad C:\DBASE besteht.

Um diese Datenquelle zu benutzen, öffnen Sie eine Access-Datenbank und wählen DATEI|EXTERNE DATEN|IMPORTIEREN... oder DATEI|EXTERNE DATEN|TABELLE VERKNÜPFEN.... Im zugehörigen Listenfeld selektieren Sie den letzten darin enthaltenen Eintrag, »ODBC-Datenbanken«. Daraufhin erscheint ein Dialogfeld mit einer Liste aller momentan definierten ODBC-Datenquellen.

Datenquelle benutzen

Selektieren Sie darin die zu benutzende Datenquelle »Test«, werden danach alle Tabellen der betreffenden Datenquelle aufgelistet, das heißt alle dBase-Datenbanken, die sich im zur Datenquelle gehörenden Verzeichnis C:\DBASE befinden. Sie können nun die zu importierende/verknüpfende Datenbank auswählen.

Der Unterschied zwischen den in Access integrierten und der eigendefinierten dBase-Datenquelle liegt somit vorwiegend in der Handhabung: Selektieren Sie im *Einbinden-* oder im *Importieren*-Dialogfeld die vorgegebene Datenquelle dBase III, müssen Sie anschließend das Laufwerk und den Pfad zur interessierenden Datenbank angeben. Selektieren Sie jedoch »ODBC-Datenbanken« und darunter die von Ihnen definierte Datenquelle »Test«, werden automatisch alle Datenbanken des betreffenden Typs im zugehörigen Ordner aufgelistet.

Wichtiger ist jedoch ein anderer Aspekt: Wie gesagt, Sie können auf die erläuterte Art und Weise zusätzliche ODBC-Treiber zum Zugriff auf weitere Datenbankformate einbinden und benutzen, die Sie von Fremdherstellern beziehen!

!!
STOP

Access-Datenbanken

Um in eine Access-Datenbank Tabellen und beliebige andere Objekte einer anderen Access-Datenbank zu importieren oder zu verknüpfen, wählen Sie wie zuvor DATEI|EXTERNE DATEN|IMPORTIEREN... bzw. DATEI|EXTERNE DATEN|TABELLEN VERKNÜPFEN..., selektieren als Dateiformat »Microsoft Access« und wählen die interessierende Access-Datenbank aus.

Danach erscheint das – leicht modifizierte – Datenbankfenster der betreffenden Access-Datenbank (Abbildung 25.20).

Sie selektieren in den verschiedenen Registern die zu importierenden Objekte, wobei *Alle auswählen* die Arbeit vereinfacht und alle Objekte des gerade aktiven Registers markiert.

Optionen >> erweitert das Dialogfeld entsprechend der Abbildung. Sie können unter verschiedenen Importoptionen für die einzelnen Objekttypen wählen:

➡ ob die in der externen Datenbank definierten Beziehungen zwischen Tabellen, die benutzerdefinierten Menü- und Symbolleisten und die in Kapitel »Textdateien« auf Seite 527 erläuterten »Import/Export-Spezifikationen« importiert werden sollen,

➡ ob bei Tabellen nur der Entwurf importiert werden soll oder auch die darin enthaltenen Datensätze,

➡ ob Abfragen unverändert importiert werden oder stattdessen als Tabellen importiert werden, die nur die Ergebnisse dieser Abfragen (=die dadurch ausgewählten Datensätze) enthalten.

Kalkulationstabellen

Die Schritte beim Import/Verknüpfen einer Kalkulationstabelle, einer Textdatei oder einer Webseite sind in allen Fällen identisch.

Nehmen wir als Beispiel eine Excel-Arbeitsmappe namens AKTIEN.XLS *(Abbildung 25.21).*

Um sie zu importieren, wählen Sie DATEI|EXTERNE DATEN|IMPORTIEREN..., selektieren unter *Dateityp* »Microsoft Excel«, wählen die Excel-Tabelle aus und aktivieren *Importieren*.

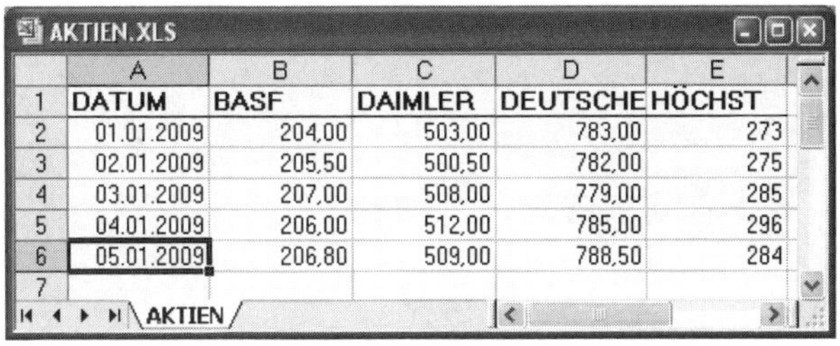

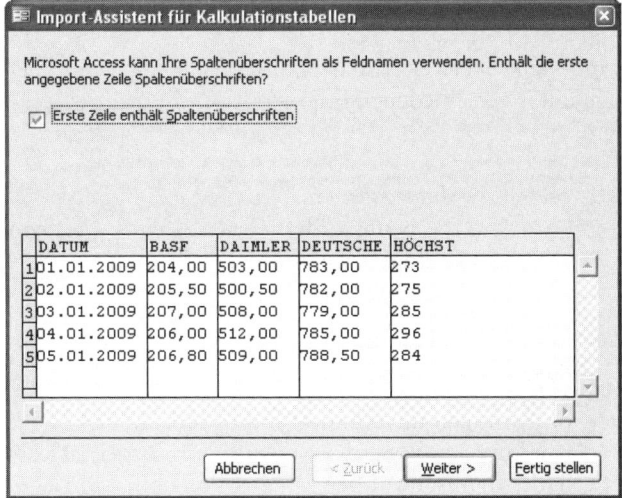

Abbildung 25.21:
AKTIEN.XLS

Danach meldet sich der Import-Assistent. Enthält die Excel-Mappe mehrere Bereiche, die importiert werden könnten, können Sie im ersten Schritt zunächst den gewünschten Bereich auswählen.

Im Beispiel ist der uns interessierende Bereich bereits vorgegeben. Danach müssen Sie festlegen, wie der betreffende Bereich importiert werden soll (Abbildung 25.22).

Abbildung 25.22:
Schritt 1

Enthält die erste Tabellenzeile wie hier Spaltenüberschriften, die als Feldnamen geeignet sind, muss das Kontrollkästchen *Erste Zeile enthält Spaltenüberschriften* aktiviert werden, um diese Texte zu übernehmen. Sonst verwendet Access später in der Tabelle statt dieser Spaltenüberschriften eine fortlaufende Nummer als Feldnamen.

Im nächsten Schritt wählen Sie, ob die zu importierenden Daten in einer neuen Tabelle gespeichert oder aber in eine bereits existierende und von Ihnen auszuwählende Tabelle der aktuellen Datenbank eingefügt werden sollen (Abbildung 25.23).

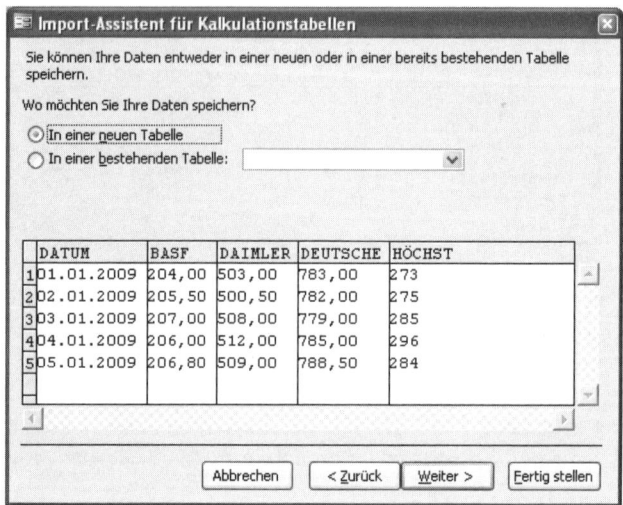

Danach legen Sie fest, wie die einzelnen Tabellenspalten importiert werden sollen (Abbildung 25.24).

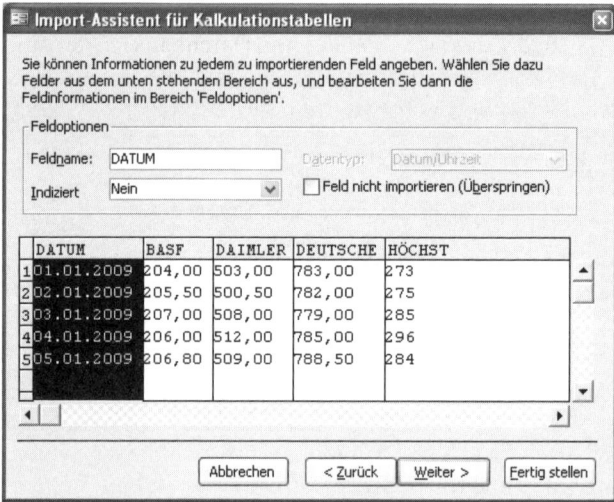

Dazu klicken Sie im Vorschaufenster auf die zu verändernde Spalte. Unter *Feldname* wird der Name des Feldes angezeigt, den Sie nun editieren können, und unter *Indiziert* können Sie für dieses Feld zwischen den üblichen drei Indizierungsoptionen wählen. Wollen Sie das Feld beim Import übergehen, aktivieren Sie *Feld nicht importieren (Überspringen)*.

Danach geht es um die Definition des Primärschlüssels der Tabelle, wobei die altbekannten Optionen zur Verfügung stehen (Abbildung 25.25).

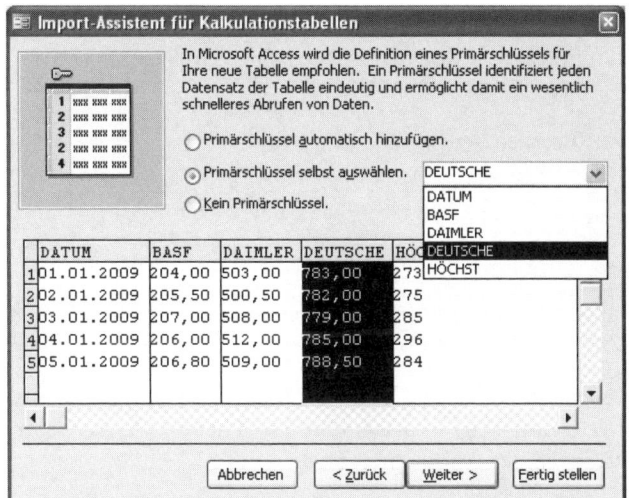

Im letzten Schritt legen Sie den Namen der zu erzeugenden Tabelle fest und wählen, ob die neue Tabelle nach der Fertigstellung analysiert werden soll (siehe Kapitel 31.3 »Analysieren und in Tabellen aufteilen«).

Anschließend befindet sich die erzeugte Tabelle im Datenbankfenster und kann wie jede andere Access-Tabelle geöffnet werden (bzw. die zuvor ausgewählte bereits existierende Tabelle enthält nun die zusätzlichen Daten) (Abbildung 25.26).

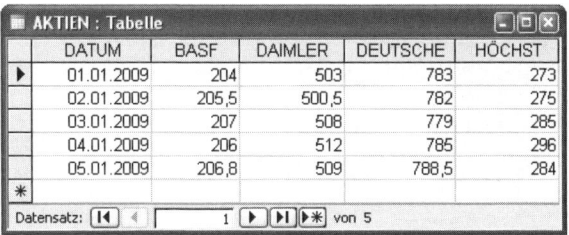

Textdateien

Zur Unterscheidung zwischen den einzelnen Daten in einer Textdatei werden oft Feldtrennzeichen benutzt. Einige Beispiele für Textdateien mit zwei Textzeilen (=Datensätzen) und unterschiedlichen Feldtrennzeichen:

➡ Komma

```
Maier,Hans,Schmalstr.5,80000,München,089/837636
Bauer,Adalbert,Schwetzingerstr.1,60000,Frankfurt,069/427043
```

➡ Semikolon

```
Maier;Hans;Schmalstr.5;80000;München;089/837636
Bauer;Adalbert;Schwetzingerstr.1;60000;Frankfurt;069/427043
```

➡ Leerzeichen

```
Maier Hans Schmalstr.5 80000 München 089/837636
Bauer Adalbert Schwetzingerstr.1 60000 Frankfurt 069/427043
```

➡ Tabulator

```
MaierHansSchmalstr.580000München089/837636
BauerAdalbertSchwetzingerstr.160000Frankfurt069/427043
```

Texttrennzeichen Möglicherweise wird im betreffenden Textformat zusätzlich ein spezielles Texttrennzeichen verwendet, ein Zeichen, in das jeder Text eingeschlossen ist, meist ein Anführungszeichen oder Hochkomma:

➡ Semikolon als Feldtrennzeichen und Anführungszeichen als Texttrennzeichen

```
"Maier";"Hans";"Schmalstr.5";80000;"München";"089/837636"
"Bauer";"Adalbert";"Schwetzingerstr.1";60000;"Frankfurt";"069/427043"
```

➡ Semikolon als Feldtrennzeichen und Hochkomma als Texttrennzeichen

```
'Maier';'Hans';'Schmalstr.5';80000;'München';'089/837636'
'Bauer';'Adalbert';'Schwetzingerstr.1';60000;'Frankfurt';'069/427043'
```

Die folgende Abbildung zeigt die DOS-Textdatei ADRESSEN.TXT, *die sich auf der Begleit-CD befindet. Sie enthält pro Zeile jeweils einen Datensatz, dessen Felder durch das Trennzeichen »;« getrennt sind und in der kein Texttrennzeichen verwendet wird (Abbildung 25.27).*

Abbildung 25.27:
ADRESSEN.TXT

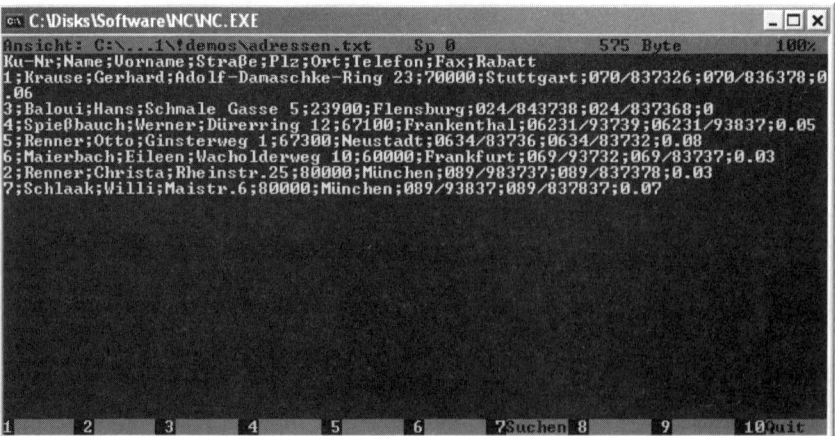

Beim Importieren oder Verknüpfen (bitte Dateityp »Textdateien« wählen) meldet sich nach Auswahl dieser Datei und Klick auf *Importieren* bzw. *Verknüpfen* automatisch der folgende Assistent, der mit jenem verwandt ist, den Sie bereits aus dem Kapitel »Kalkulationstabellen« auf Seite 524 kennen (Abbildung 25.28).

Abbildung 25.28:
Schritt 1

Der erste Schritt ist allerdings ein wenig unterschiedlich, da Sie hier wählen müssen, ob die in der Textdatei enthaltenen Daten durch ein Feldtrennzeichen getrennt sind oder ob es sich um eine Textdatei mit festen Breiten handelt. In unserem Fall ist die vorgegebene Option *Mit Trennzeichen...* korrekt.

Im zweiten Schritt geben Sie an, durch welches Trennzeichen die Daten voneinander zu unterscheiden sind (Abbildung 25.29).

Feldtrennzeichen

Im oberen Optionsfeld wählen Sie das zutreffende Feldtrennzeichen aus, in unserem Fall das Semikolon, oder – falls es keines der vorgegebenen Zeichen ist – tippen Sie das betreffende Zeichen im Feld *Anderes* ein.

Texttrennzeichen

Textbegrenzungszeichen ist eines der erwähnten Zeichen »»« oder »'«, in das Zeichenketten eventuell eingeschlossen sind. Wird in der Textdatei wie in ADRESSEN.TXT kein Texttrennzeichen verwendet, öffnen Sie das zugehörige Listenfeld und wählen den (automatisch vorgegebenen) Eintrag »{kein}« aus, sonst das betreffende Trennzeichen. Wird in der Textdatei ein nicht in der Liste enthaltenes Texttrennzeichen verwendet, tippen Sie es in das Textfeld ein.

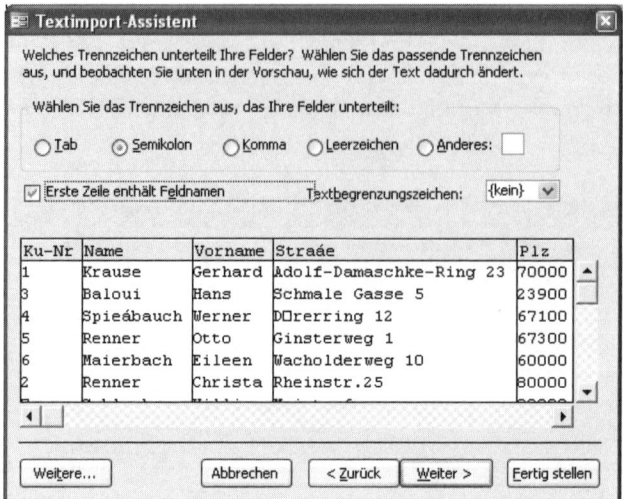

Abbildung 25.29:
Schritt 2

Feldnamen

Wie beim Import von Kalkulationstabellen geben Sie an, ob die erste Zeile wie in diesem Beispiel Spaltenüberschriften enthält (»Ku-Nr«, »Name« etc.), die als Feldnamen verwendet werden sollen.

Im dritten Schritt legen Sie fest, ob die Daten in eine neu angelegte Tabelle importiert werden oder einer bereits vorhandenen Tabelle *mit identischer Struktur* hinzugefügt werden sollen (und, falls ja, welcher Tabelle) (Abbildung 25.30).

Abbildung 25.30:
Schritt 3

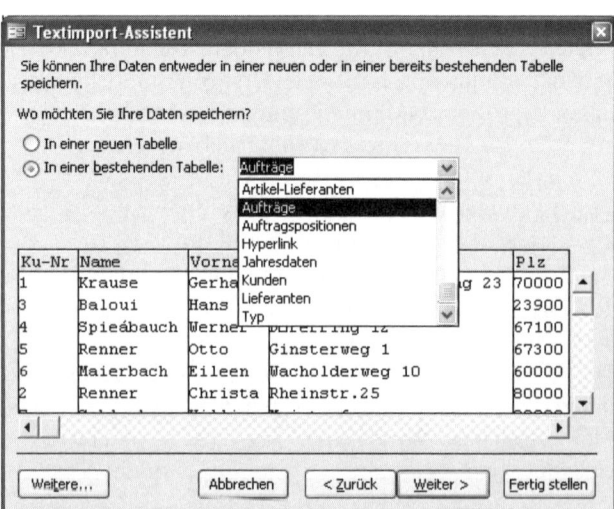

Die folgenden Schritte sind mit dem Import von Kalkulationstabellen identisch (siehe »Kalkulationstabellen« auf Seite 524).

Während all dieser Schritte können Sie mit der Schaltfläche *Weitere...* das *Importspezifikation*-Dialogfeld öffnen, das die Festlegung wichtiger Details ermöglicht (Abbildung 25.31).

Importspezifikationen

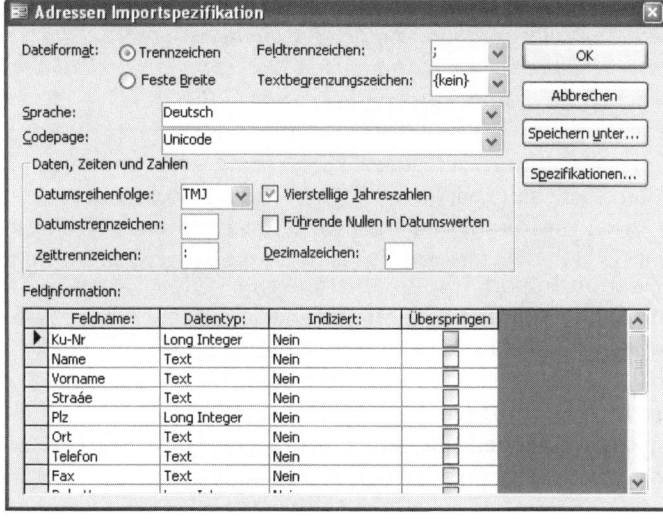

Abbildung 25.31:
Importeinstellungen

Darin können Sie beispielsweise das in der zu importierenden Datei verwendete Datumsformat angeben oder das darin verwendete Dezimaltrennzeichen. Beispielsweise wird in Textdateien, englischen Ursprungs üblicherweise der Dezimalpunkt statt des gewohnten Dezimalkommas verwendet und diese Abweichung vom Standard muss Access hier bekanntgegeben werden.

Feldinformation ermöglicht Ihnen, die vorgegebenen Feldnamen, den Felddatentyp und die Indizierungseigenschaft zu ändern und durch Aktivierung/ Deaktivierung des zugehörigen Kontrollkästchens festzulegen, ob die betreffende Spalte beim Import ignoriert werden soll.

Feldinformationen

Einmal definierte Importeinstellungen können Sie mit der Schaltfläche *Speichern unter...* als »Importspezifikation« unter einem beliebigen Namen speichern und später jederzeit beim Import einer ähnlichen anderen Datei mit *Spezifikationen...* laden.

Einstellungen speichern/laden

Sind alle Einstellungen korrekt angepasst, ist das Importergebnis höchst zufriedenstellend (Abbildung 25.32).

ADRESSEN : Tabelle									
ID	Ku-Nr	Name	Vorname	Straße	Plz	Ort	Telefon	Fax	Rabatt
1	1	Krause	Gerhard	Adolf-Damaschke-Ring 23	70000	Stuttgart	070/837326	070/836378	0.06
2	3	Baloui	Hans	Schmale Gasse 5	23900	Flensburg	024/843738	024/837368	0
3	4	Spieábauch	Werner	Dürerring 12	67100	Frankenthal	06231/93739	06231/93837	0.05
4	5	Renner	Otto	Ginsterweg 1	67300	Neustadt	0634/83736	0634/83732	0.08
5	6	Maierbach	Eileen	Wacholderweg 10	60000	Frankfurt	069/93732	069/83737	0.03
6	2	Renner	Christa	Rheinstr.25	80000	München	089/983737	089/837378	0.03
7	7	Schlaak	Willi	Maistr.6	80000	München	089/93837	089/837837	0.07

Datensatz: |◄ ◄ 1 ► ►| ►* von 7

TIPP

Gab es dagegen beim Import Probleme, sollten Sie im Datenbankfenster unter »Tabellen« nachschauen, da Access in diesem Fall eine Tabelle erstellt, in der es die Importfehler im Einzelnen auflistet.

Textdateien
mit festen
Spaltenbreiten

Einige Programme erzeugen keine Textdateien mit variablen, sondern mit festen Zeilenlängen: Jedes Feld beginnt bei einer fest definierten Spaltenposition und besitzt eine genau definierte Breite. Nehmen wir als Beispiel eine Tabelle, die aus drei Zeilen mit jeweils vier Zahlen besteht:

```
123      85.5      986.78      10.1
3        1.7       74.765      21.72
37       9.76      7.97        2.4
```

So manches Programm wie beispielsweise SPSS speichert diese drei Datensätze in einer Textdatei folgender Form:

```
12385.5 986.78 10.1
   3 1.7  74.76521.72
  37 9.76   7.97   2.4
```

Eine alternative Form der Speicherung wäre das Auffüllen der Leerräume mit führenden bzw. nachfolgenden Nullen:

```
12385.50986.78010.10
00301.70074.76521.72
03709.76007.97002.40
```

Jedes Feld ist exakt so breit wie nötig, und zwischen den einzelnen Feldern gibt es kein Trennzeichen. In dieser Form sind die drei Datensätze in der Datei SPALTEN.TXT *gespeichert, die sich auf der Begleit-CD befindet.*

In beiden Fällen kann Access die in der betreffenden Datei enthaltenen Zahlen nur dann korrekt importieren, wenn Sie das verwendete Spaltenformat bekanntgeben.

Die einfachste Möglichkeit besteht darin, in Schritt 1 des Textimport-Assistenten die Option *Feste Breite...* zu wählen und die Bekanntgabe im nun modifizierten zweiten Schritt vorzunehmen (Abbildung 25.33).

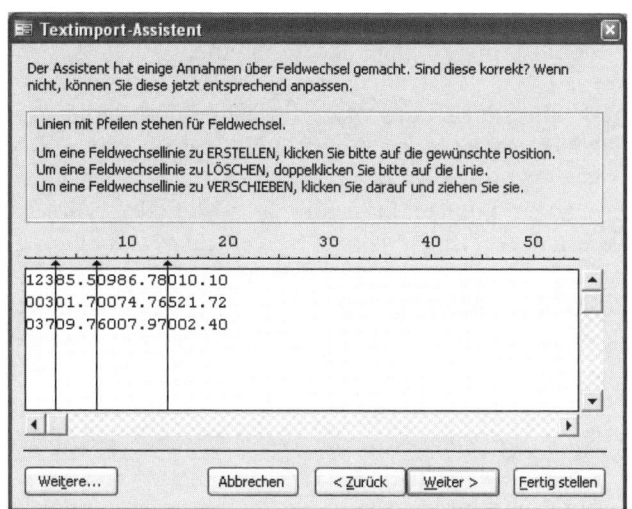

Abbildung 25.33:
Spaltenbreiten fest-
legen

Die Hinweise in diesem Dialogfeld erläutern, wie Sie die in der Abbildung sichtbaren Spaltentrennlinien einfügen, verschieben oder wieder löschen.

Die folgenden Schritte nach dieser Bekanntgabe des Spaltenformats bieten nichts Neues und entsprechen jenen, die ich in den beiden vorhergehen Kapiteln erläuterte.

Sie können die benötigten Feldinformationen jederzeit auch im von der Schaltfläche *Weitere...* geöffneten Dialogfeld bekanntgeben (Abbildung 25.34).

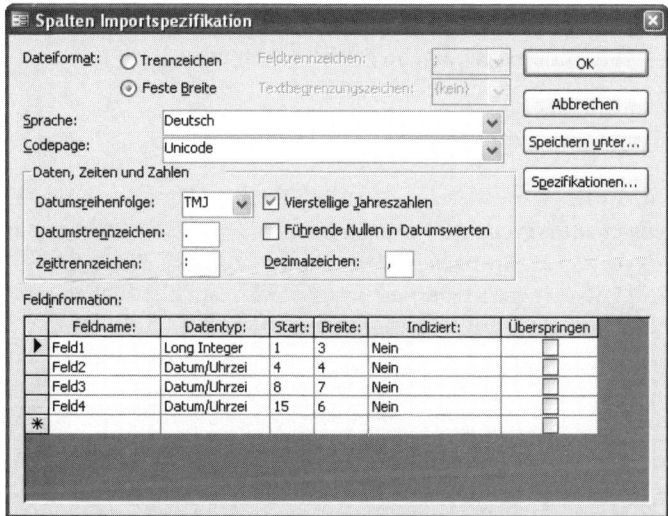

Abbildung 25.34:
Feldinformationen

Feldinformation
Ist die Option *Feste Breite* aktiviert, erweitert Access die Liste unter *Feldinformation* entsprechend der Abbildung.

Sie können darin unter *Start* die Spaltenposition angeben, an der das betreffende Feld beginnt, und unter *Breite* seine Breite in Zeichen.

Zusätzlich können Sie unter *Datentyp* den vorgegebenen Felddatentyp ändern und beispielsweise entsprechend der Abbildung *Double* auswählen.

Ersetzen Sie außerdem das vorgegebene Dezimaltrennzeichen »,« durch ».«, sieht das korrekte Importresultat im Fall von SPALTEN.TXT so aus (Abbildung 25.35).

Abbildung 25.35:
Importierte
Textdatei
SPALTEN.TXT

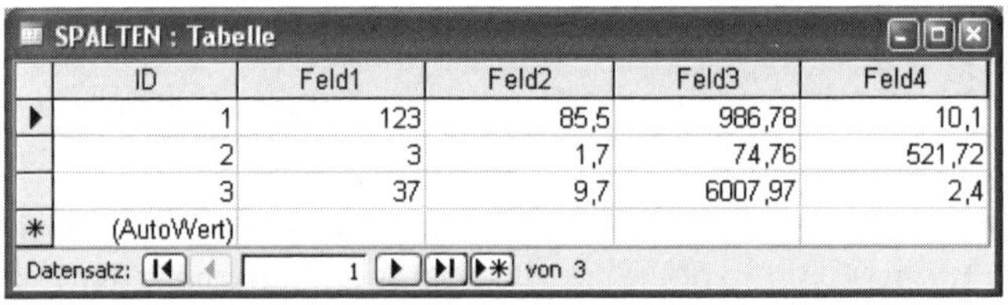

ID	Feld1	Feld2	Feld3	Feld4
1	123	85,5	986,78	10,1
2	3	1,7	74,76	521,72
3	37	9,7	6007,97	2,4
(AutoWert)				

Datensatz: 1 von 3

25.3   Exportieren

Sind die betreffenden Datenbank-Treiber installiert, können Sie

➡ beliebige Datenbankobjekte in andere Access-Datenbanken exportieren

➡ Tabellen und Abfragen in unterschiedlichen Datenbank-, Kalkulations- oder Textformaten exportieren, in Word für Windows-Serienbriefformat, in eine ODBC-Datenbank oder im HTML-Format, um daraus Webseiten zu erzeugen.

Allgemeine Exportformate

Dazu öffnen Sie das betreffende Objekt oder selektieren es im Datenbankfenster und wählen DATEI|EXPORTIEREN....

Im Dateiauswahl-Dialogfeld legen Sie fest, in welchem Format und wohin das selektierte Objekt exportiert werden soll (Abbildung 25.36).

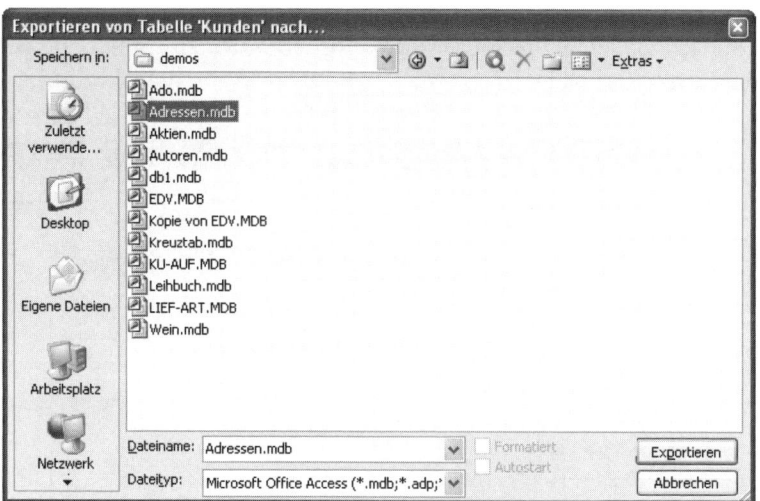

Abbildung 25.36:
»Speichern«-Dialog-
feld zum Export von
Objekte

Im Feld *Dateityp* wählen Sie das Dateiformat aus. Wählen Sie »Microsoft Access«, werden im Listenfeld nur noch Access-Datenbanken angezeigt. Sie wählen die gewünschte aus, beispielsweise ADRESSEN.MDB, und klicken auf *Exportieren* (Abbildung 25.37).

*Access-
Datenbank*

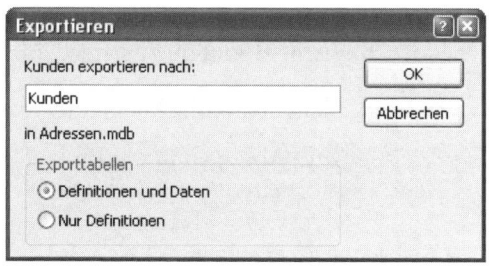

Abbildung 25.37:
Export in Access-
Datenbank

Danach geben Sie den Namen an, den das Objekt nach dem Export in der betreffenden Datenbank erhalten soll. Bei Tabellen können Sie zusätzlich wählen, ob nur der Tabellenentwurf exportiert werden soll oder auch die in der Tabelle enthaltenen Daten.

Wählen Sie eines der Excel-Formate, können Sie einen neuen Dateinamen eingeben, um die betreffende Excel-Datei von Access anlegen zu lassen oder eine bereits vorhandene Excel-Datei selektieren, in die die Daten eingefügt werden sollen.

Excel-Formate

Beim Einfügen in eine Excel-3.0/4.0-Datei werden die Daten zusätzlich in der einzigen darin vorhandenen Tabelle gespeichert, beim Einfügen in eine Arbeitsmappe (ab Excel 5.0) wird dagegen ein neues Blatt angelegt, das die Daten anschließend enthält.

In jedem Fall wird von Access automatisch ein Excel-»Name« für den Tabellenbereich definiert, der die exportierten Daten enthält und den Sie bei Bezügen auf diese Daten verwenden können (Abbildung 25.38).

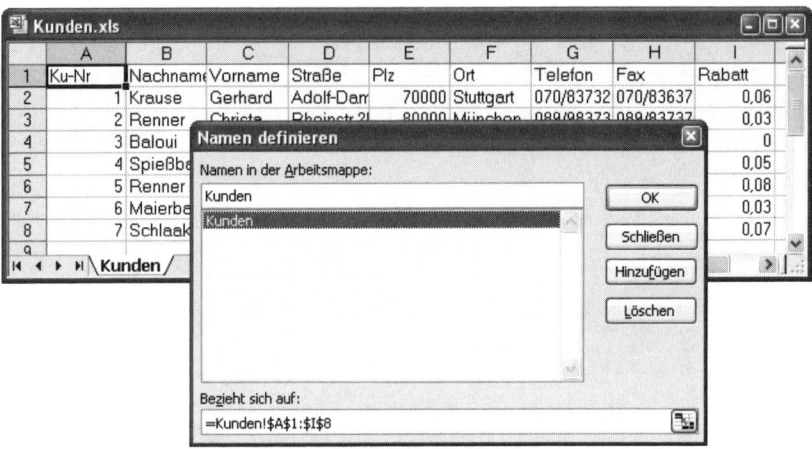

Abbildung 25.38:
Export in Excel-Arbeitsmappe

Textdatei   Beim Export einer Tabelle oder Abfrage im Textformat können Sie einen neuen Dateinamen angeben, um die betreffende Datei anzulegen. Oder aber im Listenfeld eine bereits existierende Datei mit der Endung TXT auswählen, die nun überschrieben wird. In beiden Fällen meldet sich der in den vorhergehenden Kapiteln erläuterte Assistent, mit dem Sie das Exportformat festlegen (Abbildung 25.39).

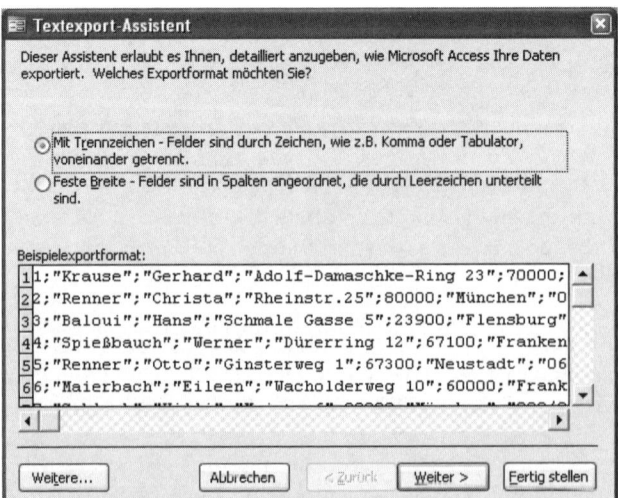

Abbildung 25.39:
Export im Textformat

Eventuell sinnvoller als das allgemeine Textformat ist das Exportieren im Rich Text Format (RTF-Format). Dieses Format können verschiedenste Microsoft-Anwendungen wie beispielsweise Word problemlos lesen, und es enthält automatisch alle Formatierungen Ihrer Daten. Auch in diesem Fall wird eine bereits vorhandene Datei überschrieben, bei Angabe eines neuen Namens dagegen die betreffende Datei angelegt.

RTF-Format

Exportieren Sie eine Tabelle oder Abfrage in einem der drei dBase-Formate (III, IV oder 5), wird ebenfalls bei Eingabe eines neuen Dateinamens die entsprechende dBase-Datei angelegt (und zwar außer der DBF-Datei auch alle anderen Dateien wie die INF-Datei). Wählen Sie eine bereits vorhandene dBase-Datei aus, wird sie überschrieben.

dBase

Sie können eine Tabelle/Abfrage zwar im Word-Seriendruckformat exportieren.

Word-Seriendruck

Es ist jedoch einfacher, den dafür zuständigen Assistenten zu verwenden (siehe Abschnitt »MS Office-Spezialitäten« unten auf dieser Seite).

Das Format »HTML-Dokumente« exportiert Objekte als Webseiten, die in jedem Webbrowser betrachtet werden können.

Statische Webseiten

Die Formate »Microsoft IIS 1-2 (*.htx; .idc)« und »Microsoft Active Server Pages (.asp)« exportieren Objekte ebenfalls als Webseiten, erzeugen jedoch dynamische Webseiten: Die Webseite wird nicht einmalig erstellt, sondern bei Betrachtung im Webbrowser »on the fly« erzeugt, mit den aktuellen Daten der Datenbank, auf die per (zuvor eingerichtetem) ODBC-Treiber zugegriffen wird.

Dynamische Webseiten

Beide Formate sind veraltet, da Access mit den Datenzugriffsseiten komfortablere und flexiblere Methoden zur Erzeugung dynamischer Webseiten bietet (siehe Kapitel 24, »Datenzugriffsseiten«).

MS Office-Spezialitäten

Die verschiedenen Unterbefehle von EXTRAS|OFFICE-VERKNÜPFUNGEN sind zur möglichst einfachen Übergabe eines Objekts an Word oder Excel gedacht (beachten Sie hierzu bitte auch das Kapitel »Die Office-Zwischenablage« auf Seite 505) (Abbildung 25.40).

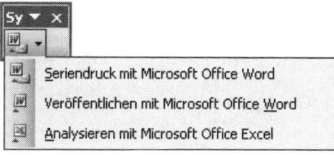

Abbildung 25.40:
»Office-Verknüpfungen«-Symbolliste

Das nebenstehende Symbol gibt die im Objekt enthaltenen Daten inklusive Formatierung in eine Excel-Arbeitsmappe aus und ruft Excel auf, sodass Sie die Daten sofort darauf in Excel bearbeiten können (Abbildung 25.41).

Abbildung 25.41:
Ausgabe an Excel

Dieses Symbol gibt das Objekt in eine RTF-Datei aus, ruft Word auf und zeigt die Datei in Word an (Abbildung 25.42).

Abbildung 25.42:
Ausgabe an Word

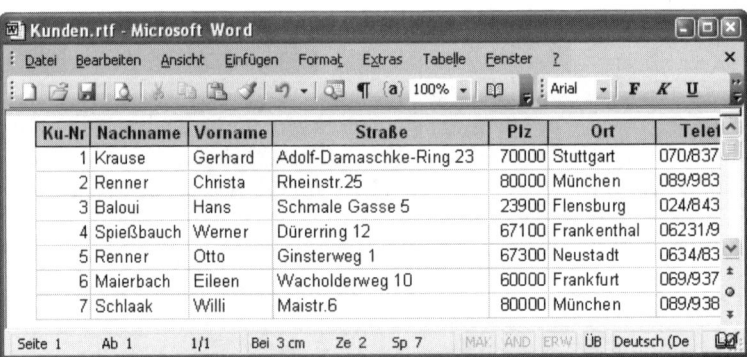

Und dieses Symbol ruft den Word-Seriendruckassistenten auf, um den Serien-druck mit den im Objekt enthaltenen Daten einzuleiten (Abbildung 25.43).

Abhängig von der nun gewählten Option wird Word aufgerufen und darin erscheint entweder das angegebene Hauptdokument oder es wird ein neues Hauptdokument erstellt. Als Datenquelle ist das exportierte Access-Objekt vorgegeben, beispielsweise die Access-Tabelle »Kunden«, die sich in EDV. MDB befindet.

Im Aufgabenbereich von Word ist der Bereich *Seriendruck* aktiviert, der Sie durch die einzelnen Schritte der Serienbrieferstellung führt.

[KOMPENDIUM] Access 2003

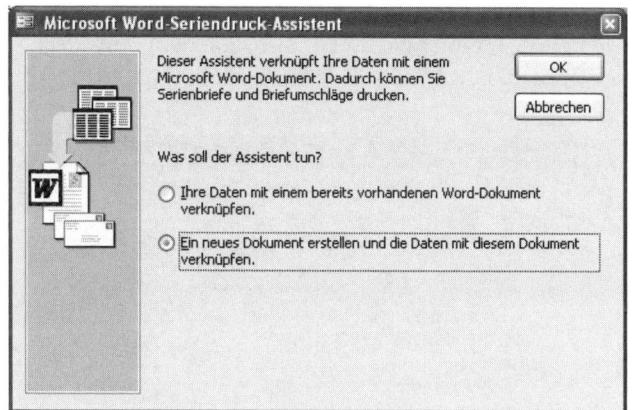

Abbildung 25.43:
Ausgabe an Word-
Seriendruck

Ihre Aufgabe besteht außer im Schreiben des eigentlichen Textes vor allem darin, mit *Seriendruckfeld einfügen* Platzhalter für die verschiedenen Felder der Access-Tabelle in Ihr Word-Dokument einzufügen (Abbildung 25.44).

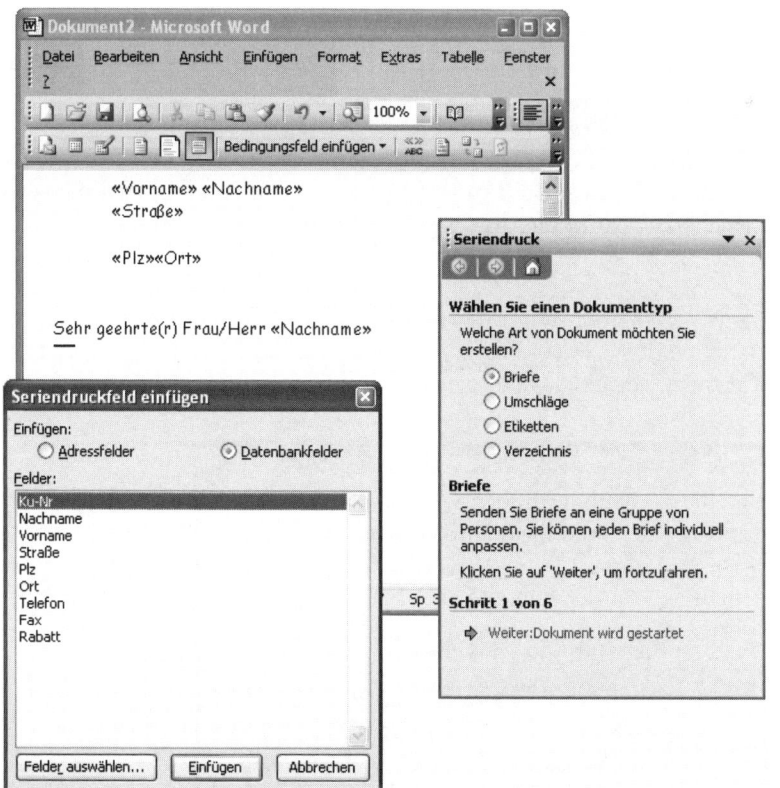

Abbildung 25.44:
Platzhalter für ein-
zufügende Daten

Im vorletzten Schritt zeigt Ihnen der Assistent eine Vorschau Ihrer Serien-
briefe und ermöglicht Ihnen, sich vor dem Ausdruck mit den entsprechenden Schaltflächen jeden Brief einzeln anzuschauen (Abbildung 25.45).

Abbildung 25.45:
Erzeugte Serien-
briefe

Zusätzlich möchte ich Sie noch auf zwei weitere Symbole des *Anpassen*-Dia-
logfelds hinweisen.

Dieses Symbol exportiert das momentan aktive bzw. im Datenbankfenster
selektierte Objekt als Editor-Datei: Sie werden aufgefordert, die verwendete
Zeichencodierung auszuwählen, beispielsweise den Standard »Windows«
zu übernehmen.

Danach wird der Windows-Editor aufgerufen, die im Objekt enthaltenen
Daten werden diesem Programm übergeben und können anschließend darin
von Ihnen editiert und gespeichert werden (Abbildung 25.46).

Abbildung 25.46:
Editordatei

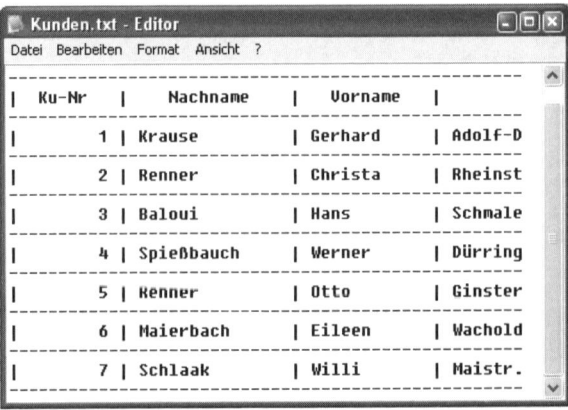

Dieses Symbol entspricht dem Befehl DATEI|SENDEN AN|MAILEMPFÄNGER
(ALS ANLAGE) ... und versendet das Objekt als Nachricht im ausgewählten
Format – vorausgesetzt, ein MAPI-kompatibles E-Mail-Programm ist installiert, beispielsweise MS Exchange oder Outlook (Express) (Abbildung
25.47).

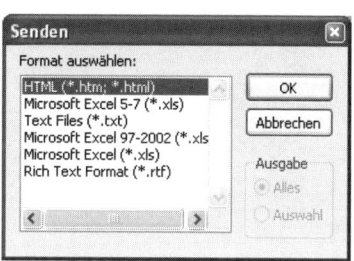

Abbildung 25.47:
Als Nachricht
versenden

Teil 6 Makros und VBA-Programmierung

26 Automatisierung mit Makros

In vielen Anwendungen sind Makros gleichbedeutend mit der Aufzeichnung von Tasten- und Mausaktionen, die jederzeit auf Knopfdruck abgespult werden können.

In Access besitzen Makros eine völlig andere Bedeutung und bestehen aus manuell zu definierenden Anweisungen, wobei jede Anweisung genau eine Aktion ausführt, beispielsweise ein Formular öffnet oder einen Datensatz sucht.

Ich zeige Ihnen zunächst, wie Sie Makros entwerfen, ausführen und nachträglich editieren.

Danach geht es um fortgeschrittene Möglichkeiten wie das Zusammenfassen von Makros zu Gruppen, die Ausführung von Makros in Abhängigkeit von Bedingungen und so weiter.

Am nützlichsten sind ganz sicher ereignisgesteuerte Makros. Sie lernen, Makros zu erstellen, die an Ereignisse irgendwelcher Steuerelemente gebunden sind und beispielsweise durch das Klicken auf eine Schaltfläche in einem Formular aufgerufen werden, um daraufhin irgendwelche Suchaktionen durchzuführen, das Formular zu filtern etc.

26.1 Die Grundlagen

Makros erstellen und ausführen

Um ein ereignisgesteuertes Makro zu erstellen, selektieren Sie in der Entwurfsansicht des Formulars das betreffende Steuerelement und öffnen das Eigenschaftenfenster.

Darin klicken Sie die Zeile mit der gewünschten *Bei...*-Eigenschaft an, die dem Ereignis entspricht, an das das Makro gebunden werden soll, beispielsweise *Bei Fokusverlust* (Abbildung 26.1).

Abbildung 26.1:
Vorhandenes Makro
auswählen

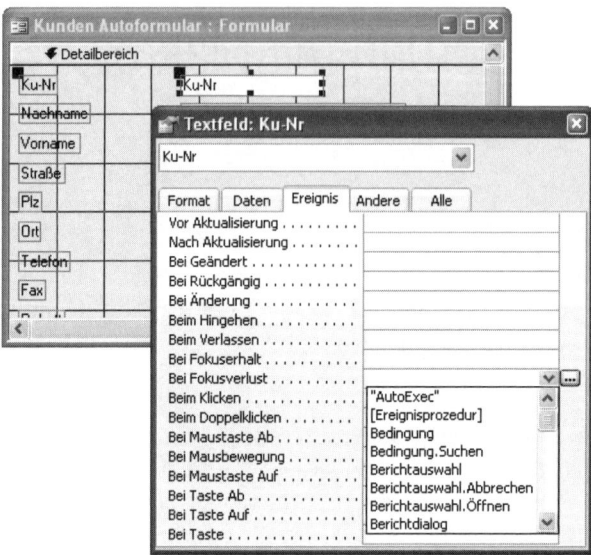

Haben Sie bereits zuvor Makros erstellt, können Sie in der zugehörigen Liste wählen, welches dieser Makros aufgerufen werden soll, wenn das Ereignis *Bei Fokusverlust* mit dem Steuerelement eintritt (in der Abbildung das Textfeld »Ku-Nr«).

Ausnahme: Das Listenelement »[Ereignisprozedur]« stellt kein Makro dar, sondern ermöglicht die Erzeugung einer so genannten Ereignisprozedur, eines VBA-Programms.

Um ein neues Makro zu erstellen, klicken Sie auf das Aufbauen-Symbol in der Symbolleiste oder auf das kleinere Aufbauen-Symbol am rechten Rand der Eigenschaftszeile. In beiden Fällen erscheint folgendes Dialogfeld (Abbildung 26.2).

Abbildung 26.2:
Generator
auswählen

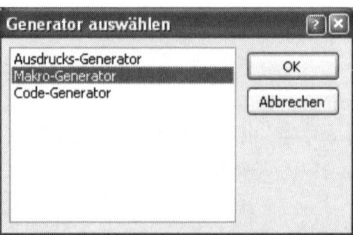

Den Ausdrucks-Generator kennen Sie bereits. Er hilft bei der Erstellung komplexer Ausdrücke wie *=Summe([Stück]*[VK-Preis])*. Der Code-Generator wiederum ermöglicht die Erstellung einer Visual Basic-Prozedur.

Momentan interessiert somit ausschließlich der Makro-Generator, der ein neues Makro erstellt. Nach *OK* wird die Entwurfsansicht des Makros aktiviert, und Sie werden gefragt, unter welchem Namen Sie es speichern wollen (Abbildung 26.3).

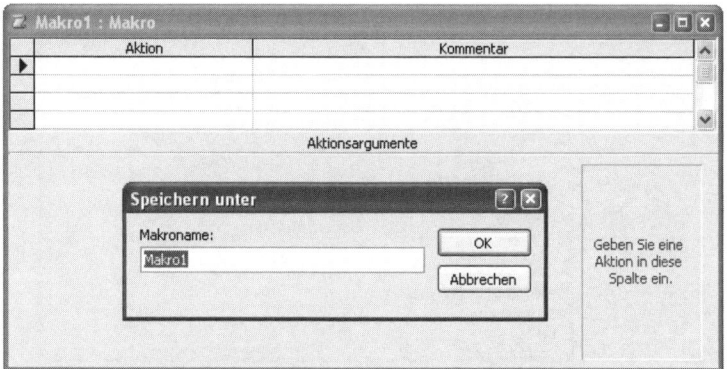

Abbildung 26.3:
Makro-Entwurfs-ansicht

Nach dem Speichern bindet Access das neue Makro automatisch an das aktuelle Steuerelement-Ereignis (Abbildung 26.4).

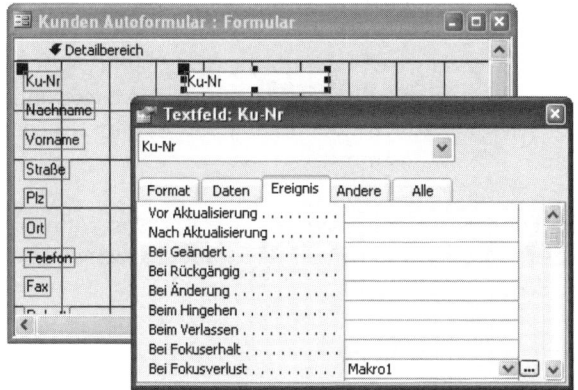

Abbildung 26.4:
Makrobindung

Der von Access eingetragene Name »Makro1«, unter dem das Makro gespeichert wurde, bedeutet, dass dieses Makro ab jetzt aufgerufen wird, wenn mit dem Steuerelement das Ereignis *Bei Fokusverlust* eintritt, wenn es also fokussiert war und nun ein anderes Steuerelement fokussiert wird.

Sie können diese Bindung jederzeit aufheben, indem Sie in der Eigenschafts-zeile des Steuerelements den Eintrag »Makro1« löschen oder ändern. Hier-für wählen Sie aus der Liste ein anderes Makro aus, das an das Ereignis gebunden werden soll.

Gespeicherte Makros werden im gleichnamigen Register *Makros* des Datenbankfenster aufgelistet (Abbildung 26.5).

Abbildung 26.5:
Register »Makros«

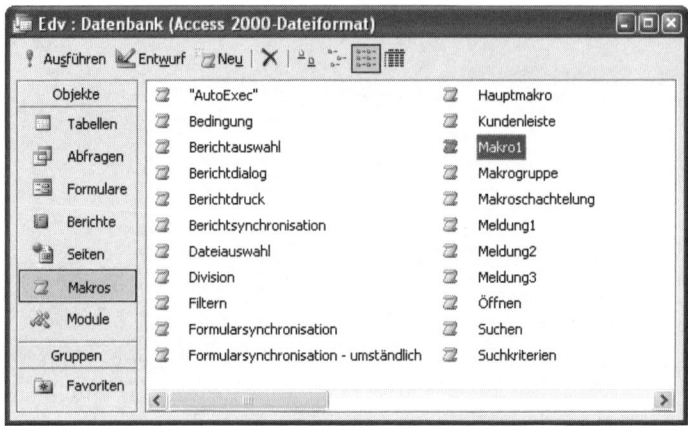

Befehlsmakros Um ein Makro zu erstellen, das auf Befehl ausgeführt wird, aktivieren Sie im Datenbankfenster das Register *Makros* und klicken auf *Neu* (Alternativen: Befehl EINFÜGEN|MAKRO wählen oder Eintrag *Makro* der *Neues Objekt*-Symbolliste wählen).

Anschließend wird ebenfalls die Makro-Entwurfsansicht aktiviert, allerdings ohne vorhergehende Frage nach dem Makronamen. Stattdessen erhält es zunächst einen Standardnamen wie »Makro1«, den Sie später ändern können.

Ausführen Im Datenbankfenster aufgelistete Makros können Sie ausführen, indem Sie das gewünschte auswählen und auf *Ausführen* klicken oder einfach auf das Makro doppelklicken.

Entwurf öffnet stattdessen wieder die Entwurfsansicht des Makros, in der Sie es editieren können.

Ist gerade die Entwurfsansicht aktiviert, wählen Sie zum Ausführen einfach den nur dann verfügbaren Befehl AUSFÜHREN|AUSFÜHREN, der das aktuelle Makro ausführt.

Wollen Sie statt des gerade geöffneten jedoch ein anderes Makro ausführen, wählen Sie EXTRAS|MAKRO|MAKRO AUSFÜHREN.... Daraufhin erscheint eine Liste aller Makros, aus der Sie sich das gewünschte aussuchen und mit *OK* ausführen lassen (Abbildung 26.6).

Dieser Befehl zur Ausführung eines beliebigen Makros ist übrigens immer verfügbar, auch wenn gerade kein Makro geöffnet ist!

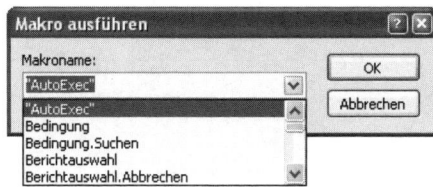

Abbildung 26.6:
Ausgewähltes
Makro ausführen

Makroaktionen definieren

Erstellen Sie mit EINFÜGEN|MAKRO ein neues Makro, erscheint, wie erläutert, das Makrofenster, das genauso wie das Tabellenentwurfsfenster aufgebaut ist.

Jede Zeile der oberen Fensterhälfte definiert eine auszuführende Makroaktion. In der Spalte *Aktion* selektieren Sie im zugehörigen Listenfeld die auszuführende Aktion, und in der Spalte *Kommentar* können Sie einen erläuternden Kommentar dazu eingeben (Abbildung 26.7).

Aktionen

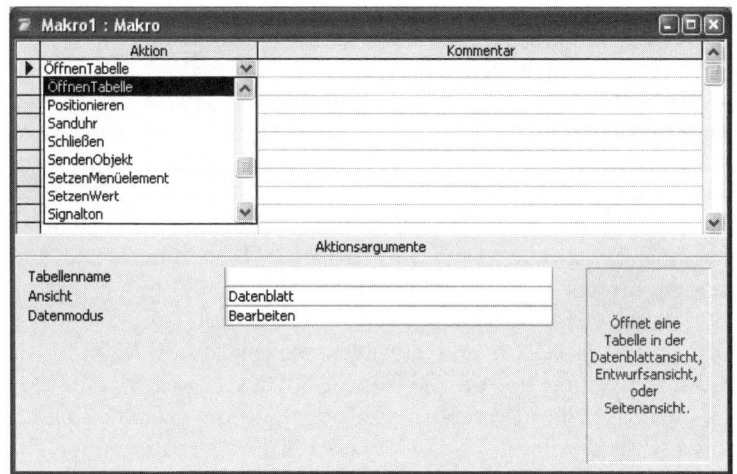

Abbildung 26.7:
Aktion auswählen

Die untere Fensterhälfte (Tastatur: F6 wechselt zwischen den beiden Hälften) ist für die komfortable Eingabe der Argumente zuständig, die das betreffende Makro benötigt.

Argumente

Für jedes Argument können Sie den gewünschten Wert in der zugehörigen Zeile per Hand eintippen oder aber meist alternativ dazu aus einem Listenfeld auswählen, wobei Access Sie in der rechten unteren Fensterecke über das betreffende Argument informiert (Abbildung 26.8).

Abbildung 26.8:
Argumente
auswählen

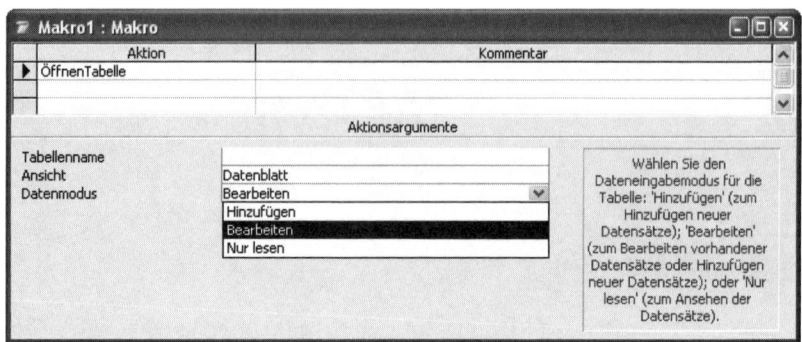

Haben Sie auf diese Weise die erste auszuführende Aktion vollständig definiert, legen Sie darunter die danach auszuführende zweite Aktion fest und so weiter.

Editieren

Die einzelnen Zeilen können Sie wie gewohnt editieren, also markieren, löschen, verschieben etc.

Ein Anwendungsbeispiel

Ich zeige Ihnen nun an einem praktischen Beispiel, wie Makros erstellt und ausgeführt werden.

Das zu erstellende Makro soll nicht an ein Steuerelement-Ereignis gebunden, sondern nur auf Befehl ausgeführt werden und nacheinander die drei in EDV.MDB enthaltenen Tabellen »Artikel«, »Lieferanten« und »Artikel-Lieferanten« öffnen.

Aktion definieren

Öffnen Sie EDV.MDB und erzeugen Sie ein neues Makro. Um die erste Aktion zu definieren, die die Tabelle »Artikel« öffnen soll, könnten Sie in der Spalte *Aktion* der ersten Zeile die Aktion *ÖffnenTabelle* auswählen. Anschließend würden Sie in der unteren Fensterhälfte unter *Tabellenname* als zu öffnende Tabelle »Artikel« auswählen. Die automatisch eingefügten Voreinstellungen der restlichen Argumente *Ansicht* und *Datenmodus* könnten Sie unverändert lassen.

:-)
TIPP

Um eine Makroaktion zum Öffnen eines Objekts zu definieren, gibt es jedoch eine wesentlich einfachere Methode: Ziehen Sie das betreffende Objekt einfach aus dem Datenbankfenster in die gewünschte Aktionszeile!

Aktivieren Sie also das Register *Tabellen* des Datenbankfensters und ziehen Sie die Tabelle »Artikel« in die oberste Aktionszeile.

Access fügt daraufhin automatisch die zugehörige *Öffnen...*-Aktion ein und setzt gleichzeitig in der unteren Fensterhälfte als erstes Argument *Tabellenname* den Namen »Artikel« der betreffenden Tabelle ein (Abbildung 26.9).

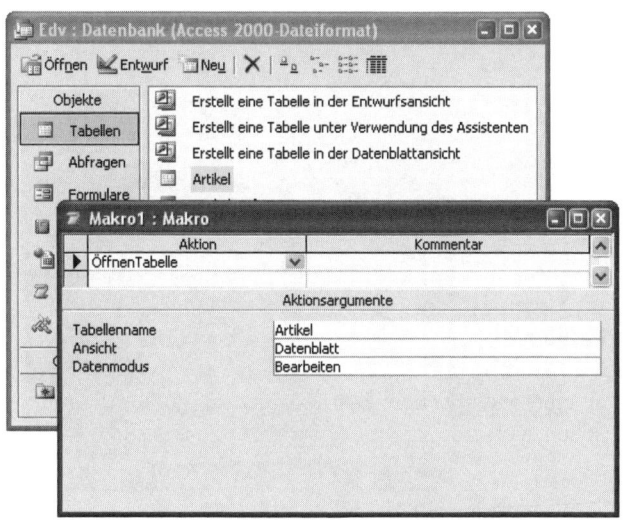

Abbildung 26.9:
»ÖffnenTabelle«-
Aktion

Analog dazu können Sie per Ziehen des betreffenden Objekts auch *Öffnen...*-Aktionen für andere Objekte definieren. Access fügt automatisch die benötigte Aktion ein, zum Beispiel *ÖffnenAbfrage* oder *ÖffnenFormular*.

Definieren Sie anschließend auf die gleiche Weise in den beiden Zeilen darunter Anweisungen zum Öffnen der Tabellen »Lieferanten« und »Artikel-Lieferanten«.

Starten Sie die Makroausführung mit AUSFÜHREN|AUSFÜHREN. Access weist Sie darauf hin, dass das Makro vor der Ausführung gespeichert werden muss (Abbildung 26.10).

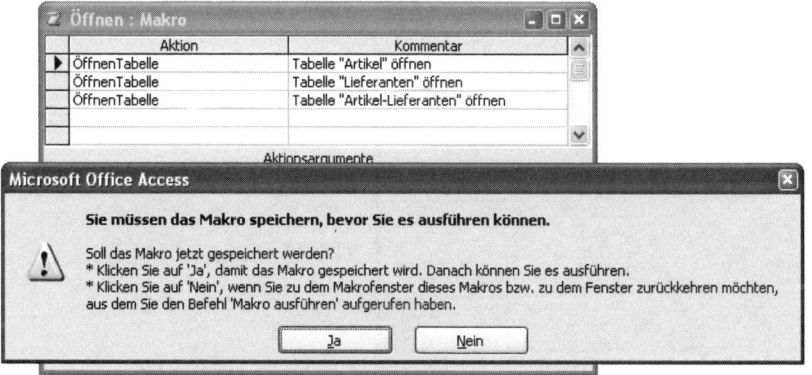

Abbildung 26.10:
EDV.MDB, Makro
»Öffnen«

Nach dem Speichern wird das Makro ausgeführt. Es öffnet nacheinander die drei Tabellen »Artikel«, »Lieferanten« und »Artikel-Lieferanten« (Abbildung 26.11).

Abbildung 26.11:
Ergebnis der
Ausführung

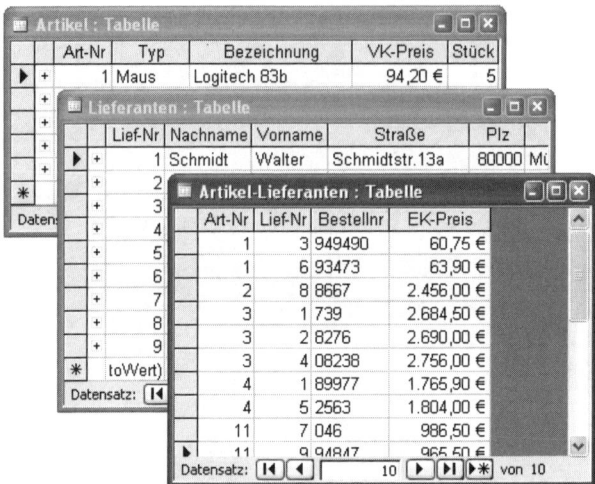

26.2   Komplexe Makrostrukturen verwenden

Makros verschachteln

Makros können ineinander verschachtelt werden, das heißt ein Makro kann ein anderes Makro aufrufen.

Dafür zuständig ist die Aktion *AusführenMakro*, der der Name des auszuführenden Makros als Argument *Makroname* übergeben wird (Abbildung 26.12).

Abbildung 26.12:
EDV.MDB, Makro
»Makroschachte-
lung«

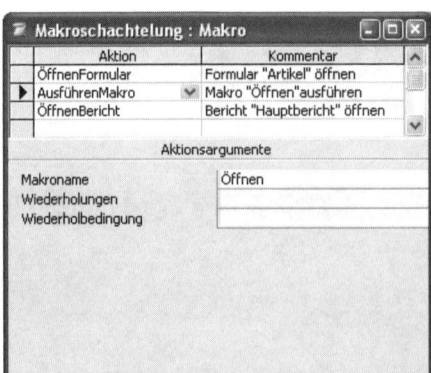

Dieses Makro namens »Makroschachtelung« öffnet zunächst das Formular »Artikel«. Anschließend ruft es mit *AusführenMakro* das Makro »Öffnen« auf (Übergabe von »Öffnen« als Argument *Makroname*).

Das aufgerufene Makro »Öffnen« öffnet nun wie erläutert die drei Tabellen »Artikel«, »Lieferanten« und »Artikel-Lieferanten«.

Nachdem das Ende des aufgerufenen Makros »Öffnen« erreicht wird, wird die Ausführung des aufrufenden Makros »Makroschachtelung« fortgesetzt und mit der letzten darin enthaltenen Anweisung der Bericht »Hauptbericht« geöffnet (Abbildung 26.13).

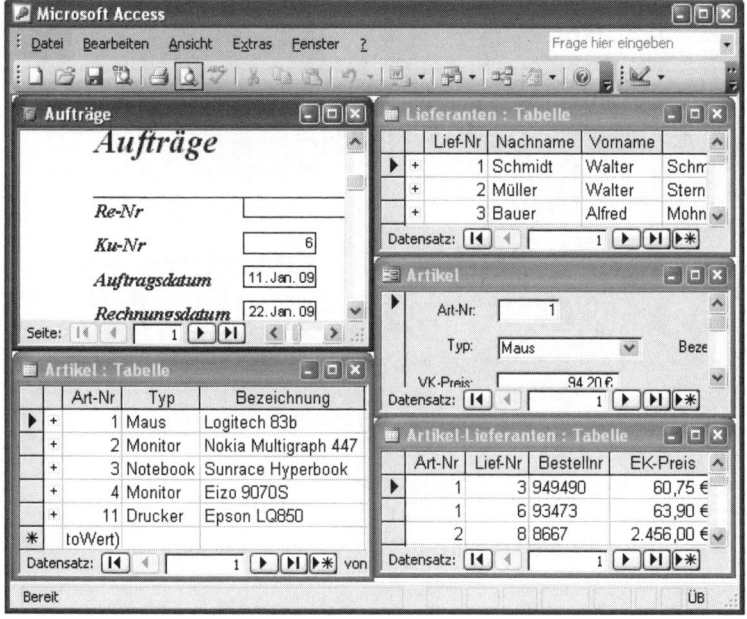

Abbildung 26.13:
Ausführung des
Makros

Einfacher: Um in einem Makro A ein Makro B auszuführen, ziehen Sie »B« aus dem Datenbankfenster in die gewünschte Zeile von Makro A. Access fügt dort die Anweisung AusführenMakro *ein und setzt das Argument* Makroname *auf den Namen des betreffenden Makros B.*

:-)
TIPP

Makrogruppen bilden

Komplexe Access-Datenbanken enthalten häufig Dutzende von Makros. Um die Übersicht nicht zu verlieren, können Sie mehrere thematisch verwandte Makros zu einer Makrogruppe zusammenfassen und in einem gemeinsamen Entwurfsblatt speichern, sodass im Datenbankfenster nur noch der gemeinsame Gruppenname erscheint.

Dazu definieren Sie die betreffenden Makros im Entwurfsfenster untereinander, Makro für Makro.

 Vor allem jedoch wählen Sie ANSICHT|MAKRONAMEN bzw. klicken auf das zugehörige Symbol. Access fügt eine zusätzliche Spalte mit der Überschrift *Makroname* ein.

Sie geben nun jedem Makro in dieser Spalte einen eigenen Namen, den Sie in jener Zeile eintippen, in der sich *die erste Anweisung* des betreffenden Makros befindet (Abbildung 26.14).

Abbildung 26.14:
EDV.MDB, Makro
»Makrogruppe«

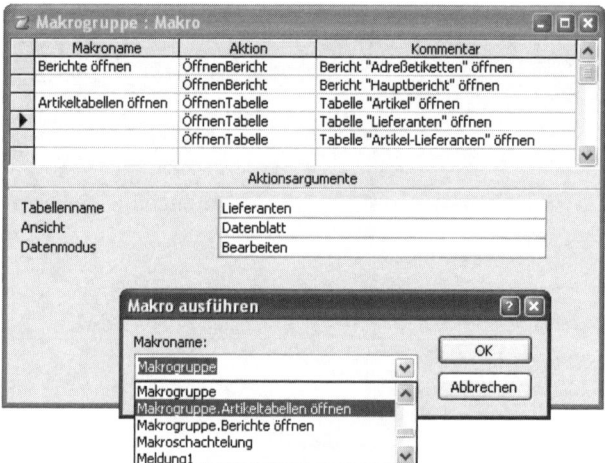

Die Abbildung zeigt eine Gruppe aus zwei Makros. Der Name »Makrogruppe«, unter dem dieses Makro gespeichert wurde, ist nun nicht mehr der Name eines einzelnen Makros, sondern der übergeordnete Gruppenname.

Die Namen der beiden einzelnen Makros befinden sich in der Spalte *Makroname*. Sie legen zugleich fest, wo das erste Makro endet und das zweite Makro beginnt.

Das erste Makro besitzt den Namen »Berichte öffnen« und besteht aus zwei Aktionen, das zweite Makro heißt »Artikeltabellen öffnen« und enthält drei Aktionen.

AUSFÜHREN|AUSFÜHREN (nur in der Makro-Entwurfsansicht verfügbar) bzw. das zugehörige Symbol führt ebenso wie die Schaltfläche *Ausführen* des Datenbankfensters immer *das erste* Makro einer Makrogruppe aus.

Um ein anderes Makro einer Makrogruppe auszuführen, müssen Sie EXTRAS|MAKRO|MAKRO AUSFÜHREN... wählen. Die zugehörige Liste enthält alle vorhandenen Makros, also auch die einzelnen Makros einer Makrogruppe, und zwar in der Form

`Gruppenname.Makroname`

Sie selektieren das auszuführende Makro, zum Beispiel »Makrogruppe.Artikeltabellen öffnen«, und wählen *OK*, um es auszuführen.

Makros an Bedingungen knüpfen

Sie können jede Aktion eines Makros an eine Bedingung knüpfen. Ist sie erfüllt, wird die zugehörige Aktion ausgeführt. Ist sie nicht erfüllt, wird die Aktion übergangen und die Makroausführung mit der folgenden Aktionszeile fortgesetzt.

Dazu blenden Sie mit ANSICHT|BEDINGUNGEN bzw. dem zugehörigen Symbol die Spalte *Bedingung* ein:

Bedingung	Aktion
[Stück]>2	Aktion1
...	Aktion2
...	Aktion3
	Aktion4
	Aktion5

Tabelle 26.1:
Bedingungen

Befindet sich in der Spalte *Bedingung* wie hier ein Ausdruck, wird die zugehörige Aktion nur ausgeführt, wenn der Ausdruck *Wahr*, die Bedingung also erfüllt ist.

Sollen bei erfüllter Bedingung mehrere *aufeinanderfolgende* Aktionen ausgeführt werden, geben Sie statt einer Bedingung in den Zeilen darunter einfach drei Pünktchen »...« ein. Ist die Aussage *Wahr*, werden außer der zugehörigen Aktion auch alle *unmittelbar* darauf folgenden Aktionen ausgeführt, die in der Bedingungsspalte drei Pünktchen »...« enthalten.

Darauf folgende Aktionen werden wieder unbedingt ausgeführt, also auch dann, wenn die Bedingung nicht erfüllt war.

Im Beispiel (siehe Tabelle 26.1) wird geprüft, ob das Feld »Stück« eines Formulars einen Wert enthält, der größer als 2 ist. Wenn ja, werden die zugehörige Aktion »Aktion1« und die darauf folgenden Aktionen »Aktion2« und »Aktion3« ausgeführt.

Die Aktionen »Aktion4« und »Aktion5« werden in jedem Fall ausgeführt, auch wenn die Bedingung nicht erfüllt war.

Ein praktisches Beispiel, das gleichzeitig vorführt, wie mit Hilfe von Bedingungen eigentlich nicht vorgesehene Schleifen in Makros gebildet werden können (Abbildung 26.15).

Abbildung 26.15:
EDV.MDB, Makro
»Bedingung«

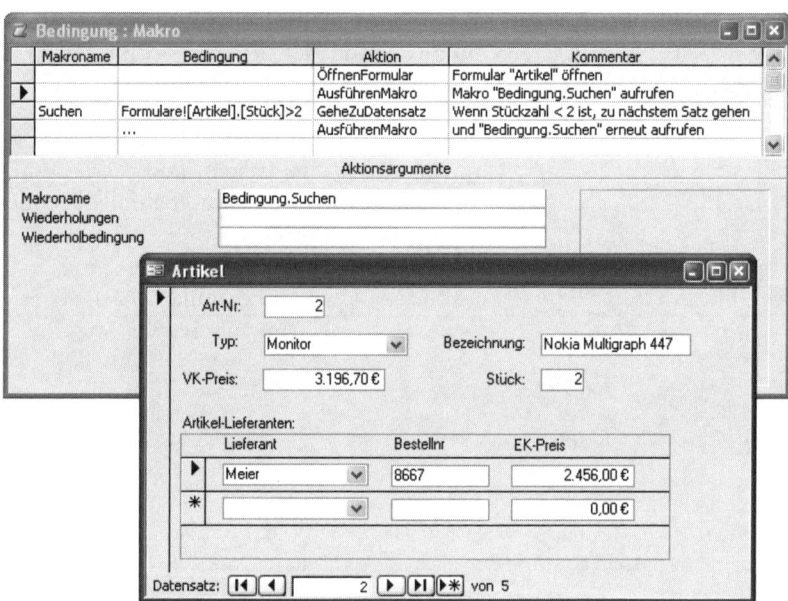

Diese Makrogruppe besitzt die Aufgabe, im Formular »Artikel« von EDV.MDB den ersten Datensatz zu suchen, der im Feld »Stück« einen Wert enthält, der nicht größer als 2 ist; also den ersten Artikel, von dem nur noch zwei Stück oder weniger auf Lager sind.

Die *ÖffnenFormular*-Aktion öffnet zunächst das Formular »Artikel«. Nach dem Öffnen wird darin der erste Datensatz angezeigt. Das Makro muss nun solange zum jeweils nächsten Datensatz weiterblättern, bis der gesuchte Satz gefunden ist.

Die *AusführenMakro*-Aktion führt das Makro »Bedingung.Suchen« aus, also das in der aktuellen Makrogruppe enthaltene Makro »Suchen«: Es erfolgt praktisch ein Sprung zu diesem zwei Zeilen weiter unten beginnenden Makro. In diesem Makro wiederum wird mit dem Ausdruck

```
Formulare![Artikel].[Stück]>2
```

geprüft, ob im Feld »Stück« des nach dem Öffnen angezeigten ersten Artikeldatensatzes ein größerer Wert als 2 enthalten ist. Falls ja, wird die zugehörige Aktion ausgeführt: Mit *GeheZuDatensatz* wird im Formular zum folgenden Datensatz geblättert. Danach wird – aufgrund der Pünktchen »...« – auch die folgende *AusführenMakro*-Aktion ausgeführt, die das Makro »Bedingung.Suchen« ausführt, also mit der Ausführung des gerade ausgeführten Makros von vorn beginnt.

Resultat: Das Makro »Bedingung.Suchen« wird immer wieder ausgeführt und jeweils zum folgenden Datensatz geblättert. Solange, bis die Bedingung *Formulare![Artikel].[Stück]>2* nicht mehr erfüllt ist, der aktuelle Datensatz im Feld »Stück« also einen Wert enthält, der kleiner oder gleich 2 ist.

Dann werden die beiden an diese Bedingung geknüpften Aktionen nicht mehr ausgeführt. Die Ausführung des Makros »Bedingung.Suchen« ist damit beendet, da keine weiteren Makroaktionen folgen, und es wird zum aufrufenden Makro zurückgekehrt – dessen Ausführung ebenfalls beendet wird, da es keine folgenden Makroaktionen mehr enthält.

Das Resultat: Entsprechend der Abbildung wird im Formular »Artikel« nun der erste Artikel der Tabelle angezeigt, von dem nur noch zwei Stück oder weniger vorhanden sind (im Beispiel der zweite Datensatz der Tabelle).

Der Einzelschrittmodus

Um Fehler in Makros leichter zu finden, benutzen Sie den Einzelschrittmodus, den Sie mit AUSFÜHREN|EINZELSCHRITT bzw. dem zugehörigen Symbol aktivieren (erneute Anwahl deaktiviert ihn wieder).

Nach der Aktivierung starten Sie die Ausführung Ihres Makros wie gewohnt. Nun wird zwischen jeder ausgeführten Aktion eine Pause eingelegt, in der Sie die Auswirkungen der betreffenden Aktion überprüfen können. Angewandt auf das Makro »Öffnen« sieht das Ergebnis wie in Abbildung 26.16 aus.

Access teilt Ihnen in einem Dialogfeld den Namen des ausgeführten Makros (»Öffnen«) mit, den Namen der nächsten auszuführenden Aktion (*Öffnen-Tabelle*) und die Argumente, die dieser Aktion übergeben werden (*Artikel*; *Datenblatt*; *Bearbeiten*).

Zusätzlich werden Sie darüber informiert, ob eine Bedingung, an die die Aktion gebunden ist, *Wahr* oder *Falsch* ist. Bei fehlender Bedingung wird entsprechend der Abbildung immer *Wahr* angezeigt.

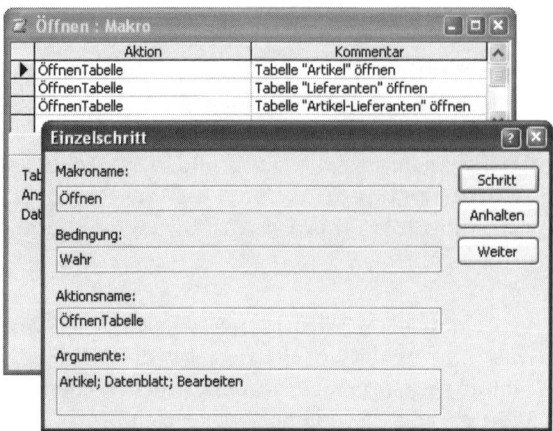

Schritt führt die angezeigte Aktion aus und zeigt danach die folgende Aktion an. *Anhalten* hält die Makroausführung an und schließt das Einzelschrittfenster. *Weiter* deaktiviert den Einzelschrittmodus für die restlichen im Makro enthaltenen Anweisungen, die daraufhin in normaler Geschwindigkeit ausgeführt werden.

Im Beispiel ist die nächste auszuführende Aktion die Anweisung *ÖffnenTabelle*, die – siehe *Argumente* –Tabelle »Artikel« im Modus *Datenblatt* öffnet.

Schritt würde diese Aktion wie erläutert ausführen. Danach wird die Makroausführung erneut unterbrochen und im Dialogfeld die nächste auszuführende Anweisung inklusive der ihr übergebenen Argumente angezeigt.

:-)
TIPP

Ereignisgesteuerte Makros werden nicht durch Klicken auf das Ausrufezeichen ausgeführt, sondern beispielsweise dann, wenn der Anwender im Formular/Bericht auf eine Schaltfläche klickt, an die das Makro gebunden ist.

Um derartige Makros zu testen, aktivieren Sie zunächst ebenfalls den Einzelschrittmodus, kehren danach in das Formular zurück und starten die Makroausführung im Einzelschrittmodus durch Auslösen des betreffenden Ereignisses, im Beispiel durch Klicken auf die Schaltfläche.

Tritt bei der Ausführung eines Makros oder Visual Basic-Programms ein Fehler auf, erscheint automatisch das Einzelschritt-Dialogfeld.

26.3   Ereignisgesteuerte Makros

Ein ereignisgesteuertes Makro wird nicht durch Klicken auf das Ausrufezeichen aufgerufen, sondern von Access selbst, wenn mit einem Steuerelement das Ereignis eintritt, an das das Makro zuvor gebunden wurde.

Makros mit Ereignissen verknüpfen

Nehmen wir an, an die Eigenschaft bei *BeiFokusverlust* eines Textfelds soll ein Makro gebunden werden, das immer dann ausgeführt wird, wenn dieses Ereignis in der Formularansicht eintritt, wenn also das betreffende Steuerelement den Fokus verliert, weil ein anderes Steuerelement fokussiert wurde.

Sie haben zwei Möglichkeiten, ein solches ereignisgesteuertes Makro zu erstellen:

➡ Sie können ein neues Makro erstellen und speichern. Anschließend aktivieren Sie die gewünschte *Bei...*-Eigenschaftszeile des Steuerelements, durch die das Makro aufgerufen werden soll, beispielsweise *Bei Änderung*, und tippen den Namen Ihres Makros per Hand ein oder wählen ihn aus dem zugehörigen Listenfeld aus, das die Namen aller gespeicherten Makros enthält (Abbildung 26.17).

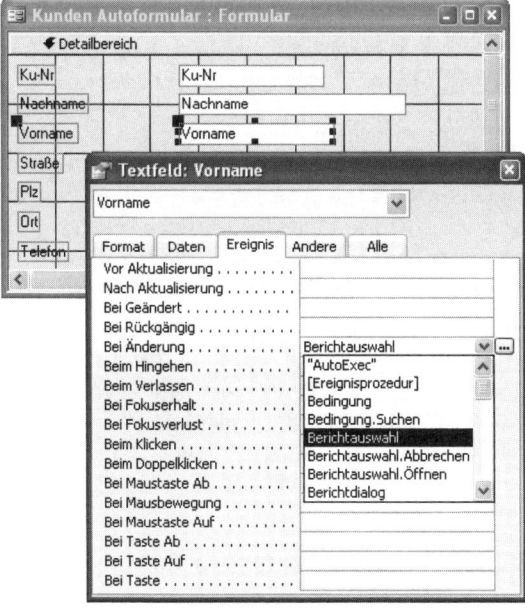

Abbildung 26.17:
Makro an Steuerelement-Ereignis binden

Befindet sich das Makro in einer Makrogruppe, müssen Sie als Eigenschaftseinstellung den vollständigen Namen in der Form

```
Makrogruppe.Makro
```

!!
STOP

angeben, zum Beispiel »Gültigkeitsprüfungen.Kundenname«, wenn es sich um das Makro »Kundenname« handelt und es sich in einer Makrogruppe befindet, das unter dem Namen »Gültigkeitsprüfungen« gespeichert ist.

➜ Wesentlich einfacher ist es, in der betreffenden Eigenschaftszeile auf das Generator-Symbol zu klicken und im folgenden Dialogfeld *Makro-Generator* zu wählen.

Das leere Makro-Entwurfsfenster erscheint, und Sie werden gefragt, unter welchem Namen Sie das Makro speichern wollen. Nach der Benennung und Speicherung definieren Sie die auszuführenden Aktionen und speichern diese Änderungen.

Aktivieren Sie anschließend wieder das Formular-Entwurfsfenster, stellen Sie fest, dass Access in der betreffenden Eigenschaftszeile, beispielsweise *Bei Fokusverlust*, automatisch den Namen Ihres Makros eintrug.

!!
STOP

Nachdem der Makro-Generator ein neues Makro erstellt hat, aktivieren Sie darin vielleicht die Spalte Makroname *und definieren mehrere Makros einer Makrogruppe. Beachten Sie bitte, dass der Makro-Generator nur den Namen der Makrogruppe selbst in die betreffende Eigenschaftszeile einträgt!*

Heißt die Makrogruppe »Gültigkeitsprüfungen«, und erstellten Sie darin zwei Makros namens ».Lieferantenname« und ».Kundenname«, trägt der Generator nur den Makronamen »Gültigkeitsprüfungen« ein.

Dadurch würde automatisch das erste in dieser Gruppe enthaltene Makro ».Lieferantenname« aufgerufen. Soll jedoch das zweite Makro ».Kundenname« aufgerufen werden, müssen Sie den Eintrag »Gültigkeitsprüfungen« entweder per Hand zu »Gültigkeitsprüfungen.Kundenname« ergänzen oder im zugehörigen Listenfeld diesen Makronamen selektieren.

Ist an eine Eigenschaft bereits ein Makro gebunden, brauchen Sie in der zugehörigen Eigenschaftszeile nur das Editor-Symbol anzuklicken, um das Makro in der Entwurfsansicht zu öffnen und sofort editieren zu können. Nach dem Speichern der Änderungen können Sie die Auswirkungen Ihrer Editierungen sofort ausprobieren.

Bezüge auf Steuerelemente bilden

Die Argumente, die einer Makroaktion übergeben werden, enthalten oft Bezüge auf das Steuerelement, an das sie gebunden sind, oder aber auf andere Steuerelemente im gleichen oder in einem anderem Formular/Bericht. Prinzipiell besitzt ein solcher Bezug die Form

```
Formulare![Formularname]![Steuerelementname]
Berichte![Berichtname]![Steuerelementname]
```

Beispielsweise prüft die Bedingung

```
Formulare![Aufträge2]![Rechnungsdatum] <
Formulare![Aufträge2]![Auftragsdatum]
```

ob das im Feld mit dem Steuerelementnamen »Rechnungsdatum« des Formulars »Aufträge2« enthaltene Datum kleiner ist als das Datum, das sich
im Feld mit dem Steuerelementnamen »Auftragsdatum« des gleichen Formulars befindet.

Die eckigen Klammern um die Teile Formularname *und* Steuerelementname
*fügt Access automatisch ein, wenn Sie sie weglassen, was ein wenig Tipppar-
beit erspart. Sie* müssen *sie jedoch eingeben, wenn der Name des Formulars/
Berichts oder der Name des Steuerelements Leerzeichen oder sonstige Sonderzeichen enthält. Zum Beispiel bei einem Steuerelement mit dem Namen
»Art-Nr«, da Access die Klammern entweder falsch setzt ([Art]-[Nr]) oder
aber überhaupt nicht und stattdessen eine Fehlermeldung erscheint.*

:-)
TIPP

*Bezüge auf Steuerelemente in jenem Objekt (Formular/Bericht), von dem
aus das Makro ausgeführt wird, können Sie vereinfachen. Dann kann der
Teil* Formulare![Formularname] *bzw.* Bericht![Berichtname] *ersatzlos entfallen.*

:-)
TIPP

Im Beispiel würde es sich daher anbieten, statt

```
Formulare![Aufträge2]![Rechnungsdatum] <
    Formulare![Aufträge2]![Auftragsdatum]
```

die vereinfachte Form

```
[Rechnungsdatum] < [Auftragsdatum]
```

*zu verwenden, wenn es um das Formular geht, an das das Makro gebunden
ist.*

Die Ereignisreihenfolge

Um ereignisgesteuerte Makros zu erstellen, müssen Sie wissen, welche Ereignisse es gibt, und wann welches Ereignisse eintritt. Das Thema Ereignisse ist
jedoch unerschöpflich. Daher muss ich Sie für eine vollständige Abhandlung
auf die Online-Hilfe von Access verweisen, auf die Hilfetexte zum Stichwort
Ereignisse.

Das Prinzip sieht so aus, dass Ereignisse miteinander gekoppelt sind und
unmittelbar aufeinander folgen. Nehmen wir an, Sie ändern die in einem
Steuerelement enthaltenen Daten, ersetzen beispielsweise den im Textfeld
»Nachname« enthaltenen Text »Maier« durch »Müller« und fokussieren
danach ein anderes Steuerelement oder einen anderen Datensatz. Durch
diese Aktionen treten unglaublich viele Ereignisse nacheinander ein, von
denen ich nun einige beschreibe.

Durch das Aktivieren des Textfelds, per Anklicken oder per Tastatur, erhält es zunächst den Fokus, wird also fokussiert:

➤ Dadurch tritt das Ereignis *Hingehen* ein. Ein daran gebundenes Makro wird aufgerufen, noch bevor die Fokussierungsaktion abgeschlossen ist, also noch bevor das Textfeld tatsächlich fokussiert ist. Das gibt Ihnen die Gelegenheit, diese Fokussierung per Makro zu verhindern, wenn Sie das wollen.

➤ Unmittelbar nach Abschluss der Fokussierung tritt das Ereignis *Fokuserhalt* ein. Ein daran gebundenes Makro kann die Fokussierung also nicht mehr verhindern. Soll das erreicht werden, müsste es stattdessen an das Ereignis *Hingehen* gebunden werden.

Nun editieren Sie den im Textfeld enthaltenen Text. Jedesmal, wenn Sie eine Taste drücken, treten folgende Ereignisse ein:

➤ *TasteAb*: Dieses Ereignis tritt ein, wenn Sie eine Taste drücken.

➤ *TasteAuf*: Dieses Ereignis tritt ein, wenn Sie eine gedrückte Taste loslassen.

➤ *Taste*: Dieses Ereignis tritt ein, wenn beides zusammenkommt, wenn Sie also eine Taste drücken und wieder loslassen.

Nehmen wir, Sie sind fertig mit Ihren Editierungen und verlassen das Textfeld nun, fokussieren also irgend ein anderes Steuerelement oder gar einen anderen Datensatz. Dadurch treten folgende Ereignisse ein:

➤ *VorAktualisierung* tritt auf, noch bevor der Inhalt des Steuerelements von Access aktualisiert wird und diese Aktualisierung irgendwelche Auswirkungen hat.

   Was damit gemeint ist, wird deutlich, wenn wir annehmen, das Textfeld verliert den Fokus, weil Sie zu einem anderen Datensatz gehen. Wie Sie wissen, wird der vorhergehende Datensatz dann entsprechend aktualisiert, im Tabellenfeld »Nachname« also der neue Wert des Textfelds gespeichert.

   VorAktualisierung tritt jedoch auf, *bevor* die Aktualisierung erfolgt. In diesem Moment besitzt ein an dieses Ereignis gebundenes Makro daher noch die Möglichkeit, die geänderten Daten zu prüfen und das Aktualisierungsereignis gegebenenfalls abzubrechen, also zu verhindern, dass der Datensatz von Access geändert wird.

➤ Würden Sie das Makro stattdessen an das Ereignis *NachAktualisierung* binden, wäre es dafür zu spät: Dieses Ereignis tritt unmittelbar nach der Aktualisierung der geänderten Daten ein, im Beispiel also unmittelbar *nachdem* der Datensatz von Access geändert wurde.

Dafür kann ein an dieses Ereignis gebundenes Makro jedoch Aktionen ausführen, mit denen Sie unbedingt bis nach der Aktualisierung warten wollen. Wurde beispielsweise kein Nachname geändert, sondern ein Preis, könnte ein an das Ereignis *NachAktualisierung* des Textfelds gebundenes Makro nun irgendwelche Berechnungen mit dem neuen Preis anstellen.

Ein an *VorAktualisierung* gebundenes Makro dürften Sie in diesem Fall nicht verwenden! Stellen Sie sich vor, das Makro führt irgendwelche Berechnungen mit dem neuen Preis durch und speichert die Ergebnisse in verschiedenen Tabellen. Nun führt Access die Aktualisierung des Datensatzes durch, stellt dabei jedoch fest, dass die Änderung irgendwelche Regeln verletzt und weigert sich daher, den geänderten Datensatz zu speichern. Die Tabelle enthält also immer noch den alten Wert – und Ihr noch vor dieser letztlich gar nicht durchgeführten Aktualisierung gebundenes Makro hat soeben ziemlichen Mist gebaut!

26.4 Komplexe Anwendungsbeispiele

Die folgenden Kapitel enthalten verschiedenste Anwendungsbeispiele für Makros, die an Steuerelement-Ereignisse gebunden sind und dadurch in der Lage sind, (mehr oder weniger) nützliche Aufgaben zu erfüllen.

Ich beschreibe in den folgenden Kapiteln, wie Sie die erläuterten Makros Schritt für Schritt erstellen. EDV.MDB enthält jedoch bereits all diese Makros, inklusive der Formulare/Berichte, mit denen sie operieren. Statt die Makros wie erläutert zu erstellen, genügt es daher, sie einfach an die erläuterten Steuerelement-Eigenschaften der betreffenden Formulare/Berichte zu binden. Anschließend können Sie das Makro sofort ausprobieren.

:-)
TIPP

Vergessen Sie nicht, anschließend wieder den ursprünglichen Zustand wiederherzustellen, indem Sie diese Bindung wieder aufheben, das heißt, in der betreffenden Eigenschaftszeile den dort eingetragenen Makronamen wieder löschen.

:-)
TIPP

Eingabeprüfungen vornehmen

Einfache Eingabeprüfungen können Sie problemlos mit der Tabelleneigenschaft *Gültigkeitsregel* vornehmen, deren Verletzung dazu führt, dass die betreffende Eingabe nicht akzeptiert wird.

Makros ermöglichen jedoch erheblich komplexere Überprüfungen:

➡ Sie können für ein Feld beliebig viele Gültigkeitsregeln aufstellen und – je nachdem, welche davon verletzt wurde – mit unterschiedlichen Gültigkeitsmeldungen reagieren.

➡ Im Gegensatz zu einer Gültigkeitsregel bleibt es dabei Ihnen überlassen, ob Sie den Benutzer zwingen, seine Eingabe zu korrigieren oder es bei einer Warnung vor einer wahrscheinlich fehlerhaften Eingabe belassen.

➡ Anstatt den neuen Inhalt eines editierten Felds sofort zu überprüfen und entsprechend zu reagieren, können Sie damit warten, bis der Anwender den aktuellen Datensatz verlässt und die Überprüfung hinauszögern, bis Access den gesamten veränderten Datensatz speichern will.

:-)
TIPP

Makros zur Überprüfung von Eingaben sollten Sie an die Eigenschaft Vor-Aktualisierung *binden. Es tritt ein,* bevor *das Feld/der Datensatz nach einer Änderung aktualisiert und gespeichert wird, sodass Sie noch vor dieser Speicherung auf eine fehlerhafte Eingabe reagieren und die Aktualisierung und Speicherung beispielsweise mit der Aktion* AbbrechenEreignis *verhindern können.*

Ein Beispiel: Das Formular »Aufträge« in EDV.MDB enthält die beiden Textfelder »Auftragsdatum« und »Rechnungsdatum«. Da eine Rechnung niemals vor Erteilung eines Auftrags gestellt werden kann, liegt mit Sicherheit eine Fehleingabe vor, wenn der Anwender ein Rechnungsdatum wie 14.2.09 eingibt, das kleiner als ein bereits eingetragenes Auftragsdatum 15.2.09 ist. Es sollte daher ein entsprechender Hinweis erscheinen.

VorAktualisie-
rung-Eigenschaft

Zur Überprüfung binden Sie ein Makro an die Eigenschaft *VorAktualisierung*: Es wird aufgerufen, nachdem der Anwender den Wert im zugehörigen Steuerelement geändert hat und *bevor* Access diesen Wert anschließend im zugehörigen Tabellenfeld speichert.

[...]

Die dazu notwendigen Schritte (die ich für das Formular »Aufträge« von EDV.MDB bereits ausführte): Öffnen Sie das Formular »Aufträge« in der Entwurfsansicht. Öffnen Sie mit einem Doppelklick auf das Textfeld »Rechnungsdatum« sein Eigenschaftenfenster und klicken Sie in der Zeile *Vor Aktualisierung* auf das Generator-Symbol. Wählen Sie danach den Makro-Generator aus und speichern Sie das vorgegebene leere Makro unter einem Namen wie »Meldung1«.

Nun wählen Sie in der ersten Makrozeile die Aktion *Meldung* der Liste aus und übergeben folgende Argumente (Abbildung 26.18).

```
Meldung: Das Rechnungsdatum kann nicht vor dem Auftragsdatum liegen
Signalton: Ja
Typ: Warnmeldung (!)
```

Zusätzlich blenden Sie die Bedingungsspalte ein und geben entsprechend dieser Abbildung die folgende Bedingung ein:

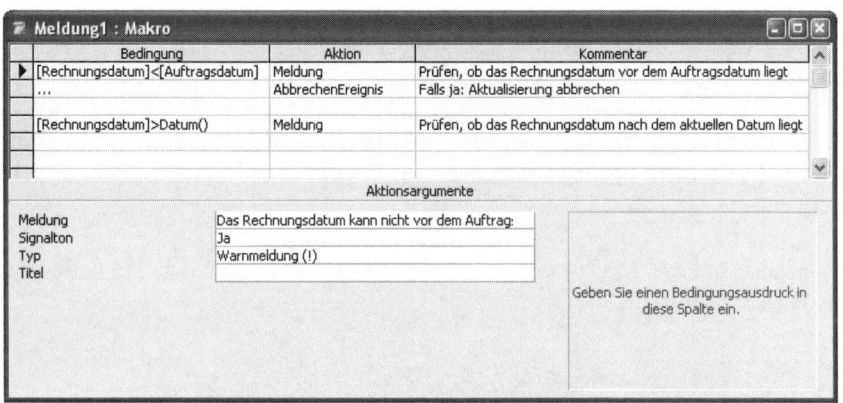

```
[Rechnungsdatum]<[Auftragsdatum]
```

Sie bezieht sich auf zwei Steuerelemente mit den Steuerelementnamen »Rechnungsdatum« und »Auftragsdatum«. Diese Steuerelementnamen gab ich den beiden Textfeldern, die an die gleichnamigen Felder der Tabelle »Aufträge« gebunden sind, und sich neben den zugehörigen Beschriftungsfeldern mit dieser Aufschrift befinden.

Die Bedingung ist nur dann erfüllt, wenn der vom Anwender veränderte Inhalt des Textfeldes »Rechnungsdatum« ein Datum ist, das kleiner als das im Textfeld »Auftragsdatum« enthaltene Datum ist, also vor dem Auftragsdatum liegt.

Geben Sie anschließend in der zweiten Zeile die Bedingung »...« ein und wählen Sie als Aktion *AbbrechenEreignis*. »...« bedeutet das, dass auch diese Aktion ausgeführt wird, wenn die Bedingung in der Zeile darüber erfüllt ist. Und zwar wird mit *AbbrechenEreignis* die bevorstehende Aktualisierung abgebrochen, durch die das an das *VorAktualisieren*-Ereignis gebundene Makro aufgerufen wurde. Dadurch wird die Speicherung des fehlerhaften Datums verhindert.

Abbrechen Ereignis-Aktion

Wahrscheinlich liegt ebenfalls eine Fehleingabe vor, wenn das Rechnungsdatum größer ist als das aktuelle Datum. Sicher ist das allerdings nicht, denn Ihre Rechneruhr ist möglicherweise nicht korrekt gestellt. Daher sollte in diesem Fall zwar eine entsprechende Warnung erscheinen, die Eingabe aber dennoch zugelassen werden.

Die Bedingung

```
[Rechnungsdatum]>Datum()
```

in der dritten Zeile prüft, ob das Rechnungsdatum größer ist als das aktuelle Datum. Wählen Sie als zugehörige Aktion erneut *Meldung* aus und übergeben Sie die Argumente »Das Rechnungsdatum sollte nicht größer sein als das aktuelle Datum« und »Warnmeldung (!)«, um diese Meldung auszugeben, falls die Bedingung erfüllt ist.

Aufgrund der fehlenden *AbbrechenEreignis*-Aktion erscheint zwar die Warnung, die Speicherung des eingegebenen Datums wird diesmal jedoch nicht verhindert.

Speichern Sie das Makro bitte und aktivieren Sie wieder den Formularentwurf (Abbildung 26.19).

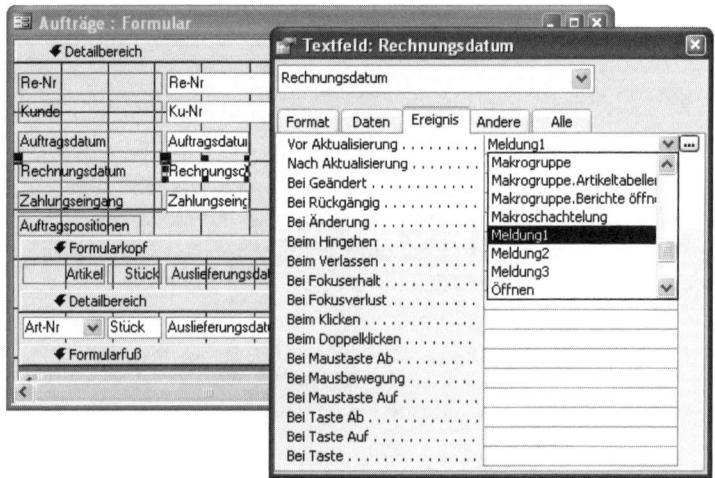

Access trägt den Namen »Meldung1« des erstellten Makros als Einstellung der Eigenschaft *VorAktualisierung* ein.

Für die folgende Abbildung änderte ich das im ersten Datensatz des Formulars angezeigte ursprüngliche Rechnungsdatum 22.1.09 in den 10.1.09, sodass es nun einen Tag vor dem Auftragsdatum 11.1.09 liegt (Abbildung 26.20).

Die Änderung des Feldinhalts ruft das an die Eigenschaft *VorAktualisierung* dieses Textfelds gebundene Makro auf. Da die Bedingung *[Rechnungsdatum]<[Auftragsdatum]* erfüllt ist, wird die zugehörige Aktion ausgeführt und die dadurch definierte Meldung erscheint.

Aufgrund der Bedingung »...« in der folgenden Zeile wird auch die darin definierte *AbbrechenEreignis*-Aktion ausgeführt: Die Änderung wird nicht akzeptiert und der Anwender kann das Textfeld erst verlassen, wenn er ein korrektes Datum eingibt, das größer ist als das Auftragsdatum oder die Änderung mit [Esc] rückgängig macht.

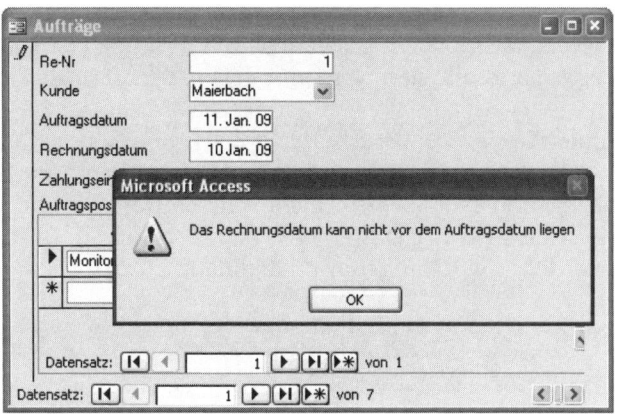

Abbildung 26.20:
Rechnungsdatum
größer als Auftrags-
datum

Haben Sie die Rechneruhr auf den 1.3.2009 gestellt und geben Sie ein Rechnungsdatum wie den 1.4.2009 ein, ist zwar die erste Bedingung nicht erfüllt und die daran gebundenen beiden Aktionen werden nicht ausgeführt.

Dafür ist jedoch die zweite Bedingung

```
[Rechnungsdatum]<Datum()
```

erfüllt und die zugehörige *Meldung*-Aktion wird ausgeführt (Abbildung 26.21).

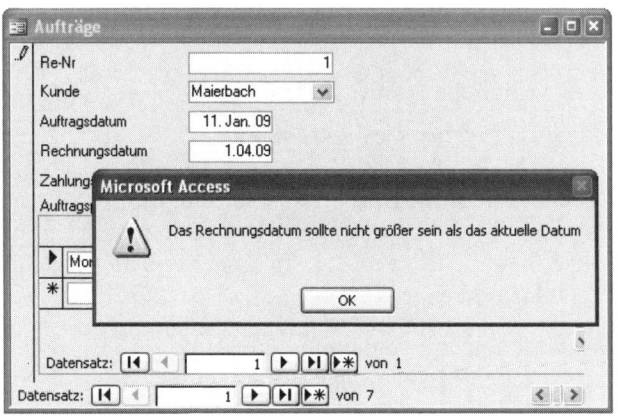

Abbildung 26.21:
Rechnungsdatum
größer als aktuelles
Datum

Nach Bestätigung der Meldung wird die Datumsänderung diesmal jedoch im Gegensatz zum vorhergehenden Beispiel mangels *AbbrechenEreignis*-Aktion zugelassen.

Binden Sie ein Makro an die Eigenschaft *VorAktualisierung* des zu überprüfenden Textfelds(!), findet die Überprüfung sofort statt, wenn das geänderte Feld den Fokus verliert.

Prüfen beim Datensatzwechsel

Sie können das Makro stattdessen an die Eigenschaft *VorAktualisierung* des Formulars(!) binden. Dann findet die Prüfung erst statt, wenn das gesamte Formular aktualisiert werden soll, genauer: der darin angezeigte Satz.

Ändert der Anwender den Inhalt des Felds »Betrag« und steuert danach mit $\boxed{\leftrightarrows}$ das nächste Feld an, passiert zunächst nichts. Erst wenn er mit den Navigationssymbolen zu einem anderen Datensatz blättert oder das Formular schließt, tritt das Ereignis *VorAktualisierung* für das Formular ein und das Makro wird ausgeführt (Abbildung 26.22).

Abbildung 26.22:
EDV.MDB, Makro
»Meldung2«

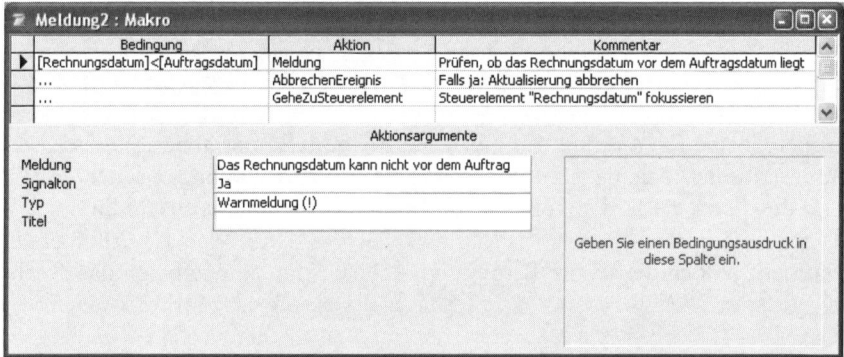

Um dieses Makro auszuprobieren, binden Sie es an die Eigenschaft *VorAktualisierung* des Formulars »Aufträge«, wählen also als Einstellung der Formulareigenschaft *VorAktualisierung* das Makro »Meldung2« aus.

!!
STOP

Vergessen Sie nicht, die noch aus dem vorherigen Beispiel stammende Einstellung »Meldung1« für die Eigenschaft VorAktualisierung *des Textfelds »Rechnungsdatum« zu entfernen!*

Geben Sie nun im Feld »Rechnungsdatum« ein Datum ein, das kleiner ist als das im Feld »Auftragsdatum« enthaltene Datum, passiert zunächst überhaupt nichts. Erst wenn Sie zu einem anderen Datensatz blättern oder das Formular schließen, es also aktualisiert wird, wird das Makro aufgerufen und die darin definierte Meldung erscheint, da die Bedingung

```
[Rechnungsdatum]<[Auftragsdatum]
```

erfüllt ist.

Danach werden die beiden folgenden Aktionen ausgeführt, die ebenfalls an diese Bedingung geknüpft sind (wegen »...«): Das *VorAktualisierung*-Ereignis wird abgebrochen und zusätzlich wird mit der Aktion *GeheZuSteuerelement*, der als Argument »Steuerelementname« der Name »Rechnungsdatum« übergeben wird, das gleichnamige Steuerelement fokussiert.

Der Grund für diese Maßnahme: Möglicherweise ist gerade ein anderes Formularelement fokussiert. Da diese Aktion nun jedoch auf alle Fälle das Textfeld »Rechnungsdatum« fokussiert, können Sie das darin enthaltene fehlerhafte Datum sofort korrigieren, ohne es zuvor manuell fokussieren zu müssen.

Wann sollte eine Feldänderung sofort überprüft werden und wann erst beim Verlassen des Datensatzes? Eine sofortige Überprüfung bietet sich bei allen einfachen Prüfungen an: Gibt der Anwender eine zweifellos ungültige Postleitzahl wie 23 oder 131184 ein, sollte er *sofort* darauf hingewiesen werden. Dafür reicht jedoch die Eigenschaft *Gültigkeitsprüfung* absolut aus, und ein Makro wird nicht benötigt .

Bis zum Datensatzwechsel verzögerte Prüfungen sind dagegen immer dann angebracht, wenn es vom Inhalt anderer Formularfelder abhängt, ob der im zu prüfenden Feld eingegebene Wert korrekt ist oder nicht.

:-)
TIPP

Angenommen, der Anwender wollte als Auftragsdatum den 1.1.2009 eingeben, gab jedoch versehentlich den 1.10.2009 ein. Nun gibt er das Rechnungsdatum 1.2.2009 ein. Obwohl dieses Rechnungsdatum wahrscheinlich völlig korrekt ist, lässt das im ersten Beispiel an die Eigenschaft *VorAktualisierung* dieses Textfelds gebundene Makro »Meldung« diese Eingabe nicht zu, da dieses korrekte Datum ja kleiner ist als das fehlerhafte Auftragsdatum.

Nach Erscheinen der entsprechenden Meldung will der Anwender nun sicherlich mit ⭾ das Feld »Auftragsdatum« fokussieren und dort das korrekte Datum 1.1.2009 eingeben. Genau das verhindert jedoch das Makro, das feststellt, dass »Rechnungsdatum« immer noch ein angeblich falsches Datum enthält.

Es zwingt den Anwender, diese Eingabe mit Esc wieder rückgängig zu machen. Danach kann er das Feld »Auftragsdatum« fokussieren, dort die benötigte Korrektur ausführen, und erst jetzt ohne Probleme in »Rechnungsdatum« erneut das korrekte Datum 1.2.2009 eingeben.

Dem Anwender wird somit eine vorgegebene Reihenfolge aufgezwungen: Er muss die Eingabe des (korrekten) Rechnungsdatums rückgängig machen, danach das fehlerhafte Auftragsdatum korrigieren und nun erneut das gleiche Rechnungsdatum wie zuvor eingeben.

Entsprechend sollten Sie in solchen Fällen die Prüfung nicht an die Aktualisierung des zu überprüfenden Felds »Rechnungsdatum« binden, sondern an die Aktualisierung des Formulars, also des gesamten Datensatzes. Dann kann der Anwender das Auftrags- und das Rechnungsdatum in *beliebiger Reihenfolge* korrigieren. Erst danach, beim Wechsel zu einem anderen Datensatz, prüft

Ihr Makro, ob nach Ausführung dieser Korrekturen erneut irgend etwas am Rechnungsdatum auszusetzen ist.

In der Praxis werden Sie wahrscheinlich nicht nur den Inhalt eines, sondern mehrerer Formularfelder überprüfen. Verschieben Sie diese Prüfung bis zum Wechseln des aktuellen Datensatzes, gibt es eine kleine Unschönheit (Abbildung 26.23).

Abbildung 26.23:
Ungünstige Form verzögerter Überprüfungen

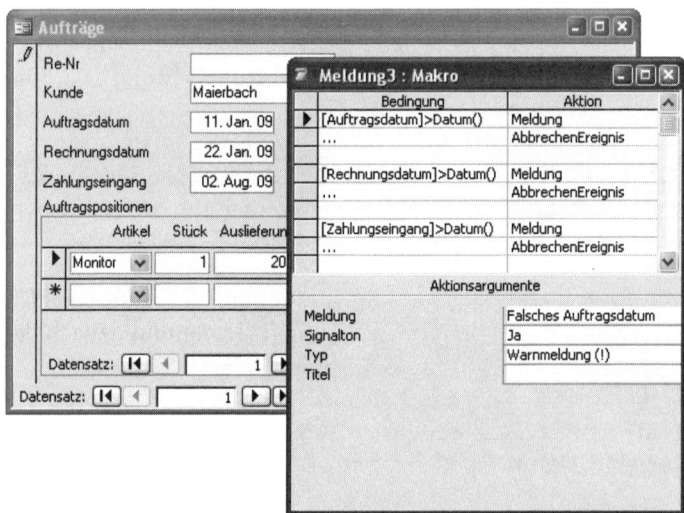

Dieses an die Formulareigenschaft *VorAktualisierung* gebundene Makro prüft beim Wechseln zu einem anderen Datensatz, ob eines der drei Datumsfelder ein Datum enthält, das größer als das aktuelle Datum ist (stellen Sie Ihre Rechneruhr vor dem Nachvollziehen wieder auf den 1.3.2009).

Die ursprünglich im Datensatz enthaltenen Daten 11.1.09, 22.1.09 und 2.2.09 änderte ich in den 11.7.09, 22.7.09 und 2.8.09, was kompletter Unfug ist, wenn das aktuelle Datum der 1.3.09 ist.

Beim Wechsel zum nächsten Satz wird das Makro ausgeführt, und die Meldung »Falsches Auftragsdatum« erscheint. Nach *OK* erscheint die nächste Meldung, »Falsches Rechnungsdatum« und danach die dritte Meldung, »Falsches Zahlungseingangsdatum«.

Der Anwender muss sich diese nacheinander erscheinenden Meldungen alle merken. Sinnvoller dürfte es sein, nach Ausgabe der ersten Meldung die weitere Ausführung des Makros mit einer *StoppMakro*-Aktion abzubrechen, damit er den betreffenden Fehler sofort korrigieren kann (Abbildung 26.24).

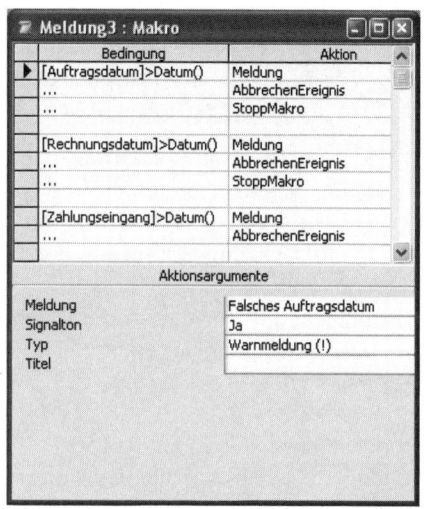

Abbildung 26.24:
EDV.MDB, Makro
»Meldung3«

Nach dem Datensatzwechsel erscheint ein Hinweis auf den ersten Fehler, das falsche Auftragsdatum. Das Ereignis *VorAktualisierung* und danach das Makro selbst werden abgebrochen.

Der Anwender korrigiert den Fehler nun und will anschließend vermutlich erneut zum folgenden Satz wechseln.

Das Makro wird wieder ausgeführt. Die erste Bedingung ist diesmal zwar nicht mehr erfüllt, dafür jedoch die zweite Bedingung. Der Anwender wird auf den fehlerhaften Rechnungsbetrag hingewiesen, das Ereignis und das Makro abgebrochen, und er kann erneut sofort mit der Korrektur beginnen.

Beim folgenden Versuch, den Datensatz zu wechseln, wird er auf seinen letzten Fehler hingewiesen und das *VorAktualisierung*-Ereignis erneut abgebrochen. Diesmal ist es überflüssig, das Makro mit *StoppMakro* abzubrechen, da es sowieso beendet und die letzte darin enthaltene Aktion ausgeführt wurde.

Um einen Anwender mit einem Makro zur Eingabe eines Werts in einem bestimmten Feld zu zwingen, verwenden Sie die Bedingung

:-)
TIPP

```
[Steuerelementname] Ist Null
```

Beispielsweise prüft

```
[Auftragsdatum] Ist Null
```

ob das Feld mit dem Steuerelementnamen »Auftragsdatum« leer ist und somit den Inhalt Null *besitzt.*

Diese Prüfung können Sie zwar auch als Einstellung der Eigenschaft Gültigkeitsregel *des Felds »Auftragsdatum« verwenden. Dann erfolgt die Prüfung jedoch nur, wenn der Anwender den ursprünglichen Inhalt dieses Felds verändert.*

War das Feld leer und ändert er nichts an diesem Zustand, trägt er beispielsweise nur den Kundennamen und Informationen über die bestellten Artikel ein, ignoriert Access die Gültigkeitsprüfung für das dadurch nicht veränderte Feld »Auftragsdatum«.

Das Gleiche gilt für ein an die Eigenschaft VorAktualisierung dieses Feldes gebundenes Makro, das ebenfalls nur bei Veränderungen des Feldinhalts aufgerufen wird.

Ist das Makro jedoch an die Eigenschaft VorAktualisierung des Formulars(!) gebunden, wird es auf alle Fälle aufgerufen, wenn der angezeigte Datensatz in irgendeiner Weise verändert wurde und daher aktualisiert werden muss, unter anderem also immer dann, wenn der Anwender in einen neuen, noch leeren Datensatz auch nur in ein einziges Feld irgendwelche Daten einträgt.

Daten suchen

Um in Tabellen oder Formularen Daten zu suchen, verwenden Sie normalerweise den Befehl BEARBEITEN|SUCHEN… Um das Gleiche per Makro zu bewirken, verwenden Sie die *SuchenDatensatz*-Aktion, bei der die gleichen Argumente benötigt werden.

Um dem Anwender beispielsweise die komfortable Eingabe des Suchbegriffs zu ermöglichen, fügen Sie ein zusätzliches Textfeld in das Formular ein und binden ein Makro an die Eigenschaft *NachAktualisierung* dieses Textfelds.

Die folgende Abbildung demonstriert diese Technik anhand des Formulars »Kunden Autoformular Suchmakro«, das bis auf dieses zusätzliche Textfeld, das sich im Formularfuß befindet, und eine zusätzliche Befehlsschaltfläche mit dem Formular »Kunden Autoformular« identisch ist. Dem Textfeld gab ich den Steuerelementnamen »Suchbegriff« (Abbildung 26.25).

SuchenDaten-satz-Aktion   An die Eigenschaft *NachAktualisierung* dieses Textfelds ist das in der Makrogruppe »Suchen« enthaltene Makro »Suchstart« gebunden. Es verwendet die Aktion *SuchenDatensatz*, die wahlweise im gesamten Datensatz oder nur im aktuellen Feld nach dem Suchbegriff fahndet, wobei die letztere Methode erheblich schneller ist, speziell bei indizierten Feldern.

GeheZuSteuer-element-Aktion   Um sie anzuwenden und nur im Feld »Nachname« zu suchen, muss dieses zu durchsuchende Feld zunächst fokussiert werden. Das erfolgt mit der *GeheZu-Steuerelement*-Aktion, der als Argument *Steuerelementname* »Nachname«

Abbildung 26.25:
EDV.MDB, Formular
»Kunden Autofor-
mular Suchmakro«
und Makro
»Suchen«

übergeben wird. In diesem nun fokussierten Feld soll nach dem im Textfeld »Suchbegriff« enthaltenen Kundennamen gesucht werden.

Der Aktion *SuchenDatensatz* wird dazu als Suchkriterium (*Suchen nach*) der Ausdruck =*[Suchbegriff]* übergeben, der den aktuellen Inhalt des Textfelds »Suchbegriff« repräsentiert. Für das Argument *Nur aktuelles Feld* wird »Ja« übergeben, um nur das nun aktuelle Feld »Nachname« zu durchsuchen.

Öffnen Sie das Formular »Kunden Autoformular Suchmakro«, wird der erste Datensatz angezeigt. Klicken Sie anschließend auf das zusätzliche Textfeld, können Sie darin einen beliebigen Kundennamen eingeben, inklusive spezieller Suchzeichen wie »?« oder »*« (Abbildung 26.26).

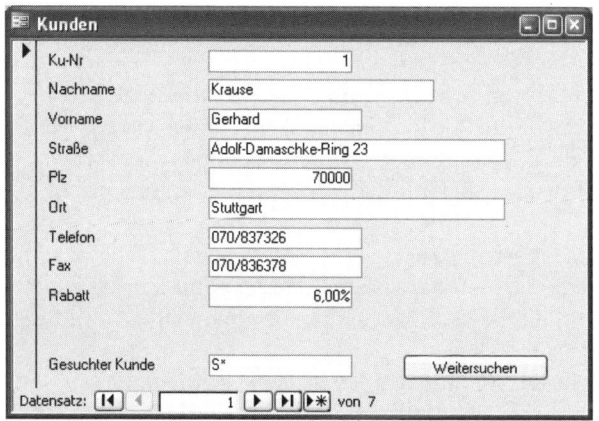

Abbildung 26.26:
Kunden suchen

Geben Sie entsprechend der Abbildung »S*« ein und drücken Sie ⏎, ⇥ oder klicken auf irgendein anderes Feld des Formulars, wird das Textfeld aktualisiert und das Ereignis *NachAktualisierung* tritt ein.

Dadurch wird das Makro aufgerufen und fokussiert mit *GeheZuSteuerelement* das Feld »Nachname«.

Danach durchsucht die *SuchenDatensatz*-Aktion dieses Feld der Tabelle ab dem Tabellenanfang (wegen der Einstellung »Ja« des Arguments *Am Anfang beginnen*) nach dem ersten Datensatz, der einen Namen enthält, der mit »S« beginnt. »Spießbauch« wird gefunden und zum aktuellen Datensatz (Abbildung 26.27).

Abbildung 26.27:
Suchergebnis

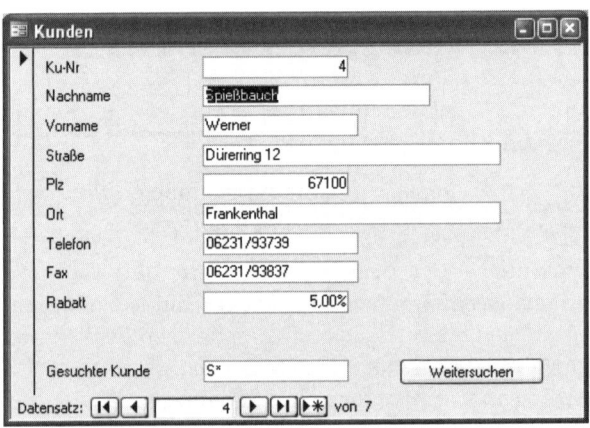

Es ist übrigens nicht möglich, das Makro an die Eigenschaft VorAktualisierung *zu binden! Die erste auszuführende Makroanweisung, die* GeheZuSteuerelement*-Aktion, kann nämlich erst nach der Aktualisierung und Speicherung eines Felds ausgeführt werden!*

‼️ STOP

Im Zusammenhang mit *SuchenDatensatz* bietet es sich an, zusätzlich die verwandte Aktion *SuchenWeiter* einzusetzen, die den nächsten Satz sucht, der den (mit der vorhergehenden *SuchenDatensatz*-Aktion oder dem SUCHEN...-Befehl) definierten Kriterien entspricht.

Dafür ist die zusätzliche Befehlsschaltfläche zuständig. An die Eigenschaft *BeimKlicken* dieser Schaltfläche band ich das in der gleichen Makrogruppe enthaltene Makro »Weitersuchen« (siehe Abbildung 26.25).

SuchenWeiter-Aktion

Klicken Sie auf die Schaltfläche, wird daher dieses Makro aufgerufen, das zunächst ebenfalls mit der *GeheZuSteuerelement*-Aktion das zu durchsuchende Textfeld »Nachname« fokussiert.

Anschließend verwendet es die *SuchenWeiter*-Aktion, um den nächsten Satz zu suchen, der den zuvor mit der *SuchenDatensatz*-Aktion festgelegten Suchkriterien entspricht (Abbildung 26.28).

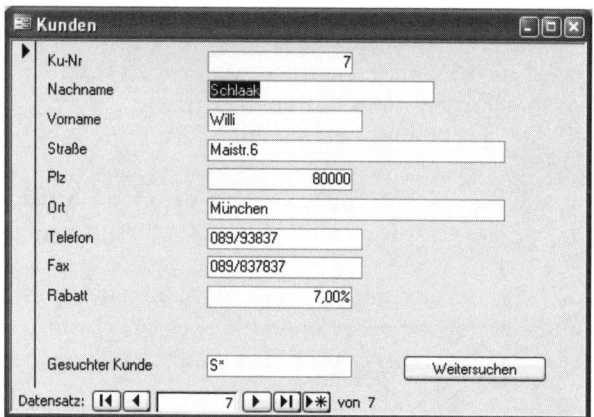

Abbildung 26.28:
Auf »Weitersu-chen« klicken

Übergeben Sie »Nein« für das Argument Am Anfang beginnen, *durchsucht* SuchenDatensatz *die Tabelle ausgehend vom aktuellen Datensatz.*

:-)
TIPP

Ist ein Steuerelement nicht aktiviert (Einstellung »Nein« für die *Aktiviert*-Eigenschaft), ignoriert Access bei der Suche die im zugehörigen Feld enthaltenen Daten! Vor der Suche müssen Sie daher mit der *SetzenWert*-Aktion die Eigenschaft *Aktiviert* dieses Steuerelements auf »Ja« setzen.

SetzenWert-Aktion

Dazu übergeben Sie *SetzenWert* als Argument *Element* den Namen des Steuerelements und die interessierende Eigenschaft in der *vollständigen* Form

```
Formulare![Formularname]![Steuerelementname].Eigenschaft
```

Beispielsweise

```
Formulare![Kunden]![Ku-Nr].Aktiviert
```

um die Eigenschaft *Aktiviert* des Felds »Ku-Nr« des Kundenformulars einzustellen und als Argument *Ausdruck* die Zeichenkette »Ja«, um diese Eigenschaft auf »Ja« zu setzen.

Nun können Sie in diesem Feld mit *SuchenDatensatz* Daten suchen und das Steuerelement danach mit einer weiteren *SetzenWert*-Aktion wieder deaktivieren.

Daten filtern

Mit der Aktion *AnwendenFilter* können Sie dem Anwender das Filtern eines Formulars vereinfachen und ihm beispielsweise ermöglichen, per Klick auf eine Schaltfläche einen vordefinierten Filter zu aktivieren.

AnwendenFilter-Aktion

Dazu fügen Sie für jeden zu verwendenden Filter eine eigene Schaltfläche ein und beschriften diese mit aussagekräftigen Texten wie »Postleitzahlen bis 30000«, »30000 bis 70000« und »Über 70000«.

An die Eigenschaft *BeimKlicken* dieser Schaltflächen binden Sie je ein Makro, das entsprechend durch dieses Ereignis aufgerufen wird.

Am besten speichern Sie alle Makros in einer gemeinsamen Makrogruppe. Wird eines davon aufgerufen, filtert es das Formular entsprechend mit Hilfe der *AnwendenFilter*-Aktion. Die dazu benötigten Argumente:

➤ *Filtername* ist der Name einer Abfrage, die auf die aktuelle Datenbasis als Filter angewendet werden soll, beispielsweise einer Abfrage namens »Plz bis 30000«, die alle Lieferanten mit Postleitzahlen kleiner oder gleich 30000 auswählt.

Die Ausführung einer *AnwendenFilter*-Aktion, der dieses Argument übergeben wird, entspricht praktisch dem Öffnen des Filterfensters mit DATENSÄTZE|FILTER|SPEZIALFILTER/-SORTIERUNG..., Laden der Abfrage mit DATEI|VON ABFRAGE LADEN... und Anwenden des Filters mit FILTER|FILTER/SORTIERUNG ANWENDEN.

➤ Alternativ dazu können Sie mit dem Argument *Bedingung* ein Selektionskriterium auch direkt eingeben, ohne Umweg über eine Abfrage. Access verwendet dieses Kriterium als Teil einer SQL-WHERE-Klausel, um die gewünschten Datensätze auszuwählen.

SQL-WHERE-Klausel

Diese Technik ist wesentlich einfacher anzuwenden, da keine separat gespeicherte Abfrage benötigt wird. Sie müssen SQL dazu keinesfalls beherrschen, da Access aus einfachen Kriterien wie *[Plz]<=30000* oder *[Name]=»M*«* intern selbstständig die vollständige SQL-Anweisung bildet.

Das Formular »Kunden Autoformular Filtermakro« zeigt die praktische Anwendung. Es ist prinzipiell mit »Kunden Autoformular« identisch, enthält jedoch zusätzlich vier Befehlsschaltflächen. An die Eigenschaft *BeimKlicken* dieser Schaltflächen ist jeweils ein Makro der Makrogruppe »Filtern« gebunden, das daraufhin aufgerufen wird (Abbildung 26.29).

AnzeigenAlleDatensätze-Aktion

Die erste Schaltfläche ist mit *Alles anzeigen* beschriftet und soll einen zuvor angewendeten Filter wieder aufheben, wenn der Anwender darauf klickt.

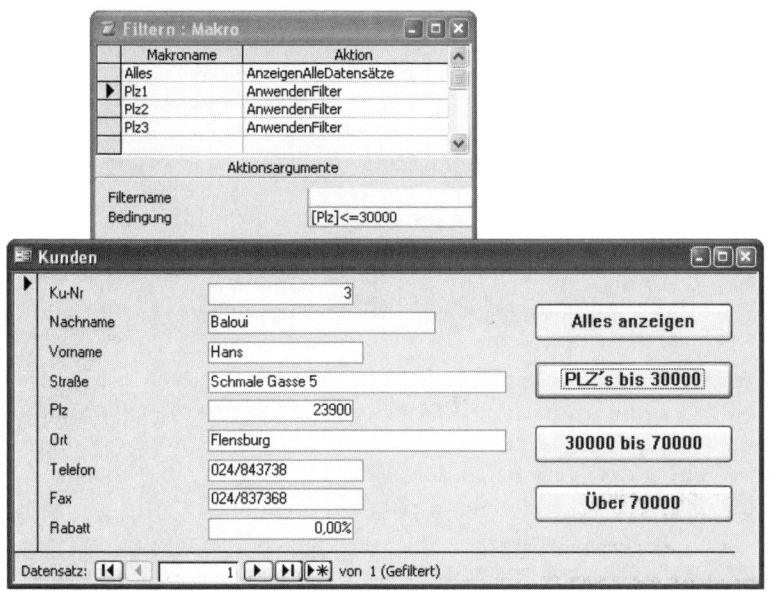

Abbildung 26.29:
EDV.MDB, Formular
»Kunden Autofor-
mular Filtermakro«
und Makrogruppe
»Filtern«

Sie ist an das Makro »Alles« der Makrogruppe gebunden (Einstellung »Fil-
tern.Alles« der Schaltflächen-Eigenschaft *BeimKlicken*). Dieses Makro führt
die Aktion *AnzeigenAlleDatensätze*, die dem Befehl DATENSÄTZE|FILTER/
SORTIERUNG ENTFERNEN entspricht und alle Datensätze anzeigt.

Klickt der Anwender auf die zweite, mit »PLZ's bis 30000« beschriftete
Schaltfläche, sollen nur Datensätze mit Postleitzahlen kleiner oder gleich
30000 angezeigt werden. Die Einstellung »Filtern.Plz1« der Schaltflächen-
Eigenschaft *BeimKlicken* bindet sie an das Makro »Plz1« der Makrogruppe.

Dieses Makro führt die Aktion *AnwendenFilter* aus und übergibt als Argument *Bedingung* den Ausdruck *[Plz]<=30000*, der alle Sätze mit Postleitzahlen kleiner oder gleich 30000 selektiert.

Abbildung 26.29 zeigt das Resultat: Der erste Satz wird angezeigt, der der Filterbedingung genügt. Der Hinweis »Datensatz 1 von 1 (Gefiltert)« bedeutet,
dass im Formular momentan nur dieser eine Datensatz enthalten ist, also nur
ein Satz die aktuelle Filterbedingung erfüllt.

Die dritte Schaltfläche ruft das Makro »Plz2« auf, das mit *AnwendenFilter*
und dem Ausdruck *[Plz] Zwischen 30000 Und 70000* als Argument *Bedingung* nur Sätze mit Postleitzahlen zwischen 30000 und 70000 anzeigt.

Die vierte Schaltfläche ruft das Makro »Plz3« auf, das mit dem Ausdruck *[Plz]>70000* als Filterbedingung alle Datensätze mit Postleitzahlen größer 70000 anzeigt.

Steuerelementinhalte manipulieren

Prinzipiell definieren Sie den Inhalt berechneter Felder zwar einfach mit der Eigenschaft *Steuerelementinhalt* des betreffenden Feldes. Oft sind Situationen jedoch zu komplex, um mit einem einfachen Ausdruck behandelt zu werden. Dann verwenden Sie die Aktion *SetzenWert*.

SetzenWert-Aktion   Erinnern Sie sich an die Tabelle »Jahresdaten« in EDV.MDB? Sie besteht aus den drei Feldern »Jahr«, »Umsatz« und »Gewinn«. In ein darauf basierendes Formular könnten Sie zusätzlich ein Textfeld »Umsatzrendite« einfügen, das – ausgehend vom Inhalt der Felder »Umsatz« und »Gewinn« – die Rendite für das betreffende Jahr ermittelt (Abbildung 26.30).

Abbildung 26.30:
EDV.MDB, Formular
»Jahresdaten
Wert_setzen«

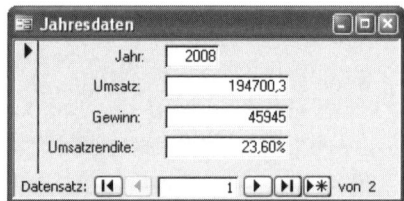

Das ganz unten eingefügte Textfeld könnte die Umsatzrendite ermitteln, indem für *Steuerelementinhalt* der Ausdruck *=[Gewinn]/[Umsatz]* und für die Eigenschaft *Format* »Prozentzahl« verwendet wird. Dadurch wird der resultierende Wert durch 100 geteilt und mit zwei Nachkommastellen sowie einem zusätzlichen Prozentzeichen angezeigt.

Möglicherweise stehen Umsatz und Gewinn oder zumindest der Gewinn für das aktuelle Jahr jedoch noch nicht fest, sodass im betreffenden Datensatz das Feld »Gewinn« und möglicherweise auch »Umsatz« noch leer sind (Abbildung 26.31).

Abbildung 26.31:
Fehlermeldung
wegen Division
durch Null

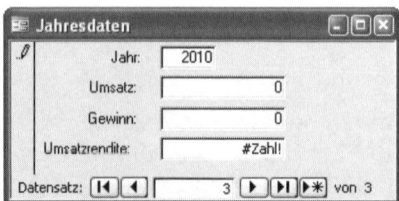

Die Fehlermeldung »#Zahl!« erscheint, weil Access ebensowenig wie Sie einen Wert durch Null dividieren kann.

Mit einem Makro läßt sich dieses Problem lösen. Es muss immer dann aus-geführt werden, wenn ein neuer Datensatz im Formular angezeigt wird und wird daher an die Eigenschaft *BeimAnzeigen* des Formulars gebunden (Abbildung 26.32).

BeimAnzeigen-Eigenschaft

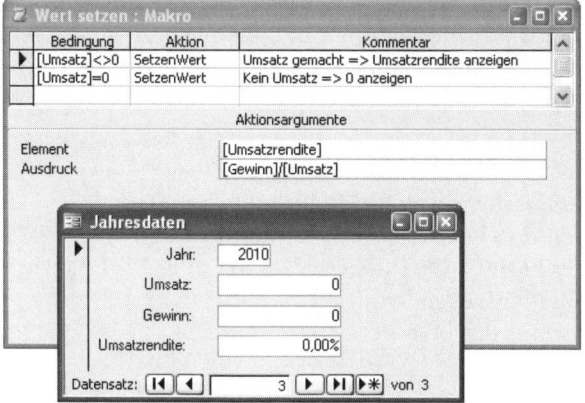

Abbildung 26.32:
EDV.MDB, Makro »Wert setzen«

Mit der Bedingung *[Umsatz]<>0* wird die zugehörige *SetzenWert*-Aktion nur ausgeführt, wenn das Feld »Umsatz« des angezeigten Satzes einen Wert ungleich Null enthält, und eine Division durch Null somit ausgeschlossen ist.

Als Argument *Element* ist das Textfeld anzugeben, dem ein Wert zugewie-sen werden soll. Der übergebene Ausdruck *[Umsatzrendite]* übergibt das zusätzliche Textfeld, da ich ihm diesen Steuerelementnamen gab.

Ausdruck bestimmt den zuzuweisenden Wert. Das übergebene Argument *[Gewinn]/[Umsatz]* führt die bereits erläuterte Berechnung durch, die – zusammen mit dem Prozentformat des Textfeldes – die Umsatzrendite in Prozent ermittelt.

Steht der Umsatz entsprechend der Abbildung noch nicht fest und enthält das Feld »Umsatz« keinen oder den Wert 0, wird die erste Makroanweisung nicht ausgeführt, dafür jedoch die folgende Anweisung, die an die gegentei-lige Bedingung *[Umsatz]=0* gekoppelt ist.

Erneut wird eine *SetzenWert*-Aktion ausgeführt, die dem Feld »Umsatzren-dite« einen Wert zuweist. Das Argument *Ausdruck* lautet für diese zweite *SetzenWert*-Aktion jedoch einfach 0, um dem Feld diesen Wert zuzuweisen. Tragen Sie beispielsweise einen neuen Datensatz ein (das Feld »Umsatz« ist zunächst leer), erscheint daher unter »Umsatzrendite« sofort »0,00%«.

Geben Sie in die Felder »Umsatz« und »Gewinn« irgendwelche Werte ein, soll das Feld »Umsatzrendite« automatisch aktualisiert werden. Daher wurde das Makro *zusätzlich* an die Eigenschaft *NachAktualisierung* bei-der(!) Textfelder gebunden.

Verändern Sie den Inhalt eines der beiden Felder und tritt somit das *Nach-Aktualisierung*-Ereignis mit dem betreffenden Feld ein, wird das Makro daher ebenfalls aufgerufen und die angezeigte Umsatzrendite sofort aktualisiert!

!!
STOP

Allgemein: Makros, die Werte für ein Formularfeld setzen, sollten an die Eigenschaft NachAktualisierung *aller(!) Felder gebunden werden, von denen der betreffende Wert abhängt, um bei Änderungen eines dieser Werte sofort aufgerufen zu werden und eine entsprechende Aktualisierung durch-zuführen.*

Mit der *SetzenWert*-Aktion können Sie sogar die Eigenschaftseinstellungen eines Felds verändern. Die zu verändernde Eigenschaft geben Sie mit einem Ausdruck der Art

```
Objekttyp![Objektname]![Steuerelement].Eigenschaft
```

bzw. (für Steuerelemente jenes Formulars, aus dem heraus der Aufruf des Makros erfolgte)

```
[Steuerelement].Eigenschaft
```

an.

Sie könnten beispielsweise ein Feld »Kinderanzahl« deaktivieren, wenn der Anwender im darüber liegenden Feld »Kinder« ein »Nein« einträgt, und die Frage nach der Anzahl der Kinder somit überflüssig ist; und es wieder akti-vieren, wenn der Anwender im Feld »Kinder« ein »Ja« einträgt.

Dazu binden Sie ein Makro mit zwei bedingten *SetzenWert*-Aktionen an die Eigenschaft *NachAktualisierung* des Felds »Kinder«. Beiden *SetzenWert*-Aktionen übergeben Sie als Argument *Element* den Ausdruck

```
[Kinderanzahl].Aktiviert
```

um auf die Eigenschaft *Aktiviert* des im Formular »Adressen« enthaltenen Steuerelements »Kinderanzahl« zu verweisen.

Die erste *SetzenWert*-Aktion knüpfen Sie an eine Bedingung, die prüft, ob das Feld »Kinder« den Inhalt »Nein« besitzt (Ausdruck *[Kinder]=»Nein«* in der Bedingungsspalte).

Für *Ausdruck* übergeben Sie das Argument »Nein«, um die *Aktiviert*-Eigenschaft des Feldes »Kinderanzahl« in diesem Fall auf »Nein« zu setzen, damit der Anwender das Feld nicht mehr fokussieren kann.

Die zweite *SetzenWert*-Aktion binden Sie an die gegenteilige Bedingung *[Kinder]=»Ja«*. Als Argument *Ausdruck* übergeben Sie »Ja«, um die *Aktiviert*-Eigenschaft des Feldes »Kinderanzahl« auf »Ja« zu setzen und die Fokussierung wieder zuzulassen, falls diese Bedingung erfüllt ist.

Geben Sie für das Argument Element *nur die interessierende Eigenschaft an, aber weder einen Formular- noch einen Steuerelementnamen, wird die betreffende* Formulareigenschaft *beeinflusst. Übergeben Sie als Argument* Element *beispielsweise den Ausdruck »Sichtbar«, bezieht er sich auf die Eigenschaft* Sichtbar *des Formulars selbst.*

:-)
TIPP

Berichte drucken

Die *Drucken*-Aktion ist die wohl häufigste Makroaktion, die im Zusammenhang mit Berichten verwendet wird.

Sie druckt das aktive Objekt aus, wobei die übergebenen Argumente den Optionen des *Drucken*-Dialogfelds entsprechen. Ist der Bericht momentan nicht das aktive Objekt, müssen Sie ihn vor dem Aufruf der *Drucken*-Aktion mit *AuswählenObjekt* dazu machen.

Drucken-Aktion

Die Aktion *ÖffnenBericht* öffnet einen Bericht wahlweise in der Seitenansicht oder im Entwurfsmodus, je nachdem, ob Sie für das Argument *Ansicht* die Alternative »Seitenansicht« oder »Entwurf« übergeben. Die dritte Alternative »Ausdruck« öffnet den Bericht und druckt ihn unmittelbar darauf mit den Standardeinstellungen des *Drucken*-Dialogfelds aus.

ÖffnenBericht-Aktion

ÖffnenBericht können Sie nicht nur zum Öffnen und Ausdrucken eines Berichts verwenden, sondern auch zur Einschränkung der darin enthaltenen Daten. Analog zu *ÖffnenFormular* übergeben Sie dazu als Argument *Filtername* eine Abfrage oder für *Bedingung* eine Bedingung, die Access als Teil einer SQL-WHERE-Klausel verwendet.

Als praktisches Beispiel dazu verwende ich den Bericht »Lieferantenadressen«, der die Adressen Ihrer Lieferanten auflistet.

Benötigen Sie häufig selektive Ausdrucke, die nur Lieferanten in einem bestimmten Postleitzahlgebiet erfassen, erstellen Sie zunächst ein leeres Formular ohne Auswahl einer zugrunde liegenden Datenbasis. In dieses Formular fügen Sie eine entsprechende Optionsgruppe und zwei Befehlsschaltflächen ein, mit denen der Anwender zwischen der Seitenansicht und dem Ausdruck des Berichts wählen kann (Abbildung 26.33).

Abbildung 26.33:
EDV.MDB, Formular
»Berichtdruck«

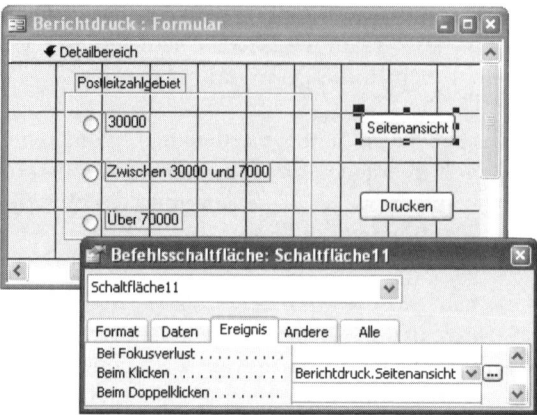

Nach dem Einfügen der drei Optionen in das Optionsgruppenfeld, dem ich den Steuerelementnamen »Plz-Gebiet« gab, besitzen sie standardmäßig die Optionswerte 1, 2 und 3.

Nach Auswahl der gewünschten Option aktiviert der Anwender eine der beiden Schaltflächen, die über die Eigenschaft *BeimKlicken* an zwei Makros gebunden sind, die sich in der Makrogruppe »Berichtdruck« befinden.

Die mit »Seitenansicht« beschriftete Schaltfläche ist an das Makro »Seitenansicht« dieser Gruppe gebunden (Einstellung »Berichtdruck.Seitenansicht« für die Eigenschaft *BeimKlicken*), die mit »Drucken« beschriftete an das Makro »Ausdruck« (Einstellung »Berichtdruck.Ausdruck«).

:-)
TIPP

Die Einstellung der Eigenschaft Standard *für die »Seitenansicht«-Schaltfläche lautet »Ja«. Dadurch wird sie zur »Standardschaltfläche«, die jederzeit mit* ⏎ *aktiviert werden kann, wodurch das gleiche Ereignis wie durch das Anklicken der Schaltfläche ausgelöst wird (Abbildung 26.34).*

Abbildung 26.34:
EDV.MDB, Makro
»Berichtdruck«

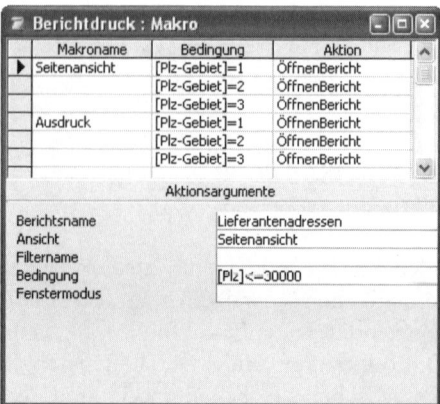

Die beiden Makros »Seitenansicht« und »Ausdruck« unterscheiden sich nur minimal voneinander. Beide bestehen aus jeweils drei an Bedingungen gekoppelte Aktionen.

Aktiviert der Anwender die Schaltfläche »Seitenansicht«, wird das gleichnamige Makro ausgeführt. Ist momentan beispielsweise die erste Option aktiviert (»30000«), besitzt das Optionsgruppenfeld »Plz-Gebiet« den zugehörigen Optionswert 1: Die Bedingung *[Plz-Gebiet]=1* ist erfüllt und die zugehörige *ÖffnenBericht*-Aktion wird ausgeführt.

Sie öffnet den Bericht »Lieferantenadressen« unter Verwendung der in der Abbildung sichtbaren Bedingung *[Plz]<=30000*, wählt also nur jene Datensätze zur Anzeige im Bericht aus, die im Feld »Plz« einen Wert enthalten, der kleiner oder gleich 30000 ist.

Entsprechend werden die beiden anderen Aktionen ausgeführt, wenn der Anwender die zweite bzw. die dritte Option auswählt. Sie öffnen den gleichen Bericht, verwenden jedoch die Filterbedingung *[Plz]>30000 Und [Plz]<=70000* bzw. *[Plz]>70000*.

Öffnen Sie das Formular »Berichtdruck«, selektieren Sie »Zwischen 30000 und 70000«, und klicken Sie auf »Seitenansicht«, wird entsprechend der Bericht »Lieferantenadressen« unter Verwendung der Filterbedingung *[Plz]>30000 Und [Plz]<=70000* geöffnet (Abbildung 26.35).

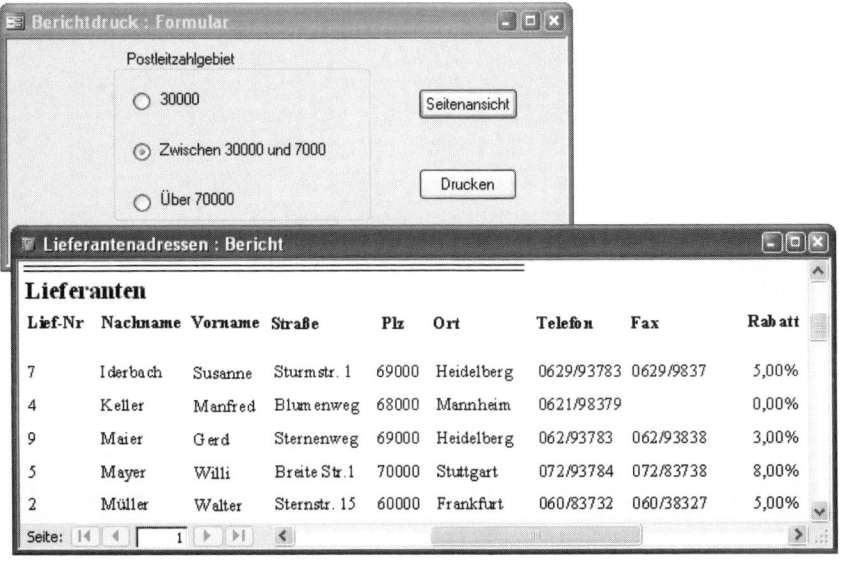

Abbildung 26.35:
Anwendung des
Formulars

Klicken Sie auf die Schaltfläche *Drucken*, wird das Makro »Ausdruck« ausgeführt, das identisch aufgebaut ist. Der einzige Unterschied besteht darin, dass den *ÖffnenBericht*-Aktionen als Argument *Ansicht* nicht »Seitenansicht«, sondern »Ausdruck« übergeben wird, um den Bericht nach dem Öffnen sofort auszudrucken.

27 Der Visual Basic-Editor

Im folgenden Kapitel dreht sich zunächst alles um die Programmierumgebung. Ich gebe Ihnen zunächst einen kurzen Überblick darüber, was eigentlich ein VBA-Programm ist, und was unter Prozeduren und Modulen zu verstehen ist, und wie Sie VBA-Programme erstellen, editieren und ausführen.

Anschließend geht es um Hilfestellungen wie das Direktfenster, das hervorragend geeignet ist, um auf die Schnelle in Prozeduren vorgenommene Berechnungen ganz oder teilweise auszuprobieren und fehlerhafte Ausdrücke zu entdecken. Oder um den in VBA integrierten Debugger, der die Aufdeckung von Fehlern geradezu zum Vergnügen macht.

Ich zeige Ihnen, wie Sie Programme damit schrittweise ausführen lassen, wie Sie Haltepunkte setzen, Variablen oder beliebig komplexe Ausdrücke ständig überwachen, und wie Sie sogar die Programmausführung genau dann automatisch anhalten lassen, wenn eine bestimmte Bedingung eingetreten ist.

Die Online-Hilfe ist äußerst wertvoll, um Informationen zu einem bestimmten VBA-Schlüsselwort zu erhalten, beispielsweise zum If-*Befehl: Enthält Ihr Programm diese Anweisung, drücken Sie einfach* F1 *, während sich der Cursor auf irgendeinem Zeichen dieses Schlüsselworts befindet, und Sie enthalten ausführliche Informationen zu diesem Thema.*

Noch ein wichtiger Hinweis: In VBA ist Englisch die Umgangssprache: also Forms *statt* Formulare, True *statt* Wahr, False *statt* Falsch *und so weiter!*

27.1 VBA-Projekte

Die VBA-Programmierumgebung ist äußerst komplex. Um ein VBA-Programm zu erstellen, benötigen Sie den Visual Basic-Editor, den Sie mit EXTRAS|MAKRO|VISUAL BASIC-EDITOR aufrufen (Abbildung 27.1).

VBA ist ein eigenständiges, von Access unabhängiges Programm. Mit dem abgebildeten Access-Symbol ganz links in der Symbolleiste können Sie jederzeit zu Access zurückkehren bzw. durch erneute Wahl von EXTRAS| MAKRO|VISUAL BASIC-EDITOR wieder zur aktuellen Position in Visual Basic umschalten.

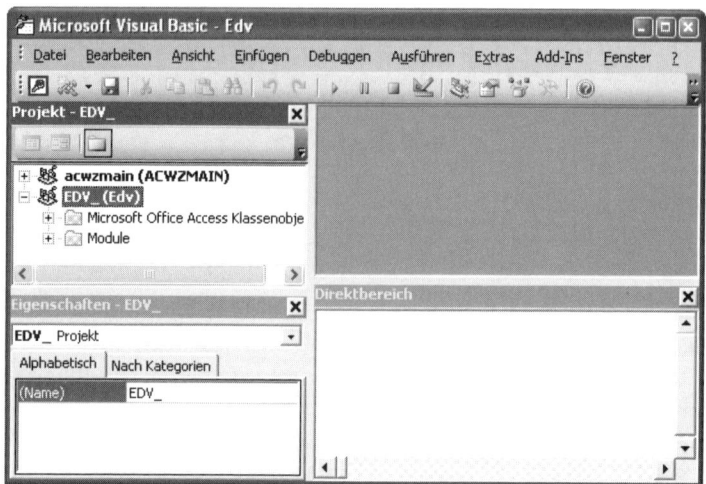

Projekte   Ein VBA-Programm besteht aus mehreren Ebenen. Die oberste ist die Projekt-
ebene. Ein Projekt umfasst alle Module der aktuellen Datenbank (alle so
genannten Klassenobjekte, auch Klassenmodule oder Formular-/Berichtsmo-
dule genannt, und alle normalen Module) und alle in diesen Modulen enthaltenen Prozeduren, die wiederum die einzelnen Programmzeilen enthalten.

Die Abbildung entstand, während in Access gerade die Demodatenbank
EDV.MDB geöffnet war. Entsprechend wird im Projekt-Explorer als Name
des aktuellen Projekts »Edv« angezeigt.

 Den Projekt-Explorer können Sie jederzeit schließen und mit ANSICHT|PRO-
JEKT-EXPLORER wieder öffnen.

 Ebenso können Sie das unterhalb des Explorers sichtbare Eigenschaften-
fenster jederzeit schließen und bei Bedarf mit ANSICHT|EIGENSCHAFTEN-
FENSTER wieder einblenden.

Per Klicken auf das »+«-Zeichen im Projekt-Explorer werden die in diesem
Projekt enthaltenen Objekttypen angezeigt, sowohl so genannte Klassenmodule als auch normale Module.

Sie können auf beliebige dieser Module doppelklicken (Alternative: selektie-
ren und ANSICHT|CODE wählen), um das zugehörige Modulfenster zu öff-
nen (Abbildung 27.2).

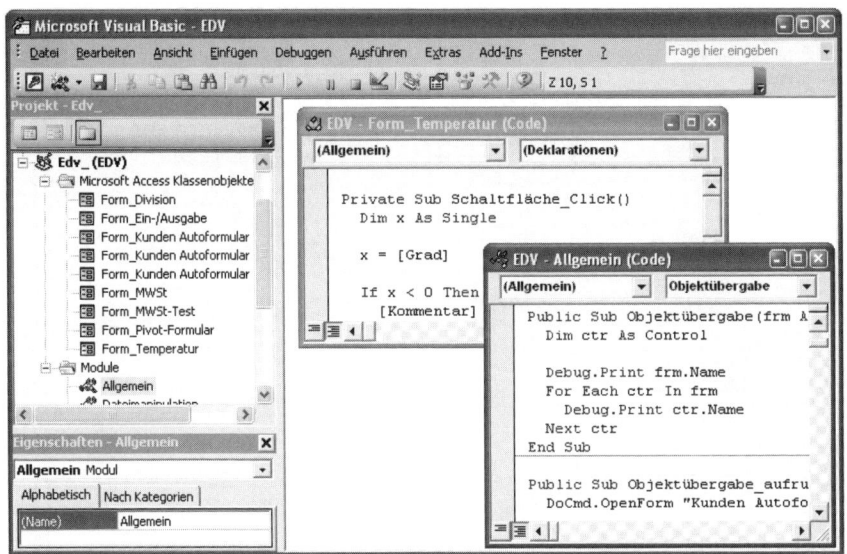

Abbildung 27.2:
Module und
Prozeduren

Dieses Projekt besteht aus

➡ den Klassenmodulen in EDV.MDB: »Form_Division«, »Form_Ein-/Ausgabe« etc.

➡ den normalen Modulen dieser Datenbank: »Allgemein«, »Dateimanipulation« etc.

➡ und den in diesen Modulen enthaltenen Prozeduren, beispielsweise den im Modul »Allgemein« enthaltenen beiden Prozeduren »Objektübergabe« und »Objektübergabe_aufruf« und der im Klassenmodul »Form_Temperatur« enthaltenen Prozedur »Schaltfläche_Click«.

Im Projekt-Explorer wird jedes Modul als eigenständiger Eintrag angezeigt und per Doppelklick auf den betreffenden Eintrag geöffnet. Um zu sehen, was ein Modul enthält, sollten Sie EDV.MDB öffnen, mit EXTRAS|MAKRO|VISUAL BASIC-EDITOR VBA aufrufen und per Doppelklick auf den Eintrag »Allgemein« im Explorer dieses Modul öffnen, das eine ganze Menge an Prozeduren enthält (Abbildung 27.3).

Prozedur-
Listenfeld

Ganz oben, im Bereich bis zur ersten Trennlinie, befindet sich der Deklarationsabschnitt. Jedes Modul beginnt mit einem solchen Abschnitt, dem dann die einzelnen Prozeduren folgen, die jeweils durch Trennlinien voneinander unterschieden werden (im Register *Editor* von EXTRAS|OPTIONEN... kann das geändert werden).

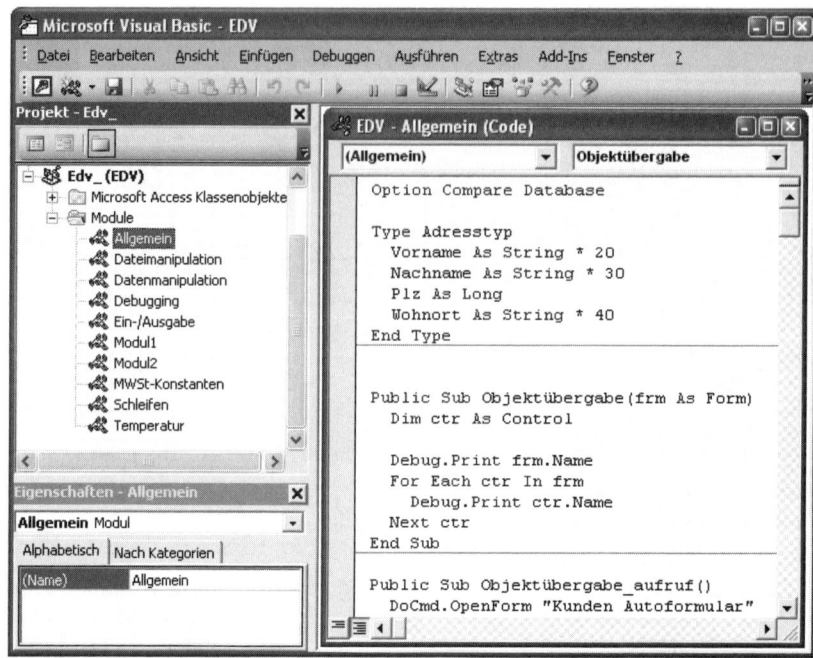

Sie können im Modul wie in einem Text umherblättern. Um zu einer bestimmten Prozedur zu gelangen, gibt es jedoch eine einfachere Möglichkeit: Das rechte Listenfeld des Fensters, das Prozedur-Listenfeld, enthält den Eintrag *(Deklarationen)*, der für den Deklarationsabschnitt steht. Darunter werden alle Prozeduren des Moduls aufgelistet.

Klicken Sie einen Eintrag an, wird automatisch zum Deklarationsabschnitt bzw. zur betreffenden Prozedur gesprungen.

 Besonders nützlich ist diese Auswahlmöglichkeit, wenn Sie auf das abgebildete Symbol klicken, das sich in der unteren linken Ecke jedes Modulfensters befindet. Es aktiviert die Prozeduransicht, in der immer nur eine einzige Prozedur (oder der Deklarationsabschnitt) angezeigt wird (Abbildung 27.4).

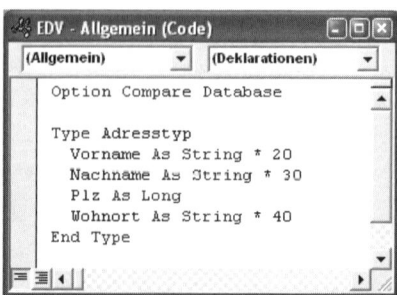

Mit diesem Symbol können Sie jederzeit wieder die volle Modulansicht einschalten.

Das linke Objekt-Listenfeld benötigen Sie nur in Klassenmodulen. Darin sind alle Prozeduren, die zu einem bestimmten Objekt gehören, zu Gruppen zusammengefasst. Um eine dieser Prozeduren zu editieren, müssen Sie zunächst im Objekt-Listenfeld statt *(Allgemein)* das interessierende Objekt auswählen.

Objekt-Listenfeld

Anschließend werden im Ereignis-Listenfeld rechts daneben alle Ereignisse aufgelistet, die zu diesem Objekt gehören. Ist an eines dieser Ereignisse eine Prozedur gebunden, wird der Eintrag fett hervorgehoben. Anklicken öffnet die Prozedur, die nun editiert werden kann.

Ereignis-Listenfeld

Klicken Sie einen nicht fett hervorgehobenen Eintrag an, wird stattdessen ein neuer Prozedurrumpf vorgegeben, der Ihnen das Erstellen einer an das betreffende Ereignis gebundenen Prozedur ermöglicht.

Das gesamte Projekt wird immer in der aktuellen Access-Datenbank aufbewahrt. Geänderte Projekte werden auf Nachfrage gespeichert, wenn Sie zu Access zurückkehren und die zugehörige Datenbank schließen.

Projekte speichern

Wollen Sie nicht bis dahin warten, können Sie das Projekt zwischendurch mit DATEI|[OBJEKTNAME] SPEICHERN speichern.

Funktionsprozeduren

Bei der Eingabe Ihrer ersten Prozeduren wird VBA immer wieder mal an der aktuellen Cursorposition ein Fensterchen oder eine Liste mit höchst merkwürdigem Inhalt öffnen. Diese Automatik-Hilfen, die mit dem Befehl EXTRAS|OPTIONEN... *ein- oder ausgeschaltet werden können, erläutere ich im Abschnitt »Bearbeitungsmöglichkeiten« auf Seite 597.*

Die auf den folgenden Seiten erstellten Prozeduren befinden sich in der Demodatenbank EDV.MDB*, die somit auch die nun erläuterte Funktionsprozedur* MWSt *enthält. Enthält eine Datenbank zwei gleichnamige Prozeduren, gibt es Schwierigkeiten. Um die nun erläuterten Schritte an* EDV.MDB *nachvollziehen, müssen Sie für die zu erstellende Prozedur daher einen leicht geänderten Namen wählen, beispielsweise* MWSt_ *statt* MWSt!

Mit EINFÜGEN|MODUL erstellen Sie im VBA-Editor ein neues Modul. Sie können auch von Access aus ein neues Modul erzeugen. Dazu selektieren Sie im Datenbankfenster die Kategorie *Module* und klicken auf die *Neu*-Schaltfläche. Das Ergebnis ist das gleiche: VBA wird aufgerufen und das neue Modul erstellt.

Neues Modul

Neue Prozedur   EINFÜGEN|PROZEDUR... fügt in das momentan geöffnete Modulfenster eine
neue Prozedur ein *(Abbildung 27.5)*.

Abbildung 27.5:
Neue Prozedur
erstellen

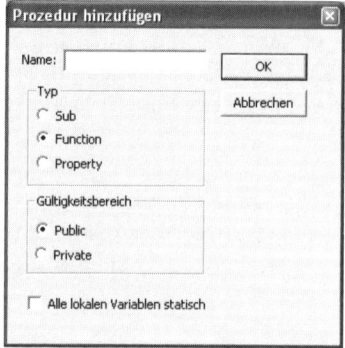

Tippen Sie den Funktionsnamen *MWSt_* ein, selektieren Sie die Optionen
»Function« und »Public« und wählen Sie *OK* (Abbildung 27.6).

Abbildung 27.6:
Prozedurrumpf

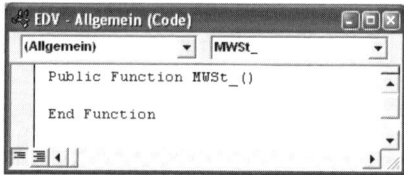

VBA fügt daraufhin in das Modul einen Prozedurrumpf ein. Er enthält den
Prozedurkopf, der aus den Schlüsselwörtern *Public* und *Function* besteht,
gefolgt von dem Funktionsnamen und einem leeren Klammerpaar. Den Pro-
zedurfuß bildet die Anweisung *End Function*.

:-)
TIPP

Statt mit EINFÜGEN|PROZEDUR... *können Sie eine Prozedur einfügen, indem
Sie einfach in irgendeiner leeren Zeile (die sich nicht in einem bestehenden
Prozedurblock befinden darf!) die Anweisung*

```
Public Function MWSt_(brutto)
```

eintippen und am Ende der Zeile ⏎ *drücken.*

Füllen Sie die vorgegebene Schablone nun bitte folgendermaßen aus (Abbildung 27.7).

Abbildung 27.7:
EDV.MDB, Modul
»MWSt-Konstan-
ten«, Prozedur
»MWSt«

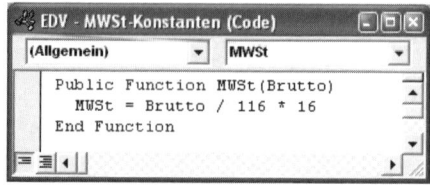

Die Leerzeichen vor und nach den Operatoren »=«, »/« und »*« müssen Sie nicht eintippen. Nach dem Verlassen einer Zeile macht VBA das automatisch. Tippen Sie

```
if a=1 then b=2
```

macht VBA daraus:

```
If a = 1 Then b = 2
```

Die Syntaxanalyse bewirkt zusätzlich eine automatische Groß-/Kleinschreibung aller Schlüsselwörter. Würden Sie ein Schlüsselwort wie *function* eingeben, wandelt VBA dieses Schlüsselwort beim Verlassen der Zeile in *Function* um.

Ebenso automatisch würde eine Fehlermeldung erscheinen, wenn die eingegebene Codezeile offensichtlich fehlerhaft ist.

Die soeben erstellte Funktionsprozedur besitzt den Namen *MWSt_*. Sie soll nach dem Aufruf mit einem Ausdruck wie *MWSt(50)* die im übergebenen Wert, einen Bruttobetrag, enthaltene Mehrwertsteuer ausrechnen.

Das Wort »brutto« in der Klammer ist eine Variable, praktisch ein Stellvertreter für den beim Aufruf der Funktion zu übergebenden Betrag. Der Ausdruck *MWSt_=brutto/116*16* teilt diesen übergebenen Bruttobetrag durch 116 und multipliziert das Ergebnis mit 16, um die darin enthaltene Mehrwertsteuer zu ermitteln.

Allgemein: Für jedes einer Prozedur zu übergebende Argument verwenden Sie als Stellvertreter eine Variable, einen frei wählbaren Namen im Prozedurkopf:

!!
STOP

```
Function Funktionsname (Argument1, Argument2,..., ArgumentN)
```

Diesen Stellvertreter, diese Variable, können Sie in den folgenden Berechnungen wie die Zahl selbst behandeln, die sie vertritt.

Den zu übergebenden Funktionswert definieren Sie innerhalb der Funktion mit einem Ausdruck der Art

```
Funktionsname = Ausdruck
```

Dabei ist Funktionsname *der Name der Funktion und* Ausdruck *ein beliebiger Ausdruck, dessen Resultat als Funktionswert übergeben werden soll.*

Die erläuterte Funktion befindet sich unter dem Namen *MWSt* im Modul »MWSt-Konstanten« von EDV.MDB. Sie wird im Formular »MWSt-Test« der Datenbank angewendet (Abbildung 27.8).

Abbildung 27.8:
EDV.MDB, Formular
»MWSt-Test«

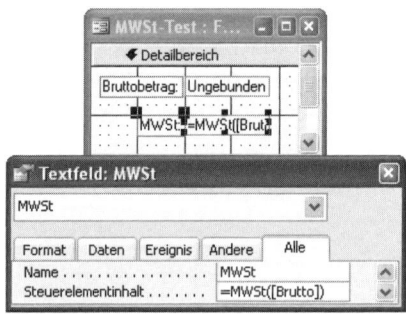

Das obere der beiden Textfelder besitzt den Steuerelementnamen »Brutto«. Auf diesen Namen bezieht sich der Steuerelementinhalt des unteren Textfelds, der Ausdruck

```
=MWSt([Brutto])
```

Er übergibt der eigendefinierten Funktion *MWSt* den aktuellen Inhalt des oberen Textfelds.

Die darin enthaltene Zahl wird wie erläutert unter dem Namen *brutto* von der Funktion entgegengenommen. Sie ermittelt die darin enthaltene Mehrwertsteuer übergibt das Resultat als Funktionswert. Dieser Funktionswert bildet nun den Steuerelementinhalt des unteren Textfelds (Abbildung 27.9).

Abbildung 27.9:
Ergebnis des Auf-
rufs von MWSt

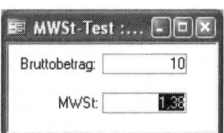

Geben Sie im oberen Textfeld eine Zahl ein und drücken Sie ⏎, wird mit Hilfe der Funktion *MWSt* die darin enthaltene Mehrwertsteuer als Steuerelementinhalt des unteren Textfelds angezeigt.

Sub-Prozeduren

Funktionen und Ereignisprozeduren können mit der Anweisung

```
Call Prozedurname
```

selbst wieder Prozeduren aufrufen. Um eine solche Sub-Prozedur zu erstellen, wählen Sie wieder EINFÜGEN|PROZEDUR..., selektieren im zugehörigen Dialogfeld jedoch nicht *Function*, sondern *Sub*. VBA gibt nun erneut einen Prozedurrumpf vor, der diesmal jedoch statt *Function* das Schlüsselwort *Sub* enthält.

〔 KOMPENDIUM 〕 **Access 2003**

Schauen Sie sich als Beispiel die folgende Sub-Prozedur namens *Doppelt* an, die sich ebenso wie *MWSt* im Modul »MWSt-Konstanten« von EDV.MDB befindet (wenn Sie das Ganze nachvollziehen wollen, geben Sie der neuen Sub-Prozedur wieder einen leicht anderen Namen wie *Doppelt_*) (Abbildung 27.10).

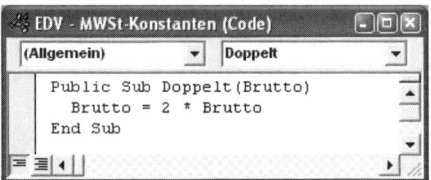

Abbildung 27.10:
EDV.MDB, Modul »MWSt-Konstanten«, Prozedur »Doppelt«

Öffnen Sie bitte das Modul »MWSt-Konstanten« von EDV.MDB. Öffnen Sie danach das rechte der beiden Listenfelder, das »Prozedur-Listenfeld«, und klicken Sie darin auf den Eintrag »MWSt«, um diese Prozedur einzublenden. Ergänzen Sie darin die Zeile *Call Doppelt(brutto)* (Abbildung 27.11).

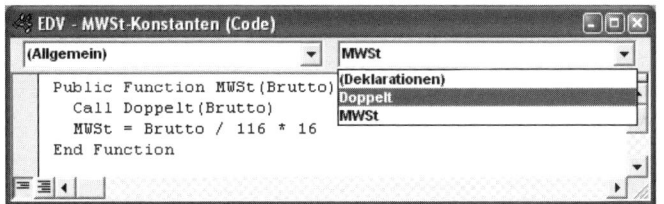

Abbildung 27.11:
Die Prozedur »MWSt«, erweitert

Geben Sie anschließend im oberen Textfeld des Formulars »MWSt-Test« eine neue Zahl wie 100 ein und drücken Sie ⏎, wird daraufhin im unteren Textfeld das Doppelte der in 100 enthaltenen Mehrwertsteuer angezeigt (Abbildung 27.12).

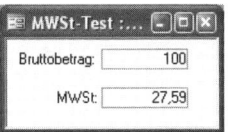

Abbildung 27.12:
Ausführung der Prozedur

Der Ablauf: Die Funktion *MWSt* ruft mit der *Call*-Anweisung die Prozedur *Doppelt* auf und übergibt ihr dabei in der Variablen *brutto* die im Textfeld enthaltene Zahl 100.

Die Anweisung *brutto = 2 * brutto* verdoppelt den in dieser Variablen enthaltenen Wert. Nach Rückkehr zur Funktion *MWSt* ermittelt diese somit die in dem nun verdoppelten Bruttobetrag enthaltene Mehrwertsteuer.

Ereignisprozeduren

An die Ereigniseigenschaften von Steuerelementen können Sie Ereignisprozeduren binden, die aufgerufen werden sollen, wenn das betreffende Ereignis mit dem Steuerelement eintritt.

Klassenmodule
der Datenbank

Ereignisprozeduren werden in Klassenmodulen aufbewahrt. Die Klassenmodule der aktuellen Datenbank werden im Projekt-Explorer im Zweig *Microsoft Access Klassenobjekte* aufgelistet (Abbildung 27.13).

Abbildung 27.13:
Klassenmodule von
EDV.MDB

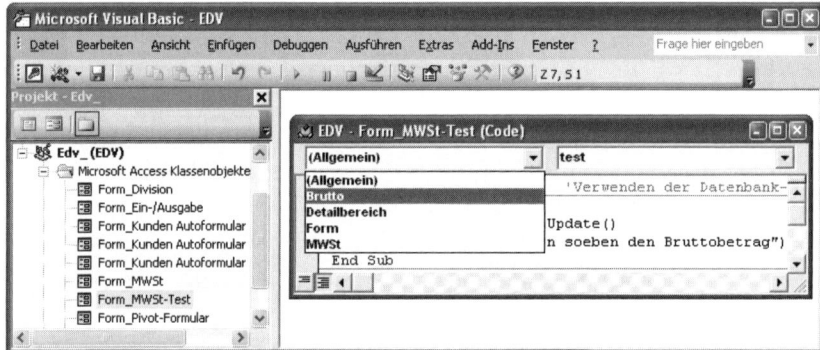

Zu Access-Formularen gehörende Klassenmodule besitzen gemäß dem Schema

```
Form_Formularname
```

gebildete Namen; zu Access-Berichten gehörende Klassenmodule heißen entsprechend

```
Report_Berichtsname
```

Doppelklicken Sie auf einen Eintrag wie »Form_MWSt-Test«, wird das Klassenmodul geöffnet. Es enthält alle Ereignisprozeduren, die an das Formular »MWSt-Test« bzw. darin enthaltene Steuerelemente gebunden sind.

 Sind Sie gerade in Access und ist das Formular »MWSt-Test« im Datenbankfenster selektiert oder im Entwurfsmodus geöffnet, wählen Sie einfach ANSICHT|CODE bzw. klicken auf das zugehörige Symbol: VBA wird geöffnet und im Projekt-Explorer automatisch das Klassenmodul »Form_MWSt-Test« selektiert und geöffnet.

Das Objekt-Listenfeld des Moduls enthält außer *(Allgemein)* für jedes Element des Formulars/Berichts einen eigenen Eintrag.

Beispielsweise steht der Eintrag *Form* für das Formular selbst, *Detailbereich* repräsentiert seinen Detailbereich und *MWSt* das im Formular enthaltene Textfeld »MWSt«.

Mit jedem dieser Objekte können verschiedene Ereignisse eintreten. An jedes können Sie eine Prozedur binden, die VBA automatisch aufruft, wenn mit dem Objekt das betreffende Ereignis eintritt. Die Namen dieser Ereignisprozeduren werden nach einem festen Schema gebildet:

```
Objektname_Ereignis
```

Die Ereignisprozedur *Brutto_AfterUpdate* ist somit an die Eigenschaft *After-Update* des Textfelds »Brutto« gebunden und wird nach jeder Änderung des Textfeldinhalts aufgerufen. Sie ist dafür verantwortlich, dass nach Eingabe eines Bruttobetrags im Textfeld »Brutto« des Formulars der Hinweis erscheint: »Sie änderten soeben den Bruttobetrag« (Abbildung 27.14).

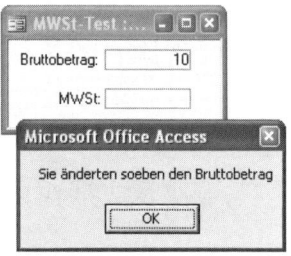

Abbildung 27.14:
Aufruf der Ereignisprozedur

Um eine neue Ereignisprozedur zu erstellen, selektieren Sie zunächst im Objekt-Listenfeld das interessierende Objekt, beispielsweise das Textfeld »Brutto«. Danach selektieren Sie im Prozeduren-Listenfeld das gewünschte Ereignis, beispielsweise *GotFocus* (Abbildung 27.15).

Ereignisprozedur erstellen

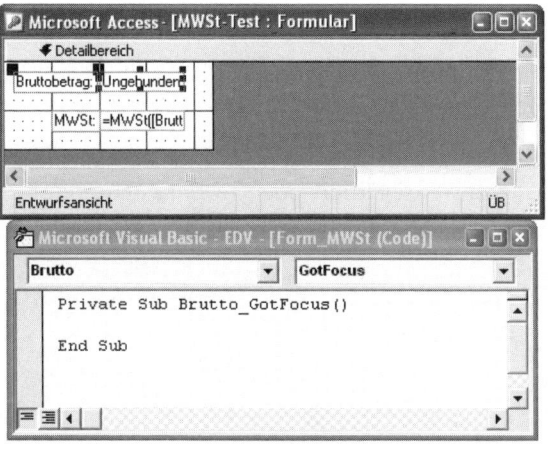

Abbildung 27.15:
Ereignisprozedurrümpfe

VBA gibt den Rumpf der neuen Ereignisprozedur *brutto_GotFocus* vor, und Sie können ihn mit den Anweisungen ausfüllen, die ausgeführt werden sollen, wenn das Ereignis *GotFocus* mit dem Textfeld »Brutto« eintritt, also wenn es den Fokus erhält.

Ist an ein Ereignis bereits eine Prozedur gebunden, wird der Eintrag fett hervorgehoben. Anklicken erstellt dann keinen neuen Prozedurrumpf, sondern öffnet die bereits vorhandene Prozedur, die nun editiert werden kann.

Alternativ dazu können Sie im Eigenschaftenfenster eines interessierenden Steuerelements in jener Eigenschaftszeile, an die die Prozedur gebunden werden soll, beispielsweise *Beim Verlassen*, auf das abgebildete Generator-Symbol klicken.

Daraufhin erscheint ein Auswahlfenster, Sie wählen darin *Code-Generator*, das Klassenmodul des Formulars/Berichts wird geöffnet und der an die betreffende Eigenschaft gebundene Prozedurrumpf angezeigt.

Haben Sie den an diese Eigenschaft gebundenen Prozedurrumpf bereits zuvor mit Anweisungen ausgefüllt, enthält die Eigenschaftszeile den Eintrag *[Ereignisprozedur]* (Abbildung 27.16).

Abbildung 27.16:
An Eigenschaft gebundene Ereignisprozedur

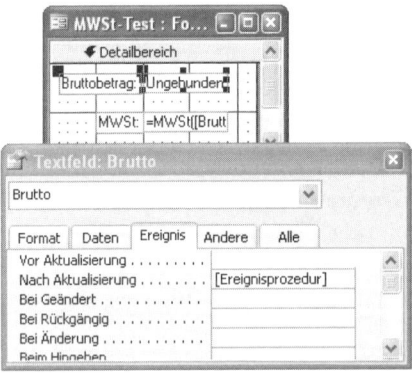

Anklicken des Generator-Symbols zeigt in diesem Fall gleich die zugehörige Ereignisprozedur an, die nun editiert werden kann.

!!
STOP

Sie dürfen keinesfalls den Namen einer Ereignisprozedur verändern! An einem Prozedurnamen wie Brutto_AfterUpdate *erkennt VBA, welchem Steuerelement und welcher Eigenschaft die betreffende Prozedur zugeordnet ist.*

27.2   Programme erstellen und editieren

Bearbeitungsmöglichkeiten

Sie können per Ziehen und Fallen lassen zuvor markierte Programmzeilen *Drag&Drop*
verschieben, sogar in ein anderes Modul. Halten Sie dabei die [Strg]-Taste
gedrückt, werden die Programmzeilen kopiert statt verschoben.

BEARBEITEN|LESEZEICHEN|LESEZEICHEN SETZEN/ZURÜCKSETZEN setzt in der *Lesezeichen*
aktuellen Zeile eine Lesezeichen bzw. löscht ein bereits darin vorhandenes
Lesezeichen. Die betreffenden Zeilen werden durch eine Markierung am linken Rand hervorgehoben (Abbildung 27.17).

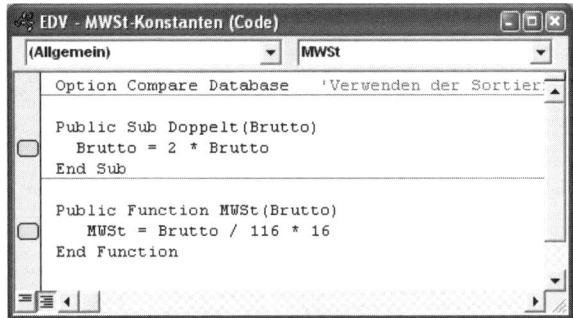

Abbildung 27.17:
Lesezeichen

BEARBEITEN|LESEZEICHEN|NÄCHSTES LESEZEICHEN setzt den Cursor in die
nächste Programmzeile, die ein Lesezeichen enthält, BEARBEITEN|LESEZEI-
CHEN|VORHERIGES LESEZEICHEN in die vorhergehende Programmzeile, und
BEARBEITEN|LESEZEICHEN|ALLE LESEZEICHEN LÖSCHEN löscht alle Lesezei-
chen.

Manchmal taucht während der Eingabe ein Fensterchen auf oder aber eine *Automatik-Hilfen*
Auswahlliste, in der der Eintrag selektiert ist, der laut VBA am ehesten
passt. Um ihn in Ihr Programm einzufügen, drücken Sie [Strg]+[↵] oder
[⇥] oder [↵].

Sie können auch per Doppelklick darauf einen anderen Eintrag einfügen lassen oder das Fenster bzw. die Liste mit [Esc] ohne Übernahme eines Eintrags
schließen — oder einfach Weitertippen und die Hilfe komplett ignorieren.

Werden Ihnen diese Automatik-Funktionen lästig, können Sie sie mit den
verschiedenen Optionen im Register *Editor* des Befehls EXTRAS|OPTIO-
NEN... einzeln deaktivieren. Bei Bedarf können Sie die Hilfestellungen dennoch mit verschiedenen Befehlen manuell in Anspruch nehmen.

Ich erläutere nun diese Befehle, wodurch gleichzeitig die verschiedenen Automatiken klar werden.

BEARBEITEN|QUICKINFO liefert in Kurzform nützliche Informationen zu Variablen, Konstanten und Prozeduren. Tippen Sie beispielsweise den Aufruf einer Funktion bis vor die öffnende Klammer ein, beispielsweise »MWSt«, erscheint als Hinweis die Syntax dieser von Ihnen definierten Prozedur (Abbildung 27.18).

Abbildung 27.18:
Prozedursyntax

Wollen Sie statt einer selbstdefinierten eine eingebaute Prozedur wie die Funktion *Format* aufrufen, können Sie nach dem Eintippen des Prozedurnamens »Format (« inklusive öffnender Klammer BEARBEITEN|PARAMETERINFO wählen.

Daraufhin erscheint eine ausführliche Erläuterung der Syntax dieser Prozedur, die die Festlegung der zu übergebenden Argumente deutlich erleichtert (Abbildung 27.19).

Abbildung 27.19:
Parameterinfo

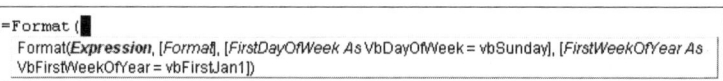

Darüber hinaus können Sie verschiedenste einzutippende Objekt-, Prozedur- oder Eigenschaftsnamen aus Listen auswählen. Tippen Sie beispielsweise »vb« ein und wählen Sie BEARBEITEN|WORT VERVOLLSTÄNDIGEN, erscheint eine Liste aller möglichen mit diesen beiden Zeichen beginnenden Wörter (Abbildung 27.20).

Sie wählen per Doppelklick den gewünschten Eintrag aus, beispielsweise »vbCancel«, der daraufhin Ihr »vb« ersetzt, oder schließen die Liste mit [Esc].

Analog dazu zeigt BEARBEITEN|KONSTANTEN ANZEIGEN eine demgegenüber eingeschränkte Liste an, die nur die mit »vb« beginnenden Konstanten enthält; und BEARBEITEN|EIGENSCHAFTEN/METHODEN ANZEIGEN eine Auswahlliste aller in Frage kommender Eigenschaften und Methoden.

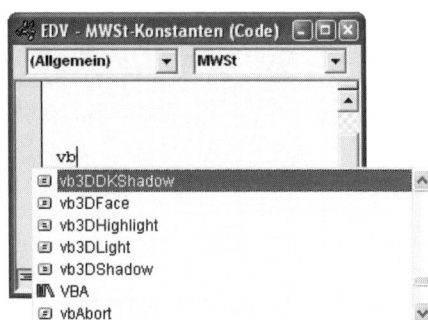

Abbildung 27.20:
Wörter ergänzen

Mit FENSTER|TEILEN können Sie das Modulfenster in zwei voneinander unabhängige Teile mit separaten Bildlaufleisten unterteilen, um darin zwei Prozeduren des gleichen Moduls zu bearbeiten (Abbildung 27.21).

Zwei Prozeduren bearbeiten

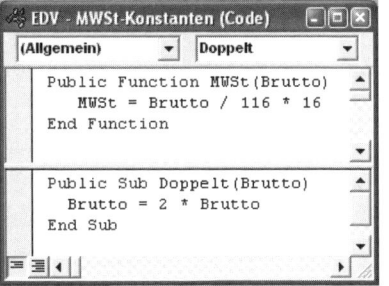

Abbildung 27.21:
Fenster teilen

Wählen Sie in den beiden Listenfeldern eine Prozedur aus (und ist am unteren Fensterrand der Prozeduransicht-Knopf aktiviert), wird sie im aktiven Fensterteil angezeigt, in dem sich momentan der Cursor befindet. Der andere Fensterteil bleibt davon unbeeinflusst.

Durch Ziehen an der dünnen Teilungslinie können Sie die Position der Fensterteilung verschieben. Um die Zweiteilung aufzuheben, doppelklicken Sie auf die Teilungslinie oder ziehen sie ganz nach oben (oder wählen erneut FENSTER|TEILEN).

:-)
TIPP

Umgekehrt können Sie das Fenster auch teilen, indem Sie auf das winzige Kästchen doppelklicken oder es nach unten ziehen, das sich bei nicht geteiltem Fenster unmittelbar über dem oberen Bildlaufpfeil der vertikalen Bildlaufleiste befindet.

ANSICHT|LETZTE POSITION kehrt zur letzten Position zurück, an der Sie sich befanden, auch wenn das eine andere Prozedur und sogar ein anderes Modul ist. Sie können diesen Befehl mehrfach nacheinander wählen und immer weiter zurückgehen.

Rückkehr zur letzten Position

Prozedur-
definition

ANSICHT|DEFINITION wechselt zu einer aufgerufenen Prozedur. Befindet sich beispielsweise in einer Programmzeile der Prozeduraufruf, *Call Doppelt(brutto)*, der die Prozedur *Doppelt* aufruft, setzen Sie den Cursor auf ein Zeichen des Worts *Doppelt* und wählen ANSICHT|DEFINITION (⇧+F2), zeigt VBA diese Prozedur an.

Suchen und
ersetzen

BEARBEITEN|SUCHEN... sucht und ersetzt gegebene Textteile wie »Dim« wahlweise nur in der gerade angezeigten aktuellen Prozedur, oder in allen Prozeduren des aktuellen Moduls, oder gar im gesamten Projekt (Abbildung 27.22).

Abbildung 27.22:
Bearbei-
ten|Suchen...

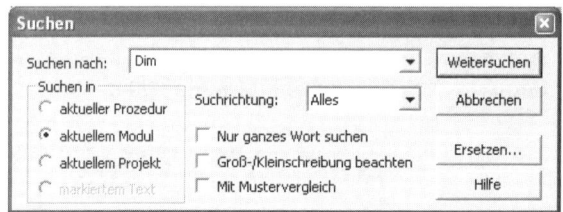

Text einfügen

Mit EINFÜGEN|DATEI... können Sie bestehende VBA-, QBasic-, QuickBasic- oder PDS-Programme einfügen: Dieser Befehl lädt die im zugehörigen Dialogfeld anzugebende Datei, bei der es sich um eine beliebige Textdatei oder aber um ein zuvor exportiertes Modul handeln kann.

Der Objektkatalog

Der Befehl ANSICHT|OBJEKTKATALOG (F2) erleichtert den Umgang mit Unmengen von Prozeduren in vielen Modulen (Abbildung 27.23).

Abbildung 27.23:
Der Objektkatalog

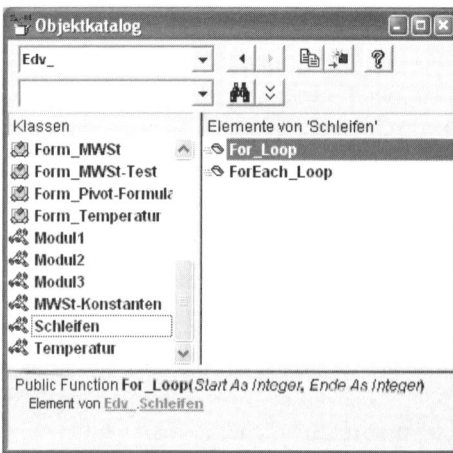

Im rechten großen Listenfeld werden Prozeduren angezeigt. Der Weg zu einer bestimmten Prozedur ist allerdings recht kompliziert. Am Beispiel der Prozedur *For_Loop*, die sich im Modul »Schleifen« der Datenbank EDV.MDB befindet:

➤ Im oberen der beiden geschlossenen Listenfelder werden alle Bibliotheken und Datenbanken aufgelistet, die momentan verfügbare Prozeduren enthalten: Die momentan geöffnete Datenbank, *VBA*, die Visual Basic für Anwendungen-Bibliothek, *Access* und *ADODB*, die Access- und die Datenzugriffsobjekte-Bibliothek.

  Sie selektieren darin die Bibliothek oder Datenbank, in der sich die Prozedur befindet, in unserem Fall also EDV.

➤ Danach selektieren Sie im linken der beiden großen Listenfelder die Klasse dieser Bibliothek/Datenbank, in der sich die interessierende Prozedur befindet, im Beispiel das Modul »Schleifen« der Datenbank EDV.MDB.

➤ Nun werden im rechten großen Listenfeld alle in diesem Modul enthaltenen Prozeduren aufgelistet, im Beispiel *For_Loop* und *ForEach_Loop*.

Doppelklicken bringt Sie direkt zum betreffenden Objekt, beispielsweise zur Prozedur *For_Loop*. Das klappt jedoch nur mit Objekten in Datenbanken, nicht mit Prozeduren, die in einer der Access- oder VBA-Bibliotheken enthalten sind.

Ganz unten wird die Syntax einer Prozedur angezeigt. Sie können sie kopieren und dort in Ihr Programm einfügen, wo Sie die Prozedur *For_Loop* aufrufen wollen; danach müssen Sie nur noch die schematisch vorgegebenen Argumente durch individuelle Argumente ersetzen, um *For_Loop* aufzurufen.

Sie können sich die Suche nach einer Prozedur erleichtern, indem Sie im zweitoberen Listenfeld einen Teil des Prozedurnamens eintippen, beispielsweise »vb«, und danach ⏎ drücken oder auf das Fernglassymbol klicken.

Daraufhin wird das Dialogfeld um eine Liste aller Suchergebnisse in der darüber ausgewählten Bibliothek/Datenbank erweitert (Abbildung 27.24).

Selektieren Sie entsprechend der Abbildung die VBA-Bibliothek und suchen darin nach »ch«, werden darin alle Klassen und Prozeduren aufgelistet, deren Name die Zeichenkette »ch« enthält, beispielsweise auch die abgebildete Prozedur *ChDrive*.

Abbildung 27.24:
Objekt suchen

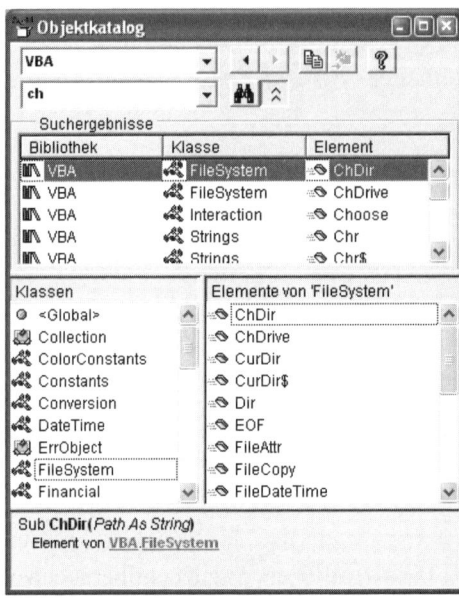

Klicken Sie auf das Fragezeichensymbol, öffnet sich das Hilfefenster mit weiteren Informationen zum betreffenden Objekt, und Ihnen wird erklärt, dass Sie durch den Aufruf von *ChDrive* das aktuelle Laufwerk wechseln können.

Übrigens ist nun das Symbol rechts neben dem Fernglas eingedrückt. Lösen Sie den Knopf, werden die Suchergebnisse wieder ausgeblendet.

Die beiden nach rechts/links zeigenden Pfeile blättern wieder zum zuletzt betrachteten Objekt zurück bzw. wieder vorwärts, und im unteren Infofeld können Sie mit Hilfe der grün und unterstrichen hervorgehobenen Hyperlinks zu verwandten Themen springen.

Das Direktfenster

ANSICHT|DIREKTFENSTER blendet das Direktfenster ein. Es ist hervorragend dazu geeignet, einzelne Teile von Prozeduren auszuprobieren und fehlerhafte Ausdrücke zu entdecken. Jede Anweisung, die Sie darin eingeben, wird unmittelbar nach Betätigung von ⏎ ausgeführt.

Am häufigsten werden Sie sicherlich die Anweisungen *Call* und vor allem *Print* einsetzen (Kurzfassung: ?). *Print* folgt ein praktisch beliebig komplexer Ausdruck, der ausgewertet und dessen Ergebnis im Direktfenster ausgegeben wird, beispielsweise *Print 15*24/3* (Abbildung 27.25).

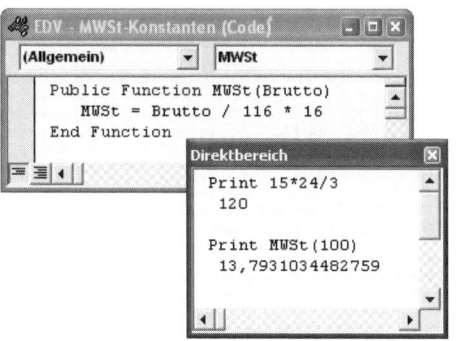

Abbildung 27.25:
Funktionsprozeduren testen

Der auszuwertende Ausdruck darf auch einen Funktionsnamen enthalten. Der Ausdruck

```
Print MWSt(100)
```

ruft die eigendefinierte Funktion *MWSt* auf und übergibt ihr den Wert 100. Anschließend gibt die *Print*-Anweisung den von *MWSt* zurückübergebenen Funktionswert aus.

Um eine Sub- oder eine Ereignisprozedur zu testen, die nur irgendwelche Aktionen ausführen, aber keinen Funktionswert übergeben, benutzen Sie die Anweisung *Call*, gefolgt vom Prozedurname und eventuell noch von den zu übergebenden Argumenten:

```
Call Prozedurname(Argumente)
```

Werden der Prozedur keine Argumente übergeben, entfallen die Klammern. Ein Beispiel (Abbildung 27.26).

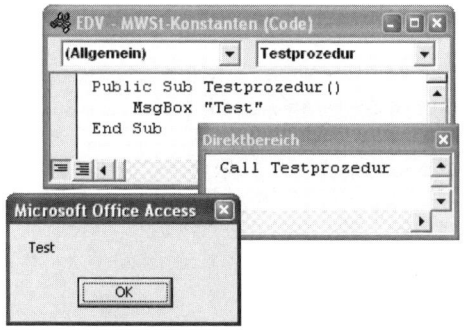

Abbildung 27.26:
Sub- und Ereignisprozeduren testen

Für diese Abbildung fügte ich in ein Modul eine Sub-Prozedur namens *Test-prozedur* ein, die die Anweisung *MsgBox »Test«* enthält, die in einem kleinen Fenster die Meldung »Test« ausgibt. Um zu prüfen, ob die Prozedur korrekt arbeitet, rufen Sie sie einfach im Direktfenster mit *Call Testprozedur* auf.

Die Ausdrücke, die Sie im Direktfenster verwenden, dürfen Bezüge auf beliebige momentan geöffnete Datenbankobjekte enthalten (Abbildung 27.27).

Abbildung 27.27:
Bezüge auf Daten-
bankobjekte

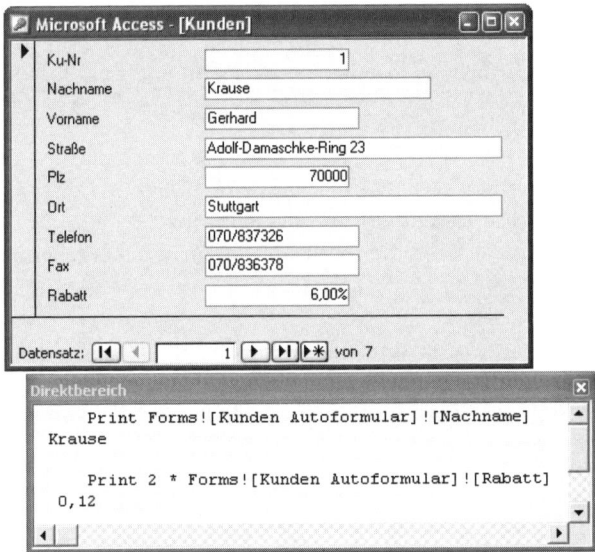

Der Ausdruck

```
Print Forms![Kunden Autoformular]![Nachname]
```

repräsentiert den aktuellen Inhalt des Textfelds mit dem Namen »Nachname« des *geöffneten* Formulars »Kunden Autoformular«.

Momentan enthält dieses Textfeld den Text »Krause«, der daher von der *Print*-Anweisung ausgegeben wird.

Der folgende Ausdruck

```
Print 2 * Forms![Kunden Autoformular]![Rabatt]
```

bezieht sich auf das Textfeld, das momentan den Rabattwert 6 % enthält, also die Zahl 0,06. Diese Zahl wird mit 2 multipliziert und das Ergebnis ausgegeben.

Sollen Ihre Prozeduren zu Testzwecken Daten im Direktfenster ausgeben, müssen Sie darin den Ausdruck *Debug.Print* verwenden.

Debug.Print

Debug repräsentiert das Direktfenster und *Debug.Print* bedeutet soviel wie »Gib den nachfolgenden Ausdruck im Direktfenster aus« – das übrigens nicht im gleichen Moment geöffnet sein muss, sondern auch anschließend noch von Ihnen geöffnet werden kann.

Enthält eine Prozedur beispielsweise den Ausdruck

```
Debug.Print Formulare![Kunden Autoformular]![Rabatt]
```

gibt sie während der Ausführung den aktuellen Inhalt des Felds »Rabatt« des Kundenformulars im Direktfenster aus, was für Überprüfungen sehr nützlich sein kann.

Sie können eine im Direktfenster eingegebene und ausgeführte Anweisung jederzeit editieren und mit ⏎ *erneut ausführen lassen.*

:-)
TIPP

28 Die Sprache VBA

Ich erläutere nun zunächst die einfacheren VBA-Sprachelemente, angefangen bei den grundlegenden Anweisungen wie *Print*, *MsgBox* und *InputBox* zur Ausgabe von Daten auf dem Bildschirm bzw. zur Eingabe von Daten über die Tastatur.

Danach stelle ich die Sprache selbst systematisch dar, angefangen mit den verschiedenen Bestandteilen von Prozeduren wie Code- und Kommentarzeilen über Variablen bis hin zu den verschiedenen Kontrollstukturen wie Sprüngen, Schleifen etc.

28.1 Die Ein-/Ausgabeanweisungen

Debug.Print

Die wohl grundlegendste Ausgabeanweisung ist die *Print*-Methode. Sie können Aufrufe dieser Methode im Direktfenster eintippen, Sie können diese Anweisung aber auch in Ihren Programmen verwenden, und zwar so:

```
Debug.Print Ausdruck
```

Debug repräsentiert das Direktfenster. *Debug.Print* bedeutet somit, dass die im nachfolgenden *Ausdruck* angegebenen Daten in diesem Fenster ausgegeben werden sollen (das klappt sogar, wenn das Direktfenster gerade geschlossen ist, wie Sie sehen, wenn Sie es nach Ausführung Ihrer Prozedur öffnen).

Jedem Aufruf von *Print* folgt ein Zeilenumbruch. Zwei aufeinanderfolgende Aufrufe wie

```
Debug.Print "Test"
Debug.Print "Noch ein Test"
```

geben daher die beiden Zeichenketten »Test« und »Noch ein Test« untereinander aus.

Endet *Ausdruck* mit einem Semikolon, wird dieser Zeilenumbruch unterdrückt. Daher gibt

```
Debug.Print "Test";
Debug.Print "Noch ein Test"
```

im Direktfenster die Zeichenkette »TestNoch ein Test« aus.

Mit der *Print*-Methode können beliebig viele Ausgaben aneinandergereiht werden. Beispielsweise gibt

```
Debug.Print "Ein"; " "; "Test"
```

die Zeichenkette »Ein Test« aus und

```
Debug.Print "MWSt:"; x
```

die Zeichenkette »MWSt: 5«, falls die »Variable« x momentan den Wert 5 repräsentiert.

MsgBox

Debug.Print erfordert, dass Sie das Direktfenster öffnen, um sich die Ausgaben Ihres Programms anzuschauen.

Die Funktion *MsgBox* präsentiert Ausgaben dagegen Windows-gerecht in einem kleinen Dialogfeld:

```
MsgBox(Meldung [,Schaltflächen] [,Titel])
```

Meldung ist die auszugebende Zeichenkette. Ein Beispiel (Abbildung 28.1).

Abbildung 28.1:
EDV.MDB, Modul
»Ein-/Ausgabe«,
Prozedur »Mel-
dungsdialogfeld«

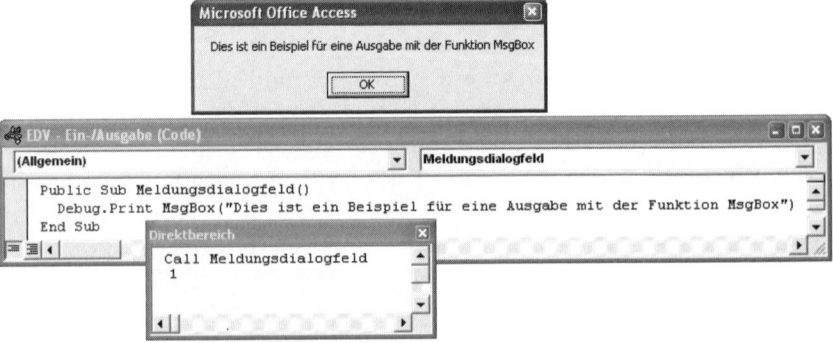

Um die Funktion *Meldungsdialogfeld* aufzurufen, öffnen Sie das Direktfenster und geben darin *Call Meldungsdialogfeld* ein. Daraufhin öffnet die in der Prozedur aufgerufene *MsgBox*-Funktion das abgebildete Dialogfeld.

Zeilenumbruch   Durch Einfügen des ASCII-Codes 13 (Wagenrücklauf) in die Zeichenkette können Sie Zeilenumbrüche einfügen:

[KOMPENDIUM] **Access 2003**

```
MsgBox("Zeichenkette1" + Chr(13) + "Zeichenkette2" + Chr(13) +
"Zeichenkette3" + Chr(13) + " ... ")
```

Titel bestimmt die Titelzeile des Dialogfelds, beispielsweise »Mein Dialogfeld«.

Titel

Schaltflächen legt fest, welche Schaltflächen das Dialogfeld enthält. Die Zahl ergibt sich aus der Addition einzelner Werte:

Schaltflächen

Wert	Bedeutung
Schaltflächen	
0	Nur Schaltfläche *OK* anzeigen
1	*OK* und *Abbrechen* anzeigen
2	*Beenden*, *Wiederholen* und *Ignorieren* anzeigen
3	*Ja*, *Nein* und *Abbrechen* anzeigen
4	*Ja* und *Nein* anzeigen
5	*Wiederholen* und *Abbrechen* anzeigen
Symbolart	
0	Kein Symbol
16	Stopp-Symbol
32	Fragezeichen-Symbol
48	Ausrufezeichen-Symbol
64	Informations-Symbol
Standardschaltfläche	
0	Erste Schaltfläche
256	Zweite Schaltfläche
512	Dritte Schaltfläche
768	Vierte Schaltfläche
Bindungsart	
0	Anwendungsgebunden (bis zur Beantwortung nur Wechsel zu anderer Anwendung möglich)
4096	Systemgebunden (auch kein Wechsel zu anderer Anwendung möglich)

Tabelle 28.1:
Argument
»Schaltflächen«

Ohne das Argument *Schaltflächen* bzw. mit dem Wert 0 wird nur die *OK*-Schaltfläche angezeigt. Der Wert 1 würde zusätzlich die Schaltfläche *Abbrechen* einfügen.

Standard-schaltfläche

Soll nicht die erste Schaltfläche *OK*, sondern die zweite Schaltfläche *Abbrechen* die durch [↵] aktivierte Standardschaltfläche sein, addieren Sie zu dieser 1 den Wert 256, übergeben also 257.

Symbole

Soll zusätzlich ein Fragezeichensymbol im Dialogfeld erscheinen, addieren Sie 32 und übergeben somit 289 (Abbildung 28.2):

```
MsgBox("Demo" + Chr(13) + " der Funktion MsgBox", 289, "Test")
```

Abbildung 28.2:
EDV.MDB, Modul
»Ein-/Ausgabe«,
Prozedur
»Meldungs-dialogfeld1«

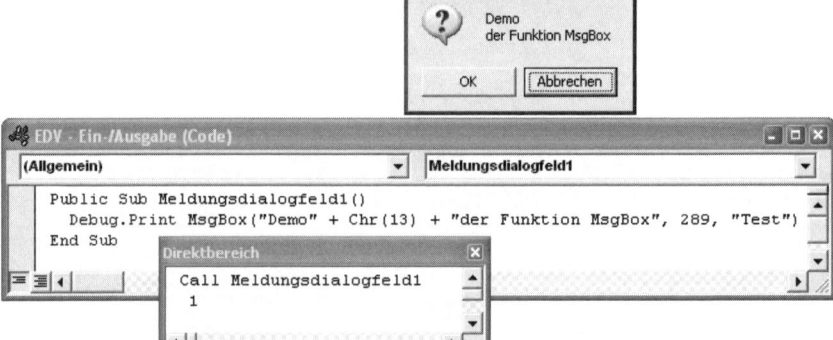

Die Funktion *MsgBox* übergibt nach dem Schließen des Dialogfelds einen der folgenden Funktionswerte, der im Beispiel nach dem Schließen des Dialogfelds mit *Debug.Print* im Direktfenster ausgegeben wird:

Tabelle 28.2:
Übergebener
Funktionswert

Wert	Schaltfläche
1	OK
2	Abbrechen
3	Beenden
4	Wiederholen
5	Ignorieren
6	Ja
7	Nein

InputBox

Ebenso einfach anzuwenden ist die Funktion *InputBox*. Mit ihr können Sie Eingaben in einem Dialogfeld entgegennehmen:

```
InputBox(Eingabeaufforderung [, [,Titel][,[Standard][,XPosition,
YPosition]]])
```

Eingabeaufforderung ist wieder eine im Dialogfeld anzuzeigende Zeichenkette und *Titel* erneut die Dialogfeldüberschrift.

Standard ist eine Zeichenkette, die im Eingabefeld vorgegeben werden soll.

XPosition und *YPosition* legen den horizontalen/vertikalen Abstand des linken/oberen Dialogfeldrands vom linken/oberen Bildschirmrand fest.

Geben Sie *Titel* nicht an, bleibt die Titelleiste leer. Ohne Positionsangaben wird das Dialogfeld in der Bildschirmmitte zentriert (Abbildung 28.3).

Eingabeaufforderung

Standardwert

Position

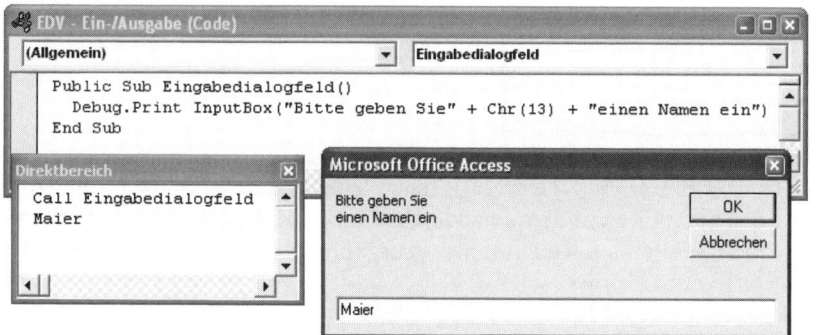

Abbildung 28.3:
EDV.MDB, Modul »Ein-/Ausgabe«, Prozedur »Eingabedialogfeld«

InputBox fordert den Anwender zu einer Eingabe auf. Gibt er wie hier die Zeichenkette »Maier« ein und aktiviert er *OK*, übergibt *InputBox* die eingegebene Zeichenkette als Funktionswert, die im Beispiel anschließend mit *Debug.Print* im Direktfenster ausgegeben wird..

Gibt der Anwender nichts ein oder bricht er die Eingabe mit *Abbrechen* ab, übergibt *InputBox* eine leere Zeichenkette »»«« der Länge 0.

Textfelder

Sie können auch Textfelder von Formularen für Ein- oder Ausgaben verwenden. Besitzt ein Textfeld namens »Ein-/Ausgabe« den Steuerelementnamen (Eigenschaft *Name*) »Eingabe«, repräsentiert der Ausdruck

```
Forms![Ein-/Ausgabe]![Eingabe]
```

seinen Inhalt, also die Zeichenkette, die der Benutzer in dieses Textfeld eingab. Sie können diese Zeichenkette nun beispielsweise mit

```
Debug.Print Forms![Ein-/Ausgabe]![Eingabe]
```

im Direktfenster ausgeben oder mit

```
MsgBox Forms![Ein-/Ausgabe]![Eingabe]
```

in einem Dialogfeld.

Umgekehrt können Sie Textfelder verwenden, um Ausgaben Ihres Programms darin anzuzeigen. Um im Textfeld »Ausgabe« den Text »Hallo« anzuzeigen, verwenden Sie den Ausdruck

```
Forms![Ein-/Ausgabe]![Ausgabe] = "Hallo"
```

Ein nettes Beispiel dafür enthält das folgende Formular (Abbildung 28.4).

Abbildung 28.4:
EDV.MDB, Formular
»Ein-/Ausgabe«

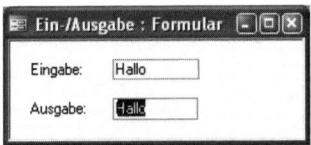

Geben Sie im oberen Textfeld (Steuerelementname »Eingabe«) einen Text ein, erscheint er nach dem Beenden der Eingabe automatisch auch im unteren Textfeld (Steuerelementname »Ausgabe«).

Dafür verantwortlich ist die folgende Ereignisprozedur, die an die Eigenschaft *NachAktualisierung* des oberen Textfelds mit dem Steuerelementnamen »Eingabe« gebunden ist (Abbildung 28.5).

Abbildung 28.5:
EDV.MDB, Klassen-
modul »Form_Ein-/
Ausgabe«,
Prozedur
»Eingabe_After-
Update«

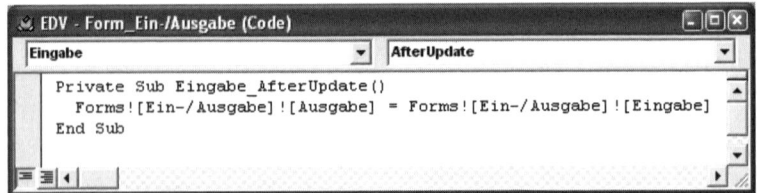

Der erste Teil *Forms![Ein-/Ausgabe]![Ausgabe]* = des gesamten Ausdrucks weist dem unteren Textfeld (Steuerelementname »Ausgabe«) einen Wert zu.

Und zwar jenen Wert, den der Ausdruck *Forms![Ein-/Ausgabe]![Eingabe]* besitzt, der sich rechts vom Gleichheitszeichen befindet; also den aktuellen Inhalt des Textfelds »Eingabe«, den dieser Teil des Ausdrucks repräsentiert.

28.2 Variablen und Konstanten

Jede Programmiersprache kennt zwei grundlegende Datentypen, Zahlen und Zeichen, besser gesagt Zeichen*ketten*, so genannte Strings (»Maier«, »Willi« etc.), die in Anführungszeichen eingeschlossen werden:

```
Debug.Print 10
Debug.Print "Test"
```

Auf beide Datenarten kann auch indirekt über Variablen zugegriffen werden. Dazu werden die Daten irgendwo im Speicher unter einem frei wählbaren Namen abgelegt, dem Variablennamen:

Zuweisungen

```
Variablenname = Ausdruck
```

Der Variablen *Variablenname* wird der Wert *Ausdruck* zugewiesen. Anschließend können Sie unter Angabe dieses Namens auf die gespeicherten Daten zugreifen.

Ein kleines Beispiel für die Anwendung von Variablen (Abbildung 28.6).

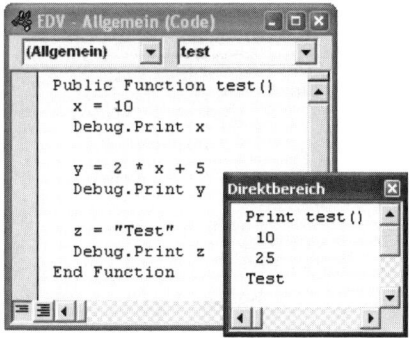

Abbildung 28.6:
EDV.MDB, Modul »Allgemein«, Prozedur »test«

Nach dem Aufruf der Funktion *test* im Direktfenster weist *x = 10* der Variablen *x* den Wert 10 zu, den VBA im Rechnerspeicher ablegt. *Debug.Print x* greift unter Angabe dieses Namens auf den zugehörigen Wert zu und gibt ihn im Direktfenster aus.

x besitzt inzwischen den Wert 10. Der zweite Ausdruck *2 * x + 5* besitzt daher den Wert 25. Er wird einer weiteren Variablen *y* zugewiesen und der dadurch definierte Inhalt 25 dieser Variablen wird ebenfalls im Direktfenster ausgegeben.

Die folgende Anweisung zeigt, dass Sie einer Variablen auch Zeichenketten zuweisen können – und dass die betreffende Zeichenkette dabei in Anführungszeichen eingeschlossen werden muss!

!!
STOP

Jede Zuweisung an eine bereits bestehende Variable überschreibt den momentan darin gespeicherten Wert! Weisen Sie mit x = 10 *der Variablen* x *den Wert 10 und sofort danach mit* x = 20 *den Wert 20 zu, würde eine darauf folgende Anweisung* Debug.Print x *die Zahl 20 ausgeben, also jene Zahl, die* x *zuletzt zugewiesen wurde und die daher den zuvor in* x *gespeicherten Wert 10 überschrieb.*

Datum/
Uhrzeiteingabe

Beachten Sie, dass ein Datum oder eine Uhrzeit bei der Zuweisung in das Zeichen »#« eingeschlossen werden muss, um als Datum oder Uhrzeit erkannt zu werden:

```
Falsch: x = 1.Jan 2009
Richtig: x = #1.Jan 2009#
```

Zeichenketten

Zeichenketten werden normalerweise speziellen, mit dem Zeichen »$« gekennzeichneten Stringvariablen zugewiesen und müssen in Anführungszeichen eingeschlossen werden:

```
Falsch: x$ = Hallo
Richtig: x$ = "Hallo"
```

Sie können mehrere Zeichenketten zu einer einzigen verknüpfen. Entweder mit dem Zeichen »&« oder mit dem Operator »+«. Die Ausdrücke

```
x$ = "Gerd" & " " & "Maier"
```

und

```
x$ = "Gerd" + " " + "Maier"
```

sind äquivalent. Beide weisen der Stringvariablen (Zeichenkettenvariablen) *x$* die Zeichenkette »Gerd Maier« zu.

Variablen deklarieren

Dim

Variablen sollten Sie noch vor der ersten Benutzung mit *Dim* deklarieren:

```
Dim Variablenname As Typ
```

Folgende Datentypen stehen Ihnen zur Verfügung:

Tabelle 28.3:
Datentypen

Datentypname	Zeichen	Zulässige Werte	Belegter Platz
Byte	keines	0 bis 255 (nur ganze Zahlen)	1 Byte
Boolean	keines	Einer der beiden Wahrheitswerte *True* und *False*	2 Byte

Datentypname	Zeichen	Zulässige Werte	Belegter Platz
Integer	%	-32.768 bis 32.767 (nur ganze Zahlen)	2 Byte
Long	&	-2.147.483.648 bis 2.147.483.647 (nur ganze Zahlen)	4 Byte
Single	!	-3,402823E38 bis 3,402823E38 (auch Dezimalzahlen; sechsstellige Genauigkeit)	4 Byte
Double	#	-1,79769313486232E308 bis 1,79769313486232E308 (auch Dezimalzahlen; zehnstellige Genauigkeit)	8 Byte
Currency	@	Zwischen -922337203685477,5808 und 922337203685477,5808	8 Byte
Date	keines	1.Jan 100 bis 31.Dez 9999	8 Byte
Object	keines	Verweis auf ein beliebiges Objekt	4 Byte
String variabler Länge	$	Zeichenkette, max. 2 Milliarden Zeichen	10 Byte plus die Textlänge
String fester Länge	keines	Zeichenkette, 1 bis ca. 65000 Zeichen	Die Textlänge
Variant	keines	beliebige Daten	je nach Datenart (Zahlen: 16 Byte; Zeichenketten: 22 Byte plus die Textlänge)

Tabelle 28.3:
Datentypen
(Forts.)

Zusätzlich gibt es den Datentyp Decimal, *der Zahlen als Potenzen zur Basis 10 darstellt (also extrem große/kleine Zahlen repräsentieren kann), jedoch kein wirklich eigenständiger Typ ist, sondern ein Untertyp von* Variant, *der intern durch Anwendung der* CDec-*Funktion auf eine* Variant-Variable *erzeugt wird.*

:-)
TIPP

Die Deklaration erfolgt am Anfang der Prozedur:

Listing 28.1:
Deklaration mit As

```
Function Test ()
    Dim x As Integer

    x = 10
    Debug.Print x
End Function
```

Nach der Deklarierung mit *Dim x As Integer* steht für VBA fest, dass die in dieser Prozedur verwendete Variable *x* eine Integervariable ist und nur entsprechende Daten aufnehmen kann.

Typkennzeichen   Statt den Ausdruck *As Typ* zu verwenden, könnten Sie an *x* das Typkennzeichen % anhängen, die Integervariable also auch so deklarieren:

```
Dim x%
```

Im Gegensatz zu numerischen Variablen besitzen Stringvariablen normalerweise keine feste Länge. Nach der Deklaration einer Stringvariablen *s* mit

```
Dim s As String
```

speichert eine Zuweisung wie *s* = »*Test*« darin vier Zeichen und eine Anweisung wie *s* = »*Gerd Maier*« zehn Zeichen. Die Größe der Stringvariablen und der von ihr belegte Speicherplatz wird von VBA bei jeder neuen Zuweisung entsprechend angepasst – was allerdings viel Zeit kostet!

Strings
fester Länge   Wissen Sie genau, wie viele Zeichen eine bestimmte Stringvariable maximal aufnehmen wird, können Sie statt dessen Stringvariablen fester Länge verwenden, die mit

```
Dim Variablenname As String * Länge
```

deklariert werden. Zum Beispiel deklariert

```
Dim s As String * 10
```

eine Stringvariable *s* mit einer Länge von zehn Zeichen. Weisen Sie ihr mit *s* = »*Otto*« nur vier Zeichen zu, füllt VBA die restlichen sechs Zeichen mit Leerzeichen auf, sodass darin tatsächlich die Zeichenkette »Otto   « gespeichert ist. Weisen Sie ihr mit *s* = »*Otto Maierbach*« mehr als zehn Zeichen zu, werden die überzähligen Zeichen abgeschnitten.

Stringvariablen fester Länge eignen sich vor allem zur Aufnahme der Inhalte von Tabellenfeldern vom Typ Text, *die ja ebenfalls nur die beim Tabellenentwurf festgelegte Zeichenanzahl speichern können.*

:-)
TIPP

Sie können mit *Dim* auch mehrere Variablen auf einmal deklarieren:

```
Dim Variablenname As Datentypname, Variablenname As Datentypname,
Variablenname As Datentypname, ...
```

Zum Beispiel deklariert

```
Dim x As Double, y As String, z As String * 10
```

drei Variablen: *x* ist eine Gleitkommavariable doppelter Genauigkeit, *y* ist eine Stringvariable variabler Länge, und *z* ist eine Stringvariable mit einer festen Länge von zehn Zeichen.

Eigendefinierte Konstanten

Mit der Anweisung *Const* können Sie so genannte symbolische Konstanten deklarieren:

```
Const Konstantenname = Ausdruck
```

Ausdruck ist ein beliebiger String- oder numerischer Ausdruck, zum Beispiel »*Hallo*« oder *3 * 7*. Zwei Beispiele:

```
Const a = "Hallo"
Const x = 10 * 5
```

Wie bei *Dim* können Sie den Zusatz *As Typ* verwenden, um den Typ der Konstanten festzulegen:

```
Const Konstantenname As Typ = Ausdruck
```

Beispielsweise deklariert

```
Const a As String = "Hallo"
```

eine Stringkonstante.

!!
STOP

Wie der Name bereits sagt, ist der Wert einer Konstanten konstant, also unveränderlich. Im Gegensatz zu einer Variablen kann er nach der Festlegung nicht mehr verändert werden. Es ist daher nicht möglich, einer Konstanten einmal mit der Anweisung Const x = 5 *den Wert 5 zuzuweisen und mit einer folgenden Anweisung* Const x = 10 *einen anderen Wert zuweisen zu wollen!*

Vordefinierte Konstanten

Ein Beispiel für vordefinierte Konstanten kennen Sie bereits: Die beiden Wahrheitswerte, also die vordefinierten Konstanten *True* und *False*. Ihnen sind die Zahlen -1 und 0 zugeordnet, Sie können also wahlweise

```
Forms![Kunden]![Nachname Autoformular].Visible = 0
```

oder

```
Forms![Kunden]![Nachname Autoformular].Visible = False
```

schreiben – wobei die Verwendung der Konstanten wesentlich verständlicher und daher vorzuziehen ist.

Darüber hinaus stehen Ihnen eine Unmenge weiterer bereits vordefinierter Konstanten zur Verfügung, die einen von VBA oder von Access vorgegebenen Wert besitzen, und die Sie in beliebige Prozeduren Ihrer Programme einsetzen können.

Die Namen dieser Access-/VBA-Konstanten beginnen meist mit zwei Buchstaben, die die Objektbibliothek bezeichnen, die sie zur Verfügung stellt. Access-Konstanten beginnen beispielsweise mit *ac...*, ADODB-Konstanten (ADODB = Datenzugriffsobjekte) beginnen mit *ad...* und *db...*, VBA-Konstanten beginnen mit *vb...*.

Beispielsweise besitzt die VBA-Konstante *vbOKOnly* den Wert 0, die Konstante *vbOKCancel* den Wert 1, und *vbQuestion* den Wert 32. Wollen Sie die Funktion *MsgBox* aufrufen und soll darin nur die *OK*-Schaltfläche erscheinen, können Sie daher statt

```
? MsgBox("Dateiname:", 0)
```

alternativ folgenden Ausdruck verwenden:

```
? MsgBox("Dateiname:", vbOKOnly)
```

Soll die *OK*- und die *Abbrechen*-Schaltfläche und zusätzlich ein Fragezeichensymbol erscheinen, können Sie statt

```
? MsgBox("Dateiname:", 1 + 32)
```

beziehungsweise

```
? MsgBox("Dateiname:", 33)
```

entsprechend folgende aussagekräftigere Alternative verwenden:

```
? MsgBox("Dateiname:", vbOKCancel + vbQuestion)
```

Eine Übersicht über die vordefinierten MsgBox-Konstanten *erhalten Sie im Objektkatalog, indem Sie die interessierende Objektbibliothek auswählen, im Beispiel* VBA, *und im Listenfeld darunter* vbMsgBoxResult *oder* vbMsgBoxStyle *selektieren. Im rechten Listenfeld werden daraufhin die von der betreffenden Bibliothek zur Verfügung gestellten Konstanten aufgelistet (Abbildung 28.7).*

:-)
TIPP

Abbildung 28.7:
MsgBox-Konstanten

28.3 Vorhandene VBA-Prozeduren nutzen

VBA stellt Ihnen eine Menge eingebauter Prozeduren zur Verfügung, genauer: numerische Funktionen und Stringfunktionen:

➡ Numerische Funktionen übergeben als Funktionswert eine Zahl.

➡ Stringfunktionen übergeben eine Zeichenkette.

Ein praktisches Beispiel für eine numerische Funktion ist *Sqr*, die die Quadratwurzel einer Zahl ermittelt:

Sqr

```
v = Sqr(x)
```

Sqr wird als Argument eine Zahl »x« übergeben. *Sqr* ermittelt die Quadratwurzel dieser Zahl und übergibt sie als Funktionswert.

Eine ebenfalls sehr häufig benutzte Funktion ist *Len*:

```
v = Len(x$)
```

Len

Len ermittelt die Länge einer Zeichenkette. Zum Beispiel ermittelt *Len(»Test«)* die Länge der Zeichenkette »Test« und übergibt als Funktionswert entsprechend die Zahl 4.

Stringfunktionen

Mit Stringfunktionen können Sie Zeichenketten auf vielfältige Weise manipulieren. Die drei am häufigsten verwendeten Stringfunktionen sind *Mid*, *Left* und *Right*:

```
v = Left(x$, n)
v = Right(x$, n)
v = Mid(x$, n [,m])
```

Left und Right

Die *Left*-Funktion übergibt die ersten *n* Zeichen der Zeichenkette *x$*. Zum Beispiel gibt der Aufruf

```
Debug.Print Left("Hallo", 2)
```

die ersten zwei Zeichen von »Hallo« aus, also »Ha«.

Right übergibt entsprechend den rechten Teil der Zeichenkette *x$* in der Länge *n*.

Mid

Mid übergibt die ersten *m* Zeichen des Strings *x$* ab Position *n*. Die Anweisung

```
Debug.Print Mid("Hallo", 3, 2)
```

übergibt die beiden Zeichen (*m* = 2), die sich ab dem dritten Zeichen (*n* = 3) im String »Hallo« befinden, also »ll«.

Wenn das Argument *m* – die optionale Längenangabe – entfällt, übergibt *Mid* einfach den gesamten Rest der Zeichenkette ab der angegebenen Position *n*. Daher übergibt *Mid(»Hallo«, 3)* die Zeichenkette »llo«, alle Zeichen ab Position 3 bis zum Ende des Strings.

28.4   Eigene Prozeduren erstellen

EINFÜGEN|PROZEDUR... erstellt eine neue Prozedur (Abbildung 28.8).

Vergessen Sie zunächst *Gültigkeitsbereich* und beschränken Sie sich darauf, unter *Typ* entweder *Sub* (Sub-Prozedur) oder *Function* (Funktionsprozedur) auszuwählen.

Dann erzeugt VBA entweder eine Sub- oder eine Funktionsprozedur, die prinzipiell folgendermaßen aussehen:

(KOMPENDIUM) **Access 2003**

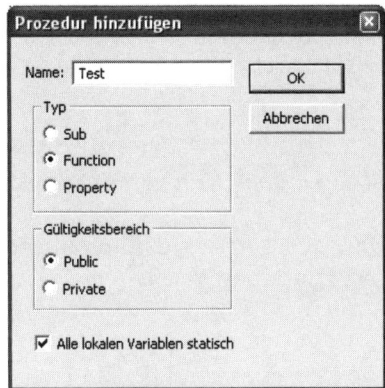

Abbildung 28.8:
Prozedur erstellen

```
'Syntax einer Sub-Prozedur
'--------------------------

Sub Prozedurname [(Argumentliste)]
  [Anweisung 1]
  [Anweisung 2]
  ...
  ...
  [Anweisung N]
End Sub
```

Listing 28.2:
Sub-Prozeduren

```
'Syntax einer Funktionsprozedur
'------------------------------

Function Prozedurname [(Argumentliste)]
  [Anweisung 1]
  [Anweisung 2]
  ...
  ...
  [Prozedurname = Ausdruck]
  ...
  ...
  [Anweisung N]
End Function
```

Listing 28.3:
Funktions-
prozeduren

Der entscheidende Unterschied ist der Ausdruck *Prozedurname = Ausdruck*, der nur in einer Funktionsprozedur vorkommen darf.

Mit diesem Ausdruck wird der Funktionswert definiert, den die Funktion übergibt. Heißt die Funktion *Test*, weist ihr der Ausdruck *Test = 20* den Funktionswert 20 zu.

*Funktions-
prozeduren*

Funktionsprozeduren übergeben prinzipiell einen Funktionswert vom allgemeinen Datentyp *Variant*. Sie können den Funktionstyp jedoch auch mit einem zusätzlichen *As Datentyp*-Ausdruck festlegen:

```
Function Prozedurname [(Argumentliste)] As Datentyp
```

Beispielsweise übergibt die Funktion

```
Function Test() As Double
```

einen *Double*-Wert als Funktionswert.

Oder alternativ dazu durch Angabe des zugehörigen Typkennzeichen hinter dem Funktionsnamen:

```
Function Test#()
```

Sub-Prozeduren   Sub-Prozeduren übergeben keinen Funktionswert, besitzen aber dennoch ihren Sinn. Stellen Sie sich ein größeres Programm mit Unmengen an Funktionsprozeduren vor, die immer wieder eine bestimmte Meldung auf dem Bildschirm ausgeben müssen.

Am einfachsten ist es, für diese immer gleiche Aufgabe eine Sub-Prozedur zu erstellen, die die benötigten Anweisungen enthält. Immer dann, wenn eine der Funktionsprozeduren wieder mal die betreffenden Texte ausgeben muss, ruft sie mit *Call* die dafür zuständige Sub-Prozedur auf:

```
Call Prozedurname [(Argumentliste)]
```

Beispielsweise ruft

```
Call Aufgerufen
```

Prozeduraufrufe   die Sub-Prozedur *Aufgerufen* auf. Enthält eine Funktionsprozedur diese Anweisung, verzweigt der Programmfluss zu dieser Prozedur (Abbildung 28.9).

Abbildung 28.9:
EDV.MDB, Modul
»Allgemein«, Prozeduren »Aufruf« und
»Aufgerufen«

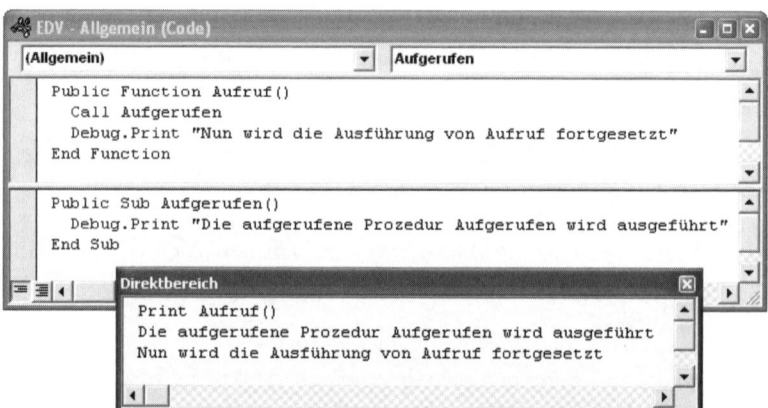

[KOMPENDIUM] **Access 2003**

Die Funktion *Aufruf* wird im Direktfenster mit *Print Aufruf()* ausgeführt. Die erste darin enthaltene Anweisung *Call Aufgerufen* ruft die Sub-Prozedur *Aufgerufen* auf. Dadurch wird die Ausführung von *Aufruf* vorübergehend unterbrochen und nun die Sub-Prozedur *Aufgerufen* ausgeführt, die die Zeichenkette »Die aufgerufene Prozedur Aufgerufen wird ausgeführt« ausgibt.

End Sub beendet die Ausführung der Sub-Prozedur. VBA kehrt zur aufrufenden Funktionsprozedur *Aufruf* zurück und setzt ihre Ausführung mit der folgenden Anweisung fortt

```
Debug.Print "Nun wird die Ausführung von Aufruf fortgesetzt"
```

Call ist übrigens optional, das heißt, eine Prozedur namens Aufgerufen kann statt mit Call Aufgerufen ebensogut einfach mit Aufgerufen ausgeführt werden (die Argumentliste darf dann jedoch nicht von Klammern umgeben sein!).

:-)
TIPP

Lokale Prozedurvariablen

Angenommen, eine Sub-Prozedur soll, basierend auf einer Zahl *x*, die darin enthaltene Mehrwertsteuer und den Nettobetrag berechnen. Dazu muss ihr die aufrufende Prozedur mitteilen, welche Zahl für diese Berechnung verwendet werden soll.

Die einfachste Lösung scheint darin zu bestehen, die Zahl in einer Variablen *x* zu speichern, die die aufgerufene Sub-Prozedur anschließend weiterverwendet (Abbildung 28.10).

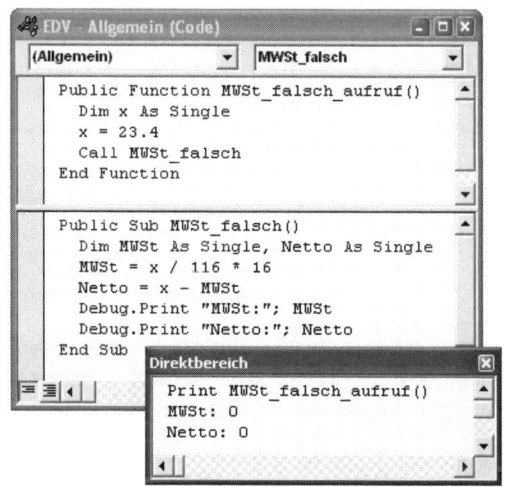

Abbildung 28.10:
EDV.MDB, Modul »Allgemein«, Prozeduren »MWSt_falsch_-aufruf« und »MWSt_falsch«

MWSt_falsch_aufruf weist der *Single*-Variablen *x* den Bruttobetrag 23.4 zu und ruft *MWSt_falsch* auf. *MWSt_falsch* ermittelt mit *MWSt = x / 116 * 16*

die in *x* enthaltene Mehrwertsteuer und weist sie der *Single*-Variablen *MWSt* zu. Danach ermittelt *Netto = x – MWSt* den Nettobetrag und speichert ihn in der *Single*-Variablen *Netto*.

Debug.Print »MWST:«; MWSt gibt die Zeichenkette »MWSt« und dahinter den Inhalt der Variablen *MWSt* aus, *Debug.Print »Netto:«; Netto* entsprechend »Netto« und den Inhalt der Variablen *Netto*.

Offenbar enthalten jedoch beide Variablen den Wert 0. Die Ursache dafür klärt ein kleiner Versuch (Abbildung 28.11).

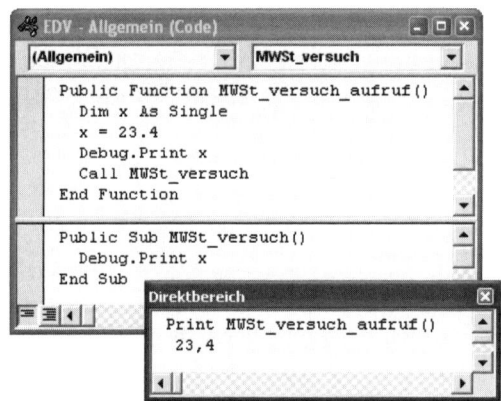

Der in *MWSt_versuch_aufruf* deklarierten Variablen *x* wurde der Wert 23.4 zugewiesen, den *MWSt_versuch_aufruf* auch korrekt ausgibt. Anschließend wird *MWSt_versuch* aufgerufen. Dort gibt *Debug.Print x* statt 23.4 jedoch überhaupt nichts aus. Offenbar ist die Variable *x* für die Prozedur *MWSt_versuch* nicht existent! Damit kennen wir nun auch die Ursache der fehlgeschlagenen Mehrwertsteuerberechnung:

!!
STOP

Eine Variable ist immer lokal zur Prozedur, in der sie deklariert wurde, und keiner anderen Prozedur bekannt! Daher können Sie ohne die geringsten Probleme in beliebig vielen Prozeduren gleichnamige Variablen deklarieren und verwenden, ohne dass sich diese Variablen gegenseitig beeinflussen. Jede der Prozeduren sieht nur ihre eigene Variable x und weiß nichts von der Existenz einer gleichnamigen Variablen in einer anderen Prozedur.

Diese Eigenschaft von Variablen ist bewusst gewollt, da dadurch versehentliche Veränderungen von Variablen durch die Verwendung zufällig gleichnamiger Variablen in anderen Prozeduren von vornherein ausgeschlossen sind.

Daten an Prozeduren übergeben

Sie ist jedoch von Nachteil, wenn wie bei der Mehrwertsteuerberechnung der Inhalt einer Variablen ganz bewusst einer anderen Prozedur übergeben werden soll. Glücklicherweise stellt VBA für die Variablenübergabe einen eigenen Mechanismus zur Verfügung.

Schauen Sie sich noch einmal die vollständige Syntax der *Function* und der *Sub*-Anweisung an:

Argumentliste

```
Function Prozedurname [(Argumentliste)]
Sub Prozedurname [(Argumentliste)]
```

Argumentliste ist eine Liste von Variablen, jeweils durch ein Komma getrennt. In diesen Variablen speichert die aufgerufene Prozedur die von der aufrufenden Prozedur übergebenen Werte. Aus der Liste muss eindeutig hervorgehen, welchen Datentyp die übergebene Information besitzt. Zum Beispiel wird der Prozedur

```
Sub Test (x!)
```

ein *Single*-Wert übergeben, den diese Prozedur in der Variablen *x!* speichert. *x!* ist die lokale Prozedurvariable, die die übergebene Information aufnimmt.

Alternativ dazu können Sie den Typ der übergebenen Variablen mit dem Zusatz *As Typ* bekanntgeben:

As

```
Sub Test (x As Single)
```

Damit ist unser Mehrwertsteuerproblem gelöst (Abbildung 28.12).

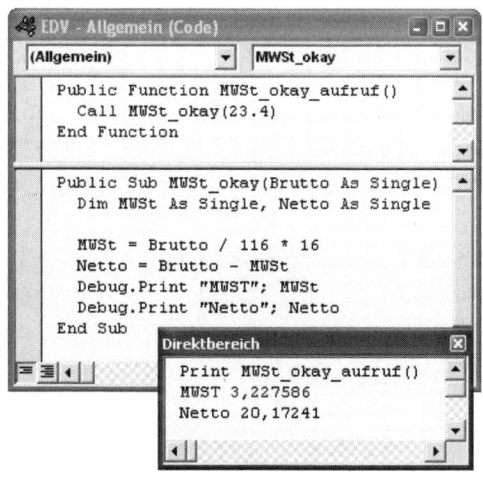

Abbildung 28.12:
EDV.MDB, Modul »Allgemein«, Prozeduren »MWSt_okay_aufruf« und »MWSt_okay«

Der Aufruf *Call MWSt_okay(23.4)* übergibt der Prozedur *MWSt_okay* den Wert 23.4, den diese in der lokalen Variablen *brutto* übernimmt und zur Ermittlung der darin enthaltenen Mehrwertsteuer und des zugehörigen Nettobetrags benutzt.

Sie können einer Prozedur beliebig viele Argumente übergeben. Die folgende Prozedur erwartet beispielsweise die Übergabe zweier Zahlen:

```
Sub Testproc(Einkaufspreis As Single, Verkaufspreis As Single)
  Debug.Print "Gewinn:", Verkaufspreis - Einkaufspreis
End Sub
```

Um sie aufzurufen, verwenden Sie einen Ausdruck wie

```
Call Testproc(200, 300)
```

Nach dem Aufruf befindet sich in der Variablen *Einkaufspreis* der Prozedur der Wert 200 und in der Variablen *Verkaufspreis* der Wert 300. Die Prozedur verwendet diese Variablen, um den Gewinn zu ermitteln und im Direktfenster auszugeben.

Konstanten übergeben Sie können einer Prozedur beliebige Ausdrücke übergeben, Konstanten, Variablen oder Mischungen von beidem. Zum Beispiel übergibt der Aufruf

```
Call MWSt_okay(20 + 3.4)
```

der Prozedur *MWSt_okay* ebenfalls die Zahl 23.4, nur etwas umständlicher formuliert. Auch

```
x = 23.4
Call MWSt_okay(x)
```

übergibt diese Werte, ebenso wie

```
x = 20
Call MWSt_okay(x + 3.4)
```

Zeichenketten übergeben Natürlich können Sie auch Stringargumente übergeben. Der Aufruf

```
Call Stringtest ("Hallo")
```

übergibt einer Prozedur *Stringtest* die Zeichenkette »Hallo«. Ebenso wie der Aufruf

```
a$ = "Hallo"
Call Stringtest (a$)
```

Entsprechend muß in der Deklaration von *Stringtest* die Übergabe einer Stringvariablen vorgesehen werden, in der diese Zeichenkette bei der Übergabe gespeichert wird:

```
Sub Stringtest (s$)
```

oder

```
Sub Stringtest (s As String)
```

Übergabeausdrucke dürfen beliebig komplex sein:

```
Call Stringtest(a$ + "x" + b$ + "y")
```

Hier wird der Prozedur *Stringtest* eine Zeichenkette übergeben, die durch die Verkettung mehrerer Stringvariablen und Stringkonstanten entsteht.

Benannte und optionale Argumente

Wenn Sie wollen, müssen Sie sich beim Aufruf einer Prozedur nicht unbedingt an die in der Deklaration festgelegte Reihenfolge halten. Angenommen, eine Prozedur erwartet zwei Zahlen:

```
Sub Testproc(Einkaufspreis As Single, Verkaufspreis As Single)
```

Normalerweise rufen Sie diese Prozedur etwa so auf:

```
Call Testproc(200, 300)
```

Dann ist 200 der übergebene Einkaufspreis und 300 der übergebene Verkaufspreis.

Sie können Sie die Reihenfolge der Argumente bei der Übergabe vertauschen. Damit VBA weiß, welche der beiden Zahlen in der Prozedurvariablen *Einkaufspreis* gespeichert werden soll und welche in der Prozedurvariablen *Verkaufspreis*, müssen Sie die Argumente jedoch entsprechend benennen und zum Aufruf folgende Syntax *ohne Call* verwenden:

Benannte Argumente

```
Prozedurname Variablenname1:=Wert, Variablenname2=Wert, ...
```

Angewandt auf das Beispiel:

```
Testproc Einkaufspreis:=200, Verkaufspreis:=300
```

Sollen Argumente optional sein, beim Aufruf also nicht unbedingt angegeben werden müssen, stellen Sie ihnen das Schlüsselwort *Optional* voran. Beachten Sie dabei, dass optionale Argumente vom Typ *Variant* sein müssen!

Optionale Argumente

```
Sub Testproc(Optional Einkaufspreis As Variant, Optional Verkaufspreis
As Variant)
```

Wenn Sie wollen, können Sie nun beim Aufruf nur das zweite Argument angeben und für das erste Argument als Stellvertreter einfach ein Komma einsetzen:

```
Call Testproc(, 300)
```

Wenn Sie das Schlüsselwort *Optional* einsetzen, müssen Sie es übrigens *allen* Argumenten voranstellen!

TIPP

Die aufgerufene Prozedur kann mit der Funktion IsMissing *und der in Kürze erläuterten* If-Anweisung *ermitteln, ob ein optionales Argument übergeben oder ausgelassen wurde. Beispielsweise gibt*

```
If Not IsMissing(Einkaufspreis) Then Debug.Print Einkaufspreis
```

nur dann den Einkaufspreis im Direktfenster aus, wenn diese Variable auch tatsächlich übergeben wurde.

Variablen als Referenz übergeben

Beim Aufruf einer Prozedur kann auch eine Variable übergeben werden. Dann ist das Lokalitätsprinzip jedoch durchbrochen: Wird jene Variable in der Argumentliste der aufgerufenen Prozedur verändert, in der das Argument übernommen wird, wird dadurch auch die korrespondierende Variable der aufrufenden Prozedur verändert.

Nehmen Sie als Beispiel folgende Prozedur *Testproc*:

```
Sub Testproc(zahl)
  zahl = zahl + 10
1End Sub
```

Der Aufruf aus einer anderen Prozedur heraus mit

```
x = 50
Call Testproc(x)
Debug.Print x
```

übergibt *Testproc* in der Prozedurvariablen *zahl* den Wert 50. *Testproc* addiert 10 und weist das Resultat 60 wieder *zahl* zu. Diese Zuweisung betrifft jedoch gleichzeitig die korrespondierende Variable *x* der aufrufenden Prozedur, so- dass *Debug.Print x* nun entsprechend den Wert 60 ausgibt und damit beweist, dass *x* jetzt den Wert 60 enthält, diese Variable also durch die aufgerufene Prozedur beeinflusst wurde!

Diesen Mechanismus nennt man Variablenübergabe als Referenz. Er kann eingesetzt werden, um es einer aufgerufenen Prozedur zu ermöglichen, an die aufrufende Prozedur Informationen *zurück*zugeben.

Angenommen, eine Prozedur soll zwar die Mehrwertsteuer und den Bruttobetrag ermitteln, die Ergebnisse jedoch nicht auf dem Bildschirm ausdrucken, sondern nur der aufrufenden Prozedur zurückübergeben.

Dazu übergeben Sie beim Aufruf eine Variable. Jede Veränderung der zugehörigen Variablen in der aufgerufenen Prozedur wirkt sich in identischer Weise auf die beim Aufruf angegebene Variable aus. Soll die aufgerufene Prozedur wie *Mehrwertsteuer* zwei Informationen zurückgeben, müssen ihr entsprechend zwei Variablen übergeben werden (Abbildung 28.13).

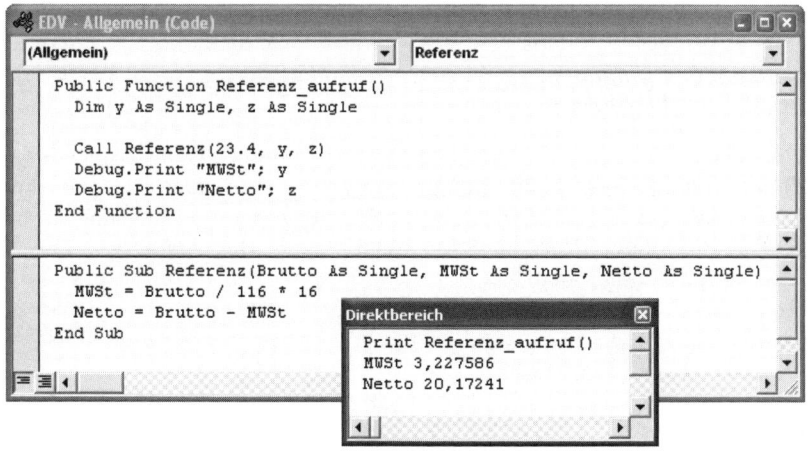

Abbildung 28.13:
EDV.MDB, Modul »Allgemein«, Prozeduren »Referenz_aufruf« und »Referenz«

Referenz_aufruf übergibt *Referenz* außer dem Bruttobetrag 23.4 die beiden zuvor deklarierten *Single*-Variablen y und z, die in diesem Moment keinerlei definierten Wert enthalten.

Jede Änderung einer der in der Argumentliste von *Referenz* aufgeführten Variablen wirkt auf die korrespondierende Variable der aufrufenden Prozedur zurück: Jede Veränderung von *MWSt* führt zur gleichen Veränderung bei x und jede Veränderung von *Netto* zur entsprechenden Beeinflussung von z.

Die Zuweisung *MWSt = Brutto / 116 * 16* weist daher nicht nur der Variablen *MWSt* von *Referenz* einen Wert zu, sondern gleichzeitig der korrespondierenden Variablen y der Prozedur *Referenz_aufruf*. Und jede Veränderung von *Netto* weist den betreffenden Wert entsprechend der zugehörigen Variablen z der Prozedur *Referenz_aufruf* zu.

ByRef   Um die Übergabe als Referenz klar hervorzuheben (und Ihre Programme somit lesbarer zu machen), können Sie das Schlüsselwort *ByRef* verwenden:

```
Sub Testproc(ByRef zahl As Single)
```

Variablen als Wert übergeben

Ruft eine Prozedur eine andere auf und übergibt ihr eine Variable, die diese unbeabsichtigt verändert, sind ungewollte Nebenwirkungen unvermeidlich. Um derartige Effekte zu vermeiden, kann eine Variable als Wert übergeben werden, indem sie beim Aufruf in Klammern gesetzt wird:

```
Call Wert((x))
```

Nehmen wir an, x ist eine *Single*-Variable. Dann muß im Prozedurkopf von *Wert* ebenfalls eine *Single*-Variable deklariert werden:

```
Sub Wert (zahl As Single)
```

Wird in der Prozedur *Wert* der Inhalt von x verändert, zum Beispiel durch die Zuweisung *zahl = 10*, bleibt die Variable x der aufrufenden Prozedur diesmal unbeeinflusst. Die Klammerung schützt x vor jeder Veränderung durch die aufgerufene Prozedur. *Wert* kann zwar lesend, aber nicht verändernd auf diese Variable zugreifen.

Ein weiteres Beispiel zeigt Ihnen Abbildung 28.14.

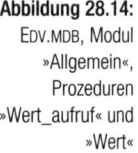

Abbildung 28.14:
EDV.MDB, Modul
»Allgemein«,
Prozeduren
»Wert_aufruf« und
»Wert«

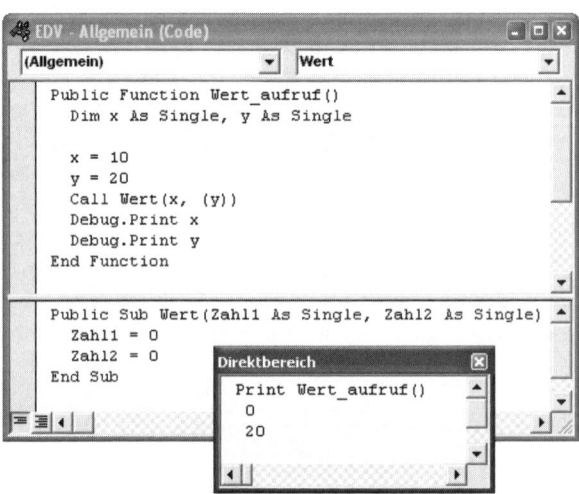

In diesem Beispiel wird x der Prozedur *Wert* von *Wert_aufruf* als Referenz übergeben (keine Klammern), y dagegen als Wert (Klammern).

Die korrespondierenden Variablen von *Wert* heißen *Zahl1* und *Zahl2*. Beiden wird der Wert 0 zugewiesen. Die als Referenz übergebene und daher nicht geschützte korrespondierende Variable *x* der aufrufenden Prozedur wird dadurch verändert, die als Wert übergebene Variable *y* jedoch nicht.

Eine weitere Möglichkeit, Variablen als Wert zu übergeben, besteht in der Verwendung des Schlüsselworts ByVal *in der Argumentliste der aufgerufenen Prozedur:*

```
ByVal Variablenname As Datentyp
```

Beispielsweise deklariert

```
Sub Wert(zahl1 As Single, ByVal zahl2 As Single)
```

die Prozedur Wert, *der ein Argument* zahl1 *als Referenz oder als Wert übergeben wird, abhängig vom Aufruf. Und ein Argument* zahl2, *das* in jedem Fall als Wert *übergeben wird, unabhängig von der Art des Aufrufs.*

:-)
TIPP

Objekte übergeben

Sie können einer Prozedur auch Objekte als Argumente übergeben. Dazu müssen Sie in der Prozedurdeklaration analog zum Variablentyp den Objekttyp angeben. Beispielsweise deklariert

```
Sub Test (x As Control)
```

eine Prozedur *Test*, der ein Verweis auf ein Steuerelement eines Formulars oder Berichts übergeben wird. Es wird in der lokalen Variable *x* übernommen, die vom Typ *Control* ist und somit auf ein Steuerelement verweisen kann.

Aufgerufen wird diese Prozedur beispielsweise mit Call *Test(Forms![Aufträge]![Nachname])*, um ihr den aktuellen Inhalt des Steuerelements »Nachname« des Formulars »Aufträge« zu übergeben.

Objekte wie beispielsweise Steuerelemente können auch in Variablen des Typs *Variant* übernommen werden, sodass die Prozedurdeklaration alternativ so formuliert werden könnte:

```
Sub Test (x As Variant)
```

Da die Variable als Referenz übergeben wird, kann die aufgerufene Prozedur das Objekt verändern:

```
Sub Test (x As Control)
  x.Visible = »No«
End Sub
```

Listing 28.4:
Manipulation von Objekteigenschaften

Diese Prozedur setzt die Eigenschaft *Sichtbar* des übergebenen Steuerelements auf »Nein« und macht es damit unsichtbar.

Umgekehrt kann eine Funktionsprozedur nur die Grunddatentypen (*Integer*, *Single*, *String* etc.), aber keine Objekte als Funktionswert übergeben.

28.5   Geltungsbereiche

Prozeduren

Die vollständige Syntax der *Sub*- und *Function*-Anweisungen lautet

```
[Public | Private] [Static] Sub Prozedurname [(Argumentliste)]
[Public | Private] [Static] Function Prozedurname [(Argumentliste)] As
Typ
```

Public *Public* (Bsp.: *Public Sub Test()*) deklariert öffentliche Prozeduren, die von allen Prozeduren aus aufgerufen werden können, egal in welchen Modulen sie sich befinden. Prozeduren sind auch ohne dieses Schlüsselwort öffentlich, sodass Sie es auch weglassen können. Ausnahme: Ereignisprozeduren sind standardmäßig privat: in Deklarationen von Ereignisprozeduren fügt VBA automatisch das Schlüsselwort *Private* ein.

Private *Private* (Bsp.: *Private Sub Test()*) deklariert private Prozeduren. Das bedeutet, dass die betreffende Prozedur nur von Prozeduren aus aufgerufen werden kann, die sich *im gleichen Modul* befinden.

Static Egal, ob Sie eine Prozedur als *Public* oder als *Private* deklarieren, in jedem Fall dürfen Sie das Schlüsselwort *Static* hinzufügen (*Public Static Sub Test()* oder *Private Static Sub Test()*). Es bewirkt, dass die Inhalte aller lokalen Prozedurvariablen bis zum nächsten Aufruf der Prozedur unverändert erhalten bleiben und nicht wie sonst nach dem Beenden der Prozedur gelöscht werden. Dieses Schlüsselwort ermöglicht Prozeduren wie die folgende (Abbildung 28.15).

Der Funktionsprozedur *Statisch* wird ein *Single*-Argument übergeben, das sie zur aktuellen Zwischensumme *Summe* addiert, einer *Single*-Variablen. Das neue Zwischenergebnis wird als Funktionswert übergeben.

Dank des Schlüsselworts *Static* bleibt der aktuelle Inhalt von *Summe* zwischen den einzelnen Aufrufen weiterhin erhalten. Ohne dieses Schlüsselwort würde *Summe* stattdessen jedesmal nach dem Verlassen der Prozedur gelöscht und beim nächsten Aufruf neu angelegt und mit 0 initialisiert werden, sodass statt 5, 7 und 15 einfach die übergebenen Zahlen 5, 2 und 8 ausgegeben würden.

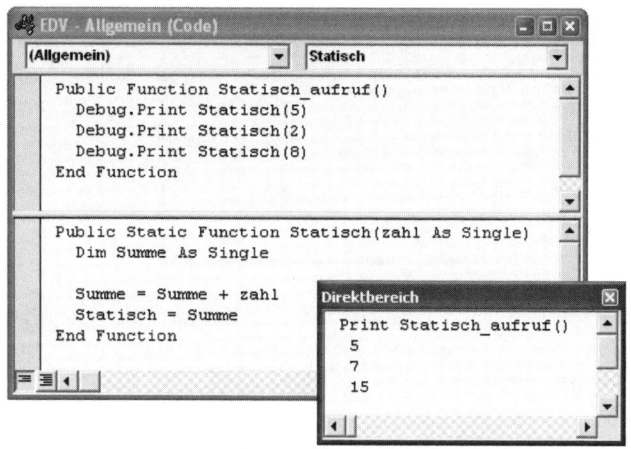

Abbildung 28.15:
EDV.MDB, Modul
»Allgemein«,
Prozeduren
»Statisch_aufruf«
und »Statisch«

Das Schlüsselwort Static *kann mit* Private *oder* Public *kombiniert werden. Beispielsweise deklariert*

```
Private Static Sub Demo()
```

:-)
TIPP

eine statische Prozedur Demo, *die nur von den Prozeduren jenes Moduls verwendet werden kann, in dem sie deklariert ist.*

Variablen und Konstanten

Prinzipiell sind Prozedurvariablen lokal, das heißt der Geltungsbereich ist auf die Prozedur beschränkt, in der sie deklariert wurde.

Zusätzlich können Variablen jedoch auch öffentlich oder privat sein und damit allen Prozeduren des betreffenden Moduls oder gar allen Prozeduren des gesamten Projekts zur Verfügung stehen.

Um eine private Variable zu deklarieren, muss die Deklaration außerhalb der Prozeduren erfolgen, im Deklarationsbereich des Moduls.

Dazu wählen Sie im Prozeduren-Listenfeld den Eintrag *(Deklarationen)* und deklarieren im zugehörigen Abschnitt die Variable beispielsweise mit *Dim MWSt_privat As Integer* (Abbildung 28.16).

MWSt_privat steht nun allen Prozeduren des Moduls zur Verfügung.

Verwenden Sie statt *Dim* das Schlüsselwort *Public*, wird *MWSt_privat* dadurch zur öffentlichen Variablen und steht allen Prozeduren aller Module der Datenbank zur Verfügung.

Public

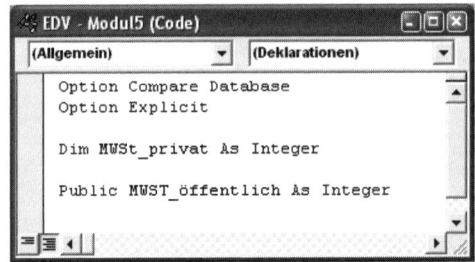

Const   Für den Geltungsbereich von Konstanten gilt das Gleiche: Werden sie mit *Const* am Anfang einer Prozedur deklariert, sind sie nur dieser einen Prozedur bekannt.

Deklarieren Sie Konstanten im Deklarationsbereich eines Moduls, sind diese Konstanten allen Prozeduren des Moduls bekannt.

Public   Deklarieren Sie die Konstanten im Deklarationsbereich mit *Public* statt mit *Const*, stehen sie allen Modulen zur Verfügung (Ausnahme: Klassenmodule).

Zum Beispiel deklariert

```
Public Const MWSt = 16
```

eine Konstante namens *MWSt*, die stellvertretend für die Zahl 16 steht und von allen Prozeduren Ihres VBA-Programms verwendet werden kann, egal in welchen Modulen der Datenbank sie sich befinden.

Bibliotheken

Sie können Prozeduren aufrufen, die sich nicht in der gleichen, sondern in anderen Datenbanken befinden. Dazu müssen Sie mit dem Befehl EXTRAS|VERWEISE... einen Verweis auf diese Datenbank einfügen, das heißt die betreffende Datenbank als zusätzliche Bibliothek bekanntgeben (Abbildung 28.17).

Dieses Dialogfeld enthält immer aktive Verweise auf die Standard-Bibliotheken, die in jeder Access-Datenbank benutzt werden können. Zusätzlich befinden sich darin inaktive Verweise auf alle möglichen anderen Objektbibliotheken. Um einen dieser Verweise zu aktivieren, aktivieren Sie einfach das zugehörige Kontrollkästchen.

Um eine Ihrer Datenbanken, die wichtige Prozeduren/Variablen enthält, als zusätzliche Bibliothek bekanntzugeben, klicken Sie auf *Durchsuchen*.... Das Dateiauswahl-Dialogfeld erscheint, und Sie wählen darin die gewünschte Datenbank aus, beispielsweise EDV.MDB.

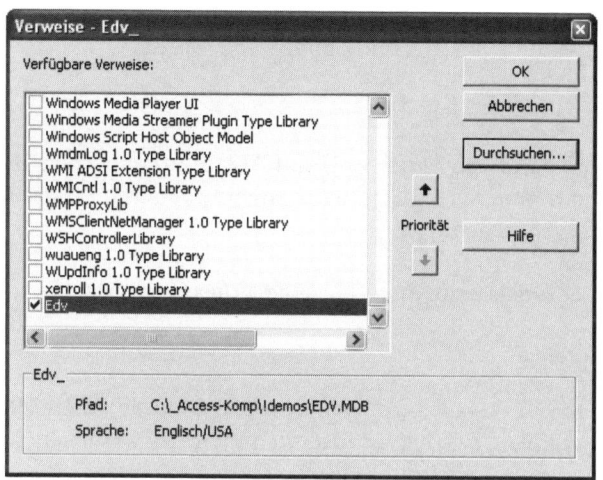

Abbildung 28.17:
Verweise auf
Bibliotheken

Anschließend wird am Ende des Listenfelds ein entsprechender Bibliotheks-verweis eingefügt und automatisch aktiviert. Ab jetzt können Sie in der aktuellen Datenbank auch die in EDV.MDB enthaltenen öffentlichen Proze-duren/Variablen verwenden.

Mit den beiden nach oben bzw. nach unten weisenden Pfeilen geben Sie die Priorität einer Bibliothek an. Rufen Sie eine Prozedur auf, muss VBA alle Bibliotheken nach einer dieser Prozedur/Variablen absuchen und hält sich bei der Suche an die Reihenfolge der Bibliotheken in diesem Listenfeld.

Verwenden Sie Objekte einer bestimmten Bibliothek sehr häufig, können Sie die Suche nach diesen Objekten beschleunigen, indem Sie der betreffenden Bibliothek eine höhere Priorität geben. Beispielsweise, indem Sie EDV.MDB selektieren und diesen Eintrag mit dem nach oben weisenden Pfeil ein wenig nach oben verschieben.

Prozeduren, die sich in einem Klassenmodul (Formular- oder Berichtsmo-dul) befinden, können nicht von anderen Datenbanken benutzt werden! Das gleiche gilt für Variablen, die in Klassenmodulen deklariert werden.

Klassenmodule

28.6   Arrays (Datenfelder)

Ein Array ist eine Gruppe von Variablen gleichen Datentyps. Alle Elemente (Variablen) einer solchen Gruppe besitzen prinzipiell den gleichen Variab-lennamen und unterscheiden sich nur durch einen zusätzlichen Index, eine ganze Zahl, die die Nummer des Elements angibt. Der Zugriff auf eine Arrayvariable erfolgt mit einem Ausdruck der Form

```
Variablenname(Index)
```

Index *Variablenname* ist ein nach den üblichen Regeln gebildeter Name, *Index* die erwähnte ganze Zahl. Zum Beispiel weist

```
x(5) = 100
```

der Variablen Nummer 5 des Arrays *x()* den Wert 100 zu. Bei Verwendung eines anderen Indizes wird entsprechend ein anderes Element der Gruppe angesprochen.

Der Index kann nicht nur eine Konstante, sondern auch eine Variable sein:

```
x(zahl) = 100
```

Hier wird einer Variablen des Arrays *x()* der Wert 100 zugewiesen. Welcher Variablen, wissen wir erst, wenn wir den aktuellen Wert von *zahl* kennen.

```
zahl = 5
x(zahl) = 100
```

Dieser Fall ist eindeutig. *zahl* enthält eine 5. Also wird in der folgenden Zuweisung das Element Nummer 5 des Arrays *x()* angesprochen.

Arrays gestatten einen sehr flexiblen indizierten Zugriff auf Variablen. Flexibel, da für die Elementnummer – den Index – selbst eine Variable verwendet werden kann.

Den Sinn dieser Variablen macht ein kleines Beispiel deutlich. Stellen Sie sich vor, ein Programm soll die Zahlen 1, 2, 3, ..., 100 in 100 einzelnen Variablen speichern. Ohne Zuhilfenahme von Arrays fällt mir nur folgende höchst triviale Lösung ein:

Listing 28.5::
Lösung ohne Arrays

```
Sub Test ()
   Dim x1 As Integer
   Dim x2 As Integer
   Dim x3 As Integer
   ...
   Dim x100 As Integer

   x1 = 1
   x2 = 2
   x3 = 3
   ...
   x100 = 100
End Sub
```

Die drei Pünktchen »...« stehen jeweils stellvertretend für *96 gleichartige Anweisungen*, die an der betreffenden Stelle einzufügen sind. Mit Arrays würden Sie die Prozedur anders formulieren:

```
Sub Test
   Dim x(1 To 100)
   Dim i As Integer

   For i = 1 To 100
    x(i) = i
     Debug.Print x(i)
   Next i
End Sub
```

Listing 28.6::
Lösung mit Arrays

Dieses Programm werden Sie ohne Programmiererfahrung erst nach der Besprechung von Schleifen verstehen. Es soll nur eines verdeutlichen: Schleifen, kombiniert mit Arrays, ersparen Ihnen häufig Hunderte, wenn nicht sogar Tausende von Programmzeilen.

Arrays können Sie mit *Dim*, *Static*, *Private*, *Public* oder *ReDim* deklarieren: *Datenfeld-*
deklaration

```
Dim Variablenname(Indizes) As Typ
ReDim Variablenname(Indizes) As Typ
Public Variablenname(Indizes) As Typ
Private Variablenname(Indizes) As Typ
Static Variablenname(Indizes) As Typ
```

Dim wird auf Prozedurebene verwendet und deklariert in einer Prozedur ein lokales Datenfeld, das beim Verlassen der Prozedur wie üblich gelöscht wird. *ReDim* wird ebenfalls auf Prozedurebene verwendet und kann verwendet werden, um die Größe eines darin zuvor mit *Dim* ohne Indexangaben deklarierten Datenfelds nachträglich neu zu definieren. *Static* deklariert auf Prozedurebene ein statisches Datenfeld, dessen Inhalt bis zum nächsten Aufruf der Prozedur unverändert bleibt.

Außerhalb einer Prozedur, also auf Modul-Ebene, mit *Private* deklarierte Datenfelder sind privat verfügbar und können von allen Prozeduren dieses Moduls uneingeschränkt verwendet werden. Auf Modul-Ebene mit *Public* deklarierte Datenfelder sind öffentlich und damit allen Prozeduren aller Module bekannt.

Indizes ist im einfachsten Fall die Anzahl der benötigten Variablen, wobei VBA der ersten Variablen normalerweise die Elementnummer 0 gibt. Die Anweisung

```
Dim x(10) As Single
```

deklariert daher ein Datenfeld mit zehn *Single*-Variablen $x(0)$, $x(1)$, $x(2)$, ..., $x(9)$.

Die Array-Untergrenze 0 können Sie mit der auf Modul-Ebene vor allen   *Datenfeld-*
Prozeduren eingefügten Anweisung   *grenzen*

```
Option Base {0|1}
```

verändern. Fügen Sie in den Deklarationsbereich die Anweisung *Option Base 1* ein, deklariert die Anweisung *Dim x(10) As Single* zwar immer noch zehn *Single*-Variablen, aufgrund der geänderten Standarduntergrenze 1 nun jedoch die Variablen *x(1)*, *x(2)*, *x(3)*, ..., *x(10)*.

Es ist allerdings aussagekräftiger, bei der Deklaration zusätzlich das Schlüsselwort *To* einzusetzen und für *Indizes* einen Ausdruck der Art *Untergrenze To Obergrenze* zu verwenden; beispielsweise mit

```
Dim x(5 To 8) As Single
```

die vier *Single*-Variablen *x(5)*, *x(6)*, *x(7)* und *x(8)* zu deklarieren.

Datenfelder übergeben

Um einer Prozedur eine Variable eines Datenfelds zu übergeben, verwenden Sie einen Ausdruck der Art

```
Call Prozedurname(Arrayname(Index))
```

Beispielsweise ruft

```
Call Test(x(3), x(8))
```

die Prozedur *Test* auf und übergibt ihr die Variablen *x(3)* und *x(8)*. Der Aufruf

```
Call Test(x(3), (x(8)))
```

würde *x(8)* dagegen nicht als Referenz, sondern als Wert übergeben.

Die Parameterliste von *Test* muss wie immer eine korrespondierende Variable vom gleichen Typ enthalten. Zum Beispiel zwei *Single*-Variablen, wenn das Array *x()* Variablen dieses Typs enthält:

```
Sub Test (zahl1 As Single, zahl2 As Single)
```

Jede Änderung von *zahl1* beeinflußt die als Referenz übergebene zugehörige Arrayvariable *x(3)*. Zuweisungen an *zahl2* können den Wert der als Wert übergebenen Variablen *x(8)* dagegen nicht verändern.

Komplette Arrays können Sie nur als Referenz übergeben. Der Ausdruck

```
Call Test(x())
```

übergibt *Test* das gesamte Array. Die Argumentliste von *Test* muss ein entsprechendes Übernahmearray gleichen Typs enthalten:

```
Sub Test (zahl() As Single)
```

Die Größe des Übernahmearrays wird nicht angegeben, sondern nur eine Variable mit leeren Klammern als Kennzeichen dafür, dass es sich um ein Array handelt. *Test* besitzt nun Zugriff auf jedes einzelne Arrayelement und kann zum Beispiel mit einer Zuweisung wie *zahl(5) = 23,4* den Inhalt der korrespondierenden Variablen *x(5)* verändern.

Bei der Übergabe von Arrays an Prozeduren spielen die Arraygrenzfunktionen *UBound* und *Lbound* eine wichtige Rolle. Sie ermitteln den größten (*UBound*) bzw. kleinsten (*LBound*) Index eines Arrays und übergeben ihn als Funktionswert:

Datenfeldgrenzfunktionen

```
UBound(Arrayname)
LBound(Arrayname)
```

Wurde ein Array mit *Dim Zahl(5 To 23) As Single* deklariert, übergibt *UBound(x)* den Wert 5 und *LBound(x)* den Wert 23.

UBound und *LBound* ermöglichen, sehr flexible Prozeduren zu schreiben, denen ein Array unbekannter Größe übergeben wird und die dennoch alle Elemente dieses Arrays manipulieren, indem in der Prozedur selbst mit *UBound* und *LBound* die Arraygrenzen ermittelt werden. Ein Beispiel, das die in Kürze erläuterte *For*-Schleife verwendet:

```
Sub Test(zahl() As Single)
  Dim i As Single

  For i = LBound(zahl) To UBound(zahl)
    zahl(i) = 5
  Next i
End Sub
```

Listing 28.7:
Arraygrenzfunktionen

Dieser Prozedur wird ein Array *zahl* unbekannter Größe übergeben. Die *For*-Schleife ist dennoch in der Lage, jeder Variablen dieses Arrays den Wert 5 zuzuweisen, da *LBound* die untere und *UBound* die obere Arraygrenze ermittelt.

Kommen wir zu mehrdimensionalen Arrays. Die Anweisung

Mehrdimensionale Datenfelder

```
Dim x(1 Bis 10, 1 Bis 3)
```

deklariert ein zweidimensionales Array *x()* mit dreißig Variablen:

```
x(1, 1)
x(2, 1)
x(3, 1)
...
...
```

Listing 28.8:
Zweidimensionales Array

```
x(9, 1)
x(10, 1)
x(1, 2)
x(2, 2)
x(3, 2)
...
...
x(9, 2)
x(10, 2)
x(1, 3)
x(2, 3)
x(3, 3)
...
...
x(9, 3)
x(10, 3)
```

Vergleichen Sie ein zweidimensionales Array mit einer Tabelle, die in Spalten und Zeilen unterteilt ist.

Der Ausdruck *Spalten * Zeilen* ergibt die möglichen Zellen der Tabelle, die Koordinaten. Jede Zelle wird unter Angabe der Spalten- *und* der Zeilenkoordinaten angesprochen:

Listing 28.9:
Schematische Darstellung des Arrays

```
    1  2  3  4  5  6  7  8  9  10
1   x  x  x  x  x  x  x  x  x  x
2   x  x  X  x  x  x  x  x  x  x
3   x  x  x  x  x  x  x  x  x  x
```

Beispielsweise weist der Ausdruck

```
x(3,2) = 20
```

der Variablen *x(3,2)* dieses Arrays den Wert 20 zu, also dem hervorgehobenen Kästchen der Tabelle.

Sie können auch dreidimensionale Arrays erzeugen:

```
ReDim x(1 To 10, 1 To 3, 5 To 9)
```

Dieses dreidimensionale Array mit 150 Elementen (10 * 3 * 5 Variablen) kann man sich mit räumlichem Vorstellungsvermögen noch als Würfel vorstellen.

VBA ermöglicht Arrays mit maximal 60 Dimensionen. Die Gesamtzahl der Elemente (Variablen) hängt vom verfügbaren Speicherplatz ab.

Die vollständige Syntax von *LBound* und *UBound* lautet übrigens:

```
LBound(Arrayname [,Dimension])
UBound(Arrayname [,Dimension])
```

Beispielsweise ermittelt der Ausdruck *UBound(x, 1)* die obere Grenze 10 der ersten Dimension des als Beispiel verwendeten Arrays *x*, *UBound(x, 2)* die obere Grenze 3 der zweiten Dimension und *UBound(x, 3)* die obere Grenze 9 der dritten Dimension.

Sie können einer Prozedur beliebig viele nacheinander aufgeführte Argumente als ein Parameter-Array übergeben. Dazu muss die Prozedur folgendermaßen deklariert sein:

Parameter-Arrays

```
Sub Testproc(nachname As String, ParamArray x() As Variant)
```

Der Aufruf dieser Prozedur erfolgt beispielsweise so:

```
Call Testproc("Maier", 5, 8, 17, 29, 2)
```

Das Schlüsselwort *ParamArray* vor dem zweiten Argument bewirkt, dass VBA das zweite übergebene Argument und alle folgenden Argumente zu einem Array zusammenfasst und dieses Array der Arrayvariablen *x* übergibt.

x muss die letzte Prozedurvariable sein, der keine weitere Argumentdeklaration folgen darf! Außerdem muss x *vom Typ* Variant *sein!*

28.7   Verbunde - Eigendefinierte Datentypen

Eigene Datentypen, so genannte Verbunde, Strukturen oder auch Records, die sich aus mehreren Variablen zusammensetzen, definieren Sie mit *Type*:

Deklaration

```
Type Benutzertyp
  Elementname As Typname
  Elementname As Typname
  ...
  ...
End Typ
```

Listing 28.10:
Die Typ-Anweisung

Benutzertyp ist der Name, den Sie Ihrem Datentyp geben, und der den Regeln für Variablennamen entspricht. *Elementname* ist eine Variable, die Bestandteil des Datentyps sein soll. *Typname* ist der Typ der Variable.

Mit *Type* könnten Sie zum Beispiel einen Datentyp *Adresstyp* konstruieren, der entsprechend der Struktur einer Adresse aus mehreren Stringvariablen (fester Länge) und einer Integervariablen besteht:

```
Type Adresstyp
  Vorname  As String * 20
  Nachname As String * 30
  Plz      As Long
  Wohnort  As String * 40
End Type
```

Listing 28.11:
Der eigendefinierte
Datentyp Adresstyp

!!
STOP

Die Deklaration eigendefinierter Datentypen ist nur auf Modulebene möglich, also im Deklarationsabschnitt!

Definition von Variablen

Beachten Sie, dass der neue Datentyp *Adresstyp* bisher nur *deklariert* wurde, also bekanntgegeben. Aber noch keine Variablen *definiert*, das heißt angelegt wurden!

Benötigen Sie in irgendeiner Prozedur Ihres Programms eine Variable des neuen Typs *Adresstyp*, müssen Sie sie zuvor mit *Dim* und *As definieren*. Zum Beispiel definiert

```
Dim adr As Adresstyp
```

eine Variable namens *adr* an, die weder eine numerische noch eine Stringvariable ist, sondern eben eine Variable vom Typ *Adresstyp*, eine Verbundvariable oder Recordvariable, die aus einzelnen Variablen besteht, den Komponenten dieses Datentyps.

Ein Verbund kann im Gegensatz zu einem Array Komponenten unterschiedlichsten Typs enthalten. Die einzelnen Komponenten werden angesprochen, indem dem Variablennamen ein Punkt folgt und diesem Punkt der Name der angesprochenen Komponente:

```
Variablenname.Komponente
```

Ein Beispiel:

```
adr.Vorname = "Willi"
```

Dieser Ausdruck weist der Komponenten *Vorname* der Variablen *adr* die Zeichenkette »Willi« zu.

With

Wollen Sie gleich mehreren Komponenten etwas zuweisen, können Sie sich das mit Hilfe der *With*-Anweisung vereinfachen. Normalerweise würden Sie dazu etwa folgende Anweisungen benutzen:

```
adr.Vorname = "Willi"
adr.Nachname = "Maier"
adr.Plz = 23000
adr.Wohnort = "Mannheim"
```

Mit Hilfe von *With* können Sie sich die immer wiederkehrende Angabe von *adr* ersparen (Abbildung 28.18).

With adr bedeutet, dass sich alle folgenden mit dem Zeichen ».« eingeleiteten Verweise auf die Verbundvariable *adr* beziehen, bis zum Ende des Blocks, also bis zu *End With*. Der Ausdruck *.Plz* ist daher in diesem Block gleichbedeutend mit *adr.Plz*.

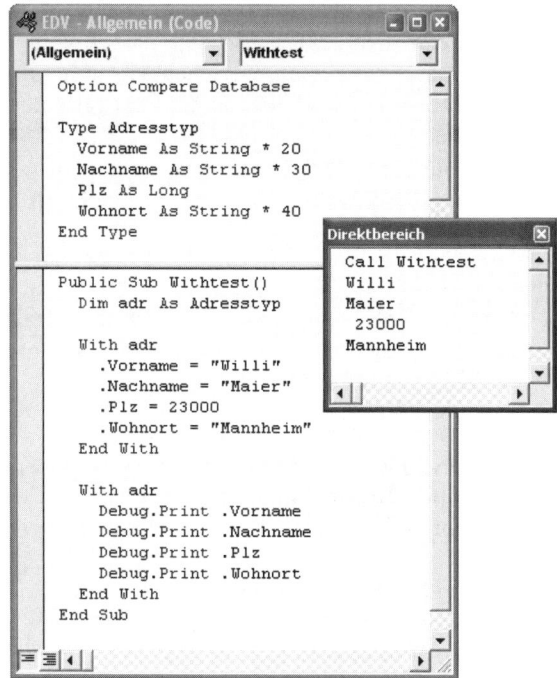

Abbildung 28.18:
EDV.MDB, Modul
»Allgemein«,
Deklaration von
»Adresstyp« und
Prozedur
»Withtest «

Zuweisung

Sie können eine Verbund- oder Recordvariable einer anderen Recordvariablen zuweisen, die *vom gleichen Typ* ist. Nehmen wir an, Sie benutzen zwei Variablen unseres Typs *Adresstyp*:

```
Dim adr1 As Adresstyp, adr2 As Adresstyp
```

Nehmen wir an, im weiteren Verlauf Ihres Programms wird in *adr1* eine vollständige Adresse gespeichert, bestehend aus vier Komponenten. Wenn Sie diese Adresse auch in *adr2* speichern wollen, benutzen Sie folgende Zuweisung:

```
adr2 = adr1
```

Natürlich können Sie auch einzelne Komponenten angeben. Zum Beispiel, wenn Sie nur die in der ersten Adresse enthaltene Postleitzahl in die zweite Adressvariable kopieren wollen:

```
adr2.Plz = adr1.Plz
```

Bei der komponentenweisen Zuweisung müssen Sie darauf achten, dass immer die gleichen Komponenten verwendet werden. Die Zuweisung

```
adr2.Plz = adr1.Vorname
```

führt zu einer Fehlermeldung, denn im Datentyp *Adresstyp* ist die Komponente *Plz* vom Typ *Long*, *Vorname* jedoch vom Typ *String*. Verständlicherweise können Sie einer numerischen Variablen jedoch nicht den Inhalt einer Stringvariablen – eine Zeichenkette – zuweisen.

Übergabe   Eine Verbundvariable können Sie komplett an eine Prozedur/Funktion übergeben, allerdings nur als Referenz, nicht als Wert. Der Aufruf

```
Call Demo(adr)
```

übergibt der Prozedur *Demo* die Verbundvariable *adr*. Die Parameterliste von *Demo* muss eine Übernahmevariable vom gleichen Typ aufweisen:

```
Sub Demo(adresse As Adresstyp)
```

Ähnlich übergeben Sie eine einzelne Komponente. Sie führen einfach die Komponente in der Argumentliste auf:

```
Call Demo(adr.Vorname)
```

Und in der zugehörigen Prozedur-Parameterliste wieder eine Übernahmevariable, die den gleichen Typ (*String * 20*) wie die übergebene Komponente besitzt:

```
Sub Demo (s As String * 20)
```

Eine außerordentlich wichtige Rolle spielen verschachtelte Verbunde. Jede Komponente eines Verbunds darf nicht nur aus einer einfachen Variablen bestehen, sondern selbst wieder aus einem Verbund. Ein Beispiel:

Listing 28.12:
Verschachtelte
Verbunde

```
'Innerer Verbund
Type AdressOrt
  Plz As Long
  Ort As String * 40
End Type

'Äußerer Verbund
Type Adresstyp
  Vorname  As String * 20
  Nachname As String * 30
  Wohnort  As AdressOrt
End Type

'Verbundvariable
Dim adr As Adresstyp
```

Der Verbund *Adresstyp* besteht aus zwei einfachen Komponenten und zusätzlich aus einer Komponenten *Wohnort*, die selbst einen Verbund mit zwei Komponenten darstellt.

Die Frage ist, wie eine Komponente dieses inneren Verbunds angesprochen wird, beispielsweise die Postleitzahl:

```
Variablenname.KomponenteA.KomponenteI
```

KomponenteA ist eine Komponente des äußeren Verbunds und *KomponenteI* eine Komponente des inneren Verbunds. Entsprechend ist

```
adr.Wohnort.Plz
```

ein Bezug auf die in diesem inneren Verbund enthaltene Komponente *Plz*. Verbunde können beliebig tief ineinander verschachtelt sein. Bezüge auf tief im Innern enthaltene Komponenten besitzen folgende Form:

```
Variablenname.Komponente.Komponente.Komponente.....
```

28.8   Kontrollstrukturen

Entscheidungen und Bedingungen

Für Entscheidungen zwischen mehreren Alternativen wird vorwiegend *If* eingesetzt:

If

```
If Aussage Then Anweisung1 [Else Anweisung2]
```

Ist *Aussage Wahr*, wird *Anweisung1* ausgeführt. Die Bedingung kann aus einem halben Dutzend Einzelbedingungen bestehen, die mit logischen Operatoren verknüpft sind:

Bedingungen

```
If (a = 1 And b <= 20) Or (c >= 10) Then Debug.Print "Okay"
```

Übersetzt lautet der Ausdruck: »Wenn *a* gleich 1 und gleichzeitig *b* kleiner als 20 ist, oder *c* größer oder gleich 10 ist, dann gebe »Okay« aus«.

Der optionale Teil *Else Anweisung2* ermöglicht die Ausführung einer anderen Anweisung, wenn die angegebene Bedingung nicht erfüllt ist.

Else

```
If a = 1 Then Debug.Print "a enthält 1" Else Debug.Print "a enthält
nicht 1"
```

Ist die Bedingung *a = 1* erfüllt, wird der *Then*-Zweig ausgeführt, sonst der *Else*-Zweig. *If-Then-Else* entspricht somit dem umgangssprachlichen *entweder...oder*.

Im *If*- oder *Then*-Zweig können Sie mehrere durch Doppelpunkte getrennte Anweisungen auflisten:

Mehrere Anweisungen

```
If Ausdruck Then Anweisung1: Anweisung2: ...: AnweisungN
Else Anweisung1: Anweisung2: ...: AnweisungN
```

Ein Beispiel:

```
If a = 1 Then Debug.Print "a enthält 1": Debug.Print "b vielleicht
auch" Else Debug.Print "a enthält nicht 1": Debug.Print "b vielleicht
auch nicht"
```

If-Blöcke   Sowohl im *If-* als auch im *Else*-Zweig werden nun jeweils zwei durch Doppelpunkte getrennte Anweisungen ausgeführt, wenn die Bedingung erfüllt bzw. nicht erfüllt ist.

Da einzeilige *If*-Anweisungen schnell unübersichtlich werden, wenn ein Zweig mehrere Anweisungen enthält, sollten Sie in solchen Fällen Blockstrukturen benutzen. Die einfachste Form:

Listing 28.13:
If-Then-Block-
struktur

```
If Ausdruck Then
    [Block]
End If
```

Ist *Ausdruck* erfüllt, werden der Reihe nach alle Anweisungen ausgeführt, die sich in dem Block zwischen *Then* und *End If* befinden. Ein Beispiel:

Listing 28.14:
Beispiel für einen
Then-Block

```
If x < 20 Then
    Debug.Print »x ist nicht größer als 20«
    Debug.Print »x ist auch nicht gleich 20«
    Debug.Print »x ist größer als 20 «
End If
```

If-/Else-Blöcke   Ein solcher Block ist auch für den *Else*-Zweig möglich, wodurch wir die *If-Then-Else*-Blockstruktur erhalten:

Listing 28.15:
If-Then-Else-Block-
struktur

```
If Ausdruck1 Then
    [Block 1]
[Else
    [Block 2]]
End If
```

ElseIf   Häufig hat man in Programmen nicht nur unter zwei, sondern unter drei, vier oder noch mehr Alternativen zu wählen. Dann benötigen Sie eine erweiterte Form von *If-Then-Else*:

Listing 28.16:
If-Then-ElseIf-
Blockstruktur

```
If Ausdruck1 Then
    [Block 1]
ElseIf Ausdruck2 Then
    [Block 2]]
ElseIf Ausdruck3 Then
    ...
    ...
End If
```

Diese Blöcke kann man so interpretieren: »Wenn Ausdruck1 *Wahr* ist, führe Block1 aus. Wenn Ausdruck1 nicht *Wahr* ist, aber Ausdruck2 *Wahr* ist, führe Block2 aus. Wenn weder Ausdruck1 noch Ausdruck2 *Wahr* sind, dafür jedoch Ausdruck3 *Wahr* ist, führe Block3 aus«.

Die Punkte deuten an, dass beliebig viele weitere *ElseIf*-Blöcke folgen dürfen. Jeder Unterblock ist an eine eigene Bedingung geknüpft und wird nur ausgeführt, wenn sie erfüllt ist *und die vorhergehenden Bedingungen nicht erfüllt waren*. Daher wird keinesfalls mehr als ein Block ausgeführt.

Ein Beispiel: Liegt ein bestimmter Temperaturwert unter 0 Grad Celsius, soll ein Programm melden »Sehr kalt«. Liegt er zwischen 0 und 10 Grad, lautet die Meldung »Kalt«. Zwischen 10 und 20 Grad wird »Mittel« gemeldet und so weiter.

Öffnen Sie bitte das Formular »Temperatur« in EDV.MDB, geben Sie eine Zahl wie 26,7 ein, und klicken Sie auf »Kommentar« (Abbildung 28.19).

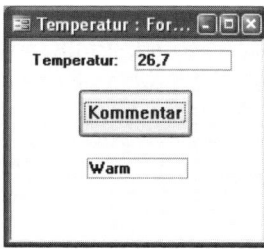

Abbildung 28.19: EDV.MDB, Formular »Temperatur«

An das Ereignis *Beim Klicken* der Schaltfläche mit dem Steuerelementnamen »Schaltfläche« ist die Ereignisprozedur *Schaltfläche_Click* gebunden (Abbildung 28.20).

Sie weist zunächst den aktuellen Inhalt des Steuerelements mit dem Namen »Grad« (das obere Textfeld) der *Single*-Variablen *x* zu. Danach wird geprüft, ob *x* kleiner als 0 ist. Wenn ja, wird der folgende Block ausgeführt und die einzige darin enthaltene Anweisung

```
[Kommentar] = "Sehr kalt"
```

weist dem Steuerelement »Kommentar« – dem unteren Textfeld – als neuen Inhalt die Zeichenkette »Sehr kalt« zu.

Ist die erste Bedingung nicht erfüllt, wird die zweite Bedingung geprüft. Ist *x* größer oder gleich 0 und kleiner als 10, ist sie erfüllt und der zugehörige zweite Block wird ausgeführt, der dem Steuerelement »Kommentar« als neuen Inhalt die Zeichenkette »Kalt« zuweist.

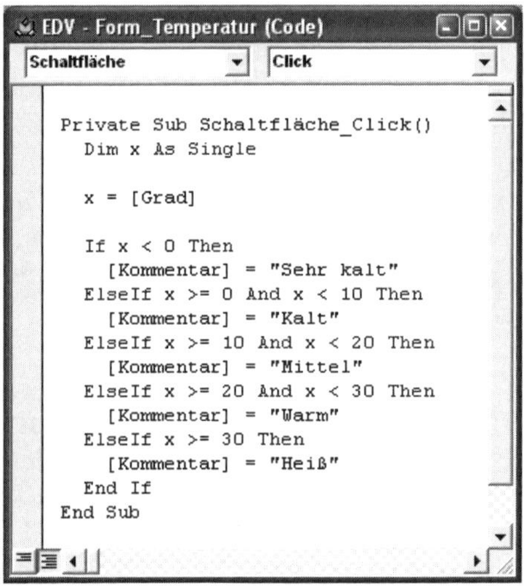

Abbildung 28.20:
EDV.MDB, Modul
»Form_Temperatur«
, Ereignisprozedur
»Schaltfläche_Click«

```
EDV - Form_Temperatur (Code)

Schaltfläche          ▼    Click              ▼

  Private Sub Schaltfläche_Click()
    Dim x As Single


    x = [Grad]


    If x < 0 Then
      [Kommentar] = "Sehr kalt"
    ElseIf x >= 0 And x < 10 Then
      [Kommentar] = "Kalt"
    ElseIf x >= 10 And x < 20 Then
      [Kommentar] = "Mittel"
    ElseIf x >= 20 And x < 30 Then
      [Kommentar] = "Warm"
    ElseIf x >= 30 Then
      [Kommentar] = "Heiß"
    End If
  End Sub
```

Vollständige
Syntax

Die vollständige Syntax von *If-Then-Else* lautet übrigens folgendermaßen:

Listing 28.17:
If-Then-Elself-Else-
Blockstruktur

```
If Ausdruck1 Then
   [Block 1]
[ElseIf Ausdruck2 Then
   [Block 2]]
[ElseIf Ausdruck3 Then
   [Block 3]]
[ElseIf Ausdruck4 Then
   [Block 4]]
...
...

[Else
   [Block N]]
End If
```

Ist keine der mit *ElseIf* überprüften Bedingungen erfüllt, wird der abschließende *Else*-Zweig ausgeführt. Ein Beispiel:

Listing 28.18:
Beispiel für die
vollständige Syntax

```
If auto$ = »BMW 525 i« Then
   [Block 1]
ElseIf auto$ = »Kadett 16V« Then
   [Block 2]
ElseIf auto$ = »Porsche 911 Turbo« Then
   [Block 3]
...
...
Else
   Debug.Print »Diesen Typ kenne ich nicht«
End If
```

Gibt der Anwender »VW Käfer« ein, wird entsprechend »Diesen Typ kenne ich nicht« ausgegeben.

Mehrfachtests

Wenn Sie nur eine einzige Variable testen wollen und daran interessiert sind, welchen von verschiedenen vorgegebenen Werten sie enthält, oder in welchen Zahlenbereichen sie sich befindet, ist *Select* komplexen *If*-Blöcken vorzuziehen.

Select

```
Select Case Testausdruck
   Case Ausdrucksliste 1
      [Anweisungsblock 1]
   Case Ausdrucksliste 2
      [Anweisungsblock 2]
   ...
   ...
   ...
   [Case Else
      [Anweisungsblock N]]
End Select
```

Listing 28.19:
Select Case

Testausdruck ist der Name einer zu testenden Variablen. In den folgenden *Case*-Anweisungen geben Sie die zu testenden Werte an. Damit ergeben sich sehr einfache und übersichtliche Tests wie der folgende:

Case

```
Select Case zeichen$
   Case »a«
      Debug.Print »Die Variable enthält das Zeichen 'a'«
   Case »b«
      Debug.Print »Die Variable enthält das Zeichen 'b'«
   Case »c«
      Debug.Print »Die Variable enthält das Zeichen 'c'«
   Case Else
      Debug.Print »Die Variable enthält weder 'a' noch 'b' noch 'c'«
End Select
```

Listing 28.20:
Variablentests mit
Select Case

Case-Ausdruckslisten dürfen nicht nur einen zu testenden Wert enthalten, sondern beliebig viele (durch Kommata getrennte) Werte:

Case-
Ausdruckslisten

```
Select Case name$
   Case »Bauer«, »Baier«, »Bertram«
      Debug.Print »Der in der Variablen enthaltene Name beginnt mit
'B'«
   Case »Werner«, »Walter«, »Wolters«
      Debug.Print »Der in der Variablen enthaltene Name beginnt mit
'W'«
   Case Else
      Debug.Print »Der in der Variablen enthaltene Name beginnt weder
mit 'B' noch mit 'W'«
   End Select
```

Listing 28.21:
Case-Ausdrucks-
listen

Ist einer der Werte mit dem Testausdruck identisch, wird der zugehörige Anweisungsblock ausgeführt.

Is

In Verbindung mit dem Wort *Is* dürfen Sie in *Case*-Ausdruckslisten auch relationale Operatoren verwenden:

```
Case Is Relationaler_Operator Ausdruck
```

Zum Beispiel testet *Case Is < 5*, ob die zu prüfende Variable kleiner als 5 ist. Und *Case Is >= 23.12* testet, ob ihr Inhalt größer oder gleich 23.12 ist. Wenn ja, wird jeweils der zugehörige Anweisungsblock ausgeführt.

Bereichsprüfung

Mit *Select* können Sie auch Bereiche überprüfen:

```
Case Bereichsanfang To Bereichsende
```

Case 3 To 7 testet, ob sich das getestete Objekt im Bereich zwischen 3 und 7 befindet (3 und 7 sind dabei eingeschlossen).

Die folgenden Beispiele sollten Sie sich näher anschauen. Sie demonstrieren, dass auch Variablen in Ausdruckslisten verwendbar sind und natürlich auch Strings.

Tabelle 28.4:
Beispiele für Case-Ausdruckslisten

Ausdrucksliste	Testfunktion
Case 98	Testausdruck gleich 98?
Case 5, x, 30	Testausdruck gleich 5 oder gleich *x* oder gleich 30?
Case Is >= 5	Testausdruck größer oder gleich 5?
Case x To y	Testausdruck größer gleich *x* und kleiner gleich *y*?
Case »Maier«	Testausdruck gleich »Maier«?
Case »a«, Name$	estausdruck gleich »a« oder gleich *Name$*?
Case Is < »Otto«	Testausdruck (alphabetisch) kleiner als »Otto«?
Case »c« To »n«	Testausdruck größer gleich »c« und kleiner gleich »n«?

Schleifen

For..Next-Schleifen

Die am häufigsten verwendete Schleifenkonstruktion ist die *For..Next*-Schleife. Der vereinfachte Aufbau:

Listing 28.22:
For..Next-Schleife

```
For Zähler = Start To Ende [Step Schrittweite]
  [Block]
Next Zähler
```

Die Schlüsselwörter *For* und *Next* begrenzen den zu wiederholenden Anweisungsblock. *Zähler* ist eine numerische Variable, die Zählvariable oder auch Schleifenvariable genannt wird.

Schleifenvariable

Start ist ein numerischer Wert, der dieser Variablen zu Beginn der Schleife zugewiesen wird. *Ende* ist ein Wert, der die Anzahl der Wiederholungen bestimmt, der Endwert der Schleifenvariablen.

Start- und Endwert

Schrittweite legt fest, um welchen Betrag *Zähler* nach jedem Durchgang erhöht wird (bzw. vermindert, wenn *Schrittweite* eine negative Zahl ist). Entfällt dieser optionale Parameter, wird *Zähler* nach jedem Durchgang um den Wert 1 erhöht.

Schrittweite

Nehmen wir als Beispiel eine einfache Schleife ohne die optionale Schrittweite:

```
For i = 1 To 10
   Debug.Print »Hallo«
Next i
```

Listing 28.23:
Beispiel für For-Schleife

Am Schleifenanfang erhält die Variable *i* – unsere Zählvariable – den Wert 1. Als Endwert wurde 10 angegeben. Das heißt, die Schleife soll beendet werden, wenn *i* größer ist als dieser Endwert. Ohne die optionale Schrittweite wird *i* nach jedem Durchgang um 1 erhöht. Nach genau zehn Durchgängen enthält *i* daher den Wert 11 und ist nun größer als der angegebene Endwert 10 – die Schleife ist beendet. Der Anweisungsblock wird daher zehnmal durchlaufen; zehnmal wird die Anweisung *Debug.Print »Hallo«* ausgeführt und jeweils »Hallo« im Direktfenster ausgegeben.

Die optionale Schrittweite (Standardwert 1) bestimmt, um welchen Betrag die Schleifenvariable nach jedem beendeten Durchgang erhöht wird.

Schrittweite

```
For i = 10 To 100 Step 5
   Debug.Print i
Next i
```

Listing 28.24:
Step

In dieser Schleife erhält *i* den Startwert 10 und wird nach jedem Durchgang um 5 erhöht. In jedem Durchgang gibt *Debug.Print i* den gerade aktuellen Wert der Schleifenvariable aus, also der Reihe nach die Zahlen 10, 15, 20, 25, …,100. Die letzte ausgegebene Zahl ist 100, da *i* durch die anschließende Erhöhung den Wert 105 annimmt, nun größer als der Endwert ist und die Schleife daher beendet wird.

Nun ein praktisches Beispiel (Abbildung 28.21):

Abbildung 28.21:
EDV.MDB, Modul
»Schleifen«, Proze-
dur »For_Loop«

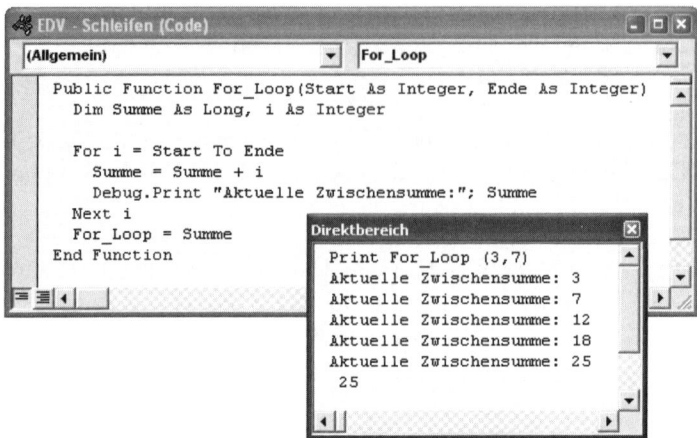

Der Funktion *For_Loop* werden zwei *Integer*-Werte übergeben, Anfang und Ende eines Zahlenintervalls. *For_Loop* summiert die in diesem Intervall übergebenen Zahlen.

Rufen Sie *For_Loop* entsprechend der Abbildung mit *Print For_Loop(3,7)* auf, addiert sie die Zahlen 3, 4, 5, 6 und 7 und übergibt die Summe 25 als Funktionswert.

Zur Arbeitsweise: Die Variable *Summe* ist aufgrund des benötigten Werte-bereichs eine *Long*-Variable. Denn bereits die Summe der Zahlen 100 bis 1000 ergibt 495550, was den Wertebereich des Typs *Integer* deutlich über-schreitet.

Die Schleifenvariable *i* erhält als Startwert den von Ihnen übergebenen Bereichsanfang *Start*. Die Anweisung *Summe = Summe + i* addiert zum aktuellen Inhalt von *Summe* (0 nach dem Aufruf der Funktion) den momen-tanen Wert der Schleifenvariable, also den Startwert *Start*, die erste Zahl des interessierenden Bereichs. *Debug.Print* gibt den Inhalt von *Summe* aus, die aktuelle Zwischensumme.

Der Anweisungsblock in der Schleife wurde zum ersten Mal ausgeführt. Nun wird die Schleifenvariable *i* erhöht und der zweite Durchgang beginnt. Da *i* um 1 erhöht wurde, wird diesmal die zweite Zahl des Bereichs zur aktuellen Zwischensumme *Summe* addiert und danach diese neue Zwi-schensumme ausgegeben. Und so weiter, bis *i* irgendwann größer als der Endwert *Ende* ist. Die Schleife wird verlassen und mit *For_Loop = Summe* das Endergebnis als Funktionswert übergeben.

For Each..Next-Schleifen

Die *For Each..Next*-Schleife ist zum komfortablen Durchlaufen von Arrays und Auflistungen gedacht. Sie spricht automatisch der Reihe nach *alle* Ele-mente eines Arrays oder einer solchen Auflistung an.

```
For Each Element In Gruppe
  [Block]
Next Element
```

Listing 28.25:
For Each..Next-
Schleife

Element ist wieder eine Schleifenvariable, die – bei Arrays – unbedingt vom Typ *Variant* sein muss. *Gruppe* ist das zu durchlaufende Array bzw. die Auflistung. Ein Beispiel (Abbildung 28.22):

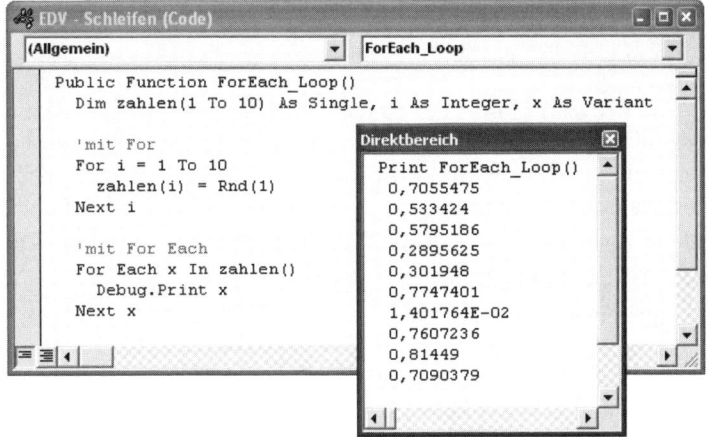

Abbildung 28.22:
EDV.MDB, Modul
»Schleifen«,
Prozedur
»ForEach_Loop«

Zahlen ist ein Array aus zehn *Single*-Variablen *zahlen(1)* bis *zahlen(10)*. Die *For*-Schleife spricht diese Variablen der Reihe nach mit *zahlen(i) = Rnd(1)* an. Die Funktion *Rnd(1)* erzeugt eine Zufallszahl zwischen 0 und 1, das heißt nach Verlassen der Schleife besitzt jede der zehn Arrayvariablen einen Wert zwischen 0 und 1.

Um das zu belegen, werden die Inhalte der zehn Variablen anschließend im Direktfenster ausgegeben. Dazu könnten Sie erneut eine *For..Next*-Schleife verwenden, *For Each..Next* ist jedoch bequemer. Der Ausdruck

```
For Each x in zahlen()
```

bewirkt, dass automatisch der Reihe nach alle Elemente des Arrays *zahlen()* angesprochen werden. *x* repräsentiert dabei das jeweils aktuelle Element, so- dass *Debug.Print x* den Inhalt dieses Elements im Direktfenster ausgibt.

For-Schleifen können Sie nur einsetzen, wenn Sie exakt wissen, wie oft eine Schleife zu durchlaufen ist. Sonst müssen Sie eine *While*-Schleife verwenden.

While-Schleife

```
While Aussage
  [Block]
Wend
```

Listing 28.26:
While-Schleife

Schleifen-
bedingung

Die Anweisungen zwischen *While* und *Wend* werden wiederholt, solange *Aussage Wahr* ist, eine beliebige Aussage, die wie *a < 1* einfach oder wie *(a = 1 And b = 10) Or x$ = »Hallo«* komplexer sein kann.

Listing 28.27:
Beispiel für eine
While-Schleife

```
Dim x As Integer

x = 1
While x < 11
    Debug.Print x
    x = x + 1
Wend
```

Dieses Programm gibt der Reihe nach die Zahlen 1 bis 10 aus. *x* erhält zu Beginn den Wert 1. Die Bedingung *While x < 11* ist erfüllt und die Anweisungen in der Schleife werden ausgeführt. *Debug.Print x* gibt den aktuellen Inhalt von *x* aus, also 1, und *x = x + 1* erhöht *x* um 1. Da die Bedingung »kleiner als 11« immer noch erfüllt ist, wird die Schleife erneut durchlaufen. Dieses Spielchen wiederholt sich, bis *x* den Wert 10 besitzt. 10 wird ausgegeben, *x* um 1 erhöht (ergibt 11) und die Schleife verlassen, da die Bedingung nicht mehr erfüllt ist.

Do-Schleife

Do-Schleifen stellen eine Art Verallgemeinerung der *While*-Schleife dar, bei der Sie wählen können, ob die Bedingung am Anfang oder am Ende der Schleife getestet wird.

Listing 28.28:
Testen am
Schleifenanfang/
Schleifenende

```
1. Test am Schleifenanfang:     Do [{While | Until} Aussage]
                                    [Block]
                                Loop

2. Test am Schleifenende:       Do
                                    [Block]
                                Loop [{While | Until} Aussage]
```

While/Until

In beiden Fällen befindet sich vor der zu testenden Aussage wahlweise eines der beiden Schlüsselwörter *While* oder *Until*. Mit *While* wird die Schleife ausgeführt, wenn die Aussage *Wahr* ist, und beendet, wenn sie *Falsch* ist. Mit *Until* gebildete Schleifen werden genau umgekehrt nur dann ausgeführt, wenn die Aussage *Falsch* ist und beendet, wenn sie *Wahr* ist.

Listing 28.29:
Do While und
Do Until

```
Dim x As Integer              Dim x As Integer

x = 1                         x = 1
Do While x < 11               Do Until x < 11
    Debug.Print x                 Debug.Print x
    x = x + 1                     x = x + 1
Loop                          Loop
```

Do While x < 11 könnte man mit »wiederhole, wenn *x* kleiner als 11 ist« übersetzen. Die Schleife wird zehnmal ausgeführt. Immer wieder wird *x* um

1 erhöht und der aktuelle Wert ausgegeben – eben solange, wie *x* kleiner als 11 ist.

Im Gegensatz dazu wird die Schleife rechts davon überhaupt nicht ausgeführt! Denn *Do Until x < 11* bedeutet »wiederhole, bis *x* kleiner als 11 ist« oder anders formuliert »wiederhole, außer wenn *x* kleiner als 11 ist«. Wenn die Bedingung erfüllt und *x* kleiner als 11 ist, wird die Schleife nicht ausgeführt. Und das ist ja bereits von vornherein der Fall – *x* ist bereits zu Beginn kleiner als 11, die Schleife wird daher sofort übergangen.

Mit der Anweisung *Exit* können *For*- und *Do*-Schleifen – und Funktions- und Unterprozeduren - vorzeitig beendet werden. Bei Schleifen also noch bevor die eigentliche Abbruchbedingung erfüllt ist, zum Beispiel bevor der Schleifenzähler in einer *For*-Schleife den Endwert überschreitet:

Abbruch einer Schleife oder Prozedur

```
Exit {For | Do | Function | Sub}
```

For- und *For Each*-Schleifen werden mit *Exit For*, *Do*-Schleifen mit *Exit Do*, Funktionsprozeduren mit *Exit Function* und Unterprozeduren mit *Exit Sub* abgebrochen. *Exit* darf an beliebiger Stelle innerhalb der Schleife/Prozedur auftauchen.

```
Dim i As Integer
For i = 1 To 10
  Debug.Print »Hallo«
  If i = 5 Then Exit For
Next i
```

Listing 28.30:
Exit For

Diese Schleife wird nicht zehnmal, sondern nur fünfmal durchlaufen. Wenn die Schleifenvariable *i* den Wert 5 annimmt, beendet *Exit For* die Schleife.

Analog dazu kann eine Funktionsprozedur mit *Exit Function* beziehungsweise eine Sub-Prozedur mit *Exit Sub* vorzeitig abgebrochen werden, wenn eine bestimmte Bedingung erfüllt ist. Zum Beispiel, wenn eine Zahl *x* durch eine Zahl *y* geteilt werden soll, die übergebene Zahl *y* jedoch 0 ist, wodurch die Division bekanntlich nicht möglich ist.

```
Function Test (x As Single, y As Single)
  If y = 0 Then
    Debug.Print »Sorry, Division durch 0 ist nicht möglich«
    Exit Function
  End If
  Test = x / y
End Function
```

Listing 28.31:
Exit Function

Wird für *y* der Wert 0 übergeben, bricht *Exit Function* die Funktionsausführung nach der Ausgabe einer entsprechenden Meldung vorzeitig ab, und die folgende Divisionsanweisung wird nicht ausgeführt.

29 VBA auf Access-Objekte anwenden

Sie können inzwischen mit VBA programmieren. Um diese Fähigkeiten auf Access-Objekte anzuwenden und beispielsweise programmgesteuert Access-Tabellen zu durchsuchen oder zu manipulieren, müssen Sie die verschiedenen Objektbibliotheken kennenlernen, beispielsweise die ADO-Bibliothek, die die Datenzugriffsobjekte bereitstellt und es Ihren Programmen ermöglicht, auf Tabellen, Datensätze und Indizes zuzugreifen.

Im folgenden Kapitel erläutere ich diese Bibliotheken und die dahinsteckende Objekthierarchie und zeige Ihnen, wie Bezüge auf bestimmte Objekte gebildet und mit den Auflistungen umgegangen wird, die alle Objekte eines bestimmten Typs enthalten.

29.1 Umgang mit Objekten

Objekte, Auflistungen und Bezüge

Beim Programmieren in VBA haben Sie es mit Objektbibliotheken zu tun, die Ihnen verschiedene Objekte zur Verfügung stellen.

Die Access-Bibliothek stellt Ihnen beispielsweise Objekte wie *Forms* (Formulare), *Reports* (Berichte) und *Controls* (Steuerelemente) zur Verfügung.

Die ADO-Bibliothek stellt Ihnen Datenzugriffsobjekte zur Verfügung, beispielsweise *Tabledefs* (Tabellen), *Recordsets* (Datensatzgruppen), *Fields* (Datensatzfelder) oder *Indexes* (Indizes).

All diese Objekte besitzen verschiedene Eigenschaften und können mit Hilfe verschiedener Methoden manipuliert werden; beispielsweise, um ein Steuerelement eines Formulars unsichtbar zu machen oder um eine Tabelle zu löschen.

Nahezu alle Objekte sind Bestandteile eines umfassenderen Objekts; dieses ist wiederum Teil eines noch größeren Objekts und so weiter. Um sich auf ein Objekt zu beziehen, müssen Sie manchmal die Objekthierarchie einhalten und von oben nach unten auf die einzelnen Objekte verweisen, bis das innerste Objekt, mit dem Sie sich beschäftigen wollen, eindeutig identifiziert ist.

Access-Bibliothek

Abbildung 29.1:
Access-Objekte
(vereinfacht)

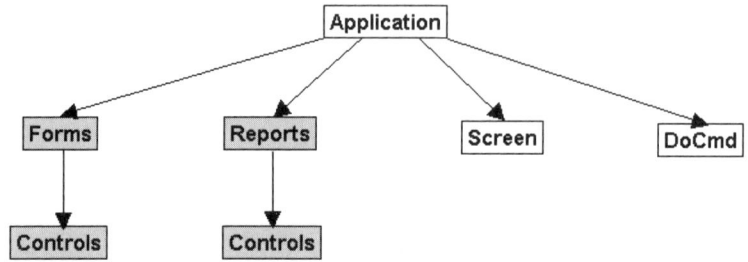

Ganz oben in der Spitze der Access-Objekthierarchie befindet sich das Objekt *Application*, praktisch Access selbst. »Darin« befinden sich unter anderem die beiden Objekte *Screen* und *DoCmd*.

Das Objekt *Screen* ist das Objekt, das momentan aktiv ist und den Fokus besitzt. Es kann verwendet werden, um sich auf das Formular, den Bericht oder das Steuerelement zu beziehen, das gerade fokussiert ist.

Das Objekt *DoCmd* ermöglicht Ihnen, Makroaktionen auch in VBA-Programmen auszuführen.

Die grau ausgefüllten Kästchen sind so genannte Objektauflistungen. Derartige Auflistungen sind Behälter, in denen sich alle Objekte des gleichen Typs befinden. Beispielsweise enthält die Auflistung *Forms* alle momentan geöffneten Formulare. Entsprechend enthält die Auflistung *Reports* alle momentan geöffneten Berichte.

Beim Programmieren müssen Sie ständig das Objekt angeben, das Sie gerade interessiert. Prinzipiell verwenden Sie dazu einen Ausdruck der Art

```
Auflistung![Objektname]
```

Dabei ist *Auflistung* der Name der Auflistung, die alle Objekte des betreffenden Typs enthält. »!« bedeutet, dass Sie auf ein darin enthaltenes Unterobjekt verweisen wollen, und *Objektname* ist der Name des betreffenden Objekts.

Beispielsweise referenzieren Sie das momentan geöffnete Formular »Kunden« mit dem Ausdruck

```
Forms![Kunden Autoformular]
```

da die Auflistung *Forms* alle gerade geöffneten Formulare der Datenbank enthält, also auch »Kunden Autoformular«.

Analog dazu referenziert der Ausdruck

```
Controls![Nachname]
```

das Steuerelement »Nachname« eines Formulars, das sich in der Auflistung *Controls* des Formulars befindet, die ja alle Steuerelemente des Formulars enthält.

Dieser Ausdruck wird so jedoch nicht verstanden! Für VBA ist nämlich nicht klar, welches Formular eigentlich gemeint ist. Befindet sich das Steuerelement im Formular »Kunden Autoformular«, müssen Sie das auch angeben, beispielsweise so:

```
Forms![Kunden Autoformular].Controls![Nachname]
```

Rein theoretisch müssen Sie den Ausdruck sogar noch komplizierter formulieren und zunächst einmal das Oberobjekt angeben, also *Application*, die aktuelle Anwendung. Damit kommen wir zur Anweisung

```
Debug.Print Application.Forms![Kunden Autoformular].Controls![Nachname]
```

Glücklicherweise darf in Bezügen alles entfallen, was zur eindeutigen Identifizierung des betreffenden Objekts nicht unbedingt notwendig ist. Sie wissen das bereits von Makros und aus Ereignisprozeduren, in denen es ausreicht, statt *Forms![Kunden]![Nachname]* einfach nur *[Nachname]* zu schreiben, wenn Sie sich auf ein Objekt jenes Formulars beziehen, aus dem heraus das Makro bzw. die Eigenschaftsprozedur aufgerufen wurde.

Kurzbezüge

Zum Beispiel ist die Angabe des Oberobjekts *Application* immer überflüssig. Ohne diese Angabe geht VBA automatisch davon aus, dass Sie die aktive Anwendung meinen, eben Access. Damit reduziert sich der gezeigte Ausdruck zu

```
Debug.Print Forms![Kunden Autoformular].Controls![Nachname]
```

Auch die Angabe *Controls* kann entfallen. Diese Auflistung ist die Standardauflistung von Formularen und Berichten: Geht einem Ausdruck wie *[Nachname]* ein Bezug auf ein Formular oder einen Bericht voran, nimmt VBA an, dass mit *[Nachname]* ein Element der Auflistung *Controls* des betreffenden Formulars/Berichts gemeint ist, also eines der darin enthaltenen Steuerelemente. Somit ergibt sich als Kurzform:

Standardauflistungen

```
Debug.Print Forms![Kunden Autoformular]![Nachname]
```

Ob als Trennzeichen in Bezügen das Zeichen »!« oder ».« verwendet wird, hängt davon ab, ob Sie auf ein fest vorgegebenes Element verweisen wollen, beispielsweise auf das Objekt *Application* oder eine Auflistung wie *Forms*

»!« und ».«

oder *Controls*, oder aber auf ein von Ihnen definiertes Objekt, beispielsweise auf Tabelle oder ein Formular oder ein darin enthaltenes Steuerelement.

»!« wird verwendet, um auf ein *benutzerdefiniertes Element* zu verweisen, also auf ein von Ihnen erzeugtes Objekt. *Forms![Kunden Autoformular]* verweist beispielsweise auf das von Ihnen erzeugte Objekt »Kunden Auto-formular«. *Controls![Nachname]* verweist entsprechend auf das von Ihnen (oder einem Assistenten) in ein Formular oder einen Bericht eingefügte Steu-erelement »Nachname«.

».« verwenden Sie dagegen zum Verweis auf ein fest vorgegebenes Element, beispielsweise auf eine Auflistung. Im Ausdruck

```
Application.Forms![Kunden Autoformular].Controls![Nachname]
```

verweist *.Forms* auf die Auflistung *Forms*, die eingebaut ist und deren Name unveränderlich fest steht. Analog dazu verweist *.Controls* ebenfalls auf ein vorgegebenes Element, auf die eingebaute Auflistung *Controls*.

Merken Sie sich am besten folgende Regel: Folgt dem Trennzeichen ein Ele-ment, dessen Namen Sie frei bestimmen können (»Nachname«, »Kunden Autoformular« etc.), stammt dieses Element von Ihnen, und Sie verweisen darauf mit »!«. Folgt ein Element, dessen Bezeichnung Sie nicht selbst bestim-men können (*Application*, *Forms*, *Controls*, *Visible*), ist es eingebaut, und Sie verweisen darauf mit ».«.

Runde Klammern   Wenn Sie wollen, können Sie das Ausrufezeichen vor einem Bezug und die eckigen Klammern durch runde Klammern ersetzen, in denen sich der Objektname in Anführungszeichen befindet. Statt *Forms![Kunden]* können Sie ebensogut *Forms(»Kunden«)* schreiben. Beide Formen sind absolut gleichwertig.

Objektindex   Ebenso, wie jede einzelne Variable eines Arrays einen Index besitzt, ordnet VBA auch den Objekten einer Auflistung außer Namen jeweils einen Index zu, beginnend bei 0. Sie können jedes darin enthaltene Objekt wahlweise mit

```
Auflistung![Objektname]
```

oder mit

```
Auflistung(Objektindex)
```

ansprechen.

Beispielsweise enthält die Auflistung *Forms* alle momentan geöffneten For-mulare. Jedesmal, wenn Sie ein weiteres Formular öffnen, bekommt es den nächsten verfügbaren Index. Öffnen Sie nacheinander die drei Formulare

»Artikel«, »Kunden Autoformular« und »Typ«, bekommen diese daher der Reihe nach die Indizes 0, 1 und 2. Daher sind die folgenden Ausdrücke in diesem Fall absolut gleichwertig:

1. *Forms![Artikel]* und *Forms(0)*

2. *Forms![Kunden Autoformular]* und *Forms(1)*

3. *Forms![Typ]* und *Forms(2)*

Diese indizierte Bezugsangabe ist vor allem in Schleifen nützlich, wenn mehrere oder gar alle Objekte einer Auflistung nacheinander referenziert werden sollen. Vor allem, wenn Sie zusätzlich die Eigenschaft *Count* benutzen, die jede Auflistung besitzt und die die Anzahl der darin enthaltenen Objekte angibt.

Count-Eigenschaft

Der Ausdruck

```
Auflistung.Count
```

übergibt die Anzahl der in Auflistung enthaltenen Elemente, die Sie anschließend als Endwert einer Schleife verwenden können. Beispielsweise gibt das folgende Programm die Namen aller momentan geöffneten Formulare im Direktfenster aus (Abbildung 29.2).

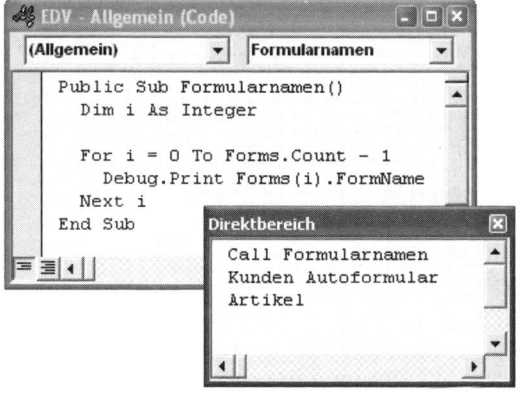

Abbildung 29.2:
EDV.MDB, Modul »Allgemein«, Prozedur »Formularnamen«

Im Beispiel sind momentan die beiden Formulare »Kunden Autoformular« und »Artikel« geöffnet. Der Ausdruck *Forms.Count* übergibt daher den Wert 2. Entsprechend läuft die Schleife vom Startwert 0 bis zum Endwert 1.

Im ersten Durchgang spricht der Ausdruck *Forms(i)* somit das Objekt *Forms(0)* der Auflistung an, also das zuerst geöffnete Formular. Die Eigenschaft *FormName* übergibt den Namen des referenzierten Formulars, »Kunden Autoformular«. Analog dazu übergibt *Forms(i).FormName* im zweiten

Durchgang den Wert der Eigenschaft *FormName* des zweiten Formulars, den Namen »Artikel« dieses Formulars.

Wesentlich eleganter ist jedoch die folgende Technik (Abbildung 29.3).

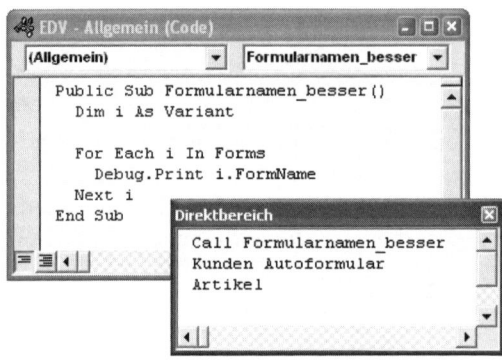

Abbildung 29.3:
EDV.MDB, Modul
»Allgemein«,
Prozedur
»Formularnamen_-
besser«

Statt einer *For-* wird eine *For Each*-Schleife verwendet. Der Ausdruck

```
For Each i in Forms
```

behandelt alle Elemente der Auflistung *Forms*, wobei die *Variant*-Variable *i* stellvertretend für das aktuelle Element steht und *i.FormName* daher für den Namen des gerade behandelten Formulars.

Im Abschnitt »Objektbezüge übergeben« auf Seite 667 erläutere ich, wie Sie Bezüge auf Objekte wie Formulare oder Textfelder an Prozeduren übergeben können.

Methoden und Eigenschaften

Methoden　Methoden sind Prozeduren, die mit einem bestimmten Objekttyp etwas anstellen.

Um eine Methode anzuwenden, wird ein Bezug auf das betreffende Objekt benötigt, gefolgt von einem Punkt (kein »!«, da Methoden keine benutzerdefinierten Element sind) und dem Namen der Methode:

```
Objekt.Methode
```

Beispielsweise kann auf alle geöffneten Formulare die Methode *SetFocus* angewendet werden, um das betreffende Formular zu fokussieren, also zum momentan aktiven Formular zu machen.

Da die *Forms*-Auflistung alle momentan geöffneten Formulare enthält, fokussiert ein Ausdruck der Art

〔 KOMPENDIUM 〕 **Access 2003**

```
Forms![Formularname].SetFocus
```

das angegebene Formular. Beispielsweise fokussiert

```
Forms![Kunden Autoformular].SetFocus
```

das Formular »Kunden Autoformular« (vorausgesetzt, es ist momentan geöffnet!) (Abbildung 29.4).

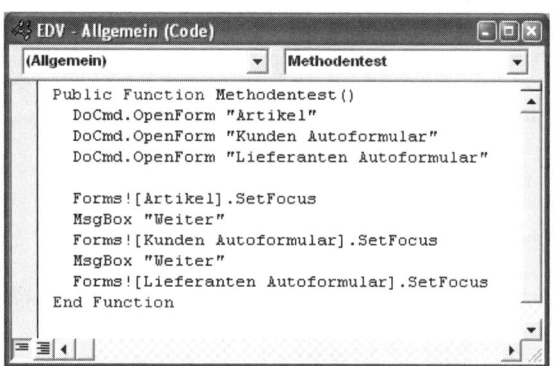

Abbildung 29.4:
EDV.MDB, Modul »Allgemein«, Prozedur »Methodentest«

Rufen Sie diese Prozedur im Direktfenster mit *Call Methodentest* auf, werden zunächst mit dem später noch erläuterten Ausdruck *DoCmd.OpenForm* nacheinander die drei Formulare »Artikel«, »Kunden Autoformular« und »Lieferanten Autoformular« geöffnet.

Danach wendet

```
Forms![Artikel].SetFocus
```

auf das Formular »Artikel« die Methode *SetFocus* an, fokussiert es also und macht es damit zum aktiven Formular. Mit

```
MsgBox "Weiter"
```

wird ein kleines Dialogfeld geöffnet und darauf gewartet, dass Sie es mit *OK* schließen. Danach fokussiert das Programm das Formular »Kunden Autoformular«, wartet erneut darauf, dass Sie in einem Dialogfeld auf *OK* klicken, und fokussiert zum Schluss das Formular »Lieferanten Autoformular«.

Objekte besitzen Eigenschaften; Steuerelemente beispielsweise Eigenschaften wie *Sichtbar* (englisch *Visible*), *Format* (*Format*), *Standardwert* (*DefaultValue*) etc. Um an eine solche Eigenschaft heranzukommen, geben Sie einen Bezug auf das Objekt an, gefolgt von einem Punkt und dem Namen der interessierenden Eigenschaft:

Eigenschaften

```
Objekt.Eigenschaft
```

Ist das Kunden-Autoformular geöffnet, übergibt beispielsweise

```
Forms![Kunden Autoformular]![Nachname].Visible
```

die aktuelle Einstellung der Eigenschaft *Visible* des Steuerelements »Nachname« dieses Formulars, entweder den Wahrheitswert -1 (*True*) oder 0 (*False*).

Entsprechend gibt

```
Debug.Print Forms![Kunden Autoformular]![Nachname].Visible
```

diesen Wert im Direktfenster aus.

Umgekehrt können Sie mit einem Ausdruck der Art

```
Objekt.Eigenschaft = Wert
```

eine Eigenschaft auf einen angegebenen Wert setzen, beispielsweise mit

```
Forms![Kunden Autoformular]![Nachname].Visible = 0
```

oder dem dazu äquivalenten Ausdruck

```
Forms![Kunden Autoformular]![Nachname].Visible = False
```

das Steuerelement »Nachname« des Kundenformulars unsichtbar machen.

‼
STOP

Im Gegensatz zu Visible *gibt es viele Objekteigenschaften, auf die Sie nur lesend und nicht schreibend zugreifen, die Sie also nicht verändern können! In der Online-Hilfe wird dann darauf hingewiesen, dass die betreffende Eigenschaft schreibgeschützt ist.*

REF

Wenn es darum geht, nacheinander auf mehrere Eigenschaften desselben Objekts zuzugreifen, sollten Sie die im Kapitel 28.7, » Verbunde - Eigendefinierte Datentypen«, erläuterte Anweisung With *verwenden.*

With   Nehmen wir an, Sie interessieren sich für verschiedene Eigenschaften des Textfelds »Nachname« des Formulars »Kunden Autoformular« (Abbildung 29.5).

Der Ausdruck

```
Debug.Print Forms![Kunden Autoformular]![Nachname].Left
```

referenziert die Eigenschaft *Left* dieses Steuerelements, das heißt die Entfernung der linken oberen Ecke vom linken Formularrand. Analog dazu geben die drei folgenden Anweisungen die Entfernung vom oberen Formularrand aus, die Höhe des Textfelds und seine Breite.

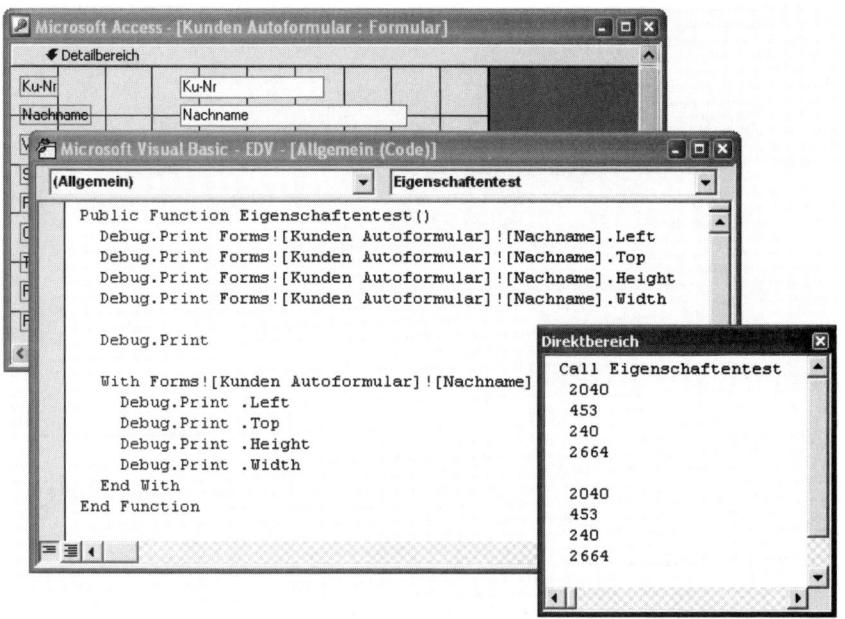

Abbildung 29.5:
EDV.MDB, Modul
»Allgemein«, Proze-
dur »Eigenschaften-
test«

Der *With*-Block erfüllt die gleiche Aufgabe – allerdings mit wesentlich weniger Schreibarbeit! Der Ausdruck

```
With Forms![Kunden Autoformular]![Nachname]
```

bedeutet, dass sich alle nachfolgend nur mit einem Punkt ».« eingeleiteten Bezüge auf das Objekt *Forms![Kunden Autoformular]![Nachname]* beziehen sollen.

```
Debug.Print .Left
```

ist daher gleichbedeutend mit

```
Debug.Print Forms![Kunden Autoformular]![Nachname].Left
```

Objektvariablen verwenden

Statt statische Objektbezüge wie

```
Forms![Kunden]
```

zu verwenden, können Sie die alternative Form

```
Forms("Kunden")
```

benutzen und die in Anführungszeichen gesetzte Zeichenkette durch eine *String*-Variable ersetzen:

```
Dim x As String
x = "Kunden"
If Forms(x) = "Maier" Then ...
```

Wesentlich eleganter ist es jedoch, spezielle Objektvariablen zu verwenden:

```
Dim x As Object
```

Object   Mit dem Schlüsselwort *Object* deklariert, kann *x* ein Bezug auf ein beliebiges Objekt zugewiesen werden.

Objektvariablen   Das ist jedoch relativ gefährlich, da VBA dann nicht meckert, wenn Sie einen fehlerhaften Ausdruck bilden und der Variablen beispielsweise versehentlich einen Bezug auf ein Formular statt auf eines der darin enthaltenen Steuerelemente zuweisen.

Sicherer ist es, für einen Bezug auf einen bestimmten Objekttyp den dazu passenden gleichnamigen Objektvariablentyp zu verwenden.

Deklarieren Sie beispielsweise mit

```
Dim x As Control
```

x als Variable vom Typ *Control*, kann *x* anschließend ausschließlich Bezüge auf *Control*-Objekte aufnehmen, also auf Steuerelemente.

Analog dazu könnte eine mit

```
Dim x As Forms
```

deklarierte Variable nur einen Bezug auf ein Formular aufnehmen.

Set   In jedem Fall muss die Zuweisung eines Bezugs an eine Objektvariable mit *Set* beginnen:

```
Set Objektvariable = Objektbezug
```

Nach der Zuweisung enthält die betreffende Variable den Objektbezug und repräsentiert damit das Objekt selbst:

Listing 29.1:
Objektbezüge
speichern

```
Sub Test()
   Dim x As Object, y As Control

   Set x = Forms![Kunden Autoformular]![Vorname]
   x.Visible = False
```

```
      Set y = Forms![Kunden Autoformular]![Nachname]
      y.Visible = False
End Sub
```

Dieses Listing demonstriert das sowohl mit einer Variablen *x* vom allgemeinen Typ *Object* als auch einer Variablen *y* vom speziellen Objekttyp *Control*.

Nach der Zuweisung

```
x = Forms![Kunden Autoformular]![Vorname]
```

enthält die Objektvariable *x* einen Bezug auf das Steuerelement »Vorname« des Kundenformulars, repräsentiert also dieses Objekt. *x.Visible = False* bezieht sich auf die Eigenschaft *Visible* dieses Steuerelements und setzt diese auf *False*, macht das Steuerelement also unsichtbar.

Analog dazu wird mit Hilfe der *Control*-Variablen *y* danach das Steuerelement »Nachname« unsichtbar gemacht.

Mit Objektvariablen können Sie wie gewohnt operieren. Sie können den in x *enthaltenen Objektbezug beispielsweise mit* Set y = x *einer anderen Variant-Variablen zuweisen und den Bezug auf diese Weise kopieren.*

:-)
TIPP

Weisen Sie einer Objektvariablen *Nothing* zu, wird dadurch der momentan in ihr gespeicherte Objektverweis gelöscht. Die Anweisungsfolge

Nothing

```
Set x = Screen.ActiveForm
...
...
   Set x = Nothing
```

weist *x* zunächst einen Bezug auf das aktive Formular zu und hebt diese Zuweisung später wieder auf, sodass *x* danach weder auf dieses noch auf ein anderes Formular oder auf ein sonstiges Objekt verweist.

Objektbezüge übergeben

Um ein Objekt an eine andere Prozedur zu übergeben, übergeben Sie einfach einen Bezug auf das interessierende Objekt.

Die aufgerufene Prozedur empfängt diesen Bezug in einer dazu geeigneten Variablen (Typ *Variant*, *Object* oder besser noch eine Objektvariable des passenden Typs) (Abbildung 29.6).

Abbildung 29.6:
EDV.MDB, Modul
»Allgemein«,
Prozeduren
»Objektübergabe_-
aufruf« und
»Objektübergabe«

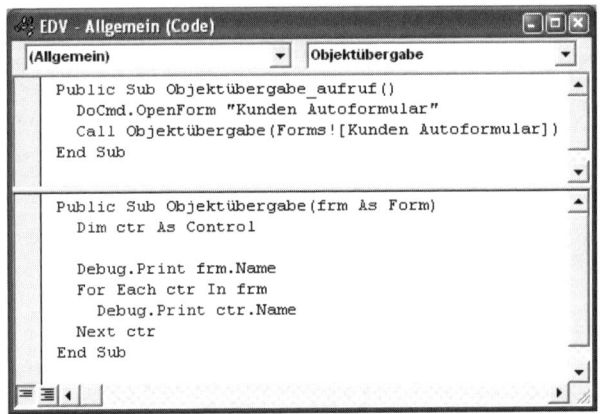

Wenn Sie die Prozedur *Objektübergabe_aufruf* im Direktfenster aufrufen, öffnet sie zunächst mit dem in Kürze erläuterten *DoCmd*-Objekt das Formular »Kunden Autoformular«. Die folgende Anweisung

```
Call Objektübergabe(Forms![Kunden Autoformular])
```

übergibt der aufgerufenen Prozedur *Objektübergabe* einen Bezug auf dieses Formular. Diese Prozedur speichert den übergebenen Bezug in der Variablen *frm*, einer *Form*-Variablen.

Anschließend benutzt sie den Inhalt dieser Variablen stellvertretend für das Formular selbst. Mit *frm.Name* wird auf den Namen des Formulars zugegriffen und dieser im Direktfenster ausgegeben.

Danach werden in einer *For Each*-Schleife der Reihe nach alle Steuerelemente in *frm*, also in dem Formular, abgelaufen. Die *Control*-Variablen *ctr* steht dabei stellvertretend für das jeweils aktuelle Steuerelement, sodass *Debug.Print ctr.Name* der Reihe nach die Namen aller Steuerelemente des Formulars ausgibt.

Analog dazu können sie auch einzelne Steuerelemente übergeben, zum Beispiel das Textfeld »Nachname« des Formulars:

```
Call Objektübergabe(Forms![Kunden Autoformular]![Nachname])
```

Dann müsste *Objektübergabe* diesen Bezug entsprechend in einer *Control*-Variablen entgegennehmen und somit folgendermaßen deklariert sein:

```
Sub Objektübergabe(x As Control)
```

Anschließend kann *x* in *Objektübergabe* stellvertretend für das Textfeld »Nachname« verwendet werden.

Für Bezugsübergaben oft nützlich ist die Eigenschaft *Me*. Bei Ereignisprozeduren verweist Sie immer auf jenes Formular bzw. jenen Bericht, zu dem die gerade ausgeführte Ereignisprozedur »gehört«.   **Me**

Angenommen in einem Formular »Test« ist eine Ereignisprozedur namens *Schaltfläche_Click* an eine Schaltfläche gebunden. Nach dem Aufruf durch Klicken auf die Schaltfläche wird sie ausgeführt und soll einer anderen Prozedur *Berechnen* einen Bezug auf das aktuelle Formular »Test« übergeben. Statt dazu den Ausdruck

```
Call Berechnen(Forms![Test])
```

zu verwenden, kann *Schaltfläche_Click* der Prozedur *Berechnen* den benötigten Bezug auch einfacher übergeben:

```
Call Berechnen(Me)
```

Me steht stellvertretend für das Formular »Test«, in dem sich die gerade ausgeführte Ereignisprozedur *Schaltfläche_Click* befindet.

29.2   Das Screen-Objekt

Das Objekt *Screen* (Bildschirm) repräsentiert das Formular, den Bericht oder das Steuerelement, das momentan den Fokus besitzt.

Das *Screen*-Objekt ist vor allem zusammen mit seinen verschiedenen *Active...*-Eigenschaften interessant. Beispielsweise verweist der Ausdruck *Screen.ActiveForm* auf das momentan aktive Formular.   ***Active...-***   ***Eigenschaften***

Entsprechend verweist *Screen.ActiveReport* auf den momentan aktiven Bericht, *Screen.ActiveControl* auf das momentan fokussierte Steuerelement des aktiven Formulars/Berichts und *Screen.ActiveDatasheet* auf das momentan aktive Datenblatt.

All diese Ausdrücke können Sie natürlich nur verwenden, wenn momentan auch tatsächlich ein entsprechendes Objekt aktiv (fokussiert) ist; ansonsten erhalten Sie eine Fehlermeldung.

Ein Beispiel sehen Sie in Abbildung 29.7.

Um diese Prozedur anzuwenden, müssen Sie vor dem Aufruf im Direktfenster zumindest ein Formular öffnen. Obwohl die Prozedur nicht weiß, welches Formular Sie öffneten und welches Textfeld Sie darin fokussierten, wird sie es dank *Screen.ActiveForm* herausfinden.

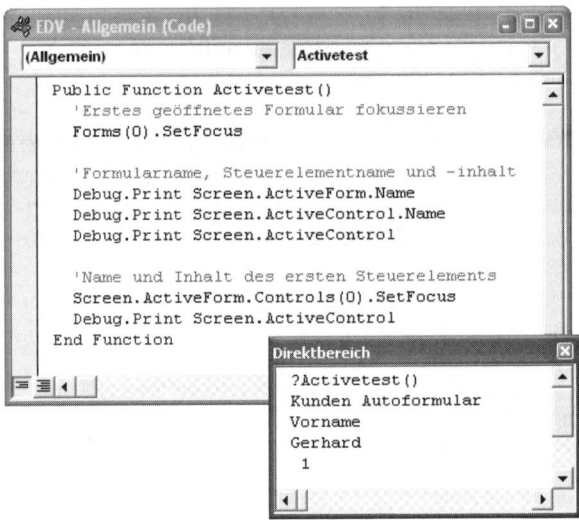

```
Public Function Activetest()
    'Erstes geöffnetes Formular fokussieren
    Forms(0).SetFocus

    'Formularname, Steuerelementname und -inhalt
    Debug.Print Screen.ActiveForm.Name
    Debug.Print Screen.ActiveControl.Name
    Debug.Print Screen.ActiveControl

    'Name und Inhalt des ersten Steuerelements
    Screen.ActiveForm.Controls(0).SetFocus
    Debug.Print Screen.ActiveControl
End Function
```

```
?Activetest()
Kunden Autoformular
Vorname
Gerhard
 1
```

Ich empfehle Ihnen, ein beliebiges anderes Textfeld als das standardmäßig fokussierte erste Textfeld zu fokussieren (Abbildung 29.8).

Abbildung 29.8:
Testformular

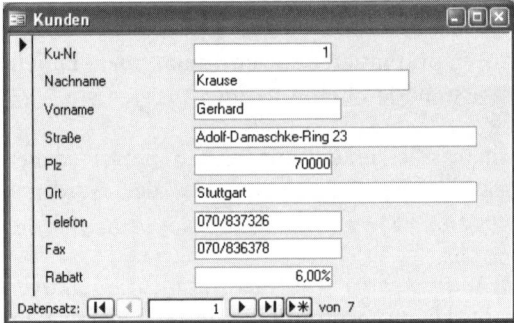

Fokussieren   Da sich *Screen.ActiveForm* auf das momentan fokussierte Formular bezieht, nach dem Aufruf der Prozedur im Direktfenster jedoch statt des Formulars das Direktfenster fokussiert und daher aktiv ist, wird zunächst mit

```
Forms(0).SetFocus
```

das zuerst (*Forms(0)*) von Ihnen geöffnete Formular mit Hilfe der Methode *SetFocus* fokussiert, also als aktives Fenster in den Vordergrund gebracht.

Nun kann *Screen.ActiveForm* auf dieses Formular angewendet werden. *Screen.ActiveForm* repräsentiert das fokussierte Formular. Jedes Formular besitzt die Eigenschaft *Name*, die den Namen übergibt, unter dem es im Datenbankfenster erscheint. *Screen.ActiveForm.Name* übergibt daher den Namen des fokussierten Formulars, im Beispiel »Kunden Autoformular«, der im Direktfenster ausgegeben wird.

Auf die gleiche Weise wird anschließend mit *Screen.ActiveControl.Name* auf den Namen des momentan fokussierten Steuerelements zugegriffen, im Beispiel auf das Textfeld mit dem Namen »Vorname«.

Um auf seinen Inhalt zuzugreifen, genügt der Ausdruck *Screen.ActiveControl*, der nicht nur das Steuerelement, sondern gleichzeitig auch seinen aktuellen Inhalt repräsentiert (hier: »Gerhard«).

Zum Abschluss demonstriert das Programm noch, wie bestimmte Steuerelemente fokussiert werden. Im Beispiel soll das erste Steuerelement fokussiert werden. Wüsste das Programm, dass dieses den Namen »Ku-Nr« besitzt, könnte dazu der Ausdruck

```
Screen.ActiveForm.Controls![Ku-Nr].SetFocus
```

verwendet werden. Allerdings könnten Sie ja ein Formular öffnen, dessen erstes Feld statt »Ku-Nr« beispielsweise »Lief-Nr« oder »Typ« heißt.

Also muss ein allgemeiner Ausdruck verwendet werden, der immer zutrifft, egal welches Formular gerade geöffnet ist:

```
Screen.ActiveForm.Controls(0).SetFocus
```

Screen.ActiveForm repräsentiert das fokussierte Formular. *Controls* ist die Auflistung der darin enthaltenen Steuerelemente. *Controls(0)* repräsentiert das erste dieser Steuerelemente, auf das die Methode *SetFocus* angewandt und das daher nun fokussiert wird.

»Ku-Nr« ist nun fokussiert und *Debug.Print Screen.ActiveControl* gibt den aktuellen Inhalt dieses Textfelds aus.

29.3   Das DoCmd-Objekt

Das *DoCmd*-Objekt ermöglicht Ihnen, Makroaktionen wie *ÖffnenFormular* auch in Programmen anzuwenden. Und zwar mit Hilfe gleichnamiger (allerdings englischer) Methoden, die Sie auf dieses Objekt loslassen:

```
DoCmd.Methode [Arg1, Arg2, ...]
```

Methode ist der Name der anzuwendenden Methode. *Arg1*, *Arg2* etc. sind die dabei zu übergebenden Argumente, die sie (teilweise) bereits von den gleichnamigen Makroaktionen her kennen.

Um beispielsweise ein Formular zu öffnen, wenden Sie die Methode *Open-Form* auf das *DoCmd*-Objekt an:

```
DoCmd.OpenForm Formularname [, Ansicht] [, Filtername] [, Bedingung]
...
```

Ansicht, *Filtername*, *Bedingung* und alle anderen Argumente (über die Sie die Online-Hilfe aufklärt), sind die gleichen Argumente, die Sie auch der Makroaktion *ÖffnenFormular* übergeben. Ohne diese Argumente wird das Formular in der Formularansicht geöffnet. Beispielsweise öffnet

```
DoCmd.OpenForm "Kunden Autoformular"
```

das Formular »Kunden Autoformular«.

Analog dazu öffnet *DoCmd.OpenReport* einen Bericht, *DoCmd.Open-Query* eine Abfrage, *DoCmd.OpenTable* eine Tabelle und *DoCmd.Open-Module* ein Modul.

Auch alle anderen Makroaktionen sind in Form von Methoden verfügbar, die auf das *DoCmd*-Objekt angewendet werden. Beispielsweise sucht *Do-Cmd.FindRecord* einen bestimmten Datensatz, *DoCmd.FindNext* sucht den nächsten Satz, der den Suchkriterien entspricht und *DoCmd.CancelEvent* bricht das aktuelle Ereignis ab.

Meist vereinfachen verschiedene eingebaute Konstanten die genaue Definition der auszuführenden Aktion. Beispielsweise fokussiert *DoCmd.GoTo-Record* den angegebenen Datensatz. Die (vereinfachte) Syntax:

```
DoCmd.GoToRecord , , Datensatz
```

Als Argument *Datensatz* übergeben Sie einfach eine der folgenden vordefinierten Konstanten:

➤ *acPrevious*: zum vorhergehenden Satz

➤ *acNext*: zum nächsten Satz

➤ *acFirst*: zum ersten Satz

➤ *acLast*: zum letzten Satz

➤ *acGoTo*: zum anzugebenden Satz

➤ *acNewRec*: zum neuen Satz

Der Standardwert ist *acNext*, sodass *DoCmd.GoToRecord* ohne weitere Argumente zum nächsten Satz blättert.

29.4   Ein Anwendungsbeispiel

Bisher gab es noch kein Beispiel für eine größere Aktion, für die echte Datenmanipulation per Programm, also das Eintragen neuer oder das Verändern bestehender Daten.

Eine nette Anwendung wäre die Vorgabe ständig wiederkehrender Informationen bei der Eingabe neuer Datensätze (Abbildung 29.9).

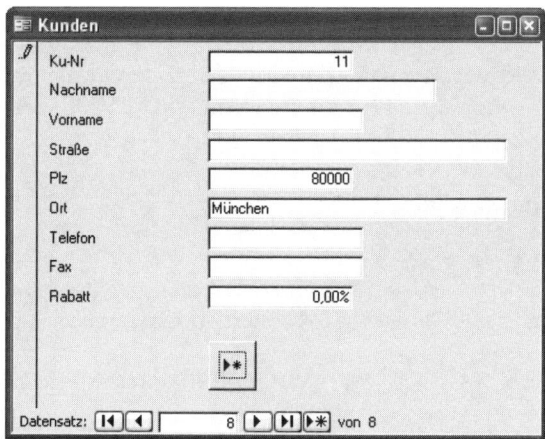

Abbildung 29.9:
EDV.MDB, Formular »Kunden Autoformular Manipulieren«

Das Formular »Kunden Autoformular Manipulieren« ist mit »Kunden Autoformular« bis auf eine zusätzliche Schaltfläche identisch. An diese Schaltfläche ist die Ereignisprozedur *NeuerSatz_Click* gebunden, die beim Klicken auf die Schaltfläche aufgerufen wird (Abbildung 29.10).

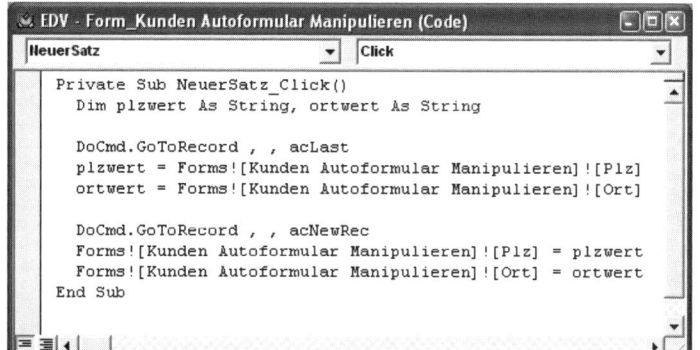

Abbildung 29.10:
EDV.MDB, Klassenmodul »Form_Kunden Autoformular Manipulieren«, Ereignisprozedur »NeuerSatz_Click«

Sie soll den neuen Datensatz fokussieren, der sich am Formularende befindet, und in den Feldern »Plz« und »Ort« die Inhalte des letzten Datensatzes vorgeben.

Im Beispiel waren im letzten Datensatz offenbar die Postleitzahl 80000 und der Ort München eingetragen. Um diese Werte im neuen Satz vorzugeben, fokussierte die Prozedur zunächst einmal den letzten Datensatz, der die vorzugebenden Werte enthält, mit

```
DoCmd.GoToRecord , , acLast
```

Nun ist der letzte Datensatz fokussiert, Herr Willi Schlaak in 80000 München. Der Ausdruck

```
plzwert = Forms![Kunden Autoformular Manipulieren]![plz]
```

weist der *String*-Variablen *plzwert* den aktuellen Inhalt des Felds »Plz« des Formulars zu, also die Zeichenkette »80000«. Auf die gleiche Weise wird in *ortwert* der Inhalt des Felds »Ort« gespeichert.

Nun wird mit

```
DoCmd.GoToRecord , , acNewRec
```

der neue Datensatz fokussiert. Danach weist

```
Forms![Kunden Autoformular Manipulieren]![plz] = plzwert
```

dem Feld »Plz« den Inhalt der *String*-Variablen *plzwert* zu, also die zuvor gemerkte Postleitzahl 80000, die dadurch automatisch als neuer Inhalt im Textfeld erscheint. Auf die gleiche Weise wird der Inhalt von *ortwert* im Feld »Ort« gespeichert.

Statt immer wieder den Bandwurmausdruck Forms![Kunden Autoformular Manipulieren] *zu wiederholen, sollten Sie diesen Bezug in der Praxis einer* Form-*Variablen zuweisen (*Set f = Forms![Kunden Autoformular Manipulieren]*). Dadurch ergeben sich wesentlich kürzere Ausdrücke wie* f![plz] = plzwert.

Um nicht nur Daten vorzugeben, sondern auch gleich zu speichern, wechseln Sie nach der Zuweisung der Daten an die gewünschten Textfelder einfach mit einer weiteren DoCmd.GoToRecord-*Anweisung den Datensatz, woraufhin Access den neuen Datensatz wie gewohnt speichert.*

30 ADO-Objekte – Datenbanken manipulieren

30.1 Das ADO-Objektmodell

Auf den folgenden Seiten geht es darum, Ihnen die Grundlagen der ADO-Programmierung zu vermitteln, das heißt: des programmgesteuerten Zugriffs auf Tabellen.

Die zugehörigen Demoprogramme befinden sich in der Datenbank ADO.MDB *der Begleit-CD.*

CD

Zunächst ein kurzer Überblick über die ADO-Objekte:

Objekt	Bedeutung
Connection	Stellt eine Verbindung mit einer Datenquelle her
Recordset	Repräsentiert eine Datensatzgruppe
	einer Tabelle
	oder des Ergebnisses eines ausgeführten Befehls, also einer Datenbankabfrage
Field	Repräsentiert ein Feld (eine Spalte einer Tabelle)
Command	Repräsentiert eine Datenbankabfrage (mit oder ohne Parameter), die Daten auswählen, aber auch ändern kann. Allgemein ausgedrückt handelt es sich um einen Befehl zum
	Abfragen einer Datenbank und Zurückgeben des Ergebnisses als *Recordset*
	Ausführen einer Aktionsabfrage
	Manipulieren der Datenbankstruktur
Parameter	Repräsentiert einen Parameter einer Parameterabfrage
	(und ist somit eines der Unterobjekte eines *Command*-Objekts.)

Tabelle 30.1:
Die ADO-Objekte

Objekt	Bedeutung
Error	Repräsentiert einen Fehler
	(der während der letzten Datenbankoperation auftrat)
Property	Repräsentiert die speziellen Attribute eines ADO-Objekts, die vom zugehörigen Provider abhängen.

Zu diesen Objekten gehören verschiedene Auflistungen: *Fields*, *Parameters*, *Errors* und *Properties* sind Auflistungen, die die einzelnen *Field*-Objekte einer Tabelle (die Tabellenfelder), *Parameter*-Objekte einer Abfrage (die Abfrageparameter) etc. darstellen.

30.2 Auf die aktuelle Datenbank zugreifen

CurrentProject. Connection

Mit ADO können Sie prinzipiell auf beliebige Datenbanken zugreifen. Am einfachsten ist dabei der Zugriff auf die aktuelle Datenbank.

Und zwar repräsentiert das Objekt *CurrentProject* die aktuelle Access-Datenbank bzw. das aktuelle Projekt (die momentan in Access benutzte MS SQL Server-Datenbank).

Der Ausdruck *CurrentProject.Connection* wiederum repräsentiert das *Connection*-Objekt dieser Datenbank, das alle Verbindungsinformationen enthält, und kann zum Zugriff auf diese Datenbank genutzt werden.

Recordset-Objekt

Dazu wiederum wird ein *Recordset*-Objekt benötigt, das eine Datensatzgruppe repräsentiert, praktisch eine Tabelle oder Abfrage.

Also müssen wir nach dem Öffnen einer Verbindung mit dem *Connection*-Objekt ein darauf basierendes *Recordset*-Objekt öffnen, um an die in der Datenbank enthaltenen Daten heranzukommen.

Als Vorbereitung dazu wird analog zum *Connection*-Objekt eine *Recordset*-Variable deklariert, die auf ein neues Objekt dieses Typs verweist:

```
Dim rs As New ADODB.Recordset
```

Damit ergibt sich folgendes Demoprogramm (Abbildung 30.1):

Der Ausdruck

```
rs.Open »Kunden«, CurrentProject.Connection
```

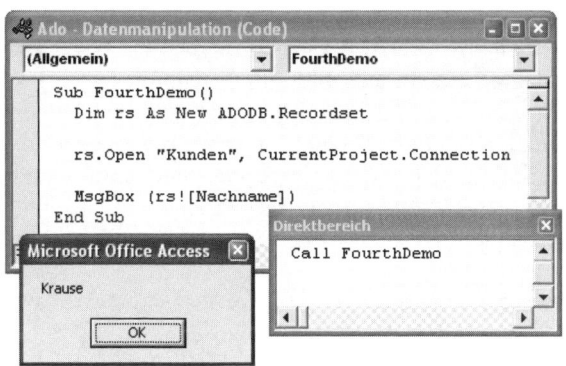

Abbildung 30.1:
ADO.MDB, Modul
»Datenmanipula-
tion«, Prozedur
»FourthDemo«

übergibt *Open* als Argument *ActiveConnection* einen Bezug zur Verbindung zur aktuellen Access-Datenbank und als Argument *Source* die Tabelle »Kunden« dieser Datenbank, deren Inhalt das *Recordset* anschließend repräsentiert und auf die nun über diese Objektvariable zugegriffen werden kann.

30.3   Der Umgang mit Datensatzgruppen

Die Eigenschaft *Source* eines *Recordset*–Objekts definiert die darzustellende Datensatzgruppe der aktiven Verbindung. Das kann nicht nur eine Tabelle/Abfrage sein, sondern auch eine Daten auswählende SQL-Anweisung (Abbildung 30.2).

*SQL-Anwei-
sungen als
Datenquelle*

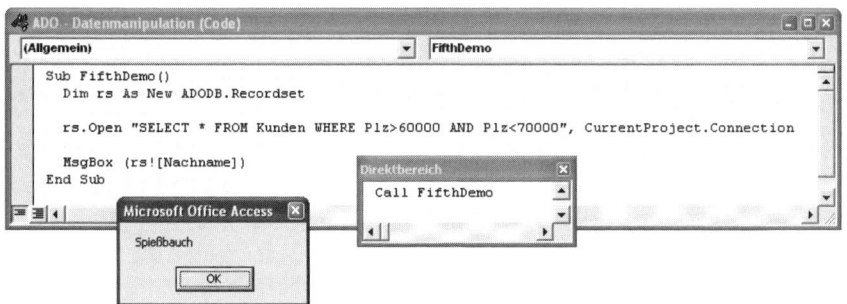

Abbildung 30.2:
ADO.MDB, Modul
»Datenmanipula-
tion«, Prozedur
»FifthDemo«

Dank dem als Argument *Source* beim Öffnen verwendeten Ausdruck

```
SELECT * FROM Kunden WHERE Plz>60000 AND Plz<70000
```

repräsentiert *rs* nicht wie zuvor immer die gesamte Tabelle »Kunden«, sondern nur die durch diese SQL-Anweisung ausgewählten Datensätze der Tabelle.

Die folgende Programmzeile beweist das, indem sie den Nachnamen des aktuellen (nach dem Öffnen ist das der erste) Datensatzes ausgibt (vergleichen Sie ihn einfach mit dem in Abbildung 30.1 gezeigten Nachnamen).

Cursortypen   Die Eigenschaften *CursorType*, *LockType* und *Options*, bestimmen das Verhalten der Datensatzgruppe. Sie können auch diese drei Eigenschaften gleich beim Öffnen des *Recordset* von *Open* wie gewünscht einstellen lassen, indem Sie sie als Argumente übergeben:

```
Recordset.Open Source, ActiveConnection, CursorType, LockType, Options
```

Oder aber den korrespondierenden *Recordset*-Eigenschaften die gewünschten Werte zuvor zuweisen:

```
rs.CursorType = ...
rs.LockType = ...
rs.Options = ...
```

Kümmern wir uns zunächst um die *CursorType*-Eigenschaft (auf *Options* gehe ich momentan nicht ein).

Der entscheidende Unterschied zwischen den verschiedenen Cursortypen besteht darin, wie sich die betreffende Datensatzgruppe verhält, wenn gleichzeitig andere Benutzer darauf zugreifen und die zugehörigen Datensätze verändern, löschen oder neue hinzufügen.

Nehmen Sie als Beispiel ein *Recordset*, das geöffnet wird und die Datensätze der Tabelle »Kunden« repräsentiert, auf die nun per VBA-Programm zugegriffen wird. Was passiert, wenn während der Zeit, die für diese Zugriffe benötigt wird, also bevor das *Recordset* wieder geschlossen wird, andere Benutzer im Netzwerk ebenfalls auf die Tabelle »Kunden« zugreifen?

➡ Dynamischer Cursor (*adOpenDynamic*): Dieser Cursor heißt dynamisch, weil die geöffnete Datensatzgruppe automatisch aktualisiert wird, wenn andere Benutzer Änderungen an den betreffenden Datensätzen vornehmen. Die Datensatzgruppe enthält somit immer die aktuellsten Daten.

➡ Cursor des Typs Schlüsselgruppe (*adOpenKeyset*): Das Wort Schlüsselgruppe deutet an, dass ein entscheidendes Merkmal der Datensatzgruppe unveränderlich ist: die Datensätze selbst! Andere Benutzer können sie zwar verändern, während die Datensatzgruppe geöffnet ist. Sie können jedoch keine Sätze der Gruppe löschen! Neue Datensätze hinzufügen können sie zwar, in der geöffneten Datensatzgruppe spiegelt sich das jedoch nicht wieder, ist also kein Zugriff auf den neuen Satz möglich; er existiert darin praktisch noch nicht.

➡ Statischer Cursor (*adOpenStatic*): Stellt wie ein DAO-*Snapshot* eine Momentaufnahme der Tabelle dar. Nehmen andere Anwender daran Änderungen vor, spiegelt das *Recordset* diese nicht wieder.

➡ Vorwärts-Cursor (*adOpenForwardOnly*): Wie ein statischer Cursor nur eine Momentaufnahme, allerdings ist zusätzlich eine Bewegung durch die Datensatzgruppe nur in Vorwärtsrichtung möglich. Eine Einschränkung, die den Vorteil höherer Performance besitzt, so dass dieser Cursortyp für extrem zeitkritische Prozeduren vorzuziehen ist (wenn die Einschränkung nicht stört).

Zum Umherbewegen in den verschiedenen Cursortypen: Im Gegensatz zum Vorwärts-Cursor können Sie sich in allen anderen Cursortypen beliebig umherbewegen.

Prinzipiell ist bei der ADO-Programmierung nicht immer gesichert, dass eine bestimmte ADO-Funktionalität von einem bestimmten Provider (=Datenbanktyp) unterstützt wird! Möglicherweise unterstützt er einen/mehrere der vier Cursortypen überhaupt nicht, eventuell unterstützt er eine Methode wie *MoveLast* oder *MovePrevious* nicht und so weiter!

Zum Beispiel unterstützt die Jet Engine als Provider keinen dynamischen Cursor! Versuchen Sie trotzdem, ein Recordset *dieses Typs zu öffnen, meldet ADO keinen Fehler, sondern öffnet stattdessen ein* Recordset *vom Typ »Schlüsselgruppe«!*

**!!
STOP**

Wie geben Sie an, welcher Cursortyp für das zu öffnende *Recordset* verwendet werden soll? Entweder überhaupt nicht, dann erhalten Sie automatisch einen Vorwärts-Cursor. Oder aber, wie erläutert,

➡ entweder vor dem Öffnen des *Recordset*, indem Sie seine Eigenschaft *CursorType* auf eine der zuvor angegebenen Konstanten setzen, beispielsweise mit *rs.CursorType = adOpenDynamic*

➡ oder direkt beim Öffnen des *Recordset* mit der *Open*-Methode, indem Sie ihr eine dieser Konstanten als das zusätzliche Argument *CursorType* übergeben, beispielsweise mit *rs.Open »Kunden«, CurrentProject.Connection, adOpenStatic*.

Nun zur *LockType*-Eigenschaft, die das Sperrungsverhalten der Datensatzgruppe bestimmt:

Sperrungsarten

➡ *adLockReadOnly*: Das ist die verwendete Voreinstellung, wenn Sie die Angabe von *LockType* weglassen. Mit ihr ist die Datensatzgruppe vollständig schreibgeschützt, es sind keinerlei Änderungen möglich.

➤ *adLockPessimistic*: Beginnen Sie einen Datensatz zu ändern, wird er für andere Benutzer gesperrt.

➤ *adLockOptimistic*: Ein Datensatz, den Sie ändern, wird erst für andere Anwender gesperrt, wenn Sie die Änderung mit der *Update*-Methode speichern.

➤ *adLockBatchOptimistic*: Die Sperrungen erfolgen für mehrere in einem Stapel gemeinsam verarbeitete und geänderte Datensätze gleichzeitig.

➤ *adLockUnspecified*: Gibt keine spezifische Sperrart an. Bei Duplikaten wird das Duplikat mit der gleichen Sperrart wie das Original erstellt.

Theoretisch könnten wir einfach den komfortabelsten Cursor verwenden, den dynamischen, der die wenigsten Einschränkungen besitzt (aber auch am langsamsten ist); zusammen mit der andere Benutzer am wenigsten einschränkenden optimistischen Sperrung.

Allerdings wenden wir ADO auf Access-Datenbanken an und wie gesagt unterstützt die Jet Engine als Provider den dynamische Cursor nicht. Verwenden Sie daher bitte den Cursor vom Typ Schlüsselgruppe und öffnen Sie eine Datensatzgruppe, die sich auf eine Tabelle der aktuellen Access-Datenbank bezieht, so:

```
rs.Open »Tabellenname«, CurrentProject.Connection, adOpenKeyset,
adLockOptimistic
```

Bei späteren »Monsteranwendungen«, in denen Geschwindigkeit und optimales Sperrverhalten wichtiger ist, können Sie sich das immer noch anders überlegen.

:-)
TIPP

Um überlange Listingzeilen zu vermeiden, die nicht in voller Breite auf den Bildschirm passen, werde ich ab sofort die in VBA mögliche Technik verwenden, eine Listingzeile folgendermaßen auf zwei Zeilen aufzuteilen:

```
rs.Open »Tabellenname«, CurrentProject.Connection, _
                adOpenKeyset, adLockOptimistic
```

Dazu muss die erste Zeile mit einem Unterstrich » _« enden, dem ein Leerzeichen vorangeht. Dieser Unterstrich ist für VBA das Signal, dass die Anweisung in der folgenden Zeile weitergeht.

Navigieren

Nach dem Öffnen eines *Recordset*-Objekts weist der Satzzeiger auf den ersten darin enthaltenen Datensatz.

Move-Methode   Mit der *Move*-Methode können Sie sich vor- oder zurückbewegen:

```
Datensatzgruppe.Move Zeilen, [Start]
```

Zeilen ist ein *Long*-Wert. Mit positiven Werten bewegen Sie sich um die betreffende Datensatzanzahl vorwärts, mit negativen Werten rückwärts, mit *rs.Move(10)* zum Beispiel in *rs* um zehn Datensätze vorwärts.

Zusätzlich stehen Ihnen folgende *Move...*-Methoden zur Verfügung:

Move...-Methoden

```
Datensatzgruppe.[MoveFirst | MoveLast | MoveNext | MovePrevious]
```

➡ *MoveFirst*: Setzt den Satzzeiger auf den ersten Datensatz.

➡ *MoveLast*: Setzt den Satzzeiger auf den letzten Datensatz.

➡ *MoveNext*: Setzt den Satzzeiger auf den folgenden Datensatz.

➡ *MovePrevious*: Setzt den Satzzeiger auf den vorhergehenden Datensatz.

Die Eigenschaft *Bof* der Datensatzgruppe wird *True*, wenn Sie zum Tabellenanfang gelangen, unmittelbar *vor* den ersten Satz der Datensatzgruppe, und *Eof* wird *True*, wenn Sie an die *Eof*-Position gelangen, ans Tabellenende, unmittelbar *hinter* den letzten Satz der Gruppe.

Bof und Eof

Durch Abfragen dieser Datensatzgruppeneigenschaften können Sie sich schrittweise bis zum Anfang bzw. Ende einer Datensatzgruppe vor- oder zurücktasten (Abbildung 30.3).

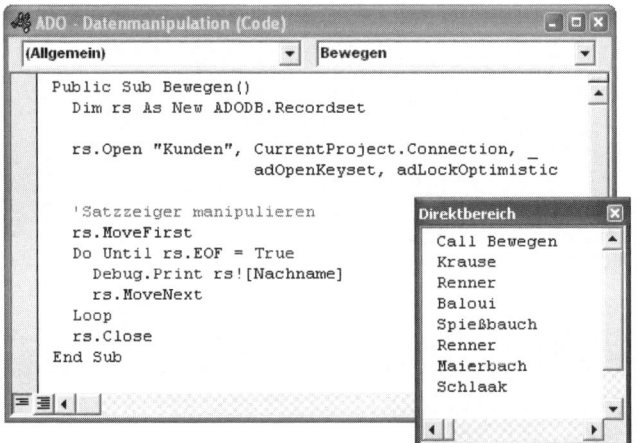

Abbildung 30.3: ADO.MDB, Modul »Datenmanipulation«, Prozedur »Bewegen«

Nach dem Öffnen einer auf der Tabelle »Kunden« basierenden Datensatzgruppe *rs* ist zunächst der erste Satz dieser Gruppe der aktuelle Datensatz (den Satzzeiger anschließend mit *rs.MoveFirst* zum ersten Datensatz zu bewegen, ist daher in der Praxis überflüssig).

Die folgende Schleife wird ausgeführt, bis die Bedingung *rs.Eof = True* erfüllt ist, also die Eigenschaft *Eof* der Gruppenvariablen *rs* auf *True* gesetzt ist und somit der Satzzeiger hinter den letzten Datensatz gesetzt wurde, auf die *Eof*-Position.

Solange wird immer wieder mit *Debug.Print rs![Nachname]* der Inhalt des Felds »Nachname« des aktuellen Datensatzes ausgegeben und danach der Satzzeiger mit *rs.MoveNext* zum nächsten Datensatz bewegt.

Bookmark-
Eigenschaft

Die Option *Start* der *Move*-Methode ist ein Lesezeichen, das als Ausgangspunkt benutzt werden kann. Auch ADO-Datensatzgruppen besitzen die Eigenschaft *Bookmark*, die den aktuellen Stand des Satzzeigers enthält – vorausgesetzt, der Provider unterstützt Lesezeichen!

Supports-
Methode

Ob das wie bei Access der Fall ist, bekommen Sie mit der *Supports*-Methode heraus. Ihr wird eine von allen möglichen vordefinierte Konstante übergeben. Übergibt sie daraufhin *True*, wird das zugehörige Feature vom Provider unterstützt, sonst nicht. Übergibt beispielsweise *rs.Supports (adBookmark)* den Wert *True*, unterstützt das *Recordset* Lesezeichen.

Den aktuellen Wert dieser Eigenschaft – eine Zeichenkette – können Sie jederzeit einer *String-* oder *Variant*-Variablen zuweisen, ein Lesezeichen setzen, und später zu diesem Satz zurückkehren, indem Sie der *Bookmark*-Eigenschaft den Inhalt dieser Variablen zuweisen, also den zuvor gespeicherten Satzzeigerstand.

Listing 30.1:
Lesezeichen setzen
und benutzen

```
Dim m As String
...
...
m = rs.Bookmark
rs.Find »[Plz] > 60000«
If rs.Eof Then rs.Bookmark = m
```

m ist eine Variable vom Typ *String*. Die Zuweisung *m = rs.Bookmark* speichert darin den aktuellen Satzzeigerstand. Danach wird mit der in Kürze erläuterten *Find*-Methode der nächste Satz gesucht, der eine Postleitzahl größer 60000 enthält. Ist diese Suche erfolglos (*rs.Eof* ist *True*), kehrt *rs.Bookmark = m* zum davor aktuellen Datensatz zurück.

Die Datensatz-
anzahl

Ein ziemlich kompliziertes Thema ist das Bestimmen der Datensatzanzahl in einem *Recordset*. Eigentlich ist es ja ganz einfach (Abbildung 30.4).

Der Ausdruck *rs.RecordCount* übergibt die Datensatzanzahl im *Recordset*. Dass die ausgegebene 7 korrekt ist, beweist ein Vergleich mit der vorhergehenden Abbildung, laut der die Tabelle »Kunden« tatsächlich sieben Sätze enthält.

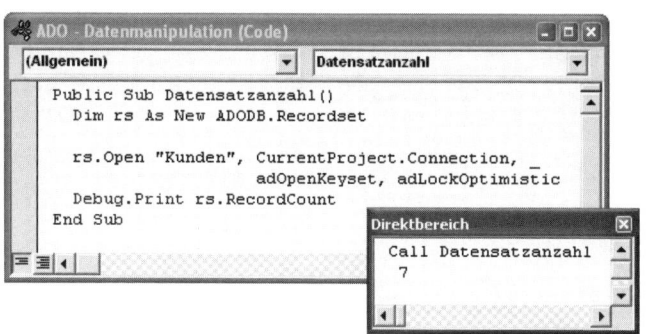

Abbildung 30.4:
ADO.MDB, Modul
»Datenmanipula-
tion«, Prozedur
»Datensatzanzahl«

Leider ist es nicht so einfach. Tatsächlich hängt es sowohl vom Provider als auch vom Cursortyp ab, was passiert. Unterstützt ein Provider Lesezeichen oder die so genannte »ungefähre Positionsangabe« und ist daher die Bedingung

```
If rs.supports(adBookmark) = True Or rs.supports(adApproxPosition) =
True Then ...
```

erfüllt, übergibt *RecordCount* immer die tatsächliche Datensatzanzahl. Werden jedoch nur Lesezeichen, nicht aber die ungefähre Positionsangabe unterstützt, werden dazu alle Datensätze geladen, was Zeit kostet.

Das ist beispielsweise bei der Jet Engine der Fall. ADO führt somit implizit ein *rs.MoveLast* durch, wenn Sie *RecordCount* auf ein Jet Engine-*Recordset* anwenden.

Drüber hinaus ist nur bei Cursor vom Typ Statisch und Schlüsselgruppe gewährleistet, dass die tatsächliche Satzanzahl übergeben wird (sonst wird einfach -1 übergeben; bei Vorwärts-Cursor immer, bei dynamischen abhängig von der Datenquelle).

Daten editieren

Den aktuellen Datensatz können Sie sehr einfach verändern (Abbildung 30.5).

Die Tabelle »Artikel« enthält unter anderem ein Feld »VK-Preis« mit dem Verkaufspreis des betreffenden Artikels. Die Prozedur *Editieren* erhöht die Verkaufspreise aller Artikel um 16 %, ersetzt also praktisch die Nettoverkaufspreise durch Bruttoverkaufspreise, die 16 % MWSt. enthalten.

Dazu werden in einer Schleife mit *MoveNext* alle Sätze des auf Basis der Tabelle »Artikel« erzeugten *Recordset* abgelaufen, bis *rs.Eof* den Wert *True* annimmt und damit das Ende der Datensatzgruppe erreicht ist.

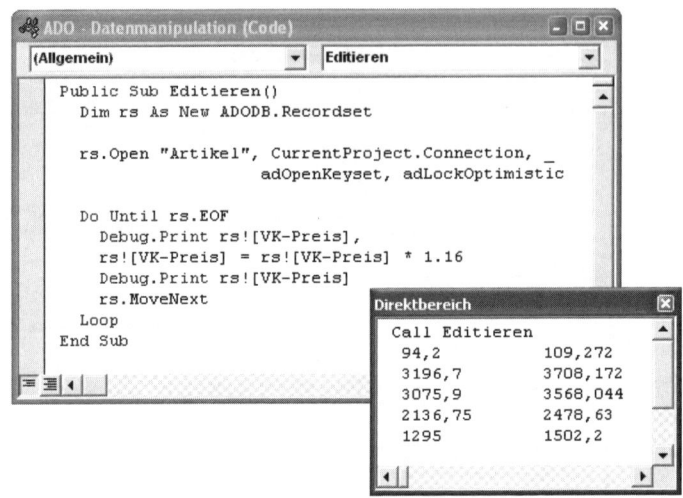

In der Schleife wird zunächst zur Kontrolle mit *Debug.Print rs![VK-Preis]* der Verkaufspreis des aktuellen Datensatzes ausgegeben. Danach erhöht *rs![VK-Preis] = rs![VK-Preis] * 1.16* den im Feld »VK-Preis« dieses Satzes enthaltenen Wert um 16 %. Der neue Wert wird zur Kontrolle im Direktfenster ausgegeben, bevor *rs.MoveNext* zum nächsten Satz geht.

:-)
TIPP

Um den ursprünglichen Inhalt der Tabelle wiederherzustellen, ersetzen Sie die Anweisung rs![VK-Preis] = rs![VK-Preis] * 1.16 *einfach durch* rs![VK-Preis] = rs![VK-Preis] / 116 * 100 *und rufen die Prozedur erneut auf.*

:-)
TIPP

Änderungen werden auf alle Fälle gespeichert, entweder beim Verlassen des Satzes, wenn also ein anderer Datensatz zum aktuellen Satz wird, oder beim Schließen der Datensatzgruppe.

Wollen Sie Änderungen verwerfen, wenden Sie vor dem Verlassen eines geänderten Satzes die eigens dafür gedachte *CancelUpdate*-Methode auf das Recordset an.

:-)
TIPP

Manchmal können Felder nicht verändert werden. Ob das der Fall ist, bekommen Sie heraus, indem Sie der Supports-*Methode die Konstante* adUpdate *übergeben. Übergibt der Ausdruck*

```
rs.supports(adUpdate)
```

True, *ist die Datensatzgruppe* rs *»updatable«.*

Delete-Methode   Um Datensätze zu löschen, verwenden Sie die *Delete*-Methode:

```
Datensatzgruppe.Delete
```

Delete löscht den aktuellen Satz. Anschließend ist er nicht sofort weg, sondern einfach nicht mehr verfügbar, und der Satzzeiger ist undefiniert.

Das heißt, Sie müssen *MoveNext* anwenden, um beispielsweise den folgenden Satz zum neuen aktuellen Datensatz zu machen. Bewegen Sie sich danach mit *MovePrevious* zurück, wird der nicht verfügbare gelöschte Satz einfach übergangen.

Die Methode *AddNew* erzeugt einen neuen Datensatz im Pufferspeicher:

AddNew-Methode

```
Datensatzgruppe.AddNew
```

Sie können den einzelnen Feldern dieses neuen Satzes anschließend Werte zuweisen:

```
rs.AddNew
rs![Name] = »Müller«
rs![Vorname] = »Gerd«
rs.Update
```

Listing 30.2: Datensatz hinzufügen

Warum hier ausdrücklich *Update* angewendet wird? Nun, angenommen Sie wenden in hier nicht gezeigten folgenden Zeilen wieder *AddNew* an, um einen weiteren neuen Satz zu erzeugen. Dann ruft ADO implizit *Update* auf und speichert somit den zuvor erzeugten Satz Was aber, wenn Sie das nicht tun, also innerhalb der Prozedur keinen weiteren neuen Satz erzeugen? Dann ist der soeben erzeugte Satz verloren!

Daher sollten Sie im Gegensatz zum Ändern eines Satzes nach dem Erstellen eines neuen Satzes die *Update*-Methode anwenden!

Daten suchen

Zum Suchen bestimmter Daten verwenden Sie die *Find*-Methode, deren Verhalten durch die zu übergebenden Argumente bestimmt wird:

Find-Methode

```
Datensatzgruppe.Find Criteria, SkipRows, SearchDirection, Start
```

Bis auf *Criteria*, das Suchkriterium, sind alle Argumente optional:

➡ *Criteria* ist ein String wie »[Plz] = 68000« mit einem *einzelnen* Suchkriterium. Es ist im Gegensatz zu DAO nicht möglich, beliebige SQL-WHERE-Ausdrücke wie »[Plz] >= 60000 And [Plz] <= 80000« zu verwenden, die mehrere Suchkriterien miteinander kombinieren!

➡ *SkipRows* ist ein *Long*-Wert, der aussagt, wo vom aktuellen Datensatz aus gesehen die Suche beginnen soll. Der Standardwert ist 0, sodass auch der aktuelle Satz gefunden wird, sollte er dem Suchkriterium genügen. Mit 10 würde die Suche dagegen beim – vom aktuellen Satz aus gesehen – zehnten Datensatz beginnen.

➤ *SearchDirection* ist entweder die Konstante *adSearchForward*, dann wird die Datensatzgruppe vorwärts durchsucht, oder *adSearchBackward*, dann wird sie in Richtung zum Anfang hin durchsucht.

➤ *Start* ist ein *Variant*-Lesezeichen, das die absolute Startposition der Suche bestimmt (wird *Start* und zusätzlich *SkipRows* verwendet, ist der für *SkipRows* angegebene Wert relativ zu dieser Startposition zu sehen).

Beispielsweise sucht der Ausdruck

```
rs.Find "[Plz] >= 60000"
```

in durch *rs* repräsentierten *Recordset* den ersten Datensatz, der im Feld »Plz« eine Zahl enthält, die größer oder gleich 60000 ist.

Eof-Eigenschaft Ob ein solcher Satz gefunden wird, zeigt anschließend die Eigenschaft *Eof* der Datensatzgruppe an, die das Ende der Gruppe markiert. Ist sie *True*, war *Find* erfolglos und konnte keinen dem Kriterium entsprechenden Satz finden.

Angenommen, wir suchen in der Tabelle »Kunden« alle Datensätze mit Postleitzahlen zwischen 60000 und 80000. Dann haben wir ein Problem, da der ADO-*Find*-Methode nur ein Kriterium übergeben wird. Notgedrungen ist also ein Umweg notwendig (Abbildung 30.6).

Abbildung 30.6:
ADO.MDB, Modul
»Datenmanipula-
tion«, Prozedur
»Suchen«

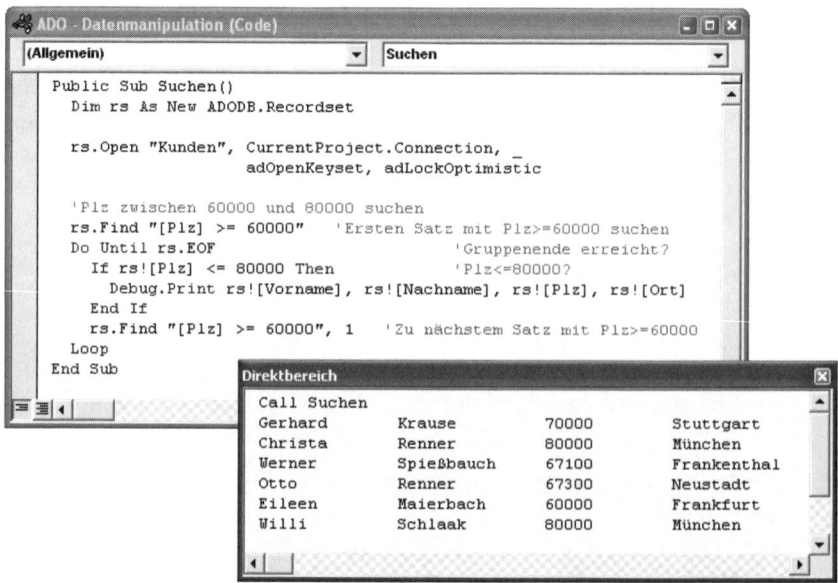

[KOMPENDIUM] **Access 2003**

Die Tabelle »Kunden« wird der *Recordset*-Variablen *rs* zugeordnet. Danach sucht

```
rs.Find "[Plz] >= 60000"
```

den ersten Satz mit einer Postleitzahl, die größer oder gleich 60000 ist.

Do Until rs.Eof führt die folgende Schleife solange aus, bis *rs.Eof* den Wert *True* besitzt, der letzte Aufruf der *Find*-Methode also keinen weiteren Datensatz fand, der dem Kriterium genügt.

Solange wird nun zunächst einmal geprüft, ob der gefundene Datensatz auch dem zweiten Kriterium genügt, die darin enthaltene Postleitzahl also kleiner oder gleich 80000 ist:

```
If rs![Plz] <= 80000
```

Nur wenn auch das der Fall ist, wird mit *Debug.Print* der Inhalt der Felder »Vorname«, »Nachname«, »Plz« und »Ort« des aktuellen Satzes ausgegeben.

Danach wird mit

```
rs.Find »[Plz] >= 60000«, 1
```

der nächste Datensatz gesucht, der die Suchkriterien erfüllt. Entscheidend ist die Angabe des Werts 1 für *SkipRows*: Der Standardwert 0 würde ab dem aktuellen Satz suchen, der die Kriterien ja bekanntlich erfüllt. Stattdessen soll nun jedoch ab dem folgenden Satz weitergesucht werden, daher die 1 für *SkipRows*.

Zur variablen Suche nach einem vom Benutzer in ein Formulartextfeld oder ein Eingabedialogfeld eingegebenes Kriterium: Suchen Sie die in der numerischen Variablen *p* enthaltene Postleitzahl, verwenden Sie den Ausdruck:

```
rs.Find "[Plz] = " + Str(p)
```

Die Funktion *Str* wandelt die in *p* enthaltene Zahl in eine Zeichenkette um. Enthält *p* die Zahl 50000, ergibt dieser Ausdruck daher die Zeichenfolge

```
rs.Find "[Plz] = 50000"
```

Ist das in der Variablen enthaltene Suchkriterium jedoch eine Zeichenkette, müssen Sie beachten, dass die in der Variablen enthaltene Zeichenkette in Hochkommata eingeschlossen werden muss.

Befindet sich in der Variablen *n* ein gesuchter Name, nach dem das Feld »Nachname« eines *Recordset* durchsucht werden soll, verwenden Sie daher folgenden Ausdruck:

```
rs.Find "[Nachname] = " + "'" + n + "'"
```

Enthält *n* die Zeichenkette »Maier«, entspricht dieser Ausdruck dem folgenden:

```
rs.Find "[Nachname] = 'Maier'
```

Abbildung 30.7:
ADO.MDB, Modul
»Datenmanipula-
tion«, Prozedur
»Suchen_variabel«

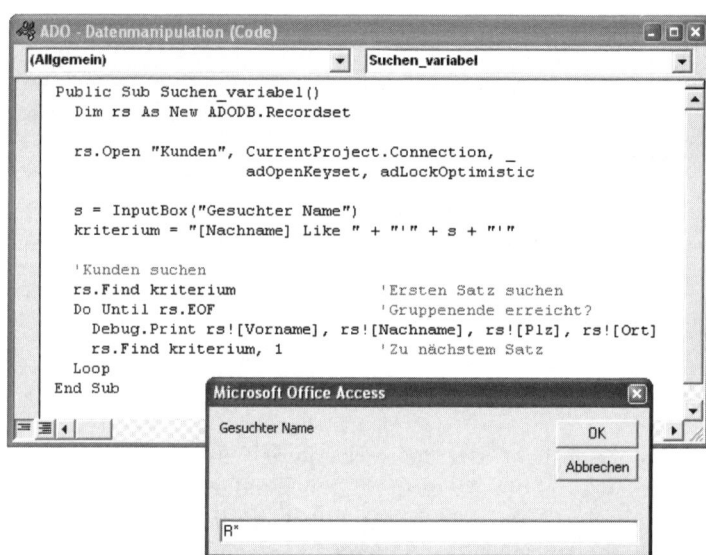

```
Public Sub Suchen_variabel()
    Dim rs As New ADODB.Recordset

    rs.Open "Kunden", CurrentProject.Connection, _
                     adOpenKeyset, adLockOptimistic

    s = InputBox("Gesuchter Name")
    kriterium = "[Nachname] Like " + "'" + s + "'"

    'Kunden suchen
    rs.Find kriterium                'Ersten Satz suchen
    Do Until rs.EOF                  'Gruppenende erreicht?
      Debug.Print rs![Vorname], rs![Nachname], rs![Plz], rs![Ort]
      rs.Find kriterium, 1           'Zu nächstem Satz
    Loop
End Sub
```

Die Prozedur *Suchen_variabel* (Abbildung 30.7) sucht einen Nachnamen in der Tabelle »Kunden«. Als Suchkriterium wird der Kundenname benutzt, den die Prozedur mit *InputBox* vom Anwender erfragt und in der *String*-Variablen *s* speichert.

Geben Sie entsprechend der Abbildung das Suchkriterium »R*« ein, speichert die folgende Zuweisung

```
kriterium = "[Nachname] Like " + "'" + s + "'"
```

in der *String*-Variablen *kriterium* die Zeichenkette

```
"[Nachname] Like 'R*'"
```

Abgesehen davon, dass darin kein zusätzlicher Vergleich mit einem zweiten Suchkriterium notwendig ist, werden anschließend mit der prinzipiell gleichen Schleife wie im vorigen Beispiel alle Datensätze im Direktfenster ausgegeben, auf die dieses Suchkriterium zutrifft, deren Name also mit »R*« beginnt (Abbildung 30.8).

(KOMPENDIUM) **Access 2003**

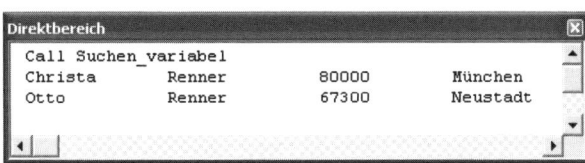

Abbildung 30.8:
Ergebnis der Suche

Seek sucht über die Indizes einer Tabelle »schnell und roh«: Schnell, da es keine schnellere Suchmöglichkeit als die über einen Index gibt; roh, da das nur auf Basis der physischen Tabelle geht, das heißt ausschließlich in *Recordset*, das direkt auf einer Tabelle basiert.

Seek-Methode

Letzteres bedeutet, dass Sie praktisch eine Art *Table-Recordset* öffnen, das tatsächlich die physische Tabelle selbst widerspiegelt. Dazu verwenden Sie beim Öffnen das zusätzliche Argument *Options* und übergeben dafür die Konstate *adCmdTableDirect*:

```
rs.Open »Kunden«, CurrentProject.Connection, adOpenKeyset,
adLockOptimistic, adCmdTableDirect
```

Anschließend kann auf dieses *Recordset* die *Seek*-Methode angewendet werden – vorausgesetzt, die Eigenschaft *CursorLocation* des *Recordset* ist nicht auf den Wert *adUseClient* eingestellt, sondern auf den alternativen Wert *adUseServer*.

Normalerweise kein Problem, da der zulässige Wert *adUseServer* die Voreinstellung bildet. Ich wollte das nur für den Fall erwähnen, dass Sie irgendwann einmal mit dieser herumspielen, sie auf *adUseClient* einstellen und sich dann wundern, dass *Seek* nicht funktioniert.

Übrigens: Wie immer hängt es vom Provider ab, ob *Seek* möglicherweise dennoch nicht einsetzbar ist. Unterstützt er keine Indizes, ist auch *Seek* nicht anwendbar. Das kann Ihr Programm mit dem Ausdruck

```
rs.Supports(adIndex)
```

herausbekommen. Übergibt er *True*, ist alles klar. Dann werden Indizes vom Provider unterstützt und die oben genannten zusätzlichen Voraussetzungen sind offenbar ebenfalls erfüllt. Entsprechend würde er beispielsweise *False* liefern, wenn das *Recordset* ohne den Zusatz *adCmdTableDirect* geöffnet würde.

Seek sucht in indizierten Tabellen im anzugebenden Indexfeld. Also muss außer dem zu suchenden Wert auch der zu verwendende Index angegeben werden. Dazu setzen Sie die Eigenschaft *Index* des *Recordset* zuvor auf den Namen des Index, der »aktiv« sein soll:

Index-
Eigenschaft

```
Datensatzgruppe.Index = Indexname
```

Indexname ist eine Zeichenkette mit dem Namen des Indizes, der im »Indizes«-Dialogfenster (in der Tabellen-Entwurfsansicht ANSICHT|INDIZES wählen) angezeigt wird.

Zum Beispiel »PrimaryKey«, der Standardname des Primärschlüssels, wenn dieses Feld durchsucht werden soll (Abbildung 30.9).

Abbildung 30.9:
Indizes der Tabelle
»Kunden«

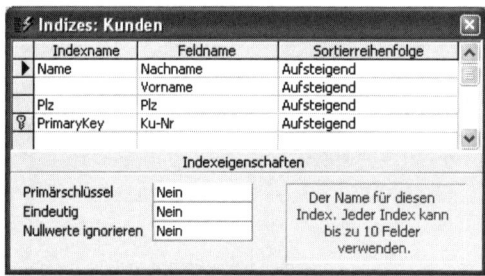

Um in dieser Tabelle »Kunden« für *Seek*-Operationen mit einem *Recordset* *rs* das Primärschlüsselfeld zu verwenden, würde entsprechend der Ausdruck

```
rs.Index = "PrimaryKey"
```

benötigt.

Analog dazu würde

```
rs.Index = "Plz"
```

stattdessen im Indexnamen »Plz« suchen, also im gleichnamigen indizierten Feld; und der Ausdruck

```
rs.Index = "Name"
```

im Mehrfelderindex »Name«, der sich aus den beiden Feldern »Nachname« und »Vorname« zusammensetzt.

Haben Sie den aktuellen Index gesetzt, kann die Suche mit der *Seek*-Methode beginnen:

```
Datensatzgruppe.Seek KeyValues, SeekOption
```

KeyValues ist der gesuchte Wert (Datentyp *Variant*) bzw. – in einem Array – die gesuchten Werte, worauf ich hier jedoch nicht eingehe, und *SeekOptions* bestimmt das Suchverhalten von *Seek*. Darauf gehe ich ebenfalls nicht ein, lassen Sie dieses Argument einfach weg. Damit sucht dann beispielsweise

```
rs.Seek 3
```

im zuvor gesetzten Index nach einem Datensatz mit dem Wert 3 in jenem Indexfeld (Abbildung 30.10).

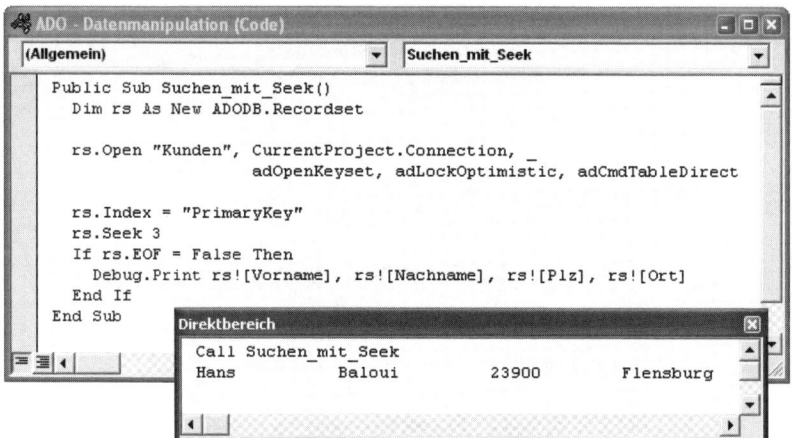

Abbildung 30.10:
ADO.MDB, Modul »Datenmanipulation«, Prozedur »Suchen_mit_-Seek«

Beachten Sie bitte das zusätzliche Argument *adCmdTableDirect* beim Öffnen des *Recordset*, um zu gewährleisten, dass es tatsächlich die physische Tabelle selbst repräsentiert!

Der Rest entspricht dem eben Gesagten und sucht im Primärschlüssel der Tabelle »Kunden« den ersten Satz mit dem Schlüsselwert 3, Hans Baloui.

Würde *Seek* keinen Satz finden, wäre übrigens *rs.Eof* mal wieder *True* und Ihr Programm könnte daran die erfolglose Suche erkennen.

Daten filtern

Eine Möglichkeit zum Filtern eines *Recordset* besteht darin, wie erläutert beim Öffnen des *Recordset* für seine *Source*-Eigenschaft eine entsprechende SQL-WHERE-Klausel zu verwenden, also dafür zu sorgen, dass es von vornherein nur die interessierenden Datensätze enthält:

Filter-Eigenschaft

```
rs.Open »SELECT * FROM Kunden WHERE Plz>60000 AND Plz<70000«,
CurrentProject.Connection
```

Um ein geöffnetes *Recordset* nachträglich zu filtern, setzen Sie die *Filter*-Eigenschaft des *Recordset* mit Hilfe einer WHERE-Klausel so wie es in Abbildung 30.11 gezeigt wird).

Der Ausdruck

```
rs.Filter = "[Nachname] Like 'M*' Or [Nachname] Like 'R*'"
```

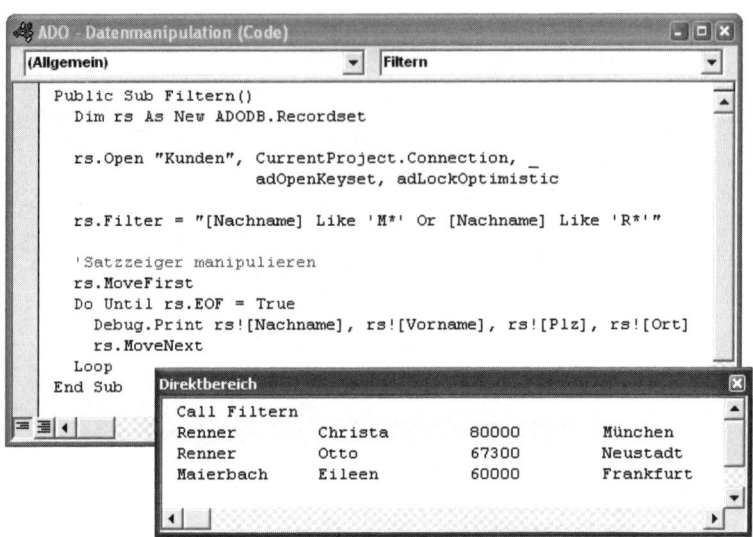

```
ADO - Datenmanipulation (Code)

(Allgemein)                          Filtern

  Public Sub Filtern()
    Dim rs As New ADODB.Recordset

    rs.Open "Kunden", CurrentProject.Connection, _
                      adOpenKeyset, adLockOptimistic

    rs.Filter = "[Nachname] Like 'M*' Or [Nachname] Like 'R*'"

    'Satzzeiger manipulieren
    rs.MoveFirst
    Do Until rs.EOF = True
      Debug.Print rs![Nachname], rs![Vorname], rs![Plz], rs![Ort]
      rs.MoveNext
    Loop
  End Sub
```

```
Direktbereich
  Call Filtern
  Renner          Christa        80000        München
  Renner          Otto           67300        Neustadt
  Maierbach       Eileen         60000        Frankfurt
```

selektiert alle Datensätze, die im Feld »Nachname« einen mit »M« oder »R«
beginnenden Eintrag aufweisen. Die folgende Schleife gibt alle im *Recordset*
enthaltenen Sätze aus, die wie erwartet nur jene Datensätze sind, die den verwendeten Filterkriterien entsprechen.

30.4   Weitere ADO-Objekte

Das Field-Objekt   Das *Field*-Objekt repräsentiert eine Spalte einer Datensatzgruppe, also ein
Feld – und wurde bereits die ganze Zeit über implizit von uns benutzt!

Was ich damit meine? Nun, statt nach dem Öffnen einer Datensatzgruppe
rs mit dem Ausdruck

```
Debug.Print rs![Nachname]
```

auf den Inhalt des Felds »Nachname« eines Satzes zuzugreifen, könnten Sie
auch folgenden Ausdruck verwenden:

```
Debug.Print rs.Fields(»Nachname«).Value
```

Er macht genau das Gleiche, nur dass das *Field*-Objekt darin ausdrücklich
statt implizit benutzt wird.

Ausgangspunkt ist die *Fields*-Auflistung. Sie enthält alle Spalten, sprich Felder eines Recordset. Wie üblich können Sie die einzelnen darin enthaltenen
Felder entweder über ihren Namen oder über Index ansprechen.

Der Ausdruck *rs.Fields(»Nachname«).Value* spricht das Feld namens »Nachname« des Recordset *rs* an. Die *Value*-Eigenschaft dieses *Field*-Objekts übergibt seinen Wert, also den Inhalt des Felds »Nachname« des aktuellen Datensatzes.

Nichts anderes macht auch der die ganze Zeit über von uns verwendete Ausdruck *rs![Nachname]*: implizit: Ohne dass das unmittelbar aus dem Ausdruck hervorgeht, spricht er das *Field*-Objekt »Nachname« des Recordset *rs* an und übergibt seinen aktuellen Inhalt.

Wir benutzen das *Field*-Objekt also schon lange, ohne weiter darüber nachzudenken. Was auch gar nicht notwendig ist, denn Sie können relativ wenig damit anfangen. Wenn Sie wollen, können Sie über die verschiedenen Eigenschaften dieses Objekts Informationen über die einzelnen Felder eines Recordset erhalten (Abbildung 30.12).

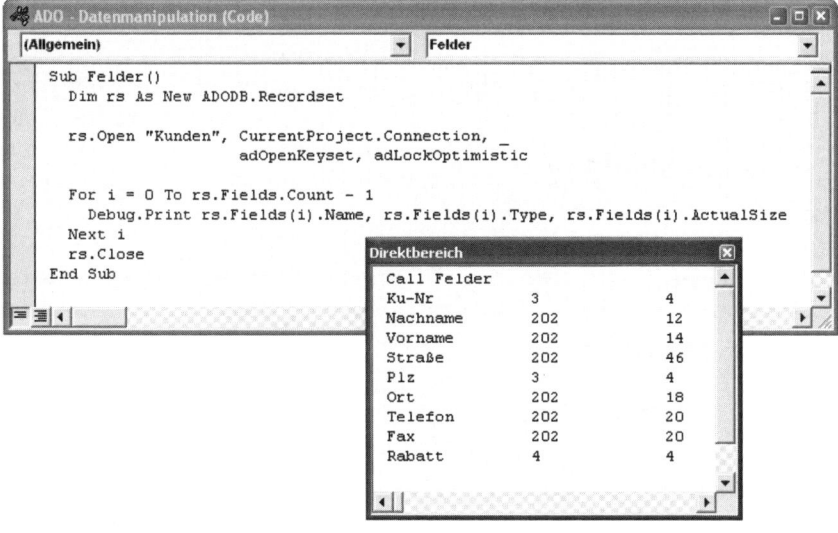

Abbildung 30.12: ADO.MDB, Modul »Datenmanipulation«, Prozedur »Felder«

Die *Count*-Eigenschaft übergibt die Anzahl der in einer Auflistung enthaltenen Elemente. *rs.Fields.Count* übergibt somit die Anzahl der Felder in der *Fields*-Auflistung des *Recordset*-Objekts *rs*.

Die folgende Schleife klappert diese Felder der Reihe nach ab und greift jeweils auf die Eigenschaften *Name*, den Namen, *Type*, den Datentyp (beispielsweise bedeutet 3 *Long Integer* und 4 *Single*) und *ActualSize*, die Größe des betreffenden Felds, zu.

Ansonsten können Sie nicht sehr viel durch die explizite Benutzung des *Field*-Objekts gewinnen, mit einer entscheidenden Ausnahme: Sie müssen es sogar ausdrücklich benutzen, wenn Sie die Datenstruktur einer Tabelle verändern wollen!

Um Felder zu löschen oder neue Felder einzufügen, müssen Sie die Methoden *Append* bzw. *Delete* auf die *Fields*-Auflistung bzw. auf das interessierende *Field*-Objekt anwenden.

Das Command-Objekt

Das *Command*-Objekt befindet sich recht weit oben in der ADO-Objekthierarchie, nämlich wie das *Recordset* direkt unterhalb des *Connection*-Objekts. Es repräsentiert ein »Kommando«, also einen Befehl, der auf die betreffende Datenquelle angewandt wird.

Ziel dieses Kommandos ist vorwiegend das Abfragen einer Datenbank und Zurückgeben des Ergebnisses als Datensatzgruppe:

Nichts Neues, denn genau das haben wir bereits vor einiger Zeit implizit getan, ohne es bewusst zu bemerken. Erinnern Sie sich an die Verwendung eines SQL-Ausdrucks beim Öffnen eines *Recordset*?

```
rs.Open »SELECT * FROM Kunden WHERE Plz>60000 AND Plz<70000«,
CurrentProject.Connection
```

Die übergebene SQL-Zeichenkette definiert praktisch ein *Command*-Objekt, also einen Befehl, der der Eigenschaft *Source* des *Recordset* zugewiesen und ausgeführt wird. Das *Recordset* repräsentiert anschließend die vom auf diese Weise implizit verwendeten *Command*-Objekt übergebenen Datensätze.

Sie könnten das Ganze auch explizit formulieren, wodurch es klarer wird. Dazu erzeugen Sie zuächst ein neues *Command*-Objekt und weisen einer *Command*-Variablen namens *cmd* oder ähnlich einen Bezug darauf zu:

```
Dim cmd As New ADODB.Command
```

Danach weisen Sie seiner *CommandText*-Eigenschaft den Befehlstext zu, also die Datensätze auswählende SQL-WHERE-Klausel:

```
cmd.CommandText = »SELECT * FROM Kunden WHERE Plz>60000 AND Plz<70000«
```

Anschließend weisen Sie seiner *ActiveConnection*-Eigenschaft einen Bezug zur aktiven Verbindung zu. Mit

```
cmd.ActiveConnection = CurrentProject.Connection
```

wird dem *Command*-Objekt wie einem *Recordset* mitgeteilt, dass es das aktuelle Projekt benutzen soll, also die momentan geöffnete Access-Datenbank ADO.MDB.

Und nun führen Sie das Kommando aus, indem Sie die *Execute*-Methode auf das *Command*-Objekt anwenden:

```
Set rs = cmd.Execute
```

Das Kommando wird ausgeführt und die gewünschten Datensätze ausgewählt. Der Ausdruck *cmd.Execute* übergibt diese Datensatzgruppe und die *Set*-Anweisung weist der *Recordset*-Variablen *rs* einen Bezug darauf zu. *rs* repräsentiert nun die durch das ausgeführte Kommando ausgewählten Datensätze.

Genau das ist aber wie gesagt ja auch ohne explizite Verwendung des *Command*-Objekts mit einem *Recordset*-Objekt möglich.

Viel nützlicher ist, dass das *Command*-Objekt auch zur Ausführung von SQL-Anweisungen verwendet werden kann, die keine Datensätze auswählen, sondern Daten *ändern*, also für Aktionsabfragen. Mit einem *Recordset*-Objekt ist das nämlich nicht möglich (Abbildung 30.13).

Aktionsabfragen ausführen

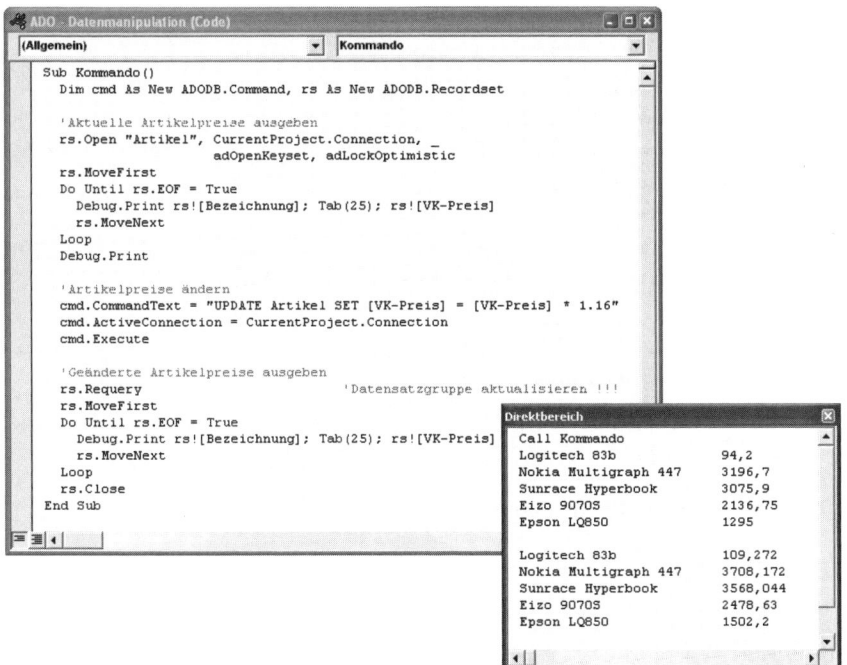

Abbildung 30.13:
ADO.MDB, Modul »Datenmanipulation«, Prozedur »Kommando«

Die Prozedur *Kommando* erhöht ebenso wie die vor kurzem erläuterte Prozedur *Editieren* die Verkaufspreise aller Artikel der Tabelle »Artikel« um 16 %.

Allerdings nicht in einer Schleife, in der jeder einzelne Artikel entsprechend geändert wird, sondern einfach durch Ausführung eines entsprechenden Kommandos.

Zunächst werden in einer Schleife zur Kontrolle die aktuellen Artikelbezeichnungen und Verkaufspreise ausgegeben.

Wie erläutert wurde mit *Dim cmd As New ADODB.Command* ein neues *Command*-Objekt erzeugt und *cmd* ein Bezug darauf zugewiesen. Nun wird mit

```
cmd.CommandText = »UPDATE Artikel SET [VK-Preis] = [VK-Preis] * 1.16«
```

der benötigte Kommandotext definiert, eine SQL-Anweisung, die den Inhalt des Felds »VK-Preis« aller Datensätze der Tabelle »Artikel« um 16 % erhöht. Und dem *Command*-Objekt anschließend mit

```
cmd.ActiveConnection = CurrentProject.Connection
```

mitgeteilt, dass es das aktuelle Projekt benutzen soll, bevor nun die *Execute*-Methode angewendet wird, um das Kommando auszuführen:

```
cmd.Execute
```

Und zwar ohne einer *Recordset*-Variablen einen Bezug auf die übergebenen Datensätze zuzuweisen, da dieses Kommando ja gar keine Sätze auswählt, sondern eine Aktion ausführt!

Das bestätigt die folgende Ausgabeschleife, die belegt, dass die Ausführung dieses Kommandos alle Artikelpreise um 16 % erhöhte.

TIPP

Um den ursprünglichen Inhalt der Tabelle wiederherzustellen, ersetzen Sie den Befehlstext einfach durch

```
cmd.CommandText = »UPDATE Artikel SET [VK-Preis] = [VK-Preis] /116 *
100
```

und rufen die Prozedur erneut auf.

!!
STOP

Diese Prozedur zeigt Ihnen gleich noch etwas sehr Wichtiges zum Umgang mit Recordset: *Vor Beginn der zweiten Ausgabeschleife befindet sich die Anweisung*

```
rs.Requery
```

Die Requery-*Methode aktualisiert den Inhalt des geöffneten* Recordset. *Ohne sie würde das* Recordset *weiterhin den alten Tabellenzustand mit den zuvor gültigen Preisen wiedergeben! Alternativ dazu könnten Sie das* Recordset *natürlich auch schließen und erneut öffnen.*

Das Parameter-
Objekt

Besondere Bedeutung erhält das *Command*-Objekt zusammen mit dem *Parameter*-Objekt, das ein Unterobjekt des *Command*-Objekts ist und einen Parameter einer Abfrage repräsentiert.

Ich muss bei der Erläuterung voraussetzen, dass Sie sich mit Parameterabfragen in Access auskennen, also mit interaktiv erstellten Auswahlabfragen, die mit ABFRAGE|PARAMETER... in Parameterabfragen umgewandelt werden, die bei der Ausführung zunächst eine oder mehrere variable Angaben erfragen (Abbildung 30.14).

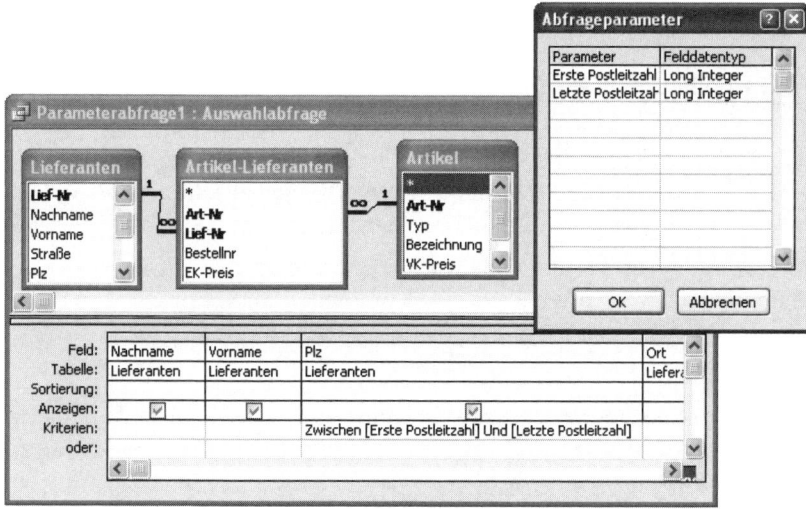

Abbildung 30.14:
ADO.MDB, Abfrage »Parameter-abfrage1«

Wird diese Abfrage interaktiv ausgeführt, fragt sie zunächst nach der ersten Postleitzahl, die in den Vergleichsausdruck

```
Zwischen [Erste Postleitzahl] Und [Letzte Postleitzahl]
```

eingesetzt werden soll (Abbildung 30.15).

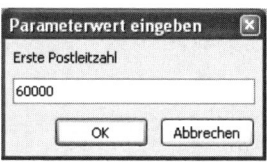

Abbildung 30.15:
Abfrage der Parameter

Sie geben eine Postleitzahl wie 60000 ein, klicken auf »OK« und geben beim daraufhin abgefragten zweiten Parameter eine Postleitzahl wie beispielsweise 70000 ein (die Eingabe der zweiten Postleitzahl ist optional, kann also auch abgebrochen werden).

Access setzt die beiden Werte in den für die Postleitzahl verwendeten Selektionsausdruck ein, der somit

```
Zwischen 60000 Und 70000
```

lautet, und führt die Abfrage aus (Abbildung 30.16).

Abbildung 30.16: Resultat der Abfrage

Parameterabfrage1 : Auswahlabfrage

Nachname	Vorname	Plz	Ort	Typ	Bezeichnung
Müller	Walter	60000	Frankfurt	Notebook	Sunrace Hyperbook
Keller	Manfred	68000	Mannheim	Notebook	Sunrace Hyperbook
Mayer	Willi	70000	Stuttgart	Monitor	Eizo 9070S
Iderbach	Susanne	69000	Heidelberg	Drucker	Epson LQ850
Maier	Gerd	69000	Heidelberg	Drucker	Epson LQ850

Datensatz: 1 von 5

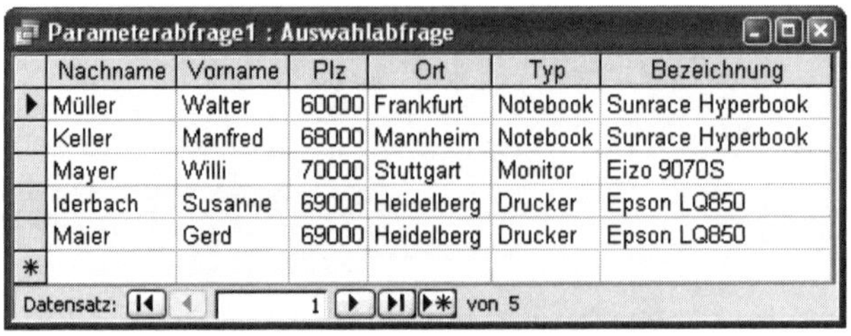

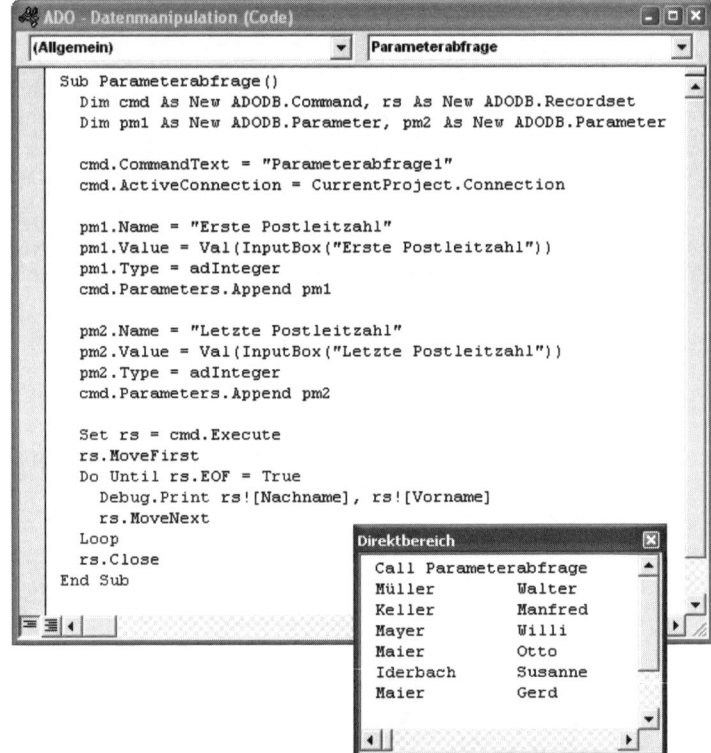

Die Frage ist, wie Sie diese Abfrage in einem VBA-Programm benutzen können. Wie übergibt Ihr Programm die erforderlichen Parameter? Mit einem *Command*-Objekt, genauer: mit den darin enthaltenen *Parameter*-Objekten (Abbildung 30.17).

Abbildung 30.17: ADO.MDB, Modul »Datenmanipulation«, Prozedur »Parameterabfrage«

```
Sub Parameterabfrage()
  Dim cmd As New ADODB.Command, rs As New ADODB.Recordset
  Dim pm1 As New ADODB.Parameter, pm2 As New ADODB.Parameter

  cmd.CommandText = "Parameterabfrage1"
  cmd.ActiveConnection = CurrentProject.Connection

  pm1.Name = "Erste Postleitzahl"
  pm1.Value = Val(InputBox("Erste Postleitzahl"))
  pm1.Type = adInteger
  cmd.Parameters.Append pm1

  pm2.Name = "Letzte Postleitzahl"
  pm2.Value = Val(InputBox("Letzte Postleitzahl"))
  pm2.Type = adInteger
  cmd.Parameters.Append pm2

  Set rs = cmd.Execute
  rs.MoveFirst
  Do Until rs.EOF = True
    Debug.Print rs![Nachname], rs![Vorname]
    rs.MoveNext
  Loop
  rs.Close
End Sub
```

Direktbereich

```
Call Parameterabfrage
Müller        Walter
Keller        Manfred
Mayer         Willi
Maier         Otto
Iderbach      Susanne
Maier         Gerd
```

Der Ausdruck

```
cmd.CommandText = »Parameterabfrage1«
```

weist dem *Command*-Objekt als auszuführenden Befehlstext den Namen der auszuführenden Parameterabfrage zu, »Parameterabfrage1«. Als aktive Verbindung soll wieder die zum aktuellen Projekt benutzt werden.

Danach wird's interessant. Die beiden der Parameterabfrage zu übergebenden Argumente werden definiert. Dazu wurden zuvor mit *Dim* zwei neue *Parameter*-Objekte erzeugt und den beiden *Parameter*-Variablen *pm1* und *pm2* Bezüge auf diese Objekte zugewiesen.

Die Parameter werden nun definiert, indem die verschiedenen Eigenschaften der Parameter-Variablen entsprechend eingestellt werden. Zuerst wird der *Name*-Eigenschaft die Bezeichnung des Parameters zugewiesen:

```
pm1.Name = »Erste Postleitzahl«
```

Danach wird die Eigenschaft *Value* auf den Wert gesetzt, der für diesen Parameter verwendet werden soll:

```
pm1.Value = Val(InputBox(»Erste Postleitzahl«))
```

Der Wert wird von Ihnen per *InputBox* erfragt. Sie geben eine Postleitzahl wie »60000« ein. *InputBox* übergibt die Eingabe als Zeichenkette. Die *Val*-Funktion ermittelt den numerischen Wert der Zeichenkette, also die Zahl 60000, die als Einstellung *Value* des *Parameter*-Objekts verwendet wird.

Die Parameterdefinition wird abgeschlossen, indem mit

```
pm1.Type = adInteger
```

dem *Parameter*-Objekt der Typ dieses Parameters mitgeteilt wird, indem seiner *Type*-Eigenschaft die zugehörige Typ-Konstante zugewiesen wird (was die restlichen Datentyp-Konstanten angeht: Schlagen Sie in der Online-Hilfe den Text zur ADO-Eigenschaft *Type* nach).

Der erste Parameter ist nun definiert, die Variable *pm1* enthält alle benötigten Angaben. Die Anweisung

```
cmd.Parameters.Append pm1
```

wendet nun die *Append*-Methode auf die – zunächst leere – *Parameters*-Auflistung des *Command*-Objekts an, um ihr diesen Parameter hinzuzufügen, so- dass die Auflistung nun genau einen Parameter enthält.

Auf die gleiche Weise wird anschließend der zweite Parameter *pm2* definiert (Sie werden dabei nach der letzten Postleitzahl gefragt und geben zum Beispiel 70000 ein) und ebenfalls dieser Auflistung hinzugefügt.

Das *Command*-Objekt enthält nun die beiden benötigten Parameter zur Ausführung der Parameterabfrage, die mit

```
Set rs = cmd.Execute
```

erfolgt, wobei *rs* der Bezug auf die durch die Kommandoausführung ausgewählte Datensatzgruppe übergeben wird. Die ausgewählten Datensätze werden anschließend im Direktfenster angezeigt, beispielsweise alle Sätze im Postleitzahlgebiet 60000 bis 70000.

:-)
TIPP

Das Command-*Objekt muss keineswegs auf einer vorhandenen, interaktiv erstellten Parameterabfrage basieren. Ebensogut kann ein parametrisierter SQL-Ausdruck verwendet werden:*

```
cmd.CommandText = »SELECT * FROM Kunden WHERE Plz>[Erste Postleitzahl]
AND Plz<[Letzte Postleitzahl]«
```

Ihr VBA-Programm kann somit jederzeit per SQL-Ausdruck Parameterabfragen erzeugen. Anschließend kann es diese Parameterabfrage wiederholt mit unterschiedlichen Parametern ausführen, indem die bei der ersten Ausführung definierten Parameter einfach umdefiniert werden:

```
cmd.Parameters(0).Value = 10000
cmd.Parameters(1).Value = 90000
Set rs = cmd.Execute
```

Die zuvor definierten beiden Parameter befinden sich nach dem Einfügen mit Append als Parameter mit den Indizes 0 und 1 in der Parameters-Auflistung des Command-Objekts.

Die beiden ersten Zeilen weisen ihnen neue Werte zu. Danach wird die Parameterabfrage mit diesen neuen Werten erneut ausgeführt und rs wieder ein Bezug auf die nun übergebenen Datensätze zugewiesen.

Das Error-Objekt

Das *Error*-Objekt reiße ich nur kurz an. Natürlich können während Datenbankoperationen auftretende Laufzeitoperationen wie gewohnt mit der Fehlerbehandlung abgefangen werden.

Das *Error*-Objekt kann jedoch detailliertere Auskunft über aufgetretene Fehler geben, genauer: die *Errors*-Auflistung, die alle aufgetretenen Fehler als einzelne *Error*-Objekte enthält. Um die Fehlerliste einzusehen, klappern Sie der Reihe nach alle darin enthaltenen *Error*-Objekte ab:

Listing 30.3:
Fehlerliste
ausgeben

```
Dim Fehler As Error
For Each Fehler In cn.Errors
    Debug.Print Fehler.Description, Fehler.NativeError,
    Fehler.Number, Fehler.Source
Next Fehler
```

Die *Errors*-Auflistung ist ein Unterobjekt des *Connection*-Objekts und wird daher mit *cn.Errors* angesprochen, wenn *cn* einen Bezug auf die aktive Verbindung enthält.

Die *For..Each*-Schleife klappert die einzelnen Elemente der Auflistung ab und gibt jeweils die aktuelle Einstellung der Eigenschaft *Description* (Fehlerbeschreibung), *NativeError* (interne Fehlernummer des Providers), *Number* (ADO-Fehlernummer) und *Source* (Name der fehlerverursachenden Datenquelle) des betreffenden Fehlers im Direktfenster aus.

Anschließend können Sie alle Meldungen über die aufgetretenen Fehler löschen, indem Sie die *Clear*-Methode auf die *Errors*-Auflistung anwenden.

Teil 7   Praxisführer

31 Datenbanken optimieren

31.1 Startverhalten festlegen

Der Befehl EXTRAS|START... ermöglicht die Beeinflussung des Startverhaltens der aktuellen Datenbank nach dem erneuten Öffnen (Abbildung 31.1).

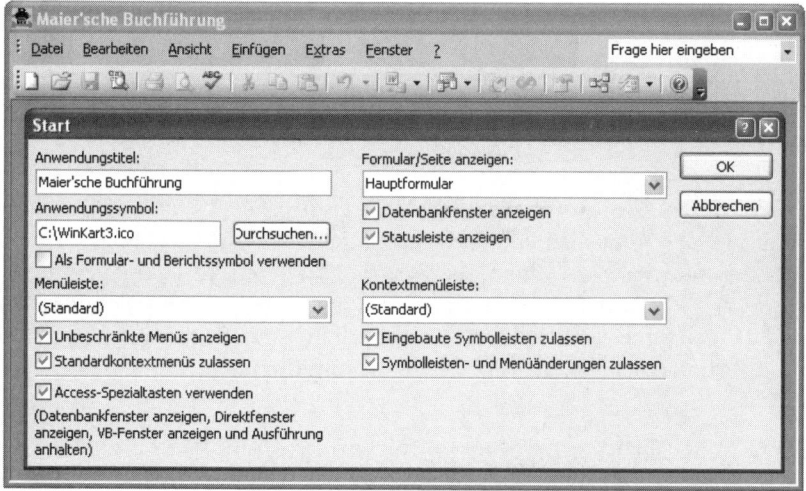

Abbildung 31.1:
»Start«-Dialogfeld

Unter *Anwendungstitel* können Sie einen beliebigen Text wie »Maier'sche Buchführung« eingeben, der nach dem Öffnen Ihrer Datenbank automatisch den Standardtext »Microsoft Access« der Titelleiste ersetzt.

Anwendungssymbol ermöglicht Ihnen, zusätzlich auch das Standard-Schlüsselsymbol von Access durch ein eigenes zu ersetzen. Dazu benötigen Sie eine ICO-Datei (eine im »Icon-Format« gespeicherte 32x32-Punkte-Bitmap), deren Pfad und Name Sie in diesem Textfeld eingeben.

Menüleiste legt eine Menüleiste als globale Menüleiste fest, die angezeigt wird, solange Ihre Datenbank geöffnet ist (siehe Menüleiste in Abbildung 31.1). Ausnahme: Wird ein Formular geöffnet, an das eine andere Menüleiste gebunden ist, erscheint natürlich diese bis zum Schließen des Formulars.

Im Feld *Formular/Seite anzeigen* können Sie ein Formular oder eine Seite auswählen, das/die nach dem Öffnen der Datenbank automatisch geöffnet werden soll.

Kontextmenüleiste ermöglicht die Auswahl oder das Erstellen eines globalen Kontextmenüs, das statt der Access-Kontextmenüs beim Klicken auf ein Objekt mit der rechten Maustaste angezeigt wird.

Deaktivieren Sie *Unbeschränkte Menüs anzeigen*, werden keine Menübefehle angezeigt, die das Verändern von Objekten ermöglichen.

Deaktivieren Sie *Standard-Kontextmenüs zugelassen*, ist es nicht mehr möglich, auf die Befehle der Access-Kontextmenüs zuzugreifen.

Deaktivieren Sie *Eingebaute Symbolleisten zulassen*, werden die Access-Symbolleisten nicht angezeigt.

Deaktivieren Sie *Symbolleisten- und Menüänderungen zulassen*, werden alle Befehle deaktiviert, die dem Anwender das Verändern von Symbolleisten ermöglichen.

Deaktivieren Sie *Access-Spezialtasten verwenden*, kann der Anwender weder mit F11 das Datenbankfenster noch mit Alt+F11 das VBA-Fenster oder mit Strg+G das Debugfenster aktivieren. Er kann auch nicht mit Strg+F11 zwischen der momentan angezeigten benutzerdefinierten und den eingebauten Symbolleisten umschalten oder mit Strg+Untbr die Ausführung einer Visual Basic-Prozedur unterbrechen.

31.2   Menü- und Symbolleisten anpassen

Register Optionen

Die Menü- und Symbolleisten von Access können sehr individuell angepasst werden. Beispielsweise können Sie im Register *Optionen* des *Anpassen*-Dialogfelds das Erscheinungsbild der Symbolleisten beinflussen (Abbildung 31.2)

➤ *Standard- und Formatsymbolleiste in zwei Zeilen anzeigen*: Aktivieren Sie dieses Kontrollkästchen, werden diese beiden Symbolleisten in zwei separaten Zeilen untereinander angezeigt statt in einer einzigen Zeile.

➤ Menüs zeigen nach dem Öffnen zunächst nur die wichtigsten Befehle an. Aktivieren Sie *Menüs immer vollständig anzeigen*, zeigt Access stattdessen sofort alle darin enthaltenen Befehle.

➤ Ist *Menüs immer vollständig anzeigen* deaktiviert und *Nach kurzer Verzögerung vollständige Menüs anzeigen* aktiviert, werden zwar nach dem Öffnen zunächst nur die wichtigsten Befehle, nach kurzer Verweildauer jedoch automatisch auch die restlichen dargestellt. Ist letztere

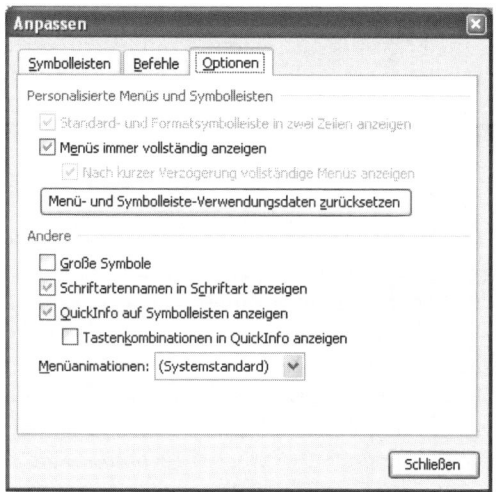

Abbildung 31.2:
Register »Optionen«

Option deaktiviert, bleibt es bei den kurzen Menüs und alle Befehle bekommen Sie nur zu sehen, wenn Sie auf den nach unten weisenden Pfeil am unteren Ende eines Menüs klicken.

➤ Auf den folgenden Seiten erläutere ich, wie Sie aus Access-Menüs Symbole entfernen oder zusätzliche Symbole einfügen. Mit der Schaltfläche zum Zurücksetzen dieser Daten können Sie all diese Änderungen rückgängig machen.

➤ *Große Symbole*: Stellt die Symbole größer dar.

➤ *Schriftartennamen in Schriftart anzeigen*: Bewirkt, dass in Listenfeldern zur Auswahl der Schriftart das Aussehen der einzelnen Schriften angezeigt wird und nicht nur die reinen Schriftartnamen ohne diese Vorschau (Abbildung 31.3).

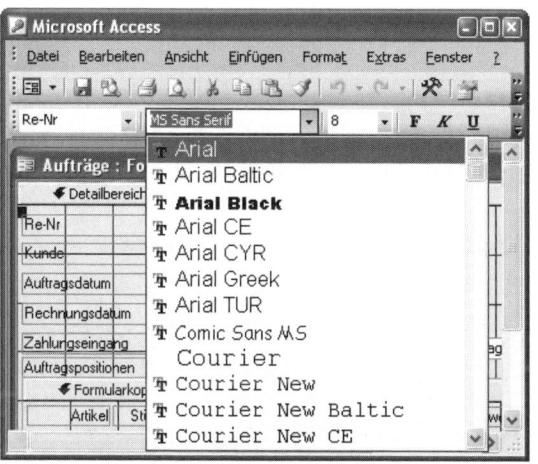

Abbildung 31.3:
Schriftartvorschau

➤ *QuickInfo auf Symbolleisten anzeigen*: Bewirkt, dass beim Verharren der Maus auf einem Symbol ein Fensterchen mit einer Kurzbeschreibung des Symbols erscheint.

➤ *Tastenkombinationen in QuickInfo anzeigen*: Wenn aktiviert, weisen QuickInfo-Texte gegebenenfalls auf die Tastenkombination hin, die dem betreffenden Befehl/Symbol zugeordnet ist.

➤ *Menüanimation*: Mit den verfügbaren Alternativen können Sie festlegen, ob sich Menüs und Kontextmenüs konservativ öffnen oder mit ein wenig Pep – viel Spaß beim Spielen mit dieser Option.

Register Befehle   Das Register *Befehle* des *Anpassen*-Dialogfelds ermöglicht die individuelle Zusammenstellung von Menü- und Symbolleisten, das Einfügen oder Löschen von Menüs, einzelnen Befehlen und Symbolen, und das Verschieben oder Kopieren von Menüs, Befehlen oder Symbolen von einer Leiste in eine andere (Abbildung 31.4).

Abbildung 31.4:
Leisten anpassen

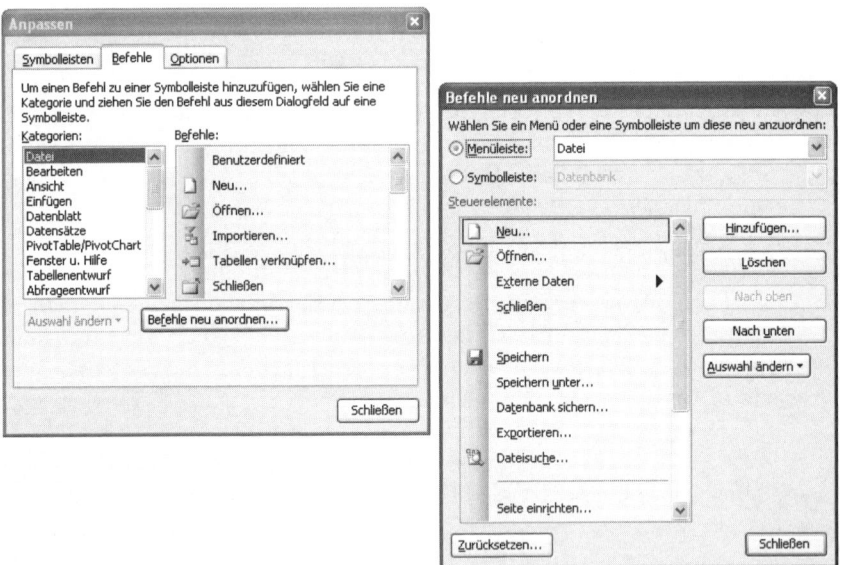

Am einfachsten sind diese Manipulationen mit der Schaltfläche *Befehle neu anordnen....* Sie öffnet das in der Abbildung rechte Dialogfeld, in dem Sie zunächst in den gleichnamigen Listenfeldern eine Menü- oder Symbolleiste auswählen.

Mit *Nach oben* bzw. *Nach unten* können Sie anschließend die Reihenfolge der darin enthaltenen Befehle/Symbole verändern.

Darüber hinaus können Sie mit *Löschen* den markierten Befehl löschen bzw. umgekehrt mit *Hinzufügen...* ein weiteres Dialogfeld öffnen, in dem

Sie zunächst eine Leiste auswählen und danach einen der darin enthaltenen Befehle, um ihn in Ihre Leiste einzufügen.

Alternativ dazu können Sie diese Manipulationen per Drag&Drop durchführen. Dazu wählen Sie im *Befehle*-Register zunächst unter *Kategorien* die Gruppe, die Sie interessiert, zum Beispiel *Datenblatt*. Unter *Befehle* zeigt Ihnen Access alle zu diesem Thema verfügbaren Symbole an.

Per Drag&Drop

Um eines davon in eine Menü- oder Symbolleiste einzufügen, ziehen Sie es auf die betreffende Leiste.

Um ein Symbol aus einer Leiste zu entfernen, ziehen Sie es heraus und lassen es außerhalb der Leiste fallen. Lassen Sie es stattdessen auf eine andere Leiste fallen, wird es dort eingefügt und gleichzeitig aus der ursprünglichen Leiste entfernt.

Halten Sie beim Loslassen die Strg-Taste gedrückt, bleibt es in der ursprünglichen Leiste erhalten, wird also einfach in die neue Leiste kopiert (was durch ein »+«-Symbol am Mauscursor angezeigt wird).

Sie können auf diese Weise beliebige Menüs, Befehle oder Symbole aus Menü- bzw. Symbolleisten entfernen oder in andere verschieben oder kopieren.

Da Sie auf diese Weise ein ziemliches Durcheinander schaffen können, in dem sich niemand mehr zurechtfindet, sieht Access eine Möglichkeit vor, den Ausgangszustand einer Menü- oder Symbolleiste wiederherzustellen.

Register Symbolleisten

Dazu öffnen Sie das *Symbolleisten*-Register, selektieren im Listenfeld die Menü- bzw. Symbolleiste, deren Originalzustand Sie wiederherstellen wollen, und wählen *Zurücksetzen....*

Zurücksetzen

Um eine neue Leiste zu erzeugen, klicken Sie im *Symbolleisten*-Register auf *Neu...*, geben der zu erzeugenden Leiste einen Namen und klicken auf *OK*. Auf dem Bildschirm erscheint eine leere Leiste. Sie können darin wie beschrieben Symbole aus anderen Leisten per Verschieben oder Kopieren einfügen oder aber dazu wie erläutert das *Befehle*-Register benutzen, das alle verfügbaren Symbole enthält.

Zusätzliche Leisten

Eigendefinierte Leisten können Sie jederzeit nachträglich umbenennen, indem Sie die betreffende Leiste im *Symbolleisten*-Register selektieren, *Umbenennen...* wählen und im zugehörigen Eingabefeld einen neuen Namen eingeben.

Ist in diesem Register eine eigendefinierte Leiste selektiert, wird übrigens statt der Schaltfläche *Zurücksetzen...* die Schaltfläche *Löschen* angezeigt, mit der Sie Ihre Leiste wieder entfernen können.

!! STOP

Zusätzliche Symbolleisten sind immer mit der momentan geöffneten Datenbank verknüpft und stehen Ihnen nur zur Verfügung, wenn diese geöffnet ist! Dadurch können Sie sich für jede Datenbank, mit der Sie arbeiten, einen eigenen Symbolleistensatz basteln, der Ihnen nach dem Öffnen der Datenbank automatisch zur Verfügung steht.

Dienst-programm 1/2

Im Gegensatz dazu stehen die beiden zunächst leeren Symbolleisten *Dienstprogramm 1* und *Dienstprogramm 2* in jeder Datenbank zur Verfügung.

Symbolabstand und -breite

Wenn das *Anpassen*-Dialogfeld geöffnet ist, können Sie sowohl integrierte als auch eigendefinierte Symbolleisten zusätzlich mit folgenden Techniken manipulieren:

➡ Sie können die Abstände zwischen den Symbolen einer Leiste beeinflussen, indem Sie ein Symbol anklicken und bei gedrückter Maustaste minimal nach rechts oder links ziehen, worauf als optische Trennung eine dünne Linie eingefügt wird.

➡ Mehrere Symbole enthalten Listenfelder, in denen Sie beispielsweise die zu verwendende Schriftart oder Schriftgröße auswählen können. Um die Breite dieser Listen zu verändern, klicken Sie das Symbol an, lassen wieder los und bewegen den Mauscursor zum linken oder rechten Symbolrand, bis er zu einem Doppelpfeil wird. Dann drücken Sie die Maustaste, ziehen den Feldrand nach rechts oder links und lassen die Maustaste los, sobald die gewünschte Breite erreicht ist.

Datenbankobjekt-Symbole

Das *Befehle*-Register enthält mehrere Symbolkategorien ohne Symbole, die sich ziemlich am Ende der Liste befinden und deren Namen mit *Alle...* beginnen, beispielsweise die Kategorie *Alle Tabellen* (Abbildung 31.5).

Aktivieren Sie sie, werden im rechten Listenfeld alle Objekte der betreffenden Kategorie angezeigt, die die momentan geöffnete Datenbank enthält. Im Beispiel ist die Datenbank EDV.MDB geöffnet, und das Listenfeld enthält die Namen aller Tabellen dieser Datenbank, »Artikel«, »Artikel-Lieferanten« etc.

Ziehen Sie diese Objektnamen in eine Symbolleiste, wird dort das Tabellensymbol von Access zusammen mit dem Namen der betreffenden Tabelle eingefügt (Abbildung 31.6).

Abbildung 31.5:
Symbolkategorie
»Alle Tabellen«

Abbildung 31.6:
Tabellensymbole

Die Symbole sind mit den betreffenden Objekten verbunden und öffnen
diese nach dem Anklicken. Das obere linke Symbol öffnet beispielsweise die
Tabelle »Auftragspositionen« und das untere rechte die Seite »Kunden«.

Ist das *Anpassen*-Dialogfeld geöffnet und klicken Sie mit der *rechten* Maus-   *Feinmanipu-*
taste auf ein Symbol oder auf ein Menü und danach auf einen der darin ent-   *lationen*
haltenen Befehle, erscheint folgendes Menü (Abbildung 31.7).

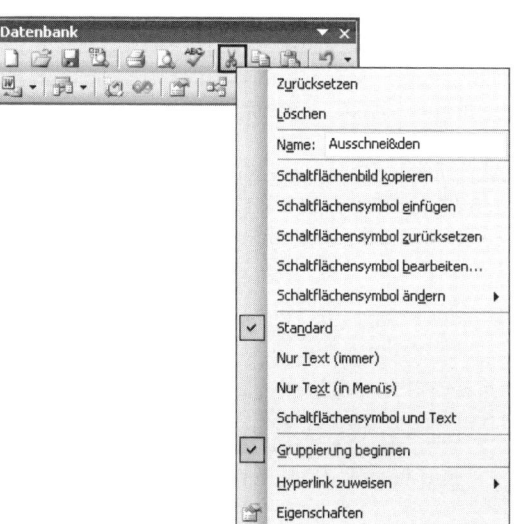

Abbildung 31.7:
Feinmanipulations-
Befehle

Darin geht es vor allem um die Optik eines Kommandoknöpfchens, egal ob dieses ein Befehl in einem Menü oder ein Symbol einer Symbolleiste ist. Sie können *jedem* Knöpfchen einen Text- *und* ein Symbolbild zuweisen! Dafür verantwortlich sind die zweite und die dritte Befehlsgruppe dieses Menüs. Die zweite Gruppe besteht aus einem einzigen Befehl:

 NAME: [XXX] zeigt den Text an, der dem Knopf zugeordnet ist bzw. ermöglicht Ihnen, diesen Text im Eingabefeld zu verändern (beachten Sie dabei, dass Sie einen Buchstaben durch Voranstellen von »&« zur Kurztaste machen, die die Direktanwahl des Befehls ermöglicht). Dieser Befehl kann auch auf Menüs angewendet werden, beispielsweise um aus dem Menü DATEI das Menü DATEIHANDLING zu machen.

Die dritte Gruppe enthält Befehle zur Zuweisung eines Symbolbilds:

 SCHALTFLÄCHENSYMBOL ÄNDERN öffnet ein Untermenü mit mehreren Dutzend Symbolen. Klicken Sie eines davon an, wird dem Knopf das betreffende Symbolbild zugeordnet.

 SCHALTFLÄCHENSYMBOL BEARBEITEN... ermöglicht Ihnen, das Symbolbild zu bearbeiten (Abbildung 31.8).

Abbildung 31.8:
Symbolbild
bearbeiten

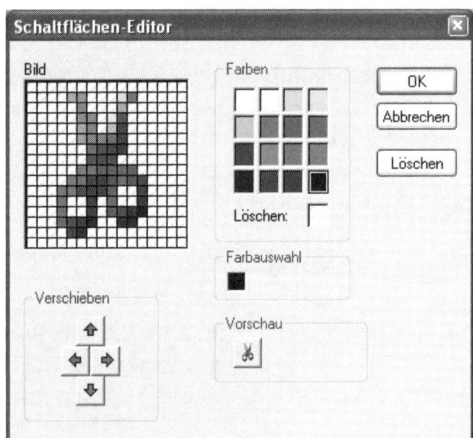

Unter *Farben* klicken Sie die gewünschte Farbe an (alternativ dazu öffnet ein Klick auf *Farbauswahl* ein Dialogfeld zur Zusammenstellung der Farbe aus den Grundfarben). Danach klicken Sie unter *Abbildung* eines der kleinen Rechtecke an, um es mit der betreffenden Farbe auszufüllen. Um einen solchen Farbpunkt wieder zu entfernen, klicken Sie das Feld *Löschen:* und anschließend den betreffenden Punkt an. Die Schaltfläche *Löschen* entfernt sogar alle momentan gesetzten Punkte und verschafft Ihnen eine leere Zeichenfläche.

Mit den Pfeilen unter *Verschieben* können Sie die Zeichenfläche komplett nach rechts, links, oben oder unten verschieben, wobei es jedoch nicht möglich ist, gesetzte Punkte über einen der Ränder hinaus zu verschieben.

➡ SCHALTFLÄCHENBILD KOPIEREN überträgt das dem Symbol zugrunde liegende Pixel-Muster in die Zwischenablage. Deren Inhalt können Sie anschließend in ein Grafikprogramm einfügen und als zu bearbeitende Vorlage benutzen – oder in ein anderes Symbol übertragen, indem Sie dieses mit der rechten Maustaste anklicken und im Kontextmenü SCHALTFLÄCHENSYMBOL EINFÜGEN wählen.

➡ SCHALTFLÄCHENSYMBOL EINFÜGEN verleiht somit dem Symbol das in der Zwischenablage enthaltene Pixel-Muster. Sie können beispielsweise mit Paint eine Zeichnung erstellen, sie mit BEARBEITEN|KOPIEREN in die Zwischenablage befördern und mit diesem Befehl in ein Schaltflächensymbol einfügen.

➡ SCHALTFLÄCHENSYMBOL ZURÜCKSETZEN stellt den ursprünglichen Zustand des Symbolbilds wieder her.

Die vierte Befehlsgruppe bestimmt, wie der Knopf beschriftet wird, ob mit dem zugeordneten Text, dem Symbolbild oder mit beidem:

➡ STANDARD zeigt immer die Standarddarstellung; der Befehl DATEI|NEU... wird beispielsweise als Text »Neu...« plus zugehörigem Ordnerbildchen dargestellt.

➡ NUR TEXT (IMMER) stellt nur den Text dar, ohne zugehöriges Symbolbild. Damit würde beispielsweise anstelle des weißen Blattsymbols in der Datenbank-Symbolleiste nur der zugehörige Name »&Neu« angezeigt werden.

➡ NUR TEXT (IN MENÜS) zeigt bei einem Knopf wie dem Blattsymbol zwar weiterhin das Bild an, falls er sich in einer Symbolleiste befindet. Verschieben oder kopieren Sie ihn jedoch in eine Menüleiste, wird dort nur der zugehörige Text angezeigt.

➡ SCHALTFLÄCHENSYMBOL UND TEXT zeigt sowohl den zugeordneten Text als auch das zugehörige Bildchen an, analog zur Standarddarstellung des Befehls DATEI|NEU....

Letzteres ermöglicht Ihnen beispielsweise, die Darstellung des Befehls DATEI|SCHLIESSEN so zu ändern, dass nicht nur wie üblich der Befehlstext »Schließen« angezeigt wird, sondern zusätzlich auch das zugehörige Symbolbild (Abbildung 31.9).

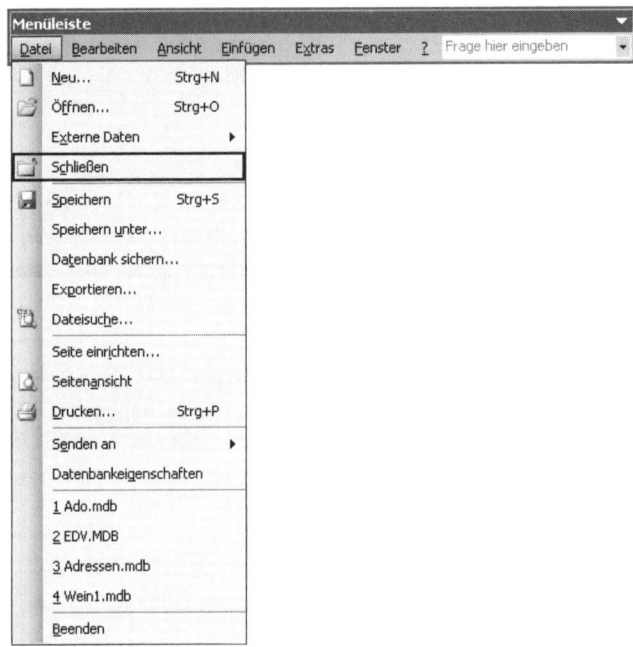

Die erste Befehlsgruppe kann außer auf Befehle und Symbole auch auf Menüs angewendet werden:

➤ ZURÜCKSETZEN stellt den ursprünglichen Zustand des Menüs, Befehls oder Symbols wieder her

➤ LÖSCHEN entfernt den Befehl, das Symbol oder gar das Menü.

➤ Aktivieren Sie GRUPPIERUNG BEGINNEN, erscheint vor dem betreffenden Symbol bzw. Befehl die von den Menü- bzw. Symbolleisten her bekannte dünne Trennlinie.

➤ EIGENSCHAFTEN ermöglicht in einem Dialogfeld die Einstellung verschiedenster Symbol-Eigenschaften, beispielsweise den anzuzeigenden *QuickInfo-Text* oder (im Feld *Bei Aktion*) die Auswahl eines Makros, das beim Klicken auf den Knopf aufgerufen werden soll (bzw. mit der Syntax =*Funktionsname()* eine VBA-Funktion).

➤ HYPERLINK ZUWEISEN weist dem Symbol einen Hyperlink auf ein beim Anklicken zu öffnendes Dokument zu.

31.3   Analysieren und in Tabellen aufteilen

Die Aufteilung einer Tabelle in mehrere miteinander verknüpfte Tabellen können Sie per Hand erledigen oder aber den Tabellenanalyse-Assistent benutzen.

Nehmen wir als Beispiel die Tabelle »Leihbücherei« der Datenbank LEIH-
BUCH.MDB, *die Informationen über Entleihvorgänge enthält, wobei jedoch
bei jedem Entleihvorgang immer wieder* alle *Informationen über das betreffende Buch gespeichert werden (Abbildung 31.10).*

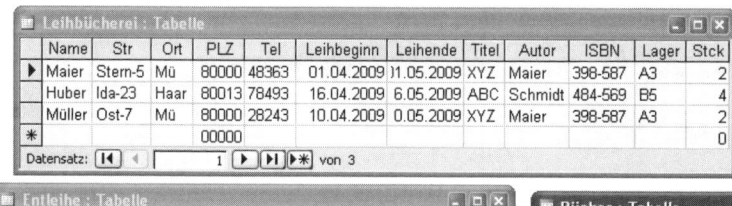

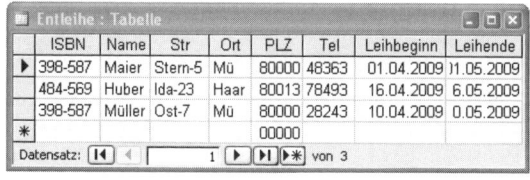

Abbildung 31.10:
LEIHBUCH.MDB,
Tabellen »Leihbü-
cherei«, »Bücher«
und »Entleihe«

Diese Tabelle sollte aufgeteilt werden in eine Tabelle »Bücher«, die Informationen über die ausgeliehenen Bücher enthält, und eine damit verknüpfte zweite Tabelle »Entleihe«, die Informationen über die Entleihvorgänge enthält.

Um dafür den Tabellenanalyse-Assistenten einzusetzen, wählen Sie EXTRAS|
ANALYSE|TABELLE.

Die beiden ersten Schritte übergehe ich, da sie nur verschiedene vom Assistenten gegebene Erläuterungen enthalten. Interessant wird's erst ab dem
dritten Schritt (Abbildung 31.11).

Sie wählen die aufzuteilende Tabelle aus, im Beispiel »Leihbücherei«.
Danach wählen Sie, ob Sie die Tabellen selbst aufteilen wollen oder das dem
Assistenten überlassen (Abbildung 31.12).

Überlassen Sie die Aufteilung dem Assistenten, können Sie im nächsten
Schritt seinen Aufteilungsvorschlag korrigieren (Abbildung 31.13).

*Tabellenauf-
teilung*

Nach einem Doppelklick auf eine der Überschriften wie »Tabelle1« oder
»Tabelle2« der Feldlisten (oder Anklicken des zugehörigen Symbols) können Sie den betreffenden Tabellen individuelle Namen geben.

Das Glühbirnen-Symbol öffnet ein Fenster mit Hinweisen. Und das *Rückgängig*-Symbol macht die letzte Aktion rückgängig.

Wichtiger ist, dass Sie beliebige Felder von einer Tabelle in eine andere ziehen und damit in die betreffende Tabelle verschieben können! Beispiels-

Abbildung 31.11:
Zu analysierende
Tabelle auswählen

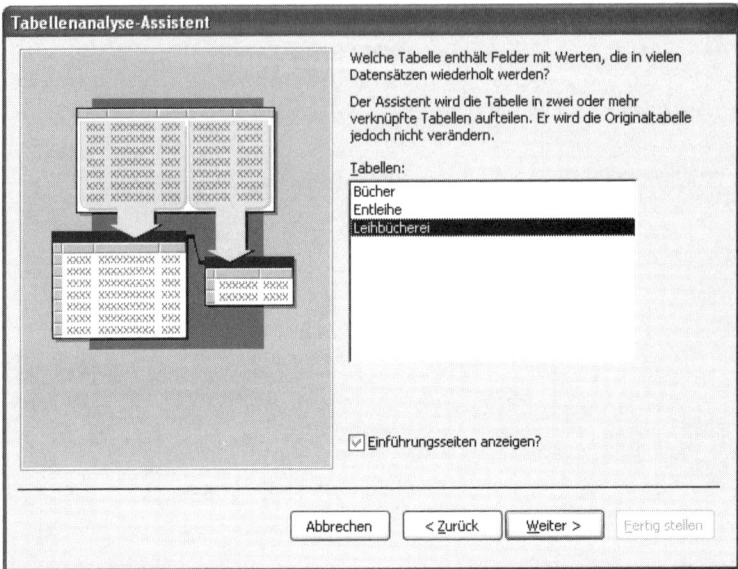

Abbildung 31.12:
Aufteilungsoptionen

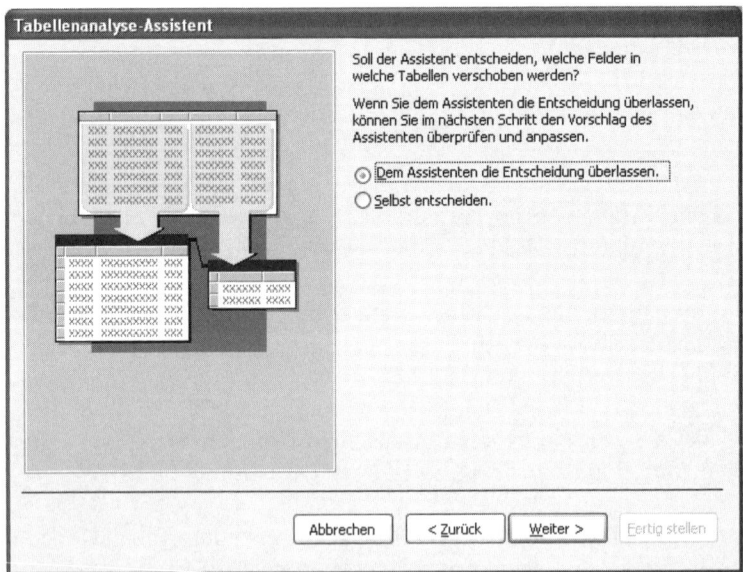

weise war »Ort« ursprünglich in »Tabelle1«, wurde von mir jedoch in »Tabelle2« gezogen und dort fallen gelassen.

Ziehen Sie ein Feld wie »PLZ« stattdessen in den luftleeren Raum, wird eine neue Feldliste erstellt, und Sie werden nach dem Namen gefragt, den die neue Tabelle erhalten soll.

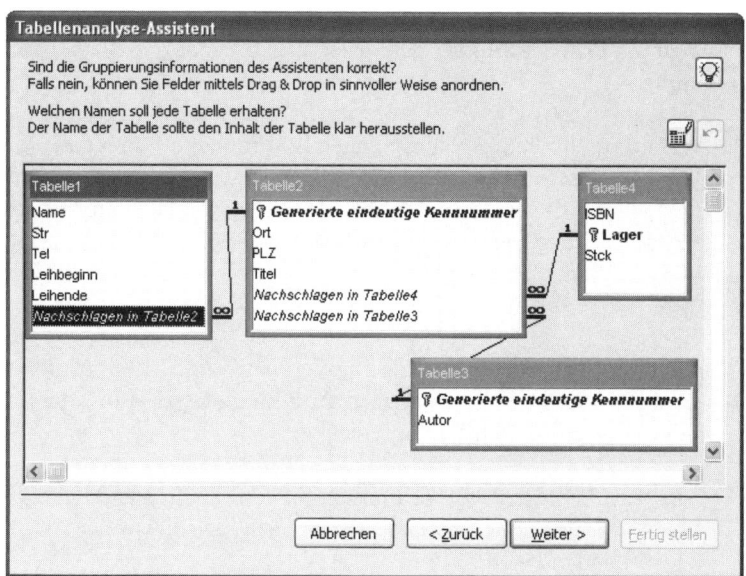

Abbildung 31.13:
Feldkorrekturen

Anschließend können Sie ebenfalls beliebige Felder anderer Tabellen in die neue Tabelle verschieben.

Zunächst enthält sie jedoch außer »PLZ« nur den Hinweis »Generierte eindeutige Kennnummer« (Abbildung 31.14).

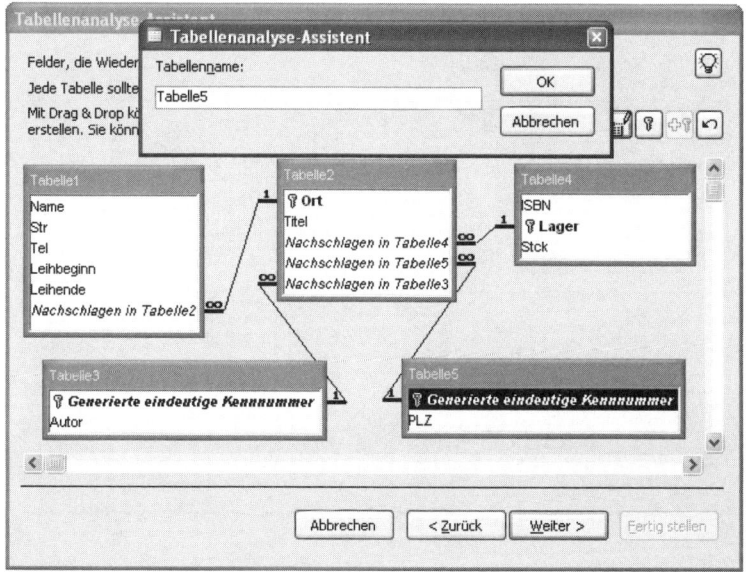

Abbildung 31.14:
Zusätzliche Tabelle
erstellen

Darunter ist ein zusätzliches Feld vom Typ *Auto-Wert* zu verstehen, das der Assistent als Primärschlüssel deklariert und über das er die beiden Tabellen verknüpft.

Das verknüpfende Feld »Nachschlagen in Tabelle2« von »Tabelle1« bedeutet übrigens, dass der Assistent in »Tabelle1« ein Nachschlagefeld erstellen würde (Listenfeld), dessen Liste die in »Tabelle2« enthaltenen Informationen enthält. Suchen Sie darin einen Datensatz von »Tabelle2« aus, wird der zugehörige Primärschlüsselwert dieses Datensatzes im Nachschlagefeld eingetragen.

Primärschlüssel   Im folgenden Schritt können Sie die verwendeten Primärschlüssel ändern. Der einzige Unterschied zur vorigen Abbildung besteht in anderen Symbolen in der rechten oberen Dialogfeldecke:

➤ Mit dem Schlüsselsymbol können Sie ein zuvor angeklicktes Tabellenfeld zum Primärschlüssel machen, wie beispielsweise in Abbildung 31.15 das Feld »Ort«.

➤ Das Schlüsselsymbol mit zusätzlichem »+«-Zeichen führt dazu, dass Access ein *AutoWert*-Primärschlüsselfeld einfügt.

Danach geht es um die Verknüpfung der Tabellen (Abbildung 31.15).

Abbildung 31.15:
Verknüpfende
Felder

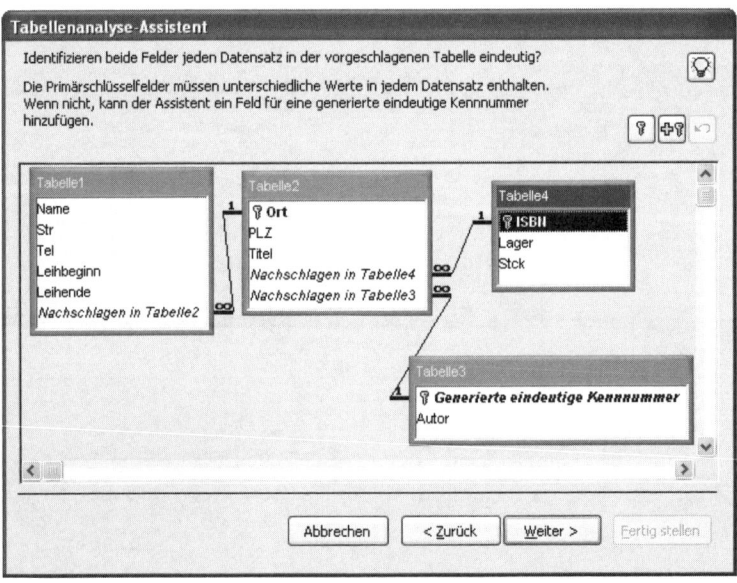

Nun können Sie den unsinnigen Vorschlag von »Lager« als Primärschlüssel von »Tabelle4« korrigieren. Unsinnig, da ein bestimmtes Lager ein Behälter sein kann, der mehrere Bücher enthält; beispielsweise eine Halle, ein Regal oder was auch immer.

Um stattdessen beispielsweise die eindeutige ISBN-Nummer zum Primärschlüssel zu machen, klicken Sie auf den Feldnamen »ISBN« und danach auf das Schlüsselsymbol.

Das Schlüsselsymbol mit zusätzlichem »+«-Zeichen würde stattdessen den Hinweis »Generierte eindeutige Kennnummer« in die Feldliste von »Tabelle4« einfügen, also ein zusätzliches *AutoWert*-Feld, das als Primärschlüssel verwendet und über das die beiden Tabellen verknüpft werden.

Sie können das Einfügen dieses Feldes rückgängig machen, indem Sie ein bereits vorhandenes Tabellenfeld als Primärschlüssel deklarieren.

Allgemein: Deklarieren Sie ein bereits in der Feldliste vorhandenes Tabellenfeld als Primärschlüssel, löscht der Assistent daraufhin den Hinweis »Eindeutigen Identifikator generieren«, da das zusätzliche *AutoWert*-Feld nun überflüssig ist.

Im letzten Schritt wählen Sie, ob der Assistent eine auf den vier Tabellen basierende Abfrage erstellen soll (Abbildung 31.16).

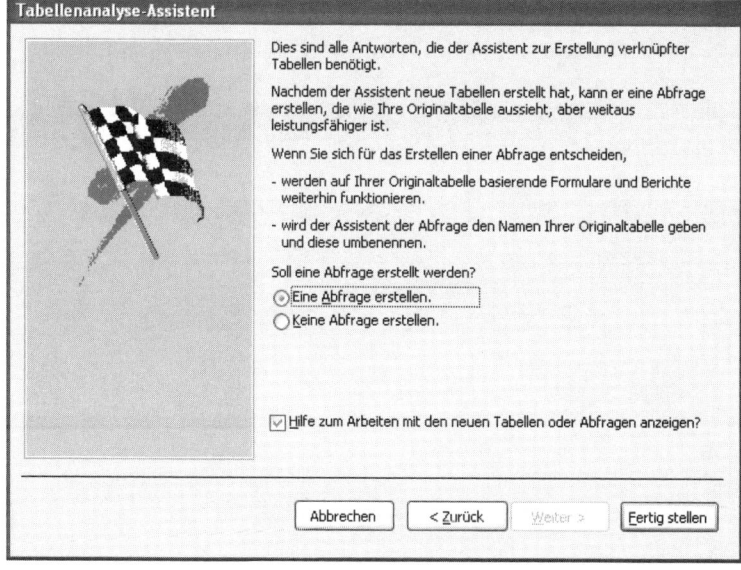

Abbildung 31.16:
Analyse beenden

Ist die Hilfe-Option aktiviert, erscheint danach ein Hilfstext, der den Umgang damit beschreibt. Die erzeugte Abfrage sieht aus wie in Abbildung 31.17.

Die zugehörigen Tabellen zeigt Abbildung 31.18.

Abbildung 31.17:
Erzeugte Abfrage

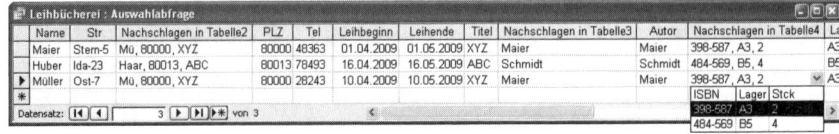

Abbildung 31.18:
Die zugrunde
liegenden Tabellen

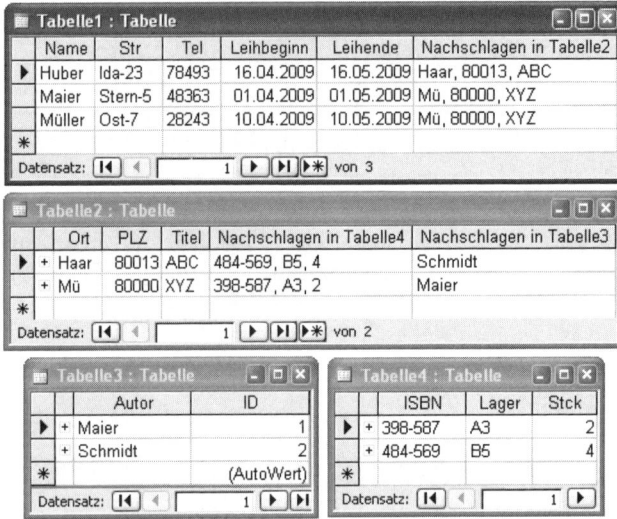

Wählen Sie als Analyse-Option *Selbst entscheiden* (Abbildung 31.12), wird im folgenden Schritt nur die Ausgangstabelle vorgegeben (Abbildung 31.19).

Abbildung 31.19:
Selbst aufteilen

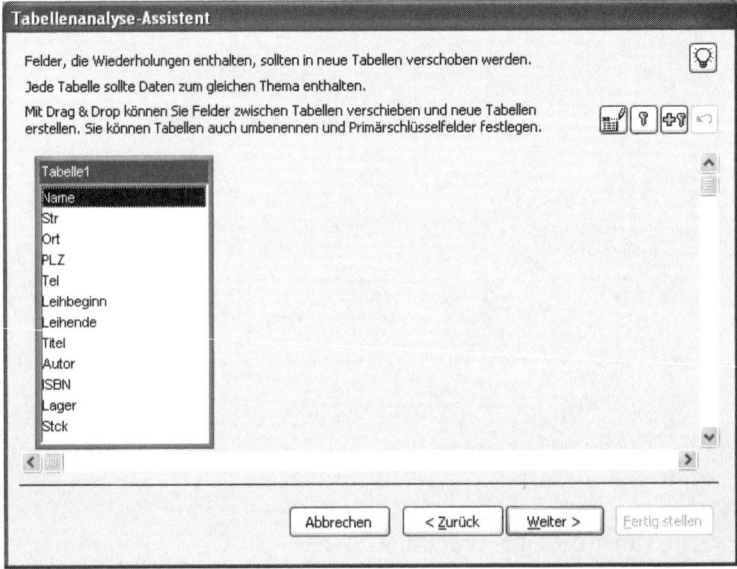

Sie *müssen* nun durch Ziehen eines Felds in den Freiraum eine weitere Tabelle erstellen und in diese anschließend eventuell noch weitere Felder einfügen. Sie könnten die Ausgangstabelle beispielsweise folgendermaßen aufteilen (Abbildung 31.20).

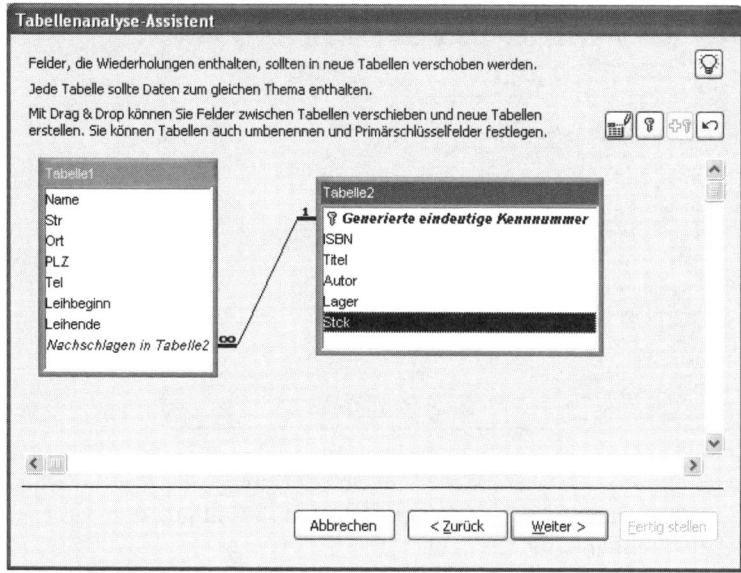

Abbildung 31.20:
Manuelle Aufteilung

»Tabelle2« enthält in diesem Beispiel alle Informationen über die zu entleihenden Bücher und »Tabelle1« alle Informationen über die Entleihvorgänge (Abbildung 31.21).

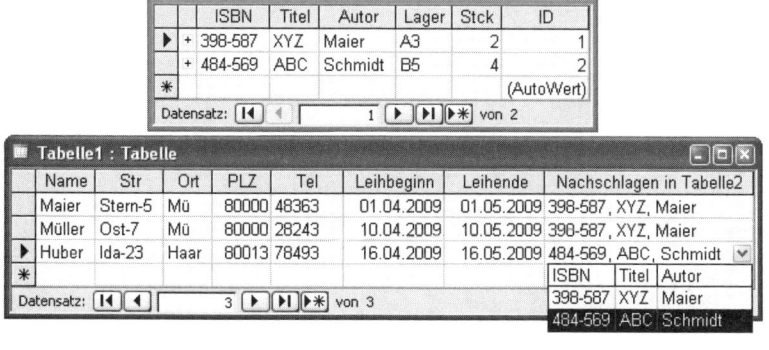

Abbildung 31.21:
LEIHBUCH.MDB,
Tabellen »Tabelle1«
und »Tabelle2«

Jedesmal, wenn ein neuer Entleihvorgang zu erfassen ist, tragen Sie in »Tabelle1« die Daten des Entleihers ein und wählen im Feld »Nachschlagen in Tabelle2« das entliehene Buch aus.

31.4   In Front- und Back-End aufteilen

EXTRAS|DATENBANK-DIENSTPROGRAMME|ASSISTENT ZUR DATENBANKAUF-
TEILUNG aktiviert den Assistent zur Datenbankaufteilung (Abbildung 31.22).

Abbildung 31.22:
Datenbank-
aufteilung

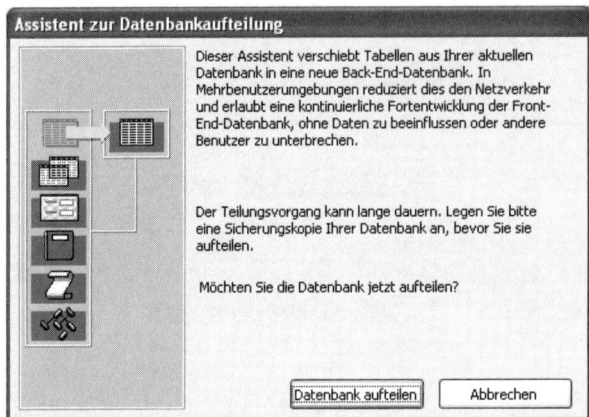

Datenbank aufteilen erstellt eine neue Datenbank und lagert alle in der
aktuellen Datenbank (im Beispiel EDV.MDB) enthaltenen Tabellen in diese
neue Datenbank aus.

Zunächst müssen Sie jedoch angeben, wo die neue Datenbank erstellt werden und welchen Namen sie bekommen soll (Abbildung 31.23).

Abbildung 31.23:
Back-End-
Datenbank

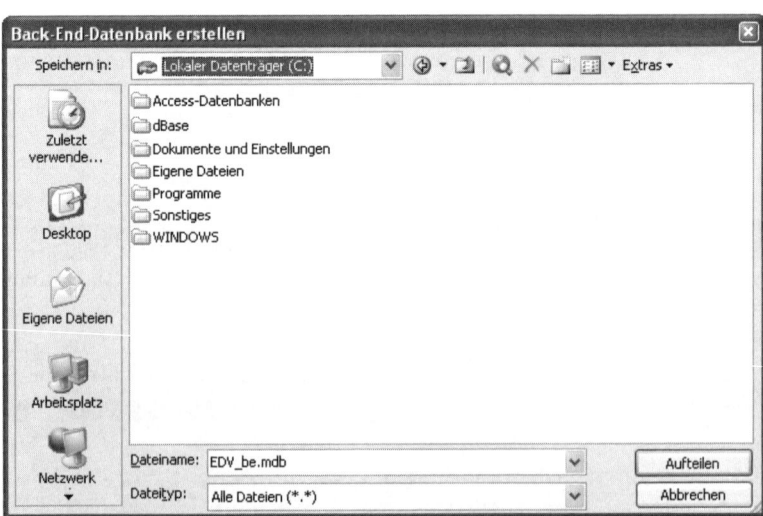

〔 KOMPENDIUM 〕 **Access 2003**

Anschließend exportiert der Assistent alle Tabellen der aktuellen Datenbank EDV.MDB in die Back-End-Datenbank (im Beispiel: EDV_BE.MDB) und verknüpft danach alle nun in EDV_BE.MDB enthaltenen Tabellen mit EDV.MDB (Abbildung 31.24).

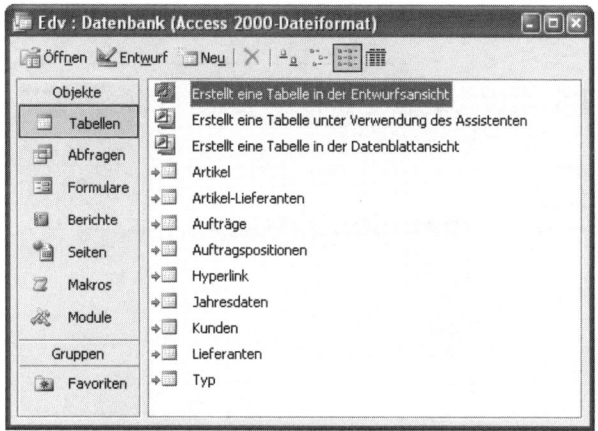

Abbildung 31.24:
Verknüpfte Tabellen

Nun haben Sie den Idealzustand: EDV_BE.MDB enthält ausschließlich Tabellen und EDV.MDB die darauf aufbauenden Abfragen, Formulare etc. EDV.MDB ist praktisch das Front-End, die Oberfläche, von der aus auf die im Back-End EDV_BE.MDB enthaltenen Daten zugegriffen wird.

Ändern Sie irgendwelche Formulare oder sonstige Elemente der Oberfläche Ihrer Anwendung, kann die gesamte Anwendung durch Weitergabe der neuen Version von EDV.MDB jederzeit upgedatet werden, ohne dass die bereits in EDV_BE.MDB erfassten Daten dadurch im Geringsten berührt würden.

31.5 Menüsteuerungen erzeugen

Beim Erstellen einer neuen Datenbank mit dem Datenbank-Assistenten erzeugt dieser unter anderem ein Auswahlmenü mit einer Übersicht aller relevanter Objekte der Datenbank.

Ein solches Auswahlmenü können Sie für Ihre manuell erzeugten Datenbanken nachträglich mit dem Übersichts-Manager erstellen.

Dazu öffnen Sie die betreffende Datenbank und wählen EXTRAS|DATEN-BANK-DIENSTPROGRAMME|ÜBERSICHTS-MANAGER. Der Assistent fragt Sie, ob Sie eine Übersicht erstellen wollen. Sie bejahen das, und es erscheint das im Hintergrund der folgenden Abbildung gezeigte Dialogfeld *Übersichts-Manager* (Abbildung 31.25).

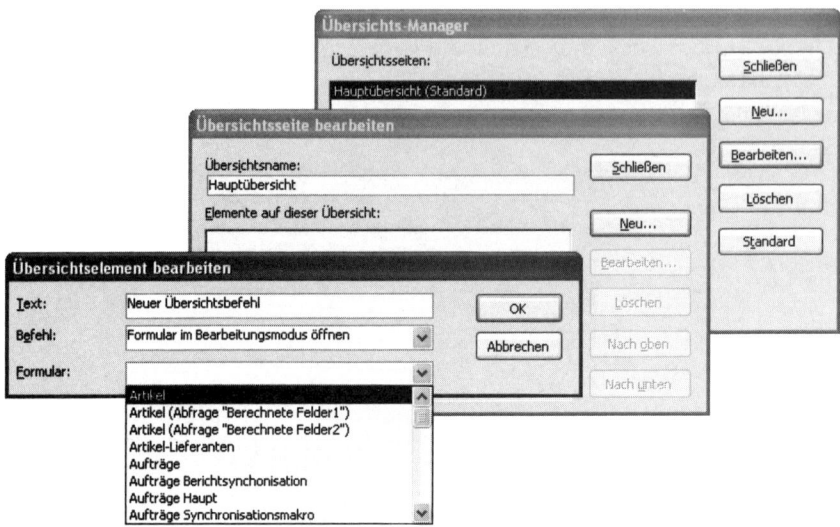

Bearbeiten... öffnet das mittlere Dialogfeld *Übersichtsseite bearbeiten*. Klicken Sie darin auf *Neu...*, erscheint das im Vordergrund gezeigte Dialogfeld *Übersichtselement bearbeiten*.

Darin geben Sie dem zu erstellenden Menübefehl einen Namen, durch den die Vorgabe »Neuer Übersichtsbefehl« ersetzt wird, beispielsweise »Artikelformular öffnen«.

Unter Befehl wählen Sie sich einen der verfügbaren Befehle aus, beispielsweise *Formular im Bearbeitungsmodus öffnen*, *Bericht öffnen*, *Makro ausführen* oder *Anwendung beenden*.

Abhängig von der getroffenen Auswahl ändert sich die Beschriftung und der Inhalt des unteren Listenfelds. Wählten Sie beispielsweise »Makro ausführen«, enthält es nun alle Makros Ihrer Datenbank, und Sie können das auszuführende Makro auswählen.

Wählten Sie »Formular im Bearbeitungsmodus öffnen«, enthält es alle Formulare, und Sie suchen sich das zu öffnende Formular aus, beispielsweise das Formular »Artikel« von EDV.MDB.

OK schließt das Dialogfeld und trägt im mittleren Dialogfeld die von Ihnen gewählte Beschriftung ein, beispielsweise »Artikelformular öffnen«.

Soll das Menü weitere Befehle enthalten, wählen Sie im mittleren Dialogfeld *Neu...*. Das Dialogfeld *Übersichtselement bearbeiten* erscheint wieder, und Sie können darin einen zweiten Menübefehl definieren, dem Sie den Befehlstext »Kundenbericht öffnen« geben und der die Aufgabe besitzt, den Bericht »Kunden AutoBericht« zu öffnen (Abbildung 31.26).

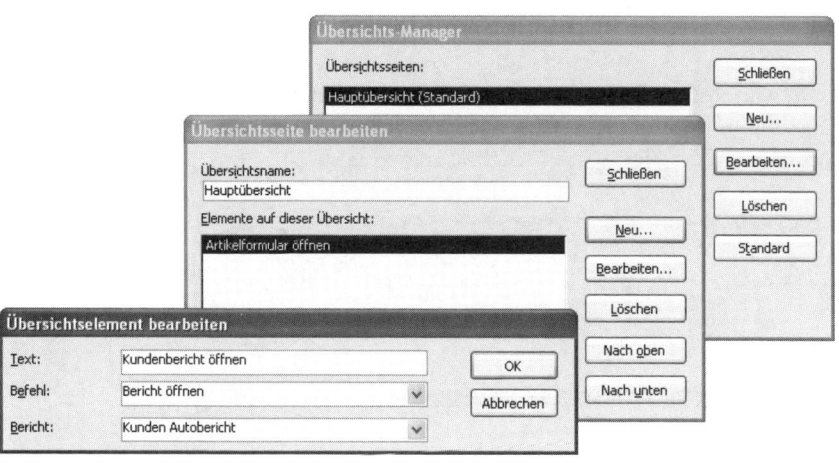

Abbildung 31.26:
Menübefehle
definieren

Mit Hilfe der Schaltfläche *Nach oben* bzw. *Nach unten* des Dialogfelds *Übersichtsseite bearbeiten* können Sie die Befehlsreihenfolge nachträglich verändern oder mit *Löschen* gar den momentan selektierten Befehl wieder komplett entfernen.

Schließen Sie nun alle Dialogfelder, erstellt der Assistent eine Tabelle, in der er Ihre Angaben speichert, und das folgende Formular namens »Übersicht« (Abbildung 31.27).

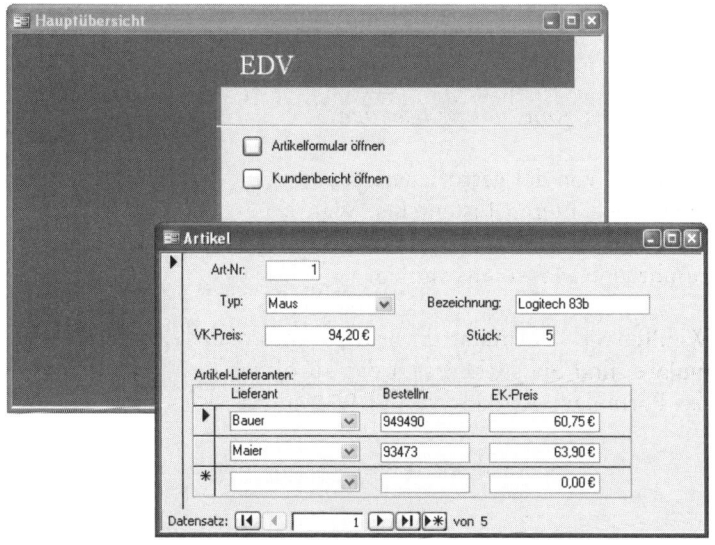

Abbildung 31.27:
Erzeugte Übersicht
und darin
geöffnetes
Formular

Klicken Sie auf einen der Menüpunkte, wird die zugehörige Aktion ausgeführt, beispielsweise das Formular »Artikel« im Bearbeitungsmodus geöffnet.

31.6   Die Performance optimieren

EXTRAS|ANALYSE|LEISTUNG überprüft die Objekte Ihrer Datenbank auf Leistung und untersucht, ob durch Veränderungen Geschwindigkeitsverbesserungen zu erzielen wären (Abbildung 31.28).

Abbildung 31.28:
Leistungsanalyse

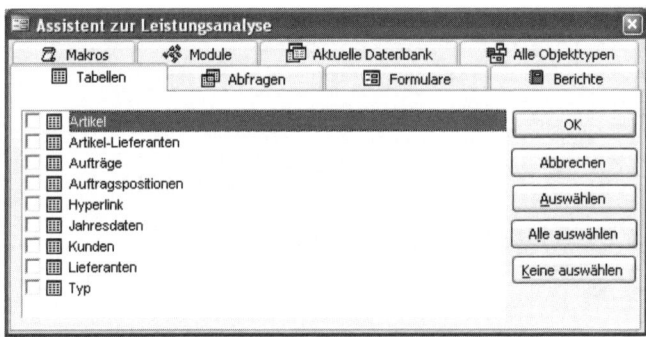

In den einzelnen Registern selektieren Sie die zu analysierende Objektart, beispielsweise »Formulare«, und darunter die interessierenden Objekte dieses Typs oder klicken auf *Alle auswählen*, um die Kontrollkästchen aller angezeigten Objekte der aktuellen Kategorie zu aktivieren.

Sollen alle Objekte der Datenbank analysiert werden, wählen Sie als Objektart »Alle Objekttypen« und klicken danach auf *Alle auswählen*.

Wenn der mit *OK* eingeleitete Analyseprozess beendet ist, erklärt Ihnen der Assistent, was seiner Meinung nach verbessert werden könnte (Abbildung 31.29).

Selektieren Sie ein Element der Liste, werden darunter ausführliche Hinweise gegeben.

Ist ein Vorschlag (Fragezeichen-Symbol) selektiert, können Sie die Schaltfläche *Optimieren* aktivieren, um die betreffende Änderung ausführen zu lassen. Oder noch einfacher mit *Alle auswählen* alle Listenelemente selektieren, sodass *Optimieren* anschließend alle darunter enthaltenen Vorschläge umsetzt.

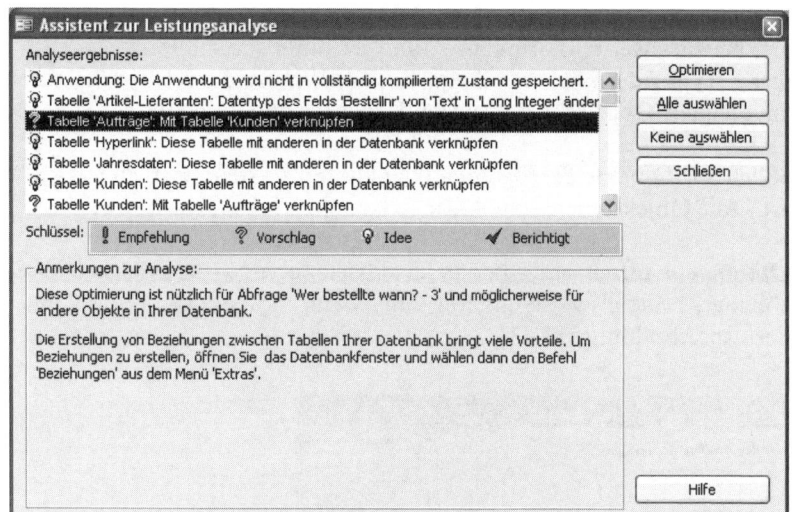

Abbildung 31.29:
Verbesserungs-
vorschläge

Setzen Sie die Hinweise nicht einfach kritiklos um! Zum Beispiel ist die Idee, das Feld »Bestellnr« als Long Integer *statt als* Text *zu deklarieren, zwar verständlich: Der Assistent stellte fest, dass nur Zahlen dieses Bereichs in diesem Feld gespeichert wurden. Aber das Vorgehen ist nicht unbedingt sinnvoll: Möglicherweise verwendet Ihr Lieferant ab und zu alphanumerische Bestellnummern wie »163-A«!*

:-)
TIPP

Datenbanken dokumentieren

Mit der Zeit werden Access-Datenbanken sehr umfangreich und es wird immer schwieriger, den Überblick über die zunehmende Anzahl darin enthaltener Objekte zu behalten. Daher ist es empfehlenswert, sich von Access mit EXTRAS|ANALYSE|DOKUMENTIERER eine Dokumentation dieser Objekte und ihrer Eigenschaften in Form eines Berichts erstellen zu lassen (Abbildung 31.30).

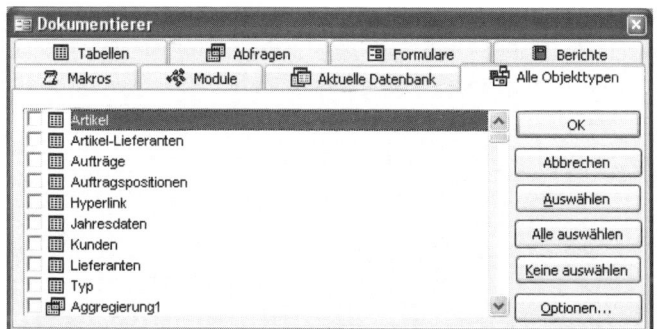

Abbildung 31.30:
Datenbank
dokumentieren

In den einzelnen Registern selektieren Sie die zu dokumentierende Objektart, beispielsweise »Formulare«, und darunter die interessierenden Objekte dieses Typs oder klicken auf *Alle auswählen*, um die Kontrollkästchen aller angezeigten Objekte der aktuellen Kategorie zu aktivieren.

Sollen alle Objekte der Datenbank analysiert werden, wählen Sie als Objektart »Alle Objekttypen« und klicken danach auf *Alle auswählen*.

Optionen... öffnet ein Dialogfeld, dessen Inhalt vom aktuellen Objekttyp abhängt, beispielsweise das folgende, wenn momentan »Formulare« selektiert ist (Abbildung 31.31).

Abbildung 31.31:
Dokumentations-
optionen für
Formulare

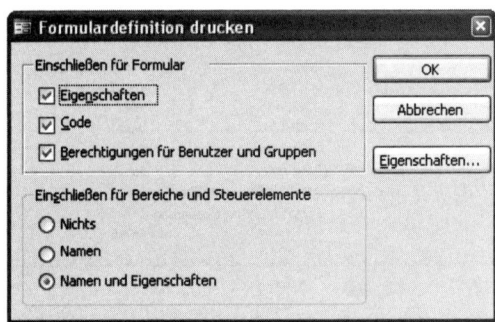

Sie können wählen, ob beispielsweise Code, der an Steuerelemente gebunden ist, in den Bericht mit aufgenommen werden soll, ob die Steuerelementeigenschaften und die Benutzerberechtigungen darin enthalten sein sollen und so weiter.

Eigenschaften... öffnet ein weiteres Dialogfeld, in dem Sie auswählen können, welche Eigenschaftskategorien der Formularsteuerelemente Sie interessieren und im Bericht enthalten sein sollen (Dateneigenschaften, Ereigniseigenschaften etc.).

OK erzeugt den Bericht, der Ihnen einen Überblick über die Eigenschaften
aller ausgewählten Datenbankobjekte verschafft und prinzipiell der folgenden Abbildung entspricht (Abbildung 31.32).

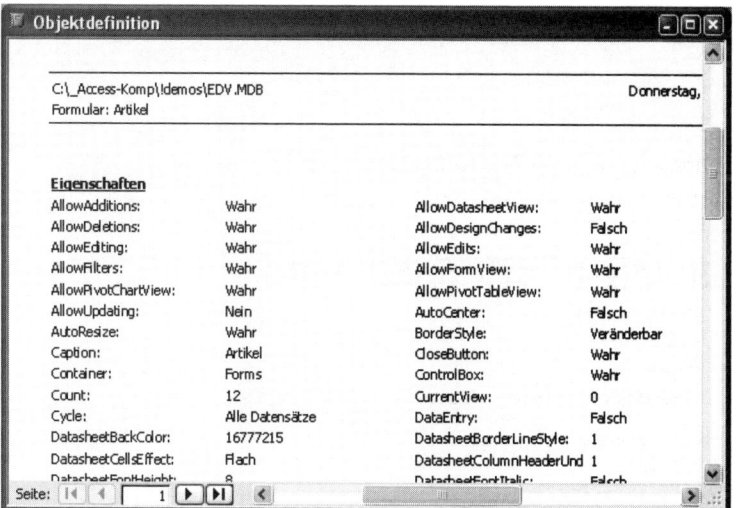

Abbildung 31.32:
Dokumentations-
bericht

32 Datenbanken warten

32.1 Sicherungskopien erstellen

DATEI|DATENBANK SICHERN... (oder EXTRAS|DATENBANK-DIENSTPROGRAMME|
DATENBANK SICHERN...) ermöglicht das Anlegen einer Sicherungskopie der
aktuellen Datenbank: Das Dateiauswahl-Dialogfeld erscheint, in dem Sie
Namen und Speicherort der Sicherungskopie angeben, wobei der Name der
Datenbank vorgegeben wird, gefolgt vom aktuellen Datum.

32.2 Komprimieren und Reparieren

*Sie können den nun beschriebenen Vorgang automatisieren, sodass er bei
jedem Schließen einer Datenbank automatisch durchgeführt wird. Dazu
muss das Kontrollkästchen* Beim Schließen komprimieren *aktiviert sein. Es
befindet sich im Register* Allgemein *des Befehls* EXTRAS|OPTIONEN....

:-)
TIPP

Eine Access-Datenbank nimmt schnell enorme Ausmaße an. Und zwar
selbst dann, wenn sie nicht allzu viele Datensätze enthält, aber häufig Änderungen stattfinden, Datensätze gelöscht und neue hinzugefügt werden!

Beim Löschen eines Datensatzes wird nämlich nicht die komplette Datenbank aufgerückt, um die Lücke auszufüllen, was bei umfangreichen Datenbanken viel zu zeitaufwändig wäre, sondern der betreffende Datensatz
einfach als nicht mehr belegt gekennzeichnet.

Dadurch kann eine Datenbank mit der Zeit fragmentiert werden, das heißt
in der Datenbankdatei sind viele Lücken enthalten, die nicht benutzt werden, und die Datenbank nimmt daher auf der Festplatte mehr Raum in
Anspruch als es bei effizienter Speicherung eigentlich notwendig wäre.

EXTRAS|DATENBANK-DIENSTPROGRAMME|DATENBANK KOMPRIMIEREN UND
REPARIEREN... erzeugt eine defragmentierte Kopie der Originaldatenbank,
die meist wesentlich kleiner ist. Dabei erkennt Access auch gleich, ob die
Datenbank in irgendeiner Weise beschädigt ist und repariert sie gegebenenfalls automatisch.

Ist gerade eine Datenbank geöffnet, wird sie komprimiert und gegebenen-falls repariert. Ist keine Datenbank geöffnet, können Sie die zu komprimie-rende Datenbank frei auswählen, beispielsweise EDV.MDB (Abbildung 32.1).

Abbildung 32.1:
Datenbank kompri-
mieren und
reparieren

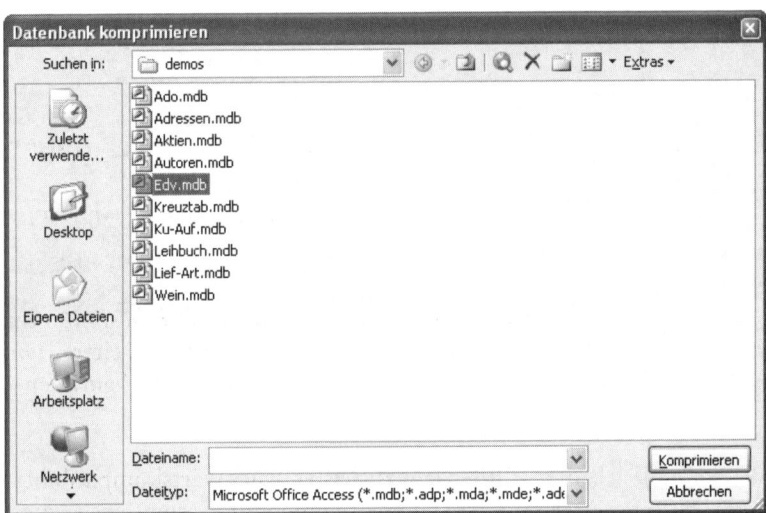

Nach dem Schließen des Dialogfelds per Anklicken von *Komprimieren* erscheint es erneut. Diesmal sollen Sie jedoch keine Datenbank auswählen, sondern der zu erzeugenden Kopie einen Namen geben oder die Vorgabe DB1.MDB übernehmen, und das Verzeichnis auswählen, in dem sie gespeichert wird.

Klicken Sie in diesem Dialogfeld auf *Speichern*, ist Access anschließend län-gere Zeit mit der Komprimierung beschäftigt. Das Resultat ist die Daten-bank DB1.MDB, die komprimierte Version von EDV.MDB. Darin wurden jedoch nur Objekte komprimiert, für die Sie eine Leseberechtigung besitzen. Wurde die Komprimierung ohne Fehlermeldung erfolgreich durchgeführt, können Sie die Originaldatenbank anschließend löschen.

:-)
TIPP

Der interne Zähler, den Access auf Felder vom Typ AutoWert *anwendet, wird bei der Komprimierung zurückgesetzt!*

Enthält eine Tabelle 20 Datensätze mit den Zählerwerten 1 bis 20 und löschen Sie danach die letzten fünf Sätze, trägt Access ungeachtet der gelöschten Sätze im AutoWert-*Feld des neuen Satzes den Wert 21 ein.*

Komprimieren Sie die Datenbank jedoch zuvor, entfernt Access die fünf letzten und gelöschten Sätze der Tabelle vollständig und setzt den aktuellen Zählerstand auf 15. Der nächste eingetragene Datensatz erhält daher den AutoWert 16.

Beim Komprimieren können Sie für die Datenbank ebenso wie beim Konvertieren eine neue Sortierreihenfolge festlegen.

:-)
TIPP

Beim Komprimieren wird die Struktur der Indizes und dadurch die Leistungsfähigkeit der Datenbank optimiert. Sie sollten eine Datenbank daher in regelmäßigen Abständen komprimieren.

:-)
TIPP

32.3 Dateiformat festlegen und Datenbanken konvertieren

Access kann Datenbanken im Access 2000- oder im Access 2002/2003-Format anlegen:

Welches Format für neu angelegte Datenbanken benutzt wird, bestimmt die Einstellung der Option Standarddateiformat *im Register* Weitere *von* EXTRAS|OPTIONEN... *(siehe Anhang E, »Access individuell konfigurieren«, Abschnitt »Weitere«).*

REF

Die Voreinstellung »Access 2000« gewährleistet Rückwärtskompatibilität zu jener Access-Version, da neue Datenbanken in deren Format gespeichert werden und damit problemlos von Benutzern bearbeitet werden können, die nur über Access 2000 verfügen.

»Access 2002 - 2003« verwendet für neue Datenbanken dagegen ein neueres Format, das in Sachen Geschwindigkeit Vorteile bietet, aber nicht abwärtskompatibel ist und bei allen Benutzern, die mit der Datenbank arbeiten sollen, den Einsatz dieser Access-Version voraussetzt.

Indirekt kann auch das ältere Access 97-Format benutzt werden, da eine Datenbank, die in irgendeinem dieser drei Formate vorliegt, mit den verschiedenen Unterbefehlen von EXTRAS|DATENBANK-DIENSTPROGRAMME|DATENBANK KONVERTIEREN in jedes der anderen Formate konvertiert werden kann.

Darüber hinaus kann Access Datenbanken, die mit Access 97 erstellt wurden, direkt öffnen und benutzen. Allerdings können Sie dann nur mit den betreffenden Datenbanken arbeiten, die Entwürfe der darin enthaltenen Objekte jedoch nicht verändern, solange die Datenbank nicht in eines der beiden neueren Formate konvertiert wird.

Wollen Sie in der Entwurfsansicht Veränderungen vornehmen, müssen Sie die betreffende Access 97-Datenbank entweder mit EXTRAS|DATENBANK-DIENSTPROGRAMME|DATENBANK KONVERTIEREN|IN ACCESS 2000-DATEIFORMAT... in das Access 2000-Format oder aber mit EXTRAS|DATENBANK-DIENSTPROGRAMME|DATENBANK KONVERTIEREN|IN ACCESS 2002 - 2003-DATEIFORMAT... in das Access 2002 - 2003-Format konvertieren.

Wie beim Komprimieren wird, falls gerade eine Datenbank geöffnet ist, die aktuelle Datenbank konvertiert, ansonsten werden Sie aufgefordert, die zu konvertierende Datenbank auszuwählen.

Ebenfalls wie beim Komprimieren werden Sie nach dem Namen gefragt, den die konvertierte Kopie erhalten soll, wobei ein Überschreiben des Originals diesmal jedoch nicht möglich ist.

:-)
TIPP

Beim Konvertieren können Sie die zu verwendende Sortierreihenfolge neu festlegen. Dazu öffnen Sie irgendeine Datenbank, wählen EXTRAS|OPTIO-NEN... *und selektieren im Register* Allgemein *unter* Sortierreihenfolge bei neuer DB *die gewünschte Sortierreihenfolge.*

Konvertieren Sie anschließend eine Datenbank, wird in der erzeugten konvertierten Kopie nicht nur das betreffende Access-Datenbankformat verwendet, sondern auch die zuvor festgelegte Sortierreihenfolge.

32.4 Verknüpfungsinformationen zu externen Datenbanken aktualisieren

EXTRAS|DATENBANK-DIENSTPROGRAMME|TABELLENVERKNÜPFUNGS-MANA-GER ermöglicht die einfache Aktualisierung von Verknüpfungsinformationen.

Was damit gemeint ist? Nun, beim Einbinden externer Tabellen merkt sich Access, wo sich die betreffenden Tabellen befinden. Verschieben Sie später die Datenbank, die diese Tabellen enthält, klappt die Verknüpfung nicht mehr.

REF

Ein Beispiel: Im Abschnitt »In Front- und Back-End aufteilen« von Kapitel 31 erläuterte ich die Aufteilung einer Datenbank in ein Back-End, sagen wir EDV_BE.MDB, *das nur Tabellen enthält, und ein Front-End, beispielsweise* EDV.MDB, *das alle anderen Objekte enthält und mit dem diese Tabellen verknüpft sind.*

Verschieben Sie EDV_BE.MDB auf ein anderes Laufwerk oder in ein anderes Verzeichnis, benötigen Sie, wie erläutert, den Tabellenverknüpfungs-Manager. Nach dem Aufruf erscheint ein Dialogfeld mit einer Liste aller verknüpften Tabellen der aktuellen Datenbank EDV.MDB (Abbildung 32.2).

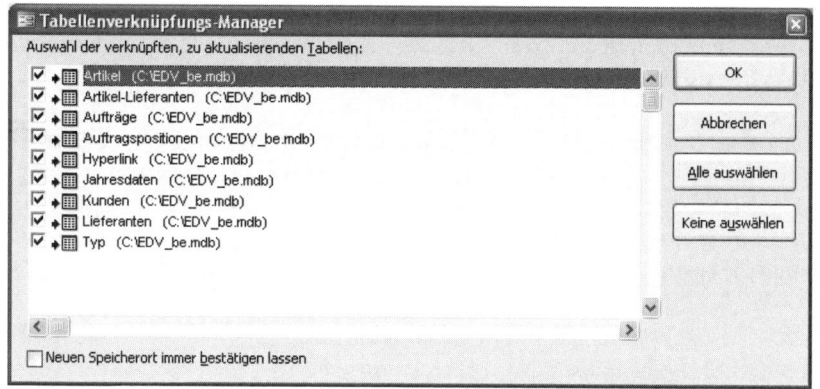

Abbildung 32.2:
Tabellenverknüp-
fungs-Manager

Sie suchen per Aktivieren des zugehörigen Kontrollkästchens jene aus, deren Verknüpfung aktualisiert werden soll oder selektieren mit *Alle auswählen* entsprechend der Abbildung alle Tabellen.

Klicken Sie auf *OK*, prüft Access der Reihe nach für jede Tabelle, ob die Verknüpfung noch aktuell ist. Wird eine Tabelle nicht mehr gefunden, erscheint das folgende Dialogfeld (Abbildung 32.3).

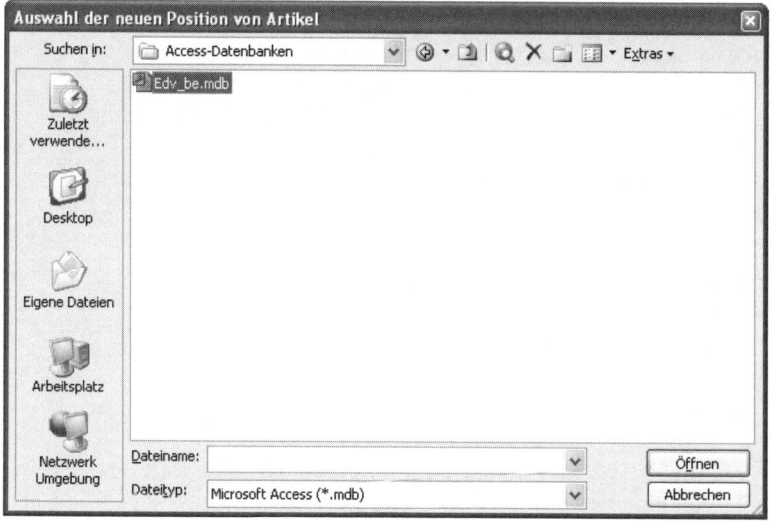

Abbildung 32.3:
Neuen Standort
angeben

Darin müssen Sie den neuen Standort der Datenbank angeben, in der sich die betreffende Tabelle befindet, indem Sie diese Datenbank markieren und danach auf *Öffnen* klicken.

Die Verknüpfungsinformationen werden nun aktualisiert, das heißt, Access merkt sich den neuen Standort der Datenbank, die die zuvor verwaiste Tabelle enthält.

Im Beispiel wird nicht nur die Verknüpfungsinformation der Tabelle »Artikel« aktualisiert. Access versucht nach Angabe des neuen Standorts von EDV_BE.MDB, auch die anderen Verknüpfungsinformationen mit dieser Information zu aktualisieren – was im Beispiel für alle Tabellen gelingt, da sich ja auch die restlichen Tabellen alle in dieser Datenbank befinden.

33 Datenbanken schützen

Das folgende Kapitel beschäftigt sich mit den unterschiedlichen Möglichkeiten von Access, eine komplette Datenbank oder bestimmte darin enthaltene Objekte vor unbefugten Einblicken und Veränderungen zu schützen. Sie können

➡ Datenbanken verschlüsseln

➡ Ihr VBA-Projekt schützen, das heißt, Ihren Programmcode; entweder per Kennwort oder indem Sie eine MDE-Datei erzeugen, die eine exakte Kopie darstellt, aus der jedoch der Quellcode entfernt wurde, und die daher keine einsehbaren und editierbaren Programmzeilen mehr enthält und

➡ Ihre Datenbank mit einem Datenbankkennwort vor unbefugter Benutzung schützen.

Bei allen in den nachfolgenden Kapiteln einzugebenden Kennwörtern und Codes unterscheidet Access zwischen Groß- und Kleinschreibung, sodass »Test« nicht gleichbedeutend ist mit »test«!

!! STOP

33.1 Datenbank ver-/entschlüsseln

Nach Wahl von EXTRAS|SICHERHEIT|DATENBANK VER-/ENTSCHLÜSSELN... selektieren Sie die zu verschlüsselnde Datenbank und wählen einen Namen für die zu erzeugende verschlüsselte Kopie.

Verwenden Sie den Originalnamen, erzeugt Access dennoch eine Kopie, löscht jedoch nach erfolgreich ausgeführter Verschlüsselung die Originaldatenbank und gibt der Kopie den Namen des Originals.

Wenden Sie den Befehl auf eine bereits verschlüsselte Datenbank an, wird sie wieder entschlüsselt.

:-)
TIPP

Verschlüsselt werden nur Datenbankobjekte, für die Sie entsprechende Berechtigungen haben. Beim Verschlüsseln wird die Datenbank zugleich komprimiert.

33.2   VBA-Projekte schützen

In der Praxis genügt zum Schutz einer Access-Anwendung oft der Schutz des darin enthaltenen Programmcodes, da in wirklich anspruchsvollen Access-Anwendungen darin der überwiegende Teil der erbrachten Arbeit steckt. Access stellt dazu zwei verschiedene Möglichkeiten zur Verfügung.

MDE-Dateien   Der Befehl Extras|Datenbank-Dienstprogramme|MDE-Datei erstellen... erzeugt eine Kopie der Originaldatenbank, die keinerlei Quellcode mehr enthält, also keine einsehbaren und editierbaren Programmzeilen, und in der zusätzlich kaum noch Objekte in der Entwurfsansicht eingesehen werden können.

Nach Anwahl des Befehls wählen Sie den Namen der zu erzeugenden Datenbank und Access kompiliert daraufhin alle Module, entfernt danach den nun überflüssigen Quellcode und komprimiert die Datenbank.

Die neue Datenbank ist eine exakte Kopie der Originaldatenbank; abgesehen vom entfernten Quellcode und der dadurch reduzierten Größe - und abgesehen davon, dass verschiedene Aktionen mit der Kopie nicht möglich sind, vor allem weder Formulare, Berichte, Seiten oder Module eingesehen (in der Entwurfsansicht), geändert, exportiert oder erzeugt werden können.

Zum Erzeugen der MDE-Datei sind mehrere Voraussetzungen zu erfüllen. Die wichtigste: Alle Datenbanken und Add-Ins, die in der Datenbanken benutzt werden und auf die darin Verweise enthalten sind, müssen ebenfalls als MDE-Dateien gespeichert werden!

Kennwort   Alternativ dazu können Sie auch nur den Programmcode selbst schützen, und zwar mit einem Kennwort.

Dazu wählen Sie in VBA Extras|Eigenschaften von [Datenbank-name]... und aktivieren im zugehörigen Dialogfeld das Register *Schutz* (Abbildung 33.1).

Aktivieren Sie *Projekt für die Anzeige sperren*, geben Sie unter *Kennwort* ein Kennwort ein und wiederholen Sie die Kennworteingabe unter *Kennwort bestätigen*.

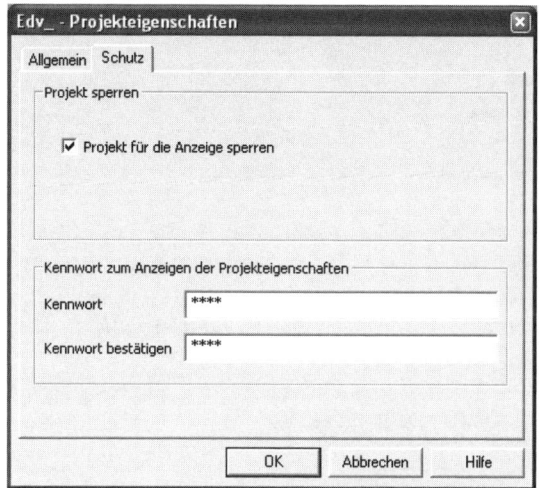

Abbildung 33.1:
VBA-Projekt schützen

Nach OK ist Ihr VBA-Projekt geschützt. Starten Sie das nächste Mal Access, öffnen Sie die Datenbank und wollen Sie den Code irgendeines Moduls einsehen, werden Sie aufgefordert, das Kennwort einzugeben (Abbildung 33.2).

Abbildung 33.2:
Kennwortabfrage

Um das Kennwort wieder zu entfernen, wählen Sie bei den Befehl erneut, deaktivieren das Kontrollkästchen und entfernen das Kennwort in beiden Eingabefeldern.

33.3   Datenbankkennwörter verwenden

Die einfachste Möglichkeit, eine Datenbank vor unbefugter Benutzung zu schützen, ist das Zuweisen eines Datenbankkennworts. Dazu müssen Sie die Datenbank im Exklusiv-Modus öffnen, das heißt DATEI|ÖFFNEN... wählen und im Listenfeld der *Öffnen*-Schaltfläche diese Option wählen.

Danach wählen Sie EXTRAS|SICHERHEIT|DATENBANKKENNWORT FESTLEGEN... (Abbildung 33.3).

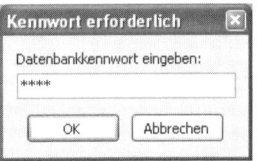

Geben Sie ein Kennwort wie »Test« ein (Sie sehen nur eine Reihe von Sternchen), und wiederholen Sie die Eingabe im unteren Textfeld.

Beim nächsten Öffnen der Datenbank erscheint das folgende Dialogfeld
(Abbildung 33.4).

Nur bei korrekter Eingabe des Kennworts wird die Datenbank geöffnet.

Um das Kennwort wieder zu entfernen, wählen Sie bei – erneut im Exklusiv-
Modus – geöffneter Datenbank den Befehl EXTRAS|SICHERHEIT|DATEN-
BANKKENNWORT LÖSCHEN..., der EXTRAS|SICHERHEIT|DATENBANKKENN-
WORT FESTLEGEN... inzwischen ersetzt hat, und geben im zugehörigen
Dialogfeld das zu löschende Kennwort ein.

34 Benutzerberechtigungen verwalten

Access stellt Ihnen Möglichkeiten zur Festlegung von Zugriffsberechtigungen zur Verfügung, wobei standardmäßig zwischen zwei verschiedenen Benutzergruppen unterschieden wird:

➡ Administratoren: Diese stehen in der Hierarchie über allen anderen Benutzergruppen und haben vollen Zugriff auf alle Objekte einer Datenbank.

➡ Benutzer: die eigentlichen Datenbankanwender, die nur eingeschränkte Zugriffsrechte haben.

Jeder Benutzer wird in eine dieser beiden Gruppen eingeordnet und erhält sein persönliches Benutzerkonto, das aus einem Namen wie »Maier« und einem Kennwort besteht; und aus Informationen darüber, welche Zugriffsberechtigungen er besitzt.

Sie können jeder Gruppe für jedes Datenbankobjekt unterschiedliche Zugriffsberechtigungen erteilen und beispielsweise dafür sorgen, dass Mitglieder der Gruppe »Benutzer« die Tabelle »Kunden« von EDV.MDB zwar öffnen, ihren Entwurf oder die darin enthaltenen Daten aber in keinster Weise verändern dürfen.

Zusätzlich können Sie einzelnen Benutzern einer solchen Gruppe weiterreichende oder eingeschränktere Zugriffsberechtigungen erteilen und festlegen, dass beispielsweise Herr Maier »Kunden« noch nicht einmal öffnen darf, Herr Bauer die darin enthaltenen Daten sogar verändern kann, beispielsweise Datensätze löschen oder neue Datensätze erfassen; und außer den Administratoren auch Herr Schmidt als »einfacher« Benutzer in der Lage ist, den Entwurf der Tabelle zu verändern.

Dazu müssen Sie jedoch zunächst das Anmeldeverfahren aktivieren! Normalerweise muß sich jeder Benutzer beim Aufruf von Access unter Angabe seines Benutzerkontos und seines Kennworts anmelden, um überhaupt Zugang zu Access zu erhalten.

Dass Sie davon bisher noch nichts bemerkt haben, liegt daran, dass standardmäßig ein Administratorenkonto mit dem Namen »Administrator« vorhanden ist, das eine ganz besondere Eigenschaft besitzt: Die Anmeldung erfolgt automatisch.

Ist das Anmeldeverfahren nicht aktiviert, werden Sie automatisch unter diesem Benutzerkontonamen angemeldet und – da diesem Konto kein Kennwort zugeordnet ist – müssen Sie auch kein zugehöriges Kennwort eingeben, so- dass Access Ihnen und jedem anderen ohne weitere Formalitäten den uneingeschränkten Zugang gestattet.

Um das zu ändern, müssen Sie das Anmeldeverfahren aktivieren.

34.1   Arbeitsgruppen anlegen und wechseln

Perfekte Sicherheit setzt jedoch voraus, dass Sie zuvor auch die Arbeitsgruppen-Informationsdatei mit einem bis zu 20 Zeichen langen Arbeitsgruppen-Code und Kennwörtern schützen.

Diese Datei enthält alle Informationen über eine so genannte Arbeitsgruppe: die Namen der Benutzerkonten, die Kennwörter dieser Benutzer und Informationen darüber, welche Zugriffsberechtigungen die einzelnen Benutzer besitzen.

Standardmäßig verwendet Access die Arbeitsgruppen-Informationsdatei SYSTEM.MDW und liest beim Start die darin enthaltenen Informationen.

Statt mit dieser Standard-Arbeitsgruppen-Informationsdatei zu arbeiten, führe ich Ihnen die folgenden Schritte vorsichtshalber anhand einer neuen Arbeitsgruppen-Informationsdatei vor. Sollten Sie sich versehentlich aus Access aussperren, können Sie dann immer noch die unveränderte Standard-Arbeitsgruppen-Informationsdatei SYSTEM.MDW benutzen, die Ihnen weiterhin den Zugang zu Access ermöglicht.

Um eine neue Arbeitsgruppe zu erstellen oder die aktive Arbeitsgruppe zu wechseln, rufen Sie mit EXTRAS|SICHERHEIT|ARBEITSGRUPPENADMINISTRATOR... den Arbeitsgruppen-Administrator auf (Abbildung 34.1).

Erstellen... öffnet das abgebildete Dialogfeld, in dem Sie die Informationen »Name«, »Firma« und »Arbeitsgruppen-ID« eingeben.

Anschließend werden Sie gefragt, wo und unter welchem Namen die neue Arbeitsgruppen-Informationsdatei gespeichert werden soll (Abbildung 34.2).

Abbildung 34.1:
Der Arbeitsgrup-
pen-Administrator

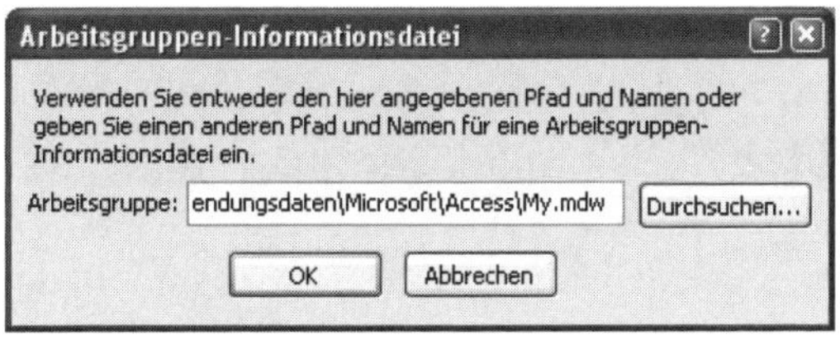

Abbildung 34.2:
Arbeitsgruppen-
Informationsdatei

Anschließend wird die neue Arbeitsgruppen-Informationsdatei erzeugt, und Sie schließen sich automatisch dieser Arbeitsgruppe an, sind jetzt also ein Mitglied dieser nun aktiven Gruppe.

Um das zu verstehen, müssen Sie an Mehrbenutzerumgebungen denken, in denen mehrere Personen die gleiche Datenbank benutzen.

Beispielsweise können die Benutzer A, X und Y eine gemeinsame Arbeitsgruppe bilden, die mit der Datenbank KUNDEN.MDB arbeitet. B, G und Z können eine Arbeitsgruppe bilden, die mit der Datenbank LAGER.MDB arbeitet. Und A, B und X wiederum eine Arbeitsgruppe, die mit BUCHHALT.MDB arbeitet. In diesem Fall arbeiten A, B und X in zwei Arbeitsgruppen mit, greifen also abwechselnd auf eine dieser drei Datenbanken zu.

Bei jedem Start von Access ist die zuletzt verwendete Arbeitsgruppen-Informationsdatei aktiv. A, B und X muss es jedoch möglich sein, die Arbeitsgruppe zu wechseln, sich bei Bedarf also einer anderen Arbeitsgruppe anzuschließen.

Dazu rufen A, B und X den Arbeitsgruppen-Administrator auf, wählen statt *Erstellen...* nun *Beitreten...* und suchen sich die Arbeitsgruppe aus, der Sie beitreten wollen (Abbildung 34.3).

Abbildung 34.3:
Arbeitsgruppe
anschließen

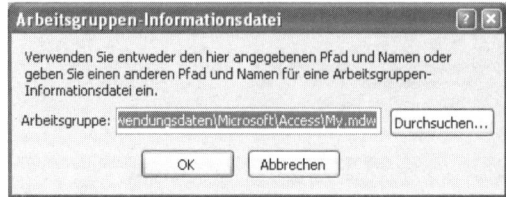

Anschließend können A, B und X im Rahmen Ihrer jeweiligen Zugriffs- berechtigungen, die in der betreffenden Arbeitsgruppen-Informationsdatei gespeichert sind, mit der jeweiligen Gruppe zusammenarbeiten.

TIPP

Geht es nur um das Sichern einer ausschließlich von Ihnen genutzten Daten- bank, benötigen Sie den Arbeitsgruppen-Administrator im Grunde nur ein einziges Mal: Sie erstellen eine neue Arbeitsgruppe, beispielsweise SYSTEM1.MDW, *der Sie sich nach der Erstellung automatisch anschließen. Das war's! In dieser einzigen von Ihnen erstellten Arbeitsgruppe bleiben Sie auf Dauer, wechseln die Arbeitsgruppe also nie wieder.*

34.2   Anmeldeverfahren aktivieren

Wie gesagt, standardmäßig wird ein Benutzer beim Aufruf von Access immer unter einem Administratorenkonto angemeldet, das den Namen »Administrator« besitzt und bei dem die Anmeldung automatisch erfolgt und ein uneingeschränkter Zugriff auf alle Datenbankobjekte gegeben ist.

Um das zu ändern, schließen Sie sich wie erläutert zunächst einer von Ihnen erstellten Arbeitsgruppe an. Danach wählen Sie EXTRAS|SICHERHEIT|BENUT- ZER- UND GRUPPENKONTEN... (Abbildung 34.4).

In diesem Dialogfeld können Sie dem Benutzerkonto, unter dem Sie sich angemeldet haben, einen neuen Benutzernamen und ein neues Kennwort zuordnen.

Als Benutzername wird das Konto »Administratoren« vorgegeben, unter dem Sie automatisch angemeldet wurden.

Diesem Benutzerkonto ordnen Sie nun ein Kennwort zu, indem Sie im Register *Anmeldungskennwort ändern* unter *Neues Kennwort* beispiels- weise »XYZ« eingeben, diese Eingabe unter *Bestätigen* wiederholen und auf OK klicken (Abbildung 34.5).

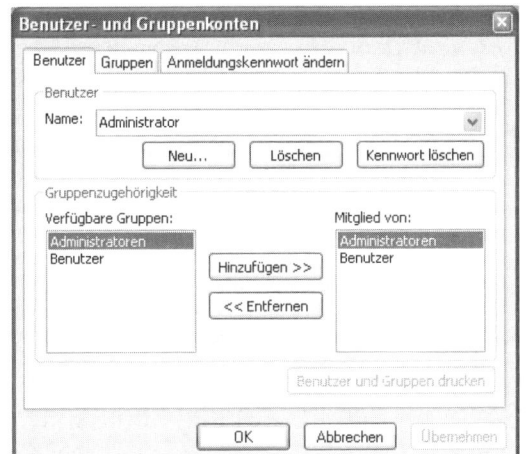

Abbildung 34.4:
Benutzerkonto
auswählen

Abbildung 34.5:
Kennwort festlegen

Dass das Anmeldeverfahren nun aktiviert ist, sehen Sie, wenn Sie Access verlassen und erneut aufrufen, da nun zunächst das Dialogfeld *Anmelden* erscheint (Abbildung 34.6).

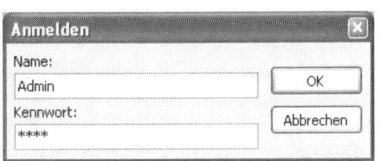

Abbildung 34.6:
Anmelden

Access gewährt Ihnen nur dann Zugang zum System, wenn Sie unter *Name* den Namen eines vorhandenen Benutzerkontos und das zugehörige Kennwort eingeben.

Da momentan nur ein Benutzerkonto definiert ist, das Standardkonto »Administrator«, das auch den Namen »Admin« besitzt und dem Sie soeben das Kennwort »XYZ« zuordneten, melden Sie sich unter diesem Konto an.

Dazu geben Sie unter *Name* den Kontonamen »Administrator« oder »Admin« ein (letzteres wird für dieses Standardkonto automatisch vorgegeben) und unter *Kennwort* das zugehörige Kennwort »XYZ«.

Im nächsten Schritt müssen Sie ein wirklich persönliches Benutzerkonto anlegen, das Sie mit Ihrem Namen identifiziert, und danach das Standardkonto »Administrator« aus der Gruppe der Administratoren entfernen.

34.3   Benutzerkonten und Kennwörter

Um für sich (oder jemand anderen) ein neues Benutzerkonto anzulegen, klicken Sie im Register *Benutzer* auf *Neu...* und geben im zugehörigen Dialogfeld diesem Konto Ihren Namen ein, beispielsweise »Maier«, und eine Persönliche ID (PIN), eine Zeichenfolge mit wenigstens fünf Stellen (Abbildung 34.7).

Abbildung 34.7:
Neues Benutzerkonto definieren

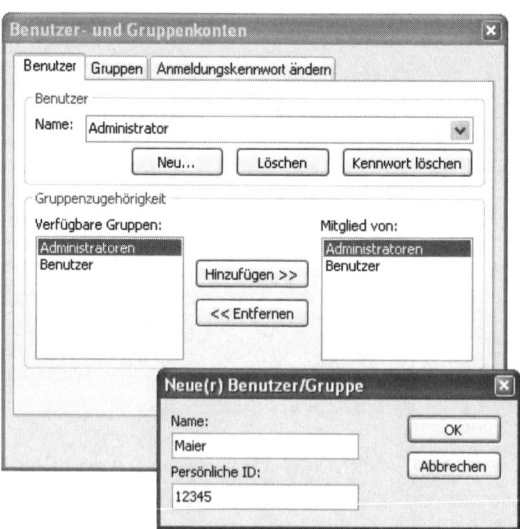

Nach dem Schließen des kleineren der beiden Dialogfelder wird der neue Benutzer »Maier« automatisch der Gruppe »Benutzer« zugeordnet und das Listenfeld »Mitglied von« enthält den Eintrag »Benutzer«.

Um »Maier« die weitaus umfassenderen Rechte eines Administrators zu geben, müssen Sie nun im linken Listenfeld den Eintrag »Administratoren« selektieren und diesen mit der Schaltfläche *Hinzufügen >>* in das rechte Listenfeld einfügen, damit das Benutzerkonto »Maier« auch der Gruppe »Administratoren« zugeordnet wird (Abbildung 34.8).

Nachdem nun ein eigenes Benutzerkonto »Maier« eingerichtet ist, melden Sie sich jetzt unter diesem Benutzerkonto an und entfernen das Standardkonto »Administrator« aus der Gruppe »Administratoren«, um es zu einem einfachen Benutzer zu machen.

Dazu müssen Sie Access verlassen, es erneut aufrufen und die Datenbank wieder öffnen. Diesmal melden Sie sich unter dem Namen »Maier« an, und zwar ohne Kennwort, da Sie diesem Benutzerkonto bisher noch kein Kennwort zuordneten (Abbildung 34.9).

Danach wählen Sie im Listenfeld *Name* den Standardeintrag »Administrator« aus. Um dieses Benutzerkonto aus der Administratorengruppe zu entfernen, klicken Sie unter *Mitglied von* auf »Administratoren« und danach auf << *Entfernen*.

Nun folgt ein entscheidender Schritt: Als Eigentümer aller bisher von Ihnen erstellten Datenbanken ist der Benutzer »Administrator« registriert, da Sie bisher automatisch unter diesem Standardbenutzerkonto angemeldet wurden. Die Eigentümerrechte sollen nun jedoch von diesem Standardkonto auf Ihr persönliches Konto »Maier« übertragen werden!

TIPP

Bevor ich diesen Schritt erläutere, noch ein Hinweis: Wird eine Datenbank von mehreren Benutzern verwendet, kann (und sollte) sich jeder davon im Register Anmeldekennwort ändern *ein Kennwort zuordnen. Eine solche Kennworteingabe oder -änderung kann immer nur der betreffende Benutzer vornehmen! Auch wenn das im Gegensatz zum Beispiel nur ein Anwender der Gruppe »Benutzer« ist und Sie ein Mitglied der Gruppe »Administratoren« sind, haben Sie keinen Zugriff auf sein Kennwort.*

Mit einer Ausnahme: Ging das Kennwort des betreffenden Benutzers verloren, kann jedes Mitglied der Gruppe »Administratoren« im Listenfeld Name *den betreffenden Benutzer auswählen und mit* Kennwort löschen *das zugehörige Kennwort löschen. Anschließend genügt dem betreffenden Benutzer zur Anmeldung wieder die Eingabe seines Namens, und danach kann er sich ein neues Kennwort zuordnen. Analog dazu kann ein Mitglied von »Administratoren« mit* Löschen *das betreffende Benutzerkonto sogar vollständig löschen.*

34.4   Eigentümerrechte übertragen

REF

Kommen wir zur Übertragung der Eigentümerrechte auf Ihr persönliches Benutzerkonto »Maier«. Sie können das mit Hilfe der im Kapitel 34 unter »Eigentümerberechtigungen« beschriebenen Technik durchführen.

Geht es jedoch wie hier darum, die Eigentümerrechte nicht nur an einigen, sondern an allen Objekten einer Datenbank zu übertragen, gibt es einen schnelleren und einfacheren Weg. Dazu müssen Sie

➡ sich an der zuvor erzeugten kennwortgeschützten Arbeitsgruppen-Informationsdatei MY.MDW beteiligen

➡ Access starten, die Datenbank öffnen und sich unter ihrem zuvor erzeugten persönlichen Benutzerkonto »Maier« anmelden

➡ eine neue Datenbank erzeugen

➡ und alle Objekte der zu schützenden Datenbank in diese nun geöffnete leere Datenbank importieren.

Als Eigentümer dieser Objekte wird dabei das Benutzerkonto verwendet, unter dem Sie bei der Erstellung der neuen Datenbank angemeldet waren, im Beispiel also Ihr persönliches Benutzerkonto »Maier«.

Der Benutzer »Maier« ist jetzt der Eigentümer aller Objekte der neuen Datenbank, die eine davon abgesehen identische Kopie der Ausgangsdatenbank darstellt. Wirklich gesichert sind die Objekte jedoch immer noch nicht! Auch alle anderen Benutzer können noch uneingeschränkt darauf zugreifen. Um das zu ändern, müssen Sie sich mit den Benutzerberechtigungen von Access auskennen.

34.5 Benutzerberechtigungen festlegen

Mit dem Befehl EXTRAS|SICHERHEIT|BENUTZER- UND GRUPPENBERECHTI-GUNGEN... werden die Berechtigungen zum Zugriff auf einzelne Datenbankobjekte verwaltet (Abbildung 34.10).

Abbildung 34.10:
Berechtigungen
erteilen

Access unterscheidet zwischen Berechtigungen für Gruppen und für einzelne Benutzer. Sie können beispielsweise der Gruppe »Benutzer« verbieten, Daten in der Tabelle »Aufträge« zu löschen, es jedoch einem bestimmten Benutzer der Gruppe erlauben.

Um Berechtigungen für Gruppen zu ändern, selektieren Sie die Option »Gruppen«. Daraufhin werden im Listenfeld *Benutzer/Gruppenname* alle verfügbaren Gruppen aufgelistet, beispielsweise die beiden standardmäßig vorhandenen Gruppen »Administratoren« und »Benutzer«.

Gruppenberechti-gungen

Sie selektieren eine dieser beiden Gruppen, beispielsweise »Benutzer«, und im rechten Listenfeld die interessierenden Datenbankobjekte, wobei Sie zuvor im Listenfeld *Objekttyp* den Typ der anzuzeigenden Objekte auswählen.

Selektieren Sie »Tabellen«, werden entsprechend alle Tabellen angezeigt, Sie können sich die interessierenden Tabellen aussuchen und mit den Kontrollkästchen im Detail bestimmen, welche Zugriffsberechtigungen auf diese Tabellen die Mitglieder der Gruppe »Benutzer« besitzen sollen.

Analog dazu werden nach Aktivierung der Option »Benutzer« die Namen aller Benutzer angezeigt, und Sie können bestimmten Benutzern umfassen-

Benutzer-berechtigungen

dere oder eingeschränktere Berechtigungen zum Zugriff auf bestimmte Datenbankobjekte erteilen.

Soviel zum Prinzip, kommen wir zurück zum immer noch unvollständigen Schutz der Objekte in der zuvor erzeugten Datenbankkopie, deren Eigentümer nun »Maier« ist.

Benutzer-
berechtigungen
widerrufen

Sie müssen wissen, dass Access der Gruppe »Benutzer« standardmäßig sehr weitgehende Berechtigungen gibt. Diese Berechtigungen müssen Sie nun entfernen. Dazu aktivieren Sie die Option »Gruppen« und wählen anschließend die Gruppe »Benutzer« aus.

Unter »Objekttyp« wählen Sie der Reihe nach alle Objekttypen und unter »Objektname« alle Objekte des betreffenden Typs aus und deaktivieren jeweils alle Berechtigungen für die betreffenden Objekte.

Auf die einzelnen Objekte der so gesicherten Datenbank kann nun wirklich nur noch ein Benutzer der Arbeitsgruppe MY.MDW zugreifen: Sie selbst, der Benutzer (und Eigentümer!) »Maier«!

Sie sehen das sofort, wenn Sie Access beenden, neu starten und die Datenbank öffnen, sich diesmal jedoch als Benutzer »Administrator« (oder kurz »Admin«) mit dem zuvor zugeordneten Kennwort »XYZ« anmelden.

Oder aber wenn Sie sich irgendeiner anderen Arbeitsgruppe anschließen, beispielsweise der Standardarbeitsgruppe SYSTEM.MDW, bei der keine Anmeldung notwendig ist und Sie automatisch als »Administrator« angemeldet werden.

Versuchen Sie, irgendein Objekt der gesicherten Datenbank in irgendeiner Ansicht zu öffnen, kommt ein entsprechender Hinweis (Abbildung 34.11).

Abbildung 34.11:
Gesichertes Objekt
öffnen

Was auch immer Sie versuchen, Access weigert sich mit der Begründung, Ihnen fehle die entsprechende Berechtigung. Die Datenbank ist nun gegenüber allen Anwendern außer dem Benutzer (und Eigentümer aller Objekte!) »Maier« der Arbeitsgruppe MY.MDW perfekt gesichert!

Das ist jedoch zweifellos etwas übers Ziel hinausgeschossen: In der Praxis geben Sie eine von Ihnen erstellte Anwendung zusammen mit der momentan aktiven Arbeitsgruppen-Informationsdatei MY.MDW weiter.

Eingeschränkte Benutzerberechtigungen erteilen

Ihr Kunde schließt sich dieser Arbeitsgruppe an, startet Access, öffnet Ihre Anwendung und meldet sich als »Administrator« mit dem Kennwort »XYZ« an – und stellt fest, dass ihm außer dem Anschauen und Verändern des Entwurfs der Datenbank auch die reine Benutzung der darin enthaltenen Tabellen, Formulare etc. untersagt ist.

Sie müssen ihm zumindest gestatten, verschiedene Objekte öffnen, darin Daten lesen und verändern zu können – sonst könnten Sie auch gleich darauf verzichten, ihm Ihre Anwendung zu geben!

Daher sollten Sie dem Benutzer »Administrator« (unter *Benutzer/Gruppenname* den Eintrag »Administrator« selektieren) nun jene Berechtigungen erteilen, die Sie Ihrem Kunden zugestehen wollen.

Anschließend können Sie ihm die Datenbank zusammen mit der Arbeitsgruppe MY.MDW übergeben. Sie müssen ihm jetzt nur noch erklären, wie er sich dieser Arbeitsgruppe anschließt und wie er sich beim Öffnen der Datenbank als Benutzer »Administrator« mit dem zugehörigen Kennwort »XYZ« anmeldet.

Möglicherweise enthält Ihre Anwendung Prozeduren, die nach dem Aufruf irgendwelche Tabellen erstellen. Dann müssen Sie unbedingt den Eintrag »<Neue Tabellen/Abfragen>« berücksichtigen, bei dem es um die Berechtigungen für neu zu erstellende Objekte geht. Sonst wird Access nicht nur Ihrem Kunden, sondern auch Ihren Prozeduren das (in diesem Fall programmgesteuerte) Erstellen der betreffenden Objekte verweigern!

!!
STOP

34.6 Anwendungen ohne Arbeitsgruppen-Informationsdatei weitergeben

Wenn Sie Access-Anwendungen weitergeben, wollen Sie womöglich vermeiden, dass der Anwender sich zur Benutzung Ihrer Anwendung erst umständlich an einer Arbeitsgruppe beteiligen muss.

Sie (oder er) können das Beteiligen zwar mit den im Anhang I, »Befehlszeilenargumente«, erläuterten Optionen automatisieren.

Kritisch wird es jedoch, wenn Sie es ihm völlig ersparen wollen, sich an der Arbeitsgruppe MY.MDW beteiligen zu müssen!

Er benutzt dann automatisch die Standard-Arbeitsgruppe SYSTEM.MDW, die sich nach der Installation von Access auf seinem Computer befindet und wird ebenfalls automatisch unter dem Administratorenkonto »Administrator« dieser Arbeitsgruppe angemeldet.

Dieses Konto seiner Arbeitsgruppe SYSTEM.MDW verfügt jedoch über keinerlei Berechtigungen zum Zugriff auf Objekte der gesicherten Datenbank. Ihr Kunde kann nicht mit Ihrer Datenbank arbeiten!

Wollen Sie Ihren Kunden nicht zwingen, sich an der Arbeitsgruppe zu beteiligen, die Sie zum Sichern Ihrer Anwendung benutzten, und darauf verzichten, ihm diese Datei mitzugeben, dürfen Sie daher nur die wirklich unverzichtbaren Objekte sichern, beispielweise Makros, vor allem aber die VBA-Module (siehe in Kapitel 33 unter »VBA-Projekte schützen«).

Kann Ihr Kunde die darin enthaltenen Prozeduren nicht einsehen oder gar verändern, kann er sich auch nicht an Ihrer Anwendung vergreifen, sie beispielsweise verändern und als angeblich eigene Anwendung verkaufen – vorausgesetzt, Ihre Datenbank enthält wie jede größere Access-Anwendung Unmengen an Prozeduren, ohne die nichts geht, weil sie einen Großteil der eigentlichen Funktionalität enthalten!

34.7   Benutzergruppen

Mit EXTRAS|SICHERHEIT|BENUTZER- UND GRUPPENKONTEN... können Sie einzelne Benutzerkonten einrichten und der Gruppe »Benutzer« oder zusätzlich der Gruppe »Administratoren« hinzufügen.

Zusätzlich können Sie im Register *Gruppen* jedoch auch neue Gruppen definieren, indem Sie darin auf *Neu...* klicken (Abbildung 34.12).

Sie geben der neuen Gruppe einen Namen und eine Identifikationskennung und wählen *OK*.

Anschließend enthält das Listenfeld *Verfügbare Gruppen* des Registers *Benutzer* außer den beiden vorgegebenen Gruppen »Administratoren« und »Benutzer« auch die zusätzlich von Ihnen definierte Gruppe, beispielsweise »Gäste«.

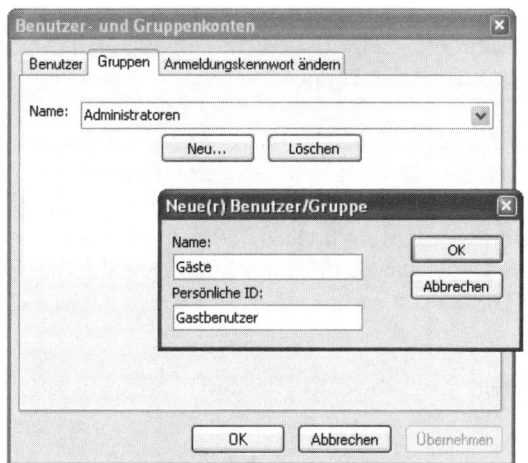

Abbildung 34.12:
Zusätzliche
Gruppen

Ab jetzt kann ein neues Benutzerkonto wie »Willibald« statt einer der beiden Gruppen »Administratoren« oder »Benutzer« der zusätzlichen Gruppe »Gäste« zugeordnet werden; ebenso wie die Konten aller anderen Gäste Ihrer Anwendung, denen Sie nur den Zugriff auf einige wenige ausgewählte Objekte gestatten wollen.

Um diese Berechtigungen zu erteilen, wählen Sie EXTRAS|SICHERHEIT|BENUTZER- UND GRUPPENBERECHTIGUNGEN... und selektieren, wie zuvor erläutert, unter *Liste:* die Option »Gruppen«. Nun werden im Listenfeld *Benutzer/ Gruppenname* statt einzelner Benutzer alle verfügbaren Gruppen aufgelistet, also auch die neue Gruppe »Gäste« (Abbildung 34.13).

Abbildung 34.13:
Verfügbare Gruppen

Selektieren Sie diese Gruppe und erteilen Sie für irgendwelche Objekte bestimmte Zugriffsberechtigungen, gelten diese für *alle* Mitglieder der betreffenden Gruppe!

Selbstverständlich können Sie anschließend für einzelne Mitglieder der Gruppe »Gäste«, beispielsweise für den Gast »Willibald«, individuelle Änderungen vornehmen, indem Sie unter *Liste:* die Option »Benutzer« selektieren, im Listenfeld *Benutzer/Gruppenname* den Benutzer »Willibald« auswählen, und nun gezielt die Berechtigungen dieses einzelnen Mitglieds der Gruppe »Gäste« festlegen.

34.8   Eigentümerberechtigungen

Der Eigentümer eines Datenbankobjekts ist normalerweise immer jener Benutzer, der es erstellte. Er besitzt uneingeschränkten Zugriff auf die ihm gehörenden Objekte. Wenn Sie wollen, können Sie ihm das betreffende Objekt jedoch wegnehmen und einen anderen Eigentümer definieren – vorausgesetzt, Sie sind als Mitglied der Gruppe »Administratoren« der Arbeitsgruppe angemeldet!

Dazu wählen Sie EXTRAS|SICHERHEIT|BENUTZER- UND GRUPPENBERECHTIGUNGEN... und aktivieren das Register *Besitzer ändern* (Abbildung 34.14).

Abbildung 34.14:
Objekte und
Eigentümer

Unter *Objekttyp* wählen Sie den gewünschten Objekttyp aus und danach im Listenfeld *Objekt* jene Objekte des betreffenden Typs, deren Eigentümerrechte Sie übertragen wollen.

Unter *Neuer Besitzer* wählen Sie den betreffenden Benutzer aus und übertragen die Eigentümerrechte mit *Besitzer ändern*.

Sie können die Eigentümerrechte statt einer einzelnen Person auch einer Gruppe zuweisen. Dazu aktivieren Sie die Option *Gruppen* und selektieren anschließend im Listenfeld *Neuer Besitzer* die gewünschte Gruppe.

34.9 Der Benutzerdatensicherheits-Assistent

Der mit dem Befehl EXTRAS|SICHERHEIT|BENUTZERDATENSICHERHEITS-ASSISTENT... aktivierte Benutzer-Datensicherheits-Assistent vereinigt alle zuvor beschriebenen Schritte zum Schützen einer Datenbank in einem einzigen Assistenten.

Ich beschrieb diese Schritte dennoch in dem vorhergehenden Unterkapitel im Detail, da ohne ein Verständnis des Hintergrunds ein sinnvoller Umgang mit diesem Assistenten nicht möglich ist.

Zunächst erstellen Sie mit diesem Assistenten eine neue Arbeitsgruppen-Informationsdatei (Abbildung 34.15).

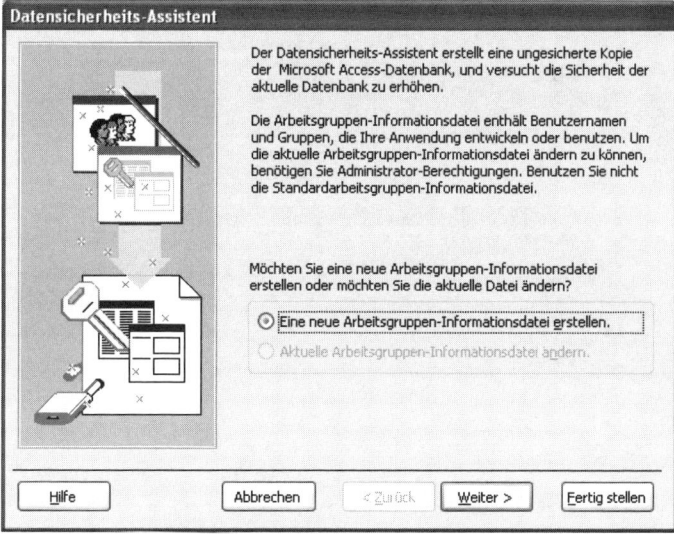

Abbildung 34.15:
Neue Arbeits-
gruppe erstellen

Im zweiten Schritt gibt er komfortablerweise bereits einen per Zufallsgenerator generierten Arbeitsgruppen-Code (im Assistenten AID genannt) vor (Abbildung 34.16).

Im folgenden Schritt wählen Sie die zu sichernden Objekte aus (dabei geht es um das zuvor besprochene Übetragen von Eigentümer- und Zugriffsberechtigungen), wobei standardmäßig alle Objekte vorgegeben werden (Abbildung 34.17).

Abbildung 34.16:
Arbeitsgruppe
definieren

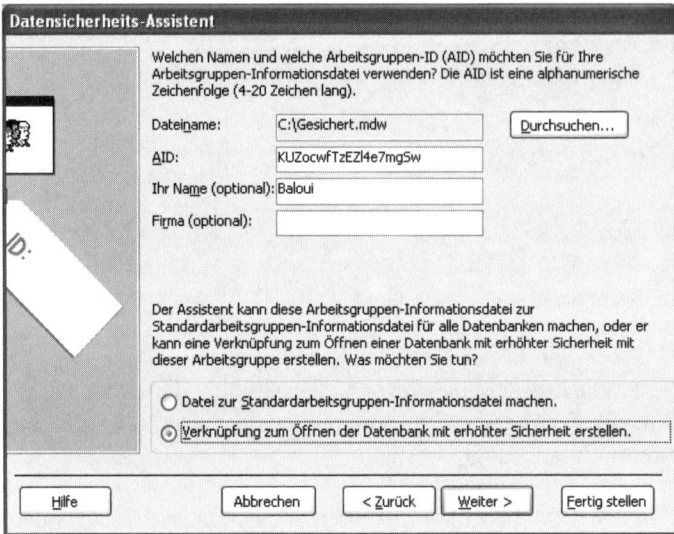

Abbildung 34.17:
Zu sichernde
Objekte auswählen

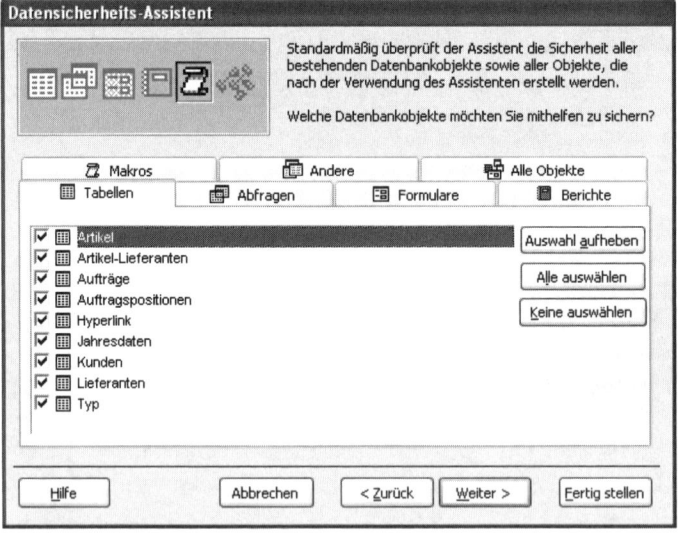

Module sind nicht verfügbar, da diese beim Schützen auf Benutzerebene nur per Kennwort geschützt werden können (siehe in Kapitel 33 unter »VBA-Projekte schützen«).

Danach können Sie Benutzergruppen einrichten. Der Assistent erleichtert das ungemein, indem er verschiedene Gruppen mit unterschiedlichen Berechtigungen vorgibt, aus denen Sie nur noch per Aktivieren des zugehörigen Kontrollkästchens die Gruppen auswählen müssen, die er anlegen soll (Abbildung 34.18).

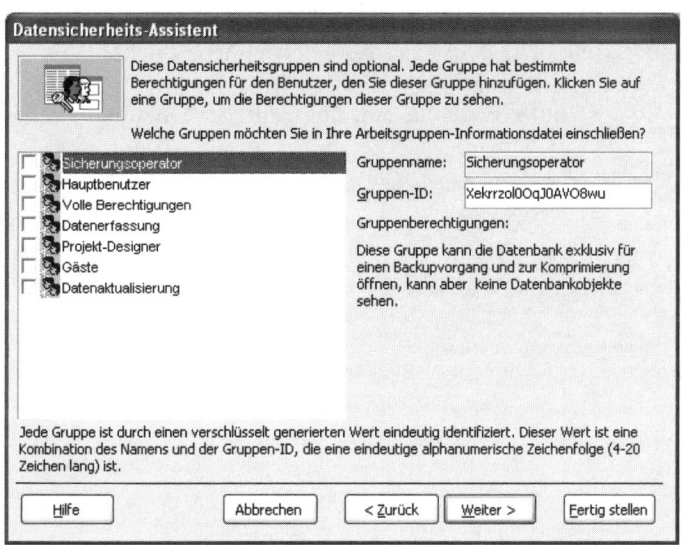

Abbildung 34.18:
Benutzergruppen
anlegen

Wie Sie wissen, gehören alle Benutzer standardmäßig zur automatisch angelegten Gruppe »Benutzer«, die normalerweise sehr weitgehende Berechtigungen besitzen.

Da der Assistent – wie wir zuvor manuell – diese Berechtigungen in der gesicherten Datenbank widerrruft, sollten Sie der Gruppe »Benutzer« nun jene Berechtigungen zuweisen, die Ihre Anwender besitzen sollen (Abbildung 34.19).

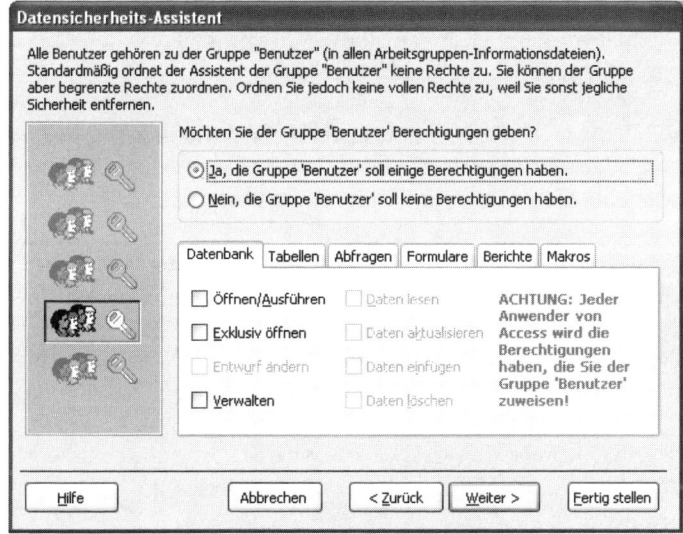

Abbildung 34.19:
Berechtigungen der
Gruppe »Benutzer«
festlegen

Dazu aktivieren Sie die Option *Ja...* und danach die gewünschten Berechtigungskontrollkästchen für die betreffenden Objekte.

Anschließend können Sie einzelne Benutzer hinzufügen (Abbildung 34.20).

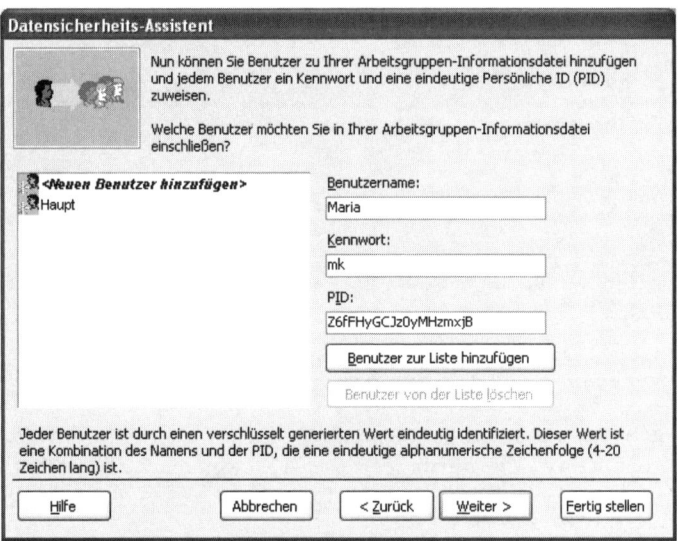

Klicken Sie auf »<Neuen Benutzer hinzufügen>«, geben Sie den Namen des Benutzers ein und ordnen Sie ihm ein Kennwort zu. Nach Klicken auf *Benutzer zur Liste hinzufügen* erscheint er im linken Listenfeld, und Sie können den nächsten Benutzer hinzufügen.

Danach ordnen Sie die auf diese Weise hinzugefügten Benutzer den verfügbaren Gruppen zu (Abbildung 34.21).

Wählen Sie im Kombinationsfeld einen Benutzer aus und aktivieren Sie unter den verfügbaren Gruppen jene, denen er zugeordnet sein soll. Wiederholen Sie diese Zuordnung für den nächsten Benutzer.

Im letzten Schritt legen Sie fest, wo und unter welchem Namen die gesicherte Datenbank gespeichert werden soll (Abbildung 34.22).

Der Assistent erstellt nun die angegebene Datenbank und exportiert alle Objekte der aktuellen Datenbank in diese neue Datenbank.

Als Eigentümer dieser Objekte wird dabei das Benutzerkonto verwendet, unter dem Sie sich anmeldeten, beispielsweise Ihr persönliches Benutzerkonto »Maier«.

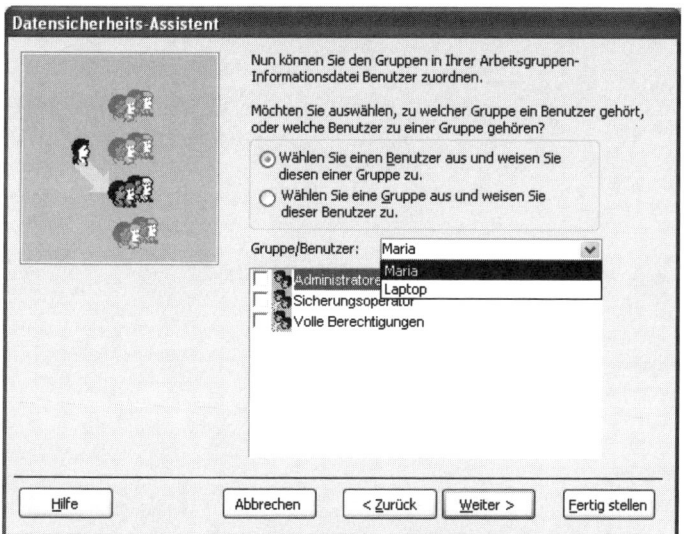

Abbildung 34.21:
Benutzer zuordnen

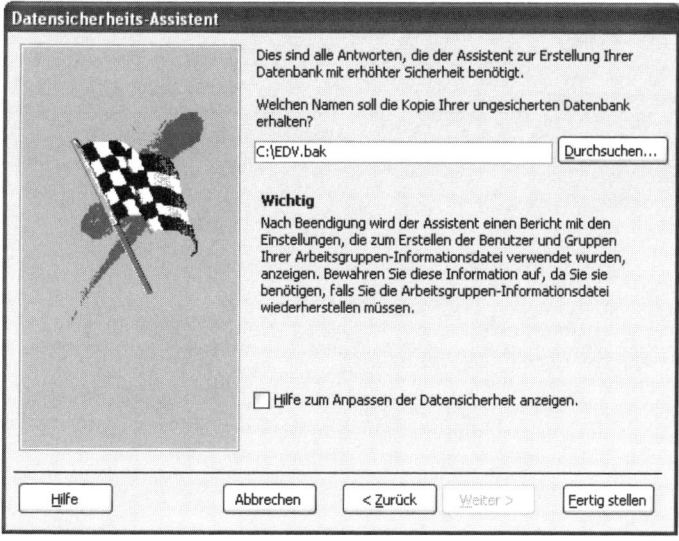

Abbildung 34.22:
Name der anzule-
genden Datenbank
angeben

Außer dem Eigentümer besitzen nur die zuvor von Ihnen hinzugefügten Benutzer Berechtigungen zum Zugriff auf die einzelnen Objekte der Datenbank, und zwar jene Berechtigungen, die Sie den zugehörigen Gruppen in den vorherigen Schritten zuwiesen.

Wenn Sie wollen, können Sie anschließend, wie zuvor erläutert, einzelnen Benutzern der verschiedenen Gruppen weiterreichende oder eingeschränktere Berechtigungen erteilen.

35 Datenbanken replizieren

Wenn der Windows-Aktenkoffer installiert ist, können Sie ein Replikat einer Datenbank erstellen, eine transportable Kopie.

Der Aktenkoffer

Sie können dieses Replikat beispielsweise auf dem Notebook zu einer Messe mitnehmen, dort die Daten neuer Kunden erfassen und zu Hause oder im Büro mit der Originaldatenbank abgleichen oder synchronisieren lassen, wobei die im Replikat enthaltenen neuen Daten in die Originaldatenbank übertragen werden.

Dieser Abgleich kann ungeachtet der Art des Netzwerks durchgeführt werden, über das die beiden Rechner miteinander verbunden sind: es kann sich um ein lokales Netzwerk handeln oder aber um eine Internet-Verbindung zwischen den beiden Rechnern, wobei die Daten via FTP-Protokoll übertragen werden.

Replikate können Sie sowohl direkt von Windows aus als auch aus Access heraus erstellen. Unter Windows ist es jedoch einfacher: Sie verbinden Desktop und Notebook miteinander, beispielsweise mit der in Windows integrierten direkten Kabelverbindung.

Replikate erstellen

Anschließend starten Sie *auf dem Notebook* den Windows-Explorer, selektieren darin die interessierende Datenbank des Desktop (das betreffende Desktop-Verzeichnis muß dazu freigegeben sein!) und ziehen sie in den Aktenkoffer Ihres Notebook.

Im Gegensatz zum Ziehen normaler Dokumente, bei denen eine identische Kopie erstellt wird, weist sie der Aktenkoffer Ihres Notebook nun darauf hin, dass durch diese Aktion ein Replikat erstellt wird und fragt, ob Sie fortfahren wollen.

Nach *Ja* und mehreren weiteren Schritten können Sie eine Sicherungskopie der Originaldatenbank mit der Endung .BAK anlegen lassen.

Danach erscheint eine »Erfolgsmeldung« und die Frage »Welches Replikat der Replikatgruppe soll Änderungen am Design der Datenbank zulassen?«.

Vorselektiert ist die Option »Original«. Sie könnten stattdessen auch »Aktenkofferkopie« wählen, sollten das jedoch unterlassen, bevor ich näher auf Replikatgruppen eingegangen bin.

Im Aktenkoffer des Notebook befindet sich nun ein Replikat der Originaldatenbank des Desktop, beispielsweise der Datenbank KU-AUF.MDB. Das Replikat besitzt den gleichen Namen wie dieses Original (Abbildung 35.1).

Abbildung 35.1:
Replikat im
Aktenkoffer

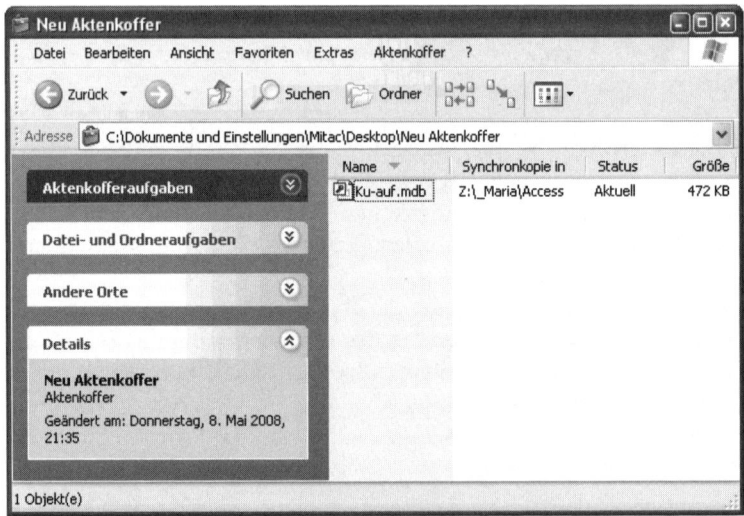

Dieses Replikat, das sich im Aktenkoffer des Notebook befindet, können Sie per Doppelklick öffnen und danach auf dem Notebook wie gewohnt damit arbeiten.

Die folgende Abbildung zeigt, wie ich gerade einen neuen Datensatz in die Tabelle »Kunde« der Datenbank eintrage (Abbildung 35.2).

In der Praxis ist der neue Datensatz möglicherweise die Anschrift eines Kunden, den sie soeben unterwegs auf einer Messe angeworben haben, bei der Sie das Notebook dabei haben.

**Replikate
synchronisieren** Um zu Hause die Originaldatenbank entsprechend aktualisieren zu lassen, verbinden Sie Notebook und Desktop wieder und öffnen den Aktenkoffer des Notebook, in dem sich das Replikat befindet (Abbildung 35.3).

In der Spalte *Status* befindet sich nun der Hinweis »Aktualisierung erforderlich« (war der Aktenkoffer ununterbrochen geöffnet, müssen Sie zuvor eventuell den Aktenkofferbefehl ANSICHT|AKTUALISIEREN wählen, um den aktuellen Status angezeigt zu bekommen).

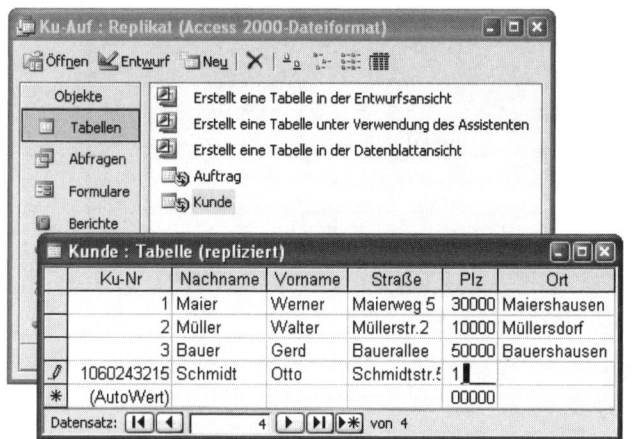

Abbildung 35.2:
Replikat editieren

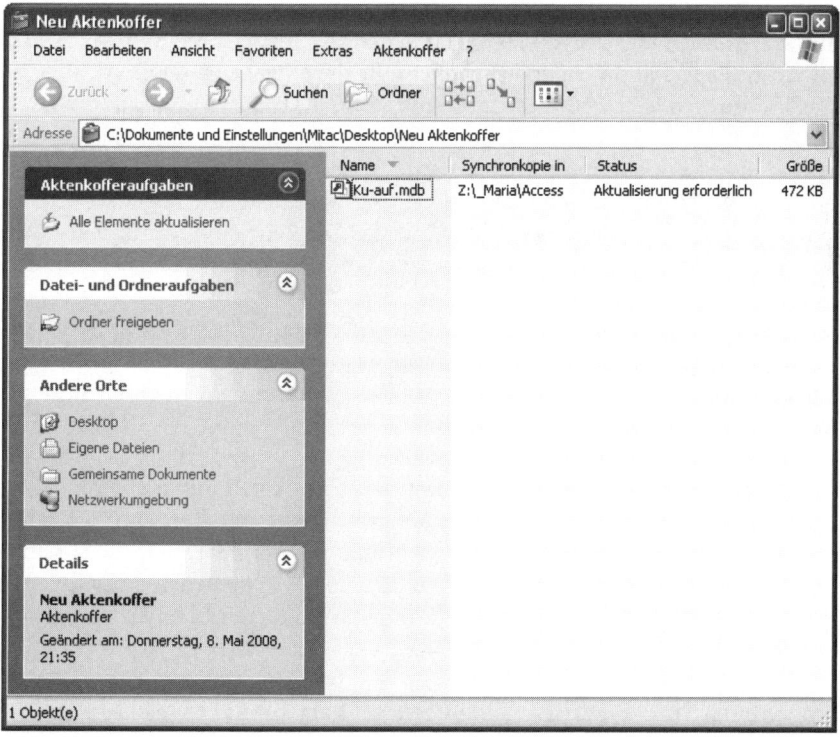

Abbildung 35.3:
Aktualisierung
erforderlich

Sie klicken auf das Replikat und wählen im Bereich AKTENKOFFERAUF-
GABEN den Befehl ALLE ELEMENTE AKTUALISIEREN (Abbildung 35.4).

Windows weist darauf hin, dass die im Aktenkoffer enthaltene Datenbank
KU-AUF.MDB neuer ist als das hier in Z:\ enthaltene Original und dieses
ersetzen muss (genauer: das Original entsprechend aktualisiert werden
muss).

Abbildung 35.4:
Aktualisierungs-
optionen

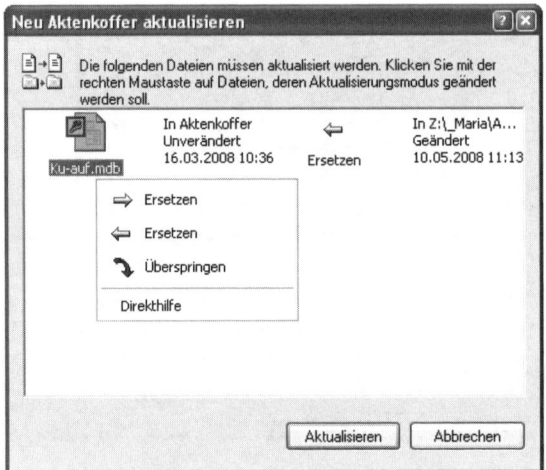

Sind Sie damit nicht einverstanden, klicken Sie mit der rechten Maustaste auf KU-AUF.MDB und wählen gegebenenfalls die entgegengesetzte Aktualisierungsrichtung oder *Überspringen*, damit keine Aktualisierung erfolgt.

Normalerweise klicken Sie jedoch einfach auf die Schaltfläche *Aktualisieren*, um die vorgeschlagene Aktualisierung ausführen zu lassen. Dadurch werden alle Änderungen im Replikat auf das (im Beispiel) unveränderte Original übertragen, sodass sich dieses wieder auf dem neuesten Stand befindet.

Designmaster Bevor es weitergeht, muss ich ein paar Begriffe erläutern. Die Originaldatenbank und alle Replikate bilden gemeinsam eine Replikatgruppe. Eine Datenbank dieser Gruppe ist immer der Designmaster, alle anderen sind nur gewöhnliche Replikate.

Der Unterschied: Der Entwurf gewöhnlicher Replikate kann nicht verändert werden. Sie sehen das sofort, wenn Sie versuchen, eine der Tabellen jenes Replikats, das sich im Aktenkoffer des Notebook befindet, in der Entwurfsansicht zu öffnen, worauf Access meldet, dass Sie sich den Entwurf nur ansehen, ihn jedoch nicht verändern können. Das ist nur beim Designmaster möglich!

Antworteten Sie bei der Erstellung des Replikats auf die »Welches Replikat der Replikatgruppe soll Änderungen am Design der Datenbank zulassen?« mit »Original«, ist anschließend die Originaldatenbank des Desktop der Designmaster. Antworteten Sie mit »Aktenkofferkopie«, ist dagegen das Replikat im Aktenkoffer der Designmaster.

Nehmen wir an, Sie übernahmen die Vorgabe »Original«, die Originaldatenbank des Desktop ist also der Designmaster. Irgendwann ändern Sie darin den

Entwurf einer Tabelle oder eines Formulars. Wie übertragen Sie diese Änderungen in das Replikat, das sich im Notebook-Aktenkoffer befindet?

Ganz einfach: Öffnen Sie den Aktenkoffer, bei miteinander verbundenen Rechnern, erhalten Sie erneut den Hinweis »Aktualisierung erforderlich«. Diesmal verläuft die Aktualisierung jedoch in umgekehrter Richtung: Die im Designmaster (Datenbank auf dem Desktop-Rechner) vorgenommenen Änderungen werden in das Replikat übertragen, das sich im Notebook-Aktenkoffer befindet.

Kommen wir zu einem entscheidenden Punkt: der Erstellung mehrerer Replikate. Sie können per Ziehen des Originals in die Notebook-Aktenköfferchen mehrerer Dutzend Außendienstmitarbeiter auf jedem dieser Rechner ein Replikat erstellen!

Mehrere Replikate

Haben die Mitarbeiter irgendwelche Daten erfasst, schließen sie später in der Zentrale einfach das Notebook wiedser an den Desktop an und aktualisieren mit ANSICHT|AUSWAHL AKTUALISIEREN das dort vorhandene Replikat.

Zur Praxis: Nehmen wir an, auf dem Desktop befindet sich der Designmaster und auf den beiden Notebooks der Außendienstmitarbeiter Maier und Müller je ein Replikat. Herr Müller erfasst ein paar Datensätze, kommt zur Zentrale zurück und synchronisiert sein Replikat mit dem Designmaster. Dieser enthält anschließend auch die von Herrn Müller erfassten Datensätze.

Später kommt Herr Maier und synchronisiert auch sein Replikat mit dem Designmaster. Dabei werden die von ihm erfassten Datensätze dem Designmaster hinzugefügt und die in letzterem bereits enthaltenen von Herrn Müller erfassten Datensätze wiederum seinem Replikat hinzugefügt.

Das Replikat von Herrn Müller ist nun leider nicht mehr ganz aktuell, weil es die von Herrn Maier erfassten Datensätze noch nicht enthält. Diese Aktualisierung erfolgt jedoch ebenfalls automatisch, wenn Herr Müller sein Replikat das nächste Mal mit dem Designmaster synchronisiert.

Bei dieser Vorgehensweise – jedesmal, wenn ein Mitarbeiter in die Zentrale kommt, verbindet er sein Notebook mit dem Desktop und synchronisiert sein Replikat mit dem Designmaster – hinken somit die Replikate der restlichen Mitarbeiter immer bis zur nächsten Synchronisierung hinterher.

Vermeidbar wäre das nur, wenn alle Mitarbeiter *gleichzeitig* Ihre Notebooks mit dem Desktop verbinden und dann synchronisiert würde, was in der Praxis aber vermutlich recht unüblich ist und ein zu exaktes Timing verlangen würde (alle Mitarbeiter müssten zum gleichen Zeitpunkt erscheinen oder ihre Notebooks vorübergehend abgeben).

Access-Befehle

Bei der Synchronisation mehrerer Replikate können leicht Konflikte auftreten. Stellen Sie sich vor, Herr Maier und Herr Müller erfahren unabhängig voneinander, dass sich die Anschrift des Kunden Schmidt änderte. Beide ändern den entsprechenden Datensatz, Herr Maier trägt jedoch die korrekte neue Postleitzahl 80005 ein und Herr Müller versehentlich 80006.

Bei der Synchronisation eines der beiden Mitarbeiter mit dem Designmaster klappt noch alles. Wird jedoch das andere Replikat synchronisiert, tritt ein Konflikt auf. Die Frage ist, welche der beiden Änderungen korrekt ist und übernommen werden soll.

EXTRAS|REPLIKATION|KONFLIKTE LÖSEN... zeigt Konflikte an, die während vorangegangener Synchronisationen zwischen dem gerade geöffneten und den anderen Replikaten auftraten und hilft bei ihrer Lösung. Siebesteht darin , den korrekten Datensatz auszuwählen und den falschen zu löschen.

Mit weiteren Unterbefehlen des Befehls EXTRAS|REPLIKATION können Sie auch die Replikation und Synchronisation von Access aus steuern.

Ist die zu replizierende Datenbank geöffnet, erstellt EXTRAS|REPLIKATION| DATENBANK IN REPLIKAT KONVERTIEREN... ein Replikat.

Access weist Sie darauf hin, dass es die Datenbank dazu schließen muss. Erklären Sie sich damit einverstanden, können Sie wieder eine Sicherungskopie der Originaldatenbank anlegen lassen, danach wird das Replikat erzeugt, und Sie müssen wählen, wo es gespeichert werden soll; zum Beispiel im Aktenkoffer des Notebook.

Mit EXTRAS|REPLIKATION|JETZT SYNCHRONISIEREN... können Sie von Access aus Aktualisierungen vornehmen. Dieser Befehl setzt voraus, dass momentan irgendein Mitglied der Replikationsgruppe geöffnet ist, entweder das Replikat, das sich im Notebook-Aktenkoffer befindet, oder jenes auf dem Desktop (Abbildung 35.5).

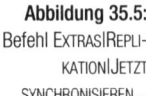

Abbildung 35.5:
Befehl EXTRAS|REPLI-
KATION|JETZT
SYNCHRONISIEREN...

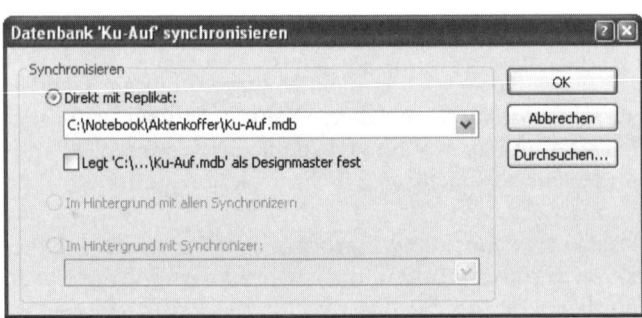

Das Listenfeld enthält alle Mitglieder der Replikationsgruppe. Bei der ersten und der letzten Option suchen Sie sich jenes aus, mit dem die momentan geöffnete Datenbank synchronisiert werden soll. , Bei der zweiten Option wird dagegen mit allen Mitgliedern synchronisiert.

Nur beim direkten Synchronisieren mit dem Designmaster ist das abgebildete Kontrollkästchen verfügbar. Aktivieren Sie es, wird das aktuelle gewöhnliche Replikat zum neuen Designmaster und dieses zu einem gewöhnlichen Replikat gemacht.

Eine ähnliche Funktion besitzt der Befehl EXTRAS|REPLIKATION|DESIGNMASTER WIEDERHERSTELLEN... Er macht das aktuelle Replikat zum Designmaster, was notwendig ist, wenn der alte Designmaster nicht mehr benutzbar ist, weil beispielsweise die betreffende Datenbankdatei versehentlich gelöscht und dabei der Windows-Papierkorb umgangen wurde.

Auch Entwurfsänderungen des Designmaster können Sie von Access aus an ein Replikat weitergeben. Dazu aktivieren Sie das Attribut *Replizierbar* des geänderten Datenbankobjekts des Designmaster (Objekt im Datenbankfenster mit der rechten Maustaste anklicken und im Kontextmenü EIGENSCHAFTEN wählen) und wählen danach EXTRAS|REPLIKATION|JETZT SYNCHRONISIEREN..., um die Entwurfsänderungen auf ein auszuwählendes anderes Mitglied der Replikationsgruppe zu übertragen.

Übrigens fügt Access in alle Datenbanken der Replikatgruppe zusätzliche Felder ein, sowohl in die Designmaster-Datenbank als auch in die gewöhnlichen Replikate.

Sichtbar sind diese zusätzlichen Felder jedoch nur, wenn die Option *Systemobjekte* im Register *Ansicht* des Befehls EXTRAS|OPTIONEN... aktiviert ist (Abbildung 35.6).

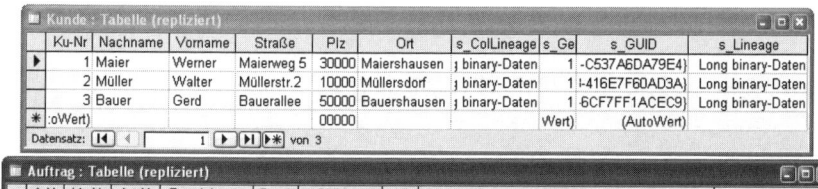

Abbildung 35.6:
Zusätzliche Tabellenfelder in Replikaten

Zusätzlich werden in alle Replikate Systemtabellen eingefügt, die Sie nicht verändern können, und die ebenfalls nur sichtbar sind, wenn die Option *Systemobjekte* aktiviert ist (Abbildung 35.7).

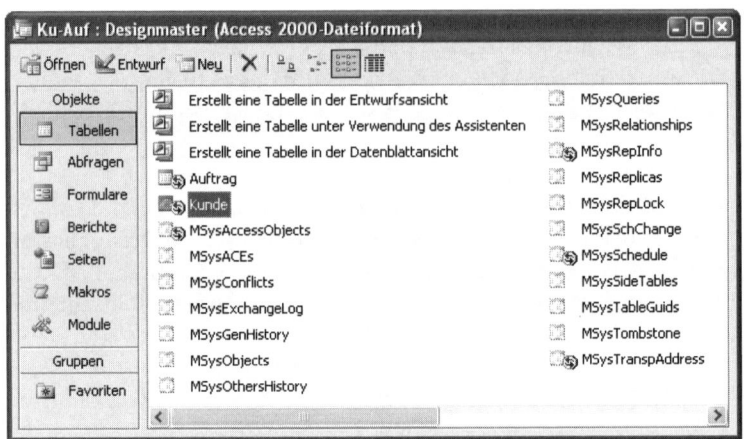

Anhang

A   Was ist neu?

Smarttags

Ein Smarttag ist eine Art »Achtung-Schild« an bzw. neben einem Feld. Klicken Sie darauf, erscheint eine Liste, die oftmals nützliche Aktionen anbietet, die mit dem betreffenden Feld durchgeführt werden können.

Smarttags können in unterschiedlichen Objekten vorkommen, in Tabellen, Formularen etc. und werden in der Eigenschaftenzeile »Smarttag« definiert. Zusätzlich verwendet auch Access selbst Smarttags, um Ihnen in bestimmten Situationen dazu passende Befehle anzubieten.

Objektabhängigkeiten

Access erleichtert es Ihnen, bei verschachtelten Abhängigkeiten den Überblick zu behalten. Dazu klicken Sie im Datenbankfenster mit der rechten Maustaste auf das interessierende Objekt, zum Beispiel die Tabelle »Artikel-Lieferanten« von EDV.MDB, und wählen im Kontextmenü OBJEKTABHÄNGIGKEITEN.....

Im Aufgabenbereich werden nun bei Aktivierung von »Objekte, die von mir abhängen« die Objekte der Datenbank angezeigt, die von diesem Objekt abhängen.

»Objekte, von denen ich abhänge« würde umgekehrt die Objekte anzeigen, von denen die Tabelle »Artikel-Lieferanten« abhängt.

Sicherungskopien erstellen

DATEI|DATENBANK SICHERN... (oder EXTRAS|DATENBANK-DIENSTPROGRAMME|DATENBANK SICHERN...) ermöglicht das Anlegen einer Sicherungskopie der aktuellen Datenbank: Das Dateiauswahl-Dialogfeld erscheint, in dem Sie Namen und Speicherort der Sicherungskopie angeben, wobei der Name der Datenbank vorgegeben wird, gefolgt vom aktuellen Datum.

Dienstoptionen

Die Schaltfläche »Dienstoptionen...« im Register *Allgemein* von EXTRAS|
OPTIONEN... öffnet ein Dialogfeld, in dem Sie das Verhalten diverser Online-
Dienste einstellen können. Das betrifft sowohl die Freigabe von Dokumenten
mit Microsoft SharePoint als auch das Anzeigen von Vorlagen, die sich auf
einem MicrosoftServer befinden und dort speziell für die Verwendung zusammen mit Office bereitgestellt werden.

Befehle neu anordnen

Die Schaltfläche *Befehle neu anordnen....* im Register *Befehle* des Dialogfelds zum Anpassen von Menü- und Symbolleisten bietet eine alternative
Technik zur Manipulation von Leisten.

Statt Leistenanpassungen per Drag&Drop vorzunehmen, öffnet dieser
Befehl ein Dialogfeld mit entsprechenden Schaltflächen zum Löschen, Einfügen und Verschieben von Befehlen und Symbolen.

B   Ausdrücke und Aussagen bilden

Beim Umgang mit Access-Objekten müssen Sie immer wieder Ausdrücke und Aussagen bilden, eine unumgängliche Voraussetzung, um Berechnungen durchzuführen wie »erhöhe die Verkaufspreise aller Prozessoren um 2 %« oder Suchläufe wie »zeige alle Kunden im Raum «München«, die letztes Jahr für mehr als 5000 € Waren bestellten«.

Die einfachste Möglichkeit zur Bildung eines Ausdrucks besteht darin, zwei Konstanten durch irgendeinen Operator miteinander zu verknüpfen. Zum Beispiel verknüpft »+«, der Additionsoperator, zwei Operanden durch eine Addition, bildet also ihre Summe:

34+21

Operator	Funktion
^	Potenzierung
/	Division
\	Integer-Division
Mod	Modulo-Division
+	Addition
-	Subtraktion (Negation)
*	Multiplikation

Tabelle B.1:
Arithmetische Operatoren

Der Ihnen möglicherweise unbekannte Operator »\« führt übrigens eine Integer-Division durch: Die beteiligten Zahlen werden vor der Division zu ganzen Zahlen gerundet und beim Divisionsergebnis die Nachkommastellen abgeschnitten, beispielsweise ergibt die Integer-Division *12,7\3,1* das Resultat 4 (12,7 wird zu 13 auf- und 3,1 zu 3 abgerundet, danach 13 durch 3 geteilt und beim Resultat 4,33... die Nachkommastellen abgeschnitten).

Integer- und Modulo-Division

Die Modulo-Division wiederum ermittelt den ganzzahligen Rest einer Integer-Division. Der Ausdruck *12,7 Mod 3,1* besitzt somit den Wert 1.

TIPP

Arithmetische Operationen können Sie auch mit Datumsangaben durchführen. Ein Datum ist für Access eine Ganzzahl, die mit jedem weiteren Tag um 1 erhöht wird. Entsprechend meint der Ausdruck #1.1.09# + 1 den 2.1.09, und #1.1.09# + 7 den 8.1.09. Beachten Sie, dass Datumskonstanten wie in diesem Beispiel von Doppelkreuzen (»#«) umschlossen sein müssen!

B.1   Funktionen

Einer Funktion werden in Klammern gesetzte Werte (Argumente) übergeben, die – falls es sich um mehrere Argumente handelt – durch je ein Semikolon getrennt werden. Nach Abschluss der Berechnung übergibt die Funktion wiederum einen Wert, den Funktionswert.

Int   Beispielsweise ermittelt die *Int*-Funktion den ganzzahligen Anteil der übergebenen Zahl. Der Funktionsaufruf

```
Int(10.7)
```

übergibt daher den Funktionswert 10. Der Ausdruck besitzt den Wert 10. Entsprechend besitzt der Ausdruck

```
3+Int(10.7)*2
```

den Wert 23.

Länge   Die Funktion *Len* erwartet eine Zeichenkette und übergibt als Funktionswert eine Zahl, nämlich die Länge der übergebenen Zeichenkette. Entsprechend übergibt

```
Len("Müller")
```

die Zahl 6.

STOP

Wie dieses Beispiel zeigt, müssen Sie Zeichenkettenkonstanten immer in Anführungszeichen setzen! Es gibt nur eine – allerdings äußerst wichtige – Ausnahme von dieser Regel: Zeichenketten, die Bestandteil einer anderen Zeichenkette sind, schließen Sie stattdessen in Hochkommata ein, schreiben also nicht:

```
"Ich suche "Maier" seit Jahren"
```

sondern:

```
"Ich suche 'Maier' seit Jahren"
```

Jetzt   Es gibt auch Funktionen, denen keinerlei Argumente übergeben werden. Zum Beispiel übergibt *Date* das aktuelle, in der Systemuhr gespeicherte Datum. Der Ausdruck

```
Date() = #1.1.09#
```

prüft, ob momentan der 1.1.09 ist.

Auch bei Funktionen ohne Argumente müssen wie in diesem Beispiel die – in diesem Fall leeren – Argumentklammern angegeben werden!

B.2   Vergleiche und ein bisschen Logik

Ein Vergleichsausdruck besteht aus den beiden Dingen, die miteinander verglichen werden, und einem Vergleichsoperator:

Vergleichsausdrücke

Tabelle B.2:
Vergleichsoperatoren

Operator	Bedeutung
<	kleiner
=	gleich
<=	kleiner oder gleich
>	größer
>=	größer oder gleich
<>	ungleich

Der Ausdruck *2<3* vergleicht zwei Zahlen und prüft, ob 2 kleiner ist als 3. Da das zweifellos der Fall ist, besitzt der Ausdruck den Wahrheitswert *Wahr*.

Der Ausdruck *3+4<=7*, der prüft, ob *3+4* kleiner *oder* gleich 7 ist, ist ebenfalls *Wahr*. Beachten Sie bitte das Wörtchen »oder«. Es genügt, wenn eine der beiden Bedingungen erfüllt ist, damit der Ausdruck *Wahr* ist. Im Beispiel ist *3+4* zwar nicht kleiner, dafür jedoch gleich 7, so dass zwar nicht die erste, dafür jedoch die zweite Bedingung erfüllt ist.

Mit Hilfe logischer Operatoren können Sie mehrere Aussagen miteinander zu einer Gesamtaussage verknüpfen, die selbst den Wert *Wahr* oder den Wert *Falsch* besitzt.

Tabelle B.3:
Logische Operatoren

Operator	Bedeutung
Und (And)	*Und*-Verknüpfung
Nicht (Not)	*Nicht*-Verknüpfung
Oder (Or)	Inklusive *Oder*-Verknüpfung

Operator	Bedeutung
ExOder (Xor)	Exklusive *Oder*-Verknüpfung
Äqv (Eqv)	Umkehrung der *ExOder*-Verknüpfung
Imp (Imp)	*Wahr* bei identischem Wahrheitszustand der Teilaussagen

Und   Zwei mit *Und* verknüpfte Aussagen sind nur dann *Wahr*, wenn beide Teilaussagen *Wahr* sind. Das heißt, die Aussage

```
2<5 Und 10<7
```

ist *Falsch*, da die zweite Teilaussage *10<7 Falsch* ist.

Oder   Zwei mit dem inklusiven *Oder* verknüpfte Aussagen sind dagegen *Wahr*, wenn *mindestens* eine der beiden Aussagen *Wahr* ist. Entsprechend ist die folgende Aussage *Wahr*:

```
2<5 Oder 10<7
```

ExOder   Im Unterschied dazu sind zwei mit *ExOder* verknüpfte Aussagen nur dann *Wahr*, wenn genau eine der beiden Teilaussagen *Wahr* ist, nicht aber, wenn beide *Wahr* sind. Entsprechend ist

```
2<5 ExOder 10<7
```

Wahr, die Aussage

```
2<5 ExOder 7<10
```

jedoch *Falsch*.

Äqv   *Äqv* ist die Umkehrung der *ExOder*-Verknüpfung. Damit verknüpfte Aussagen sind nur *Wahr*, wenn *beide* Teilaussagen *Wahr* oder aber beide *Falsch* sind. Daher ist

```
2<5 Äqv 7<10
```

Wahr, die Aussage

```
2<5 Äqv 10<7
```

ist jedoch *Falsch*.

Imp   Mit *Imp* verknüpfte Aussagen sind immer *Wahr*, außer wenn Aussage 1 *Wahr* und Aussage 2 *Falsch* ist, wie in folgendem Beispiel:

```
2<5 Imp 10<7
```

Nicht kehrt den Wahrheitswert einer Aussage um. Daher ist die folgende Aussage *Falsch*:

                                                                       Nicht

```
Nicht 2<5
```

B.3   Sonstige Operatoren

Access verfügt über einige Operatoren, die schlecht in Kategorien einzuordnen sind. Zum Beispiel über den Operator »&«, der zwei Zeichenketten miteinander verknüpft und dem »+«-Operator bei Zahlen entspricht. Der Ausdruck *&*

```
"Gerd" & " " & "Müller"
```

besitzt entsprechend den Wert »Gerd Müller«, Die *&*-Verknüpfung entspricht dem Aneinanderreihen der mit diesem Operator verknüpften Zeichenketten.

Der Operator *Wie* vergleicht eine Zeichenkette mit einem Muster. Zum Beispiel akzeptiert *Wie* mit dem Muster »x*z« jede Zeichenkette, die mit »x« beginnt und mit »z« endet, egal welche und wie viele Zeichen sich dazwischen befinden. Entsprechend ist der Vergleich *Wie*

```
"xabcz" Wie x*z
```

Wahr, im Gegensatz zu

```
"xabcd" Wie x*z
```

Praxisnäher ist das Ausmaskieren einzelner Zeichen mit »?«. Befindet sich dieses Zeichen in einem Muster, wird stattdessen jedes beliebige Zeichen akzeptiert. Entsprechend ist *?*

```
"Maier" Wie M?ier
```

ebenso *Wahr* wie

```
"Meier" Wie M?ier
```

Die Aussage

```
"Mayer" Wie M?ier
```

ist jedoch falsch, sodass Sie mit Hilfe dieses Operators beispielsweise einen Herrn Maier in Ihrer Datenbank selektieren können, auch wenn Sie nicht mehr genau wissen, ob er mit »a« oder »e« geschrieben wird. Und zwar ohne zuviel zu erfassen, beispielsweise eindeutig nicht in Frage kommende Datensätze wie »Mayer«.

Zwischen...Und

Zwischen...Und liefert den Wahrheitswert *Wahr*, wenn ein zu überprüfender Wert innerhalb angegebener Grenzen liegt. Daher ist die folgende Aussage *Wahr*:

```
5000 Zwischen 1000 Und 9000
```

In

Der Operator *In* prüft, ob ein Wert in einer angegebenen Werteliste enthalten ist. Der folgende Ausdruck ist somit *Wahr*:

```
23 In (7, 15, 23, 47)
```

Ist

Der Operator *Ist* (*Is*) prüft, ob ein Ausdruck den Wert *Null* besitzt.

B.4   Objektbezüge bilden

Sie werden Access immer wieder den Namen des Objekts angeben müssen, das Sie gerade interessiert. In den meisten Fällen dürfte dies ein Feld einer Tabelle sein. Beispielsweise, weil Sie verhindern wollen, dass bei der Eingabe eines neuen Datensatzes in eine Tabelle, sagen wir einer Bestellung, ein festgelegter Mindestbestellwert unterschritten wird. Dazu verwenden Sie eine Gültigkeitsregel wie die folgende:

```
[Preis] * [Stückzahl] >= 50
```

Sie prüft, ob der im Feld »Preis« enthaltene Wert, multipliziert mit dem Inhalt des Feldes »Stückzahl«, größer oder gleich 50 (EUR) ist. Ist das nicht der Fall, könnten Sie dem Anwender beispielsweise eine Meldung geben, dass der Auftrag unter dem Mindestbestellwert liegt.

Eindeutigkeit

Häufig werden Sie sich auf Felder beziehen, die sich in unterschiedlichen Tabellen befinden. Dann müssen Sie außer dem Feldnamen auch den Namen des übergeordneten Objekts angeben, das heißt der Tabelle, in der dieses Feld als Unterobjekt enthalten ist. Das Prinzip: Ein Ausdruck der Art

```
[Tabellenname]![Feld]
```

bezeichnet das Feld mit dem Namen »Feld«, das sich in einer Tabelle namens »Tabellenname« befindet. Beispielsweise multipliziert der Ausdruck

```
[Auftragspositionen]![Stück] * [Artikel]![VK-Preis]
```

den Inhalt des Feldes »Stück« der Tabelle »Auftragspositionen« mit dem Inhalt des Feldes »VK-Preis« der Tabelle »Artikel«.

Allgemein: Beziehen Sie sich auf ein Feld in der aktuellen Tabelle oder Abfrage, genügt die Angabe der Feldbezeichnung mit dem Ausdruck *[Feld]*. Ist diese Eindeutigkeit nicht gegeben, müssen Sie zusätzlich den Namen der Tabelle angeben, in der sich dieses Feld befindet: *[Tabellenname]![Feld]*.

Und davor wiederum müssen Sie Access erst einmal mitteilen, dass es überhaupt um eine Tabelle namens »Auftragspositionen« geht und nicht etwa um ein Formular, das zufällig ebenfalls »Auftragspositionen« heißt! Die allgemeine Syntax eines Bezugs lautet daher

```
Objekttyp![Objektname]![Steuerelement]
```

Objekttyp ist der Typ des interessierenden Objekts, *Tabellen*, *Formulare* oder *Berichte*. *Objektname* ist der Name, unter dem Sie dieses Objekt speicherten, beispielsweise »Auftragsformular« oder »Kundenbericht«, und *Steuerelement* der Name des Steuerelements, um das es geht. Ein Beispiel:

```
Formulare![Rechnung]![Betrag] + Formulare![Portobeträge]![Porto]
```

Dieser Ausdruck addiert den Inhalt des Steuerelements »Betrag«, das sich im Formular »Rechnung« befindet, und den Inhalt des Steuerelements »Porto«, das sich im Formular »Portobeträge« befindet.

Ein bei mir selbst extrem häufig vorkommender Fehler besteht darin, in derartigen Bezügen immer wieder »Formular« statt »Formulare« und »Bericht« statt »Berichte« zu schreiben, im letzten Beispiel also fälschlicherweise Formular![Rechnung]![Betrag] + Formular![Portobeträge]![Porto]. Access ahndet diesen trivialen Fehler mit einer Fehlermeldung, die in etwa lautet: »Unzulässige Bezugnahme auf Feld: ...«. Denken Sie daher bitte nach Erscheinen dieser Fehlermeldung an die wahrscheinliche Ursache!

:-)
TIPP

In Access wollen Sie häufig Berechnungen durchführen, beispielsweise um die Summe aller vorhandenen Auftragswerte zu ermitteln, oder den durchschnittlichen, den höchsten oder den niedrigsten Auftragswert.

Aggregierungs-funktionen

Dazu benutzen Sie Aggregierungsfunktionen wie die *Summe*-Funktion, der sie den Namen eines Tabellenfelds übergeben und die daraufhin die Inhalte dieses Feldes in allen Datensätzen der Tabelle addiert. Entsprechend ermittelt der Ausdruck

```
Summe([Betrag])
```

die Inhalte der Felder »Betrag« aller Datensätze der aktuellen Tabelle und übergibt den resultierenden Gesamtbetrag.

Außer *Summe* können Sie weitere Funktionen anwenden. *Mittelwert* errechnet das arithmetische Mittel der übergebenen Werte. Entsprechend würde

```
Mittelwert([Betrag])
```

die Inhalte der Felder »Betrag« einer Tabelle nicht addieren, sondern den durchschnittlichen Betrag ermitteln.

C Eigendefinierte Formate

Für Texte und Memofelder gibt es keine speziellen Formate. Allerdings können Sie eigene Textformate definieren, ebenso wie sich eigene Währungs-, Zahlen-, und Datum/Uhrzeit-Formate definieren lassen.

C.1 Zahlen-/Währungssymbole

Die dazu verwendbaren Formatierungssymbole hängen vom Datentyp des Feldes ab. Für Währungs- und Zahlenformate sind folgende Symbole verfügbar:

Symbol	Bedeutung
,	Dezimalkomma
.	Tausenderpunkt
0	Ziffer wird angezeigt (0, wenn nicht vorhanden)
#	Ziffer wird nur angezeigt, wenn vorhanden
$	Zeigt das Zeichen »$« an
%	Multipliziert den Wert mit 100 und fügt das Zeichen »%« an
E- oder e-	Exponentialformat mit Minuszeichen für negative Exponenten
E+ oder e+	Exponentialformat mit Minuszeichen für negative und Pluszeichen für positive Exponenten

Tabelle C.1: Formatierungssymbole für Währungs- und Zahlenformate

➡ »0« vor dem Komma: Access zeigt *mindestens* so viele Vorkommastellen an, bei einer niedrigeren Anzahl werden Nullen vor dem Komma ergänzt.

➡ »#« vor dem Komma: Keinerlei Auswirkung; wird nur als Platzhalter verwendet, um die Position von Tausenderpunkten anzuzeigen.

➡ »0« nach dem Komma: Access zeigt *exakt* so viele Nachkommastellen an, rundet bei mehr Nachkommastellen bzw. füllt bei weniger mit Nullen auf.

➡ »#« nach dem Komma: Access zeigt *höchstens* so viele Nachkomma-stellen an, rundet bei mehr Nachkommastellen, füllt jedoch bei weniger *nicht* mit Nullen auf.

Einige Beispiele:

➡ »0«: Entspricht dem vordefinierten Format *Festkommaformat* mit 0 Dezimalstellen. 22,3 wird als 22 dargestellt und 0,556 als 1.

➡ »0,000«: Ebenfalls Festkommaformat, jedoch mit drei Dezimalstellen. ,5 wird zu 0,500 und 123,45678 zu 123,457.

➡ »#.##0«: Entspricht dem Format »0«, abgesehen vom zusätzlich ange-zeigten Tausenderpunkt bei Zahlen mit mehr als drei Vorkommastel-len. Beispiel: 12345,678 wird zu 12.346.

➡ »#.##0,0«: Entspricht dem Format »0,0«, zeigt jedoch ebenfalls bei mehr als drei Vorkommastellen einen Tausenderpunkt an. Beispiel: 12345,678 wird zu 12.345,7.

Wenn Sie im Feld »Plz« zwei Nachkommastellen und zusätzlich einen Tau-senderpunkt wünschen, wäre daher folgendes Format geeignet (Abbildung C.1).

Abbildung C.1: Eigendefiniertes Format für das Feld »Plz«

Aktivieren Sie die Datenblattansicht, erhalten Sie folgendes Resultat (Abbil-dung C.2).

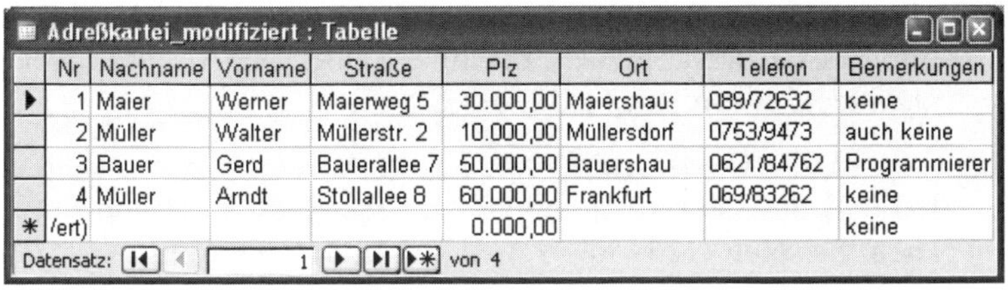

Adreßkartei_modifiziert : Tabelle

	Nr	Nachname	Vorname	Straße	Plz	Ort	Telefon	Bemerkungen
▶	1	Maier	Werner	Maierweg 5	30.000,00	Maiershau‹	089/72632	keine
	2	Müller	Walter	Müllerstr. 2	10.000,00	Müllersdorf	0753/9473	auch keine
	3	Bauer	Gerd	Bauerallee 7	50.000,00	Bauershau	0621/84762	Programmierer
	4	Müller	Arndt	Stollallee 8	60.000,00	Frankfurt	069/83262	keine
*	/ert)				0.000,00			keine

Datensatz: 1 von 4

Abbildung C.2: Auswirkungen auf das Feld »Plz«

:-) TIPP

Meiner Ansicht nach ist das ideale Format zur Darstellung von Postleitzahlen »00000«. Damit werden Postleitzahlen immer fünfstellig angezeigt und verhindert, dass in einer gültigen Postleitzahl wie »01000« die vorangestellte Null einfach entfernt wird!

C.2 Formatabschnitte

Eine Formatbeschreibung kann aus bis zu vier Abschnitten bestehen, die jeweils durch ein Semikolon getrennt sind. Der erste Abschnitt spezifiziert die Darstellung positiver, der zweite die Anzeige negativer Zahlen, der dritte die Anzeige der Null, und der vierte die Anzeige nicht vorhandener Werte, so genannter Nullwerte.

Wird anstelle eines der vier Abschnitte ersatzweise nur ein Semikolon angegeben, zeigt Access die Zahlen, auf die sich der betreffende Abschnitt bezieht (beispielsweise positive Zahlen), überhaupt nicht an. Entsprechend zeigt das Format »;-0« nur negative Zahlen (als ganze Zahlen) an, verbirgt positive Zahlen jedoch vollständig.

Sinnvoller ist das Format »0;-0;«. Für positive und negative Zahlen wird die Ganzzahldarstellung verwendet (mit Minuszeichen für negative Zahlen). Das letzte Semikolon deutet auf den dritten, die Null beschreibenden Abschnitt hin, der jedoch fehlt. Resultat: In Feldern, denen dieses Format zugewiesen wird, zeigt Access Nullen nicht an.

Weitere Beispiele:

- »#.##0« €«;-#.##0« €««: Festkommaformat mit Anzeige von Tausenderpunkten und dem Text » €«; negative Zahlen mit Minuszeichen. Beispiel: -12.345,678 wird zu -12.346 €.
- »#.##0« €«;-[Rot]#.##0« €««: Festkommaformat mit Anzeige von Tausenderpunkten und dem Text » €«; negative Zahlen rot und mit Minuszeichen. Beispiel: -12345,678 wird zu -12.346 € in roter Darstellung.

➡ »#.##0,00« €«;-#.##0,00« €««: Anzeige zweier Nachkommastellen und des Tausenderpunkts; negative Zahlen mit Minuszeichen. Beispiel: -12345,678 wird zu -1.2345,68 €.

➡ »#.##0,00« €«;-[Rot]#.##0,00« €««: Anzeige zweier Nachkommastellen und des Tausenderpunkts; negative Zahlen rot und mit Minuszeichen. Beispiel: -12345,678 wird zu -1.2345,68 € in roter Darstellung.

C.3   Datumssymbole

Sie können auch eigene Datumsformate erstellen und dabei zusätzlich die folgenden speziellen Datumssymbole verwenden:

Tabelle C.2:
Datumssymbole

Symbol	Bedeutung
. / -	Datumstrennzeichen
t	Tag als Zahl (1 bis 31)
tt	Tag als Zahl mit führender Null (01 bis 31)
ttt	Tag als Abkürzung mit drei Zeichen (»Son« bis »Sam«)
tttt	Tag als vollständiger Name (»Sonntag« bis »Samstag«)
ttttt	Vordefiniertes Format *Datum, kurz*
w	Wochentag als Nummer (1-7)
ww	Nummer der Woche im Jahr (1-54)
m	Monat als Zahl (1 bis 12)
mm	Monat als Zahl mit führender Null (01 bis 12)
mmm	Monat als Abkürzung mit drei Zeichen (»Jan« bis »Dez«)
mmmm	Monat als vollständiger Name (»Januar« bis »Dezember«)
q	Quartal des Jahres (1-4)
j	Tageszahl des Jahres (1-366)
jj	Jahr als zweistellige Zahl (00 bis 99)
jjjj	Vollständige Jahreszahl (0100 bis 9999)
tttttt	Vordefiniertes Format *Datum, lang* (Anzeige als vollständiges Datum (Tag, Monat, Jahr) gemäß den landesspezifischen Einstellungen in der Windows-Systemsteuerung)

Zum Trennen der Datumskomponenten Tage, Monate und Jahre können Sie außer dem Punkt (»1.1.09«) einen Bindestrich, einen Bruchstrich (»1-1-09«

und »1/1/09«) oder ein beliebiges anderes Zeichen wie ein Leerzeichen verwenden (»1 1 09«). Das betreffende Trennzeichen übernimmt Access anschließend bei der Datumsdarstellung in der Datenblattansicht.

Einige Beispiele, die davon ausgehen, dass in ein Feld mit dem Datentyp *Datum/Uhrzeit* das Datum »1.1.09« eingegeben wird:

Format	Beispiel
TT.MM.JJJJ	01.01.2009
TT/ MMM JJ	01/ Jan 09
T- MMMM	1- Januar
MMM JJ	Jan 09
TT.MM.JJJJ hh:mm	01.01.2009 13:24

Tabelle C.3:
Beispiele für eigendefinierte Datumsformate

C.4 Zeitsymbole

Die wichtigsten Zeitsymbole:

Symbol	Bedeutung
:	Uhrzeittrennzeichen
h	Stunde (0 bis 23)
hh	Stunde mit führender Null (00 bis 23)
n	Minute (0 bis 59)
nn	Minute mit führender Null (00 bis 59)
s	Sekunde (0 bis 59)
ss	Sekunde mit führender Null (00 bis 59)
zzzzz	Vordefiniertes Format *Zeit: lang*

Tabelle C.4:
Zeitsymbole

Einige Beispiele, ausgehend von der Eingabe »4:50:15«:

Format	Beispiel
h	4
h:mm	4:50
h:mm:ss	4:50:15

Tabelle C.5:
Beispiele für eigendefinierte Zeitformate

Format	Beispiel
hh:mm	04:50
hh:mm:ss	04:50:15
tt.mm.jjjj hh:nn	01.01.2009 04:50

:-)
TIPP

Das letzte Format ist eine Mischung aus einem Datums- und einem Zeitformat, das dem vordefinierten Format Standarddatum entspricht und bei dem ich von der Eingabe der Uhrzeit »4:50:15« und des Datums 1.1.09 ausgehe.

Um diese Mischung in der Datenblattansicht einzugeben, geben Sie das Datum in irgendeinem der vorhandenen Datumsformate ein, und dahinter – durch ein Leerzeichen getrennt – die Zeit in einem der verfügbaren Zeitformate. Sie könnten zum Beispiel die Form »1-1-09 4:50:15« wählen oder auch »Jan 09 4:50:15«. Als Trennzeichen zwischen den Datumskomponenten können Sie während der Eingabe wahlweise eines der Zeichen ».«, »-«, »/« oder ein Leerzeichen benutzen. Access ersetzt das verwendete Trennzeichen nach dem Verlassen des Feldes durch das in der Formatbeschreibung definierte.

C.5   Text-/Memofeldsymbole

Für Text- und Memofelder stehen Ihnen zusätzlich folgende Symbole zur Verfügung:

Symbol	Bedeutung
@	Platzhalter für vorhandene Zeichen oder ein Leerzeichen
&	Platzhalter für vorhandene Zeichen oder eine leere Stelle
<	Anzeige in Kleinbuchstaben
>	Anzeige in Großbuchstaben

»>« stellt den eingegebenen Text in Großbuchstaben dar, »<« in Kleinbuchstaben. Die Definition kann aus zwei durch ein Semikolon getrennten Abschnitten bestehen: Der erste Abschnitt bezieht sich auf vorhandenen, der zweite auf nicht vorhandenen Text, das heißt auf leere Felder. Wird nur der zweite Abschnitt definiert, muss der erste das Zeichen »@« oder »&« enthalten.

Beispielsweise zeigt das Format »@;»Fehlt«« ebenso wie »&;»Fehlt«« vorhandenen Text wie eingegeben an, ersetzt nicht vorhandenen Text jedoch durch »Fehlt«.

D   Die Abfrageassistenten

Access verfügt über mehrere Spezial-Assistenten, die bei der Erstellung spezieller Abfragen behilflich sind:

➡ Der Kreuztabellenabfrage-Assistent hilft bei der Erstellung von Kreuztabellen.

➡ Der Abfrage-Assistent zur Duplikatsuche erzeugt Abfragen, die beim Auffinden von doppelt vorhandenen Datensätze helfen – oder Datensätzen, in denen zumindest der Inhalt eines oder mehrerer Felder identisch ist.

➡ Der Abfrage-Assistent zur Inkonsistenzsuche ermöglicht Ihnen, in zwei miteinander verknüpften Tabellen X und Y alle Datensätze von X zu finden, zu denen sich keine korrespondierenden Sätze in Y befinden, die also verwaist sind (Abbildung D.1).

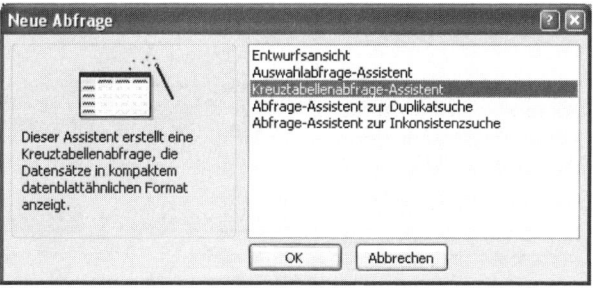

Abbildung D.1:
Die Abfrage-
assistenten

D.1   Der Kreuztabellen-Assistent

Der Kreuztabellenabfrage-Assistent hilft bei der Erstellung von Kreuztabellen. Im ersten Schritt wählen Sie die Tabelle bzw. Abfrage der aktuellen Datenbank aus, die Sie als Datenbasis verwenden wollen, beispielsweise die Tabelle »Tabelle1« der Datenbank KREUZTAB.MDB *(Abbildung D.2).*

Im zweiten Schritt wählen Sie das Feld, dessen Gruppen die Zeilenüberschriften bilden sollen, beispielsweise »Kunde«, und verschieben es mit > oder per Doppelklick ins rechte Listenfeld (Abbildung D.3).

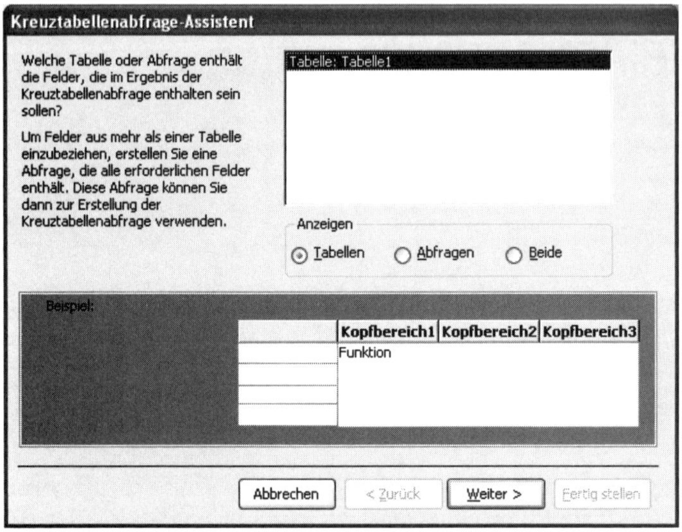

Abbildung D.2:
Kreuztabellenab-
frage-Assistent,
Schritt 1

Abbildung D.3:
Kreuztabellenab-
frage-Assistent,
Schritt 2

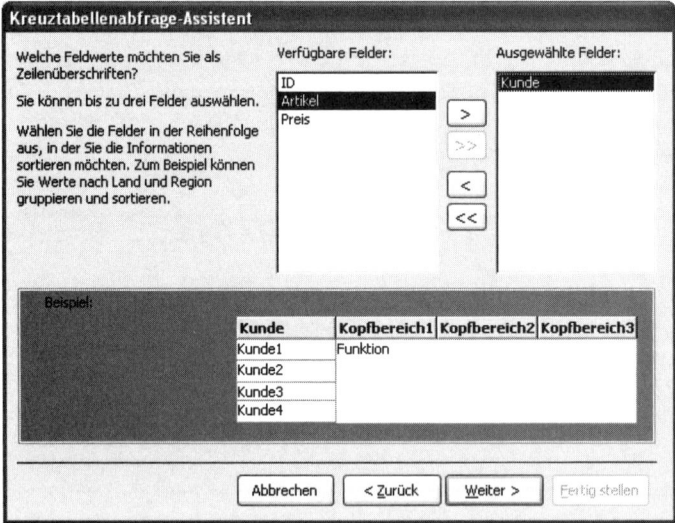

Im dritten Schritt selektieren Sie das Feld, dessen Gruppen die Spaltenüberschriften bilden sollen, beispielsweise »Artikel« (Abbildung D.4).

Im vierten Schritt wählen Sie das zu verwendende Wertefeld und die darauf
anzuwendende Funktion, zum Beispiel das Feld »Preis« und die *Summe*-
Funktion (Abbildung D.5).

Durch Aktivierung des entsprechenden Kontrollkästchens können Sie
zusätzlich Gesamtsummen für die einzelnen Zeilen bilden.

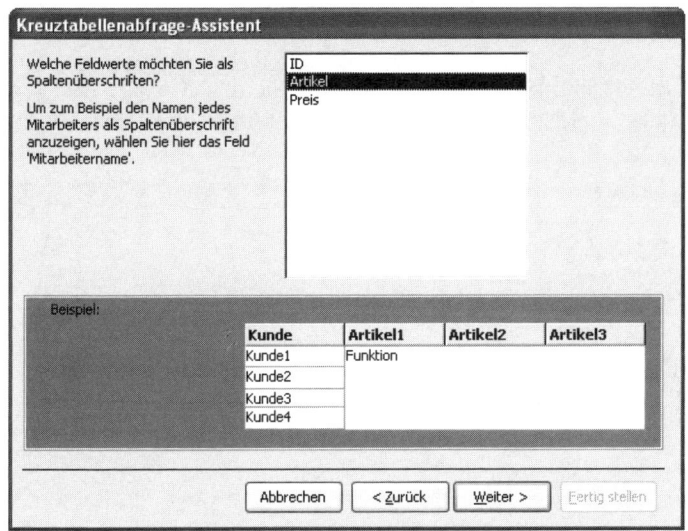

Abbildung D.4:
Kreuztabellenabfrage-Assistent, Schritt 3

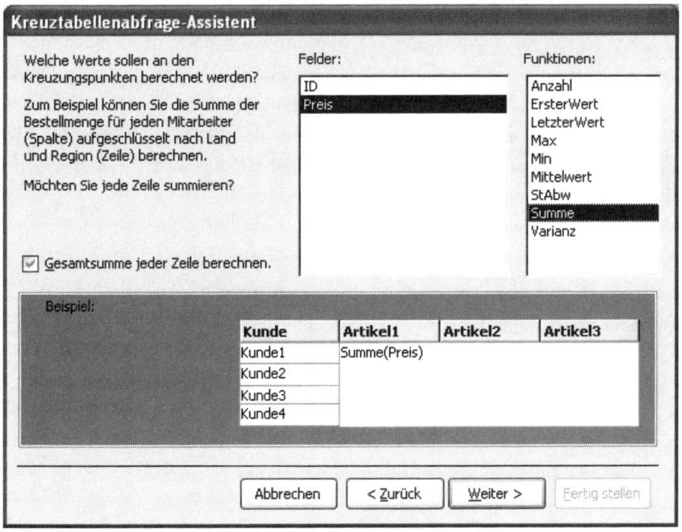

Abbildung D.5:
Kreuztabellenabfrage-Assistent, Schritt 4

Im letzten Schritt geben Sie der Abfrage einen Namen und öffnen sie im Datenblatt- oder im Entwurfsmodus (Abbildung D.6).

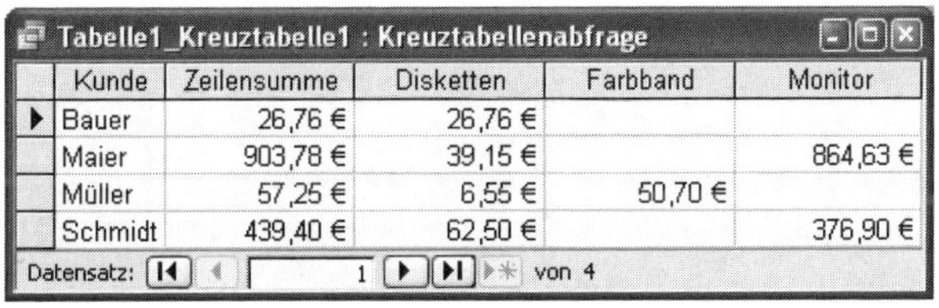

Kunde	Zeilensumme	Disketten	Farbband	Monitor
Bauer	26,76 €	26,76 €		
Maier	903,78 €	39,15 €		864,63 €
Müller	57,25 €	6,55 €	50,70 €	
Schmidt	439,40 €	62,50 €		376,90 €

Abbildung D.6:
KREUZTAB.MDB, Abfrage »Tabelle1_Kreuztabelle1«

D.2   Der Assistent zur Duplikatsuche

Öffnen Sie bitte EDV.MDB. Wählen Sie den Abfrage-Assistent zur Duplikatsuche, meldet sich der folgende Assistent (Abbildung D.7).

Abbildung D.7:
Duplikatsuche-
Assistent, Schritt 1

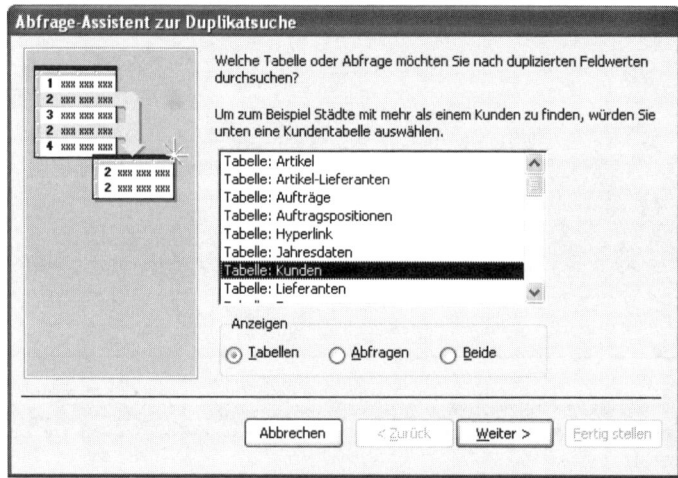

Er ermöglicht Ihnen, in einer Tabelle/Abfrage doppelt vorhandene Datensätze zu finden – oder Datensätze, in denen zumindest der Inhalt eines oder mehrerer Felder identisch ist.

Nach Auswahl der interessierenden Tabelle/Abfrage wie »Kunden« selektieren Sie das Feld, das Sie auf Duplikate hin untersuchen wollen, beispielsweise »Ort« (Abbildung D.8).

Abbildung D.8:
Duplikatsuche-
Assistent, Schritt 2

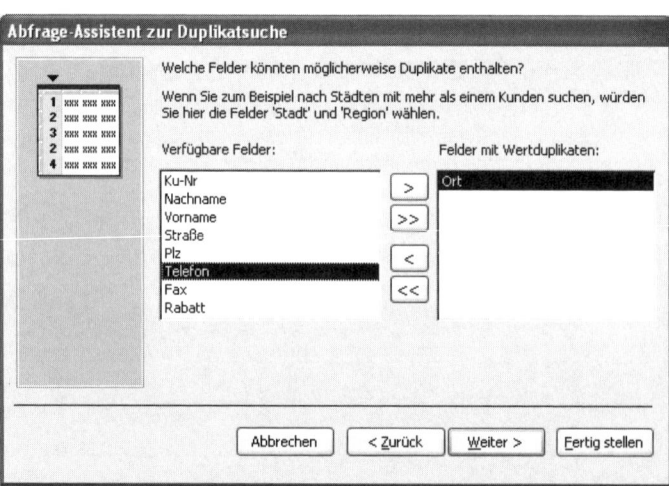

Im dritten Schritt haben Sie die Möglichkeit, zusätzliche Felder der gefundenen Duplikatdatensätze anzugeben, die ebenfalls angezeigt werden sollen, zum Beispiel »Nachname« und »Vorname« (Abbildung D.9).

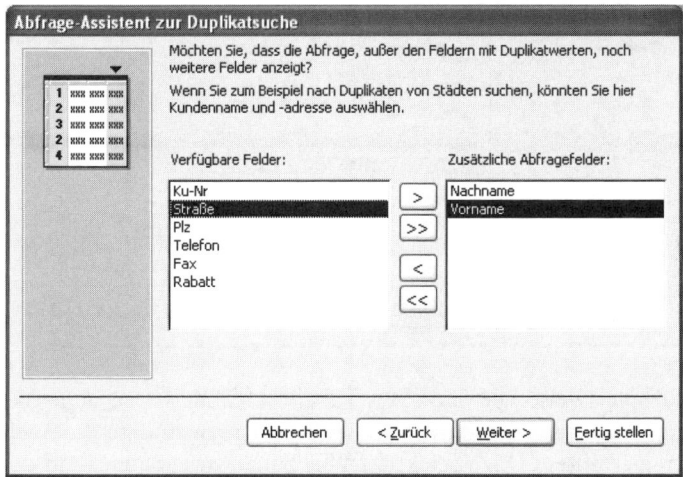

Abbildung D.9:
Duplikatsuche-
Assistent, Schritt 3

Im letzten Schritt geben Sie der Abfrage wieder einen Namen und öffnen sie. In der Datenblattansicht werden die Felder »Ort«, »Nachname« und »Vorname« aller Datensätze der Kundentabelle angezeigt, die im Feld »Ort« identische Inhalte aufweisen (Abbildung D.10).

Abbildung D.10:
EDV.MDB, Abfrage
»Kunden Duplikate«

Selektieren Sie im zweiten Schritt mehrere zu untersuchende Felder, beispielsweise außer »Ort« zusätzlich auch »Nachname«, werden nur Datensätze gefunden, die in beiden Feldern identische Inhalte aufweisen!

:-)
TIPP

D.3   Der Assistent zur Inkonsistenzsuche

Wählen Sie den Abfrage-Assistent zur Inkonsistenzsuche, meldet sich der folgende Assistent (Abbildung D.11).

Er ermöglicht Ihnen, in zwei miteinander verknüpften Tabellen X und Y alle Datensätze von X zu finden, zu denen sich keine korrespondierenden Sätze in Y befinden.

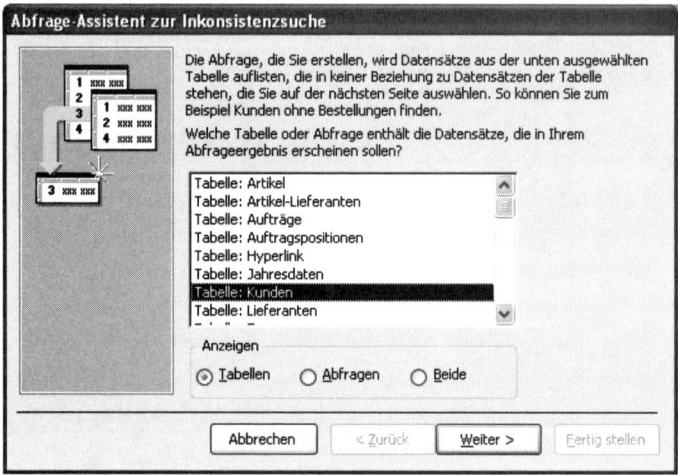

Beispielsweise alle Sätze der Tabelle »Kunden«, zu denen keinerlei Auftrag in »Aufträge« existiert; also alle Kunden zu finden, die noch nie einen Auftrag erteilten. Dazu selektieren Sie zunächst entsprechend der Abbildung die interessierende Tabelle »Kunden«.

Im zweiten Schritt selektieren Sie die Tabelle »Aufträge«, die nach den korrespondierenden Datensätzen durchsucht werden soll (Abbildung D.12).

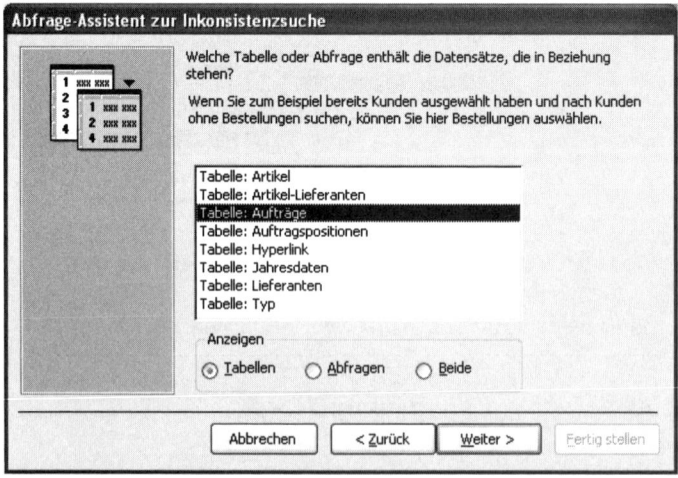

Im dritten Schritt geben Sie Access das Feld bekannt, über das die beiden Tabellen miteinander verknüpft sind. Ist in beiden Tabellen wie im Beispiel ein gleichnamiges Feld vorhanden (»Ku-Nr«), wird dieses Feld von Access vorgegeben (Abbildung D.13).

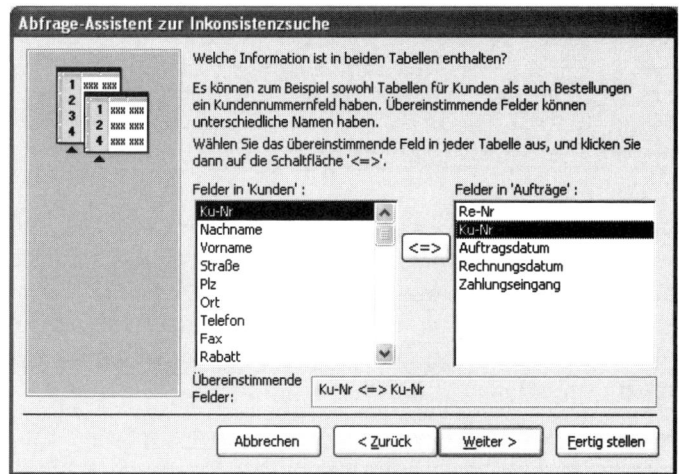

Abbildung D.13:
Inkonsistenzsuche-
Assistent, Schritt 3

Trifft die Vorgabe im Gegensatz zum Beispiel nicht zu, selektieren Sie die entsprechenden Felder der beiden Tabellen durch Anklicken.

Im folgenden Schritt geben Sie bekannt, welche Felder der ausgewählten Datensätze das Abfragedatenblatt enthalten soll (Abbildung D.14).

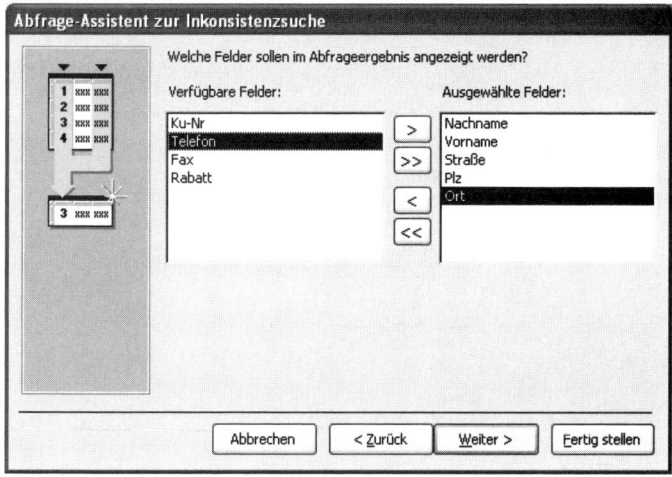

Abbildung D.14:
Inkonsistenzsuche-
Assistent, Schritt 4

Im letzten Schritt geben Sie der Abfrage wieder einen Namen und öffnen sie in der Datenblatt- oder in der Entwurfsansicht.

In der Datenblattansicht werden die ausgewählten Felder aller Datensätze der Kundentabelle angezeigt, zu denen es in der Auftragstabelle keine korrespondierenden Sätze gibt (Abbildung D.15).

Abbildung D.15:
EDV.MDB, Abfrage
»Kunden Inkonsis-
tenzen«

Nachname	Vorname	Straße	Plz	Ort
Spießbauch	Werner	Dürerring 12	67100	Frankenthal
Renner	Otto	Ginsterweg 1	67300	Neustadt
			00000	

Kunden Inkonsistenzen : Auswahlabfrage

Datensatz: 1 von 2

TIPP

Die wohl nützlichste Anwendung dieses Assistenten ist das Auffinden verwaister Datensätze – die jedoch in der Demodatenbank EDV.MDB nicht enthalten sind. In der Praxis können verwaiste Datensätze entstehen, wenn Ihre Datenbank unglücklich strukturiert ist; wenn die einzelnen Tabellen nicht korrekt miteinander verknüpft sind oder aber die Option Mit referentieller Integrität *von Ihnen nicht aktiviert wurde!*

Angewandt auf die beiden Demotabellen würden Sie im ersten Schritt genau umgekehrt die Tabelle »Aufträge« auswählen und im zweiten Schritt die Tabelle »Kunden«. Dann findet die erzeugte Abfrage alle verwaisten Datensätze in »Aufträge«, also alle Aufträge, zu denen kein korrespondierender auftraggebender Kunde existiert.

E   Access individuell konfigurieren

Der Befehl EXTRAS|OPTIONEN... öffnet ein Dialogfeld, in dem Sie in verschiedensten Registern höchst unterschiedliche Einstellungen treffen können, die die Arbeit mit Access beeinflussen. Im Folgenden werde ich nur einige wenige häufig sehr sinnvolle Optionen erläutern, da die meisten selbsterklärend sind.

In den meisten Registern können Sie die Art und Weise beeinflussen, in der verschiedene Access-Objekte auf dem Bildschirm dargestellt werden. Zum Beispiel lässt sich festlegen, ob die Statuszeile sichtbar ist und in welcher Schriftart und -größe unterschiedliche Arten von Daten angezeigt werden.

Fast immer handelt es sich um allgemeine Voreinstellungen für alle Objekte des betreffenden Typs, die Sie für bestimmte Objekte jederzeit nachträglich verändern können.

Angenommen, Sie legen fest, dass Datensätze generell in der Schriftgröße 10 (Punkt) angezeigt werden, Ihrer Lieblingsschriftgröße. Stellen Sie später fest, dass Sie bei der Tabelle »XYZ« eine größere Schrift bevorzugen, können Sie das problemlos ändern: Ist die Tabelle geöffnet, wählen Sie FORMAT|ZEICHEN... und stellen im zugehörigen Dialogfeld die Schriftgröße ein, die für *diese* Tabelle gelten soll.

Die darin enthaltenen Daten werden nun in der betreffenden Größe angezeigt, beispielsweise 12 Punkt. Für die in anderen Tabellen enthaltenen Daten gelten jedoch weiterhin die im Menü EXTRAS|OPTIONEN... vorgenommenen Voreinstellungen.

Ich erläutere im Folgenden nur wenige für die betreffenden Register beispielhafte Optionen. Interessieren Sie sich für eine ganz bestimmte Option, klicken Sie einfach das Fragezeichensymbol in der rechten oberen Ecke des Dialogfelds an und danach auf die gewünschte Option.

:-)
TIPP

E.1   Tastatur

Im Register *Tastatur* legen Sie fest, wie sich der Cursor bei der Eingabe oder Änderung von Datensätzen verhalten soll. Ob er beim Drücken der Taste

[↵] automatisch wie vorgegeben zum nächsten Datensatzfeld springen soll oder statt- dessen zum nächsten Datensatz bzw. ob er bleiben soll, wo er gerade ist (Abbildung E.1).

Abbildung E.1:
Register »Tastatur«

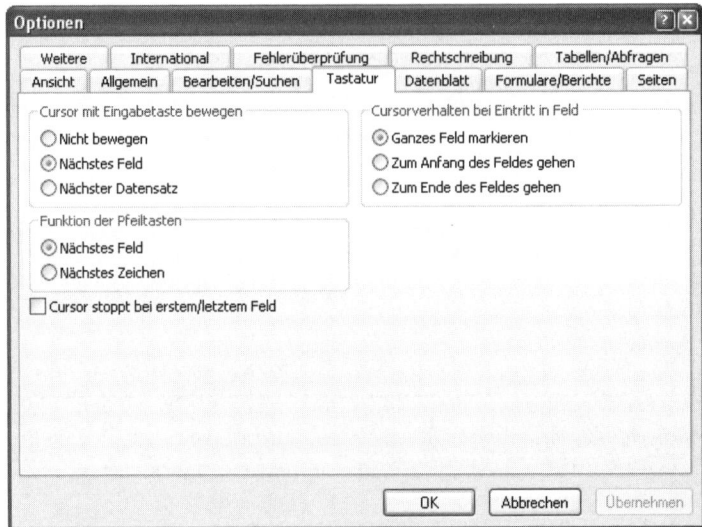

Sie bestimmen, ob bei der Aktivierung eines Datensatzfeldes automatisch der gesamte Feldinhalt selektiert sein soll, oder ob der Cursor auf den Anfang bzw. das Ende des Felds gesetzt wird.

E.2   Ansicht

Im Register *Ansicht* legen Sie fest, welche Elemente und Objekte sichtbar sein sollen (die Statuszeile, der Startaufgabenbereich etc.) und ob zum Öffnen eines Objekts im Datenbankfenster einfaches Anklicken genügt oder ein Doppelklick notwendig ist (Abbildung E.2).

Interessant ist vor allem die Anzeige der Systemobjekte, die jede Access-Datenbank enthält. Dabei handelt es sich um Tabellen, die meist mit *MSys...* beginnen und in denen Access verschiedenste Informationen über die in der betreffenden Datenbank enthaltenen Objekte speichert. Diese Tabellen sind allerdings nur nützlich für Sie, wenn Sie sich mit Recht als Access-Spezialisten bezeichnen können.

Die beiden Optionen für Makros legen fest, ob die betreffenden Makro-Entwurfsspalten (die Sie jederzeit auch manuell ein-/ausblenden können) standardmäßig ein- oder ausgeblendet sein sollen.

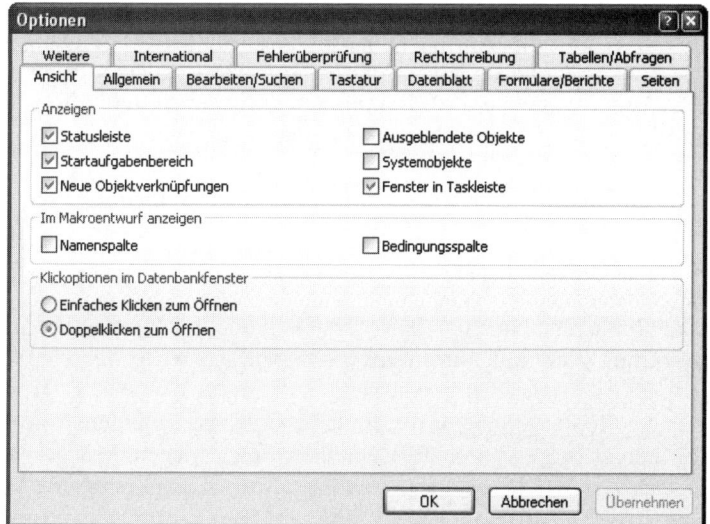

Abbildung E.2:
Register »Ansicht«

E.3   Allgemein

Im Register *Allgemein* legen Sie sehr unterschiedliche Einstellungen fest
(Abbildung E.3).

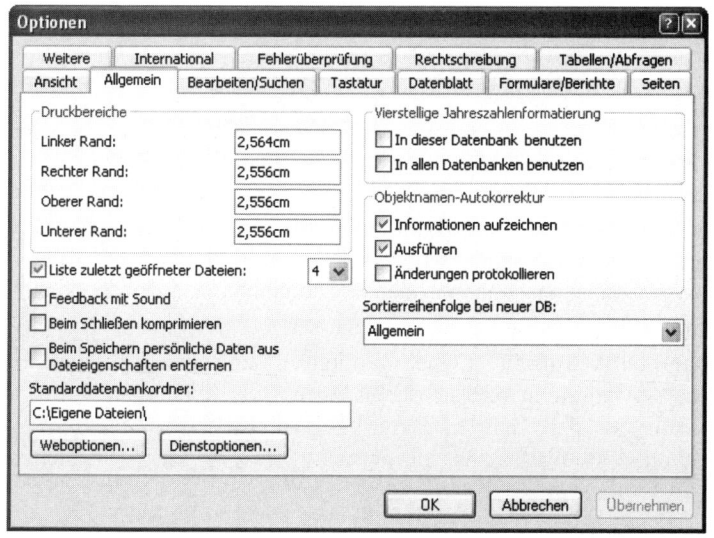

Abbildung E.3:
Register »Allge-
mein«

Unter *Druckbereiche* legen Sie die vorgegebenen Randeinstellungen fest, die
beim Ausdruck eines Objekts wie beispielsweise eines Berichts, einer Tabelle
oder eines Formulars verwendet werden.

Unter *Standarddatenbankordner* können Sie einen Pfad zu einem beliebigen Ordner wie C:\DATEIEN eintippen, in dem sie Ihre Datenbanken meist speichern wollen. Dieser Ordner wird dann beim Anlegen neuer Datenbanken und Öffnen bestehender Datenbanken vorgegeben (fehlt dieser Eintrag, wird stattdessen der Ordner »Eigene Dateien« vorgegeben).

Sortierreihenfolge bei neuer DB legt die Sortierreihenfolge für neu angelegte Datenbanken fest (die Sortierreihenfolge bereits bestehender Datenbanken wird dadurch nicht verändert).

Sehr nützlich ist auch die Option *Beim Schließen komprimieren*, die bewirkt, dass eine Datenbank automatisch komprimiert wird, wenn Sie sie schließen.

Und die *Objektnamen-Autokorrektur*-Optionen, mit denen Sie das Verhalten von Access beim Ändern von Objektnamen festlegen. Beispielsweise bedeutet *Ausführen*, dass Access Objektnamen automatisch korrigiert: Ändern Sie den Namen eines Tabellenfelds, wird dieser Name automatisch in allen auf dieser Tabelle basierenden Objekten (Abfragen, Formularen etc.) entsprechend geändert.

Gleiches geschieht beim Ändern von Objektnamen (Formulare etc.) oder Namen von Steuerelementen in Objekten (enthält das Objekt VBA-Code, werden auch darin alle Referenzen auf den geänderten Objektnamen entsprechend angepasst).

E.4   Bearbeiten/Suchen

Das Register *Bearbeiten/Suchen* legt fest, wie sich Access beim Ändern und beim Suchen von Daten verhalten soll (Abbildung E.4).

Beispielsweise bestimmen Sie hier, ob vor Änderungen oder Löschvorgängen Dialogfelder eingeblendet werden, in denen Sie die Änderung/Löschung zuvor bestätigen müssen, oder welche Suchmethode standardmäßig verwendet wird.

E.5   Datenblatt

Das Register *Datenblatt* legt die Optik von Datenblättern fest, die Art und Weise, in der Tabellen angezeigt werden (Abbildung E.5).

Sie können darin die Farbe verschiedener Bildschirmelemente wie des Hintergrunds oder der Gitternetzlinien festlegen, die für Texte verwendete Schriftart und Farbe, die Anzeige der Rasterlinien aktivieren oder deaktivieren und so weiter.

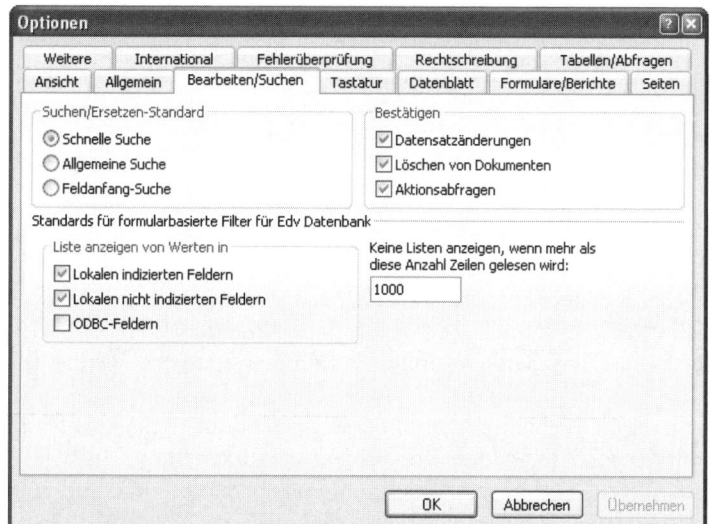

Abbildung E.4:
Register »Bearbei-
ten/Suchen«

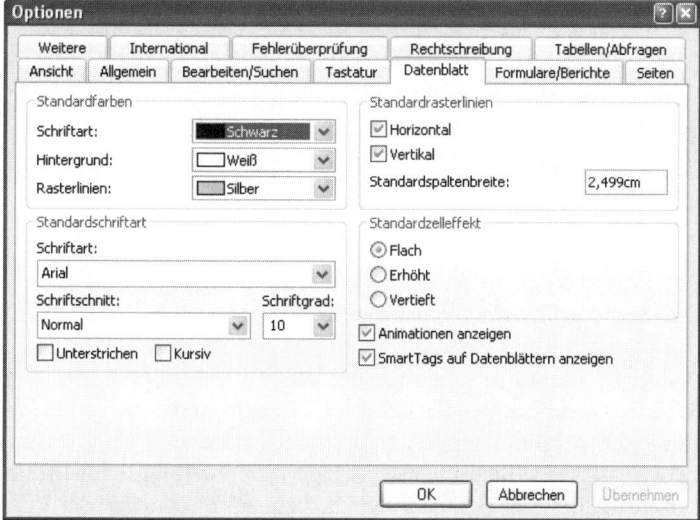

Abbildung E.5:
Register
»Datenblatt«

E.6   Tabellen/Abfragen

Das Register *Tabellen/Abfragen* ist für einige vorgegebene Eigenschaften
sowohl von Tabellen als auch von Abfragen zuständig (Abbildung E.6).

Sie legen darin unter anderem fest, welchen Typ neue Tabellenfelder erhalten.
Beispielsweise, ob ein neu angelegtes Feld zunächst ein numerisches oder ein
Textfeld sein soll, und welchen Datentyp das neue numerische Feld besitzt
bzw. wie lang das neue Textfeld ist.

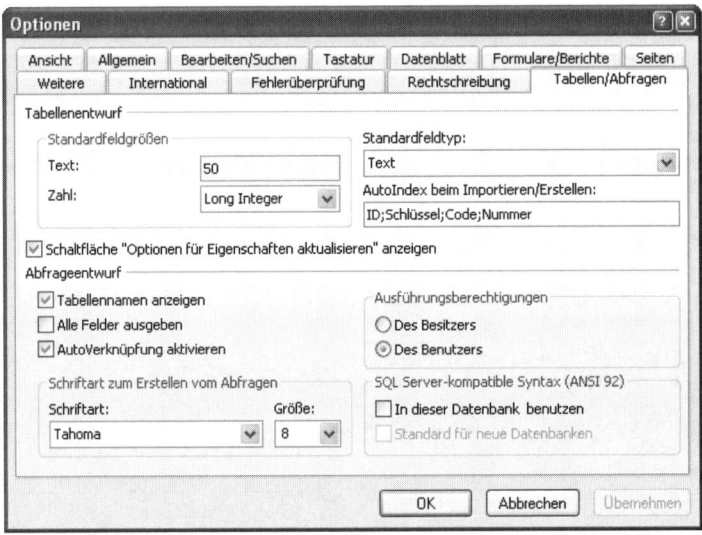

Für SQL-Kenner eine nützliche Option ist die SQL Server-Kompatibilität! Aktivieren Sie das betreffende Kontrollkästchen, wird gewährleistet, dass Access für Abfragen in der aktuellen bzw. neu angelegten Datenbanken ausschließlich Standard-ANSI 92-SQL verwendet und nicht seine eigene SQL-Variante, die davon teilweise abweicht.

E.7   Formulare/Berichte

Das Register *Formulare/Berichte* ist für ähnliche Vorgaben bei Formularen und Abfragen zuständig (Abbildung E.7).

Besonders interessant sind die beiden Felder *Formularvorlage* und *Berichtsvorlage*. Darin können Sie den Namen eines in der aktuellen Datenbank vorhandenen Formulars bzw. Berichts angeben, der bei der Erstellung neuer leerer Formulare/Berichte als Vorlage verwendet wird. Das neue Objekt übernimmt dadurch automatisch wesentliche Eigenschaften der Vorlage.

E.8   Weitere

Die wichtigste Möglichkeit des Registers *Weitere* ist die Wahl des verwendeten Access-Datenbankformats (Abbildung E.8).

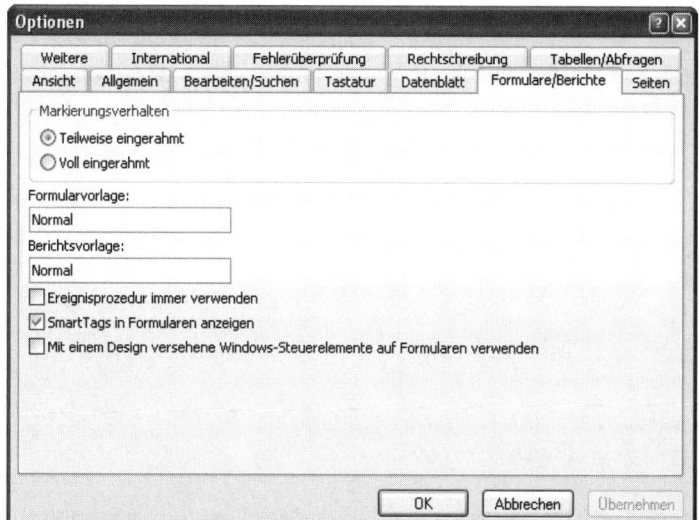

Abbildung E.7:
Register »Formulare/Berichte«

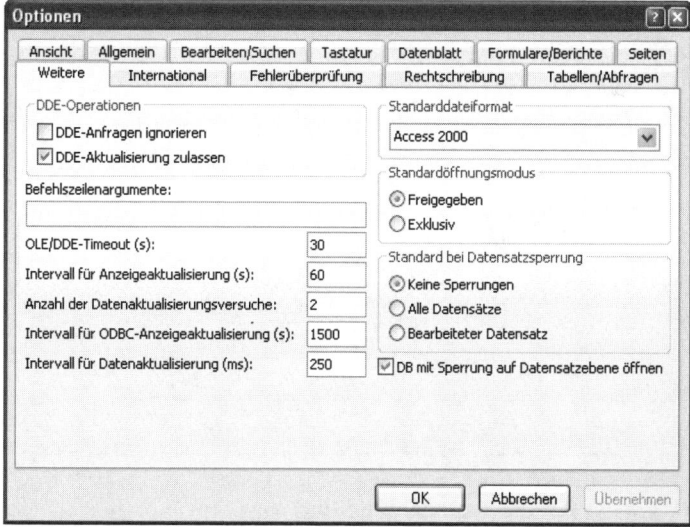

Abbildung E.8:
Register »Weitere«

*Die Voreinstellung »Access 2000« gewährleistet Rückwärtskompatibilität
zu Access 2000, »Access 2002 -2003« verwendet dagegen ein neueres Format, das in Sachen Geschwindigkeit Vorteile bietet. Mehr dazu und zum
Konvertieren einer Datenbank in das jeweils andere Formate (oder aber ins
ältere Access 97-Format) finden Sie in Kapitel 32, »Datenbanken warten«,
Abschnitt »Dateiformat festlegen und Datenbanken konvertieren«.*

Darüber hinaus enthält das Register verschiedene Einstellungen, die sich vor allem auf den Umgang mit verschiedenen Typen externer Verknüpfungen beziehen (OLE- und DDE-Verbindungen, per ODBC eingebundene Datenbanken etc.).

Sie können hier unter anderem festlegen, wie oft versucht wird, Verknüpfungen zu aktualisieren, in welchen Zeitabständen, und nach welcher Zeitspanne eine Fehlermeldung erscheint, wenn eine OLE-/DDE-Verbindung nicht aktualisiert werden kann.

E.9   International

Das Register *International* ermöglicht, Access an Sprachen anzupassen, deren Schreibweise von rechts nach links orientiert ist (Abbildung E.9).

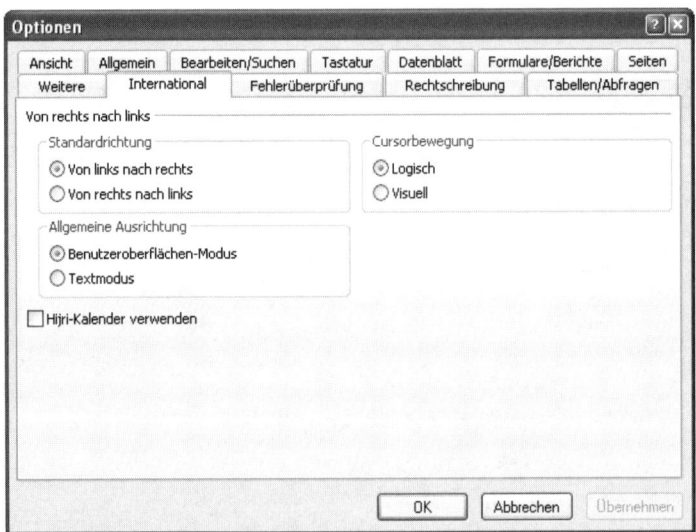

Aktivieren Sie *Von Rechts nach links*, wird die Optik neu angelegter(!) Tabellen vertikal gespiegelt: Die erste Spalte einer Tabelle befindet sich rechts statt links, neue Spalten kommen links davon hinzu, die Datensatznummer befindet sich in der rechten unteren Ecke statt links unten etc.

E.10   Rechtschreibung

Im Register *Rechtschreibung* legen Sie die Funktionsweise der Rechtschreibprüfung fest (Abbildung E.10).

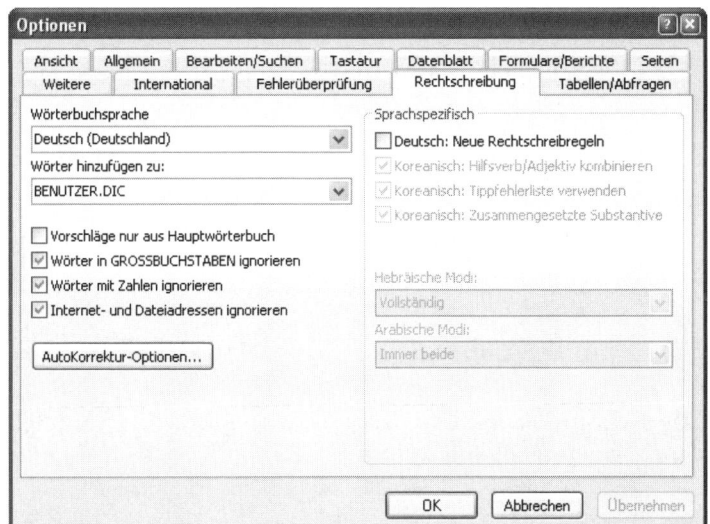

Abbildung E.10:
Register »Recht-
schreibung«

E.11 Seiten

Im Register *Seiten* sind vor allem die beiden letzten Optionen interessant, mit denen Sie festlegen können, welcher Ordner standardmäßig für Ihre Datenbankdateien verwendet wird bzw. welche Datei standardmäßig als Standardverbindungsdatei verwendet wird (Abbildung E.11).

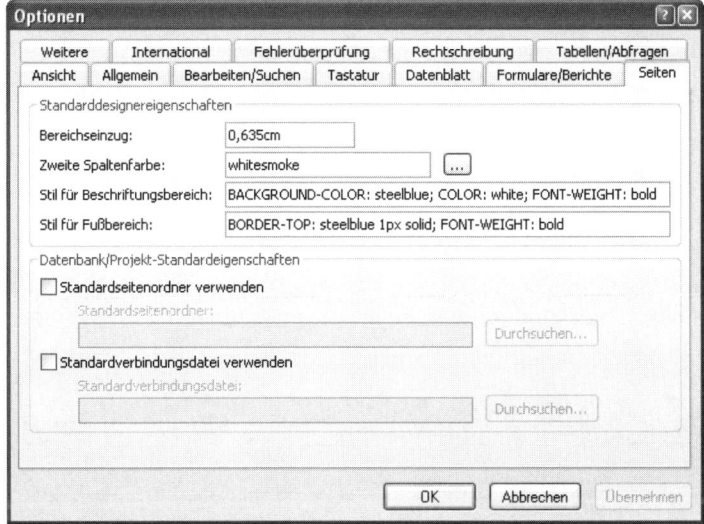

Abbildung E.11:
Register »Seiten«

F   Dateisuche

Der Befehl DATEI|DATEISUCHE... öffnet die Suchabteilung des Aufgabenbe-
reichs. Es gibt sie in zwei Versionen: einer einfachen Suche nach Texten, die
in Dokumenten enthalten sind, bei der Sie auswählen können, wo nach
Dateien gesucht werden soll, die diesen Text enthalten und welche Datei-
typen dabei berücksichtigt werden sollen.

Und einer komplexeren Version, die ich nun besprechen werde, und die das
Gleiche ermöglicht und darüber hinaus zusätzliche Möglichkeiten bietet.
Zwischen den beiden Versionen schalten Sie mit *Einfache Suchoptionen*
bzw. *Erweiterte Suchoptionen* um (Abbildung F.1).

Abbildung F.1:
Dateisuche

Im Dateiauswahl-Dialogfeld öffnet der Befehl *Suchen...* des *Extras*-Symbols
ein Dialogfeld mit zwei Registern *Grundlegend* und *Erweiterte Optionen*,
die die gleichen Möglichkeiten bieten. Der einzige Unterschied besteht in der
optischen Darstellung als normales Dialogfeld statt als Aufgabenbereich.

Zur Definition der Kriterien, die die anzuzeigenden Dateien erfüllen müssen, verwenden Sie vor allem die Felder *Eigenschaft*, *Bedingung* und *Wert*.

Zunächst selektieren Sie im Feld *Eigenschaft*, um welche Dateieigenschaft es beim aktuellen Suchkriterium geht: um einen in der Datei enthaltenen Text, um den Dateinamen, das Erstellungsdatum der Datei, die Seitenanzahl (v.a. in Word-Dokumenten) etc.

Anschließend wählen Sie im Feld *Bedingung* eine Vergleichsbedingung für dieses Kriterium und geben danach im Feld *Wert* den Vergleichswert ein.

Angenommen, Sie suchen alle Dateien, deren Dateiname unter anderem die Zeichenkette »test« enthält (»Testen«, »Ein Test«, »Test5.xls« etc.). Dazu wählen Sie unter *Eigenschaft* das Kriterium »Dateiname«, unter *Bedingung* die Vergleichsbedingung »enthält« und geben im Feld *Wert* den Vergleichswert »test« ein.

Danach klicken Sie auf *Hinzufügen*, um diese Suchbedingung in die Kriterienliste einzufügen.

Nachdem die Definition der Suchbedingung abgeschlossen ist, können Sie unter *Suchen in* angeben, welche Ordner durchsucht werden sollen, wobei Sie auch Webordner einbeziehen können.

Suchen führt die Suche aus und zeigt die gefundenen Dateien an. Klicken Sie auf eine davon, erscheint ein Listenpfeil, der ein Kontextmenü öffnet, dessen Befehle Ihnen unter anderem ermöglichen, die betreffende Datei im zugehörigen Programm zu öffnen.

Ändern blendet wieder die Suchoptionen ein, sodass Sie Ihre Suchkriterien editieren und danach eine weitere Suche starten können.

:-)
TIPP

Sie können mehrere Suchkriterien definieren und miteinander kombinieren, um so im Extremfall für jede Eigenschaft ein eigenes Kriterium festzulegen.

Nachdem Sie ein weiteres Kriterium definiert haben und bevor Sie es mit Hinzufügen *zusätzlich in die Kriterienliste aufnehmen, müssen Sie sich allerdings entscheiden, ob es mit* Und *oder mit* Oder *mit den restlichen Kriterien verknüpft werden soll.* Und *bedeutet, dass nur Dateien gefunden werden, die allen Kriterien genügen.* Oder, *dass Dateien gefunden werden, die mindestens eines der verwendeten Kriterien erfüllen.*

Entfernen entfernt die momentan in der Kriterienliste selektierte Bedingung aus dieser, Alle entfernen *entfernt alle Bedingungen daraus, und* Wiederherstellen *stellt zuvor gelöschte Kriterien wieder her.*

[KOMPENDIUM] **Access 2003**

G   Rechtschreibprüfung

EXTRAS|RECHTSCHREIBUNG... führt ebenso wie das zugehörige Symbol (Kategorie *Extras* des *Anpassen*-Dialogfelds) eine Rechtschreibprüfung im momentan geöffneten oder - falls kein Objekt geöffnet ist – dem momentan im Datenbankfenster selektierten Objekt durch.

Dabei werden die in Tabellen oder Formularen enthaltenen Texte überprüft. Ist ein Bereich einer Tabelle oder eines Formulars selektiert, beschränkt sich die Rechtschreibprüfung auf diesen Bereich.

Bemängelt Access ein Wort, das sich nicht in seinem Wörterbuch befindet, setzt es den Cursor auf das Feld, in dem sich das Wort befindet, und öffnet ein Dialogfeld mit allen möglichen Optionen (Abbildung G.1).

Abbildung G.1:
Rechtschreib-
prüfung

Ist das Wort tatsächlich falsch, tippen Sie im Eingabefeld das Wort ein, durch das es ersetzt werden soll.

Eventuell schlägt Ihnen Access unter *Vorschläge* einige Alternativen vor, wie das Wort ersetzt werden könnte. Um einen dieser Vorschläge anzuneh-men, selektieren Sie einfach den betreffenden Listeneintrag, der danach im Eingabefeld erscheint.

In beiden Fällen aktivieren Sie anschließend *Ändern*, um das fehlerhaft geschriebene Wort durch Ihre manuelle Eingabe oder den von Ihnen selektierten Vorschlag ersetzen zu lassen.

Folgende Schaltflächen ermöglichen eine detailliertere Steuerung der Rechtschreibprüfung:

➡ *Feld 'Feldname' ignorieren*: Das angeblich falsch geschriebene Wort wird ignoriert und Access setzt die Überprüfung der Tabelle fort. Dabei werden vermutlich falsch geschriebene Wörter im Feld *Feldname* für den Rest der Prüfung ignoriert.

➡ *Ignorieren*: Das angeblich falsch geschriebene Wort wird ignoriert und Access setzt die Überprüfung fort.

➡ *Alle ignorieren*: Access wird bei der weiteren Überprüfung das betreffende Wort immer ignorieren, was sinnvoll ist, wenn Sie völlig sicher sind, dass die Schreibweise korrekt ist.

➡ *Ändern*: Access ersetzt das Wort durch das im Eingabefeld.

➡ *Alle ändern*: Access ersetzt das betreffende Wort in allen Feldern, in denen es vorkommt, durch das Wort im Eingabefeld.

➡ *Hinzufügen*: Access nimmt das Wort in sein Wörterbuch auf und akzeptiert es bei folgenden Rechtschreibprüfungen als korrekt.

AutoKorrektur: *fügt das Wort zusammen mit der gewählten Ersetzung in die AutoKorrektur-Liste ein, sodass es ab jetzt bereits bei der Texteingabe automatisch durch das korrekte Wort ersetzt wird (siehe Anhang H, »Auto-Korrektur«).*

➡ *Rückgängig*: Macht die letzte Änderung rückgängig.

➡ Im Listenfeld *Wörterbuchsprache* können Sie die für die Rechtschreibprüfung verwendete Sprache auswählen.

Das von der Schaltfläche *Optionen...* geöffnete Dialogfeld legt verschiedene Einstellungen für die Rechtschreibprüfung fest (Abbildung G.2)

➡ Im Listenfeld *Wörterbuchsprache* können Sie die für die Rechtschreibprüfung verwendete Sprache auswählen.

➡ Unter *Wörter hinzufügen zu* können Sie bestimmen, in welches Wörterbuch der Eintrag aufgenommen wird: ob in das Standardwörterbuch von Access oder in ein zusätzliches Wörterbuch, das angelegt wird, wenn Sie im Eingabefeld einen entsprechenden Namen eingeben.

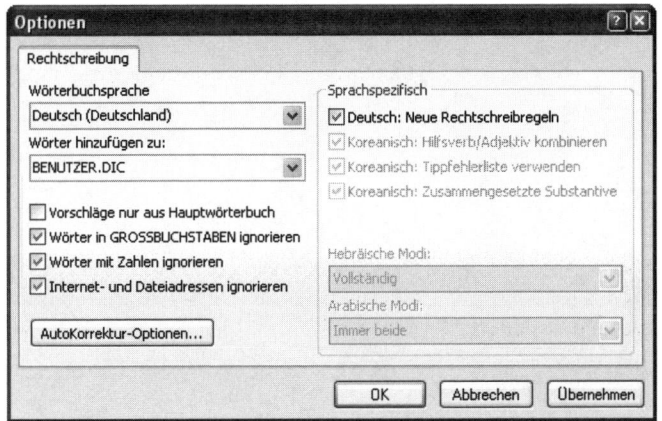

Abbildung G.2:
Optionen

Sie können auf diese Weise beliebig viele benutzerdefinierte Wörterbücher mit Namen wie »EDV« oder »Geographie« anlegen und das zu benutzende jeweils aus der Liste auswählen.

➤ *Vorschläge nur aus Hauptwörterbuch*: Ist dieses Kontrollkästchen aktiviert, verwendet Access für seine Vorschläge nur sein Hauptwörterbuch, aber keine weiteren von Ihnen angelegten benutzerdefinierten Wörterbücher.

➤ *Wörter in GROSSBUCHSTABEN ignorieren*: Wenn aktiviert, werden großgeschriebene Wörter wie »EDV« ignoriert.

➤ *Wörter mit Zahlen ignorieren*: Ist dieses Kontrollkästchen aktiviert, werden Wörter wie »2009er«, die Zahlen enthalten, ignoriert.

➤ *Internet- und Dateiadressen ignorieren*: Wenn aktiviert, ignoriert Access Wörter, die Nummern entsprechen wie »68000« und Wörter, die Internet- bzw. Dateiadressen angeben wie »C:\Test«.

Im rechten Dialogfeldabschnitt *Sprachspezifisch* können Sie sprachspezifische Festlegungen treffen, im Falle von Deutsch beispielsweise wählen, ob alte oder neue Rechtschreibung verwendet werden soll.

AutoKorrektur-Optionen...: *Öffnet das im Anhang H, »AutoKorrektur«, beschriebene Dialogfeld.*

H   AutoKorrektur

Access kann Texte bereits während der Eingabe korrigieren. Geben Sie beispielsweise den Text »DIes ist...« ein, wird nach Eingabe des Leerzeichens zwischen den beiden Wörtern das Wort »DIes« automatisch in »Dies« umgewandelt, die fehlerhafte Großschreibung also korrigiert.

Welche Korrekturen Access ausführt, bestimmen Sie mit Hilfe des Befehls EXTRAS|AUTOKORREKTUR-OPTIONEN... (Abbildung H.1).

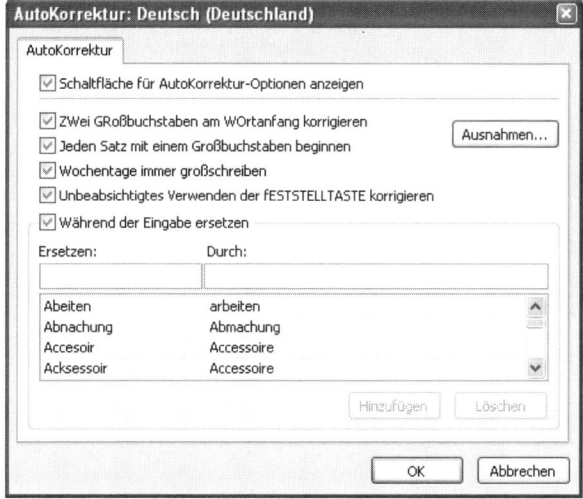

Die Kontrollkästchen sind selbsterklärend. Das erste korrigiert beispielsweise zwei aufeinander folgende Großbuchstaben im Wort »TEst« automatisch zu »Test«. Wichtig ist vor allem das untere Kontrollkästchen, das darüber entscheidet, ob die AutoKorrektur während der Eingabe überhaupt stattfinden soll!

Zusätzlich können Sie unter *Ersetzen* einen Text wie »MS« und unter *Durch* einen zweiten Text wie »Microsoft« eingeben, der den ersten automatisch ersetzen soll. Das Resultat: Geben Sie »Excel stammt von MS« ein, macht Excel daraus automatisch »Excel stammt von Microsoft«.

Hinzufügen fügt derartige Definitionen in das Listenfeld ein, und mit *Löschen* können Sie eine darin selektierte Ersetzungskombination genau **umgekehrt** jederzeit wieder aus dem Listenfeld entfernen.

Ausnahmen... öffnet ein Dialogfeld, in dem Sie festlegen können, welche **Ausnahmen** bei der Option *Jeden Satz mit einem Großbuchstaben beginnen* **berücksichtigt** werden, damit beispielsweise nach einem Wort wie »ca.«, **das mit einem Punkt endet,** das folgende Wort nicht mit einem Großbuch**staben begonnen** wird (»ca. drei« statt »ca. Drei«), und bei welchen Wör**tern** auch zwei aufeinander folgende Großbuchstaben nicht korrigiert **werden sollen,** z.B. »IBM«.

I   Befehlszeilenargumente

Beim Aufruf von Access lassen sich verschiedene Argumente angeben, die das Verhalten von Access beeinflussen. Am besten benutzen Sie dazu eine Verknüpfung: Sie gehen ins Verzeichnis, in dem sich die Datei MSACCESS.EXE befindet, ziehen sie mit der rechten Maustaste auf den Desktop und wählen nach dem Loslassen den Befehl zum Erstellen einer Verknüpfung.

Auf dem Desktop erscheint nun das Access-Symbol, und Sie können Access per Doppelklick darauf aufrufen.

Klicken Sie dieses Symbol zuvor jedoch mit der rechten Maustaste an, und wählen Sie im zugehörigen Kontextmenü EIGENSCHAFTEN: Ein Dialogfeld erscheint, das im Register *Verknüpfung* ein Feld namens *Ziel* enthält. Der Inhalt dieses Felds ist der Befehl, der Access beim Doppelklick auf das Desktop-Symbol aufruft, und der nun von Ihnen geändert werden kann (Abbildung I.1).

Verknüpfung mit
MSACCESS.EXE

Abbildung I.1:
Verknüpfungs-
eigenschaften

Zum Beispiel können Sie den Namen einer von Ihnen häufig benutzten Datenbank angeben, die nach dem Aufruf automatisch geöffnet werden soll. Heißt sie ADRESSEN.MDB und befindet sie sich im Verzeichnis C:\ACCESS\KOMPEND, ergänzen Sie den Befehl um ein Leerzeichen und den Namen (inklusive Pfadangabe) dieser nach dem Programmstart zu öffnenden Datenbank:

```
C:\Microsoft Office\Office\msaccess.exe C:\Access\Kompend\Adressen
```

Wie Sie sehen, muss die Erweiterung .MDB übrigens nicht angegeben werden.

Sie können beliebig viele derartige Verknüpfungen mit Access erstellen, um mit dem einen Symbol beispielsweise die Datenbank ADRESSEN.MDB zu öffnen und mit einem anderen die Datenbank TEST.MDB.

Weitere Befehlszeilenargumente:

➡ /Excl: Öffnet die angegebene Datenbank im Exklusiv-Modus, in dem kein anderer Anwender außer Ihnen darauf Zugriff hat.

➡ /Ro: Auf die angegebene Datenbank sind nur Lese-, aber keine Schreibzugriffe möglich.

/User Benutzername: *Ruft Access in einem gesicherten System (siehe Kapitel 34, Abschnitt »Benutzerberechtigungen verwalten«) unter Angabe des Namens* Benutzername *auf.*

➡ /Pwd *Kennwort*: Ruft Access in einem gesicherten System unter Angabe dieses Kennworts auf.

➡ /Profile *Benutzerprofil*: Ruft Access mit den Optionen auf, die zum angegebenen Benutzerprofil gehören. Diese Option ersetzt die Option /Ini vorhergehender Access-Versionen.

/Compact Zieldatenbank: *Komprimiert die angegebene Datenbank, nennt die komprimierte Kopie wie unter* Zieldatenbank *angegeben und beendet Access (siehe Kapitel 32, »Datenbanken warten«).*

/Repair: *Repariert die angegebene Datenbank und beendet Access (siehe Kapitel 32, »Datenbanken warten«).*

/Convert Zieldatenbank: *Konvertiert die angegebene alte Access-Datenbank ins neue Format und gibt der konvertierten Kopie den Namen* Zieldatenbank, *damit die alte Datenbank nicht überschrieben wird. Danach wird Access beendet (siehe Kapitel 32, »Datenbanken warten«).*

➤ /X *Makro*: Ruft Access auf und führt danach das Makro namens *Makro* auf (das sich in einer Bibliotheksdatenbank oder einer ebenfalls beim Aufruf anzugebenden Datenbank befinden muss).

➤ /Cmd: Muss bei Verwendung das letzte Argument sein; diesem Argument folgender Text wird von der VBA-Funktion *Command* als Kommandozeileninhalt übergeben.

➤ /Nostartup: Ruft Access auf, ohne dass der sonst beim Öffnen erscheinende Aufgabenbereich eingeblendet wird.

➤ /Wrkgrp *Arbeitsgruppen-Informationsdatei*: Ruft Access unter Angabe der betreffenden Arbeitsgruppen-Informationsdatei auf.

Alle Argumente können Sie beliebig miteinander kombinieren und Access beispielsweise mit

```
C:\MSOffice\Access\MSACCESS.EXE /User Maier /Pwd 1234
```

aufrufen, um beim Aufruf automatisch Ihren Benutzernamen und Ihr Kennwort zu übergeben.

J ActiveX-Steuerelemente einbinden

Um die Funktionalität von Access zu erweitern, können ActiveX-Steuerelemente eingebunden werden. Dabei handelt es sich rein technisch gesehen um die aus früheren Access-Versionen bekannten OCX- oder auch OLE Custom Controls.

Ein Beispiel dafür ist das Zusatzsteuerelement Kalender-Steuerelement. Um ein solches Zusatzsteuerelement in ein Formular oder einen Bericht einzufügen, klicken Sie bei aktivierter Entwurfsansicht auf das abgebildete Symbol, das sich in der Toolbox-Symbolleiste befindet oder Sie wählen EINFÜGEN|ACTIVEX-STEUERELEMENT... (Abbildung J.1).

Abbildung J.1:
Zusatzsteuer-
elemente
einfügen

Außer den normalen Steuerelementeigenschaften kann der Hersteller des Elements weitere Eigenschaften vorsehen, mit denen Sie die Verhaltensweise des Objekts beeinflussen können. Diese zusätzlichen Eigenschaften stellen Sie über einen zusätzlichen Befehl im Kontextmenü des Objekts ein (in der Entwurfsansicht mit der rechten Maustaste auf das Steuerelement klicken). Beim Kalender-Steuerelement heißt der zugehörige Befehl beispielsweise KALENDER-OBJEKT|EIGENSCHAFTEN....

Das Kalender-Steuerelement ist im Lieferumfang von Access enthalten und wurde daher bereits bei der Installation von Access registriert. Nachträglich erworbene Zusatzsteuerelemente müssen Sie jedoch mit EXTRAS|ACTIVEX-

STEUERELEMENTE... manuell registrieren, bevor Sie sie benutzen können (Abbildung J.2).

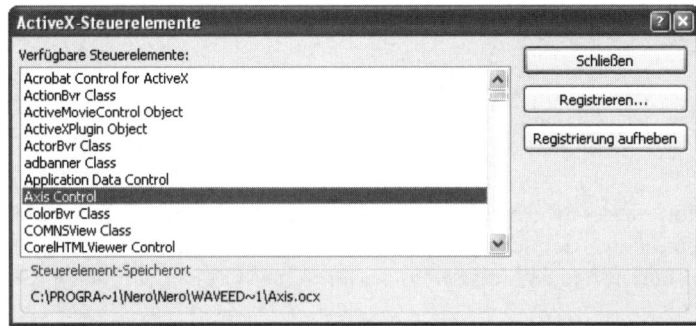

Dieses Dialogfeld zeigt alle momentan registrierten Zusatzsteuerelemente. Um ein neues Zusatzsteuerelement zu registrieren, öffnen Sie mit *Registrieren...* das Dialogfeld zur Dateiauswahl. Darin suchen Sie die betreffende Datei (Endung OCX) und klicken auf *OK*. Nach der Registrierung ist das betreffende Zusatzsteuerelement verfügbar.

K Zusätzliche Add-Ins installieren

Um ein neu erworbenes Add-In zu benutzen, müssen Sie es mit dem Add-In-Manager installieren, der durch den Befehl EXTRAS|ADD-INS|ADD-IN-MANAGER aktiviert wird (Abbildung K.1).

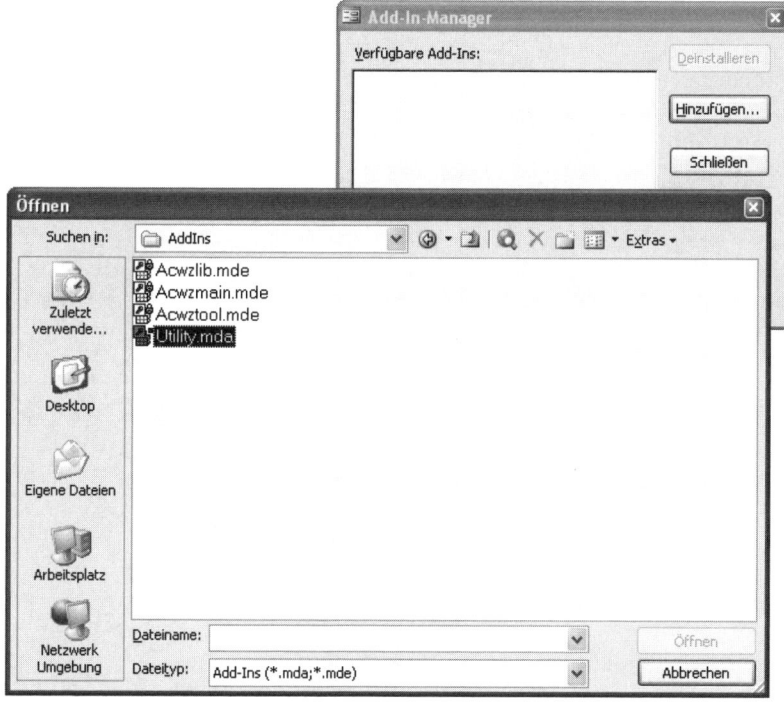

Abbildung K.1:
Der Add-In-Manager

Unter *Verfügbare Add-Ins* sind alle momentan installierten Add-Ins aufgelistet (außer den serienmäßigen, die bereits im Lieferumfang enthalten sind).

Hinzufügen... öffnet ein Dateiauswahl-Dialogfeld, in dem Sie das neue Add-In (Datei mit der Endung .MDA bzw. .MDE) selektieren.

Anschließend erscheint es im Listenfeld und davor zeigt ein Kreuz an, das dieses Add-In nun installiert ist.

Stellen Sie irgendwann fest, dass Sie das betreffende Add-In nur selten benutzen, sollten Sie es mit *Deinstallieren* deinstallieren, um den Aufruf von Access zu beschleunigen (dabei werden jedesmal alle installierten Add-Ins geladen!): Das Kreuz verschwindet und das Add-In wird ab dem nächsten Aufruf von Access nicht mehr geladen.

Der Listeneintrag bleibt jedoch erhalten und bei Selektion des betreffenden Listeneintrags ist die Schaltfläche *Deinstallieren* durch *Installieren* ersetzt. Klicken Sie darauf, wird das Add-In wieder installiert.

L   Was bedeutet »Upsizen«?

Der Upsizing-Assistent ermöglicht Ihnen, aus Ihrer Access-Datenbank ein Access-Projekt zu machen.

Dazu wird eine Access-Datenbank so erweitert, dass sie zusammen mit dem Microsoft SQL Server Client-/Server-Computing ermöglicht. Access ist anschließend nur noch Front-End und der SQL Server das Back-End.

Das bedeutet, dass der Anwender zwar weiterhin wie gewohnt mit seinen Access-Formularen und -berichten arbeitet, aber nicht mehr Access selbst die Datenverarbeitung übernimmt, sondern eine SQL Server-Datenbank, in der sich nun alle Daten befinden.

Führt der Anwender beispielsweise eine Abfrage aus, wird diese Abfrage vom SQL Server ausgeführt. Er gibt das Abfrageergebnis an Access zurück und Access wiederum präsentiert diese Daten dem Anwender anschließend in der gewohnten Form.

Einfach ausgedrückt: Access ist nur noch für die – völlig unveränderte – Optik zuständig, die eigentliche Datenverarbeitung übernimmt jedoch der SQL Server.

Was Microsoft davon hat, ist klar, da sich der SQL Server in einer etwas anderen Preiskategorie als Access bewegt. Scherz beiseite: Was haben Sie davon? Wann sollten Sie upsizen?

Vor allem, wenn es auf höhere Sicherheit, Zuverlässigkeit und ganz besonders auf höhere Leistung in Mehrbenutzerumgebungen ankommt!

Der SQL Server ist besonders auf Letzteres spezialisiert, also darauf, auch dann nicht in die Knie zu gehen, wenn ein paar Dutzend Anwender gleichzeitig mit einer Datenbank arbeiten – die praktischen Grenzen für den Einsatz von Access können dagegen bereits bei weniger als fünf gleichzeitig zugreifenden Anwendern erreicht sein (abhängig von der Anwendung – und der Geduld der Anwender).

Im Rahmen eines reinen Access-Buches ist es leider nicht möglich, auf dieses Client-/Server-Computing mit Access und dem SQL Server näher einzugehen. Es wäre Stoff für ein eigenes Buch.

Daher nur ein paar allgemeine Hinweise dazu: Zunächst muß der SQL Server bezogen und installiert werden, idealerweise auf einem Windows NT-System, und dann muß die vorhandene Access-Datenbank mit dem Assistenten upgesizt werden. Das klappt keineswegs immer problemlos, da sich die Namenskonventionen teilweise unterscheiden und es verschiedenste Fehlerquellen beim Upsizing gibt.

In jedem Fall liefert der Upsizing-Assistent anschließend einen Bericht, der über alle während dieses Prozesses aufgetretenen Fehler informiert – und dann geht die Handarbeit los!

Ist das Upsizen geglückt, sind Sie allerdings noch nicht fertig. Sollten Sie in Ihren Prozeduren DAO-Objekte zur Datenmanipulation verwendet haben, dürfen Sie Ihren Code nun auf den neueren ADO-Standard umstellen. Welche Technik Ihr Code verwendet, erkennen Sie leicht an Statements wie *Dim db as Currentdb*, die DAO-typisch sind.

Ist der Code erfolgreich umgestellt, könnten Sie sich theoretisch zurücklehnen – allerdings nur, wenn Ihre Ansprüche nicht allzu hoch sind, denn: Client-/Server-Computing« unterscheidet sich klar von reinen Access-Datenbanken. Access-Anwendungen, die für Access pur gestrickt sind, zeichnen sich meist durch eine nach dem Upsizen keinesfalls optimale Performance aus, sollten anschließend also noch für Client-/Server-Computing optimiert werden.

Das bedeutet beispielsweise, dass gespeicherte Prozeduren und Trigger eingesetzt werden sollten. Dabei handelt es sich um Objekte, die in einer normalen Access-Datenbank nicht verfügbar sind, sondern erst, wenn daraus ein Access-Projekt gemacht wurde, das wie erläutert mit dem SQL Server zusammenarbeitet.

Dann enthält das Datenbankfenster eines solchen Access-Projekts unter anderem diese beiden zusätzlichen Kategorien. Bei gespeicherten Prozeduren handelt es sich um vorkompilierte SQL-Ausdrücke, die nicht in Access selbst, sondern auf dem SQL Server gespeichert werden und sehr schnell ausgeführt werden können.

Trigger wiederum sind gespeicherte Prozeduren, die an bestimmte Daten der Datenbank gebunden sind und automatisch ausgeführt (getriggert oder ausgelöst) werden, wenn mit diesen Daten bestimmte Aktionen durchgeführt werden.

Beispielsweise kann ein Trigger ausgeführt werden, wenn ein Datensatz geändert oder gelöscht wird und in Abhängigkeit von Daten, die sich in anderen Tabellen befinden, überprüfen, ob der betreffende Vorgang zulässig ist oder nicht. Wenn dies nicht der Fall ist, kann er eine bereits teilweise durchgeführte Transaktion wieder rückgängig machen.

Mit DATEI|NEU... *und den beiden »Projekt«-Einträgen im zugehörigen Dialogfeld können Sie ein neues Access-Projekt erstellen. Dabei wird gleichzeitig eine neue SQL Server-Datenbank angelegt (bei Wahl des Eintrags »Projekt aus neuen Daten«) bzw. eine bereits existierende verwendet (»Projekt aus bestehenden Daten«) und ein auf dieser Datenbank basierendes Access-Projekt angelegt.*

M   Die Demos auf der CD

Die CD zum Buch enthält unter anderem den Großteil der in diesem Buch verwendeten Beispiele, die zusammen knapp 6 Mbyte auf Ihrer Festplatte belegen und auf etwa 20 Dateien verteilt sind.

Thematisch verwandte Beispiele habe ich jeweils in einer eigenen Datenbank zusammengefasst:

➤ ADRESSEN.MDB: Einfachstdatenbank, an der ich den Einsatz von Access als einfache Dateiverwaltung zum Verwalten von Adressen, Schallplatten und ähnlichem demonstriere.

➤ AUTOREN.MDB: Wird für die Demonstration einiger fortgeschrittenen Access-Eigenschaften wie Left/Right Outer Joins und Reflexiv-Verknüpfungen benutzt.

➤ EDV.MDB: Die wichtigste Demodatenbank auf der Begleit-CD.

➤ KREUZTAB.MDB: Demonstriert den Aufbau von Kreuztabellen mit Abfragen.

➤ KU-AUF.MDB: Zeigt den Einsatz miteinander verknüpfter Tabellen (1:n-Beziehung).

➤ LEIHBUCH.MDB: Beispiel zur Strukturierung einer komplexen Datenbank mit mehreren Tabellen.

➤ LIEF-ART.MDB: Demonstriert die Auflösung einer n:m- in zwei 1:n-Beziehungen.

➤ WEIN.MDB: Zeigt die praktische Anwendung verschiedener Steuerelemente in Formularen wie Optionsgruppen und Kombinationsfelder.

Nach dem Öffnen erscheint eventuell ein Hinweis, der vor unsicheren Ausdrücken warnt und danach gegebenenfalls noch eine Warnung vor Makros. Bejahen Sie bitte Fragen nach der Aktivierung dieser Ausdrücke bzw. der Makros, damit die volle Funktionalität der Demos zur Verfügung stehen.

!!
STOP

Bei der Besprechung eines bestimmten Themas verweisen die Bildunterschriften immer auf die zugehörigen Beispiele. Lautet eine Bildunterschrift »Adressen.mdb, Tabelle >Leihbücherei<«, wissen Sie, dass die betreffende Abbildung den Inhalt der Tabelle »Leihbücherei« darstellt und dass sich diese Tabelle in der Datenbank ADRESSEN.MDB befindet.

:-)
TIPP

Sie sind nicht gezwungen, diese Demos auf Ihrer Festplatte zu installieren. Alle wichtigen Schritte beim Aufbau von Tabellen, Formularen etc. werden im Buch absolut ausreichend durch Texte und Bilder beschrieben. Viele werden es jedoch als Vorteil empfinden, das geplante Endresultat einfach laden und sich anschauen zu können, wenn es beim schrittweisen Nachvollziehen Probleme gibt.

Installieren

Dazu müssen Sie die Demos auf Ihrer Festplatte installieren. Die Dateien wurden mit einem Komprimierungsprogramm gepackt. Als Resultat befindet sich auf der CD eine einzige Datei DEMOS.EXE, mit der Sie zunächst nichts anfangen können. Zuerst müssen die darin enthaltenen Dateien entkomprimiert werden. Und zwar so:

➡ Vergewissern Sie sich, dass auf Ihrer Festplatte noch etwa 6 *Megabyte* an freiem Speicherplatz vorhanden ist!

➡ Kopieren Sie DEMOS.EXE in irgendein Verzeichnis Ihrer Festplatte.

➡ Rufen Sie DEMOS.EXE auf.

Die Datei entkomprimiert sich nach dem Aufruf selbstständig. Anschließend befinden sich im betreffenden Verzeichnis die Original-Demodateien. DEMOS.EXE wird nicht mehr benötigt und kann gelöscht werden.

!! STOP

Eventuell finden Sie die Demodatenbanken bereits in entpackter Form auf der Begleit-CD vor, statt DEMOS.EXE also bereits die einzelnen darin enthaltenen Dateien, ADRESSEN.DBF, AKTIEN.MDB etc. Das Entpacken haben Sie sich in diesem Fall gespart und müssen nur noch die jeweils interessierende Datenbank auf Ihre Festplatte kopieren.

Dateien auf CD sind jedoch schreibgeschützt – und daran ändert sich auch nach dem Kopieren auf die Fesplatte nichts. Access kann mit schreibgeschützten Datenbanken nichts anfangen, und Sie müssen daher den Schreibschutz der betreffenden Datei aufheben:

– *Klicken Sie mit der rechten Maustaste auf die (auf die Festplatte kopierte) Datei.*

– *Wählen Sie im Kontextmenü den Befehl EIGENSCHAFTEN.*

– *Deaktivieren Sie im Register Allgemein das Kontrollkästchen Schreibgeschützt, und klicken Sie auf OK.*

Sie können mehrere Dateien auf einmal selektieren und auf die beschriebene Art und Weise den Schreibschutz all dieser Dateien gleichzeitig aufheben.

:-) TIPP

Während Sie dieses Buch benutzen, werden Sie beim Experimentieren ziemlich sicher auch die eine oder andere Demodatei verändern oder gar löschen. Durch erneutes Ausführen des beschriebenen Vorgangs können Sie jederzeit wieder die Originaldatei auf Ihre Festplatte zaubern.

Stichwortverzeichnis

(KOMPENDIUM) **Access 2003**

(KOMPENDIUM) **Access 2003**

(KOMPENDIUM) **Access 2003**

(KOMPENDIUM) **Access 2003**

(KOMPENDIUM) **Access 2003**

[KOMPENDIUM] **Access 2003**

Stichwortverzeichnis

[KOMPENDIUM] **Access 2003**